Coleção

OAB

Doutrina 3 em 1

Volume 2

Organizadores
Leonardo Garcia
Roberval Rocha

✓ Civil
✓ Processo Civil
✓ Empresarial

Coleção

OAB

Doutrina 3 em 1

Volume 2

Organizadores
Leonardo Garcia
Roberval Rocha

Civil
Processo Civil
Empresarial

André Luiz Santa Cruz Ramos

Eduardo Augusto Madruga de Figueiredo Filho

Luciano L. Figueiredo

Rinaldo Mouzalas de Souza e Silva

Roberto L. Figueiredo

4ª edição
Atualizada e reformulada

2019

EDITORA JusPODIVM
www.editorajuspodivm.com.br

EDITORA *Jus*PODIVM
www.editorajuspodivm.com.br

Rua Território Rio Branco, 87 – Pituba – CEP: 41830-530 – Salvador – Bahia
Tel: (71) 3045.9051
• Contato: https://www.editorajuspodivm.com.br/sac

Diagramação: Maitê Coelho (maitescoelho@yahoo.com.br)

Capa: Ana Caquetti

ISBN: 978-85-442-2949-1

Apresentação da Coleção

A *Coleção OAB*, já reconhecida por auxiliar incontáveis estudantes a alcançar a tão sonhada aprovação no exame da Ordem dos Advogados do Brasil, foi totalmente reformulada, com o intuito de disponibilizar teoria direcionada e consolidada na medida certa, garantindo uma preparação completa e segura não só para a 1ª fase do certame, como também para a 2ª. Assim, a Editora JusPodivm tem o orgulho de apresentar a ***Coleção OAB Doutrina 3 em 1***.

Com o objetivo de tornar o preparo mais consistente e para que proporcione um estudo aprofundado e útil para a primeira e segunda fases do exame, unificamos os volumes das disciplinas afins. Desta forma, o estudante encontrará um conteúdo ao mesmo tempo abrangente e didático.

Sabemos que para uma preparação eficiente é fundamental conhecer o modo de abordagem dos temas e as exigências que a banca organizadora (Fundação Getúlio Vargas - FGV) impõe às provas. Pensando nisso, participam da elaboração deste material professores e autores com ampla experiência na preparação para concursos públicos, em especial para provas da OAB.

A coleção é formulada com base em metodologia eficaz de ensino e sintetiza, em quatro volumes:

- conteúdo amplo, na medida certa, e didático, otimizando o aprendizado;
- palavras-chaves e expressões de importância em destaque;
- quadros, esquemas e tabelas, facilitando e sistematizando a compreensão sobre os pontos principais de estudo.

Bons estudos e contem sempre conosco!

Leonardo Garcia

Roberval Rocha

Sobre Organizadores e Autores

ORGANIZADORES

LEONARDO GARCIA

Procurador do Estado do Espírito Santo. Mestre em Direitos Difusos e Coletivos pela PUC/SP. Ex-Procurador Federal com exercício no Gabinete do Advogado-Geral da União (AGU) com atuação específica perante o STF. Especialista em "Derecho del Consumo y Economía" pela Universidad de Castilla la Mancha/Espanha. Assessor do Relator da Comissão Especial de Atualização do CDC no Senado Federal. Professor de diversos cursos jurídicos e de pós-graduação. Autor e coordenador de diversos livros jurídicos.

www.leonardogarcia.com.br

Instagram: @professorleonardogarcia

ROBERVAL ROCHA

Mestre em direito processual pela Universidade Católica de Pernambuco. Bacharel em direito pela Universidade Federal de Pernambuco. Professor de cursos de graduação e pós-graduação em direito tributário e financeiro. Organizador e autor da Coleção Súmulas.

AUTORES

ANDRÉ LUIZ SANTA CRUZ RAMOS

Procurador Federal. Bacharel e Mestre em Direito Processual Civil pela UFPE. Pós-graduado em Direito da Economia e da Empresa pela FGV-RJ. Pós-graduado em Direito da Concorrência pela FGV-SP. Doutor em Direito Empresarial pela PUC-SP. Professor de Direito Empresarial do Centro Universitário IESB-DF.

E-mail: alscramos@hotmail.com

EDUARDO AUGUSTO MADRUGA DE FIGUEIREDO FILHO

Mestre em direito processual pela Universidade de Coimbra. Pós-Graduado em Direito Processual Civil pelo Centro Universitário de João Pessoa. Coordenador da Pós-Graduação de processo civil do Instituto de Ensino Superior da Paraíba – IESP. Professor do Instituto de Ensino Superior da Paraíba – IESP, da Escola Brasileira de Ensino Jurídico pela Internet – EBEJI e da Escola Superior da Paraíba – ESA. Diretor da Associação Brasileira de Advogados – Paraíba – ABA-PB. Membro da Associação Brasileira de Direito Processual – ABDPRO e da Associação Norte e Nordeste de Professores de Processo – ANNEP. Advogado.

LUCIANO L. FIGUEIREDO

Advogado. Sócio Fundador do Luciano Figueiredo Advocacia e Consultoria. Doutorando em Direito Civil pela Pontifícia Universidade Católica de São Paulo (PUC/SP). Mestre em Direito Privado e Econômico pela Universidade Federal da Bahia (UFBA). Especialista (Pós-Graduado) em Direito do Estado pela Universidade Federal da Bahia (UFBA). Graduado em Direito pela Universidade Salvador (UNIFACS). Professor de Direito Civil. Palestrante. Autor de Artigos Científicos e Livros Jurídicos.

Periscope: @lucianofigueiredo.

Fanpage: Luciano Lima Figueiredo.

Twitter: @civilfigueiredo.

Instagram: @lucianolimafigueiredo.

E-mail: luciano@lucianofigueiredo.adv.br

RINALDO MOUZALAS DE SOUZA E SILVA

Doutorando pela UFPE – Universidade Federal de Pernambuco. Mestre em Processo e Cidadania pela Universidade Católica de Pernambuco – UNICAP. Especialista em Processo Civil pela Universidade Potiguar – UnP. Graduado em Ciências Jurídicas e Sociais pela Universidade Federal da Paraíba – UFPB. Membro do Instituto Brasileiro de Direito Processual – IBDP. Membro da Associação Brasileira de Processo – ABDPro. Membro da Associação Norte e Nordeste de Professores de Processo – ANNEP. Professor da Universidade Federal da Paraíba – UFPB. Advogado. Consultor Jurídico.

ROBERTO L. FIGUEIREDO

Procurador do Estado da Bahia. Advogado e Professor. Mestre em Direito pela Universidade Federal da Bahia. Sócio do Escritório de Advocacia Pedreira Franco Advogados Associados. Professor de Direito Civil da Laureate School - Universidade Salvador (UNIFACS) e do Complexo de Ensino Renato Saraiva - CERS. Professor Convidado da Escola Superior de Magistrados da Bahia – EMAB. Palestrante e Autor de Artigos Científicos.

Periscope: @Roberto_civil.

Fanpage: Roberto Figueiredo.

Twitter: @Roberto_civil.

Instagram: @Roberto_civil.

E-mail: roberto@pedreirafranco.adv.br.

Sumário

PARTE I - DIREITO CIVIL

Luciano L. Figueiredo
Roberto L. Figueiredo

PARTE II – DIREITO PROCESSUAL CIVIL

Rinaldo Mouzalas de Souza e Silva
Eduardo Augusto Madruga de Figueiredo Filho

PARTE III - DIREITO EMPRESARIAL

André Luiz Santa Cruz Ramos

Parte I

Direito Civil

Luciano L. Figueiredo

Roberto L. Figueiredo

Apresentação

Que felicidade!!!! Mais uma obra juntos! E esta tem um sabor especial...

Trata-se de um livro destinado aos alunos aos quais nos dedicamos há anos, nos mais diversos cursos preparatórios para a OAB, espalhados pelo país. Seja na Bahia, em Pernambuco, no Rio de Janeiro, em Minas Gerais, em São Paulo, no Paraná... acompanhar inúmeros aprovados e ajudá-los, tanto na primeira como na segunda fase, é uma dádiva!

E justamente com o objetivo de ajudá-los mais e mais, é que nasceu este livro.

Sistematizado, conciso, objetivo, claro, didático... Enfim, um livro sob medida para a sua aprovação! Nem é longo demais, haja vista o curto espaço de tempo de preparação para a prova, e nem reduzido demais, para não deixarmos temas descobertos de análise.

Como novidades, verifica-se uma edição de acordo com o Novo Código de Processo Civil, o Estatuto da Pessoa com Deficiência e as recentes alterações do Código Civil sobre Fundações, Lei de Mediação, Lei de Arbitragem, Direito de Laje e Condomínio de Lotes, Tutela, Multipropriedade e Capacidade Núbil.

Ainda nas novidades, conta a obra com as modificações sofridas pela Lei de Introdução às Normas do Direito Brasileiro (LINDB), as quais ocasionaram a inserção de 11 (onze) novos artigos. Ademais, há um novo capítulo – dedicado ao tema prova – e profundas revisões e ampliações em todo o texto, com novas questões das últimas provas da OAB.

Trata-se, em síntese, de uma edição revista, ampliada e atualizada.

Nos concentramos em confeccionar algo recortado, objetivo, com a cobertura de todos os temas da prova e que refletisse estes anos de caminhada no magistério voltado para o Exame de Ordem.

Agora é com vocês. Esperamos que alcancem a merecida aprovação!

Um abraço e vamos juntos!!!

Salvador, 5 de junho de 2019.

Luciano L. Figueiredo
E-mail: luciano@lucianofigueiredo.adv.br
Fanpage: Luciano Lima Figueiredo (Professor)
Instagram: @lucianolimafigueiredo
Twitter: @civilfigueiredo

Roberto Figueiredo
E-mail: roberto@pedreirafranco.adv.br
Fanpage: Roberto Figueiredo (Professor)
Instagram: @Roberto_Civil
Twitter: @Roberto_Civil

PARTE GERAL

Lei de Introdução às Normas de Direito Brasileiro (LINDB)

1. NOÇÕES INTRODUTÓRIAS

A chamada Lei de Introdução ao Código Civil (LICC) sofreu modificação terminológica em seu batismo, através da Lei nº 12.376/10, passando a se chamar de **Lei de Introdução às Normas do Direito Brasileiro (LINDB)**.

A mudança veio em boa hora, ao passo que consiste em **norma jurídica autônoma,** aplicável sobre todo o ordenamento jurídico, e não apenas ao Direito Civil.

Tal fato, registra-se, torna-se progressivamente mais claro, ao passo que o **objeto legislativo** da LINDB só se amplia. Veja-se, por exemplo, a recente Lei 13.655/18, a qual incluiu novos 11 (onze) artigos na norma base, todos dedicados à interpretação das normas pelos agentes públicos.

A referida lei encontra assentamento legal no **Decreto-Lei nº 4657/42**, com 30 (trinta) artigos, e nas **Leis Complementares nº 95/98** e **107/2001**. Serve, em verdade, para regular a elaboração e aplicação das normas de todo sistema legal.

Estruturalmente a Lei de Introdução divide-se em:

- **Art. 1º e 2º** – Vigência das normas;
- **Art. 3º** – Obrigatoriedade (eficácia) geral e abstrata das normas;
- **Art. 4º** – Integração normativa;
- **Art. 5º** – Interpretação das normas;
- **Art. 6º** – Aplicação da norma no tempo (Direito Intertemporal);
- **Arts. 7º a 19** – Aplicação da lei no espaço (Direito Espacial ou Internacional Privado).
- **Arts. 20 a 30 – Interpretação das Normas pelos Agentes Públicos.**

Objetivando conferir uma visão didática e apta a habilitar os candidatos à sonhada aprovação no Exame da Ordem dos Advogados do Brasil (OAB), passa-se a análise dos **elementos estruturais**.

2. VIGÊNCIA

A **promulgação** da norma, somada à sua consequente **publicação**, gera **existência e validade** do texto legal. Todavia, tais fatos (promulgação e publicação) não são capazes de, necessariamente, operar a **vigência**.

Traduz à **validade** da norma o estado de consonância desta com o sistema jurídico, seja na perspectiva **material ou formal**. Uma norma para ser considerada válida deverá guardar plena harmonia com as disposições da Constituição Federal de 1988, bem como com as leis infraconstitucionais (**perspectiva material ou validade material**), tendo sido elaborada de acordo com o devido processo legislativo (**perspectiva formal ou validade formal**).

Deste modo, uma emenda constitucional não poderá ser criada sem a aprovação de 3/5 (três quintos) do Congresso Nacional, com votação em dois turnos, nos termos do artigo 60, § 2º da Constituição Federal. Trata-se de critério formal – devido processo legislativo. Demais disto, não pode ir de encontro à **principiologia constitucional** (critério material).

A verificação da validade normativa, como dito alhures, não gera, **necessariamente**, a sua eficácia (vigência/coercibilidade).

A regra geral é que haja, entre a publicação (existência e validade) e a vigência (eficácia/coercibilidade) normativa, um intervalo de tempo no qual a norma existe, é **válida, mas** ainda **não produz efeitos** (está hibernando). Tal intervalo de tempo é denominado de ***vacatio legis***, sendo, em regra, de **45 (quarenta e cinco) dias para o território nacional e 3 (três) meses para o território estrangeiro** (art. 1º LINDB).

A *vacatio legis* também poderá ser fixada pelo legislador em outro prazo qualquer. Um belo exemplo ocorreu com o advento do Código de Processo Civil (CPC/15), cuja ***vacatio legis*** foi de 1 (um) ano (art. 1.045, CPC/15). Outro salutar exemplo se deu com o Código Civil (CC/02), cujo prazo de *vacatio* também foi de 1 (um) ano (art. 2.044 do CC/02).

Desta forma, o prazo da *vacatio legis* previsto na LINDB incidirá apenas na hipótese de **omissão** do legislador; ou seja: se este não prever, na própria lei publicada, prazo distinto.

Exemplos de Autodeclaração!	
Estatuto da Pessoa com Deficiência (Lei Federal nº 13.146 de 06 de julho de 2015)	"Art. 127. Esta Lei entra em vigor após decorridos 180 (cento e oitenta) dias de sua publicação oficial".
Lei da Mediação (Lei Federal nº 13.140 de 26 de julho de 2015)	"Art. 47. Esta Lei entra em vigor após decorridos cento e oitenta dias de sua publicação oficial".
Lei da Arbitragem (Lei Federal nº 13.129 de 26 de maio de 2015)	"Art. 5º Esta Lei entra em vigor após decorridos 60 (sessenta) dias de sua publicação oficial".
Novo Código de Processo Civil (Lei Federal nº 13.105 de 16 de março de 2015)	"Art. 1.045. Este Código entra em vigor após decorrido 1 (um) ano da data de sua publicação oficial".

Tal lapso de tempo objetiva gerar o conhecimento da norma, a qual irá obrigar a todos. Justo por isso, **as normas de pequena repercussão podem ser liberadas**, pelo legislador, da *vacatio.*

Interessante observar que o artigo 8º, § 1º, da Lei Complementar 95/98 estabelece **regra diferenciada de contagem do** aludido **prazo de vacância**, a qual se dará com a inclusão da data da publicação e do último dia do prazo, entrando a norma em vigor no dia subsequente à sua consumação integral. Destarte, a contagem do prazo de *vacatio legis* é realizada de forma diversa da prevista no artigo 132 do Código Civil de 2002, em que é *"excluído o dia do começo, e incluído o do vencimento"*.

Para fácil visualização:

> **Atenção!**
>
> Os atos administrativos e as Emendas Constitucionais **não se submeterão à *vacatio legis*,** de modo que entrarão em vigor imediatamente a partir da dada da sua publicação.
>
> Também é importante recordar que a lei entrará em vigor simultaneamente, de uma só vez, em todo o território nacional. A isto se convencionou chamar de princípio da **vigência sincrônica ou simultânea** da norma.

2.1. Modificação da lei

A LINDB também prevê a possibilidade de **correção** à texto de lei. O tema é tratado nos §§ 3º e 4º do art. 1º da referida norma.

A modificação da lei deverá seguir, essencialmente, **duas regras**, amplamente cobradas nos certames da OAB, quais sejam:

- A modificação de **lei já em vigor** somente poderá ocorrer por meio de **lei nova**, conforme § 4º, do artigo 1º da LINDB, havendo NOVO prazo de *vacatio;*
- A modificação de **lei que esteja em *vacatio legis*** deve acontecer através **nova publicação de seu texto**, sendo conferido um NOVO prazo de *vacatio*.

2.2. Princípio da continuidade ou permanência da norma

Se a lei superou a *vacatio* e entrou em vigor, em regra se submete ao **princípio da continuidade ou permanência**. Com isso, a lei **permanece em vigor até que outra, no todo ou em parte, venha revogá-la.** Portanto, os **usos e costumes não revogarão a lei**. Apenas uma lei nova poderá, expressa ou tacitamente, revogar uma lei anterior.

A revogação pode ser **classificada**:

- **Quanto à extensão:**

  a) **Ab-Rogação** – revogação total, a exemplo da realizada pelo CC/2002 em relação ao CC/1916. Outro exemplo diz respeito ao CPC/15 que revogou o de 73;

  b) **Derrogação** – revogação parcial, a exemplo da realizada pelo CC/2002 à primeira parte do Código Comercial. Outro exemplo diz respeito ao CPC/15 que derrogou o CC/2002, a exemplo do art. 456.

- **Quanto à forma:**

  a) **Expressa** - Deve ser a regra, na dicção do art. 9º da Lei Complementar 95/98, pois ocasiona segurança jurídica.

  b) **Tácita** - Decorre de **incompatibilidade** ou quando **uma nova norma regula todo o tema tratado pela lei anterior, com colisões (antinomia jurídica aparente).** Afirma a doutrina que essa revogação tácita pode ser dar com fulcro no:

  i. **Critério Hierárquico:** norma SUPERIOR revoga norma inferior;

  ii. **Critério Cronológico:** norma MAIS NOVA revoga a mais antiga e

  iii. **Critério da Especialidade:** norma ESPECÍFICA revoga norma geral.

Todavia, fiquem atentos: **A lei nova, que estabeleça disposições gerais ou especiais a par das já existentes (sem incompatibilidade ou antinomia jurídica aparente), não revoga e nem modifica a lei anterior** (art. 2º, § 2º, da LINDB). Afinal, plenamente possível que um mesmo tema seja, concomitantemente, tratado por mais de uma norma, a exemplo do tema licitações, o qual possui lei nacional e leis estaduais.

Ademais, digno de nota recordarmos que excepcionalmente é possível que se verifique a chamada **ultratividade, pós-atividade ou pós-eficácia normativa**. Ou seja, quando uma norma já revogada (sem vigência) ainda possui vigor. Aplica-se a:

a) **Normas circunstanciais:** aquelas que regram um determinado fato (uma situação jurídica específica), durante uma determinada circunstância. Exemplifica-se com leis que se aplicam no tempo de guerra.

b) **Normas temporárias:** aquelas que tem vigência pré-programada, com data limite de finalização da vigência, a exemplo de normas de organização orçamentária, como planos plurianuais, cuja vigência é de 4 (quatro) anos.

Todavia, a hipótese de **ultratividade** normativa mais lembrada nas provas é a relativa à norma que se aplica à sucessão. De fato, a norma sucessória regente será a da época do **óbito**, e não a do curso do inventário, na exata dicção do artigo 1.787 do Código Civil (*Droit de Saisine*).

Destarte, se uma pessoa morreu antes da vigência do CC/2002, mas a abertura do inventário se deu depois, ainda assim será aplicável o Código de 1916 no momento da partilha. Isto, porque, malgrado a partilha se dá já na vigência do Código Civil de 2002, ela terá **efeito retroativo** (*ex-tunc*), retrocedendo até o momento do óbito - art. 1.784 do CC,

Nesse diapasão observa-se a Súmula 112 do STF, a qual impõe que a alíquota do imposto *causa mortis* será o do momento da abertura da sucessão, ou seja, do óbito. Portanto é irrelevante a modificação posterior da alíquota. A explicação é clarividente: a partilha terá **efeito retroativo**, implementando a transmissão proprietária desde a época do óbito, sendo, nesta data, a consumação do fato gerador tributário.

2.3. Repristinação

Repristinação é a **restauração da norma**, o seu renascimento. No Brasil, é **excepcional**, demandando **disposição normativa expressa**.

A casuística, em regra, **cobrada** na prova é a seguinte: A Lei "A" está em vigor e é revogada pelo advento da Lei "B", a qual é revogada pela lei "C". Pergunta-se: a revogação da Lei "B", pela Lei "C", repristina (retoma) os efeitos da Lei "A"?

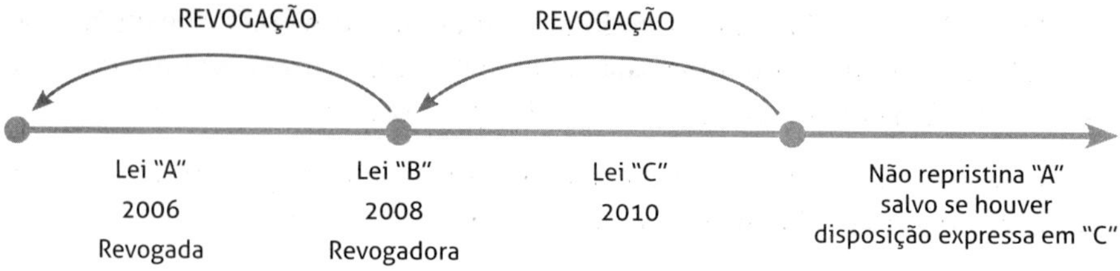

A resposta é negativa.

Conforme o artigo de lei mencionado, "a lei revogada não se restaura por ter a lei revogadora perdido a vigência" Mas atente que o dispositivo **ressalva** as hipóteses de **expressa disposição em sentido contrário na nova norma legal;** leia-se: Lei "C".

Todavia, malgrado a regra ser da repristinação apenas por determinação expressa, fato ser possível, excepcionalmente, falar-se em **repristinação tácita.**

Um bom exemplo está previsto no artigo 27 da Lei nº 9.868/99 (Lei que regula o Controle Direto de Constitucionalidade), ao viabilizar uma **repristinação por via Oblíqua/Indireta,** como efeito anexo da decisão que reconhece a inconstitucionalidade normativa. Por exemplo, a Lei "A" é revogada pela Lei "B". A Lei "B" é declarada inconstitucional em sede de Ação Direta de Inconstitucionalidade - leia-se: controle concentrado. Nesta hipótese, como a Lei "B" é inconstitucional desde o seu nascedouro - pois a decisão possui eficácia, em regra, *ex-tunc* (retroativa) -, é como se a Lei B nunca tivesse revogado a Lei "A", existindo, por consequência, efeito repristinatório da Lei A (repristinação oblíqua, indireta ou tácita).

No entanto, é preciso ressalvar que esta hipótese só é possível no controle de constitucionalidade **concentrado,** ficando inviável no controle difuso, que não contempla efeito *erga omnes*, mas somente *inter partes.*

Igualmente, apenas é possível se, no aludido controle, a **decisão possui eficácia retroativa,** não sendo aplicado em casos nos quais o STF modula os efeitos decisórios, através da maioria de 2/3 (dois terços) dos seus membros, com o escopo de assegurar segurança jurídica ou excepcional interesse social (vide art. 27 da Lei 9.868/99).

3. OBRIGATORIEDADE DAS NORMAS

A ninguém é dado alegar o desconhecimento da lei para deixar de cumpri-la. Este entendimento decorre do **Princípio da Obrigatoriedade** que, **em regra, proíbe** a alegação do **erro de direito.**

Para o Direito, há uma presunção no sentido de que o conhecimento (eficácia) da lei decorre de sua **publicação**. Justamente aqui se insere a já mencionada importância da ***vacatio legis***, para maior divulgação do novel diploma.

Nessa senda resta inviável a alguém, pela regra geral, requisitar que não seja punido por **desconhecimento** de uma norma que não cumpriu.

Ademais, percebe-se que a LINDB acolheu o **sistema da obrigatoriedade simultânea (ou vigência sincrônica)**, obrigando a norma, simultaneamente, em todo o território nacional. Tal sistema é diverso do anterior, o qual pregava uma obrigatoriedade gradativa ou progressiva, quando a norma primeiro entrava em vigor no Distrito Federal, depois nos estados litorâneos e, por último, nos demais estados.

Dúvida relevante é a seguinte: a presunção de conhecimento das leis é **absoluta**?

Não, pois o próprio ordenamento convive com hipóteses específicas e isoladas nas quais o erro de direito é tolerado. Assim, não se pode alegar desconhecimento da lei, a não ser em casos **excepcionais**. No direito civil, foco do estudo, cita-se e exemplo do erro de direito como viável a gerar a anulação do negócio jurídico (CC, art. 139, III).

4. INTEGRAÇÃO NORMATIVA

É consabido que a **fonte primaz do direito é a lei**. Logo, cabe ao magistrado decidir as lides com base no texto normativo. Entretanto, por vezes, chega até as mãos do Juiz uma situação sobre a qual não há regramento legislativo prévio, ou seja, uma situação na qual há uma **lacuna**. Neste caso, caberá ao Juiz lançar mão do método de integração de lacunas.

Integrar é preencher lacunas, consistindo em uma **atividade de colmatação**. Decorre das seguintes **premissas**:

a) O legislador não tem como abarcar todos os tipos de conflitos possíveis em uma sociedade, havendo lacunas aparentes.

b) É **vedado** ao magistrado deixar de julgar a lide alegando lacuna ou qualquer outra justificativa (vedação ao *no liquet* – art. 140 do CPC/15).

Se lacunas legislativas existem e se ao juiz é vedado deixar de decidir, torna-se necessária a existência de um mecanismo de integração da norma para o preenchimento de eventuais lacunas. Aqui se insere o art. 4º da LINDB, utilizando-se da **analogia**, dos **costumes** e dos **princípios gerais do direito**.

De pronto, uma primeira dúvida salta aos olhos: e a **equidade**? Seria a equidade um método de colmatação de lacunas?

A equidade é o senso de justiça, o valor de justo. Tal equidade não está expressamente noticiada na LINDB como método de integração normativa, não se enquadrando como um método típico. Entretanto, o art. 140, parágrafo único, do CPC/15, **autoriza** o seu uso, **apenas** se houver **permissivo legal expresso.**

Conclui-se: a equidade é um método de integração **atípico** utilizável sempre que a lei expressamente a autorizar, tendo-se como exemplos:

- **Art. 413 do CC/02** – A cláusula penal abusiva deve ser reduzida pelo magistrado equitativamente.
- **Art. 944, parágrafo único, do CC** – Possibilita ao juiz diminuir o *quantum* indenizatório decorrente da responsabilidade civil, quando houver desnivelamento entre o grau de culpa e a extensão do dano – **culpa mínima e dano máximo**. Consiste em exceção ao Princípio da Reparação Integral.

Dito isto, avançaremos para o estudo dos métodos típicos de **integração** normativa.

4.1. Analogia

Consiste na **integração** através da **comparação** com uma regra legal **já existente**, Afinal, *onde há a mesma razão, aplica-se o mesmo direito* (*ubi eadem ratio ibi idem ius*).

Hipóteses de analogia:

I) **Analogia *Legis*** – quando compara com uma situação prevista em uma lei específica.

II) **Analogia *Iures*** – quando compara com uma situação trabalhada dentro do sistema como todo, lançando mão de um conjunto de normas e princípios.

Ex.: União homoafetiva. Não há lei regulamentando essa união. Em face da ausência normativa, **o Juiz não pode se eximir de julgar**, abrindo-se duas alternativas:

I) Compara e aplica os preceitos da legislação da união estável – **analogia *legis*;**

II) Compara e aplica os **princípios constitucionais** da Liberdade, Pluralidade de Famílias, Dignidade da Pessoa Humana e diversos sistemas legislativos, como previdenciário, sucessório, familiar... – analogia *iures*. Neste caso específico, nosso sistema optou por esta segunda hipótese, conforme julgamento da ADI 132/RJ.

Registra-se que o uso da analogia não é ilimitado. Assim, por exemplo, a utilização da analogia no direito penal e tributário só é autorizada *in bonam partem* (em favor da parte). Dessa forma, **há uma limitação** ao uso do instituto em tais ramos do direito.

4.2. Costumes

Os costumes, como método integrativo, **nunca podem ser *contra legem*** (contra a lei), ao passo que é proibida a revogação da norma em decorrência dos usos e costumes – vedação ao *consuetudo ab-rogatorio ou dessuetudo consuetudinaria.*

São encontrados, porém, no ordenamento brasileiro, os costumes ***secundum legem*** e ***praeter legem***.

Os **costumes *secudum legem*** são hipóteses em que o próprio legislador resolve não disciplinar a matéria, remetendo aos costumes. Neste caso não há lacuna, mas sim opção legislativa. Um bom exemplo é o art. 113 do CC, que vaticina a observância dos usos do local na aplicação da boa-fé. Tais costumes **não traduzem mecanismo de integração**, ao passo que não há lacuna, mas mera opção legislativa de tratamento pelos usos.

O verdadeiro método integrativo é o costume dito *praeter legem*, o qual incide no silêncio da norma.

Um bom exemplo é o costume do cheque pré-datado – ou pós-datado, para alguns –, o qual é desprovido de regramento legal e regulado pelos **costumes**. Afinal, recorda-se, cheque é ordem de pagamento à vista, porém, é corriqueiro no comércio o uso do cheque com data posterior.

Registra-se que tal costume é tão forte que levou o Superior Tribunal de Justiça a editar a **Súmula 370, STJ**, a qual firma que a apresentação do cheque pré-datado antes do prazo estipulado gera o dever de indenizar.

4.3. Princípios gerais do direito

São princípios universais utilizados para **colmatação** de lacunas. Remetem ao direito romano, sendo expressos ou implícitos na norma. Exemplifica-se com: i) não lesar a ninguém; ii) dar a cada um o que é seu; iii) viver honestamente.

5. INTERPRETAÇÃO DA NORMA

Interpretar significa **buscar o alcance e o sentido da norma**.

Antigamente dizia-se que na clareza da lei não há interpretação (*"In claris interpretatio cessit"*) , mas esse é um brocado que não mais subsiste, pois a simples conclusão de que a norma é clara significa que esta já restou interpretada.

Afirma a LINDB que toda interpretação da norma deve levar em conta os fins sociais a que se destina e as exigências do bem comum. A isto vem chamando a doutrina de **função social da norma**.

De cada interpretação pode-se extrair resultados **ampliativos, declaratórios e restritivos**. Quando se tratar de norma jurídica referente a direitos e garantias fundamentais (individuais e sociais), a interpretação será sempre **ampliativa.** Em sede de Direito Administrativo, a interpretação deve ser **declaratória**, porquanto o princípio da reserva legal é corolário da legalidade estrita (art. 37, CF/88). No Direito Penal, se impõe uma significação **restritiva** das normas que veiculam sanções, afinal de contas, *nulla poena sine praevia lege* (tipicidade). Já no Direito Civil observa-se uma interpretação **restritiva** em relação a normas que estabelecem privilégio, benefício, sanção, renúncia, fiança, aval e transação (CC, arts. 114, 819 e 843).

A chamada **interpretação autêntica** é aquela conferida pelo próprio legislador, criador da norma (Poder Legislativo). Nela, o próprio órgão que cria o texto normativo o interpreta, para que dúvidas não pairem sobre o mesmo.

Ao lado dessa interpretação autêntica, admite-se ainda a interpretação realizada **pelo próprio Poder Judiciário** e **pela doutrina**.

6. APLICAÇÃO DA LEI NO TEMPO

Quando uma lei nova surge para regulamentar certa matéria ela se aplica aos **fatos pendentes**, especificamente às suas **partes novas**, e **aos fatos futuros**, conforme se conclui a partir do artigo 6º da LINDB e artigo 5º, XXXVI da CF.

Infere-se, portanto, a existência do **princípio da irretroatividade da norma**. Assim, a regra é que a lei nova não pode alcançar fatos pretéritos a sua vigência.

Nessa senda, uma **lei nova** não se aplicará a um contrato já celebrado e quitado. Acaso o contrato já tenha sido celebrado, mas ainda não tenha sido quitada todas as prestações, a lei nova apenas se aplicará às prestações em aberto. Por fim, se o contrato for inteiramente novo, celebrado após a nova norma, a esta ele se submeterá por inteiro.

O que se busca, com este ideal de irretroatividade, é a preservação da **segurança jurídica.** A desconstituição de fatos pretéritos por legislação nova daria espaço a um cenário indesejado de insegurança.

Nada obstante, o mesmo dispositivo legal prevê exceção a esta regra – leia-se: situações de **retroatividade normativa** –, desde que atendidos os seguintes **requisitos**:

I) **Expressa** disposição nesse sentido;

II) Se esta retroatividade não violar o **ato jurídico perfeito**, a **coisa julgada** e o **direito adquirido**.

O **direito adquirido** consiste naquilo que se incorporou ao patrimônio do titular. Ressalta-se que inexiste direito adquirido em face da nova ordem constitucional, como também a regime jurídico estatutário.

A **coisa julgada** traduz a imutabilidade de uma decisão exarada em um processo. É aquela decisão impassível de ataque via recursal.

O **ato jurídico perfeito** é aquele perpetrado em consonância com determinada norma jurídica vigente ao seu tempo, estando perfeito e acabado, não podendo ser desfeito pelo advento de outra norma.

São chamados de **atos jurídicos continuativos** aqueles que nascem sob a vigência de uma norma e produzem efeitos na vigência de outra. Sobre eles, importante estar atento ao artigo 2.035 do CC/02, pois a **existência** e **validade** normativa se submetem à lei da época da celebração do negócio jurídico, mas a **eficácia** estará submetida à lei nova. É o que ocorre, por exemplo, com o contrato celebrado na vigência do CC/16 e que produz efeitos no CC/02, uma vez que terá a sua existência e validade tratada à luz do CC/16, enquanto que os seus efeitos serão analisados à luz do CC/02.

7. EFICÁCIA DA LEI NO ESPAÇO (DIREITO INTERNACIONAL PRIVADO)

Tendo em vista a soberania nacional, o Direito Brasileiro está submetido ao **Princípio da Territorialidade Moderada/Mitigada**. Assim, no território brasileiro, **em regra**, se aplica a lei brasileira. **Excepcionalmente**, porém, é aplicável a norma estrangeira no território brasileiro, desde que haja disposição legal expressa neste sentido.

Nessa ordem de ideias, passa-se ao estudo de situações nas quais há tal **mitigação da territorialidade**.

a) **Estatuto Pessoal** – Como bem pontua o artigo 7º da Lei de Introdução, aplica-se a **lei do domicílio** para reger: **I) nome; II) capacidade; III) começo e fim da personalidade; IV) direito de família.**

▸ **Atenção!**

Enunciado 408 – V Jornada de Direito Civil – CJF: Para efeitos de interpretação da expressão "domicílio" do art. 7º da Lei de Introdução às Normas do Direito Brasileiro, deve ser considerada, nas hipóteses de litígio internacional relativo à criança ou adolescente, a residência habitual destes, pois se trata de situação fática internacionalmente aceita e conhecida.

Em relação ao direito das famílias, recorda-se que, mesmo na aplicação da norma estrangeira, há de ser respeitado os **ditames públicos nacionais**, a exemplo na monogamia. Assim, não é viável àquele que é domiciliado em um país poligâmico ter um casamento poligâmico no Brasil, por exemplo.

Ainda no que tange ao **casamento**, o art. 18 da LINDB sofreu recente **alteração**, com inclusão dos parágrafos primeiro e segundo. Dessa forma, atualmente, as autoridades consulares brasileiras também poderão celebrar a separação consensual e o divórcio consensual de brasileiros, não havendo filhos menores ou incapazes do casal e observados os requisitos legais quanto aos prazos e a presença obrigatória de advogado. Na escritura pública deverá constar as disposições relativas à descrição e à partilha dos bens comuns, à pensão alimentícia e, ainda, o acordo quanto à retomada pelo cônjuge de seu nome de solteiro ou à manutenção do nome adotado quando se deu o casamento. Trata-se de uma aplicação, por **analogia** e na seara internacional, da possibilidade do divórcio extrajudicial.

b) Conflito sobre BENS IMÓVEIS SITUADOS FORA DO BRASIL, aplica-se a **lei do lugar onde estiver situado** (art. 8º da LINDB). Assim, execução hipotecária cujo bem hipotecado está no Paraguai se submete à legislação paraguaia. Já se o BEM FOR MÓVEL, se aplicará a **lei do domicílio do proprietário**. Já no PENHOR, aplicar-se-á a **norma do domicílio da pessoa que estiver na posse do bem empenhado**.

c) O CONTRATO INTERNACIONAL se reputa formado **onde residir o seu proponente, sendo esta a legislação aplicável** e o foro competente (art. 9º, § 2º, LINDB). Enfatiza-se que este dispositivo apenas se aplica a contratos internacionais. Para os CONTRATOS CELEBRADOS NO BRASIL, há norma específica reputando-os celebrados no local em que foi proposto (art. 435 do CC/02). Ademais, se o CONTRATO CELEBRADO NO EXTERIOR deva ser EXECUTADO NO BRASIL e a norma brasileira exigir forma especial, esta haverá de ser respeitada;

d) A SUCESSÃO será regulada pela **lei do domicílio** DO ESTRANGEIRO. Todavia, caso o estrangeiro tenha BENS IMÓVEIS NO BRASIL, em relação a estes bens, o **processo tramitará no Brasil**, aplicando-se, neste caso, a **lei mais benéfica ao cônjuge ou descendentes brasileiros** (arts. 23, II do CPC; 10, § 1º da LINDB e 5º, XXXI CF/88). Em outras palavras, quando o estrangeiro morre e deixa bens imóveis no Brasil, a **competência** para processar e julgar a ação de inventário e partilha desses bens é exclusiva do Brasil. Tal partilha, todavia, não se fará necessariamente com **base** na lei brasileira, mas sim **na lei sucessória mais benéfica** ao cônjuge ou descendentes brasileiros

> ▸ Atenção!
>
> Recorda-se que, de acordo com o CPC/15, em seu art. 376. "*A parte que alegar direito municipal, estadual, estrangeiro ou consuetudinário provar-lhe-á o teor e a vigência, se assim o juiz determinar*".

e) As **sentenças, cartas rogatórias e laudos arbitrais estrangeiros** podem ser **executados no Brasil,** sendo relevantes as seguintes **considerações:**

I) **Tradução por Interprete Autorizado.**

II) **Prova do Trânsito em Julgado da Sentença Estrangeira**, consoante orientação da Súmula 420 do STF.

III) **Filtragem Constitucional**. A decisão estrangeira não poderá contrariar a soberania nacional, a ordem pública e aos bons costumes.

IV) **Homologação pelo STJ (*exequatur*)**, que se dará por procedimento especial submetido às formalidades insculpidas nos artigos 960 e 965 do CPC/15. Tal homologação é de competência do STJ, por força da Emenda Constitucional 45/04. Após a dita homologação, o efetivo cumprimento caberá à Justiça Federal.

> ▸ Atenção!
>
> A **sentença estrangeira de divórcio consensual** produz efeitos no Brasil, **independentemente de homologação pelo STJ**. Neste caso, competirá a qualquer juiz examinar a validade da decisão, quando esta questão for suscitada em processo de sua competência.

Obviamente que não será homologada a decisão estrangeira na hipótese de competência **exclusiva** da autoridade judiciária brasileira.

8. INTERPRETAÇÃO DAS NORMAS PELOS AGENTES PÚBLICOS

Conforme apontado na abertura deste capítulo, a chamada Lei de Introdução ao Código Civil (LICC) sofreu modificação terminológica em seu batismo, através da Lei nº 12.376/10, passando a se chamar de **Lei de Introdução às Normas do Direito Brasileiro (LINDB)**.

A mudança veio em boa hora, ao passo que consiste em **norma jurídica autônoma,** aplicável sobre todo o ordenamento jurídico, e nao apenas ao Direito Civil.

Tal fato, registra-se, torna-se **progressivamente mais claro**, ao passo que o objeto legislativo da LINDB só se amplia. Veja-se, por exemplo, a recente Lei 13.655/18, a qual incluiu novos 11 (onze) artigos na norma base, todos dedicados à **interpretação das normas pelos agentes públicos.**

É, justamente, sobre esta mais recente **mudança** da LINDB que passaremos a nos dedicar.

De pronto, importante frisar que as mudanças em comento dizem respeito ao **direito administrativo.** Assim, tendo em vista o recorte civilista desta obra, obviamente que faremos uma análise mais superficial, no nível de possível cobrança na prova de Direito Civil.

Pois bem.

Nas esferas administrativa, controladora e judicial, **não se decidirá com base em valores jurídicos abstratos** sem que sejam consideradas as consequências práticas da decisão. Assim, a motivação demonstrará a necessidade e a adequação da medida imposta ou da invalidação de ato, contrato, ajuste, processo ou norma administrativa, inclusive em face das possíveis alternativas.

A decisão que, nas esferas administrativa, controladora ou judicial, decretar a invalidação de ato, contrato, ajuste, processo ou norma administrativa deverá indicar, de modo expresso, suas consequências jurídicas e administrativas. Tal decisão deverá, quando for o caso, indicar as condições para que a regularização ocorra de **modo proporcional e equânime** e **sem prejuízo aos interesses gerais,** não se podendo impor aos sujeitos atingidos ônus ou perdas que, em função das peculiaridades do caso, sejam anormais ou excessivos.

Na interpretação de normas sobre gestão pública, serão considerados os obstáculos e as dificuldades reais do gestor e as exigências das políticas públicas a seu cargo, **sem prejuízo** dos direitos dos administrados. Nessa linha:

a) Em decisão sobre regularidade de conduta ou validade de ato, contrato, ajuste, processo ou norma administrativa, serão consideradas as circunstâncias **práticas** que houverem imposto, limitado ou condicionado a ação do agente;

b) Na aplicação de sanções, serão consideradas a natureza e a gravidade da infração cometida, os danos que dela provierem para a administração pública, as circunstâncias **agravantes** ou **atenuantes** e os **antecedentes** do agente

c) As sanções aplicadas ao agente serão levadas em conta na **dosimetria** das demais sanções de mesma natureza e relativas ao mesmo fato.

A decisão administrativa, controladora ou judicial que estabelecer interpretação ou orientação nova sobre norma de conteúdo indeterminado, impondo novo dever ou novo condicionamento de direito, deverá prever **regime de transição quando indispensável** para que o novo dever ou condicionamento de direito seja cumprido de modo proporcional, equânime e eficiente e sem prejuízo aos interesses gerais.

A **revisão**, nas esferas administrativa, controladora ou judicial, quanto à validade de ato, contrato, ajuste, processo ou norma administrativa cuja produção já se houver completado, levará em conta as orientações gerais da época, sendo **vedado** que, com base em mudança posterior de orientação geral, se declarem inválidas situações plenamente constituídas. Consideram-se orientações gerais as interpretações e especificações contidas em atos públicos de caráter geral ou em jurisprudência judicial ou administrativa majoritária, e ainda as adotadas por prática administrativa reiterada e de amplo conhecimento público.

Para eliminar irregularidade, incerteza jurídica ou situação contenciosa na aplicação do direito público, inclusive no caso de expedição de licença, a autoridade administrativa poderá, **após oitiva** do órgão jurídico e, quando for o caso, após realização de consulta pública, e presentes razões de relevante interesse geral, celebrar **compromisso** com os interessados, observada a legislação aplicável, o qual só produzirá efeitos a partir de sua publicação oficial. Tal compromisso:

a) buscará solução jurídica proporcional, **equânime**, **eficiente** e **compatível** com os interesses gerais;

b) não poderá conferir **desoneração** permanente de dever ou condicionamento de direito reconhecidos por orientação geral;

c) deverá prever com clareza as **obrigações das partes**, o **prazo** para seu cumprimento e as **sanções** aplicáveis em caso de descumprimento.

A decisão do processo, nas esferas administrativa, controladora ou judicial, poderá **impor** compensação por benefícios indevidos ou prejuízos anormais ou injustos resultantes do processo ou da conduta dos envolvidos. A decisão sobre a compensação será **motivada**, ouvidas previamente as partes sobre seu cabimento, sua forma e, se for o caso, seu valor. Para prevenir ou regular a compensação, poderá ser celebrado compromisso processual entre os envolvidos.

O **agente público responderá pessoalmente** por suas decisões ou opiniões técnicas em caso de **dolo ou erro grosseiro.**

As autoridades públicas devem atuar para **aumentar a segurança jurídica na aplicação das normas**, inclusive por meio de regulamentos, súmulas administrativas e respostas a consultas. Tais regulamentos, súmulas administrativas e respostas a consultas terão caráter vinculante em relação ao órgão ou entidade a que se destinam, até ulterior revisão.

CAPÍTULO II

Pessoa Física ou Natural ou de Existência Visível

1. PERSONALIDADE JURÍDICA

A Personalidade Jurídica consiste na aptidão genérica conferida a alguém para **titularizar direitos** e **contrair deveres** na ordem jurídica. É a qualidade de ser pessoa. É o pressuposto dos demais direitos.

Aquele que tem personalidade jurídica é denominado de **sujeito de direito**, incluindo-se, neste rol, as pessoas físicas e jurídicas. Nessa senda, informa o art. 1º do CC que toda pessoa é capaz de contrair direitos e deveres no ordenamento jurídico.

Recorda-se, porém, que há os batizados **Entes Despersonalizados**. Estes, como o nome já traduz, são desprovidos de personalidade jurídica, entretanto, possuem a nominada **capacidade judiciária**. Com isto, malgrado não terem personalidade jurídica, podem figurar em processo, na forma do art. 75 do Código de Processo Civil. Exemplifica-se tais entes com a massa falida, a herança jacente, a herança vacante...

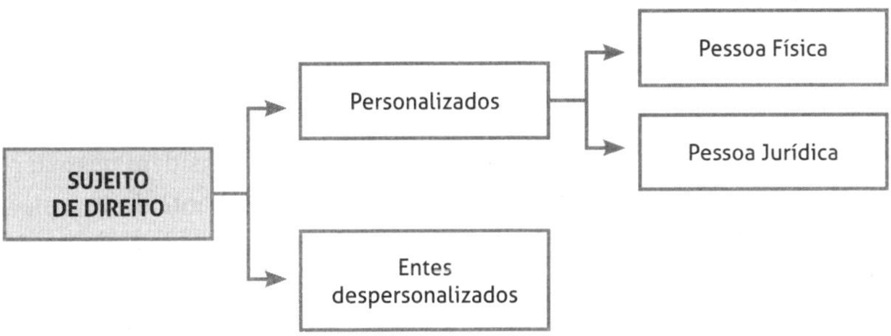

2. PESSOA FÍSICA: CONCEITO

A pessoa física é o ente dotado de complexidade biopsicológica, titular de **direitos** e **deveres** e que interage na ordem jurídica mediante a prática de atos civis. É chamada de pessoa física, natural ou de existência visível.

Registra-se que, hodiernamente, não mais se remete o conceito de pessoa física à noção de ente biologicamente criado, haja vista os métodos artificiais de criação, como a inseminação e fertilização.

2.1. Aquisição da personalidade jurídica pela pessoa natural

Para o Código Civil, a aquisição da **personalidade** "*começa do nascimento com vida*" (art. 2°, CC).

Entende-se por nascimento com vida o início do funcionamento do aparelho cardiorrespiratório, após a expulsão do ventre materno.

Nessa esteira, percebe-se que a aquisição da personalidade jurídica **independe** do corte do cordão umbilical, viabilidade, sobrevivência superior a 24 horas... Decerto, **na ótica legislada**, tal aquisição da personalidade jurídica decorrerá, tão somente, **da expulsão do ventre materno** e o **ingresso de ar nos pulmões**.

Por conseguinte, ainda em uma análise do direito posto, infere-se que o Código Civil brasileiro é adepto à **teoria natalista**. Assim, o recém-nascido adquire a **personalidade jurídica**, tornando-se sujeito de direito, a partir do seu **nascimento com vida**, mesmo vindo a falecer minutos depois, o que pode ser muito relevante para análise da cadeia sucessória.

Após o nascimento a pessoa física será registrada. O **registro** da pessoa natural consiste em **ato meramente declaratório**, pois a personalidade jurídica foi adquirida desde o nascimento com vida. Tal registro, portanto, retroage à data do nascimento com vida, tendo eficácia *ex-tunc*.

2.2. O nascituro

O nascituro é aquele já concebido, ainda não nascido, e dotado de vida intrauterina.

A Lei Civil trata do nascituro quando, posto não o considere pessoa, coloca a salvo, desde a concepção, os seus direitos (art. 2º, CC). Diante desta concepção, revela-se na **doutrina** a percepção de que é possível falar-se em uma **personalidade jurídica**:

i) **Formal**, a qual é adquirida desde a concepção e remete a direitos de fundo extrapatrimoniais, a exemplo da vida e

ii) **Material**, a qual fica sob condição, aguardando o nascimento com vida e remete a direitos de fundo patrimonial, a exemplo da propriedade.

Nessa linha, em uma análise ampla do ordenamento jurídico, pode-se afirmar que são **direitos do nascituro**:

a) O nascituro é **titular** de direitos personalíssimos. O principal exemplo é o direito à vida. Tal assertiva é comprovada ao verificarmos que o aborto é tipificado na Lei Penal como crime (CP, arts. 124 – 128). Outrossim, o Estatuto da Criança e do Adolescente confere ao nascituro direito à proteção pré-natal (ECA, art. 8º);

b) Pode receber doação, aceita pelo seu representante (curador), sem prejuízo do recolhimento do respectivo imposto de transmissão *inter-vivos* (art. 542, CC). Obviamente que a propriedade apenas será efetivamente transmitida ao nascituro quando do **nascimento com vida**;

c) Pode ser beneficiado por legado e herança (arts. 1.798, CC). Clarividente que a transmissão proprietária aqui também resta condicionada ao **nascimento com vida**;

d) Terá nomeado um curador para defesa de seus interesses, na chamada **curatela estendida ou prorrogada**. Trata-se de situação em que a mulher gestante é interditada e o seu curador, de forma prorrogada, também será do nascituro (CC, art. 1.779).

2.2.1. E o natimorto? Tem personalidade jurídica?

O natimorto é aquele que já nasceu morto. Antes de morrer, porém, fora um nascituro. Justo por isso deve-se proteger o natimorto no que concerne aos **direitos da personalidade**, sendo deferido, por exemplo, tutela ao nome, a imagem e a memória daquele que nasceu morto (sepultura), como entende o 1º Enunciado do Conselho da Justiça Federal (CJF).

2.3. Capacidade

Capacidade é a **medida jurídica da personalidade**. Juridicamente, a capacidade é um gênero que conta com duas espécies: i. capacidade de direito, jurídica ou de gozo e ii. capacidade de fato, exercício ou atividade.

2.3.1. Espécies

a) Capacidade de Direito, Jurídica ou de Gozo

É uma **capacidade genérica**, adquirida juntamente com a personalidade.

Assim, adquirida a **personalidade jurídica**, toda pessoa passa a ser **capaz** de direitos e deveres na ordem jurídica (art. 1º do Código Civil).

b) Capacidade de Fato, Exercício ou Ação

Consiste na capacidade de **pessoalmente** praticar atos da vida civil, agindo de forma autônoma. Assim, malgrado todos possuírem capacidade de direito, nem todos deterão capacidade de exercício, a exemplo dos recém-nascidos.

Os desprovidos de capacidade de fato são denominados de **incapazes**, os quais podem ser absolutos ou relativos.

Clarividente, portanto, inexistir, no ordenamento jurídico atual, mitigação à capacidade de direito, havendo de correlacionar a **teoria das incapacidades** com o abrandamento da capacidade de fato ou exercício.

Quando a pessoa física cumula a soma das duas capacidades, afirma-se que ela possui a chamada **capacidade jurídica plena ou geral**. Todavia, embora uma pessoa física possua a capacidade jurídica geral, há determinados atos da vida civil em relação aos quais a lei exige uma legitimação, também chamada de autorização. Sobre tais **atos que exigem legitimação** que passaremos a tratar abaixo, com algumas situações exemplificativas.

I. Vênia Conjugal: A Outorga Uxória e Marital

Em virtude do casamento, a legislação civilista demanda, para a prática de certos atos da vida civil, uma autorização, batizada como **vênia conjugal**. O gênero vênia conjugal subdivide-se em **outorga uxória** - quando a autorização é conferida pela esposa - e **outorga marital** - quando a autorização é conferida pelo marido.

Demanda-se a aludida outorga, nas pegadas do art. 1.647 do CC, para **alienar ou gravar de ônus real bens imóveis; pleitear como autor ou réu acerca desses bens; prestar fiança ou aval e fazer doação, não remuneratória, de bens comuns ou dos que possam integrar a futura meação.**

Malgrado o comando geral de exigência de **vênia conjugal**, há situações em que a mesma não será necessária, como nos casos de casamento no regime da separação absoluta de bens (CC, art. 1.647), bem como quando o regime de bens do matrimônio for o de participação final nos aquestos e o pacto antenupcial liberar a vênia conjugal para a venda de bens imóveis particulares (CC, art. 1.656).

Acaso o cônjuge denegue, de forma injustificada, a vênia, ou, ainda, esteja impossibilitado de consentir – a exemplo de doença ou ausência –, plenamente possível que a vênia seja **suprida pelo magistrado (CC, art. 1.648)**.

Outrossim, na casuística do cônjuge que, isoladamente, pratique o ato que necessita da outorga sem a respectiva autorização, a hipótese, consoante a legislação civilista, será de **anulabilidade do ato, no prazo decadencial de até 2 (dois) anos** após o término da sociedade conjugal (CC, art. 1.649)

> **Atenção!**
>
> Apesar do Código Civil informar a anulabilidade do ato praticado sem a outorga, o Superior Tribunal de Justiça firma, na Súmula 332, que a ausência de outorga no contrato de fiança ocasionará a **ineficácia total da garantia**.
>
> Assim, deve o futuro advogado ficar bastante atento para questões que versem sobre **ausência de outorga** no contrato de fiança, verificando se o enunciado pergunta, especificamente, sobre o posicionamento do Superior Tribunal de Justiça.

II. Venda de Ascendente para Descendente

Tal alienação, para ser válida, depende de **autorização expressa** de todos os demais descendentes e do cônjuge, salvo se casado no regime de separação obrigatória, sob pena de anulabilidade.

Que fique claro: no regime da **separação obrigatória** apenas se afasta a necessidade de concordância do cônjuge, persistindo a necessidade da aquiescência expressa dos demais descendentes (CC, art. 496).

Percebe-se, aqui, mais uma casuística de legitimação, pois ainda que vendedor e comprador possuam capacidade jurídica geral ou plena, mister será a exigência da **autorização expressa** dos demais descendentes e do cônjuge, ressalvado se este for casado no regime de separação obrigatória.

Interessante indagação é saber qual o **prazo** de anulabilidade do negócio jurídico em questão?

O artigo 496 não disciplina, aplicando-se à hipótese a norma supletiva delineada no artigo 179 do CC. Logo, o **prazo decadencial** será **de dois anos**, contatos da conclusão do ato. No particular, não mais merece aplicação a Súmula 494 do STF, superada pelo CC/02.

2.4. Incapacidade

Inicialmente é importante destacar que o Estatuto da Pessoa Com Deficiência (EPD – Lei 13.146/15), **alterou significativamente** o regime jurídico das **incapacidades**, modificando, sobremaneira, os arts. 3º e 4º do CC.

Apenas à título de ilustração, veja-se, nos termos do art. 6º do EPD, que a deficiência não afeta a plena capacidade civil. O deficiente, portanto, é primariamente **capaz**, estando autorizado a se casar, ou constituir união estável, exercer direitos sexuais e reprodutivos, exercer o direito à guarda, tutela, curatela e à adoção, entre outras questões. De igual sorte, o art. 84 do EPD afirma que a pessoa com deficiência tem assegurado o direito ao exercício de sua **capacidade legal** em igualdade de condições com as demais pessoas.

Dito isto, sob os influxos do Estatuto da Pessoa com Deficiência, se passará à análise das incapacidades, recordando que incapacidade é a **ausência ou abrandamento da capacidade de praticar sozinho os atos da vida civil**. Como tal, significando restrição ao exercício direto (pessoal) dos direitos, deve a incapacidade ser **interpretada de forma restrita**, decorrendo da lei e como medida de exceção.

Em um passeio pelas incapacidades no Código Civil, percebe-se que ela pode decorrer de um critério:

a) **Objetivo, Etário ou Cronológico**. Trata-se de critério facilmente aferível com a simples verificação da certidão de nascimento ou carteira de identidade.

b) **Subjetivo ou Psíquico.** Trata-se de critério com maior dificuldade de aferição, o que demanda um processo de **interdição**.

Neste cenário, avançamos ao estudo das incapacidades absolutas e relativas.

2.4.1. Incapacidade absoluta

Atualmente a incapacidade absoluta envolve os denominados **menores impúberes** e se limita ao critério etário. Assim, é absolutamente incapaz o menor de 16 anos (CC, art. 3º).

Registra-se, porém, que o absolutamente incapaz será **eventualmente** escutado, mormente em ações que digam respeito à sua situação existencial, a exemplo de guarda e adoção (Enunciado 138 do CJF).

2.4.2. Incapacidade relativa

São incapazes **relativamente** a certos atos ou à maneira de os exercerem (CC, art. 4º):

I. **Os maiores de 16 (dezesseis) e menores de 18 (dezoito) anos.**

São os **menores púberes.**

Sobre o tema, lembra-se que o menor, entre dezesseis e dezoito anos, não pode, para eximir-se de uma obrigação, invocar a sua idade, se dolosamente a ocultou quando inquirido pela outra parte, ou se, no ato de obrigar-se, declarou-se maior (art. 180 do CC). Obviamente, seria um verdadeiro *no sense.*

II. Ébrios habituais e os viciados em tóxico.

A embriaguez e o vício em tóxico são considerados causas de incapacidade relativa.

Registra-se que aqui houve mudança legislativa promovida pelo Estatuto da Pessoa com Deficiência. De fato, havia, ainda neste inciso e como causa de incapacidade relativa, aqueles que tivessem o discernimento reduzido. Esta passagem fora **retirada**, diante do fato de que a **deficiência, hoje, não gera incapacidade.**

III. Aqueles que, por causa transitória ou permanente, não puderem exprimir sua vontade.

Trata-se de novidade decorrente do Estatuto da Pessoa com Deficiência (EPD).

Antes da reforma, se tratava de situação de incapacidade absoluta, que hoje migrou para **relativa**.

Destarte, a reforma retirou a hipótese anterior, a qual indicava como incapaz os deficientes sem desenvolvimento mental completo. Novamente recorda-se que a retirada deveu-se a considerar tais sujeitos como capazes, pois a deficiência, por si só, não ocasiona incapacidade.

IV. Pródigos.

A prodigalidade é um desvio comportamental por meio do qual o indivíduo, desordenadamente, dilapida o seu patrimônio sem um motivo razoável, podendo-o reduzir-se à miséria. Nestes casos, deve o pródigo ser **interditado** na defesa do seu **mínimo existencial**.

Assim, a curatela do pródigo somente o privará de, sem curador, emprestar, transigir, dar quitação, alienar, hipotecar, demandar ou ser demandado, e praticar, em geral, **atos que não sejam de mera administração** (CC, art. 1.782).

- **E o Indígena?**

A disciplina normativa do índio, que no Código de 1916 mereceu assento entre os relativamente incapazes, passou a ser remetida à legislação especial, conforme artigo 4º, parágrafo único, do atual Código Civil de 2002.

Nessa senda, regem a capacidade dos índios as legislações especiais: a Lei 5.371 (Estatuto da Funai) e a 6.001 (Estatuto do Índio).

Segundo a disciplina especial, **os silvícolas** – os oriundos da selva ou índios sem hábitos urbanos – são considerados **absolutamente incapazes**. Os demais, em regra, estarão sob tutela da FUNAI e, eventualmente, poderão ser integrados à sociedade como capazes. Tal acontece com certa frequência.

2.4.3. Suprimento da incapacidade (Representação e Assistência)

O suprimento da incapacidade **absoluta** dá-se através da **representação**, quando o representante age no interesse do incapaz. De outro modo, na incapacidade relativa, dá-se tal suprimento por meio da **assistência**.

Vale dizer: o absolutamente incapaz praticará atos através de seu representante legal, sob pena de **nulidade absoluta** (CC, art. 166, I); ao passo que o relativamente incapaz praticará o ato juntamente com seu assistente, sob pena de **anulabilidade** (CC, art. 171, I).

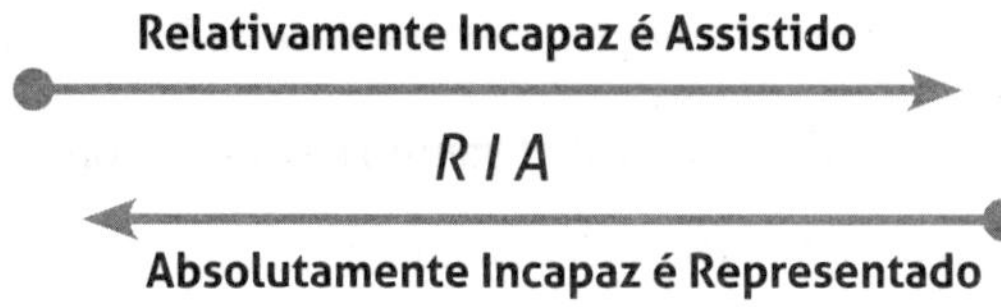

2.5. Cessação da incapacidade

Cessa a incapacidade com a causa que a originou:

a) Com o final de sua causa **objetiva**: Maioridade.

b) Com o final de sua causa **subjetiva**: Revisão do Processo de Interdição.

Todavia, há uma outra forma de cessar a incapacidade: a **Emancipação**.

3. EMANCIPAÇÃO

Consiste a emancipação na **antecipação da capacidade plena**. Trata-se de **ato irretratável e irrevogável**.

Nas pegadas do parágrafo único do art. 5º do CC, percebe-se que a emancipação poderá acontecer de três maneiras: voluntária, judicial ou legal.

Passaremos, então, ao estudo das **modalidades de emancipação**.

3.1. Voluntária

É aquela concedida por ambos os pais ou, por um deles, na falta do outro, mediante **instrumento público**, independentemente da homologação do Juiz, desde que o menor tenha, no mínimo, 16 anos completos.

Atente-se para as questões usuais das provas:

a) Se a mãe for separada do pai e detiver a guarda, poderá sozinha conceder a emancipação (e vice-versa)?

Não. Isto porque a guarda, ainda que unilateral, não é hábil a colocar um fim no poder familiar. Logo, o genitor não guardião ainda tem o poder familiar e, como decorrência, haverá de concordar com a emancipação.

Veja que apenas será possível a emancipação isolada de um dos genitores se outro estiver destituído do poder familiar ou este tenha se extinguido (CC, art. 1635).

b) Se houver conflito na decisão dos pais? Exemplo: o genitor quer emancipar, mas a genitora não quer fazê-lo: como proceder?

O **Juiz** decide. Trata-se de saída padrão situações em que há conflito de interesses no exercício do Poder Familiar (art. 1.631, CC). Ressalta-se que o Juiz decidirá aquilo que é melhor para o menor.

Por fim, tendo em vista o caráter voluntário desta emancipação, sufraga a doutrina (E. 41 do CJF) e a jurisprudência (Resp 122.573/PR, STJ) que a emancipação voluntária **não é hábil e afastar a responsabilidade civil dos pais.**

3.2. Judicial

A emancipação judicial é aquela concedida pelo **tutor** ao pupilo ou tutelado que tenha, ao menos, 16 (dezesseis) anos completo.

Tal se dará através de **processo judicial**, com parecer do Ministério Público. Exige-se o processo para evitar o esvaziamento da tutela mediante uma indevida emancipação.

3.3. Legal

Decorre da constatação de situação jurídica incompatível com a **incapacidade**. São as hipóteses:

a) **Pelo casamento**

O casamento emancipa.

Contudo, **separação ou divórcio posterior não revogam a emancipação**, pois, como visto, a emancipação é irrevogável e irretratável. O mesmo raciocínio se aplica se o cônjuge falecer.

b) **Exercício de emprego público efetivo**

É o **exercício** e não a aprovação no concurso público. Cuidado com a usual pegadinha de prova!

Lembra-se que a **emancipação** é **irrevogável** e **irretratável**. Na casuística do emprego público, mesmo que venha a perdê-lo, o estado de emancipado irá permanecer, não sendo restabelecida a incapacidade anterior.

c) **Colação de grau em ensino superior**

É a **colação** de grau e não a aprovação no vestibular. Mais uma pegadinha!

d) **O estabelecimento civil ou comercial, ou a existência de relação de emprego**, desde que, em função deles, o menor com dezesseis anos completos tenha economia própria;

A emancipação legal é imediata e automática, **não sendo necessária declaração judicial.**

Recorda-se que a emancipação dar-se-á apenas para **atos da vida civil** e acontecerá em uma única oportunidade. Assim, se há vários atos emancipatórios seguidos, deve-se considerar apenas o primeiro, não havendo de se falar em diversas emancipações.

4. ESTADO DA PESSOA

Diz respeito à **qualificação** jurídica da pessoa e suas projeções, sendo os estados:

a) **Individual** – sexo/idade/capacidade

b) **Familiar** – civil/parentesco

c) **Político** – nacional (brasileiro nato e naturalizado), estrangeiro

5. EXTINÇÃO DA PESSOA FÍSICA OU NATURAL

Termina a existência da pessoa natural com a **morte**. A morte no direito nacional pode ser:

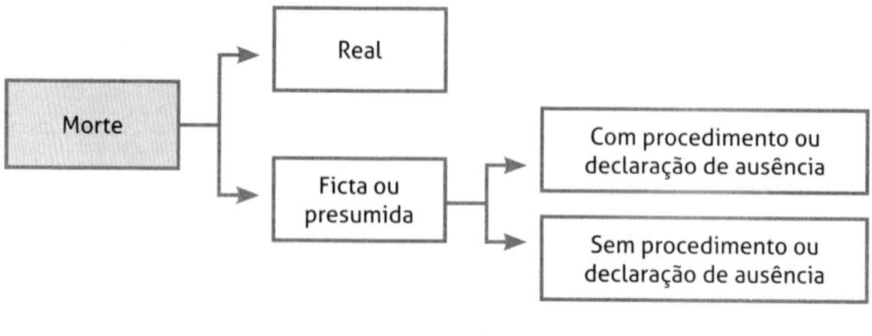

5.1. Morte real

Está regulada no artigo 6º do CC. Cuida-se da morte aferida, em regra, por profissional da medicina e, na sua falta, por duas testemunhas, na forma do artigo 78 da LRP (6.015/73).

Hodiernamente, o conceito de morte transmutou-se, não mais sendo considerada a parada cardíaca, mas sim a **paralisação das ondas cerebrais**, por conta da necessidade de preservação do funcionamento do corpo para eventuais transplantes (Lei 9.434/97).

5.2. Morte presumida ou morte civil ou *ficta mortis*

Excepcionalmente, a morte pode ser presumida (a regra é a morte real). São hipóteses em que **há impossibilidade de localização do cadáver**.

O Direito Brasileiro admite duas situações para a morte **presumida**: i. Com procedimento ou declaração de ausência e ii. Sem procedimento ou declaração de ausência.

5.2.1 Com Procedimento de Ausência

Ausente é aquele que **desaparece** de seu domicílio sem deixar notícias. Para a configuração da ausência é necessário a verificação de um **processo** desdobrado em três fases.

1ª Fase – Curadoria de Bens do Ausente

Haverá requerimento para abertura do procedimento, por qualquer interessado ou pelo Ministério Público, e o Juiz irá **declarar** a ausência, nomeando um curador (CC, art. 22).

O curador será o responsável por arrecadar os bens do ausente e protegê-los. Trata-se de uma curadoria **patrimonial**, e não pessoal. O curador não será, necessariamente, quem iniciou o procedimento, havendo uma **ordem preferencial** estabelecida no artigo 25 do CC:

a) O cônjuge, desde que não esteja separado judicialmente e nem de fato há mais de dois anos;

b) Os pais;

c) Os descendentes, preferindo os mais próximos em relação aos mais remotos;

d) Curador dativo, à escolha do Juiz.

A Doutrina inclui o **companheiro** no rol de possíveis curadores, ao lado do cônjuge, por questão de intuitiva **isonomia constitucional.** Tal informação **apenas deverá ser utilizada na prova** acaso o questionamento verse sobre **posicionamento doutrinário ou jurisprudencial.**

O art. 744 do CPC/15 prescreve que, declarada a ausência, o juiz mandará arrecadar os bens do ausente e nomeará um **curador**, mandando publicar editais na rede mundial de computadores, no sítio do tribunal a que estiver vinculado e na plataforma de editais do Conselho Nacional de Justiça, onde permanecerá por um ano. Não havendo sítio, no órgão oficial e na imprensa da comarca, durante um ano, reproduzida de dois em dois meses, anunciando a arrecadação e chamando o ausente a entrar na posse de seus bens.

A curadoria de bens **durará 1 (um) ano**. Todavia, se o ausente, antes do desaparecimento, houver nomeado procurador para a gestão dos seus bens e que haja aceito o encargo, o prazo da curadoria de bens será **dilatado para 3 (três) anos** (CC, arts. 23 e 26).

2ª Fase – Sucessão Provisória

Vencido o prazo da curadoria de bens, um dos interessados poderá requisitar a sua conversão em **sucessão provisória**. São **interessados neste requerimento** (CC, art. 27):

a) Cônjuge, não separado judicialmente;

b) Herdeiros;

c) Credores do ausente.

Renova-se, aqui, a inclusão **doutrinária** do **companheiro**, ao lado do cônjuge, por **isonomia.**

Acaso nenhum dos supracitados legitimados façam o requerimento, o **Ministério Público** poderá fazê-lo (CC, art. 28, § 1º).

A **decisão que converte** a curadoria de bens em sucessão provisória apenas terá **efeito** 180 (cento e oitenta) dias após publicada na imprensa oficial (art. 28, CC).

Pede-se ao Juiz que **transmita os bens** aos herdeiros, **em caráter precário (provisório)**, mediante **caução** (garantia). Esta é conferida segundo penhores ou hipotecas equivalentes aos quinhões respectivos. Pode ser **dispensada a caução** se a transmissão for para herdeiros necessários – descendentes, ascendentes e cônjuge – art. 30, § 2º.

Nesta fase, não se admitirá prática de ato de disposição do direito (ex. alienação, venda, doação), **salvo** com autorização do juiz (art. 31, CC) ou para fins de desapropriação. De fato, estar-se-á diante de uma transmissão provisória de bens.

Por conta de possível retorno, deverão os herdeiros capitalizar o valor referente à metade dos frutos e rendimentos oriundos dos bens recebidos, prestando contas, anualmente, ao juízo competente (art. 33, CC). Tais frutos, porém, não serão devidos se, quando o ausente aparecer, restar comprovado que a ausência fora **voluntária e injustificada**.

Em arremate, destaque-se que o art. 745, § 2º do CPC/15 também prescreve que, findo o prazo previsto no edital, poderão os interessados requerer a abertura da sucessão provisória. Observa-se, portanto, um alinhamento entre o direito material e processual civil. O interessado, ao requerer a abertura da sucessão provisória, pedirá a **citação pessoal** dos herdeiros presentes e do curador e, por editais, a dos ausentes para requererem habilitação. E mais: presentes os requisitos legais, poderá ser requerida a **conversão** da sucessão provisória em **definitiva**.

3ª Fase – Sucessão Definitiva

Inicia-se 10 (dez) anos após o trânsito em julgado da sentença que declarou aberta a sucessão provisória, ou 5 (cinco) anos depois das últimas notícias do ausente, se maior de 80 (oitenta) anos, como pontuam os artigos 37 e 38 do CC.

Nesta fase há **transmissão dos bens, em caráter definitivo**, sendo restituídas as cauções e frutos, bem como admitindo a prática do ato de disposição.

E se o ausente voltar durante o procedimento de ausência?

a) Se for na 1ª fase – **reassume** a titularidade do patrimônio.
b) Se for na 2ª fase – tem direito a reaver o patrimônio **no estado em que deixou**. Se houver depreciação além da usual, o ausente poderá levantar a caução. Se houver melhoramentos, o possuidor de boa-fé deve ser indenizado (art. 36, CC). Terá o ausente, ainda, direito aos frutos, salvo se a ausência for voluntária e injustificada (CC, art. 33)
c) Se for na 3ª fase – tem o ausente direito aos bens **no estado em que se encontram**, sendo que se tiverem sido vendidos, terá direito no que se sub-rogou (substituiu, segundo o art. 39 do CC).
d) Se após os 10 (dez) anos da 3ª fase – **não terá direito algum** o ausente.

Esclareça-se, ademais, que, na morte presumida com decretação de ausência (art. 6º), haverá dissolução do casamento, conforme o artigo 1.571 do CC.

E se o ausente retornar? O casamento restaura?

A resposta é **negativa**. Resta, porém, a possibilidade do ausente, novamente, se casar com a mesma pessoa, ato plenamente válido.

Nos termos do § 4º do art. 745 do CPC/15, regressando o ausente ou algum de seus descendentes ou ascendentes para requerer ao juiz a entrega de bens, serão citados para contestar o pedido os sucessores provisórios ou definitivos, o Ministério Público e o representante da Fazenda Pública, seguindo-se o procedimento comum.

5.2.2. Morte presumida sem declaração de ausência

Há incidência normativa em duas hipóteses (CC, art. 7º):

- Quando **extremamente provável** a morte de quem estava em perigo de vida;
- Na hipótese de **desaparecimento** em decorrência de **campanha** ou **prisão**, quando o desaparecido não for encontrado **após 2 (dois) anos** do término da guerra.

A morte ficta sem procedimento de ausência traduz novidade do vigente Código Civil. Nesta há declaração da morte sem a necessidade do largo procedimento de declaração de ausência. Malgrado a inexistência deste procedimento, o pedido de declaração de morte demanda processo judicial específico, denominado de ***justificação do óbito***.

O parágrafo único do artigo 7º determina que a declaração da morte presumida apenas poderá ser requerida depois de esgotadas buscas e averiguações. Neste caso, a **sentença deverá fixar a provável data do falecimento.**

5.3. Comoriência

Traduz a **declaração de morte simultânea** quando duas ou mais pessoas morreram na mesma ocasião, não sendo possível precisar quem morreu primeiro.

Diga-se que, para a doutrina majoritária, a expressão legal "mesma ocasião" significa ao mesmo tempo, não se exigindo que seja no mesmo evento. Todavia, consabido que os exemplos corriqueiros de provas trabalham com comoriência ao mesmo tempo e evento, como o fatídico exemplo do acidente aéreo.

A comoriência acarreta importantes consequências **práticas**, pois serão abertas cadeias sucessórias autônomas e distintas, de maneira que um comoriente não herdará do outro.

A comoriência, como presunção relativa que o é, poderá ser afastada por prova definitiva em contrário (prova de pré-moriência).

Por fim, recorda-se que os comorientes falecem **simultaneamente**, não havendo nenhum tipo de critério preferencial legal.

CAPÍTULO III

Pessoa Jurídica

1. CONCEITO

A pessoa jurídica é fruto de uma necessidade social, pois o homem não vive isolado, agrupando-se em fenômenos associativos **inerentes** à natureza humana.

O direito, como mecanismo hábil a organizar o convívio entre os indivíduos, não poderia ignorar essas unidades coletivas. Assim, o direito passou a discipliná-las, para legitimar sua participação na vida jurídica, como **sujeito de direitos**, dotando-as, para este fim, de **personalidade própria**.

Em um rigor mais técnico, afirma-se que a pessoa jurídica é a soma de esforços humanos (corporação) ou a destinação de um patrimônio (fundação), tendente a uma finalidade lícita, específica, **constituída** na forma da lei, a partir do **registro** (art. 45, CC), e obediente a uma função social.

Na atualidade, propõe-se uma **leitura constitucional** da pessoa jurídica, consoante um viés de solidariedade social e igualdade, significando a afirmação da função social da empresa no seio da sociedade – Enunciado 53 do CJF.

2. SURGIMENTO DA PESSOA JURÍDICA

Pela **Teoria da Realidade Técnica**, abraçada no Código Civil de 2002, denominada por alguns de **Sistema das Disposições Normativas**, a existência da pessoa jurídica começa com a inscrição do seu ato constitutivo no registro competente (CC, art. 45).

O registro da pessoa jurídica é, portanto, ato constitutivo de direito, com efeitos *ex*-nunc, sendo este ato capaz de gerar a sua personalidade. Verifica-se, no particular, importante diferença para a pessoa física. Afinal, esta (pessoa física) adquire a personalidade jurídica a partir do nascimento com vida, sendo o registro posterior um ato meramente declaratório de direito, com efeitos *ex-tunc*.

Tal registro da pessoa jurídica acontecerá em diferentes locais, a depender de sua modalidade. O assento dos atos constitutivos das sociedades simples, associações e fundações há de ser realizado no **Registro Civil das Pessoas Jurídicas** (Cartório de Registro das Pessoas Jurídicas). Já o registro das sociedades empresárias deverá ser realizado no **Registro Público das Sociedades Mercantis**, através das **Juntas Comerciais.**

Destarte, **há determinadas pessoas jurídicas** que necessitam mais do que o registro para aquisição da sua personalidade. Em tais hipóteses, impõe a norma, como consignado no artigo 45 do Código Civil, uma **autorização ou aprovação prévia**, conferida pelo Poder Executivo, **sob pena de inexistência.** Exemplifica-se com os bancos, os quais, antes do registro civil, devem ter autorização do Banco Central. Outro importante exemplo são as companhia de seguros (Dec. Lei 2.063/40); escritórios de advocacia (Estatuto da OAB); sociedades estrangeiras (LINDB, art. 11, § 1º).

O direito de **anular** a constituição das pessoas jurídicas de direito privado por defeito do ato respectivo decairá no prazo decadencial de 3 (três) anos, contados da publicação de sua inscrição no registro ou, a partir do registro, nas hipóteses em que a publicação não for exigida (art. 45, p.u, CC).

2.1. Ato constitutivo das pessoas jurídicas

É o ato que dá os contornos a esta. Basicamente se dá através de um estatuto ou um contrato social. O **estatuto** é destinado às fundações, partidos políticos, associações e sociedades anônimas. O **contrato social**, por sua vez, é utilizado pelas demais sociedades.

Antes do registro de tais estatutos ou contratos sociais, não passam de mera sociedade não personificada (irregular), equiparada por alguns ao nascituro, que já foi concebido, mas só adquirirá personalidade do nascimento com vida – no caso da pessoa jurídica, se o seu ato constitutivo for registrado.

2.2. Princípio da separação ou independência ou autonomia

No momento em que se opera o **assento** do contrato ou do estatuto no registro competente, a pessoa jurídica começa a **existir**, passando a ter **aptidão** para ser sujeito de direitos e obrigações. Assim, torna-se a pessoa jurídica sujeito de direitos, constituindo seu patrimônio de forma independente em relação àqueles que a compõem.

Forma-se, por conseguinte, uma **unidade orgânica autônoma**, dotada de **personalidade própria**, passando a titularizar direitos e contrair deveres de forma independente em relação a seus componentes e instituidores. Logo, em regra, responderá pelas obrigações da pessoa jurídica o próprio patrimônio da pessoa jurídica.

Tal regra da autonomia, porém, sofre exceções, sendo a principal a Teoria da Desconsideração da Personalidade Jurídica da Pessoa Jurídica.

3. DESCONSIDERAÇÃO DA PERSONALIDADE JURÍDICA DA PESSOA JURÍDICA ("*DISREGARD DOCTRINE*")

Em linhas gerais, a doutrina da desconsideração pretende **superar, episodicamente** e por **via de exceção, a personalidade jurídica** da pessoa jurídica, objetivando a **satisfação do terceiro lesado** junto ao **patrimônio dos próprios integrantes ou administradores**, que passam a ter **responsabilidade pessoal** pelo ilícito causado.

Assim, a desconsideração da personalidade jurídica da pessoa jurídica é **episódica**, leia-se: levanta-se o "véu protetivo" do princípio da separação **apenas na situação concreta**, mantendo-se o princípio da personalização para demais atos.

Nessa senda, infere-se que a **desconsideração** não levará à **extinção** da pessoa jurídica ou de sua personalidade. Esse princípio protege, até mesmo, a função social da empresa, pois caso fosse extinta a pessoa jurídica, os empregos gerados e a circulação de riquezas estariam prejudicadas.

O Código Civil, colocando-se ao lado das legislações modernas, consagrou, em norma expressa, a teoria da desconsideração da personalidade jurídica (art. 50), em clara indicação de uma **responsabilidade patrimonial secundária**.

Ao trazer a teoria para o seu campo normativo, o legislador optou pelo o que denomina a doutrina de uma **Teoria Maior**, ao passo que elencou alguns **requisitos para desconsideração**, quais sejam:

a) **Pedido Expresso: Da Parte ou do Ministério Público, quando couber intervir no Processo.**

+

b) **Abuso da Personalidade: Seja através do Desvio de Finalidade ou Confusão Patrimonial.**

Como medida de exceção, o artigo 50 merece **interpretação restritiva** (Enunciado 146 do CJF). Tanto é assim que o mero encerramento das atividades não basta para caracterização do abuso de personalidade, bem como a insolvência não é exigida (Enunciados 281 e 282 do CJF). Na mesma linha de pensamento, não se permite a desconsideração de ofício.

Ainda da análise do dispositivo, percebe-se que adotou o Código uma **linha objetivista**, a qual dispensa a comprovação de intenção (dolo ou culpa).

Pois bem. Uma vez realizada a **desconsideração**, é viável o atingimento do patrimônio tanto do sócio, como do administrador, que não necessariamente é sócio (CC, art. 50).

O fato é que, malgrado o Código Civil delineie uma Teoria Maior da Desconsideração, há **normas especiais**, ainda vigentes (Enunciado 51 do CJF), **que adotam a Teoria Menor**. São elas:

a) Código de Defesa do Consumidor – artigo 28, § 5º:

b) Lei dos Crimes Contra o Meio Ambiente (Lei 9.605/98) – artigo 4º:

c) Lei Antitruste (Lei 8.884/94) – artigo 18

Em regra geral **a desconsideração poderá atingir qualquer modalidade de pessoa jurídica** (Enunciado 284 do CJF), sendo **passível de ser arguida, até mesmo, pela própria pessoa jurídica** (Enunciado 285 do CJF).

Recorde-se, porém, que para haver a desconsideração, em qualquer hipótese, far-se-á necessária a observância do **devido processo legal**, conferindo-se contraditório e ampla defesa.

Justamente atento à necessidade de observância de contraditório para desconsideração que o CPC/15 passou a disciplinar, em seus arts. 133/137, o chamado **incidente de desconsideração da personalidade da pessoa jurídica**. Trata-se, na visão legislada, de um **novo mecanismo de intervenção de terceiro**, a ser instaurado a pedido da parte ou do Ministério Público, quando lhe couber intervir no processo.

Além desta importante inovação legislativa, é importante frisar que a norma processual passou a admitir, textualmente, a denominada **desconsideração inversa**; ou seja, na contramão, partindo da pessoa física para a jurídica. Trata-se de situação muito recorrente na seara familiar, quando um dos cônjuges, para prejudicar o outro consorte no momento do divórcio, passa a fazer aquisições apenas em nome da sua pessoa jurídica. Neste caso, a pessoa física poderá ser desconsiderada para que seja atingida a respectiva pessoa jurídica, no limite das cotas.

O incidente de desconsideração é permitido em **todas** as fases do processo de conhecimento, no cumprimento de sentença e na execução fundada em título executivo extrajudicial, devendo ser imediatamente comunicada ao distribuidor do Fórum, para as anotações devidas.

Evidentemente que o referido incidente será dispensado se a parte requerer a desconsideração na petição inicial, hipótese na qual será citado o sócio ou a pessoa jurídica desde o início do procedimento, já o integrando e lhe sendo ofertado o devido processo legal.

De qualquer modo, instaurado o **incidente**, o processo principal será **suspenso** e o sócio, ou a pessoa jurídica, será citada para se manifestar e requerer as provas cabíveis no prazo de 15 dias úteis. Concluída a instrução, se necessário, o incidente será resolvido por decisão interlocutória, atacável por recurso de agravo. Se a decisão for proferida por ministro ou desembargados relator, ou seja, for uma decisão monocrática de tribunal, caberá contra a mesma o recurso de agravo interno.

Por fim, como posto pelo Enunciado 42 da I Jornada de Direito Processual Civil do Conselho da Justiça Federal, é cabível a concessão de tutela provisória de urgência em incidente de desconsideração da personalidade jurídica.

4. SOCIEDADES DESPERSONIFICADA

Também chamadas de **Sociedades Irregulares, Sociedades de Fato, Grupos ou Entes Despersonificados**, consistem em agrupamentos de pessoas ou destinação de patrimônio que, embora tenham finalidade, não estão constituídos nos termos da lei. Assim, justamente por não estarem constituídas nos termos da lei, são inseridos dentre os entes sem personalidade jurídica (despersonificados por **falta do registro**). Costuma a doutrina incluir no seu rol **a herança vacante, a herança jacente, a massa falida e o espólio.**

Apesar do direito não conferir a tais entes a personalidade jurídica, em razão da falta de registro, o Código Civil se preocupa em lhe dar tratamento, o fazendo a partir do artigo 986. Emoldura, a legislação civil, tais entes, como **sociedades comuns**.

Mas o que significa ser **despersonalizado** (não ter personalidade)? Qual a implicação jurídica?

Não ter personalidade é não ter aptidão genérica de ser titular de direitos e obrigações na esfera civil. Todavia, essa diretriz é mitigada, ao passo que, mesmo não tendo personalidade, **elas podem praticar alguns atos, a exemplo de celebração de contratos, bem como lhe é concedida legitimidade processual passiva** (art. 75, IX, CPC/15).

Destarte, o Código Civil, com o escopo de impor sanção a não observância da sua normatização cogente, traz diretriz, no artigo 990, que impõe a **responsabilidade solidária e ilimitada aos seus sócios e** retira o **benefício de ordem sobre o sócio que praticou o ato social** (Enunciado 59 do CJF).

Entende-se por **benefício de ordem** (art. 1.024, CC) a diretriz segundo a qual os bens particulares dos sócios não poderão ser executados por débitos da sociedade, senão depois de executados os bens sociais. Registre-se: apenas perde essa faculdade aquele que contratou em nome da sociedade.

O legislador, agora no seu artigo 989 do CC, previu que **eventual pacto limitativo de responsabilidade entre os sócios não irá prejudicar terceiro de boa-fé, o qual não conhecia ou não deveria conhecer do acordo.** É mais uma consequência da responsabilidade solidária e ilimitada.

Os **sócios**, nas relações entre si ou com terceiros, **apenas poderão provar a existência da sociedade por escrito**, mas os **terceiros podem provar a existência de sociedade de qualquer modo** (art. 987, CC).

Por fim, digna a lembrança de que, doutrinariamente, há quem estabeleça diferença entre sociedade irregular e sociedade de fato, como modalidades da **sociedade comum** (art. 58, CJF). A IRREGULAR é aquela que **possui o ato constitutivo, embora ainda não registrado**; já a SOCIEDADE DE FATO **é aquela que sequer possui o ato constitutivo.**

5. REPRESENTAÇÃO DA PESSOA JURÍDICA

A representação da pessoa jurídica será **conferida àqueles indicados no ato constitutivo.** Acaso **haja omissão no instrumento, todos os integrantes e administradores serão representantes.**

Seguindo a logicidade do raciocínio, a **citação da pessoa jurídica deve ser recebida por aquele que tem poderes para tanto.** Todavia, entendem as Casas Judiciais Nacionais **que a citação feita na sede da pessoa jurídica, recebida por funcionário componente de seus quadros, é válida,** ainda que este não esteja mencionado no ato constitutivo como um dos representantes da empresa, com força na **Teoria da Aparência.**

Outrossim, ainda que falte à pessoa jurídica, de maneira momentânea, quem a possa representá-la, isto não importará em incapacidade da mesma para a prática de atos jurídicos, cabendo ao juiz, a requerimento de qualquer interessado, nomear-lhe-á administrador provisório, medida adotada para dar **garantia** as relações jurídicas (art. 49, CC).

6. CLASSIFICAÇÃO DAS PESSOAS JURÍDICAS

A classificação das Pessoas Jurídicas é realizada pela **doutrina** e com base em alguns critérios, os quais passam a ser enfrentados.

6.1. Quanto à nacionalidade: nacional ou estrangeira

A distinção pauta-se a partir da **ordem jurídica que lhe confira personalidade**. Explica-se: sendo a personalidade jurídica conferida pelo ordenamento brasileiro, é pessoa jurídica nacional; se o é pelo ordenamento alienígena, é estrangeira.

Nessa toada, pouco vai interessar **a origem do capital, à nacionalidade dos seus membros ou a origem do controle financeiro**, interessando apenas o **lugar do seu registro**. O sentido dessa distinção é informar que as pessoas jurídicas estrangeiras obedecem à lei nacional de seu registro, inclusive no que respeita à autorização para funcionamento, na forma do artigo 11 da LINDB.

Destarte, há hipóteses em que as atividades são exclusivas de pessoas jurídicas nacionais, a exemplo da exploração de minério. A isto se denomina **reserva de mercado**, tendo como fundamento a Constituição Federal (art. 176). Tais exceções foram mitigadas pela EC 6/95, que abriu o mercado para investimentos produtivos estrangeiros.

Por fim, essa distinção entre empresas nacionais e estrangeiras é que permite falar, conceitualmente, em empresas nacionais com capital estrangeiro.

6.2. Quanto à atividade executada ou funções

a) **Direito Público** – são aquelas previstas em Lei e nas quais há soberania do público sobre o privado, com um regime jurídico diferenciado. Podem ser:

   - **Direito Público Interno**: União, Estados, Distrito Federal, Municípios, suas autarquias, associações públicas e fundações (CC, art. 41).
   - **Direito Público Externo**: submetidas ao Direito Internacional Público. Exemplifica-se com as diversas nações, inclusive a Santa Sé, e os organismos internacionais, como a ONU, a OEA, a FAO, a UNESCO etc... (CC, art. 42).

b) **Direito Privado** – todas as demais pessoas jurídicas não englobadas pelo direito público. Sufragando o dito, o Código Civil enuncia um rol exemplificativo no art. 44, incluindo as **associações, sociedades, fundações, organizações religiosas e partidos políticos.**

As organizações e os partidos políticos estão aqui inseridos como novidade no Código Civil de 2002, para garantir **liberdade de credo e autonomia política**, respectivamente.

A distinção entre público e privado é importante e pode gerar importantes consequências jurídicas quanto ao regime disciplinador da matéria (estatutário ou privado), além de importar em se saber se tais patrimônios serão impenhoráveis, inalienáveis (com exceções) e imprescritíveis (não podem ser objeto de usucapião).

6.3. Quanto à estrutura interna

a) **Corporações (*universitas personarum*)** – prevalece o critério da soma de pessoas (universalidade de pessoas), que podem, ou não, ter finalidade econômica. Dividem-se em: sociedades e associações.

a.1) **Sociedades:**

São **pessoas jurídicas de direito privado** formadas pela união de indivíduos, denominados de sócios, que se organizam por meio, em regra, de um **contrato social**, visando à partilha lucros.

Fala-se que as sociedades, **em regra**, são organizadas através de contrato social. Isto, porque, excepcionalmente verifica-se sociedade organizada mediante estatuto, como ocorre com as sociedades anônimas.

Antes do vigente Código Civil, havia as sociedades civis e as sociedades comerciais. Essas expressões não mais são utilizadas, falando-se, nos dias de hoje, em **sociedades SIMPLES** (corresponde às antigas sociedades civis) e as **sociedades EMPRESÁRIAS** (corresponde às antigas sociedades mercantis).

As **sociedades SIMPLES** são pessoas jurídicas que, embora persigam proveito econômico, não empreendem atividade empresarial, mas sim de **prestação de serviços**. Nestas, em regra, **o sócio participará da atividade final**, a exemplo de consultórios médicos, odontológicos, escritórios de advocacia...

Nessa toada, verbera o parágrafo único do art. 966 do CC que **NÃO** se considera empresário quem exerce profissionalmente atividade econômica organizada para produção ou circulação de bens ou serviços.

Ademais, tais sociedades simples serão registradas no **Cartório de Registro das Pessoas Jurídicas**.

A **sociedade EMPRESÁRIA** é aquela que tem por objeto o exercício de **atividade própria de empresário** (art. 966, CC), ou seja: organizada economicamente para produção ou circulação de bens ou serviços. O seu registro dar-se-á no **Registro Público de Empresas (Junta Comercial)**. Nesta, nem sempre o sócio participa da atividade final, havendo o que se denomina a figura do sócio investidor.

Por fim, a **sociedade ENTRE CÔNJUGES** apenas é possível se **não forem casados no regime de comunhão universal ou de separação obrigatória de bens (CC, art. 977).**

a.2) Associações:

São **entidades de direito privado** formadas pela união de associados, organizados através de **estatutos** e com o propósito de realizarem **atividades com fins não econômicos:** finalidade ideal, não lucrativa, social (CC, art. 53).

> **Cuidado:**
>
> As associações podem ter renda, mas não podem repartir lucros, sendo desprovida de finalidade econômica.
>
> Assim, a eventual renda que esta pessoa jurídica vier a gerar deve ser revertida para sua finalidade ideal, com novas contratações, ampliação de sua sede. Não há de se falar, portanto, em repartição de valores entre os associados.
>
> Nessa linha, coloca-se o Enunciado 534 do CJF, firmando que as associações podem desenvolver atividade econômica, desde que não haja finalidade lucrativa.

No que tange aos **associados**, importante recordar que **não possuem relação jurídica entre si**, não havendo de falar-se em direitos e deveres entre associados. Com efeito, os direitos e deveres são estabelecidos entre associados e associação.

Ademais, em relação à associação, os **associados têm iguais direitos**, a exemplo de voto, participação em deliberações, frequentar a sede... Todavia, nada impede que o estatuto traga vantagens especiais a certas categorias de associados (art. 55, CC), a exemplo de isenção de contribuições para àqueles que ocupem cargos diretivos. Outro exemplo de vantagens especiais, recordado pelo Enunciado 577 do Conselho da Justiça Federal, é a possibilidade de atribuição de pesos diferenciados ao direito de voto, desde que isso não acarrete a sua supressão em relação a matérias previstas no art. 59 do CC.

A associação é formada por:

I - Conselho deliberativo;

II - Um conselho fiscal;

III - Uma presidência;

IV - A assembleia geral de associados.

A **assembleia geral** é o órgão máximo com a competência privativa prevista no artigo 59 do CC. Poderá a assembleia geral destituir administradores e alterar o estatuto. Essas deliberações exigem convocação especial, cujo quórum será o estabelecido no estatuto.

O ato constitutivo é o **estatuto** (art. 54, CC). O registro é feito no **Cartório de Registro de Pessoa Jurídica** (não é na Junta Comercial). De acordo com o Código Civil, o estatuto das associações conterá, sob pena de nulidade (art. 54):

> I – a denominação, os fins e a sede da associação;
>
> II – os requisitos para a admissão, demissão e exclusão dos associados;
>
> III – os direitos e deveres dos associados;
>
> IV – as fontes de recursos para sua manutenção;
>
> V – o modo de constituição e de funcionamento dos órgãos deliberativos;
>
> VI – as condições para a alteração das disposições estatutárias e para a dissolução.
>
> VII – a forma de gestão administrativa e de aprovação das respectivas contas.

No que tange a eventual **exclusão de associado**, será necessária justa causa, além de ser assegurado direito de defesa e recurso, nos termos previstos no Estatuto. Infere-se aplicação de um direito e garantia fundamental – devido processo legal – às relações privadas (CC, art. 57).

Quando da EXTINÇÃO de uma associação, qual a **destinação de seus bens**?

Como visto não se pode dividir o patrimônio pelos associados, pois a associação não tem finalidade lucrativa.

Assim, deve primeiro ser deduzidas as **frações ideais** de cada associado. Mas o que seria a fração ideal?

Cada associado, para se associar, pode ser obrigado a dar uma **contribuição** – esta, se existente, é chamada de "fração ideal". Veja-se que a fração ideal não se confunde com eventual contribuição mensal.

Pois bem. Após deduzidas as frações ideais, o patrimônio líquido remanescente será conferido a uma entidade de fins não econômicos indicada no estatuto. Se o estatuto for omisso, haverá deliberação em assembleia para indicar entidade municipal, estadual ou federal de fins idênticos ou semelhantes. Caso inexista, o patrimônio remanescente será devolvido a Fazenda Pública do Estado, do Distrito Federal ou da União (§ 2º do art. 61, CC).

Por fim, importante **diferenciarmos**, de maneira bastante clara, as **associações das sociedades**, por comporem, ambas, modalidades de corporações.

COORPORAÇÕES	
ASSOCIAÇÕES	**SOCIEDADE**
Ato Constitutivo: **Estatuto.**	Ato Constitutivo: **Contrato Social.**
Possui **Associados.**	Possui **Sócios.**
Associados **não tem** direitos e deveres entre si.	Sócios **tem** direitos e deveres entre si.
Tem **finalidade ideal.**	Tem **finalidade lucrativa.**

b) **Fundações (*universitas bonorum*)** – as fundações resultam da **afetação de um patrimônio**, livre, desembaraçado e idôneo, para uma **finalidade prevista em lei.**

A criação da fundação passa por algumas etapas:

1º) Afetação de Bens Livres por meio do Ato de Dotação Patrimonial, seja mediante Escritura Pública (para atos *inter vivos*) ou Testamento (para atos *causa mortis*).

O **ato de instituição** é o momento em que a fundação é criada. Aplicam-se as mesmas restrições de qualquer ato de disposição patrimonial, a exemplo da vedação à doação inoficiosa – que desrespeite a legítima, segundo o artigo 549 do CC – e da doação universal – de todo o patrimônio, na forma do artigo 548 do CC.

O ato de instituição, acaso realizado por mecanismo *inter vivos*, é **irretratável.** Nesta hipótese, caso o instituidor tenha criado uma Fundação, especificado seu patrimônio e não os tenha transferido, os eventuais interessados, ou até mesmo o Ministério Público, poderão requerê-lo ao juiz que, mesmo contra a vontade do instituidor, poderá determinar a transferência (art. 64, CC).

Entretanto, se a afetação patrimonial for através do testamento, será essencialmente **revogável.**

Caso o **patrimônio afetado seja insuficiente**, seguir-se-á o destino indicado no ato de instituição (estatuto social). Caso omisso o ato de instituição, deve-se transferir o patrimônio para entidade de finalidade igual ou semelhante. Não havendo entidade alguma desse tipo, o juiz indicará o destino a ser dado ao aludido patrimônio (CC, art. 63).

O instituidor está obrigado a indicar a **finalidade fundacional**, mas indicará se quiser o modo de administrá-la.

No que tange à finalidade fundacional, a Lei Federal nº 13.151/2015 alterou significativamente o texto codificado. Nessa linha, o atual artigo 62 do Código

Civil, parágrafo único, informa que a fundação somente terá finalidade de: **assistência social, cultura, defesa e conservação do patrimônio histórico e artístico, educação, saúde, segurança alimentar e nutricional, defesa, preservação e conservação do meio ambiente, promoção do desenvolvimento sustentável, pesquisa científica, desenvolvimento de tecnologias alternativas, modernização de sistemas de gestão, produção e divulgação de informações e conhecimentos técnicos e científicos, promoção da ética, da cidadania, da democracia, dos direitos humanos e**, finalmente, para **atividades religiosas.**

2º) Elaboração dos Estatutos (não é contrato social):

Pode ser:

a) **Direta**: feita pelo próprio instituidor.

b) **Indireta** ou **Fiduciária**: quando nomeia alguém para fazê-lo. Fiduciária porque decorre da confiança. Neste caso deverá o instituidor conferir PRAZO para que o designado confeccione os estatutos. Se não o fizer, a lei confere o prazo de 180 (cento e oitenta) dias. Não respeitado o prazo, o Ministério Público fará os estatutos de forma compulsória.

3º) Aprovação dos Estatutos:

Quem aprova é o Ministério Público (CC, art. 65).

Para a doutrina, porém, o Ministério Público não aprovará quando quem elaborou foi ele mesmo, por omissão do legislador ou de terceiro. Nessa hipótese, a aprovação deve ser feita pelo juiz, através de jurisdição voluntária, para ser efetivado um controle – **trata-se de interpretação doutrinária.**

4º) Realização do Registro Civil (no Cartório de Pessoa Jurídica) – é a partir daí que a fundação terá personalidade.

O Ato constitutivo das Fundações são os Estatutos (não é contrato social). A **alteração do Estatuto já registrado** apenas poderá ser feita se presente os seguintes REQUISITOS disciplinados no Código Civil (art. 67):

> I – Aprovação de 2/3 dos competentes para gerir ou fiscalizar a fundação.
>
> II – Não contrariar ou desvirtuar a finalidade fundacional.
>
> III – Aprovação do Ministério Público no prazo de 45 (quarenta e cinco) dias. Acaso não se manifeste ou denegue a aprovação no aludido prazo, será viável ao interessado pedido de suprimento judicial.

A minoria de gestores vencida – aqueles 1/3 que opinaram em desfavor da alteração – terá o prazo de 10 (dez) dias para impugnar a modificação estatutária. Esse prazo é decadencial (art. 68. CC).

A **Fiscalização** das fundações deve ser feita pelo **Ministério Público Estadual (CC, art. 66)**. Acaso a fundação desenvolva sua atividade em mais de um Estado, a incumbência seguirá do Ministério Público Estadual, sendo cada filial de cada estado fiscalizada pelo respectivo Ministério Público.

E há alguma situação na qual uma fundação privada não será fiscalizada pelo Ministério Público Estadual?

Sim. Se a fundação funcionar no Distrito Federal ou em território, caberá o encargo ao Ministério Público do Distrito Federal e Territórios, o qual é ligado ao Ministério Pública da União.

No caso de **extinção** da fundação, o seu **patrimônio** terá a **destinação** prevista no estatuto. Caso este seja omisso, o magistrado, com oitiva do MP, enviará para uma fundação similar, segundo o art. 69 do Código Civil.

7. EXTINÇÃO DA PESSOA JURÍDICA

Assim como a pessoa jurídica inicia a sua existência com o respectivo registro, também tem um fim, sendo, um dia, extinta. A extinção da pessoa jurídica pode decorrer de vários motivos, sendo as suas **modalidades:**

a) **Convencional ou Voluntária:** quando os sócios resolvem dissolvê-la, por ato volitivo.

b) **Legal:** Hipóteses de extinção previstas na lei, como a morte dos sócios (art. 1.028 do CC).

c) **Administrativa:** pessoas jurídicas que precisam de autorização de outros órgãos do poder executivo para funcionamento e perdem tal autorização, por uma questão qualquer.

d) **Judicial:** quando há um processo e decisão, a exemplo da extinção mediante ação de anulação do ato constitutivo por defeito, no prazo decadencial de três anos.

Para a extinção, far-se-á necessária a **liquidação** da empresa, resolvendo-se todas as pendências obrigacionais e apurando-se eventual patrimônio remanescente. Acaso haja remanescente e a pessoa jurídica tenha finalidade lucrativa, este será dividido. Acaso haja remanescente e a pessoa jurídica não tenha finalidade lucrativa, nos pontos que foram abordadas as associações e as fundações já verificamos os eventuais encaminhamentos.

Direitos da Personalidade

1. INTRODUÇÃO E CONCEITO

Se poderia imaginar que a pessoa tem o conceito mais importante do Direito Civil. Porém, em verdade, o conceito de personalidade jurídica que o é, pois, sem personalidade, a pessoa é juridicamente vazia, sem conteúdo. Daí falar-se que **a personalidade é o pressuposto de todos os demais direitos.**

O ordenamento jurídico outorga personalidade jurídica a certos sujeitos (pessoas físicas e jurídicas). Além disto, confere disciplina protetora da pessoa mediante um ***mínimo existencial*** a **garantir** o exercício destes **direitos fundamentais** no campo das relações privadas. É justamente aí que adentram os direitos da personalidade.

Os direitos da personalidade consistem em **categoria jurídica necessária e fundamental** para o reconhecimento da personalidade jurídica, garantindo o seu pleno exercício. São **direitos subjetivos** reconhecidos à pessoa, tomada em si mesma e em suas necessárias projeções (integridade física, psíquica ou moral e intelectual). São essenciais ao desenvolvimento/manutenção da pessoa humana em múltiplos aspectos, a exemplo do nome, imagem, privacidade, corpo vivo, etc.

Hodiernamente, os direitos da personalidade devem ser visitados sob uma ótica constitucional, ao passo que são **espelhos infraconstitucionais dos direitos e garantias fundamentais**. Há uma estreita relação entre os artigos 11 a 21 do Código Civil, os quais tutelam os direitos da personalidade, e o artigo 5º da Constituição Federal, que versa sobre os direitos e garantias fundamentais. Em outras palavras, o legislador cível positivou no bojo do Código Civil, nomeando como direitos da personalidade, algumas das garantias fundamentais, a exemplo do direito à imagem (artigo 5º, V e X da Constituição Federal e 20 do Código Civil) e à privacidade (art. 5º, XI e XII da Constituição Federal e 21 do Código Civil).

Nessa ótica, indaga-se: **a relação dos direitos da personalidade no CC é taxativa ou exemplificativa?**

À luz do **Princípio da Operabilidade** e objetivando maximizar os valores constitucionais, deve-se entender que a relação dos direitos da personalidade é **meramente exemplificativa**, tal como a relação dos direitos e garantias fundamentais, conforme anuncia o parágrafo 2º do art. 5º da CF.

Nessa esteira, ao lado da enumeração explicitada nos artigos 11 a 21 do Digesto Civilista, há uma **cláusula geral de tutela dos direitos da personalidade**, a qual é veiculada no ordenamento jurídico nacional a partir do **Princípio da Dignidade da Pessoa Humana** (art. 1º, III, CF).

▸ **Atenção!**

Enunciado 274 – IV Jornada de Direito Civil – CJF: Os direitos da personalidade, regulados de maneira não exaustiva pelo Código Civil, são expressões da cláusula geral de tutela da pessoa humana, contida no art. 1º, III, da Constituição (princípio da dignidade da pessoa humana). Em caso de colisão entre eles, como nenhum pode sobrelevar os demais, deve-se aplicar a técnica da ponderação.

Abraçando esta tese, observa-se que o **Superior Tribunal de Justiça** sumulou a extensão do conceito de família, tutelando o *single* – leia-se: solteiro, viúvo – para proteção do bem de família (Súmula 364), posto integrar a moradia a tutela da personalidade.

Sob o prisma da **legislação extravagante**, percebe-se a tutela da personalidade na Lei de Combate a Intimidação Sistemática ou Lei Anti Bullying (Lei 13.185/2015), que tem por base o respeito ao próximo.

2. CARACTERÍSTICAS

Em redação econômica, em seu artigo 11, preocupou-se o legislador do Código Civil com as características **relativas** dos Direitos da Personalidade. Assim, firma que os direitos da personalidade são **intransmissíveis e irrenunciáveis**, não admitindo, o seu exercício, limitação voluntária (caráter **indisponível**).

Por conta da redação econômica, a **doutrina** acaba por ampliar o rol de características dos direitos da personalidade. Sobre este rol mais alargado que passaremos a abordar.

2.1. Indisponíveis

Os direitos da personalidade são indisponíveis por não serem passíveis de transmissão definitiva, *inter vivos* ou *causa mortis*, nem de renúncia. Afinal de contas, são **bens fora do comércio jurídico**.

Assim, indisponibilidade é uma **decorrência do caráter intransmissível e irrenunciável** dos direitos da personalidade.

Essa indisponibilidade, todavia, **pode ser relativizada**, pois é cediço que os direitos da personalidade podem sofrer limitação voluntária, restrita e transitória. Ex.: quando há cessão de direito à imagem, doação de órgãos humanos duplos, cessão de uso do nome... Nesse sentido, o Enunciado nº 4 do CJF firma que "o exercício dos direitos da personalidade podem sofrer limitação voluntária, desde que não seja permanente e nem geral".

2.2. Absolutos

São absolutos por possuir **eficácia (oponibilidade) contra todos (*erga omnes*)**. Todos devem respeitar os atributos da personalidade, pois isto constitui dever jurídico geral que, acaso violentado, acarreta ato ilícito (art. 187, CC).

Que fique claro: **não são absolutos no sentido de que não podem ser relativizados**, haja vista a possibilidade de exceções legais, na forma do art. 11 do Código Civil.

2.3. Extrapatrimoniais

Não traz conteúdo econômico em sua essência. Porém, acaso violado, torna-se **cabível indenização**, bem como quantificação nas hipóteses de cessão de uso. É possível afirmar, portanto, que há um caráter patrimonial mediato, malgrado os direitos da personalidade não possuírem um conteúdo econômico imediato.

2.4. Inatos (Jusnaturalistas)

Afirma a doutrina majoritária consistir os direitos da personalidade em **figuras inatas ao ser humano**, por preexistir à ordem jurídica.

O exemplo utilizado para comprovação dessa linha argumentativa é o do Tribunal de Nuremberg, o qual condenou os Alemães pelo massacre da Segunda Grande Guerra, mesmo com a tese defensiva dos oficiais de que estavam a cumprir a lei. Entendeu Nuremberg que nenhuma lei poderia ir de encontro ao direito à vida; direito este que antecede a lei, é **inato**.

2.5. Imprescritíveis

Os direitos da personalidade não se extinguem pelo não exercício.

Frise-se, porém, que a **pretensão** de responsabilidade civil pela violação do direito (reparação pecuniária do eventual dano sofrido) **prescreve** no prazo de **três anos**, segundo artigo 206, parágrafo terceiro, inciso V, do CC (prescritibilidade da pretensão indenizatória).

Em outras palavras, **apesar de não haver prazo para pretensão do livre exercício (por isso é imprescritível a ação preventiva), há prazo para a pretensão indenizatória.** Assim, acaso haja a violação a imagem, a prescrição da pretensão à reparação civil será de três anos.

2.6. Vitalícios

Os direitos da personalidade objetivam tutelar a personalidade, a qual é extinta no momento do óbito. Logo, são **direitos vitalícios.**

Todavia, malgrado esta premissa, o Código Civil regula a chamada **lesão indireta.** Esta se configura quando na tentativa de lesionar a personalidade do morto se acaba por atingir a personalidade de alguém que está vivo, de forma indireta, obliqua, reflexa ou ricochete.

Mas quem são os lesados indiretos?

O artigo 12, parágrafo único do CC veicula a regra geral: **cônjuge sobrevivente**, **ascendentes**, **descendentes** e os **colaterais até 4º grau.**

Destarte, ao lado da regra geral, o art. 20, parágrafo único, do CC, normatiza o rol dos lesados indiretos para a **específica situação de lesão à imagem.** Neste caso, o rol dos lesados indiretos será menor, abarcando o cônjuge sobrevivente, ascendentes e descendentes.

> **Atenção!**
>
> A **doutrina** inclui no rol dos lesados indiretos o **companheiro**, ao lado do cônjuge, na forma do Enunciado 275 do CJF.

Do dito, percebe-se que a lesão indireta remete a uma **legitimação ordinária ou autônoma** – defende o lesado indireto direito próprio em nome próprio. Não se está a falar em substituição processual ou legitimidade extraordinária, pois não defende o lesado direito alheio em nome próprio.

Outrossim, os lesados indiretos poderão ajuizar ação conjuntamente ou isoladamente.

Exemplifica-se: acaso alguém tente lesar a personalidade de meu pai, já falecido, não terá sucesso, haja vista meu pai ter perdido sua personalidade quando do falecimento. Todavia, tal conduta lesará indiretamente a minha personalidade, possibilitando que eu pleiteie direito próprio em nome próprio, visionando a reparação deste dano indireto.

3. TUTELA JURISDICIONAL

O artigo 12 do CC possibilita a proteção dos direitos da personalidade através de **medida preventiva (inibitória)** ou **repressiva (compensatória)**.

Com o ideal de **tutela preventiva** dos direitos da personalidade, o artigo 12 do CC traz regra importantíssima, rompendo o histórico binômio lesão-sanção caracterizador da tutela repressiva. Assim, dentro da **prevenção**, evita-se o dano e o seu alargamento. Exemplifica-se com a proibição de veiculação indevida da imagem de um famoso em uma propaganda comercial.

Uma vez, porém, concretizado o dano, a saída posta é a **reparação** (tutela repressiva), materializada pelo arbitramento indenizatório visando nítida tentativa de compensação. Aqui, o lesado poderá cumular pedidos de danos materiais, morais e estéticos, nas pegadas das Súmulas 37 e 387, ambas do STJ.

4. CLASSIFICAÇÃO

Como posto no introito deste capítulo, cuida-se a proteção da personalidade sobre os aspectos físico, psíquico e intelectual. Passa-se a análise dos seus **pilares** classificatórios e desdobramentos: **i)** integridade física (corpo vivo, corpo morto e autonomia do paciente); **ii)** integridade psíquica ou moral (imagem, privacidade, honra e nome); **iii)** e integridade intelectual.

4.1. Pilar da Integridade Física

Consiste na tutela ao corpo humano, seja vivo ou morto, além de tecidos, órgãos e partes susceptíveis de separação e individualização. É o **direito da proteção corporal**, evitando o dano estético.

Classifica-se o Pilar da Integridade Física em:

- **Art. 13** - Tutela ao corpo vivo;
- **Art. 14** - Tutela ao corpo morto;
- **Art. 15** - Autonomia do paciente.

4.1.1. Corpo vivo

Na forma do art. 13 do CC, **salvo** exigência médica, ninguém pode dispor do corpo de modo que haja sua diminuição permanente ou contrarie os bons costumes.

A **exigência médica** mencionada no artigo liga-se a situações emergenciais, como retirada de apêndice, sisos, vesícula... Igualmente, adentram à exigência médica, a redução para fins de transplantes de órgãos. De igual forma, são lícitas as reduções socialmente toleradas, como tatuagens, cirurgias estéticas (lipoaspiração, redução de mama)...

Com amparo no artigo 199, § 4º, CF, o **transplante de órgãos** é regulado pela Lei 9.434/97, a qual impõe alguns **requisitos** para o procedimento médico **em vida**, quais sejam:

1) Gratuidade – o contrato é neutro, pois é desprovido de economicidade.
2) Relacionado à órgãos dúplices ou regeneráveis (renováveis).
3) O beneficiário seja cônjuge, parentes consanguíneos até o quarto grau ou qualquer outra pessoa, sendo, no último caso, demandada autorizações específicas.

> ▸ **Atenção!**
>
> **Enunciado 276 – IV Jornada de Direito Civil – CJF:** O art. 13 do Código Civil, ao permitir a disposição do próprio corpo por exigência médica, autoriza as cirurgias de transgenitalização, em conformidade com os procedimentos estabelecidos pelo Conselho Federal de Medicina, e a consequente alteração do prenome e do sexo no Registro Civil.

4.1.2. Tutela ao corpo morto

É possível **dispor sobre o corpo morto** para depois da vida, para **fins altruísticos ou científicos**, desde que seja de forma gratuita. Ex.: deixar o corpo para uma faculdade de medicina, para que se desenvolvam pesquisas médicas, para fins de transplante de órgãos... (CC, art. 14)

Tal ato de disposição é essencialmente **revogável**.

Registre-se, por oportuno, que a validade do **transplante pós-morte** está condicionada a concorrência de determinados **requisitos**, previstos em lei especial (Lei 9.434/97):

1) Gratuidade – o contrato é neutro, pois é desprovido de economicidade;
2) Não há limites quanto aos órgãos doáveis (possível deixar todos os órgãos aproveitáveis);

3) Não se pode escolher o beneficiário (o receptor), pois existe uma fila (organizada em ordem de emergência e com espeque no princípio da universalidade da saúde);

4) Não é possível transplante pós-morte quando se tratar de pessoas não identificadas ou indigentes (porém, o corpo do indigente pode ser utilizado para pesquisas cientificas);

5) Necessidade de morte encefálica (cerebral);

6) Consentimento do doador ou, no seu silêncio, dos seus familiares;

▸ Atenção!

Enunciado 277 – IV Jornada de Direito Civil – CJF: O art. 14 do Código Civil, ao afirmar a validade da disposição gratuita do próprio corpo, com objetivo científico ou altruístico, para depois da morte, determinou que a manifestação expressa do doador de órgãos em vida prevalece sobre a vontade dos familiares, portanto, a aplicação do art. 4º da Lei nº 9.434/97 ficou restrita à hipótese de silêncio do potencial doador.

Enunciado 402 – V Jornada de Direito Civil – CJF: O art. 14, parágrafo único, do Código Civil, fundado no consentimento informado, não dispensa o consentimento dos adolescentes para a doação de medula óssea prevista no art. 9º, § 6º, da Lei nº 9.434/1997 por aplicação analógica dos artigos 28, § 2º (alterado pela Lei nº 12.010/2009), e 45, § 2º, do ECA.

4.1.3. Autonomia do paciente

Ninguém pode ser **constrangido** (obrigado) a se submeter a tratamento médico ou a intervenção cirúrgica com risco de vida.

Assim, para que haja intervenção na qual exista risco de vida, demanda-se autorização do paciente, com autonomia e consoante um **consentimento informado.** Ou seja: com base nas informações transmitidas pelo médico (dever de informação), o paciente manifesta o seu consentimento sobre o tratamento, de forma autônoma. Exemplifica-se com uma eventual cirurgia plástica, em que há risco de vida – ainda que mínimo – e o paciente deverá consentir, com autonomia, com base nas informações conferidas pelo médico.

Com base no dispositivo, o **paciente é sujeito**, e não objeto de direito. Logo, possui o direito de escolher se pretende, ou não, se submeter a determinado tratamento.

Por fim, nas **situações emergenciais** em que o paciente está entre a vida ou a morte, o entendimento majoritário é que se a intervenção for necessária para a manutenção da vida, aliado ao fato de não ser uma mera intervenção fútil (que objetiva apenas adiar o inadiável falecimento), o médico deverá intervir. **Privilegia-se a vida em detrimento da autonomia.**

4.2. Integridade psíquica ou moral

Sob o ponto de vista psíquico, com base no nosso direito positivo, há 4 (quatro) direitos da personalidade: **imagem**, **privacidade**, **honra** e **nome**. São direitos da personalidade relacionados à incolumidade moral, destinados a preservação do conjunto psicológico da estrutura humana (aspecto interior da personalidade).

4.2.1. Imagem

A proteção constitucional da imagem se encontra no artigo 5º, incisos V e X, da CF, bem como no art. 20 do CC.

Incide proteção jurídica sobre a imagem por ela se inserir nas particularidades que identificam a pessoa no cenário social. Veja que essa identificação vai além dos traços fisionômicos. Assim, malgrado a imagem consista em **bem jurídico uno** (aspectos de um único direito), é possível ser fracionada em:

I) **Imagem-Retrato**: características FISIONÔMICAS de uma dada pessoa (elementos físicos identificadores) – é o pôster (retrato) da pessoa.

II) **Imagem-Atributo**: É uma característica identificadora SOCIAL da pessoa. Consiste em um qualitativo social. É quando achamos alguém legal ou chato.

III) **Imagem-Voz**: É o TIMBRE SONORO identificador. Ex.: Lombardi (não se sabia quem era, mas só de ouvi-lo, identificava-se a pessoa), Silvio Santos, Cid Moreira...

Nas pegadas do art. 20 do CC, a utilização da imagem, em regra, **demanda autorização**, de forma expressa ou tácita. Todavia, apesar da regra geral, há **hipóteses em que não se fará necessária a autorização**:

a) Se a veiculação da imagem for **necessária** à administração da justiça ou à manutenção da ordem pública, a exemplo da veiculação de fotos de um foragido;

b) Para **biografias**. Nestas, segundo o Supremo Tribunal Federal (ADI 4815), **não se fará necessária** a autorização nem do biografado e nem dos coadjuvantes;

c) Pessoas públicas em locais públicos, ao passo que sobre tais pessoas há direito de informação. Veja-se que o permissivo aqui é de **veiculação da imagem da pessoa pública, em local público, para fins de informação**;

Lembre-se que a **utilização da imagem para fins comerciais necessita de autorização, sob pena de dano presumido – dano moral puro ou *in re ipsa* – e tutela específica de paralisação da propaganda (CC, art. 20 e S. 403 do STJ).** A aplicação da regra em comento **vale tanto para a imagem das pessoas públicas como daquelas que não são públicas** e pouco importará se a propaganda foi positiva ou negativa, pois a lesão configura-se no momento em que houver a veiculação da imagem sem a respectiva autorização.

Outrossim, nos casos de **disposição da imagem, a especificidade e transitoriedade da disposição hão de ser respeitadas, sob pena de violação da imagem.** Por exemplo: se um famoso fez cessão da imagem para a revista A e a revista B a utiliza, sem autorização, restará configurada lesão a imagem.

4.2.2. Vida privada ou privacidade

Há uma proteção constitucional da privacidade insípida no artigo 5º, inc. XII, da CF e, também, no artigo 21 do CC.

A privacidade diz respeito aos aspectos mais particulares, reservados da pessoa. Relaciona-se a um **bem jurídico personalíssimo**, que é o direito de estar só, se manter só, de guardar para si aquilo que é seu.

Consiste em **cláusula pétrea dos direitos da personalidade**, pois afirma a norma ser a privacidade inviolável, devendo o juiz, a requerimento do interessado, adotar as providências necessárias para impedir ou fazer cessar ato contrário a esta norma.

Entretanto, malgrado o comando legislativo, a **doutrina** afirma que a privacidade pode **relativizado**, haja vista a possibilidade das chamadas *quebras* de sigilos fiscais, de comunicações...

4.2.3. Honra

Concerne ao **prestígio social.**

A honra se divide em:

I) **Objetiva:** É o que os outros pensam de você. Seu prestigio perante a sociedade.

II) **Subjetiva:** É o que você pensa sobre si mesmo.

4.2.4. Nome

O direito ao nome é o **direito a identificação.** É o elemento que designa a pessoa na sociedade. É a etiqueta social colocada no nascimento. Decorre da necessidade de individualização da pessoa no grupo social. É o elemento individualizador da pessoa física ou jurídica.

O nome é, em regra, composto pelo **prenome** (primeiro nome) e **sobrenome** - este último também chamado de **apelido de família** ou **patronímico** - art. 16, CC. Estes são os elementos essenciais. Por exemplo: Luciano Lima Figueiredo - Luciano (prenome) Lima Figueiredo (Patronímicos).

É possível que o nome ainda seja composto pelo **agnome**, sendo este uma **partícula diferenciadora e acessória,** revelando-se necessária para distinguir pessoas com prenomes e patronímicos iguais na mesma família. São exemplos de agnome Junior, Neto, Primeiro, Segundo.... Visiona o agnome, portanto, evitar a homonímia na mesma família.

A **escolha do nome** não é completamente livre, existindo **limites:**

a) Não é possível escolher um **nome que venha a expor o titular ao ridículo.** O parágrafo único do artigo 55 da Lei de Registros Públicos (Lei 6.015/73) permite ao oficial do cartório recusar nomes que exponham ao ridículo, suscitando a dúvida para análise do juiz.

b) O artigo 13 da CF determina que **todo registro público deve ser feito na língua portuguesa** e, por isso, proíbe o registro de nome estrangeiro (não se engloba aqui os nomes estrangeiros que já estão incorporados, a exemplo de David).

A normatização veda a utilização do nome em publicações ou representações que exponham ao desprezo público, **ainda que inexista intenção difamatória** (art. 17, CC). Pode-se afirmar que há uma **responsabilidade objetiva**.

Note-se, ainda, que a **utilização de nome em propaganda comercial necessita de autorização, invariavelmente,** (art. 18, CC), mesmo sendo nome de pessoa pública.

> ▸ **Atenção!**
>
> **Enunciado 278 – IV Jornada de Direito Civil – CJF:** A publicidade que venha a divulgar, sem autorização, qualidades inerentes a determinada pessoa, ainda que sem mencionar seu nome, mas sendo capaz de identificá-la, constitui violação a direito da personalidade.

Ademais, confere o Código Civil proteção ao **pseudônimo utilizado para atividades lícitas** (CC, art. 19). Mas o que seria o pseudônimo?

Pseudônimo, também chamado de **cognome** ou **apelido**, traduz designação dada a alguém, que passa a ser, assim, socialmente conhecido. O reconhecimento social e jurídico é tão forte que se tem como possível, inclusive, o acréscimo do pseudônimo ao nome, na forma do art. 58 da LRP (6.015/73). É o exemplo de Maria das Graças Xuxa Meneghel.

Em relação ao nome, vige o denominado **Princípio da Imutabilidade Relativa**. Logo, em regra, o nome é imutável. Todavia, excepcionalmente, admite-se mudanças no nome. Exemplos:

a) Casamento (art. 1.565, § 1º, CC)

b) Dissolução do casamento (separação e divórcio - art. 1.578 do CC).

c) Aquisição de nacionalidade brasileira - estatuto do estrangeiro

d) Em razão de fundada coação ou ameaça decorrente colaboração com proteção de crime - art. 58 da LRP (6.015/73) e Lei 9.807/99

e) Adoção

f) Nome vexatório, que expõe o titular ao ridículo (art. 55, LRP)

g) Substituição por apelido público notório (art. 58, LRP)

h) Modificação no primeiro ano após a maioridade através de decisão judicial (art. 56, LRP).

A **jurisprudência** criou ainda outras possibilidades:

a) Homonímia depreciativa;

b) Transexuais

c) Viuvez.

Sobre o **transexual**, o entendimento atual **possibilita sua mudança de nome e gênero**, em proteção aos direitos da personalidade **(Enunciado 276 do CJF).**

4.2.5 Direito da Resposta

Por fim, em certas oportunidades, a violaçao da imagem, honra, privacidade e nome ocasionará necessidade de retificação, através do exercício do direito de resposta.

Em 11 de novembro de 2015, veio a lume a Lei Federal nº 13.188/15, dispondo acerca do **direito de resposta** ou **retificação do ofendido**, em matéria divulgada, publicada ou transmitida por veículo de comunicação. Faz-se mister analisar a referida norma, notadamente para aferir os impactos da mesma sobre a teoria geral da responsabilidade civil e proteção à personalidade.

Ao ofendido, em matéria divulgada, publicada ou transmitida por veículo de comunicação social, é assegurado o direito de resposta ou retificação, **gratuito e proporcional** ao agravo.

Dessa maneira, qualquer reportagem, nota ou notícia divulgada por veículo de comunicação social será considerada matéria, independente do meio ou da plataforma de distribuição, comunicação ou publicação. Se a matéria atentar, ainda que por equívoco de informação, contra a honra, intimidade, reputação, conceito, nome, marca ou imagem de uma pessoa física ou jurídica, identificada ou passível de identificação, **será possível exigir o direito de resposta ou de retificação**.

A norma exclui da definição de "matéria" os comentários realizados por usuários da internet nas páginas eletrônicas dos veículos de comunicação.

A norma ainda afirma que a retração ou retificação espontânea não são capazes de impedir o exercício do direito de resposta, "*nem prejudicam a ação de reparação por dano moral*".

Pois bem. Diante da lesão, o ofendido terá o **prazo decadencial de 60 (sessenta) dias** para exercitar o seu pedido de direito de resposta, **contados da data da divulgação, publicação ou transmissão da matéria ofensiva**. O pleito do exercício do direito de resposta será realizado mediante correspondência encaminhada, com aviso de recebimento, diretamente ao veículo de comunicação social ou, inexistindo pessoa jurídica constituída, a quem por ele responda, independentemente de quem seja o responsável intelectual pelo agravo. Se a matéria for continuada e ininterrupta, o prazo é contado da data em que se iniciou.

Quem fará o pedido do direito de resposta?

Este **direito de resposta** poderá ser **exercido** pelo **ofendido**, pelo **representante legal** do ofendido incapaz ou da pessoa jurídica, bem como pelo **cônjuge**, **descendente**, **ascendente** ou **irmão do ofendido** que esteja ausente do país ou tenha falecido depois do agravo, mas antes de decorrido o prazo decadencial de 60 (sessenta) dias.

O art. 4º da Lei disciplina a **forma e a duração da resposta ou retificação**. A premissa é o respeito ao mesmo destaque e as mesmas condições da informação originária: publicidade, periodicidade e duração. Justo por isto é que o ofendido poderá exigir que a resposta ou retificação aconteça no mesmo espaço, dia da semana e horário do agravo, sob pena de ser considerada uma resposta inexistente.

E o que fazer se o veículo de comunicação receber o pedido de resposta e não o conferir?

Nas pegadas do art. 5º da referida norma, "*se o veículo de comunicação social ou quem por ele responda não divulgar, publicar ou transmitir a resposta ou retificação no prazo de 7 (sete) dias, contado do recebimento do respectivo pedido, na forma do art. 3º; restará caracterizado o interesse jurídico para a propositura de ação judicial".*

O **interesse de agir**, portanto, de acordo com a letra fria da lei, surgirá apenas após o transcurso dos 7 (sete) dias, a contar do recebimento do pedido, sem nenhuma resposta do veículo de comunicação.

A **competência** para conhecer, processar e decidir este pedido será do **juízo do domicílio do ofendido** ou, se este assim preferir, aquele do **lugar onde o agravo** tenha apresentado **maior repercussão.**

A demanda possui **rito especial** e deverá ser processada no **prazo máximo** de **30 (trinta) dias.** Deverá ser **instruída com** as provas do agravo e do pedido de resposta ou retificação desatendido, além do texto da resposta ou retificação a ser divulgado, publicado ou transmitido, sob pena de inépcia da petição inicial.

Diante do caráter especial do rito, é vedada a cumulação de pedidos, a reconvenção, o litisconsórcio, a assistência e a intervenção de terceiros. Também não se admite a prova da verdade (exceção da verdade).

Recebida a petição inicial, o magistrado deverá, em **24 (vinte e quatro) horas, citar** o responsável pelo veículo de comunicação social para que, em **igual prazo**, apresente as razões pelas quais não divulgou a resposta ou a retificação. Além disso, terá o veículo de comunicação o prazo de 3 (três) dias, contados da citação, para oferecer resposta à demanda.

Transcorridas as 24 (vinte e quatro) horas da citação, havendo ou não manifestação do réu sobre a questão liminar, o magistrado conhecerá do pedido, acaso se convença da verossimilhança da alegação ou verifique receio de ineficácia do provimento final, fixando, desde logo, as condições e a data para a veiculação da resposta ou retificação, em **prazo não superior** a **10 (dez dias).**

Esta **tutela jurisdicional antecipatória** poderá ser revogada, reconsiderada ou modificada a qualquer momento, em decisão fundamentada. Poderá o magistrado, de igual sorte, fixar **multa diária,** independente de pedido da parte, bem como qualquer tipo de **tutela jurisdicional específica** que assegure o resultado prático do processo.

A **sentença** deve ser prolatada em até 30 (trinta) dias após o ajuizamento da ação, salvo na hipótese de surgir conversão do pedido em reparação por perdas e danos. Este feito deverá tramitar normalmente, ainda que surjam recessos ou férias forenses. Portanto, não se suspende nestes períodos.

Os pedidos de **reparação ou indenização por danos** morais, materiais ou à imagem serão deduzidos em **ação própria,** salvo se o autor, desistindo expressamente da tutela específica de que trata a norma, os requerer, caso em que o processo seguirá pelo rito ordinário.

4.3. Direito à integridade intelectual

Os direitos da personalidade no âmbito intelectual são aqueles **decorrentes da criação**. Ou seja, dizem respeito aos bens que a mente humana pode criar (proteção ao elemento criativo típico da inteligência humana).

Abrangem, portanto, a propriedade intelectual, com os direitos autorais, e a propriedade industrial. Outras hipóteses de direitos da personalidade enquadradas no âmbito intelectual podem ser trazidas a baila: a **proteção da liberdade religiosa, sexual e a liberdade de pensamento.**

5. DIREITOS DA PERSONALIDADE DA PESSOA JURÍDICA

Os direitos da personalidade consistem em categoria criada para **proteção da personalidade das pessoas físicas**.

Todavia, como **o ordenamento jurídico confere personalidade à pessoa jurídica**, acaba o legislador civilista por estender, **naquilo que couber**, a proteção dos direitos da personalidade das pessoas físicas às pessoas jurídicas (CC, art. 52).

Nessa linha, é impossível qualquer extensão conceitual sobre a tutela do corpo humano à pessoa jurídica. Todavia, é possível tutela ao nome, a honra objetiva, privacidade (segredo); a imagem atributo...

Em titularizando tais direitos, é possível que a violação destes enseje **danos morais ou patrimoniais.** Logo, a decorrência lógica da aplicação da proteção dos direitos da personalidade às pessoas jurídicas é o reconhecimento natural destas, como sujeitos passivos de danos morais. Este, aliás, é o sentido da súmula 227 do STJ.

Os clássicos exemplos de pedidos de danos morais pela pessoa jurídica são a **inscrição indevida no CADIN** - Cadastro de Inadimplentes - **e o uso indevido da marca e/ou nome**.

Por fim, **aplicam-se aos direitos da personalidade da pessoa jurídica as mesmas mitigações relativas às pessoas físicas**, impondo ponderações de interesses, como no caso de quebra da privacidade para verificação de questões tributárias.

Domicílio

1. INTRODUÇÃO

O estudo do **domicílio** consiste em tema de importância ímpar. Relaciona-se com vários campos do direito, a exemplo do **civil** – com o *locus* no qual o indivíduo desenvolve sua personalidade –, do **processo civil** – como regra geral de competência –, do **direito eleitoral** – com a questão do alistamento eleitoral – ...

Fato é que é o direito civil quem se debruça acerca da **estruturação teórica e legislativa** do tema, optando por um tratamento plural do assunto e se afastando da unicidade domiciliar.

Nessa senda, abordaremos os diversos domicílios regulados pelo Código Civil, consoante a disposição abaixo.

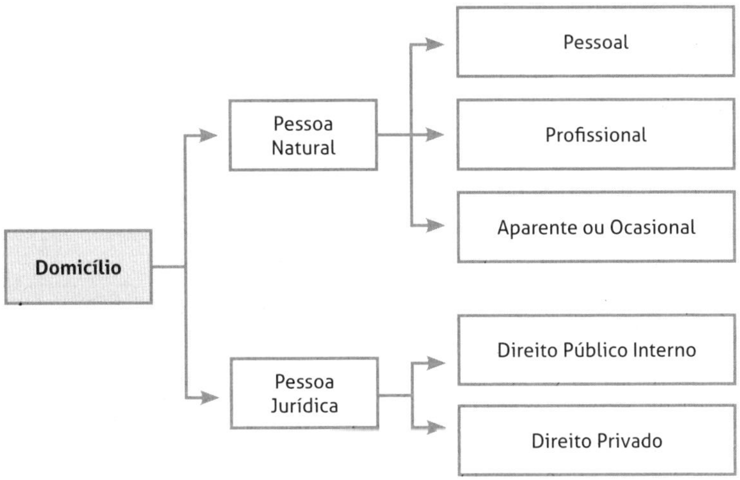

2. DOMICÍLIO DA PESSOA NATURAL

Domicílio civil da pessoa natural é o lugar onde ela estabelece sua residência com ânimo definitivo, sendo a "sede jurídica" da pessoa (art. 70, CC). Verifica-se, neste conceito, a presença de um elemento:

a) **objetivo** – ato de fixação em determinado local (residência);

b) **subjetivo** – o ânimo definitivo de permanência (*animus*).

Visto o conceito, importante **não confundir** o domicílio com as correlatas noções de morada e residência.

A **morada** é o local onde a pessoa natural se estabelece provisoriamente, como quando viaja a trabalho ou a passeio, e permanece por alguns dias em uma determinada cidade. Aqui há completo distanciamento da noção de domicílio, ao passo que inexiste requisito objetivo e subjetivo.

Já a **residência** pressupõe maior estabilidade, consistindo no local em que a pessoa natural se estabelece habitualmente e, geralmente, é encontrada. Exemplifica-se com uma casa de praia. Nesta hipótese até há o requisito objetivo, não se falando, porém, na presença do *animus* definitivo.

Em síntese:

- Morada – temporária
- Residência – habitual
- Domicílio – habitual com *animus* definitivo.

2.1. Pluralidade de domicílios

"**O domicílio da pessoa natural**", dispõe o artigo 70, "**é o lugar onde ela estabelece residência com ânimo definitivo**". Ocorre que, "**se a pessoa natural tiver diversas residências, onde, alternadamente, viva, considerar-se-á seu domicílio qualquer delas**" (art. 71).

Isso, porque, há pluralidade de requisitos objetivos (residências), todos, porém, desprovidos do elemento subjetivo (*animus* de permanência). Aqui, não há outra opção senão adotar o requisito da pluralidade.

2.2. Domicílio profissional

Inovou a legislação civilista ao afirmar ser possível uma mesma pessoa natural ter domicílio pessoal e profissional diversos, englobando este apenas o "concernente à profissão" (art. 72, CC). Há, portanto, **coexistência de domicílios**, e não sobreposição, convivendo, lado a lado, o domicílio pessoal e o profissional.

Outrossim, caso a pessoa exerça sua profissão em lugares diversos, de forma frequente, cada um deles constituirá domicílio para as relações que lhe corresponderem, verificando-se na norma o que se denomina de **pluralidade de domicílios profissionais**. É o exemplo do advogado que, possuindo escritórios em diferentes cidades, tem, em cada uma delas, um domicílio profissional.

2.3. Domicílio aparente ou ocasional

Então, perguntou-se o legislador: qual é o domicílio de quem não tem nem residência e nem profissão?

Tal questionamento deve-se a uma necessidade de **segurança jurídica**, posto que é no domicílio do réu, como já afirmado, onde, em regra, tramita o processo.

Assim criou-se o **domicílio aparente ou ocasional**. Está previsto no artigo 73 do Código Civil ao afirmar que: "**considerar-se-á domicílio da pessoa natural, que não tenha residência habitual, o lugar onde for encontrada**". Cria-se uma "**aparência de domicílio**".

É o caso daqueles que moram no circo, caxeiros viajantes, que estão sempre em trânsito.

3. DOMICÍLIO DA PESSOA JURÍDICA

O **domicílio** civil da **pessoa jurídica de direito privado** será o local eleito no seu ato constitutivo e, na falta de eleição expressa, onde funcionar sua diretoria ou administração. Infere-se, assim, que consiste, regra geral, em uma eleição por ato de vontade.

Caso, porém, a pessoa jurídica de direito privado tenha diversos estabelecimentos em lugares diferentes (filiais), cada uma delas será considerada como domicílio para os respectivos atos praticados (§ 1º do art. 75, CC). Verificar-se-á uma **pluralidade domiciliar**. É o que ocorre com grandes redes, que tem lojas em diversas localidades do país.

Destarte, se administração ou diretoria tiver sede no **estrangeiro**, será domicílio da pessoa jurídica de direito privado, **o local onde é sito o estabelecimento no Brasil** (§ 2º do art. 75, CC).

No que tange às **pessoas jurídicas de direito público**, o artigo 75 do Código Civil também enuncia seus domicílios, de forma cogente, sendo:

a) **União** – Distrito Federal

b) **Estados e Territórios** – Respectivas Capitais

c) **Município** – Local onde funcione a sede da Administração ou da Prefeitura.

4. ESPÉCIES DE DOMICÍLIOS

O domicílio poderá ser:

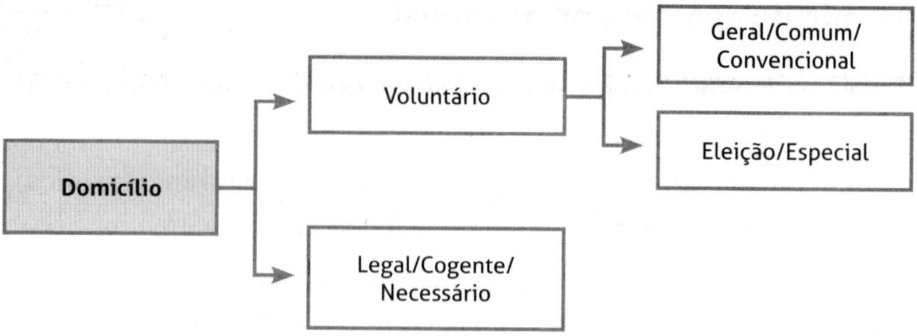

Explica-se:

a) **Voluntário, Comum ou Convencional:** É aquele decorrente de ato de vontade, sendo a regra geral. Ele se divide em:

a.1) **Voluntário Geral:** Eleito pela vontade da parte em se domiciliar em um dado local. Valerá tanto para a pessoa física, como para a jurídica.

a.2) **Voluntário de Eleição ou Especial:** Escolhido ou eleito pelos próprios contratantes, como uma decorrência do ajuste entre as partes de um contrato (CC, art. 78). É o conhecido **foro de eleição**, o qual há de ser fixado de forma específica e por escrito, sendo hábil a fixa regra de competência para eventuais demandas relacionadas àquele contrato (CPC, art. 63).

b) **Legal, Cogente ou Necessário:** decorre dos imperativos da lei, em atenção à condição especial de determinadas pessoas.

Nesse sentido, afirmam os artigos 76 e 77 do Código Civil que o domicílio:

- Do **Incapaz**: é o do seu representante ou assistente.
- Do **Servidor**: é o lugar que exerce permanentemente suas funções (cuidado: PERMANENTEMENTE não engloba cargo temporário).
- Do **Militar**: onde servir, sendo da Marinha ou da Aeronáutica, a sede do comando a que se encontrar imediatamente subordinado.
- Do **Marítimo**: onde o navio estiver matriculado.
- Do **Preso**: lugar onde cumprir sentença (**não onde foi condenado**).
- Do **Agente Diplomático do Brasil**: quando citado no estrangeiro, alegar extraterritorialidade, sem designar, onde tem, no país, o seu domicílio, poderá ser demandado no Distrito Federal ou no último ponto do território brasileiro onde o teve.

Bens Jurídicos

1. CONCEITO DE BENS JURÍDICOS

Consistem os bens jurídicos em toda a utilidade **física ou ideal** que possa ser **objeto de um direito subjetivo**.

Compreendem expressão genérica que engloba tanto os **bens corpóreos** - denominados também como coisas - e os **incorpóreos** - denominados por alguns de **imateriais** ou **ideais**. Dessa forma, há bens jurídicos que não são coisas, como a **liberdade**, a **honra**, a **integridade moral**, a **imagem**, a **vida**... e bens jurídicos que são coisas, como canetas, livros, relógios...

2. CLASSIFICAÇÃO

Uma vez verificado o conceito de bens jurídicos, passa-se à análise de sua classificação, a qual será guiada por três pilares: i. **Bens considerados em si mesmo**; ii. **Bens reciprocamente considerados** e iii. **Bens públicos e privados**.

2.1. Bens considerados em si mesmo

Objetiva esta classificação analisar o **bem de forma isolada**, de per si. Compreende outras subclassificações:

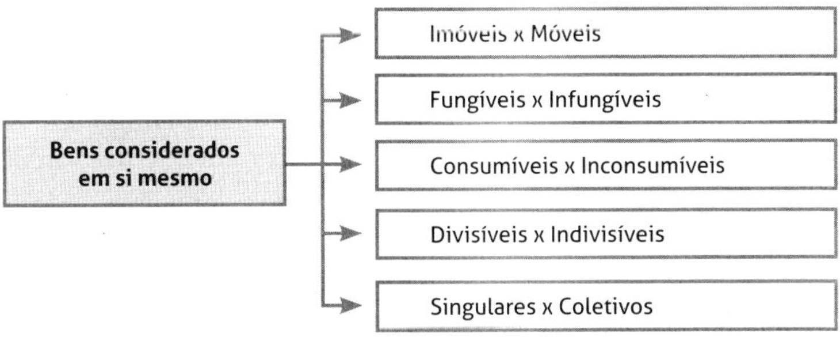

I. Imóveis e Móveis.

a) Imóveis.

Os bens imóveis são classificados em: a) **Imóveis por sua própria natureza** e b) **Imóveis por determinação ou equiparação legal.**

a1) Imóveis por sua própria natureza.

Trata-se do **solo** e de **tudo aquilo que a lhe for incorporado de forma natural ou artificial**, como plantações, construções... (CC, art. 79).

> **Atenção!**
>
> As **árvores destinadas ao corte, utilizadas pela indústria madeireira**, consideram-se **bens móveis por antecipação**, assim como os frutos que serão colhidos para alienação.

a2) Imóveis por determinação ou equiparação legal.

Aqui os bens são imóveis por mera **opção legislativa**, sendo irrelevante o aspecto naturalístico do bem. Assim, inclui-se como imóveis (arts. 80 e 81, CC):

a) Os **direitos reais sobre imóveis e as ações** que os asseguram;

b) O **direito à sucessão aberta**, ainda que a herança seja apenas formada por móveis;

c) As **edificações** que, separadas do solo, mas conservando a sua unidade, forem removidas para outro local;

d) Os **materiais provisoriamente separados de um prédio**, para nele se reempregarem.

b) Móveis

Os bens móveis são classificados em: a) Imóveis por sua própria natureza e b) Imóveis por determinação ou equiparação legal.

b1. Móveis por sua própria natureza.

Os Bens móveis por sua natureza são aqueles **passíveis de deslocamento, sem quebra, fratura, alteração da sua substância ou da destinação econômico-social**, a exemplo de uma bola, um computador, cadernos...

Incluem-se na categoria de bens móveis por sua natureza **os bens suscetíveis de movimento próprio**, sem alteração de sua substância, como um cachorro, cabeças de gado, búfalos... Estes são denominados, doutrinariamente, como bens **semoventes.**

b2. Móveis por determinação ou equiparação legal.

Aqui os bens são móveis por mera **opção legislativa**, sendo irrelevante o aspecto naturalístico do bem. Assim, inclui-se como móveis (arts. 82 e 83, CC):

a) As energias que tenham valor econômico;

b) Os direitos reais sobre objetos móveis e as ações correspondentes;

c) Os direitos pessoais de caráter patrimonial e respectivas ações;

d) Os materiais destinados a alguma construção, enquanto não forem empregados;

e) Os materiais provenientes da demolição de algum prédio.

A **diferenciação de bens em móveis e imóveis** gera algumas **consequências jurídicas**, como se percebe abaixo:

Bens imóveis	Bens móveis
São adquiridos mediante o **registro** de um título translativo (mais usual é a escritura pública) no Cartório de Registro de Imóveis (art. 1.245, CC)	São adquiridos por **tradição**, em regra.
Alienação **exige** outorga conjugal, salvo no regime de separação absoluta de bens e no de participação final nos aquestos, caso o pacto antenupcial libere tal exigência para os imóveis particulares (art. 1.647 e 1.656, CC)	Alienação **não exige** outorga conjugal.
Usucapião se dá em prazo maior	Usucapião se dá em prazo menor
Direito real de garantia é a **hipoteca**.	Direito real de garantia é o **penhor**
Sujeitos à Concessão da Superfície (art. 1.369, CC)	Se prestam ao contrato de mútuo

II. Fungíveis e Infungíveis.

São **fungíveis** os bens móveis que **podem ser substituídos por outros da mesma espécie, qualidade e quantidade**, a exemplo da soja, café, dinheiro, etc. (art. 85, CC). Por sua vez, infungíveis são aqueles **de natureza insubstituível**, a exemplo de uma obra de arte.

As características da fungibilidade geralmente decorrem **da natureza do bem**. Porém, nada impede que **a vontade das partes torne um bem essencialmente fungível em infungível**. É o que se verifica nos empréstimos para ornamentação, a exemplo de uma cesta de frutas exóticas.

III. Consumíveis e Inconsumíveis.

São consumíveis os bens móveis cujo **uso importa destruição imediata da própria substância - naturalmente consumíveis –**, bem como aqueles **destinados à alienação - juridicamente consumíveis –**, a exemplo de um sanduíche, frutas, livros em uma estante para venda (art. 86, CC).

Inconsumíveis são os bens que **suportam uso continuado sem destruição da substância**, como aviões, carros, televisores, etc. Lembre-se, porém, que, se tais bens estiverem destinados à venda, serão juridicamente consumíveis.

IV. Divisíveis e Indivisíveis.

Divisíveis são os bens que **podem ser repartidos em porções reais e distintas sem alterar a sua essência, sem diminuição considerável de valor ou prejuízo na destinação**, formando cada uma das porções um todo perfeito, a exemplo de uma saca de café. (art. 87 e 88, CC). Já os indivisíveis, **não admitem divisão cômoda sem desvalorização ou dano**, a exemplo de um cavalo de corrida.

Um bem naturalmente divisível **poderá se tornar** indivisível, por:

a) **Determinação da legislação** – indivisibilidade legal, a exemplo de um módulo rural: fração mínima de terra que não poderá ser reduzida para fins de reforma agrária;

b) **Vontade das partes** – indivisibilidade convencional, a exemplo de um condomínio;

V. Singulares e Coletivos.

São singulares os bens considerados em sua individualidade, representados por uma **unidade autônoma.** Ainda que os bens singulares estejam em meio de uma coletividade, serão considerados de per si, a exemplo de um lápis, um livro, etc.

Os bens coletivos, também chamados de **universalidades**, são aqueles que, **em conjunto, formam um todo homogêneo.** Classificam-se as universalidades:

a) **De fato:** pluralidade de bens singulares que, pertencentes à uma mesma pessoa, tenham destinação unitária, como um rebanho, uma biblioteca (art. 90, CC).

b) **De direito:** traduz um complexo de relações jurídicas dotadas de valor econômico, como um patrimônio, uma herança (art. 91, CC).

Observa-se que nas universalidades há **sempre uma pertinência temática, leia-se: os bens pertencem a um único sujeito.**

Ademais, nas universalidades de fato não há nenhum impeditivo para negociações isoladas dos bens, como a possibilidade de venda de uma única cabeça de gado de um rebanho.

2.2. Bens reciprocamente considerados

Objetiva esta classificação analisar bens em relação. Compreende:

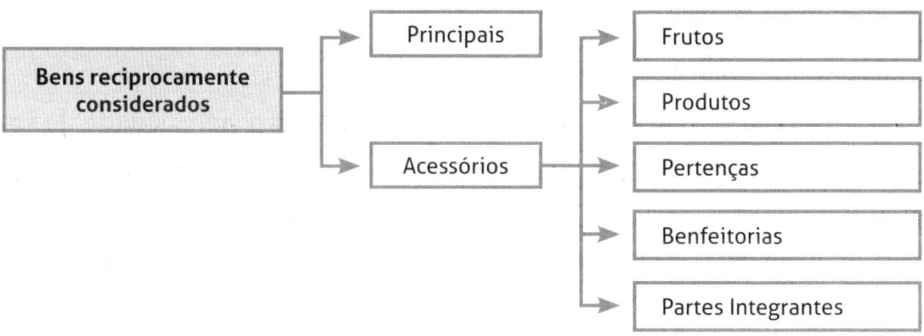

Pois bem. Ao classificarmos os bens em relação, fato é que haverá um principal e um acessório.

I. Principal

É o bem que **existe sobre si**, abstrata ou concretamente, de forma autônoma, como uma árvore em relação ao fruto, um carro em relação ao seu som, etc.

II. Acessório

É o bem cuja **existência supõe a do principal**, havendo relação de dependência, como o fruto em relação à árvore.

Os **bens acessórios** admitem **subclassificação**, dividindo-se em:

a) **Frutos – Utilidades renováveis**, que a coisa principal periodicamente produz e cuja retirada não diminuirá a substância da coisa principal.

Tais frutos se classificam em:

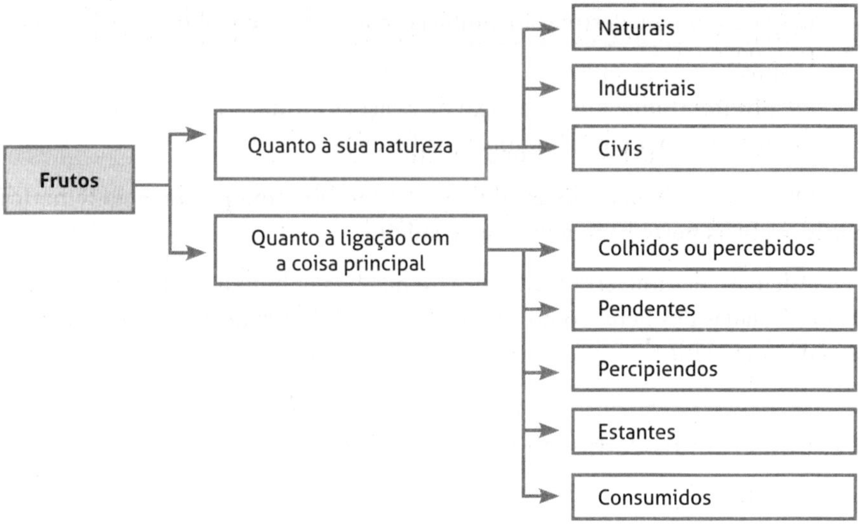

a1) **Quanto à sua natureza:**

i. **Naturais** - Gerados pelo bem principal **sem a necessidade da intervenção humana direta.** São os frutos de uma plantação: laranjas, tomates, cacau, etc.

ii. **Industriais – Decorrentes da atividade industrial humana.** São aqueles que resultam de linhas de produção, como eletrodomésticos, bens manufaturados, etc.

iii. **Civis ou Rendimentos** - Utilidades que a coisa periodicamente produz, mas não resultam da natureza, como aluguéis, rendimentos de aplicações financeiras, etc.

a2) **Quanto à ligação com a coisa principal:**

i. **Colhidos ou Percebidos** - Frutos já **destacados da coisa principal**, mas ainda existentes;

ii. **Pendentes** – São aqueles que **ainda se encontram ligados à coisa principal,** não tendo sido, portanto, destacados;

iii. **Percipiendos** - Aqueles que **deveriam ter sido colhidos,** mas ainda não o foram;

iv. **Estantes** – Frutos já destacados que se encontram estocados e armazenados para a venda;

v. **Consumidos** – Que não mais existem.

Seguindo a classificação dos bens acessórios:

b) **Produtos - Utilidades não renováveis** (esgotáveis), cuja percepção diminui a substância da coisa principal, a exemplo de carvão extraído de uma mina esgotável; petróleo...

c) **Pertenças** - São bens que **não constituindo partes integrantes, acoplam-se às coisas principais,** se destinando, de **modo duradouro, ao seu uso, aformoseamento ou serviço.** Tem-se como exemplo claro **o trator e a máquina de colheita da fazenda** (art. 93, CC).

d) **Benfeitorias** - Consistem em **melhoramentos ou acréscimos** sobrevindos ao bem por **intervenção humana (artificiais),** feitas pelo proprietário, possuidor ou detentor. As benfeitorias admitem classificação, a qual é realizada no caso concreto e de acordo com a sua finalidade. Há benfeitorias:

   i. **Necessárias**: Visionam a conservação do bem, a exemplo de vigas de sustentação, fiação elétrica, tubulação;

   ii. **Úteis**: Objetivam ampliar ou facilitar o uso do bem. Exemplifica-se com uma despensa em uma cozinha residencial;

   iii. **Voluptuárias:** Desejam o mero deleite ou recreio, não aumentando o uso habitual. Exemplifica-se com uma piscina em um imóvel residencial, uma escultura, um chafariz....

Importante frisar que as benfeitorias NÃO se classificam com base no VALOR aportado. Decerto, a classificação considerará a **finalidade** da benfeitoria.

e) **Partes Integrantes** - Bens acessórios que integram a coisa principal de maneira que a sua separação prejudicará a fruição do todo. Exemplifica-se com a lâmpada em relação ao lustre.

> ▸ **Atenção!**
>
> Como consabido, na ciência jurídica, vige o chamado **Princípio da Gravitação Jurídica ou Universal**, segundo o qual o bem acessório seguirá a sorte do principal.
>
> Entrementes, tal regra geral tem uma **importante exceção**. Leia-se: há uma circunstância em que o bem acessório não seguirá, em regra, a sorte do principal. Tal se dará com as **pertenças**. Nessa linha, a compra de uma fazenda – bem principal – não presumirá a do trator – pertença. Logo, o trator apenas será incorporado ao negócio acaso haja disciplina expressa nesse sentido.

2.3. Bens públicos e particulares

Aqui difere-se os bens consoante o **regime jurídico aplicável**. Compreende:

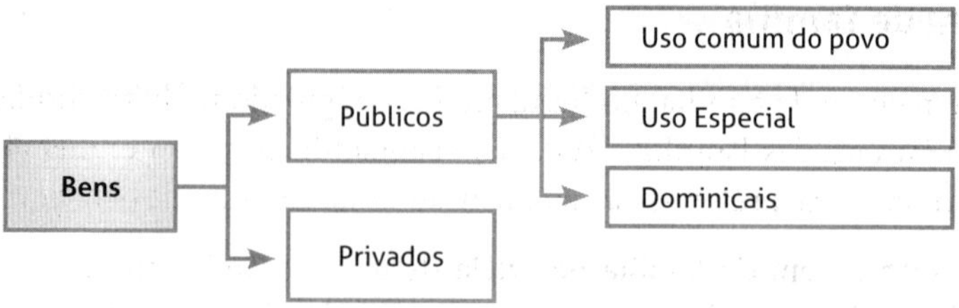

O **Código Civil** divide os bens em públicos ou privados, segundo o **titular do domínio,** considerando o **critério da titularidade.** Leia-se: são PÚBLICOS os bens das pessoas jurídicas de direito público interno; enquanto que PRIVADOS serão os demais.

Malgrado a adoção do critério da titularidade pelo Código Civil, a **doutrina** - Enunciados 97 e 287 do CJF –, firma que o operador do direito também deverá considerar o **critério da afetação - destinação.** Com efeito, não raro, um bem de titularidade de uma pessoa jurídica de direito privado é destinado a uma finalidade pública, devendo ter o regime protetivo dos bens públicos.

Após tal divisão, passa a legislação a **classificar os bens públicos**, afirmando que são:

a) **de uso comum do povo,** os rios, mares, estradas, ruas e praças;

b) **de uso especial,** os edifícios ou terrenos destinados a serviço ou estabelecimento da administração federal, estadual, territorial ou municipal, inclusive os de suas autarquias;

c) **os dominicais,** aqueles que constituem o patrimônio das pessoas jurídicas de direito público, como objeto de direito pessoal ou real de cada uma dessas entidades. Consideram-se ainda como dominicais os bens pertencentes às pessoas jurídicas de direito público a que se tenha dado estrutura de privada.

A importância de **diferenciação** dos bens em públicos e privados reside no fato dos públicos possuírem regime específicos de proteção.

Assim, os bens públicos DE USO COMUM DO POVO e os DE USO ESPECIAL são **inalienáveis**, enquanto conservarem essa qualificação, diferentemente dos DOMINICAIS, os quais, observadas as exigências legais, podem ser alienados (CC, arts. 100 e 101).

Outrossim, tais **bens públicos não podem ser usucapidos** e **seu uso pode ser gratuito ou retribuído**, a depender de lei prévia e válida exigindo a referida retribuição (CC, arts. 102 e 103, bem como S. 341 do STF).

2.4. Bem de família

O tema bem de família, hodiernamente, é regulado no livro codificado destinado ao Direito das Famílias. Todavia, visionando concisão e uma abordagem didática, nesta obra, prefere-se a sua inclusão neste capítulo de bens jurídicos.

Consiste o bem de família na tutela de uma garantia mínima e necessária para a sobrevivência do devedor, sendo, em regra, inatingível por execuções. Visa, em última análise, a **promoção do patrimônio mínimo** e do **direito constitucional à moradia**.

Em uma análise sistemática do direito posto, infere-se que o bem de família divide-se em **duas modalidades**: i. Bem de Família Voluntária (CC, art. 1.711 e ss) e ii. Bem de Família Legal (Lei 8.009/90).

2.4.1. Bem de família voluntário.

Trata-se de bem de família regulado no Código Civil e decorrente de ato volitivo.

Consiste o bem de família voluntário naquele **instituído por ato de vontade do casal**, da **entidade familiar** ou até **mesmo de um terceiro**, mediante **escritura pública (doação) ou testamento**, destinando parte do seu patrimônio, **não superior ao montante de um terço do total do patrimônio líquido existente à época da instituição, para a manutenção da família.**

A instituição efetiva do bem de família voluntário demandará concordância daquele(s) que recebe(m) o bem em doação ou herança, bem como o seu efetivo registro no respectivo Cartório de Registro de Imóveis (CC, arts. 1.711 e 1.714).

Tal bem de família **pode consistir em imóveis ou móveis**, sendo possível, até mesmo, que seja instituído sobre **valores mobiliários** (art. 1.717, CC).

Uma vez instituído, o bem de família voluntário será **impenhorável e inalienável**. Tais **características**, porém, são **relativas**, ao passo que:

a) A referida impenhorabilidade apenas diz respeito às **dívidas posteriores** à sua instituição e, em nenhuma hipótese, poderá ser oposta caso a natureza da dívida seja de **tributos relativos ao prédio** (IPTU, ITR) ou de **condomínio** (CC, art. 1.715);

b) A inalienabilidade pode ser afastada, desde que haja procedimento judicial específico para tanto, demandando autorização do juiz após a oitiva do instituidor e do Ministério Público (CC, art. 1.719).

Na hipótese de execução que atinja o bem de família, o **saldo residual haverá de ser empregado em outro bem**, o qual **passará a ter a característica de bem de família.**

A **administração** do bem de família voluntário será **do casal**, devendo o Juiz resolver eventuais divergências. Na hipótese de **falecimento de um dos cônjuges, passará a administração ao outro. Caso ambos faleçam**, a administração passará **ao filho mais velho e maior; caso menor,** será a administração **do seu tutor.**

A **extinção** do bem de família voluntário ocorre com **a morte de ambos os cônjuges e com a maioridade dos filhos, desde que não sejam incapazes.** Veja-se que o término do relacionamento não ocasionará o fim do bem de família.

2.4.2. Bem de família legal

Está positivado na Lei nº 8.009/90. É **automático (legal)**, não dependendo de nenhum ato volitivo ou de registro.

Essa espécie legal traduz a **impenhorabilidade** "do imóvel residencial próprio do casal, ou da entidade familiar, isentando-o de dívidas civil, comercial, fiscal, previdenciária ou de qualquer natureza, contraída pelos cônjuges, pelos pais ou filhos que sejam seus proprietários e nele residam, ressalvadas as hipóteses previstas em lei".

Tal isenção de impenhorabilidade "compreende **o imóvel** sobre o qual se assentam a construção, as plantações, as benfeitorias de qualquer natureza e todos os equipamentos, inclusive os de uso profissional, ou os **móveis** que guarnecem a casa, desde que quitados" (art. 1°, § único da Lei 8.009/90).

A garantia em tela – a qual é cogente e automática – **aplica-se até mesmo à penhoras realizadas antes da edição da Lei 8.009/90**, conforme entendimento sumulado do STJ – Súmula 205.

Assim como o bem de família voluntário, o cogente também possui **exceções à sua impenhorabilidade**, não sendo possível a arguição desta para os **veículos de transporte, obras de arte e adorno suntuoso** (art. 2º da Lei nº 8.009/90).

Demais disto, o artigo 3° da Lei nº 8.009/90 enuncia outras hipóteses nas quais **não é possível a arguição da impenhorabilidade** do bem de família legal. São elas:

a) pelo titular do crédito decorrente do financiamento destinado à construção ou à aquisição do imóvel, no limite dos créditos e acréscimos constituídos em função do respectivo contrato;

b) pelo credor de pensão alimentícia, desde que resguardados os direitos, sobre o bem, do seu coproprietário que, com o devedor, integre a união estável ou conjugal, observadas as hipóteses em que ambos responderão pela dívida;

c) para cobrança de impostos, predial ou territorial, taxas e contribuições devidas em função do imóvel familiar;

d) para execução de hipoteca sobre o imóvel oferecido como garantia real pelo casal ou pela entidade familiar;

e) por ter sido adquirido com produto de crime ou para execução de sentença penal condenatória a ressarcimento, indenização ou perdimento de bens;

f) por obrigação decorrente de fiança concedida em contrato de locação.

2.4.3. *Informações importantes sobre bem de família*

Em virtude do princípio da pluralidade das entidades familiares, o STJ editou a Súmula 364, entendendo que a proteção do bem de família alcança, até mesmo, o *single* - também conhecido como **família unipessoal**. Dessa forma, hodiernamente infere-se que a proteção ao bem decorre não apenas da família, mas também da **tutela à moradia** (art. 6º da CF/88). Em suma-síntese, mesmo o solteiro, padre, celibatário, viúvo... terão a tutela do bem de família.

Outrossim, também já resta assente no STJ, que **o fato do imóvel ter sido colocado para locação não retira o seu caráter de bem de família**, no momento em que os **valores do aluguel são destinados à manutenção da entidade familiar**. Sobre o tema verbera a **Súmula 486** do **Superior Tribunal de Justiça.**

Em relação à **vaga de garagem**, em tendo matrícula própria (autônoma), não integrará o bem imóvel de família, podendo ser alvo de penhora. Acaso, porém, a matrícula não seja própria, sendo a mesma do bem principal, em sendo este de família, aquela também o será, aplicando-se a máxima geral segundo a qual o acessório seguirá a sorte do bem principal. Assim caminha a **Súmula 449** do **Superior Tribunal de Justiça.**

Teoria do Ato, Fato e Negócio Jurídico

1. FATO JURÍDICO X FATO MATERIAL

O início do estudo da teoria do ato, fato e negócio jurídico, demanda uma diferenciação básica entre o **fato material e o jurídico.**

Fato material é aquele desprovido de consequências jurídicas, a exemplo de um raio que cai no meio do mar ou no em uma floresta, sem causar nenhum dano à pessoa ou ao patrimônio de alguém. Em outras palavras: **trata-se de fato não relevante para o direito.**

Fato jurídico, por sua vez, é todo **acontecimento relevante para o direito**, ainda que ilícito. Traduz acontecimento apto a produzir, ainda que potencialmente, efeitos no mundo jurídico.

Obviamente que a ciência jurídica volta os seus olhos ao estudo daqueles fatos que lhe trazem repercussão. Avancemos com o estudo dos fatos jurídicos.

1.1. Classificação dos fatos jurídicos

Fato jurídico, na sua concepção ampla (*lato sensu*), podem ser divididos em:

1.1.1. Fatos jurídicos naturais (ou fato jurídico em sentido estrito ou stricto sensu)

Os fatos da natureza que interessam ao direito civil são apenas os que interferem nas relações humanas, gerando efeitos para o direito. O fato natural, em si, não é e nem pode ser objeto do direito, pois nenhuma consequência teria (não constituem fatos jurídicos).

Nessa linha, os fatos jurídicos em sentido estrito **podem ser divididos em:**

a) **Ordinários:** acontecimentos comuns, do cotidiano. Ex.: nascimento, morte, o passar do tempo...

b) **Extraordinários:** incomuns, excepcionais e que fogem ao cotidiano. Ex.: terremoto, maremoto, tsunami...

1.1.2. Fatos jurídicos humanos (ato jurídico)

Consistem naqueles fatos que decorrem da conduta humana e possuem consequências para o direito. **Podem ser divididos em:**

a) **Atos Jurídicos Ilícitos:** contrários ao direito, por violentarem regras do ordenamento jurídico.

b) **Atos Jurídicos Lícitos:** consoante o direito. Tais atos jurídicos lícitos, por sua vez, admitem **divisão**, falando-se em:

   b.1) **Ato jurídico em sentido estrito (*stricto sensu*).** É aquele que decorre da **atividade humana volitiva,** mas cujos **efeitos estão todos vinculados na lei (*ex lege*).** Infere-se que a vontade humana tem grande relevância e deve estar presente para a configuração do aludido ato jurídico. Todavia, a vontade humana, neste caso, **não tem aptidão para regrar os efeitos** do ato, pois estes decorrem da lei de forma cogente (*ex lege*), inexistindo margem de ação. Ex.: a fixação de domicílio, o reconhecimento voluntário de filiação, a confissão, a aceitação da herança...

   b.2) **Negócio Jurídico.** É aquele no qual a **vontade humana** não só é o fato gerador, mas também **determina os efeitos do ato**. Nessa hipótese, o exercício da autonomia privada é pleno, pois não apenas se cria o fato jurídico, mas também se regula as consequências (*ex voluntate*). Ex.: as declarações unilaterais de vontade, os contratos, o testamento, etc.

   b.3) **Ato-fato Jurídico.** Trata-se de categoria **DOUTRINÁRIA**, não regulamentada na legislação civilista, na qual se admite atribuir consequências a certos comportamentos humanos, ainda que não intencionais ou mesmo se praticado por incapazes.

   Tradicionais exemplos são a caça; a pesca; o achado de tesouro; a especificação, a compra e venda de absolutamente incapaz... Veja que nestes casos há, incialmente, uma **vontade humana** – um **ATO** –, mas como tal vontade não é abraçada pelo direito, finda-se em um **FATO**, falando-se do **ATO-FATO**. Tal ato-fato, como visto, produzirá efeitos jurídicos.

Diante da detalhada classificação, segue um esquema para facilitar a aprendizagem:

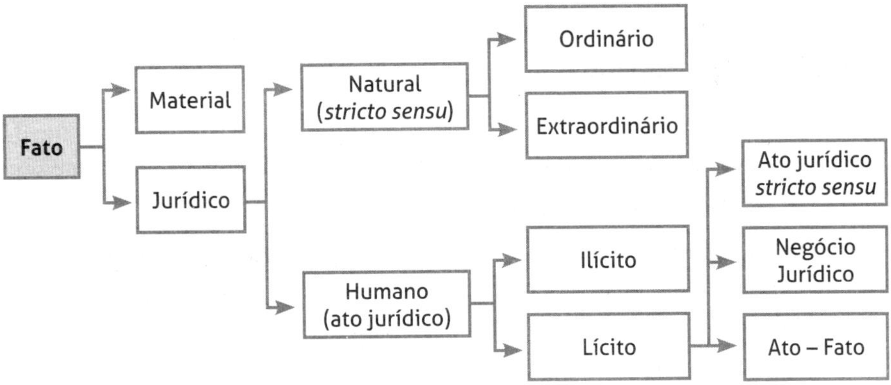

2. NEGÓCIO JURÍDICO

O texto codificado dedica-se, de sobremaneira, ao tratamento do tema negócios jurídicos, aplicando-se aos atos jurídicos, por equiparação, as regras do negócio. Nessa ótica, passaremos a verticalização dos estudos dos negócios jurídicos.

Consiste o negócio jurídico no **encontro de vontades** visando **criar, modificar, conservar ou extinguir relações jurídicas**. Tem como centro a vontade humana, a qual tem **ampla atuação na criação do aludido negócio e na regulação dos seus efeitos**, nos limites da boa-fé, da função social e do ordenamento posto.

A DOUTRINA, ao analisar o negócio jurídico, aponta para a existência de **três planos**; quais sejam: **existência, validade** e **eficácia**.

2.1. Plano de existência

O **plano de existência** do negócio jurídico não foi incluso pelo legislador civil na Codificação. Trata-se de criação DOUTRINÁRIA.

É o plano do "ser" do negócio jurídico. Veicula os elementos estruturantes do negócio, aquilo que, minimamente, precisa o negócio jurídico para existir.. São os **elementos da existência, de forma cumulativa:**

I) **Agente;**

II) **Objeto;**

III) **Forma;**

IV) **Vontade Exteriorizada.**

Caso não esteja presente um dos elementos acima, o negócio jurídico será qualificado como **inexistente**.

2.2. Plano de validade

Compreendido o plano da existência (pressuposto para o estudo do plano da validade), deve-se avançar para aferir se o aludido negócio jurídico existente será ***abraçado*** (validado) **pelo ordenamento jurídico.**

Validade, portanto, constitui sinônimo de ***adequação ao sistema jurídico***. Assim, perfeitamente possível que um negócio jurídico existente seja inválido, a exemplo de uma compra e venda de entorpecente.

Os **elementos da validade** do negócio jurídico encontram-se, preponderantemente, elencados no art. 104 do Código Civil. Veja-se que em tal artigo acaba-se por adjetivar os itens da existência, para conferir validade ao negócio jurídico.

Assim, em uma leitura doutrinária do artigo 104 do Código Civil, o negócio jurídico precisará para ser válido:

I) **Agente Capaz e Legitimado;**

II) **Objeto Lícito, Possível, Determinado ou Determinável;**

III) **Forma Prescrita ou Não Defesa em Lei.**

IV) **Consentimento Válido.**

Passa-se ao aprofundamento destes itens da validade dos negócios jurídicos.

A **capacidade e legitimação do AGENTE** já foi tratada no capítulo relativo à pessoa física, pelo que, não iremos repetir a abordagem.

OBJETO lícito é aquele que está de acordo com a lei, sendo JURIDICAMENTE POSSÍVEL. Percebe-se que os conceitos de licitude e de possibilidade jurídica se confundem. Assim, tem-se por ilícita a compra e venda de cocaína.

Possível será o **objeto** MATERIALMENTE POSSÍVEL, factível. Afirma a doutrina ser impossível, por exemplo, a compra e venda de um cachorro que fala. Anote-se que a **impossibilidade em comento deve ser objetivamente considerada**; vale dizer, oponível a todos. Não se considera impossível uma obrigação na qual o devedor, por algum motivo de ordem particular (*vg.* condição de saúde), não possa executar, mas que facilmente poderia ser realizada por um terceiro.

Determinado é o **objeto** previamente INDIVIDUALIZADO segundo o GÊNERO, a QUANTIDADE **e** a QUALIDADE. É o exemplo de uma obrigação de dar coisa certa, como a compra de um carro *Honda Civic*, placa e chassi com numerações únicas...

Determinável é o **objeto** indicado apenas pelo GÊNERO e pela QUANTIDADE, carecendo de qualidade. Exemplifica-se com as obrigações de dar coisa incerta, a exemplo da compra e venda de 10 (dez) sacas de feijão.

Quanto à **FORMA**, o princípio regente é o da **liberdade de formas** (vide art. 107, CC) sendo, *a priori*, possível a confecção do negócio jurídico verbal, por escrito público ou particular.

Excepcionalmente, porém, a lei, ou até mesmo a vontade, poderá exigir uma **forma vinculada**, a qual há de ser observada, sob pena de nulidade. Hipótese muito cobrada em provas é a da exigência de escritura pública para a validade de certos negócios jurídicos que visem à constituição, transferência, modificação ou renúncia de direitos reais sobre imóveis de valor superior a trinta vezes o maior salário mínimo vigente no País (art. 108, CC).

Contudo, **não se terá a invalidade do ato se a forma for livre e o instrumento for inválido** (CC, art. 183). Tem-se hipóteses nas quais a forma é uma mera questão de prova (*forma ad probationem*), ao revés de ser questão de solenidade substancial (*ad substancione*). Exemplifica-se com uma promessa de compra e venda, cuja forma é livre, mas na qual as partes optaram em realizar por escritura pública. Acaso a escritura seja inválida, diante da liberdade de forma do ato, este persistirá válido; ou seja: a invalidade do instrumento (escritura), não ocasionará a do ato (promessa de compra e venda).

O **CONSENTIMENTO válido** remete à necessidade da vontade ser livre e desembaraçada, sem nenhum tipo ERRO, DOLO, COAÇÃO...

A priori o consentimento poderá ser exteriorizado de qualquer maneira, sendo possível que o seja por escrito, verbalmente... Questão interessante diz respeito à (im)possibilidade de consentir através do silêncio. E então?

O **silêncio** é neutro para o direito, não significando nem aceitação e nem renúncia. Todavia, EXCEPCIONALMENTE é possível que o **silencia revele a aceitação do negócio**, acaso presentes dois **requisitos cumulativos** (CC, art. 111). São eles:

I) a circunstâncias ou os usos o autorizem e

II) não seja necessária declaração de vontade expressa

Exemplifica-se com a **doação pura** (sem exigência de contraprestação), na qual reste fixado prazo para que o donatário a aceite e ele permaneça em silêncio, ocasionando presunção de aceite (CC, art. 539). Vide, por exemplo, o fato de João (doador) deixar um presente para Marina (donatária), na portaria do prédio desta, dando-lhe dois dias para que o aceite. Se passados dois dias Marina nada disser, presumir-se-á a aceitação.

2.2.1. *Teoria das invalidades do negócio jurídico*

A consequência jurídica do desrespeito à um dos pressupostos de validade do negócio jurídico será a sua **invalidade**; leia-se: **NULIDADE** ou a **ANULABILIDADE.**

Estas invalidades configuram justamente o **descompasso entre o negócio jurídico realizado e o ordenamento jurídico posto**. Tais invalidades admitem gradação, contemplam um **grau maior (nulidade absoluta)** e um **grau menor (nulidade relativa,** também denominada de **anulabilidade).**

As invalidades, invariavelmente, **haverão de estar disciplinadas expressamente** no ordenamento jurídico nacional, não se admitindo reconhecimento implícito na lei. Demais disto, **deverão tais nulidades gerar prejuízo**, sob pena de não ocorrência.

Do dito, passaremos a análise das nulidades, começando com as absolutas – simplesmente chamada de NULIDADES – e depois avançando às relativas – denominadas de ANULABILIDADE.

a) Nulidade Absoluta (Nulidades).

As **hipóteses** de nulidade absoluta estão elencadas nos artigos 166 e 167 do CC:

a) Simulação;
b) Negócio celebrado por PESSOA absolutamente incapaz;
c) for ilícito, impossível ou indeterminável o seu OBJETO;
d) o MOTIVO determinante, comum a ambas as partes, for ilícito;
e) não revestir a FORMA prescrita em lei;
f) for preterida alguma SOLENIDADE que a lei considere essencial para a sua validade;
g) tiver por OBJETIVO fraudar lei imperativa e
h) a LEI taxativamente o declarar nulo ou proibir-lhe a prática, sem cominar sanção.

Uma vez verificada a nulidade do negócio, ele terá as seguintes **características**:

1) Nulidade absoluta atingirá INTERESSE PÚBLICO SUPERIOR;

2) Pode ser ARGUIDA PELAS partes, terceiro interessado, Ministério Público quando lhe couber intervir ou, até mesmo, pronunciada de ofício (*ex officio*) pelo Juiz;

3) Opera-se DE PLENO DIREITO (*ope legis ou iures*);

4) Não admite confirmação (ratificação, convalidação ou saneamento), mas sim **CONVERSÃO** em um outro negócio jurídico válido;

5) A ação declaratória de nulidade é decidida POR SENTENÇA COM EFEITOS ***EX TUNC*** (retroativos) e **contra todos** (*erga omnes*);

6) A nulidade, segundo o novo Código Civil, pode ser reconhecida **A QUALQUER TEMPO, não se sujeitando a prazo prescricional (imprescritível) ou decadencial.**

Sobre tais características, atenção para **alguns fatos relevantes**:

1) Entende o STJ que a arguição de nulidade absoluta EM INSTÂNCIAS EXTRAORDINÁRIAS demanda a observância do requisito do **prequestionamento**. Trata-se de requisito intransponível para o ingresso recursal nas instâncias extraordinárias: STJ e STF.

2) Apesar de **o juiz poder reconhecer *ex officio*** a nulidade, ele NÃO tem permissão para SUPRI-LA, ainda que a requerimento da parte (art. 168 p.u, CC).

3) Recorde-se que o art. 10 do CPC/15 **veda a decisão surpresa.** Nessa linha, caso o juiz enxergue uma nulidade absoluta e deseje declará-la de ofício, antes de fazê-lo, haverá de dar CONTRADITÓRIO às partes.

b) Nulidade Relativa (Anulabilidades)

As **principais hipóteses** de nulidade relativa estão elencadas no artigo 171 do Código Civil. São elas:

I - **incapacidade RELATIVA** do agente;

II - por **vício** resultante de **erro**, **dolo**, **coação**, **estado de perigo**, **lesão** ou **fraude contra credores**. Leia-se: DEFEITOS DO NEGÓCIO JURÍDICO, à exceção da SIMULAÇÃO.

O negócio jurídico anulável possui as seguintes **características**:

1) Nulidade **relativa** atinge apenas **INTERESSES PARTICULARES**;
2) **NÃO** se opera DE PLENO DIREITO, sendo *ope iudicis*;
3) Admite **CONFIRMAÇÃO** expressa ou tácita (ratificação, convalidação ou ratificação);
4) Somente pode ser **ARGUIDA** PELOS legítimos interessados;
5) A anulabilidade **não** tem efeito antes de julgada por sentença, a qual, sempre que possível, **RESTITUIRÁ** as partes AO ESTADO EM QUE ANTES DELA SE ENCONTRAVAM. Não sendo viável, indenizará com o equivalente (arts. 177 e 182, CC);
6) A anulabilidade somente pode ser arguida, PELA VIA JUDICIAL, em **prazos decadenciais** de 4 anos e 2 anos (art. 178 e 179, CC). Assim, quando a lei dispõe que um determinado negócio é anulável, sem consignar o prazo, este será **de 2 anos**, contados da sua conclusão. Outrossim, afirma o artigo 178 que o prazo **de 4 anos** será contado: i) no caso de coação, do dia em que ela cessar; ii) no caso de erro, dolo, fraude contra credores, estado de perigo e lesão, do dia em que fora realizado o negócio jurídico e no de atos de incapazes, no dia que cessar a incapacidade.

2.2.2. *Princípio da conservação dos atos e negócios jurídicos*

Malgrado o legislador civilista ter previsto as invalidades do negócio jurídico, veiculou também, inspirado no **Princípio da Instrumentalidade de Formas do Processo Civil**, o que denomina a doutrina de ***Princípio da Conservação dos Atos e Negócios Jurídicos***.

A noção é simples: sempre que possível, ao revés de invalidar o negócio jurídico, deve-se aproveitá-lo. Afinal, **nos negócios jurídicos, mais vale a intenção neles consubstanciada do que o sentido literal da linguagem** (CC, art. 112).

Nessa toada, estão presentes na Codificação **três importantes institutos que viabilizam a conservação do negócio jurídico**: i) a conversão substancial; ii) a convalidação; iii) e a redução.

a) Conversão Substancial

Está prevista no artigo 170 do Código Civil e consiste na recategorização de determinado negócio jurídico nulo para outro diverso, aproveitando-se os elementos materiais e a **vontade** manifestada.

É, assim, a **medida de conservação da vontade de um negócio jurídico nulo,** demonstrando a **primazia da vontade sobre a forma.**

Tem-se como exemplo usual, citado na doutrina, a conversão de uma compra e venda nula, por vício de forma (art. 108, CC), em promessa de compra e venda, cuja forma é livre (art. 462, CC).

Por fim, recorda-se que o negócio jurídico **NULO** não poderá ser convalidado, sendo a **conversão a única via possível de aproveitamento** (CC, art. 169).

b) Convalidação (Saneamento, Ratificação ou Confirmação)

Trata-se de medida apenas aplicável ao negócio jurídico ANULÁVEL, o qual será aproveitado de forma expressa ou tácita e desde que não haja prejuízo a terceiro (CC, art. 172).

Exemplifica-se com os pais que assinam, ao lado do filho menor (relativamente incapaz), que adquiriu um imóvel sem assistência, ocasionado uma convalidação expressa. Ou, ainda, se os pais deixarem escoar o prazo decadencial para manejo da ação anulatória, sendo vista uma convalidação tácita.

c) Redução do Negócio Jurídico.

Permite a **invalidade parcial** do negócio jurídico, que terá nulificada a sua parte acessória. Tem cabimento quando for admitida a separação das partes do negócio, permitindo a extirpação da parte inválida do negócio, aproveitando-se a válida.

Portanto, aplicar-se-á quando um dado negócio for **parcialmente inválido**, havendo nele, contudo, feixes de declaração de vontades separáveis (cindíveis) e aproveitáveis.

Exemplifica-se com um único instrumento contratual no qual há uma locação unida a uma fiança, sendo a última inválida por ausência de vênia conjugal (CC, arts. 1.647 e 1.649). Neste caso, plenamente possível ser mantida a locação, negócio principal, e invalidada apenas a fiança, acessória, falando-se em uma verdadeira redução do negócio jurídico.

2.3. Plano de eficácia

Eficácia correlaciona-se aos **efeitos do negócio jurídico**.

A premissa é que em sendo o negócio jurídico **existente** e **válido**, em **REGRA**, automaticamente produzirá os seus efeitos. Fala-se em premissa diante da percepção de ser possível, **EXCEPCIONALMENTE**, a presença de um **fator de eficácia**, o qual acabará por autolimitar os efeitos do negócio jurídico. Refere-se, aqui, ao termo, condição, modo ou encargo.

Condição, termo, modo ou encargo são ELEMENTOS ACIDENTAIS OU ACESSÓRIOS do negócio jurídico e que não estão relacionados aos planos da existência e da validade. Consistem em autolimitações da vontade, de natureza facultativa e que incidem sobre os efeitos do negócio.

Sobre tais **fatores de eficácia**, secundários do negócio jurídico, que se passará a abordar.

a) Condição

É **evento futuro e incerto** que deriva da **exclusivamente da vontade das partes** e **subordina** os **efeitos do negócio jurídico** (art. 121, CC).

A condição admite classificações, falando-se em condições: i) **suspensivas x resolutivas**; ii) **lícitas x ilícitas**. Avançaremos sobre tais **classificações.**

i) **Suspensivas x Resolutivas**

A condição **SUSPENSIVA** é o evento futuro e incerto que **enquanto não implementado suspenderá tanto a aquisição como o exercício do direito** (CC, art. 125). Um negócio sob condição suspensiva, portanto, é um negócio com efeitos pendentes.

Exemplifica-se com um contrato de doação para casamento futuro com pessoa certa e determinada pessoa (art. 546, CC). Ocorre quando o pai promete à filha a doação de um apartamento, caso venha a se casar com uma determinada pessoa. Veja-se que a doação está com efeito pendente, não havendo nem aquisição e nem exercício do direito até que haja o casamento.

A condição **RESOLUTIVA**, de seu turno, é aquele evento futuro e incerto que **quando implementado coloca fim ao negócio jurídico**, o resolvendo.

Exemplifica-se com doações periódicas até um evento futuro e incerto, como o pagamento de uma *mesada* até a aprovação no concurso público. Veja-se que, neste caso, a doação periódica, de pronto, já produzirá os seus efeitos, sendo extinta (resolvida) quando implementada a condição. Ressalta-se que esta resolução se dará automaticamente, não dependendo de nenhuma notificação e/ou interpelação, e com efeitos não retroativos (*ex nunc*) - art. 127 e 128, CC.

Antes de implementadas as condições, tem-se como possível os **atos de conservação**, por haver o que se denomina DIREITO EVENTUAL (art. 130, CC). Assim, no exemplo da doação do imóvel condicionado a casamento com certa e determinada pessoa se, antes do casamento, alguém invadir o imóvel, os noivos poderão sair em sua defesa.

ii) **Lícitas x Ilícitas**

LÍCITAS são as condições que **se harmonizam com a lei, a ordem pública e os bons costumes** (art. 122, CC). **ILÍCITAS** são aquelas **contrárias à lei, ordem pública e bons costumes.**

Digno de nota que é **vedada a condição que prive o negócio de qualquer efeito prático**, como o empréstimo de um carro com vedação de dirigi-lo ou ocupá-lo por qualquer pessoa.

Igualmente **ilícita** é a condição **que sujeita o negócio ao puro arbítrio de uma das partes** - condição PURAMENTE POTESTATIVA. Exemplifica-se com a proibição de fixação unilateral do preço na compra e venda, seja por parte do vendedor, ou do comprador (CC, art. 489). Logo, será nulo o contrato de compra e venda no qual reste ajustado que o preço será conferido unilateralmente por uma das partes.

Destarte, as condições SIMPLESMENTE OU MERAMENTE POTESTATIVAS **são aceitas,** consistindo naquelas em que **há dependência da manifestação de vontade de uma das partes e algo externo**, como uma doação a um jogador de golfe, caso ele ganhe um determinado número de torneios no ano.

Afirma o CC, ainda, que INVALIDAM os negócios jurídicos (art. 123, CC): "I - as condições **física ou juridicamente impossíveis, quando suspensivas**; II - as condições **ilícitas, ou de fazer coisa ilícita;** III - as condições **incompreensíveis ou contraditórias**". Outrossim, são tidas como INEXISTENTES as condições **impossíveis, quando resolutivas**, e **as de não fazer coisa impossível** (CC, art. 124).

Por fim, aduz o Código Civil que não pode a parte **obstar a condição que lhe desfavorece**, sob pena de tê-la como implementada, e **nem implementar a condição que lhe favorece**, sob pena de tê-la como não implementada. Trata-se de regra que objetiva evitar a torpeza (CC, art. 129).

b) Termo

Relaciona-se o termo a um **evento futuro e certo.** Consiste no dia ou momento em que o negócio começa (TERMO INICIAL ou *dies a quo*) ou extingue a sua eficácia (TERMO FINAL ou *dies ad quem*). Pode ser o termo fixado tanto pela lei (TERMO LEGAL) como pela vontade (TERMO CONVENCIONAL).

O lapso de tempo entre o termo inicial e o final é denominado de **prazo**, sendo a forma de sua contagem disciplinada no artigo 132 do CC/02. Assim, na **contagem** do aludido prazo será excluído o dia de começo e incluído o dia de vencimento. Se o dia de vencimento cair em feriado, considerar-se-á prorrogado o prazo até o seguinte dia útil. Meado será sempre dia quinze. Prazos em meses e anos expiram no dia de igual número do de início ou no imediato, se faltar correspondência. Já os prazos em hora, contar-se-ão minuto a minuto.

O **termo fixado em testamento** se presume em favor do herdeiro, enquanto que, **nos contratos**, em proveito do devedor, salvo se do caso concreto verificar-se o contrário (CC, art. 133). Trata-se de importante regra, afinal é o beneficiado do termo que poderá renunciá-lo. Assim, caso eu faça a compra de um bem e reste acertado que o pagamento será feito em trinta, sessenta e noventa dias, nada impede que eu (devedor) renuncie ao prazo (termo) e antecipe o pagamento.

Por fim, o TERMO INICIAL **suspende apenas o exercício do direito, mas não a sua aquisição** (CC, art. 131). A explicação aqui é clara: o termo é um evento futuro, porém **certo**. Se há certeza sobre a sua ocorrência, o direito já fora adquirido, restando impedido apenas o seu exercício. Exemplifica-se com a aquisição de um carro, na qual já houve o pagamento do preço e ficou acertada a entrega para o dia trinta do mês. Infere-se que já houve a aquisição do direito (carro), restando apenas suspenso o exercício do direito, o qual se iniciará no dia trinta – termo inicial para o comprador ter o início do exercício do seu direito.

c) Modo ou Encargo

É um **ônus (restrição)** imposto para que a parte usufrua de um benefício. Não há equivalência de preço com o benefício e pode consistir nas mais diversas modalidades obrigacionais, como fazer, dar coisa certa ou incerta. Exemplifica-se com a doação de um automóvel para alguém, desde que essa pessoa leve o filho do doador ao colégio por dois anos consecutivos.

Difere o encargo da CONDIÇÃO SUSPENSIVA, porque aquele (encargo) **não suspende nem o exercício e nem a aquisição do direito** (art. 136, CC). Veja-se que, de regra, o cumprimento do encargo demandará que o devedor tenha o objeto em mãos. Afinal, para levar e buscar o filho do doador, por dois anos consecutivos no colégio, haverá o devedor de já estar com o veículo.

Acaso o encargo seja **descumprido,** a hipótese será de REVOGAÇÃO da doação, na forma do art. 555 e ss. do CC.

Diga-se, ainda, que encargo ILÍCITO ou IMPOSSÍVEL **se considera não escrito, salvo se vier a constituir motivo determinante da liberalidade**, caso em que **invalidará a todo o negócio jurídico** (art. 137, CC).

Pois bem. Vencido o estudo dos planos de existência, validade e eficácia dos negócios jurídicos, uma interessante dúvida se coloca: seria possível, no Brasil, o **autocontrato**, também chamado de **contrato consigo mesmo**?

O autocontrato, malgrado a sua denominação, não é, em sua significação jurídica, propriamente um contrato consigo mesmo. Sob os olhos do direito, remete a **situação na qual há uma mesma pessoa nos dois polos da relação jurídica**. Todavia, **de um lado, tal pessoa está atuando em nome próprio e, de outro, está a atuar como representante de alguém**.

Exemplifica-se: imagine que Caio constituiu Cristiano como seu procurador para a venda de um imóvel e Cristiano, por sua vez, deseja adquirir este imóvel para si. Nesse caso, pergunta-se: poderia Cristino celebrar este autocontrato, no qual em um dos polos estará a representar a Caio e no outro a agir em nome próprio?

Receoso com o fato de Cristiano buscar vantagens indevidas neste ajuste, o Código Civil informa que o autocontrato é **anulável**, no prazo decadencial de dois anos contados da conclusão do negócio (CC, arts. 117 e 179).

Trata-se de saída digna de aplausos, ao passo que a anulabilidade apenas será requisitada se houver prejuízo e pelo legítimo interessado. *In casu*, se Caio entender que o negócio foi bom, sem prejuízos, não haverá porque anulá-lo, restando convalidado.

Diga-se que o legislador confere a mesma saída na hipótese de substabelecimento, com o intuito de evitar burla à regra. Nessa senda, ainda que Cristiano substabeleça os poderes de venda a João e venha a comprar o imóvel, a anulabilidade supra-referida persistirá.

Por fim, digno de nota informar que há uma situação de autocontrato eivado de **nulidade absoluta**. Nas pegadas da Súmula 60 do Superior Tribunal de Justiça, é *nula a obrigação cambial assumida por procurador do mutuário vinculado ao mutuante, no exclusivo interesse deste*. Não raro, nos contratos de empréstimo (mútuo), a instituição financeira se coloca como procuradora do mutuário, inclusive com podres para assinar obrigação cambial. Assim, se o mutuário não honrar com os pagamentos, a própria instituição financeira gera o título de crédito, assina pelo mutuário e o executa. Obviamente, diante de tamanha ilegalidade em uma relação de consumo, a consequência da nulidade absoluta se impõe.

3. DEFEITOS OU VÍCIOS DO NEGÓCIO JURÍDICO

Relacionam-se a hipóteses nas quais **o negócio jurídico está inquinado de algum vício subjetivo** (no consentimento) **ou objetivo** (social). Tais defeitos podem se apresentar sob a forma de:

a) **Vícios de Consentimento** (de vontade) – dizem respeito a um aspecto INTERNO do negócio jurídico, inerente à própria manifestação de vontade. Ocorre quando **a manifestação de vontade do agente não corresponde ao seu íntimo**, estando subjetivamente viciada. Há uma mácula na vontade declarada, a qual diverge do real desejo do agente, seja por um **erro**, **dolo**, **coação moral**, **lesão** ou **estado de perigo**.

b) **Vícios Sociais** – nestes **a vontade do agente é exteriorizada consoante a sua intenção.** No entanto, há uma **tentativa de prejudicar terceiro ou burlar a lei.** Logo, trata-se de vício EXTERNO, de fundo e alcance social. São vícios sociais: a **fraude contra credores e a simulação.**

Em síntese:

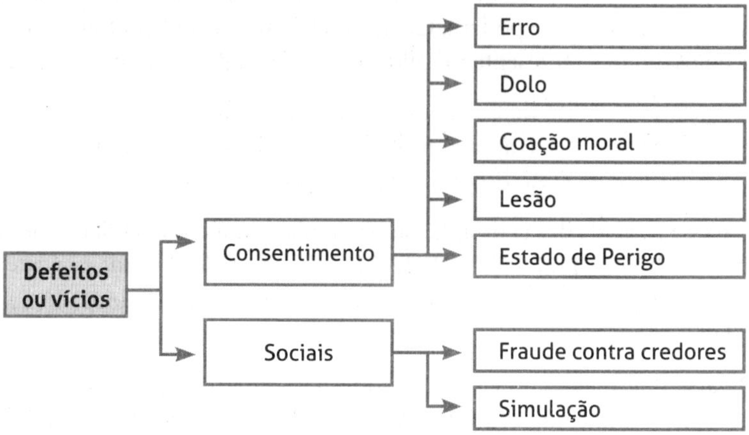

Antes de avançarmos, duas notas importantes:

i. Os defeitos do negócio jurídico geram a **anulabilidade, com exceção da simulação** (CC, arts. 171 e 167)

ii. Há relevante debate **doutrinário** sobre a **inserção da simulação dentre os defeitos do negócio jurídico.** Decerto, após o Código Civil de 2002, a simulação teve um deslocamento em seu tratamento legislativo e uma alteração em sua consequência – deixou de gerar ANULABILIDADE e passou a ocasionar NULIDADE ABSOLUTA. Malgrado tal alteração, persistimos a entendê-la como um vício social, diante de sua gênese de burla à sociedade. Assim, a incluímos neste tópico. Ressalta-se, porém, que a informação em comento é conferida apenas para fins de esclarecimento doutrinário, posto que tal enquadramento, ou não, da simulação como vício social, até então, não foi objeto de prova.

4.1. Vícios de consentimento

Conforme já noticiado, são vícios de consentimento erro, dolo, coação moral, lesão e estado de perigo. Sobre tais vícios que se passa, analiticamente, a abordar.

A) Erro ou Ignorância.

Trata-se da percepção inexata da realidade que incide sobre alguma coisa, objeto ou pessoa e influi substancialmente na formação da vontade. Nessa senda, quando há erro, celebra o agente o negócio com base em uma **falsa percepção da realidade.**

Nem todo erro enseja a invalidação do ato. O erro, para gerar anulabilidade do negócio jurídico, há de ser a **causa determinante** do ato, denominando a DOUTRINA de **erro essencial, substancial ou principal** (art. 138, CC). Logo, para o erro gerar a anulação do ato, há de ter interferido de forma profunda, relevante na manifestação de vontade.

Assim, em **sendo o erro acessório - secundário ou acidental -,** como o relativo à mera indicação da pessoa ou coisa, mas que, pelo contexto, poderá se identificada, **não haverá de se falar em anulação do negócio** (art. 142, CC).

Com efeito, o **ERRO ACESSÓRIO não tem consequência para o direito.** Exemplifica-se com um erro de qualificação de uma parte em um contrato, o qual não levará a consequências do negócio jurídico acaso os demais itens de qualificação permitam identificar o sujeito. Assim, se o contrato sinaliza que João é brasileiro, casado, portador do RG..., CPF... e João, ao revés de casado, é solteiro, isto não interferirá na validade do negócio, ante à percepção de que João poderá ser facilmente identificado.

Como é **o ERRO PRINCIPAL que ocasionará a nulidade relativa do negócio jurídico**, o Código Civil passa a aprofundá-lo. Assim, o artigo 139 do Código Civil elenca **espécies ou modalidades de erro principal,** falando-se em:

a) *Error In Negotio* - **Incide sobre a NATUREZA do negócio**. Por exemplo, imagina-se que está realizando uma compra e venda, mas em verdade se está celebrando um contrato de troca ou permuta;

b) *Error In Corpore* - **Incide sobre o OBJETO do negócio jurídico**, seja sobre sua qualidade ou quantidade. Exemplo de erro sobre a qualidade: imagina está comprando um imóvel na rua A, mas o está adquirindo na rua B, ou ainda em rua homônima. Exemplo de erro sobre a quantidade: um colecionador compra coleção de selos imaginando ter 200 (duzentos) selos, mas em verdade há 150 (cento e cinquenta) selos.

c) *Erros In Persona* - **Incide sobre a PESSOA**, em especial à sua identidade ou qualidade essencial. Exemplo: contrata-se Luciano Figueiredo imaginando ser Roberto Figueiredo; em vice-versa.

d) *Erro de Direito* - Não implica negativa de aplicação à lei, não significando seu descumprimento intencional, mas sim **equívoco quanto ao ALCANCE DA NORMA JURÍDICA**. Exemplo: Cidadão compra o terreno para edificar em área que descobre, posteriormente, não ser edificante.

> **Atenção!**
> - O **falso motivo, expresso** no ato como sua **razão determinante**, equivale ao erro, gerando anulabilidade (art. 140 do CC).
> - A transmissão **equivocada** de vontade por **meios interpostos** é anulável nos mesmos casos da declaração direta (art. 141, CC).
> - O **erro de cálculo** gera mera ratificação, **não sendo hipótese de anulabilidade do negócio** (art. 143, CC).

Por fim, em sendo a consequência do erro a **anulabilidade** tem-se como plenamente possível a **conservação do ato**. Logo, o erro não prejudicará a validade do negócio jurídico quando a pessoa a quem a manifestação de vontade se dirige se oferecer para executá-la na conformidade da vontade real do manifestante.

B) Dolo (Art. 145 a 150, CC)

Consiste no **induzimento malicioso para que alguém pratique um ato** que lhe seja prejudicial, mas proveitoso ao autor do dolo ou a terceiro. É comum, nas provas, as expressões "induzimento ardiloso" ou "utilização de ardil" em correlação com o dolo.

Difere-se o dolo do **erro** no momento em que neste o agente incorre **sozinho** em lapso, sem qualquer *"ajuda"* de terceiro. Se há *"ajuda"* – leia-se: **induzimento** –, a hipótese é de **dolo**.

O dolo, para ser capaz de gerar anulabilidade do negócio jurídico, há de ser **essencial – substancial ou causa determinante** –, assim como o **erro** (art. 145, CC).

Todavia, caso se verifique que a parte realizaria o negócio com ou sem a presença do dolo, a hipótese é de ***dolo acidental*** **– secundário ou acessório**. Tal dolo acidental não gerará a anulação do negócio, mas ocasionará indenização por perdas e danos (art. 146, CC). Neste ponto, há **importante diferença** para o **erro acidental**, o qual não possui consequências para o mundo do direito.

O dolo admite algumas **classificações**:

1) **Dolo negativo**

Não é necessária uma conduta positiva para configuração do dolo. Se é certo que o dolo geralmente decorre de um ato positivo, igualmente certo ser possível a presença do chamado dolo negativo.

A omissão dolosa (decorrente de silêncio intencional de uma das partes) pode ensejar o dolo, **quando provado que, sem ela, o negócio não se teria celebrado** (CC, art. 147).

Exemplifica-se com a ausência de informação no momento do contrato de seguro, como aquele que, dolosamente, omite da declaração prévia do segurado ser portador de cardiopatia há mais de uma década, induzindo a seguradora de saúde a um contrato desequilibrado.

2) Dolo decorrente de conduta de terceiro

É possível que o dolo decorra da conduta de um terceiro.

Imagine que Hugo tenta induzir a Caio para que este compre o seu carro por um valor acima do mercado. Para tanto, Hugo, dolosamente, informa a Caio uma série de "qualidades" que o carro não tem, como ser único dono, nunca ter sido batido...

Todavia, como Caio está reticente, Hugo pede a Francisco, amigo em comum, que realize o induzimento de Caio. Tem-se um dolo decorrente da conduta de terceiro.

Neste contexto, se a parte a quem aproveite do negócio soubesse ou devesse saber de tal dolo, o ato será anulável. Trata-se justamente do exemplo dado, já que Caio – parte a quem aproveita – sabia da conduta de Francisco.

Em caso contrário – leia-se: se a parte a quem aproveita não soubesse ou não devesse saber do dolo –, ainda que o negócio seja conservado, o prejudicado (Caio) poderá pleitear perdas e danos em face do terceiro (Francisco) (art. 148, CC).

3) Dolo do representante

Para que se verifiquem as consequências do dolo praticado pelo representante, há de se perquirir se a representação é legal ou convencional (CC, art. 149). Veja-se:

- Se o dolo for praticado pelo representante legal, o representado apenas **responderá na medida de seu proveito econômico**. A explicação é clara: se o representado não escolheu o representante legal, nada mais equânime que só responda pelo dolo deste se houver proveito econômico.
- Se o dolo for praticado pelo **representante convencional**, o representado responderá **solidariamente** com o seu representante. Obviamente que, se o representado escolheu o representante por ato de vontade (convencional), haverá de ser solidariamente responsabilidade quando do dolo praticado por este.

4) **Dolo bilateral ou recíproco**

Segundo o artigo 150 do CC, **ninguém poderá se beneficiar da própria malícia** (torpeza). Portanto, se ambas as partes incorrerem em dolo, independente da modalidade, nenhuma delas poderá arguir isto como motivo de anulação do negócio, nem reclamar indenização.

C) Coação Moral

Coação é toda **ameaça ou pressão, física ou moral**, exercida sobre um indivíduo para forçá-lo, contra a sua vontade, a praticar um ato ou realizar um negócio, tornando o ato defeituoso. Assim, a coação pode ser:

a) **Coação Absoluta ou Física (*vis absoluta*).** Quando a manifestação de vontade pretendida é obtida pela **força física. Inexiste qualquer manifestação de vontade do agente**. Neste caso, a coação absoluta **gera inexistência do ato** por ausência de vontade. Exemplo: Arma na cabeça para casar, obrigando ao noivo a assinatura do documento que comprova a celebração do casamento.

b) **Coação Relativa ou Moral (*vis compulsiva*).** É a **coação psicológica,** vislumbrada em um terreno **emocional.** Na coação relativa **o negócio pode ser anulável,** desde que verificados os seguintes **requisitos cumulativos**:

- **Causa do ato** – deve demonstrar que sem a coação o ato não teria sido concretizado. Portanto, a coação há de ser substancial ou causa determinante do negócio jurídico;
- **Grave:** a coação deve imputar ao coagido um verdadeiro temor de dano sério.
- **Injusta** (ilícita, contrária ao direito, abusiva). Portanto, a ameaça ao exercício normal do direito e o temor reverencial não configuram coação, por carecerem de ilicitude (art. 153, CC). Ameaçar negativar o devedor no SPC e SERASA não é coação, mas sim ameaça a exercício regular de direito;
- **Iminente ou Atual:** o dano deve ser próximo e provável;
- Deve constituir ameaça de prejuízo **à pessoa ou bens da vítima, às pessoas ou bens da sua família e até mesmo terceiros**, quando o juiz haverá de analisar as circunstâncias do caso (CC, art. 151).

Na análise dos requisitos acima se leva em consideração as **circunstâncias subjetivas** da vítima, como o sexo, a idade, a formação intelectual e profissional (art. 152, CC). Com efeito, a depender de tais situações, a vítima estará mais ou menos propensa a ser coagida, diante de sua maior ou menor fragilização.

Assim como o dolo, a coação **pode ser exercida por terceiro**, apenas viciando o negócio jurídico ***se a parte beneficiada tivesse ou devesse ter conhecimento dela***. Nesse caso, além da anulação do ato, aqui, na coação, haverá cumulação com pedido de perdas e danos, respondendo solidariamente a parte a quem aproveita e o terceiro (art. 154, CC). Acaso, porém, a parte beneficiada não tivesse ou devesse ter conhecimento do ato, o negócio subsistirá, persistindo a responsabilidade do terceiro por eventual pleito de perdas e danos do prejudicado (art. 155, CC).

D) Estado de Perigo

Trata-se de novidade no vigente Código Civil, traduzindo a aplicação do instituto do **estado de necessidade** aos defeitos do negócio jurídico.

Configura-se o estado de perigo quando alguém, premido da necessidade de salvar-se, a pessoa de sua família ou, até mesmo, a terceiro, de grave dano conhecido pela outra parte, assume **obrigação excessivamente onerosa.**

Percebe-se da redação do dispositivo que a configuração do estado de perigo demandará que **a parte a quem aproveite saiba** do dano grave que atinja a outra pessoa e, nesse contexto, imponha obrigação excessivamente onerosa.

Exemplifica-se com uma embarcação que está naufragando quando, então, outra embarcação se aproxima, oportunidade na qual se afirma que apenas será prestado socorro se houver pagamento de valores.

Outro exemplo é o do *cheque caução*, **quando o atendimento emergencial é vinculado à um cheque de garantia** ou à honorários médicos excessivos para que haja o atendimento de emergência. Em ambas situações se sabe que a contraparte está em uma situação emergencial e se impõe obrigação excessivamente onerosa.

Lembra-se que, assim como na coação, caso o estado de perigo **diga respeito à terceiro**, o magistrado haverá de analisar as circunstâncias do caso. Logo, se o estado de perigo for relacionado ao próprio sujeito ou a um parente, a configuração é automática; já para terceiro, tem-se que se verificar as circunstâncias do caso concreto.

E) Lesão

Também constitui novidade no Código Civil de 2002. Relaciona-se a uma concepção de **justiça contratual** e **equidade nas relações negociais**, visando conferir ao negócio jurídico trocas úteis e justas.

Na dicção do art. 157 do CC, a configuração da lesão demandará **dois requisitos cumulativos**:

a) Requisito Objetivo: **manifesta desproporção entre as prestações estabelecidas no negócio no momento da celebração do negócio jurídico.** Observa-se que o CC não quantificou o valor, falando em desproporcionalidade como conceito aberto, sem definir o padrão quantitativo.

b) Requisito Subjetivo: **inexperiência ou premente necessidade de uma das partes**, a qual é percebida pelas condições pessoais do contratante. Tal elemento não se presume, havendo de ser verificado no caso concreto (Enunciado 290 do CJF).

> **Atenção!**
>
> **Enunciado 410 – V Jornada de Direito Civil – CJF:** A inexperiência a que se refere o art. 157 não deve necessariamente significar imaturidade ou desconhecimento em relação à prática de negócios jurídicos em geral, podendo ocorrer também quando o lesado, ainda que estipule contratos costumeiramente, não tenha conhecimento específico sobre o negócio em causa.

Os requisitos devem ser analisados no momento da contratação, e não posteriormente. Diga-se que vem se entendendo ser dispensável a intenção de aproveitamento pela parte que objetiva beneficiar-se. Destarte, **não é necessário que a outra parte esteja ciente** da necessidade ou inexperiência de outro contratante para a configuração do instituto (Enunciado 150 do CJF).

Presente os requisitos, o negócio será **anulado**.

Entrementes, antenado com o ideal da conservação dos atos (Enunciados 149 e 291 do CJF), o legislador civilista traz a possibilidade de **revisão do negócio, com suplemento suficiente ou redução do proveito, sendo uma alternativa.** Nessa esteira, uma vez verificada a lesão, primeiro o magistrado tentará revisar o negócio e, acaso não o consiga, haverá de buscar a sua anulação.

Tal pensamento de conservação dos atos, construído pelo art. 157 do CC para a lesão, **doutrinariamente e por analogia,** pode ser aplicado ao estado de perigo, como propugna o Enunciado 148 do CJF.

4.2. Vícios sociais

Os vícios sociais se desdobram em **fraude contra credores** e **simulação.**

a) Fraude Contra Credores.

O legislador civilista se preocupa com as alienações realizadas pelos devedores que ainda não honraram as dívidas pretéritas. Afinal, é o patrimônio do devedor que deverá garantir, ao credor, a satisfação obrigacional já estabelecida antes da alienação.

A *Fraude contra Credores* traduz vício social consistente na **prática de atos de disposição patrimonial pelo devedor com o intuito de esvaziar o seu patrimônio e gerar insolvência em face dos credores.**

Para configuração da fraude contra credores se faz necessária a presença de **três requisitos cumulativos**:

1) **Anterioridade do crédito**: Trata-se de uma premissa fática, pois apenas é possível fraudar o que já existe. Obviamente que, se não há nenhuma relação jurídica creditória pretérita ao desfazimento patrimonial, fraude contra credores inexistirá.
2) Requisito Objetivo (*Eventus Damni*): consiste na **diminuição do patrimônio capaz de gerar a insolvência ou aprofundá-la.** Ou seja, a mera diminuição do patrimônio não é capaz de caracterizar a fraude contra credores, posto ser plenamente possível que o devedor seja de sobremaneira superavitário, mesmo com o desfazimento patrimonial pontual em comento.
3) Requisito Subjetivo (*Consilium Fraudis*): **conluio fraudulento,** que ressalta a má-fé dos envolvidos. A propósito, deve-se recordar que existem **hipóteses nas quais o CC presume a má-fé** (vide arts. 158, 159, 162 e 163, CC), a saber:
   (i) Negócios de transmissão gratuita de bens (art. 158, CC);
   (ii) Remissão (perdão) de dívidas (art. 158, CC);
   (iii) Contratos onerosos do devedor insolvente, em duas hipóteses (art. 159, CC):
      - quando a insolvência for notória;
      - quando houver motivo para ser conhecida pelo contratante;
   (iv) Antecipação de pagamento feita a um dos credores quirografários, em detrimento dos demais, tendo como consequência o dever do credor recompor o patrimônio em favor do acervo do concurso de credores (art. 162, CC);
   (v) Outorga de garantia de dívida dada a um dos credores, em detrimento dos demais (art. 163, CC).

Contudo, **a boa-fé será presumida** quanto aos **negócios ordinários indispensáveis à manutenção do estabelecimento mercantil, rural ou industrial ou à subsistência do devedor e de sua família.** De fato, por mais que o sujeito esteja em débitos, necessitará fazer aquisições e vendas para manutenção de seus eventuais negócios e de sua família (art. 164, CC).

Uma vez verificada a presença dos requisitos supracitados, estar-se-á configurada a fraude contra credores. Esta será combatida através da ***ação pauliana ou***

revocatória, de natureza desconstitutiva e cujo pedido central é o de anulabilidade do ato, submetendo-se ao prazo decadencial de 4 (quatro) anos.

Cediço, porém, que há relevante posicionamento doutrinário defendendo **a ineficácia do ato fraudulento, ao revés de sua anulabilidade**. Entrementes, para provas objetivas, o entendimento basilar é o da **anulabilidade**, salvo se a questão vier pautada na doutrina ou jurisprudência.

Outrossim, será a ação pauliana o mecanismo jurídico de anulação do ato em fraude contra credores, não sendo viável a utilização de outro meio processual. Nessa ótica, a Súmula 195 do Superior Tribunal de Justiça afirma não ser viável a utilização de embargos de terceiro para arguição do tema fraude contra credores.

De mais a mais, anulado o ato, o bem retornará ao patrimônio do devedor, sendo excutido consoante a ordem de preferências e privilégios creditórios. **Conclui-se, portanto, que, muitas vezes, o benefício do autor da ação pauliana não será o recebimento do crédito, mas sim seu melhoramento na fila de credores.**

Por fim, **não se deve confundir** fraude contra credores com fraude à execução, pois nesta (fraude à execução):

a) Já há processo em curso;
b) Configura tipo penal (art. 179, CP);
c) Não exige o requisito subjetivo (*consilium fraudis*) para sua configuração;
d) A consequência não é anulabilidade, mas sim ineficácia do ato;
e) Não será combatida por ação pauliana.

b) Simulação

A simulação consiste em uma **declaração enganosa de vontade**, visando produzir efeito diverso do ostensivamente indicado. Ocorre quando se celebra um negócio aparentemente normal, mas que não pretende atingir o efeito formal e naturalmente esperado. Perceba-se que não há defeito na vontade do declarante, assim como na fraude contra credores. **O que há é o objetivo de prejudicar terceiros e/ou burlar a lei.**

A simulação, hodiernamente, é composta de **duas modalidades**, quais sejam:

a) **Absoluta**: nesta é celebrado um negócio jurídico **destinado a não produzir nenhum efeito, com o único intento de lesar alguém**. Exemplo: João é casado com Maria e como estão prestes a divorciar, João celebra, com um grande amigo, contratos de compra e venda como forma de salvaguardar bens para que não sejam inclusos na divisão patrimonial do divórcio, aproveitando-se desta ilegalidade. Tais contratos de compra e venda não geram efetiva transmissão da posse dos bens de João, pois este continua no gozo dos bens. Verifica-se a simulação.

b) **Relativa** (ou **dissimulação**): as partes **criam um negócio jurídico (simulado) destinado a encobrir outro negócio (dissimulado), cujos efeitos são proibidos por lei.** Exemplo: João é casado e, não podendo doar bens à concubina, ele faz uma simulação de uma compra e venda para dissimular a doação realizada. Tem-se, na hipótese, uma simulação relativa objetiva, pois o negócio é utilizado como instrumento de engano. Tal simulação relativa poderia ser subjetiva, acaso utilizada uma interposta pessoa (laranja), como se João doasse o bem para Pedro (seu amigo) com o intuito de que este, posteriormente, repassasse o bem objeto da alienação à concubina de João.

E qual será a consequência da simulação?

Depende.

No caso da absoluta, simplesmente denominada como simulação, o negócio será **nulo** (CC, art. 167). Sendo a simulação uma **causa de nulidade absoluta do negócio jurídico,** pode ser alegada por uma das partes contra outra (Enunciado 294 do CJF).

Já na casuística da relativa, também denominada de dissimulação, **o negócio haverá de ser analisado.** No exemplo dado acima - doação de bens à concubina - ao ato será *anulável* (CC, arts. 167 e 550). Veja-se que é possível, até mesmo, o aproveitamento do negócio jurídico dissimulado, se for válido na sua forma e substância.

Importante ficar atento às **hipóteses de simulação elencadas no próprio artigo 167**, especialmente em seu § 1º, que dispõe como simulados os negócios que: ***I** - aparentarem conferir ou transmitir direitos a pessoas diversas daquelas às quais realmente se conferem, ou transmitem; **II** - contiverem declaração, confissão, condição ou cláusula não verdadeira; **III** - os instrumentos particulares forem antedatados, ou pós-datados.*

Um cuidado final! **Não se deve confundir** simulação com reserva mental, a qual também é chamada de reticência (art. 110, CC). Configura-se a reserva mental quando o **agente mantém escondida a intenção de não cumprir a finalidade do negócio**. Esta não tem consequências para o direito, produzindo o negócio jurídico seus efeitos regulares.

Todavia, atenção!

Caso a *reserva mental* **seja conhecida de alguém**, para esta pessoa que especificamente teve conhecimento da reserva, o negócio não poderá ser exigido (CC, art. 110).

Assim, caso eu faça uma promessa de recompensa de pagamento de valores para aquele que me trouxer meu cão de estimação que fugiu, ainda que no meu íntimo eu pense em não remunerar (reserva mental), aquele que aparecer com o animal terá direito à recompensa.

Entretanto, se antes de acharem o animal eu informar ao meu vizinho que, em verdade, apesar da promessa, não pagarei nenhuma recompensa, e o meu vizinho aparecer com o animal, este não poderá exigir nenhum valor, por já ter prévio conhecimento da reserva mental. Entretanto, se outra pessoa que não saiba da reserva aparecer com o animal, poderá, sim, exigir a contraprestação.

Prescrição e Decadência

1. NOÇÕES INTRODUTÓRIAS

O passar do tempo, sem sobra de dúvidas, gera impactos ao Direito.

A título de exemplo, a **usucapião** traduz possibilidade do passar tempo ocasionar a AQUISIÇÃO DE DIREITOS. De igual sorte, a **alteração da idade** de um *absolutamente* para um *relativamente* capaz também exemplifica o passar do tempo modificando direitos.

Já a **prescrição e a decadência** remetem ao fenômeno do passar do tempo gerando PERDAS, à vista da segurança jurídica, da estabilidade social e da pacificação dos conflitos. Afinal de contas *"aos que dormem, o direito não socorre"* (*dormientibus non sucurrit jus*).

Nesta senda, a EXTINÇÃO DO DIREITO pelo passar do tempo, consoante a prescrição e a decadência, poderá ocorrer de **duas maneiras**:

(1) o direito ao exercício de **pretensões**, se não exercido durante certo tempo, é fulminado pela **PRESCRIÇÃO.** Portanto, a prescrição é o instituto jurídico que **destrói pretensões não postuladas em dado espaço de tempo,** relacionadas a DIREITOS SUBJETIVOS.

(2) o DIREITO POTESTATIVO é destruído pela **DECADÊNCIA.** Logo, a decadência é o mecanismo jurídico que **destrói direitos potestativos que tem prazo de exercício, acaso o mencionado prazo não seja atendido**.

E o que são direitos potestativos? Qual a diferença destes para os direitos subjetivos a uma pretensão?

Os **direitos potestativos** são **autoexecutáveis.** Em outras palavras, constituem direitos meramente informativos, de modo que o exercício destes não exige e nem se obstrui pela resistência de ninguém. Exemplifica-se: o direito potestativo de renunciar a um cargo público ou, mesmo, de não mais trabalhar em uma dada empresa. Nada nem ninguém podem obstruir o exercício desse direito meramente informativo, autoexecutável. Por vezes, em que pese meramente informativos, esses direitos potestativos devem ser exercidos dentro de determinado prazo, sob pena de decadência, a exemplo do direito de anular um negócio jurídico por erro, o qual se submete ao prazo decadencial de quatro anos, contados da conclusão do negócio.

Os **direitos subjetivos**, também chamados de prestacionais, possuem características distintas. Isto, porque, **são obstados por eventual resistência da outra parte, exigindo atuação judicial para se realizarem.**

Em suma:

(1) Os direitos SUBJETIVOS, que não são autoexecutáveis, acaso descumpridos, geram **pretensão**, que apenas terá sucesso se manejada em determinado prazo. A pretensão, acaso não utilizada no prazo, será extinta pela **prescrição.**

(2) Os direitos POTESTATIVOS, meramente informativos e autoexecutáveis, são extintos pela decadência. Logo, em havendo prazo para exercício do direito potestativo e, não sendo o prazo observado, ter-se-á a perda do direito potestativo pela **decadência.**

Tem-se, portanto:

- **Inércia do titular + decurso do tempo + pretensão = prescrição.**
- **Inércia do titular + decurso do tempo + potestade = decadência.**

Outra maneira de se distinguir prescrição e decadência se dá através da correlação da prescrição e da decadência com as **modalidades de ações.** Leia-se:

- Ações Declaratórias: Imprescritíveis.
- Ações Condenatórias: Prescritíveis.
- Ações Desconstitutivas ou Constitutivas: Decadenciais.

As **ações** de natureza **exclusivamente declaratórias** não se submetem a prazo prescricional algum, pois objetivam apenas certificar a existência, ou não, de um direito, sem qualquer outro efeito jurídico concreto.

As **ações condenatórias** prescrevem porque possuem pretensões de dar (coisa certa ou incerta), de fazer ou de não fazer. Logo, tais pretensões emanam de um direito subjetivo que, se não exercido pelo titular, deve ser destruído pela prescrição.

As **ações desconstitutivas** ou **constitutivas** trazem dentro de si pleitos de natureza potestativa. Objetivam destruir um negócio jurídico existente ou constituir uma relação jurídica a partir de então. Nestas ações, o direito potestativo eventualmente existente, acaso não exercido a tempo e modo, decai.

É possível, contudo, que uma **ação cumule pedidos de naturezas diversas.**

A título de exemplo, imagine alguém, vítima de coação, em decorrência da qual prejuízos jurídicos foram experimentados. Nesta hipótese, está pessoa pode ajuizar uma ação visando *anular* o negócio jurídico (art. 171, CC) e, além disto, *reparar* os prejuízos sofridos (arts. 186 e 927, CC). Assim, o pedido de anulação se submete à decadência de quatro anos (CC, art. 178, I), enquanto que a pretensão de reparação prescreve em três anos (art. 206, § 3º, V, CC).

Outro exemplo: um suposto herdeiro ajuíza ação para que se *declare* o estado de filiação em face do *de cujus*. Neste mesmo processo, esta pessoa também postula o *pagamento* da herança (petição da herança). Como já esclareceu o Supremo Tribunal Federal (Súmula 149), é imprescritível a ação declaratória de investigação de paternidade, mas não o é a de petição da herança. Claro. Enquanto a ação de reconhecimento de filiação apenas quer declarar um fato, a de petição de herança objetiva uma condenação.

Apresentadas as notas introdutórias, é tempo de avançar no instituto da prescrição.

2. PRESCRIÇÃO

Já se imaginou, equivocadamente, que a prescrição seria a **perda do direito de ação**. A este propósito, equivocado era o CC/16, o qual se fundava na **superada Teoria Imanentista** do Direito Romano. Não é mais assim!

A autonomia científica do processo fez revelar que o direito de ação é abstrato, subjetivo, público, imprescritível e fundamentalmente incondicionado. Destarte, por estas razões, não se pode falar em perda do direito de ação, vez que este não prescreve, bem como, ante o **Principio da Ubiquidade**, ou seja, que remete à inafastabilidade do Poder Judiciário (art. 5º, XXXV, da CF/88).

Soma-se a isso, a percepção de que o reconhecimento da prescrição, bem como da decadência, gera a extinção do processo **com julgamento do mérito**, a teor dos art. 487, II do CPC/15.

Assim, **atualmente, a prescrição consiste na perda da pretensão**, relativa a um **direito subjetivo, patrimonial e disponível**, no prazo previsto em lei, em virtude da inércia do seu titular e manejada por uma **ação condenatória**. Em síntese:

Prescrição —*(tempo)*→ Perda da Pretensão → Direito subjetivo patrimonial e disponível → **Ação condenatória**

E o que seria uma **pretensão**?

Nada mais do que a **possibilidade de se exigir de outrem uma determinada obrigação** (de dar, fazer ou não fazer), sob pena de execução patrimonial dos bens desta pessoa contra a qual se pretende.

A pretensão não se confunde com o DIREITO MATERIAL. Nasce, justamente, quando este direito material é violado, a teor do artigo 189 do Código. Consagra-se, aqui, a *Teoria da Actio Nata*: nasce a pretensão a partir da violação do direito material.

Nessa toada, como posto pelo Enunciado 579 do Conselho da Justiça Federal, nas pretensões decorrentes de doenças profissionais ou de caráter progressivo, o cômputo da prescrição iniciar-se-á somente a partir da ciência inequívoca da incapacidade do indivíduo, da origem e da natureza dos danos causados. Justo por isto, agora consoante a Súmula 573 do Superior Tribunal de Justiça, que *nas ações de indenização decorrente de seguro DPVAT, a ciência inequívoca do caráter permanente da invalidez, para fins de contagem do prazo prescricional, depende de laudo médio, exceto nos vasos de invalidez permanente notória ou naqueles em que o conhecimento anterior resulte comprovado na fase de instrução.*

Como a prescrição envolve apenas direitos subjetivos patrimoniais e disponíveis, deve-se destacar que os **direitos sem conteúdo patrimonial (extrapatrimoniais)**, a exemplo daqueles referentes aos direitos da personalidade (estado de família, por exemplo), são imprescritíveis, indisponíveis e irrenunciáveis. Estes direitos extrapatrimoniais são exercitados mediante **ações declaratórias**. Em suma:

Imprescritível → Pretensão direito subjetivo extrapatrimonial e indisponível → **Ação declaratória**

Nada obstante, pretensões de responsabilidade civil que desdobram em violências jurídicas com expressão econômica permitem a formulação de pleitos **condenatórios**. Estes, e apenas estes, prescrevem. Vejam-se dois **exemplos** a este respeito:

(1) Exemplo sobre a violação ao direito de imagem-atributo:

a) O prazo para pretensão reparatória do dano é de três anos (art. 206, § 3, V, CC).

b) O prazo da tutela inibitória para impedir a utilização da imagem não prescreve.

(2) Exemplo sobre alimentos:

a) O direito de pedir alimentos não é passível de renúncia, sendo possível, somente, a desistência momentânea (CC art. 1.707 e S. 379 do STJ):

b) Todavia, o crédito alimentar vencido, líquido e certo, acaso não pretendido a tempo e modo, prescreve em 2 (dois) anos (art. 206, § 2º, CC).

2.1. Prazos prescricionais

Os prazos prescricionais estão **todos contidos na lei** e não podem ser alterados pela vontade das partes. Por isso se afirma que os prazos prescricionais são sempre legais (CC, art. 192).

Voltando os olhos ao Código Civil, infere-se que os prazos prescricionais estão reunidos nos arts. 205 e 206, de modo que, fora dali, se terão os prazos decadenciais.

O maior prazo prescricional existente é o de dez anos e ocorre ***"quando a lei não lhe haja fixado prazo menor"***, a teor do artigo 205 do CC/02. Consiste, portanto, na regra geral. Mas também existem **prazos prescricionais específicos**, todos previstos nos cinco parágrafos do artigo 206 do CC/02. Cada parágrafo corresponde ao ano do seu número (Ex.: § 1º, um ano, § 2º, dois anos, § 3º, três anos...).

São hipóteses de **prescrição ânua: I)** a dos hospedeiros ou fornecedores de víveres destinados a consumo no próprio estabelecimento, para o pagamento da hospedagem ou dos alimentos; **II)** a pretensão do segurado contra o segurador ou, a deste contra aquele, contado o prazo: a) para o segurado, no caso de seguro de responsabilidade civil, da data em que é citado para responder à ação de indenização proposta pelo terceiro prejudicado, ou da data que a este indeniza, com a anuência do segurador; b) quanto aos demais seguros, da ciência do fato gerador da pretensão; **III)** a pretensão dos tabeliães, auxiliares da justiça, serventuários judiciais, árbitros e peritos, pela percepção de emolumentos, custas e honorários; **IV)** a pretensão contra os peritos, pela avaliação dos bens que entraram para a formação do capital de sociedade anônima, contado da publicação da ata da assembleia que aprovar o laudo e a pretensão dos credores não pagos contra os sócios ou acionistas e os liquidantes, contado o prazo da publicação da ata de encerramento da liquidação da sociedade.

A única **prescrição bienal** (de dois anos) prevista no CC/02 é para os ALIMENTOS (§ 2º).

O **prazo prescricional de três anos** ocorre:

> I – a pretensão relativa a aluguéis de prédios urbanos ou rústicos;
>
> II – a pretensão para receber prestações vencidas de rendas temporárias ou vitalícias;
>
> III – a pretensão para haver juros, dividendos ou quaisquer prestações acessórias, pagáveis, em períodos não maiores de um ano, com capitalização ou sem ela;
>
> IV – a pretensão de ressarcimento de enriquecimento sem causa;
>
> V – a pretensão de reparação civil;
>
> VI – a pretensão de restituição dos lucros ou dividendos recebidos de má-fé, correndo o prazo da data em que foi deliberada a distribuição;
>
> VII – a pretensão contra as pessoas em seguida indicadas por violação da lei ou do estatuto, contado o prazo:
>
> a) para os fundadores, da publicação dos atos constitutivos da sociedade anônima;
>
> b) para os administradores, ou fiscais, da apresentação, aos sócios, do balanço referente ao exercício em que a violação tenha sido praticada, ou da reunião ou assembleia geral que dela deva tomar conhecimento;
>
> c) para os liquidantes, da primeira assembleia semestral posterior à violação;
>
> VIII – a pretensão para haver o pagamento de título de crédito, a contar do vencimento, ressalvadas as disposições de lei especial;
>
> IX – a pretensão do beneficiário contra o segurador, e a do terceiro prejudicado, no caso de seguro de responsabilidade civil obrigatório.

A única **prescrição de quatro anos** prevista no § 4º, do artigo 206, do CC/02, é para *"a pretensão relativa à TUTELA, a contar da data da aprovação das contas"*.

Finalmente, a **prescrição quinquenal** (§ 5º, do art. 206) nos seguintes casos:

> I – a pretensão de COBRANÇA DE DÍVIDAS LÍQUIDAS constantes de instrumento público ou particular;
>
> II – a pretensão dos profissionais liberais em geral, procuradores judiciais, curadores e professores pelos seus HONORÁRIOS, contado o prazo da conclusão dos serviços, da cessação dos respectivos contratos ou mandato;
>
> III – a pretensão DO VENCEDOR para haver do vencido O QUE DESPENDEU EM JUÍZO.

2.2. Causas impeditivas, suspensivas e interruptivas da prescrição

A regra geral é que o prazo prescricional fluirá em uma só toada. Todavia, malgrado a regra geral, é viável que se perceba, excepcionalmente, a presença de uma causa impeditiva, suspensiva e até mesmo interruptiva do prazo prescricional.

Por causas **impeditivas** tem-se hipóteses nas quais o **prazo sequer começa a ser contado**. Já as causas **suspensivas paralisam** o curso do prazo, o qual, acaso cessada a causa suspensiva, **retomará o seu curso de onde parou**. Em arremate, as causas **interruptivas** são aquelas que **destroem a contagem inicialmente realizada**, recomeçando-se a contagem do prazo *"do zero"*.

a) Causas Impeditivas e Suspensivas

O legislador civilista reúne as causas impeditivas e suspensivas do prazo prescricional. Leia-se: as **causas que servem para impedir e suspender são, rigorosamente, as mesmas**. Diante deste cenário, uma dúvida se coloca: como saber se a aludida causa servirá para impedir ou para suspender o prazo?

A percepção é simples. Acaso **impeditiva**, a causa será PRÉ-EXISTENTE ao nascimento da pretensão e a contagem do prazo, impedindo a sua contagem. Entretanto, acaso **suspensiva**, a causa atingirá o prazo EM CURSO, suspendendo a sua contagem. Recorda-se que, sempre que cessada a causa suspensiva, o prazo retomará o seu curso de onde parou. Justo por isto que não há limites à suspensão do prazo prescricional.

Dito isto, passa-se à análise das **causas** as quais, repisa-se, podem servir tanto para suspender como para impedir o prazo.

Para o CC/02, não corre a prescrição *"**entre os cônjuges**, na constância da sociedade conjugal"* (art. 197, I, CC). E não poderia ser diferente. A família detém especial proteção do Estado por imposição constitucional (CF/88, art. 226, *caput*). Logo, não seria razoável marido e mulher se submeterem ao curso de prazo enquanto estiverem submetidos à própria sociedade matrimonial, sob pena de se aumentar o nível de litigiosidade e desconfiança no leito da família.

E entre **companheiros** na união estável? Corre o prazo?

Como o artigo não versa sobre o tema, a priori, a resposta é que corre normalmente. Entrementes, caso a questão verse sobre um posicionamento JURISPRUDENCIAL ou DOUTRINÁRIO, é possível aplicar a causa suspensiva ou impeditiva, com força no Enunciado 296 do CJF. Decerto, configura-se a união estável, assim com o casamento, como importante núcleo familiar.

Não correrá prazo de prescrição *"**entre ascendentes e descendentes**, durante o poder familiar"* (art. 197, II, CC). Ou seja: enquanto o descendente for menor de 18 (dezoito) anos e não emancipado. Esta ideia também impede o fluxo da prescrição *"entre os **tutelados ou curatelados e seus tutores ou curadores**, durante a tutela ou curatela"* (art. 197, III, CC).

Um cuidado, entretanto, deve ser levado em consideração no tocante aos absolutamente incapazes, em face dos relativamente. É que ***"não corre a prescrição contra os incapazes de que trata o art. 3º"*** do CC/02, – leia-se: absolutamente incapazes. Contudo, quanto aos relativamente incapazes **a prescrição corre normalmente**, a teor do artigo 195 do CC/02.

Seria justo correr prazo prescricional **contra servidor público** que se ausenta do nosso país para defender a pátria ou trabalhar em favor do interesse público?

A resposta é intuitivamente NEGATIVA e está bem colocada no artigo 198, incisos II e III.

Ainda a respeito das hipóteses nas quais o PRAZO PRESCRICIONAL NÃO CORRE, deve-se destacar questões alusivas à **evicção, à pendência de condição suspensiva e à inexistência de prazo vencido**, a teor do artigo 199 do CC/02. Uma só explicação para estas três hipóteses. Pela *Teoria da Actio Nata*, recorde-se, enquanto não for violado o direito material, não nasce à pretensão (art. 189, CC).

Ora, se a ação de evicção está *pendendo*, é porque não se *certificou* a evicção, ou seja, não se reconheceu a perda da coisa por decisão judicial transitada em julgado. É possível que não aconteça à perda da coisa, ou melhor, a lesão. É factível que o direito não seja violado, daí não correr prazo prescricional. A mesma ideia para a condição suspensiva e o não vencimento do prazo. Nestas duas hipóteses, inexistiu violação a um direito. Não há lesão e, portanto, inexiste pretensão a ser extinta pela prescrição.

Demais disto, por conta da independência de instâncias na seara cível e penal, consigna o artigo 200 do CC que, quando a **ação se originar de fato que deva ser apurado no juízo criminal**, não correrá a pretensão cível antes da respectiva decisão penal definitiva.

Por fim, a SUSPENSÃO da prescrição em favor de um dos **devedores solidários**, apenas aproveitará aos outros se a obrigação for indivisível (art. 201, CC).

No que tange às hipóteses de impedimento e suspensão do prazo, indica-se, ainda, a importante Súmula 229 do Superior Tribunal de Justiça, segundo a qual o **pedido do pagamento de indenização à seguradora** SUSPENDE o prazo de prescrição até que o segurado tenha ciência da decisão.

Vistas as causas impeditivas e suspensivas do prazo prescricional, é hora de avançarmos às causas interruptivas.

b) Causas Interruptivas.

As causas interruptivas irão atingir o prazo prescricional EM CURSO, o interrompendo e consequentemente impondo a sua **recontagem de forma integral**.

Leia-se: uma vez interrompido o prazo prescricional, este será zerado e demandará recontagem desde o seu início.

Por ser medida que levará à necessidade de nova contagem integral do prazo, o legislador civilista firma que a interrupção do prazo prescricional **apenas poderá acontecer uma única oportunidade** (CC, art. 200).

Nessa senda, de pronto, percebe-se uma similitude e duas diferenças entre suspensão e interrupção do prazo prescricional:

i) Similitude: ambas atingem o prazo em curso.

ii) Diferenças:

   a) na causa SUSPENSIVA cessada a causa o prazo retomará o seu curso de onde parou, enquanto que na INTERRUPÇÃO o prazo haverá de ser novamente contado do zero e

   b) não há limites para a incidência de causas SUSPENSIVAS, enquanto que a causa INTERRUPTIVA apenas poderá incidir uma única vez.

A interrupção do prazo poderá ser promovida por qualquer interessado (CC, art. 203), sendo suas **hipóteses**: I – por DESPACHO DO JUIZ, mesmo incompetente, que ordenar a citação, se o interessado a promover no prazo e na forma da lei processual; II – por PROTESTO, nas condições do inciso antecedente; III – por PROTESTO CAMBIAL; IV – pela APRESENTAÇÃO DO TÍTULO DE CRÉDITO EM JUÍZO de inventário ou em concurso de credores; V – por qualquer ATO JUDICIAL que constitua em mora o devedor e VI – por qualquer ATO INEQUÍVOCO, ainda que extrajudicial, que importe reconhecimento do direito pelo devedor.

Destarte, a interrupção da prescrição **por um credor** não aproveita aos outros; semelhantemente, a interrupção operada **contra o codevedor, ou seu herdeiro**, não prejudica aos demais coobrigados.

Já a interrupção **por um dos credores solidários** aproveita aos outros; assim como a interrupção efetuada **contra o devedor solidário** envolve os demais e seus herdeiros.

Outrossim, a interrupção operada **contra um dos herdeiros do devedor solidário** não prejudica os outros herdeiros ou devedores, senão quando se trate de obrigações e direitos indivisíveis.

Por fim, a interrupção produzida **contra o principal devedor** prejudica o fiador.

2.3. Lembretes finais sobre prescrição

O novo Código Civil põe termo à discussão DOUTRINÁRIA para asseverar agora que **a exceção prescreve no mesmo prazo em que a pretensão**. Entende-se por **exceção** a arguição de um direito em defesa, a exemplo do DIREITO DE COMPENSAÇÃO. Assim, em suma-síntese: pouco importa se o tema fora arguido em sede de inicial ou de contestação, o prazo prescricional será sempre o mesmo (CC, art. 190).

Também se há de lembrar que *"Prescreve a* ***execução*** *no mesmo prazo da prescrição da ação"*, ou melhor, da pretensão de conhecimento, a teor da súmula 150 do STF.

Ademais, a súmula 237 do STF possibilita a **arguição de usucapião** (prescrição aquisitiva) em sede de defesa. A doutrina vem entendendo que isso é possível ainda que em sede de ações possessórias, pois a usucapião não é uma exceção de propriedade, mais sim de domínio, não havendo, portanto, vedação em seu manejo.

Lembre-se que **a prescrição**, na ótica do Código Civil, **pode ser alegada em qualquer grau de jurisdição pela parte a quem aproveita.** Tal fato, porém, não retirará a necessidade de respeito ao requisito do PREQUESTIONAMENTO para o tema ser ventilado nas **instâncias extraordinárias** – Superior Tribunal de Justiça e Supremo Tribunal Federal..

Outrossim, a prescrição iniciada contra uma pessoa continua a correr **contra seus sucessores**, na forma do artigo 196 do Código Civil. Logo, não há de se falar na morte como causa impeditiva, suspensiva ou interruptiva do prazo prescricional.

3. DECADÊNCIA OU CADUCIDADE.

Diferentemente da PRESCRIÇÃO, que tem por objetivo fulminar a pretensão, a DECADÊNCIA **destrói direitos potestativos.**

Entende-se por decadência ou caducidade, **a perda do prazo predeterminado para o exercício de um determinado direito potestativo**, manejado por uma ação constitutiva. A inobservância do prazo gerará a extinção do direito, por decadência. Ex.: direito de arguir anulabilidade do negócio jurídico por vício de consentimento, o qual decairá em 4 (quatro) anos (CC, art. 178).

Decadência —(tempo)→ Perda de direito potestativo → **Ação constitutiva ou desconstitutiva**

Isso leva a conclusão de que todo direito potestativo possui prazo de exercício?

A resposta é negativa. Há direitos potestativos que não possuem prazo de exercício, não decaindo. Exemplifica-se com o divórcio, o qual poderá ser requisitado, pelo interessado, a qualquer tempo. Divórcio, portanto, é um direito potestativo sem prazo de exercício, não decaindo.

Diferentemente da prescrição, o **prazo decadencial** poderá decorrer **da lei ou da vontade**. Assim, fala-se em decadência:

i) **Legal**, na qual o prazo está NA NORMA, como o prazo de 4 (quatro) anos para invalidação dos negócios por vícios de consentimento (CC, art. 178);

ii) **Convencional**, quando o prazo será estabelecido POR ATO DE VONTADE, a exemplo de um prazo de arrependimento em um contrato, bem como prazo de garantia estendida.

3.1. Observações correlatas: prescrição e decadência

I. Os prazos PRESCRICIONAIS **não podem ser alterados pela vontade das partes** (art. 192, CC), pois serão sempre os da lei (legais).

Já os prazos DECADENCIAIS podem ser legais ou convencionais, falando-se de prazo de decadência previsto em lei e em ato de vontade.

II. A PRESCRIÇÃO, **por ser uma defesa do devedor, pode ser renunciada**, após a sua consumação, de forma expressa ou tácita e desde que não haja prejuízos a terceiros. De fato, ao ser demandado por uma pretensão prescrita, poderá o devedor, simplesmente, renunciar a tese da prescrição e realizar o pagamento (CC, art. 191). Percebe-se a impossibilidade de renúncia antecipada ao prazo de prescrição.

No que tange à DECADÊNCIA, será nula a renúncia à decadência legal (CC, art. 209), sendo viável, porém, **a renúncia à decadência convencional**.

III. Assim como a PRESCRIÇÃO, a DECADÊNCIA LEGAL pode ser **conhecida de ofício pelo juiz.** Já a decadência CONVENCIONAL **não pode ser conhecida de ofício pelo juiz,** sendo viável a sua arguição, pela parte a quem aproveita, em qualquer grau de jurisdição. Novamente recorda-se a necessidade do prequestionamento para que o tema seja arguido junto ao Superior Tribunal de Justiça e Supremo Tribunal Federal (CPC, art. 477 e CC, arts. 210 e 211).

IV. Como visto, o prazo PRESCRICIONAL poderá ser **impedido, suspendido ou interrompido**. Já a DECADÊNCIA, em regra, **não** se impede, nem se suspende e nem se interrompe, **salvo previsão legal em sentido contrário**.

Recorda-se que o Código Civil veicula importante hipótese em que não haverá a contagem do prazo decadencial: não correrá decadência em face de absolutamente incapaz. Logo, em um olhar sistematizado, cediço concluir que em face de absolutamente incapaz não correrá nem prescrição e nem decadência. Entrementes, em face de relativamente incapaz correrá tanto a prescrição como a decadência (CC, art. 195, 198, I, arts. 207 e 208).

	PRESCRIÇÃO	**DECADÊNCIA**
Funcionamento	Direito **Subjetivo** → descumprimento pela outra parte → pretensão em dado prazo → prazo não observado = perda do direito pela **prescrição**	Direito **Potestativo** com prazo → não exercício em dado prazo = perda do direito pela **decadência**
Diferenças	Relacionada à um direito SUBJETIVO (não auto executável)	Relacionada à um Direito POTESTATIVO (autoexecutável)
	Decurso do tempo do PRAZO PARA A PRETENSÃO, que surge com o descumprimento pela outra parte Obs: Pretensão = possibilidade de exigir de outrem uma determinada obrigação (de dar, fazer ou não fazer)	Decurso do tempo do PRAZO PARA EXERCER O DIREITO POTESTATIVO
	perda do DIREITO À PRETENSÃO (que emana de um direito subjetivo) Obs1: pretensão ≠direito material Obs2: não é perda do DIREITO DE AÇÃO (inafastabilidade do poder judiciário: Princípio da Ubiquidade)	Perda do prazo predeterminado para o exercício de um determinado direito potestativo
	em Ações Condenatórias (pretensões de dar – coisa certa ou incerta-, de fazer ou de não fazer) Obs.: ações declaratórias são imprescritíveis	em Ações Constitutivas ou desconstitutivas
	Requer atuação JUDICIAL	NÃO requer atuação JUDICIAL
	PRAZOS prescricionais todos contidos na lei (sempre LEGAIS) e não podem ser alterados pela vontade das partes	PRAZO decadencial poderá decorrer da lei (LEGAL) ou da vontade (CONVENCIONAL).
	PRAZO prescricional poderá ser impedido, suspendido ou interrompido	PRAZO decadencial em regra, não se impede, nem se suspende e nem se interrompe, salvo previsão legal em sentido contrário
	pode ser renunciada em qualquer hipótese	Apenas renuncia da decadência CONVENCIONAL
	pode ser conhecida DE OFÍCIO pelo juiz.	APENAS decadência LEGAL pode ser conhecida DE OFÍCIO pelo juiz.
Semelhanças	Perda do direito pelo decurso do tempo	

4. DIREITO INTERTEMPORAL E PRESCRIÇÃO

Compulsando os prazos prescricionais do CC/02 e os comparando com os do CC anterior (CC/16), percebe-se que o legislador de 2002 tratou de fazer importantes reduções. Apenas para exemplificar o dito, enquanto o prazo da pretensão de reparação civil no CC/16 era de 20 (vinte) anos, no atual (CC/02) passou a ser de 3 (três) anos.

Nessa linha, uma dúvida ficou no ar: **o que fazer com os prazos prescricionais que foram reduzidos e ainda estavam em curso quando da vigência do atual CC/02?**

Solucionando o tema, o Código Civil, em seu artigo 2.028, trouxe uma REGRA DE TRANSIÇÃO, verberando que: *"Serão os da lei anterior os prazos, quando reduzidos por este Código, e se, na data de sua entrada em vigor, já houver transcorrido* ***mais da metade do tempo estabelecido na lei revogada****"*.

Portanto, deve o operador do direito verificar na hipótese em destaque, em primeiro lugar, a **data da lesão,** pois é a partir desta que nasce a pretensão. Feito isto, dois outros requisitos haverão de ser cumulativamente considerados para se identificar qual Código Civil se aplicará, no que tanto ao prazo, à espécie. Em primeiro lugar, **se o prazo novo prescricional seria menor do que o prazo antigo.** Na hipótese negativa, aplica-se o Código velho. Na hipótese positiva, formula-se a última pergunta: além disto, **já transcorrera mais da metade do tempo estabelecido na lei revogada?** Em caso afirmativo, aplica-se o Código de 1916. Em caso contrário, o Código de 2002, computando-se aqui como termo *a quo* a vigência do Código Civil (11.01.03), como consigna o Enunciado 299 do CJF.

Exemplo: imagine uma lesão hábil a ocasionar reparação civil perpetrada em 1990. Como o prazo de reparação civil era de 20 (vinte) anos, iria até 2010. Como o CC/02 trouxe prazo menor – de 3 (três) anos – e ganhou vigência em 2003 – quando já havia transcorrido mais da metade do prazo da lei velha: 13 (treze) anos –, seguiremos a contagem pela norma anterior, findando o prazo em 2010.

Se, nesta mesma casuística, a lesão houvesse se dado em 2001, na data da vigência do CC/02 – em 2003 – teríamos apenas dois anos de contagem do prazo da lei velha, o que é menos da metade do prazo. Nessa toada, aplicar-se-á o prazo da lei nova – de 3 (três) anos – iniciando a contagem em 2003 – início da vigência do CC/02 – e findando em 2006.

Considerando a questão do direito intertemporal, bem como o enquadramento jurídico da situação, firma a Súmula 547 do Superior Tribunal de Justiça que ***nas ações em que se pleiteia o ressarcimento dos valores pagos a título de***

participação financeira do consumidor no custeio de construção de rede elétrica, o prazo prescricional é de vinte anos na vigência do Código Civil de 1916. Na vigência do Código Civil de 2002, o prazo é de cinco anos se houver revisão contratual de ressarcimento e de três anos na ausência de cláusula nesse sentido, observada a regra de transição disciplinada em seu art. 2.028.

Prova do Negócio Jurídico

1. INTRODUÇÃO

Mas, afinal, o que é a prova?

O termo prova é plurissignificativo:

i. Pode significar a produção de atos tendentes ao convencimento do juiz, quando se confundirá com o próprio procedimento probatório;

ii. Pode significar o meio pelo qual a prova será produzida, falando-se em prova documental, testemunhal e pericial;

iii. Pode significar a coisa ou pessoa da qual se extrai informação, revelando a fonte da prova e falando-se em prova documental e testemunhal;

iv. Pode significar o convencimento do juiz, ao afirmar que o fato está, ou não, devidamente provado nos autos.

Em um conceito sintético, entende-se por prova o meio empregado para a verificação da existência de um fato jurídico. Há de ser admissível (permitida por lei), pertinente (adequada à demonstração que se pretende) e concludente (clarificar os fatos).

O objeto probatório é o fato e não o direito, ao passo que o direito já é de conhecimento do magistrado. Não basta a mera alegação de fatos em juízo. É necessária a prova de tais fatos por parte de quem os alega. A isto denomina-se de ônus probante.

O escopo da prova é obter a verdade possível, que é aquela alcançável no processo.

O instituto da prova merece tratamento híbrido, situando-se entre o direito material (Código Civil) e processual (Código de Processo Civil). Dedica-se o Código Civil a determinação dos meios de prova e o Código de Processo Civil ao modo de constituição e produção.

Nessa senda, o presente capítulo se debruçará em um diálogo entre o direito material e processual

2. PROVA E FORMA: QUAL A RELAÇÃO JURÍDICA ENTRE OS INSTITUTOS?

Conforme estudado no capítulo referente à teoria do fato, ato e negócio jurídico, hodiernamente, os negócios jurídicos possuem, em regra, forma livre (CC, art. 107). Entretanto, malgrado a regra geral, é possível, no ordenamento jurídico nacional, verificarmos negócios jurídicos que tenham:

i) Forma vinculada, também chamada de única, especial, solene ou cogente. São situações na quais, por conta da lei ou da vontade, há uma forma determinada. O exemplo clássico de forma única exigida por lei está na redação do art. 108 do Código Civil, segundo a qual "não dispondo a lei em contrário, a escritura pública é essencial à validade dos negócios jurídicos que visem à constituição, transferência, modificação ou renúncia de direitos reais sobre imóveis de valor superior a trinta vezes o maior salário mínimo vigente no País". Já no prisma da vontade, verbera o art. 109 do Código Civil que, "no negócio jurídico celebrado com a cláusula de não valer sem instrumento público, este é da substância do ato".

ii) Forma especial complexa. Remete a negócios que, por conta de uma normatização, exigem inúmeras solenidades, em determinada sequência, revelando um complexo iter procedimental. Exemplifica-se com o casamento.

iii) Forma especial múltipla. Diz respeito a negócios nos quais a lei autoriza a realização por algumas maneiras, cabendo ao interessado optar, validamente, por uma delas. Exemplifica-se com o reconhecimento voluntário de filiação, o qual pode ser realizado (art. 1.609): "I – no registro do nascimento; II – por escritura pública ou escrito particular, a ser arquivado em cartório; III – por testamento, ainda que incidentalmente manifestado; e IV – por manifestação direta e expressa perante o juiz, ainda que o reconhecimento não haja sido o objeto único e principal do ato que o contém".

Mas, afinal, a forma do negócio jurídico se confundiria com a sua prova?

Não. A forma é o revestimento exterior do ato. É, em regra, livre (art. 107 do CC). Entretanto, quando a forma é vinculada, constituirá verdadeiro pressuposto de validade do negócio jurídico, sendo a consequência do seu desrespeito a nulidade do negócio jurídico. A forma é estática.

Já a prova é o instrumento por meio do qual vai ser perquirida a veracidade de um ato jurídico, ratificando sua existência e validade. A prova, portanto, é dinâmica.

Apesar de conceitualmente diferentes, forma e prova do negócio dialogam entre si. Quando a lei impuser uma determinada forma ao negócio, este não se poderá provar por outro modo, senão quando aquela for obedecida. Ademais, se a forma for livre, a invalidade do instrumento não gerará a do negócio jurídico, cuja prova poderá ser realizada por outro meio (CC, art. 183).

E quais seriam os meios de prova?

3. MEIOS DE PROVA: TRATAMENTO NO CÓDIGO CIVIL DE 2002

O art. 212 do Código Civil informa que são mecanismos probatórios, quando a lei não exigir forma especial ao ato, a: "I – confissão; II – documento; III – testemunha; IV – presunção; e V – perícia".

Tal rol entende-se exemplificativo, mormente diante da evolução tecnológica experimentada pela sociedade, a qual constantemente nos apresenta novos mecanismos de prova.

Nessa senda, verberam os arts. 332 e 369 do NCPC que "As partes têm o direito de empregar todos os meios legais, bem como os moralmente legítimos, ainda que não especificados neste Código, para provar a verdade dos fatos em que se funda o pedido ou a defesa e influir eficazmente na convicção do juiz".

Mas o rol de exemplos teria alguma limitação?

A resposta é positiva. A Constituição Federal firma a impossibilidade de utilização da chamada prova proibida (art. 5º, LVI, da CF/88). Mas o que se deve entender por prova proibida?

Prova proibida remete às:

a) **Ilegítimas**: aquelas que violam normas princípios e normas regras processuais;

b) **Ilícitas**: aquelas que desrespeitam regras de direito material.

A prova ilícita, além de ser inválida em si mesmo, poderá ocasionar invalidade das provas posteriormente produzidas e relacionadas à produção ilícita, segundo a Teoria do Frutos Podres da Árvore Contaminada (*fruits of the poisonous tree*).

Nada obstante as vedações supramencionadas, há exceções em direito nas quais são admitidas as provas proibidas, em função de um juízo de ponderação de interesses. Em processo penal, por exemplo, admite-se a prova proibida, desde que para inocentar o réu.

Feitas tais considerações, parte-se para a análise individual daquilo que o legislador civilista denomina de meios de prova.

4. CONFISSÃO

Consiste no livre reconhecimento da veracidade de fato que a outra parte da relação pretende provar. Trata-se de ato contrário ao interesse do confitente e favorável à outra parte.

Ela pode ser:

a) **judicial** (no processo) ou **extrajudicial** (fora do processo) (art. 389 do NCPC);

b) **espontânea** ou **provocada**;

c) **expressa** (real) ou **presumida** (ficta) pela revelia (arts. 342 a 344 do NCPC).

Tem como elementos necessários a capacidade da parte, a declaração de vontade e o objeto possível.

Não se admite a confissão por parte daquele que é impedido de confessar, por não ter a disposição do direito. Assim, a confissão feita pelo representante, que tenha poderes especiais para tanto, apenas será eficaz nos limites em que possa vincular o representado (art. 213, parágrafo único, do CC).

A confissão haverá de ser livre e desembaraçada, sendo irrevogável e irretratável, pois não admite arrependimento. Entrementes, isso não quer dizer que deva prosperar a confissão viciada. Não se admite nenhum tipo de vício de consentimento, a exemplo de dolo ou coação moral, sob pena de invalidade do ato (art. 214 do CC e art. 393 do CPC).

Na mesma linha de pensamento, "Não vale como confissão a admissão, em juízo, de fatos relativos a direitos indisponíveis" (art. 392 do NCPC).

Nas ações que versem sobre bens imóveis, a confissão de um dos cônjuges não valerá sem a do outro (art. 391 do NCPC), por conta da eventual questão coproprietária e da necessidade de vênia conjugal.

A confissão é um ato indivisível, não sendo possível àquele que queira invocá-la como prova aceitá-la apenas no tópico que o beneficie, rejeitando no que for desfavorável. A cisão, porém, será admitida caso o confitente venha a aduzir fatos novos, suscetíveis de ser fundamento de defesa de direito material ou de reconvenção.

Em uma análise processual, a confissão é resultado da atividade instrutória, sendo possível a sua obtenção por meio do interrogatório ou do depoimento pessoal. Recorda-se que a distinção entre estes dois mecanismos reside na iniciativa, sendo a do interrogatório, do juiz, e a do depoimento pessoal, da parte.

Nessa toada, entende-se a confissão como gênero, do qual são espécies o interrogatório e o depoimento pessoal. Assim, afirma o Enunciado 157 do Conselho da Justiça Federal que "o termo confissão deve abarcar o conceito lato de depoimento pessoal, tendo em vista que este consiste no em meio de prova de maior abrangência, plenamente admissível no ordenamento brasileiro".

5. DOCUMENTO

Documento é um escrito representativo de determinado fato jurídico. Trata-se de prova pré-constituída de um determinado fato, o representando.

Pode ser classificado em:

5.1 Documento Público

Documentos públicos são aqueles elaborados por **autoridade pública**, no exercício de suas funções, a exemplo de guias de imposto, ato notariais, entre outros.

Sem sombra de dúvidas, o documento público mais usual é a **escritura pública**. Esta consiste naquele *"lavrado em notas de tabelião"*, traduzindo o *"documento dotado de fé pública, fazendo* prova plena" (art. 215 do CC). Critica-se a expressão prova plena utilizada no dispositivo, isso porque a prova há de ser analisada segundo um juízo de ponderação de interesses. Não há como afirmar a existência de uma plenitude absoluta da prova. Sobre o tema, vaticina o Enunciado 158 do Conselho da Justiça Federal que "a amplitude da noção de 'prova plena' (isto é 'completa') importa presunção relativa acerca dos elementos indicados nos incisos do parágrafo primeiro do art. 215 do CC, devendo ser conjugado com o disposto no parágrafo único do art. 219 do CC". Prova plena, portanto, não é tão plena assim, pois apenas gera uma presunção *juris tantum* (relativa) e não *juris et jure* (absoluta).

A escritura pública deverá conter: I – data e local de sua realização; II – reconhecimento da identidade e capacidade das partes e de quantos hajam comparecido ao ato, por si, como representantes, intervenientes ou testemunhas; III – nome, nacionalidade, estado civil, profissão, domicílio e residência das partes e demais comparecentes, com a indicação, quando necessário, do regime de bens do casamento, nome do outro cônjuge e filiação; IV – manifestação clara da vontade das partes e dos intervenientes; V – referência ao cumprimento das exigências legais e fiscais inerentes à legitimidade do ato; VI – declaração de ter sido lida na presença das partes e demais comparecentes, ou de que todos a leram; e VII – assinatura das partes e dos demais comparecentes, bem como a do tabelião ou seu substituto legal, encerrando o ato (art. 215, § 1º, do CC).

A escritura pública haverá de ser redigida em língua nacional. Resta homenageada a operabilidade ou simplicidade, pois o documento deve ser acessível. Se qualquer dos comparecentes não souber a língua nacional e o tabelião não entender o idioma em que se expressa, deverá comparecer tradutor público para servir de intérprete ou, não o havendo na localidade, outra pessoa capaz que, a juízo do tabelião, tenha idoneidade e conhecimento bastante (art. 215, § 4º, do CC e art. 13 da CF/88).

Se algum comparecente não puder ou não souber escrever, outra pessoa capaz assinará por ele, a seu rogo. Caso algum dos comparecentes não seja conhecido do tabelião, nem possa se identificar por documento, deverão participar do ato pelo menos duas testemunhas, que o conheçam e atestem sua identidade (art. 215, § 2º, do CC).

A ausência de quaisquer destes requisitos elencados acarreta a nulidade absoluta do documento, pois esta é a consequência quando a lei exige uma forma ou solenidade e há seu desrespeito (art. 166 do CC).

5.2 Documento Particular

Documento particular é aquele elaborador mediante atividade privada, a exemplo de cartas, telegramas, fotografias, avisos bancários, entre outros.

Confeccionado por particulares o documento deve ser assinado apenas por quem tenha plena capacidade, sendo hábil a provar as obrigações convencionais de qualquer valor. Os efeitos do documento particular serão, em regra, inter partes. Não é exigível a presença de testemunhas (art. 219 do CC e art. 408 do NCPC). Porém, para que ganhem oponibilidade *erga omnes* far-se-á necessário o registro público (art. 221 do CC). O documento particular gera uma presunção relativa (*juris tantum*) de veracidade das declarações em relação aos signatários, sendo possível o afastamento desde que haja prova em contrário, como uma coação, por exemplo.

Caso a lei exija uma determinada autorização para a prática válida de um ato da vida civil – a denominada legitimação –, esta haverá de ser colhida na mesma forma do instrumento principal e, em sendo possível, no mesmo instrumento (art. 220 do CC). Exemplifica-se com a casuística das vênias conjugais exigidas no art. 1.647 do CC. Estas haverão de ser colhidas pela mesma forma do instrumento do negócio principal e, se possível, no próprio instrumento. Assim, para a venda de imóveis que ultrapassem a trinta vezes o maior salário mínimo vigente no país, a forma haverá de ser pública (art. 108 do CC), assim como a outorga conjugal que, ainda, se possível, deve ser conferida no mesmo instrumento.

O documento, em regra, deverá ser exibido no original. Mas, admite o Código Civil que se prove por:

a) **Certidões textuais** de qualquer peça judicial, protocolo das audiências ou de qualquer livro a cargo do escrivão, sendo extraídas por ele ou sob sua vigilância, e por ele subscritas, assim como traslados de autos, quando por outro escrivão concertados (art. 216 do CC, *sic*). Entende-se por certidão a reprodução de escritos de um determinado livro ou documento, realizado por funcionário público ou sob sua atenção – a isto se chama de concerto, grafado com "c", havendo equívoco material na redação do artigo que remete ao conserto escrito com "s". Se for **integral** (inteiro teor), denomina-se ***verbo ad verbum***. Em sendo **parcial,** chama-se de **breve relatório**;

b) **Traslados e certidões** extraídos por oficial público de instrumentos ou documentos lançados em suas notas. Tais traslados e certidões serão considerados documentos públicos caso os originais tenham sido produzidos em juízo como prova de algum ato (arts. 217 e 218 do CC, bem como arts. 405 a 429 do NCPC). Traslado é a cópia daquilo que se encontra lançado em livro ou em autos de um processo judicial. Também é denominado de cópia fiel;

c) **Cópia fotográfica de documento**, conferido por tabelião de notas, não obstante em caso de impugnação de sua autenticidade mereça conferência com seu original (art. 223 do CC);

d) **Reproduções fotográficas, cinematográficas, dos registros fonográficos** e, em geral, quaisquer outras reproduções mecânicas ou eletrônicas de fatos ou de coisas, se a parte contra quem forem exibidos não lhes impugnar a exatidão (art. 225 do CC).

Para a doutrina, o art. 225 do CC ora referido abre os poros da legislação civilista para a aceitação de documentos eletrônicos. Segundo o Enunciado 297 do Conselho da Justiça Federal "o documento eletrônico tem valor probante, desde que seja apto a conservar a integralidade de seu conteúdo e idôneo a apontar sua autoria, independentemente da tecnologia empregada." Além disso, nas pegadas do Enunciado 298 do mesmo Conselho da Justiça Federal, "os arquivos eletrônicos incluem-se no conceito de 'reproduções eletrônicas de fatos ou de coisas', do art. 225 do CC, aos que deve ser aplicado o regime jurídico de prova documental".

e) **Livros e fichas dos empresários e sociedades** contra as pessoas a que pertencerem e, em seu favor, quando escriturados sem vício extrínseco ou intrínseco, forem confirmados por outros subsídios.

Esta prova, todavia, não supre a ausência de escritura pública ou escrito particular revestido de requisitos especiais e pode ser ilidida pela comprovação da falsidade ou inexatidão dos lançamentos. Dessa forma, a força probante dos livros e das fichas empresariais não é absoluta (art. 226 do CC e arts. 417 a 421 do NCPC).

Lembra-se que persiste a regra de ser a escrituração indivisível, havendo de ser considerada em conjunto, ainda que tenha fatos favoráveis e desfavoráveis ao autor.

Registra-se que o Código Civil não exige a apresentação de cópias autenticadas ou originais dos documentos, ressalvada a hipótese de impugnação quanto à sua validade. Nesse sentido entende-se o art. 219 do CC, quando afirma que apesar das declarações de vontade constantes em documentos assinados serem presumidas como verdadeiras aos signatários, o ônus de prová-las persiste.

O telegrama vem elencado como documento no art. 222 do CC, bem como nos arts. 413 e 414 do NCPC. É mecanismo de prova. Sendo contestada sua autenticidade, merecerá conferência com o original.

Os documentos em língua estrangeira haverão de ser traduzidos para o português (art. 224 do CC). O tradutor haverá de ser um intérprete juramentado, com fé pública. A própria juntada do documento no processo exige anterior tradução, por tradutor juramentado, na forma do art. 192 do NCPC.

Registre-se que, por vezes, mesmo em língua estrangeira, a compreensão do documento estrangeiro é clara. Tendo, por conseguinte, validade.

Em função do convencimento do magistrado, aduz o art. 426 do CPC que "o juiz apreciará fundamentadamente a fé que deva merecer o documento, quando em ponto substancial e sem ressalva contiver entrelinha, emenda, borrão ou cancelamento".

Também é importante ressaltar que o CPC, em seu art. 384, introduziu a ata notarial como uma nova espécie de prova no campo processual. Eis o conteúdo da norma: "A existência e o modo de existir de algum fato podem ser atestados ou documentados, a requerimento do interessado, mediante ata lavrada por tabelião. Arremata o parágrafo único do art. 384: "Dados representados por imagem ou som gravados em arquivos eletrônicos poderão constar da ata notarial".

6. TESTEMUNHA

O Código Civil informa que a testemunha serve para comprovar fato jurídico (art. 212, III do CC), enquanto que o Código de Processo Civil regula sobre a forma desta produção probatória (arts. 442 a 463 do NCPC).

A prova testemunhal é a mais imprevisível, pois é humana no sentido mais estrito da expressão. Como ser humano que é, a testemunha está sujeita a ingerências, contradições, palpitações... enfim: subjetividades. Apesar disto, muitas das vezes, pode-se apresentar como prova ímpar, imprescindível ao desfecho do processo.

Durante a colheita da prova a testemunha deve se abster de externar suas convicções ou achismos, veiculando apenas o que efetivamente sabe e lhe fora perguntando, sem suposições. Não se busca, em regra, a opinião da testemunha. O testemunho deve ser pautado na ética e veracidade, havendo tipo penal de falso testemunho pela afirmação falsa, negativa ou silêncio sobre a verdade (art. 342 do CP).

As testemunhas podem ser divididas em:

a) **Instrumentárias**: são aquelas que firmam determinado negócio jurídico juntamente com as partes;

b) **Judiciais**: são aquelas convocadas para serem escutadas em juízo.

Nada impede que uma testemunha instrumentária se torne judicial, pois poderá ter firmado o negócio e ser convocada para depor em juízo.

Há pessoas que não podem ser testemunhas?

O Código Civil regula a matéria em seu art. 228, devidamente modificado pelo Estatuto da Pessoa com Deficiência (Lei 13.146/2015). Dito isto, verifica-se que são impedidos de testemunhar os menores de dezesseis anos, o interessado no litígio, o amigo íntimo ou inimigo capital das partes, os cônjuges, os ascendentes, os descendentes e os colaterais, até o terceiro grau de alguma das partes, por consanguinidade, ou afinidade.

Na mesma linha de pensamento se coloca o Código de Processo Civil, que em seu art. 447 aduz serem impedidos de testemunhar o cônjuge, o companheiro, o ascendente e o descendente em qualquer grau, assim como o colateral, até o terceiro grau, de alguma das partes, por consanguinidade ou afinidade, salvo se o exigir o interesse público ou, tratando-se de causa relativa ao estado da pessoa, não se puder obter de outro modo a prova que o juiz repute necessária ao julgamento do mérito. Também será impedido de testemunhar quem for parte na causa, o que intervém em nome de uma parte, como o tutor, o representante legal da pessoa jurídica, o juiz, o advogado e outros que assistam ou tenham assistido as partes.

Veja-se que, após o Estatuto da Pessoa com Deficiência, passaram a ser admitidos como testemunhas aqueles que por enfermidade ou retardamento mental não tiverem discernimento para a prática dos atos da vida civil, assim como os cegos e surdos, quando a ciência do fato que se quer provar não dependa dos sentidos que lhes faltam. A nova Lei passou a prescrever, no § 2º do art. 228, que "a pessoa com deficiência poderá testemunhar em igualdade de condições com as demais pessoas, sendo-lhe assegurados todos os recursos de tecnologia assistiva."

Além dos impedidos, afirma o Código de Processo Civil (art. 447) que são suspeitos de testemunhar o inimigo da parte, ou o seu amigo íntimo, e o que tiver interesse no litígio.

Sendo necessário, poderá o juiz admitir o depoimento das testemunhas menores, impedidas ou suspeitas. Nesse caso, os depoimentos serão prestados independentemente de compromisso, e o juiz lhes atribuirá o valor que possam merecer, sendo ouvidas como informante do juízo.

As testemunhas devem ser ouvidas na sede do juízo, mas quando a parte ou a testemunha, por enfermidade ou por outro motivo relevante, estiver impossibilitada de comparecer, mas não de prestar depoimento, o juiz designará, conforme as circunstâncias, dia, hora e lugar para inquiri-la.

Como proceder ser for arrolada uma testemunha impedida ou suspeita?

Por meio do instituto processual da contradita a parte poderá impugnar a testemunha suspeita ou impedida.

Acaso isso aconteça no curso de um processo, a hipótese será de instauração de um incidente, a ser solucionado mediante instrução incidental breve e sumária, cujo objeto será a prova do suposto impedimento ou suspeição da testemunha.

Nos termos do art. 457 do CPC, "antes de depor, a testemunha será qualificada, declarará ou confirmará seus dados e informará se tem relações de parentesco com a parte ou interesse no objeto do processo. Neste momento, será lícito à parte contraditar a testemunha, arguindo-lhe a incapacidade, o impedimento ou a suspeição, bem como, caso a testemunha negue os fatos que lhe são imputados, provar a contradita com documentos ou com testemunhas, até 3 (três), apresentadas no ato e inquiridas em separado. Sendo provados ou confessados os fatos a que se refere a contradita, o juiz dispensará a testemunha ou lhe tomará o depoimento como informante. A testemunha pode requerer ao juiz que a escuse de depor, alegando os motivos previstos neste Código, decidindo o juiz de plano após ouvidas as partes".

Além das pessoas impedidas e suspeitas, o Código Civil, no seu art. 229, bem como o Código de Processo Civil, no art. 448, veiculam as hipóteses daqueles fatos sobre os quais a testemunha não é obrigada a testemunhar. Nas palavras do legislador civilista, "ninguém pode ser obrigado a depor sobre fato: I – a cujo respeito, por estado ou profissão, deva guardar segredo; II – a que não possa responder sem desonra própria, de seu cônjuge, parente em grau sucessível, ou amigo íntimo; III – que o exponha, ou às pessoas referidas no inciso antecedente, a perigo de vida, de demanda, ou de dano patrimonial imediato". Já segundo o Novo Código de Processo Civil, "a testemunha não é obrigada a depor sobre fatos: I – que lhe acarretem grave dano, bem como ao seu cônjuge ou companheiro e aos seus parentes consanguíneos ou afins, em linha reta ou colateral, até o terceiro grau; II – a cujo respeito, por estado ou profissão, deva guardar sigilo".

Nas hipóteses de sigilo profissional, a exemplo de médico e advogado, a revelação de fatos configurará, inclusive, tipo penal de menor potencial ofensivo, por violação de segredo profissional (art. 154 do CP).

7. PRESUNÇÕES

Presunção consiste em um mecanismo segundo o qual parte-se de um fato conhecido e, por silogismo (dedução), chega-se a um fato desconhecido, admitido como verdadeiro.

As presunções podem ser:

i) **Comuns** – simples ou hominis –: decorrem da experiência, sendo possível a utilização pelo magistrado de forma subsidiária, ante a ausência de normas particulares sobre o tema, ou quando não for possível o uso de prova testemunhal (art. 375 do CPC e art. 230 do CC)

ii) **Legais** – iures ou juris –: Estão disciplinadas na lei. Há vários exemplos de presunções legais, como:

   a) Morte Presumida ou Ficta (arts. 6º e 7º do CC);

   b) Presunções de Pagamento (arts. 322 ao 324 do CC);

   c) Medição de trinta em trinta dias da empreitada (art. 614 do CC);

   d) Má-fé (*consilium fraudis*) na fraude contra credores (arts. 158, 159, 162 e 163 do CC);

   e) Gratuidade no mandato (art. 658 do CC);

   f) Presunções de Filiação decorrentes do casamento (art. 1.597 do CC); e

   h) Presunção de Vulnerabilidade do Consumidor Pessoa Física (art. 4º, I, do CDC)...

Tais presunções legais podem ser dividas em:

a) **Absolutas**, também denominadas de ***juris et de jure***, por não admitir prova em contrário. Estas são impassíveis de afastamento. Exemplifica-se com a presunção de vulnerabilidade do consumidor pessoa física (art. 4º do CDC);

b) **Relativas**, também denominadas ***juris tantum.*** Admitem prova em contrário e são a **regra** no ordenamento jurídico nacional. Exemplifica-se com as presunções de pagamento no direito obrigacional (arts. 322 ao 324 do CC).

Em síntese, no sistema de presunções, temos:

8. PERÍCIAS

O perito é um auxiliar da justiça e satisfaz um *munus* público. Assim, no exercício da função, poderá ser responsabilizado por atuação temerária (art. 342 do Código Penal). Ademais, a recusa ao mister só poderá ser justificada em motivo sério e plausível.

O tema merece tratamento nos arts. 464 a 480 do CPC, sendo possível classificar a perícia em:

a) **Exames**: atividade desenvolvida pelos peritos, técnica ou científica, de inspeção descritiva de coisas e pessoas com o propósito de comprovar certo fato jurídico. É a apreciação de alguma coisa, por peritos, com o escopo de auxiliar o juiz na formação de sua convicção. Exemplifica-se como exame grafotécnico e hematológico;

b) **Vistorias**: também consiste em perícia, sendo, todavia, restrita à inspeção ocular. Ocorre frequentemente em ações relacionadas a imóveis, como demarcatórias e possessórias;

c) **Avaliação**: atribuição de valor de mercado a bens jurídicos. Usualmente acontece consoante o arbitramento;

No que tange ao tratamento do Direito Civil acerca do assunto, interessante a determinação legislativa no sentido de que a negativa à perícia médica não poderá ser aproveitada por aquele que se negou (arts. 231 e 232 do CC). Explica-se: caso o juiz ordene uma perícia médica e o réu negue-se, contra ele militará uma presunção relativa. É o que ocorre no caso da negativa ao exame de DNA, a qual gera presunção de paternidade (Súmula 301 do STJ e Lei 12.004/2009).

PARTE ESPECIAL

Vencida a parte geral do Direito Civil, é momento de avançarmos à parte especial, dedicando-se às **obrigações**, **contratos**, **responsabilidade civil**, **reais**, **famílias** e **sucessões**.

Direito Obrigacional

1. CONCEITO E GENERALIDADES

Em um conceito claro e inicial infere-se que as obrigações apontam para uma **relação prestacional, de caráter patrimonial, cujo desrespeito se resolve mediante a execução do patrimônio penhorável do inadimplente.**

Tal relação é movida mediante um **processo dinâmico**, com diversos deveres de conduta ao longo do tempo. Credor e devedor se apresentam numa cooperação diuturna, visando o adimplemento. Não deve haver, portanto, deslealdade entre os sujeitos obrigacionais, sob pena de violência ao princípio da boa-fé objetiva. A cooperação jurídica em prol do adimplemento é a mola propulsora desta relação creditória.

Os direitos **obrigacionais ou creditórios** são relativos, por se dirigirem a pessoas determinadas, encerrando uma prestação positiva ou negativa consubstanciada em uma dada conduta.

Apesar das obrigações estarem vinculadas ao **princípio da responsabilidade patrimonial do devedor,** recorda-se que, excepcionalmente, admite-se a prisão civil no ordenamento jurídico brasileiro. Tal se dará, consoante o artigo 5º, LXVII da Constituição Federal, em duas circunstâncias: depositário infiel e devedor de alimento. Todavia, malgrado o texto normativo, há muito o Supremo Tribunal Federal entende pela **ilicitude da prisão civil do infiel depositário**, em face do Pacto de San José da Costa Rica (Súmula Vinculante 25 do STF). Na mesma linha caminha o Superior Tribunal de Justiça, ao firmar que descabe a prisão civil do depositário judicial infiel (Súmula 419 do STJ).

2. DISTINÇÃO DOS DIREITOS REAIS

Conceitualmente, muitas vezes, confunde-se obrigações com direito reais, porquanto, ambos, dizerem respeito ao patrimônio. Assim, é importante realizarmos a diferenciação.

A obrigação é transitória, pois nasce para ser cumprida. Tal não se dá com os direitos reais, vocacionados à perpetuidade com a transmissão hereditária.

Enquanto os direitos reais são *numerus clausus*, submetendo-se ao princípio da taxatividade – somente são direitos reais aqueles explicitamente elencados na norma –, **os direitos obrigacionais são *numerus apertus* (exemplificativos),** de modo que podem surgir pela autonomia privada. Justo por isto que se tem como possível a criação de contratos atípicos, desde que observadas as regras gerais da teoria geral dos contratos (CC, art. 425).

Os direitos reais se submetem à noção de **sequela** (princípio da aderência ou inerência), no sentido de que o titular destes pode ir ao encontro da coisa onde quer que esteja e nas mãos de quem quer que esteja (oponibilidade *erga omnes*). Já os direitos pessoais não se submetem à sequela, mas sim à execução patrimonial por perdas e danos, obrigando apenas as partes contraentes (oponibilidade *inter partes*).

Lembre-se que os direitos reais, em regra, sujeitam-se à **registrabilidade e publicidade.** O registro público se faz necessário à constituição dos mesmos, aspecto inocorrente nos direitos obrigacionais, os quais tem forma livre (CC, art. 107).

Diferem, também, quanto ao objeto. O objeto do **direito real é a coisa**. O objeto do **direito obrigacional é a prestação.**

Em síntese:

Direitos Reais	Direitos Obrigacionais
***Numerus Clausus* – Taxativos ou Típicos.**	*Numerus apertus* – exemplificativos.
Direito de Sequela – reivindicar a coisa onde quer que esteja e nas mãos de quem quer que esteja.	**Não há Sequela** – executa-se o contrato, incidindo a sanção, pelo descumprimento, no patrimônio do devedor.
Absolutos (Eficácia *erga omnes*) – oponível contra todos.	**Relativos (Eficácia *inter partes*)** – Obrigam, em regra, apenas os contratantes.
Registrabilidade e Publicidade – submetem-se ao registro.	**Forma livre**, em regra (Art. 107 do CC) – não exigem registro, nem publicidade.
***Jus in re* – direito sobre a coisa**. A relação jurídica se estrutura entre uma pessoa e a própria coisa, com oponibilidade em face de todos.	***Jus ad rem* – direito contra a pessoa**. A relação jurídica se estrutura entre pessoas determinadas ou determináveis.
Caráter Permanente ou Perpétuo – pois caso não haja alienação, transmite-se por herança.	**Caráter Transitório** – pois a obrigação nasce para ser cumprida, sendo o adimplemento obrigacional a sua natural forma de extinção.

2.1. Zona de Confluência.

Malgrado todo o esforço doutrinário para distinção entre os direitos reais e obrigacionais, é consabido que há uma **zona cinzenta**, na qual não se sabe bem se se estar diante de um direito real ou obrigacional.

Trata-se, portanto, a zona cinzenta de uma **zona de natureza mista, de confluência** entre obrigações e reais. As três principais modalidades obrigacionais a habitarem esta zona são as:

i. Obrigações *Propter Rem;*

ii. Obrigações de Ônus Real; e

iii. Obrigações de Eficácia Real.

a) Obrigações *Propter Rem.*

As obrigações próprias da coisa (*propter rem*) são aquelas que aderem à coisa, e não à pessoa, transmitindo-se automaticamente ao seu novo titular, com a transferência proprietária. Exemplifica-se com o IPTU, o ITR, o IPVA, as taxas condominiais, indenização de benfeitorias pelo possuidor de boa-fé e a obrigação de recuperação de área ambiental degradada.

b) Obrigações de Ônus Real.

Obrigação de ônus real é aquela **que limita o uso e o gozo da propriedade**, consistindo em um **gravame.** É um direito sobre coisa alheia, oponível *erga omnes*. Verifica-se esta casuística na renda constituída sobre imóvel, na qual há um direito temporário que grava determinado bem, obrigando o seu proprietário a pagar prestações periódicas (CC, art. 803). Exemplifica-se: João doa uma fazenda para Maria, obrigando esta (Maria) a destinar 50% (cinquenta por cento) da safra colhida, todo ano, para Caio.

Enquadra-se igualmente aqui a hipoteca, o penhor e a anticrese, que são direitos reais de garantia, posto darem garantia a uma obrigação pré-existente, onerando um bem.

E como diferenciar a obrigação *propter rem* da de ônus real?

A **obrigação de ônus real** tem como traço distintivo da *propter rem* o fato de se **limitar** ao valor da coisa.

Com efeito, nada impede que o montante da obrigação *propter rem* supere, em muito, o valor do bem principal, a exemplo de um IPTU progressivo. Tal não ocorre nas obrigações de ônus real, pois não é possível onerar um bem acima de seu principal.

No exemplo conferido há pouco, não seria possível Maria ser obrigada a destinar 150% (cento e cinquenta por cento) da safra anual a Caio. Demais disto, as obrigações de ônus reais desaparecem com o perecimento da coisa, fato que não acontece com as denominadas *propter rem*.

c) Obrigações de Eficácia Real.

A obrigação de eficácia real é aquela que – sem perder o seu caráter de direito pessoal ou direito a uma prestação – ganha **oponibilidade contra terceiros**, que adquiram direitos sobre determinado bem, tendo em vista o seu registro. É o que tecnicamente chama-se de oponibilidade *erga omnes*. São obrigações que se transmitem.

Exemplifica-se com o direito de preferência, em um contrato de locação devidamente registrado, conforme previsto no art. 33 da Lei do Inquilinato (Lei 8.245/91). Outro exemplo é o registro do contrato de locação com cláusula de vigência, com o escopo de proporcionar sua continuidade mesmo na hipótese de alienação do imóvel (art. 8° da Lei 8.245/91). São obrigações que atingem até mesmo o terceiro adquirente, ante ao seu registro.

3. ELEMENTOS DA RELAÇÃO JURÍDICA OBRIGACIONAL

Três são os **elementos** que estruturam o direito obrigacional.

O **primeiro** deles é o **subjetivo**, diz respeito às *pessoas* (físicas ou jurídicas, ativas ou passivas) da relação.

O **segundo** é o **material**, concreto, objetivo, qual seja: a *prestação*.

O **terceiro** e último elemento é o **imaterial**, também denominado de virtual, concernente ao vínculo jurídico que ficticiamente une os sujeitos e o objeto da obrigação.

Passemos ao estudo dos elementos.

a) Elemento subjetivo: sujeitos ativos e passivos.

São as pessoas, físicas ou jurídicas, que titularizam relações ativas de crédito (credores, sujeitos ativos), ou de débitos (devedores, sujeitos passivos). Estes últimos sofrerão a perda do respectivo patrimônio penhorável acaso não cumpram a conduta sobre a qual se obrigaram (inadimplemento).

b) Elemento objetivo ou material: prestação.

A prestação é o objeto da relação jurídica obrigacional, como um dar, fazer ou não fazer.

Esta prestação deve ser lícita, possível, certa, determinada ou determinável, suscetível de aferição econômica e comerciável.

Ainda no prisma do estudo da prestação, a doutrina remete a dois elementos da prestação:

i. Imediato: o qual se entende como o bem da vida, propriamente. Exemplifica-se com um carro, dinheiro...

ii. Mediato: que traduz a ação de adimplir.

Acaso Matheus lhe deva R$ 10.000,00 (dez mil reais), os dez mil será o objeto imediato, enquanto o pagamento, propriamente, o mediato.

c) Elemento Imaterial: vínculo jurídico.

O vínculo jurídico obrigacional é aquilo que liga o credor, ao devedor, em torno de uma prestação. Pode ser um contrato, o direito de vizinhança, a obrigação de reparar o ato ilícito...

No campo do elemento imaterial, a doutrina aponta ser possível verificarmos:

i. *Schuld* (Débito), o qual consiste no dever de prestar, na prestação propriamente e o

ii. *Halftung* (Responsabilidade), que traduz a responsabilidade do devedor sob o prisma patrimonial.

Nessa ótica, se João é obrigado a pagar R$ 50.000,00 (cinquenta mil reais) a Paulo, o débito (*shuld)* será os R$ 50.000,00 (cinquenta mil reais), enquanto que a responsabilidade será a possiblidade de Paulo atingir o patrimônio pessoal de João acaso haja o inadimplemento.

Sendo assim, para que tenhamos uma obrigação civil (perfeita), mister a presença do débito e da responsabilidade, que, de regra, estarão juntos.

Diante do dito, duas dúvidas se colocam, à título de exceção. A primeira delas é se seria possível enxergarmos um débito sem uma responsabilidade? Já a segunda se seria viável verificarmos uma responsabilidade sem débito?

A resposta, em ambos os casos e no campo das exceções, é positiva.

Infere-se a presença de **débito sem responsabilidade** nas chamadas **obrigações naturais**, como **dívidas oriundas de jogo ou aposta**. Aqui o perdedor possui, efetivamente, um débito. Tanto o tem que se realizar o pagamento não poderá demandar pela sua devolução (caráter irrepetível). Todavia, caso não venha a adimplir com a obrigação, o devedor não poderá ser responsabilizado (caráter inexigível). O mesmo pensamento aplica-se às pretensões creditórias prescritas, coloquialmente denominadas de **dívidas prescritas**.

Cediço concluir, portanto, que obrigações naturais são **irrepetíveis e inexigíveis**.

D'outra banda, factível verificarmos a presença de uma **responsabilidade sem débito**. Tal se dará nas obrigações de garantia, como fiança e aval. Nelas o garantidor não tinha débito originário, assumindo a responsabilidade por um débito alheio.

Veja-se que nas duas situações excepcionais supracitadas estar-se-á diante de **obrigações imperfeitas.**

4. CLASSIFICAÇÃO (MODALIDADES) DAS OBRIGAÇÕES

Neste momento será apresentada a **classificação das obrigações**. Recorda-se que diante do recorte da obra, apresentaremos aquelas classificações que potencialmente podem ser ou já foram objeto de prova do Exame de Ordem.

4.1. Quanto à natureza do objeto. – positivas: de dar e fazer; ou negativas: de não fazer

Quanto à natureza do objeto, as obrigações podem ser de positivas ou negativas. As positivas podem ser de dar – seja uma coisa certa ou incerta – e de fazer – seja um fazer fungível ou infungível. Já as negativas são de não-fazer.

Em síntese:

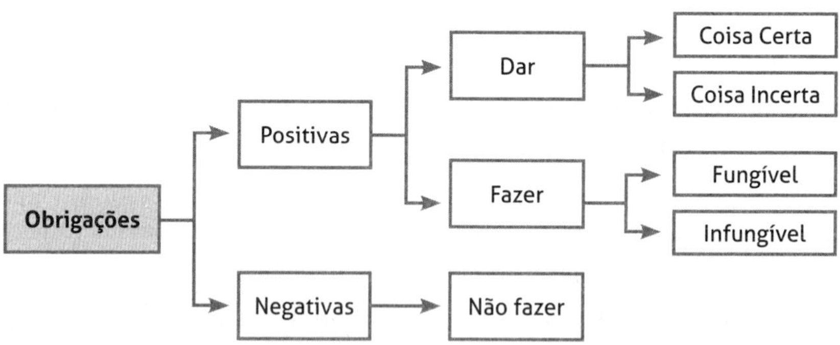

4.1.1 Obrigações positivas.

As obrigações positivas podem ser de **dar** – seja uma coisa certa ou incerta – e de **fazer** – seja um fazer fungível ou infungível

a) Obrigação de dar coisa certa.

A obrigação de dar coisa certa é assim denominada por ter um objeto completamente acertado no seu gênero, quantidade e qualidade. Exemplifica-se com a obrigação de entrega de um carro, placa policial xxx, chassi xxx. Tem-se um objeto plenamente **determinado**. Tendo em vista o caráter determinado do objeto, aplicar-se-á a regra geral de que **o acessório seguirá a sorte do bem principal** (CC, art. 233). Obviamente que tal regra geral segue com a mesma exceção da parte geral do Código Civil: as pertenças. Estas, apesar de acessórias, não seguirão a sorte do bem principal, como um trator que não presumirá seguir a fazenda alienada (CC, arts. 93 e 94).

Questão importante é como proceder na hipótese de perda ou deterioração do objeto na obrigação de dar coisa certa. O que fazer?

Para responder esta questão, são necessárias três premissas:

i. **Diferenciar Perecimento** (perda) **de deterioração**. Enquanto o perecimento ou perda remete à perda total, a deterioração remeterá à perda parcial;

ii. **Aplicar a regra do *res perit domino sue* – a coisa perece para o seu dono**. Assim, o Código Civil costuma analisar a perda sob o ponto de vista do devedor, preocupando-se com aquele que recebeu o preço, obrigou-se a entrega do bem e vem a perdê-lo antes desta;

iii. **Sempre que houver culpa haverá cumulação de perda e danos**. Logo, sem culpa não há perdas e danos.

Nessa ótica, tem-se que no perecimento (perda total), sem culpa do devedor, a obrigação se resolverá para ambas as partes. Já se houver culpa do devedor, o credor terá direito ao equivalente da perda, mais as perdas e danos (CC, art. 234). Veja-se:

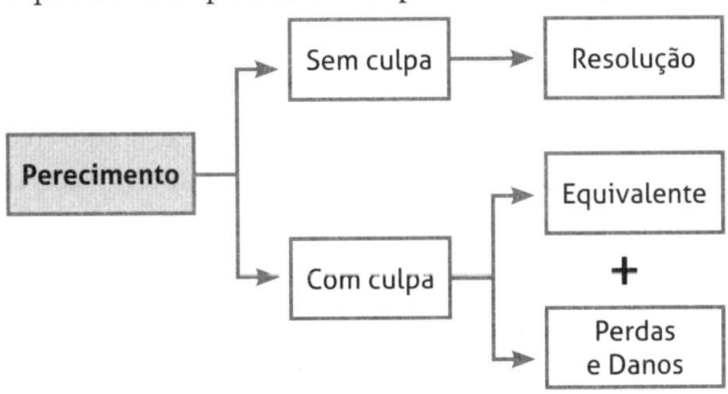

Agora diante da **deterioração (perda parcial),** sem culpa do devedor, o credor terá direito a escolha entre **resolução da obrigação ou abatimento proporcional do preço**. Acaso haja **culpa** do devedor, o credor terá direito a escolha entre resolução da obrigação, mais as **perdas e danos,** ou ao abatimento proporcional do preço, **mais as perdas e da**nos (CC, arts. 235 e 236). Em síntese:

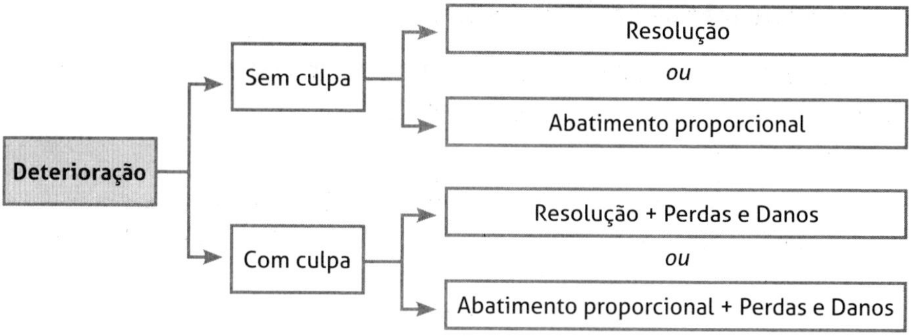

No que tange aos **melhoramentos e acrescidos antes da entrega (tradição),** o devedor poderá exigir aumento do preço, sob pena de resolução da obrigação. Exemplifica-se com a égua que, antes da entrega, emprenha. O devedor, neste caso, poderá exigir aumento do preço, sob pena de resolução da obrigação. Em relação aos frutos, os percebidos (colhidos) são do devedor e os pendentes do credor (CC, art. 237).

E se a **obrigação for de restituir**?

A obrigação de restituir é uma obrigação de dar coisa certa, na qual o devedor terá a obrigação de restituir o objeto. Exemplifica-se com o locatário que tem a obrigação de restituir ao locador o objeto da locação.

Na aludida obrigação de restituir:

i. Se houver **perda (perecimento) da coisa sem culpa do devedor**, a obrigação se resolve, sofrendo o credor o ônus da perda, ressalvados o seu direito aos frutos até o dia da perda (CC, art. 238);

ii. Se houver **perda (perecimento) da coisa com culpa do devedor**, o credor terá direito ao equivalente da perda mais as perdas e danos (CC, art. 239);

iii. Já na **deterioração sem culpa do devedor**, o credor receberá a coisa como se ache, sofrendo os ônus da perda parcial. Se a **deterioração for com culpa do devedor**, o credor receberá a coisa como se encontra e poderá pleitear perdas e danos (CC, art. 240).

No que tange aos **melhoramentos e acréscimos à coisa sem despesa ou trabalho do devedor**, lucrará o credor, sem a obrigação de restituir (CC, art. 241). Acaso tenha **existido trabalho ou dispêndio do devedor**, aplicar-se-ão as regras indenizatórias do possuidor de boa-fé, tema estudado no item posse. (CC, arts. 1.219 e ss.).

Em relação aos **frutos**, igualmente, aplicar-se-ão as regras indenizatórias do possuidor de boa-fé, tema estudado no item posse (CC, art. 1.214 e ss.).

b) Obrigação de dar coisa incerta.

Na obrigação de dar coisa incerta a coisa será indicada, ao menos, pelo **gênero e** pela **quantidade**. Fala-se em um **objeto genérico, determinável**, como a entrega de 15 (quinze) sacas de café.

Tal objeto incerto, em algum momento, haverá de ser acertado, somando-se ao gênero e a quantidade, a qualidade. Tal operação jurídica que transformará o objeto incerto em certo, conferindo qualidade, ao gênero e quantidade, denominar-se-á de **concentração do débito ou da prestação.**

Tal concentração há de ser realizada, em regra, pelo **devedor, se o contrário não resultar do título.** A escolha deve ser com base **na amostra média** do produto, consoante a boa-fé.

Veja-se:

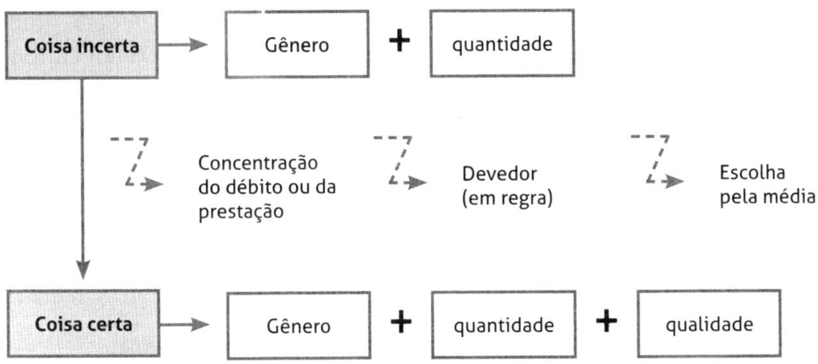

Feita a escolha, será **cientificado o credor**, aplicando-se, a partir de então, as regras da obrigação de dar coisa certa. Assim, a partir deste momento, tudo aquilo estudado no item anterior sob perecimento e deterioração aqui também se aplicará..

E se a perda ou deterioração ocorrer antes da escolha?

Neste caso, como o **gênero não perece nunca**, o devedor seguirá obrigado, ainda que a perda resulte de caso fortuito ou força maior (CC, art. 246).

c) Obrigação de fazer

Na obrigação de fazer a prestação será uma específica **conduta positiva**, um dado comportamento que não consista apenas em um entregar. Tem como objeto um comportamento, uma atividade humana, uma prestação de fato.

A obrigação de fazer pode ser:

i. **fungível:** entendida como aquela que pode ser adimplida por qualquer pessoa, ou

ii. **infungível:** de natureza personalíssima, quando o devedor é o elemento causal da prestação e há apenas interesse de que ele – devedor – realize o cumprimento da prestação. .

A verificação do fazer, como fungível ou infungível, é deveras importante para verificação das possíveis providências, diante do descumprimento obrigacional.

Nessa senda, em havendo o descumprimento de um **fazer fungível**:

i. **Sem culpa do devedor**, a obrigação se resolverá para ambas as partes, retornando ao *status quo ante*;

ii. **Com culpa do devedor**, o credor poderá determinar que um terceiro execute às custas do devedor, sem prejuízo da indenização cabível. Poderá, ainda, pleitear uma tutela específica – multa diária – para que o próprio devedor cumpra, sem prejuízo da indenização cabível. Na hipótese de **urgência**, poderá o credor, até mesmo, independentemente de autorização judicial, executar de próprio punho, ou mandar executar o fato, sendo depois ressarcido, em verdadeira possibilidade de autotutela (CC, art. 249).

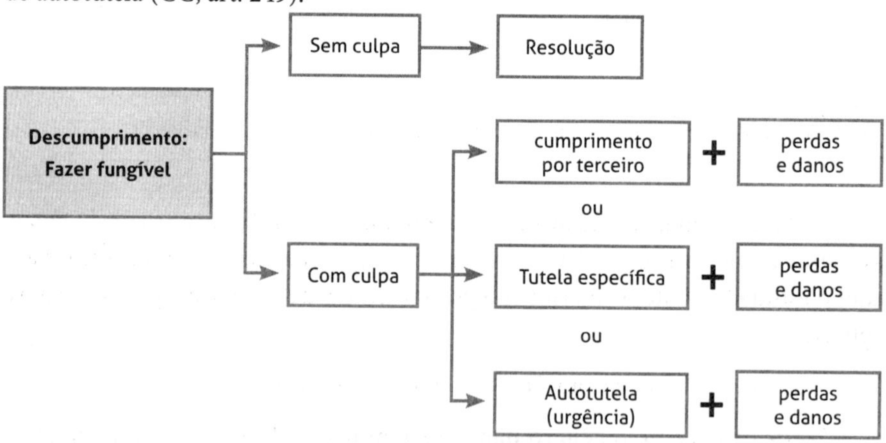

Agora, acaso o descumprimento seja de um **fazer infungível**:

i. **Sem culpa do devedor**, a obrigação se resolverá para ambas as partes, retornando ao *status quo ante;*

ii. **Com culpa do devedor,** o credo poderá, inicialmente, requisitar o cumprimento obrigacional, buscando tutelas específicas, como uma multa diária (Enunc. 22 do CJF). Caso, ainda, assim, não haja sucesso, como o fazer é personalíssimo, o único caminho viável será a conversão em perdas e danos (CC, art. 247).

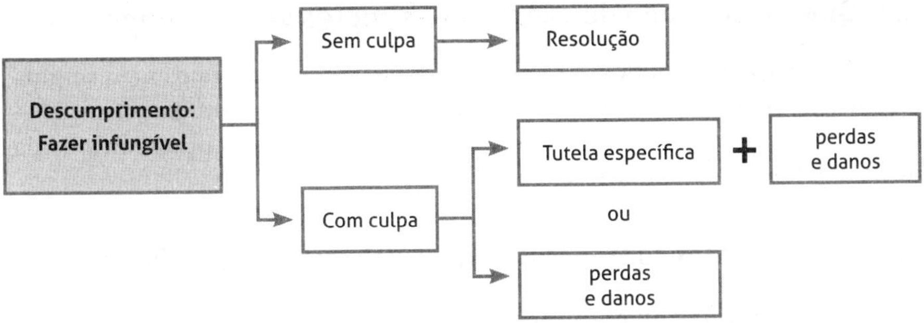

4.1.2 Obrigações negativas (de não fazer)

A obrigação de não fazer tem como objeto uma **abstenção juridicamente relevante**. Trata-se de obrigação indivisível por natureza. Não há como se verificar um descumprimento parcial de uma obrigação de não fazer. Exemplifica com um contrato de exclusividade, no qual ou contratado atende a exclusividade ou a quebra, acaso preste serviço em uma empresa concorrente, ainda que em uma única oportunidade.

Uma vez verificado o descumprimento da obrigação de não fazer, tem-se que se for (CC, arts. 250 e 251):

i. **Sem culpa do devedor**, a obrigação se resolverá para ambas as partes, havendo restituição ao *status quo ante;*

ii. **Com culpa do devedor**, haverá de se verificar se o não fazer era, ou não, reversível. Em o sendo, o credor poderá requisitar o desfazimento, inclusive com tutela especifica – multa diária – até que se desfaça –, mais as perdas e danos. Acaso não seja possível o desfazimento, tudo será convertido em perdas e danos..

Registra-se que se houver urgência, o credor poderá desfazer de próprio punho, ou mandar que outrem o faça, sem prejuízo da indenização cabível. Trata-se de uma clara hipótese de autotutela.

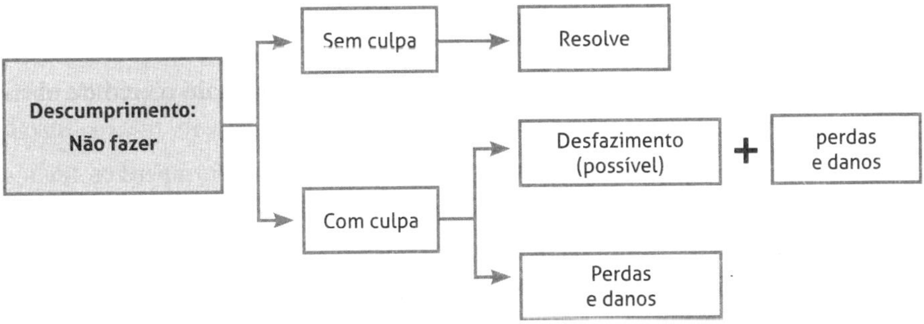

4.2. Quanto ao modo de execução – simples *versus* compostas

As **obrigações simples** são aquelas que assim se caracterizam ante a **singularidade do objeto e dos sujeitos;** ou seja: *um credor, um devedor uma prestação.* As **obrigações compostas**, ao contrário disto, caracterizam-se ou pela **multiplicidade de objetos, ou pela multiplicidade de sujeitos.**

4.2.1. Obrigações compostas pela multiplicidade de objetos

- **a) cumulativas ou conjuntivas.**

Nas obrigações compostas pela multiplicidade de objetos **cumulativas ou conjuntivas**, obriga-se o devedor ao adimplemento de **todas as prestações (objetos) da relação obrigacional**, as quais são ligadas pela partícula conjuntiva "e". Ex.: o devedor se compromete a construir a casa *e* pintá-la.

- **b) alternativas ou disjuntivas.**

Nas obrigações compostas pela multiplicidade de objetos **alternativa ou disjuntiva**, o devedor somente necessitará adimplir **uma das prestações previamente pactuadas e ligadas pela partícula disjuntiva "ou** ". Ex.: o devedor será liberado da obrigação se construir a casa *ou* se pintar a casa construída por alguém.

Obviamente que se os objetos são alternativos não será viável o cumprimento parte em um objeto e parte em outro. Assim os objetos são inconciliáveis, havendo indivisibilidade quanto à escolha.

Mas a quem caberá a escolha do objeto alternativo?

Segundo o artigo 252 do CC, **a escolha caberá ao devedor, se outra coisa não for estipulado no ajuste.** Logo, malgrado a regra ser a escolha do devedor, nada impede que as partes elejam a escolha como do credor ou, até mesmo, de um terceiro..

E se houver uma pluralidade de optantes para realização da escolha, como uma pluralidade de devedores? Como proceder?

Caso haja pluralidade de optantes, a escolha haverá de ser unânime. Em não havendo unanimidade, a escolha caberá ao juiz.

E como proceder na hipótese de **perda** ou **deterioração** do objeto da obrigação alternativa?

Iniciaremos tratando do perecimento, compreendido como a perda total dos objetos.

Se a perda total de ambos os objetos se der sem culpa do devedor, a obrigação restará resolvida, sem perdas e danos, retornando as partes ao *status quo ante.*

Se a escolha compete ao devedor e por culpa deste não se puder cumprir nenhuma das prestações, ficará o devedor obrigado a pagar o valor da que por último se impossibilitou, mais perdas e danos.

Se a escolha couber ao credor e, por culpa do devedor, não for possível cumprir nenhuma das prestações, poderá o credor cobrar o valor de qualquer das duas prestações perdidas, mais as perdas e danos.

Em síntese:

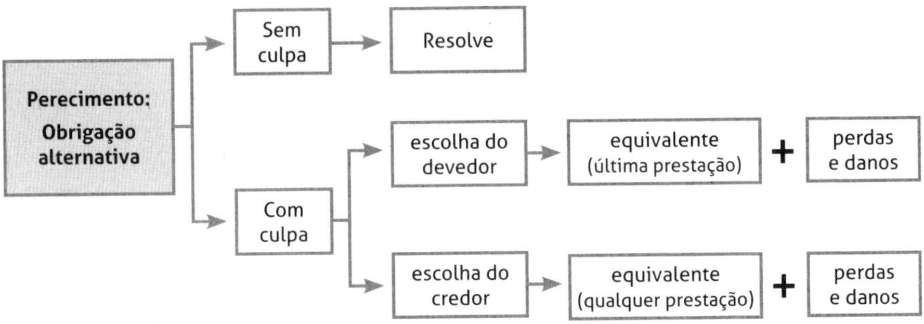

E o que fazer na deterioração – leia-se: perda parcial de um dos objetos?

Se for **sem culpa do devedor**, remanescerá a obrigação no objeto remanescente.

Se **for com culpa do devedor, mas a escolha couber a e**ste, remanescerá a obrigação no objeto remanescente.

Se for **com culpa do devedor e o direito de escolha for do credor**, este poderá escolher a prestação remanescente, mais as perdas e danos, ou o equivalente da prestação perdida, mais as perdas e danos.

Em síntese:

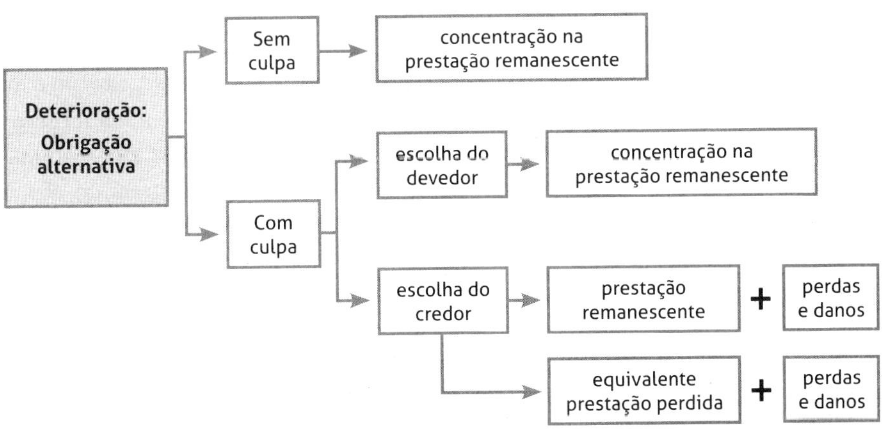

Por fim, não se deve confundir a analisada obrigação alternativa com as chamadas **obrigações facultativas.** A obrigação facultativa não está prevista na legislação, merecendo tratamento doutrinário. Caracteriza-se por objetos **sucessivos e subsidiários**, devendo o credor cumprir a obrigação no objeto "a" e, em comprovada a impossibilidade, adimplir em um objeto "b". Ex.: Hugo obriga-se a pagar em prestação de serviço e, caso não seja possível, terá a faculdade de pagar em dinheiro.

4.2.2. Obrigações compostas pela multiplicidade de sujeitos – solidárias (ativa, passiva ou mistas)

As obrigações também podem ser configuradas como compostas em decorrência da **multiplicidade dos sujeitos** que a integram, seja no polo ativo, seja no polo passivo, seja em ambos os polos. O Código Civil denomina as obrigações compostas pela multiplicidade de sujeitos de obrigações solidárias.

Nas obrigações solidárias ter-se-á uma pluralidade de credores, ou de devedores, cada um com direito ou obrigado à toda prestação (CC, art. 264). Tal **solidariedade não se presume**, decorrendo da lei - **solidariedade legal** - ou da vontade - **solidariedade convencional** (CC, art. 265).

Nada impede que no vínculo da solidariedade ela seja **diferenciada** entre os seus integrantes, sendo pura ou simples para uns; condicional, a termo ou com encargo para outro (CC, art. 266). De fato, a solidariedade admite disposições de conteúdo particular (Enunciado 347, CJF).

Em sendo a solidariedade uma classificação atinente aos sujeitos da obrigação, a **eventual conversão do objeto em perdas e danos não desnaturará a solidariedade** (CC, art. 271).

Iniciaremos com o estudo da **solidariedade ativa.**

Na solidariedade ativa ter-se-á uma pluralidade de credores, cada um com direito à toda prestação. Imagine que Caio, Hugo e João são credores solidários de Maria de R$ 30.000,00 (trinta mil reais). Nessa ótica, cada um dos credores solidários poderá cobrar de Maria a totalidade do valor: R$ 30.000,00. Entretanto, se um dos credores solidários demandar o devedor comum, tal pagamento haverá de ser feito em juízo (CC, art. 268).

Em sendo o pagamento feito na **integralidade** a um dos credores solidários, o devedor estará liberado da prestação, cabendo ao credor solidário, que recebeu o pagamento por inteiro, realizar o **repasse** das cotas-partes dos demais credores. No exemplo conferido a pouco, se João receber o pagamento integral, Maria está liberada, cabendo a João repassar R$ 10.000,00 (dez mil reais) para Hugo e R$ 10.000,00 (dez mil reais) para Caio.

O artigo 270 do CC traz relevante preceito alusivo a eventual morte de um dos credores solidários. Aqui haverá a **refração do crédito**, sendo viável, a cada um dos herdeiros do credor falecido, exigir valores, nos limites de sua quota hereditária. Ex.: credor solidário da cota de 10 (dez) mil reais falece e deixa 2 (dois) filhos herdeiros. Cada um destes herdeiros somente poderá exigir uma quota de 5 (cinco) mil reais. A regra só não incide acaso a **obrigação seja indivisível**, quando, por razões óbvias, será viável o pedido, por cada herdeiro do falecido, do pagamento integral.

O artigo 273 do CC veda ao devedor opor **exceções pessoais (subjetivas)** indistintamente aos credores solidários, tendo em vista a natureza personalíssima e intransmissível de tais exceções. Assim, a um dos credores solidários não poderá o devedor opor as exceções pessoais oponíveis os outros. Grande exemplo de exceções pessoais são os vícios de consentimento, como a coação. Nessa senda, se um dos credores solidários coagiu o devedor comum, apenas contra o coator que poderá ser oposta a exceção em tela, a qual é subjetiva.

O julgamento contrário a um dos credores solidários não atinge os demais, mas o julgamento favorável aproveita-lhes, sem prejuízo de exceção pessoal que o devedor tenha direito de invocar em relação a qualquer deles (CC, art. 274).

Dois **aspectos alusivos à prescrição** também são aqui relevantes:

(i) O artigo 201 do CC prevê que uma vez suspensa a prescrição em favor de um dos credores solidários, este efeito **só aproveitará aos outros se a obrigação for indivisível**.

(ii) O artigo 204 prescreve que a interrupção efetivada por um credor, não aproveita aos outros, **salvo se a obrigação for solidária ativa**. Ex. Se um credor protesta título em cartório a interrupção da prescrição aproveitará aos demais credores solidários.

Além de ativa, a **solidariedade** poderá ser **passiva**. Aqui ter-se-á uma pluralidade de devedores, cada um obrigado à toda prestação, seja por força da lei ou da vontade. Nessa linha cada um dos devedores poderá ser demandando pelo pagamento integral da dívida, tendo, após o pagamento, ações em regresso contra os demais devedores, para cobranças das respectivas cotas-partes. Assim, se Mariana, Joana e Luciana são devedoras solidárias de Hugo de R$ 30.000,00 (trinta mil reais), e Mariana faz o pagamento integral, Mariana poderá, posteriormente, demandar Joana em regresso por R$ 10.000,00 (dez mil reais) e Luciana em regresso por R$ 10.000,00 (dez mil reais) (CC, art. 283).

Na hipótese de **pagamento parcial** por um dos devedores solidários, todos os demais devedores subsistem solidariamente responsáveis pelo resto. Outrossim, a demanda ajuizada em face de um ou alguns dos devedores solidários não implicará renúncia da solidariedade em relação aos demais (CC, art. 275).

Na casuística de falecimento de um dos devedores solidários, os seus herdeiros responderão, cada um, por sua respectiva cota-parte, **nas forças da herança**. Assim, se no exemplo dado acima Luciana vier a morrer e deixar dois herdeiros, cada um responderá na fração de R$ 5.000,00 (cinco mil reais) e nas forças da herança. Obviamente que se ressalva a situação de obrigação indivisível, quando, por conta da indivisibilidade, cada um dos devedores responderá por toda a dívida (CC, art. 276).

Se houver remissão (perdão) de um dos devedores solidários, persistirão os demais solidariamente obrigados pelo resto (CC, art. 277). Quanto ao perdoado, estará liberado da obrigação. No exemplo trabalhando acima, se houver remissão de Joana, esta nada mais deverá, persistindo Luciana e Mariana solidariamente obrigadas por R$ 20.000,00 (vinte mil reais).

Importante frisar que **a renúncia à solidariedade se diferencia da remissão**, pois, na renúncia, o devedor segue devendo, mas é retirado do vínculo solidário (CC, art. 282). Ex. ***A*** é credor de ***B, C*** e ***D*** em R$ 30.000,00 (trinta mil reais). ***A*** renúncia à solidariedade em relação a ***B***. Neste caso, ***B*** será exonerado da solidariedade, mas continua obrigado por R$ 10.000,00 (dez mil reais). Os demais devedores (C e D) seguem respondendo solidariamente pelo restante do valor: R$ 20.000,00 (vinte mil reais). Seguindo o dito é que se coloca o Enunciado 349 do CJF.

De mais a mais, na **renúncia** à solidariedade, em havendo insolvência de um dos devedores solidários, o exonerado persistirá responsável pelo rateio da cota do insolvente. Assim, no exemplo visto a pouco, se *C* for insolvente, *B* haverá de contribuir, ao lado de *D* com os valores de rateio da respectiva insolvência (CC, art. 284).

Na hipótese de perda do objeto por culpa de um dos devedores solidários, **subsistirá para todos** o encargo de pagar o equivalente do objeto e juros da mora. Todavia, pelas perdas e danos responderá **apenas** o culpado (CC, art. 279 e 280). Logo, se apenas um dos devedores solidários é o responsável pela perda do objeto, todos os devedores subsistem responsáveis pela indenização do equivalente do objeto, mas, pelas perdas e danos responderá apenas o culpado.

O devedor solidário demandado pelo cumprimento da obrigação poderá arguir em defesa as suas **exceções pessoais – subjetivas** – e as demais **exceções em comum – objetivas**. Como já dito, exceções pessoais são personalíssimas, como os vícios de consentimento. Já as exceções em comum são aproveitadas por todos, a exemplo do pagamento parcial. O que se proíbe, por conseguinte, é que um devedor venha a arguir a exceção pessoal sofrida por outro, sendo vedado ao devedor *A* arguir a coação sofrida pelo devedor *C* (CC, art. 281).

Se houver um devedor principal e a dívida apenas lhe interessar, este responderá por sua integralidade (CC, art. 285). Ademais, qualquer cláusula, condição ou obrigação adicional apenas poderá agravar a posição do devedor solidário que consentir, segundo sua autonomia (CC, art. 278).

4.3. Quanto ao tempo de adimplemento – instantânea ou de duração

Obrigações **instantâneas** são aquelas cuja prestação é imediatamente executada, razão pela qual o direito imagina a extinção natural do vínculo, de logo. Exemplifica-se com uma compra e venda à vista e com entrega imediata do objeto.

Já nas obrigações de duração, o vinculo perdurará no tempo. Tais obrigações de duração podem ser:

i. **Diferidas**, quando a obrigação é cumprida em uma só vez, mas diferida no tempo. Exemplifica-se com o pagamento em parcela única, mas trinta dias após a assinatura do contrato; e

ii. **De trato sucessivo**, quando a obrigação se renova no tempo, como uma locação. Veja que no trato sucessivo é possível que haja um período determinado ou indeterminado.

4.4. Quanto aos elementos acidentais – pura, condicional, modal ou a termo

As obrigações podem contemplar **elementos acidentais,** na medida em que constituem *negócios jurídicos.* Dessa forma, os institutos já estudados alusivos à condição, ao termo e ao modo ou encargo aplicam-se, integralmente, ao direito obrigacional.

Como os elementos acidentais do negócio jurídico já foram analisados neste livro, quando do estudo da teoria geral do fato, ato e negócio, remetemos o leitor ao tópico da parte geral dedicado ao tema.

4.5. Quanto à divisibilidade

Trata-se de uma classificação alusiva ao **objeto** da prestação.

Assim, caso o objeto possa ser fracionado, ter-se-ão tantas obrigações, iguais e distintas, quanto aos credores e devedores (CC, art. 257). Logo, se *A*, *B* e *C* são credores de *D* de R$ 30.000,00 (trinta mil reais), presume-se a divisão, de forma que *A* será credor de *D* de R$ 10.000,00 (dez mil reais); *B* será credor de *D* de R$ 10.000,00 (dez mil reais) e *C* será credor de *D* de R$ 10.000,00 (dez mil reais).

Entretanto, por vezes, o **objeto não é suscetível de divisão**, seja por sua natureza, por motivo de ordem econômica ou, até mesmo, dada a razão determinante do negócio jurídico. Exemplifica-se com a obrigação de entrega de um cavalo de corrida, a qual não tem como ser fracionada, afinal, não é viável se entregar o cavalo em partes.

Em sendo o objeto indivisível, cada um dos devedores será obrigado por todo ele, pois não é possível fracionar. Se um dos devedores realizar o pagamento integral, se substituirá (sub-rogará) no direito do credor em relação aos demais devedores (CC, art. 259).

Caso a pluralidade seja de credores, diante da indivisibilidade, o devedor deverá pagar a todos os credores conjuntamente, ou a um, conferindo este credor a caução de ratificação dos outros credores (CC, art. 260). Se um dos credores receber a prestação por inteiro, sem a caução de ratificação dos demais, cada um dos outros credores terá direito de exigir, do credor que recebeu sozinho, o pagamento do equivalente de sua respectiva fração em dinheiro (CC, art. 261).

Seguindo na problemática da existência de **pluralidade de credores**, na casuística de remissão da dívida por um dos credores, a obrigação não restará extinta para os demais, podendo estes exigir o cumprimento da obrigação, abatida a quota do credor remitente. Este mesmo critério se aplicará na novação, compensação ou confusão (CC, art. 262).

Uma vez **convertida** em perdas e danos a obrigação indivisível perderá a sua qualidade, ao passo que o objeto – perdas e danos – se tornará divisível. Neste caso, pelas perdas e danos responderão apenas o(s) devedor(es) culpados (CC, art. 263).

4.6. Quanto ao fim – obrigações de meio, de resultado e de garantia

Existem obrigações que são **de resultado.** Nestas, o devedor se compromete com a ocorrência do resultado ajustado, sob pena de inadimplemento e responsabilidade civil. Exemplificam-se as obrigações de resultado com o contrato de transporte, a cirurgia plástica estética (cosmetológica), a ortodontia, o cálculo estrutural, a promessa de fato de terceiro...

Outras obrigações, contudo, são **de meio.** Aqui o devedor não se compromete em gerar um determinado resultado. Exemplifica-se com a obrigação do médico, a qual, em regra, não se compromete com a cura do paciente, bem como do advogado, que não se compromete com o ganho da demanda. Em sendo de meio, o não atingimento de eventual resultado não ocasionará o inadimplemento.

Digno de nota que a cirurgia plástica reparadora, que visa, por exemplo, reduzir o dano estético de uma queimadura, traduz obrigação de meio, e não de resultado. Difere-se, portanto, dá já noticiada cirurgia plástica estética.

Outrossim, o fato da obrigação ser de resultado e a responsabilidade civil objetiva não retirará a possibilidade de arguição de eventuais excludentes de responsabilidade civil, a exemplo do fato exclusivo da vítima e do fortuito externo. Exemplifica-se o fato exclusivo da vítima com o paciente que não realiza a revisão periódica do aparelho ortodôntico, frustrando, por conduta exclusiva sua, o resultado. Já o fortuito tem como exemplo a cicatriz hipertrófica, vulgarmente chamada de queloide, vez por outra presente no pós-operatório de cirurgias plásticas.

Quanto à **obrigação de garantia**, esta se refere a contratos no quais há contraprestação pela garantia de um risco, como o seguro. Aqui o segurado faz o pagamento de valores e a seguradora se compromete a garantir (indenizar) a ocorrência de um risco (sinistro), como o roubo do carro no seguro de veículos.

4.7. Quando reciprocamente consideradas – principal ou acessória

As obrigações principais são as que existem independentemente de qualquer outra. **As acessórias *seguem a sorte do principal*,** de modo que, inexistindo esta,, quedam-se aquelas. Exemplo ilustrativo é a obrigação do fiador no contrato de locação. Enquanto a obrigação do locador é principal - existe independentemente da sorte do contrato de fiança –, a obrigação do fiador está condicionada a do contrato principal.

5. DO PAGAMENTO. TEORIA GERAL

A melhor compreensão do direito obrigacional demanda saber *quem* deve pagar, *a quem* pagar, *quando* pagar, *como* pagar, *onde* pagar... A teoria geral do pagamento é a parte do Código Civil que aborda tais situações. Para aprofunda-la, vamos verificar os requisitos subjetivos e objetivos do pagamento, bem como a prova e o local do pagamento.

5.1. Requisitos Subjetivos

O estudo dos requisitos subjetivos do pagamento remete à verificação dos sujeitos do pagamento, tanto em sua faceta ativa quanto passiva.

5.1.1 Quem deve pagar (solvens)

O *solvens* é justamente o termo jurídico utilizado para todo aquele que deve, ou pode, pagar. Fala-se no **sujeito ativo do pagamento**, pois é aquele que pagará, englobando o devedor, o seu representante e, eventualmente, um terceiro.

Nas pegadas do artigo 304 do Código Civil, qualquer interessado na extinção da dívida pode pagá-la, usando, se o credor se opuser, dos meios conducentes para tanto. Este meio conducente à exoneração é tecnicamente denominado de **consignação em pagamento** e encontra disciplina tanto no Código Civil, quanto no Código de Processo Civil.

No que tange ao pagamento realizado pelo devedor e pelo seu representante, de fato não atrai grandes dúvidas para o direito. Dessa forma, as questões de prova costumam enfocar o **pagamento realizado por terceiro**; afinal, soa até estranho um terceiro pagar dívida alheia (CC, art. 305).

Em sendo o pagador um **terceiro**, mister inferir se este **terceiro é interessado ou desinteressado**. O interesse em questão é jurídico; não moral. Nessa ótica, por terceiro interessado tem-se o fiador, o avalista, pessoas que possuem interesse jurídico no pagamento, sob pena de atingimento patrimonial. Desinteressado será, por conseguinte, o parente de um devedor, que não é garantidor, mas deseja pagar, por questões de ordem moral.

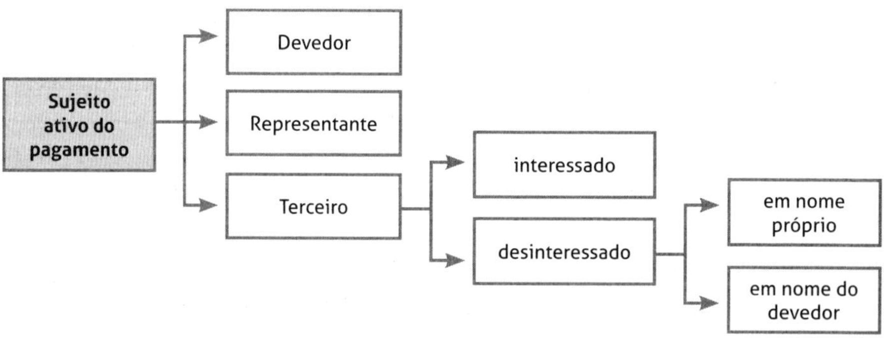

Em sendo o pagamento realizado por um **terceiro interessado**, a exemplo do fiador, este se sub-rogará (substituirá) na posição do credor originário e nos limites do pagamento, tendo em face do devedor todas as garantias que eram do credor originário. Assim, se João (Devedor) tem uma dívida de R$ 20.000,00 (vinte mil reais) com Pablo (Credor), e Maria é sua fiadora, realizando um acordo com Pablo e pagando R$ 15.000,00 (quinze mil reais), Maria substituirá a posição de Pablo, em face de João, nos limites de R$ 15.000,00 (quinze mil reais), tendo todas as eventuais garantias do credor originário, como prazo, cláusula penal...

Agora caso estejamos diante do pagamento realizado por um **terceiro não interessado**, mister perquirir se pagou em nome próprio ou em nome do devedor. Para tanto, bastará se verificar o recibo de quitação. Assim:

i. **Pagando o terceiro não interessado em nome próprio**, - leia-se: o recibo de quitação indica que o pagamento é feito pelo terceiro, mas em virtude de dívida do devedor –, terá o terceiro, em face do devedor, **ação em regresso** de cobrança de valores. Registra-se que ação em regresso não é sub-rogar, posto que há mera cobrança, e não substituição na posição do credor originário;

ii. **Pagando o terceiro não interessado em nome do dev**edor - leia-se: o recibo de quitação indica apenas que a dívida do devedor foi paga, não sinalizando que o pagamento foi feito pelo terceiro –, estar-se-á diante de uma **obrigação natural**, a qual, como já estudada, tem débito, mas não tem obrigação, sendo irrepetível e inexigível.

E o devedor seria obrigado a deixar que o terceiro pague a sua dívida vencida?

Percebe-se que o devedor há de ser noticiado do pagamento pelo terceiro, podendo oferecer sua oposição, desde que tenha meios para ilidir com o pagamento. Caso tais requisitos não sejam observados, não terá o devedor originário obrigação de reembolso (CC, art. 306)

5.1.2 A quem se deve pagar (accipens)

***Accipiens* é toda a pessoa em face de quem se pode** e se deve **pagar**. Trata-se do **sujeito passivo do pagamento**, pois é aquele que receberá a prestação, podendo ser o credor, o seu representante e, eventualmente, um terceiro (CC, art. 308 e 309).

Acerca do pagamento feito ao credor ou ao seu representante, não há grandes debates jurídicos. Dúvidas, porém, surgem no que diz respeito ao **pagamento realizado a um terceiro**, principalmente diante da máxima obrigacional, segundo a qual, *quem paga mal, paga duas vezes*.

Nessa toada, o pagamento feito a terceiro, em regra, não é admitido pelo direito. Todavia, **há três situaçõe**s nas quais este pagamento feito a terceiro terá validade para o direito. São elas:

i. Se o credor originário ratificar o pagamento;

ii. Se o devedor comprovar que o pagamento reverteu em prol do credor originário e

iii. Na casuística do chamado **credor putativo, aparente ou imaginário**. Trata-se de alguém que aparenta ser o credor, mas não o é, e o devedor, de boa-fé, realiza o pagamento. Exemplifica-se com o desligamento do representante de uma empresa, que não foi noticiado ao devedor, e este, de boa-fé, realiza o pagamento. Tal pagamento é tido como válido.

No mesmo sentido, o artigo 311 que considera autorizado a receber o pagamento o portador da quitação, salvo se as circunstâncias contrariarem a presunção daí resultante.

Em relação ao credor incapaz, o pagamento há de ser feito ao seu representante ou assistente. Caso, conscientemente, o devedor tenha pago ao credor incapaz, tal pagamento apenas será validado se comprovado que, efetivamente, reverteu em favor do incapaz (CC, art. 310).

▸ Atenção!

De acordo com a teoria geral do pagamento, em havendo penhora decorrente de decisão judicial, não pode o devedor ignorar esta situação jurídica, de modo a realizar eventual pagamento de maneira extrajudicial.

Neste caso, se o devedor pagar ao credor, apesar de intimado da penhora feita sobre o crédito, ou da impugnação a ele oposta por terceiros, o pagamento não valerá contra estes, que poderão constranger o devedor a pagar de novo, ficando-lhe ressalvado o regresso contra o credor (art. 312, CC).

Infere-se, portanto, que a penhora retira o crédito do plano da disponibilidade, ante a judicialização da situação jurídica.

5.2. Requisitos Objetivos do Pagamento

O Código Civil possui diretrizes objetivas do pagamento, as quais são denominadas de princípios do pagamento. São eles:

- Princípio da Identidade ou Exatidão;
- Princípio do Pagamento à Vista;
- Princípio do Nominalismo;
- Princípio da Escala Móvel;
- Princípio da Onerosidade Excessiva.

Interessa, neste momento, apresentar breves notas a respeito desta principiologia.

▸ a) Princípio da identidade ou exatidão.

O objeto do pagamento envolve uma prestação exata que, justamente por isto, limita os direitos e deveres dos sujeitos da relação obrigacional. Logo, o credor não é obrigado a receber prestação diversa da que lhe é devida, ainda que mais valiosa (art. 313, CC).

Perceba que o credor *"não é obrigado"*. **Isto não significa dizer que o credor seria proibido de assim agir.** Portanto, nada impede que credor e devedor ajustem, posteriormente, a realização do pagamento de outra maneira. Fala-se aqui em aquiescência do credor em receber prestação diversa da pactuada, através do instituto da dação em pagamento. Logo, se a obrigação for o pagamento de R$ 50.000,00 (cinquenta mil reais), mas o devedor oferecer, e o credor aceitar, como pagamento um veículo, ter-se-á a dação em pagamento.

b) Princípio do pagamento à vista.

Em decorrência da noção acima apresentada, construída sob a égide do princípio da exatidão, é que o artigo 314 do Código afirma que: ainda que a obrigação tenha por objeto prestação divisível, não pode o credor ser obrigado a receber, nem o devedor a pagar, por partes, se assim não se ajustou.

Trata-se de princípio limitador da forma do pagamento para as prestações divisíveis. Pode-se afirmar que se trata de um desdobramento da exatidão para fim de prestações divisíveis.

Assim, o pagamento presume-se à vista, salvo ajuste em sentido contrário.

c) Princípio do nominalismo.

A obrigação é definida por sua expressão nominal, em dinheiro. As dívidas, portanto, devem ser em dinheiro e em moeda nacional.

Apenas extraordinariamente é que se admitem dívidas em ouro ou em moedas estrangeiras, a exemplo dos contratos internacionais (CC, art. 315).

Registra-se que desde o final de dezembro de 2016, por força da Medida Provisória 764, convertida em Lei (Lei 13.455/2017), possibilita-se, no Brasil, a **cobrança de preço diferenciado a depender da forma de pagamento**. Assim, plenamente lícita a prática de preços diferenciados para pagamento à vista, em cheque, cartão...

d) Princípio da Escala Móvel ou Aumento Progressivo.

Nas obrigações de duração, tem-se como lícita a inclusão de um índice de reajuste, visionando um escalonamento. Assim, ter-se-á o aumento progressivo das prestações, conforme a incidência do aludido índice. Exemplifica-se com o IGP-M nos contratos de locações, INCC nos de financiamento...

e) Princípio da Onerosidade Excessiva.

Prescreve o artigo 317 do Código Civil que quando, por motivos imprevisíveis, sobrevier desproporção manifesta entre o valor da prestação devida e o momento de sua execução, poderá o juiz corrigi-lo, a pedido da parte, de modo que assegure, quanto possível, o valor real da prestação.

5.3. Prova do pagamento

A **rainha das provas** no pagamento é o **recibo de quitação**. Tanto o é que o devedor tem direito a tal recibo, podendo **reter** o pagamento enquanto a quitação não lhe seja conferida (CC, art. 319). Além da retenção, aconselha-se ao devedor que, quando haja a negativa do recibo, consigne o pagamento, em seguida, para que dúvidas não pairem sobre eventuais debates derredor da mora.

O recibo de quitação, dessa forma, tem uma dupla face, sendo, ao mesmo tempo, **um direito subjetivo do devedor e um dever jurídico do credor.**

O recibo de quitação, **invariavelmente**, poderá ser conferido por **instrumento particular**, pouco importando a forma do ajuste da obrigação originária. O aludido recibo deverá conter o valor e a espécie da dívida quitada, o nome do devedor ou quem por este pagou, o tempo e o lugar do pagamento, com a assinatura do credor ou do seu representante (CC, art. 320).

E se o recibo de quitação não contiver os respectivos requisitos?

Neste caso, para que a quitação seja válida, mister que dos termos ou circunstâncias resulte haver sido paga a dívida. A questão, portanto, demandará maior dilação probatória.

Interessante notar, como já advertiu a doutrina mediante o *Enunciado 18* do CJF/STJ, que a expressão quitação regular engloba tanto a dada por meios eletrônicos, como por quaisquer formas de comunicação à distância.

Mas e se o devedor pagou, porém não pegou nenhum documento?

Acaso tenha realizado o pagamento e não haja nenhum documento comprobatório, poderá o devedor lançar mão das **presunções relativas** (*juris tantum*) de pagamento. São relativas por admitir prova em contrário. Seguem as presunções:

i. No pagamento de **quotas periódicas**, a quitação da última estabelece, até prova em contrário, a quitação das anteriores (CC, art. 322). Trata-se de regra de incidência rara, ao passo que toda prestação paga periodicamente costuma vir com a lícita ressalva de não haver quitação das anteriores;

ii. A quitação do **capital (principal)**, sem reserva dos juros (acessórios), gera presunção de quitação integral (CC, art. 323). Traduz regra de incidência mais corriqueira, pois, não raro, o credor aceita o pagamento fora do prazo, recebendo apenas o principal e conferindo quitação sem ressalvas.

iii. A entrega do **título** ao devedor firma a presunção do pagamento. Ficará sem efeito a quitação se o credor provar, no **prazo decadencial** de 60 (sessenta) dias, a falta do pagamento (CC, art. 324). O título referido na norma é de crédito, no qual a dívida está representada pela cartularidade. Nessa toada, se o devedor resgata o título, este presumir-se-á quitado.

No que tange às despesas da quitação, estas competem ao devedor, salvo disciplina negociada em sentido contrário. Se ocorrer aumento por fato do credor, suportará este a despesa acrescida (CC, art. 325). Dessa maneira, despesas com taxas bancárias, transporte do bem, entre outras, serão, de regra, suportadas pelo devedor. Se houver aumento por culpa do credor, este responderá.

5.4. Lugar do pagamento

A regra geral é que **o** pagamento deve ser efetuado no **domicílio do devedor.** Assim, no silêncio da obrigação estar-se-á diante do pagamento no domicílio do devedor, restando configurada uma dívida *quérable* ou *quesível.*

Todavia, plenamente possível que o pagamento se dê no **domicílio do credor**. Tal ocorrerá se as partes assim convencionarem,, se resultar da lei, da natureza da obrigação ou das circunstâncias do caso. Neste caso estar-se-á diante de uma obrigação *portable* ou *portavel* (art. 327, CC).

Importante a ressalva feita pelo artigo 328 CC, segundo o qual se o pagamento consistir na tradição de um **imóvel**, ou em prestações relativas ao imóvel, far-se-á no lugar onde situado o bem. Isto, porque, o imóvel é bem de raiz, atraindo para si o pagamento.

De mais a mais, havendo **motivo grave** poderá o devedor realizar o pagamento em outro local, sem prejuízo ao credor (CC, art. 329). Exemplifica-se com guerra no local de pagamento, quando o devedor poderá pagar eletronicamente, ao revés de ir até lá.

Por fim, o pagamento **reiteradamente** feito em outro local faz presumir renúncia do credor relativamente ao previsto no contrato (CC, art. 330). Está este artigo relacionado com o instituto da ***supressio*** (verwirkung); ou seja: **supressão**, por **renúncia tácita**, de um direito ou de uma posição jurídica, **pelo seu não exercício**, reiterado, com o passar do tempo. Além da *supressio,* haverá a ***surrectio*** (erwirkung), ou seja: **surreição, surgimento do direito de pagamento no novo local**.

6. FORMAS ESPECIAIS OU INDIRETAS DE EXTINÇÃO DA OBRIGAÇÃO

Existem situações jurídicas nas quais a obrigação é extinta por uma maneira indireta, não usual, com ou sem pagamento. Fala-se, então, em um pagamento indireto ou especial, o qual poderá se dar através da:

- Consignação em pagamento;
- Pagamento com Sub-Rogação;
- Novação;
- Confusão;
- Compensação;
- Dação em Pagamento;
- Remissão;
- Imputação ao pagamento.

6.1. Consignação em pagamento

O vínculo jurídico que envolve o credor e o devedor, no liame obrigacional, confere a este o dever de adimplir a obrigação e, ao mesmo tempo, **o direito de pagar**. Afinal, é dado ao devedor o direito de adimplir as suas dívidas. Tal direito é instrumentalizado mediante a consignação em pagamento.

O tratamento do tema consignação é híbrido, sendo disciplinado tanto no Direito Material, como no Processual.

6.1.1. Hipóteses de cabimento

O artigo 335 do CC/02 apresenta **rol exemplificativo** das hipóteses de cabimento da consignação, a saber:

- Se o credor não puder, ou sem justa causa, recusar receber o pagamento, ou dar quitação na devida forma (inciso I).

Esta é a denominada hipótese de *mora do credor* que, **sem justo motivo**, obstrui o direito material do devedor de pagar e obter a devida quitação.

O inciso em referência disciplina situações de **dívidas *portables***, pois quitadas no domicílio do credor.

- Se o credor não for, nem mandar receber, a coisa no lugar, tempo, e condição devidos (inciso II).

Nesta hipótese estamos a falar a respeito das **dívidas quesíveis** ou ***querables***, pois devem ser adimplidas no domicílio do devedor (regra geral). Tem-se, na situação acima, nítida mora do credor, que não adota as providências cabíveis ao recebimento da coisa, nas condições ajustadas e, com isto, legitima a atuação do devedor visando à liberação da obrigação. A consignatória, aqui, será manejada para se obter o efeito liberatório obrigacional.

- Se o credor for incapaz de receber, for desconhecido, declarado ausente, ou residir em lugar incerto ou de acesso perigoso ou difícil (inciso III).

O preceito jurídico em tela apresenta várias circunstâncias nas quais é possível o manejo da consignação. São elas:

(i) ***Incapacidade do credor***. Sendo o credor incapaz, a legislação o proíbe de dar quitação. O desrespeito a esta situação acarretaria a invalidade do ato. Seria possível, contudo, o pagamento ao credor, acaso este fosse representado, ou assistido, por quem de direito. Não sendo isto possível, a consignação se justifica.

(ii) ***Credor desconhecido***. Imagine a situação na qual o credor falece sem deixar, ou sem se conhecer, efetivamente, os seus herdeiros. Como *quem paga mal paga duas vezes*, a prudência recomenda a consignação em pagamento, para obter o devedor o efeito liberatório obrigacional.

(iii) ***Credor ausente***. Os artigos 22/39 do CC/02 disciplinam o instituto jurídico da ausência, espécie de morte presumida. Portanto, sendo ausente o credor, a situação jurídica posta em muito se equivalerá à do credor desconhecido, legitimando a consignação.

(iv) ***Residência em local incerto, de acesso perigoso ou difícil***. A própria noção de proporcionalidade e razoabilidade dá conta que o devedor não deve arriscar a própria vida para quitar uma obrigação. Dessa maneira, se o local do pagamento é de acesso perigoso ou difícil, a consignação em pagamento se mostra adequada à solução do problema.

O mesmo se diga em face da **incerteza do lugar do pagamento**. Como já se viu acima, havendo sérias dúvidas quanto aos elementos do pagamento – forma, credor ou lugar –, recomenda-se a consignação em pagamento.

- Se ocorrer dúvida sobre quem deva legitimamente receber o objeto do pagamento (inciso IV).

Mantendo-se a ideia indicada no parágrafo anterior, quanto há fundadas dúvidas derredor dos elementos do pagamento, deve o devedor ser prudente e manejar a consignação. É o que ocorre também aqui, quando o devedor não tem certeza a respeito da pessoa legitimada ao recebimento da prestação.

- Se pender litígio sobre o objeto do pagamento (inciso V).

Estando a obrigação *sub judice,* convém ao devedor consignar. Com isto, ilide o devedor eventual mora e ainda obtém o efeito liberatório da obrigação, de modo que não necessitará aguardar o término da pendência judicial para sua liberação.

6.1.2. Condições de validade para o pagamento na consignatória

Para que a consignação tenha força de pagamento, será mister que concorram, em relação às pessoas, objeto, modo e tempo, todos os requisitos sem os quais não seria válido o pagamento (CC, art. 336).

A conclusão que se chega é muito singela: **o procedimento de consignação em pagamento deve observar os mesmos elementos (objetivos e subjetivos) sem os quais o pagamento não ocorreria.**

6.1.3. Obrigações de dar coisa certa e incerta: especificidades

As consignações são usualmente utilizadas para as obrigações de dar, seja uma coisa certa ou incerta.

Em sendo uma coisa certa, basta que seja consignado o respectivo objeto. Se for um corpo certo, ou um imóvel, há de ser consignado no local em que se encontrar, muitas vezes de forma ficta, a exemplo da consignação das chaves do imóvel (CC, art. 341)

Na hipótese da coisa ser indeterminada – leia-se: incerta, determinável –, há de ser a mesma individuada, mediante a operação de **concentração do débito ou da prestação**, para posterior consignação (art. 342, CC). Se a escolha couber ao devedor, não há problemas. Ele escolhe e consigna o escolhido. Se recair a escolha sobre o credor, este inicialmente há de ser intimado para que a faça, em 5 (cinco) dias, sob pena de recair o direito sobre o devedor, quem escolherá e consignará no procedimento usual.

Na hipótese de obrigações de trato sucessivo (alimentos, salários, aluguéis, etc.), **podem ser consignados os valores à medida que forem vencendo,** sem maiores formalidades e até o quinto dia útil subsequente ao vencimento (art. 541, CPC/15). O procedimento facilita a efetividade do processo e atende ao princípio da economia e celeridade, prestigiando, de igual sorte, a operabilidade do direito civil. Prestações periódicas são consideradas como pedidos implícitos e podem ser quitadas.

6.1.4. *Regras procedimentais da consignação em pagamento*

Consignações podem ser realizadas através de um **procedimento extrajudicial,** bem como mediante um **processo judicial.**

a) Consignação Extrajudicial

O § 1º do art. 530 do CPC/15 firma ser possível ao devedor, ou ao terceiro, requerer, com efeito de pagamento, a consignação da quantia ou da coisa devida. Nessa linha, *"Tratando-se de obrigação em dinheiro, poderá o valor ser depositado em estabelecimento bancário, oficial, onde houver, situado no lugar do pagamento, cientificando-se o credor por carta com aviso de recebimento, assinado o prazo de 10 (dez) dias para a manifestação de recusa".*

Nessa senda, o devedor irá consignar o valor em banco oficial – ou em outro, acaso não haja um oficial na localidade –, sendo cientificado o credor, com aviso de recebimento, conferindo-se o prazo de 10 (dez) dias para recusa.

Transcorrido o prazo, sem manifestação de recursa, considerar-se-á o devedor liberado da obrigação, ficando à disposição do credor a quantia depositada.

Por outro lado, ocorrendo recusa manifestada por escrito ao estabelecimento bancário, poderá ser proposta, dentro de 1 (hum) mês, a ação de consignação, instruindo-se a petição inicial com a prova do depósito e da recusa. Não proposta a ação no referido prazo, ficará sem efeito o depósito, podendo levantá-lo o depositante e respondendo pela mora acumulada desde o vencimento originário da obrigação.

O procedimento extrajudicial não é necessário e nem preparatório ao judicial, podendo o credor valer-se, ou não, desta faculdade.

b) Consignação Judicial

A consignação em pagamento será requerida no lugar do pagamento e, julgada procedente, ensejará como efeito jurídico a cessação dos juros e riscos retroativos à data do depósito (CPC, art. 540).

Nas consignatórias envolvendo aluguéis ou encargos, a competência será do foro de eleição. Na ausência deste, o processo será ajuizado no lugar da situação do imóvel (art. 58, II da Lei 8.245/91).

Na petição inicial o autor deverá requerer o depósito da quantia ou da coisa devida, a ser efetivado no prazo de 5 (cinco) dias, contados do deferimento, bem como a citação do réu para levantar o depósito ou oferecer contestação (CPC/15, art. 542, I e II). **A ausência de depósito acarretará a extinção do processo, sem resolução do mérito.**

Uma vez feito o depósito, enquanto o credor não declarar se o aceita ou não o impugnar, poderá o devedor requerer o levantamento, pagando as respectivas despesas e subsistindo a obrigação para todas as consequências de direito (CC, art. 338). Acaso julgado procedente o depósito, o devedor não poderá levantá-lo, nem com consentimento do credor, salvo se os outros devedores e fiadores consentirem (CC, art. 339). Ademais, o credor que, após contestada a lide ou aceitar o depósito, aquiescer no levantamento, perderá a preferência e a garantia, restando desobrigado os codevedores e fiadores que não tenham concordado com a liberação (CC, art. 340).

Se o objeto da prestação for coisa indeterminada e a escolha couber ao credor, será este citado para exercer o seu direito, dentro de 5 (cinco) dias, se outro prazo não constar de lei ou contrato. Caso o credor deixe transcorrer o prazo e não se manifeste, o devedor passará a ter a faculdade de escolha. Outrossim, deve o juiz, ao despachar a inicial, fixar lugar, dia e hora em que se fará a entrega, sob pena de depósito (CPC/15, art. 543).

Na contestação o réu poderá alegar que não houve recusa ou mora em receber a quantia ou a coisa devida. Poderá argumentar, também, que a recusa foi justa, que o depósito não se efetuou no prazo e lugar do pagamento, ou, ainda, que o depósito não foi integral. Neste último argumento – depósito não integral – deverá o réu indicar o montante que entende devido (CPC/15, art. 544).

Alegada a **insuficiência do depósito**, é lícito ao autor completá-lo em 10 (dez) dias, salvo se corresponder a prestação cujo inadimplemento acarrete rescisão do contrato. Dentro deste prazo, poderá o réu levantar a quantia ou a coisa depositada incontroversa, com a consequente liberação parcial do autor, prosseguindo o processo quanto à parcela controvertida.

A sentença que concluir pela insuficiência do depósito determinará, sempre que possível, o montante devido, valendo como título executivo, facultado ao credor promover-lhe o cumprimento nos mesmos autos, após a devida liquidação.

Julgado procedente o pedido, o juiz declarará extinta a obrigação e condenará o réu ao pagamento de custas e honorários (545, CPC/15). Proceder-se-á do mesmo modo se o credor receber e der quitação.

Havendo **dúvida** sobre quem deva **legitimamente** receber o pagamento, o autor requererá o depósito e a citação dos possíveis titulares do crédito, para que provem o seu direito. Não comparecendo pretendente algum, converter-se-á o depósito em arrecadação de coisas vagas. Comparecendo apenas um, o juiz da causa decidirá de plano. Comparecendo mais de um, o magistrado declarará efetuado o depósito e extinta a obrigação, continuando o processo a correr, unicamente, entre os presuntivos credores, observado o procedimento comum.

6.2. Pagamento com sub-rogação

Pagamento com sub-rogação traduz **modalidade de pagamento *não liberatório* em relação ao devedor.** Transfere àquele que paga todos os direitos, ações, privilégios e garantias do primitivo crédito.

O **pagamento com sub-rogação poder ser:**

i. *Legal*: imposto pela lei, operando-se de pleno direito, de forma automática.

Assim, fala-se em pagamento com sub-rogação automática (CC, art. 346): i - do credor que paga a dívida do devedor comum; ii - do adquirente do imóvel hipotecado, que paga a credor hipotecário, bem como do terceiro que efetiva pagamento para não ser privado de direito sobre imóvel e iii - do terceiro interessado, que paga a dívida pela qual era ou podia ser obrigado, no todo ou em parte.

A clássico exemplo utilizado em provas é o fiador que paga a dívida pela qual poderia ser obrigado, sub-rogando-se no lugar do credor originário.

ii. *Convencional*: decorrente da vontade das partes, como fruto da autonomia (CC, art. 347). Esta haverá quando: i - o credor recebe o pagamento de terceiro e expressamente lhe transfere todos os seus direitos e ii - quando terceira pessoa empresta ao devedor a quantia precisa para solver a dívida, sob a condição expressa de ficar o mutuante sub-rogado nos direitos do credor satisfeito.

O pagamento com sub-rogação tem efeito **extintivo** da obrigação para o credor. Este se retira da relação obrigacional, transferindo sua qualidade jurídica a quem paga (credor novo), que passa a integrar a relação obrigacional.

Na sub-rogação legal o sub-rogado apenas terá direito contra o credor em relação aos valores efetivamente pagos (CC, art. 350). Assim, se o débito do devedor principal era de R$ 20.000,00 (vinte mil reais) e o fiador que poderia ser efetivamente obrigado consegue fazer um acordo com o credor e paga apenas R$ 15.000,00 (quinze mil reais), com quitação total, a sub-rogação do fiador, no lugar do credor originário e em face do devedor, será no montante efetivamente pago - R$ 15.000,00 (quinze mil reais) - e não no originariamente devido - R$ 20.000,00 (vinte mil reais).

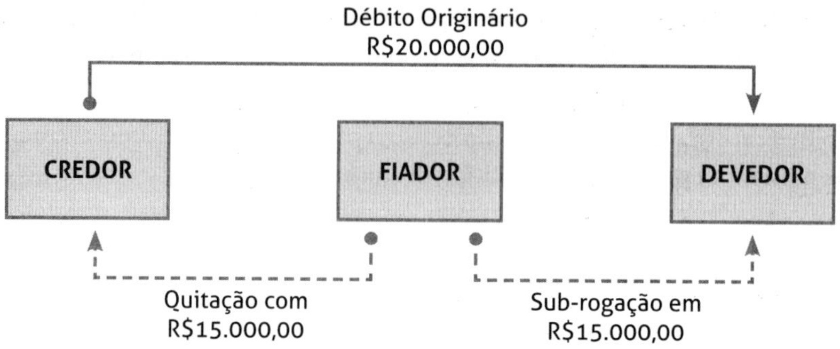

6.3. Dação em pagamento (*Datio in Soluntum*)

Trata-se de um meio efetivo de satisfação do credor, que *aceita* receber **prestação *diversa* da que lhe é devida** (art. 356, CC).

Recorda-se que o credor não é obrigado a receber prestação diversa da pactuada, ainda que mais valiosa (CC, art. 313). Justo por isto que a dação não pode ser imposta, mas sim aceita, caso deseje o credor.

Esclareça-se que o uso da dação em pagamento como forma de cumprimento da obrigação está condicionado a determinados **requisitos**, quais sejam:

I) Existência de uma dívida vencida;

II) Consentimento do Credor;

III) Entrega de uma prestação diversa da que era devida;

IV) *Animus Solvendi* (animus/intenção de pagar).

Adverte o artigo 359 do CC que a ocorrência da evicção na dação em pagamento restabelecerá a obrigação primitiva. Nessa senda, se João devia R$ 50.000,00 (cinquenta mil reais) a Caio e Caio aceita que João dê em pagamento um carro, haverá dação em pagamento. Todavia, se Caio sofre a evicção (perda) do veículo – por ser o mesmo, na verdade, de Hugo, e não de João –, a obrigação primitiva se reestabelecerá, voltando João a ser devedor de Caio no valor de R$ 50.000,00 (cinquenta mil reais), a ser devidamente atualizados.

6.4. Novação

É um meio especial de pagamento pelo qual as partes **extinguem a obrigação anterior e criam uma nova**. Justo por isto que a expressão **novação** significa **nova obrigação**. Ex.: Flávio é credor de Pablo, que está sem dinheiro para o cumprimento da obrigação. Ambos resolvem extinguir esta obrigação, constituindo uma obrigação nova, na qual Pablo segue devedor de Flávio, mas agora de uma prestação de serviço.

Cumpre esclarecer que **não existe novação legal** (por força de lei). Dessa maneira, sempre pressupõe acordo de vontades.

Outrossim, não se confunde novação com dação em pagamento, pois nesta não é criada uma nova obrigação. Na dação em pagamento, como visto, o vínculo obrigacional é o mesmo, apenas sendo alterada a prestação, ao passo que o credor aceita receber prestação diversa da pactuada.

6.4.1. Requisitos gerais da novação

I. Existência de uma obrigação anterior.

II. Intenção de novar (*animus novandi*). O propósito de criar obrigação nova, expresso ou tácito, desde que inequívoco (CC, art. 361).

III. Criação de uma obrigação nova, substancialmente diversa da primeira.

A **obrigação anulável poderá ser novada.** Trata-se de premissa lógica, afinal tem-se com plenamente viável a convalidação dos atos anuláveis. D'outra banda, as obrigações nulas ou extintas não podem ser novadas (CC, art. 367).

Curioso também é observar que a renegociação de uma dívida não implica necessariamente a existência da novação. Para que exista é preciso que as partes efetivamente constituam uma obrigação nova, liquidando a obrigação anterior. Assim, a simples diminuição de multa, ou até mesmo o seu perdão (remissão), não implica em novação.

Se há uma renegociação ou novação de um contrato, pode ser discutida eventual cláusula ilegal no bojo da mesma?

A jurisprudência predominante, inclusive sumulada (Súmula 286, STJ), é no sentido de admitir a discussão da validade das cláusulas do contrato novado ou renegociado. Assim, **a novação não convalida cláusulas invalidas anteriores.**

A novação, nos termos do artigo 364 do CC, tem efeito extintivo e liberatório, prejudicando também, em regra geral, eventuais garantias da obrigação primitiva. Observa-se que em relação **à fiança,** por exemplo, **cairá com a novação** (CC, art. 819 e S. 214, STJ).

6.4.2. Espécies de novação

A novação admite classificações (CC, art. 360).

I. **OBJETIVA** (art. 360, I, CC): é aquela em que as mesmas partes constituem a obrigação nova, extinguindo-se a obrigação anterior, criando uma nova e alterando apenas o seu objeto (prestação). Ex.: Hugo é credor de Caio de R$ 5.000,00 (cinco mil reais). Hugo e Caio realizam uma novação objetiva

– extinguem a obrigação primitiva, criam uma nova e alteram, apenas, a prestação, passando Caio a dever uma prestação de serviço à Hugo.

II. **SUBJETIVA** (art. 360, II e III, CC): é aquela em que as mesmas partes constituem a obrigação nova, extinguindo-se a obrigação anterior, criando uma nova e alterando o sujeito. Assim, divide-se em:

- **Ativa** (inc. III): mudança do credor.

  Ex.: Pablo deve R$ 1.000,00 à Liana e esta, por sua vez, deve R$ 1.000,00 a Roberto. Em lugar de pagar a Liana, fica acordado que Pablo vai pagar a Roberto, só que deve ainda ter a característica de obrigação nova e, por isto, devem ser estabelecidos novos prazos.

- **Passiva** (inc. II): mudança do devedor.

  Nesta, opera-se mudança de devedores: sai o devedor velho e entra o novo, considerando-se criada, a partir dali, uma obrigação nova. Existem dois instrumentos jurídicos que realizam a novação subjetiva passiva, a saber:

a) **Delegação:** Todos os envolvidos participam do ato novatório, delegando o devedor primitivo, ao novo, a obrigação a ser assumida na novação. Neste caso, como na novação a obrigação primitiva restaria extinta, o primitivo devedor apenas responderá acaso tenha precedido de má-fé na delegação (CC, art. 363).

b) **Expromissão:** é um ato de força do credor. Nessa hipótese, o devedor novo ingressa na relação obrigacional sem anuência do devedor primitivo. Exemplifica-se com um pai que não admite que ninguém pague suas dívidas e está passando privações econômicas. Seu filho, sabendo que o pai não vai admitir que este venha a assumir a dívida em destaque, postula, em face do credor, que autoriza a este que efetue o pagamento, extinguindo a obrigação primitiva e criando uma nova com o filho (CC, art. 362)

Em síntese:

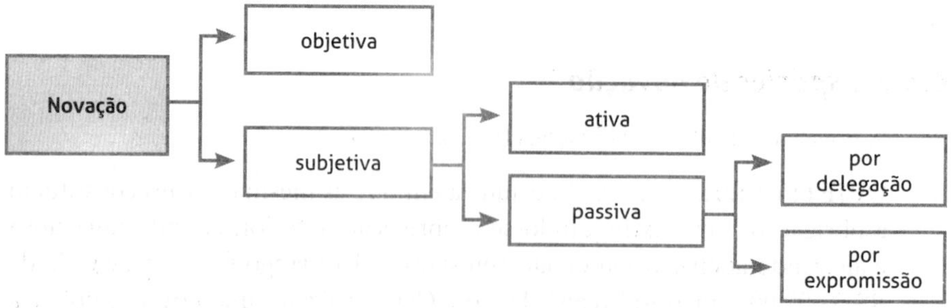

6.5. Compensação

Afirma o artigo 368 do Código Civil que se duas pessoas forem, ao mesmo tempo, credor e devedor recíprocos, as duas obrigações extinguem-se, até onde se compensarem.

Assim, ocorre a compensação **quando os sujeitos da relação jurídica são, ao mesmo tempo, credores e devedores recíprocos, utilizando-se deste mecanismo jurídico para extinguir a obrigação *sem pagamento*,** como diz a norma, *"até onde se compensarem"*.

A **compensação** disciplinada na legislação cível, contudo, sofre **limitações**. A Medida Provisória 104/2003 convertida na lei 10.677/03, por exemplo, revogou o artigo 374 do Diploma Cível, que admitia compensação das dívidas fiscais e parafiscais. Portanto, não é possível a compensação de dívida fiscal, diante da supremacia do interesse público sobre o privado e da norma específica revogadora do originário dispositivo cível.

Também é importante frisar, nestas primeiras linhas sobre o instituto da compensação, que o artigo 375 do Código Civil admite a elaboração, entre as partes, de uma **cláusula de exclusão da compensação**, afastando a incidência do instituto.

6.5.1. Espécies de compensação

A compensação pode ser **legal, convencional** ou, finalmente, **judicial**. Veja-se:

a) **Legal.** A compensação legal é aquela que está explicitamente prevista na legislação e costuma ser suscitada mediante defesa indireta de mérito (exceção substancial), através de preliminar (de mérito). Submete-se a certos requisitos. Ex.: Tício ajuíza ação de cobrança contra Mévio. Este, em preliminar de defesa, alega ser titular de um crédito no valor de R$ 10.000,00 (dez mil reais) em face de Tício. O magistrado, nesta situação, haverá de verificar se os requisitos da compensação estão presentes, oportunidade em que determinará a observância da mesma.

   Mas quais seriam os requisitos da compensação legal (CC, arts. 369 e 370)?

   São eles:

   I. **Reciprocidade das Dívidas entre as Partes.** Obviamente que para haver a compensação, em regra, impõe-se a reciprocidade de dívidas entre o mesmo credor e devedor. A compensação, a priori, é um instituto de **caráter personalíssimo**. Tal regra, porém, tem uma exceção: na hipótese da **fiança** (art. 371, CC). O fiador que garante a dívida de outrem tem direito subjetivo de opor a compensação em face do credor afiançado.

II. **Liquidez das Dívidas.** As dívidas precisam ser líquidas, certas, delimitadas, pois somente assim as partes saberão os limites até onde será possível compensar...

III. **Vencimento (exigibilidade) da Dívida.** A dívida há de ser exigível. A exigibilidade da dívida significa dizer que a mesma já se encontra vencida. Sem o vencimento da dívida não há direito subjetivo de pretender o recebimento do crédito. Sem existir este direito subjetivo, não há o que compensar.

IV. **Homogeneidade das Dívidas.** As dívidas devem possuir a mesma natureza jurídica, ou melhor, **devem ser homogêneas em gênero, quantidade e qualidade.** Ex.: compensa-se dinheiro com dinheiro; café do tipo A com café do tipo A...

O artigo 369 do CC é específico ao prescrever que a compensação legal se efetua entre dívidas líquidas, vencidas e de coisas fungíveis. Arremata o preceito insculpido no artigo 370 que, embora sejam do mesmo gênero, as coisas fungíveis, objeto das duas prestações, não se compensarão, verificando-se que diferem na qualidade, quando especificada no contrato.

b) **Convencional.** Brota da autonomia privada, de um contrato ou outro negócio jurídico qualquer. Não está prevista em lei, dispensando os requisitos da compensação legal e moldando-se pela autonomia. Por isso, admite-se a incidência da compensação convencional até mesmo para objetos diversos, de naturezas jurídicas distintas ou inexigíveis, eis que envolve direitos patrimoniais disponíveis.

c) **Judicial.** Trata-se de hipótese oriunda de decisão judicial transitada em julgado nos autos de um dado processo.

Em síntese:

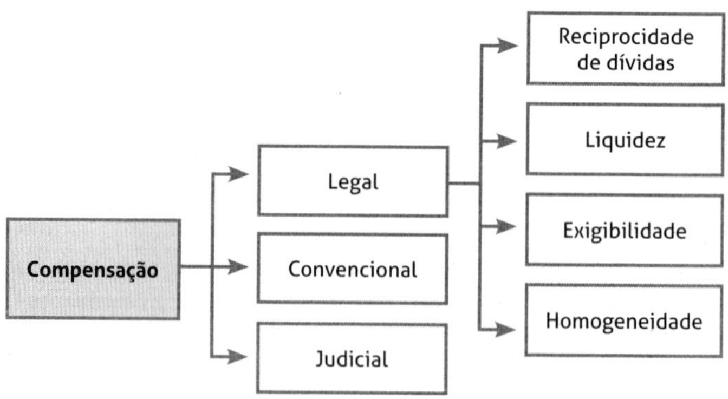

6.6. Imputação ao pagamento

Imputação ao pagamento significa especificar qual entre dois ou mais débitos da mesma natureza, positivos e vencidos, devidos a um só credor, está sendo quitado naquela oportunidade. Consiste, justamente, neste fenômeno da **concentração do pagamento**, da eleição, da **indicação de qual pagamento, entre os vencidos, se está a realizar.**

Percebe-se a necessidade de imputação ao pagamento quando há um mesmo credor, um mesmo devedor e este, em relação àquele credor, tem dois ou mais débitos da mesma natureza, positivos e vencidos. Nesse contexto, quando do pagamento de um determinado valor surgirá a dúvida de qual débito se está a quitar, nascendo a necessidade de imputação.

Do dito, infere-se que a imputação ao pagamento exige:

a) igualdade de sujeitos (credor e devedor);

b) liquidez e vencimento de dívidas da mesma natureza.

Inicialmente a imputação ao pagamento é um direito do devedor. Este, ao pagar, deve indicar qual dívida está pagando (CC, art. 352). A isto denomina-se **imputação do devedor**.

Vale salientar também que salvo anuência do credor, o devedor não poderá imputar o pagamento em dívida cujo montante seja superior ao valor ofertado, pois, como visto, o pagamento parcelado do débito só é permitido quando convencionado (art. 314, CC).

Acaso, porém, o devedor, no ato do pagamento, não faça a imputação, o direito de imputar passará a ser do credor, que indicará qual dívida está quitando e não poderá agir com violência ou dolo (CC, art. 353). Ter-se-á a **imputação do credor**.

Caso o credor também não impute o pagamento, diante da sucessiva omissão do devedor e do credor, a lei regula critérios legais de imputação pagamento. É a chamada **imputação legal**, a qual se dará da seguinte maneira:

(i) prioridade para os juros vencidos, em detrimento do capital;

(ii) prioridade para as dívidas líquidas e vencidas anteriormente, em detrimento das mais recentes;

(iii) prioridade para as dívidas mais onerosas, em detrimento das mais vultosas, se vencidas e líquidas ao mesmo tempo.

6.7. Confusão

Identifica-se a confusão quando as **qualidades de credor e devedor** são **reunidas em uma só pessoa** (CC, art. 381). Assim, torna-se inevitável a extinção da relação jurídica.

Exemplifica-se com um sujeito que é devedor de seu pai e, em virtude do falecimento deste, adquire, por sucessão, o crédito, tornando-se credor de si mesmo (confusão). Tem-se, aqui, uma **confusão total e *mortis causa*.**

Registra-se, porém, que além de total, a **confusão poderá ser parcial** (CC, art. 382). No exemplo dado acima, se o pai tivesse dois filhos e fosse credor de apenas um deles, no falecimento do genitor, o devedor originário receberia em herança apenas metade do crédito, falando-se em uma confusão parcial.

Outrossim, nada impede que haja uma **confusão *inter*** *vivos*. Como no caso de um cheque que, após circular no mercado, retorne às mãos do seu emissor, que se tornará credor de si mesmo, operando-se a confusão. Neste contexto é viável, até mesmo, que a confusão deixe de existir, renascendo a obrigação, como na casuística do emissor recolocar o mesmo cheque para circulação no mercado.

A doutrina ainda reconhece a existência da chamada **confusão imprópria**, quando se reúnem, na mesma pessoa, as condições de garante e de sujeito obrigacional. Imagine um filho que é fiador de seu pai e, no falecimento do pai, passa a figurar como devedor da dívida que garantia como fiador. Neste caso – de confusão imprópria –, haverá extinção apenas da obrigação acessória, como a fiança, segundo o exemplo dado.

6.8. Remissão

Remissão significa o **perdão da dívida.** Imagine que alguém é credor de outrem e, de maneira explícita, expressa ao devedor a sua intenção em perdoá-lo. Como **o devedor** tem direito subjetivo de pagar, **pode** este **apresentar *recusa* à remissão.** É fundamental, portanto, que a remissão seja aceita, tácita ou expressamente, para produzir efeitos (CC, art. 385).

Nessa senda, para caracterizar a remissão da dívida é necessária a presença simultânea de dois **requisitos**:

a) **Ânimo de perdoar.** O ato de perdoar exige esta intenção, esta manifestação de vontade que, em regra, deve ser expressa, admitindo-se, excepcionalmente, o perdão tácito para hipótese de presunções legais.

b) **Aceitação do perdão.** A remissão exige a concordância do devedor. Faltante a anuência, pode o devedor consignar o valor devido, colocando-o à disposição do credor. Afinal, é possível que o devedor queria pagar e concretize o seu direito ao pagamento.

A remissão poderá ser **expressa ou tácita**. A remissão expressa ocorre tanto de forma escrita, como verbal. Entretanto, diante da dificuldade de prova da remissão verbal, o ideal é que seja feita por escrito.

A remissão poderá ser **total ou parcial**. Será total quando o credor perdoa a dívida em sua integralidade. Ex.: Z deve 10 (dez) mil a B e este perdoa os 10 (dez) mil. Será parcial quando o credor perdoa fração da dívida. Ex.: X deve a Y o valor de 5 (cinco) mil reais, mas Y declara, sem oposição de X, que só irá executar a quantia de 3 (três) mil reais.

Também podemos constatar a presença da **remissão presumida,** ainda que não esteja verbalizada, mediante atos praticados pelo credor (art. 324, CC). Na ideia de devolução voluntária do título da obrigação, deve-se incluir a sua própria destruição, a ensejar a remissão tácita da dívida. Ex.: se W, credor de H em obrigação prevista em determinado título de crédito, simplesmente destrói o título na frente de H, mesmo que não diga expressamente que o está perdoando, a remissão será presumida.

Para encerrar, convém registrar que **a remissão do codevedor é plenamente válida,** impondo-se o equacionamento da dívida remitida, com a dedução da parte remetida (art. 388, CC). Portanto, **isso desembocará na extinção da obrigação em relação a esse codevedor,** incidindo os artigos 277 e 282 do CC. Ex.: A, B e C são devedores solidários de D no valor de 3 (três) mil. D, entretanto, perdoa a dívida de B. Nessa situação persiste a solidariedade em relação aos demais devedores (A e C), que deverão pagar 2 (dois) mil, em razão do abatimento da quota-parte de B (1 mil). Clarifica-se, aqui, o caráter *intuito personae* da remissão.

7. INADIMPLEMENTO

Inadimplemento é o descumprimento obrigacional culposo.

Ele poderá ser:

i) total, quando será denominado de **absoluto**, e

ii) parcial, quando será intitulado como **relativo ou mora**,

No total não mais há como ou inexiste interesse do credor no cumprimento da obrigação. Já no relativo, a prestação ainda pode e deve ser executada, apesar da inexatidão.

A mora ocorre quando o pagamento não é feito no **tempo, lugar ou na forma** convencionados (CC, art. 394).

Obviamente que há um quê de subjetivismo, sendo que, por vezes, o inadimplemento seria relativo, mas se torna absoluto, diante da **ausência de interesse do credor** no cumprimento obrigacional. Exemplifica-se com o animador de uma festa de criança que chega com duas horas de atraso. Em tese há mora, mas é possível que, diante de tamanho atraso, não haja mais interesse do credor no cumprimento da obrigação.

Para situações como a em tela, prevê o Código Civil o chamado **inadimplemento absoluto por interesse do credor**, o qual se configura quando a prestação, devido à mora, se torna inútil ao credor, podendo este enjeitá-la e requisitar perdas e danos (CC, art. 395). Obviamente, como bem expressa o Enunciado 162 do CJF/STJ, a inutilidade da prestação que autoriza a recusa da prestação por parte do credor deve ser aferida objetivamente, consoante o princípio da boa-fé e a manutenção do sinalágma, e não de acordo com o mero interesse subjetivo do credor.

Voltando os olhos novamente à **mora**, recorda-se que ela **pode ser do credor ou do devedor**. Afinal, considera-se em mora o devedor que não efetuar o pagamento e o credor que não quiser recebê-lo no tempo, lugar e forma que a lei ou a convenção estabelecer (CC, art. 394). Assim, importante diferenciá-las.

a) Mora do devedor

A mora do devedor ocorre quando este retarda **culposamente** o cumprimento da obrigação. Para que aconteça, alguns requisitos devem estar presentes, dentre os quais:

- Existência de uma dívida líquida e certa;
- Vencimento da dívida;
- Culpa do devedor (a responsabilidade civil é subjetiva, art. 396 do CC);
- Viabilidade no cumprimento tardio da obrigação (art. 395, parágrafo único do CC).

A mora do devedor pode ser:

(i) **"Ex re"** – é a **automática** que não exige aviso prévio algum. Aqui há um termo de vencimento pré-fixado da dívida, após o qual, automaticamente, há mora. Acontece independentemente de qualquer medida judicial, sendo conhecida pela expressão latina *dies interpelat pro homine* (o dia interpela pelo homem). Exemplifica-se com um boleto de condomínio que vence no dia cinco. A partir do dia seis, automaticamente, o devedor estará em mora.

(ii) **"Ex persona"** – neste caso as partes, credor e devedor, não ajustaram data alguma para cumprimento da obrigação, inexistindo dia de vencimento. Justo por isto que a configuração da mora demandará, aqui, interpelação, com conferência de prazo para cumprimento da obrigação. Exemplifica-se com o empréstimo de um livro sem data ajustada para devolução. Para configuração da mora, o credor há de interpelar o devedor, dando prazo para que este devolva o livro. Findo o prazo, ter-se-á configurara a mora. Outro exemplo de mora *ex persona* é o contrato de seguro. Justo por isto, nas pegadas da Súmula 616 do Superior Tribunal de Justiça, *a indenização securitária é devida, quando ausente a comunicação prévia do segurado acerca do atraso no pagamento do prêmio, por constituir requisito essencial para a suspensão ou resolução do contrato de seguro.*

Uma vez verificada a mora do devedor, esta ocasionará alguns efeitos

Assim, responde o devedor pelos prejuízos a que sua mora der causar, mais juros, atualização dos valores monetários, segundo índices oficiais regularmente estabelecidos, e honorários de advogado (CC, art. 395)

Além disto, o devedor terá responsabilidade civil pelo risco da perda da coisa, respondendo mesmo que o dano seja acidental (caso fortuito ou força maior), ressalvada isenção de culpa ou comprovação de que o dano ocorreria ainda que a obrigação fosse oportunamente cumprida. A isto denomina a doutrina de **perpetuação da obrigação.**

b) Mora do credor

Quando o **credor**, **sem justificativa**, **frustrar o pagamento**, este incorre em inadimplemento obrigacional, pois o devedor tem direito pagar. Neste cenário, estará o credor em mora, sendo o remédio principal desta a consignação em pagamento.

Assim, **estará em mora o credor que não quiser receber o pagamento no tempo, lugar e forma que a lei ou a convenção estabelecer** (CC, art. 394)

A mora do credor gera como principal efeito, a teor do artigo 400 do CC, a **responsabilidade pela conservação da coisa.** De igual modo, o credor ficará obrigado a **ressarcir as despesas** empregadas com a coisa e, finalmente, a receber pela estimação mais favorável ao devedor, se o seu valor oscilar entre o acordado para o pagamento e a sua efetivação.

8. JUROS

Trata-se de um **fruto civil** (também nomeado de rendimento) correspondente ou à remuneração devida ao credor pela utilização do seu capital, ou à mora, compensando o credor em virtude do atraso em seu pagamento. Assim:

a) Nos **juros compensatórios** (remuneratórios), portanto, compensa-se o credor pela utilização do seu capital.

b) Nos **juros moratórios** a compensação do credor acontece em decorrência do atraso do pagamento, compensando o inadimplemento relativo.

Os juros não se confundem com a correção monetária. De fato, os juros correspondem a um acréscimo, enquanto que a correção monetária não visa a acrescer o capital (não é um plus), mas apenas atualizar o valor nominal da dívida (atualizar o valor da moeda para que não haja distorções).

A teor do artigo 406 do Código Civil, quando os juros moratórios não forem convencionados, ou o forem sem taxa estipulada, ou quando provierem de determinação da lei, serão fixados segundo a taxa que estiver em vigor para a mora do pagamento de impostos devidos à Fazenda Nacional.

8.1. Taxa Selic – Sistema especial de liquidação e custódia

Trata-se de uma **taxa básica de juros** da economia divulgada pelo Banco Central do Brasil e que tem como principal finalidade remunerar quem investe em títulos públicos federais, para que assim o governo ganhe mais dinheiro (captar investimento), bem como para segurar a inflação. É o COPON (Órgão do Banco Central) o responsável por divulgar a taxa. O STJ ainda não uniformizou o entendimento quanto à aplicação da *Taxa Selic* como juro legal de mora. A doutrina, contudo, a exemplo do Enunciado 20 do CJF/STJ, qualifica de inconstitucional a taxa selic, nos seguintes termos: "*a taxa de juros moratórios a que se refere o art. 406 é a do art. 161, § 1º, do Código Tributário Nacional, ou seja, um por cento ao mês. A utilização da taxa SELIC como índice de apuração dos juros legais não é juridicamente segura, porque impede o prévio conhecimento dos juros; não é operacional, porque seu uso será inviável sempre que se calcularem somente juros ou somente correção monetária; é incompatível com a regra do art. 591 do novo Código Civil, que permite apenas a capitalização anual dos juros, e pode ser incompatível com o art. 192, § 3º, da Constituição Federal, se resultarem juros reais superiores a doze por cento ao ano.*"

Por conta disto, a doutrina cível majoritária sustenta que o juro legal de mora – disciplinado no CC/02 – deve considerar os balizamentos do artigo 161, § 1º do CTN, ou seja, ser de **1% ao mês.** Os juros convencionais moratórios também devem ser no máximo de 1% ao mês, por força do Decreto 22.626/33 (Lei de Usura), o qual veda a cobrança extorsiva de juros ou ainda de juros sobre juros (anatocismo). Os juros convencionais compensatórios, em regra, serão também de 1% ao mês, mas essa mesma Lei da Usura supramencionada admite que este possa vim a ser de até 2% (ao mês).

No que tange aos Bancos, a **Súmula 596 do STF** esclarece, pasmem, que estes não estão *limitados à lei da usura: "as disposições do Decreto 22626/1933 não se aplicam às taxas de juros e aos outros encargos cobrados nas operações realizadas por instituições públicas ou privadas, que integram o sistema financeiro nacional".*

As administradoras de cartão de crédito foram equiparadas aos Bancos pelo **STJ (Súmula 283)**, assim disciplinada: *"As empresas administradoras de cartão de crédito são instituições financeiras e, por isso, os juros remuneratórios por elas cobrados não sofrem limitação da lei da usura".* De qualquer modo, a teor da **súmula 382 do mesmo STJ** *"A estipulação de juros remuneratórios superiores a 12% ao ano por si só não indica abusividade".*

9. SINAL OU ARRAS

Consiste em uma disposição contratual pela qual uma das partes entrega, à outra, dinheiro ou bem móvel, no início do cumprimento obrigacional. Trata-se do que popularmente chama-se de entrada ou sinal.

Duas são as espécies:

a) Arras Confirmatórias

Esta é a regra geral, de maneira que se o contrato menciona arras, mas não indica qual a sua modalidade, estar-se-á diante da figura das arras confirmatórias.

Nesta modalidade, a entrega do numerário, ou do bem móvel, a título de sinal ou entrada, marcará o início da execução do contrato, de maneira **a não admitir o arrependimento posterior deste** (CC, art. 417,). Consiste, portanto, em um **reforço à execução do contrato.**

Em geral, o sinal é da mesma natureza da prestação original, sendo abatido do valor global do bem. Nesta situação, o comprador ficará responsável apenas pela diferença de valores. Exemplifica-se com a compra de um imóvel pelo valor de R$ 300.000,00 (trezentos mil reais), no qual se conferiu arras confirmatórias de R$ 50.000,00 (cinquenta mil reais), restando o débito de R$ 250.000,00 (duzentos e cinquenta mil reais).

Nada impede, porém, que um bem móvel seja dado como arras, o qual é devolvido após a quitação do contrato.

E como proceder se houver desistência do pactuado na presença das arras confirmatórias?

Na obrigação em que foram pactuadas **arras confirmatórias**, em havendo descumprimento, a regra geral é a perda do valor das arras em favor da parte inocente. Parte inocente é aquela que não deu causa à desistência.

Assim, se quem desistiu foi aquele que conferiu as arras, este as perderá para a parte inocente, que terá direito de retenção do valor. Entretanto, se quem desistiu foi aquele que recebeu as arras, este deverá restituí-las em dobro – leia-se: o valor que havia recebido das arras do inocente e o equivalente das suas arras (CC, art. 418).

E se o **prejuízo** da parte inocente for **superior** ao valor das arras e houver inexecução culposa? Terá este direito a indenização suplementar?

Sim (CC, art. 419). As **arras confirmatórias** funcionam apenas como um piso indenizatório, sendo viável à parte inocente o pedido suplementar, desde que faça prova das perdas e danos para além do valor das arras. Outrossim, poderá, ainda, a parte inocente, exigir o cumprimento do contrato (tutela específica), mais as perdas de danos pelo atraso, valendo as arras como mínimo a ser executado.

b) Arras Penitenciais

Diferentemente das arras confirmatórias, as penitenciais, quando pactuadas, garantem o direito de arrependimento, tendo **função meramente indenizatória.** Significam a reparação integral do arrependimento, a penitência pela desistência. Justamente por isto, são excepcionais e demandam previsão expressa.

E como proceder se houver **desistência** do pactuado na presença das arras penitenciais?

Neste caso, a regra geral é a perda do valor das arras em favor da parte inocente, sem possibilidade de pedido de indenização suplementar. **Parte inocente** é aquela que **não deu causa à desistência**.

Assim, se quem desistiu foi aquele que conferiu as arras, as perderá para a parte inocente, que terá direito de retenção do valor. Entretanto, se quem desistiu foi aquele que recebeu as arras, deverá restituir em dobro – leia-se: o valor que havia recebido das arras do inocente e o equivalente das suas arras (CC, art. 420 e S. 412, STF).

Nessa linha, **enquanto as arras confirmatórias consistem em um reforço à execução do contrato, admitindo indenização suplementar, as penitenciais dizem respeito a uma indenização pré-estabelecida pelo descumprimento contratual ou arrependimento, não admitindo indenização suplementar**.

10. CLÁUSULA PENAL OU PENA CONVENCIONAL.

A cláusula penal consiste em um **pacto acessório, adjeto a uma obrigação principal,** cujo objetivo é pré-fixar as consequências jurídicas decorrentes do descumprimento **culposo** da obrigação principal (CC, art. 408). A sua exigência não demandará a comprovação de prejuízo, ao passo que este se configura pelo próprio descumprimento culposo da avença (CC, art. 416).

O escopo da cláusula penal é a pré-liquidação dos danos (função compensatória) e/ou a intimidação pedagógica ao cumprimento do ajuste (função penitencial). Assim, pode-se verificar uma cláusula penal:

- **Moratória** = Incidente na mora e que possibilita o pedido do cumprimento da obrigação principal **e** da cláusula penal (CC, art. 411). Infere-se um padrão **cumulativo de exigência.**
- **Compensatória** = Incidente no inadimplemento absoluto e que serve de alternativa ao lesado, que poderá requisitar o cumprimento da obrigação principal, ou da cláusula penal (CC, art. 410). Infere-se um padrão **disjuntivo de exigência.**

A **cláusula penal**, ao pré-liquidar o valor indenizatório, **impossibilita pleito de indenização suplementar**, **salvo** se houver **previsão expressa**, na própria cláusula penal, neste sentido (CC, art. 416). Logo, em regra, a cláusula penal já liquida todo o valor devido pelo inadimplemento.

> ▸ Atenção!
>
> **Enunciado 430 – Jornada de Direito Civil – CJF:** No contrato de adesão, o prejuízo comprovado do aderente que exceder ao previsto na cláusula penal compensatória poderá ser exigido pelo credor independentemente de convenção.

Nos termos do artigo 412 do Código Civil, o valor da cominação imposta na cláusula penal não poderá exceder o da obrigação principal. Afinal, o acessório não poderá ir além do principal. Ademais, como pacto acessório que o é, a invalidade da cláusula penal não levará à da obrigação principal. Todavia, **uma vez inválida a obrigação principal, cairá a cláusula penal.**

Na hipótese de cláusula penal **manifestamente excessiva** ou de **cumprimento parcial da obrigação principal**, o juiz **deverá reduzir o valor da penal convencional**. Infere-se a presença de **norma de ordem pública**, a qual não poderá ser afastada pelas partes e possibilita ao magistrado, inclusive, agir de ofício (Enunciados 355 e 356 do CJF).

Caso a **obrigação** principal seja **divisível**, a pena convencional apenas será exigida do devedor ou herdeiro que infringir a obrigação, com proporcionalidade (CC, art. 414).

Todavia, em sendo a **obrigação** principal **indivisível**, todos os devedores incorrerão na penalidade, pagando de forma proporcional e tendo ação regressiva em face do culpado. Apenas o culpado que poderá ser demandado por todo o valor (CC, art. 415).

11. TRANSMISSÃO DAS OBRIGAÇÕES

As obrigações podem ser transmitidas, pois constituem bens móveis.

Justamente por isto que o Código Civil disciplinou a matéria, admitindo tanto a cessão do crédito (transferência do crédito), quanto à cessão de débito, também denominada de assunção de dívida (transferência do débito). A doutrina, além da cessão do crédito e do débito, noticia, ainda, sobre a cessão de posição contratual.

Passamos ao estudo dos institutos.

11.1. Cessão de crédito

Consiste em um **negócio jurídico por meio do qual o credor (cedente) transmite, total ou parcialmente, o seu crédito a um terceiro (cessionário), mantendo-se a relação obrigacional primitiva com o devedor originário (cedido).**

Apenas não será possível a cessão de crédito se a **natureza jurídica da obrigação** (Ex.: direito da personalidade), **a lei** (crédito alimentar - CC, art. 1707), ou **eventual convenção entre as partes** (*pacto non cedendo*), proibir a prática. No que tange ao *pacto non cedendo*, recorda-se que a cláusula proibitiva da cessão não poderá ser oposta ao cessionário de boa-fé, se não constar do instrumento da obrigação (CC, art. 286).

Não há limite legal ao número de cessões, podendo o mesmo crédito ser, sucessivamente, cedido. Neste caso, prevalecerá a cessão que completar com a tradição do título cedido (CC, art. 291).

Em geral, a cessão de crédito é onerosa, mas nada impede que seja gratuita. Esta é uma das diferenças entre cessão de crédito e pagamento com sub-rogação, que não é gratuito. Ainda nesta diferenciação, como já estudado, o pagamento com sub-rogação pode decorrer automaticamente da lei, enquanto que a cessão sempre decorrerá da vontade.

Ademais, **diferencia-se a cessão de crédito da novação subjetiva ativa**, posto que nesta (novação) haverá extinção da obrigação primitiva e criação de uma nova, ao passo que naquela (cessão) há manutenção da obrigação primitiva e mera transferência do crédito.

A cessão de crédito, para ter **eficácia** em relação ao devedor, exige a notificação deste, quem será tido como notificado se declarar-se ciente da cessão feito em escrito público ou particular (CC, art. 290). Tal notificação é necessária com o intuito de conferir ao devedor certeza de a quem deverá pagar, para que direcione, corretamente, o adimplemento. Veja-se, porém, que tal notificação não é necessária para a validade da cessão de crédito, a qual não demandará aquiescência do devedor.

Nessa esteira de pensamento, ficará desobrigado o devedor que, antes de ter conhecimento da cessão, paga ao credor primitivo, ou que, no caso de mais de uma cessão notificada, paga ao cessionário que lhe apresenta, com o título da cessão, o da obrigação cedida. Acaso o crédito conste em escritura pública, prevalecerá a prioridade da notificação (CC, art. 292).

A teor do artigo 294 do CC, o devedor pode opor ao cessionário as exceções que lhe competirem, bem como as que, no momento em que veio a ter conhecimento da cessão, tinha contra o cedente. Demais disto, independentemente do conhecimento da cessão pelo devedor, pode o cessionário exercer os atos conservatórios do direito cedido, o que comprova que a notificação não consiste em restrição ao plano da validade, mas apenas da eficácia da cessão (CC, art. 293).

No que tange à **responsabilidade civil do cedente** (credor originário), em relação ao cessionário (novo credor), esta incidirá nas cessões onerosas e gratuitas de má-fé, dizendo respeito à existência do crédito – responsabilidade *pro-soluto*. Obviamente que não é crível ceder algo que, sequer, existe.

Nada impede, porém, que conte a cessão com **cláusula expressa**, na qual o cedente (credor originário) responda perante o cessionário, inclusive, pelo eventual inadimplemento do devedor. Neste caso, a responsabilidade que, originariamente, seria apenas *pro-soluto*, passará a ser *pro-solvendo* (CC, arts. 295 e 296).

De mais a mais, o artigo 298 do CC adverte que o crédito, uma vez penhorado, não mais poderá ser transferido pelo credor que tiver conhecimento da penhora; mas o devedor que pagar, não tendo notificação daquela, ficará exonerado, subsistindo somente, em face do credor, os direitos de terceiros.

Por fim, tendo em vista o **princípio da gravitação jurídica**, a regra geral é que na cessão de crédito os acessórios seguem a sorte do principal, os quais, portanto, serão abrangidos pela cessão (CC, art. 287).

11.2. Cessão de débito (assunção de dívida)

Na cessão de débito **o devedor, com *expresso* consentimento do credor, transmite a um terceiro a sua dívida.**

Aqui se demanda o expresso consentimento do credor, ao passo que a alteração do devedor modifica a garantia do crédito, a qual repousa, justamente, no patrimônio exequível do devedor. Nessa linha, o **silêncio do credor**, invariavelmente, importará **recusa** à cessão do débito pretendida pelo devedor (CC, art. 299).

Com a aquiescência do credor e realizada a cessão do débito, o devedor primitivo, a priori, estará liberado da obrigação e das responsabilidades decorrentes, salvo se o novo devedor era insolvente ao tempo da assunção e o credor ignorava este fato (CC, art. 299).

Feita a cessão, salvo consentimento expresso do devedor primitivo, consideram-se **extintas as garantias especiais** prestadas pelo devedor primitivo (CC, art. 300).

O novo devedor (cessionário) não poderá opor, ao credor, as exceções pessoais que competiam ao devedor primitivo (CC, art. 302). Como exceções pessoais (subjetivas) que o são, não se transmitem.

Se a cessão do débito for invalidada, restaurar-se-á a obrigação primitiva, com todas as respectivas garantias, ressalvadas as prestadas por terceiros. Entretanto, se o terceiro conhecia do vício que inquinava a obrigação, sua garantia persistirá (CC, art. 301).

O adquirente do imóvel hipotecado tornar-se-á, após trinta dias sem oposição do credor sobre a transferência do débito, devedor do montante originário da hipoteca, podendo, inclusive, quitá-lo (CC, art. 303).

Por fim, **diferencia-se a cessão de débito da novação subjetiva passiva**, posto que nesta (novação), haverá extinção da obrigação primitiva e criação de uma nova, ao passo que na cessão há manutenção da obrigação primitiva e mera transferência do crédito.

11.3. Cessão de posição contratual

Trata-se de modalidade não prevista legislativamente, mas admitida na jurisprudência e doutrina majoritárias. Nela o cedente transfere a própria posição no contrato (compreendendo créditos e débitos), a um terceiro (cessionário), **desde que haja consentimento da parte contrária**.

Assim, para que haja a cessão de posição contratual, demanda-se, cumulativamente:

I. Anuência da parte contrária;

II. A celebração de um negócio jurídico entre cedente e cessionário;

III. Integralidade da cessão (deve ser global).

Teoria Geral dos Contratos

1. CONCEITO E NATUREZA JURÍDICA

Consiste o **contrato** em um **encontro de vontades** visando **criar**, **modificar**, **conservar** ou **extinguir** relações jurídicas, nos limites do ordenamento jurídico nacional, notadamente com especial atenção à função social (art. 421, CC) e à boa-fé objetiva (art. 422, CC). Trata-se de **negócio jurídico,** tendo como epicentro a vontade humana (autonomia privada). Como negócio jurídico que é, há de ser estudado dentro dos planos da existência, validade e eficácia, os quais já foram tratados nesta sinopse, bastando o futuro advogado realizar a leitura do capítulo intitulado teoria do ato, fato e negócio jurídico.

1.1. Visão geral dos contratos no Código Civil de 2002

O Código Civil de 2002 disciplinou os contratos da seguinte forma:

a) **Título V** – Dos contratos em Geral, subdividido em dois Capítulos: Capítulo I – "Das Disposições Gerais" e Capítulo 2 – "Da Extinção do Contrato". Tais capítulos são estruturados em Seções, as quais versam sobre aspectos gerais da matéria contratual;

b) **Título VI** – Das Várias Espécies de Contratos, subdividido em 20 capítulos, compartimentados em várias outras Seções, cuidando dos Contratos em Espécie.

Neste momento, estudar-se-á o Título V: **Teoria Geral dos Contratos.**

2. PRINCÍPIOS DO DIREITO CONTRATUAL

Os princípios constituem espécies de normas, com plena aplicabilidade e máxima eficácia, especialmente quando **objetivam concretizar valores constitucionais.**

Os **princípios gerais dos contratos** são aqueles que iluminam a edição das normas regras, constituindo a base da normatização contratual, o **porto seguro interpretativo**. Com a evolução das relações jurídicas e as novas figuras de negociação, os princípios contratuais modificaram, em muito, o seu conteúdo. A alteração no enfoque do direito civil do ter (concepção oitocentista patrimonialista) para o ser (olhar atual, com base na dignidade da pessoa humana, boa-fé e função social) é prova disto.

Portanto, além dos clássicos princípios contratuais, ditos liberais ou de primeira geração ou dimensão surgiram os princípios sociais, de segunda geração ou dimensão, reconhecedores de valores metaindividuais na Teoria Geral dos Contratos. Compilando todos eles, enuncia a doutrina como princípios contratuais:

- Principio da Autonomia Privada.
- Princípio da Relatividade dos Efeitos do Contrato.
- Princípio da Força Obrigatória.
- Princípio da Boa-Fé Objetiva.
- Princípio da Função Social.
- Equivalência Material.

Nesta enumeração, é possível afirmar que os três primeiros princípios (autonomia, relatividade e força obrigatória) são liberais, enquanto os três últimos (boa-fé objetiva, função social e equivalência material) são sociais. Entendemos que o **consensualismo** (necessidade de o contrato ter consigo, para se constituir, no mínimo, duas pessoas, é pressuposto do contrato, apesar de muitos doutrinadores apresentarem o consensualismo também como espécie de princípio contratual.

2.1. Princípios liberais

Os **princípios liberais, de primeira geração ou dimensão**, têm origem relacionada ao movimento revolucionário burguês, persistindo até os dias atuais com algumas mitigações. Remontam o constitucionalismo de primeira dimensão (geração), veiculando liberdades privadas.

2.1.1. Princípio da autonomia privada

É expressão da **liberdade humana**. Consiste na liberdade contratual em sua máxima expressão. Antigamente vigia, de forma absoluta, o ideal da **autonomia da vontade** nos contratos, remontando os pilares da Revolução Francesa.

O contrato, como produto do liberalismo individualista, proprietário, iluminista, prezava, sobretudo, pela livre vontade dos contratantes. Traduzia tal princípio, nesse contexto, em um trinômio:

- Liberdade de Escolher o Contratado;
- Liberdade de Escolher o Tipo de Contrato;
- Liberdade de Estipular as Cláusulas do Contrato.

A liberdade, neste período, era amplíssima. Não havia nenhuma vedação, por exemplo, em conferir como garantia de um empréstimo uma libra de carne do próprio corpo, a exemplo do conto de Shakespeare intitulado *O Mercador de Veneza*, bem como o de Ariano Suassuna denominado *O Auto da Compadecida*. Hoje, à luz da dignidade humana (art. 1º, inciso III da CF) e de acordo com os princípios gerais do Código Civil: **eticidade** (boa-fé), **sociabilidade** (função social), e **operabilidade**, além dos postulados constitucionais da **justiça distributiva** e **solidariedade**, a liberdade deve ser ressignificada, compreendida nos limites e de acordo com o garantismo constitucional.

Que reste claro: **a autonomia da vontade não foi eliminada, mas redimensionada na atualidade**.

Ilustre-se com os chamados contratos de adesão, mormente no que se relaciona à contratação dos serviços essenciais (luz, água, telefonia...), nos quais se restringiu a ideia de autonomia, pois o consumidor não tem a alternativa de escolher nem o contratado, nem as cláusulas, nem sequer o tipo de contrato. Uma ilustrativa hipótese da consagração do princípio da autonomia privada é o art. 425 do CC, que admite a celebração dos contratos atípicos.

2.1.2. Princípio da relatividade

Segundo o princípio da relatividade dos efeitos, o contrato deve gerar eficácia (obrigar) apenas às partes contratantes, subscritoras da avença – **efeito *inter partes***. A regra, portanto, é que o contrato não produzirá efeitos contra todos, o que se denominaria eficácia *erga omnes*.

Diante dos valores metaindividuais (difusos e coletivos), considerando a **função social dos contratos**, a necessidade de tutela externa do crédito, enfim, os novos valores jurídicos postos, mitigou-se o princípio da relatividade em prol da eficácia transubjetiva dos contratos, com pactos que exaram efeitos sobre toda a sociedade. Exemplificam exceções ao relativismo as Convenções Coletivas de Trabalho (CCT), os Acordos Coletivos de Trabalho (ACT) ou mesmo contratos individuais que geram lesão à comunidade (à função socioambiental).

O próprio direito positivo, na teoria geral dos contratos, veicula abrandamentos, especialmente na estipulação em favor de terceiro, promessa de fato de terceiro e contrato com pessoa a declarar, a bem evidenciar a flexibilização do aludido princípio, como se passa a ilustrar.

2.1.2.1. Estipulação em favor de terceiro

Na estipulação em favor de terceiro, exceção ao princípio da relatividade dos efeitos do contrato, há **três sujeitos: o estipulante; o estipulado/beneficiário e o promitente**. O exemplo mais mencionado sobre tal pacto é o **seguro de vida**. No seguro de vida percebe-se a presença do estipulante (segurado), promitente (seguradora) e beneficiário (terceiro).

Em tal contrato, realizado entre o **estipulante** (segurado) e o **promitente** (seguradora), o beneficiário é contemplado com indenização na hipótese da consumação de um dos riscos descritos na apólice. Logo, o beneficiário experimenta consequências de um contrato que não subscreveu em clara mitigação ao princípio da relatividade. Sobre tal contrato é importante observar que:

a) O beneficiário **pode ser alterado** independentemente do pagamento de valores de indenização (art. 438, CC).

b) Tanto o estipulante, quanto o estipulado/beneficiário, este nas condições de contrato, podem pedir a execução da avença. O **estipulado/beneficiário** possui interesse jurídico na execução, tendo em vista que será indenizado com o recebimento de valores na morte do segurado, consoante o artigo 436 do CC. Já o **estipulante** apenas tem possibilidade de pleitear a execução do pacto quando o seguro não for apenas de vida, possibilitando a apólice recebimentos de valores pela sobrevivência (atingir uma determinada idade) e/ou acidente.

Sobre o tema, importante recordar o conteúdo da súmula 529 do STJ segundo a qual "***No seguro de responsabilidade civil facultativo, não cabe o ajuizamento de ação pelo terceiro prejudicado direta e exclusivamente em face da seguradora do apontado causador do dano***".

2.1.2.2. Promessa de fato de terceiro

Acontece quando alguém promete obrigação a ser cumprida por outrem, a exemplo de quando alguém (promitente), desprovido de qualquer relação com um determinado grupo musical, promete que este grupo irá realizar um show em um determinado local, dia e horário. Para a prova da OAB, o futuro aprovado deverá ficar atento a redação do artigo 439 do CC, o qual afirma que, em não acontecendo o show, caberá perdas e danos contra o promitente, pois este assume **obrigação de resultado**. Assim, responde e se obriga aquele que promete, ao passo que este subscreve o contrato. O terceiro apenas será responsabilizado se tiver proveito econômico, e na medida deste, ou ainda se o promitente era representante deste (terceiro).

2.1.2.3. Contrato com pessoa a declarar

A **pessoa a declarar é aquela que deverá assumir os direitos e as obrigações decorrentes da avença**, na ordem de ideias do artigo 467 do CC. Ocorre quando alguém contrata com o escopo de, futuramente, indicar pessoa que irá assumir os direitos e obrigações decorrentes do ajuste. A indicação (declaração), salvo disposição contratual em contrário, haverá de ser feita no prazo de 5 (cinco) dias, demandando aceitação na forma do contrato. Esta aceitação retroagirá à data da assinatura do contrato, conforme os artigos 468 e 469 ambos do Código Civil.

Tal contrato, porém, apenas obrigará as partes originárias nas seguintes hipóteses (artigos 470 e 471 do Código Civil):

a) Se não houver indicação da pessoa

b) Caso o nomeado se recuse a aceitar

c) Se a pessoa nomeada for insolvente e a outra pessoa desconhecia este fato no momento da insolvência

2.1.3. Princípio da força obrigatória do contrato (ou pacta sunt servanda)

Liga-se à obrigatoriedade que emana de todo o contrato, consubstanciando-se na noção de que **o contrato faz lei entre as partes,** razão pela qual deverá ser cumprido nos exatos termos ajustados, não sendo admitida a alteração do seu conteúdo. Impõe-se a impossibilidade do Estado-Juiz, em regra, intervir na contratação, sendo um corolário da autonomia da vontade. Modernamente, porém, a noção de força obrigatória não mais deve ser analisada de maneira absoluta, haja vista que revisões contratuais acontecem diuturnamente no Poder Judiciário. **Importante exceção à força obrigatória dos contratos é a denominada teoria da imprevisão, assim como o denominado Dirigismo Contratual, quando o Estado intervém, excepcionalmente, na defesa de garantias constitucionais, de ordem pública ou em decorrência da própria Supremacia do Interesse Público.**

2.1.3.1. Teorias da imprevisão e da onerosidade excessiva

A raiz histórica da **Teoria da Imprevisão** encontra-se no artigo 48 do Código de Hamurabi (2.700 a.c.). Consiste no ressurgimento da Cláusula *Rebus Sic Stantibus*, oriunda do Direito Canônico, que cunhava regra segundo a qual um contrato só poderia ser exigido se as condições do tempo da sua execução fossem as mesmas do tempo da sua celebração. Conceitualmente a Teoria da Imprevisão consiste no **reconhecimento de que a ocorrência de acontecimento novo, superveniente, imprevisível e extraordinário, em contrato comutativo e de duração, que desequilibre a base econômica (objetiva) contratual, com extrema vantagem para uma das partes e onerosidade excessiva para a outra, possibilita a sua resolução ou revisão** (CC, arts. 317 e 478).

Verifica-se, portanto, como **requisitos:**

a) **Contrato comutativo** (oneroso e bilateral) **de duração** (execução diferida ou continuada).

Com efeito, não há de falar-se em imprevisão em contrato de **execução momentânea** (instantânea), ao passo que não há como configurar nessa modalidade de relação contratual um fato superveniente. O contrato momentâneo é aquele que resta finalizado logo após a sua contratação, a exemplo da compra e venda seguida do pagamento do preço e entrega do objeto, no qual, reprisa-se, não incide a imprevisão. Ademais, **não há de falar-se em imprevisão no contrato aleatório**, pois nesse há uma álea econômica (fator de variação), não sendo possível prevê de forma anterior os custos e benefícios do pacto. Nessa senda, a imprevisão tem incidência sobre a figura comutativa, na qual os contraentes têm a possibilidade de verificar, antes do pacto, quais seus custos e benefícios. Aplica-se, portanto, a imprevisão na compra e venda (contrato comutativo), e não tem incidência no seguro (contrato aleatório).

b) **Superveniência de circunstância extraordinária e imprevisível.**

Caso a onerosidade excessiva seja imposta a uma das partes, em decorrência de álea prevista em contrato, não há de falar-se em imprevisão. Tal circunstância, apta a gerar este fato, há de ser completamente **extraordinária** e **imprevisível**. Exemplifica-se no Brasil com o clássico acontecimento da alta do dólar, a qual desequilibrou vários contratos sucessivos indexados com base nessa moeda estrangeira.

c) **Alteração da base econômica objetiva do contrato com extrema vantagem a uma das partes e onerosidade excessiva para a outra.**

A ocorrência desta circunstância superveniente, imprevisível e extraordinária deverá alterar a **base objetiva** do contrato, mudando o cenário originário de contratação e ocasionando um impacto diferenciado na execução da avença, com extrema vantagem para uma das partes e onerosidade excessiva para a outra. Configurado esse cenário, é possível, na dicção dos artigos 478 e 479 do CC, a **resolução** ou **revisão contratual. Cuidado**, futuro advogado! Para a revisão (conservação do negócio jurídico com o reequilíbrio contratual), na ótica do Código Civil, faz-se necessária a concordância do beneficiado, nos moldes do artigo 479.

> ▸ **Atenção!**
>
> **Enunciado 440 – V Jornada de Direito Civil – CJF:** É possível a revisão ou resolução por excessiva onerosidade em contratos aleatórios, desde que o evento superveniente, extraordinário e imprevisível não se relacione com a álea assumida no contrato.

Questiona-se: Teoria da imprevisão e Teoria da Onerosidade Excessiva ou Base Objetiva do Contrato seriam expressões sinônimas? Infere-se, em alguns certames da OAB, o uso de tais expressões como sinônimas, a exemplo da questão trazida mais a seguir acerca da execução diferida. Todavia, há diferença entre tais institutos.

A configuração da **Teoria da Onerosidade Excessiva** exige os mesmos requisitos da Imprevisão, a exceção do fato ser imprevisível. Logo, faz-se necessário que o contrato seja comutativo, com a presença de um fato superveniente e extraordinário, que desequilibre a base econômica do contrato, gerando onerosidade excessiva para uma das partes e extrema vantagem para a outra.

Compulsando-se o Código Civil vigente, observa-se que ele ostenta um aparente contrassenso, pois antes de apresentar os artigos 478 a 480 entitulado da resolução por onerosidade excessiva, disciplina a imprevisão em seu art. 317. Entrementes, ao ser realizada a leitura do art. 478, verifica-se a necessidade de que o fato seja imprevisível. Como proceder na prova? Se subjetiva, a saída é simples. Deve o candidato externar seu ponto de vista tratando de ambas as teorias, diferenciando-as e abordando os seus âmbitos de aplicação. Caso a questão venha em uma prova objetiva, o candidato deverá se atentar para o fato do avaliador está utilizando a expressão como sinônimas ou não. Em regra, deve-se considerá-las como sinônimas, salvo se a própria avaliação sugerir diferenciações.

É nula a cláusula contratual que proíbe a aplicação concreta da teoria da imprevisão, por violar o princípio da função social do contrato e, notadamente, porque estamos diante de normas cogentes, que não podem ser afastada pela vontade das partes. Outrossim, em havendo imprevisão ou onerosidade excessiva, revisando ou resolvendo o contrato, os efeitos da decisão retroagem à data da citação.

Por fim, cuidado para **não confundir** a teoria da imprevisão e onerosidade excessiva com o instituto da lesão, relativo aos vícios do consentimento. A lesão é vício de consentimento presente no negócio jurídico, cuja consequência é a sua anulabilidade. Configura-se a lesão quando há manifesta desproporção entre as prestações pactuadas, em virtude de premente necessidade ou inexperiência de uma das partes, conforme o artigo 157 do CC. A ocorrência da lesão é verificada no momento da celebração do negócio jurídico, ou seja, da manifestação de vontade. É vício de consentimento ocorrido no ato da contratação. É vício que atinge o plano de validade. O contrato já nasce inválido (anulável).

Já a **teoria da imprevisão ou onerosidade excessiva atinge o plano de eficácia** do negócio jurídico, e não a sua validade, por ser posterior à sua formação, segundo os requisitos já mencionados neste capítulo. Configurada a imprevisibilidade, ou onerosidade excessiva, **a consequência não é a anulabilidade, mas revisão ou resolução do contrato,** nos moldes aqui já enunciados.

2.2. Princípios sociais

Os princípios sociais, fruto do constitucionalismo de segunda e terceira dimensão, configuram **limitações às amplas liberdades** de outrora, objetivando igualdade material e solidarismo social. Decorrem da percepção de que a ampla liberdade, por vezes, escraviza o mais fraco, necessitando do intervencionismo estatal para ser igualado o fiel da balança contratual. Em contratos, as manifestações dos princípios sociais são a função social dos contratos, a boa-fé objetiva e a equivalência material ou justiça contratual.

2.2.1. Princípio da função social do contrato e a equivalência material

Por se tratarem de temas imbricados, a função social do contratado e a equivalência material serão estudadas conjuntamente. Não há um conceito preciso de função social, tendo em vista se tratar de noção aberta, indeterminada, fluida e histórico-determinada. Relaciona-se com a **sociabilidade**, um dos princípios vetores do Código Civil.

De forma embrionária, a primeira manifestação sobre o Princípio da Função Social foi no direito de propriedade, especificamente no decorrer do Século XX. Neste contexto, a propriedade deixa de ser um direito absoluto, passando a ser função social do detentor de riquezas, havendo de atender aos interesses dos proprietários e dos não proprietários.

Na seara dos contratos, a função social é mais um **elemento de eficácia social** que traz a ideia básica segundo a qual a avença deve ser cumprida não só em função do credor, mas também de forma a não afrontar interesses difusos e conferir contribuição positiva para a sociedade. A função social do contrato significa que o mesmo deverá ter uma dada **finalidade**, a qual é qualificada pelo termo social, atendendo interesses da sociedade.

Nesse viés, é a **autonomia privada** (ou da vontade) **delimitada pela função social do contrato**, representada esta por uma **cláusula geral** a ser concretizada em cada caso, com vistas à promoção da dignidade da pessoa humana. É isso que se infere do artigo 421 do CC e Enunciado 23 do CJF. Isto não quer significar, porém, que se estaria assistindo a morte da liberdade ou autonomia contratual. Não é bem assim. Autonomia contratual persiste como um princípio dos contratos, porém mitigado pela tutela externa do crédito (função social).

Portanto, a **eficácia difusa do contrato**, atingindo a todos, passa a se constituir realidade inegável, na ótica do Enunciado 21 do CJF, abrandando-se o efeito *inter partes* e, por conseguinte, mitigando o relativismo contratual. O princípio da função social dos contratos importa no reconhecimento segundo o qual os negócios jurídicos merecem gerar trocas úteis e justas, em uma equivalência material ou justiça contratual cujo desrespeito justifica intervenção judicial a igualar o pêndulo contratual (Enunciado 22 do CJF). Aqui se insere o princípio da equivalência material ou justiça contratual, discutindo-se se é um princípio autônomo ou subproduto da função social.

2.2.2. Princípio da boa-fé

A boa-fé pode ser dividida em subjetiva (interna) e objetiva (externa).

A **boa-fé subjetiva** tem raiz histórica no Direito Romano, especificamente no ideal da *Bona Fides*, ligando-se a um **dever interno, probo e confiável.** É uma boa fé individualista. Traduz um estado psicológico de inocência. Em contratos, observa-se sua presença na vedação de contratar em ocorrência de vício de consentimento. Os alemães, ao recepcionar a boa-fé romana no BGB (Código Civil Alemão), transformaram-na em uma regra objetiva de conduta leal e confiável – *Treu und Glauben*. Hodiernamente se revela uma **cláusula geral e implícita**, tendo como **funções a interpretativa, integrativa e restritiva (ou limitadora)**.

A **Função Interpretativa** impõe a significação e execução do contrato sob a lente da ética. Para tanto, lembra o Enunciado 27 do CJF, deve-se considerar tanto o sistema do Código Civil, como as conexões para com outros estatutos normativos e fatores metajurídicos.

A **Função Integrativa**, com Deveres Anexos, impõe a existência, em todo contrato, de deveres implícitos (satelitários, anexos, laterais, colaterais...), de obediência cogente, a exemplo dos deveres de zelo, informação, probidade, lealdade, confiança, assistência, sigilo, mitigação dos danos etc.

Tais deveres sequer precisam estar noticiados no instrumento contratual. São **implícitos**. O descumprimento de tais deveres equivale ao inadimplemento contratual, com responsabilidade objetiva (Enunciado 24 do CJF), pois malgrado não expressos no instrumento contratual, são implícitos.

A **Função Restritiva ou Limitadora** afirma que não pode o contrato gerar prestações demasiadamente excessivas a uma das partes, em detrimento da outra, a exemplo de juros exacerbados. Nesta hipótese é possível ao magistrado a revisão do contrato, com eventual supressão da aludida cláusula, a teor do Enunciado 26 do CJF.

Tal função restritiva tem íntima relação com a promoção da **justiça contratual**, em busca da **equivalência material**, conforme mencionado no tópico alusivo à função social dos contratos. Ao debruçar-se sobre a boa-fé, especificamente na redação dos artigos 113 e 422, o Código Civil não deixou claro sobre o seu campo de incidência. Explica-se: existiria uma boa-fé apenas contratual, ou ela ainda persiste na seara pré-contratual e pós-contratual?

Pela literalidade do dispositivo, a boa-fé só pode ser observada na execução ou na conclusão do contrato. Como fazer? Aponta a esmagadora doutrina que há necessidade de observância a boa-fé **pré-contratual, contratual, e pós-contratual**, devendo ser o contrato iluminado desde as negociações preliminares, até o pós-contrato (pós-eficácia objetiva obrigacional). Nesse sentido os Enunciados 25 e 170 do CJF. Sobre o tema, costumam as provas enfatizar no pré-contrato a necessidade de cumprimento das promessas, e no pós-contrato o zelo e sigilo com a parceira anterior.

O exemplo corriqueiro da boa-fé pré-contratual remete a promessa de compra de safra futura, na qual o comprador resta responsável pelo adimplemento de valores. Na seara pós-contratual tem-se como diuturno exemplo a realização de propaganda, por uma mesma pessoa, para empresas concorrentes, devendo-se zelar com a imagem das referidas empresas.

3. FORMAÇÃO DOS CONTRATOS

Na formação dos contratos, inicialmente há uma fase prévia denominada de **tratativas**, **negociações preliminares** ou **pontuação**. Esta fase costuma ser seguida de uma **proposta**, **oferta** ou **policitação** e, por fim, a última fase, denominada de aceitação.

3.1. Tratativas

As tratativas são **negociações preliminares**, que podem ser formais, através de minutas escritas, ou informais, feitas de forma verbal. Não há contrato ainda, e por isso inexiste exigibilidade. Porém, há necessidade de respeito à boa-fé e à função social.

Ao final das tratativas, as partes poderão desembocar em um contrato definitivo, em um contrato preliminar, ou simplesmente na não contratação, como natural intuir. Na vida prática, verificam-se as tratativas quando as partes pontuam seus **interesses comuns**. Acontece quando alguém chega a determinado estabelecimento comercial e pergunta ao futuro vendedor se há um eletrodoméstico à venda, como uma TV de LCD de 36 polegadas. Nesse momento, o futuro vendedor irá externar os modelos existentes, buscando interesse do futuro comprador. **É a negociação.**

3.2. Proposta

É uma declaração receptícia de vontade dirigida pelo policitante (proponente) ao oblato (aquele que poderá aceitar a proposta). A proposta pode ser individual ou coletiva, como a vitrine de uma loja, sendo que, em ambos os casos e em regra, **obriga o proponente,** ou seja: não pode ser descumprida.

Afirma o Código Civil (art. 427) que a regra é a obrigatoriedade da proposta, não persistindo esta, porém, se o contrário resultar dos termos dela, da natureza do negócio ou das circunstâncias do caso. Logo, caso na proposta haja uma cláusula de arrependimento, não há falar-se em sua obrigatoriedade. Segundo o art. 428 do Código Civil a proposta **pode ser realizada entre presentes ou entre ausentes.** Por presença, na ótica do legislador civilista, deve-se entender a comunicação simultânea, não sendo necessária a presença física, propriamente. Assim, para o legislador contatos via telefone, MSN, Skype... são hipóteses de contratos celebrados entre presentes, pois há comunicação simultânea.

A proposta feita entre presentes, na forma do artigo 428 em análise, apenas obriga se imediatamente aceita. Essa regra geral apenas é afastada acaso haja na proposta um prazo específico, quando este há de ser respeitado como data limite. Já o contrato entre ausentes é aquele no qual não há comunicação simultânea entre as partes, a exemplo de carta ou e-mail. Segundo o Código Civil, a proposta entre ausentes obriga até que tenha decorrido tempo razoável para aceitação. Tal regra apenas será afastada se a própria proposta trouxe um prazo limite a ser respeitado.

A proposta feita **pode ser revogada** mediante o mesmo mecanismo (meio) que foi realizada, em respeito ao princípio da simetria das formas ou paralelismo das formas. Como, em regra, quem pode o mais, pode o menos, é possível afirmar que a proposta feita de forma verbal pode ser desfeita por escrito – o inverso, entretanto, não é possível.

Importante consequência relacionada à proposta é a verificação do local no qual o contrato foi firmado, e da normatização territorialmente aplicável. Sim, porque **o contrato nacional se considera formado no local no qual foi feita a proposta,** segundo determina a redação do artigo 435 do CC.

Tal local de formação será, em regra, o foro competente para dirimir as controvérsias relativas ao contrato, ressalvadas as hipóteses de foro de eleição ou de foro privilegiado, tema tratado no capítulo de domicílio. Não obstante, **em sendo o contrato internacional, aplica-se o artigo 9º, § 2º da Lei de Introdução às normas do Direito Brasileiro, sendo o local de formação do contrato aquele no qual é domiciliado o proponente.**

3.3. Aceitação

O ato fundamental a ser praticado pelo policitante é a proposta, enquanto o **ato principal do oblato** é a aceitação. Tal aceitação há de ser feita nos exatos termos da proposta, sob pena de configurar contraproposta. Assim, a aceitação realizada fora do prazo, com adições, restrições ou modificações à proposta não enseja o surgimento da relação contratual, porque consiste em contraproposta, a ser apreciada pelo proponente, a quem, por sua vez, caberá anuir, desistir, ou ainda contrapropor (art. 431, CC).

A formação do contrato entre presentes se dá no momento da aceitação da proposta, que deverá ser de pronto, ou no prazo convencionado. Já a formação do contrato entre ausentes, na ótica do Código Civil e segundo doutrina majoritária, dar-se-á no momento de expedição da aceitação. Adota-se no Brasil, portanto, em relação ao tema formação dos contratos entre ausentes, a teoria da expedição, ou seja: tal contrato torna-se perfeito e acabado no momento em que é expedida a aceitação pelo oblato (inteligência dos artigos 433 e 434 do CC).

Dessa forma, para o certame da OAB não se deve considerar o minoritário posicionamento segundo o qual seria necessária a recepção da resposta para a perfeição do contrato.

A expedição da aceitação somente não promoverá o surgimento do contrato se antes dela chegue ao proponente à **retratação** do aceitante, bem como quando o próprio policitante houver se comprometido a esperar resposta, ou mesmo quando a aceitação não chegue no prazo convencionado, posto que a aceitação fora do prazo ostenta natureza jurídica de contraproposta.

4. CONTRATO PRELIMINAR

O contrato preliminar, também conhecido como antecontrato, pré-contrato ou promessa, consiste em um **pacto através do qual as partes se comprometem a celebrar posterior contrato futuro.**

Que fique claro: contrato preliminar é contrato! Não se trata de mera tratativa. Tem força coercitiva.

Encerra como principal obrigação um fazer, qual seja: a conclusão de um contrato definitivo, superveniente, individualizado, definido em suas cláusulas essenciais. O contrato preliminar **deverá conter todos os requisitos do definitivo, a exceção da forma,** segundo o artigo 462 do CC. Exemplificando-se: malgrado o contrato definitivo de alienação de imóvel cujo valor é superior a trinta vezes o maior salário mínimo vigente no país ter forma vinculada - escritura pública, sob pena de nulidade –, o respectivo contrato preliminar tem forma livre, sendo plenamente válida sua realização por escrito particular (inteligência dos arts. 108, 166 e 462 do Código Civil).

Ainda sobre a promessa de compra e venda, o direito do promitente comprador em um instrumento de promessa de compra e venda devidamente levado a registro, após o pagamento da última parcela, é real (CC, arts. 1417 e 1418). A promessa **irretratável** de compra e venda, devidamente quitada e registrada gera direito real de aquisição do imóvel. Trata-se de uma peculiaridade do sistema, previsto para além da teoria geral dos contratos, no campo dos direitos reais e de forma específica para a promessa irretratável de compra e venda de bem imóvel.

O contrato preliminar **é em regra irretratável,** salvo se possuir cláusula de arrependimento (art. 463, CC). Demais disto, deve o contrato preliminar ser levado ao registro competente (art. 463, parágrafo único). Em virtude do seu caráter irretratável, caso uma das partes se recuse a dar execução ao contrato preliminar, poderá a parte prejudicada requerer judicialmente o seu cumprimento, com tutela específica, a exemplo de multa diária (*astreintes*) ou medida sub-rogatória (vide artigo 536 § 1º, CPC/15).

É o que ocorre com o pedido de **adjudicação compulsória**, insculpido no Decreto-Lei nº 58/37, decorrente de promessa irretratável de compra e venda de imóvel em que, malgrado o promitente comprador ter cumprido com todas as suas obrigações, o promitente vendedor se recusa a transferir definitivamente a propriedade imobiliária. Nesta hipótese, substitui-se o magistrado à vontade da parte e ordena a transferência de propriedade (tutela sub-rogatória), implementando o direito real de aquisição do promitente comprador.

No particular, lembra-se que o STJ afirma a possibilidade da aludida adjudicação compulsória entre as partes contratantes, ainda que inexista registro do contrato preliminar no cartório de imóveis, com fundamento jurídico no princípio da relatividade dos efeitos do contratos, como se vê do Enunciado da Súmula 239.

5. VÍCIOS REDIBITÓRIOS

Consiste o vício redibitório no defeito oculto sobre a coisa alienada mediante contrato comutativo, que diminui o valor, ou prejudica a utilização da mesma. **O defeito sobre a coisa há de ser descoberto posteriormente pelo adquirente** (art. 441, CC). É importante notar que se o suposto defeito for do gênero da coisa, não se deve cogitar do vício redibitório, pois se trata de característica inerente ao bem. Tem-se como exemplo a aquisição de um touro cuja raça é "baixa" em reprodução. Não se trata de defeito, mas de característica do animal.

O vício ou impossibilita a destinação, ou reduz sensivelmente o **valor do bem**, sendo possível falar-se na aplicação do princípio da proporcionalidade (reduções mínimas de valores não ensejam alegação do vício em comento). Uma vez verificada a configuração do vício redibitório, o adquirente prejudicado poderá lançar mão de uma das ações edilícias, quais sejam: ação redibitória ou estimatória (*quanti minoris*). Tais pretensões não podem ser cumuladas (arts. 442 e 443, CC), sendo excludentes entre si.

A **ação redibitória** tem como escopo resolver (desfazer) o contrato; rejeita-se a coisa para obter o valor depositado de volta. Já a **ação estimatória** ou *quantis minoris* visa reduzir o valor de aquisição da coisa, por conta do vício, com o escopo de manutenção do bem. Estima-se o montante da desvalorização e abate-se do valor da venda (art. 442, CC). Urge observar que não exige no Código Civil a presença da culpa como elemento necessário à configuração do vício. **Caso haja culpa (em sentido amplo)**, torna-se **possível cumular a resolução ou diminuição dos valores com o pleito de perdas e danos** (art. 443, CC).

Outra informação importante gira em torno do vício redibitório ocorrido na aquisição de coisas vendidas conjuntamente. Na forma do art. 503 do CC se o vício existir apenas em uma das coisas não será possível o desfazimento de todo o negócio e a rejeição de todos os bens, mas apenas da coisa individualmente defeituosa. Imagine a compra por uma pessoa de vinte frutas em uma feira O fato de apenas uma das frutas se encontrar estragada não autorizará o adquirente a enjeitar todas as demais frutas, mas apenas exigir a troca, ou o abatimento, sobre a única fruta estragada.

O prazo para propor as duas ações edilícias terá diferentes sistematizações a depender da natureza do bem - móvel ou imóvel - e do tipo de vício - aparente ou oculto (art. 445, CC). Assim, tratando-se de **vício de fácil constatação** (vício aparente) o **prazo** será de:

a) **30 (trinta) dias quando bem móvel;**

b) **1 (um) ano quando bem imóvel.**

Tais prazos são contados da entrega efetiva. Advirta-se que se o adquirente já estava na posse da coisa, os prazos em comento serão reduzidos pela metade e serão contados da alienação. Pressupõe o legislador que estando o prejudicado na posse, esse já conhecia a coisa, tendo maiores possibilidade de verificar o vício, que é aparente. Ex.: João estava na posse da casa de Paulo por 10 (dez) meses, em virtude de contrato de locação. Resolveu Paulo vender a casa para João. O prazo para propor ação edilícia será de 6 (seis) meses, reduzindo-se o prazo de 1 (um) ano pela metade.

Ademais disto, nos termos do Enunciado 174 da III Jornada de Direito Civil, em se tratando de vício oculto, o adquirente tem os prazos do art. 445 para obter a redibição ou o abatimento de preço, desde que os vícios se revelem nos prazos estabelecidos no seu § 1º, fluindo, entretanto, a partir do conhecimento do defeito.

Portanto, acaso se trate de **vício de difícil constatação** (vício oculto) o **prazo** será de:

a) **180 (cento e oitenta) dias para bens móveis;**

b) 1 (um) ano para bens imóveis.

Neste caso específico, como visto, os prazo em comento são contados da descoberta do vício, e não da data da entrega ou alienação.

Um cuidado especial ao futuro advogado! O artigo 446 do CC afirma que os prazos referentes ao vício redibitório **não correm enquanto não finalizado o prazo de garantia,** subsistindo o adquirente, nesse prazo, a obrigação de comunicar a existência do vício do prazo de 30 (trinta) dias, sob pena de decadência.

6. EVICÇÃO

Remete a ideia de **perda do objeto do contrato em face do reconhecimento de direito anterior de outrem.** É uma garantia contratual do adquirente típica dos contratos onerosos, translativos de propriedade, que se opera quando o adquirente vem a perder a posse, ou a propriedade da coisa em virtude do reconhecimento judicial ou administrativo do direito anterior de outrem. A evicção, com previsão no artigo 447 do CC, é composta por 3 (três) personagens:

I. Alienante: quem responde pelos riscos da evicção;

II. Adquirente (ou evicto): pessoa que perde a posse e a propriedade;

III. Terceiro (evictor): pessoa que prova direito anterior.

Observe-se que a garantia da evicção subsiste ainda que a aquisição se tenha operado em **hasta pública**. Demais disto, há evicção mesmo que a perda se dê por execução de ato administrativo. A evicção poderá decorrer, portanto, ou de decisão judicial, ou de decisão administrativa.

Na evicção, o evicto que adquiriu um bem do alienante de forma onerosa perde a coisa em virtude de direito de terceiro (evictor). Nesta hipótese, poderá o adquirente pleitear os **direitos** esculpidos no art. 450 do Código Civil, quais sejam:

I. à indenização dos frutos que tiver sido obrigado a restituir;

II. à indenização pelas despesas dos contratos e pelos prejuízos que diretamente resultarem da evicção;

III. às custas judiciais e aos honorários do advogado por ele constituído.

Importante lembrar que o preço a ser considerado na **responsabilidade civil** decorrente da evicção será o do valor da época em que se evenceu e proporcional ao desfalque sofrido acaso a evicção seja parcial. Como se pode perceber, a evicção poderá ser total ou parcial. Se a evicção for parcial, mas considerável, poderá o evicto optar entre rescindir o contrato ou obter a restituição de parte do preço correspondente ao desfalque sofrido. Contudo, se a evicção for **parcial**, porém não considerável, caberá ao evicto postular apenas direito à indenização.

Nos termos do artigo 448 do CC, vale registrar que **a cláusula de garantia da evicção pode ser reforçada, diminuída ou excluída. Com efeito, em se tratando de direito privado e disponível a autonomia das partes autoriza esta prática.**

No que tange a exclusão, porém, a análise deve ser mais cuidadosa. Isso porque afirma o artigo 449 do CC que se houver no contrato cláusula afirmando que "alienante não responde pelo risco da evicção", **este ainda terá direito a receber o preço que pagou pela coisa evicta, se não soube do risco da evicção, ou, dele informado, não o assumiu**.

Sendo a evicção uma **garantia legal** em benefício do adquirente de coisa onerosa, é possível afirmar que a responsabilidade civil do alienante subsistirá ainda que a coisa alienada esteja deteriorada, exceto havendo dolo do adquirente. Com efeito, em caso de **dolo** do adquirente não poderia ele se beneficiar da própria torpeza. Nesta última hipótese, se o adquirente tiver auferido vantagens decorrente das deteriorações, e não houver sido condenado a indenizá-las, o valor de tais vantagens será deduzido da quantia que lhe houver de dar ao alienante.

Sobre as **benfeitorias necessárias ou úteis** não abonadas ao que sofreu a evicção, há expressa previsão no CC aduzindo que deverão as mesmas serem pagas pelo alienante ao adquirente (CC, art. 453). Perceba, que o CC não aborda esta responsabilidade civil para as benfeitorias voluptuárias, aquelas que são feitas para o mero deleite. Por outro lado, se as benfeitorias abonadas ao que sofreu a evicção tiverem sido feitas pelo alienante, o valor das mesmas deverá ser levado em conta quando da restituição devida, a teor do art. 454 do CC.

É muito importante o futuro aprovado também saber que o CPC/15 **expressamente** revogou o art. 456 do CC/02, de modo que o entendimento consagrado na legislação atual (e na jurisprudência também) é no sentido de que o **direito de regresso decorrente da evicção** pode ser exercido mediante ação judicial autônoma ainda que o evicto não tenha, a tempo e modo, quando da contestação, apresentada denunciação da lide. Significa isto dizer que a denunciação da lide não é obrigatória. A ausência de denunciação da lide, desta maneira, não impede o exercício do direito de regresso mediante ação judicial autônoma.

Em arremate, forte nas noções de **eticidade** e **boa-fé**, observe-se que o adquirente não poderá alegar a evicção se sabia que a coisa era alheia ou litigiosa e ainda assim firmou o contrato oneroso, afinal de contas, como já esclarecido antes, ninguém poderá se beneficiar da própria torpeza.

7. EXTINÇÃO DOS CONTRATOS

São várias as hipóteses geradoras da extinção dos contratos. O adimplemento integral, por exemplo, também denominado de exaustão, é uma das causas mais ocorrentes. Nos contratos **personalíssimos**, o óbito da parte também será causa da extinção do mesmo, à exemplo da morte do empregado em um contrato de emprego. No campo das **invalidades**, situações jurídicas envolvendo nulidade absoluta (arts. 166 e 167 do CC) e situações jurídicas envolvendo nulidade relativa (art. 171, incisos I e II do CC) também ensejam a extinção dos contratos.

Contudo, neste momento iremos focar o estudo deste assunto nas específicas hipóteses abordadas pelo CC na teoria geral dos contratos, notadamente a resilição e a resolução do contrato.

7.1. Resilição

Traduz o desfazimento contratual **imotivado,** por simples manifestação de vontade de uma das partes (resilição unilateral ou denúncia), ou de ambas as partes (resilição bilateral ou distrato). A resilição decorre do princípio constitucional da liberdade e do direito da pessoa humana não permanecer contratado.

O **distrato** é a **resilição bilateral**. Decorre do desejo conjunto do contratante e do contratado não manterem mais o contrato vigorando. Está prevista no art. 472, CC. Exige como requisito ser feito na mesma forma exigida para a constituição do contrato. Desta maneira, se o contrato foi celebrado por instrumento público, o distrato deverá ser firmado por instrumento público também. Se o contrato foi celebrado por instrumento particular, o distrato deverá ser feito por instrumento particular. Observa-se aqui o princípio do **paralelismo das formas**.

A **resilição unilateral** (art. 473, CC) opera-se por meio de um ato jurídico chamado **denúncia**. Exemplos desta denúncia vazia (vazia de motivos) podem ser vistos no contrato de locação ou no contrato de prestação de serviços firmados por tempo indeterminado. Atente-se, ainda, para a redação do parágrafo único do artigo 473 do CC, a qual afirma que se uma das partes houver realizado vultosos investimentos para a execução do contrato poderá o juiz determinar a manutenção da avença até o retorno do investimento, em clara atenção à probidade nas relações e à Justiça Contratual.

7.2. Resolução (art. 475, CC)

Traduz **o desfazimento (ou dissolução) contratual em caso de inadimplemento,** a exemplo de imprevisão, ou dos vícios redibitórios. O inadimplemento contratual é combatido pelo pleito específico (tutela específica) de cumprimento, ou pedido de resolução, havendo a possibilidade da cumulação de ambos com perdas e danos (art. 475, CC). Por óbvio, tais possibilidades irão pressupor a presença dos elementos configuradores do dever de reparar o dano e da ausência das causas excludentes de responsabilidade civil.

> ▸ Atenção!
>
> **Enunciado 437 – V Jornada de Direito Civil – CJF:** A resolução da relação jurídica contratual também pode decorrer do inadimplemento antecipado.

Interessante verificar que não é indispensável ao contrato bilateral conter uma cláusula resolutiva expressa, afirmando que no caso de inadimplemento por uma das partes poderá ser resolvido o contrato. Com efeito, **todo contrato bilateral possui uma cláusula resolutória tácita.** Entretanto, a vantagem de se consignar a cláusula resolutiva de forma expressa e prévia no contrato é de economia processual e operabilidade, eis que descumprida a obrigação o contrato será automaticamente resolvido. Se não contiver essa cláusula, o prejudicado terá que comunicar a outra parte que o contrato está resolvido (art. 474, CC).

> ▸ Atenção!
>
> **Enunciado 436 – V Jornada de Direito Civil – CJF:** A cláusula resolutiva expressa produz efeitos extintivos independentemente de pronunciamento judicial.

7.3. Rescisão

Malgrado inexistir uma precisa definição na legislação codificada a respeito da rescisão contratual, a prova da OAB, em banca anterior a FGV, já a conceituou como o **desfazimento do contrato por fato concomitante ou posterior à sua formação** (vide certame de 2009 da CESPE). Na prática forense e na doutrina, há quem a correlacione com o desfazimento do contrato por meio judicial, ou pelo específico desfazimento nas hipóteses de lesão ou estado de perigo. O fato é que nada obstante a prática forense utilizar desta terminologia, e a própria OAB em exame bastante antigo também a conceituar, o fato é que o CC não abordou o tema na teoria geral dos contratos.

7.4. Exceção do Contrato Não Cumprido (*Exceptio non adimpleti contractus)*

Consiste em defesa indireta de mérito através da qual a parte demandada pela execução de um contrato pode arguir que deixou de cumpri-lo pelo fato de a outra parte ainda não ter satisfeito a prestação correspondente. Este tema está regulado no artigo 476 do CC, o qual prevê como **pressupostos** para o exercício da exceção do contrato não cumprido:

- **Existência de um contrato bilateral sinalagmático.** O instituto necessita que as prestações sejam recíprocas, ou seja: que uma prestação origine a outra.
- **Demanda de uma das partes pelo cumprimento do pactuado.** Somente há sentido na invocação de uma exceção se houver provocação, sendo impossível acontecer aplicação de ofício.
- **Prévio descumprimento da prestação pelo demandante.** De certo, se a parte que demanda o cumprimento tiver cumprido integralmente a sua obrigação, possui direito de exigir da outra parte que cumpra a sua, em um exercício regular de direito.

Aplica-se este instituto na esfera administrativa? Sim, desde que o Estado deixe de adimplir com sua prestação por prazo superior a 90 (noventa) dias, em virtude do princípio da continuidade, na dicção do artigo 78, XV da Lei 8.666/93. Nesta hipótese o prejudicado poderá pleitear a **resolução** do contrato, salvo se houver calamidade pública, grave perturbação da ordem interna ou guerra, sendo aqui possível apenas a suspensão do contrato.

Importa destacar que a exceção do contrato não cumprido, prevista expressamente na legislação brasileira, pode ser afastada pelas partes se as mesmas assim expressamente pactuarem neste sentido, por escrito. Trata-se da denominada cláusula contratual de exceção denominada "**solve et repete**", a significar "pague e depois reclama", ou seja, a prescrever a não aplicação da exceção do contrato não cumprido. Havendo a cláusula "solve et repete" expressamente contratada poderá o contratante exigir imediatamente do contratado o adimplemento mesmo não tendo ainda adimplido a sua parte no contrato.

8. CLASSIFICAÇÕES DOS CONTRATOS

É bem verdade que o CC/02 ao disciplinar a teoria geral dos contratos em momento algum tratou de prescrever a classificação doso mesmos, até porque o ato de classificar institutos é essencialmente de cunho doutrinário. Justamente por conta disto é que destacamos este assunto após evoluirmos a análise de toda a legislação da teoria geral dos contratos, ressalvando as principais classificações que já foram ou podem ser objeto da prova da OAB.

a) Quanto à Natureza da Obrigação.

I) **Contratos Unilaterais, Bilaterais ou Plurilaterais** – na medida em que o contrato implique em direitos e obrigações para ambos os contratantes ou apenas para um deles, será bilateral (ex.: compra e venda) ou unilateral (ex.: depósito), podendo se falar em contrato plurilateral (ou multilateral) quando houver mais de dois contratantes com obrigações (contrato de constituição de uma sociedade ou de um condomínio);

II) **Contratos Onerosos ou Gratuitos** – Quando a um benefício recebido corresponder um sacrifício patrimonial da outra parte (Ex.: compra e venda), fala-se em contrato oneroso. Quando, porém, ficar estabelecido que somente uma das partes auferirá benefício, enquanto a outra arcará com toda obrigação, fala-se em contrato gratuito ou benéfico (Ex.: doação pura e comodato);

III) **Contratos Comutativos ou Aleatórios.** Quando as obrigações se equivalem, conhecendo os contratantes, *ab initio*, as suas respectivas prestações, como, por exemplo, na compra e venda ou no contrato individual de emprego, fala-se em um contrato comutativo. Já quando a obrigação de uma das partes somente puder ser exigida em função de coisas ou fatos futuros, cujo risco da não ocorrência for assumido pelo outro contratante, fala-se em contrato aleatório, previsto nos artigos 458/461, como é o caso, por exemplo, dos contratos de seguro, jogo e aposta, bem como o contrato de constituição de renda.

Malgrado a compra e venda seja, em regra, comutativo, o Código Civil veicula hipóteses de compras e vendas aleatórias, quais sejam:

a) **Contrato de Compra de Coisa Futura, com Assunção de Risco pela Existência (*emptio spei*)**: nessa primeira espécie, prevista expressamente no artigo 458 do CC, o contratante assume o risco de não vir a ganhar coisa alguma, deixando à sorte propriamente dita o resultado da sua contratação. É o exemplo da contratação do lançamento de uma rede de pesca por um pescador, assumindo o contratante o risco de advir um grande volume de peixe ou, simplesmente, nenhum peixe. A álea incide sobre a existência.

b) **Contrato de Compra de Coisa Futura, sem Assunção de Risco pela Existência (*emptio rei speratae*)**: nessa segunda hipótese, prevista no artigo 459 CC, não há assunção total de riscos pelo contratante, tendo em vista que o alienante se comprometeu a que alguma coisa fosse entregue. O exemplo aqui é a aquisição de uma safra futura, na qual o contratante deve receber toda a safra, havendo variação quanto ao volume. A álea aqui incide sobre a quantidade.

c) **Contrato de Compra de Coisa Presente, mas Exposta a Risco assumido pelo Contratante**: a última modalidade codificada é a que versa sobre a venda de coisa atual sujeita a riscos, prevista no artigo 460, CC. Exemplifica-se no caso da aquisição de uma égua prenha, na qual a perda do potro não gera direito a devolução de valores.

IV. **Contratos Paritários ou por Adesão** – Na hipótese de as partes estarem em iguais condições de negociação, estabelecendo livremente as cláusulas contratuais, nas tratativas, fala-se na existência de um contrato paritário. Diferencia-se do contrato de adesão, o qual pode ser conceituado simplesmente como o contrato onde um dos pactuantes pré-determina as cláusulas do negócio jurídico, cabendo a outra parte tão somente aderir.

b) Classificação dos Contratos quanto à Disciplina Jurídica

Civis, comerciais, trabalhistas, consumeristas e administrativos.

c) Classificação dos Contratos quanto à Forma

I. **Solenes ou Não Solenes** – Quanto à imprescindibilidade de uma forma específica para a validade da estipulação contratual;

II. **Consensuais ou Reais** – Em relação à forma pela qual o negócio jurídico é considerado ultimado. Os contratos podem ser consensuais, se concretizados com a simples declaração de vontade, ou reais, na medida em que exijam a entrega da coisa, para que se reputem existentes. A compra e venda é um contrato consensual, enquanto que o depósito e o comodato são hipóteses de contratos reais.

d) Classificação dos Contratos quanto à Designação (nominados e inominados)

Pode-se falar na existência de contratos nominados e contratos inominados, na medida em que tenham terminologia ou nomenclatura definida e prevista expressamente em lei ou, em caso contrário, seja apenas fruto da criatividade humana. **Os nominados são típicos** (possuem nome e regulação). Já os atípicos são aqueles que a legislação não confere nem o nome e nem o tratamento específico.

e) Classificação dos Contratos quanto à Pessoa do Contratante

I. **Pessoais ou Impessoais** – Quanto à importância da pessoa do contratante para celebração e produção de efeitos do contrato, podem tais negócios jurídicos ser classificados em contratos pessoais ou impessoais. Os primeiros, também chamados de personalíssimos, são os realizados *intuito personae*, ou seja, celebrados em função da pessoa do contratante, que tem influência decisiva para o consentimento do outro, para quem interessa que a prestação seja cumprida por ele próprio, pelas suas características particulares (habilidade, experiência, técnica, idoneidade etc.). Nessas circunstâncias, é razoável se afirmar, inclusive, que a pessoa do contratante se torna um elemento causal do contrato (Ex.: contrato de emprego). Já os contratos impessoais são aqueles em que somente interessa o resultado da atividade contratada, independentemente de quem seja a pessoa que irá realizá-la.

II. **Individuais ou Coletivos** – Tem-se como parâmetro também o número de sujeitos envolvidos/atingidos. No contrato individual, sua concepção tradicional se refere a uma estipulação entre pessoas determinadas, ainda que em número elevado, mas consideradas individualmente. Exemplo: compra e venda, na qual há um polo comprador e outro vendedor. Mesmo que haja uma pluralidade de compradores ou de vendedores, tais contratos continuam sendo individuais. Já no contrato coletivo, também chamado de contrato normativo, tem-se uma transubjetivização da avença, alcançando grupos não individualizados, reunidos por uma relação jurídica ou de fato.

f) Classificação dos Contratos quanto ao Tempo

I. **Instantâneos** (execução imediata ou execução diferida) – Por contratos instantâneos compreendam-se as relações jurídicas contratuais cujos efeitos são produzidos de uma só vez (Ex.: compra e venda a vista de bens móveis, em que o contrato se consuma com a tradição da coisa).

Tal produção concentrada de efeitos, porém, dar-se-á *ipso facto* à avença ou em data posterior à celebração (em função da inserção de um termo limitador da sua eficácia), subdividindo-se, assim, tal classificação em contratos instantâneos de execução imediata ou de execução diferida. Tal subclassificação também tem interesse prático, tendo em vista que **nos contratos de execução diferida, é aplicável a teoria da imprevisão,** por dependerem de circunstâncias futuras, o que, por óbvio, inexiste nos contratos de execução imediata.

II. **De duração** (determinada ou indeterminada) – Já os contratos de duração, também chamados de contratos de trato sucessivo, execução continuada ou débito permanente, são aqueles que se cumprem por meio de atos reiterados, como, por exemplo, o contrato de prestação de serviços, compra e venda a prazo e o contrato de emprego. Tal duração pode ser determinada ou indeterminada, na medida em que haja ou não previsão expressa de termo final ou condição resolutiva a limitar a eficácia do contrato.

g) Classificação dos Contratos quanto à Disciplina Legal Específica

Típicos e atípicos – quando há uma previsão legal da disciplina de determinada figura contratual, estaremos diante de um contrato típico; na situação inversa, ou seja, em que o contrato não esteja disciplinado/regulado pelo Direito Positivo, vislumbraremos um contrato atípico.

h) Classificação pelo Motivo Determinante do Negócio

Causais e abstratos – Classificação que toma, por base, o motivo determinante do negócio, para dividi-los em contratos causais e contratos abstratos. Os primeiros estão vinculados à causa que os determinou, podendo ser declarados inválidos, se a mesma for considerada inexistente, ilícita ou imoral. Já os contratos abstratos seriam aqueles cuja força decorre da sua própria forma, independentemente da causa que o estipulou. Seriam os exemplos dos títulos de crédito em geral, como um cheque.

i) Classificação pela Função Econômica (de troca, associativos, de prevenção, de riscos, de crédito e de atividade)

I. **De troca:** caracterizado pela permuta de utilidades econômicas, como, por exemplo, a compra e venda;

II. **Associativos:** caracterizado pela coincidência de fins, como é o caso da sociedade e da parceria;

III. **De prevenção de riscos:** caracterizado pela assunção de riscos por parte de um dos contratantes, resguardando a possibilidade de dano futuro e eventual, como nos contratos de seguro, capitalização e constituição de renda;

IV. **De crédito:** caracterizado pela obtenção de um bem para ser restituído posteriormente, calcada na confiança dos contratantes e no interesse de obtenção de uma utilidade econômica em tal transferência. É a hipótese típica do mútuo feneratício (a juros);

V. **De atividade:** caracterizado pela prestação de uma conduta de fato, mediante a qual se conseguirá uma utilidade econômica. Como exemplos, podem ser lembrados os contratos de emprego, prestação de serviços, empreitada, mandato, agência e corretagem.

j) Contratos Reciprocamente Considerados

I. **Classificação quanto à Relação de Dependência** (principais e acessórios) – Os contratos principais são os que têm existência autônoma, independentemente de outro. Por exceção, existem determinadas relações contratuais cuja existência jurídica pressupõe a de outros contratos, aos quais servem. É o caso típico da fiança, caução, penhor, hipoteca e anticrese.

II. **Classificação quanto à Definitividade** (preliminares e definitivos) – Por fim, quanto à definitivamente podem ser os contratos classificados em preliminares e definitivos. Os contratos preliminares (ou *pactum de contrahendo*), exceção no nosso ordenamento jurídico, nada mais são do que negócios jurídicos que têm por finalidade justamente a celebração de um contrato definitivo.

Contratos em Espécie

Passa-se à análise dos contratos em espécie, sendo que, com base nos últimos certames da OAB, priorizaremos aquelas avenças que costumam ser objeto de prova.

1. COMPRA E VENDA

1.1 Origem

A origem da compra e venda está ligada ao antigo contrato de troca. Trata-se de um desdobramento do contrato de escambo (troca ou permuta). Antes, trocava-se **coisa por coisa.** Hoje, troca-se **coisa por preço**. O Código Civil disciplina tanto a compra e venda quanto a troca ou permuta.

1.2. Conceito de Compra e Venda

Pelo contrato de compra e venda, um dos contratantes se obriga a transferir o domínio de certa coisa e o outro a pagar certo preço em dinheiro (art. 481, CC). É a troca de coisa (corpórea ou incorpórea, móvel ou imóvel) por dinheiro. Evidentemente que a coisa objeto da venda há de ser **alienável** (comerciável), sob pena de nulidade absoluta do negócio jurídico por ilicitude do objeto (art. 166, II, CC), ou mesmo ante a fraude que poderia ocorrer (art. 166, VI, CC).

1.3. Obrigações Decorrentes da Compra e Venda

No Brasil a compra e venda não é suficiente para aquisição (transferência) da propriedade. Portanto, **não há efeito translativo, mas apenas obrigacional neste negócio jurídico. Para os bens móveis a transferência da propriedade se dá por meio da *tradição*,** ou seja, da entrega do bem. A este respeito o artigo 1.267 do

Código Civil: a propriedade das coisas não se transfere pelos negócios jurídicos antes da tradição.

Para os imóveis, somente o registro transfere a propriedade, como disciplinam os artigos 1.245 a 1.247 do CC: os direitos reais sobre imóveis constituídos, ou transmitidos por atos entre vivos, só se adquirem com o registro no Cartório de Registro dos referidos títulos, salvo nos casos expressos neste Código (art. 1.227, CC). Para os bens móveis, a propriedade será transmitida pela tradição, nos termos do art. 1.267 do CC. Portanto, o contrato de compra e venda por si somente não possui caráter translativo de propriedade, vale dizer, não enseja a transmissão imediata da propriedade.

1.4. Natureza Jurídica DO CONTRATO DE COMPRA E VENDA (sinalagmático, ou bilateral perfeito, consensual, oneroso, comutativo, de execução instantânea ou duração)

Uma importante maneira de se melhor compreender o conceito e alcance do contrato de compra e venda, de modo a evoluir no aprofundamento do estudo da matéria, é investigar a sua natureza jurídica. É o que faremos agora, por tópicos, de modo a otimizar o tempo e acelerar o aprendizado.

1.4.1. Sinalagmático ou bilateral perfeito

Quanto à natureza da obrigação entabulada é possível afirmar que **a compra e venda gera obrigações recíprocas.** De um lado, o vendedor estará obrigado a entregar a coisa. De outro lado, o comprador a pagar o preço. Como se pode notar, a reciprocidade das obrigações é visível.

1.4.2. Consensual

O aludido pacto se perfectibiliza com o acordo de vontades, independentemente da entrega da coisa, a teor do artigo 482 do Código Civil. Além de ser consensual, a compra e venda não é solene, ou seja, não exige forma ou solenidade. Destarte, é possível a compra e venda mediante contrato verbal.

Contudo, em alguns casos a compra e venda pode exigir formalidade, a ser atendida sob pena de **nulidade**, na forma dos artigos 108 e 109 do CC, os quais se referem a alienações de imóveis cujo valor é superior a trinta vezes o maior salário mínimo vigente no país, ou mesmo à cláusula de não valer acaso o contrato não seja firmado por escritura pública.

1.4.3. Oneroso e comutativo

Ambos os contratantes experimentam um sacrifício patrimonial (um entrega a coisa e o outro paga o preço).

Afirma-se comutativo porque o conteúdo das obrigações recíprocas é certo e de conhecimento prévio dos contratantes, de modo a existir certa equivalência entre a prestação e a contraprestação. O contrato comutativo se opõe ao denominado de aleatório, o qual envolve um fator de variação ou sorte, a exemplo do seguro.

O Código Civil veicula **exceções ao caráter comutativo da compra e venda**:

a) ***Emptio spei* ou contrato esperança** (art. 458, CC): É a compra e venda de coisa futura com assunção de risco pela existência, estando aqui à álea. Exemplifica-se com a compra de um lanço de rede por um pescador em alto mar, havendo de falar-se em pagamento independentemente do vir, ou não, peixes na rede.

b) ***Emptio rei speratae* ou contrato de coisa esperada** (art. 459, CC): É a compra e venda de coisa futura sem assunção de risco pela existência, havendo álea sobre a quantidade. Exemplifica-se com a compra de safra futura, a qual pode sofre variações de quantidade quando da entrega

c) **Compra e venda de coisa futura, mas exposta a risco** (art. 460, CC). Exemplifica-se com a compra de uma égua prenha, na qual há um pagamento maior de valores. Todavia, aqui, caso haja perda do potro na gestação não há possibilidade da devolução do montante pago a mais.

1.4.4. De execução instantânea ou duração

Originariamente, a compra e venda ocorria de forma instantânea. Esta continua sendo a regra da lei.

Contudo, o advento do crédito se passou a permitir que o pagamento do preço ocorresse em prestações periódicas, de maneira que o contrato em destaque pode assumir ambas as formas, a depender da convenção das partes. **Sobre este assunto, importante destacar que desde dezembro de 2016, com o advento da Medida Provisória 764, se passou a permitir no direito brasileiro a diferenciação de preços de bens e serviços oferecidos ao público em função do prazo ou do instrumento de pagamento utilizado. A partir deste marco temporal e normativo, os estabelecimentos comerciais passaram a ficar autorizados a utilizar preços diferentes de pagamento, prevendo-se nulidade absoluta de qualquer cláusula contratual que venha a proibir ou restringir esta prática. A referida Medida Provisória foi convertida na Lei Federal no 13.455 no dia 26 de julho de 2017.**

1.5. Elementos da Compra e Venda (Consentimento, Preço e Objeto)

Res pretium et consensus são os três elementos do contrato de compra e venda. Portanto, há de haver uma **vontade livre**, uma **coisa comerciável** e finalmente, um **preço sério e correspondente.**

1.5.1. Consentimento

Os contratantes devem ser **capazes**, de modo que o consentimento livre ocorra tanto sobre a *coisa,* como sobre o *preço.* Os absolutamente e relativamente incapazes (arts. 3º e 4º, CC) somente podem celebrar contrato de compra e venda quando representados, assistidos ou, finalmente, quando haja supressão judicial.

Contudo, não estão incluídos nestas vedações os atos-fatos jurídicos (já explicitados ao longo desta sinopse) celebrados por crianças, por exemplo, mas que envolvem hipóteses plenamente assimiladas pela sociedade, como a compra de um suco e um sanduíche na escola.

1.5.1.1. Situações especiais relativas ao consentimento

a) Compra e venda entre ascendente e descendente (art. 496, CC)

Em primeiro lugar é bom que se registre que a limitação ora comentada não **se aplica à união estável,** mas apenas às relações conjugais, afinal de contas matéria restritiva de direito não pode sofrer interpretação ampliativa. Importante mudança jurídica foi observada no assunto ora tratado, pois já se entendeu, sob a égide do Código Civil de 1916 (art. 1.112), que seria nula a compra e venda de ascendente para descendente não autorizada pelos demais descendentes e cônjuge.

A inovação se deu ante o novel artigo 496 do Código Civil de 2002, segundo o qual é **anulável** a venda de ascendente a descendente, salvo se os outros descendentes e o cônjuge do alienante expressamente houverem consentido. O consentimento do outro cônjuge não será necessário se o regime de bens for o da separação absoluta.

Mas qual seria o prazo para anulabilidade do negócio em tela? Segundo o artigo 179 do CC, aplicável à hipótese, o prazo será decadencial e de dois anos, contados da conclusão do negócio. Sobre o tema, necessária uma atenção especial a **superada** súmula 494 do STF, que perdeu a eficácia em decorrência da atual legislação brasileira e, portanto, não mais possui aplicabilidade. Com efeito, é nítida a mudança de tratamento do atual Código Civil, notadamente ante a regra constante no seu artigo 179. Assim, aplica-se o **prazo decadencial de 2 (dois) anos** da conclusão do ato.

Em confirmação a esta tese o Enunciado 368 do CJF/STJ: *"o prazo para anular venda de ascendente para descendente é decadencial de dois anos (art. 179 do Código Civil)"*, aspecto também ratificado pela atualizada jurisprudência do **Superior Tribunal de Justiça**, no Recurso Especial nº 771.736/SC.

b) Compra e venda entre marido e mulher

O Código Civil de 1916 era silente a esse respeito, daí porque se poderia imaginar ser vedada a compra e venda entre pessoas casadas. Contudo, o Código de 2002 foi explícito em seu artigo 499, ao afirmar ser lícita a compra e venda entre cônjuges, com relação a bens excluídos da comunhão. Atente-se, entretanto, ser **nula a venda de bem que eventualmente já integre a comunhão,** por impossibilidade jurídica do objeto, a teor do artigo 166, II do Código, afinal de contas só se permite a alienação dos bens excluídos da comunhão. No particular, **entende-se a aplicabilidade do mencionado à união estável por se tratar de norma inclusiva (e não restritiva) de direito.**

c) Compra e venda sem o consentimento do cônjuge (art. 1.647 e ss. do CC)

Em primeiro lugar é bom que se registre que a polêmica sobre a limitação ora comentada **par caso envolvendo união estável,** eis que o CC disciplina a matéria apenas para as relações conjugais. O fato é que de acordo com a lei, a venda de imóveis por pessoa casada depende da anuência do outro cônjuge (vênia conjugal: outorga uxória ou marital), salvo no regime da separação absoluta. É o que afirma o art. 1.647 do CC.

A ausência da referida outorga acarreta **anulabilidade** do negócio jurídico, sendo o prazo **decadencial** para ajuizamento da ação de **dois anos**, contados após o término da sociedade conjugal (art. 1.649, CC). Acaso haja impossibilidade de o cônjuge anuir, por impossibilidade física (doença incapacitante), ou a negativa seja injustificada, permite o legislador civilista a supressão da aludida autorização por parte do magistrado.

De mais a mais, **a necessidade de outorga não se impõe no regime de separação absoluta,** na forma do *caput* do artigo 1.647, **bem como no regime de participação final nos aquestos quando haja expressa dispensa no pacto antenupcial** (art. 1.656, CC). A legislação prevê, ainda, o ajuizamento de ação de suprimento de vontade para casos em que a recursa na autorização seja abusiva (1.648 do CC).

d) Tutores, curadores, testamenteiros e outras pessoas (art. 497, CC).

Também é importante observar que existem vedações previstas no Código Civil para aquisição de bens pelos tutores, curadores, testamenteiros, leiloeiros e outras pessoas responsáveis por cuidar do patrimônio de certos vendedores (tutelados, curatelados, testadores, etc.), sob pena de nulidade absoluta.

e) Bens em condomínio (art. 504, CC).

Existem dois tipos de condomínio:

- *pro indiviso*: a coisa não está fracionada e as partes condôminas possuem apenas a *fração ideal*;
- *pro diviso*: cada parte já possui a coisa dividida para si, de modo induvidoso e pode vendê-la a quem desejar sem necessidade da prelação, ou seja, da preferência.

A codificação estabelece no artigo 504 um **direito de preferência** na hipótese de alienação por coisas do condomínio, sob pena do condomínio exercer seu direito de adjudicação compulsória no prazo de cento e oitenta dias. A preferência será exercida inicialmente pelo condômino com maior número de benfeitorias e, na falta delas, o de maior quinhão. Sobre o tema, interessante a leitura do Enunciado 623 da VIII Jornada em Direito Civil do CJF: *"Ainda que sejam muitos os condôminos, não há direito de preferência na venda da fração de um bem entre dois coproprietários, pois, a regra prevista no artigo 504, parágrafo único, do Código Civil visa somente a resolver eventual concorrência entre condôminos na alienação da fração a estranhos ao condomínio".*

1.5.2. Preço

O preço deve ser sério, sob pena de não se atender à função social do contrato, dando azo à lesão, ou mesmo ao erro ou a um estado de perigo (vide artigos 138, 156 e 157 do Código Civil), violentando-se o postulado da *eticidade*. Deverá o aludido **preço** ser **certo, determinado ou determinável.** Nunca poderá ser vil, sob pena de revelar verdadeira doação camuflada em compra e venda. Sem o preço, não é possível falar-se em compra e venda: *sine pretio nulla venditio* (sem o preço, nula é a venda). Como já noticiado, o conceito de compra e venda perpassa pela troca da coisa por preço. Caso haja a troca de coisa por coisa, estar-se-á diante de um contrato de troca ou permuta.

> **Atenção!**
>
> **Enunciado 441 – V Jornada de Direito Civil – CJF:** Na falta de acordo sobre o preço, não se presume concluída a compra e venda. O parágrafo único do art. 488 somente se aplica se houverem diversos preços habitualmente praticados pelo vendedor, caso em que prevalecerá o termo médio.

Justo por isso, na forma do art. 481 do CC, **o preço deverá ser expresso em dinheiro. Ante o princípio do nominalismo** adotado pelo Direito Civil Brasileiro no art. 315, **o preço há de ser pago em moeda nacional,** sendo vedada a utilização de ouro ou moeda estrangeira, na forma do art. 318 do aludido Código, salvo em casos extraordinários.

Evidentemente que exceções existem nas quais o preço não exige a moeda nacional, como, ilustre-se, nos contratos decorrentes de importação, ou mesmo nos celebrados no exterior, quando alguém viaja e paga no cartão de crédito, por exemplo.

O preço ***convencional*** será aquele fixado pelo livre ajuste dos contratantes. O que não se admite é a indeterminabilidade absoluta (Ex.: "*pagarás o que quiseres*"). É possível tão somente a indeterminabilidade relativa. Nessa esteira, afirma o artigo 489 do Código Civil ser nula a cláusula que confie ao exclusivo arbítrio de um dos contratantes a fixação do preço, por configurar cláusula simplesmente ou meramente potestativa.

Apesar de tudo o que aqui fora afirmado acerca do preço, lembra-se que é possível o ajuste do preço:

a) Segundo taxa de mercado ou bolsa de valores (art. 486, CC)

De efeito, também se poderá deixar a fixação do preço à taxa de mercado ou de bolsa, em certo e determinado dia e lugar, como permite o artigo 486, de modo que tomar-se-á por base a média nessa data, caso as partes não tenham convencionado de forma diversa, por aplicação analógica do parágrafo único do art. 488.

b) Índices econômicos do governo – como a taxa selic (art. 487, CC)

Como permite o artigo 487 é lícito às partes fixar o preço em função de índices ou parâmetros, desde que suscetíveis de objetiva determinação. O contrato de compra e venda de derivados de petróleo pode ter como parâmetro a variação do preço do petróleo no mercado nacional, sendo um belo exemplo do quanto aqui afirmado.

c) Por terceiro, desde que previamente acertado no contrato

Finalmente, o preço pode ser previamente ajustado por terceiro na melhor forma do artigo 485 do Código Civil.

1.5.3. Objeto (a coisa)

A coisa, que **pode ser qualquer bem, móvel ou imóvel, material ou imaterial, também pode ser atual ou futura.** Acaso seja futura, o contrato de compra e venda apenas terá efeitos se a coisa vier a existir (art. 483, CC). Portanto, é nula a venda de coisa inexistente, apesar da lei admitir a *existência em potencial*, como ocorre, por exemplo, com uma safra de feijão (vide art. 459, CC) ou o bezerro de uma vaca prenha.

É mister que a coisa seja ***comerciável***, ou seja, passível de venda. Bens que se referem à teoria do patrimônio mínimo, como também os direitos da personalidade (art. 11, CC), a herança de pessoa viva (art. 426, CC) e o corpo humano (arts. 13 e 14, CC) não podem ser objeto de alienação (são inalienáveis), sendo nula a venda nestas situações.

Seria possível a venda de ***coisa litigiosa***? A resposta é afirmativa, nos termos do artigo 457 do Código Civil, também se devendo recordar que a ***venda*** de coisas incorpóreas tem sido disciplinada pelo instituto da *cessão*, como acontece na cessão de créditos ou na cessão de direitos hereditários, por exemplo. A coisa incerta, para ser objeto de venda, exigirá ao menos ser indicada pelo gênero e quantidade – como permite o artigo 243 do Código Civil já estudado no capítulo de obrigações – também sendo permitida a venda sobre protótipo ou amostra (art. 484, CC).

1.6. Efeitos do Contrato de Compra e Venda

No plano da **eficácia**, pode-se afirmar que o efeito principal da compra e venda é o de obrigar o alienante a transferir a propriedade da coisa, seja pela tradição, ou pelo registro, como ainda para o adquirente pagar o preço em dinheiro. Isso, porém, não quer significar que a compra e venda, isoladamente, já tem a capacidade de gerar transferência proprietária, pois, como é sabido, além do contrato precisa-se de um modo de transmissão proprietária, como a tradição ou registro.

Além disto, deve o alienante fazer a venda boa, firme e valiosa. Em decorrência disto, a teor do artigo 456 do Código Civil, e dentro dos parâmetros da eticidade e boa-fé objetiva, o vendedor tem responsabilidade civil pela ***evicção*** e ***vícios redibitórios*** (vide o capítulo de parte geral dos contratos).

Quanto aos efeitos concernentes às despesas, são regulados no artigo 490 do Código Civil, sendo a regra que **as despesas de escritura cabem ao comprador** (Ex.: registro), enquanto **as relacionadas à tradição ficam a cargo do devedor.** Essa é a regra, sendo possível a estipulação contratual em sentido contrário.

Sobre os riscos, impende aplicar o regramento do artigo 492 segundo o qual até o momento da tradição, os riscos da coisa correm por conta do vendedor, e os do preço por conta do comprador. Trata-se da conhecida parêmia ***res perit domino***, segundo a qual **a coisa perece em face de seu dono**.

Esta *coisa* há de ser entregue no local onde a venda foi realizada (art. 493, CC), salvo disciplina em sentido contrário. Em arremate, lembre-se, a teor do artigo 491 do Código que não sendo a venda a crédito, o vendedor não é obrigado a entregar a coisa antes de receber o preço, razão pela qual se permite o exercício do direito de retenção na hipótese, como ainda a **exceptio non adimpleti contratus**, afinal de contas *"nenhum dos contratantes, antes de cumprida a sua obrigação, pode exigir o implemento da do outro*, como orienta o artigo 476 do Código Civil.

1.7. Situações Especiais de Compra e Venda

1.7.1. *Venda por amostras (art. 484, CC)*

Para o artigo 484 do Código Civil se a venda se realizar a vista de amostras, protótipos ou modelos, entender-se-á que o vendedor assegura ter a coisa as qualidades que a elas correspondem, sendo possível a celebração deste negócio jurídico mediante o uso de um paradigma que deve reproduzir a coisa na sua correta perspectiva, sob pena de inadimplemento, **quebra** à boa-fé e à confiança. Nesta situação, o alienante responde pela qualidade da amostra. Se houver diferença (contradição) entre a coisa entregue e a amostra, há de prevalecer à amostra.

1.7.2. *Venda ad mensura e ad corpus*

A **venda *ad mensura* é por medida ou metragem,** sendo disciplinada no artigo 500 do Código Civil. Ocorre quando o preço é estipulado de acordo com a *"medida de extensão"*, de modo que *"se esta não corresponder"* às dimensões exatas apresentadas *"o comprador terá o direito de exigir o complemento da área, e, não sendo isso possível, o de reclamar a resolução do contrato ou abatimento proporcional ao preço"*.

Caso o objetivo do adquirente seja a complementação da área, a ação denominar-se-á de *ex empto*. Sendo o final do contrato, o nome *iuris* da ação será **redibitória**. Se o escopo for o abatimento proporcional do preço, fala-se em uma ação **estimatória ou *quantis minoris***. Tais ações hão de ser manejadas no prazo decadencial de um ano, contados do registro (art. 501, CC). Infere-se tratar o legislador cível, no particular, de uma hipótese específica de vício redibitório.

Na venda *ad corpus* se adquire o corpo, independentemente do tamanho. Aqui os contratantes não se preocupam com a extensão do imóvel, mas apenas com o bem em si.

> **Cuidado!**
>
> O artigo 500 do Código Civil aduz que se a venda foi *ad mensuram* e a diferença de área a menor não exceder a cinco por cento (1/20 da área total enunciada), presume-se que a alienação fora *ad corpus*, não havendo de falar-se de vício redibitório. Tal preceito, porém, excepciona a hipótese de quando o comprador comprove que o 1/20 em comento é justamente a área motivadora da compra, sendo, assim, possível pleitear a redibição, o abatimento proporcional ou a complementação da área.

E se ao revés de faltar, sobrar área? Caso na venda *ad mensuram* o vendedor descubra que alienou a mais do que deveria, comprovando que havia motivo para o desconhecimento real da área, ficará a critério do comprador escolher entre o pagamento da diferença de valores ou devolver a área excedente.

1.8. Cláusulas Especiais da Compra e Venda

1.8.1. Cláusula de retrovenda (art. 505, CC)

Como esclarece o artigo 505 do Código o vendedor de coisa imóvel pode reservar-se o direito de recobrá-la no prazo máximo de decadência de três anos, restituindo o preço recebido e reembolsando as despesas do comprador, inclusive as que durante o período de resgate se efetuaram com a sua autorização escrita, ou para a realização de benfeitorias necessárias. Trata-se de uma **cláusula resolutiva expressa que acarreta a recompra.** Nesta cláusula especial acessória, o vendedor guarda para si o direito de recomprar, no prazo máximo de 3 (três) anos, o bem vendido. Além de **somente se aplicar sobre bens imóveis,** também deve se reconhecer que **não se trata de uma nova alienação. Por isto, não se pode admitir dupla tributação nessas situações.**

O **direito ao *resgate*** – também chamado de ***retrato* ou *remição*** – decai em três anos, sendo possível transmiti-lo à terceiro, na forma do artigo 507 do Código Civil, que institui a propriedade resolúvel nestas situações. O prazo de três anos é máximo, sendo possível o estabelecimento de prazo inferior. Entrementes, não é possível estabelecer prazo superior. Assim, se houver prazo superior ou, ainda, no silêncio do contrato, aplicar-se-á o prazo de três anos.

1.8.2. Cláusula de venda a contento versus venda sujeita à prova

É importante **diferenciar** a venda a contento da venda sujeita à prova, razão pela qual a análise crítica dos artigos 509 e 510 do Código Civil constituem o ponto de partida deste estudo. O art. 509 estabelece que a venda feita a contento do comprador entende-se realizada sob condição suspensiva, ainda que a coisa lhe tenha sido entregue; e não se reputará perfeita, enquanto o adquirente não manifestar seu agrado. Por outro lado, o artigo 510 afirma que também a venda sujeita a prova presume-se feita sob a condição suspensiva de que a coisa tenha as qualidades asseguradas pelo vendedor e seja idônea para o fim a que se destina.

Como se vê, a venda feita a contento, muito comum para gêneros alimentícios e bebidas em geral, é aquela *ad gustum*, submetida a uma condição (evento futuro e incerto), qual seja: agradar o comprador (é típico exemplo de venda condicional).

A tradição da coisa não transfere o domínio, pois apenas a posse direta é transmitida ante a condição suspensiva indicada no artigo 509 do Código. Exige-se que o adquirente se manifeste, após o que o contrato se aperfeiçoa, relembrando-se, a teor do art. 511, que as obrigações do comprador, que recebeu, sob condição suspensiva, a coisa comprada, são as de mero comodatário, enquanto não manifeste aceitá-la.

Já na **venda sujeita a prova** não se tem este direito personalíssimo e inteiramente subjetivo de *agrado*. O que se exige apenas é que o aludido bem possua as qualidades indicadas pelo alienante. Tão só. Assim, na venda sujeita à prova, acaso existentes às qualidades indicadas (critério objetivo), há de falar-se em uma alienação perfeita e acabada. Já na venda a contento, a perfeição do negócio depende do contentamento do comprador, o qual é subjetivo e deve ser exercido dentro do prazo estabelecido no contrato.

Por fim, na venda a contento, caso o contrato seja silencioso haverá o alienante de estabelecer prazo razoável ao adquirente para exercício do direito de agrado, subentendendo o silêncio como **aceitação.**

1.8.3. Preempção, prelação ou preferência (art. 513, CC)

A preempção constitui cláusula especial em que o adquirente assume a obrigação de dar preferência ao vendedor originário, na hipótese de nova venda, notificando-o no prazo mínimo de 30 (trinta) dias, na forma do artigo 513 do Código Civil.

Admite-se tanto para venda de móveis, quanto de imóveis.

Portanto, *se* o comprador decidir futuramente vender o bem deve preferir como comprador o antigo proprietário, no prazo de cento e oitenta dias para móvel e de dois anos para imóvel, pagando-se o *"preço atual"* da coisa (art. 519, CC). Responderá por perdas e danos o comprador se alienar a coisa sem ter dado ao vendedor ciência do preço e das vantagens que por ele lhe oferecerem, sendo que responderá solidariamente o adquirente, se tiver procedido de má-fé (518, CC). Cumpre lembrar que o direito de preferência não se pode ceder nem passa aos herdeiros (art. 520, CC), sendo, portanto, ***intuito personae***.

1.8.4. Venda com reserva de domínio (art. 521, CC)

Afirma o artigo 521 do Código Civil que na venda de coisa móvel pode o vendedor reservar para si a propriedade, até que o preço esteja integralmente pago. Trata-se de **cláusula especial** em que o alienante, na venda de bem móvel, **mantém a propriedade e posse indireta da coisa, apenas transmitindo a posse indireta**. Recebido o pagamento integral do preço, transfere-se a propriedade. Ocorre, tipicamente, nas vendas a crédito sobre bens móveis, e não se confunde com a alienação fiduciária em garantia, na qual há uma instituição financeira intermediando e diz respeito tanto a bens móveis como imóveis. Para valer sobre terceiros, como adverte o artigo 522 do Código Civil, é necessário que o contrato, com a cláusula de venda a contento, seja por escrito e esteja registrado no Cartório de Títulos e Documentos do domicílio do comprador.

1.8.5. Venda sobre documentos

Esta venda também é denominada de crédito **documentário ou "trust receipt"**.

Na venda sobre documentos, a tradição da coisa é substituída pela entrega do seu título representativo e dos outros documentos exigidos pelo contrato ou, no silêncio deste, pelos usos, a teor do artigo 529 do Código Civil. A tradição é substituída pelo título representativo ou por documentos reportados no ajuste, de modo a incrementar velozmente o comércio de bens móveis, razão pela qual achando-se a documentação em ordem, não pode o comprador recusar o pagamento, a pretexto de defeito de qualidade ou do estado da coisa vendida, salvo se o defeito já houver sido comprovado.

2. CONTRATO DE DOAÇÃO

2.1 Definição (art. 538, CC)

Para o artigo 538 do Código Civil considera-se doação o contrato em que uma pessoa, por liberalidade, transfere do seu patrimônio bens ou vantagens para o de outra. Trata-se de contrato que tem por objeto a **transferência gratuita de bens ou vantagens** a outrem. Diferentemente do que era prescrito no art. 1.165

do CC/1916, o art. 538 do CC/2002 deixou de mencionar a locução "que o aceita", razão pela qual surge a polêmica doutrinária sobre a obrigatoriedade da aceitação como requisito do contrato. A doutrina é dividida: (i) há quem entenda que a aceitação do donatário continua sendo elemento essencial do contrato, de modo que o ajuste não se aperfeiçoará enquanto o beneficiário não manifestar sua intenção de aceitar a doação; (ii) há quem sustente que a aceitação não é mais elemento essencial do contrato, mas meramente complementar.

Para provas objetivas e legalistas, como OAB, recomendamos o entendimento de que **a doação não está condicionada ao aceite,** à luz da nova lei civil. Não consiste, portanto, **a aceitação em um elemento essencial do contrato.** Lembra-se, todavia, que **tal aceitação pode ser tácita,** como admite o Superior Tribunal de Justiça na **Súmula 328,** quando o donatário, embora não aceite expressamente a doação, quita o imposto de transmissão inter vivos de um imóvel.

2.2 Características da Doação

Inegável a natureza negocial do contrato de doação a exigir lembrança de que, quando pura (gratuita), submete-se à regra do artigo 114 do Código Civil, segundo o qual "***Os negócios jurídicos benéficos e a renúncia interpretam-se estritamente***". Portanto, nas doações puras e simples a responsabilidade civil do doador é legislativamente reduzida, daí porque não estará sujeita aos efeitos da evicção e dos vícios redibitórios, como dita o artigo 552 do Código Civil. Tal regra não se aplica às doações onerosas, a exemplo daquelas que possuem encargo.

2.3 Classificação (gratuito e unilateral, comutativo, formal e instantâneo)

2.3.1. Gratuito e unilateral

Na doação pura e simples, a vantagem econômica beneficia **apenas uma só parte**, inexistindo contraprestação. Por isto, pode-se afirmar ser esta uma contratação gratuita e unilateral. Excepcionalmente, a doaçao poderá ser onerosa e bilateral (com encargo ou remuneratória), hipótese a ser analisada posteriormente.

2.3.2. Comutativo

Já que as partes sabem, **antecipadamente**, os exatos termos e efeitos contratuais, inexistindo álea, é possível afirmar que a doação se caracteriza por ser um contrato comutativo (não aleatório).

2.3.3. *Formal*

Conforme artigo 541 do Código Civil, a doação **exige** forma prescrita em lei, escritura pública ou instrumento particular, somente se admitindo a doação verbal para móveis de pequeno valor, e se lhe seguir de imediato a tradição (a chamada *doação manual*). Lembra-se, ainda, da dicção do artigo108 do Código Civil, segundo o qual negócios que envolvam imóveis cujo valor seja superior a 30 (trinta) vezes o maior salário mínimo vigente no país hão de ser feitas por escritura pública, sob pena de nulidade. Sobre o tema, o Enunciado 622 da VIII Jornada de Direito Civil anuncia: *"Para a análise do que seja bem de pequeno valor, nos termos do que consta do art. 541, parágrafo único, do Código Civil, deve-se levar em conta o patrimônio do doador"*.

2.3.4. *Instantâneo*

Pela própria natureza jurídica desta é intuitivo reconhecer que o contrato de doação se executa de imediato, não sendo razoável falar-se em doação a prazo.

2.4. Elementos

Na análise dos elementos, fala-se no **sujeito** (elemento subjetivo) e **objeto** (elemento objetivo). É como a doutrina e a jurisprudência costumam sustentar, a saber:

2.4.1. *Sujeitos*

a) Doador – aquele que realiza a liberalidade (dispõe do patrimônio ou da vantagem).

b) Donatário – beneficiário (aquele que aufere o patrimônio ou a vantagem).

Como visto, para a compra e venda também é fundamental que **os sujeitos em destaque possuam capacidade genérica e legitimação para a prática do ato específico.** Na doação, idem. Lembra-se, porém, **que não se autoriza que insolventes celebrem doações, assim como pródigos.** Também não é possível doação entre o cônjuge adúltero e seu cúmplice, sob pena de anulabilidade no prazo de dois anos, contados da dissolução da sociedade conjugal (art. 550, CC).

2.4.2. *Objeto*

Pode ser objeto do contrato de doação **todo e qualquer bem comerciável, móvel ou imóvel, corpóreo ou incorpóreo.** Repetem-se, no particular, as observações realizadas quando da análise da compra e venda.

2.4.3. A Aceitação da doação

De acordo com a doutrina, pode ser:

a) **Expressa,** quando decorra da manifestação inequívoca do donatário, que assina o contrato, por exemplo;

b) **Tácita,** decorrente de inequívoco comportamento do donatário, a exemplo do registro do imóvel doado;

c) **Presumida,** na casuística do artigo 539 do CC, quando é fixado prazo para o donatário afirmar se aceita, ou não, a liberalidade e ele silencia, presumindo-se a aceitação.

2.5. Situações Especiais

2.5.1. Doação de ascendente para descendente

Reza o artigo 544 do Código Civil que a doação de ascendente para descendente gera **presunção de antecipação de legitima (da herança).** Isso porque os bens do *de cujus* devem ser colacionados (referidos) no inventário, sob pena de sonegados, para que seja abatida a quota com o propósito de impedir que um herdeiro necessário (art. 1.845, CC) receba mais do que outro, equilibrando-se a legítima.

Esta presunção (do adiantamento da legítima) é ***juris tantum,*** ou seja, pode ser ilidida mediante prova em sentido contrário. De igual sorte, é possível que o doador, no ato da liberalidade, dispense do donatário da colação, como autoriza o artigo 2.006 do Código Civil, afirmando partir o bem da cota disponível.

2.5.2. Doação onerosa

Trata-se de **doação com modo ou encargo, ou doação de bem gravado** que impõe obrigações ao donatário, possuindo caráter contraprestacional em favor do próprio doador, de terceiro por ele indicado ou da coletividade. Se o donatário não executar o encargo poderá ser revogada a doação (CC, art. 555). A estas se **aplicam o regime de contratos onerosos,** falando-se em responsabilidade pela evicção e vícios redibitórios.

2.5.3. Doação remuneratória

É a **doação feita em retribuição a serviços prestados pelo donatário.** Exemplo destas são as que se referem aos honorários médicos prescritos ou à entrega de dinheiro por sentimento moral (dízimo). Na **doação remuneratória** é possível se alegar vício redibitório do bem doado, a teor do artigo 441, parágrafo único do Código Civil. Nestas, contudo, não é possível revogá-las por ingratidão (vide artigo 564, I, do CC), não estando sujeitas ao instituto hereditário da colação (art. 2.011 do CC).

2.5.4. Doação conjuntiva

É aquela doação que se faz em favor de duas ou mais pessoas simultaneamente. As cotas serão presumidas proporcionais, salvo disposição em contrário do doador (art. 551, CC). Advirta-se que nesta modalidade de doação não existe, em regra, *direito de acrescer*, instituto típico das sucessões testamentárias. Dessa forma, **a morte de um dos donatários não transfere o patrimônio ao outro.** Ao revés, a morte gera a transmissão desta cota aos herdeiros do finado, salvo estipulação contratual que venha a disciplinar a hipótese de forma diversa.

2.5.5. Doação inoficiosa

Refere-se à realizada sobre um bem ou um conjunto de bens que deveriam ser resguardados em favor dos herdeiros necessários, ou seja, do cônjuge, ascendentes e descendentes, na forma do artigo 549 do CC. A hipótese é de nulidade absoluta naquilo que exceder. O legislador optou, neste dispositivo, por proteger a legítima dos herdeiros necessários (CC, arts. 1.845 e 1.846).

2.5.6. Doação universal

A fim de garantir o mínimo existencial da pessoa humana e sua dignidade, o artigo 548 do Código Civil considera nula a doação de todos os bens sem reserva de parte, ou renda suficiente para subsistência do doador, pois comprometeria a sobrevivência deste, que somente poderia assim agir acaso ajustasse cláusula de usufruto. A crítica doutrinária é que a referida nulidade se relaciona a todo patrimônio, e não apenas ao mínimo necessário à sobrevivência, a par da intervenção estatal na autonomia privada. Mas, que fique claro, **para exames da OAB considera-se toda a doação em tela nula, aplicando-se a redação do art. 548.**

2.5.7. Doação com cláusula de reversão, ou seja, de retorno

Nesta especial situação, possibilita-se ao doador que os bens doados revertam para si se este (doador) sobreviver ao donatário. É a cláusula de retorno que confere uma **condição resolutiva expressa à doação.** No pacto de reversão fica claro que o doador intenciona beneficiar apenas ao donatário e não deseja ver o aludido bem comunicar com quem quer que seja. Importante notar, contudo, que é proibida a reversão em favor de terceiro, como pontua o parágrafo único do artigo 547 do CC.

2.5.8. Doação em favor de entidade futura

Também é possível realizar doação para constituir pessoa jurídica futura, como uma fundação, por exemplo, desde que isso ocorra dentro de dois anos, sob pena de caducidade (CC, art. 554).

2.5.9. Doação ao nascituro

A doação ao **nascituro** é válida devendo ser aceita pelo seu representante legal (art. 542). Também seria possível doutrina admitindo doação à prole eventual, ou seja, a quem sequer fora concebido, aplicando, por analogia, o artigo 1.800, IV do Código Civil. Assim, em regra a concepção haverá de ser feita até o prazo máximo de dois anos após a morte do doador, salvo disposição de vontade em contrário. Não obedecido o referido prazo, o bem retorna ao *monte mor* para ser partilhado entre os herdeiros legítimos.

2.5.10. Doação propter nuptias

É permitida a doação em face de casamento futuro com certa e determinada pessoa, constituindo-se **negócio jurídico condicionado** a evento futuro e incerto (art. 546, CC). A doutrina vem entendendo tal doação como onerosa, aplicando--se o regime pertinente a esta modalidade contratual, a exemplo de responsabilidade pela evicção e vícios redibitórios.

2.5.11. Doação entre cônjuges

A doação entre os cônjuges é juridicamente possível, inexistindo vedação legal a este respeito. Contudo, alguns cuidados e esclarecimentos devem ser feitos. Em primeiro lugar, à luz do que já decidiu o Superior Tribunal de Justiça na Ação Rescisória 310/PI, **não é possível a doação entre os cônjuges no regime da comunhão universal,** sendo a mesma nula por impossibilidade jurídica do seu objeto, **salvo se esta referir-se aos bens excluídos da comunhão,** ou seja, aos bens exclusivos de um dos cônjuges em favor do outro (art. 1.668, CC). Aplica-se o mesmo entendimento, por analogia e tendo em vista o princípio da igualdade, às doações realizadas entre companheiros sobre os bens excluídos da comunhão, pelas mesmas razões.

2.6. Revogação da Doação

Em regra, a doação é **irrevogável e irretratável,** pois uma vez ocorrida enseja a aquisição do direito de propriedade em face de outrem. Contudo, **é possível invalidar o contrato de doação diante de vícios de consentimento,** tais como como *erro, dolo ou coação.* A par destas considerações, também se deve lembrar **as hipóteses excepcionais nas quais a doação pode ser revogada, quais sejam: ingratidão e descumprimento de encargo. Mas que fique claro: o instituto da invalidade não se confunde com o instituto da revogação!**

A revogação por ingratidão não atinge as doações remuneratórias, as onerosas com o encargo já cumprido, as realizadas em cumprimento de obrigação natural e em contemplação a determinado casamento **por expressa vedação normativa** (art. 564, CC).

As casuísticas autorizadoras da **revogação** por força da ingratidão estão elencadas nos artigos 557 e 558 do CC, sendo elas:

> I – se o donatário atentou contra a vida do doador ou cometeu crime de homicídio doloso contra ele;
>
> II – se cometeu contra ele ofensa física;
>
> III – se o injuriou gravemente ou o caluniou;
>
> IV – se, podendo ministrá-los, recusou ao doador os alimentos de que este necessitava;
>
> V – quando o ofendido, nos casos do artigo anterior, for o cônjuge, ascendente, descendente, ainda que adotivo, ou irmão do doador. (art. 558).

Para a doutrina majoritária, identificada no Enunciado 33 na I Jornada de Direito Civil, este rol é meramente exemplificativo, na medida em que não é possível prever todas as hipóteses fáticas, o que bem se conforma com o Princípio da Operabilidade do Código Civil, mediante conceitos abertos a serem preenchidos de acordo com a boa-fé e os usos e costumes do lugar.

A ação que visa **invalidar** o negócio por ingratidão deve ser proposta no prazo de um ano, contatos do conhecimento pelo doador do fato autorizador do ajuizamento da ação e de ter sido o donatário o seu autor (CC, art. 559).

O CC proíbe **expressamente** a renúncia antecipada ao direito de revogar a liberalidade por ingratidão do donatário (CC, art. 556) sendo a legitimidade ativa *"ad causam"* para o ajuizamento da demanda do doador, afinal de contas para demandar será necessário demonstrar em juízo interesse e legitimidade (CPC, art. 17) sob pena de extinção do processo sem resolução de mérito (CPC, art. 485). O CC também admite que herdeiros do doador possam prosseguir na demanda já ajuizada pelo mesmo, que também continuará contra os herdeiros do donatário se este falecer depois do ajuizamento da demanda (CC, art. 560). A legislação brasileira também confere legitimidade ativa aos herdeiros do doador no caso de homicídio doloso, desde que este não tenha perdoado o donatário (art. 561, CC).

Já a doação onerosa poderá ser **revogada** por inexecução do encargo se o donatário incorrer em mora e, não havendo prazo fixado para o cumprimento, o doador poderá notificar judicialmente o donatário, assinando-lhe prazo razoável para que cumpra a obrigação assumida. É o que diz o art. 562 do CC.

3. CONTRATO DE LOCAÇÃO DE COISAS

3.1. Definição

De acordo com o artigo 565 do Código Civil na **locação de coisas**, uma das partes se obriga a ceder à outra, por tempo determinado ou não, o uso e gozo de coisa não fungível, mediante certa retribuição.

3.2. Classificação (Oneroso, comutativo, consensual e de duração)

3.2.1. Oneroso

Gera vantagens econômicas para o contratante e o contratado e se caracteriza pelo pagamento de aluguéis;

3.2.2. Comutativo

As partes previamente conhecem, previamente, de seus efeitos e resultados, que são certos e determinados;

3.2.3. Consensual

Se torna perfeito e acabado com a simples manifestação de vontade, independentemente da entrega do bem;

3.2.4. Instantâneo ou Trato Sucessivo

Poderá ser tanto por tempo determinado, quanto por tempo indeterminado,

3.3. Elementos Caracterizadores

Quatro são os elementos caracterizados da locação: o **objeto**, o **preço**, o **consentimento** e o **prazo**.

3.3.1. Objeto

Necessariamente deve abranger **bens infungíveis,** ante a obrigação contratual de *restituir* a coisa após o término do contrato, o que não poderia ocorrer se a coisa fosse fungível (substituível, ou consumível pelo uso). Excepcionalmente admite-se a locação de bens fungíveis destinados à ornamentação (enfeites de festas ou cerimônias), denominando-se locação *ad pompam vel ostentationem*. Aqui haverá posterior obrigação de devolução do bem.

3.3.2. Preço

O pagamento de um preço é o que diferencia a locação do comodato, pois se não fosse necessário pagar o aluguel (ou a renda), o contrato seria de empréstimo. O preço deve ser sério, indicado pelas partes de maneira leal e transparente, inclusive no que tange aos reajustes, nos limites da função social dos contratos (art. 421, CC) e da boa-fé (art. 422, CC).

3.3.3. Consentimento

A **autonomia privada** e a **vontade livre** devem estar presentes. As partes devem ser capazes e legitimadas à prática do ato. Um importante detalhe: o locador não precisa ser proprietário para poder alugar a coisa. Basta ter poderes de administração que permitam alugar a coisa para, desta forma, estar autorizado a firmar o ajuste.

3.3.4. Prazo

O contrato de locação pode ser estipulado ou por tempo **determinado, ou por tempo indeterminado.** Nas locações de imóveis urbanos, acaso o prazo seja superior a dez anos, far-se-á necessária a vênia conjugal, na forma do artigo 3º da Lei 8.245/91. Ausente a vênia conjugal o cônjuge não estará obrigado a observar o prazo excedente.

3.4. Obrigações do Locador

Várias são as **obrigações** do locador. A título ilustrativo cite-se o artigo 568 do Código Civil, segundo o qual o locador resguardará o locatário dos embaraços e turbações de terceiros, que tenham ou pretendam ter direitos sobre a coisa alugada, e responderá pelos seus vícios, ou defeitos, anteriores à locação. Também é obrigação do locador dar a posse em estado de uso regular, além de garantir, durante o tempo do contrato, o uso manso e pacífico da coisa, respondendo pelos vícios de defeitos anteriores, respeitando o aludido prazo de vigência do ajuste de modo a não postular a posse no aludido período. Se, durante a locação, a coisa alugada deteriorar sem culpa do locatário a este caberá pedir redução proporcional do aluguel, ou resolver o contrato, caso já não sirva a coisa para o fim a que se destinava.

3.5. Obrigações do Locatário

Não pode o locatário alterar a finalidade da coisa, como adverte o artigo 570 do Código Civil: se o locatário empregar a coisa em uso diverso do ajustado, ou do a que se destina, ou se ela se danificar por abuso do locatário, poderá o locador, além de rescindir o contrato, exigir perdas e danos. Portanto, deve o locatário se servir da coisa alugada para os usos convencionados ou presumidos, conforme a natureza dela e as circunstâncias, bem como tratá-la com o mesmo cuidado como se sua fosse, dar conhecimento ao locador de esbulho ou turbação praticado por terceiro, cumprindo-lhe ainda restituir a coisa, finda a locação, no estado em que recebeu, ressalvadas as deteriorações naturais ao uso regular, e, principalmente, pagar o aluguel de forma pontualmente ajustada ou, na falta de ajuste, segundo o costume do lugar.

3.6. Alienação da Coisa Alugada na Locação

O art. 576 do CC prescreve que se a coisa for alienada durante a locação, o adquirente não ficará obrigado a respeitar o contrato se nele não for consignada cláusula da sua vigência no caso de alienação e não constar registro no Cartório de Títulos e Documentos do domicílio do locador, quando a coisa for móvel, ou no Registro de Imóveis da respectiva circunscrição se imóvel for. Em se tratando de imóvel, e ainda no caso em que o locador não esteja obrigado a respeitar o contrato, não poderá ele despedir o locatário, senão observado o prazo de noventa dias após a notificação. Trata-se de regra que se aplica aos casos em que a locação não se encontra submetida à **lei do inquilinato** (vide, por exemplo, o art. 1º da Lei 8.245/91).

À propósito da Lei Federal no 8.245/91 observe que existe disciplina específica envolvendo a alienação do bem locado, com especial destaque, por exemplo, ao **direito de preferência do locatário**. Assim, haverá o locatário de ser notificado sobre a intenção de venda e condições de pagamento. Acaso seja desrespeitada a referida prelação, o locatário será titular de direito à adjudicação compulsória, depositando o preço e reavendo a coisa para si, desde que (art. 33 da Lei 8.245/91):

a) o contrato de locação esteja averbado há pelo menos 30 (trinta) dias antes da alienação;

b) o direito à adjudicação compulsória seja exercido no prazo máximo de 6 (seis) meses após a referida venda.

E se não houver registro do contrato? Subsiste o **direito de preferência** o qual, acaso desrespeitado, gera ao locatário mera ação de perdas e danos, não havendo de falar-se em responsabilidade civil. Destarte, caso não haja, por parte do locatário, interesse na referida aquisição, o que acontecerá com o contrato de locação? Sendo locação por **prazo determinado** e havendo registro do contrato e cláusula de vigência, haverá de ser respeitado o termo final da avença. Caso, porém, o contrato seja por prazo indeterminado, o locatário apenas poderá ser retirado desde que haja aviso prévio de 90 (noventa) dias.

3.7. Direito de Indenização e Retenção nas Locações de Imóveis Urbanos

Segundo o artigo 35 da Lei de Locação de imóveis urbanos, salvo disposição contrária, somente serão indenizáveis as benfeitorias necessárias, independentemente de autorização, e as úteis autorizadas. Quanto às voluptuárias, subsiste o direito a levantá-las, desde que não afete a estrutura e a substância do imóvel. No que diz respeito às benfeitorias necessárias e úteis autorizadas, terá ainda o locatário **direito de retenção,** explica-se: enquanto não houver a aludida indenização, poderá não devolver a coisa, até a compensação dos valores.

Sobre o tema, importante lembrar que o Superior Tribunal de Justiça possui entendimento cristalizado na **Súmula 335**, a qual permite regramento contratual até mesmo contrária à lei. Ou seja, o dito no parágrafo anterior apenas aplica-se no **silêncio** do contrato. Caso haja disposição contratual, a vontade das partes é livre, sendo lícito estabelecer, até mesmo, a inexistência de indenização em qualquer hipótese.

3.8. Transmissão da Posição Contratual na Locação de Imóveis Urbanos

De acordo com o artigo 10 da Lei de Locações morrendo o locador, a locação transmite-se aos herdeiros, circunstância que demonstra que o aludido contrato não possui natureza jurídica personalíssima, sendo transmissível.

Por outro viés, *"Morrendo o locatário, ficarão sub-rogados nos seus direitos e obrigações: I – nas locações com finalidade residencial, o cônjuge sobrevivente ou o companheiro e, sucessivamente, os herdeiros necessários e as pessoas que viviam na dependência econômica do de cujus, desde que residentes no imóvel; II – nas locações com finalidade não residencial, o espólio e, se for o caso, seu sucessor no negócio"*, como reza o artigo 11 do mesmo Diploma, aspecto que evidencia o caráter **impessoal** e **transmissível** do ajuste também em face do locatário.

Em casos de separação de fato, separação judicial, divórcio ou dissolução da sociedade concubinária, **a locação prosseguirá automaticamente com o cônjuge ou companheiro que permanecer no imóvel**, devendo ser comunicado por escrito ao locador e ao fiador, se esta for a modalidade de garantia locatícia, até mesmo para este, querendo, se exonere das suas responsabilidades no prazo de 30 dias contados do recebimento da comunicação ficando responsável pelos efeitos da fiança durante 120 dias após a notificação do locador.

3.9. Sublocação, Empréstimo ou Cessão (art. 13 da lei)

Em arremate, deve-se relembrar que a sublocação, o empréstimo ou a cessão no aludido contrato de locação, seja no todo, seja em parte, **sempre dependerá do consentimento prévio e escrito do locador,** o qual não se presume. Aliás, não se presume sequer o consentimento tácito pela simples demora do locador em manifestar formalmente sua oposição. Observe-se que notificado por escrito pelo locatário da ocorrência de uma das hipóteses previstas terá o locador prazo de 30 dias para manifestar formalmente sua posição.

4. CONTRATO DE EMPRÉSTIMO

4.1. Generalidades e Classificação (Informal, gratuito, temporário, unilateral, comutativo e real)

Consiste o contrato de empréstimo na entrega de uma coisa a outrem, de forma gratuita, com autorização de uso. Este gênero (empréstimo) pode ser dividido em duas **espécies:**

a) **comodato: relativo aos bens infungíveis**

b) **mútuo: relacionado aos bens fungíveis.**

Previsto entre os artigos 579 e 586 do Código Civil, o empréstimo se caracteriza por ser um contrato informal, não escrito, gratuito, temporário, unilateral, comutativo e real, isto porque, neste particular, somente com a tradição da coisa se aperfeiçoa. A este propósito, vide o artigo 579 do Código Civil, segundo o qual não havendo a entrega do bem, não há falar-se em comodato, mas apenas em promessa deste.

4.2. Comodato (Empréstimo de Uso)

O comodato pode ser sobre bens imóveis ou móveis, desde que insubstituíveis. Trata-se de empréstimo de uso. Por ser gratuito, a fidúcia é da essência do ajuste. Trata-se de contrato *intuitu personae*. O dono da coisa, que a empresta, é denominado ***comodante***. Quem recebe em empréstimo ***comodatário***.

Excepcionalmente admite-se o comodato de bens fungíveis destinados à ornamentação (enfeites de festas ou cerimônias), denominando-se comodato *ad pompam vel ostentationem*. Aqui haverá posterior obrigação de devolução do bem. A obrigação do comodatário consiste, basicamente, em usar, guardar, conservar e devolver a coisa no tempo aprazado, sob pena de reintegração possessória e perdas e danos, passando a assumir, a partir da mora, os riscos pelo fortuito, bem como respondendo pelo pagamento de valores a título de aluguel. Este aluguel não tem natureza remuneratória, mas punitiva, razão pela qual não se poderia admitir, em situações como esta, a conversão do comodato em locação.

Nos termos do artigo 580 do Código Civil não poderão firmar comodato os tutores, curadores e demais administradores de patrimônio alheio nas hipóteses e especificidades ali indicadas e por razões intuitivas, afinal de contas estes sujeitos se encontram em posição de nítida vantagem em favor de seus administrados. Demais disto, seria configurada a benesse com patrimônio alheio, o que não deve ser tolerado, em regra. Curioso observar, nos termos do artigo 583 do Código Civil que **as excludentes da responsabilidade por caso fortuito e força maior não se aplicam à hipótese do comodato,** devendo o comodatário empregar diligência prioritária ao salvamento da coisa emprestada, em prejuízo do próprio patrimônio.

4.3. Mútuo (Empréstimo de Consumo)

Trata-se de um **negócio real, unilateral, gratuito, comutativo e não solene** previsto no artigo 586 do Código Civil, cujo objeto consiste no empréstimo para uso (consumo da coisa). Daí porque se fala em empréstimo de bem fungível e consumível. Quem recebe a coisa emprestada (mutuário) não se obriga a devolver a mesma. A obrigação é outra, qual seja: entrega de bem pertencente ao mesmo gênero, quantidade e qualidade. Desta forma, se a coisa emprestada é fungível e consumível o mutuário pode lhe destruir na substância. Isto ocorre porque o mutuário se torna proprietário do bem recebido, mediante tradição e, a partir disto, assume os riscos pelo fortuito (art. 587, CC).

A regra da gratuidade tem como importante exceção o mútuo feneratício (de dinheiro), prevendo o pagamento de juros, que consiste na **remuneração** do capital. O Enunciado 34 do CJF/STJ é cristalino a este respeito: *"No novo Código Civil,* *quaisquer contratos de mútuo destinados a fins econômicos presumem-se onerosos (art. 591) ficando a taxa de juros compensatórios limitada ao disposto no art. 406, com capitalização anual".*

No particular, lembra-se que as limitações das taxas de juros e a Lei da Usura (Decreto-Lei 22.626) não se aplicam às instituições bancárias e financeiras, que podem cobrar juros abusivos, pasmem, como afirma o **Supremo Tribunal Federal** na **súmula 596**. Em outras palavras: o artigo 591 do Código Civil pátrio não incidirá sobre os bancos e instituições financeiras. O mútuo é contrato informal, não solene.

4.3.1. Mútuo feito à menor

Segundo a norma, caso se realize empréstimo para consumo (mútuo) em face de um menor, aquele que emprestou (mutuante), sem autorização do representante legal do menor (mutuário), estará proibido de reaver a coisa deste e dos fiadores (art. 588, CC). Inegável a preocupação legislativa com os incapazes (no caso, menores de dezoito anos). A tutela da **confiança** e a **boa-fé objetiva**, entretanto, justifica situações de exceção nas quais o mutuante (quem emprestou) terá direito à cobrança. À título de exemplo, pode isto acontecer nos casos de ratificação pelo representante legal do menor (princípio da conservação do negócio jurídico), se o mútuo aconteceu tão somente a fim de preservar os alimentos habituais deste incapaz, se o incapaz possuir bens próprios, ou, em arremate, se o mútuo foi convertido ao incapaz (art. 589, CC).

Em arremate, faz-se mister relembrar o conteúdo da súmula 603 do STJ segundo a qual *"É vedado ao banco mutuante reter, em qualquer extensão, os salários, vencimentos e/ou proventos de correntista para adimplir o mútuo (comum) contraído ainda que haja cláusula contratual autorizativa, excluído o empréstimo garantido por margem salarial consignado, com desconto em folha de pagamento, que possui regramento legal específico e admite a retenção de percentual".*

5. CONTRATO DE DEPÓSITO

5.1. Definição

Na forma do artigo 627 do Código Civil pelo contrato de depósito recebe o depositário um objeto móvel, para guardar, até que o depositante o reclame. Neste ajuste, **a obrigação existente será a de guarda de bem móvel e corpóreo,** com necessidade de posterior restituição, seja por imposição da lei (legal) ou decorrente da vontade das partes (convencional).

Quando legal, o depósito poderá ser necessário ou miserável, quando verificada calamidade pública. **É da essência do contrato a não utilização da coisa pelo depositário, sob pena de configurar-se mútuo ou comodato** (se a coisa for fungível ou infungível, inexistindo contraprestação), **ou ainda locação** (acaso haja pagamento de aluguel pelo uso). Em regra, no contrato de depósito resta proibido o uso do bem, não compreendendo a proibição o uso mínimo necessário para realização do próprio depósito, como a condução do veículo até o estacionamento para guarda.

5.2. Classificação (real, gratuito e personalíssimo)

O contrato de depósito é qualificado como contrato de natureza real, pois somente se aperfeiçoa com a entrega da coisa móvel e corpórea, ou seja, mediante **tradição**.

Demais disto, presume-se como um contrato **gratuito**, salvo ajuste em contrário ou quando o depósito resulte da atividade profissional do depositário. Nessa hipótese, a remuneração deve ser pactuada no próprio contrato. No seu silêncio, o magistrado irá arbitrar segundo os usos e costumes. Também é característica importante do contrato de depósito o fato deste ser **personalíssimo**, pois se justifica em face de uma típica relação de confiança.

5.3. Espécies de Depósito

A primeira hipótese de depósito é denominada de *voluntário* por emanar da livre vontade das partes, dividindo-se em:

a) **Regular**: quando disser respeito a bens infungíveis, situação na qual se tem, concretamente, a garantia jurídica da possibilidade de restituição específica do aludido bem.

b) **Irregular**: quando disser respeito a bens fungíveis, ou seja, substituíveis e que se consumem pelo uso, a exemplo do depósito de dinheiro (depósito bancário).

De acordo com o artigo 646 do Código Civil o depósito voluntário provar-se-á por escrito, surgindo nisto a necessidade de se saber se o aludido contrato poderia ser classificado como formal ou não. Pode-se afirmar que a exigência de o aludido pacto se *provar* por escrito não significa que o mesmo seria ***solene***, afinal de contas a solenidade é aspecto jurídico analisado no plano da validade (pressuposto previsto no artigo 104 do Código Civil), enquanto que a prova gira em torno da eficácia (efeitos).

A segunda é a do denominado depósito necessário, estando prevista no artigo 647 do Código Civil, que se socorrerá, no silêncio ou deficiência da disciplina específica. De qualquer modo, reza o aludido artigo 647: "*É depósito necessário: I – o que se faz em desempenho de obrigação legal; II – o que se efetua por ocasião de alguma calamidade, como o incêndio, a inundação, o naufrágio ou o saque*".

Diante da aludida norma e à luz da doutrina pacificada, tem-se o depósito legal previsto no citado inciso I, do artigo 647, como aquele realizado no desempenho de uma obrigação decorrente de lei, como, por exemplo, no caso previsto no artigo 641 do Código (depósito legal em caso de incapacidade superveniente do depositário e para os casos nos quais o depositante se nega a receber a coisa). O depósito miserável (inc. II) decorre de fatos naturais extraordinários, como a força maior, podendo-se ilustrar com as hipóteses de enchentes, oportunidade na qual aquele que sofre com o evento retira os bens móveis que possui da casa abalada e os coloca em outra residência, onde não haja risco de perecimento destes.

A terceira hipótese é intitulada de depósito necessário ou do hospedeiro, decorrente da guarda de bens móveis pelos hotéis e estabelecimentos congêneres (art. 649, CC), quando há responsabilidade do hoteleiro para com as bagagens dos hóspedes no caso de perda ou deterioração destas, salvo se provar caso fortuito e força maior.

5.4. Impossibilidade de Prisão do Depositário

Não é mais possível a prisão civil por dívidas não quitadas pelo depositário em qualquer modalidade deste, pois o artigo 5º, LXVII da Constituição Federal e o artigo 652 do Código Civil mereceram nova reflexão pelo Supremo Tribunal Federal (Súmula Vinculante 25 e Recurso Extraordinário nº 466.343-1/SP) à luz do Pacto de São José da Costa Rica e Emenda Constitucional 45/04. **No mesmo sentido, o STJ (súmula 419).**

6. CONTRATO DE PRESTAÇÃO DE SERVIÇOS

6.1. Conceito

Trata-se de *contrato pelo qual uma pessoa se obriga a realizar certas atividades a uma outra, mediante remuneração.* É negócio jurídico **típico** e **nominado**, **consensual**, **não solene**, **informal**, **sinalagmático** (os contratantes são ao mesmo tempo credores e devedores), **comutativo** (a equivalência entre a prestação e a contraprestação já é conhecida de antemão), **personalíssimo** (a morte do contratante extingue o pacto), **de trato sucessivo**, por meio do qual o prestador assume obrigação de fazer e o tomador deste serviço obrigação de pagar em retribuição.

De acordo com o art. 593 do CC *"A prestação de serviço, que não estiver sujeita às leis trabalhistas ou a lei especial, reger-se-á pelas disposições deste Capítulo"*.

6.2. Objeto

Será objeto do contrato de prestação de serviço cível toda e qualquer espécie de atividade (obrigação de fazer) qualificada como *serviço ou trabalho lícito*, físico, ou intelectual, material ou imaterial, corpóreo ou incorpóreo, passível de retribuição. Eis o que prescreve o art. 594 do CC *"Toda a espécie de serviço ou trabalho lícito, material ou imaterial, pode ser contratada mediante retribuição"*.

Ainda sobre o objeto deste contrato é muito importante recordar a regra prevista no art. 601 do CC, segundo a qual *"Não sendo o prestador de serviço contratado para certo e determinado trabalho, entender-se-á que se obrigou a todo e qualquer serviço compatível com as suas forças e condições"*.

6.3. A Forma e a Assinatura a Rogo

A regra é a de que os negócios jurídicos se submetem à forma livre, como se pode notar pela simples leitura do art. 107 do CC. Ainda em termos de parte geral do Direito Civil, notamos que a regra da liberdade das formas nos negócios jurídicos experimenta duas exceções: para os negócios jurídicos imobiliários (CC, art. 108) e, finalmente, quando as próprias partes expressamente estipularem a solenidade como causa imprescindível à **validade** do negócio jurídico (CC, art. 109).

Nesse contexto, a conclusão a que se pode chegar é no sentido de que o contrato de prestação de serviço se submete à forma livre. Trata-se, destarte, de um **contrato não solene** que poderá até mesmo ser celebrado na modalidade verbal.

Mas o legislador brasileiro civilista demonstrou acurada sensibilidade com este tema alusivo à forma do contrato de prestação de serviços, notadamente para a figura de uma das pessoas que mais precisarão de proteção jurídica na celebração dos contratos, quais sejam os que não souberem ler.

Nos exatos termos do art. 595 do CC. *"No contrato de prestação de serviço, quando qualquer das partes não souber ler, nem escrever, o instrumento poderá ser assinado a rogo e subscrito por duas testemunhas"*.

6.4. A Retribuição

Em **regra,** o contrato de prestação de serviços é **oneroso**. Significa dizer que em linha de princípio aquele que realiza a atividade, presta o serviço, deve receber uma retribuição, uma remuneração. Reza o art. 596 do CC o seguinte: *"Não se tendo estipulado, nem chegado a acordo as partes, fixar-se-á por arbitramento a* *retribuição, segundo o costume do lugar, o tempo de serviço e sua qualidade*". Logo em seguida, o art. 597 do CC afirmará que "*A retribuição pagar-se-á depois de prestado o serviço, se, por convenção, ou costume, não houver de ser adiantada, ou paga em prestações*".

Adverte o art. 606 do CC que "*Se o serviço for prestado por quem não possua título de habilitação, ou não satisfaça requisitos outros estabelecidos em lei, não poderá quem os prestou cobrar a retribuição normalmente correspondente ao trabalho executado. Mas se deste resultar benefício para a outra parte, o juiz atribuirá a quem o prestou uma compensação razoável, desde que tenha agido com boa-fé*".

6.5. A Duração ou Vigência do Contrato

O tempo **máximo** de duração do contrato de prestação de serviços será de quatro anos. A lei proíbe convenção assinada pelas partes que preveja um período superior a este. O transcurso deste período será suficiente para o legislador considerar findo o contrato.

Nestes termos, o art. 598 do CC: "*A prestação de serviço não se poderá convencionar por mais de quatro anos, embora o contrato tenha por causa o pagamento de dívida de quem o presta, ou se destine à execução de certa e determinada obra. Neste caso, decorridos quatro anos, dar-se-á por findo o contrato, ainda que não concluída a obra*".

Apesar de o texto normativo ser induvidoso, há na doutrina tese jurídica em sentido diametralmente oposto. A título de exemplo, veja o Enunciado 32 da I Jornada de Direito Comercial do Conselho da Justiça Federal para quem será possível nos contratos de prestação de serviços envolvendo atividade empresarial, e quando as partes forem empresários, ajuste de prazo superior a quatro anos.

6.6. Extinção

As causas gerais de extinção dos contratos, estudadas na teoria geral, também se aplicam à prestação de serviço, sendo importante realçar, para além disso, que a legislação codificada também apresentará regras expressas e específicas, a seguir apresentadas. Para além das causas gerais de extinção, o Código Civil apresentará artigos de lei com situações específicas, criando uma verdadeira disciplina jurídica específica para a **extinção** do contrato de prestação de serviço.

É o que determina o art. 599 do CC. Não havendo prazo estipulado, nem se podendo inferir da natureza do contrato, ou do costume do lugar, qualquer das partes, a seu arbítrio, mediante prévio aviso, pode **resolver** o contrato. Esta é a regra.

Apesar de a norma utilizar a expressão *"resolver o contrato"*, a bem da verdade se tem uma nítida hipótese de verdadeira resilição unilateral (CC, art. 473). A natureza jurídica desta forma de extinção está diretamente ligada ao princípio da liberdade, à ideia segundo a qual ninguém é obrigado a permanecer contratado. Em síntese: a extinção neste caso será imotivada.

O parágrafo único do art. 559 do CC disciplinará a figura do aviso prévio a ser dado por quem apresentar a resilição unilateral, vale dizer, por quem requerer a extinção imotivada do ajuste. Este aviso deverá ser dado: a) com antecedência de oito dias, se o salário se houver fixado por tempo de um mês, ou mais; b) com antecipação de quatro dias, se o salário se tiver ajustado por semana, ou quinzena; e, finalmente, c) de véspera, quando se tenha contratado por menos de sete dias.

Interessante notar a regra de exceção prevista no art. 600 do CC para quem *"Não se conta no prazo do contrato o tempo em que o prestador de serviço, por culpa sua, deixou de servir"*. De fato, se o prestador deu causa à inexecução da prestação de serviço, não poderá se beneficiar da consideração deste tempo no qual não cumpriu o contrato para o fim de ser indenizado no aviso prévio, sob pena de se beneficiar da própria torpeza.

Logo após disciplinar a possibilidade de extinção voluntária da prestação de serviço cível por tempo indeterminado, o CC avança para tratar da mesma modalidade contratual, agora por **tempo certo** ou por **obra determinada.** O assunto é contemplado no art. 602 e proíbe que o prestador de serviço se ausente, ou peça despedida imotivada antes de preenchido o tempo, ou antes de concluída a obra.

Eis o texto do preceito legal: *"O prestador de serviço contratado por tempo certo, ou por obra determinada, não se pode ausentar, ou despedir, sem justa causa, antes de preenchido o tempo, ou concluída a obra"* (CC, art. 602). Exatamente por isso, acaso o prestador **desrespeite** a norma e deixe de concluir a obra, ou prestar o serviço até o prazo final, deverá pagar: *"Parágrafo único. Se se despedir sem justa causa, terá direito à retribuição vencida, mas responderá por perdas e danos. O mesmo dar-se-á, se despedido por justa causa."*

Se o prestador de serviço for **despedido** sem justa causa, sem justo motivo, o tomador deste serviço, denominado pelo art. 603 do CC apenas como *"a outra parte"*, será obrigado a pagar por inteiro a retribuição vencida *"e por metade a que lhe tocaria de então ao termo legal do contrato"*. Em sede de doutrina empresarial, ou comercial, chame-se como preferir, foi cristalizado o Enunciado 33 da I Jornada de Direito Comercial do Conselho da Justiça Federal segundo o qual os contratantes estão autorizados a fixar cláusulas penais superiores à retribuição referida no art. 603 do CC.

Em linha de princípio o contrato de prestação de serviço é *intuito personae*. Tanto isto é verdade que a norma proíbe a transferência da obrigação de fazer assumida (prestação do serviço) a pessoa diversa *"sem aprazimento da outra parte"*, que deverá autorizar a substituição (CC, art. 605).

Outra evidência do caráter personalíssimo deste pacto reside na circunstância do ajuste se extinguir com a morte de qualquer das partes. A disciplina está no art. 607 do CC: *"O contrato de prestação de serviço acaba com a morte de qualquer das partes. Termina, ainda, pelo escoamento do prazo, pela conclusão da obra, pela rescisão do contrato mediante aviso prévio, por inadimplemento de qualquer das partes ou pela impossibilidade da continuação do contrato, motivada por força maior"*.

Outra grave forma de se observar a extinção do contrato de prestação de serviços ocorre quando terceiro **alicia** o prestador para que este deixe de executar suas atividades e inicie nova contratação, rompendo com a antiga. A matéria é regulada no art. 608 do CC com o seguinte texto: *"Aquele que aliciar pessoas obrigadas em contrato escrito a prestar serviço a outrem pagará a este a importância que ao prestador de serviço, pelo ajuste desfeito, houvesse de caber durante dois anos"*. Trata-se de regramento que prestigia a **boa-fé objetiva**, ao passo que o aliciador é conhecedor da existência de contrato pretérito do prestador de serviços e, ainda assim, busca o aliciamento.

Eis um belíssimo exemplo da denominada **tutela externa do crédito** e do respeito à **boa-fé objetiva** consagradas nos Enunciados 21 e 37 do CJF, impedindo que um terceiro faça tábula rasa do contrato firmado, agredindo a boa-fé das relações jurídicas, a função social do contrato, quebrando a lealdade, a confiança, de modo que o ato de aliciar enseja reparação civil.

O art. 608 do CC se harmonizará perfeitamente com o princípio da **função social do contrato** previsto no art. 421 do CC

Ressalte-se, em linha de conclusão, o curioso art. 609 do CC cujo texto é o seguinte: *"A alienação do prédio agrícola, onde a prestação dos serviços se opera, não importa a rescisão do contrato, salvo ao prestador opção entre continuá-lo com o adquirente da propriedade ou com o primitivo contratante"*.

7. CONTRATO DE EMPREITADA

7.1. Conceito

O contrato de empreitada está disciplinado entre os arts. 610 a 626 do CC/02.

Trata-se de negócio jurídico por meio do qual *uma das partes – empreiteiro ou prestador – obriga-se a fazer ou a mandar fazer determinada obra, mediante uma determinada remuneração, a favor de outrem – dono da obra ou tomador (CC, arts. 610 a 626).* É negócio jurídico típico, nominado, bilateral ou sinalagmático, comutativo, oneroso, consensual, diferido no tempo, impessoal, por meio do qual uma pessoa assumirá obrigação de fazer qualificada pelo resultado (empreiteiro), envolvendo bens materiais ou imateriais, em benefício de outra (dono de obra ou comitente), que pagará retribuição certa.

De um lado se tem o **empreiteiro** (aquele que assume a obrigação de realizar a obra encomendada, ou a prestar certo serviço) e, do outro lado o **dono da obra** ou **comitente**, que será aquele a assumir o pagamento, a remuneração ajustada.

De acordo com o art. 610 do CC *"O empreiteiro de uma obra pode contribuir para ela só com seu trabalho ou com ele e os materiais"*. Avança a doutrina para advertir que a empreitada se distingue porque a produção de um resultado final é pressuposto inerente a este tipo de ajuste, aspecto que a diferencia, por exemplo, da prestação de serviços, pois esta envolverá atividade meio (e não obrigação de resultado).

Empreiteiro, portanto, é quem **executa** a obra em favor de outra pessoa, denominada **dono da obra,** que se beneficiará por esta atividade. Nada obstante a usual expressão dono da obra, observe-se que a empreitada poderá envolver também a realização de uma atividade para além da construção civil, como, por exemplo, para bens imateriais (criar um site, uma música, uma poesia, uma propaganda comercial, por exemplo).

No contrato de empreitada ou o empreiteiro será contratado exclusivamente para realizar o trabalho, ou será contratado para realizar o trabalho e assumir a aquisição dos materiais também.

Dessa maneira, um dos primeiros cuidados que se deverá observar quando da análise de um contrato de empreitada será se o seu objeto envolverá apenas o trabalho, ou se haverá obrigação do empreiteiro não apenas com o trabalho, como também pelos materiais que serão utilizados.

> **Atenção!**
>
> A obrigação de fornecer os materiais não se presume; resulta da lei ou da vontade das partes. Dessa maneira, será prudente ao dono da obra que deseje contratar também o fornecimento e uso dos materiais pelo empreiteiro que expressamente realize este ajuste no contrato de empreitada, para que dúvidas não surjam a este respeito. Sobre o tema, e a ausência de presunção a este respeito, deve-se conferir a disciplina do § 1º do art. 610 do CC.

O Código Civil também apresenta, no início da disciplina sobre a empreitada, a ressalva de que esse contrato não se confunde com a **elaboração de um projeto.** A teor do § 2º do art. 610 *"O contrato para elaboração de um projeto não implica a obrigação de executá-lo, ou de fiscalizar-lhe a execução"*.

Fica claro, pela letra fria da norma, que será possível a contratação apenas para que alguém realize a elaboração de um projeto. Nestas condições, não se poderá exigir daquele que elaborou o aludido projeto a obrigação de executá-lo, muito menos fiscalizar aquela execução. Tratou o legislador de evitar qualquer tipo de dúvida a respeito deste assunto.

7.2. Modalidades de Empreitada

De acordo com a legislação cível, a **empreitada** poderá ser apenas de lavor (empreitada de obra), ou poderá ser empreitada mista (de materiais, quando o empreiteiro assume além do trabalho, a obrigação de fornecer os materiais). Em outras palavras, o contrato de empreitada pode ocorrer com, ou sem a obrigação de o empreiteiro fornecer materiais. Nesta última hipótese, ou seja, quando este for contratado com o dever jurídico de também fornecer os materiais, assumirá o empreiteiro os riscos a este respeito até o momento da entrega da obra.

Sobre o tema, reza o art. 611 do CC *"Quando o empreiteiro fornece os materiais, correm por sua conta os riscos até o momento da entrega da obra, a contento de quem a encomendou, se este não estiver em mora de receber. Mas se estiver, por sua conta correrão os riscos"*. Evidentemente que, em sentido diametralmente oposto a isto, *"Se o empreiteiro só forneceu mão de obra, todos os riscos em que não tiver culpa correrão por conta do dono"*. É o que prescreve o art. 612 do CC.

7.3. A Conclusão da Obra e a Responsabilidade Civil

Nos exatos termos do art. 615 do CC *"Concluída a obra de acordo com o ajuste, ou o costume do lugar, o dono é obrigado a recebê-la. Poderá, porém, rejeitá-la, se o empreiteiro se afastou das instruções recebidas e dos planos dados, ou das regras técnicas em trabalhos de tal natureza"*.

O fato concreto é que o art. 616 do CC autorizará o dono da obra a *"em vez de enjeitá-la, recebê-la com abatimento no preço"*. Com efeito, se houve inadimplemento contratual por parte do empreiteiro, a consequência jurídica disso será surgir para o credor uma faculdade, qual seja ou a de enjeitar a coisa, ou exigir o abatimento do preço.

De igual sorte, mantendo-se ainda no estudo da responsabilidade subjetiva do empreiteiro, este está obrigado a pagar os materiais que recebeu, se por **imperícia** ou **negligência** os inutilizar, na melhor forma do art. 617 do CC. Uma regra muito conhecida na prática forense e que envolve as empreitadas de edifícios ou do que a norma denomina *"construções consideráveis"* diz respeito ao **prazo irredutível de cinco anos** de responsabilidade civil do empreiteiro de materiais e execução *"pela solidez e segurança do trabalho"*.

De acordo com o art. 618 do CC *"Nos contratos de empreitada de edifícios ou outras construções consideráveis, o empreiteiro de materiais e execução responderá, durante o prazo irredutível de cinco anos, pela solidez e segurança do trabalho, assim em razão dos materiais, como do solo"*.

> ▸ **Atenção!**
>
> De acordo com o Enunciado 181 do CJF *"O prazo referido no art. 618, parágrafo único, do CC refere-se unicamente à garantia prevista no caput, sem prejuízo de poder o dono da obra, com base no mau cumprimento do contrato de empreitada, demandar perdas e danos"*.

7.4. O Preço da Empreitada

O contrato de empreitada é essencialmente negócio jurídico oneroso, de maneira que o preço estará presente em toda e qualquer espécie de empreitada, devendo ser pago pelo dono da obra, ou comitente, ao empreiteiro. A **empreitada por preço certo** também é denominada **marche à forfait** (expressão de origem francesa) e se caracteriza pelo fato de os contratantes ajustarem um pagamento global, por toda a obra contratada, pouco importando os avanços das etapas, ou as medidas que evoluírem com a execução da atividade. Em geral, o preço contratado no contrato de empreitada não será alterado, ainda que na execução da obra surjam modificações no projeto.

Mas a legislação brasileira apresentará **três exceções** nas quais será possível discutir a modificação do preço, ainda que se trate de empreitada por preço certo, a saber:

a) estipulação em sentido contrário pelos contratantes, situação de típico respeito à liberdade à autonomia privada e à autodeterminação dos contratantes.

b) instruções escritas do dono da obra a este respeito, o que vedaria o comitente (dono da obra) a ter um comportamento contraditório.

c) se o dono da obra comparecia frequentemente ao local da empreitada, constatava as modificações e, apesar disso, não apresentava oposição contra estas, típica hipótese de **supressio** e **surrectio.**

Afora estas situações, entende-se que o empreiteiro deverá assumir todos os custos pelas modificações do projeto (não contratadas e executadas por ele), isentando-se o dono da obra no particular, afinal de contas, a essência desta empreitada é por **preço determinado.**

Sobre o tema, o art. 619 do CC: *"Salvo estipulação em contrário, o empreiteiro que se incumbir de executar uma obra, segundo plano aceito por quem a encomendou, não terá direito a exigir acréscimo no preço, ainda que sejam introduzidas modificações no projeto, a não ser que estas resultem de instruções escritas do dono da obra*".

Mas, como visto, haverá uma terceira situação **atípica** e ressalvada pelo parágrafo único do art. 619: "*Ainda que não tenha havido autorização escrita, o dono da obra é obrigado a pagar ao empreiteiro os aumentos e acréscimos, segundo o que for arbitrado, se, sempre presente à obra, por continuadas visitas, não podia ignorar o que se estava passando, e nunca protestou*".

Nos termos do art. 620 do CC: "*Se ocorrer diminuição no preço do material ou da mão de obra superior a um décimo do preço global convencionado, poderá este ser revisto, a pedido do dono da obra, para que se lhe assegure a diferença apurada*".

Ainda sobre o tema, é importante saber que sem anuência de seu autor do projeto, não poderá o proprietário da obra introduzir modificações, ainda que a execução seja confiada a terceiros. A ressalva que se fará a este respeito decorrerá apenas do que o legislador denomina **motivos supervenientes** ou **razões de ordem técnica**, a comprovar uma "*inconveniência ou a excessiva onerosidade de execução do projeto em sua forma originária*" (CC, art. 621).

Como já estudamos, não se deve confundir a contratação para o projeto, com a contração da execução da obra em si. Não há presunção a este respeito, de maneira que, geralmente, a contratação do projeto não impõe a execução da obra pelo projetista.

A **empreitada por unidade de medida** (por medição) também denominada **ad mensuram** ou **marche sur devis** tem característica diversa, qual seja o fato de o pagamento ocorrer na proporção do avanço da obra, por cada mediação realizada. Nesta contratação, a obra é fracionada em etapas e cada etapa concluída impõe o pagamento de uma remuneração ajustada. Trata-se de contrato cuja prestação é divisível e autoriza o empreiteiro a receber parcialmente o seu crédito na medida em que concluir cada uma das etapas do cronograma, bem como a não prosseguir nas demais etapas enquanto não for remunerado. Eis um belo exemplo da possibilidade de se alegar a exceção do contrato não cumprido, prevista no art. 476 do CC.

Em se tratando de empreitada com partes **distintas**, ou seja, ajustada mediante a execução de etapas, de um cronograma, o empreiteiro haverá de receber por medida, ou segundo as partes em que se dividir, podendo exigir o pagamento na proporção da obra executada. É o que afirma o art. 614 do CC.

Como já esclarecido, o empreiteiro **notificará** o dono da outra acerca do término da respectiva etapa para que este realize a verificação da medida e o remunere na proporção da obra executada. Tanto isto é certo que o CC presume verificada a etapa da obra sempre que houver o respectivo pagamento desta, na forma do § 1º do art. 614 do CC: "*Tudo o que se pagou presume-se verificado*".

Como também já restou esclarecido nas linhas anteriores, o CC presume verificada a parte distinta da obra após os **trinta dias a contar da medição** se o comitente não denunciar qualquer vício. Se o dono da obra, ou se aquele incumbido da fiscalização, deixar transcorrer os trinta dias a contar da medição sem qualquer denúncia de vício, haverá presunção de verificação (§ 2º, art. 614, CC). O art. 622 do CC aduz que "*Se a execução da obra for confiada a terceiros, a responsabilidade do autor do projeto respectivo, desde que não assuma a direção ou fiscalização daquela, ficará limitada aos danos resultantes de defeitos previstos no art. 618 e seu parágrafo único*".

No âmbito cível, destarte, não haverá responsabilidade do autor do projeto se a execução da obra for confiada a terceiros. A ressalva a esta situação acontecerá apenas se o projetista assumir contratualmente a direção ou a fiscalização da obra, o que pode ocorrer acaso exista ajuste expresso no particular. Neste caso, a responsabilidade civil do projetista que assumiu a direção ou a fiscalização da obra será limitada aos danos resultantes dos defeitos de solidez e segurança do trabalho, assim em razão dos materiais, como do solo.

> **Atenção!**
>
> Se o empreiteiro gerar dano injusto a terceiros, o comitente, ou dono da obra, será responsabilizado de forma objetiva e indireta, nos termos dos arts. 932, III e 923 do CC. Eis um belo exemplo de responsabilidade civil objetiva por ato de terceiro, também denominado responsabilidade civil indireta ou complexa.

O dono da obra terá direito subjetivo de suspendê-la após iniciada a construção, afinal de contas, na qualidade de proprietário do bem, terá direito de usar, gozar, dispor, reaver e fruir da coisa como lhe aprouver (CC, art. 1.228). Evidentemente que esta atitude espontânea do dono da obra não poderá prejudicar o patrimônio jurídico do empreiteiro que **não deu causa** a esta suspensão espontânea.

O contrato de empreitada é diferido no tempo, envolve relação jurídica continuativa, de trato sucessivo. Este aspecto – por si somente – já evidencia a **possibilidade** de suspensão da execução do contrato, o que é previsto de modo específico nos arts. 623 e 624 do CC.

Evidentemente que a melhor forma de compreender a existência de responsabilidade civil decorrente da suspensão do contrato de empreitada gira em torno da identificação daquele que **deu causa** à suspensão.

A questão é simples. Se o dono da obra deu causa à suspensão, terá **responsabilidade civil** em relação ao empreiteiro. Exatamente por isso é que o art. 623 do CC imporá ao dono da obra o pagamento ao empreiteiro as despesas e os lucros relativos aos serviços já feitos, mais indenização razoável, calculada em função do que ele teria ganho, se concluída a obra. Aplica-se também o art. 402 do CC, de maneira que o empreiteiro será credor de perdas e danos, materiais e extrapatrimoniais, se for o caso.

Também haverá responsabilidade civil do empreiteiro se este suspender a obra sem justo motivo (CC, art. 624), hipótese em que responderá por perdas e danos.

Excepcionalmente, será possível suspender a obra nos casos previstos no art. 625 do CC, ou seja: a) por culpa do dono, ou por motivo de força maior; b) quando, no decorrer dos serviços, se manifestarem dificuldades imprevisíveis de execução, resultantes de causas geológicas ou hídricas, ou outras semelhantes, de modo que torne a empreitada excessivamente onerosa, e o dono da obra se opuser ao reajuste do preço inerente ao projeto por ele elaborado, observado os preços; c) se as modificações exigidas pelo dono da obra, por seu vulto e natureza, forem desproporcionais ao projeto aprovado, ainda que o dono se disponha a arcar com o acréscimo de preço.

Em arremate, observe-se que a morte das partes não acarretará a extinção do contrato de empreitada que, como visto, **transmite-se** hereditariamente.

Eis o que prescreve o art. 626 do CC: *"Não se extingue o contrato de empreitada pela morte de qualquer das partes, salvo se ajustado em consideração às qualidades pessoais do empreiteiro"*.

7.5. Extinção

O contrato de empreitada poderá ser **extinto** por oito maneiras distintas, e que muito se assemelham com as regras gerais de término dos negócios jurídicos.

Em primeiro lugar, a empreitada poderá ser extinta em decorrência da entrega da obra, da **realização** efetiva do resultado objeto do negócio jurídico, dentro dos exatos limites daquilo que restou pactuado. É a extinção desejada. O adimplemento do negócio jurídico enseja o seu término natural.

Em segundo lugar, o contrato de empreitada poderá ser extinto pela **resilição unilateral do comitente** ou dono da obra, também denominada denúncia vazia, hipótese em que este deverá pagar perdas e danos ao empreiteiro, nos exatos termos do art. 623 do CC.

Em terceiro lugar, o contrato de empreitada poderá ser extinto pela **resilição unilateral do empreiteiro**, hipótese na qual este pagará indenização ao dono da obra, desde que presentes os elementos do dever de reparar o dano.

Em quarto lugar a resilição bilateral, também denominada **distrato**, poderá ser causa extintiva da empreitada, quando empreiteiro e dono da obra, consensualmente, decidem dar fim ao pacto.

Em quinto lugar, o contrato de empreitada poderá ser extinto por **resolução extrajudicial, ou** mesmo **judicial**, situação em que se debaterá a existência de ato ilícito de um dos contratantes, caracterizador de descumprimento contratual.

Em sexto lugar pela morte do empreiteiro acaso o contrato de empreitada tenha sido celebrado de maneira **personalíssima**. Ressalta-se: apenas haverá extinção do contrato de empreitada na hipótese de morte do empreiteiro, acaso a empreitada tenha sido pactuada de forma *intuito personae*. Em sétimo lugar pela falência do empreiteiro. Em oitavo e último lugar por **caso fortuito ou força maior**.

8. CONTRATO DE MANDATO

8.1. Conceito

Trata-se de ajuste no qual *uma pessoa (mandatário ou outorgado) recebe poderes de outra pessoa (mandante ou outorgante) para, em nome desta, praticar um ato (ou um conjunto de atos) ou administrar interesses*. Nos termos do art. 653 do CC "*Opera-se o mandato quando alguém recebe de outrem poderes para, em seu nome, praticar atos ou administrar interesses. A procuração é o instrumento do mandato*".

> **Atenção!**
>
> Procuração não se confunde com o mandato. O **mandato** é o contrato em si. A **procuração** é o instrumento que decorre deste contrato. É o instrumento que comprovará a quem interessar possa que uma determinada pessoa é mandatária de outra.

A legislação brasileira faz expressa referência às **informações que deverão estar contidas no instrumento particular**, entre as quais a indicação do lugar onde foi passado, a qualificação do outorgante e do outorgado, a data e o objetivo da outorga com a designação e a extensão dos poderes conferidos (§ 1º do art. 654 do CC). É muito importante, contudo, dar cumprimento ao comando legislativo. Isso porque o terceiro com quem o mandatário tratar poderá exigir a apresentação do referido documento e até mesmo que a procuração traga a firma reconhecida (§ 1º do art. 654, CC), de maneira que todo o cuidado é recomendado na produção do referido documento.

Como o Superior Tribunal de Justiça vem decidindo esta questão?

Nos Recursos Especiais 296.489/PB e 716.824/AL, o Superior Tribunal de Justiça entendeu pela **desnecessidade do reconhecimento de firma para o advogado postular em juízo**, máxime considerando o advento da Lei Federal 8.952/94 que, de maneira clara, importou em relevante avança ao dispensar do causídico o reconhecimento de firma, sendo verdadeiro divisor de águas do Direito Privado no que se refere à instrumentalidade, economia, celeridade e efetividade do Processo Civil.

Uma importante regra a respeito do contrato de mandato está assentada no art. 655 do CC, nos seguintes termos: *"Ainda quando se outorgue mandato por instrumento público, pode **substabelecer-se** mediante instrumento particular"*. Trata-se de uma regra que deverá despertar muita atenção, tendo em vista a tendência em se imaginar haver paralelismo das formas, o que, no contrato de mandato é ledo engano!

Atenção!

O **Enunciado 182 do CJF** concluiu que *"O mandato outorgado por instrumento público previsto no art. 655 do CC somente admite instrumento particular quando a **forma pública for facultativa** e não integrar a substância do ato"*. Trata-se de uma importante reflexão doutrinária, afinal de contas, para os casos em que a lei exigir, necessariamente, a procuração por instrumento público não será possível o substabelecimento por instrumento particular. Um belo exemplo para melhor compreender o assunto gira em torno da procuração para o casamento que, na forma do art. 1.542 do CC, será, necessariamente, por instrumento público. Neste caso, um eventual substabelecimento também deverá ser por instrumento público.

8.2. Mandato Expresso x Mandato Tácito.

Nos exatos termos do art. 656 do CC, o *"mandato pode ser expresso ou tácito, verbal ou escrito"*. Em reforço a esta ideia, o art. 659 do CC prevê que *"A **aceitação do mandato** pode ser **tácita**, e resulta do começo de execução"*. Eis a hipótese. O fato de o advogado ter comparecido e realizado a audiência demonstra aceitação do mandato e começo de sua execução, no caso para ambas as partes. Extrai-se também uma ideia simples do artigo de lei anteriormente identificado, qual seja a de que a aceitação do mandato poderá ser **tácita ou expressa**. Note-se, contudo, que o silêncio não importa aceitação, na forma do art. 111 do CC, de modo que apenas o início da execução do mandato é que configurará a aceitação tácita, vale dizer, decorrente de um ato positivo do mandatário de representar o mandante.

Evidentemente que existirão **exceções à possibilidade do mandato tácito**. O art. 657 do CC, ilustre-se, adverte que a outorga do mandato está sujeita à forma exigida por lei para o ato a ser praticado e não admite mandato verbal quando o ato deva ser celebrado por escrito.

8.3. Mandato Legal, Convencional e Judicial

a) Mandato Legal

Um belo exemplo do mandato legal é aquele conferido aos advogados públicos para representar as pessoas jurídicas de direito público, em juízo ou mesmo extrajudicialmente. Existem várias outras situações de representação legal, muitas no Direito de Família, a exemplo também dos curadores, tutores e genitores. Neste tipo de mandato os poderes de representação **surgem diretamente da norma**.

b) Mandato Judicial

Esta representação tem uma **finalidade jurídica específica**, qual seja a do contencioso. Envolve um litígio. Pressupõe a existência de um processo judicial. Recorde-se que este mandato não envolverá apenas os advogados, mas também outros representantes judiciais, tais como o inventariante e o administrador de uma massa falida.

c) Mandato convencional

É o que efetivamente decorre do contrato típico de mandato, da **autonomia privada**. Pressupõe o consenso e a existência de um negócio jurídico. Está diretamente disciplinado pelo Código Civil e pelas regras do mandato. Eventualmente poderá ser encontrado em regras apartadas, como no mandato para o casamento, previsto no art. 1.542 do CC.

8.4. Remuneração

Nos termos do art. 658 do CC, *"o mandato **presume-se gratuito** quando não houver sido estipulada retribuição, exceto se o seu objeto corresponder ao daqueles que o mandatário trata por ofício ou profissão lucrativa"*, arrematando o parágrafo único do aludido preceito que se o mandato for oneroso, caberá ao mandatário a **retribuição** prevista em lei ou no contrato. Sendo estes omissos, será ela determinada pelos usos do lugar, ou, na falta destes, por arbitramento.

8.5. Poderes Gerais x Poderes Especiais

Nos termos do art. 660 do CC *"O mandato pode ser especial a um ou mais negócios determinadamente, ou geral a todos os do mandante"*. De igual sorte, o art. 661 do CC traz a regra de que o mandato em **termos gerais só** confere poderes de **administração**.

a) Poderes Gerais

A regra é a de que os poderes são gerais, vale dizer, exclusivos para os atos de administração. Os poderes especiais, ou atípicos, **não se presumem.** Significa dizer que para que o mandatário tenha poderes especiais será imprescindível expressa previsão no contrato de mandato. Portanto, em geral, em linha de princípio, o mandatário terá tão somente poderes gerais para administração do patrimônio.

b) Poderes Especiais

Na melhor forma do § 1º do art. 661 do CC para *"alienar, hipotecar, transigir, ou praticar outros quaisquer atos que exorbitem da administração ordinária, depende a procuração de poderes especiais e expressos"*. Estes são alguns dos poderes especiais ilustrativamente inseridos na norma e que não se presumem, razão pela qual para que o mandatário possa exercê-los deverá contar com expressa procuração a este respeito, com expressa menção destes poderes no instrumento.

> ▸ **Atenção!**
>
> De acordo com o § 2º do art. 661 do CC *"O poder de transigir não importa o de firmar compromisso"*, o que significa dizer, trocando em miúdos, que o poder de transigir conferido pelo mandante ao mandatário não autoriza este a celebrar arbitragem, muito menos a firmar cláusula de compromisso, que não se presumirá por conta disto. Sobre o tema, aliás, o **Enunciado 183 do CJF**: *"Para os casos em que o parágrafo primeiro do art. 661 do CC exige poderes especiais, a procuração deve conter a identificação do objeto"*. Justamente nesta linha é que o objeto (firmar compromisso, firmar cláusula de arbitragem) também deverá estar expressamente disciplinado.

8.6. O Mandato No Plano da Eficácia.

É chegada a hora de avançar ponto a ponto no **regime jurídico** do contrato de mandato, de acordo com a legislação brasileira. Para fins didáticos, iremos separar cada um dos assuntos por temas, de acordo com o desenvolvimento da análise legislativa.

8.6.1. Atos Praticados por quem não Tenha Mandato

Por força do art. 662 do CC *"Os atos praticados por quem não tenha mandato, ou o tenha sem poderes suficientes, são ineficazes em relação àquele em cujo nome foram praticados, salvo se este os ratificar"*. Esta ratificação *"há de ser expressa, ou resultar de ato inequívoco, e retroagirá à data do ato"*, como adverte o parágrafo único do referido diploma.

A regra, portanto, é a da ineficácia dos atos praticados por quem efetivamente não se encontrar munido pelos poderes de representação **em relação ao mandante**, de modo que não se estará vinculando em termos obrigacionais o mandante. A exceção a esta regra girará em torno do princípio da **conservação dos negócios jurídicos**, isso porque o texto de lei permitirá ao mandante a prática de ato posterior de ratificação, caso em que terá o seu status obrigacional alterado, ou seja, passará a se vincular, a se obrigar em decorrência da ratificação que deu e desde a origem do ato praticado (eficácia negocial *ex tunc*).

8.6.2. Os Atos Praticados pelo Mandatário em Nome Próprio (e não em Nome do Mandante)

Outro importante regramento no plano da eficácia gira em torno do art. 663 do CC, que contempla a seguinte redação: "*Sempre que o mandatário estipular negócios expressamente em nome do mandante, será este o único responsável; ficará, porém, o mandatário pessoalmente obrigado, se agir no seu próprio nome, ainda que o negócio seja de conta do mandante*".

8.7. O Direito de Retenção

A legislação cível autoriza o mandatário a exercer **direito de retenção** nos limites dos valores que bastem para o pagamento da retribuição que lhe for devida pela prática dos atos de administração e representação. Evidentemente que se trata de um preceito legal envolvendo apenas o mandato oneroso. Eis o que diz o art. 664 do CC "*O mandatário tem o direito de reter, do objeto da operação que lhe foi cometida, quanto baste para pagamento de tudo que lhe for devido em consequência do mandato*". E não poderia ser diferente, afinal de contas "*O mandatário tem sobre a coisa de que tenha a posse em virtude do mandato, direito de retenção, até se reembolsar do que no desempenho do encargo despendeu*". É o que adverte o art. 681 do CC.

> **Atenção!**
>
> Nos termos do **Enunciado 184 do CJF** "*Da interpretação conjunta desses dispositivos, extrai-se que o mandatário tem o direito de reter, do objeto da operação que lhe foi cometida, tudo o que lhe for devido em virtude do mandato, incluindo-se a remuneração ajustada e o reembolso das despesas*".

8.8. O Exercício em Excesso dos Poderes do Mandato

Reza o art. 665 do CC o seguinte: "*O mandatário que exceder os poderes do mandato, ou proceder contra eles, será considerado mero gestor de negócios, enquanto o mandante lhe não ratificar os atos*". É possível, então, que se aplique a uma situação de contrato de mandato na qual se identifique exercício para além dos poderes confiados pelo mandante a disciplina jurídica da **gestão de negócios** prevista entre os arts. 861 a 875 do CC e que assim acontecerá e gerará efeitos "*enquanto o mandante lhe não ratificar os atos*".

8.9. A Legitimação para Celebrar Mandato

O maior de dezesseis anos também estará autorizado, mesmo não sendo emancipado, a subscrever contrato de mandato. Significa isso dizer que o maior de dezesseis anos não emancipado poderá ser tanto mandante, quanto mandatário. A previsão se encontra no art. 666 do CC: *"O maior de dezesseis e menor de dezoito anos não emancipado pode ser mandatário, mas o mandante não tem ação contra ele senão de conformidade com as regras gerais, aplicáveis às obrigações contraídas por menores"*.

8.10. Substabelecimento

Nada obstante o contrato de mandato pressupor uma relação **personalíssima**, o Código Civil expressamente admite a **cessão** dos poderes recebidos pelo mandatário à outra pessoa, transferência esta que se realiza por meio de um substabelecimento com ou sem reserva de poderes. Por força da legislação brasileira, portanto, o mandatário poderá substabelecer, ou seja, transferir os poderes que recebeu a outrem, **total**, ou **parcialmente**, como autoriza o art. 667 do CC: *"O mandatário é obrigado a aplicar toda sua diligência habitual na execução do mandato, e a indenizar qualquer prejuízo causado por culpa sua ou daquele a quem substabelecer, sem autorização, poderes que deveria exercer pessoalmente"*.

A norma é tão curiosa que o § 1º deste art. 667 do CC apresenta intrigante preceito: *"Se, não obstante proibição do mandante, o mandatário se fizer substituir na execução do mandato, responderá ao seu constituinte pelos prejuízos ocorridos sob a gerência do substituto, embora provenientes de caso fortuito, salvo provando que o caso teria sobrevindo, ainda que não tivesse havido substabelecido"*.

8.11. Mandato Judicial

O art. 692 do CC prescreve que *"O mandato judicial fica subordinado às normas que lhe dizem respeito, constantes da legislação processual, e, supletivamente, às estabelecidas neste Código"*.

A bem da verdade, o tema do mandato judicial é submetido à disciplina do Direito Processual Civil e também do Estatuto da Ordem dos Advogados do Brasil, vale dizer, a Lei Federal 8.906/94. O art. 103 do Novo CPC (NCPC) prescreve que *"A parte será representada em juízo por advogado regularmente inscrito na Ordem dos Advogados do Brasil"*, inaugurando o tema do mandado judicial no ponto da **capacidade postulatória**.

▸ **Atenção!**

Na forma do art. 4º do Estatuto da OAB, *"são **nulos** os atos privativos de advogados praticados por pessoa não inserida na OAB, sem prejuízo das sanções civis, penais e administrativas".*

A petição inicial de qualquer demanda *"deve vir acompanhada de **procuração**, que conterá os endereços do advogado, eletrônico e não eletrônico"*. Esta é a regra e está prevista no art. 287 do Novo CPC (NCPC). Dessa forma, de regra, o advogado é proibido de postular em juízo sem procuração, sendo a **dispensa** da procuração hipótese excepcional. Esta se justificará em casos de postulações urgentes para evitar perecimento de direito, nas pegadas do art. 104 do NCPC *(salvo para evitar preclusão, decadência ou prescrição, ou para praticar ato considerado urgente)*, hipótese na qual o causídico deve requerer prazo de quinze dias para exibir o instrumento (prorrogável por mais quinze); ou, ainda, quando o patrocinador da causa for a Defensoria Pública, que não se encontra obrigada a apresentar procuração (vide Lei Complementar 80/94, que assegura como prerrogativa dos membros da Defensoria Pública *"representar a parte, em feito administrativo ou judicial, independentemente de mandato, ressalvados os casos para os quais a lei exija poderes especiais"*, conforme art. 128, inciso XI); ou, finalmente, quando a representação decorrer de norma prevista na Constituição ou em lei, a exemplo da representação dos Estados e da União pelos respectivos órgãos de consultoria. Neste último caso, ilustre-se com os advogados públicos (CF, art. 132).

Outra relevante consideração a se fazer reside no fato de que os processualistas brasileiros, em sua maioria, entendem que a **indicação do endereço**, eletrônico ou não, do advogado, constitui requisito da petição inicial também no processo do trabalho.

Sobre o tema o Enunciado 139 do Fórum Permanente de Processualistas Civis: *"No processo do trabalho, é requisito da petição inicial a indicação do endereço, eletrônico ou não, do advogado, cabendo-lhe atualizá-lo, sempre que houver mudança, sob pena de se considerar válida a intimação encaminhada para o endereço informado nos autos"*.

Uma interessante novidade da codificação processual é a possibilidade de **assinatura digital** da procuração (§ 1º do art. 105 do NCPC).

A procuração **geral para o foro (*ad judicia*)** está disciplinada no art. 105 do NCPC e habilita o advogado para a prática de **todos** os atos do processo, **exceto** receber citação, confessar, reconhecer a procedência do pedido, transigir, firmar compromisso e assinar declaração de hipossuficiência econômica. Portanto, para que o causídico possa praticar estes atos, deverá possuir procuração **especial** (***ad judicial et extra***).

> ▸ **Atenção!**
>
> O mandato judicial confere uma série de **direitos e prerrogativas** ao advogado, que também se encontram previstos no art. 7º do Estatuto da OAB, entre os quais o de examinar, em cartório de fórum e secretaria de tribunal, mesmo sem procuração, autos de qualquer processo, independe da fase de sua tramitação, sendo-lhe assegurada a possibilidade de obtenção de cópias e o registro de anotações, salvo na hipótese de segredo de justiça, em que apenas o advogado constituído terá acesso aos autos, a carga rápida para a obtenção de cópias quando o prazo for comum, pelo prazo de duas a seis horas para fins de extração de cópias, independentemente de ajuste e sem prejuízo da continuidade do prazo etc.

No Novo CPC (NCPC), outro importante dispositivo que trata do mandato é o art. 111, cujo teor é o seguinte: *"A parte que revogar o mandato outorgado a seu advogado constituirá, no mesmo ato, outro que assuma o patrocínio da causa"*. Este preceito é idêntico ao da legislação processual anterior, disciplina a **revogação do mandato judicial**, como recordam Maurício Cunha, Roberto Figueiredo e Sabrina Dourado[1].

Prossegue o Novo CPC (NCPC), agora no art. 112, prescrevendo que o advogado poderá renunciar ao mandato a qualquer tempo, desde que comprove ter comunicado o mandante acerca da renúncia, a fim de que este contrate um novo causídico, sucessor ao renunciante. Importa notar que esta comunicação será dispensada *"quando a procuração tiver sido outorgada a vários advogados e a parte continuar representada por outro, apesar da renúncia"* (§ 2º do art. 112, NCPC).

De acordo com a novel legislação processual, durante dez dias seguintes à renúncia, o advogado continuará a representar o mandante *"desde que necessário para lhe evitar prejuízo"* (§ 1º do art. 112, NCPC).

A Lei Federal 8.906/94, conhecida como Estatuto da OAB, já estabelece em seu art. 5º, § 3º, que *"o advogado que renunciar ao mandato continuará, durante os dez dias seguintes à notificação da renúncia, a representar o mandante, salvo se for substituído antes do término desse prazo"*.

8.12. Revogabilidade do mandato

A regra é a de que o mandato é revogável. Portanto, o mandante terá direito potestativo de cancelar, desfazer, cassar os poderes que transferiu ao mandatário, revogando e extinguindo o contrato desta maneira.

---

1. CUNHA, Maurício; FIGUEIREDO, Roberto; e DOURADO, Sabrina. **Comentários ao Novo Código de Processo Civil**. Recife: Armador, 2015. p. 134.

8.12.1. A Irrevogabilidade Relativa ou Mitigada pela Autonomia Privada

A irrevogabilidade relativa ou mitigada pela autonomia privada está prevista no art. 683 do CC cujo teor é o seguinte: *"Quando o mandato contiver a cláusula de irrevogabilidade e o mandante o revogar, pagará perdas e danos"*.

É possível observar que a legislação brasileira admite, em fiel respeito ao princípio da autonomia privada, que as partes estipulem uma **cláusula contratual de irrevogabilidade.**

A consequência jurídica do descumprimento desta cláusula, contudo, não é, pela letra fria da lei, uma tutela jurídica específica de obrigação de fazer, mas apenas as perdas e danos. Trocando em miúdos, o inadimplemento e a revogação de um contrato que contemplar cláusula de irrevogabilidade dá azo apenas ao pedido de perdas e danos. Desta maneira, o tema será solucionado pela teoria da responsabilidade civil negocial e os elementos do dever de reparar o dano (conduta, nexo, prejuízo ou dano injusto, dolo ou culpa) deverão ser considerados.

8.12.2. A Irrevogabilidade Absoluta ou Imposta por Norma de Ordem Pública

A teor do art. 684 do CC, quando a cláusula de irrevogabilidade **for condição** de um negócio bilateral, ou tiver sido estipulada no exclusivo interesse do mandatário, a revogação do mandato será ineficaz. Nesta situação jurídica é a própria norma que enquadra a irrevogabilidade como uma situação a impor, de maneira absoluta, a ineficácia da revogação. Em outras palavras, a revogação não gera nenhum efeito no mundo jurídico ou, como afirma a lei, é ineficaz.

Outra hipótese envolverá o mandato ***in rem suam*** (mandato em causa própria) e está previsto no art. 685 do CC com a seguinte redação: *"Conferido o mandato com a cláusula 'em causa própria', a sua revogação não terá eficácia, nem se extinguirá pela morte de qualquer das partes, ficando o mandatário dispensado de prestar contas, e podendo transferir para si os bens móveis ou imóveis objeto do mandato, obedecidas as formalidades legais"*. No mandato em causa própria, o mandatário **atua para si mesmo**.

8.13. Da Extinção do Mandato

Nos termos do art. 682 do CC cessa o mandato: pela **revogação** ou pela **renúncia**; pela morte ou **interdição** de uma das partes; pela **mudança** de estado que inabilite o mandante a conferir os poderes, ou o mandatário para exercê-los; e, finalmente, pelo término do prazo ou pela conclusão do negócio.

Revogação, renúncia, morte, interdição, mudança de estado que inabilite um dos contratantes e conclusão do negócio: eis as causas de extinção do contrato de acordo com a lei.

No que tange a extinção do mandato por interdição, vejamos Como o Superior Tribunal de Justiça tem decidido sobre o tema:

> DIREITO CIVIL E PROCESSUAL CIVIL. EFEITOS DA SENTENÇA DE INTERDIÇÃO SOBRE MANDATO JUDICIAL.
>
> A sentença de interdição não tem como efeito automático a extinção do **mandato outorgado pelo interditando ao advogado** para sua defesa na demanda, sobretudo no caso em que o curador nomeado integre o polo ativo da ação de interdição.

Sobre a **revogação**, o art. 686 exige que seja notificado o mandatário a este respeito, a fim de se formalizar e dar ciência a este do referido ato. Extrai-se do texto a ideia também de que não se pode opor aos terceiros que, ignorando (desconhecendo) a notificação, de boa-fé, trataram com o mandatário. A revogação é considerada perfeita e acabada "*Tanto que for comunicada ao mandatário a nomeação de outro, para o mesmo negócio*" (CC, art. 687).

Ao lado da revogação, o Código Civil disciplina a situação jurídica de **renúncia**, que pode ser considerada como a demissão da qualidade de mandatário. A teor do art. 688 do CC "*A renúncia do mandato será comunicada ao mandante, que, se for prejudicado pela sua inoportunidade, ou pela falta de tempo, a fim de prover à substituição do procurador, será indenizado pelo mandatário, salvo se este provar que não podia continuar no mandato sem prejuízo considerável, e que não lhe era dado substabelecer*".

O legislador brasileiro não ignorou de forma alguma os valores da confiança, da justa expectativa criada e da boa-fé. Justamente por isso prescreveu serem **válidos**, a respeito dos contratantes de boa-fé, os atos com estes ajustados em nome do mandante pelo mandatário, enquanto este ignorar a morte daquele ou a extinção do mandato, por qualquer outra causa (CC, art. 689).

A **morte**, em linha de princípio, deve ser outra causa importante de extinção do contrato de mandato, que é personalíssimo e, por isso, não deveria se transmitir. Porém, sobre o tema, existe uma importante consideração a ser feita derredor do art. 690 do CC "*Se falecer o mandatário, pendente o negócio a ele cometido, os herdeiros, tendo ciência do mandato, avisarão o mandante, e providenciarão a bem dele, como as circunstâncias exigirem*".

Tais herdeiros devem se limitar às medidas conservatórias ou a continuar os negócios pendentes que se não possam demorar sem perigo, regulando-se os seus serviços dentro desse limite, pelas mesmas normas a que os do mandatário estão sujeitos.

Responsabilidade Civil

1. NOÇÕES INTRODUTÓRIAS

A responsabilidade civil é o dever jurídico secundário de reparar o dano decorrente do descumprimento do dever jurídico primário de não lesar, seja por inadimplemento negocial (responsabilidade civil contratual), seja pela prática de ato ilícito não contratual (responsabilidade civil extracontratual, ou aquiliana). A responsabilidade civil é uma das **espécies** de responsabilidade jurídica, ao lado da responsabilidade penal, tributária, administrativa, etc. As diferenças entre tais âmbitos, a exemplo da responsabilidade civil e penal, não estão na causa, pois a conduta humana é a mesma, mas sim nos efeitos. Assim, observa-se como fato diferenciador nas esferas da responsabilidade civil e penal que a intervenção penal é mais rigorosa, sendo *ultima ratio*, ao contrário da cível. Isto se deve ante a relevância social do bem jurídico tutelado: no direito penal tutelam-se bens dos mais relevantes, a exemplo da vida.

As instâncias civil e criminal, via de regra, são independentes e autônomas, daí porque um mesmo fato pode levar a um ilícito civil e penal, apurados de forma independente. Ex.: conduta: atropelamento – homicídio culposo ou doloso com sanção privativa de liberdade e indenização cível como tutela reparatória do dano. A **independência das instâncias se relativiza** em **duas hipóteses,** quando a decisão penal tem efeitos na esfera cível, quais sejam: **ausência de materialidade do fato e a negativa de autoria** (art. 935, CC). De qualquer modo, quando a ação se originar de fato que deva ser apurado no juízo criminal, não correrá a prescrição antes da respectiva sentença penal definitiva (art. 200, CC).

2. CONCEITO

Como visto, a responsabilidade civil deriva da transgressão de uma norma jurídica pré-existente, com a consequente **imposição ao causador do dano do dever de indenizar**. Consiste em atribuir a alguém, violador de um dever jurídico primitivo, as consequências danosas de seu comportamento, impondo a obrigação de indenizar. Esse descumprimento vai gerar dever de recomposição do *status quo ante*. Tal recomposição haverá de ser integral, sendo norteada no Brasil pelo princípio da *restitutio in integrum*, chamado por alguns de **princípio do imperador** ou **reparação integral**. Quando não for possível restituir a vítima a situação jurídica anterior, a responsabilidade civil terá natureza meramente compensatória, como ocorre na indenização por danos morais.

3. ELEMENTOS GERAIS E NECESSÁRIOS DA RESPONSABILIDADE CIVIL

A doutrina enuncia como elementos indispensáveis para a responsabilização, os quais hão de estar presentes em qualquer hipótese, a conduta humana, o nexo de causalidade e o dano ou prejuízo.

3.1. Conduta humana: ato, ação e comportamento humano

É o comportamento do homem movido pela vontade (voluntariedade humana), **positivo (comissivo) ou negativo (omissivo) causador de um dano a outrem.** Tal conduta há de ser voluntária. Todavia, não se deve entender voluntariedade como dolo, ao passo que a exigência é a voluntariedade na conduta, e não no seu resultado, o que é exigido para configuração do dolo.

A omissão enxergada como uma mera abstenção, não é capaz de gerar, por si só, um dano, ao passo que do nada, nada provém. Omissão juridicamente relevante capaz de tornar o agente responsável civilmente é aquela praticada por quem possuía um **dever jurídico** de agir, evitando a produção de um determinado resultado, a exemplo do médico que não presta os primeiros socorros, da enfermeira que não ministra os medicamentos nos horários e formas devidos etc.

3.2. Nexo de causalidade

A obrigação de indenizar depende da presença de um nexo de causalidade entre a conduta e o resultado danoso. O nexo causal ou a relação de causalidade é o **liame entre a conduta e o dano** – fio condutor – de modo que um seja visto como consequência do outro. Inicialmente há de ser pontuado que o nexo de causalidade natural ou biológico é diferente daquele dito jurídico, ao passo que nem toda causa do mundo natural é considerada causa para o direito.

Algumas correntes doutrinárias devem ser sinteticamente postas:

a) Teoria da Equivalência de Condições (*Condicio Sine Qua*).

Para esta matriz teórica todos os antecedentes que concorreram para o dano se **equivalem**, configurando como causa e imputando responsabilização. A justificativa para essa linha de raciocínio é que o dano não haveria ocorrido sem que uma das condições tivesse se verificado.

A teoria em análise é **adotada pelo Código Penal Brasileiro** (art. 13, CP) com o aperfeiçoamento da imputação objetiva e tipicidade, o que não gera maiores problemas de ordem prática. Na esfera cível, porém, não se adota a referida teoria, ao passo que, sem as amarras da tipicidade e imputação objetiva, permitiria uma digressão infinita, responsabilizando pessoas que não tiveram nenhuma ligação direta, imediata, ou adequada com o fato ocorrido. Assim, caso fosse aplicada a equivalência das condições, o fabricante do veículo e a concessionária responderiam pelo atropelamento do condutor do veículo.

b) Teoria da Causalidade Adequada

Para esta teoria causa não é todo e qualquer antecedente, mas apenas o antecedente abstratamente idôneo à produção do resultado danoso. Assim, no exemplo narrado acima não responderiam o fabricante e a concessionária, pois a fabricação e venda do carro não foram, em uma análise de adequação, causa do atropelamento.

c) Teoria da Causalidade Direta e Imediata

Nos termos do art. 403 do CC, exige que a causa do evento danoso seja direta ou imediata, sendo retiradas as concausas anteriores que nada influíram à produção do resultado danoso. Assim, se Ticío levou um soco no rosto e ao ser conduzido para o hospital por um amigo, que estava embriagado, veio a falecer após um acidente automobilístico, o soco não será tido como causa **direta e imediata**, pois não tem uma ligação direta e imediata com o fato danoso.

3.3. Dano ou prejuízo

Conceitualmente, o dano ou prejuízo consiste na **lesão** (diminuição ou subtração) a um **interesse jurídico tutelado**, patrimonial ou extrapatrimonial, causado por **ação** ou **omissão** do sujeito infrator. Trata-se de requisito indispensável à caracterização da responsabilidade civil. Ora, sem o dano ou prejuízo não existe obrigação de indenizar, independentemente da modalidade de responsabilização. Que se admita responsabilidade sem culpa (objetiva), mas não responsabilidade sem dano. Assim, o motorista que avança o sinal e não atropela ninguém não gera, no campo civil, obrigação de indenizar. Em direito civil não se admite o crime de mera conduta, bem como perigo abstrato, sendo imperioso o resultado danoso.

Para que o dano seja indenizável, a doutrina e jurisprudência levantam os seguintes requisitos:

a) Violação de um interesse jurídico patrimonial e/ou extrapatrimonial de uma pessoa física ou jurídica.

Hodiernamente é possível o pleito de dano material e moral de forma independente, ou cumulada, segundo os permissivos do artigo 5º, V e X da CF, art. 186 do CC, Súmulas 37 e 387 do STJ. Sobre a pessoa jurídica, lembra-se da redação do artigo 52 do CC e Súmula 227 do STJ que viabilizam a proteção dos direitos da personalidade e o pleito de danos morais.

b) Certeza do dano

Somente o dano **certo** e **efetivo** é indenizável. Não há de falar-se em compensação da vítima por dano abstrato ou hipotético. Mesmo nas hipóteses de danos morais, onde é difícil a sua quantificação, haverá de se ter certeza sobre o dano propriamente dito (lesão à honra, por exemplo).

c) Subsistência do dano

Quer dizer que se o dano já foi reparado, perde-se o interesse da responsabilidade civil. O dano deve subsistir **no momento** de sua exigibilidade em juízo, ao passo que não há de falar-se em indenização se o dano já foi espontaneamente reparado pelo lesante.

d) Nexo causal direito e imediato entre prejuízo e conduta humana lesante

Cumpre-nos lembrar que a reparação apenas se dará no que se relaciona aos danos direitos e imediatos sofridos pela vítima, em decorrência da conduta humana; ou seja: ao prejuízo efetivamente experimentados, excluídos os danos remotos. A doutrina e a jurisprudência, porém, vem admitindo indenização por **dano reflexo** (ou em **ricochete**), conforme tratado no capítulo dos direitos da personalidade, a exemplo também do parágrafo único do art. 12 e do art. 948 do CC, assim como dano pela perda de uma chance.

3.3.1 Espécies de dano: patrimonial e moral

A legislação civil atual, no já estudado artigo 186 do CC, afirma que os danos podem ser materiais ou morais, veiculando a possibilidade até mesmo de dano **exclusivamente** moral, com base na dicção constitucional (art. 5º, V e X da CF, súmulas 37 e 387 do STJ). Assim, em uma primeira classificação do dano costuma dividi-lo em **patrimonial** e **moral**.

a) Dano Patrimonial

Trata-se de uma lesão a um interesse **patrimonial**, sendo passível de restituição integral segundo a teoria da diferença – apura-se qual seria a situação atual sem o dano e a sua diferença para a situação atual com o dano, reparando justamente tal diferença, nos termos do art. 944 do CC.

b) Dano Moral

Conceitualmente, consiste o dano moral no **prejuízo ou lesão de direitos desprovidos de conteúdo pecuniário e valor econômico essencial, a exemplo dos direitos da personalidade** (integridades física, psíquica ou moral e intelectual). Há clara ligação entre tal modalidade danosa e a dignidade da pessoa humana, um dos fundamentos e essência da República Federativa do Brasil.. É assente nos Tribunais que o mero dissabor, aborrecimento, mágoa, irritação ou sensibilidade exacerbada estão fora da órbita do dano moral, sendo consequências da vida em sociedade. Tal premissa visa o combate a intitulada indústria, ou da banalização do dano moral.

3.3.2. *Outras modalidades de danos*

Neste ponto buscam-se notícias apenas daqueles danos que podem ser objeto do concurso da OAB à vista das inovações da doutrina e jurisprudência:

a) A perda de uma chance

A teoria da perda de uma chance (*perte d'une chance*) tem sua origem na década de 60 na França. Na perda de uma chance a pessoa perde aquilo que poderia ser uma oportunidade séria e real de um possível ganho (chance de obter uma vantagem ou de eliminar uma desvantagem). Caracteriza-se a perda da chance quando **em virtude de conduta de outrem desaparece a probabilidade de um evento que possibilitaria um benefício futuro à vítima**, como:

a) progredir na carreira artística;

b) reformar uma decisão em sede recursal;

c) ganhar valores em um jogo;

d) participar de uma licitação.

A chance perdida haverá de ser séria e real, sendo a indenização da relacionada à perda da chance. **Não se confunde, portanto, com lucros cessantes.** Neste, há a perda do que a pessoa razoavelmente deixou de ganhar (CC, art. 402), à exemplo de um taxista que por decorrência de um acidente sem ser por sua culpa, fica impossibilitado de trabalhar durante o conserto do carro, e por isso, deverá ser ressarcido nas respectivas diárias que razoavelmente auferiria se estivesse com o carro. Na perda de uma chance a lesão ocorre sobre a possibilidade séria e real de uma oportunidade perdida.

> **Atenção!**
>
> **Enunciado 443 – V Jornada de Direito Civil – CJF:** O caso fortuito e a força maior somente serão considerados como excludentes da responsabilidade civil quando o fato gerador do dano não for conexo à atividade desenvolvida.

O Resp. 788589 STJ BA constitui um belo exemplo de indenização por perda de uma chance. Trata-se do célebre caso do show do milhão, um dos programas à época apresentado pelo comunicador e empresário Silvio Santos. Neste caso real, uma mulher da Bahia foi para o referido programa e, quando estava a acertar e evoluir nas perguntas, foi surpreendida com uma questão sobre a qual não sabia responder, aspecto que a fez desistir do desafio e ficar com apenas parte do prêmio (RS 500.000,00). Ocorre que ao retornar para casa, a referida participante resolveu pesquisar a resposta da pergunta que não havia respondido e descobriu que nenhuma das hipóteses apresentadas pelo programa estaria correta. Em razão disto ajuizou ação indenizatória para reaver os outros R$ 500.000,00 faltantes. O STJ, no julgamento, levou em consideração a perda da chance, em um grau de probabilidade (1/4 – assertivas a, b, c e d) e **deferiu indenização** específica de R$ 125.000,00.

b) Dano moral presumido ou *in re ipsa*

A tese do dano moral presumido, a qual tem grande acolhimento no Superior Tribunal de Justiça, nasceu da constatação de que é difícil, no mais das vezes, a comprovação efetiva do dano extrapatrimonial. A **comprovação do dano**, seguindo a ótica da ciência processual, em regra, deve ser feita por aquele que alega. Acontece que na seara **extrapatrimonial**, por se tratar de bem jurídico imaterial ou ideal, a dilação probatória torna-se dificultosa. Por conta disso, em determinadas hipóteses, passaram os tribunais a entender que o dano é ínsito à própria ofensa, ao ilícito em si mesmo, pois decorre inexoravelmente do próprio fato ofensivo. Essa é a tese, por exemplo, que se verifica em julgados que impõem danos morais pela indevida negativação do nome de alguém no SPC e SERASA (REsp 775.766/PR).

> **Atenção!**
>
> **Enunciado 445 – V Jornada de Direito Civil – CJF:** O dano moral indenizável não pressupõe necessariamente a verificação de sentimentos humanos desagradáveis como dor ou sofrimento.

Um exemplo pode ser ilustrado na Súmula 403 do STJ, a qual afirma que na veiculação de imagem, sem autorização, com finalidade comercial, presume-se o dano moral. É, portanto, *in re ipsa*, decorrendo da própria conduta.

c) Dano indireto

O caráter patrimonial ou moral do dano não advém da natureza do direito subjetivo danificado, mas dos efeitos da lesão jurídica. Decerto, do prejuízo causado a um bem jurídico econômico pode resultar perda de ordem moral (dano moral indireto), e da ofensa a um bem jurídico extrapatrimonial pode originar dano material (dano patrimonial indireto). A isto se denomina **dano indireto**, pois a lesão moral gera um prejuízo material indireto, e vice-versa. Exemplo: Pessoa Jurídica que sofre ofensa a sua boa fama, por conta de inserção do seu nome no cadastro de inadimplentes (CADIN) e, em decorrência, perde contratos com seus clientes (dano material).

d) Dano reflexo, oblíquo ou ricochete

Inicialmente, há de ser verificado que boa parte da doutrina não diferencia o dano indireto do reflexo. De fato, há distinção acadêmica relevante. Dano moral indireto **não** é sinônimo do dano moral em ricochete ou reflexo. No dano reflexo este é fruto de uma lesão sofrida por outrem. Conceitualmente, dano oblíquo consiste no prejuízo que atinge reflexamente pessoa próxima, ligada à vítima direta da atuação ilícita.

É o exemplo dos filhos incapazes de um cidadão injustamente alvejado por balas proferidas por um assaltante. Tais filhos perdem o seu direito a alimentos, sofrendo um dano ricochete. O mesmo exemplo seria possível em relação à ex-esposa da vítima que possuía direito a alimentos, tudo na forma do artigo 948 do CC. Já na seara extrapatrimonial, o Código Civil enuncia o que se denomina de lesados indiretos, nos respectivos parágrafos únicos dos artigos 12 e 20, **presumindo** esse dano moral em ricochete quando há parentesco próximo ou relação de casamento.

3.3.3. O que se busca no ressarcimento?

O ressarcimento do evento danoso que atinge patrimônio deverá conter, no seu bojo, como noticia o artigo 402 do CC:

a) **Dano emergente ou positivo** ("o que efetivamente perdeu"). É o **real prejuízo da vítima,** a imediata diminuição patrimonial em razão do ato ilícito, é o dano existente. Na hipótese de dano moral, o magistrado irá quantificar, por arbitramento, o que a vítima moralmente perdeu, falando a doutrina na existência de uma tentativa de compensação, ao passo que os danos morais são irreparáveis.

b) **Lucros cessantes** ("o que razoavelmente deixou de ganhar"). Patrimônio futuro lesionado, consistindo em bem e interesse futuro tradutor da perda do ganho esperável. É o **lucro frustrado,** o que com certa probabilidade era de esperar, atendendo o curso normal das coisas. Infere-se, portanto, que a fixação do montante indenizatório nos lucros cessantes é mais dificultosa, devendo o magistrado guiar-se pela razoabilidade.

Além disso, busca-se na indenização honorários advocatícios, custas processuais, juros fixados na forma dos artigos 395, 405 e 406 do CC, bem como súmulas 43, 54 e 362, todas do STJ.

3.3.4. Liquidação do dano: verbas indenizáveis

O artigo 944 do vigente Código Civil afirma que a regra na reparação integral do dano é que a mesma seja feita com base na sua extensão. Ou seja, como paradigma inicial, o diploma civil não considera como fator diferenciado a intenção do agente, mas sim a extensão do dano. Visa o Código Civil, portanto, reparar o dano da melhor forma possível, fazendo com que a vítima retome o ***status quo ante***. Discute-se na doutrina se este fato impossibilitaria o magistrado de agregar uma função punitiva ao dano o que, segundo a doutrina, não inviabilizaria, na forma do Enunciado 379 do CJF.

Demais disto, pontua o artigo 944, em norma de equidade, que acaso haja excessiva desproporção entre a gravidade da culpa e o dano, poderá o juiz reduzir equitativamente a indenização. Tal regra, porém, é excepcional, sendo uma **exceção** à reparação integral, como afirma o Enunciado 46 do CJF: *"a possibilidade de redução do montante da indenização em face do grau de culpa do agente, estabelecida no parágrafo único do art. 944 do novo Código Civil, deve ser interpretada restritivamente, por representar uma exceção ao princípio da reparação integral do dano, não se aplicando às hipóteses de responsabilidade objetiva"*.

Quanto ao dano moral, dispõe o Enunciado 458, V Jornada de Direito Civil, CJF: *"O grau de culpa do ofensor, ou a sua eventual conduta intencional, deve ser levado em conta pelo juiz para a quantificação do dano moral"*.

Importante observar, ainda, que o legislador não considera o excesso de culpa desproporcional com a baixa danosidade como fator apto a ensejar aumento do valor indenizatório. Registre-se, por oportuno, que a ilicitude (culpa) não é elemento, pois há conduta humana lícita que gera responsabilidade civil. Ex.: Desapropriação – ato autorizado, lícito, que causa dano e obriga a indenizar.

4. ESPÉCIES

Em todas as modalidades vistas abaixo é necessária a observância dos elementos gerais da responsabilidade civil, mencionados no tópico antecedente.

4.1. A depender da norma jurídica violada

Partindo do critério da norma jurídica primitiva violada, a responsabilidade civil se divide em:

a) **Contratual:** decorre de inadimplemento contratual, consistido no descumprimento de uma obrigação decorrente da autonomia privada, a exemplo de alguém que, contratado para prestar um determinado serviço, simplesmente não comparece sem nenhum motivo justificador.

b) **Extracontratual ou Aquiliana:** pressupõe a violação de um dever geral de conduta, imposto a todos, a exemplo do respeito dos direitos da personalidade ou da propriedade alheia. Assim, observa-se, que todos têm de respeitar a propriedade e a personalidade alheia, independentemente da existência de contrato entre as partes.

4.2. A depender da presença da culpa

a) **Responsabilidade civil subjetiva: decorre de um ato ilícito culposo** (art. 186, CC), entendendo como culpa uma expressão ampla, a qual envolve tanto o dolo, quanto à culpa *stricto sensu*, seja no viés de negligência, imprudência ou imperícia. Uma vez verificado tal ilícito, culposo, impõe-se a obrigatoriedade de indenizar (art. 927, CC). À título ilustrativo, vide a súmula 609 do STJ segundo a qual *"A recusa de cobertura securitária, sob a alegação de doença preexistente, é ilícita se não houve a exigência de exames médicos prévios à contratação, ou a demonstração de má-fé do segurado"*.

b) **Responsabilidade civil objetiva: decorre de um ato antijurídico,** não sendo exigida a presença do elemento culpa, mas sendo necessário, ressalta-se, a verificação dos **elementos gerais** já delineados neste capítulo.

Verificam-se como principais hipóteses de responsabilidade civil objetiva que são objeto de prova da OAB:

I. Nos casos especificados nas leis especiais. Ex.: Lei Ambiental (Lei 6.938/81, art. 14); Normas da CF que consagram a Responsabilidade do Estado (art. 37, § 6º, CF) e por Dano Nuclear (art.21, XXIII, CF); Código de Defesa do Consumidor (Lei 8.078/90); DPVAT (seguro obrigatório de acidente de veículo); Responsabilidade Civil do Transportador (art. 734, CC), etc.

II. Quando a atividade normalmente desenvolvida pelo autor do dano implica, por sua natureza, risco para os direitos de outrem.

Entende-se por *"**atividade de risco**"* uma cláusula aberta do vigente Código Civil a ser valorada pelo magistrado na análise do caso concreto, verificado de forma casuística se uma dada atividade enquadra-se, ou não, como dita de risco. Consiste, portanto, em uma objetivação da responsabilidade civil decorrente de decisão judicial, a exemplo do reconhecimento de atividade de risco em relação àqueles que laboram em laboratório com amostras de bactérias ou vírus de fácil contágio.

Em vista da grande discussão doutrinaria, porém, de como verificar ser ou não uma determinada atividade como de risco, para provas objetivas há, ao menos, um paradigma norteador, sendo o conceito conferido pelo Enunciado 38 do CJF: "*a responsabilidade fundada no risco da atividade, como prevista na segunda parte do parágrafo único do art. 927 do novo Código Civil, configura-se quando a atividade normalmente desenvolvida pelo autor do dano causar a pessoa determinada um ônus maior do que aos demais membros da coletividade*".

III. Abuso de direito

A teoria do abuso de direito surge ao final do Século XIX como superação da noção absoluta do exercício de direitos individuais. A partir dessa teoria, direitos não mais são vistos como liberdades ilimitadas, criando-se uma noção entre o permitido e o proibido pelo excesso de exercício. Tal ideal veio contemplado no Código Civil especificamente no seu artigo 187, caracterizando-se por **manifesto excesso no exercício do direito em uma análise consoante com sua finalidade econômico-social, e segundo a boa-fé e os bons costumes.** Apenas para ilustrar, na atualidade, uma hipótese de abuso de direito, vide a súmula 597 do STJ segundo a qual "*A cláusula contratual de plano de saúde que prevê carência para utilização dos serviços de assistência médica nas situações de emergência ou de urgência é considerada abusiva se ultrapassado o prazo máximo de 24 horas contado da data da contratação*".

Infere-se do conceito objetivo-finalístico que não exige a norma, para a configuração do abuso, a presença do elemento culpa, como bem indica o Enunciado 37 do CJF.

Tal ilicitude, portanto, constrói-se no caso concreto, ao passo que o exercício do direito inicia-se como regular, mas, no seu curso, torna-se abusivo, dotado de excesso manifesto em uma análise objetivo-finalística. Impende ressaltar, porém, que há, ao menos, uma hipótese de abuso de direito codificada na qual se exige a presença do elemento culpa, na ótica do § 2º do artigo 1.228 do CC. É o abuso de direito de propriedade, o qual configura **exceção** à regra geral do ato abusivo ser uma hipótese de responsabilidade objetiva, como bem vaticina o Enunciado 49 do CJF.

IV. Responsabilidade objetiva pelos riscos do desenvolvimento

Em uma última hipótese de responsabilidade civil objetiva que deve ser noticiada para os certames da OAB, verifica-se aquela relativa aos empresários individuais e empresas que respondem pelos produtos postos em circulação, **independentemente** de culpa, na forma do artigo 931 do CC.

5. CAUSAS EXCLUDENTES DA RESPONSABILIDADE CIVIL

São hipóteses nas quais há o **rompimento do nexo causal,** o interrompendo e não configurando a responsabilidade civil.

5.1. Caso fortuito e força maior (art. 393, CC)

São causas que excluem a responsabilidade civil já que decorrem de um evento não imputável ao suposto causador do dano, seja imprevisível, seja inevitável. Malgrado a equivalência de efeitos pregada pelo vigente Código Civil, há autores que tentam relatar critérios distintivos entre o caso fortuito e a força maior. Em uma análise doutrinária percebe-se uma grande diversidade de posicionamentos, devendo ser adotado para o certame da OAB o majoritário, o qual prega que **a força maior constitui inevitável evento da natureza, sendo fortuito o imprevisível evento humano**. Ambos acarretam exclusão de responsabilidade civil, salvo assunção desta por ato de vontade, na forma do artigo 393 do Código Civil.

Importante destacar, contudo, que apenas o denominado **fortuito externo** (aquele que não guarda relação com a atividade exercida, não sendo inerente à mesma) é que excluirá o dever de reparar o dano. O fortuito interno, inerente à atividade, não é causa excludente. A este respeito, por exemplo, a súmula 479 do STJ: *"As instituições financeiras respondem objetivamente pelos danos gerados por fortuito interno relativo a fraudes e delitos praticados por terceiros no âmbito de operações bancárias"*.

> ▸ Atenção!
>
> **Enunciado 443 – V Jornada de Direito Civil – CJF:** O caso fortuito e a força maior somente serão considerados como excludentes da responsabilidade civil quando o fato gerador do dano não for conexo à atividade desenvolvida.

5.2. Estado de necessidade e legítima defesa (art. 188, CC)

O **estado de necessidade** consiste na situação de agressão a um direito alheio, de valor jurídico igual ou inferior aquele que se quer preservar, visando à remoção de um perigo atual ou iminente (art. 188, II, CC). Na legitima defesa, o agente reage a uma agressão injusta, atual ou iminente, utilizando os meios necessários (art. 188, I, 1a parte, CC), de forma proporcional e moderada.

Contudo, nem sempre a legítima defesa, ou o estado de necessidade, excluirão o dever de reparar o dano. A legítima defesa putativa (aparente, ou imaginária), por exemplo, não exclui o dever de reparar o dano. De igual sorte, nos termos dos artigos 929 e 930 do Código Civil, atuando o agente em estado de necessidade e atingindo interesse de terceiro inocente, este deverá ser indenizado, cabendo ação regressiva em face do causado do perigo ou da agressão.

5.3. Estrito cumprimento do dever legal e exercício regular de direito

O estrito cumprimento do dever legal não é tratado expressamente pelo Código Civil como excludente, sendo veiculado, porém, na doutrina. Pode ser ilustrado pelo exemplo da ausência de responsabilidade civil do policial que arromba uma porta em cumprimento de mandato. No estrito cumprimento de um dever legal o agente é mero executor de uma ordem legítima e exigível.

No exercício regular de um direito **o agente atua autorizado pela lei**, ainda que não exista uma obrigação de assim atuar, mas com a faculdade de assim agir por se encontrar amparado pelo direito. O exercício regular de direito não se configura abusivo dentro deste critério objetivo-finalístico analisado nas linhas anteriores (art. 188, I, 2a parte). Outro ilustrativo exemplo seria o guarda volumes em supermercado, assim como as atividades desportivas como o futebol e o boxe.

5.4. Culpa exclusiva da vítima

A atuação culposa da vítima tem o poder de **romper** o nexo causal, excluindo a responsabilidade civil do agente, devendo o réu da ação indenizatória demonstrar suficientemente esta causa. Nesta excludente de responsabilidade, somente a vítima deu causa ao evento, causando danos a si. O clássico exemplo mencionado nos manuais é o cidadão que, visando o suicídio, atira-se na frente do carro de alguém. Neste caso, não há como atribuir a causa do dano ao motorista. Outro visível exemplo seria de um adulto que invade a jaula de um animal feroz, mesmo havendo placas de advertência e não autorização sendo o causador direto e imediato da própria lesão.

Difere a culpa **exclusiva** daquela intitulada de concorrente. Nesta há duas pessoas que dão causa a um determinado evento, não eximindo nenhuma das partes da responsabilidade civil. Tal concorrência de culpa, malgrado não ser excludente da responsabilidade civil, influi no momento da quantificação da indenização, devendo ser considerada pelo magistrado (art. 945, CC).

5.5. Fato de terceiro

Consiste no comportamento causal de um terceiro apto a **romper** o **nexo de causalidade** entre o agente do dano e a vítima. Ex.: na filmagem de uma novela, em uma cena de assassinato, ao invés de colocar balas de festim, alguém coloca balas de verdade em uma arma. Neste caso o ator é apenas um instrumento da lesão. Nessas situações, assim como na de culpa exclusiva da vítima, o ônus da prova será do causador do dano

Sobre o tema, atente-se a importante súmula 187 do STF, que consiste em uma exclusão à regra geral aqui enunciada porquanto a **excepcional característica** do contrato de transporte (obrigação de resultado e responsabilidade objetiva): "*A responsabilidade contratual do transportador, pelo acidente com o passageiro, não é elidida por culpa de terceiro, contra o qual tem ação regressiva*".

6. OUTRAS HIPÓTESES DE RESPONSABILIDADE CIVIL OBJETIVA

O parágrafo único, do art. 927 do CC reconhece responsabilidade civil objetiva para aquele que desenvolver atividade de risco, bem como para situações nas quais exista lei especial prevendo, de modo objetivo, o dever de reparar o dano. De igual sorte, o art. 931 do CC admite responsabilidade civil dos empresários individuais e das empresas por produtos postos em circulação. Em regra, a responsabilidade civil é subjetiva exigindo, portanto, a demonstração de dolo ou culpa. Contudo, o direito civil brasileiro apresenta inúmeras situações nas quais o dever de reparar o dano acontecerá ainda que inexista dolo, ou culpa do agente agressor. Estudaremos neste momento algumas destas espécies.

De acordo com a súmula 595 do STJ "*As instituições de ensino superior respondem objetivamente pelos danos suportados pelo aluno/consumidor pela realização de curso não reconhecido pelo Ministério da Educação sobre o qual não lhe tenha sido dada prévia e adequada informação*", constituindo o verbete um curioso reconhecimento de responsabilidade civil objetiva pelo risco da atividade exercida na instituição de ensino superior.

6.1. Responsabilidade civil pelo fato da coisa ou de animal:

No Código Civil divide-se em:

- A responsabilidade pelos animais (art. 936)
- A responsabilidade por ruína de edifício ou construção (937)
- A responsabilidade por objetos lançados ou caídos (938).

a) A responsabilidade pelos animais (art. 936, CC)

Segundo a ótica do Código Civil a responsabilidade civil objetiva pelo fato do animal é atribuída ou ao dono, ou ao detentor do animal (aquele que, transitoriamente, está com o animal sob seu comando). Tal responsabilidade admite, ainda segundo o artigo, as **excludentes** da culpa exclusiva da vítima e da força maior. Perceba que não haverá solidariedade nesta situação, até porque a solidariedade não se presume, decorre de lei ou da vontade das partes. Nos termos do art. 936 do CC a responsabilidade será ou do proprietário do animal, ou do detentor. São situações excludentes. Ou um, ou outro responderão no caso concreto.

Para **aferir** quem haverá de responder na hipótese basta se perguntar quem se encontrava, quando do evento, sob o poder de comando e direção do animal. Este será o responsável. Veja o exemplo de um cão entregue a um adestrador que, sob o poder de comando ou de direção deste, ataca outra pessoa. Neste caso, o proprietário não terá dever algum de reparar o dano, enquanto que o adestrador responderá objetivamente.

Agora imagine a situação na qual uma pessoa escala um elevado muro de uma residência na tentativa de assaltar a casa, desrespeitando inclusive o aviso da existência de animais de guarda, quando então vem a ser atacado. Neste caso, a culpa exclusiva da vítima é bastante para quebrar o nexo de causalidade e excluir o dever de reparar o dano. De igual modo, o fortuito também exclui o dever de reparar o dano. Imagine o crime de roubo em uma fazenda, quando assaltantes levam cavalos e gados de propriedade de outra. Se tais animais, posteriormente a isto, forem deixados na pista e houver um acidente de trânsito, não há como responsabilidade civilmente o proprietário vítima do evento. Culpa exclusiva da vítima e fortuito: eis as duas específicas hipóteses de exclusão do dever de reparar o dano na responsabilidade civil por fato do animal.

b) A responsabilidade por ruína de edifício ou construção (art. 937, CC)

É objetiva também a responsabilidade pela ruína do edifício ou construção por ausência de reparos cuja necessidade é manifesta e que resultarem de prejuízo à terceiros. Observa-se que a responsabilidade é do proprietário, o que é sistemático na visão do vigente Código Civil, ao passo que este é o responsável, segundo o próprio código, pelas **benfeitorias necessárias**, de conservação do bem, para evitar que este se deteriore. Esta responsabilidade civil objetiva também se harmoniza com a própria ideia de função social da propriedade prevista na Constituição Federal. Portanto, se um edifício vier a desabar, por exemplo, em decorrência da falta de reparos, o proprietário deste bem responderá civilmente e de modo objetivo pelos prejuízos resultantes deste evento lesivo.

c) A responsabilidade por objetos lançados ou caídos (art. 938, CC).

A responsabilidade de objetos jogados, ou caídos também será **objetiva**. Aqui a responsabilidade será de quem habitar (do habitante) - pode ser o dono, o locatário, o comodatário, o promitente comprador. A ação judicial proposta pela vítima contra o responsável pelo objeto lançado ou caído denomina-se *actio de affusis et dejectis*. E se a vítima do dano não souber de que unidade habitacional partiu o objeto? Nesse caso, a jurisprudência entende que a responsabilidade é de todo o condomínio, aplicando a teoria da causalidade alternativa (todos os autores possíveis são responsáveis de forma solidária pelo evento).

6.2. Responsabilidade civil por ato de terceiro, também denominada de indireta ou complexa (art. 932, CC)

Em regra, a responsabilidade civil é direta e simples, vale dizer, é atribuída àquele que efetivamente foi autor do dano injusto. Portanto, a responsabilidade civil em regra é própria (da própria pessoa causadora do dano). Mas, ao lado desta responsabilidade civil que é a regra (responsabilidade civil direta, simples ou própria), existem casos legais de **exceção** nos quais pessoas que não foram causadoras do ato ilícito lesivo ainda assim serão chamadas a reparar o dano. A isto se convencionou denominar de **responsabilidade civil indireta, complexa ou por ato de terceiro**.

São hipóteses nas quais o agente responde pelo **ato de** um **terceiro**, de forma **objetiva**. Não há de falar-se em presunções de culpa (como a culpa *in vigilando*). As pessoas taxativamente indicadas no art. 932 do CC responderão objetivamente por atos praticados por outras pessoas. Esta responsabilidade será objetiva e solidária, a teor dos arts. 933 e. 942, do CC).

Assim, incide tal responsabilidade segundo o Código Civil e em enumeração taxativa (art. 932, CC) aos seguintes sujeitos:

I) os pais, pelos filhos menores que estiverem sob sua autoridade e em sua companhia;

II) o tutor e o curador, pelos pupilos e curatelados, que se acharem nas mesmas condições;

III) o empregador ou comitente, por seus empregados, serviçais e prepostos, no exercício do trabalho que lhes competir, ou em razão dele;

IV) os donos de hotéis, hospedarias, casas ou estabelecimentos onde se albergue por dinheiro, mesmo para fins de educação, pelos seus hóspedes, moradores e educandos;

V) os que gratuitamente houverem participado nos produtos do crime, até a concorrente quantia.

> ▸ Atenção!
>
> **Enunciado 419 – V Jornada de Direito Civil – CJF:** Considerando que a responsabilidade dos pais pelos atos danosos praticados pelos filhos menores é objetiva, e não por culpa presumida, ambos os genitores, no exercício do poder familiar, são, em regra, solidariamente responsáveis por tais atos, ainda que estejam separados, ressalvado o direito de regresso em caso de culpa exclusiva de um dos genitores.

Ao analisar os preceitos normativos é possível perceber que a redação do inciso III do artigo 932 do diploma civil superou a antiga súmula 341 do STF, de modo que não há mais presunção de culpa entre empregador e empregado. O que doravante existe é a responsabilidade civil **objetiva** pelo ato do empregado (antes havia a culpa *in vigilando*, superada como visto agora).

Na oportunidade, deve-se aproveitar para deixar registrado também que o **incapaz** pode ser responsabilizado civilmente nos exatos termos do art. 928 do CC. Ao lado dos seus pais, ou representantes legais, o incapaz acabará por se responsabilizar de forma **subsidiária**, **condicional** e **equitativa**, pois é isto o que prescreve a norma.

A responsabilidade civil do incapaz é subsidiária porque este apenas irá responder caso o seu responsável não tenha condições financeiras para tanto, ou responsabilidade de fazê-lo. Na forma do artigo 116 do ECA (Lei 8.069/1990), em se tratando de ato infracional com reflexos patrimoniais. Neste caso, a autoridade poderá determinar que o adolescente (entre 12 e 18 anos) restitua a coisa, promovendo o ressarcimento do dano, ou, por outra forma, compense o prejuízo da vítima. Nessa linha de pensamento, em clara medida socioeducativa, o incapaz poderá responder **pessoalmente**, retirando-se a responsabilidade dos seus pais ou demais responsáveis. Outrossim, a indenização a ser adimplida pelo incapaz há de ser fixada de maneira equitativa, não podendo atrapalhar a sua subsistência, ou de quem dele depende, em busca de tutela do patrimônio mínimo.

Em arremate, deve-se também analisar o cabimento de ação regressiva daquele que efetivamente pagou na responsabilidade civil por ato de terceiro, todo na forma do artigo 934 do CC segundo o qual salvo se o causador do dano for descendente, absoluta ou relativamente incapaz, daquele que pagou, haverá em regra o direito de regresso. Assim, **o pai não pode ajuizar ação em regresso contra o filho**. Todavia, **o empregador poderá ajuizar** contra o seu empregado. Atente-se que nessa ação em regresso a responsabilidade perquirida será subjetiva. Aproveitando a oportunidade, resta arrematar o tema sugerindo a leitura da súmula 537 do STJ segundo a qual *"Em ação de reparação de danos, a seguradora denunciada se aceitar a denunciação ou contestar o pedido do autor, pode ser condenada, direta e solidariamente junto com o segurado, ao pagamento da indenização devida à vítima, nos limites contratados na apólice"*.

7. RESPONSABILIDADE CIVIL POR HOMICÍDIO

Na forma do art. 948 do CC em casos de homicídio a **reparação civil** consistirá, sem excluir outras indenizações, no pagamento das despesas com o tratamento da vítima, seu funeral, o luto da família, bem como na prestação de alimentos a quem o morto os devia, levando-se em conta a duração provável da vítima. Trata-se de hipótese envolvendo responsabilidade civil subjetiva que autoriza o Judiciário fixar pensão alimentícia decorrente da prática de ato ilícito extracontratual, além dos danos materiais e morais eventualmente reconhecidos.

À luz do art. 533 do CPC quando a indenização por ato ilícito incluir prestação de alimentos caberá ao executado, a requerimento do exequente, constituir capital cuja renda assegure o pagamento do valor mensal da pensão. Sobre o tema, a súmula 313 do STJ prescreve: *"Em ação de indenização, procedente o pedido, é necessária a constituição de capital ou caução fidejussória para a garantia de pagamento da pensão, independentemente da situação financeira do demandado".*

Este capital será representado por imóveis ou por direitos reais sobre imóveis suscetíveis de alienação, títulos da dívida pública ou aplicações financeiras em banco oficial, sendo inalienável e impenhorável enquanto durar a obrigação do executado, além de constituir-se patrimônio de afetação. O Juiz da Causa poderá substituir a constituição do referido capital pela inclusão do exequente em folha de pagamento da pessoa jurídica de notória capacidade econômica ou, a requerimento do executado, por fiança bancária ou garantia real, em valor a ser arbitrado de imediato. Tais alimentos poderão ser fixados tomando por base o salário mínimo.

8. RESPONSABILIDADE CIVIL POR LESÃO OU OFENSA A SAÚDE

No caso de lesão ou outra ofensa à saúde, o ofensor indenizará o ofendido nas despesas do tratamento e dos lucros cessantes até o fim da convalescença, além de algum outro prejuízo que o ofendido prove haver sofrido. É o que reza o art. 949 do CC. Trata-se de preceito legal a ser interpretado em harmonia com o art. 951 do CC contra que, no exercício de atividade profissional, por **negligência, imprudência** ou **imperícia**, causar morte do paciente, agravar-lhe o mal, causar-lhe lesão, ou inabilitá-lo para o trabalho. Trata-se de mais uma situação envolvendo responsabilidade civil subjetiva, que bem pode ser ilustrada para casos envolvendo, por exemplo, erro médico, quando o paciente demanda em face do próprio profissional liberal. A este respeito, recorde-se que o CDC reforça a tese da responsabilidade civil subjetiva dos profissionais liberais, quando expressamente assim prescreve em seu art. 14.

9. RESPONSABILIDADE CIVIL POR INCAPACIDADE LABORAL

Se a ofensa resultar defeito pelo qual o ofendido não possa exercer seu ofício ou profissão, ou se lhe diminua a capacidade de trabalho, a indenização, além das despesas do tratamento e lucros cessantes até ao fim da convalescença, incluirá **pensão** correspondente à importância do trabalho para que se inabilitou, ou da depreciação que ele sofreu. Este é o dispositivo previsto no art. 950 do CC, que também admite expressamente pensão alimentícia de natureza ressarcitória, atraindo a incidência do art. 533 do CPC e da súmula 313 do STJ, tratados acima.

Uma interessante – e polêmica – questão se encontra no parágrafo único do art. 950 do CC segundo o qual *"O prejudicado, se preferir, poderá exigir que a indenização seja arbitrada e paga de uma só vez"*. Trata-se de direito **potestativo** assegurado à vítima e que deve ser respeitado pois assim determina a lei. Nada obstante, em casos extraordinários nos quais se verifique que o pagamento imediato da aludida verba enseje onerosidade excessiva ao executado ou até mesmo dano reflexo à terceiros, poderá o magistrado com fundamento na função social da propriedade e na proporcionalidade flexibilizar a rigidez normativa e afastar a incidência da norma. Veja um exemplo em que o pagamento imediato e integral do débito implique no fechamento da própria pessoa jurídica, ou na eliminação do capital de giro da mesma, sem o qual não sobreviveria no mercado.

10. RESPONSABILIDADE CIVIL POR ESBULHO

O esbulho consiste em uma ação praticada com **violência** ou **ameaça** contra quem se encontra na **posse mansa e pacífica** de um determinado bem. O CC assegura à vítima do esbulho tanto o direito ao ajuizamento da ação de reintegração de posse (art. 1.210), quanto o desforço incontinente, vale dizer a possibilidade de a vítima do esbulho por suas próprias forças e independente de decisão judicial retirar o agende agressor do imóvel, desde que de forma proporcional e imediata. A conduta do esbulho pode gerar outros prejuízos para além da própria posse perdida. Justamente por isto, o art. 555, inciso I e II do CPC autoriza o autor da reintegração de posse a cumular ao pedido possessório o pleito de perdas e danos, como também a indenização pelos frutos.

Dentro deste contexto, há disciplina específica na teoria geral da responsabilidade civil (art. 952) a ser sistematizada no âmbito dos conflitos possessórios prescrevendo que havendo usurpação ou esbulho alheio, além da restituição da coisa, a indenização consistirá em pagar o valor das suas deteriorações e o devido a título de lucros cessantes, sendo que – faltando a coisa – a reembolsar o seu equivalente ao prejudicado. Veja-se que, para se restituir o equivalente, quando não exista a própria coisa, estimar-se-á a mesma pelo seu preço ordinário "e pelo de afeição", contando que este não se avantaje àquele, de acordo com o parágrafo único do mesmo dispositivo legal acima indicado.

11. RESPONSABILIDADE CIVIL POR INJÚRIA, CALÚNIA E DIFAMAÇÃO

É sabido que o mesmo fato jurídico pode gerar – a um só tempo – efeitos no âmbito penal e civil, como se poderia ilustrar em um caso de homicídio, a gerar sanção penal e civil. O autor de um homicídio simples, portanto, sofrerá pena de reclusão de seis a vinte anos (CP, art. 121) e, ao mesmo tempo, será civilmente responsabilizado em relação aos familiares da vítima (CC, art. 948). A este respeito, o CC em seu art. 935 é expresso ao trazer a regra segundo a qual a responsabilidade civil é independente da criminal.

Assim também acontece com os chamados crimes contra a honra que, no âmbito do direito civil, geram o dever de reparar o dano. A teor do art. 953 do CC a indenização por injúria, difamação ou calúnia consistirá na reparação do dano que delas resulte ao ofendido e, se este não puder realizar a prova do prejuízo material, o valor da indenização será arbitrado na conformidade das circunstâncias do caso.

12. RESPONSABILIDADE CIVIL POR OFENSA A LIBERDADE PESSOAL

A indenização por ofensa à liberdade pessoal também está disciplinada no CC e consiste no pagamento de perdas e danos que sobrevierem ao ofendido, aplicando-se a mesma regra segundo a qual não sendo possível a este comprovar o prejuízo, o Juiz da Causa deverá arbitrar um valor de acordo com as **específicas circunstâncias** do caso.

O tema está tratado no art. 954 do CC que considera conduta ofensiva à liberdade pessoal o cárcere privado, a prisão por queixa ou denúncia falsa e de má-fé, bem como a prisão ilegal.

13. RESPONSABILIDADE CIVIL POR COBRANÇA INDEVIDA

Trata do tema o Código Civil nos artigos 939 e 940, sendo o seu regramento compreendido da seguinte maneira:

a) O credor que demandar o devedor, **antes** de exigível o crédito, haverá de ficar obrigado a esperar o vencimento e descontar os juros correspondentes, além de pagar custas em dobro. Obviamente, tais hipóteses não se aplicam caso a dívida vença antecipadamente, na forma do artigo 333 do CC.

b) O credor que demandar por dívida **já paga** será obrigado a pagar ao devedor o dobro do que houver cobrado.

c) O credor que demandar por **mais** do que for devido será obrigado a indenizar pelo equivalente do pedido a mais.

Apesar da clareza do texto, a Suprema Corte possui entendimento sedimentado e antigo no sentido de que a cobrança excessiva, mas de boa-fé, não daria direito à incidência da obra. Trata-se de posicionamento construído deste o antigo Código Civil (tanto que o enunciado da súmula faz expressa referência ao revogado art. 1.531 do CC/16), mas que continua sendo aplicado como corrente majoritária nos dias de hoje. Desta maneira, faz-se mister conhecer o conteúdo da **súmula 159 do STF**.

Há de observar que as situações enunciadas não terão aplicabilidade quando o autor (credor) **desistir** da ação antes de contestada a lide, salvo se o réu (devedor) tinha direito de haver indenização por algum prejuízo comprovado, conforme intelecção do artigo 941, CC.

14. TRANSMISSIBILIDADE DA OBRIGAÇÃO DE INDENIZAR

Existem direitos que se caracterizam por serem personalíssimos e, justamente por isto, intransmissíveis, por constituírem o núcleo da personalidade individual humana (CC, art. 11). Imagine, por exemplo, um credor de um medicamento de alto custo em uma relação jurídica para com o Estado. Acaso este paciente venha a óbito, o direito ao fornecimento do fármaco não se transmitirá aos herdeiros do mesmo. Justamente por isto, o art. 485, inciso IX do CPC afirma que a morte enseja a extinção do processo sem resolução de mérito quando a demanda versar sobre direitos personalíssimos.

Ao lado disto, existem direitos que se transmitem entre vivos, ou *causa mortis*. Veja, por exemplo, uma situação jurídica envolvendo um contrato de locação no qual o locatário venha a óbito. A morte do locatário não extingue, necessariamente, a locação residencial.

À luz de tais aspectos, surge a pergunta: o direito a ser indenizado e o dever de reparar o dano estariam agrupados no rol de direitos intransmissíveis, ou transmissíveis?

De modo expresso, o CC tratou do assunto em seu art. 943 prescrevendo que o direito de exigir reparação e a obrigação de prestá-la se transmitem com a herança. Portanto, na hora da prova não há dúvida alguma sobre o que se deve marcar.

Contudo, deve-se ter um cuidado para recordar também dos limites da responsabilidade civil por força da disciplina do direito sucessório. O art. 1.792 do CC dispõe que o herdeiro não responde por encargos superiores às forças da herança, incumbindo-lhe provar a existência do excesso, salvo se existir inventário que o escuse, demonstrando o valor dos bens herdados.

15. DICAS FINAIS

15.1. Veículo locado

A despeito das veementes críticas que lhe são dirigidas, prevalece no Supremo Tribunal o entendimento, já sumulado (Súmula 492), no sentido de que a empresa locadora do veículo responde solidariamente com o locatário pelos danos causados a terceiros, no uso do carro locado.

15.2. Veículo alienado sem registro da transferência no DETRAN

Tendo havido a alienação do veículo, sem que se seguisse a imediata regularização da transferência no respectivo DETRAN, o antigo proprietário continuaria **responsável** por eventuais danos causados a terceiros pelo novo condutor? Visto que tal transferência se revela demorada, sem falar que ela não é indispensável para a relação negocial, devendo, porém, o antigo dono do automóvel comunicar a transferência ao órgão de trânsito competente, no prazo de 30 dias, para que não tenha que responder solidariamente por eventuais multas. Em caso de acidente após a transferência, bastará que o antigo apresente prova documental de que já havia alienado o bem para se livrar de qualquer transtorno. Mas, na ausência de provas incidirá uma **presunção** de propriedade contra aquele cujo nome se encontra nos registros do DETRAN. Tal presunção é **relativa**, não impondo obrigatoriamente a responsabilização civil do antigo proprietário que não realizou a transferência, na ótica da Súmula 132 do STJ.

Também se faz mister consignar o conteúdo da súmula 465 do STJ segundo a qual *"Ressalvada a hipótese de efetivo agravamento do risco, a seguradora não se exime do dever de indenizar em razão da transferência do veículo sem a sua prévia comunicação"*.

Veículo alienado sem registro da transferência no DETRAN

Direitos das Coisas

1. DEFINIÇÃO DOS DIREITOS REAIS

O Livro III, Parte Especial, do Código Civil, denominado *"Direito das Coisas"*, é divido em onze títulos que contemplam os seguintes temas: posse, direitos reais, propriedade, superfície, servidões, usufruto, uso, habitação, direito do promitente comprador, penhor, hipoteca, anticrese e laje. Para a OAB sugerimos o estudo do tema exatamente nos limites da legislação. Desta maneira, podemos afirmar que o **Direito das Coisas é o grande gênero** dentro do qual os temas acima indicados, entre os quais posse e propriedade, são espécies.

A expressão *"Direitos Reais"* tem sido utilizada como sinônimo daquilo que o Código Civil denomina de Direito das Coisas e traduz o **conjunto de normas e princípios reguladores das relações jurídicas sobre as coisas suscetíveis de apropriação pelo homem, segundo uma finalidade social.**

Sob o ponto de vista legislativo, os bens jurídicos estão tratados na Parte Geral do Código Civil, Livro II (artigos 79/271), daí porque não devem ser confundidos com as *coisas,* muito menos com o *Direito das Coisas.* Como os Direitos Reais estão, legislativamente, contidos no gênero Direito das Coisas, seguiremos o critério mais apropriado em face das provas objetivas, adentrando, de imediato, no tema da Posse para, apenas depois disto, abordar as características dos **Direitos Reais.**

2. POSSE

2.1. Conceito e natureza jurídica

A posse é um direito autônomo e especial. Não se confunde com o direito de propriedade. Possuidor é aquele que tem de fato o exercício de algum dos poderes inerentes à propriedade (art. 1.196, CC). Portanto, a posse é um **estado de fato e de poder socioeconômico** sobre uma coisa. Tanto isto é verdade que, de acordo com a legislação, a posse se adquire desde o momento em que se torna possível o exercício, em nome próprio, de qualquer dos poderes inerentes à propriedade

(1.204, CC). O CC reconhece **direito autônomo** sobre a posse, independentemente do titular da mesma ser ou não o proprietário do bem. Um belo exemplo, é o art. 1.210 do CC ao afirmar que o possuidor tem direito a ser reintegrado na posse, no caso de esbulho, mantido em caso de turbação, ou mesmo segurado nas situações de ameaça. Este direito autônomo sobre a posse é disciplinado entre os arts. 1.196 e 1.224 do CC.

2.2. Principais teorias explicativas da posse: breves notas

As provas objetivas não costumam formular quesitos abordando teorias jurídicas. Todavia, na particular hipótese, é importante a apresentação de breves notas sobre as duas teorias mais citadas nas Universidades a respeito do assunto, como antecedente lógico necessário à melhor compreensão do assunto.

2.2.1. Teoria subjetiva (Friedrich Carl Von Savigny)

Savigny, no festejado *"Tratado da Posse"* (1.824), tentou explicar a posse no direito alemão com base em ensinamentos provenientes do Direito Romano. Sustentava que a **posse** traduziria um poder material sobre a coisa – domínio físico (*corpus*) – com a intenção de tê-la para si (*animus*). Portanto, o aspecto subjetivo seria imprescindível à configuração da mesma.

Em suma: **posse = *corpus* + *animus*.**

A crítica à teoria subjetiva reside na dificuldade de comprovação da intenção, do *animus* em possuir, daí a teoria objetiva, em contraponto.

2.2.2. Teoria objetiva (Rudolf Von Ihering)

Para **Ihering** o possuidor é a pessoa que se comporta como se fosse proprietária da coisa, imprimindo destinação econômica à mesma, independentemente da demonstração do *animus* (o comportamento objetivo é que importa). A posse seria a exteriorização da propriedade.

Em suma: **posse = *corpus*.**

O Código Civil parece adotar, preponderantemente, a **teoria objetiva da posse** (art. 1.196). Porém, em **algumas situações**, há indícios da presença da **teoria subjetiva** (especialmente na disciplina da usucapião e do fâmulo da posse).

Na atualidade, é possível também reconhecer o surgimento da teoria sociológica da posse nitidamente atrelada com o tema da função social. Contudo, não sendo objetivo desta obra divagar para além da proposta do livro (exame da OAB), resta apenas a breve referência teórica sobre o assunto.

2.3. Posse x detenção: o fâmulo da posse

O Código Civil, em seu artigo 1.198, considera **detentor** aquele que, achando-se em relação de dependência para com o outro, conserva a posse em nome deste e em cumprimento de ordens e instruções suas, instituindo a figura do **fâmulo da posse.** É o caso, por exemplo, de um motorista, de uma empregada doméstica, de um caseiro que, de rigor, não são titulares de posse alguma: atuam apenas como *longa manus,* prepostos, do verdadeiro possuidor (empregador).

Contudo, na melhor orientação do Enunciado 301 da III Jornada de Direito Civil *"É possível a conversão da detenção em posse, desde que rompida a subordinação, na hipótese de exercício em nome próprio dos atos possessórios"*.

> ▸ **Atenção!**
>
> **Enunciado 493 – V Jornada de Direito Civil – CJF:** O detentor (art. 1.198 do Código Civil) pode, no interesse do possuidor, exercer a autodefesa do bem sob seu poder.

Digno de nota a propósito disto é a disciplina do artigo 1.208 do Código Civil segundo o qual **atos de mera detenção**, permitidos e tolerados, não são capazes de gerar a posse. De fato, a **permissão** (autorização prévia, induvidosa e expressa) e a **tolerância** (autorização posterior e tácita) não retiram daquele que autoriza, ou permite, o estado de poder socioeconômico sobre o bem, razão pela qual não induzem a posse.

2.4. Posse de direitos (existe posse de direitos?)

Também se deve recordar que o Código Civil Brasileiro, influenciado no particular pela legislação cível da Alemanha e da Grécia, segue a orientação segundo a qual **apenas coisas (corpóreas) são objetos de posse**. Talvez por isto o Superior Tribunal de Justiça tenha afirmado ser *"inadmissível o interdito proibitório para proteção de direito autoral"* (**súmula 228, STJ**). Mas em provas abertas, a fim de ilustrar esta orientação excepcional, é possível citar o exemplo da **súmula 193 do Superior Tribunal de Justiça** que admite a posse de linha telefônica apenas para efeito da usucapião: *"O direito de uso de linha telefônica pode ser adquirido por usucapião"*.

2.5. Classificação da posse

a) **Direta x Indireta.** A posse direta, de pessoa que tem a coisa em seu poder, temporariamente, em virtude de direito pessoal, ou real, não anula a indireta, de quem aquela foi havida, podendo o possuidor direto defender a sua posse contra o indireto (art.1.197, CC). **Posse direta** é aquela em que o possuidor tem o contato material e imediato com a coisa. Ex.: inquilino (locatário). **Posse indireta** é aquela de onde a posse direta surgiu, na qual o possuidor está afastado da coisa, mas aufere vantagens desta, como proprietário no contrato de locação. A este propósito, o entendimento doutrinário é manso e pacífico no sentido de que *"O possuidor direto tem direito de defender a sua posse contra o indireto, e este, contra aquele"*, como se cristalizou no Enunciado 76 da I Jornada de Direito Civil (CJF/STJ).

b) **Composse.** Quando duas ou mais pessoas exercem a **posse de maneira simultânea sobre coisa indivisível** a isto se denomina COMPOSSE (art. 1.199, CC), sendo possível a todas estas exercer sobre o bem os atos possessórios, desde que não excluam os outros direitos reais.

c) **Justa x Injusta.** Para o artigo 1.200 do Código Civil é justa a posse que não for violenta, clandestina ou precária. Injusta é a posse violenta, clandestina ou precária. Enquanto não cessar a injusta posse não se pode falar em início de prazo para usucapião, afinal de contas a ninguém é dado se beneficiar da própria torpeza. O Código Civil apresenta importantes mecanismos de defesa àquele que estaria na posse justa diante de situações como estas: o possuidor tem direito a ser mantido na posse em caso de turbação, restituído no de esbulho, e segurado de violência iminente, se tiver justo receio de ser molestado. (art. 1.210)

Importantes considerações podem ser elaboradas a respeito do artigo 1.210 do Código Civil. A partir deste preceito surge o fundamento jurídico para ajuizamento dos chamados interditos possessórios (ações possessórias), vale dizer, **ação de reintegração (caso de perda da posse, ou seja, de esbulho), ação de manutenção (caso de turbação)** e, finalmente, **ação de interdito proibitório (tutela preventiva da posse para situações de ameaça de esbulho, ou ameaça de turbação).**

O possuidor também poderá ajuizar a ação de esbulho ou de indenização contra o terceiro que recebeu a coisa esbulhada sabendo que o era (art. 1.212, CC), ante o visível dolo no caso concreto. A *contrario sensu* será *"Inadmissível o direcionamento de demanda possessória ou ressarcitória contra terceiro possuidor de boa-fé, por ser parte passiva ilegítima diante do disposto no artigo 1.212 do novo Código Civil. Contra o terceiro de boa-fé, cabe tão-somente a propositura de demanda de natureza real"* (Enunciado 80, CJF/STJ).

Estes temas deverão ser aprofundados no estudo do Direito Processual Civil.

Também se extrai do artigo 1.210 acima a noção do **desforço incontinente,** ou seja, da **possibilidade do possuidor manso e pacífico que está a sofrer dano possessório agir imediatamente,** desde que de forma proporcional e sem necessitar da atuação Judicial, para retirar o invasor de seu imóvel, bem como a legítima defesa da posse, quando o possuidor utiliza da sua força para impedir a própria invasão (§ 1º).

O preceito legislativo também faz distinção entre o denominado *juízo possessório* (quero a posse porque tenho a melhor posse), típico das ações possessórias, do *juízo petitório* (quero a posse porque sou dono), que se refere às reivindicatórias e decorrem do **direito real de sequela** (buscar e apreender o bem onde quer que este esteja e contra qualquer um). Resta claro, pelo dispositivo legal que a posse não é apêndice da propriedade (mas sim direito autônomo), de modo que não se discute propriedade em questões possessórias, ou melhor, o título de propriedade não obstrui o debate possessório (§ 2º).

A única hipótese na qual se defere a posse àquele que comprovar o domínio, ocorrerá se a aludida posse estiver sendo disputada com base no domínio, como já esclareceu a **súmula 487 do Supremo Tribunal Federal**: *"Será deferida a posse a quem, evidentemente, tiver o domínio se com base neste for ela disputada"*. Exatamente por isto a doutrina consolidou dois importantes Enunciados na I Jornada de Direito Civil. O Enunciado 78: *"Tendo em vista a não-recepção pelo novo Código Civil da exceptio proprietatis (art. 1.210, § 2º) em caso de ausência de prova suficiente para embasar decisão liminar ou sentença final ancorada exclusivamente no ius possessionis, deverá o pedido ser indeferido e julgado improcedente, não obstante eventual alegação e demonstração de direito real sobre o bem litigioso"*. E o Enunciado 79: *"A exceptio proprietatis, como defesa oponível às ações possessórias típicas, foi abolida pelo Código Civil de 2002, que estabeleceu a absoluta separação entre os juízos possessório e petitório"*.

d) **De Boa fé x de Má fé.** Reza o Código Civil, em seu artigo 1.201, que *"É de boa-fé a posse, se o possuidor ignora o vício, ou o obstáculo que impede a aquisição da coisa"*, advertindo ainda o parágrafo único – do mesmo preceito – que *"O possuidor com justo título tem por si a presunção de boa-fé, salvo prova em contrário, ou quando a lei expressamente não admite esta presunção"*.

Trata-se, como se vê, da **boa-fé subjetiva** que *"só perde este caráter no caso e desde o momento em que as circunstâncias façam presumir que o possuidor não ignora que possui indevidamente"*, a teor do artigo 1.202 do Código Civil, estando diretamente relacionada com o fato de o possuidor ignorar o vício. Tão só.

Nada disto se confunde com o **justo título**, nem ainda com o **título legítimo**, isto por que: **justo título** é a justa causa, o justo motivo, independentemente de documento específico comprobatório da posse, enquanto que **título legítimo** é o documento hábil a demonstrar, por escrito, a posse. A este respeito existem dois importantes Enunciados em Jornada de Direito Civil. O Enunciado 302: *"Pode ser considerado justo título para a posse de boa-fé o ato jurídico capaz de transmitir a posse ad usucapionem, observado o disposto no art. 113 do Código Civil"*. E o Enunciado 303, assim redigido: *"Considera-se justo título para presunção relativa* *da boa-fé do possuidor o justo motivo que lhe autoriza a aquisição derivada da posse, esteja ou não materializado em instrumento público ou particular. Compreensão na perspectiva da função social da posse".*

2.6. *Constituto possessório* x *tradition breve manu*

Imagine a hipótese na qual alguém vende um imóvel a outrem, mas continua a habitar naquele bem, que antes lhe pertencia (agora mediante o pagamento de aluguel). Nesta situação, este alienante possuía, originariamente, em nome próprio. Contudo, agora, passa a *possuir em nome alheio*. A isto se denomina **constituto possessório** ou **cláusula constituti.**

O Enunciado 77 da I Jornada de Direito Civil (CJF/STJ) esclareceu, mediante doutrina firme e consolidada, que *"A posse das coisas móveis e imóveis pode ser transmitida pelo constituto possessório"*, tratando-se de importante questão em concursos públicos.

E se o inverso ocorresse?

A ***tradittio breve manu*** é o inverso. Ocorre quando alguém possuía originariamente algo em nome alheio e, agora, passa a possuir em nome próprio.

3. AQUISIÇÃO E PERDA DA POSSE

A aquisição da posse acontece desde o momento em que se torna possível o seu exercício, ou seja, a partir do momento em que o sujeito passa a exercer os poderes inerentes a propriedade (art. 1.204, CC). Esta posse faz presumir a dos bens móveis, os quais acompanham o principal (art. 1.209, CC), afinal de contas *"A posse do imóvel faz presumir, até prova em contrário, a das coisas móveis que nele estiverem"*.

A posse pode ser adquirida pela própria pessoa, seu representante ou terceiro, desde que haja ratificação, na forma do artigo 1.205 do Código Civil. Esta posse se transmite aos herdeiros ou legatários do possuidor com os mesmos caracteres (art. 1.206, CC), sendo que o sucessor universal continua de direito a posse do seu antecessor; e ao sucessor singular é facultado unir sua posse à do antecessor, para efeitos legais (art. 1.207, CC), como no caso da soma das posses para fim da usucapião.

4. EFEITOS DA POSSE

4.1. Quanto à percepção dos frutos (art. 1.214 a 1.216, CC)

A percepção dos frutos em sede possessória estará diretamente relacionada à boa ou à má-fé do possuidor. Nesta senda, **privilegia-se o possuidor de boa-fé,** por razões intuitivas. Os frutos percebidos pelo possuidor de boa-fé a este pertenceram (art. 1.214, CC). Os pendentes e antecipadamente colhidos ao tempo em que cessar a boa-fé serão devolvidos após o abatimento das despesas eventualmente ocorridas (p.u, art. 1.214, CC).

Detalhe importante a este respeito é que os frutos naturais e industriais se reputam colhidos e percebidos, logo que são separados. Já os civis, percebidos dia por dia (art. 1.215, CC).

Nada disto ocorrera na hipótese de má-fé. Este possuidor malicioso responde por todos os frutos colhidos e percebidos, bem como pelos que, por culpa sua, deixou de perceber (*fruto percipiendo*), desde o momento em que se constituiu de má-fé; tem direito às despesas da produção e custeio (art. 1.216, CC).

Todos os frutos colhidos pelo possuidor de má-fé não lhe pertencem. **Há responsabilidade civil direta por tais frutos,** como ainda pelos que deixou de perceber. Apenas para evitar o enriquecimento sem causa é que a legislação admite o reembolso pelas despesas de produção e custeio. Nada mais.

4.2. Responsabilidade pela perda ou deterioração da coisa (arts. 1.217 e 1.218, CC)

Utilizando-se do raciocínio anterior, é possível afirmar que **o possuidor de boa-fé só responde se der causa a perda ou deterioração da coisa, incorrendo em dolo ou culpa. O possuidor de má-fé responderá até mesmo pelos danos acidentais ocorridos.**

4.3. Quanto às benfeitorias realizadas na coisa (arts. 1.219 e 1.220, CC)

Se a lei protege **o possuidor de boa-fé,** este terá direito à indenização das benfeitorias necessárias e úteis, podendo reter a coisa até que estas sejam pagas. Quanto às voluptuárias, poderá apenas levantá-las, quando possível (sem prejuízo da coisa). Já **o possuidor de má fé,** somente será ressarcido nas benfeitorias necessárias, sem direito à retenção.

5. DIREITO DE PROPRIEDADE OU DIREITO REAL NA COISA PRÓPRIA

A partir do artigo 1.225, o Código Civil apresenta as disposições gerais do que denomina Direitos Reais, enumerando-os em treze incisos. Em seguida, prossegue o CC para afirmar que os direitos reais sobre coisas móveis, quando constituídos, ou transmitidos por atos entre vivos, só se adquirem com a tradição (artigo

1.226), enquanto que os direitos reais sobre imóveis constituídos, ou transmitidos por atos entre vivos, só se adquirem com o registro no Cartório de Registro de Imóveis dos referidos títulos, salvo os casos expressos neste Código (artigo 1.227). Resta clara a opção do legislador brasileiro por não reconhecer efeito translativo ao contrato, vale dizer por outras palavras que no Brasil o contrato por si somente não transfere a propriedade.

Logo após, a legislação cível avança para o estudo da propriedade em geral. Exige-se, assim, identificar o conceito objetivo do que vem a ser propriedade e direitos reais, a fim de avançar no estudo da matéria.

5.1. Conceito e caracteres

Apesar de o Código Civil não conceituar o direito de propriedade, o legislador preocupou-se em definir o proprietário, elencando suas faculdades no artigo 1.228, quais sejam as de usar, gozar/fruir, dispor e reivindicar a coisa, segundo a sua função social. Dentro daquilo que se convencionou denominar **princípio da taxatividade ou *numerus clasulus* do direito real,** somente pode ser qualificado como direito real aquele que estiver explicitamente contido na legislação civil ou especial, daí a enumeração do artigo 1.225: *São direitos reais:* **I** - a propriedade; **II** - a superfície; **III** - as servidões; **IV** - o usufruto; **V** - o uso; **VI** - a habitação; **VII** - o direito do promitente comprador do imóvel; **VIII** - o penhor; **IX** - a hipoteca; **X** - a anticrese; **XI** - a concessão de uso especial para fins de moradia; **XII** - a concessão de direito real de uso e **XIII** - a laje.

As relações *obrigacionais* são infinitas e meramente exemplificativas no Código Civil. Tanto é assim que existem contratos atípicos submetidos à enumeração exemplificativa, *numerus apertus*: *"É lícito às partes estipular contratos atípicos, observadas as normas gerais fixadas neste Código"*. (art. 425, CC). Não é assim para os direitos reais. O caráter taxativo destes direitos decorre, justamente, da **necessidade de se identificar a imediata titulação da propriedade para, com isto, permitir a oponibilidade *erga omnes*** (caráter absoluto, oponível em face de todos).

A relação de direito real é diferente. Acontece mesmo quando se ignora o sujeito da relação. Ocorre entre o titular da propriedade e qualquer pessoa que atente contra esta. Trata-se, pois, de um direito exercido contra terceiro determinável e universal.

Disto decorre a distinção entre o caráter *inter partes* (obrigação) e *erga omnes* (real). Os **direitos obrigacionais são relativos, enquanto os reais são absolutos:** *Eu exerço direitos **relativos** contra **pessoa certa**, determinada. Eu exerço direito **absoluto** contra todos, **erga omnes**.*

Os direitos reais tendem a ser perpétuos, mas a propriedade deve atender à função social. As **relações contratuais-obrigacionais** são **transitórias** por natureza. **Os direitos reais se submetem, em regra, ao registro público** enquanto que os direitos obrigacionais à forma livre (art. 107, CC).

5.2. Características

Importantes características ajudam o estudante a melhor compreender o conteúdo e finalidade do direito de propriedade, podendo-se afirmar ser este:

a) COMPLEXO – pois é formado por um plexo (conjunto) de poderes ou faculdades (usar, gozar/fruir, dispor e reivindicar);

b) ABSOLUTO – pois a sua oponibilidade é "*erga omnes*" (em face de todos);

c) PERPÉTUO – uma vez que não se extingue pelo simples não uso e pode ser transmitido de uma geração para outra;

d) EXCLUSIVO – pois afasta o exercício do poder dominial de terceiro sobre a mesma coisa (quando da propriedade sobre um bem), ressalvando-se apenas a situação do condomínio, em que há divisão ideal do bem;

e) ELÁSTICO – pois os poderes do proprietário podem ser distendidos ou contraídos, para formar outros direitos reais, sem perder a sua essência (vide art. 1.231, CC);

Dica: C + A + P + E + (E + L + A) = CAPEELA!

5.3. Extensão e limites: função social da propriedade (art. 1.229 e art. 1.230, CC)

A Constituição Federal determina que a propriedade *atenderá* a função social, sendo possível afirmar que a cláusula pétrea que assim disciplina o assunto (art. 5º, XXII) trouxe à lume o princípio da função social da propriedade. Esta mesma Constituição Federal, agora no artigo 170, III, também identifica a **função social da propriedade como um elemento da ordem econômica.** A legislação cível infraconstitucional reflete esta nova perspectiva. Exemplo disto: a propriedade do solo abrange tanto o espaço aéreo, quanto o subsolo correspondentes em altura e profundidade *úteis ao se exercício*, mitigando-se a ideia absoluta da propriedade plena (art. 1.229, CC).

Eliminada se encontra a ultrapassada ideia medieval segundo a qual *qui dominus este soli dominus est usque ad coelos et usque ad ínferos* (quem é dono do solo é também dono até o céu e até o inferno). Atualmente, portanto, diante da **função social**, a propriedade do solo não abrange as jazidas, minas e demais recursos minerais, nem mesmo os potenciais de energia hidráulica, os monumentos arqueológicos e outros bens referidos em leis especiais. O artigo 176 da Constituição Federal de 1988 e o artigo 84 do Código de Mineração impedem o assenhoramento (aquisição de domínio) de certos bens minerais que constituem elementos da propriedade, seja porque estratégicos, seja ante a supremacia do interesse público sobre o privado, havendo tão somente uma exceção a este respeito, que se refere aos índios que estão autorizados a fruir também deste patrimônio.

Em fiel respeito ao mandamento constitucional prescreve o artigo 1.230 do Código Civil que a propriedade do solo não abrange as jazidas, minas e demais recursos minerais, os potenciais de energia hidráulica, os monumentos arqueológicos e outros bens referidos por leis especiais. Desta forma, **a extensão do direito de propriedade é diretamente orientada pela função socioambiental desta,** sem perder de mira o interesse público primário e os interesses metaindividuais.

5.4. Função social da propriedade (art. 5º, XXII e XXIII e art. 170, III, CF)

A função social está dentro do direito de propriedade. O conceito de propriedade só pode ser devidamente apreendido dentro de uma concepção social, encontrando fundamento jurídico na Constituição Federal de 1988 (art. 5º, XXIII), motivo que levou o Código Civil a tratar deste assunto no § 1º do artigo 1228: o direito de propriedade deve ser exercido em consonância com as suas finalidades econômicas e sociais e de modo que sejam preservados, de conformidade com o estabelecido em lei especial, a flora, a fauna, as belezas naturais, o equilíbrio ecológico e o patrimônio histórico e artístico, bem como evitada a poluição do ar e das águas.

A propriedade não é um direito absoluto, sendo defesos os atos que não trazem ao proprietário qualquer comodidade, ou utilidade, e sejam animados pela intenção de prejudicar outrem (§ 2º, do artigo 1.228, CC). Esta propriedade se presume plena e exclusiva até prova em contrário (art. 1.231, CC).

Também se entende, à luz do Enunciado 305 da III Jornada de Direito Civil, que *"Tendo em vista as disposições dos §§ 3º e 4º do art. 1.228 do Código Civil, o Ministério Público tem o poder-dever de atuação nas hipóteses de desapropriação, inclusive a indireta, que envolvam relevante interesse público, determinado pela natureza jurídica dos bens envolvidos"*. Inúmeros foram os Enunciado elaborados em Jornada de Direito Civil para a análise do artigo 1.228 que, de longe, constitui um dos mais inovadores da legislação privada. A título ilustrativo, podemos citar ainda os Enunciados 306 a 311.

5.5. A descoberta

Nos termos do **artigo 1.233** do Código Civil aquele que ache coisa alheia perdida há de restituí-la ao dono ou legítimo possuidor. A isto se denominando *descoberta*. Contudo, não conhecendo o dono o descobridor fará por encontrá-lo, e, se não o encontrar, entregará a coisa achada à autoridade competente. Este *descobridor* que restituir a coisa terá **direito a uma recompensa não inferior a cinco por cento do seu valor,** além da indenização pelas despesas que houver feito com a conservação e transporte da coisa, se o dono não preferir abandoná-la, respondendo aquele acaso proceda com dolo.

Pela lei, deve-se utilizar da imprensa e de outros meios de informação, dentro de uma economicidade e proporcionalidade, para **identificar** o dono da coisa. Decorridos sessenta dias da divulgação da notícia sem resposta alguma, a coisa será vendida em hasta pública, transmitindo a propriedade do remanescente ao Município em cuja circunscrição se deparou o objeto perdido (art. 1.237, CC). Autoriza-se ao ente municipal abandonar o bem a favor de quem o achou.

5.6. Aquisição da propriedade imobiliária

O Código Civil apresenta **modos de aquisição da propriedade imobiliária** que devem ser objeto de apurado estudo pelo operador do Direito. Faremos uma sintética análise derredor destas formas de aquisição.

Nos termos do artigo 1.241 do Código Civil poderá o possuidor requerer ao juiz que seja declarada adquirida, **mediante usucapião,** a propriedade imóvel, de forma que a declaração obtida na forma deste artigo constituirá título hábil para o registro no Cartório de Registro de Imóveis.

A usucapião constitui instituto sedimentado pelo *Corpus Iuris Civilis* de Justiniano. Etimologicamente significa a *capio* ou *capionis* (tomada, aquisição, ocupação) através do *usu*. Trata-se de expressão, portanto, no feminino a significar *a ocupação da coisa através do uso.* Sendo a **usucapião uma prescrição aquisitiva da propriedade** pode-se afirmar que o usucapiente não adquire a alguém; simplesmente adquire. Por constituir instituto semelhante à prescrição, as causas que obstam, suspendem ou interrompem esta, também devem se aplicar àquele, por força do artigo 1.244 do Código Civil.

a) Aquisição pela usucapião de bem imóvel

A *usus capio* (capere), a significar *adquirir posse pelo uso*, costuma ser estudada preponderantemente sobre os bens imóveis. Contudo, também **pode ocorrer para a propriedade móvel e, ainda, para a servidão.** A usucapião de bem móvel será abordada posteriormente, quando se estudar as formas de aquisição destes bens mobiliários. Trata-se de um **modo originário de aquisição da propriedade** por meio da posse mansa e pacífica ao longo do tempo fixado em lei e desde que seja quitado o tributo pela transmissão do bem.

Em breves notas processuais, recorde-se que *"O usucapião pode ser arguido em defesa"* (**súmula 237, STF**), sendo certo que *"O possuidor deve ser citado, pessoalmente, para a ação de usucapião"* (**súmula 263, STF**), como também que *"O confinante certo deve ser citado, pessoalmente, para a ação de usucapião"*. (**Súmula 391, STF**)

Nenhum bem público pode ser usucapido (**STF, súmula 340** e **CC, art. 102**). É imprescindível que a coisa seja suscetível de ser usucapida, e, simultaneamente a isto, tenha transcorrido lapso temporal suficiente na posse mansa, contínua, pacífica e com o *animus domini* (interesse de se tornar dono) sobre a coisa.

A usucapião pode ser dividida e estudada mediantes as seguintes espécies:

I. Usucapião extraordinária (art. 1.238, CC):

Trata-se de espécie de usucapião que **independe de título ou de boa fé,** contentando-se com o **mero decurso do prazo de 15 (quinze) anos**. Contudo, este prazo é reduzido para 10 anos no caso da denominada *posse trabalho* (moradia habitual ou obras, serviços de caráter produtivo), como reza o artigo 1.238.

Ocorrendo a usucapião extraordinária, a anterior matrícula do imóvel é arquivada sem qualquer tipo de sucessão da titularidade, pois, insista-se, a usucapião é causa **originária** de aquisição livre e desembaraçada da propriedade, de modo que *quebra* a cadeia sucessória da matrícula. É possível que uma pessoa adquira a propriedade pela usucapião extraordinária de mais de um bem, independentemente da área, desde que preencha os requisitos acima identificados.

Importante, contudo, estar atento à regra de transição prevista no artigo 2.029 do Código Civil: *"até dois anos após a entrada em vigor deste Código, os prazos estabelecidos no parágrafo único do art. 1.238 e no parágrafo único do art. 1.242 serão acrescidos de dois anos, qualquer que seja o tempo transcorrido na vigência do anterior, Lei nº 3.071, de 1 de janeiro de 1916"*. Recomendável, ainda, a leitura do artigo 2.030 do mesmo Código, atentando-se, destarte, para as específicas regras de transição.

II. Usucapião ordinária (art. 1.242, CC):

Nesta modalidade, **exige-se tanto o justo título, quanto a boa-fé.** Exatamente por isto, o **lapso temporal é menor, de 10 ou 5 anos.** Será de 5 anos se o imóvel houver sido adquirido onerosamente, com base em registro posteriormente cancelado, e os possuidores tiverem estabelecido moradia ou realizado investimentos sociais e econômicos (posse trabalho). *"A expressão justo título contida nos arts. 1.242 e 1.260 do CC abrange todo e qualquer ato jurídico hábil, em tese, a transferir a propriedade, independentemente de registro"*. É o que entende a doutrina majoritária (Enunciado 86, CJF/STJ).

Da mesma forma ocorrida com a usucapião extraordinária, **é possível que uma pessoa adquira a propriedade pela usucapião ordinária de mais de um bem, independentemente da área,** desde que preencha os requisitos acima identificados.

As espécies a seguir apresentadas dizem respeito à **usucapião especial**, ou seja, em favor de pessoas que não são proprietárias, donas, de nenhum outro imóvel. Serão estudados dois tipos de usucapião especial (rural e urbano) que tutelam a primeira moradia, razão pela qual haverá, entre outras exigências, o requisito da dimensão da área, ou em hectares, ou em metros quadrados.

III. Usucapião especial rural ou pro-labore ou rústico (art. 1.239, CC; art. 191, CF/88 e Lei 6.969/81[1]):

Recorde-se que *"A presença da União ou de qualquer de seus entes, na ação de usucapião especial, não afasta a competência do foro da situação do imóvel"* (**STJ, súmula 11**). A fim de assegurar o **direito constitucional à moradia**, a Constituição elegeu a usucapião rural em seu artigo 191. O Código Civil tratou a matéria de forma inédita: *"não sendo proprietário de imóvel rural ou urbano, possua como sua, por cinco anos ininterruptos, sem oposição, área de terra em zona rural não superior a cinquenta hectares, tornando-a produtiva por seu trabalho ou de sua família, tendo nela sua moradia"* (art. 1.239).

Além do **ineditismo da propriedade** (é imprescindível que o postulante não seja dono de imóvel algum) também é necessário o **decurso de cinco anos**, de maneira **ininterrupta e sem oposição**, ou seja, **mansa e pacificamente, com *animus domini*.** Também é fundamental que a área não seja superior a cinquenta hectares e que a propriedade se torne produtiva ou, não sendo assim, que seja utilizada como moradia, afinal de contas: *"Quando a posse ocorre sobre área superior aos limites legais, não é possível a aquisição pela via da usucapião especial, ainda que o pedido restrinja a dimensão do que se quer usucapir"* (Enunciado 313, CJF/STJ).

1. Equivocadamente o artigo 2º da Lei 6.969/81 admitiu a usucapião sobre terras devolutas (espécies de propriedade pública). Contudo, a jurisprudência e a doutrina majoritárias e pacíficas jamais admitiram esta prática.

IV. Usucapião urbana ou "pro misero" (art. 1.240, CC; art. 183, CF/88 e arts. 9º e 10 do Estatuto das Cidades – Lei Federal nº 10.257/01, ou seja: *individual* ou *coletiva*):

Na mesma linha, focado desta vez na efetivação da primeira moradia na área urbana, à luz da função social da propriedade, o Código Civil prevê a aquisição da propriedade àquele que possuir, como sua, área urbana de até duzentos e cinquenta metros quadrados, por cinco anos ininterruptamente e sem oposição, utilizando-a para sua moradia ou de sua família desde que não seja proprietário de outro imóvel urbano ou rural. Segundo o Enunciado 85 da I Jornada em Direito Civil *"Para efeitos do art. 1.240, caput, do novo Código Civil, entende-se por área urbana o imóvel edificado ou não, inclusive unidades autônomas vinculadas a condomínios edilícios"*.

Observe-se, de igual sorte, nos termos do Enunciado 314 do CJF/STJ que *"Para os efeitos do art. 1.240, não se deve computar, para fins de limite de metragem máxima, a extensão compreendida pela fração ideal correspondente à área comum"*. A par destas considerações, o fato é que o artigo 1.240 do Código Civil em muito se assemelha à usucapião rural. Contudo, aqui se tem **duzentos e cinquenta metros quadrados como limite de área,** o que também se repete no Estatuto das Cidades (artigo 9º).

* Usucapião coletiva (art. 10 do Estatuto da Cidade – Lei 10.257/01 e 1228, § 4 do CC):

Inicialmente, faz-se mister recordar que o art. 10, *caput,* Lei Federal nº 10.257/01 foi alterado pela Lei 13.465/17 e passou a vigorar com a seguinte redação: *"Os núcleos urbanos informais existentes sem oposição há mais de cinco anos e cuja área total dividida pelo número de possuidores seja inferior a duzentos e cinquenta metros quadrados por possuidor são suscetíveis de serem usucapidos coletivamente, desde que os possuidores não sejam proprietários de outro imóvel urbano ou rural"*.

O fenômeno social das comunidades (pejorativamente denominadas de favelas por alguns) dá ensejo a situações nas quais a população de baixa renda ocupa terrenos de modo desordenado, mas de maneira mansa e pacífica, de modo coletivo. Por conta disto, o Estatuto das Cidades adverte que as áreas urbanas com mais de duzentos e cinquenta metros quadrados, ocupadas por população de baixa renda para sua moradia, por cinco anos, ininterruptamente e sem oposição, onde não for possível identificar os terrenos ocupados por cada possuidor, são susceptíveis de serem **usucapidas coletivamente**, desde que os possuidores não sejam proprietários de outro imóvel urbano ou rural (art. 10).

O Código Civil Brasileiro, de certa maneira, também confere tratamento jurídico para esta situação, *ex vi* do artigo 1.228, CC. Na forma deste dispositivo, o proprietário também pode ser privado da coisa se o imóvel reivindicado consistir em extensa área, na posse ininterrupta e de boa-fé, por mais de cinco anos, de considerável número de pessoas, e estas nela houverem realizado, em conjunto ou separadamente, obras e serviços considerados pelo juiz de interesse social e econômico relevante.

Convém lembrar ser **possível, para efeito da usucapião, a soma do tempo exigido mediante o acréscimo à atual posse da posse dos antecessores,** desde que contínuas, pacíficas, com justo título e de boa-fé, como adverte o artigo 1.243 do Código Civil.

Segundo o Enunciado 317 da III Jornada de Direito Civil, ao se debruçar sobre o artigo 1.243, *"A accessio possessionis, de que trata o art. 1.243, primeira parte, do Código Civil, não encontra aplicabilidade relativamente aos arts. 1.239 e 1.240 do mesmo diploma legal, em face da normatividade do usucapião constitucional urbano e rural, arts. 183 e 191, respectivamente".*

A teor do artigo 12, inciso III, do Estatuto das Cidades, **o legitimado ativo** *ad causam* na **usucapião coletiva é a associação de moradores** da referida comunidade, legalmente constituída e desde que exista explícita autorização dos representados para assim atuar. E se alguns dos moradores se recusarem a litigar no polo ativo como litisconsortes necessários? A resposta está no artigo 9º, ou seja, devem ser citados para integrar a lide. Após a resposta destes à citação, o Juiz da Causa apreciará a manutenção ou não do processo, suprindo ou não inércia destes.

Também é digno de nota, por força do artigo 14 do Estatuto das Cidades, que o rito para a usucapião urbana é o sumário, também sendo possível alegá-la como matéria de defesa (artigo 13 da mesma Lei Extravagante) sendo que, enquanto esta ação judicial não for dirimida, nenhuma outra poderá tramitar, seja possessória, seja reivindicatória.

V. Usucapião por abandono do lar (art. 1.240-A, CC):

Nesta modalidade, **aquele que exercer por 2 anos ininterruptos e sem oposição a posse direta, com exclusividade, de imóvel urbano de até 250m2 cuja propriedade divida com ex-cônjuge, ou ex-companheiro que abandonou o lar, utilizando-a para sua moradia ou de sua família, adquire o domínio integral, desde que não seja proprietário de outro imóvel urbano, ou rural. Trata-se de uma modalidade de usucapião que não será reconhecida mais de uma vez ao mesmo possuidor, com exíguo prazo de 2 anos.**

VI – Usucapião indígena (arts. 32 e 33 da Lei Federal nº 6.001/73 – Estatuto do índio):

Apenas para efeito de registro, é importante lembrar que a ordem jurídica também disciplina a possibilidade de o índio ou a própria comunidade indígena usucapirem: *"O índio, integrado ou não, que ocupe como próprio, por dez anos consecutivos, trecho de terra inferior a cinquenta hectares, adquirir-lhe-á a propriedade plena"*.

VII – Usucapião Administrativa do CPC/15 (art. 216-A da Lei de Registros Públicos, acrescido pelo 1.071 do CPC/15).

Em curta síntese, segundo a nova regra *"Sem prejuízo da via jurisdicional, é admitido o pedido de reconhecimento extrajudicial de usucapião, que será processado diretamente perante o cartório de Registo de Imóveis da comarca em que estiver situado o imóvel usucapiendo, a requerimento do interessado, representado por advogado"*, sendo importante a lembrança ao futuro advogado e que será melhor destrinchado nas próximas páginas.

b) Aquisição pelo registro do título

A propriedade de bem imóvel deve ser transmitida mediante registro do instrumento no cartório de registro de imóveis. Enquanto não houver o registro, inexistirá a transferência da propriedade. Portanto, quem não registra não é dono, *ex vi* do artigo 1.245 do Código Civil. Exatamente por isto, enquanto não se registrar o título translativo, o alienante continua a ser havido como dono do imóvel (§ 1º, art. 1.245), o mesmo ocorrendo enquanto não se promover, por meio de ação própria, a decretação de invalidade do registro, e o respectivo cancelamento, o adquirente continua a ser havido como dono do imóvel (§ 2º, art. 1.245).

O sistema registrário brasileiro é de base romana. Para que haja aquisição da propriedade é preciso conjugar duas variáveis: o *título* (contrato) e *modo* (solenidade na transferência). A solenidade dos bem móveis é a tradição e nos bens imóveis o registro. Para lei civil o registro é eficaz desde o momento em que se apresentar o título ao oficial de registro, e este o prenotar no protocolo (art. 1.246, CC e art. 186 da Lei de Registros Públicos). Trata-se do *princípio da prioridade da prenotação* a gerar uma presunção de verdade relativa, *juris tantum,* a ser ilidida mediante o cancelamento do próprio registro.

> **Relembre-se!**
>
> A **matrícula** é o nome que se dá ao **primeiro registro do imóvel.** O **registro** (anteriormente denominado de transcrição) refere-se ao **ato que consubstancia a transferência da propriedade:** a cada registro se recebe um novo número, em virtude da alienação (gratuita ou onerosa). A **averbação** constitui qualquer **alteração feita à margem do registro,** sofridas pelo imóvel, como, por exemplo, a averbação de uma construção.

Apesar disto, a doutrina consagrou entendimento no Enunciado 87 da I Jornada de Direito Civil que *"Considera-se também título translativo, para fins do art.*

1.245 do novo Código Civil, a promessa de compra e venda devidamente quitada (arts. 1.417 e 1.418 do CC e § 6º do art. 26 da Lei nº 6.766/79)", questão que exige cuidado do estudante. À propósito, de acordo com a súmula 543 do STJ *"Na hipótese de resolução de contrato de promessa de compra e venda de imóvel submetido ao Código de Defesa do Consumidor, deve ocorrer a imediata restituição das parcelas pagas pelo promitente comprador – integralmente, em caso de culpa exclusiva do promitente vendedor/construtor, ou parcialmente, caso tenha sido o comprador quem deu causa ao desfazimento"*.

c) Aquisição da propriedade imóvel por acessão

Outra forma de aquisição da propriedade imóvel é a acessão, ou seja, a união física de uma coisa acessória a uma coisa principal, aumentando o volume desta última em favor do proprietário que, dono da coisa principal, passa também a ser titular da coisa acessória. A acessão pode ocorrer em seis hipóteses: por **formação de ilhas**, por **aluvião**, por **avulsão**, por **abandono de álveo**, por **plantação**, por **construções**. É o que afirma o artigo 1.248 do Código Civil que apresenta formas naturais de acessão (incisos I à IV) e formas artificiais (inciso V). Não se confunde a acessão (modo de aquisição de propriedade imóvel) com a benfeitoria (bem acessório). Esta última será sempre artificial, constituindo obra feita na estrutura da própria coisa, sem implicar aumento de volume significativo desta. A benfeitoria pressupõe sempre a intervenção humana. A acessão, além de não presumir necessariamente a intervenção humana, aumenta o volume da coisa principal. É considerada modo de aquisição da propriedade.

I. Acessão por formação de ilhas

A formação de ilhas, como **forma de aquisição natural da propriedade imóvel,** é tratada no artigo 1.249 do Código Civil. As ilhas que se formarem em correntes comuns ou particulares pertencem aos proprietários ribeirinhos fronteiros, observadas certas regras relacionadas à três situações que podem ocorrer de acordo com o local onde se formar as aludidas ilhas:

I – **as que se formarem no meio do rio** consideram-se acréscimos sobrevindos aos terrenos ribeirinhos fronteiros de ambas as margens, na proporção de suas testadas, até a linha que dividir o álveo em duas partes iguais;

II – **as que se formarem entre a referida linha e uma das margens** consideram-se acréscimos aos terrenos ribeirinhos fronteiros desse mesmo lado;

III – **as que se formarem pelo desdobramento de um novo braço do rio** continuam a pertencer aos proprietários dos terrenos à custa dos quais se constituíram.

Portanto, um dos modos de aquisição ou transformação da propriedade já existente, que se dá de modo natural (evento da natureza) e originário, é pela formação de ilhas. Para a legislação civil situações como estas geram a aquisição do aludido imóvel (os proprietários ribeirinhos, por exemplo).

II. Acessão por aluvião

Trata-se de uma forma de aquisição de propriedade imóvel que consiste no **acréscimo lento de resíduos que vão se acumulando à beira do rio,** na forma do artigo 1.250 do Código Civil. Assim, os acréscimos formados, sucessiva e imperceptivelmente, por depósitos e aterros naturais ao longo das margens das correntes, ou pelo desvio das águas destas, pertencem aos donos dos terrenos marginais, sem indenização. Dispõe ainda o parágrafo único do aludido artigo que o terreno aluvial, que se formar em frente de prédios de proprietários diferentes, dividir-se-á entre eles, na proporção da testada de cada um sobre a antiga margem.

III. Acessão por avulsão

Ocorre quando, por **força natural violenta**, uma porção de terra se destaca de um prédio e se junta a outro. Nesta hipótese, o dono do prédio que teve acréscimo deve indenizar o proprietário daquele que sofreu decréscimo, dentro de um prazo decadencial de um ano. Caso não exista indenização, poderá o proprietário exigir a terra de volta.

IV. Acessão por álveo abandonado

Entende-se por álveo a **linha que divide o meio do rio**. Segundo o artigo 1.252 do Código Civil o álveo abandonado de corrente pertence aos proprietários ribeirinhos das duas margens, sem que tenham indenização os donos dos terrenos por onde as águas abrirem novo curso, entendendo-se que os prédios marginais se estendem até o meio do álveo, sendo esta outra forma de aquisição da propriedade imóvel, decorrente de um novo traçado do rio.

V. Acessão por plantações e construções

Toda **construção ou plantação existente em um terreno se presume feita pelo proprietário, à sua custa, até que se prove o contrário** (artigo 1.253, CC). Esta **presunção** é **relativa**, afinal de contas: aquele que semeia, planta ou edifica em terreno próprio com sementes, plantas ou materiais alheios, adquire a propriedade destes; mas fica obrigado a pagar-lhes o valor, além de responder por perdas e danos, se agiu de má-fé.

Na forma do parágrafo único, do artigo 1.255 do Código Civil, se a construção ou plantação for de valor maior do que a do próprio terreno, pode o construtor adquirir a propriedade do solo, indenizando o seu dono. Esta é a última forma de aquisição da propriedade imóvel por acessão e a **única de forma artificial** sendo que, a teor do Enunciado 318 da III Jornada de Direito Civil o direito à aquisição da propriedade do solo em favor do construtor de má-fé (art. 1.258, parágrafo único) somente é viável quando, além dos requisitos explícitos previstos em lei, houver necessidade de proteger terceiros de boa-fé.

> **Atenção!**
>
> O CPC/15 passou a prever a usucapião administrativa alterando a Lei de Registros Públicos. Trata-se do art. 1.071 que acresceu à Lei Federal nº 6.015/73 o art. 216-A. Importante destacar ainda que a aludida norma também sofreu alterações nos incisos I e II, §§ 2º, 6º, 11º, 12º, 13º. 14º e 15º por força da Lei Federal 13.465/2017.

5.7. Aquisição da propriedade móvel (arts. 1.260/1.274, CC)

a) Aquisição por usucapião de bem móvel

A usucapião de bem móvel somente ocorre em duas formas, a ordinária e a extraordinária.

A **forma ordinária** (onde o comum acontece) exige o justo título e a boa-fé, estando prevista no artigo 1.260. Assim, aquele que possuir coisa móvel como sua, contínua e incontestadamente durante três anos, com justo título e boa-fé, adquirir-lhe-á a propriedade. A **forma extraordinária** está prevista no artigo 1.261 de modo que se a posse da coisa móvel se prolongar por cinco anos, produzirá usucapião, independentemente de título e boa-fé. À usucapião dos bens móveis se aplica subsidiariamente o regime jurídico da usucapião dos bens imóveis, ou seja, os artigos 1.243 e 1.244 do Código Civil.

b) Aquisição por ocupação

Existem coisas no mundo jurídico que não são de ninguém – *res nulliuis* – encontrando-se em **estado de abandono ou inutilidade.** De acordo com a legislação, quem se assenhorear de coisa sem dono para logo lhe adquire a propriedade, não sendo essa ocupação vedada em lei (art. 1.263, CC), afinal de contas a propriedade deve atender a uma função social. Trata-se de **forma originária de aquisição da propriedade.**

c) Aquisição por achado do tesouro

Os artigos 1.264 a 1.266 do Código Civil também admitem a aquisição da propriedade móvel relativa ao depósito antigo de coisas preciosas, oculto e de cujo dono não haja memória devendo este ser dividido por igual entre o proprietário do prédio e o que achar o tesouro casualmente, salvo se for achado em decorrência de pesquisa ordenada pelo dono do prédio ou por este não autorizada, hipótese na qual apenas o proprietário do imóvel se tornará dono exclusivo do depósito.

d) Aquisição por tradição

A propriedade do bem móvel não se transfere pelos negócios jurídicos antes da tradição, a teor do artigo 1.267 do Código Civil, razão pela qual se constitui uma das formas de aquisição da referida propriedade sobre negócios jurídicos válidos.

e) Aquisição por especificação

Em arremate, a propriedade móvel também poderá ser adquirida por quem, trabalhando em matéria-prima em parte alheia, obtiver espécie nova, quando desta será proprietário se não puder restituir à forma anterior (art. 1.269, CC).

6. A PERDA DA PROPRIEDADE (ART. 1.275 E 1.276, CC)

Estudadas as mais diferentes formas de se adquirir a propriedade móvel e imóvel, é chegado o momento de analisar as causas geradoras da perda destas propriedades, vindo a lume o artigo 1.275 do Código Civil.

São causas de perda da propriedade: a alienação, a renúncia, o abandono, o perecimento da coisa e a desapropriação.

A **alienação** gratuita (doação) ou onerosa (venda) é a forma usual de se perder a propriedade. Contudo, renúncia e abandono também constituem importantes modalidades, daí a importância em se distinguir uma situação da outra.

A **renúncia** é a demissão da titularidade jurídica sobre uma dada coisa. É a declaração expressa da vontade abdicativa da propriedade.

O **abandono** constitui um fato jurídico não expresso, mas sobre o qual se pode extrair a intenção de não mais ser proprietário da coisa: o imóvel urbano que o proprietário abandonar, com a intenção de não mais o conservar em seu patrimônio, e que se não encontrar na posse de outrem, poderá ser arrecadado, como bem vago, e passar, três anos depois, à propriedade do Município ou à do Distrito Federal, se se achar nas respectivas circunscrições (art. 1.276, CC) Preceitua o § 1º do referido artigo 1.276 que o imóvel situado na zona rural, abandonado nas mesmas circunstâncias, poderá ser arrecadado, como bem vago, e passar, três anos depois, à propriedade da União, onde quer que ele se localize.

Também se perde a propriedade mediante o **perecimento da coisa,** lembrando a máxima segundo a qual a coisa perece em face de seu dono – *res perit domino.* O perecimento simboliza a perda do objeto ou da utilidade do bem.

A **desapropriação** constitui a última modalidade de perda da propriedade e está relacionada com a supremacia do interesse social (público) sobre o particular egoístico.

7. DIREITOS DE VIZINHANÇA

Trata-se do **conjunto de regras previstas no Código Civil e que disciplinam a convivência pacífica entre vizinhos.** Curioso perceber que no Estatuto das Cidades (Lei Federal 10.257/01) já existe previsão expressa (art. 36) a respeito do *estudo de impacto de vizinhança,* o que evidencia o caráter autônomo desta disciplina e justifica o surgimento de legítimas restrições à utilidade de certos imóveis.

É bom que se recorde, a teor do Enunciado 319 do CJF/STJ que a condução e a solução das causas envolvendo conflitos de vizinhança devem guardar estreita sintonia com os princípios constitucionais da intimidade, da inviolabilidade da vida privada e da proteção ao meio ambiente.

a) Uso normal da propriedade e deveres de abstenção (arts. 1277 e ss.)

A noção primeira que se deve considerar reside no denominado dever de uso racional do prédio a gerar em face do proprietário ou possuidor o direito de fazer cessar, mediante tutela inibitória (obrigações de fazer) as interferências prejudiciais à segurança, ao sossego e à saúde provocadas pela abusiva utilização da propriedade vizinha (art. 1.277, CC).

Se o prédio estiver prestes a cair pode ser ajuizada ação visando caução pelos danos iminentes, ou a demolição, ou a reparação do dano deste prédio, tecnicamente denominada de **AÇÃO DE DANO INFECTO** que, se coletivo, legitima a atuação do próprio Ministério Público, afinal de contas o proprietário ou o possuidor tem direito a exigir do dono do prédio vizinho a demolição, ou a reparação deste, quando ameace ruína, bem como que lhe preste caução pelo dano iminente (art. 1.280, CC).

b) Árvores limítrofes (arts. 1.282 e ss.)

Também se tutela, no direito de vizinhança, a utilização racional, proporcional e não abusiva das árvores, disciplinando a propriedade sobre estas, quando estiverem em linha divisória, bem como a possibilidade de cortes e podas, assim como os frutos caídos desta: os frutos caídos de árvore do terreno vizinho pertencem ao dono do solo onde caíram, se este for de propriedade particular (art. 1.284, CC)

c) Passagem forçada (arts. 1.285 e ss.)

É o **direito potestativo** que assiste ao dono do chamado *imóvel encravado* (sem saída para a via pública, nascente ou porto) de reclamar do vizinho que lhe deixe passagem, mediante indenização, afinal de contas se exerce um ato lícito, mas haverá dever de indenizar tendo em vista a desvalorização econômica que o proprietário do prévio serviente experimentará com a passagem forçada.

Sofrerá com a passagem forçada o vizinho cujo imóvel, naturalmente e de forma mais fácil, possibilite a aludida passagem (§ 1º, art. 1.285, CC). Na hipótese de alienação parcial de um bem da qual resulte encravação, o antigo proprietário deverá **garantir** a passagem. Aplica-se tal dispositivo ainda que haja passagem anterior fornecida por outro vizinho. A doutrina consagrada no Enunciado 88 do CJF/STJ, ao apreciar o conteúdo do artigo epigrafado, entendeu ainda que o direito de passagem forçada, previsto no art. 1.285 do CC, também é garantido nos casos em que o acesso à via pública for insuficiente ou inadequado, consideradas, inclusive, as necessidades de exploração econômica. Também se deve considerar encravado o imóvel quando a passagem for insegura ou impraticável, não se confundindo o instituto tratado neste capítulo com a servidão, isto porque:

- **Passagem forçada** (decorre de sentença judicial, mediante indenização, e é um direito de vizinhança).
- **Servidão** (direito real na coisa alheia – constitui em cartório, por declaração ou testamento, de forma gratuita ou onerosa).

d) Passagem de cabos e tubulações (arts. 1.286 e ss.)

De acordo com o artigo 1.286 do Código Civil, mediante recebimento de indenização que atenda, também, à desvalorização da área remanescente, o proprietário é obrigado a tolerar a passagem, através de seu imóvel, de cabos, tubulações e outros condutos subterrâneos de serviços de utilidade pública, em proveito de proprietários vizinhos, quando de outro modo for impossível ou excessivamente onerosa. Com efeito, a propriedade não deve ser utilizada de modo egoístico, ou mesmo a obstruir o interesse comum e social, nada obstante ser possível ao proprietário prejudicado exigir que a instalação seja feita de modo menos gravoso ao prédio onerado, bem como, depois, seja removida, à sua custa, para outro local do imóvel. O direito de vizinhança **viabiliza** a utilização destes prédios de maneira otimizada e de modo que uns se tornem benéficos aos outros, potencializando-os.

e) Das águas (arts. 1.288 e ss.)

Importante disciplina do direito de vizinhança diz respeito ao curso das águas, bem jurídico de relevância ímpar, devidamente disciplinada no artigo 1.288. O dono ou o possuidor do prédio inferior é obrigado a receber as águas que correm naturalmente do superior, não podendo realizar obras que embaracem o seu fluxo; porém a condição natural e anterior do prédio inferior não pode ser agravada por obras feitas pelo dono ou possuidor do prédio superior.

Não tutela o direito de vizinhança apenas o curso das águas que correm naturalmente do superior ao inferior. Preocupa-se, de igual sorte, com o fluxo das artificialmente levadas ao prédio superior ou ali colhidas, ao garantir ao dono o direito de reclamar que se desviem, ou se lhe indenize o prejuízo que sofrer (art. 1.289, CC), deduzindo-se o valor do benefício obtido.

Quanto às nascentes, também há regra específica assim disciplinada: o proprietário de nascente, ou do solo onde caem águas pluviais, satisfeitas as necessidades de seu consumo, não pode impedir, ou desviar o curso natural das águas remanescentes pelos prédios inferiores (art. 1.290, CC).

O dever de **não poluir,** intuitivamente relacionado à função socioambiental da propriedade, está consagrado a partir do artigo 1.291 do Código Civil. Desta forma, possuidor do imóvel superior não poderá poluir as águas indispensáveis às primeiras necessidades da vida dos possuidores dos imóveis inferiores; as demais, que poluir, deverá recuperar, ressarcindo os danos que estes sofrerem, se não for possível a recuperação ou o desvio do curso artificial das águas. Mas, teria o proprietário direito subjetivo de construir barragens, açudes ou obras de represamento de água em seu prédio?

A resposta está no artigo 1.292 do Código Civil para quem o proprietário tem direito de construir barragens, açudes, ou outras obras para represamento de água em seu prédio; se as águas represadas invadirem prédio alheio, será o seu proprietário indenizado pelo dano sofrido, deduzido o valor do benefício obtido. Também é permitido (art. 1.293) a quem quer que seja, mediante prévia indenização aos proprietários prejudicados, construir canais, através de prédios alheios, para receber as águas a que tenha direito, indispensáveis às primeiras necessidades da vida, e, **desde que** não cause prejuízo considerável à agricultura e à indústria, bem como para o escoamento de águas supérfluas ou acumuladas, ou a drenagem de terrenos.

Nesta hipótese (§ 1º) ao proprietário prejudicado, em tal caso, também assiste direito a **ressarcimento** pelos danos que de futuro lhe advenham da infiltração ou irrupção das águas, bem como da deterioração das obras destinadas a canalizá-las", sendo que (§ 2º) o proprietário prejudicado poderá exigir que seja subterrânea a canalização que atravessa áreas edificadas, pátios, hortas, jardins ou quintais.

Trata-se do denominado **aqueduto,** que será construído de maneira que cause o menor prejuízo aos proprietários dos imóveis vizinhos e a expensas do seu dono, a quem incumbem também às despesas de conservação: o aqueduto não impedirá que os proprietários cerquem os imóveis e construam sobre ele, sem prejuízo para a sua segurança e conservação; os proprietários dos imóveis poderão usar das águas do aqueduto para as primeiras necessidades da vida (art. 1.295, CC).

f) Limites e direito de tapagem (arts. 1.297 e ss.)

Consequência natural do **direito de vizinhança** é aquele conferido ao proprietário (art. 1.297, CC) para cercar, murar, valar ou tapar de qualquer modo o seu prédio, urbano ou rural, como ainda constranger o seu confinante a proceder com ele à demarcação entre os dois prédios, a aviventar rumos apagados e a renovar marcos destruídos ou arruinados, repartindo-se proporcionalmente entre os interessados as respectivas despesas. Estes limites e cercados se presumem, até prova em contrário, pertencerem a ambos os proprietários confinantes razão pela qual somente poderão ser cortadas de comum acordo, devendo haver contribuição conjunta para aquisição e conservação de tais bens: sendo confusos, os limites, em falta de outro meio, se determinarão de conformidade com a posse justa; e, não se achando ela provada, o terreno contestado se dividirá por partes iguais entre os prédios, ou, não sendo possível a divisão cômoda, se adjudicará a um deles, mediante indenização ao outro (art. 1.298, CC)

g) Direito de construir (arts. 1.299 e ss.)

Também por decorrência **natural** do direito de vizinhança está o direito do proprietário de construir da maneira que lhe aprouver e de acordo, evidentemente, com os regulamentos administrativos (art. 1.299, CC). Também é certo afirmar que da divisa entre as duas casas não se poderá construir janelas, eirado, terraços ou varandas a menos de metro e meio do terreno do vizinho, nos termos do artigo 1.301 do Código Civil.

Para a jurisprudência, admite-se, todavia, a abertura de janela a menos de metro e meio desde que esta tenha vidro opaco ou translúcido (**Súmula 120, STF**): *"Parede de tijolos de vidro translúcido pode ser levantada a menos de metro e meio do prédio vizinho, não importando servidão sobre ele"*. Do mesmo modo, é possível a construção a menos de metro e meio de abertura para ventilação nas medidas determinadas no § 2º: *as* disposições deste artigo não abrangem as aberturas para luz ou ventilação, não maiores de dez centímetros de largura sobre vinte de comprimento e construídas a mais de dois metros de altura de cada piso. Na zona rural a distancia é maior, de no mínimo três metros, conforme artigo 1.303 do CC.

Em arremate, **polêmica questão envolvendo a súmula 414 do STF**, segundo a qual *não se distingue a visão direita ou oblíqua na proibição de abrir janela, ou fazer terraço, eirado, ou varanda, a menos de metro e meio do prédio de outrem* **e o artigo 1.301, § 1º, do Código Civil, para quem** as janelas cuja visão não incida sobre a linha divisória, bem como as perpendiculares, não poderão ser abertas a menos de setenta e cinco centímetros. De qualquer modo, a ação judicial para embargar à obra que esta sendo realizada com desrespeito a essas regras é a denominada AÇÃO DE NUNCIAÇÃO DE OBRA NOVA (para embargar a obra). Caso a obra já esteja concluída, deve-se ajuizar AÇÃO DEMOLITÓRIA, na forma do artigo 1.302, o qual trás o **prazo de ano e dia para o referido ajuizamento.**

8. CONDOMÍNIO

O condomínio, ou seja, a **copropriedade** confere a cada um dos donos em comum o *direito* de usar da coisa conforme a sua destinação, mas também o *dever* de concorrer com as despesas de conservação ou divisão da coisa, suportando o ônus a que estiver sujeita, presumindo-se, até prova em contrário, que estas partes ideais pertencem de maneira igual a cada um dos condôminos. Nos termos do artigo 1.317 do Código Civil quando a dívida houver sido contraída por todos os condôminos, sem se discriminar a parte de cada um na obrigação, nem se estipular a solidariedade, entende-se que cada qual se obrigou proporcionalmente ao seu quinhão.

Trata-se de hipótese em que ***todos*** assumem expressamente a dívida. Isto não se confunde com a situação onde um dos condôminos (apenas um) assume dívida em proveito do condomínio. Neste caso as dívidas contraídas por um dos condôminos em proveito da comunhão e durante ela, obrigam o contratante; mas terá o mesmo ação regressiva contra os demais (art. 1.318, CC).

A **responsabilidade civil** entre os condôminos está disciplinada no artigo 1.319 do Código de forma que cada um destes responde aos outros pelos frutos que percebeu da coisa e pelo dano que lhe causou, sendo lícito ao condômino, a todo tempo, exigir a divisão da coisa em comum, respondendo o quinhão de cada um pela parte nas despesas da dívida. Também é possível aos condôminos ajustar a indivisibilidade da coisa comum pelo prazo não superior a cinco anos, suscetível de prorrogação ulterior, o que não impede, acaso isto acontece, de à vista de ponderáveis razões, o Judiciário deixe de determinar a divisão da coisa comum antes do aludido prazo.

8.1. Administração do condomínio

Por meio de deliberação da maioria, **é possível se escolher administrador, inclusive estranho, ao condomínio,** como permite o artigo 1.323 do Código Civil. Para o caso de se eleger condômino para administrar, os atos por este praticados, sem oposição dos demais, se presumem legítimos, pois há presunção de ser este o *"representante comum"* dos demais (art. 1.324, CC). Detalhe: para aferição do que a norma denomina de *"maioria"* deve-se calcular o valor dos quinhões (proporcionalidade) e observar o critério da maioria absoluta. Nada impede que o Magistrado (inafastabilidade da jurisdição) decida o caso quando não for possível alcançar a maioria absoluta, desde que haja requerimento de um dos condôminos à Justiça, ouvido os demais (art. 1.325, CC).

8.2. Condomínio necessário

Existem situações jurídicas nas quais o condomínio é obrigatório, necessário. Exemplo disto ocorre para **casos de meação de paredes, cercas, muros e valas,** regulando a matéria os artigos 1.327/1.330 do Código Civil. Nesta hipótese, haverá *meação* dos muros, certas, valas e paredes. Isto posto, aquele que as construir tem direito a reembolsar metade do que valer a obra.

8.3. Condomínio edilício

Os artigos 1.331 a 1.338 regulam situações de **condomínios decorrentes de edificações que podem conter partes exclusivas e partes comuns** (loteamentos fechados, multipropriedades imobiliárias, clubes de campo, *flats,* entre outras). Sobre este tema, existem importantes Enunciados em Jornada de Direito Civil, a saber, os Enunciado 89, 91 e 320. O Enunciado 89 dispõe que *"O disposto nos arts. 1.331 a 1.358 do novo Código Civil aplica-se, no que couber, aos condomínios assemelhados, tais como loteamentos fechados, multipropriedade imobiliária e clubes de campo"*.

Contextualizada a questão, importante lembrar que no condomínio edilício as partes suscetíveis de utilização independente (salas, lojas, abrigos de veículos, escritórios, *et cetera)* sujeitam-se à propriedade exclusiva, sendo que as partes comuns (solo, estrutura do prédio, telhado, rede de água, esgoto, gás, eletricidade, logradouro público) não poderão ser alienadas separadamente, nem divididas. A cada unidade imobiliária caberá, como parte inseparável, uma **fração ideal** no solo e nas outras partes comuns, que será identificada em forma decimal ou ordinária no instrumento de instituição do condomínio.

Importante destacar, entretanto, a disciplina específica envolvendo as vagas de garagem, seja na legislação, seja na jurisprudência do STJ. Nos termos do CC, **em**

regra as vagas de garagens **não podem** ser alienadas, ou mesmo alugadas, à terceiros não condôminos. A exceção acontecerá apenas se a convenção do condomínio permitir a venda, ou aluguel. Portanto, sendo omissa a convenção condominial sobre a alienação, ou mesmo o aluguel dos abrigos de garagem à terceiros, aplica-se a regra da proibição. Havendo cláusula expressa e permissiva na convenção do condomínio, somente nesta hipótese será possível vender, ou alugar à terceiros.

> ▸ **Atenção!**
>
> Tema polêmico, relacionado à administração do condomínio diz respeito à (im)possibilidade da alienação e locação das vagas de garagem. Sobre este assunto, fiquem atentos à novel redação do § 1º do art. 1.331 do CC, segundo o qual as aludidas vagas apenas poderão ser alugadas ou alienadas a terceiros caso haja autorização expressa na convenção de condomínio. Logo, o silêncio da mencionada convenção conduz à impossibilidade de locação a alienação das vagas a terceiros.

Outra importante questão diz respeito à tema da penhora os abrigos para veículos. O **STJ** tratou do assunto por meio da **súmula 449** segundo a qual se a vaga de garagem possuir matrícula própria e, portanto, destacada da moradia, poderá ser a mesma penhorada. Não existindo a matrícula própria, entende-se que a vaga de garagem integra o próprio imóvel (a própria moradia) e, neste caso, não será possível a penhora da mesma.

O condomínio edilício se institui por ato entre vivos ou testamento, registrado no Cartório de Registro de Imóveis (art. 1.332, CC) elaborando-se ainda a convenção que o institui e será subscrita pelos titulares de, no mínimo, dois terços das frações ideais, obrigando todos os condôminos. Para o **Superior Tribunal de Justiça** *"A convenção de condomínio aprovada, ainda que sem registro, é eficaz para regular as relações entre condôminos"* **(súmula 260, STJ). Aplica-se o princípio da relatividade dos efeitos dos contratos e da boa-fé contratual (CC, arts. 421 e 422) para se entender que a convenção condominial obrigará, ao menos, os condôminos. A eficácia *erga omnes*, entretanto, exigirá o registro da mesma no cartório de registro de imóveis.** Portanto, é possível se elaborar a convenção ou por instrumento particular, ou por escritura pública.

8.4. Direitos do condômino

A teor do artigo 1.335 do Código Civil são direitos do condômino **usar**, **fruir** e livremente **dispor** das suas unidades, mas também usar as partes comuns, conforme a destinação destas, e contanto que não exclua a utilização dos demais e, finalmente, votar nas deliberações da assembleia e delas participar *"estando quite"* com as respectivas obrigações.

8.5. Deveres do condômino

Devem, contudo, contribuir para as despesas do condomínio na proporção de suas frações ideais, não realizar obras que comprometam a segurança da edificação, não alterar a forma e a cor da fachada das partes e esquadrias externas, dar as suas partes a mesma destinação que tem a edificação, não prejudicar o sossego, salubridade, segurança, bons costumes, enfim, comportar-se de acordo com a **boa-fé objetiva** e a **função social da propriedade**.

Um detalhe: as despesas relativas às partes comuns de uso exclusivo de um dos condôminos, ou de alguns deles, incumbem a quem delas se serve (art. 1.340, CC). De igual modo, as obras relativas ao condomínio dependem se voluptuárias, do voto de dois terços dos condôminos. Se úteis, do voto da maioria dos condôminos. Como os débitos condominiais constituem obrigações próprias da coisa (*propter rem*), ou seja, inerentes, aderentes à coisa (da coisa, *ob rem*), afirma a norma que o adquirente de unidade responde pelos débitos do alienante, em relação ao condomínio, inclusive multas e juros moratórios, na forma do artigo 1.345 do Código Civil. Também não se pode ignorar ser obrigatório o seguro de toda a edificação contra o risco de incêndio ou destruição, total ou parcial da coisa (art. 1.346, CC).

8.6. Aplicação de multas aos condôminos

A legislação cível permite, não apenas mediante ato constitutivo ou convenção, mas também em face de deliberação de dois terços da assembleia geral, que multas sejam aplicadas a condôminos que desrespeitem tais deveres jurídicos. Sanção esta que jamais poderá ser superior a cinco vezes o valor de suas contribuições mensais. Também é possível, por deliberação de três quartos dos condôminos restantes (art. 1.337, CC), ser o condômino faltoso constrangido a pagar multa correspondente até ao quíntuplo do valor atribuído à contribuição para as despesas condominiais, conforme a gravidade das faltas e a reiteração, independentemente de perdas e danos que se apurarem. Evidentemente que, à luz das **garantias constitucionais** e, no particular, ante a específica doutrina cristalizada no Enunciado 92 da I Jornada de Direito Civil "*As sanções do art. 1.337 do novo Código Civil não podem ser aplicadas sem que se garanta direito de defesa ao condômino nocivo*".

8.7. Administração do condomínio

A assembleia escolherá um síndico, que poderá não ser condômino, para administrar o condomínio, por prazo não superior a dois anos, o qual poderá renovar-se, como afirma o artigo 1.347 do Código Civil. Portanto, **o mandato do síndico é de dois anos e pode ser renovado repetidas vezes.**

Compete ao síndico convocar a assembleia, representar ativa e passivamente o condomínio, cientificar os condôminos acerca da existência de processo judicial ou administrativo, diligenciar a conservação e a guarda das partes comuns, zelar pela prestação dos serviços que interessem aos possuidores, elaborar orçamento a cada ano, exercer cobrança, prestar contas anuais à assembleia, ou quando exigido, realizar seguro, sendo possível à assembleia investir outra pessoa, em lugar deste, em poderes de representação. Ou seja: **é possível ao síndico transferir poderes de representação ou mesmo funções administrativas, mediante aprovação da assembleia.** O síndico também pode ser destituído antes mesmo do término do mandato, mediante assembleia especialmente convocada para este fim e pelo voto absoluto de seus membros. De qualquer modo, deve o síndico convocar assembleia anualmente a fim de aprovar o orçamento das despesas, as contribuições e a prestação de contas (art. 1.350, CC). Também é possível se alterar a convenção condominial, desde que mediante votos de dois terços ou, em certos casos, pela unanimidade dos condôminos (art. 1.351, CC).

Advirta-se que a assembleia não poderá deliberar se todos os condôminos não forem convocados para a reunião (art. 1.354, CC), sendo que assembleias extraordinárias poderão ser convocadas pelo síndico ou por um quarto dos condôminos (art. 1.355, CC).

8.8. Extinção do condomínio

O artigo 1.357 do Código Civil disciplina a extinção do condomínio em casos de considerável ruína ou ameaça de ruína, quando se permite até mesmo a venda do condomínio desde que metade mais uma das frações ideais assim deliberem. **O condomínio também pode ser extinto em decorrência de desapropriação,** hipótese na qual *"a indenização será repartida na proporção"* do valor das unidades imobiliárias, como prevê o artigo 1.358.

8.9. Condomínio de Lotes.

Em 11 de julho de 2017, o CC sofreu alteração legislativa por força da Lei Federal no 13.465, que positivou na codificação o denominado condomínio de lotes, tema até então não tratado pelo CC. Foi acrescido o art. 1.358-A passando a admitir, em terrenos, partes designadas por lotes, que são de propriedade exclusiva, e partes que são propriedade comum dos condôminos. De acordo com a referida legislação, a fração ideal de cada condômino poderá ser proporcional à área do solo de cada unidade autônoma, ao respectivo potencial construtivo ou a outros critérios indicados no ato de instituição do referido condomínio de lotes.

Também esclareceu a norma que ao condomínio de lotes será aplicado, no que couber, as normas alusivas ao condomínio edilício, respeitada, evidentemente, a legislação urbanística. Também restou disposto que para o fim de incorporação imobiliária, a implantação de toda a infraestrutura do condomínio de lotes ficará a cargo do empreendedor.

8.10 A Multipropriedade (*Time-Sharing*)

O condomínio tradicionalmente é visto como o regime de compartilhamento da propriedade no espaço. O *time-sharing*, inovando a ordem jurídica anterior, diz respeito ao regime de compartilhamento da propriedade no tempo. Decorre da faculdade de dividir o bem. Compra-se em grupo e cada proprietário tem uma escritura pública com sua fração ideal, a qual lhe confere determinado tempo de utilização. Temporiza-se o acesso e vende-se tal acesso proprietário por determinado período.

Dessa forma, assegura a multipropriedade o **compartilhamento** proprietário em unidades fixas de tempo, sendo assegurado a cada titular o uso exclusivo em um certo período e durante certa temporada. Nessa toada, o seu preço é fixado consoante o espaço de tempo e a temporada de uso. Vê-se, portanto, que multipropriedade não traduz violação ao caráter exclusivo da propriedade.

A aplicação prática do instituto costuma dizer respeito a imóveis de férias, como casas, chalés e apartamentos cujos proprietários desejam utilizar-se por apenas uma determinada fração de tempo. Outrossim, o sistema também costuma ser utilizado em hotelaria e programas de navios, com um viés um pouco mais empresarial.

No cenário do direito positivo nacional, foi com a Lei 13.777/18 que o tema ganhou tratamento legislativo, havendo inserções no Código Civil e na Lei de Registros Públicos. Assim, legislativamente, a "**Multipropriedade** é o regime de **condomínio** em que cada um dos proprietários de um mesmo imóvel é titular de uma **fração de tempo, à qual corresponde a faculdade de uso e gozo, com exclusividade, da totalidade do imóvel, a ser exercida pelos proprietários de forma alternada**" (**art. 1.358-C, do CC**). Tal multipropriedade não se extinguirá automaticamente, ainda se todas as frações de tempo forem do mesmo multiproprietário.

A instituição da multipropriedade se dá por ato entre vivos ou testamento, registrado no competente cartório de registro de imóveis, devendo constar daquele ato a duração dos períodos correspondentes a cada fração de tempo, na forma do art. 1.358-F do Código Civil.

O imóvel objeto da multipropriedade é indivisível, não se sujeitando a ação de divisão ou de extinção de condomínio, nele incluído as instalações, os equipamentos e o mobiliário destinados a seu uso e gozo, na forma do art. 1.358-D do Código Civil.

Cada fração de tempo é indivisível. O período correspondente a cada fração de tempo será de, no mínimo, 7 (sete) dias, seguidos ou intercalados. Este período poderá ser: **i. fixo e determinado**, no mesmo período de cada ano; **ii. flutuante**, caso em que a determinação do período será realizada de forma periódica, mediante procedimento objetivo que respeite, em relação a todos os multiproprietários, o princípio da isonomia, devendo ser previamente divulgado e iii. **misto**, combinando os sistemas fixo e flutuante.

Todos os multiproprietários terão direito a uma quantidade mínima de dias seguidos durante o ano, podendo haver a aquisição de frações maiores que a mínima, com o correspondente direito ao uso por períodos também maiores. É o que prescreve o art. 1.358-E do Código Civil.

Além das cláusulas que os multiproprietários decidirem estipular, a convenção de condomínio em multipropriedade determinará os poderes e deveres dos multiproprietários, especialmente em matéria de instalações, equipamentos e mobiliário do imóvel, de manutenção ordinária e extraordinária, de conservação e limpeza e de pagamento da contribuição condominial, o número máximo de pessoas que podem ocupar simultaneamente o imóvel no período correspondente a cada fração de tempo, as regras de acesso do administrador condominial ao imóvel para cumprimento do dever de manutenção, conservação e limpeza, a criação de fundo de reserva para reposição e manutenção dos equipamentos, instalações e mobiliário, o regime aplicável em caso de perda ou destruição parcial ou total do imóvel, inclusive para efeitos de participação no risco ou no valor do seguro, da indenização ou da parte restante e, finalmente, as multas aplicáveis ao multiproprietário nas hipóteses de descumprimento de deveres. Isto é o que se encontra expressamente disciplinado no art. 1.358-G do Código Civil.

O instrumento de instituição da multipropriedade ou a convenção de condomínio em multipropriedade poderá estabelecer o limite máximo de frações de tempo no mesmo imóvel que poderão ser detidas pela mesma pessoa natural ou jurídica. Em caso de instituição da multipropriedade para posterior venda das frações de tempo a terceiros, o atendimento a eventual limite de frações de tempo por titular estabelecido no instrumento de instituição será obrigatório somente após a venda das frações, a teor do art. 1.358-H do Código Civil.

São **direitos do multiproprietário**, além daqueles previstos no instrumento de instituição e na convenção de condomínio em multipropriedade, conforme art. 1.358-I do Código Civil:

a) usar e gozar, durante o período correspondente à sua fração de tempo, do imóvel e de suas instalações, equipamentos e mobiliário;

b) ceder a fração de tempo em locação ou comodato;

c) alienar a fração de tempo, por ato entre vivos ou por causa de morte, a título oneroso ou gratuito, ou onerá-la, devendo a alienação e a qualificação do sucessor, ou a oneração, ser informadas ao administrador;

d) participar e votar, pessoalmente ou por intermédio de representante ou procurador, desde que esteja quite com as obrigações condominiais, em assembleia geral do condomínio em multipropriedade, e o voto do multiproprietário corresponderá à quota de sua fração de tempo no imóvel; bem como em assembleia geral do condomínio edilício, quando for o caso.

Por outro lado, são **obrigações do multiproprietário**, além daquelas previstas no instrumento de instituição e na convenção de condomínio em multipropriedade, de acordo com o art. 1.358-J do Código Civil:

a) pagar a contribuição condominial do condomínio em multipropriedade e, quando for o caso, do condomínio edilício, ainda que renuncie ao uso e gozo, total ou parcial, do imóvel, das áreas comuns ou das respectivas instalações, equipamentos e mobiliário;

b) responder por danos causados ao imóvel, às instalações, aos equipamentos e ao mobiliário por si, por qualquer de seus acompanhantes, convidados ou prepostos ou por pessoas por ele autorizadas;

c) comunicar imediatamente ao administrador os defeitos, avarias e vícios no imóvel dos quais tiver ciência durante a utilização;

d) não modificar, alterar ou substituir o mobiliário, os equipamentos e as instalações do imóvel;

e) manter o imóvel em estado de conservação e limpeza condizente com os fins a que se destina e com a natureza da respectiva construção;

f) usar o imóvel, bem como suas instalações, equipamentos e mobiliário, conforme seu destino e natureza;

g) usar o imóvel exclusivamente durante o período correspondente à sua fração de tempo;

h) desocupar o imóvel, impreterivelmente, até o dia e hora fixados no instrumento de instituição ou na convenção de condomínio em multipropriedade, sob pena de multa diária, conforme convencionado no instrumento pertinente;

i) permitir a realização de obras ou reparos urgente.

Na hipótese de inadimplemento, por parte do multiproprietário, da obrigação de custeio das despesas ordinárias ou extraordinárias, é cabível, na forma da lei processual civil, a **adjudicação** ao condomínio edilício da fração de tempo correspondente (CC, art. 1.358-S).

Conforme previsão que deverá constar da respectiva convenção de condomínio em multipropriedade, o multiproprietário estará sujeito a multa, no caso de descumprimento de qualquer de seus deveres, ou ainda a multa progressiva e perda temporária do direito de utilização do imóvel no período correspondente à sua fração de tempo, no caso de descumprimento reiterado de deveres. A **responsabilidade** pelas despesas referentes a reparos no imóvel, bem como suas instalações, equipamentos e mobiliário, será de todos os multiproprietários, quando decorrentes do uso normal e do desgaste natural do imóvel; ou exclusivamente do multiproprietário responsável pelo uso anormal, sem prejuízo de multa, quando decorrentes de uso anormal do imóvel.

A transferência do direito de multipropriedade e a sua produção de efeitos perante terceiros dar-se-ão na forma da lei civil e não dependerão da **anuência** ou **cientificação** dos demais multiproprietários. Advirta-se, de igual sorte, que não haverá direito de preferência na alienação de fração de tempo, salvo se estabelecido no instrumento de instituição ou na convenção do condomínio em multipropriedade em favor dos demais multiproprietários ou do instituidor do condomínio em multipropriedade.

A administração do imóvel e de suas instalações, equipamentos e mobiliário será de responsabilidade da pessoa indicada no instrumento de instituição ou na convenção de condomínio em multipropriedade, ou, na falta de indicação, de pessoa escolhida em assembleia geral dos condôminos.

O condomínio edilício poderá adotar o regime de multipropriedade em parte ou na totalidade de suas unidades autônomas. Para tanto será mister previsão no instrumento de instituição, ou deliberação da maioria absoluta dos condôminos. É o que afirma o art. 1.358-O do CC.

O condomínio edilício em que tenha sido instituído o regime de multipropriedade em parte ou na totalidade de suas unidades autônomas terá necessariamente um administrador profissional. O prazo de duração do contrato de administração será livremente convencionado. O administrador do condomínio será também o administrador de todos os condomínios em multipropriedade de suas unidades autônomas. Será mandatário legal de todos os multiproprietários, exclusivamente para a realização dos atos de gestão ordinária da multipropriedade, incluindo manutenção, conservação e limpeza do imóvel e de suas instalações, equipamentos e mobiliário. O administrador poderá modificar o regimento interno quanto aos aspectos estritamente operacionais da gestão da multipropriedade no condomínio edilício e poderá ser ou não um prestador de serviços de hospedagem. É isto o que afirma o art. 1.358-R do Código Civil.

Na hipótese de o imóvel objeto da multipropriedade ser parte integrante de empreendimento em que haja sistema de locação das frações de tempo no qual os titulares possam ou sejam obrigados a locar suas frações de tempo exclusivamente por meio de uma administração única, repartindo entre si as receitas das locações independentemente da efetiva ocupação de cada unidade autônoma, poderá a convenção do condomínio edilício regrar que em caso de inadimplência: I – o inadimplente fique proibido de utilizar o imóvel até a integral quitação da dívida; II – a fração de tempo do inadimplente passe a integrar o pool da administradora;III – a administradora do sistema de locação fique automaticamente munida de poderes e obrigada a, por conta e ordem do inadimplente, utilizar a integralidade dos valores líquidos a que o inadimplente tiver direito para amortizar suas dívidas condominiais, seja do condomínio edilício, seja do condomínio em multipropriedade, até sua integral quitação, devendo eventual saldo ser imediatamente repassado ao multiproprietário

O multiproprietário somente poderá renunciar de forma translativa a seu direito de multipropriedade em favor do condomínio edilício. Tal renúncia só é admitida se o multiproprietário estiver em dia com as contribuições condominiais, com os tributos imobiliários e, se houver, com o foro ou a taxa de ocupação (CC, art. 1.358-T).

Por fim, são equiparados aos multiproprietários os promitentes compradores e os cessionários de direitos relativos a cada fração de tempo (art. 1.358-K, do CC).

9. PROPRIEDADE RESOLÚVEL

Trata-se de situação jurídica que resolve (extingue) o domínio em favor do beneficiário pelo implemento ou de uma condição, ou de um termo, como ocorre, ilustre-se, nos casos de retrovenda, venda a contento sob condição resolutiva, doação com cláusula de reversão, fideicomisso, conforme permite o artigo 1.359 do Código Civil, segundo o qual resolvida a propriedade pelo implemento da condição ou pelo advento do termo, entendem-se também resolvidos os direitos reais concedidos na sua pendência, e ao proprietário, em cujo favor se opera a resolução, pode reivindicar a coisa do poder de quem a possua ou detenha.

Contudo, se a propriedade se resolver por outra causa superveniente, o possuidor, que a tiver adquirido por título anterior à sua resolução, será considerado proprietário perfeito, restando à pessoa, em cujo benefício houve a resolução, ação contra aquele cuja propriedade se resolveu para haver a própria coisa ou o seu valor. É o que afirma o artigo 1.360 do Código Civil.

10. PROPRIEDADE FIDUCIÁRIA

A propriedade resolúvel de coisa móvel infungível que o devedor, no desejo de garantia, transfere ao credor, é denominada ***fiduciária*** e se constitui mediante registro do contrato no Registro de Títulos e Documentos do domicílio do devedor, ou, em se tratando de veículos, na repartição competente para o licenciamento, fazendo-se a anotação no certificado de registro. Constituída esta propriedade fiduciária (de confiança, fidúcia), tem-se o desdobramento da posse, tornando-se o devedor o possuidor direto da coisa. Este devedor irá adquirir a propriedade supervenientemente, tornando-se eficaz a transferência da propriedade fiduciária, ou seja, de coisa móvel infungível dada em garantia, com efeito ***ex tunc***.

Trata-se de ficção jurídica que objetiva justificar a condição do devedor, proprietário do bem dado em garantia, cujo domínio é resolúvel em favor do credor, caso haja inadimplemento. Nesta situação antes de vencida a dívida, o devedor, a suas expensas e risco, pode usar a coisa segundo sua destinação, sendo obrigado, como depositário: II – **a entregá-la ao credor**, se a dívida não for paga no vencimento, como indica o artigo 1.363, inciso II, do Código Civil.

Vencida e não quitada a dívida, fica o credor obrigado a vender o bem e, com isto, utilizar do preço recebido para o pagamento do crédito e despesas da cobrança, entregando o saldo eventualmente existente ao devedor, sendo nula a cláusula contratual que autorize o proprietário fiduciário a ficar com a coisa alienada se a dívida não for paga no vencimento. Como o tema em destaque está **diretamente** relacionado à alienação fiduciária (Decreto-Lei 70/66, artigo 43 e Decreto-Lei 413/69, artigo 19), não se deve realizar, para efeito de Exame da Ordem, aprofundamentos a este respeito.

11. SUPERFÍCIE

Trata-se da concessão, gratuita ou onerosa, pelo proprietário a outrem do direito de plantar ou construir em seu terreno, por tempo determinado, mediante escritura pública devidamente registrada no Cartório de Registro de Imóveis, nos termos do artigo 1.369 do Código Civil. Os encargos e tributos que incidem sobre o imóvel serão de responsabilidade do superficiário, ou seja, daquele que se beneficia pela concessão de uso do imóvel para o fim acima indicado.

Ante o princípio da intervenção mínima e da autonomia privada, na melhor orientação do Enunciado 94 da I Jornada em Direito Civil *"As partes têm plena liberdade para deliberar, no contrato respectivo, sobre o rateio dos encargos e tributos que incidirão sobre a área objeto da concessão do direito de superfície"*. Este direito de superfície pode ser transferido entre vivos ou hereditariamente, pois assim autoriza o artigo 1.372, do Código Civil.

Importante lembrar, contudo, à luz da *Lex specialis* e do **Enunciado 93** da I Jornada em Direito Civil que *"As normas previstas no Código Civil sobre direito de superfície não revogam as relativas a direito de superfície constantes do Estatuto da Cidade (Lei nº 10.257/2001) por ser instrumento de política de desenvolvimento urbano"*. E mais: *"Os direitos e obrigações vinculados ao terreno e, bem assim, aqueles vinculados à construção ou à plantação formam patrimônios distintos e autônomos, respondendo cada um dos seus titulares exclusivamente por suas próprias dívidas e obrigações, ressalvadas as fiscais decorrentes do imóvel"* (Enunciado 321). Cumpre, ainda, registrar o **Enunciado 322** em Jornada de Direito Civil: *"O momento da desapropriação e as condições da concessão superficiária serão considerados para fins da divisão do montante indenizatório (art. 1.376), constituindo-se litisconsórcio passivo necessário simples entre proprietário e superficiário"*.

> ▸ **Atenção!**
>
> **Enunciado 510 – V Jornada de Direito Civil – CJF:** Ao superficiário que não foi previamente notificado pelo proprietário para exercer o direito de preferência previsto no art. 1.373 do CC é assegurado o direito de, no prazo de seis meses, contado do registro da alienação, adjudicar para si o bem mediante depósito do preço.

12. SERVIDÕES

A servidão proporciona utilidade para o prédio dominante e grava o prédio serviente, que pertence a diverso dono, e constitui-se mediante declaração expressa dos proprietários, ou por testamento, e subsequente registro no Cartório de Registro de Imóveis (artigo 1.378, CC). Constitui, como se vê, **vínculo real entre dois prédios. O domínio do prédio serviente agrega utilidade ao prédio dominante que se serve dele para viabilizar-se.**

Digno de nota é que o exercício incontestado e contínuo de uma servidão aparente, por dez anos autoriza o interessado a registrá-la em seu nome no Registro de Imóveis, valendo-lhe como título a sentença que julgar consumado a usucapião (art. 1.379, CC), que também acontecerá, se o possuidor não tiver justo título, no prazo de vinte anos.

12.1. Exercício das servidões

O exercício da servidão autoriza ao dono desta realizar as obras necessárias a sua conservação e uso. Se a servidão pertencer a mais de um prédio, tais despesas serão rateadas entre os respectivos donos (art. 1.380, CC). Também é possível remover a aludida servidão, de um local para outro, pelo dono do prédio serviente e à custa deste. De qualquer modo, o exercício da servidão será limitado às necessidades do prédio dominante de modo a evitar aumento de encargo ao prédio serviente. Constituída para certo fim, **a servidão não se pode ampliar a outro.**

12.2. Extinção das servidões

Uma vez registrada, a servidão só **se extingue quando cancelada, ou,** na pior das hipóteses, **em caso de desapropriação.** A teor do artigo 1.388 o dono do prédio serviente tem direito, pelos meios judiciais, ao cancelamento do registro, embora o dono do prédio dominante lhe impugne em três hipóteses:

I) quando o titular houver renunciado a sua servidão;

II) quando tiver cessado, para o prédio dominante, a utilidade ou a comodidade, que determinou a constituição da servidão;

III) quando o dono do prédio serviente resgatar a servidão.

Também se extingue a servidão pela reunião dos dois prédios no domínio da mesma pessoa; pela supressão das respectivas obras por efeito de contrato, ou de outro título expresso, ou, finalmente, pelo não uso, durante dez anos contínuos.

13. USUFRUTO

Trata-se de **direito real de gozo e fruição** que pode recair em um ou mais bens, móveis ou imóveis, em um patrimônio inteiro, ou parte deste, abrangendo-lhe frutos e utilidades. Eis a maior característica do usufruto: abranger todos os frutos e utilidades. Ante o princípio da registrabilidade, o usufruto de imóveis **se constitui mediante registro no Cartório de Registro de Imóveis, salvo nos casos da usucapião,** estendendo-se aos acessórios da coisa e seus acrescidos.

A teor do artigo 1.393 do Código Civil não se pode transferir o usufruto por alienação; mas o seu exercício pode ceder-se por título gratuito ou oneroso. É dizer: **o usufruto é inalienável.**

13.1. Direitos do usufrutuário

O usufrutuário tem direito à posse, uso, administração e percepção dos frutos do usufruto, que pode recair sobre títulos de crédito, oportunidade na qual este terá direito tanto aos frutos, quanto à cobrança das respectivas dívidas. Os frutos naturais e pendentes ao começar o usufruto pertencem ao usufrutuário. Contudo, os frutos naturais e pendentes ao tempo em que cessa o usufruto pertencem ao dono, também sem compensação das despesas.

De igual sorte, as crias dos animais pertencem ao usufrutuário, deduzidas quantas bastem para inteirar as cabeças de gado existentes ao começar o usufruto. O mesmo se diga para os frutos civis vencidos na data em que cessa o usufruto.

13.2. Deveres do usufrutuário

Deve o usufrutuário inventariar, à sua custa, os bens que receber em usufruto, determinando o estado em que se acham, conferindo caução, se lhe exigir o dono, de velar-lhes pela conservação, e entregá-los findo o usufruto. Mas advirta-se: não é obrigado à caução o doador que se reservar o **usufruto** da coisa doada.

A teor do artigo 1.401 o usufrutuário que não quiser ou não puder dar caução suficiente perderá o direito de administrar o usufruto; e, neste caso, os bens serão administrados pelo proprietário, que ficará obrigado, mediante caução, a entregar ao usufrutuário o rendimento deles, deduzidas as despesas de administração, entre as quais se incluirá a quantia fixada pelo juiz como **remuneração** do administrador.

Importante recordar que o usufrutuário não é obrigado a pagar as deteriorações resultantes do exercício regular do usufruto, afinal de contas *quem usa gasta.* Contudo, incumbe ao **usufrutuário**: as despesas ordinárias de conservação dos bens, o pagamento das prestações e tributos devidos pela posse ou rendimento da coisa. As **reparações** extraordinárias são devidas pelo dono da coisa. E mais: se a coisa estiver segurada, incumbe ao usufrutuário **pagar**, durante o usufruto, as contribuições do seguro (artigo 1.407).

13.3. Extinção do usufruto

O artigo 1.410 do Código Civil disciplina os casos de extinção do usufruto que **haverá de ser cancelado do registro no Cartório de Registro de Imóveis,** a saber:

- pela renúncia ou morte do usufrutuário: de fato, sendo o usufruto constituído *intuito personae* o mesmo é intransmissível em situações como estas.
- pelo termo de sua duração, nos casos de usufruto por tempo determinado.
- pela extinção da pessoa jurídica em favor de quem o usufruto foi constituído, ou, se ela perdurar, pelo decurso de trinta anos da data em que se começou a exercer: de efeito, sendo a pessoa jurídica *eterna,* razoável a identificação de um prazo máximo de vigência do aludido usufruto, sob pena de a propriedade submeter-se à aludida situação indefinidamente, o que não convém para o direito.
- pela cessação do motivo de que se origina, afinal de contas, cessada a causa, cessa também o efeito.
- pela destruição da coisa, a gerar a perda superveniente do objeto do usufruto.
- pela consolidação, ou seja, reunião com a propriedade.
- por culpa do usufrutuário, vale dizer, nos casos de responsabilidade civil deste.

- pelo não uso, ou não fruição, da coisa em que o usufruto recai.

Sendo o **usufruto personalíssimo e intransmissível (inalienável),** se este for constituído em favor de duas ou mais pessoas, extinguir-se-á a parte em relação a cada uma das que falecerem, salvo se, por estipulação expressa, o quinhão desses couber ao sobrevivente.

14. DO USO

No uso os únicos frutos devidos são aqueles relativos às necessidades do usuário e da família deste, conforme a condição social e o lugar onde viverem, sendo esta a principal nota distintiva em relação ao usufruto, onde os frutos são devidos de modo mais amplo. De resto, aplicar-se-á ao uso, supletivamente e no que couber, as regras relativas ao usufruto.

15. DA HABITAÇÃO

Trata-se de uma **modalidade de uso** que consiste no direito de habitar gratuitamente casa alheia, sendo vedado ao titular deste direito alugar, ou emprestar a coisa: deve tão somente ocupá-la com a família. Este direito real de habitação pode ser conferido a mais de uma pessoa.

16. DO DIREITO DO PROMITENTE COMPRADOR

Trata-se de direito real à aquisição do imóvel decorrente da promessa de compra e venda sem arrependimento, registrada em Cartório de Registro de Imóveis. Estar previsto no artigo 1.418 do Código Civil e foi objeto do Enunciado 95 da I Jornada em Direito Civil, com o seguinte conteúdo: *"O direito à adjudicação compulsória (art. 1.418 do novo Código Civil), quando exercido em face do promitente vendedor, não se condiciona ao registro da promessa de compra e venda no cartório de registro imobiliário (Súmula nº 239 do STJ)"*.

Decorrência disto, o promitente comprador (titular deste direito real) pode exigir a outorga da escritura definitiva de compra e venda, estando autorizado a requerer ao juiz a adjudicação do imóvel.

17. DO PENHOR, DA HIPOTECA E DA ANTICRESE

Agora, estamos a falar dos **direitos reais de garantia.** Como adverte o artigo 1.419 do Código Civil nas dívidas garantidas por penhor, anticrese ou hipoteca, o bem dado em garantia fica sujeito, por vínculo real, ao cumprimento da obrigação. Por óbvio, só aquele que pode alienar poderá empenhar, hipotecar ou dar em anticrese, como também só os bens alienáveis poderão se submeter ao penhor, anticrese ou hipoteca: o credor hipotecário e o pignoratício têm o direito de excutir a coisa hipotecada ou empenhada, e preferir, no pagamento, a outros credores, observada, quanto à hipoteca, a prioridade no registro (art. 1422, CC).. Excetuam-se desta regra as dívidas que, em virtude de outras leis, devam ser pagas precipuamente a quaisquer outros créditos.

O pagamento de uma ou mais prestações da dívida não importa exoneração correspondente da garantia, ainda que esta compreenda vários bens, salvo disposição expressa no título ou na quitação (art. 1421, CC). Os contratos de penhor, anticrese ou hipoteca precisão declarar, sob pena de ineficácia, o valor do crédito, o prazo fixado para pagamento, a taxa dos juros, se houver e o bem dado em garantia, com as suas especificações.

18. DO PENHOR

Constitui-se o penhor pela **transferência efetiva da posse de bem móvel em garantia de débito ao credor.** O penhor também pode ser rural, industrial, mercantil e de veículos. Em tais hipóteses, as coisas empenhadas continuam em poder do devedor, que as deve guardar e conservar. O instrumento do penhor deverá ser levado a registro pelos contratantes. O penhor comum será registrado no Cartório de Títulos e Documentos.

18.1. Direitos do credor pignoratício

O credor pignoratício tem direito à posse da coisa empenhada, à retenção desta, ao ressarcimento do prejuízo que houver sofrido por vício da coisa empenhada, à execução judicial, à venda amigável do bem (se lhe permitir expressamente o contrato, ou lhe autorizar o devedor mediante procuração), a apropriar-se dos frutos da coisa empenhada que se encontra em seu poder e, finalmente, à venda antecipada, mediante prévia **autorização judicial**, sempre que haja receio fundado de que a coisa empenhada se perca ou deteriore, *ex vi* do artigo 1.433 do Código Civil.

18.2. Obrigações do credor pignoratício

Obriga-se, contudo, à custódia da coisa, como depositário, a ressarcir o dono da perda ou deterioração de que for culpado, à defesa da posse da coisa empenhada, a imputar o valor dos frutos de que se apropriar nas despesas de guarda e conservação, a restituí-la, com os respectivos frutos e acessões, uma vez paga a dívida e a entregar o que sobeje do preço, quando a dívida for paga no caso do inciso IV do artigo 1.433. É o que afirma o artigo 1.434 do Código Civil.

18.3. Extinção do penhor

Extingue-se o penhor extinguindo-se a obrigação, perecendo a coisa, pela renúncia do credor, pela confusão, pela adjudicação judicial, remissão, venda da coisa empenhada, feita pelo credor ou por ele autorizada.

18.4. Penhor rural

A teor do artigo 1.438, constitui-se o penhor rural mediante instrumento público ou particular, registrado no Cartório de Registro de Imóveis da circunscrição em que estiverem situadas as coisas empenhadas restando disciplinado no parágrafo único que prometendo pagar em dinheiro a dívida, que garante com penhor rural, o devedor poderá emitir, em favor do credor, cédula rural pignoratícia, na forma determinada em lei especial.

O penhor agrícola e o pecuário somente podem ser convencionados, respectivamente, pelos prazos máximos de três e quatro anos, prorrogáveis, uma só vez, até o limite de igual tempo.

18.5. Penhor agrícola

As **máquinas** e **instrumentos** de agricultura, as colheitas pendentes, ou em via de formação, os frutos acondicionados ou armazenados, a lenha cortada, o carvão vegetal e os animais do serviço ordinário de estabelecimento podem ser objeto do denominado penhor agrícola.

18.6. Penhor pecuário

Podem ser objeto de penhor os **animais** que integram a atividade pastoril, agrícola ou de lacticínios. Em tais casos, o devedor não poderá alienar os animais empenhados sem prévio consentimento, por escrito, do credor.

18.7. Penhor industrial e mercantil

As máquinas, aparelhos, materiais, instrumentos instalados e em funcionamento, com os acessórios ou sem eles, os animais utilizados na indústria, o sal e bens destinados à exploração das salinas, os produtos de suinocultura, animais destinados à industrialização de carnes e derivados, as matérias-primas e produtos industrializados, tudo isto pode ser objeto de penhor industrial ou mercantil. O penhor industrial, ou o mercantil se constitui mediante instrumento público ou particular registrado no Cartório de Registro de Imóveis da circunscrição onde estiverem situadas as coisas empenhadas.

18.8. Penhor de direitos e títulos de crédito

Também podem ser objeto de penhor os direitos suscetíveis de cessão sobre coisas móveis, mediante instrumento público ou particular registrado no Registro de Títulos e Documentos. Reza o artigo 1.453 do Código Civil que o penhor de crédito não tem eficácia senão quando notificado ao devedor; por notificado tem-se o devedor que, em instrumento público ou particular, declarar-se ciente da existência do penhor.

18.9. Penhor de veículos

Os veículos empregados em qualquer espécie de transporte ou condução podem ser objetos de penhor mediante instrumento público ou particular, registrado no Cartório de Títulos e Documentos do domicílio do devedor, e anotado no certificado de propriedade, pelo prazo máximo de dois anos, podendo ser prorrogado por igual período.

De acordo com o artigo 1.463 do Código Civil não se fará o penhor de veículos sem que estejam previamente segurados contra furto, avaria, perecimento e danos causados a terceiros, sendo que, na forma do artigo 1.465: a alienação, ou a mudança, do veículo empenhado sem prévia comunicação ao credor importa no vencimento antecipado do crédito pignoratício.

18.10. Penhor legal

Independentemente de convenção, o penhor legal ocorre nos hospedeiros, ou fornecedores de pousada ou alimento, sobre as bagagens, móveis, joias ou dinheiro que os seus consumidores ou fregueses tiverem consigo nas respectivas casas ou estabelecimentos, pelas despesas ou consumo que aí tiverem feito, como ainda em face do dono do prédio rústico ou urbano, sobre os bens móveis que o rendeiro ou inquilino tiver guarnecendo o mesmo prédio, pelos aluguéis ou rendas.

Nestes termos, *"Tomado o penhor, requererá o credor, ato contínuo, a sua homologação judicial"* (art. 1.471, CC), sendo possível ao locatário impedir a constituição do penhor mediante caução idônea.

19. HIPOTECA

Conforme o artigo 1.473 do Código Civil pode ser objeto de hipoteca os imóveis, seus acessórios, o domínio direto, o domínio útil, as estradas de ferro, os recursos naturais a que se refere o artigo 1.230, os **navios**, as **aeronaves**, o **direito de uso especial para fins de moradia**, o **direito real de uso** e a **propriedade superficiária**.

Importante a disciplina do artigo 1.475 do Código Civil para quem é nula a cláusula que proíbe ao proprietário alienar imóvel hipotecado, sendo possível, contudo, a teor do parágrafo único convencionar-se que vencerá o crédito hipotecário, se o imóvel for alienado. Também **é possível constituir outra hipoteca sobre imóvel já hipotecado,** mediante novo título, em favor do mesmo ou de outro credor, quando, então, o credor da segunda hipoteca não poderá executar o imóvel antes de vencida a primeira.

Segundo o artigo 1.485 mediante simples averbação, requerida por ambas as partes, poderá prorrogar-se a hipoteca, até 30 (trinta) anos da data do contrato. Desde que perfaça esse prazo, só poderá subsistir o contrato de hipoteca reconstituindo-se por novo título e novo registro; e, nesse caso, lhe será mantida a precedência, que então lhe competir.

É de igual sorte possível, ao credor e ao devedor, no ato constitutivo da hipoteca, autorizar a emissão da correspondente cédula hipotecária, na forma e para os fins previstos em lei especial. **A hipoteca pode ser constituída para garantia de dívida futura ou condicionada,** desde que determinado o valor máximo do crédito a ser garantido. Vindo o imóvel hipotecado a ser loteado ou formado em condomínio edilício, poderá o ônus ser dividido, gravando cada unidade na proporção entre o valor de cada delas e o crédito.

19.1. Hipoteca legal

A lei confere hipoteca às **pessoas de direito público interno** sobre os imóveis pertencentes aos encarregados da cobrança, guarda ou administração dos respectivos fundos e rendas, bem como aos filhos sobre os imóveis do pai ou da mãe que passar a outras núpcias, antes de fazer o inventário do casal anterior, ao ofendido, ou aos seus herdeiros, sobre os imóveis do delinquente, para satisfação do dano causado pelo delito e pagamento das despesas judiciais, ao co-herdeiro para garantia do seu quinhão ou torna da partilha, sobre o imóvel adjudicado ao herdeiro reponente e ao credor sobre o imóvel arrematado, para garantia do pagamento do restante do preço da arrematação.

19.2. Registro da hipoteca

As hipotecas se registram no cartório do lugar do imóvel, exibindo-se o título e postulando-se o registro deste. Tais registros e averbações seguirão a ordem em que forem requeridas, pela numeração sucessiva do protocolo, que determina a **prioridade** (preferência) entre as hipotecas. Conforme artigo 1.494 não se registrarão no mesmo dia duas hipotecas, ou uma hipoteca e outro direito real, sobre o mesmo imóvel, em favor de pessoas diversas, salvo se as escrituras, do mesmo dia, indicarem a hora em que foram lavradas.

19.3. Extinção da hipoteca

A hipoteca se extingue pela extinção da obrigação principal, pelo perecimento da coisa, pela resolução da propriedade, pela renúncia do credor, pela remição (resgate), pela arrematação ou adjudicação. Também se extingue a hipoteca com a averbação, no Registro de Imóveis, do cancelamento do registro à vista da respectiva prova.

19.4. Hipoteca de vias férreas

Também é possível haver hipotecas sobre as estradas de ferro, que serão registradas no Município da estação inicial da respectiva linha, sendo que, a teor do artigo 1.503 do Código Civil os credores hipotecários não podem embaraçar a exploração da linha, nem contrariar as modificações, que a administração deliberar, no leito da estrada, em suas dependências, ou no seu material. Importante, a este respeito o art. 1.505, assim redigido: na execução das hipotecas será intimado o representante da União ou do Estado, para, dentro em quinze dias, remir a estrada de ferro hipotecada, pagando o preço da arrematação ou da adjudicação.

20. ANTICRESE

Nos termos do artigo 1.506 do Código Civil *"Pode o devedor ou outrem por ele, com a entrega do imóvel ao credor, ceder-lhe o direito de perceber, em compensação da dívida, os frutos e rendimentos"*. A isto se denomina *anticrese:* a **cessão do direito de se perceber frutos e rendimentos de imóvel para fim de compensação de certa dívida.**

Este credor, denominado anticrético, pode administrar os bens dados em anticrese e fruir dos frutos e utilidades do mesmo, apresentando balanço anual acerca da aludida administração, respondendo pelas deteriorações que, por culpa sua, o imóvel vier a sofrer, e pelos frutos e rendimentos que, por sua negligência, deixar de perceber. A preferência deste direito real de garantia sobre os demais direitos pessoais é constatada pelo conteúdo do artigo 1.509 do Código Civil: *"O credor anticrético pode vindicar os seus direitos contra o adquirente dos bens, os credores quirografários e os hipotecários posteriores ao registro da anticrese"*.

21. DA LAJE

Por força da Lei Federal 13.465/17 foram introduzidos os arts. 1.510-A à 1.510-E à codificação, que passou a tratar do denominado direito de sobrelevação, também chamado direito de laje.

É permitido ao proprietário de uma construção-base ceder a superfície superior ou inferior de sua construção a fim de que o titular da laje mantenha unidade autônoma e distinta daquela originariamente construída sobre o solo. Portanto, este direito real de laje contemplará o espaço aéreo ou o subsolo de terrenos públicos, ou privados, tomados em projeção vertical, como unidade autônoma.

Para tanto, é imprescindível seja aberta uma matrícula própria no cartório de registro de imóveis, a partir de quando **o titular do direito real de laje passará a responder pelos encargos e tributos da mesma, além de adquirir o direito de usar, fruir e dispor da laje**.

> **Atenção!**
>
> A instituição do direito real de laje não implica a atribuição de fração ideal de terreno ao titular da laje ou a participação proporcional em áreas edificadas.
>
> Importante saber também que o direito real de laje é passível de usucapião, como entende a doutrina no Enunciado 627 da VIII Jornada em Direito Civil do CJF.

O titular do direito real de laje está autorizado a **ceder** a superfície da sua construção para a instituição de um sucessivo direito real de laje (laje sobre a laje, também denominadas de lajes sucessivas). Para tanto, é necessária a **autorização expressa** dos titulares da construção-base e das demais lajes.

É dever do titular da laje não prejudicar com obras, ou falta de reparação a segurança, a linha arquitetônica, ou mesmo o arranjo estético do edifício, respeitando, inclusive, a disciplina normativa municipal eventualmente existente. O CC autoriza aplicar ao direito de laje, supletivamente, as regras do condomínio edilício, notadamente quanto aos temas envolvendo despesas necessárias de conservação e fruição das partes que sirvam a todo o edifício e ao pagamento de serviços de interesse comum, que haverão de ser **partilhadas** entre o proprietário da construção-base e o titular da laje, na proporção estipulada no contrato.

Também restou consagrado o direito de **preferência** em caso de alienação, tanto em relação ao dono da construção-base, quanto em relação do dono da laje, prevendo a norma necessidade de notificação no prazo de 30 dias, salvo se o contrato dispuser de maneira diversa.

> **Atenção!**
>
> A ruína da construção-base implica extinção do direito real de laje, salvo se estiver a mesma construída em subsolo, ou se a construção-base for refeita dentro de 5 anos. Independentemente disto, o eventual direito à reparação civil contra o culpado da ruína existirá.

CAPÍTULO VI

Direito de Família

1. NOÇÕES INTRODUTÓRIAS

O Direito de Família tem fundamento **constitucional** e merece ser compreendido à luz do artigo 226, da Constituição Federal de 1988. Deste modo, à vista da dignidade humana, a impor uma repersonalisação do Direito Civil (constitucional), também é importante demonstrar, mediante quadro comparativo entre o Código Civil de 1916 e o de 2002, como os paradigmas foram alterados. Se antes a família era matrimonializada, submetida à hierarquia do homem, à luz de um anterior Código, insista-se, que enfatizava o patrimônio em detrimento da pessoa, hoje não é mais assim, senão veja-se:

Código Civil 1916	Código Civil 2002
1. Matrimonializada	1. Plural
2. Hierarquizada	2. Igual
3. Patriarcal	3. Democrática
4. Heterossexual	4. Homo (mono) ou Hetero Parental

Pode se identificar, pela literalidade da Constituição Federal, três espécies exemplificativas e bem definidas de arranjos familiares: a matrimonial, a decorrente da união estável e a monoparental, esta última formada por qualquer dos pais e respectiva prole.

2. CONTEÚDO DAS NORMAS DE DIREITO DE FAMÍLIA

Para melhor se direcionar o estudo objetivo do exame da ordem, divide-se o conteúdo do Direito de Família da seguinte maneira: **I. Direito Matrimonial. II. Direito Convivencial. III. Direito Parental. IV. Direito Assistencial**.

Estes são os quatro grandes departamentos do estudo que se inicia.

3. ASPECTOS PROCESSUAIS (BREVES NOTAS)

Antes disto, contudo, importante será recordar que o Direito de Família se submete à **especial proteção do Estado**, razão pela qual algumas questões processuais merecem destaques, a saber:

a) O CPC/15 passou a disciplinar as ações de família em **capítulo próprio** (arts. 593/699), de modo que agora existe procedimento contencioso próprio para divórcio, separação, reconhecimento e extinção de união estável, guarda, visitação e filiação.

b) A ação de alimentos e a que versar sobre interesse de criança ou de adolescente observarão o procedimento previsto em **legislação específica**, de modo que o CPC/15 será aplicado apenas de forma subsidiária/complementar.

c) Nas ações de família todos os esforços serão empreendidos para **solução consensual** da controvérsia, devendo o juiz dispor do auxílio de profissionais de outras áreas de conhecimento para mediação e conciliação (CPC/15, art. 694).

d) O mandado de citação conterá apenas **os dados necessários** à audiência e deverá estar desacompanhado de cópia da petição inicial, assegurado ao réu o direito de examinar seu conteúdo a qualquer tempo, sendo que a citação ocorrerá com antecedência mínima de 15 dias e será feita na pessoa do réu.

e) O **Ministério Público** intervirá apenas quando houver **interesse** de **incapaz** e deverá ser ouvido previamente à homologação de acordo (CPC/15, art. 699).

f) Quando o processo envolver debate sobre **abuso ou alienação parental**, o magistrado ao tomar depoimento do incapaz deverá estar acompanhado por especialista.

g) A revelia é **desacompanhada** de seus efeitos regulares quando o tema envolver matéria indisponível (CPC/15, art. 345, II).

4. CASAMENTO

4.1. Conceito

O casamento é um ato negocial, solene, público e complexo mediante o qual duas pessoas constituem família pela livre manifestação de vontade e pelo reconhecimento do Estado. Segundo o artigo 1.511 do Código Civil *"**O casamento***

estabelece comunhão plena de vida, com base na igualdade de direitos e deveres dos cônjuges".

A Constituição Federal de 1988 afirma que "***o casamento é civil e gratuita a celebração***" (§ 1º, art. 226), admitindo, outrossim, o casamento religioso com efeito civil "***nos termos da lei***" (§ 1º, art. 226). O artigo 1.512 do Código Civil tratará da matéria.

4.2. Capacidade núbil (para o casamento)

Homens e mulheres podem casar a partir dos **16 (dezesseis) anos**, sendo este o marco inicial da capacidade núbil. De fato, por força da Lei 13.811/19, a qual alterou o artigo 1.520 do Código Civil, em nenhuma hipótese será permitido o casamento do menor de 16 (dezesseis) anos de idade.

Os relativamente incapazes podem casar desde que obtenham **autorização** dos pais, ou tutores, **ou** ainda a **supressão judicial**. A respeito deste assunto duas questões são dignas de nota: (i) se o casamento ocorrer por força de supressão judicial, o regime de bens será o da separação obrigatória, a teor do artigo 1.641 do Código Civil; (ii) **a autorização concedida pode ser revogada até a data da celebração.** Observe-se que os deficientes são plenamente capazes para o casamento por força do Estatuto da Pessoa com Deficiência (arts. 6º, inciso I e 84).

4.3. O procedimento administrativo de habilitação para o casamento

Para se casar é necessário formular pedido a um oficial de registro. A isto se denomina habilitação para o casamento, procedimento que se inicia através das denominadas formalidades preliminares, concluindo-se com a expedição de uma habilitação, em sentido estrito, por meio da qual os nubentes ficam autorizados a casarem dentro de 90 (noventa) dias a contar da data da expedição.

Iniciado o procedimento pela porta das **formalidades preliminares**, onde uma relação de documentos é apresentada ao notarial, o ato administrativo seguinte será o de submeter o feito ao Ministério Público, para manifestação a respeito da possibilidade ou não do casamento. Não se opondo o Parquet ao casamento, o terceiro ato deste procedimento consistirá na **publicação dos editais**, também conhecidos como **proclamas,** que serão afixados nas circunscrições dos noivos durante 15 (quinze) dias.

▸ Atenção!

Enunciado 513 – V Jornada de Direito Civil – CJF: O juiz não pode dispensar, mesmo fundamentadamente, a publicação do edital de proclamas do casamento, mas sim o decurso do prazo.

Inexistindo oposição, seja do notarial, do Ministério Público ou de terceiros, o expediente administrativo será concluído, como visto acima, mediante a apresentação do **documento de habilitação**, com prazo de validade de 90 dias. **Anote-se: prazo decadencial.**

Acaso exista **impugnação**, o expediente administrativo será encaminhado ao Magistrado para que este decida a respeito da autorização ou não do casamento. Detalhe: somente nesta hipótese é que o Juiz atuará. Isso porque o processo de habilitação será presidido, do início ao fim, pelo Oficial de Registro de forma que o Magistrado somente atuará acaso haja impugnação (art. 1.526, p.u, CC).

Mas, para que serve o processo de habilitação? Para verificar se existiria algum impedimento, ou causa suspensiva, a obstruir o casamento. E o que seriam impedimentos e causas suspensivas?

4.4. Impedimentos

Os impedimentos são **obstáculos intransponíveis** ao casamento. São **situações taxativamente previstas** na norma que, acaso presentes, **vedam o casamento**. Diz o artigo 1.521 do Código Civil: *"Não **podem** casar..."*. Como se vê, trata-se de uma proibição jurídica cujo desrespeito acarreta a **nulidade do casamento**, a teor do artigo 1.548, II, do Código Civil. Assim não poderão casar:

> I – os ascendentes com os descendentes seja o parentesco natural ou civil;
>
> II – os afins em linha reta;
>
> III – o adotante com quem foi cônjuge do adotado e o adotado com quem o foi do adotante;
>
> IV – os irmãos, unilaterais ou bilaterais, e demais colaterais, até o terceiro grau inclusive;
>
> V – o adotado com o filho do adotante;
>
> VI – as pessoas casadas;
>
> VII – o cônjuge sobrevivente com o condenado por homicídio ou tentativa de homicídio contra o seu consorte.

Os impedimentos objetivam evitar uniões que afetem a prole, a ética, a família, a ordem e a moral.

A aplicação dos impedimentos alcança, inclusive, o casamento de estrangeiros domiciliados no Brasil. Apesar do **artigo 7º da LINDB** admitir a aplicação do **estatuto pessoal como exceção da territorialidade, há ressalva expressa na mesma LINDB quanto** a observância dos **impedimentos matrimoniais.**

A análise do art. 1521 do CC evidencia que os impedimentos resultam ou de parentesco, ou de vínculo (casamento anterior), ou de crime, senão veja-se:

a) **De parentesco** (art. 1.521, I a V, CC): Podem ser por sanguinidade ou afinidade.

Certos parentes não poderão casar entre si. É o que ocorre, por exemplo, para os parentes em linha reta e também em relação aos colaterais até o terceiro grau, inclusive. Esta é a regra, nitidamente relacionada à proteção à saúde e ao ambiente familiar. Contudo, **excepcionalmente será** possível o casamento entre colaterais de 3º grau (tios e sobrinhas), conforme **Decreto-Lei 3.200, em seu artigo 2º,** desde que se apresente atestado de dois médicos que examinem os nubentes e reconheçam tecnicamente a ausência de problema genético.

O inciso IV, do artigo 1.521 do Código Civil que veda o casamento entre colaterais de terceiro grau deve ser analisado à luz desta excepcionalidade, como já observou a doutrina no Enunciado 98 do CJF/STJ.

Também é digno de nota que o vínculo por afinidade **na linha reta** não se extingue, a teor do artigo 1.595, § 2º, tratando-se de impedimento eterno. Portanto, parentes em linha reta por afinidade jamais poderão casar entre si. São impedidos. Este é o dispositivo que justifica a impossibilidade de casamento com sogro, ou sogra. Importante lembrar, contudo, que o parentesco por afinidade colateralidade poderá ser extinto. Por esta razão, em tese é possível casamento com o cunhado, ou com a cunhada.

b) **De vínculo. Bigamia** (art. 235, CP): o inciso VI do artigo 1.521 do aludido Código Civil veda o casamento de pessoas já casadas, aspecto que evidencia a presença do princípio da monogamia, historicamente consagrado no Direito Matrimonial. Além de impedimento matrimonial, a bigamia constitui crime.

Curioso advertir que este impedimento **não obstrui a constituição de união estável**, de modo que uma pessoa casada, porém separada, poderá contrair união estável com outra nestas condições e desde que observada a relação monogâmica.

c) **De crime.** (art. 1.521, VII, CC): Não pode casar o cônjuge sobrevivente com o **condenado** em crime de **homicídio ou tentativa de homicídio** contra o seu consorte. Neste particular todo o cuidado é pouco. A lei utiliza o signo "**condenado**", de maneira que se a pessoa foi denunciada e está respondendo ao processo penal, sem condenação alguma, impedimento não haverá. Como também não haverá se, depois de contrair núpcias, vier a ser condenada, afinal de contas o impedimento é avaliado em momento anterior (e não posterior) ao matrimônio,

Os impedimentos por serem de **interesse público poderão ser opostos pelo juiz, Oficial de Registro Civil e por terceiros, de maneira fundamentada a fim de assegurar o contraditório e a ampla defesa, bem como prevenir responsabilidades.**

4.5. Causas suspensivas

São **obstáculos transponíveis,** suscetíveis de transposição, constituindo **meras recomendações** do legislador, para quem certas pessoas, daí a expressão "*Não **devem** casar*", nas hipóteses indicadas no artigo 1.523 do Código Civil.

Erro muito comum é imaginar que o desrespeito às causas suspensivas geraria anulabilidade do casamento. Isto é falso. A consequência jurídica decorrente de um casamento que não observa a recomendação legislativa será a **imposição do regime da separação obrigatória de bens,** disciplinado no artigo 1.641 do Código Civil. Casamente que desrespeita impedimento é casamento nulo (CC, art. 1.548). Casamento que desrespeita causa suspensiva é casamento válido submetido ao regime da separação obrigatória de bens (CC, art. 1.641).

Assim, não devem casar:

I – o viúvo ou a viúva que tiver filho do cônjuge falecido, enquanto não fizer inventário dos bens do casal e der partilha aos herdeiros;

II – a viúva, ou a mulher cujo casamento se desfez por ser nulo ou ter sido anulado, até dez meses depois do começo da viuvez, ou da dissolução da sociedade conjugal;

III – o divorciado, enquanto não houver sido homologada ou decidida a partilha dos bens do casal;

IV – o tutor ou o curador e os seus descendentes, ascendentes, irmãos, cunhados ou sobrinhos, com a pessoa tutelada ou curatelada, enquanto não cessar a tutela ou curatela, e não estiverem saldadas as respectivas contas.

As causas suspensivas, por constituírem situações jurídicas nitidamente de **ordem privada** somente poderão ser opostas pelos parentes em linha reta de qualquer dos nubentes, e pelos colaterais até o segundo grau.

4.6. As invalidades do casamento

As invalidades do casamento se dividem em nulidade absoluta e relativa.

A hipótese de nulidade está prevista no art. 1548 do Código Civil, qual seja desrespeito à **impedimentos.** Com o advento do Estatuto da Pessoa com Deficiência, também denominada Lei Brasileira de Inclusão, foi revogado o inciso I, do art. 1.548 do texto originário do CC, de modo que atualmente existe apenas uma hipótese de nulidade absoluta do matrimônio, qual seja desrespeito à impedimento matrimonial.

A decretação de nulidade dar-se-á mediante ação direta, promovida por qualquer interessado ou pelo Ministério Público.

As **hipóteses de nulidade relativa (anulabilidade)** estão consignadas no art. 1550 do CC, englobando: **I - de quem não completou a idade mínima para casar; II - do menor em idade núbil, quando não autorizado por seu representante legal; III - por vício da vontade, nos termos dos arts. 1.556 a 1.558; IV - do incapaz de consentir ou manifestar, de modo inequívoco, o consentimento; V - realizado pelo mandatário, sem que ele ou o outro contraente soubesse da revogação do mandato, e não sobrevindo coabitação entre os cônjuges; VI - por incompetência da autoridade celebrante.**

O Estatuto da Pessoa com Deficiência (EPD) inseriu o § 2º ao art. 1.550 do CC para prescrever que a pessoa com deficiência mental ou intelectual em idade núbil poderá contrair matrimônio, expressando sua vontade diretamente ou por meio de seu responsável, ou curador. Com efeito, o próprio art. 6º, inciso I do EPD, já reconhece a capacidade plena dos deficientes, inclusive para o casamento e a união estável.

No particular, recorda-se que **não se anula por motivo de idade** casamento do qual resultou **gravidez**, (CC, art. 1.551).

Ademais, que não atingiu a idade núbil poderá, depois de completá-la, confirmar seu casamento, com a autorização de seus representantes legais, se necessária, ou com suprimento judicial.

O casamento do menor em idade núbil, quando não autorizado por seu representante legal, só poderá ser anulado se a ação for proposta em **cento e oitenta**

dias, por iniciativa do incapaz, ao deixar de sê-lo, de seus representantes legais ou de seus herdeiros necessários.

Na seara dos vícios de vontade capazes de anular o casamento, avulta o estudo da **coação** e, principalmente, do **erro essencial quanto à pessoa.**

As hipóteses de erro essencial estão no art. 1557 do CC. Todas são por fatos anteriores ao casamento, cujo conhecimento posterior torna insuportável à vida em comum. Cita-se: **I – o que diz respeito à sua identidade, sua honra e boa fama, sendo esse erro tal que o seu conhecimento ulterior torne insuportável a vida em comum ao cônjuge enganado; II – a ignorância de crime, anterior ao casamento, que, por sua natureza, torne insuportável a vida conjugal; III – a ignorância, anterior ao casamento, de defeito físico irremediável, ou de moléstia grave e transmissível, pelo contágio ou herança, capaz de pôr em risco a saúde do outro cônjuge ou de sua descendência; IV – a ignorância, anterior ao casamento, de doença mental grave que, por sua natureza, torne insuportável a vida em comum ao cônjuge enganado.**

Importante questão envolveria a pessoa do transexual que, após operado, casa-se e não comunica o fato ao seu consorte. O que marcar a estes respeito na hora da prova? Se por um lado, a vida privada constitui direito fundamental a autorizar a preservação da intimidade das pessoas (CC, art. 21), por outro lado a boa-fé (CC, art. 187) e a comunhão plena de vida instituída pelo casamento (CC, art. 1.511) justificariam a comunicação deste fato ao consorte. O tema ainda está em aberto. Ousaríamos sugerir exclusivamente para o fim de orientar o estudante na hora da prova a sustentar ser o caso hipótese de anulação do casamento.

Lembra-se que **os vícios não serão passíveis de anular o casamento se, após a sua ciência, houver coabitação.** A anulação apenas poderá ser requerida pelo cônjuge, havendo prazos de I – cento e oitenta dias, no caso do inciso IV do art. 1.550; II – dois anos, se incompetente a autoridade celebrante; III – três anos, nos casos dos incisos I a IV do art. 1.557; IV – quatro anos, se houver coação. Extingue-se, em cento e oitenta dias, o direito de anular o casamento dos menores de dezesseis anos, contado o prazo para o menor do dia em que perfez essa idade; e da data do casamento, para seus representantes legais ou ascendentes. Na hipótese do inciso V do art. 1.550, o prazo para anulação do casamento é de cento e oitenta dias, a partir da data em que o mandante tiver conhecimento da celebração.

4.7. Celebração do casamento

Segundo o artigo 1.514 do Código Civil *"O casamento se realiza no momento em que o homem e a mulher manifestam, perante o juiz, a sua vontade de estabelecer vínculo conjugal, e o juiz os declara casados"*, após o que se deve proceder ao registro daquele matrimônio, de acordo com o artigo 29, inciso II, da Lei de Registros Públicos.

O **registro do casamento** é ato consectário necessário à configuração da existência do mesmo, tanto que é realizado com **data retroativa ao evento**, tendo **efeito declaratório**. Celebrado o matrimônio *"logo depois"* lavra-se assento no livro de registro (art. 1536, CC/02 e art. 70 da Lei 6.015/73).

A celebração do casamento é ato de **extremo formalismo**, apenas estando finalizado após a leitura da **fórmula sacramental**, disciplinada no artigo 1.535 do Código Civil de 2002. Assim, vaticina o artigo que *"Presentes os contraentes, em pessoa ou por procurador especial, juntamente com as testemunhas e o oficial do registro, o presidente do ato, ouvida aos nubentes a afirmação de que pretendem casar por livre e espontânea vontade, declarará efetuado o casamento, nestes termos: 'De acordo com a vontade que ambos acabais de afirmar perante mim, de vos receberdes por marido e mulher, eu, em nome da lei, vos declaro casados."*

A **incompetência da autoridade celebrante** é causa apenas de **anulabilidade do casamento**, conforme art. 1.550 VI do Código Civil. Entretanto, lembra-se que **excepcionalmente** é possível a celebração do casamento sem a presença da autoridade competente para o ato. É o denominado casamento em iminente risco de vida (CC, art. 1.540). Ocorre na hipótese em que um dos nubentes se encontra em iminente risco de vida, sendo o casamento celebrado na presença de 6 (seis) testemunhas. Este assunto será tratado adiante.

Sobre a celebração por autoridade, note-se que o Código Civil acolheu a **teoria do funcionário de fato** (teoria da aparência), ao afirmar que subsiste o casamento celebrado por aquele que, sem possuir a competência exigida na lei, exercer publicamente as funções de juiz de casamentos e, nessa qualidade, tiver registrado o ato no Registro Civil (art. 1561 do CC).

4.8. Espécies de casamento

De acordo com a legislação, **cinco** são as espécies de casamento, a saber:

4.8.1. Casamento civil

A teor do artigo 1.534 e seguintes do mesmo Código Civil, o casamento se realiza, regra geral, na **sede do cartório.** Entretanto, poderá acontecer em outro edifício público ou particular. Se realizado em edifício particular o ato deverá ser feito na presença de 4 (quatro) testemunhas. Serão as testemunhas em número de

4 (quatro) também se um dos nubentes não poder ou não souber escrever. Caso contrário, bastam duas testemunhas para o ato solene realizado em cartório.

E não poderia ser diferente ante o fenômeno republicano da laicização da sociedade civil brasileira (separação entre a Igreja e o Estado). Se a sociedade é civil, o casamento, via de regra, também será.

4.8.2. Casamento religioso com efeito civil

A teor do artigo 74 da Lei de Registros Públicos, o casamento religioso com efeito civil demanda do procedimento prévio de habilitação. De fato, apenas é religiosa a celebração do casamento, pois todo o procedimento prévio e o registro posterior são **idênticos** ao civil.

A Constituição Federal de 1988 assegura (art. 5º, inciso IV) o livre *"exercício de cultos religiosos", tutelando de igual maneira os "locais de culto e as suas liturgias"*, daí a disposição do artigo 1.515, do Código Civil de 2002 a admitir o casamento religioso com efeito civil. De igual sorte, o tema do casamento religioso com efeito civil também é referido no art. 226 do Texto Constitucional. A celebração pode ser em **qualquer religião**, desde que observadas as formalidades do ato, havendo precedente de casamentos espíritas, batistas...

4.8.3. Moléstia grave ou nuncupativo

Ocorre quando um dos cônjuges possui doença grave (não estando em perigo iminente de vida). O assunto está disciplinado no artigo 1.539 do Código Civil.

Seria mais um caso específico em que a **celebração não será realizada em cartório.** Neste caso, o presidente do ato irá até o local em que se encontra o nubente que possui a moléstia grave e lá celebrará o casamento, na presença de 2 (duas) testemunhas que saibam ler e escrever. Sendo **urgente, o ato poderá ser feito a noite.** A falta ou o impedimento do presidente do ato será suprido por um dos seus substitutos legais ou por um oficial *ad hoc*, nomeado pelo presidente do ato. Sendo celebrado por oficial *ad hoc*, o **termo avulso**, lavrado por ele, **será registrado no respectivo registro dentro em cinco dias**, perante **duas testemunhas**, ficando arquivado.

4.8.4. Em iminente risco de vida ou in extremis ou nuncupativo

Trata-se da mais distinta espécie de casamento, pois neste o nubente se encontra à beira da morte, não sendo possível nomear autoridade celebrante, para realizar processo de habilitação, publicar edital, etc. Nesta modalidade de casamento nenhuma formalidade preliminar acontecerá. Não haverá procedimento de habilitação. Ante tantas peculiaridades, serão em número de **6 (seis) as testemunhas**, que **não sejam parentes em linha reta, nem colateral até segundo grau dos nubentes** (art. 1540 do CC).

Que fique claro: testemunhas de casamento, em regra, podem ser parentes. No caso do casamento em iminente risco de vida, contudo, existe vedação por tratar-se de situações atípica na qual o ato é realizado sem seu presidente, ante a urgência, bem como para proteger a lisura da ordem de vocação hereditária (CC, art. 1.829), evitando fraudes, ou abusos.

Nesta hipótese as 6 (seis) testemunhas que presenciaram o ato deverão no **prazo de 10 (dez) dias** comparecer a presença de uma autoridade judicial mais próxima, pedindo que lhe tome por termo as seguintes declarações: (I) de que foram convocadas pelo enfermo, (II) que este parecia em perigo de vida, mas em seu juízo, (III) que em sua presença declararam os nubentes livre e espontaneamente, receber-se por marido e mulher.

Após o que, o juiz verificará se os contraentes poderiam ter-se habilitado, na forma ordinária, ouvindo os interessados num prazo de 15 (quinze) dias. A decisão do juiz será registrada no livro do Registro dos casamentos e os efeitos **retroagirão** a data da celebração do casamento – mais uma decisão **declaratória**. Acaso o enfermo venha a convalescer e sendo possível ratificar o casamento na presença da autoridade competente, serão dispensadas todas estas formalidades.

4.8.5. Por procuração

Previsto no artigo 1.542 CC, esta procuração terá **validade por apenas 90 dias** (mesmo prazo de validade da habilitação) e somente poderá ser feita por **instrumento público** (forma também exigida para sua revogação), contendo **poderes especiais**, sendo incabível nos casos de casamento *in extremis.*, mas sendo possível para o caso do matrimônio de alguém que possui moléstia grave.

4.8.6 A prova do casamento

Em regra, *"o casamento celebrado no Brasil prova-se pela certidão do registro"*, nos exatos termos do artigo 1.543, do Código Civil de 2002, sendo essa a **prova direta**. Em **casos excepcionais** (perda ou falta do registro civil), autoriza-se a **prova indiciária (indireta)**. Podem ser utilizados como elementos de prova indireta a **posse do estado de casado**, nos termos dos artigos 1.545 *usque* 1.547 do Código Civil de 2002, que é a comprovação da vida como casados.

4.9. Efeitos pessoais do casamento

O casamento gera efeitos pessoais e patrimoniais (regime de bens). Entre os efeitos pessoais do matrimônio é possível citar a **mudança do estado civil** (de solteiro para casado), **a possível mudança do domicílio e acréscimo do sobrenome**, além dos **direitos e deveres conjugais** previstos no artigo 1.565 e 1.566 do Código Civil, os quais abarcam: **fidelidade recíproca, vida em comum no domicílio conjugal (coabitação), mutua assistência, sustento, guarda e educação dos filhos e respeito e consideração mútuos.**

4.10. Efeitos patrimoniais do casamento (regime de bens)

O regime de bens é o **estatuto patrimonial do casamento**, ou seja, o regramento que analisa a comunicabilidade ou não do determinado patrimônio ao longo da dinâmica econômica do casal.

O regime de bens submete-se a dois princípios, quais sejam: **liberdade de escolha**, o qual é exercitado pelo pacto antenupcial, e **mutabilidade.**

4.10.1 Pacto antenupcial

Acaso os nubentes desejem não se submeter à comunhão parcial de bens, o **negócio jurídico** de família que há de ser realizado para atingir esta finalidade é denominado pacto antenupcial, ou convenção matrimonial.

Trata-se de negócio jurídico **solene**, que somente poderá ser feito por **escritura pública**, sob pena de nulidade. No que concerne aos efeitos, o pacto antenupcial somente será eficaz se lhe seguir o casamento, a teor do artigo 1.653 do Código Civil, sendo o **casamento uma condição suspensiva**. Perante **terceiros**, somente produzirá efeitos se **registrado** pelo oficial de Registro de Imóveis do domicílio conjugal (art. 1.657, CC)

É possível ao relativamente incapaz subscrever pacto antenupcial, desde que haja aprovação do representante legal do mesmo. Dispensa-se a intervenção do representante caso o regime escolhido seja de **separação de bens. Registre-se, ainda, que o aludido pacto não poderá desrespeitar preceitos de ordem pública**.

Por fim, mediante o pacto é possível que os nubentes escolham um regime de bens já regulado no Código Civil (comunhão universal, separação convencional ou participação final nos aquestos), ou que **realizem regime próprio, híbrido, misto**, exercitando a variabilidade (Enunciado 331 do CJF).

4.10.2 Mutabilidade

Uma das questões mais inovadoras do Código Civil está na **possibilidade de alteração** do regime de bens entre os cônjuges. Isto é possível desde que: o **pedido** seja **conjunto**, de ambos, sem litígio algum e, **fundamentado**, haja decisão judicial, com a máxima publicidade e **sem causar um só prejuízo a terceiros**, artigo 1.639 CC.

Nos termos do art. 734 do CPC/15, a alteração do regime de bens do casamento, observados os requisitos legais do Código Civil, poderá ser requerida motivadamente em petição assinada por ambos os cônjuges, na qual serão expostas as razões que justificam a alteração, ressalvados os direitos de terceiros.

Recebida a petição inicial, o Juiz determinará a intimação do Ministério Público e a publicação de edital que divulgue a pretendida alteração de bens, somente podendo decidir depois de decorrido o prazo de 30 dias da publicação do edital. Será possível, entretanto, que os cônjuges proponham ao Juiz meio alternativo de divulgação da alteração do regime de bens, a fim de resguardar direitos de terceiros. Após o trânsito em julgado da sentença que acolher o pedido, serão expedidos mandados de averbação aos cartórios de registro civil e de imóveis e, caso qualquer dos cônjuges seja empresário, ao Registro Público de Empresas Mercantis e Atividades Afins.

A mudança de regime é *ex nunc*, ou seja: não retroage, não altera o passado, nem as relações jurídicas perfeitas e acabadas (Enunciado 113 do CJF).

Como se pode notar, atualmente o regime de bens se submete ao princípio da mutabilidade motivada.

4.10.3. Espécies de regime de bens

Cinco são as espécies de regime de bens textualmente previstas no CC de modo meramente ilustrativo, quais sejam: o **regime legal**, também denominado de **comunhão parcial de bens**, o **regime da separação obrigatória**, o regime da **separação convencional**, o regime da **comunhão universal** e, finalmente, o regime da **participação final nos aquestos**.

a) **O regime legal da comunhão parcial de bens.** Não havendo convenção, ou seja, pacto antenupcial quanto aos bens entre os cônjuges, ou sendo este nulo, ineficaz, a teor do artigo 1.640 do Código civil vigorará *"entre os cônjuges o* *regime da comunhão parcial*". Trata-se de regime supletivo a ser aplicado acaso não exista pacto antenupcial, ou mesmo para o caso deste ser inválido, ou ineficaz.

Na comunhão parcial de bens "*comunicam-se os bens que sobrevierem ao casal, na constância do casamento*", (art. 1.658, CC), com as exceções previstas no artigo 1.659 do CC. A regra geral, portanto, é a separação para o passado e comunhão para o futuro. Logo, não se comunicam "*os bens cuja aquisição tiver por título uma causa anterior ao casamento*", (art. 1.661, CC), o que é compreensível por conservar o nexo causal verdadeiramente justificador da aquisição exclusiva do aludido patrimônio. Os bens móveis **presumem-se, de forma relativa,** adquiridos na constância do casamento, falando-se em comunicabilidade, em regra.

O artigo 1.660 elenca os demais bens que adentram na **comunhão**, dentre os quais os adquiridos na constância do casamento por título oneroso, ainda que só em nome de um dos cônjuges, como ainda os adquiridos por fato eventual, com ou sem o concurso de trabalho ou despesa anterior, os adquiridos por doação, ou herança, feita a ambos os cônjuges, as benfeitorias em bens particulares de cada cônjuge e os frutos dos bens comuns, ou dos particulares de cada cônjuge, percebidos na constância do casamento, ou pendentes ao tempo de cessar a comunhão.

A teor do artigo 1.663, CC a **administração dos bens** comuns compete a qualquer um dos cônjuges, afinal a CF/88 não mais admite a sociedade patriarcal, sendo todas as pessoas iguais em direitos e deveres. Já a administração dos bens particulares competirá ao seu proprietário (art. 1.228 e 1.665, CC).

b) **O regime da comunhão universal.** Este regime de bens importa na comunicação de todo o patrimônio presente e futuro do casal, **inclusive as dívidas,** com poucas exceções de incomunicabilidade, que estão previstas no artigo 1.668 do Código Civil, quais sejam: I – os bens doados ou herdados com a cláusula de incomunicabilidade e os sub-rogados em seu lugar; II – os bens gravados de fideicomisso e o direito do herdeiro fideicomissário, antes de realizada a condição suspensiva; III – as dívidas anteriores ao casamento, salvo se provierem de despesas com seus aprestos, ou reverterem em proveito comum; IV – as doações antenupciais feitas por um dos cônjuges ao outro com a cláusula de incomunicabilidade; V – Os bens referidos nos incisos V a VII do art. 1.659.

Atente-se que as excepcionais cláusulas de incomunicabilidade previstas no artigo antecedente não se estendem aos frutos auferidos durante o casamento (art. 1.669, CC), existindo **responsabilidade solidária** entre os cônjuges pelas dívidas do outro enquanto não se extinguir a comunhão (art. 1.671, CC).

c) **Separação obrigatória.** O artigo 1.641 do Código civil impõe o regime de separação obrigatória de bens para três hipóteses específicas: **casamento celebrado com maior de 70 anos de idade; casamento decorrente de supressão judicial de autorização para casar em favor de relativamente incapaz** e, finalmente, **casamento que não observa as causas suspensivas.**

No particular, deve o leitor ficar atento ao entendimento do STJ sobre a aplicação do regime da separação obrigatória por força da idade para quem também contrair **união estável** aos 70 anos a idade, ou com alguém que já possua esta faixa etária.

Na separação obrigatória não deve haver comunicação entre os bens adquiridos pelos cônjuges, seja no passado, no presente ou no futuro. A **incomunicabilidade** é a marca característica deste regime.

Contudo, em situações excepcionais é possível admitir, ante a primazia da realidade e a vedação do enriquecimento sem causa que o bem adquirido por esforço comum entre cônjuges casados no aludido regime, e que em tese assim não deveriam se comportar, seja (o bem) rateado, como se aquesto fosse, como uma decorrência natural do rateio que, de fato, existiu. A este propósito, o **STF** editou a **súmula 377** dispondo que *"no regime de separação legal de bens, comunicam-se os adquiridos na constância do casamento"*.

d) **Separação convencional.** Também é possível a um casal que não esteja obrigado ao regime da separação obrigatória, mas queira optar, mediante convenção matrimonial, pelo regime da separação convencional de bens. Neste caso, o regime jurídico é idêntico ao da separação obrigatória sendo que a única diferença reside no fato de o mesmo não surgir de imposição normativa, mas sim da **autonomia privada.**

Malgrado a separação, ambos os cônjuges, na proporção dos seus rendimentos, concorrem para o sustento do lar.

e) **Participação final nos aquestos.** Apesar de constituir novidade até então inexistente no direito brasileiro, surgindo tão somente com o Código Civil de 2002, trata-se de regime de pouca aceitação social, que tende a cair em desuso.

Segundo dispõe o artigo 1.672, CC, neste tipo específico de regime, **cada cônjuge possui patrimônio próprio**, e lhe caberá a época da dissolução da sociedade conjugal, direito à metade dos **bens adquiridos pelo casal, a título oneroso**, na constância do casamento.

Enquanto durar o casamento não ocorrerá à comunicabilidade imediata dos bens. Dissolvendo-se a sociedade conjugal, haverá a **meação dos bens adquiridos onerosamente** durante sua constância, ***pelo casal***. Disto decorre o efeito lógico de que a administração dos bens será do cônjuge proprietário, podendo dispor livremente de tais bens se móveis forem. (p.u do art. 1.673, CC).

Cumpre esclarecer que diante do artigo 1.682 CC, o direito à meação não é renunciável, cessível, ou penhorável na vigência do regime matrimonial.

5. SEPARAÇÃO E DIVÓRCIO

De acordo com o Código Civil Brasileiro, a **dissolução da sociedade conjugal** termina com a morte de um dos cônjuges, com a nulidade, ou anulação do casamento, pela separação judicial ou, finalmente, pelo divórcio.

> ▸ Atenção!
>
> O **Enunciado 514, V Jornada de Direito Civil – CJF**, dispõe que: A Emenda Constitucional nº 66/2010 não extinguiu o instituto da separação judicial e extrajudicial. No mesmo sentido o CPC/15 que ao disciplinar as ações de família prevê expressamente a separação judicial.

A Emenda Constitucional nº 66 trouxe significativa mudança ao tema do divórcio, admitindo-o à qualquer momento, de modo a eliminar os prazos legais de dois anos, para o divórcio direto, e de um ano para o divórcio indireto por conversão. Ao afirmar que o casamento civil pode ser dissolvido pelo divórcio sem inserir qualquer prazo de carência para tanto, a EC no 66 repercutiu significativamente no tema. Lembre-se, ademais disto, que tanto o art. 1.581, do Código Civil, quanto à **súmula 197 do STJ**, afirmam que *"O divórcio direto pode ser concedido sem que haja prévia partilha dos bens"*. Significa dizer que o divórcio não está condicionado a qualquer entrave patrimonial, ou econômico, sendo justificado à luz da liberdade humana de não permanecer casado, ainda que depois se venha a discutir partilha de bens.

O divórcio não modifica os direitos e deveres dos pais em relação aos filhos, o mesmo acontecendo acaso haja um novo casamento de qualquer dos divorciados. Pensar de outro modo seria restringir os direitos e deveres destes em relação aos filhos.

5.1. Divórcio extrajudicial

A Lei Federal nº 11.441/07 trouxe importante inovação ao mundo jurídico ao permitir o **divórcio administrativo,** realizado perante um tabelião e desde que

não haja litígio entre os divorciando, **nem incapazes** envolvidos. A **presença do advogado é imprescindível** no divórcio extrajudicial, sendo possível, inclusive, **um só causídico para ambos os clientes.**

Estando a documentação em ordem, o tabelião lavrará a escritura pública do divórcio extrajudicial, que será o título hábil tanto à averbação deste à margem do registro de casamento, quanto para eventual alteração do registro imobiliário ou do nome de uma das partes.

A Lei Federal nº 11.965/09 também importou em visível inovação legislativa ao permitir, nos casos de assistência gratuita, que o Defensor Público da respectiva comarca patrocine, perante o tabelião, as pessoas carentes na lavratura do divórcio.

O CPC/15 em seu art. 733 também previu o divórcio, a separação consensual e a extinção da união estável realizados por escritura pública, desde que **não haja nascituro**, filhos incapazes e que se observem os requisitos legais. A escritura independerá de homologação judicial e constituirá título hábil para qualquer ato de registro, bem como para o levantamento de importância depositada em instituições financeiras.

- **Importante advertir que o tabelião somente lavrará a escritura pública se os interessados estiverem assistidos por advogados, ou defensor público, cuja qualificação e assinatura constem no ato notarial.**

5.2. Efeitos da dissolução conjugal

O divórcio gera efeitos de ordem pessoal e patrimonial em relação aos divorciados e seus filhos.

5.2.1. O nome de casado

Diferente do que previa o Código Civil de 1916, o atual diploma civilista (CC/02) veicula a **faculdade** – leia-se: não há obrigatoriedade – que tanto a mulher como o homem possam acrescer ao seu nome, **caso queira,** o sobrenome do outro cônjuge. Após a dissolução, a manutenção, ou não, do nome de família, **é uma faculdade** prevista no § 2º do artigo 1.571 do CC.

Excepcionalmente, porém, o art. 1578 do CC afirma ser possível a ordem de retirada do sobrenome, desde que: **haja pedido expresso, culpa reconhecida e não se observe:**

I – evidente prejuízo para a sua identificação;

II – manifesta distinção entre o seu nome de família e o dos filhos havidos da união dissolvida;

III – dano grave reconhecido na decisão judicial.

5.2.2. *Direito a alimentos*

Por força do princípio da solidariedade familiar os alimentos podem ser postulados também entre os cônjuges. É bem verdade que o atual estágio da jurisprudência e da doutrina brasileiras evidencia uma tendência ao indeferimento de alimentos entre os casais, tendo em vista que sendo os divorciandos maiores e capazes, tendem a possuir condição própria de manter a sobrevivência de maneira independente.

Neste contexto, desenvolveu-se a tese dos **alimentos transitórios**, caracterizados pelo estabelecimento prévio do início e do fim (automático) do seu pagamento para casos em que o cônjuge necessita de um tempo específico de readaptação ao mercado de trabalho.

Como bem salientado no item anterior, por não mais haver aferição alguma sobre quem seja o culpado da dissolução conjugal, os alimentos serão devidos levando-se em conta basicamente o binômio **necessidade/utilidade.** Será fixado na justa medida entre a capacidade do alimentante e a necessidade do alimentado.

O escopo é não só o mínimo existencial, mas a manutenção de um **padrão de vida. Alimentos não é apenas o que se come.**

Todavia, digno de nota que o parágrafo único do art. 1704 do CC já possibilitava, até mesmo, alimentos para o cônjuge culpado, desde que **não tive aptidão para o trabalho e ninguém em condições de prestá-los. Nesta excepcional hipótese, tais alimentos serão limitados à necessária sobrevivência (e não ao padrão social).**

Se o divórcio for consensual, os próprios divorciando deverão acordar sobre o montante a ser pago, ou até mesmo renunciar a tais alimentos. Se o divórcio for judicial e cumulado com alimentos, o juiz decidirá de forma equilibrada.

5.2.3. *Guarda dos filhos*

A legislação brasileira prevê **expressamente** a guarda compartilhada como melhor medida a ser aplicada no caso de divórcio, de maneira que os genitores continuarão a conviver em igualdade de condições com a criança, ou adolescente, respeitando-se a isonomia e o melhor interesse. Mesmo na guarda compartilhada será possível que a criança ou adolescente tenha residência estabelecida apenas em um dos lugares (no domicílio da genitora, por exemplo). O que caracteriza a regra da guarda compartilhada e da distribuição das tarefas e das responsabilidades dos pais.

A guarda unilateral também é prevista no CC, como hipótese de exceção para situações em que não for possível, ou conveniente ao **melhor interesse** o compartilhamento da guarda. Nesta hipótese, um dos genitores será o guardião e o outro terá regulamentado o direito de visitas.

Apesar do CC não tratar do tema expressamente, doutrina e jurisprudência também aplicam o regime da guarda alternada, quando a criança ou adolescente possui dois domicílios, onde alternadamente vive.

Não mais havendo espaço para se discutir de quem foi a culpa do término da sociedade conjugal, esta somente deverá ser levada em conta se de alguma maneira envolver o melhor interesse da criança e do adolescente.

Deverá ficar com a guarda da criança ou do adolescente aquele que melhores condições psicológicas e morais demonstrar ter. O que se deve levar em conta é, pois, o **interesse do menor.**

Foi com base na premissa do melhor interesse da criança e do adolescente que foi publicada a **Lei 12. 398/2011**, que acrescentou o parágrafo único ao art. 1.589 do Código Civil, para **estender o direito de visita e a guarda dos netos, também aos avós.**

5.2.4. Partilha dos bens

Um dos efeitos econômicos do divórcio é a partilha dos bens que se comunicaram ao longo da relação conjugal, denominado tecnicamente de aquestos. Destarte, com a extinção do matrimônio surgirá a necessidade de se realizar a divisão patrimonial, que levará em consideração, evidentemente, o regime de bens e o esforço comum.

6. RELAÇÕES DE PARENTESCO

Superado o estudo do Direito Matrimonial, é chegada à hora de avançar sobre o Código Civil a fim de compreender as questões concernentes ao parentesco, que pode ser **natural** (consanguíneo), **civil, socioafetivo, por afinidade ou por outra origem.**

Trata-se de tema sempre atual que, à todo instante, sofre impactos da jurisprudência e das mudanças sociais. Exemplo disto foi o que decidiu o Supremo Tribunal Federal decidiu no julgamento do Recurso Extraordinário nº 898.060, tema de Repercussão Geral 622, ao admitir a **multiparentalidade. Contudo, como já decidiu também o STJ em 2018 em processo que tramita em segredo de Justiça, o reconhecimento da multiparentalidade está condicionado ao melhor interesse da criança, ou do adolescente.**

A primeira questão importante reside em distinguir parentes em **linha reta** de parentes **colaterais.** A teor do artigo 1.591 *"São parentes em linha reta as pessoas que estão para com as outras na relação de ascendentes e descentes"*. Portanto, só existem dois tipos de parentes em linha reta: os ascendentes e os descendentes. Os parentes colaterais (ou transversais) são *"as pessoas provenientes de um só tronco, sem descenderem uma da outra"* e até o quarto grau, como esclarece o artigo 1.593 do Código Civil. São, por exemplo, os irmãos, sobrinhos, tios e primos.

Os **parentes afins** são aqueles referidos no artigo 1.596 do Código Civil segundo o qual *"Cada cônjuge ou companheiro é aliado aos parentes do outro pelo vínculo da afinidade"*, limitando-se este parentesco *"aos ascendentes, aos descendentes e aos irmãos do cônjuge ou companheiro"* (§ 1º, art. 1.595, CC) sendo que *"Na linha reta, a afinidade não se extingue com a dissolução do casamento ou da união estável"*, razão pela qual haverá um parentesco eterno por afinidade, nestas condições.

O artigo 1.594 do Código Civil estabelece que o grau de parentesco seja dado pelo **número de gerações** existentes entres os parentes. Desta forma, pais e filhos, por exemplo, são parentes em primeiro grau, pois só há uma geração entre os dois. Por sua vez, netos e avôs são parentes em segundo grau, pois há duas gerações entre os dois.

Para se determinar o grau de parentesco na linha colateral, o supramencionado artigo 1.594, dispõe que o grau será determinado subindo de um dos parentes até ao ascendente comum, e descendo até encontrar o outro parente. Assim, por exemplo, irmãos são parentes de segundo grau, pois há duas gerações entre eles, a que liga um filho ao pai e o pai ao outro filho.

6.1. Filiação

Dentro das relações de parentesco, a relativa ao estado de filiação é, sem dúvida, a mais importante. Não por acaso o constituinte tratou de disciplinar a **igualdade** existente entre os filhos, não admitindo qualquer distinção ou denominação que o diferencie dos demais, a exemplo dos antigamente chamados filhos adulterinos ou ilegítimos. Como se depreende da leitura do § 6º do artigo 227 da

CF/88, ao determinar que *"Os filhos, havidos ou não da relação do casamento, ou por adoção, terão os mesmos direitos e qualificações, proibidas quaisquer designações discriminatórias relativas à filiação"*

Exatamente por isto, o Código Civil no artigo 1.597 ostenta um sistema de **presunção do estado de filiação na constância do casamento,** aplicável por analogia à união estável, a saber:

I - nascidos cento e oitenta dias, pelo menos, depois de estabelecida a convivência conjugal;

II - nascidos nos trezentos dias subsequentes à dissolução da sociedade conjugal, por morte, separação judicial, nulidade e anulação do casamento;

III - havidos por fecundação artificial homóloga, mesmo que falecido o marido;

IV - havidos, a qualquer tempo, quando se tratar de embriões excedentários, decorrentes de concepção artificial homóloga;

V - havidos por inseminação artificial heteróloga, desde que tenha prévia autorização do marido.

Sobre o aludido preceito legal, importante saber que a **inseminação artificial homóloga** é a técnica de reprodução medicamente assistida que utiliza o **material genético do próprio casal.** Pela lei, nestes casos a presunção da filiação na **constância do casamento sempre existirá**, mesmo se o nascimento, ou a fecundação, ou ainda a inseminação, se der após a morte, desde que presentes **autorização expressa e prévia do marido** (Enunciados 106 e 107 do CJF).

A **inseminação artificial heteróloga** se difere por utilizar **material genérico de terceiro**, razão pela qual exige autorização do outro cônjuge, sob pena de não se presumir filho do casal. Em outras palavras: somente se presume filho, nesta hipótese, se o cônjuge autorizar, **expressamente**, a utilização do material genético de terceiro no consorte. Nestes casos, a relação sexual é substituída pela vontade juridicamente qualificada (Enunciado 104 do CJF).

Estas **presunções** são **relativas**, de modo que podem ser afastadas por prova em sentido contrário. A título de ilustração, veja-se que *"A prova da impotência do cônjuge para gerar, à época da concepção, ilide a presunção da paternidade"*, porque assim determina o artigo 1.599 do Código Civil. Esta é a chamada impotência *generandi* (para gerar). Entretanto, a impotência *coeundi* (para o coito) não ilide a presunção de paternidade, porque assim não disciplinou o Código, como também não ilide o "adultério da mulher, ainda que confessado", nos termos do artigo 1.600 do Código Civil.

Esta filiação que se prova *"pela certidão do termo de nascimento registrada no Registro Civil"* (art. 1.603, CC), ou, na falta do documento, "por qualquer modo admissível em direito", isto "quando houver começo de prova por escrito, proveniente dos pais, conjunta ou separadamente", ou ainda *"quando existirem veementes presunções resultantes de fatos já certos"* (1.605, I e II, CC), pode ser objeto de reconhecimento em quatro hipóteses, a saber:

> I – **no registro do nascimento**;
>
> II – **por escritura pública ou escrito particular, a ser arquivado em cartório**;
>
> III – **por testamento, ainda que incidentalmente manifestado**;
>
> IV – **por manifestação direta e expressa perante o juiz, ainda que o reconhecimento não haja sido o objeto único e principal do ato que o contém**.

É **irrevogável** o reconhecimento do filho mesmo quando feito em testamento, sendo que o filho havido fora do casamento, reconhecido por um dos cônjuges, não poderá residir no lar conjugal sem o consentimento do outro, sendo ineficazes a condição e o termo apostos ao ato de reconhecimento do filho (arts. 1.610, 1.611 e 1.613, todos do CC).

O **reconhecimento do filho maior** não pode acontecer sem o **consentimento** do mesmo. Se menor, poderá impugná-lo nos quatro anos que se seguirem a maioridade ou a emancipação (art. 1.614, CC). Trata-se de denominada ação de impugnação do estado de filiação.

6.2. Aspectos processuais (breves notas)

As relações de parentesco exigem reflexão também no campo processual, numa abordagem que perpasse as ações de investigação de paternidade, negatória, impugnação ao estado de filiação e, finalmente, investigação de origem genética.

a) **Investigação de paternidade.** Trata-se de **ação declaratória** envolvendo **direito fundamental e indisponível,** concernente ao estado civil da pessoa, daí porque é **imprescritível** (art. 27, ECA e **súmula 149, STF**). O autor desta ação é o suposto filho, o réu, o suposto pai. O pedido tem como objeto o **reconhecimento do estado de filiação** entre as partes e, em certos casos, vem cumulado com pleito de alimentos, perdas e danos, etc.

b) **Negatória de paternidade.** Nos termos do artigo 1.601 do Código Civil, o autor da negatória de paternidade é o marido que pretende a declaração de que não é o pai do filho nascido de sua mulher, ilidindo, assim, o sistema de presunções do artigo 1.597. A ação negatória de paternidade é **imprescritível** também, por expressa disposição legal. Se o marido não a ajuíza ninguém pode ajuizar. Contudo, acaso o mesmo dê entrada no aludido pedido perante a Justiça e, no curso do feito, venha a óbito, estarão os respectivos herdeiros autorizados a prosseguirem na demanda.

c) **Impugnação ao estado de filiação.** O artigo 1.614 do Código Civil autoriza àquele que está registrado como filho que, no prazo de 4 (quatro) anos a contar ou da sua emancipação, ou da maioridade, a impugnação deste registro, com o subsequente cancelamento de mesmo. Tal como a negatória de paternidade, a impugnação ao estado de filiação possui legitimidade ativa *ad causam* restrita.

d) **Investigação de origem genética.** Com o avanço da biotecnologia, e, portanto, da bioética, o Direito não pode negar a necessidade de acomodar novos problemas jurídicos, como, por exemplo, o concernente ao **direito subjetivo** de alguém a conhecer, exclusivamente, de sua **antecedência biológica**, de seu DNA, sem que isto importe numa imputação de paternidade indesejada. Tal conduta já é assegurada pelo STJ, tendo assentamento nos Enunciados 109 e 111 do CJF.

6.3. A socioafetividade

A denominada verdade biológica nem sempre é a melhor tendo em vista que a filiação é algo muito mais relevante do que o mero código de um DNA. Há casos, por exemplo, em que convivência duradoura e de boa-fé com os chamados pais socioafetivos se apresenta tão relevante e sensível a ponto de justificar o reconhecimento de uma paternidade.

Diante desta perspectiva, o Enunciado 103 em Jornada de Direito Civil: *"o Código Civil reconhece, no art. 1.593, outras espécies de parentesco civil além daquele decorrente da adoção, acolhendo, assim, a noção de que há também* ***parentesco civil no vínculo parental proveniente quer das técnicas de reprodução assistida heteróloga*** *relativamente ao pai (ou mãe) que não contribuiu com seu material fecundante, quer* ***da paternidade socioafetiva,*** *fundada na posse do estado de filho".* *E o Enunciado 108: "no fato jurídico do nascimento, mencionado no art. 1.603, compreende-se, à luz do disposto no art. 1.593, a filiação consanguínea e* ***também a sócio-afetiva****"*.

7. UNIÃO ESTÁVEL.

Prevista nos artigos 1.723 a 1.726 do Código Civil, trata-se da **união pública, fixa, perene, habitual, estável, entre homem e mulher com o objetivo de constituir família.** Dois são os **requisitos objetivos** da união estável (**publicidade e habitualidade**). Um será o **requisito subjetivo (animus de constituir família)**.

Importante lembrar que hoje já se admite a constituição da união estável entre pessoas do mesmo sexo, também denominada de união homoafetiva, conforme já decidiu o STF na ADPF 132/RJ.

> ▸ Atenção!
>
> **Enunciado 524 – V Jornada de Direito Civil – CJF:** As demandas envolvendo união estável entre pessoas do mesmo sexo constituem matéria de Direito de Família.
>
> Fique atento: não é necessário *more uxório* (morar sob o mesmo teto), prazo mínimo e prole para caracterização do instituto.

Os **impedimentos** do casamento se aplicam à união estável, à **exceção do impedimento matrimonial**, de modo que pessoas casadas, porém separadas poderão constituir união estável. Desta forma, em todas as hipóteses do artigo 1.521 do Código Civil, onde o casamento é proibido, também não será possível se constituir a união estável. O desrespeito aos impedimentos matrimoniais ensejará a nulidade da união estável e o enquadramento jurídico do casal como uma situação de concubinato.

Quanto às **causas suspensivas** do casamento, previstas no artigo 1.523 do Código civil, estas **não se aplicam à união estável**, de modo que sua eventual inobservância não acarreta a imposição do regime obrigatório da separação de bens a que alude o artigo 1.641 do Código Civil para a **ótica do Código Civil**. A jurisprudência do STJ é vacilante, existindo um precedente de 2010 que imputa a extensão, mas, repisa-se, ainda longe de pacificação.

A união estável, regra geral, submete-se ao **regime da comunhão parcial de bens,** salvo **contrato particular, escrito**, que pode em tese, eleger outro tipo de regime. Tal pacto é denominado de **contrato de convivência,** e possui forma livre. Lembre-se, porém, que o posicionamento majoritário da doutrina hoje é pela **impossibilidade do contrato de namoro**, o qual consistia em declaração de vontade com o escopo de afastar o requisito subjetivo (*animus* de constituir família) da união estável. Tal contrato (de namoro) tem-se como inválido para a doutrina majoritária atual.

Ante a possibilidade de se converter a união estável em casamento, a legislação autoriza a aludida prática mediante requerimento dos companheiros ao Juiz de Família.

> ▸ Atenção!
>
> **Enunciado 526 – V Jornada de Direito Civil – CJF**: É possível a conversão de união estável entre pessoas do mesmo sexo em casamento, observados os requisitos exigidos para a respectiva habilitação.

Aplica-se a união estável os **deveres** consagrados no artigo 1.724 do código Civil, valendo a ressalva de que não são estes, em todo, iguais àqueles previstos nos casamentos:

- Deveres de lealdade;
- Respeito e assistência;
- De guarda, sustento e educação dos filhos.

8. CONCUBINATO

O artigo 1.727 do Código Civil estabelece que a **relação não habitual** entre homem e mulher impedidos de casar constitui concubinato. Observa-se, logo, que traições pontuais não configuram concubinatos, mas mera quebra do dever de fidelidade.

Trata-se de uma **relação jurídica ilegítima** que não será protegida pelo ordenamento jurídico de forma alguma. A este respeito, ilustre-se, entendeu o STJ que a concubina sequer teria direito subjetivo à pensão por morte (REsp. 674.176), seguindo orientação do STF (RExt. 590.779).

O Supremo Tribunal Federal admite, contudo, a *"dissolução judicial, com a partilha do patrimônio adquirido pelo esforço comum"* entre os concubinos desde que *"comprovada a existência de sociedade de fato"* (súmula 380), sendo que *"A vida em comum sob o mesmo teto more uxório, não é indispensável à caracterização do concubinato"*, como também já se entendeu (súmula382).

Desde o final de 2009, o STJ e STF não mais possibilitam deferimento de indenização por serviços prestados à concubina.

9. ALIMENTOS

A dignidade humana encerra o dever jurídico de respeito e solidariedade familiar na proteção do **mínimo existencial**. Deste modo, a ordem jurídica assegura entre certos parentes (ascendentes, descendentes e irmãos) o direito recíproco de receber alimentos, estendendo esta disciplina ao cônjuge e ao companheiro.

Trata-se de **direito indisponível, intransacionável, impenhorável, incompensável, incessível, inerente à pessoa**, que impõe o pagamento, in natura ou em espécie, de prestações aptas à manutenção da vida digna. Justamente por isto, a súmula 594 do STJ é explícita ao afirmar que *"O Ministério Público tem legitimidade ativa para ajuizar ação de alimentos em proveito de criança ou adolescente,* *independentemente do exercício do poder familiar dos pais, ou do fato de o menor se encontrar nas situações de risco descritas no art. 98 do Estatuto da Criança e do Adolescente, ou de quaisquer outros questionamentos acerca da existência ou eficiência da Defensoria Pública na comarca".*

Os alimentos são **irrenunciáveis,** mas é possível, em tese, para a hipótese fática da ausência de uma necessidade, que o credor dispense o devedor potencial de pagá-los.

Em síntese: acaso necessite o credor e, ao mesmo tempo, tenho o devedor condições de fornecer (binômio necessidade/possibilidade), está aberta a possibilidade da cobrança dos alimentos, que deve observar uma **ordem preferencial de parentes** (subsidiariedade), em sequência, onde se admita o benefício de ordem. Isto não quer significar, ademais, que na mesma classe e dentro do mesmo grau (Ex.: entre os pais) a obrigação não seja solidária. Nestas condições será.

A este respeito, a doutrina, em Jornadas de Direito Civil, teve a possibilidade de se manifestar no Enunciado 342, oportunidade em que decidiu que *"Observadas as suas condições pessoais e sociais, os avós somente serão obrigados a prestar alimentos aos netos em* ***caráter exclusivo, sucessivo, complementar e não solidário, quando os pais destes estiverem impossibilitados de fazê-lo****, caso em que as necessidades básicas dos alimentandos serão aferidas, prioritariamente, segundo o nível econômico-financeiro dos seus genitores."* De igual sorte a súmula 596 do STJ reconhecendo os avós como devedores subsidiários e complementares do débito alimentar em relação aos seus netos, diante da impossibilidade de pagamento dos genitores.

Importante lembrar que os alimentos **devidos e vencidos prescrevem em dois anos** (art. 206, § 2º, CC) se não pretendidos pelo credor. Trata-se de prazo prescricional para a pretensão executiva, pois, recorda-se, os alimentos podem ser pleiteados a qualquer tempo.

Os alimentos liminarmente deferidos pela Justiça podem ser chamados ou de **provisionais** (processuais, deferidos em ações ordinárias ou cautelares), ou de **provisórios** (estes últimos são disciplinados apenas na Lei de Alimentos, de rito especial, e não podem ser assim denominados para nenhuma outra situação).

Dúvida muito comum ao estudante diz respeito a qual o débito alimentar que autorizaria a **prisão civil** do alimentante. De acordo com a **súmula 309 do STJ** *"O débito alimentar que autoriza a prisão civil do alimentante é o que compreende as três prestações anteriores ao ajuizamento da execução e as que se vencerem no curso do processo"*. Logo, para não ser preso, o devedor de alimentos há de quitar as três prestações anteriores ao ajuizamento da execução e todas as demais.

▸ **Atenção!**

Enunciado 522 – V Jornada de Direito Civil – CJF: Cabe prisão civil do devedor nos casos de não prestação de alimentos gravídicos estabelecidos com base na Lei nº 11.804/2008, inclusive deferidos em qualquer caso de tutela de urgência.

Também se deve recordar que *"O cancelamento da pensão alimentícia de filho que atingiu a maioridade está sujeito à decisão judicial, mediante contraditório, ainda que nos próprios autos"*, a teor da **súmula 358 do STJ,** inexistindo hipótese de cancelamento automático do débito, ou seja, somente o Judiciário que deferiu é que poderá revogar a decisão (paralelismo das formas), até por que: *"A obrigação alimentar originada do poder familiar, especialmente para atender às necessidades educacionais, pode não cessar com a maioridade"* (Enunciado 344).

No âmbito da Suprema Corte antigo enunciado de súmula adverte que *"Na ação de desquite, os alimentos são devidos desde a inicial e não da data da decisão que os concede"* (súmula 226, STF), devendo o estudante estar atento a isto para as ações de separação judicial.

A socioafetividade geradora das relações de parentesco possibilita o surgimento do dever alimentar, que se transmite hereditariamente, como já entendeu a doutrina em Jornadas de Direito Civil (Enunciado 341 do CJF).

9.1. Alimentos gravídicos

Com o advento da Lei Federal 11.804/2008, restou disciplinado o direito de alimentos da **mulher gestante,** da concepção ao parto *"inclusive as referentes à alimentação especial, assistência médica e psicológica, exames complementares, internações, parto, medicamentos de demais prescrições preventivas e terapêuticas indispensáveis, a juízo do médico, além de outras que o juiz considere pertinentes"*, a ser custeados pelo *"futuro pai"* (art. 2º da lei), desde que se identifiquem *"indícios de paternidade"* (art. 6º da lei).

Curioso destacar que o prazo de contestação será de cinco dias apenas (art. 7º da lei), sendo que o nascimento da criança no curso do processo converte os alimentos gravídicos em pensão alimentícia, cabendo ao suposto pai contestar o fato judicialmente.

10. BEM DE FAMÍLIA

O escopo da tutela do bem de família é a proteção ao **mínimo existencial** dos integrantes do núcleo familiar. A família atual deve ser estudada sob o prisma de uma visão instrumental, em busca do projeto de felicidade de seus membros – conceito instrumental e eudemonístico de família.

Nessa linha de pensamento, o bem de família tutela, em verdade, os integrantes da família. A moradia é um direito constitucionalmente assegurado a todos (art. 6 da CF/88). O objetivo do legislador foi garantir a cada indivíduo, ao menos, um teto onde morar, prevalecendo a moradia à tutela do crédito, em um claro juízo de ponderação de interesses. Assim, ao revés de restringir, o conceito de bem de família há de ser **ampliado** nesta nítida opção entre **proteger** a pessoa e a família sobre o crédito.

Como já se pronunciou o Superior Tribunal de Justiça sobre o tema?

Tal pensamento hoje também já se encontra pacificado na jurisprudência nacional, consoante a redação da **Súmula 364** do Egrégio Superior Tribunal de Justiça: *"o conceito de impenhorabilidade de bem de família abrange também o imóvel pertencente a pessoas solteiras, separadas e viúvas."*

Hoje podemos afirmar que o direito privado brasileiro adota um **sistema dualista** na disciplina do bem de família. Convivem no Brasil tanto o **bem de família legal, cogente, involuntário ou obrigatório** (Lei 8.009/90), quanto o **bem de família voluntário ou convencional** (art. 1.711 e ss. do CC/02).

O **bem de família legal**, regulado pela Lei Federal nº 8.009/1990 independente de ato volitivo para a sua constituição. Brota do simples fato jurídico, ou seja, do singelo enquadramento da situação jurídica à norma. Tem por objeto o imóvel, em regra, residencial do devedor e de sua família, bem como os móveis que o guarnecem (desde que quitados) e, finalmente, todos os equipamentos de uso profissional.

Curiosamente, o bem de família legal foi **incorporado** ao Direito Legislado Brasileiro posteriormente ao bem de família voluntário, o qual está entre nós desde o Código Civil de 1916.

Já o **bem de família convencional** é, como visto, regulado pelo Código Civil vigente, exigindo ato volitivo para a sua instituição. O bem de família voluntário pode ser constituído pelos cônjuges, companheiros ou até por terceiros. E mais: pode dizer respeito a bens imóveis ou móveis. Trata-se, como dito, da modalidade pioneira no país. Hoje, porém, merece tratamento no Código Civil em sua parte relacionada ao Direito das Famílias, ao revés da Parte Geral, como outrora.

Na prática, poucas são as pessoas que se utilizam do bem de família convencional.

Visto os conceitos iniciais sobre o sistema dual é hora de aprofundarmos, em itens apartados, o regime do bem de família legal e, depois disto, o regime jurídico do bem de família voluntário.

10.1 Bem de Família Legal, Cogente, Involuntário ou Obrigatório.

Instituído no Brasil pela Lei Federal nº 8.009/90, fruto da conversão da medida provisória nº 143 de 1990, o bem de família legal traduz a imposição de um **patrimônio mínimo**, mediante a impenhorabilidade do imóvel residencial, utilizado para a moradia permanente da entidade familiar (art. 5º da Lei 8009/90).

É, pois, norma cogente, de ordem pública que se impõe **independentemente** da vontade do titular deste direito.

O bem de família legal decorre de um caráter impositivo, com vistas ao fato do Estado tutelar a família. Tem íntima relação com o direito social de moradia, constitucionalmente assegurada no art. 6º da CF/88. É uma clara verificação do chamado direito civil constitucional, enfrentado em específico capítulo dedicado à Parte Geral.

Em sendo cogente, o Juiz pode reconhecer de ofício tal impenhorabilidade, quando devidamente verificado os seus requisitos nos autos. Trata-se de verdadeira **objeção** processual.

Caso a entidade familiar possua vários imóveis utilizados como residência, em clara hipótese de pluralidade domiciliar (art. 71 do CC), a impenhorabilidade do bem de família legal incidirá sobre o imóvel de **menor valor,** ainda que a aludida família deseje residir no outro.

Situação curiosa é a seguinte: como proceder caso o devedor insolvente adquira, em clara má-fé, um imóvel mais valioso com o único escopo de transferir a sua residência familiar para assegurar uma tutela mais larga do bem de família legal?

O pilar da eticidade nas relações jurídicas impõe o respeito à probidade, boa-fé e confiança. Logo, nao seria crível proteger a situação em comento. Atento a isto, o legislador (Lei 8.009/90, art. 4º) informa que *não se beneficiará do disposto nesta lei aquele que, sabendo-se insolvente, adquire de má-fé imóvel mais valioso para transferir a residência familiar, desfazendo-se ou não da moradia antiga.* Neste cenário, poderá o magistrado transferir a aludida impenhorabilidade para a moradia familiar anterior ou, até mesmo, invalidar a alienação, liberando a propriedade mais valiosa à execução e repousando a impenhorabilidade do bem de família legal sobre o bem mais antigo, menos valioso e capaz de assegurar a moradia.

A conduta narrada acima poderia configurar, inclusive, fraude contra credores, o que autorizaria a anulação do negócio jurídico, como estudado no volume da Parte Geral, especificamente ao se tratar acerca da teoria do fato, ato e negócio jurídico.

Outra questão interessante, agora de direito intertemporal, é a seguinte: aplica-se à tutela do bem de família aos imóveis cuja penhora ocorreu antes da edição da legislação do bem de família legal?

Mesmo tendo a Lei Federal nº 8.009/90 iniciado sua vigência na época da publicação (art. 7º da Lei 8.009/90) a resposta é positiva. O entendimento ora veiculado, inclusive, é objeto de **Súmula**, a de número **205** do Superior Tribunal de Justiça, a qual informa que *a Lei 8.009/90 (bem de família legal) aplica-se às penhoras realizadas mesmo antes de sua vigência.*

Voltando a análise do direito legislado, o **manto da impenhorabilidade** em análise cobre o imóvel residencial, próprio da entidade familiar, bem como as suas construções, plantações, benfeitorias de qualquer natureza, os equipamentos, inclusive de uso profissional, e os móveis que guarnecem o lar, desde que quitados (art. 1º da Lei 8009/90). Aplica-se a clara regra segundo a qual o acessório segue a sorte do principal (princípio da gravitação jurídica ou universal).

Em comparação ao bem de família voluntário, estudado a seguir, percebe-se aqui um objeto protetivo mais largo.

E o **locatário** - aquele que não tem imóvel próprio e aluga um bem para moradia - teria a tutela do bem de família?

A resposta é positiva. Todavia, por lógica tal proteção não poderá recair sobre o imóvel, o qual, obviamente, é de propriedade do locador. Nessa senda, a impenhorabilidade em comento será dirigida aos bens móveis, de propriedade do locatário e que guarnecem o lar, desde que quitados (art. 2º, parágrafo único, da Lei 8009/90).

Visto o objeto da **impenhorabilidade** do bem de família legal, é hora de saber se tal objeção de penhora pode ser aplicada em todo e qualquer caso concreto, ou se haveria exceções. E então?

Apesar de a regra geral informar que a impenhorabilidade do bem de família legal pode ser arguida em qualquer processo de execução civil, fiscal, previdenciária, trabalhista ou de outra natureza, o fato concreto é que há **exceções**.

Leia-se: **há um rol de situações em que o bem de família poderá ser alvo de execução**.

Inicialmente, na forma do art. 2º da Lei nº 8.009/90, a impenhorabilidade do bem de família legal não alcança *"os veículos de transportes, obras de arte e adornos suntuosos*", os quais poderão ser penhorados para o pagamento das dividas do titular.

É certo que veículos de transporte englobam bicicletas, motocicletas, automóveis. Mas o que seriam adornos suntuosos?

Pergunta intrigante.

Diuturnamente entende-se que são impenhoráveis não apenas os bens indispensáveis à moradia, mas, igualmente, aqueles que usualmente integram uma residência. Estes não são suntuosos.

Assim, a jurisprudência pátria já teve oportunidade de dar aval à impenhorabilidade da televisão, da geladeira, dos eletrodomésticos, do aparelho de som, do forno micro-ondas, do freezer, do exaustor de fogão, do computador, da maquina de lavar roupas... entre outros bens que, não sendo suntuosos, integram o lar.

Obviamente, contudo, a questão deve ser olhada com temperamentos, buscando uma **ponderação** de interesses entre a tutela do crédito e a proteção do mínimo existencial.

E a vaga de garagem? Entra, ou não, como bem de família?

Este tema já fora pacificado. Afirma a **Súmula 449** do Superior Tribunal de Justiça que *"a **vaga de garagem** que possui **matrícula própria** no registro de imóveis não constitui bem de família para efeito de penhora"*.

E se o imóvel estiver locado; persiste como bem de família?

Este tema já fora pacificado. Afirma a **Súmula 486** do Superior Tribunal de Justiça que *"único imóvel residencial alugado a terceiros é impenhorável, desde que a renda obtida com o aluguel seja para a subsistência do proprietário"*.

Mas até quando dura a proteção do bem de família? Seria eterna?

Devemos ficar atentos ao fato de que a mera dissolução da entidade familiar não gera, como consequência automática, a extinção do bem de família. De fato, permanecendo o bem na posse do ex-cônjuge, ou ex-convivente, e filhos, ainda persiste como natureza familiar e, por conseguinte, como impenhorável.

Ainda seguindo na análise das exceções às impenhorabilidades do bem de família legal – ou seja, hipóteses em que mesmo o bem de família legal pode ser alcançado por execuções – interessante a visita ao art. 3º da Lei 8009/90. Tal norma veicula um **rol taxativo de exceções a impenhorabilidade**. Tal artigo sofreu recente mudança através da Lei Complementar número 150/2015 e da Lei 13.144/2015. Dessa forma, hodiernamente, **são penhoráveis:**

a) **os bens pelo titular do crédito decorrente do financiamento destinado à construção ou à aquisição do imóvel, no limite dos créditos e acréscimos constituídos em função do respectivo contrato;**

b) **pelo credor da pensão alimentícia, resguardados os direitos, sobre o bem, do seu coproprietário que, com o devedor, integre união estável ou conjugal, observadas as hipóteses em que ambos responderão pela dívida; c) para cobrança de impostos, predial ou territorial, taxas e contribuições devidas em função do imóvel familiar;**

d) **para execução de hipoteca sobre o imóvel oferecido como garantia real pelo casal ou pela entidade familiar;**

e) **por ter sido adquirido com produto de crime ou para execução de sentença penal condenatória a ressarcimento, indenização ou perdimento de bens e**

f) **por obrigação decorrente de fiança concedida em contrato de locação.**

10.2. Bem de Família Convencional, Não Cogente, Voluntário ou Facultativo

Voltando-se os olhos para o Código Civil, agora adentraremos na análise do bem de família voluntário. Trata-se de modalidade subsidiária, pois a proteção do bem de família legal é automática, restando a tutela voluntária apenas para as hipóteses de instituição de tal bem por ato de vontade.

Nas pegadas do art. 1.711 do Código Civil vigente, os cônjuges, a entidade familiar ou até mesmo um terceiro, possuem legitimação para **instituir** o bem de família convencional (CC 1.711). Caso tal bem seja instituído pelo cônjuge ou pela entidade familiar, haverá de ser feito mediante **escritura pública** (doação) ou **testamento**. Já se o ato de instituição for realizado por um terceiro, o será através de doação ou testamento.

Curioso perceber que apesar dos artigos codificados subsequentes, destinados ao tema, apenas mencionarem sobre os cônjuges, a doutrina vem admitindo a possibilidade de instituição por qualquer entidade familiar, aplicando-se a união estável, família monoparental, homoafetiva, etc.

Como o testamento é um ato essencialmente revogável, cujos efeitos apenas se darão após a morte, é plenamente possível que o instituidor, antes da sua morte, mude de ideia sobre o bem de família. Ademais, haverá o testador de atender a legítima e não desrespeitar interesses de terceiros, a exemplo de credores.

Já a escritura pública de doação, perfeita e acabada, é irretratável, devendo o instituidor redobrar a sua atenção na referida manifestação de vontade.

Por razões de ordem lógica, a instituição do bem de família demanda aceitação, não sendo imposta aos beneficiários.

No sentido técnico, a oponibilidade deste bem de família, com a real percepção de sua impenhorabilidade, decorrerá do seu **registro no respectivo cartório de imóveis** (art. 1.714 do CC). Neste momento, o bem em destaque será gravado como de família, passando a possuir, perante todos, ou seja, com eficácia *erga omnes*, a especial característica de **impenhorabilidade**.

Uma vez instituído o bem de família voluntário, deixa o imóvel de responder pelas **dívidas futuras** do devedor. Tal impenhorabilidade, porém, não terá efeitos retroativos (art. 1.715 do CC). A lógica, aqui, é a tentativa de se evitar fraudes.

Por se dirigir ao futuro, o bem de família voluntário tem **natureza preventiva**, diferentemente do legal, o qual pode alcançar penhoras anteriores à vigência da Lei 8.009/90 – Súmula 205 do STJ –, sendo de natureza repressiva.

Contudo, apesar do manto da impenhorabilidade irretroativa, é possível se verificar, excepcionalmente, o atingimento do bem de família por dívidas futuras. Sim. O Código Civil trás **exceções à impenhorabilidade**. Logo, verifica-se na hipótese uma **impenhorabilidade limitada**.

Tem-se como possível, então, que o bem de família voluntário responda, mesmo após a sua instituição, por tributos relativos ao imóvel – a exemplo do IPTU e ITR – ou despesas de condomínio. Ou seja: o bem de família voluntário pode ser atingido por obrigações *propter rem*.

Assim, sistematicamente, pode-se informar que a instituição do bem de família será **ineficaz** no que diz respeito às dívidas anteriores, bem como aquelas, ainda que posteriores à instituição, relacionadas a tributos do imóvel ou despesas de condomínio, em razão da natureza *propter rem*.

Nas supracitadas e raras hipóteses em que o bem de família for atingido, o eventual saldo remanescente da execução deverá de ser destinado a outro bem, com a mesma natureza familiar, ou em títulos da dívida pública, para sustento da família, salvo se o magistrado entender por solução diversa (art. 1.715 do CC).

O **objeto** do bem de família convencional é o máximo de **um terço do patrimônio líquido** existente ao tempo da instituição. Deve dizer respeito a um bem livre e desembaraçado, não sendo possível causar prejuízo aos credores do instituidor. Caso gere tal prejuízo, percebe-se a configuração de fraude contra credores, devidamente combatia mediante ação pauliana ou revocatória, estudada no volume da Parte Geral.

O bem destinado como de família pode ser um **imóvel urbano ou rural**, com os seus respectivos **bens móveis** que o guarnecem **(pertenças e acessórios).** Tal bem deve ser destinado ao domicílio familiar.

No que tange a tais bens que guarnecem o lar, a jurisprudência informa a necessidade de análise segundo um **juízo de ponderação de interesses**, sendo possível o atingimento aos bens supérfluos. Pensa-se inconcebível a tese de que integram o bem de família, por exemplo, quinze televisores de LCD. Tais não são indispensáveis à manutenção de um padrão mínimo de vida.

É admissível a instituição de **valores mobiliários** como bem de família, cujos rendimentos se destinam à conservação do imóvel e ao sustento da família (CC, art. 1712). Ações, portanto, podem ser gravadas como bem de família.

A **administração** do bem de família compete a ambos os cônjuges, cabendo ao Poder Judiciário resolver as eventuais divergências (CC, art. 1.720). Mais uma vez há indevida intromissão estatal na vida privada, em afronta ao paradigma do direito de família mínimo.

Apesar do silêncio da norma, a doutrina, por equiparação, vem informando que na hipótese de união estável, os companheiros serão coadministradores.

No falecimento de um dos cônjuges, ou companheiros, a referida administração caberá ao outro. Falecendo ambos, ao filho mais velho, caso maior. Se o citado filho não for maior, caberá ao seu tutor.

Nada impede que a **administração** seja realizada por **instituição financeira**, quando disser respeito a **valores mobiliários**. Aqui, há de ser disciplinada a forma de pagamento da respectiva renda aos beneficiários, guiando-se a responsabilidade dos administradores pelas normas relacionadas ao depósito. Além disto, caso a aludida instituição entre em liquidação ou recuperação, os valores confiados a título de bem de família serão transferidos, por ordem do Juiz, a outra instituição semelhante (art. 1.718 do CC).

O bem de família voluntário é inalienável?

A resposta é negativa. Cuidadosamente, afirma o legislador que o prédio e os valores mobiliários instituídos como bem de família apenas poderão ser alienados mediante consentimento dos interessados e seus representantes legais, após oitiva do Ministério Público. O valor decorrente da venda deverá ser destinado a outro bem, o qual manterá a sua afetação familiar (sub-rogação), após a competente oitiva do Ministério Público (art. 1.719 do CC).

Em sendo necessária a **oitiva** do **Ministério Público**, crível concluir ser necessária a **autorização judicial** para tal alienação, inclusive com nomeação de curador aos filhos menores, caso necessário.

Infere-se, então, que a **inalienabilidade** do bem de família voluntário é **relativa.**

Mas, até quando perdurará o bem de família voluntário? O Código Civil possui alguns artigos sobre o tema, os quais demandam uma interpretação sistemática.

Veja-se.

Na forma do artigo 1.721 do Código Civil, tal bem de família não restará extinto pela dissolução da entidade familiar. Já no artigo 1.716, do mesmo diploma legal, percebe-se que o bem de família durará enquanto tiver vida um dos cônjuges ou, na sua falta, até a maioridade civil da prole. Indo além, agora fazendo a leitura do artigo 1.722 do Código Civil, infere-se que ainda persistirá o bem de família voluntário, mesmo após o falecimento dos cônjuges e maioridade dos filhos, desde que haja algum filho em curatela.

Em uma interpretação sistemática, portanto, percebe-se que enquanto houver cônjuges, filhos menores ou incapazes, persistirá o bem de família voluntário.

11. INVESTIGAÇÃO DE PATERNIDADE

Trata-se de **pretensão declaratória e imprescritível,** por se referir a **direito da personalidade** (estado civil) por meio da qual alguém – que se qualifica como filho na petição inicial – postula em face do suposto pai o reconhecimento do estado de filiação.

Para o exame da Ordem dos Advogados é importante ter em mente que o assunto foi por diversas vezes disciplinado pelos Tribunais Superiores. Exatamente por isto que o STJ editou dentre outras a súmula nº 1 disciplinando que "*O foro do domicílio ou da residência do alimentando é o competente para a ação de investigação de paternidade, quando cumulada com a de alimentos.*" Ademais disto, "*Julgada procedente a investigação de paternidade, os alimentos são devidos a partir da citação*" (súmula 277, STJ).

Assunto muito discutido nos últimos tempos em sede de investigação de paternidade é a **presunção de paternidade** nos casos em que houver recusa do suposto pai ao exame de DNA (súmula 301, STJ). Trata-se de **presunção relativa,** admitindo-se prova em contrário.

A ação de investigação de paternidade é imprescritível, conforme previsão expressa da súmula 149 do STF. Entretanto, não o é (imprescritível) a ação de petição de herança.

12. GUARDA

A guarda constitui instituto assistencial do direito de família que pressupõe processo judicial e que, em hipótese alguma, extingue o poder familiar, servindo tão somente para estabelecer o **estado de fato relativo à posse da criança** ou do adolescente menor de dezoito anos e não emancipado no que concerne à convivência com os genitores ou terceiros.

A guarda deve ser concedida a quem possuir melhor relação de **socioafetividade**, além das condições de **segurança, saúde e educação** para com a criança ou o adolescente, considerando não apenas a relação individual, como a relação com a linhagem familiar (paterna ou materna) e independentemente do sexo (masculino ou feminino). É possível, até mesmo, que a guarda seja deferida a um terceiro, caso os pais não revelem condições.

A regra é a guarda compartilhada, preferida pela legislação e pelas questões de concurso público e que ocorre nos casos em que os genitores reconhecem a importância da **responsabilidade conjunta e simultânea** para com a criança ou o adolescente e assumem o compartilhamento da posse do filho, devendo o Magistrado, sempre que possível, informar as partes a respeito desta **relevante preferência normativa**.

> ▸ Atenção!
>
> **Enunciado 518 – V Jornada de Direito Civil – CJF:** A Lei nº 11.698/2008, que deu nova redação aos arts. 1.583 e 1.584 do Código Civil, não se restringe à guarda unilateral e à guarda compartilhada, podendo ser adotada aquela mais adequada à situação do filho, em atendimento ao princípio do melhor interesse da criança e do adolescente. A regra aplica-se a qualquer modelo de família. Atualizados os Enunciados nº 101 e 336 em razão de mudança legislativa, agora abrangidos por este enunciado.

A **guarda unilateral** constitui exceção à regra e só deve ocorrer quando não for possível a guarda compartilhada. Na guarda unilateral um dos cônjuges, companheiros, ou representante legal terá o deferimento do instituto a seu favor, estabelecendo-se em face do outro genitor tão somente o **regime de visitas** (a regulação das visitas).

A guarda, insista-se, **não gera a perda da autoridade parental** razão pela qual mesmo o genitor que não possua a guarda da criança ou do adolescente continuará legitimado a dar consentimento a este para casar, viajar, entre outras questões.

Não necessariamente a guarda do menor ou maior incapaz será dada a um de seus pais. O § 5º do artigo 1.584 do Código Civil prevê a possibilidade do juiz entregar a guarda do incapaz à pessoa distinta que revele compatibilidade com a natureza da medida, devendo neste caso observar os graus de parentesco e as relações de afinidade e afetividade.

13. TUTELA

Reza o artigo 1.728 do Código Civil que os filhos menores serão postos em tutela para caso do falecimento dos pais destes, ou se *"os pais decaírem do poder familiar"*, competindo aos genitores nomear tutor em conjunto, mediante testamento ou documento outro, desde que autêntico sendo *"nula a nomeação de tutor pelo pai ou pela mãe que, ao tempo de sua morte, não tinha o poder familiar"* (art. 1.730, CC).

A tutela constitui instituto do direito assistencial de família que existe para preencher um espaço vazio, qual seja a **falta da autoridade parental** (poder familiar). Justifica-se, portanto, no melhor interesse da criança e do adolescente menor de 18 anos e não emancipado que, sem os pais, seja porque órfãos, seja em face de possível perda da autoridade parental, carecem de administração.

Registra-se, portanto, que a **tutela pressupõe** a **suspensão ou extinção** do poder familiar pretérito.

A **suspensão** do poder familiar ocorrerá se o pai, ou a mãe, abusar de sua autoridade, faltando aos deveres a eles inerentes ou arruinando os bens dos filhos. Tal suspensão será requisitada em processo, até mesmo em sede de tutela de urgência, podendo o pleito ser realizado por algum parente ou pelo Ministério Público. Ademais, igualmente suspende-se o exercício do poder familiar do pai ou da mãe condenados por sentença irrecorrível, em virtude de crime cuja pena exceda a dois anos de prisão (CC, art. 1.637).

Já **extinção** do poder familiar ocorrerá: i. pela morte dos pais ou do filho; ii. pela emancipação ou maioridade; iii. pela adoção e iv. por decisão judicial (CC, art. 1.635 do CC).

A decisão judicial que destitui o poder familiar apenas efetivamente produzirá este efeito após o seu trânsito em julgado. Até lá, em regra, há pedido de tutela de urgência de suspensão do aludido poder familiar.

A extinção do poder familiar por decisão judicial se fundará nas seguintes causas: i. castigo imoderado; ii. abandono do menor; iii. prática de atos contrários à moral e aos bons costumes; iv. incidir reiteradamente em falta hábil à suspensão do poder familiar e v. entrega irregular do filho à terceiro para fins de adoção (CC, art. 1.638).

Ademais, por foça da Lei 13.715/2018 houve um aumento das hipóteses de extinção do poder familiar decorrentes de decisão judicial. Assim, haverá extinção do poder familiar quando houver a prática, em face do outro titular do poder familiar, de: i. homicídio, feminicídio ou lesão corporal de natureza grave ou seguida de morte, quando se tratar de crime doloso envolvendo violência doméstica e familiar ou menosprezo ou discriminação à condição de mulher e ii. estupro ou outro crime contra a dignidade sexual sujeito à pena de reclusão. Destarte, igualmente haverá extinção do poder familiar quando houver a prática, agora contra o filho, a filha ou outro descendente, de: i. homicídio, feminicídio ou lesão corporal de natureza grave ou seguida de morte, quando se tratar de crime doloso envolvendo violência doméstica e familiar ou menosprezo ou discriminação à condição de mulher e ii. estupro, estupro de vulnerável ou outro crime contra a dignidade sexual sujeito à pena de reclusão.

A tutela **incumbe aos parentes do menor,** preferencialmente aos ascendentes mais próximos. Na falta destes, aos colaterais até o terceiro grau ou, na pior das hipóteses, ao Magistrado (art. 1.744, I, CC) que "nomeará tutor idôneo e residente no domicílio do menor" (art. 1.732, CC).

Aos **irmãos órfãos** há de se dar **um só tutor** a fim de permitir a manutenção do que ainda restou dos laços familiares originários. A isso se denomina **unidade da tutela.** Por sua vez, a tutela dos denominados *"menores abandonados"* deve se implementar de modo que estes sejam *"recolhidos a estabelecimento público para este fim destinado"*. Nada obstante na falta desse estabelecimento, ficam sob a tutela das pessoas que, voluntária e gratuitamente, se encarregarem da sua criação.

Existem pessoas consideradas pela lei como impedidas de exercer a tutela isto porque não possuem a livre administração dos próprios bens, ou possuem obrigação para com o menor, demanda em face deste, inimizade, conflito de interesses, ou ainda porque foram condenados por crime, qualificando-se como pessoas de mau procedimento, ou com falhas em probidade, culpadas de abuso em tutorias anteriores ou, em arremate, porque exercerem função pública incompatível com a boa administração da tutela.

Ao lado dos impedidos de exercer a tutela, existem aqueles que podem se escusar do múnus, ou seja, postular a **dispensa do dever da tutela.** Entre tais pessoas se encontram as **mulheres casadas**, os **maiores de sessenta anos**, aqueles que **tiverem sob autoridade mais de três filhos**, os **impossibilitados por enfermidade**, os que **habitam longe do lugar onde se haja de exercer a tutela**, aqueles que **já exercerem tutela ou curatela e os militares em serviço.**

A escusa não se confunde com o impedimento. Enquanto este deve ser indicado pelo Juiz *ex oficio*, aquela exige postulação do interessado.

A escusa deve ser oposta nos dez dias subsequentes à designação, sob pena de entender-se renunciado ao direito de alegá-la. Este prazo poderá ser contado ainda a partir do fato superveniente.

Se o Juiz não admitir a escusa, exercerá o nomeado a tutela enquanto o recurso eventualmente interposto por este não for provido (reformando a decisão desfavorável), respondendo desde logo pelas perdas e danos que o menor venha a experimentar.

E qual seriam as atribuições do tutor?

De acordo com o artigo 1.740 do Código Civil compete ao tutor dirigir a **educação do tutelado, defendê-lo, prestar alimentos, adimplir os deveres dos pais,** entre outras hipóteses, sempre se colhendo a opinião do menor, especialmente se este já contar doze anos de idade, administrando os bens do tutelado com zelo e boa-fé.

As atribuições do tutor não se restringem as supracitadas. Os artigos 1.747 a 1.750 do Código Civil enumeram outras de igual importância. Sendo digno de nota, por exemplo, a de "representar o menor, até os dezesseis anos, nos atos da vida civil, e assisti-lo, após essa idade, nos atos em que for parte" (art. 1.747, I, CC). As competências elencadas no artigo 1.747 serão exercidas livremente, sem necessidade de autorização do juiz. As competências previstas no artigo 1.478 dependem de autorização do juiz para o ato.

De igual maneira, estabelece o Código Civil, as hipóteses em que o tutor não estar autorizado a agir, sob pena de nulidade. São elas: (art. 1.479, CC)

I. adquirir por si, ou por interposta pessoa, mediante contrato particular, bens móveis ou imóveis pertencentes ao menor;

II. dispor dos bens do menor a título gratuito;

III. constituir-se cessionário de crédito ou de direito, contra o menor.

Se o Magistrado não puder fiscalizar os atos do tutor, o artigo 1.742, CC lhe autoriza a "nomear um protutor", ou seja, alguém que atue nesta condição fiscalizadora.

Também é possível se os bens e interesses administrativos do tutelado exigirem conhecimentos técnicos, ou se realizados em lugares distantes do domicílio do tutor, que este, mediante aprovação judicial, delegue a outras pessoas o **exercício parcial da tutela**.

Em qualquer situação, os bens do menor serão entregues ao tutor mediante termo especificando tanto os bens, quanto os respectivos valores, permitindo-se ao Juiz condicionar o exercício da tutela à prestação de **caução** bastante, a ser dispensada se o tutor for de reconhecida idoneidade, razão pela qual: "*Antes de assumir a tutela, o tutor declarará tudo o que o menor lhe deva, sob pena de não lhe poder cobrar, enquanto exerça a tutoria, salvo provando que não conhecia o débito quando a assumiu*" (art. 1.751, CC).

Reza ainda o artigo 1.752, CC: "*O tutor responde pelos prejuízos que, por culpa, ou dolo, causar ao tutelado; mas tem direito a ser pago pelo que realmente despender no exercício da tutela, salvo no caso do art. 1.734, e a perceber remuneração proporcional à importância dos bens administrados. § 1º Ao protutor será arbitrada uma gratificação módica pela fiscalização efetuada. § 2º São solidariamente responsáveis pelos prejuízos às pessoas, as quais competiam fiscalizar a atividade do tutor, e as que concorreram para o dano".*

Os tutores sempre deverão **prestar contas** da administração dos bens dos tutelados. *"No fim de cada ano de administração, os tutores submeterão ao juiz o balanço respectivo, que, depois de aprovado, se anexará aos autos do inventário"*, a teor do art. 1.756 do Código Civil.

Além do balanço anual os tutores prestarão contas de dois em dois anos e também quando deixarem o exercício da tutela ou toda vez que o Juiz achar conveniente, **extinguindo-se** a tutela pela emancipação ou maioridade, mas, insista-se, o **efeito liberatório** (ou seja, a quitação) só ocorrerá após aprovadas às contas pelo Magistrado, subsistindo inteira, até então, a responsabilidade do tutor.

14. A CURATELA

A curatela constitui **instituto mais amplo** a se dirigir não apenas aos demais **incapazes**, absolutos ou relativos, **maiores de dezoito anos**, como ainda ao **nascituro**, ao **ausente**, ao **revel** citado por edital, entre outras hipóteses. Estão sujeitos à curatela aqueles que por causa transitória ou permanente, não puderem exprimir sua vontade, os ébrios habituais, os viciados em tóxicos e os pródigos. Trata-se de instituto que é disciplinado pelo CC, pelo CPC e pelo Estatuto da Pessoa com Deficiência (EPD).

Mas como se dá tal interdição? O procedimento de interdição encontra assento nos arts. 747 ao 758 do CPC. Trata-se de procedimento especial que tramitará na Vara da Família.

> **Importante:**
>
> No novo CPC (NCPC) o procedimento de interdição estará previsto nos arts. 747 ao 758. A disciplina processual em linhas gerais se manteve a mesma; todavia, há uma maior atenção à condição existencial do interditando, quem deve ter os seus desejos e preferências observados. Outrossim, a impugnação à interdição ganha novo prazo: quinze dias. O tema será melhor verticalizado no volume de família e sucessões.

A **legitimidade ativa** para requerer a curatela, a ser comprovada por documentação que acompanhe e inicial, será do cônjuge, ou companheiro, dos parentes ou tutores, do representante da entidade que se encontra abrigado o interditando e, finalmente, do Ministério Público (CPC, art. 747).

A legitimação do Ministério Público decorre do art. 127 da Constituição Federal e da necessidade de promoção do **patrimônio mínimo** necessário à **subsistência** das pessoas. Nos termos do art. 748 do CPC o Ministério Público somente promoverá a interdição em caso de doença mental grave, se as pessoas designadas no art. 747 não existirem, ou não promoverem a interdição ou, se existindo, forem incapazes.

A interdição será restrita à finalidade patrimonial e negocial. A chamada interdição parcial, portanto, de natureza patrimonial, é a única admitida. Significa dizer que no Brasil não se admite a interdição absoluta. Figura-se como instrumento apto a tal proteção.

Recorde-se que a não intervenção do Ministério Público como fiscal da ordem jurídica enseja a **nulidade do processo**, nos termos do art. 279 do CPC. O art. 752 disciplina o prazo de contestação, a intervenção obrigatória do Ministério Público como fiscal da ordem jurídica, entre outras providências.

O procedimento exige **citação para entrevista do interditando e perícia médica obrigatórias,** em qualquer hipótese. Na entrevista, se o interditando não puder comparecer à audiência, pela letra fria da lei o magistrado deverá proceder ao exame pessoal onde o incapaz se encontrar (arts. 751 e 753 do NCPC e 1.771 do CC). Na prática, verifica-se comum a designação de Oficial de Justiça para certificação *in loco* da situação, quando o meirinho substitui o Juiz no ato que haveria de ser praticado por este. Trata-se de procedimento não abraçado pela norma.

À vista do princípio da intervenção mínima do Estado nas relações familiares, deve a interdição estabelecer os seus limites, de modo a permitir certa dose de independência e liberdade para a pessoa interditada. Talvez por isto o art. 1.782 do Código Civil estabeleça que *"a interdição do pródigo só o privará de, sem curador, emprestar, transigir, dar quitação, alienar, hipotecar, demandar ou ser demandado, e praticar, em geral, os atos que não sejam de mera administração"*. Recorde-se ainda que a autoridade do curador se estende à pessoa e aos bens dos filhos do curatelado, desde que menores (art. 1.778, CC). De igual sorte, dar-se-á curador ao nascituro se o pai falecer estando mulher grávida, e não tendo o poder familiar. Se a mulher estiver interdita, seu curador será também o curador do nascituro.

A doutrina assentou o entendimento no Enunciado **574 da VI Jornada em Direito Civil do Conselho da Justiça Federal que *"A decisão judicial de interdição deverá fixar os limites da curatela para todas as pessoas a ela sujeitas, sem distinção, a fim de resguardar os direitos fundamentais e a dignidade do interdito".***

A decisão de interdição necessita ser registrada para que produza efeitos *erga omnes*, na forma do art. 9º do Código Civil. Tal registro, porém, assim como a decisão da interdição, não é eterno. A decisão da interdição submete-se à cláusula *rebus sic stantibus*, moldando-se, por conseguinte, segundo as razões fáticas.

▸ **Atenção!**

O procedimento de interdição está previsto no CPC a partir do art. 747. No particular, muitas novidades surgiram, dentre as quais se destacam:

a) a substituição do interrogatório pela palavra "entrevista" do interditado, com a utilização de recursos tecnológicos e equipe multidisciplinar;

b) a possibilidade de o interditado indicar o seu próprio curador, em fiel respeito à dignidade humana e a autodeterminação, sendo observadas as preferências do interditando;

c) o reposicionamento da missão constitucional do Ministério Público nas ações de interdição, deixando de exercer a atividade de curadoria do incapaz, atribuição esta típica da Defensoria Pública;

d) Dilação do prazo de impugnação do interditando de cinco para quinze dias.

O curatelado, dentro do prazo de 15 dias contados da entrevista, poderá **impugnar** o pedido de interdição e poderá constituir advogado. Decorrido o prazo, o juiz da causa designa perícia para avaliação da capacidade do interditando para praticar os atos da vida civil. Esta perícia poderá ser composta por mais de um expert, ou seja, com formação multidisciplinar. O laudo pericial indicará especificadamente, se for o caso, os atos para os quais haverá necessidade de curatela.

Apresentado o laudo e ouvido os interessados, o juiz proferirá sentença, quando nomeará o curador e fixará os limites da curatela, considerando as características pessoais do interdito, observadas suas potencialidades, habilidades, vontades e preferências. A curatela deve ser atribuída a quem melhor possa atender aos **interesses do curatelado**. Esta sentença há de ser inscrita no registro de pessoas naturais e publicada imediatamente na rede mundial de computadores, no sítio do tribunal e na plataforma de editais do CNJ, onde permanecerá por 6 meses (CPC, art. 755).

O desejo é que a curatela seja transitória, de modo que se o interditado restabelecer a saúde psíquica, poderá formalizar judicialmente pedido de **levantamento da interdição**, retomando a gestão própria de seu patrimônio. A curatela é medida atípica, extraordinária, de exceção. Veja que o curador deverá buscar tratamento e apoio apropriados à conquista da autonomia pelo interdito. É o que diz o art. 758 do CPC.

▸ **Atenção!**

O Estatuto da Pessoa com Deficiência, Lei Federal nº 13.146/2015 alterou o art. 1.777 do CC prescrevendo que "*As pessoas referidas no inciso I do art. 1.767 receberão todo o apoio necessário para ter preservado o direito à convivência familiar e comunitária, sendo evitado o seu recolhimento em estabelecimento que o afaste desse convívio*".

A revisão pode decorrer de melhora do quadro, com o abrandamento da incapacidade e até mesmo a sua reversão. Tal reversão é denominada, também, de **levantamento da interdição**, sendo prevista no art. 756 do CPC.

Digna de crítica é a percepção de que a teoria das incapacidades do Código Civil gravita em torno do patrimônio, não se preocupando com a recuperação do interditando. Não se coaduna, portanto, com a repersonalização e despatrimonialização do direito civil, necessitando da presente crítica doutrinária.

14.1. A Tomada da Decisão Apoiada

Dentre as novidades decorrentes do Estatuto da Pessoa com Deficiência (Lei 13.146/15), salta aos olhos o novo instituto criado e que passa a integrar o direito assistencial das famílias: a **Tomada de Decisão Apoiada** (CC, art. 1.783-A).

Trata-se de **processo judicial** por meio do qual a pessoa com deficiência elege duas ou mais pessoas idôneas, com as quais mantenha vínculos e que gozem da sua confiança, com o objetivo de que lhes prestem apoio na tomada de decisão sobre atos da vida civil, fornecendo-lhe elementos e informações necessários para que possa exercitar a sua capacidade.

Para formular este requerimento de Tomada de Decisão Apoiada, a pessoa com deficiência e os apoiadores deverão apresentar um **termo.** Neste termo há de constar os limites do apoio a ser oferecido, o compromisso dos apoiadores, o prazo de vigência do acordo e o respeito à vontade, aos direitos e aos interesses da pessoa que devem apoiar.

O **pedido** de apoio será formulado pela própria pessoa a ser apoiada, com indicação expressa das pessoas aptas a prestarem o apoio previsto. Antes de decidir sobre o pleito, o magistrado deverá ser assistido por equipe multidisciplinar e colher o pronunciamento do Ministério Público. Deverá também **ouvir pessoalmente** o requerente e as pessoas que lhe prestarão apoio.

Homologado o pedido, decisões apoiadas serão válidas e eficazes, desde que tomadas nos exatos limites do termo. O terceiro contra quem a pessoa apoiada mantenha relação negocial poderá solicitar, inclusive, a assinatura do contrato ou do acordo dos apoiadores, especificando, por escrito, a função destes em relação ao apoiado.

Em caso de negócio jurídico que possa causar risco ou prejuízo relevante, havendo divergência de opiniões entre a pessoa apoiada e um dos apoiadores, deverá o juiz, ouvido o Ministério Público, decidir sobre a questão.

Se o apoiador agir com negligência, exercer pressão indevida ou não adimplir as obrigações assumidas, poderá a pessoa apoiada, ou qualquer pessoa, apresentar **denúncia** ao Ministério Público ou ao juiz.

Acaso esta denúncia seja procedente, o magistrado irá destituir o apoiador e nomear outro, ouvida a pessoa apoiada e se for de interesse desta a substituição.

Outrossim, a pessoa apoiada pode, a qualquer tempo, solicitar o término de acordo firmado em processo de tomada de decisão apoiada. De igual sorte, o apoiador poderá solicitar ao juiz a exclusão de sua participação do processo de tomada de decisão apoiada, sendo o seu desligamento condicionado à manifestação do juiz sobre a matéria.

De acordo com o Código Civil se aplicam à tomada da decisão apoiada, no que couber, as disposições alusivas à prestação de contas na curatela.

Sem dúvida alguma, trata-se de uma relevante **inovação** legislativa que ainda trará muitos debates, tanto doutrinários, como jurisprudenciais.

A tomada de decisão apoiada efetivamente implementa o princípio vetor da dignidade da pessoa humana e promove a inclusão daqueles que possuem deficiência, implementando a igualdade substancial e realizando a **eficácia horizontal dos direitos fundamentais**. Com este instituto a curatela tende a ser reduzida, incidindo apenas nos casos em que não houve antecipação de pedido de apoio.

15. ADOÇÃO

Trata-se de instituto jurídico que dá azo ao surgimento da **família substituta,** apagando-se os laços de parentesco do passado (à **exceção** dos **impedimentos matrimoniais** que sempre existirão) e fazendo surgir uma nova família em toda a sua extensão de direitos e deveres jurídicos. Desta forma, a adoção atribui a condição de filho ao adotado, eliminando os vínculos de parentescos biológicos, à exceção do impedimento matrimonial.

Somente a pessoa **maior de dezoito anos** pode adotar, salvo na hipótese de um casal e desde que **um deles tenha completado a maioridade e comprove a estabilidade da família**. Portanto, para um menor de dezoito anos adotar deverá estar casado ou em união estável como alguém maior de dezoito, sendo esta a única exceção à regra.

Considerando que a adoção constitui **ficção jurídica** que imita a realidade biológica, exige-se que o adotante seja, pelo menos, **dezesseis anos mais velho que o adotado.**

Em fiel respeito à eticidade e à boa fé objetiva, tutores e curadores somente poderão adotar após a prestação (aprovação) das contas dos tutelados e curatelados, inclusive com a quitação de eventuais débitos.

A adoção pressupõe um **processo judicial** e depende do consentimento dos pais, ou dos representantes legais de quem se deseja adotar, além da concordância deste, se contar mais de doze anos.

O consentimento somente será dispensado se os pais desta pessoa forem desconhecidos, ou destituídos do poder familiar, por razões intuitivas.

Nada impede, contudo, que o aludido consentimento seja revogado de maneira eficaz até a publicação da sentença constitutiva da adoção.

Evidentemente que casais homossexuais podem adotar, matéria pacificada nos tribunais superiores, como também poderão **divorciados e separados judicialmente**, desde que acordem sobre a guarda, regulação de visitas e alimentos, sempre no melhor interesse da pessoa adotada e desde que o estágio de convivência tenha sido iniciado na constância desta sociedade.

A adoção existe **em melhor benefício do adotando** (mais uma vez o **princípio da proteção integral**, o mesmo aplicado para a guarda) razão pela qual é possível, em certos casos, que não se exija o consentimento do representante legal do menor, se provado, por exemplo, que os pais são desconhecidos, ou tenham sido destituídos do poder familiar, entre outras situações que serão ponderadas pelo Juízo de Família.

É justamente por isto que o adotando terá **direito subjetivo** de alterar o sobrenome ou até o prenome, se menor e desde que haja pleito neste sentido.

Contudo, os **efeitos da adoção** começam tão somente a partir do trânsito em julgado do processo, exceto se o adotante vier a falecer no curso do procedimento, caso em que terá força retroativa à data do óbito.

Quanto aos demais temas alusivos à adoção, remetemos o leitor ao Estatuto da Criança e do Adolescente.

A adoção pressupõe um processo judicial e depende do consentimento dos pais ou dos representantes legais de quem se deseja adotar, além da concordância deste, se contar mais de doze anos.

[illegible]

[illegible]

[illegible]

Direito das Sucessões

1. CONCEITO

Direito Sucessório é o complexo de princípios e regras jurídicas que disciplinam a transferência do patrimônio da pessoa natural, os ativos e passivos da mesma, assim como a sua última vontade, para depois da morte, em virtude de lei ou testamento.

O Código Civil, especificamente no seu art. 1784, estabelece que **a sucessão se dá no momento da morte**, sendo a herança desde logo transmitida aos herdeiros legítimos ou testamentários. A isso se chama *Saisine* ou *Droit Saisine*. Trata-se de um princípio que cria uma importante **ficção jurídica** objetivando que a propriedade sempre tenha um dono, um herdeiro, para, assim, atender a sua função social.

Em decorrência desse princípio, que mitiga até mesmo a exigência do registro público da propriedade imobiliária, o herdeiro já aufere o imediato patrimônio hereditário deste o evento morte (denominado de abertura da sucessão), devendo apenas aceitar, ou renunciar, *a posteriori*, a aludida transmissão, já que ninguém é obrigado a receber a herança (**princípio da autonomia privada**).

1.1. Conteúdo do direito das sucessões

a) Sucessão em Geral;

b) Sucessão Legítima;

c) Sucessão Testamentária e

d) Inventário e Partilha.

1.2. Pressupostos

Dois são os pressupostos necessários:

a) **que o *de cujos* tenha falecido**;

b) **que lhe sobreviva o herdeiro**.

Vivo o autor da herança não existe sucessão: *viventis nulla hereditatis*. Só a **morte natural ou presumida** é capaz de abrir a sucessão (artigos 6° e 7°, CC).

1.2.1 Comoriência (art. 8°, CC)

Se dois ou mais indivíduos falecerem na mesma ocasião, não se podendo averiguar se algum dos comorientes precedeu aos outros, presumir-se-ão simultaneamente mortos. Nosso direito positivo prescreve, de modo seguro, simples e objetivo que todos os comorientes sucumbiram simultaneamente, na impossibilidade de se precisar a premoriência.

Trata-se de presunção relativa. Outrossim, não há de falar-se em quebra da presunção por motivo de idade, sexo ou condição de saúde.

1.3. Natureza jurídica da herança: indivisibilidade da herança e juízo universal

A sucessão é tida como **imóvel** (artigo 80, II, CC), submetida ao regime de um **condomínio indivisível** (artigo 1.791, CC), surgindo, a partir de então, o juízo universal da herança (artigo 91, CC). Na qualidade de imóvel, a transmissão da herança exige **escritura pública** (artigo 1.793, CC) sob pena de nulidade (artigo 166, IV, CC), como também da **outorga uxória** se o regime de bens não for o da separação absoluta (artigo 1.647, I, CC).

1.4. Sucessão do Município, do Distrito Federal e da União (art. 1.844, CC)

O Poder Público não consta mais no rol dos herdeiros necessários apontados na ordem da vocação hereditária (art. 1.844, CC), ao contrário do CC/16 (art. 1.603, V). Não é herdeiro regular. É sucessor anômalo ou irregular criado apenas por fundamento político social para evitar propriedade sem dono quando ocorre a vacância. Assim, os bens arrecadados são transferidos, em regra, ao Município.

1.5. Pacto de corvina

A lei brasileira, na melhor forma do artigo 426 do Código Civil proíbe a existência de contrato que tenha como objeto a herança de pessoa viva. A isto a doutrina chama pacto sucessório, ou sucessão pactícia, ou mesmo pacto de corvina.

1.6. Terminologias importantes para a prova

Herdeiro legítimo: é o **indicado pela lei** consoante ordem de vocação hereditária (art. 1.829, CC), ou seja, são os legitimados a suceder nos casos de herança não testamentária.

Herdeiros legítimos necessários: são os descendentes, os ascendentes e o cônjuge, a quem pertencerá metade da herança, denominada legítima. (art. 1.845, CC). Todo o herdeiro necessário é legítimo, mas nem todo herdeiro legítimo é necessário.

Herdeiros legítimos facultativos: são os que herdam em virtude da lei, todavia não necessariamente, pois podem ser afastados da herança por ato de vontade, a exemplo do testamento. São os colaterais até quarto grau.

Herdeiro universal: é o que recebe uma universalidade, um quinhão, uma quota da herança, seja em virtude de lei (sucessão legítima), ou de vontade (sucessão testamentária). Herdeiro universal recebe um quinhão, expresso, geralmente, em percentual da herança.

Herdeiro legatário: é aquele que recebe a coisa individuada, *ex re certa*, a exemplo de uma determinada casa ou bem especifico, singular.

Herdeiro testamentário, nomeado ou instituído: é o designado pelo testador no ato de última vontade.

Apresentadas as notas introdutórias, recomenda-se o início da leitura dos artigos do Código Civil a respeito das sucessões, afinal de contas se está diante de uma preparação focada em *prova objetiva,* cujas questões são construídas à luz do direito legislado, via de regra.

2. O FORO PARA AJUIZAMENTO DO INVENTÁRIO, O PRAZO E A ADMINISTRAÇÃO DA HERANÇA

2.1. O foro

Como é sabido: a sucessão abre-se no lugar do **último domicílio do falecido** (art. 1.785, CC), sendo este, regra geral, o foro competente para o ajuizamento do inventário. Nas pegadas do art. 23, II, bem como os arts. 48 e 96 do CPC/15 a sucessão será aberta no foro do **último domicílio** do *de cujus* e processada pela autoridade judicial brasileira. Toda a atenção agora, pois este será o local competente para a propositura da ação de inventário judicial, em regra.

O prazo para ajuizamento da ação de inventário é de **dois meses** da data do óbito, nos termos do art. 611 do CPC/15, sob pena de multa (STF, súmula 542).

2.2. A indivisibilidade da herança

Apresentadas as disposições gerais, o Direito Sucessório prossegue sua disciplina abordando a administração da herança que *"defere-se como um todo unitário, ainda que vários sejam os herdeiros"* (art. 1.791, CC) razão pela qual "Até a partilha, o direito dos co-herdeiros, quanto à propriedade e posse da herança, será indivisível, e regular-se-á pelas normas relativas ao condomínio".

2.3. A Possibilidade de cessão

Nada impede, contudo, que o quinhão hereditário seja objeto de *"cessão por escritura pública"*, pois assim autoriza o art. 1.793, do mesmo Diploma. É **pressuposto** da cessão o óbito. A cessão em vida equivaleria ao pacto sucessório vedado pelo art. 426 do CC. Outrossim, será ineficaz a cessão de qualquer bem considerado individualmente, ante a indivisibilidade do espólio. O co-herdeiro somente poderá dispor do seu quinhão, da sua quota parte. Nada impede, entretanto, que o herdeiro requeira ao juízo autorização prévia para ceder bem componente do acervo hereditário pendente de indivisibilidade. Havendo a prévia autorização do magistrado, a cessão será eficaz.

Ressalve-se também que os herdeiros terão **preferência legal** na hipótese. É dizer: se um dos herdeiros optar em ceder onerosamente seus direitos hereditários, deverá oferecê-los, em primeiro lugar, aos demais (herdeiros) para, só assim, estar autorizado a também oferecer a terceiros.

Tanto isto é verdade que o Código Civil estabelece no artigo 1.795 que *"o coerdeiro, a quem não se der conhecimento da cessão, poderá, depositado o preço, haver para si a quota cedida a estranho, se o requerer até cento e oitenta dias após a transmissão"*.

2.4. A Força da herança

Costuma-se questionar se o herdeiro teria responsabilidade civil para além daquilo que herda, sendo negativa a resposta, afinal de contas *"O herdeiro não responde por encargos superiores às forças da herança"*, incumbindo-lhe *"a prova do excesso, salvo se houver inventário que a escuse, demonstrando o valor dos bens herdados"*, tudo na melhor forma do artigo 1.792, do Código Civil.

3. CAPACIDADE PARA SUCEDER

É a aptidão específica da pessoa natural para receber herança. A pessoa natural pode ter plena capacidade para a prática dos atos na vida civil, mas não ter capacidade (autorização específica) para suceder em determinado caso concreto. Um belo exemplo ocorre na indignidade. O indigno será aquele excluído da sucessão (CC, arts. 1.814/1.818).

O vigente Código Civil legitima como sucessores as **pessoas nascidas ou já concebidas** no momento da abertura da sucessão (art. 1.789). Observa-se que há ainda a possibilidade, na sucessão testamentária, que a **prole dita eventual** - gerada após o óbito - suceda, desde que concebida, salvo disposição de vontade em contrário, ate dois anos apos a morte do *de cujus* (arts. 1.799, 1.800, CC). Resta possível, ainda que a herança seja destinada a uma **pessoa jurídica, atual ou futura**, exemplificando-se essa **última hipótese com a fundação.**

Por sua vez, o concubino, assim como o deserdado, ou o indigno, não podem receber herança, por razões intuitivas (art. 1.802, CC). Também não poder ser nomeados herdeiros ou legatários a pessoa que, a rogo, escreveu o testamento, seu cônjuge ou companheiro, ascendentes e irmãos, as testemunhas do testamento e o tabelião, seja civil ou militar (art. 1801, CC).

Lícita, porém, é a deixa patrimonial para o filho fruto do concubinato, haja vista a **igualdade filial** (art. 1803, CC). Neste sentido, a súmula 447 do STF: *"É válida a disposição testamentária em favor de filho adulterino do testador com sua concubina"*.

4. ACEITAÇÃO E RENÚNCIA DA HERANÇA

Não vigora no Brasil a máxima ***filius ergo heres*** que impunha a herança necessariamente ao herdeiro. Ao contrário, é possível que o herdeiro recuse-se receber o bem hereditário. Tanto a aceitação como a renúncia da herança **são atos irrevogáveis, indivisíveis, irretratáveis e *inter vivos*.** A aceitação torna definitiva a transmissão desde a abertura da sucessão. Não aceita, tem-se a transmissão como não verificada.

A legislação pátria não admite a aceitação ou a renúncia de maneira **parcial, sob condição ou a termo** (Ex.: aceito o bônus, mas não aceito ônus. Ou ainda:

aceito a herança desde que você faça isto ou aquilo). Se o herdeiro falecer antes mesmo de declarar se aceita ou não a herança, este direito (de se manifestar a respeito do aceite ou da renúncia, com todos os efeitos jurídicos disto decorrente) passará aos **sucessores** do próprio herdeiro.

4.1. Aceitação

A aceitação da herança a teor do artigo 1.805 pode ser **expressa ou tácita.** Vamos ao exame das duas hipóteses.

Expressa: opera-se por declaração escrita, particular ou pública. Nela o herdeiro encerra uma afirmação inequívoca, positiva, do interesse em receber a herança.

Tácita: nesta hipótese o herdeiro não se expressa de maneira positiva. Simplesmente pratica atos *compatíveis* com a condição de herdeiros, típicos, peculiares, razão pela qual se interpretam as aludidas condutas como ato de aceitar (Ex.: o herdeiro de um veículo que se emite na posse do automóvel, dirige-o rotineiramente extraindo proveito do bem, faz as revisões, paga os tributos, responsabiliza-se pela conservação do bem...).

> **Atenção:**
>
> Os denominados atos oficiosos, como o funeral do finado ou mesmo os meramente conservatórios, ou ainda os de administração e guarda provisória **não significam o aceite**. Configuram **meros obséquios ou simples deferência**. O ato de requerimento de inventário, por se tratar de obrigação legal, não traduz aceite.

É possível a aceitação antes de aberta a sucessão? Não. Isto equivaleria a se admitir a existência de contrato contendo como objeto herança de pessoa viva, o que é proibido (art. 426, CC), sem ignorar, ainda, a ausência do pressuposto jurídico da incidência do direito hereditário, qual seja a morte.

4.2. Renúncia

É a demissão da qualidade de herdeiro. Considera-se o herdeiro como se não existisse, ou melhor, como se nunca tivesse herdado. **Não se presume**, nem pode ela ser inferida de simples conjecturas. Requer ato positivo de vontade e forma solene. Inexiste renúncia tácita como sucede na aceitação. Constitui ato solene, pois exige que o instrumento seja público ou por termo nos autos homologado pelo juiz. Exige plena capacidade, não podendo ser realizada por incapaz, nem por seu representante legal, a menos que obtenha prévia permissão do juízo. Feita por mandatário, a procuração deve conter poderes especiais e expressos, conforme o artigo 661 e seu parágrafo primeiro do Código Civil.

▸ **Atenção:**

Na sucessão legítima a parte do renunciante acresce à dos outros herdeiros da mesma classe e, sendo ele único, devolve-se aos da subsequente.

Não há **representação** quando ocorre a renúncia da herança, pois ninguém pode suceder representando herdeiro renunciante. O quinhão do renunciante somente passará aos seus filhos se ele for o único da sua classe ou se todos da mesma classe renunciarem. Neste caso os filhos do renunciante sucederão por cabeça e por direito próprio, não como representantes.

Restrição ao direito de renunciar: Se o herdeiro for devedor, não pode a sua renúncia prejudicar credores, sob pena de configurada a fraude contra credores. Não necessitam os credores recorrerem à ação revocatória ou pauliana, bastando peticionar ao juiz universal do inventário habilitando-se, salvo se o processo de inventário estiver acabado. Os credores poderão, com autorização do juiz, no **prazo de trinta dias** contados a partir da data que tiveram ciência, aceitá-las em nome do renunciante, até o **limite dos seus créditos**, obviamente.

Retratação da renúncia e da aceitação. Como visto acima, tanto a aceitação, quanto a renúncia, constituem atos irretratáveis, a teor do artigo 1.812, até porque geram direitos adquiridos em face de outras pessoas.

Isto não se confunde, entretanto, com a possibilidade de tais atos serem **nulos** ou **anuláveis** por lhes faltarem alguns dos **pressupostos de validade**. Ex.: se decorre a renúncia de erro, dolo, coação ou ignorância, admite-se não rigorosamente a retratação, mas sim a anulação por defeito do negócio jurídico sob a perspectiva dos vícios de consentimento.

4.3. Autonomia dos quinhões

Nada impede, contudo, que o herdeiro aceite certos quinhões e renuncie outros, distintos, ante a **autonomia** de cada uma destas universalidades. Logo, é possível que aceite a legítima, e renuncie a testamentária, em vice-versa. O que resta vedado, porém, é o aceite de parte da legítima e parte da testamentária, pois há de ser plena.

5. INDIGNIDADE: DOS EXCLUÍDOS DA SUCESSÃO

Trata-se de **sanção cível** imposta por **sentença transitada em julgado** identificadora de uma das **taxativas** hipóteses previstas no artigo 1.814 do Código Civil, quais sejam: os herdeiros ou legatários

I – que houverem sido autores, coautores ou partícipes de homicídio doloso, ou tentativa deste, contra a pessoa de cuja sucessão se tratar, seu cônjuge, companheiro, ascendente ou descendente;

II – que houverem acusado caluniosamente em juízo o autor da herança ou incorrerem em crime contra a sua honra, ou de seu cônjuge ou companheiro;

III – que, por violência ou meios fraudulentos, inibirem ou obstarem o autor da herança de dispor livremente de seus bens por ato de última vontade.

5.1. O caráter personalíssimo da sanção

Nos termos do artigo 5º, inciso XLV, da Constituição Federal, o princípio da responsabilidade pessoal há de ser respeitado ante a velha parêmia "*nullum patris delictum delictum innocenti filio poena este* (nenhum crime do pai pode prejudicar o filho inocente)". Logo, o herdeiro do índigo irá herdar. São pessoais os efeitos da exclusão. Os descendentes do excluído sucederão como se ele morto fosse antes da abertura da herança. Contudo, o excluído da sucessão não terá jamais o usufruto ou a administração dos bens que seus sucessores houverem recebido, muito menos sucederá para receber tais patrimônios. É o que afirma o art. 1.816 do CC.

5.2. A reabilitação do indigno

Nada obstante, é possível a reabilitação do indigno, a teor do artigo 1.818 do Código Civil "*se o ofendido o tiver expressamente reabilitado em testamento, ou em outro ato autêntico*", assim sendo também considerado o indigno "*contemplado em testamento do ofendido, quando o testador, ao testar, já conhecia a causa da indignidade*". A reabilitação expressa é absoluta, de modo que o reabilitado terá direito hereditário amplo. A reabilitação tácita, quanto o indigno é contemplado pelo testador ofendido que já conhecia a causa da indignidade, é relativa e limitada à disposição testamentária apenas.

5.3. E a deserdação?

Não se deve confundir indignidade com deserdação, pois enquanto **esta (deserdação) é um instituto típico da sucessão testamentária**, possibilitando ao testador exclui **herdeiro necessário**, a **indignidade é instituto mais amplo,** aplicando-se tanto à **sucessão testamentária quanto à legítima.**

Observe que a deserdação apenas aplica-se aos herdeiros necessários, ao passo que o testamentário ou facultativo não necessitarão ser deserdados expressamente em declaração de última vontade, com base em causa legal, bastando que não sejam contemplados.

As causas de deserdação são mais amplas que as de indignidade, pois, além das hipóteses do art. 1814 do CC, é possível a arguição das hipóteses dos arts. 1961 e 1962 do CC, as quais envolvem ofensa física, injúria grave, relações ilícitas familiares e desamparo.

O reconhecimento de deserdação demanda processo judicial, sendo que há prazo decadencial para exercício desse direito, qual seja: 4 (quatro) anos da abertura do testamento.

6. HERANÇA JACENTE *VERSUS* HERANÇA VACANTE

Disciplinada tanto no Código de Processo Civil, a partir dos artigos 738/743, quanto no Código Civil de 2002, artigo 1.819.

A herança jacente ocorre quando os herdeiros não são **notoriamente conhecidos**, ou ainda quando a herança não foi aceita pelas pessoas sucessíveis, ou a prole eventual não fora gerada. Infere-se, por conseguinte, ser um **estado provisório, temporário**, de expectativa de surgimento de interessados na herança.

O direito civil brasileiro não reconhece personalidade jurídica à herança jacente. Tanto é assim que os artigos 41 a 44 do CC não fazem qualquer menção a esta como se pessoa jurídica fosse. A doutrina a entende como um **ente despersonalizado**, um patrimônio especial, arrecadado por morte e administrado pelo curador, sob fiscalização de uma autoridade judiciária, até que se habilitem eventuais herdeiros, e haja a sua entrega, ou se declare vacante a herança (art. 1819 do CC).

Durante a jacência o magistrado deve tomar providências para o aparecimento dos herdeiros, com a publicação de editais. **Passado um ano da primeira publicação de edital**, e não aparecendo ninguém, deve o juiz declarar a **herança vacante**. Ë o primeiro passo para se incorporar a herança ao patrimônio público (art. 1820).

Interessante observar que os **herdeiros colaterais apenas poderão se habilitar até a declaração de vacância (um ano)**, enquanto que os **necessários poderão se habilitar, sem prejuízos, pelo prazo de cinco anos após a declaração de vacância** (art. 1822 CC).

Cinco anos após a vacância a herança é transmita definitivamente para o ente público, seja para o **Município ou Distrito Federal**.

▸ **Fique atento:**

Conforme pontua o art. 1823 do CC, quando **todos renunciarem a herança, de logo, esta será declarada vacante. Fiquem atentos, a isso denomina-se de vacância sumária.**

7. PETIÇÃO DA HERANÇA

7.1. Conceito

Prevista no artigo 1.824 do Código Civil, trata-se de *"pretensão deduzida em juízo pelo herdeiro preterido no sentido de lhe ser deferida quer a quota-parte que lhe caberia, que, ainda, a totalidade da herança, reconhecendo-se, em todo o caso, a qualidade de herdeiro que lhe é natural"*. É a chamada **Petitio hereditatis.** O objetivo da pretensão é duplo: (1) obter em primeiro lugar a declaração da qualidade de herdeiro (2) obter, em segundo lugar, a condenação na restituição dos bens.

Trata-se de ação de **natureza real** (art. 80, II, CC). **Não se confunde com a reivindicatória**, pois está já contempla a prova prévia da propriedade não carecendo da declaração de domínio (*in casu,* de herdeiro) e tem como objeto bem certo, individuado, e não quota parte hereditária.

O **Supremo Tribunal Federal** na **súmula 149** afirma ser imprescritível o reconhecimento da paternidade, mas prescritível o pleito patrimonial hereditário decorrente do aludido reconhecimento. Sustenta que a investigação de paternidade é imprescritível, porém não o é a petição da herança.

8. ORDEM DE VOCAÇÃO HEREDITÁRIA

8.1. Conceito

Trata-se de uma relação **preferencial** estabelecida por lei das pessoas chamadas a suceder o finado. Consiste na distribuição de herdeiros em classes preferenciais. Baseia-se na relação de família e de sangue. Como se vê, a base desta sucessão é o parentesco, favorecendo as linhas e os graus próximos aos remotos, respeitando-se a afeição conjugal. A lei tenta conformar-se com a ordem de afeição familiar natural. Portanto, morrendo alguém sem deixar testamento, a hipótese será de aplicação do artigo 1.829, do Código Civil, convocando-se à sucessão as pessoas físicas ali indicadas, de acordo com a **ordem de vocação**. Neste contexto, os descendentes são os primeiros a suceder.

8.2. Sucessão dos descendentes

Prescreve o art. 1.835 que *"Na linha descendente, os filhos sucedem por cabeça, e os outros descendentes por cabeça ou por estirpe, conforme se achem ou não no mesmo grau"*. Assim, pode ocorrer por expressa disposição normativa (art. 1.835) de à herança concorrerem simultaneamente descendentes em graus diversos, a sucessão processar-se-á por cabeça e por estirpe. Ex.: se o finado tinha dois filhos vivos na época da sucessão e um filho morto, que deixou três netos (filhos do filho pré-morto do *de cujos*). Neste caso, a herança dividir-se-á em três partes. As duas primeiras cabem aos dois filhos vivos do extinto, que herdam por cabeça, e a terceira parte aos três netos, que sucedem representando o direito do falecido, dado que os filhos são parentes em primeiro grau e os netos em segundo.

8.3. A situação do cônjuge na concorrência com os descendentes

A depender do regime de bens é possível que o cônjuge sobrevivente concorra, ao lado dos descendentes, no recebimento da herança (art. 1.829, inciso I, CC). O cônjuge **não concorrerá** tão somente se era casado com o *de cujus* no regime da **comunhão universal, da separação obrigatória, ou, em certos casos, da comunhão parcial de bens, quando não houver bens particulares**. Quanto a esta última situação, interessante o que adverte a doutrina cristalizada no **Enunciado 270 em Jornadas de Direito Civil (CJF/STJ)**: *"o artigo 1.829, inciso I, só assegura ao cônjuge sobrevivente o direito de concorrência com os descendentes do autor da herança quando casados no regime da separação convencional de bens ou, se casados nos regimes da comunhão parcial ou participação final nos aquestos, o falecido possuísse bens particulares,* ***hipóteses em que a concorrência restringe-se a tais bens, devendo os bens comuns (meação) ser partilhados exclusivamente entre os descendentes****"*.

Nessa concorrência, é assegurado ao cônjuge (art. 1.832 do CC) direito hereditário a um quinhão igual ao dos que sucederem por cabeça, não podendo a sua quota ser inferior à quarta parte se for ascendente dos herdeiros com que concorre. Inovação. Trata-se de **reserva hereditária mínima de 1/4**. Ex.: se o falecido deixou três filhos, a partilha se faz por cabeça, dividindo-se a herança em partes iguais entre os filhos e o cônjuge. Agora, no caso de o extinto deixar quatro filhos ou mais, e tendo de ser reservada a quota hereditária mínima de 1/4 em favor do supérstite, os filhos receberão o restante. Esta reserva **pressupõe** que o cônjuge sobrevivente seja ascendente dos herdeiros com que concorrer.

8.4. Sucessão dos ascendentes

Não havendo herdeiros da classe dos descendentes, chamar-se-ão a suceder em **concorrência** com o cônjuge sobrevivente qualquer que seja o regime matrimonial de bens, os ascendentes do *de cujus* (art. 1.836, CC), sendo que o grau mais próximo exclui o mais remoto, não se devendo atender à distinção de linhas (art. 1.836, § único). Inexiste o direito de representação na linha de ascendência (vide o art. 1.852, ***in fine***).

Quando se fala ***sem** distinção de linhas*, isto significa sem distinguir linha materna da paterna. Ex. Se o falecido deixou pai e mãe, herdarão ambos em partes iguais. Se apenas um dos genitores for vivo, a este será entregue toda a herança, ainda que sobrevivam os ascendentes do outro, pois existindo pai ou mãe do *de cujus* não herdam avós ou bisavós, seja da linha paterna, seja da linha materna. Não há falar-se no direito de representação, neste caso.

Deixando o falecido ascendentes do mesmo grau, mas de distintas linhas, **a herança partir-se-á entre as duas linhas**, meio a meio. A regra do parágrafo segundo do artigo 1.836 é importantíssima. Ex.: O falecido possui apenas três avós (igualdade de graus), dois maternos e um paterno (diversidade em linha). Todos receberão a herança, que será repartida entre as duas linhas, meio a meio, metade será entregue aos dois avós maternos (uma linha) e a outra metade ao único avô paterno (outra linha).

Só na falta de ambos os ascendentes de primeiro grau é que herdarão os avós da linha paterna e materna, de modo isonômico.

Na ascendência também há de falar-se em concorrência com o cônjuge sobrevivente (art. 1837 CC). Casado o *de cujus* e no caso de haver apenas os ascendentes, o cônjuge sobrevivente concorrerá. E se concorrer com ascendentes em primeiro grau terá direito a um terço da herança. Mas se concorrer com um só ascendente (ou o pai ou mãe do falecido e só um, de uma só linha), ou se maior for aquele grau, por concorrer com avô ou bisavô do extinto, caber-lhe-á metade do acervo hereditário.

8.5. A sucessão do cônjuge sobrevivente ou do companheiro.

"Em falta de descendentes e ascendentes, será deferida a sucessão por inteiro ao cônjuge sobrevivente" (art. 1.838, CC). A norma protege o cônjuge supérstite que ao tempo da morte não estava separado de fato há mais de dois anos, nem separado judicialmente, ou mesmo se provado que a convivência tenha se tornado impossível sem culpa sua (art. 1.830, CC). Esta norma se aplica por analogia à união estável, de modo que na falta de descendentes, ou ascendentes, o companheiro sobrevivente receberá toda a herança.

A isto também acrescemos o nosso entendimento de que não a parte final do artigo 1.830 perde total sentido, pois não é mais possível investigar a culpa no divórcio, que constitui direito potestativo dos cônjuges, seja por isto, seja ante o princípio da intervenção mínima do estado.

Uma característica importante nas legislações modernas é a posição privilegiada dada ao cônjuge. Se o casamento for putativo, o cônjuge de boa-fé (art. 1.561, § 1°, CC) sucede. Isto se a sentença anulatória for *posterior* ao falecimento.

O de má fé não sucede jamais (§ 2°, do art. 1.561, CC). Agora, se tal matrimônio for anulado em vida, não há falar-se em sucessão.

8.6. Sucessão dos colaterais – herdeiros facultativos.

Os colaterais são chamados a suceder na falta dos descendentes, ascendentes e cônjuge.

São sucessíveis os colaterais até o **quarto grau** apenas. Segundo o artigo 1.840 do CC: Na classe dos colaterais, os mais próximos excluem os mais remotos, salvo o direito de representação concedido aos filhos de irmãos.

Portanto, na linha **colateral** o direito de representação somente se dá em favor de filhos de irmãos do falecido, quando com irmãos deste concorrerem (art. 1.853, CC).

O artigo 1.841 do CC, para efeito de sucessão de colateral, **distingue** o irmão bilateral ou germano (filho do mesmo pai e da mesma mãe), do irmão unilateral ou consanguíneo ou uterino - aquele em que só um dos genitores é comum (o mesmo): concorrendo à herança do falecido irmãos bilaterais com irmãos unilaterais, cada um destes herdara metade do que cada um daqueles herdar.

Os **irmãos germanos** gozam, pois, de privilégio. O **irmão bilateral** é irmão duas vezes, seria esta, implicitamente, a ideia central, porquanto o vínculo parental seria duplicado para estes. Parece-nos que a norma é **inconstitucional**, por quebra a **isonomia**, mas já fora objeto de prova.

Os **sobrinhos** são parentes em terceiro grau que, na falta dos irmãos, são chamados a herdar (art. 1.843, CC). Depois dos sobrinhos, chamam-se os tios do finado e, depois, os sobrinhos netos, tios avós e primos irmãos do autor da herança, que se encontram no quarto grau de parentesco para com este. Inexistindo representação, sucedem por direito próprio, partilhando-se a herança por cabeça.

Curiosa é à disposição do Código, pois tanto os sobrinhos como os tios são parentes de terceiro grau. Todavia, toda a norma privilegia a descendência, daí a justificativa.

8.7. O Artigo 1.830 e a separação há mais de dois anos

A teor do art. 1.830 "*somente é reconhecido o direito sucessório ao cônjuge sobrevivente se, ao tempo da morte do outro, não estavam separados judicialmente, nem separados de fato há mais de dois anos, salvo prova, neste caso, de que essa convivência se tornara impossível sem culpa do sobrevivente*".

Aqui também houve inovação legislativa em se comparando o texto com o CC/16. Desfeitos os laços da afeição no plano da relação substancial, cai o direito sucessório. Não esquecer que, com o advento da Emenda Constitucional nº 66, parte do dispositivo do artigo perdeu eficácia, como já exposto acima.

8.8. O direito real de habitação

A teor do artigo 1.831 do Código Civil "*Ao cônjuge sobrevivente, **qualquer que seja o regime de bens,** será assegurado, sem prejuízo da participação que lhe caiba na herança, o direito real de habitação relativamente ao imóvel destinado à residência da família, desde que seja o único daquela natureza a inventariar*".

Existem duas **espécies** do direito real de habitação:

(1) **A voluntária** que exige escritura pública registrada em cartório (Lei de Registros Públicos, art. 167, I, 7);

(2) **A legal,** que independe de escritura, sendo esta a estudada no direito das sucessões.

O CC/02 amplia o prazo do direito real de habitação que não mais se extingue com o casamento, mas apenas quando da morte (direito real vitalício de gozo e fruição).

Também se deve registrar que o direito real de habitação se aplica à hipótese de união estável, como já assentou a doutrina majoritária mediante o **Enunciado 117 em Jornada de Direito Civil:** "o direito real de habitação deve ser estendido ao companheiro, seja por não ter sido revogada a previsão da Lei nº 9.278/96, seja em razão da interpretação analógica do art. 1.831, informado pelo art. 6º, caput, da CF/88".

9. A SUCESSÃO DO COMPANHEIRO

Em 10 de maio de 2017 o Supremo Tribunal Federal declarou a inconstitucionalidade do art. 1.790 em dois Recursos Extraordinários de nos 878.694 (para uniões estáveis) e 646.721 (para uniões homoafetivas).

Seguindo a toada da Corte Suprema, depois de equiparar a união estável ao casamento para fins sucessórios, a 4a Turma do Superior Tribunal de Justiça decidiu, por unanimidade, critérios infraconstitucionais para a aplicação do entendimento afirmado pela Suprema Corte, no sentido de se aplicar o art. 1.829 do CC. O processo correu em segredo de Justiça, de modo que não foi divulgado o número do recurso especial, sendo a notícia disponibilizada no sitio do STJ no dia 22 de agosto de 2017.

Significa dizer que na hora da prova temas envolvendo a ordem de vocação hereditária devem ser resolvidos pela aplicação do art. 1.829 do CC.

10. DIREITO DE REPRESENTAÇÃO

A sucessão legítima pode ocorrer de forma direta, em nome próprio, também denominada por cabeça, ou mesmo de maneira **indireta**, por estirpe, em nome de um pré-morto, o que se denomina direito de representação.

Portanto, herda-se pelo **direito de representação** quando alguém é convocado a suceder em lugar de outro herdeiro, parente mais próximo do falecido, que está pré-morto, ausente ou incapaz de suceder no instante em que se abre a sucessão (art. 1851 do CC). Trata-se de regra mitigadora do princípio da proximidade a permitir que netos, por exemplo, herdem por estirpe junto com filhos do finado. Trata-se de **substituição** operada pela lei.

Para que se fale em representação é necessária a observância de alguns **requisitos**:

1) Que o **representado** seja **falecido**, salvo a hipótese do indigno e do ausente (art. 1.816, CC), quando excepcionalmente haverá representação de pessoa viva. Atente-se para a regra do artigo 1.811 do CC: ninguém pode suceder representando herdeiro renunciante. O herdeiro renunciante é havido como estranho à herança e por isto não pode ser substituído pelo seu descendente;
2) Que o **representante** seja **descendente** do representado. A representação acontece na linha reta da descendência ou na colateralidade, nunca na ascendência (art. 1.852, CC);
3) Que o **representante** esteja **legitimado** a suceder o representado;
4) Que **não haja solução de continuidade** no encadeamento dos graus entre representante e substituto. A representação não opera *per saltum*. Não se admite que um descendente salte sobre o pai vivo, a fim de representá-lo na herança do avô (art. 1811 CC).

Como indicado pelo artigo 1.852, a representação se dá na **linha descendente** e jamais na ascendente. Na linha transversal apenas se admite o direito de representação em favor dos filhos de irmãos do falecido, quando com irmão deste concorrerem (art. 1.853, CC).

Os representantes só podem herdar o que herdaria o representado se vivo fosse (art. 1.854, CC). Não pode, pois, receber menos, nem mais. Lembre-se que os quinhões hereditários dos que herdam por direito de representação não respondem pelas dívidas do representado, mas apenas pelas do falecido.

O quinhão do representado partir-se-á **por igual** entre os representantes. Portanto, sempre que houver representação, a partilha efetuar-se-á por estirpe, distribuindo-se o quinhão do representado por igual entre os seus representantes.

Curiosa é a leitura do artigo 1.856 segundo a qual o renunciante à herança de uma pessoa poderá representá-la na sucessão de outra, até porque a renúncia se interpreta de forma **restritiva**.

11. SUCESSÃO TESTAMENTÁRIA

O Código Civil dispõe sobre a sucessão testamentária no Título III, capitulo I, do testamento em geral.

O testamento é um negócio jurídico unilateral e gratuito, de natureza solene, revogável, personalíssimo, pelo qual alguém dispõe dos bens para depois de sua morte, ou determina a própria vontade sobre a situação dos filhos e outros atos de última vontade, que não poderão, porém influir na legítima dos herdeiros necessários (art. 1.857, § 2°, CC). Pode o testamento se limitar ao reconhecimento de paternidade (art. 1.609, IV, CC), nomeação de tutor para filho menor (art. 1.634, IV, CC) e reabilitação de indigno (art. 1.818, CC).

> ▸ Atenção!
>
> **Enunciado 528 – V Jornada de Direito Civil – CJF:** É válida a declaração de vontade expressa em documento autêntico, também chamado "testamento vital", em que a pessoa estabelece disposições sobre o tipo de tratamento de saúde, ou não tratamento, que deseja no caso de se encontrar sem condições de manifestar a sua vontade.

Por ser ato **personalíssimo** não se admite o testamento conjunto ou de mão comum (art. 1863 CC), bem como simultâneo recíproco ou correspectivo.

11.1. Capacidade de testar

Reza o artigo 1.857 do CC que **toda pessoa** pode dispor por testamento da totalidade de seus bens ou de parte deles, para depois de sua morte, acrescentando o parágrafo primeiro que a legítima dos herdeiros necessários não poderá ser incluída no testamento.

De qualquer modo, o artigo 1.857 há de ser analisado em conformidade com o artigo 1.848, que permite a inclusão da legítima no testamento para sofrer imposição de cláusulas restritivas de inalienabilidade, impenhorabilidade e incomunicabilidade, se o testador expuser, no testamento, justa causa para sua incidência.

Lembre-se que a **capacidade testamentária ativa** se inicia aos 16 (dezesseis) anos, a teor do parágrafo único do artigo 1.860, CC. Frise-se: testa-se aos 16 anos independentemente de assistente, por ser ato personalíssimo.

Evidentemente que seria possível imaginar a incidência dos preceitos gerais da incapacidade (arts. 3° e 4° do CC). Contudo, os pródigos poderão testar, porque não estarão dilapidando seu patrimônio, já que as disposições testamentárias irão vigorar só depois da morte. Quanto ao surdo mudo, há preceito específico, qual seja o artigo 1.866, CC: o indivíduo inteiramente surdo, que saiba ler, lerá seu testamento, e se não souber, designará quem o leia em seu lugar, presentes as testemunhas. Tanto o cego (art. 1.867, CC) como o analfabeto (art. 1.869, CC) podem testar. A nulidade do testamento por incapacidade ativa só pode ser ajuizada no **juízo privativo**, no prazo de cinco anos, contados do registro do testamento, conforme o art. 1.859, CC. É visível que o regime jurídico é destacado e próprio da parte especial do CC.

Ademais, "**A incapacidade superveniente do testador não invalida o testamento, nem o testamento do incapaz se valida com a superveniência da capacidade**" (art. 1.861, CC).

11.2. Formas de testamento

a) Formas ordinárias. O **público**, **cerrado** e **particular** (art. 1.862 do CC).

b) Formas especiais. Em número de três, compreende o testamento **militar**, **aeronáutico** e **marítimo**, segundo dispõe o artigo 1.886 do CC.

A lei não considera o testamento consular como forma própria, autônoma. Na verdade, o testamento consular constitui forma de testamento público, com a **única diferença** que nele funciona o cônsul como tabelião, revestido, pois, de funções notoriais. Importante se atentar para a norma de transição do artigo 2.042 do CC.

11.2.1. O testamento público

O testamento público é a única forma do analfabeto e do impedido de assinar testarem, como também do cego (vide, neste último caso, o art. 1.867), submetendo-se aos requisitos previstos na seção II, no artigo 1.864 e ss.

O primeiro requisito se refere ao **sujeito** que efetuará a lavratura do ato. Há de ser necessariamente *tabelião ou seu substituto legal*, sendo o ato registrado no livro de notas de acordo com as declarações do testador (inciso I). Assim, podem lavrar o ato o cônsul, o oficial maior do tabelionato, ou até mesmo o escrevente, desde que investido como substituto.

O segundo requisito é a **leitura integral** do testamento a um só tempo e para todos (testador e as duas testemunhas), de uma só vez. (inciso II). Observe-se que no testamento deve constar o nome e identidade da pessoa que o leu, sob pena de nulidade.

O terceiro requisito é a **presença de duas testemunhas** (ainda o inciso II), que assistam a todo o ato.

O quarto requisito é a **assinatura** do testamento por todas as pessoas acima elencadas (inciso III). Se o testador não souber ou não puder assinar, tal fato será registrado, assinando neste caso *pelo* testador, a seu rogo, uma das testemunhas instrumentárias (art. 1.865, CC).

É **lavrado** pelo tabelião no livro de notas, contendo a declaração de vontade do testador manifestada em presença do mesmo oficial e duas testemunhas desimpedidas. Novidade: o CC/16 exigia cinco testemunhas. O atual somente duas.

Se o instituidor for surdo-mudo, incide o artigo 1.866, no sentido de se evitar a leitura em voz alta, procedendo à leitura pelo próprio testador.

11.2.2. Do testamento cerrado

Também chamado de testamento secreto ou místico, é o escrito pelo próprio testador, ou por alguém a seu rogo e por aquele assinado, com caráter sigiloso, completado pelo instrumento de aprovação lavrado pelo tabelião ou oficial público substituto, presente duas testemunhas.

Encontra-se disciplinados nos artigos 1.868 a 1.875 do Código Civil.

É composto de dois elementos essenciais: a cédula testamentária e o auto de aprovação.

Os requisitos do testamento **cerrado** estão disciplinados no artigo 1.868 do Código Civil, a saber: a) a cédula deve ser escrita pelo próprio testador ou por outra pessoa a seu rogo; b) a cédula deve ser assinada pelo testador; c) a cédula deve ser entregue pelo testador ao tabelião na presença de duas testemunhas; e) o testador, perante estas testemunhas, deve declarar que aquele é o seu testamento e que quer que seja aprovado; f) que, de logo, o tabelião, mediante a presença do testador e das testemunhas, lavre o auto de aprovação e imediatamente o leia; g) que o auto aprovado seja assinado por todos os sujeitos acima identificados.

Terminado, o instrumento aprovado será cessado e costurado, a teor do artigo 1.869, para posterior devolução ao testador, ou mesmo a pessoa que este designar, a fim de ser apresentado em juízo por ocasião da abertura da sucessão. Até então, o documento deve permanecer inviolável. Se por ventura for aberto pelo testador, ou houver violação do lacre, ter-se-á como **revogado**.

O artigo 1.870 autoriza ao tabelião que este escreva o testamento em face do testador, nada impedindo que a **mesma autoridade** lavre o auto de aprovação.

Por se tratar de documento **particular**, pode ser escrito em língua estrangeira, conforme permite o artigo 1.871 do CC.

Reza o artigo 1.872 que aquele que não saiba ler não pode firmar testamento cerrado. O fato de saber escrever pouco importa, a preocupação da norma é com aquele que não saiba ler, pois só assim o instituidor poderá verificar a veracidade das informações daquele que escreveu a seu rogo, seguindo suas instruções.

O surdo mudo pode fazer testamento cerrado conquanto que o escreva todo e o assine de sua mão e que, ao entregá-lo ao oficial público, ante as duas testemunhas, escreva na face externa do papel ou do envoltório, que aquele é o seu testamento, cuja aprovação lhe pede (art. 1.873, CC).

11.2.3. Do testamento particular

Também denominado de testamento hológrafo é o escrito e assinado pelo testador, lido na presença de três testemunhas que também o assinarão.

Sua base legal está contida nos artigos 1.876 a 1.880 do Código Civil.

A teor do artigo 1.876, seus requisitos são os seguintes: **a) seja escrito e assinado pelo próprio testador, que deve saber ler e escrever; b) a intervenção de três testemunhas, além do testador; c) seja lido pelo testador perante as testemunhas e assinado; d) inexistam rasuras ou espaços em branco.**

Morto o testador, publicar-se-á em juízo o testamento, com citação dos herdeiros legítimos (CC, art. 1.877 c/c 735/737 do CPC/15). O apresentante requererá ao juiz a notificação das pessoas a quem caberia a sucessão *ab intestato*, para que em dia, hora e lugar marcados, venham assistir a inquirição das testemunhas signatárias do instrumento, intimadas sob pena de desobediência.

11.3. O codicilo

É o negócio jurídico de última vontade em que o autor dispõe sobre assuntos de **menor importância**, despesas e donativos de reduzido valor. Reza o artigo 1.881 do CC que *"toda pessoa capaz de testar poderá, mediante escrito particular seu,* *datado e assinado, fazer disposições especiais sobre seu enterro, sobre esmolas de pouca monta a certas e determinadas pessoas, ou, indeterminadamente, aos pobres de certo lugar, assim como legar móveis, roupas ou joias, de pouco valor, de seu uso pessoal."*

Serve ainda o codicilo para **nomear** ou **substituir** testamenteiros (art. 1.883), **perdoar** o indigno (art. 1.818), bem como para reservar parcelas para sufrágio de sua alma, obrigando, neste caso, a herança (art. 1.998).

Não serve para reconhecer filhos, nem deserdar pessoa. Tanto pode ser integrante de testamento anterior, como pode ter vida autônoma. A forma hológrafa é a única permitida. Assim, só se admite o codicilo particular.

De acordo com o artigo 1.884 se considera revogado o codicilo se sobrevier testamento que não o confirme, ou modifique. Um codicilo novo pode revogar um antigo, porém jamais poderão revogar um testamento, nada obstante o testamento possa revogar o codicilo.

Se estiver fechado o codicilo, **abrir-se-á do mesmo modo que o testamento cerrado** (art. 1.885, CC).

11.4. Revogação do testamento

Diz o artigo 1.969 do CC/02 que o testamento pode ser revogado pelo mesmo modo e forma como pode ser feito. Perguntar-se-ia: Tem que ser a mesma forma de testamento? Para quase toda a doutrina a resposta é negativa. **A revogação pode ser parcial ou mesmo integral**. A revogação produzirá seus efeitos ainda que o testamento originário caducar por exclusão, incapacidade, ou renúncia do herdeiro nela nomeado. No testamento cerrado, na trilha do art. 1.972 do CC, considera-se revogado quando o testador o abrir ou dilacerar ou consentir neste procedimento.

11.4.1. Repristinação do Testamento.

Repristinar, juridicamente, significa restaurar, reavivar, conforme estudo no capítulo destinado à LINDB. Assim como nas normas, a regra no testamento é a inocorrência da repristinação automática, salvo disposição em contrário. Logo, **a revogação do testamento revogador não vai repristinar o revogado.**

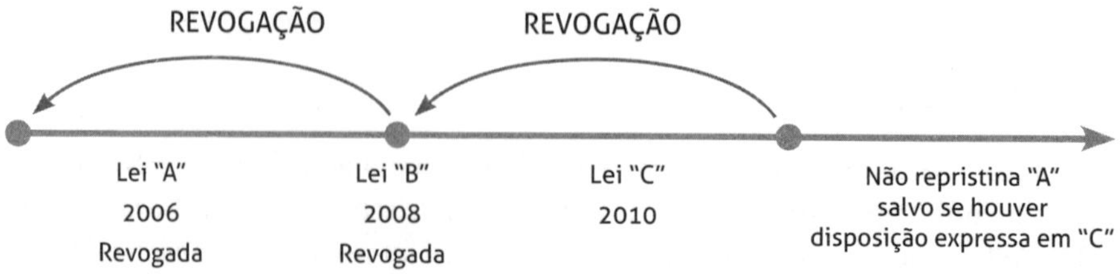

11.5. Rompimento do testamento

Disciplinado pelos artigos 1.973 a 1.975 do CC, o rompimento do testamento se dá em apenas *duas* hipóteses jurídicas (ali indicadas) e está diretamente relacionado com o **princípio da intangibilidade da legítima,** na fiel proteção à garantia constitucional do direito de herança em favor dos herdeiros necessários.

A **primeira hipótese** ocorre quando **sobrevier descendente sucessível ao testador que não o tinha, ou não o conhecia, quando testou.** Neste caso, **rompe-se** o testamento **em todas as suas disposições** (art. 1.973, CC).

Também ocorrerá o aludido rompimento quando o testamento foi *"feito na ignorância de existirem outros herdeiros necessários"*, na melhor forma do artigo 1.974 do Código Civil.

Não haverá o rompimento do testamento se o testador só dispôs da metade de seu patrimônio (parte disponível que não afeta a intangibilidade da legítima). Sim, porque neste caso nenhum prejuízo existirá para os herdeiros necessários na medida em que a legítima destes não restou violentada. É o que afirma o artigo 1.795 do Código Civil.

11.6. Do testamenteiro

O Código Civil permite que o testador nomeie mais de um testamenteiro, conjunta ou separadamente, a quem compete o dever jurídico de dar cumprimento às disposições de última vontade. Havendo simultaneamente, poderá cada qual exercer o aludido dever jurídico separadamente, em falta dos outros. Apesar disto, todos os testamenteiros ficam **solidariamente obrigados** a dar conta dos bens que lhe forem confiados.

A solidariedade será afastada na hipótese em que cada um dos testamenteiros tiver, pelo testamento, **funções distintas e a elas se limitar**. Mais ainda, a responsabilidade do ou dos testamenteiros subsiste enquanto durar a execução do testamento.

Isto, por óbvio, para os casos em que houver mais de um testamenteiro, nada obstante a lembrança que, em tese, pode haver apenas um.

O testamenteiro poderá ainda obter a **posse** e a **administração** da herança, ou de parte dela, caso não haja cônjuge ou herdeiros necessários. Nesse caso tendo o testamenteiro a posse e administração dos bens, incumbe-lhe requerer inventário e cumprir o testamento.

O testamenteiro é, finalmente, obrigado a cumprir as disposições testamentárias, no prazo fixado pelo testador, pois o Direito Hereditário tem como uma de suas finalidades respeitar e observar a última vontade do *de cujus*.

Assim, não concedendo o testador prazo maior, cumprirá o testamenteiro o testamento e prestará contas em cento e oitenta dias, contados da aceitação da testamenteira, podendo este prazo ser prorrogado desde que exista ***justa causa***, ou seja, **fundado** e **relevante** aspecto fático-jurídico a obstruir o adimplemento dentro do aludido interregno.

Acaso não seja o testamenteiro herdeiro ou legatário terá ele **direito a um prêmio** que – se o testador não houver fixado – **será de um a cinco por cento sobre a herança líquida.** Este prêmio é **arbitrado pelo Juiz,** sendo que é possível, em tese, que o aludido prêmio venha a ser revertido se o testamenteiro o perder, por ser removido ou por não ter cumprido o testamento.

11.7. Do legado

Disciplinado nos artigos 1.912 a 1.940 do Código Civil Brasileiro, o legado é uma disposição ***causa mortis*** no qual o testador deixa coisa certa ou direito determinado em benefício de alguém (denominado de legatário).

Difere do herdeiro, pois este adquire um direito indeterminado, um quinhão que será individualizado posteriormente **no momento** do inventário, já o legatário adquire um bem certo, determinado por disposição testamentária ou codicilo.

Segundo o Código Civil poderão ser legados coisas, créditos, quitação de dívidas, alimentos, usufruto, renda ou prestação periódica.

Sendo coisa certa existente no acervo do de *cujus*, essa pertencerá ao legatário desde a abertura da sucessão. Entretanto, *"não se defere de imediato a posse da coisa, nem nela pode o legatário entrar por autoridade própria"* (§ 1º, art. 1.923 do CC). De igual modo *"O legado de coisa certa existente na herança transfere também ao legatário os frutos que produzir, desde a morte do testador, exceto se dependente de condição suspensiva, ou de termo inicial"* (§ 2º, art. 1.923 do CC).

Em se tratando de alimentos, se o testador não fixar o seu valor, deverá o juiz fazê-lo. O *quantum* estabelecido deve abranger o **sustento**, a **cura**, o **vestuário** e a **casa**, enquanto o legatário viver, além da educação, se ele for menor.

Se o legado consiste em coisa determinada pelo gênero poderá ser escolhido pelo **herdeiro**, por **terceiros**, ou pelo **juiz** (quando o terceiro não quiser ou não puder fazê-lo), ou, finalmente, pelo **próprio legatário**. No caso da escolha ser feita pelos três primeiros deverá ser observado o meio-termo entre as congêneres da melhor e da pior qualidade.

Não havendo nenhuma das hipóteses previstas no artigo 1.939, que dispõe sobre a **caducidade** do legado, *a coisa legada entregar-se-á, com seus acessórios, no lugar e estado em que se achava ao falecer o testador, passando ao legatário com todos os encargos que a onerarem* (art. 1.937 CC).

Parte II

Direito Processual Civil

Rinaldo Mouzalas de Souza e Silva

Eduardo Augusto Madruga de Figueiredo Filho

Normas fundamentais do processo civil

1. CONSTITUCIONALIZAÇÃO DO PROCESSO CIVIL

A constitucionalização do direito denota dupla faceta: a **elevação de diversas disposições legais para o patamar constitucional**, o que garante maior eficácia e proteção com tal estatura (constitucionalização das garantias constitucionais: modelo constitucional de devido processo justo), bem como o movimento contrário, que indica a **incidência do conteúdo da Constituição sobre o sistema jurídico**, a fazer com que as disposições infraconstitucionais sejam lidas e interpretadas sob a diretriz da constituição (art. 1º do CPC 2015).

2. MODELO COOPERATIVO DE PROCESSO

O CPC/2015 inaugura um novo modelo processual, chamado pela doutrina de **cooperativo ou comparticipativo,** que representa uma nova forma de **organização processual,** ao redistribuir de forma mais equilibrada os poderes e as faculdades processuais entre partes e o juiz. Ele surge exatamente para equiponderar as manifestações de inquisitividade (poderes do juiz) e de dispositividade (poderes das partes), sem, entretanto, repelir, por completo, os clássicos modelos adversarial e inquisitorial.

Assim, a correta divisão das funções entre as partes e o tribunal que atende aos reclames de um Estado Democrático de Direito é, sem dúvida, aquela que impõe que, ao longo de todo o iter processual, seja mantido um diálogo entre todos os sujeitos do processo, devendo este (o processo) ser entendido, essencialmente, como uma **comunidade de trabalho ou de comunicação**, que permita uma ampla discussão a respeito de todos os aspectos fáticos e de direito relevantes para o deslinde da causa.

3. NORMAS FUNDAMENTAIS DO PROCESSO

O bloco constitucionalizado em 1988 possui como **norma-*mater* o superprincípio do devido processo legal**. No quadro abaixo se sintetiza o núcleo duro mínimo que pode ser extraído dessa cláusula geral, que rege o processo civil moderno:

Modelo de Devido Processo Constitucional – Princípios e garantias constitucionais do processo	
Devido Processo Legal (Art. 5º LIV)	LIV – ninguém será privado da liberdade ou de seus bens sem o ***devido processo legal***;
Contraditório e Ampla Defesa (Art. 5º, LV)	LV – aos litigantes, em processo judicial ou administrativo, e aos acusados em geral são assegurados o ***contraditório e ampla defesa***, com os meios e recursos a ela inerentes;
Razoável Duração do Processo (Art. 5º, LXXVIII)	LXXVIII a todos, no âmbito judicial e administrativo, são assegurados a ***razoável duração do processo*** e os meios que garantam a celeridade de sua tramitação.
Publicidade (Art. 5º, LX)	LX – a lei só poderá restringir a ***publicidade*** dos atos processuais quando a defesa da intimidade ou o interesse social o exigirem;
Isonomia Material (Art. 5º, *caput*)	Todos são ***iguais perante a lei***, sem distinção de qualquer natureza (...)
Motivação das Decisões (Art. 93, IX)	IX – todos os julgamentos dos órgãos do Poder Judiciário serão **públicos, e fundamentadas todas as decisões,** sob pena de nulidade, podendo a lei limitar a presença, em determinados atos, às próprias partes e a seus advogados, ou somente a estes, em casos nos quais a preservação do direito à intimidade do interessado no sigilo não prejudique o interesse público à informação
Juiz Natural (Art. 5º, XXXVII)	XXXVII – não haverá juízo ou tribunal de exceção;
Inafastabilidade da Jurisdição (Art. 5º XXXV)	XXXV – a lei não excluirá da apreciação do Poder Judiciário lesão ou ameaça a direito;
Proibição das Provas Ilícitas (art. 5º, LVI, CF)	LVI – são inadmissíveis, no processo, as provas obtidas por meios ilícitos;

Além do direito processual constitucional, que se lança sobre todo processo civil brasileiro, o CPC/2015 (primeiro editado após a Constituição de 1988), destaca um capítulo próprio para evidenciar as normas fundamentais do processo logo no corpo inicial do seu texto (dos arts. 2º a 12), que formam as **linhas do processo civil contemporâneo**, a servir como parâmetro interpretativo para os dispositivos do Código, como se observa abaixo:

Art. 2º	Dispositivo, Impulso Oficial
Art. 3º	Inafastabilidade da Jurisdição e Estímulo à Resolução Consensual dos Conflitos
Art. 4º	Razoável Duração do Processo, Primazia das Decisões de mérito e Efetividade
Art. 5º	Boa-Fé – Objetiva Processual
Art. 6º	Cooperação
Art. 7º	Isonomia Material ou Paridade de Armas
Art. 8º	Dignidade da Pessoa Humana, Proporcionalidade, Razoabilidade, Legalidade, Publicidade e Eficiência
Art. 9º	Contraditório Comparticipativo
Art. 10	Vedação às decisões por emboscada (surpresas)
Art. 11	Publicidade e Fundamentação
Art. 12	Ordem Cronológica

Essas disposições tonificam as disposições expressas na Constituição com intuito simbólico e enfático, além de, às vezes, **estrear novos textos**, que encampam outras normas fundamentais, que densificam o devido processo, como são exemplos a resolução consensual dos conflitos, o primado do mérito, a proibição das decisões por emboscada e a ordem cronológica.

Mas, apesar da importância, reconhece-se o caráter **meramente exemplificativo**[1] desse capítulo, pois existem outras normas fundamentais no próprio CPC/2015 (a exemplo das dispostas nos artigos 926 e 927) e na Constituição (como o juiz natural, o direito à prova e o devido processo legal) que, ilogicamente, não foram incluídas neste rol e, nem por esta razão, perderam o *status* de normas fundamentais do processo civil.

Esse capítulo inaugural é composto por **normas-princípios e normas-regras**. Enquanto os princípios induzem a um juízo de valor, aplicando-se, de forma propositiva, a qualquer situação que enseje sua observância, as regras limitam-se à aplicação específica e objetiva de seu comando, de maneira repressiva. São, portanto, normas com estruturas e formas de aplicação distintas.

Antes de passar para análise das normas fundamentais em espécie listadas nos arts. 2º a 12 do código, e para que não se perca a didática pretendida, é essencial realizar algumas ponderações sobre os princípios constitucionais do **devido processo legal** ***(due process of law ou processo equitativo ou devido processo justo) e do juiz natural que como já enfatizado, ilogicamente não foram previstos no capítulo das normas fundamentais do CPC***

O primeiro encontra-se expresso na Constituição Federal no artigo 5º, inciso LIV. Esse dispositivo garante que nenhum sujeito de direito será privado da liberdade

1. Enunciado nº 369 do FPPC: O rol de normas fundamentais previsto no Capítulo I do Título Único do Livro I da Parte Geral do CPC não é exaustivo.

ou de seus bens sem o devido processo legal. Assim, funciona como uma cláusula geral de proteção contra o arbítrio, de tal forma que todo e qualquer cidadão tem direito a um devido processo antes de sofrer qualquer sanção estatal que ofereça restrições em sua órbita jurídica. Ressalta-se que o parâmetro a ser observado pelo devido processo deve ser mais amplo, não apenas a lei, mas o sistema normativo como um todo, razão pela qual a doutrina critica a nomenclatura utilizada pela Constituição e defende uma nomenclatura mais adequada (***devido processo constitucional***).

Existem duas facetas do princípio: a primeira (formal, adjetivo, ou procedimental) evidencia uma preocupação com a tutela processual, no sentido de que todos os cidadãos devem ter o direito de processar e ser processado de acordo com garantias processuais pré-determinadas. O seu conteúdo normativo compreende todas as normas processuais fundamentais delineadas, até então, no modelo constitucional de processo. Já a segunda (e a material ou substancial) encontra embasamento em importante decisão do Supremo Tribunal Federal, que extrai do devido processo substancial a realização *da proporcionalidade* e *da razoabilidade*, havendo uma nítida tropicalização da dimensão delineada nos Estados Unidos, pois se recepciona o instituto dando feições próprias autenticamente brasileiras.

Essa concepção substancial é expressa no art. 8º do CPC, que evidencia a **proporcionalidade e a razoabilidade** como postulados normativos a harmonizar as disposições do CPC.

Já o princípio do juiz natural está previsto na Constituição da República, notadamente no artigo 5º, incisos XXXVII e LIII. Assegura julgamento proferido por autoridade competente e previamente designada para assim proceder, afastando a hipótese da ocorrência de juízes e tribunais de exceção.

O princípio do juiz natural manifesta-se em duas facetas: objetiva e subjetiva.

Sob o viés objetivo, o juiz natural desdobra-se:

a) preexistência do órgão jurisdicional ao fato;

b) no respeito integral às regras objetivas de determinação da competência presentes na constituição e no tecido normativo infraconstitucional.

Sob o viés subjetivo, o juiz natural impõe a imparcialidade e a independência dos magistrados e dos demais auxiliares da justiça. O **dever de imparcialidade** que deve pautar suas ações, evita que assédios pessoais orientem os seus passos. A imparcialidade de seus atos o aproxima da verdade. Para tal, a Constituição lhe oferece garantias (art. 95) e lhe prescreve proibições (art. 95, parágrafo único). Pontue-se que a imparcialidade não significa que o juiz deva participar do processo apenas como espectador. É seu dever, para proferir um julgamento efetivo, conduzir o processo de modo a se aproximar da verdade.

Por fim, antes de adentrarmos na análise das normas em espécie, na cronologia em que ela foi disposta no CPC, insta tecer alguns comentários a respeito do duplo grau de jurisdição. Tal preceito se traduz na possibilidade dada ao sujeito interessado de não ficar vinculado somente ao pronunciamento jurisdicional proferido pelo juízo de primeira instância (o que acaba por tornar a atividade da instância originária ilegítima). Se houver insatisfação contra a decisão, o sujeito processual pode utilizar a via recursal para ter sua ação analisada pelo órgão jurisdicional *ad quem*.

O duplo grau de jurisdição funda-se na possibilidade de o provimento judicial de primeira instância ser injusto ou inadequado, provocando a necessidade de permitir rediscussão e eventual reforma ou anulação da decisão em recurso. Presta-se a convencer o jurisdicionado de que sua ação foi analisada à exaustão e, por isso, proferida decisão justa.

Além disso, garante a unificação dos pronunciamentos jurisdicionais e previne condutas sinuosas por parte do julgador[2], já que o duplo grau de jurisdição possui cunho político, pois os atos estatais devem se submeter a controles, e o fato de a decisão judicial ser revista, eles ficam assegurados.

A Constituição **não obriga o duplo grau de jurisdição (pelo menos de forma explícita)**. Tanto que existem previsões no sistema jurídico em que ele não é observado e, nem por isso, aquelas são inconstitucionais. Em determinadas situações, por ser, exemplificativamente, de pequeno valor o bem jurídico em discussão judicial (como ocorre no rito sumário na Justiça do Trabalho), afasta-se o duplo grau. Entretanto, quando a Constituição prevê a existência de recursos e de tribunais, acaba por colocar, pelo menos para algumas hipóteses, o duplo grau como garantia.

4. NORMAS FUNDAMENTAIS EM ESPÉCIE

a) ***iniciativa da parte para instauração do processo:*** o art. 2º do CPC concretiza uma das facetas do princípio dispositivo, segundo a qual não há jurisdição sem **iniciativa** da parte (*nemo iudex sine actore*). O campo da iniciativa da parte pouco foi atingido pela cooperação, pois continua sendo da parte, regra geral, o monopólio para proceder ao *start*. processual. O Código, no referenciado artigo, dispõe que: "o processo começa por iniciativa da parte e se desenvolve por impulso oficial, salvo as exceções previstas em lei".

A segunda parte do art. 2º do Código notabiliza o **impulso oficial,** porque, uma vez dado início ao processo, ele se conduz por impulso oficial. Uma vez instaurado o processo, ele se rege por impulso oficial, cabendo ao magistrado a realização de atos necessários ao desenvolvimento do procedimento em geral, para que só assim o processo atinja os seus objetivos.

2. Ver capítulo "TEORIA GERAL DOS RECURSOS".

b) ***inafastabilidade do controle jurisdicional pelo Poder Judiciário (acesso à justiça ou acesso à ordem jurídica justa ou ubiquidade ou indeclinabilidade da jurisdição)***: trazido pelo artigo 5º, XXXV, da Constituição e reforçado pelo caput do art. 3º do CPC, é a **garantia do direito de ação,** por conferir, àquele que for ou que possa ser lesado em seus direitos, o acesso amplo e irrestrito ao Poder Judiciário, bem como ter a devida e a efetiva prestação da tutela jurisdicional.

> **Importante!**
>
> A Lei nº 13.146/2015 (Estatuto da Pessoa com Deficiência) determina que o Poder Público deve assegurar o acesso da pessoa com deficiência à justiça, em igualdade de oportunidades com as demais pessoas, garantindo, sempre que requeridos, adaptações e recursos de tecnologia assistiva (art. 79 do Estatuto).
>
> O art. 80 completa que devem ser oferecidos todos os recursos de tecnologia assistiva disponíveis para que a pessoa com deficiência tenha garantido o acesso à justiça, sempre que figure em um dos polos da relação processual ou atue como testemunha, partícipe da lide posta em juízo, advogado, defensor público, magistrado ou membro do Ministério Público.
>
> Outrossim, prevê que, para garantir a atuação da pessoa com deficiência em todo o processo judicial, o Poder Público deve capacitar os membros e os servidores que atuam no Poder Judiciário, no Ministério Público, na Defensoria Pública, nos órgãos de segurança pública e no sistema penitenciário quanto aos direitos da pessoa com deficiência (art. 79, § 1º).

c) ***impulso à autocomposição do litígio (estímulo à resolução consensual dos conflitos)***: o impulso à autocomposição está concretizado no art. 3º do Código, o qual determina que o Estado promova, sempre que possível, a solução consensual dos conflitos e prevê que a conciliação, mediação e outros métodos de solução consensual de conflitos deverão ser estimulados por juízes, advogados, defensores público e membros do Ministério Público, inclusive no curso do processo judicial. A busca e o estímulo pelos desfechos consensuais deve ser uma constante durante toda a marcha processual, **inclusive nas instâncias recursais**[3], por ser um modo mais construtivo, participativo e, muitas vezes, mais célere de se alcançar a solução efetiva.

d) ***duração razoável do processo (garantia à tutela jurisdicional sem dilações indevidas ou tempestividade da tutela jurisdicional)***: garante a todos, no âmbito judicial (e administrativo), o direito a um processo com duração admissível, que seja capaz de satisfazer e reparar efetivamente os interesses perseguidos, sem, no entanto, prejudicar garantias orgânicas e processuais que assistem

3. Enunciado nº 371 do FPPC: os métodos de solução consensual de conflitos devem ser estimulados também nas instâncias recursais.

aos sujeitos do processo. O Código, a evidenciar a previsão constitucional, prevê que as partes têm direito de obter em **prazo razoável** a solução integral do mérito, incluída a atividade satisfativa (art. 4º). Essa exigência de proibição de dilações indevidas deve incidir tanto na fase de conhecimento, como na fase de execução (atividade satisfativa), sendo o **fio condutor para aceleração dos ritmos processuais**. Em afirmação, o art. 139 do Código de Processo Civil dispõe que ao juiz incumbe *velar pela duração razoável do processo.*

O texto é de caráter aberto, a trazer um conceito jurídico indeterminado, que deve ser preenchido de acordo com as situações particulares relacionadas ao direito em discussão (complexidade/gravidade do caso, do número de testemunhas, de documentos juntados etc.), como também quanto à estrutura de funcionamento do aparelho estatal competente à prestação da atividade judiciária. Esses elementos podem impor variantes de tempo em casos diversos, sem que ambos desrespeitem a duração considerada razoável.

> **▸ Importante!**
>
> Até o estado de saúde e a idade de parte e de interessado impulsionam o juiz à aceleração do trâmite processual com o objetivo de alcançar a duração razoável. Inclusive, dispõe o art. 1.048, I, do Código de Processo Civil: "terão prioridade de tramitação, em qualquer juízo ou tribunal, os procedimentos judiciais [...] em que figure como parte ou interessado pessoa com idade igual ou superior a 60 (sessenta) anos ou portadora de doença grave, assim compreendida qualquer das enumeradas no art. 6º, inciso XIV, da Lei nº 7.713, de 22 de dezembro de 1988".
>
> Especificamente a levar em consideração a idade de parte e de interessado, o Estatuto do Idoso, o art. 71 estabelece ser "assegurada prioridade na tramitação dos processos e procedimentos e na execução dos atos e diligências judiciais em que figure como parte ou interveniente pessoa com idade igual ou superior a 60 (sessenta) anos, em qualquer instância". E, no seu § 5º (introduzido pela Lei nº 13.466/2017), prioriza a tramitação dos processos de interesse de idosos àqueles maiores de oitenta anos ("dentre os processos de idosos, dar-se-á prioridade especial aos maiores de oitenta anos").

e) ***primazia das decisões de mérito, máximo aproveitamento processual ou inibição das sentenças terminativas ou primado das decisões meritórias, e efetividade***: o CPC dispõe, no seu art. 4º, que as partes têm o direito de obter, em prazo razoável, *a solução integral de mérito, incluída a atividade satisfativa*. Do texto, pode-se extrair, além da duração razoável do processo e da efetividade, a precedência das decisões de mérito, segundo o qual o magistrado deve buscar, sempre que possível, decisões judiciais que solucionem o mérito. O órgão julgador deve buscar a decisão integral de mérito, a somar todos os seus esforços para que o processo não se extinga de forma anômala (sentença terminativa).

Diversas regras processuais do Código foram balizadas pela primazia das decisões de mérito. Nesse ponto, há um **afinado diálogo entre o primado da decisão de mérito e a cooperação,** principalmente em razão do dever de consulta e de prevenção. Por isso, o enunciado 273 do FPPC orienta que as partes devem cooperar entre si, a atuar com ética e lealdade, agindo de modo a evitar a ocorrência de vícios que extingam o processo sem resolução do mérito e cumprindo os deveres mútuos de esclarecimento e transparência.

Logo, o juiz tem o **dever de estimular, pelo diálogo, a correção dos defeitos processuais sanáveis para ultrapassar tais vícios e resolver, de forma definitiva, o objeto litigioso do processo.**

O enunciado 372 do FPPC orienta que: "o art. 4º tem aplicação em todas as fases em todos os tipos de procedimento, inclusive em incidentes processuais e na instância recursal, impondo ao órgão jurisdicional viabilizar o saneamento de vícios para examinar o mérito, sempre que seja possível a sua correção".

O art. 4° na sua parte final inova, ainda, ao consagrar, expressamente, **a efetividade processual**. Variadas disposições do Código estão pautadas na busca pela efetividade. Instrumentos como as tutelas provisórias, o julgamento antecipado do mérito, as tutelas específicas etc., foram pensados com o intuito de concretizar a efetividade. De fato, de nada adianta uma decisão de conhecimento se ela não possui efeitos práticos, sendo impossível de solucionar o litígio ("*vence, mas não leva*").

f) ***boa-fé objetiva processual, lealdade processual ou fair trial***: a lealdade processual tem amparo constitucional na cláusula do devido processo legal, estendendo-se a todos os sujeitos do processo (STF. RE 464963/GO. DJU 30.06.06), a considerar que processo devido é aquele em que as relações jurídicas processuais se desenvolvem em uma plataforma de lealdade.

A ratificar tal construção, o Código prevê expressamente tal princípio no seu art. 5º, ao estabelecer que "aquele que de qualquer forma participa do processo deve comportar-se de acordo com a boa-fé". Assim, a exigência de ética nas condutas aplica-se a todos os sujeitos processuais que, de qualquer forma, participam do processo.

À vista disso, a boa-fé objetiva é mais ampla, sendo uma cláusula geral que engloba a boa-fé subjetiva e o abuso do direito. Nessa linha de raciocínio, a boa-fé exigida pelo art. 5º do CPC é exatamente a de **natureza objetiva**[4].

A boa-fé objetiva possui uma tríplice função, que deve ser aplicada ao direito processual. A primeira é **interpretativa (hermenêutica)**, no sentido de que

4. Nesse sentido o enunciado nº 374 do FPPC: O art. 5º prevê a boa-fé objetiva.

a interpretação do pedido, dos atos postulatórios em geral[5], como também das decisões judiciais, deve ser guiada por padrões de lisura e eticidade.

A segunda é a **função integrativa**, por meio da qual se criam deveres anexos à relação jurídica processual, que devem ser respeitados pela tríade processual (as partes e o juiz). É dessa função que se extrai a cooperação, que implica numa relação cooperativa e leal entre as partes e o juiz por intermédio dos deveres extraídos da cooperação (esclarecimento, consulta, prevenção e auxílio).

E a terceira é a **função limitadora**, que visa a inibir o exercício abusivo de posições processuais pelas partes e pelo juiz. A violação à boa-fé ocorre mesmo quando a ação ou omissão esteja sob o manto de condutas processuais formalmente lícitas. A visão de que a parte é "dona do processo" e que tem o poder de exercer a sua posição processual da forma como bem entende, não encontra guarida em um processo estabelecido sob a boa-fé objetiva.

Nesse campo há grande contribuição das **figuras parcelares da boa-fé objetiva**, que invocam padrões éticos e miram a retidão das condutas processuais com intento de estabilizar as expectativas e sancionar a prática de abusos no exercício de faculdades, direitos ou ônus processuais. Temos, de forma exemplificativa, como desdobramentos da boa-fé objetiva o "*venire contra factum proprium*", a "*supressio*", a "*surrectio*" e o "*tu quoque*".

g) ***cooperação***: o Código de Processo Civil, acertadamente, consagra expressamente a cooperação no seu art. 6º: "todos os sujeitos do processo devem cooperar entre si para que se obtenha, em tempo razoável, decisão de mérito justa e efetiva".

Além de a cooperação exercer papel fundamental na estruturação e coordenação do modelo cooperativo de processo como já mostrado, ela é dotada de autonomia normativa. O núcleo normativo da cooperação reside na imposição de um **feixe de deveres processuais** que devem ser respeitados nas relações entre os intervenientes processuais.

O legislador fixou o conteúdo normativo da cooperação, ao trazer tais deveres em vários dispositivos do Código, o que é de relevância, pois o processo cooperativo exige uma mudança de mentalidade, que só é alcançada, muitas vezes, com uma carga imperativa legal que fixe comportamentos, cuja violação incorra em sanções.

Vamos à análise de cada um deles:

5. Enunciado nº 285 do FPPC: A interpretação do pedido e dos atos postulatórios em geral deve levar em consideração a vontade da parte, aplicando-se o art. 112 do Código Civil.

Dever de esclarecimento: tem o escopo de evitar, ao máximo, que a decisão do juiz tenha por esteio uma informação incompleta, frágil. Prima-se por um acertamento dos fatos o mais próximo da realidade, direcionamento que privilegia a legitimidade e a justiça da decisão.

Dever de prevenção: o juiz deve convidar as partes para que aperfeiçoem suas participações. O juiz tem a função de atuar preventivamente, acautelando as partes de eventuais defeitos e incorreções cometidos, para primar pelas decisões de mérito e, assim, inibir as extinções anômalas do processo. Há aqui uma relação de intenso diálogo entre o dever de prevenção e a primazia das decisões de mérito, pois o primeiro é instrumento que fortalece e potencializa o segundo.

Dever de Consulta (ou de Diálogo): em razão do intenso diálogo com o contraditório, remetemos o leitor para o tópico respectivo, apresentado acima.

Dever de Auxílio: visa a mitigar as desigualdades materiais, pela prestação de informações às partes sobre o ônus que lhe incumbem, convidando-as a clarificar ou suplementar suas exposições. O dever de auxílio atua de forma capital, por exemplo, no campo probatório, por meio do dever de o magistrado auxiliar as partes na superação das eventuais dificuldades que venham impedir o exercício de direitos ou faculdades ou cumprimento de ônus e deveres processuais.

h) ***isonomia***: também chamado de igualdade substancial, está diretamente ligada a um tratamento processual equilibrado a ser dispensado aos sujeitos do processo, a se vedar diferenciações injustificadas. Não é por outro motivo que o art. 139, I, do CPC impõe ao juiz o dever de garantir igualdade de tratamento às partes. A igualdade de que trata o dispositivo encimado não é meramente formal, mas substancial, uma vez que determina que os iguais devam ser atados segundo suas igualdades e os desiguais na medida de suas desigualdades (STJ. AgRg no Ag 365537/SP.DJU 27.08.01).

▸ Importante!

A Lei nº 13.146/2015 (Estatuto da Pessoa com Deficiência), que entrou em vigor dia 03 jan. 2016, visando a garantir o acesso à justiça e a isonomia material, concede de forma expressa o benefício da prioridade dos procedimentos judiciais aos portadores de deficiência. O art. 9º, VII, prescreve que a pessoa com deficiência tem direito a receber atendimento prioritário, sobretudo com a finalidade de *tramitação processual e procedimentos judiciais* e administrativos em que for parte ou interessada, em todos os atos e diligências.

i) **legalidade, impessoalidade, moralidade, *eficiência e publicidade***: tais princípios possuem previsão constitucional no art. 37 da CF, que prescreve que a Administração Pública de *qualquer dos poderes* obedecerá à legalidade, impessoalidade, moralidade, publicidade e eficiência. Daí resulta o viés administrativo de tais princípios, amplamente estudado pelos administrativistas. Para além dessa previsão constitucional, o CPC consagra a dimensão processual de tais princípios na forma da tabela abaixo:

Princípios da Administração Pública: aplicável ao Poder Legislativo, Executivo e Judiciário (dimensão administrativa)	→	**Dimensão Processual**
Legalidade	→	Legalidade (art. 8° do CPC)
Impessoalidade	→	Juiz Natural (art. 5º, XXXVII da CF)
Moralidade	→	Boa-fé Objetiva Processual (art. 5° do CPC)
Publicidade	→	Publicidade (art. 8° e 11° do CPC)
Eficiência	→	Eficiência (art. 8°)

Como descrito acima, a dimensão processual da impessoalidade e da moralidade já é tutelada, de forma suficiente, pelos princípios do juiz natural e da boa-fé objetiva processual, respectivamente, razão pela qual o legislador não os previu expressamente no art. 8°.

No que se refere à eficiência, o novo CPC inaugura uma nova estatura a tal princípio que ultrapassa a exigência voltada ao ente administrativo (poder judiciário), dos seus agentes atuarem de forma eficiente, organizada, estruturada e disciplinada, a formar um modelo de administração gerencial, que é orientada pela lógica do controle de resultados. A eficiência da máquina judiciária compreende, ainda, a economicidade, que impõe à Administração uma atuação segundo uma lógica de custo-benefício.

Mas, o grande salto qualitativo dado pelo Código é a projeção da eficiência para o órgão jurisdicional. Com a previsão do art. 8º, ampliam-se os horizontes da eficiência para abarcar a necessidade de **gestão do processo jurisdicional em si e não apenas da arquitetura judiciária.** Essa nova face da eficiência possui um ponto de intersecção com a gestão processual, pois a **adequação procedimental do processo** é um dos instrumentos de promoção da eficiência.

j) ***contraditório***: está consagrado no art. 5º, inciso LV, da Constituição Federal. Constitui garantia de ciência dos atos e termos processuais com a consequente faculdade de falar sobre eles de modo que possa, efetivamente, influenciar o(s) membro(s) do órgão julgador nas suas decisões. A aplicação desse preceito pode ser lida, em proporções reduzidas, como exercício da democracia participativa, onde se otimiza a participação dos interessados no processo e alcança-se a legitimidade da prestação da tutela jurisdicional.

Vislumbra-se o contraditório sobre dois ângulos: **formal e substancial.** O primeiro possui um viés estático e restringe-se a garantir a comunicação dos atos e a consequente possibilidade de as partes falarem e se manifestarem no processo (mera bilateralidade entre as partes. Portanto, o conteúdo do contraditório formal restringe-se ao binômio: **informação + possibilidade de reação**. Esse é o núcleo mínimo do devido processo legal.

O primeiro vetor do contraditório no CPC é o art. 9º, que prescreve: "não se proferirá sentença ou decisão contra uma das partes, sem que esta seja previamente ouvida". De logo, identifica-se uma atecnia no texto normativo, pois, em tese, é possível que uma decisão judicial respeite o contraditório mesmo que uma das partes não tenha sido previamente ouvida. Isso porque **o elemento reação é um ônus processual da parte**, que pode ser exercido ou não. Assim, por exemplo, é possível que a parte seja citada, tenha oportunidade de reação, mas não o faça, e, mesmo assim, o juiz decida, o que fará sem prejuízo algum ao contraditório.

Feita tais considerações acerca do aspecto formal, concentram-se, agora, as atenções à faceta **dinâmica ou substancial** do contraditório.

A partir de tal enfoque, o juiz deve ativar o contraditório a todo momento, dando oportunidades reais e efetivas de influência sobre o âmago de sua decisão e sobre o seguimento do processo, parificando as chances das partes no curso do processo. Esse viés relaciona-se ao poder das partes de influenciar, efetivamente, na formação da convicção do julgador, contribuindo na descrição dos fatos, produção de provas e debate das questões de direito, a potencializar uma decisão jurídica substancializada.

Daí inferir-se que o contraditório não se resume especificamente a um binômio, mas a um trinômio formado por: **informação + possibilidade de reação + poder de influência**. Essa nova arquitetura de diálogo possibilita o aprimoramento da cognição ao tornar a decisão judicial mais democrática, mais coparticipativa, menos propensa a compreensões preconcebidas e essencialmente apta a neutralizar as pretensões recursais das partes.

Com a previsão contida no art. 10, o Código inaugura uma nova face ao contraditório por intermédio do diálogo afirmado pela cooperação, que impõe ao juiz o **dever de consulta**. É desse ponto de interseção que se extrai a **vedação às decisões por emboscada (surpresa)**. Portanto, é nesse passo que o citado artigo preconiza que "em qualquer grau de jurisdição, o órgão jurisdicional não pode decidir com base em fundamento a respeito do qual não se tenha oportunizado manifestação das partes, ainda que se trate de matéria apreciável de ofício".

A vedação às decisões surpresa não elimina ou atenua essa liberdade do juiz de identificar a disposição jurídica aplicável ao caso concreto, como se depreende do enunciado 281 do FPPC: "o enquadramento normativo dos fatos não é requisito da petição inicial e, uma vez existente, não vincula o órgão julgador". No entanto, a atividade do juiz recebe uma nova conformação prática, por meio do **redimensionamento do** *iura novit curia*, a fazer com que o juiz consulte previamente as partes e colha suas manifestações a respeito do assunto antes de aplicar a norma jurídica ao caso concreto.

O art. 10 veda que o juiz, sem ativação do contraditório, agregue à sua decisão questão de direito, que não foi ventilada por nenhuma das partes. Tal dispositivo é mais um corolário do julgamento justo e impõe ao juiz o dever de chamar a atenção das partes para qualquer fator que avalie de forma díspar, a proteger as partes contra decisões desconcertantes. Nesse sentido, orienta o enunciado 282 do FPPC: "para julgar com base em enquadramento normativo diverso daquele invocado pelas partes, ao juiz cabe observar o dever de consulta, previsto no art. 10". Atente-se para o fato de o sistema brasileiro estender a proibição de surpresa, inclusive, às decisões de ofício do juiz.

k) **ampla publicidade dos atos processuais:** está previsto expressamente no art. 93, IX, da Constituição, o qual assevera que todos os julgamentos dos órgãos do Poder Judiciário serão públicos, sob pena de nulidade. A publicidade foi reforçada em sede infraconstitucional pelos artigos 8º e 11 do CPC/2015, que impõem a exigência da publicidade a todos os julgamentos, sob pena de nulidade.

> **Importante!**
>
> A Lei 13.146/2015 (Estatuto da Pessoa com Deficiência), que entrou em vigor no dia 03 de janeiro de 2016, garante à pessoa com deficiência o acesso ao conteúdo de todos os atos processuais de seu interesse, inclusive no exercício da advocacia, a concretizar de forma clara a isonomia material e a ampla publicidade dos atos processuais.

l) ***motivação das decisões judiciais***: o art. 93, IX, da Constituição determina que toda decisão judicial seja fundamentada sob pena de nulidade. Tal exigência evita o cometimento de abusos pelo juiz, possibilitando a análise pela instância superior da decisão combatida, além do que também permite o exercício da ampla defesa.

Para além da previsão constitucional, o CPC/2015 concretiza expressamente a referenciado princípio no art. 11, ao prever que todos os julgamentos dos órgãos do Poder Judiciário serão **públicos e todas as decisões fundamentadas**, sob pena de nulidade.

E vai mais além ao descrever hipóteses, meramente *exemplificativas* (enunciado 303 do FPPC)[6], de decisões judiciais que devem ser consideradas não fundamentadas, presentes no § 1º do art. 489 do CPC. Qualquer decisão (seja ela interlocutória, sentença, decisões monocráticas ou acórdão), que não preencher os requisitos do referenciado dispositivo, deve ser considerada nula.

m) ***Ordem cronológica***: o art. 12 prevê uma racionalização e objetivação da ordem de julgamento dos processos. A Lei 13.256/2016 retirou a obrigatoriedade de tal disposição, ao prescrever que "os juízes e os tribunais atenderão, **preferencialmente**, à ordem cronológica de conclusão para proferir sentença ou acórdão".

Apesar do caráter não obrigatório, os autores do presente livro acreditam que a disposição legal deve continuar a orientar a gestão dos processos, sendo um guia de isonomia, impessoalidade, transparência e segurança à tramitação dos processos.

O citado dispositivo estabelece uma ordem preferencial crescente de julgamento dos processos, **de acordo com a data de conclusão**. Assim, o marco temporal estipulado pelo legislador para delimitar a formação da lista cronológica de processos é a **data de conclusão do processo** ("conclusos para julgamento") e não a data de instauração da ação no poder judiciário.

O § 1º do art. 12 do Código confere concretude à publicidade, ao exigir que a lista de processos aptos a julgamento seja permanentemente disponibilizada para consulta pública, seja em cartório, seja na rede mundial de computadores.

Há, porém, hipóteses de **exceção à regra geral estipulada**. Neles, o legislador ponderou a disposição do art. 12 e acabou por permitir a exclusão da incidência da ordem cronológica nos casos específicos do § 2º do art. 12 do CPC.

Com o caráter preferencial da ordem cronológica, deve-se interpretar referenciadas exceções como um rol ***meramente exemplificativo***, de tal maneira que o magistrado poderá, desde que de forma fundamentada (e a não violar as demais garantias constitucionais, preservando sempre a eficiência na gestão da unidade judiciária), proferir sentença ou acórdão fora da lista cronológica.

Antevendo atitudes ardilosas, que objetivem procrastinar o julgamento, o legislador no § 4º do art. 12º, prevê que, no caso de formulação de algum requerimento pelo advogado, o processo deve retornar à lista na mesma posição em antes se encontrava, exceto os casos de reabertura de instrução e de conversão de julgamento em diligências, hipóteses em que o processo retornará ao final da fila.

6 Enunciado 303 do FPPC: "As hipóteses descritas nos incisos do § 1º do art. 499 são exemplificativas".

Jurisdição

1. CONSIDERAÇÕES INICIAIS

A **jurisdição é uma das funções do Estado que visa a resolver o objeto litigioso posto à sua apreciação**, criando, com amparo no sistema jurídico, a norma jurídica individualizada aplicável ao caso concreto. A função de resolver um conflito de interesses (lide), apontando a solução jurídica aplicável à situação, é realizada predominantemente pelos diversos órgãos do Poder Judiciário.

Entretanto, tal poder, embora exercido predominantemente pelo Judiciário, também o é por outros órgãos estatais, em **exercício atípico da função jurisdicional**. Por exemplo: a) compete ao Senado Federal julgar, nos crimes de responsabilidade, o Presidente e o Vice-Presidente da República, os Ministros do STF, os membros do CNJ e CNMP, o Procurador-Geral da República e o Advogado-Geral da União (art. 52, I e II, da Constituição); b) cabe às Câmaras Municipais julgar Prefeitos e Vereadores pela prática de infrações político-administrativas. Além disso, também é possível o exercício da jurisdição pelo particular, com a autorização estatal, por meio da arbitragem.

2. OBJETIVOS

A jurisdição como manifestação do poder estatal tem objetivos que se relacionam com a própria finalidade do Estado. O objetivo principal da jurisdição é a **pacificação social**, visando ao bem comum (escopo social). Busca também **afirmar o poder do Estado**, preservando seus preceitos fundamentais (escopo político), e **aplicar o direito** ao caso concreto (escopo jurídico).

3. "EQUIVALENTES JURISDICIONAIS"

Existem formas de solução de conflitos que, pelo menos para a maioria da doutrina, não se enquadram no exercício da jurisdição pelo Estado, mas que produzem o mesmo efeito prático. Estas formas são a **autotutela** e a **autocomposição**.

Esta última deve ser estimulada pelos juízes, advogados, defensores públicos e membros do Ministério Público, inclusive no curso do processo judicial, pois cabe ao Estado, sempre que possível, promover a solução consensual de conflitos (art. 3º, §§ 2º e 3º, do CPC/2015).

A ordem jurídica instituída pelo Estado de Direito veda a **autotutela**, privando as partes de imporem sua vontade em detrimento da outra, sem a intervenção da atividade jurisdicional. Existem casos, no entanto, cuja resolução requer ato imediato, providência esta que nem sempre o Estado-juiz é capaz de proporcionar, a fim de impedir a violação de um direito (a exemplo da legítima defesa, desforço imediato na defesa da posse e o direito de retenção).

A **autocomposição** é outra forma de resolução de conflitos, da qual as partes podem se utilizar, espontaneamente, para encontrarem uma solução para o objeto litigioso. Pode ocorrer dentro ou fora do processo, e, para que se permita a composição entre as partes, estas devem ser maiores e capazes, e a contenda deve girar em torno de direitos disponíveis.

A **conciliação e a mediação** são técnicas que serão utilizadas por profissionais habilitados (mediador e conciliador) para estimular a autocomposição e que serão tratadas em capítulo próprio.

Vejamos as espécies de autocomposição: a) transação, na qual os sujeitos fazem concessões mútuas para resolver o conflito, podendo ocorrer antes do processo ou depois da instauração deste, caso em que, homologado o acordo, será extinto com resolução de mérito (art. 487, III, "b", do CPC); b) a renúncia, na qual o autor abre mão da pretensão deduzida em juízo, caso em que o juiz a homologará, extinguindo o processo com resolução do mérito (art. 487, III, "c"); c) o reconhecimento jurídico do pedido, no qual cessa a resistência do réu e cuja homologação judicial também leva à extinção do processo com resolução do mérito (art. 487, III, "a").

4. ARBITRAGEM

Na arbitragem, regulada pela Lei nº 9.307/1996, a solução do conflito se dá, tal qual na jurisdição, pela **intervenção de terceiro imparcial.** Este, porém, é estranho ao Poder Judiciário. Trata-se de atividade jurisdicional exercida pelo particular, com permissão legal do Estado (art. 3º, § 1º, do CPC/2015).

A decisão final do árbitro é considerada **título executivo judicial** (artigo 515, VII, do CPC/2015), equiparada, assim, à sentença transitada em julgado, de tal modo a sentença arbitral deve ser executada segundo as regras do cumprimento de sentença. Além disso, o Superior Tribunal de Justiça já reconheceu a **natureza jurisdicional da arbitragem,** admitindo a instauração de conflito de competência entre juízo estatal e câmara arbitral (STJ. CC 111.230/DF. DJe 03.04.14).A instituição de arbitragem pelas partes é feita por meio da **convenção de arbitragem**, que compreende a cláusula compromissória e o compromisso arbitral. A **cláusula compromissória** é firmada previamente ao litígio. As partes, em um negócio jurídico, estabelecem que, em surgindo divergências relativas ao próprio negócio, elas serão resolvidas pela arbitragem.

O **compromisso arbitral**, por sua vez, é firmado pelas partes após o surgimento da controvérsia. Trata-se de um negócio jurídico em que, em uma controvérsia específica, renuncia-se à atividade jurisdicional oferecida pelo Estado, substituindo-a pela arbitragem.

A sentença arbitral transitada em julgado é título executivo judicial e independe de homologação pelo Poder Judiciário. Só haverá possibilidade de controle dela pelo Judiciário quanto à forma, mas não quanto ao mérito da causa, devendo a respectiva ação desconstitutiva ser ajuizada no prazo de noventa dias após o recebimento da intimação da decisão arbitral.

Todavia, embora caiba ao árbitro dirimir, de forma definitiva, o conflito, **foge à sua competência tomar qualquer providência coercitiva ou que importe na constrição provisória de bens,** sendo esta reservada ao Poder Judiciário. Exatamente por isso, o Superior Tribunal de Justiça estabeleceu que o árbitro "é competente para processar e julgar pedido cautelar formulado pelas partes, **limitando-se, porém, ao deferimento da tutela, estando impedido de dar cumprimento às medidas de natureza coercitiva**, as quais, havendo resistência da parte em acolher a determinação do(s) árbitro(s), **deverão ser executadas pelo Poder Judiciário, a quem se reserva o poder de** *imperium*" (STJ. REsp 1297974/RJ. DJe 19.06.12).

Desta feita, uma vez deferida uma tutela provisória em sede de arbitragem, poderá ser expedida carta arbitral, caso não haja cumprimento voluntário, para que órgão do Poder Judiciário, com competência, pratique atos de cooperação que importem na efetivação da tutela provisória, a fim de garantir a efetividade do provimento final. 5. Características

São características da jurisdição:

a) ***Inércia***: a jurisdição não é prestada de ofício (*ne procedat iudex ex officio*), pelo que a atividade jurisdicional só se desenvolve quando provocado o Judiciário. O órgão jurisdicional só pode prestar tutela quando a parte ou o interessado provocar, porque o processo civil, conquanto se desenvolva por impulso oficial, começa por iniciativa. A ação das partes, na movimentação da máquina judiciária, é garantia da imparcialidade do juiz, que não promoverá, por interesse pessoal, o deslinde da demanda.

Note-se que, no CPC de 1973, havia a possibilidade de o juiz instaurar oficiosamente o processo de inventário (art. 989), consagrando controversa exceção ao princípio à inércia da jurisdição. Todavia, o CPC/2015, pertinentemente, não repetiu tal previsão.

b) ***Imparcialidade***: a jurisdição é imparcial, devendo o órgão respectivo prestar a tutela jurisdicional sem empregar interesse particular para o deslinde da demanda. Trata-se de garantia constitucional decorrente do juiz natural. Como forma de assegurar a imparcialidade, o CPC/2015, em seus artigos 144 a 148, disciplina o impedimento e a suspeição de magistrados, membros do Ministério Público e auxiliares da Justiça, bem como a sua forma de alegação no processo.

c) ***Substitutividade***: a atividade jurisdicional substitui a vontade das partes litigantes, que estão proibidas de praticar a autotutela. A sentença deve outorgar à parte cujo direito for reconhecido aquilo a que ela faria jus caso não tivesse havido a ofensa ou ameaça ao seu direito. Não sendo possível efetivar exatamente o que se pleiteava em juízo, deve-se conceder uma tutela equivalente ou ressarcitória.

d) ***Definitividade***: a jurisdição é atividade apta a formar a coisa julgada material. A decisão transitada em julgado é imodificável (art. 5º, XXXVI, da Constituição), salvo em hipóteses excepcionais (como as previstas no art. 966 do CPC/2015).

5. PRINCÍPIOS DA JURISDIÇÃO

São princípios da jurisdição:

a) ***Investidura***: a jurisdição só pode ser exercida por quem estiver investido da função judicante. Através do Estado-juiz, para que seja possível a investidura, deverá haver a aprovação prévia do bacharel em direito, com, no mínimo, 03 anos de atividade jurídica, em concurso público de provas ou de provas e títulos (art. 93, I, da CF).

b) ***Inafastabilidade***: o princípio da inafastabilidade do controle jurisdicional está previsto no art. 5º, XXXV, da Constituição Federal, inserido no título dos direitos e garantias fundamentais, o que o torna cláusula pétrea, não sendo passível sua exclusão por reforma constitucional. Este princípio assegura que a lei não excluirá da apreciação do Poder Judiciário lesão ou ameaça a direito, bem como preconiza que o acesso à Justiça independe do prévio esgotamento de instâncias administrativas.

c) ***Territorialidade ou aderência***: a jurisdição prestada pelo Estado-juiz é distribuída pelas regras de competência. O órgão jurisdicional competente para determinada causa, em um dado lugar, só deve atuar nos limites de sua jurisdição. Esta é exercida em determinado território, de acordo com as regras de competência.

d) ***Juiz natural***: reza o art. 5º da Constituição Federal, em seu inciso LIII, que ninguém será processado nem sentenciado senão pela autoridade competente, sendo proibida, assim, a criação de juízo ou tribunal de exceção (art. 5º, XXXVII, da CF/88). O juiz natural é aquele a quem a lei outorga competência segundo regras estabelecidas previamente. Sua adoção pela ordem jurídica veda o estabelecimento de juízo após a ocorrência do fato a ser apreciado (juízo de exceção ou extraordinário), o que assegura aos litigantes a imparcialidade e a independência funcional dos magistrados.

e) ***Indelegabilidade***: o órgão investido de jurisdição tem a obrigação de prestar a tutela jurisdicional, não podendo se escusar de julgar ou abdicar de suas funções em favor de outros órgãos, seja dentro ou fora do judiciário. A função jurisdicional é indelegável e deve ser exercida em respeito às regras de competência. Há, contudo, a possibilidade de delegação eventual de alguns poderes judiciais (de instrução, de execução ou de direção do processo), por exemplo, através de carta de ordem (artigos 236, § 2º, e 237, I, do CPC/2015), expedida por tribunal a juízo a ele vinculado, visando à prática de ato executivo, instrutório ou de comunicação processual. A própria Constituição, em seu art. 102, I, "m", prevê que o STF, na execução dos julgados proferidos em processos de sua competência originária, pode delegar a prática de atos processuais a juízos de primeira instância. Todavia, não se pode, em qualquer hipótese, delegar atos decisórios.

f) ***Inevitabilidade***: as partes não podem se escusar de cumprir as decisões judiciais. Só deve ser apresentada oposição em juízo mediante utilização dos instrumentos disponibilizados, a exemplo dos recursos e das ações autônomas de impugnação (quando suspenderem a eficácia da decisão jurisdicional). As partes não devem impedir que a jurisdição alcance os seus objetivos e produza efeitos, sob pena de cumprimento coercitivo do que foi determinado.

6. ESPÉCIES DE JURISDIÇÃO

A jurisdição é substancialmente una e indivisível. Para fins didáticos, pode-se classificá-la, levando-se em conta alguns critérios.

Pelo critério do objeto da lide, a jurisdição pode ser **penal** (trata de lides de natureza penal) ou **civil** (trata de lides de natureza civil em sentido lato, isto é, todas aquelas que não têm natureza criminal). Esta, por sua vez, pode ser dividida em **contenciosa** e a **voluntária**. Explicar-se-á, no item seguinte, esta subdivisão, devido à sua importância ao presente estudo.

Quanto aos organismos judiciários que a exercem, a jurisdição pode ser classificada em **especial** (competência da Justiça Militar, Justiça Eleitoral, Justiça do Trabalho e Justiça Militar Estadual) ou **comum** (competência da Justiça Estadual e Federal, versando sobre quaisquer conteúdos, desde que diversos daqueles atinentes à jurisdição especial).

No tocante à hierarquia dos órgãos julgadores, a jurisdição pode ser **superior** (exercida pelos órgãos a que cabem recursos contra as decisões proferidas pelos órgãos jurisdicionais *a quo*) ou **inferior** (exercida por órgãos jurisdicionais que, ordinariamente, conhecem do processo desde o seu início).

7. JURISDIÇÃO VOLUNTÁRIA

A jurisdição civil compreende a contenciosa e a voluntária. Por jurisdição **contenciosa**, entende-se que é aquela por meio da qual se promove a composição de litígios, cabendo ao órgão julgador **decidir o caso concreto**.

No tocante à jurisdição **voluntária**, há polêmica sobre sua qualidade de jurisdição, haja vista que, por meio dela, não há, necessariamente, lide. Busca-se, com a jurisdição voluntária, **integrar a vontade de particulares**, fazendo com que esta produza efeitos no mundo jurídico, como se pode observar no quadro abaixo:

Doutrina tradicional	Doutrina revisionista (moderna)
É mera atividade administrativa;	É atividade jurisdicional;
Não há partes, mas interessados;	Há partes;
Não há lide;	Pode haver lide;
Não há coisa julgada;	Há coisa julgada

O Superior Tribunal de Justiça, no entanto, mantém **a posição tradicional**, no sentido de que a decisão tomada em jurisdição voluntária **não produz coisa julgada** (STJ. REsp 1.418.189/RJ, DJe 01.07.14).

Apesar da divergência doutrinária, o Superior Tribunal de Justiça posiciona-se pela natureza meramente administrativa da jurisdição voluntária.

8. LIMITES DA JURISDIÇÃO NACIONAL

Os artigos 21 a 25 do CPC/2015 traçam os limites entre a jurisdição nacional e as jurisdições estrangeiras. Essa delimitação decorre de vários princípios, dentre os quais o princípio da efetividade e da soberania, pelos quais só deve haver jurisdição até onde o Estado consiga executar suas sentenças de forma soberana.

Os artigos 21 e 22 tratam da "competência concorrente ou cumulativa", observando que o Poder Judiciário brasileiro, por meio de seus órgãos jurisdicionais, é competente para processar e julgar litígios sobre os quais órgãos judiciais de Estados estrangeiros também têm jurisdição. Nesses casos, a decisão estrangeira transitada em julgado, para que surta efeitos jurídicos no Brasil, precisa ser homologada pelo Superior Tribunal de Justiça.

O art. 23 versa sobre a "competência exclusiva" da Justiça Brasileira, que ocorre em três situações: a) para conhecer das ações relativas a imóveis situados no Brasil; b) para, em matéria de sucessão hereditária, proceder à confirmação de testamento particular, ao inventário e à partilha de bens situados no Brasil, ainda que o autor da herança seja de nacionalidade estrangeira ou domiciliado fora do território nacional; c) para, em divórcio, separação judicial ou dissolução de união estável, proceder à partilha de bens situados no Brasil, ainda que o titular seja de nacionalidade estrangeira ou tenha domicílio fora do território nacional.

Nas hipóteses de competência exclusiva da Justiça Brasileira, justamente por não se reconhecer a jurisdição de países estrangeiros, nega-se exequatur à carta rogatória e homologação à sentença estrangeira.

Em regra, as partes podem definir previamente a jurisdição a que se submeterão, caso surjam controvérsias futuras, na forma do art. 63 do CPC/2015. Entretanto, não poderão fazê-lo em desacordo com as hipóteses de jurisdição exclusiva brasileira, previstas no art. 23 do CPC.

Nas situações em que tiver sido licitamente pactuada a eleição de foro exclusivo estrangeiro, a autoridade judiciária brasileira declinará da competência para julgar a causa, desde que a cláusula de eleição de foro seja suscitada, em contestação, pela parte demandada.

Ação

1. TEORIAS SOBRE A NATUREZA JURÍDICA DO DIREITO DE AÇÃO

Na fase do sincretismo processual, a ação não era distinguida do direito subjetivo material. Segundo a concepção da época, o direito subjetivo, uma vez violado, adquiria aptidão a ser exigido em juízo. Trata-se da então **teoria civilista ou imanentista**, adotada pelo art. 75 do Código Civil de 1916, segundo o qual "a todo direito corresponde uma ação". Se não existisse direito, não haveria ação[7].

Essa concepção era limitada, pois não explicava, por exemplo, a ação declaratória, que se limita à declaração sobre a (in) existência ou o modo de ser de uma relação jurídica (ou, ainda, sobre a falsidade ou autenticidade de documento), não pressupondo a violação de um direito subjetivo material. Por isso, a teoria imanentista foi facilmente criticada.

Com o reconhecimento da imperfeição da teoria civilista, passou a predominar a concepção de que a ação seria um direito autônomo e não simples extensão do direito material. A partir desse pensamento, duas correntes se originaram: para uma, o direito de ação seria autônomo e concreto, enquanto, para outra, o direito de ação seria autônomo e abstrato.

Segundo o precursor da **teoria concretista**[8], a ação seria autônoma em relação ao direito material (não pressupondo a existência do direito ameaçado ou violado), que, entretanto, só poderia ser satisfeito por uma proteção concreta. A despeito de o direito de ação ter autonomia em relação ao direito que se pretende satisfazer em juízo, aquele seria acessório deste. Assim, só haveria ação quando o resultado final do processo fosse favorável ao seu autor, pois a ação seria o direito de obter, em juízo, uma sentença favorável. Para essa teoria, a ação seria exercitada concomitante contra Estado e réu.

Essa concepção, tal qual a teoria imanentista, não explica os casos de julgamento de improcedência. Isso, porque, para ela, só existiria ação quando o pedido

7. Tal ideia era defendida, entre outros, por Savigny.
8. Adolph Wach.

fosse procedente. Nos casos de pretensão infundada, então, todos os atos processuais praticados, desde a petição inicial até a sentença, seriam considerados um nada jurídico, porquanto a ação, ato desencadeador do processo, provou-se inexistente.

Posteriormente, formulou-se teoria semelhante[9], com base na concretude do direito de ação (estando, portanto, sujeita às mesmas críticas feitas acima), segundo a qual a ação seria um **direito potestativo**, exercido exclusivamente contra o réu, que se encontra em estado de sujeição. Para essa teoria, o Estado não seria sujeito passivo do direito de ação, por não lhe corresponder qualquer obrigação.

Em contraposição à concepção concretista, propôs-se a **teoria abstrativista**[10], segundo a qual o direito de ação não dependeria da efetiva existência do direito material alegado. Mesmo que se tratasse de pretensão temerária, o Poder Judiciário, por ter sido provocado, deveria dar a resposta jurisdicional correspondente. Seria irrelevante a natureza do provimento jurisdicional obtido; ainda que o pedido formulado fosse julgado improcedente, haveria exercício do direito de ação (e, por conseguinte, prática de atos jurisdicionais pelo Estado), sendo esta, portanto, o direito a um pronunciamento jurisdicional, seja ele favorável ou não ao autor.

Essa teoria consegue explicar a existência do direito de ação nos casos de improcedência do pedido, bem como nas situações em que a pretensão do autor é meramente declaratória. É criticada, entretanto, porque a abstração possibilita abuso no exercício do direito de ação.

Por isso, adveio a **teoria eclética**[11], adotada pelo CPC/1973 (porém mitigada pelo CPC/2015, como se verá). O direito de ação seria um poder jurídico instrumentalmente ligado a uma pretensão material. Embora abstrato (o direito de ação), deve-se submeter a certas condições (condições da ação).

2. CONCEITO

A **ação** pode ser conceituada como **o direito público subjetivo autônomo e abstrato de provocar a atividade jurisdicional**. Público, porque, além de ser exercido contra o Estado-juiz, é conferido a todos; subjetivo, porque é uma faculdade dada àquele que se sente ameaçado ou lesado em sua esfera jurídica; autônomo, porque não se confunde com o direito material afirmado; abstrato, porque não se vincula a um resultado positivo.

9. Giuseppe Chiovenda.
10. Degenkolb, no que foi seguido por Alfredo Rocco.
11. Proposta por Liebman.

3. CONDIÇÕES DA AÇÃO

Como visto, a teoria eclética propõe que, para que o direito de ação seja exercido validamente, atenda a três requisitos, chamados de condições da ação.

Para a doutrina, as condições da ação não dizem respeito ao mérito, tampouco à admissibilidade do procedimento (como dizem os pressupostos processuais); estão em uma **zona intermediária,** porém, juntamente com os pressupostos processuais, condicionam a análise do mérito e constituem requisitos de validade procedimental.

Originalmente, eram três as condições da ação: a) a legitimidade das partes; b) o interesse processual; c) a possibilidade jurídica do pedido. No entanto, excluiu-se a possibilidade jurídica do pedido do rol das condições da ação, por entender que estaria ela englobada pelo interesse de agir.

O Código de Processo Civil de 1973 adotou a teoria eclética em sua originalidade. Segundo o artigo 267, VI, do CPC/1973, o processo se extingue sem resolução do mérito, "quando não concorre qualquer das condições da ação, como a possibilidade jurídica, a legitimidade das partes e o interesse processual".

O CPC/2015, por sua vez, extirpou a possibilidade jurídica. Hoje, fala-se tão somente em **interesse e legitimidade**. A **possibilidade jurídica do pedido**, portanto, passa a ser enfrentada não como integrante do interesse de agir, mas como uma **questão de mérito**. Dizer que o pedido não possui previsão no sistema jurídico ou que é por ele vedado significa, indubitavelmente, dizer que a parte não tem direito ao bem da vida pleiteado; é julgar o pedido improcedente.

3.1. Legitimidade das partes

São partes legítimas aquelas cujos interesses estejam em conflito. A legitimidade **ativa** (do autor) cabe ao titular do direito afirmado na petição inicial, e a legitimidade **passiva** (do réu), ao titular do interesse que se opõe à pretensão do autor.

A legitimação se divide em **ordinária** e **extraordinária**. Na primeira, a parte, em seu nome, ativa ou passivamente, procura defender em juízo, em nome próprio, o direito que afirma possuir. Na legitimação extraordinária, a parte, quando **autorizada pelo ordenamento jurídico**[12], defende, em juízo, em nome próprio,

---

12 Como ocorre com a Lei da Ação Civil Pública (Lei 7.347 de 24 de julho de 1985) que confere legitimidade extraordinária para propor ação principal e ação cautelar: i) ministério público; ii) defensoria pública; iii) a União, os Estados, o Distrito Federal e os Municípios; iv) a autarquia, empresa pública, fundação ou sociedade de economia mista; v) a associação que, concomitantemente: a) esteja constituída há pelo menos 1 (um) ano nos termos da lei civil; b) inclua, entre suas finalidades institucionais, a proteção ao patrimônio público e social, ao meio ambiente, ao consumidor, à ordem econômica, à livre concorrência, aos direitos de grupos raciais, étnicos ou religiosos ou ao patrimônio artístico, estético, histórico, turístico e paisagístico.

direito de outrem. As expressões "legitimação extraordinária" e "substituição processual" são sinônimas.

O **legitimado extraordinário é parte (processual)**. Em consequência, deve arcar com os diversos ônus processuais (custas processuais, honorários sucumbenciais, multa por litigância de má-fé etc.). Pela mesma razão, é com base no substituto processual que se analisam os pressupostos processuais e a competência em razão da pessoa. Só que a suspeição e o impedimento do juiz (ou das pessoas previstas no art. 148 do CPC) devem ser examinados levando-se em consideração tanto o substituto como o substituído (parte material).

Em caso de **substituição processual**, o substituído tem o direito de intervir como assistente litisconsorcial (art. 18, parágrafo único, do CPC), a formar, assim, **litisconsórcio unitário com o substituto.**

A legitimidade pode ser **exclusiva** ou **concorrente** (colegitimação). Será exclusiva quando houver apenas um legitimado apto a defender determinado direito em juízo, seja ele ordinário ou extraordinário. Será concorrente, quando existir mais de um legitimado, podendo haver demanda conjunta (legitimação conjuntiva), quando ocorrerá litisconsórcio unitário, ou isolada (legitimação disjuntiva), quando deverão ser reunidos os processos, a teor do que dispõe o art. 55, § 3º, do CPC.

A legitimação também pode ser **originária** ou **derivada**. A primeira é aquela verificada na própria petição inicial. A segunda decorre da sucessão processual, que, em regra, exsurge da transferência da titularidade do direito litigioso. Como exemplo, pode-se citar o art. 109, § 1º, do CPC, que permite a substituição processual do alienante da coisa litigiosa pelo adquirente, desde que haja anuência da parte contrária. Além disso, o § 2º do mesmo artigo permite a intervenção do adquirente como assistente litisconsorcial, formando-se, assim, litisconsórcio unitário.

3.2. Interesse processual

O interesse de agir fundamenta-se no binômio **necessidade/utilidade**, que qualifica a tutela jurisdicional postulada.

O interesse-necessidade repousa na premissa de que a jurisdição deve ser a necessária forma de solução de conflitos. A dizer de outra forma, haverá necessidade, se o Estado-juiz, por meio de um processo jurisdicional, puder compor o litígio, a considerar a vedação à autotutela.

O **interesse-utilidade** verifica-se quando a prestação jurisdicional requerida puder trazer algum benefício ao autor. Por isso, por exemplo, se o réu (antes da sua citação), cumpre a obrigação que lhe é imputada pelo autor, fala-se em "perda do objeto", que significa dizer, na verdade, que não há mais utilidade no provimento jurisdicional requerido.

Há quem afirme que a **adequação** constitui também elemento do interesse processual. Assim, o pronunciamento jurisdicional postulado pela parte, além de útil e necessário, deveria ser adequado à satisfação do direito afirmado. Contudo, tal característica está relacionada à utilidade do provimento jurisdicional, pois, se não for ele adequado, não será, por consequência, útil. A inadequação, pois, é espécie de inutilidade.

4. AFERIÇÃO DAS CONDIÇÕES DA AÇÃO

O art. 485, § 3º, do CPC permite que o juiz, em qualquer e grau de jurisdição, analise (ou reanalise) o preenchimento das condições da ação, mesmo de ofício. Isso, porque, como requisitos de admissibilidade do processo, constituem **questões de ordem pública**, não se sujeitando à preclusão.

O problema é que as condições da ação frequentemente podem confundir-se com o próprio mérito (objeto litigioso do processo). Exemplificando: "A" propõe ação de indenização contra "B", alegando ter sido atropelado por ele; porém, ao fim da instrução, constata-se que, na verdade, quem atropelou o autor foi uma terceira pessoa, "C". Então, indaga-se: deve-se extinguir o processo sem resolução do mérito, por ilegitimidade passiva *ad causam*, ou deve-se julgar improcedente o pedido?

A solução do problema, portanto, foi dada pela **teoria da asserção ou da prospectação**, adotada pela maioria da doutrina, segundo a qual as condições da ação devem ser aferidas pelo julgador no **momento do juízo de admissibilidade da petição inicial**, conforme alegações do autor, *in status assertionis*.

5. ELEMENTOS

A demanda (ação processualizada) é identificada por três elementos, quais sejam: a) **partes**; b) **causa de pedir**; c) **pedido**. O primeiro constitui o elemento subjetivo, enquanto os dois últimos são os elementos objetivos da ação.

A individualização da ação tem importância fundamental para a verificação de pressupostos processuais negativos, como a *litispendência e a coisa julgada*, além de possibilitar a aferição de *relação de conexidade ou de continência* entre causas.

Considera-se **parte processual** aquela que participa da relação processual, exercendo o contraditório, seja como demandante, demandada ou, ainda, como assistente simples. Parte material, por sua vez, é o sujeito que compõe a relação jurídica subjacente ao processo, o qual nem sempre coincide com o sujeito processual.

A *causa petendi* divide-se em duas: causa de pedir remota, consistente no fato jurídico que fundamenta o pedido do autor, e causa de pedir próxima, que corresponde aos efeitos jurídicos decorrentes do fato narrado na petição inicial. O magistrado está vinculado apenas à causa de pedir remota, podendo adotar fundamentação jurídica diversa daquela apontada pelas partes.

No direito brasileiro vige a teoria da substanciação, segundo a qual o julgador somente está vinculado aos fatos, podendo atribuir-lhes a qualificação jurídica adequada, aplicando-se os brocardos "*iura novit curia*" e "*da mihi factum dabo tibi ius*" (STJ. AgRg no AREsp 183.305/RJ. DJe 30.09.13).

O **pedido,** por sua vez, divide-se em mediato (bem da vida pretendido) e imediato, que consiste no provimento jurisdicional requerido (a condenação do réu, a anulação de ato jurídico, a declaração de inexistência de relação jurídica etc.).

6. CLASSIFICAÇÃO

Considerando o tipo de tutela jurisdicional requerida, as ações podem ser classificadas, de acordo com a classificação ternária: **a) ações condenatórias:** são aquelas que visam à efetivação de um direito a uma prestação; b) **ações constitutivas**: (que podem ser positivas ou negativas, também chamadas desconstitutivas) são aquelas que objetivam criar, modificar ou desfazer uma relação jurídica. Estão instrumentalmente ligadas aos direitos potestativos; **c) ações declaratórias:** por se fundarem em uma crise de incerteza, visam à declaração judicial sobre a existência ou inexistência ou, ainda, o modo de ser de uma relação jurídica, bem como sobre a autenticidade ou falsidade de um documento. O CPC, em seu art. 20, admite o ajuizamento de ação declaratória, mesmo que tenha ocorrido violação do direito.

Há, entretanto, quem opte pela **classificação quinária** das ações (por adotar a ação de direito material, em vez da processual, como parâmetro). Para parcela da doutrina, as ações de prestação dividem-se em três espécies: mandamentais, executivas e condenatórias. Portanto, em vez de três, as espécies seriam cinco: declaratórias, constitutivas, condenatórias, mandamentais e executivas.

São **mandamentais** as ações que visam ao **cumprimento de uma obrigação por coerção ou execução indireta** (exemplo: fixação de multa, para que o devedor cumpra espontaneamente a obrigação de fazer). Nas **ações executivas**, o cumprimento da obrigação se dá por **execução direta**, isto é, pela atuação do Estado, substituindo a vontade do réu (exemplo: penhora e alienação judicial de bens para satisfazer obrigação pecuniária).

Já as **ações condenatórias**, pela teoria quinária, são apenas aquelas que impõem **obrigação de pagar quantia**. Há, entretanto, quem defenda que, ao contrário das mandamentais e das executivas (que se efetivam *sine intervallo*), o que caracteriza as ações condenatórias é a necessidade de, após a prolação da sentença no processo de conhecimento, formar-se uma nova relação processual (processo autônomo de execução), com nova citação do réu. Todavia, hoje, predomina o **processo sincrético,** a considerar que, em regra, não há mais necessidade de instauração de um processo de execução, mas sim de **simples fase de execução,** nos mesmos autos do processo de conhecimento, com simples intimação da parte executada. Assim, as hipóteses de ações condenatórias (para aquela parte da doutrina) seriam bastante restringidas pelas sucessivas reformas do CPC/1973, cujas disposições não foram substancialmente modificadas pelo CPC/2015.

Competência

1. CONSIDERAÇÕES INICIAIS

Competência é **a atribuição jurisdicional outorgada, em regra, aos diversos órgãos do Poder Judiciário.** A distribuição da jurisdição faz-se por meio de **disposições constitucionais e infraconstitucionais** preestabelecidas.

2. ORGANIZAÇÃO JUDICIÁRIA

São órgãos do Poder Judiciário, além do **Conselho Nacional de Justiça**, que tem a atribuição de controlar a atuação administrativa e financeira do Poder Judiciário e o cumprimento dos deveres funcionais dos juízes, cabendo-lhe também outras funções que lhe forem conferidas pelo Estatuto da Magistratura, os seguintes: a) o Supremo Tribunal Federal; b) o Superior Tribunal de Justiça; c) os Tribunais Regionais Federais e Juízes Federais; d) os Tribunais e Juízes do Trabalho; e) os Tribunais e Juízes Eleitorais; f) os Tribunais e Juízes Militares; g) os Tribunais e Juízes dos Estados e do Distrito Federal e Territórios.

3. COOPERAÇÃO INTERNACIONAL

A **cooperação jurídica internacional** será regida por tratado de que o Brasil fizer parte ou, na sua ausência, poderá realizar-se com base em reciprocidade, manifestada por via diplomática, e observará: a) o respeito às garantias do devido processo legal no Estado requerente; b) a igualdade de tratamento entre nacionais e estrangeiros, residentes ou não no Brasil, em relação ao acesso à justiça e à tramitação dos processos, assegurando-se assistência judiciária aos necessitados; c) a publicidade processual, exceto nas hipóteses de sigilo previstas na legislação brasileira ou na do Estado requerente; d) a existência de autoridade central para recepção e transmissão dos pedidos de cooperação; e) a espontaneidade na transmissão de informações a autoridades estrangeiras.

Terá por objeto: a) citação, intimação e notificação judicial e extrajudicial; b) colheita de provas e obtenção de informações; c) homologação e cumprimento de decisão; d) concessão de medida judicial de urgência; e) assistência jurídica internacional; f) qualquer outra medida judicial ou extrajudicial não proibida pela lei brasileira. Entretanto, não será admitida, na cooperação jurídica internacional, a prática de atos que contrariem ou que produzam resultados incompatíveis com as normas fundamentais que regem o Estado brasileiro, além do que o Ministério da Justiça exercerá as funções de autoridade central na ausência de designação específica.

Quando a medida não decorrer diretamente de decisão de autoridade jurisdicional estrangeira a ser submetida a juízo de delibação no Brasil, caberá **auxílio direto**. Sua solicitação será encaminhada pelo órgão estrangeiro interessado à autoridade central, cabendo ao Estado requerente assegurar a autenticidade e a clareza do pedido e, além dos casos previstos em tratados de que o Brasil seja signatário, terá os seguintes objetos: a) obtenção e prestação de informações sobre o ordenamento jurídico e sobre processos administrativos ou jurisdicionais findos ou em curso; b) colheita de provas, salvo se a medida for adotada em processo, em curso no estrangeiro, de competência exclusiva de autoridade judiciária brasileira; c) qualquer outra medida judicial ou extrajudicial não proibida pela lei brasileira.

4. COMPETÊNCIA INTERNA CIVIL

Após verificar se o Estado Brasileiro tem jurisdição para julgar a ação, investiga-se qual a **área do direito** relacionada ao conflito apresentado. Tal permite identificar se a ação será julgada pela Justiça Comum ou pela Justiça Especializada. Se a ação for de competência da **Justiça Comum**, deve-se observar se a ação está relacionada às **hipóteses de competência da Justiça Federal** (art. 109 da CF). Se não corresponder, a competência, porque residual, será da **Justiça Estadual**.

A Justiça Comum (Federal e Estadual) tem competência tanto cível quanto criminal. Estudar-se-á aqui a competência cível da Justiça Comum Federal e Estadual, que se compõe de órgãos superiores (plenário ou corte especial, seções, turmas ou câmaras) e inferiores (seções territoriais, quando federais, ou comarcas quando estaduais, cada uma gerida por um órgão judiciário próprio).

5. CRITÉRIOS DE DETERMINAÇÃO DA COMPETÊNCIA

Para atribuir o processamento e julgamento de uma determinada ação a um desses órgãos, convencionou-se definir a competência segundo os critérios (cumulativos):

5.1. Critério objetivo

A **causa de pedir** determina a competência em razão da **matéria**, na medida em que identifica os fundamentos fáticos e jurídicos da ação. A matéria em litígio serve, inicialmente (**primeiro passo**), para determinar a competência cível, atribuindo a causa à Justiça Federal ou à Justiça Estadual, em caráter residual. A teor de intelecção extraída do art. 45 do CPC, a ação será intentada perante o juízo federal se nele intervier a União, suas empresas públicas, autarquias e fundações públicas, na qualidade de parte ou de interveniente.

Passada essa fase (**segundo passo**), a fixação da competência será feita com base no **critério territorial**. Após, há a possibilidade de (**terceiro passo**) se analisar novamente a matéria (causa de pedir), para determinar a que órgão compete o processamento e julgamento da ação processualizada (por exemplo, se a vara de família, a vara da fazenda pública, a vara cível etc.). Nesse caso, está-se diante de fixação da competência em razão da matéria, a qual é determinada pelas leis de organização judiciária local.

A qualidade das partes determina a competência em razão da **pessoa**. Identifica se a ação **deve ser julgada** por um **juízo monocrático** ou originariamente pelos **tribunais**. Por vezes, ainda que a ação seja de competência de um juízo singular, a parte envolvida traz **especialidade ao juízo**, como ocorre com as varas da Fazenda Pública no caso de o litígio envolver interesse de pessoa jurídica de direito público.

O **foro por prerrogativa de função**, embora inerente ao **cargo** em que está investido, e não à pessoa, outorga competência aos tribunais, para processar e julgar ações que envolvam o agente público. Os mandados de segurança impetrados contra os atos de Ministros de Estado, por exemplo, devem ser julgados pelo Superior Tribunal de Justiça (art. 105, I, "b", da CF).

Pelo **valor atribuído à causa** (elemento da petição inicial), as leis de organização judiciária, como **fator de distribuição interna**, podem atribuir competência a um ou outro órgão judiciário: a) **Juizado Especial Cível Estadual** tem competência para processar e julgar as causas cujo valor não exceda 40 vezes o salário mínimo, a serem assim consideradas as de menor complexidade; b) **Juizado Especial Federal Cível** tem competência processar, conciliar e julgar causas de competência da Justiça Federal até o valor de 60 salários mínimos, a considerar estas como de menor complexidade; c) **Juizados Especiais da Fazenda Pública** tem competência para processar, conciliar e julgar causas cíveis de interesse dos Estados, do Distrito Federal, dos Territórios e dos Municípios, até o valor de 60 salários mínimos.

5.2. Critério territorial

A **regra geral**, para as ações fundadas em direitos pessoais e para as fundadas em direitos reais sobre bens móveis, é que elas devem ser intentadas no **foro do domicílio do réu**. Tendo mais de um domicílio, sendo eles localizados em diferentes foros, as referidas ações podem ser intentadas qualquer deles. Se o seu domicílio for incerto ou desconhecido, as ações devem ser intentadas no local onde aquele for encontrado ou no domicílio do autor.

Se o réu não for domiciliado nem residente no Brasil, o foro competente será o do domicílio do autor. Caso o autor também não seja residente ou domiciliado no Brasil, as ações poderão ser intentadas em qualquer foro. Quando as ações tiverem dois ou mais réus, cujos domicílios sejam diferentes, poderão ser intentadas no foro de qualquer deles, à escolha do autor.

Além das regras de competência para o foro geral, relativamente às ações de direito pessoal e direito real sobre bens móveis, há regras de **foro especial**, as quais levam em conta a natureza das ações, a qualidade da parte, a situação da coisa ou o local de cumprimento da obrigação ou da prática do ato ilícito etc.

Para as **ações fundadas em direito real sobre bens imóveis** (assim como para as ações possessórias imobiliárias), é competente, de forma absoluta, o foro da situação da coisa. Quando a ação não versar sobre propriedade, vizinhança, servidão, divisão e demarcação de terras e de nunciação de obra nova, o autor poderá, à sua escolha, intentar ações no foro da situação da coisa, ou, se quiser, no do domicílio do réu ou no do foro de eleição.

Nas ações relacionadas à **sucessão hereditária** será competente o foro do último domicílio do "*de cujos*" no Brasil, ainda que o óbito tenha ocorrido no estrangeiro. Quando o domicílio do autor da herança for incerto, as ações devem ser intentadas no foro de situação dos bens imóveis. Mas, se os bens imóveis estiverem situados em foros diferentes, as ações devem ser intentadas em qualquer destes. Se não houver bens imóveis, as ações devem ser intentadas no foro do local de qualquer dos bens do espólio.

Com relação à ausência, o foro do último domicílio do ausente é também universal e, por isso, competente para processar e julgar, além das ações em que o ausente for réu, a arrecadação, o inventário, a partilha e o cumprimento de disposições testamentárias.

Nos casos das ações em que o **incapaz for réu**, elas serão intentadas no foro de domicílio de seu representante ou assistente.

As ações em que a **União seja autora** devem ser intentadas no foro de domicílio do réu. Mas, se a **União for ré**, a ação poderá ser intentada no foro de domicílio do autor, no de ocorrência do ato ou fato que originou a ação, no de situação da coisa ou no Distrito Federal. A mesma sistemática para as ações que envolvam o Estado ou o Distrito Federal. Se forem autores, é competente o foro de domicílio do réu. Se forem réus, as ações poderão ser intentadas no foro de domicílio do autor, no de ocorrência do ato ou fato que originou a ação, no de situação da coisa ou na capital do respectivo ente federado. Em qualquer dos casos, o autor, que não seja a União, o Estado ou o Distrito Federal, pode intentar a ação no domicílio da pessoa jurídica de direito público.

Para a ação de divórcio, separação, anulação de casamento e reconhecimento ou dissolução de união estável é competente o foro: a) de domicílio do guardião de filho incapaz; b) do último domicílio do casal, caso não haja filho incapaz; c) de domicílio do réu, se nenhuma das partes residir no antigo domicílio do casal. Ao passo em que se reconhece, em definitivo, a isonomia entre homem e mulher, busca-se privilegiar o guardião do filho incapaz ou, quando não existir, o mais fácil acesso às provas necessárias à solução da controvérsia, para, por último, aplicar, se necessário, a regra geral de competência. Em se tratando de **ação de alimentos**, é competente o foro do domicílio ou da residência do alimentando.

Se for ré pessoa jurídica, as ações devem se intentadas no lugar onde está sua sede. Quando as ações disserem respeito às obrigações que contraiu, devem ser intentadas onde se acha agência ou sucursal.

Nada obstante serem de competência da Justiça Federal, as **ações contra empresas públicas federais e autarquias federais** seguem as regras encimadas (dispostas no art. 53, III, *a* e *b*, do CPC), pois os §§ 1º e 2º do art. 109 da Constituição da República só se referem à União (STJ. CC 66459/RJ. DJU 19.03.07).

As **sociedades de economia mista** são processadas pela Justiça Estadual (enunciado 42 da súmula do STJ), pois não estão incluídas nas hipóteses de competência da Justiça Federal (art. 109 da Constituição da República).

Para as ações em que for ré **sociedade ou associação sem personalidade jurídica**, o foro competente é o de onde elas exercem suas atividades.

Quando o **idoso for parte**, as ações que versem acerca de direito previsto no Estatuto do Idoso devem ser intentadas no foro de sua residência.

Para as ações de **reparação de dano por ato praticado por tabelião em razão do ofício**, competente será o foro da sede da serventia notarial ou de registro.

Será competente o foro do lugar do ato ou fato para as ações de **reparação de dano** e para as ações em que for **réu administrador ou gestor de negócios alheios**.

Para as ações de **reparação de dano sofrido em razão de delito ou acidente de veículos, inclusive aeronaves**, será competente o foro de domicílio do autor ou do local do fato.

5.3. Critério funcional

O critério funcional distribui a competência de acordo com a **repartição de funções** a serem desempenhadas pelos diferentes órgãos jurisdicionais **dentro de um mesmo processo**, a determinar a competência pelo **grau de jurisdição** onde a ação deve ser intentada, pela **fase** em que o processo se encontra ou pelo **objeto** visado.

Grau de jurisdição

De uma forma geral, as ações são intentadas perante um juízo monocrático, mas os recursos contra suas decisões são dirigidos a um tribunal, órgão hierarquicamente superior. Nesta hipótese, tem-se a competência derivada, que pressupõe a transferência da análise de uma causa de uma instância para outra superior.

Fase

A fase em que se encontra o processo também define a competência em razão da função a ser desempenhada pelo órgão jurisdicional. O cumprimento da sentença proferida no processo civil que reconhece a existência de obrigação, pelo menos em regra, deve ser realizado perante o juízo que a proferiu.

Objeto

O objeto pleiteado em juízo também define a competência segundo o critério da funcionalidade do órgão judiciário. Por isso, em uma única decisão, pode ocorrer de atuarem dois órgãos jurisdicionais distintos, encarregando-se um deles de um objeto, e o outro, de objeto diverso.

6. COMPETÊNCIA ABSOLUTA E RELATIVA

A competência **absoluta** é **insuscetível de sofrer alterações**, seja por vontade das partes, seja pelos motivos legais de modificação (conexão ou continência), porquanto sua fixação decorre do **interesse público**, que se sobrepõe ao das partes.

A competência **relativa**, por sua vez, é firmada com ênfase no interesse das partes. Por isso, **pode ser modificada por vontade delas ou por determinação**

legal. Em razão disso, "a incompetência relativa não pode ser declarada de ofício" (enunciado da súmula 33 do STJ), devendo aguardar a iniciativa do réu.

A competência será **absoluta**, por expressa disposição contida no art. 62 do CPC, quando fixada **em razão da matéria, da pessoa e da função**. Será **relativa**, em regra, quando fixada em razão **do valor da causa e do território** (art. 63). A **ressalva** efetuada com relação à competência relativa deve-se ao fato de nem sempre a competência estabelecida em razão do território ou do valor da causa ser relativa.

7. MODIFICAÇÃO DE COMPETÊNCIA

A competência é firmada no momento do **registro ou da distribuição da ação**. A partir de então, **irrelevantes** são as **modificações** do estado de fato ou de direito que venham a ocorrer, **salvo** quando suprimirem o órgão judiciário ou alterarem a competência absoluta (STJ. CC 45794/RO. DJU 21.03.05). Firmada a competência, ela deve prevalecer durante todo o processo, em atenção à perpetuação jurisdicional.

O **desmembramento de comarca** "só implicará modificação de competência se alterar a competência territorial absoluta".

Há, no entanto, circunstâncias que modificam, em concreto, a aplicação das disposições relativas à competência, mas que só interferem nas hipóteses de identidade de competência ou de incompetência relativa. Essas modificações podem ocorrer em virtude de lei (caso de conexão ou de continência), ou por vontade das partes (caso de eleição de foro ou de prorrogação da competência).

7.1. Conexão e continência

Segundo o art. 55 do CPC, reputam-se conexas duas ou mais ações quando lhes for comum o pedido ou a causa de pedir. Esta, contudo, não é a única espécie de conexão. O Código prevê outras espécies. Ele reconhece, por exemplo, que há conexão quando houver **relação de acessoriedade ou de prejudicialidade** entre as ações ou quando o objeto de uma ação tiver ligação com o de outra.

Por conta disso, o § 2º do mesmo art. 55 estabelece que se aplique o disposto no seu *caput* à execução de título extrajudicial e à ação de conhecimento relativa ao mesmo ato jurídico, bem assim às execuções fundadas no mesmo título executivo. Adiante, dispõe o art. 61 do CPC que a ação acessória será proposta no juízo competente para a ação principal.

> ▸ **Importante!**
>
> Se a ação principal já tiver sido intentada à época, a ação acessória será encaminhada, mediante distribuição por dependência, para o juízo onde aquela estiver a tramitar, em face da prevenção. Caso ainda não tiver sido intentada a ação principal, será distribuída a ação acessória, segundo as regras de definição de competência para ação principal; definida a competência para julgamento da ação acessória, a ação principal será para lá encaminhada, mediante distribuição por dependência, também em face da prevenção do juízo.

Avançando nesse sentido (em relação ao anterior Código), o § 3º do art. 55 do CPC dispõe que serão reunidos para julgamento conjunto os processos que **possam gerar risco de prolação de decisões conflitantes ou contraditórias caso decididos separadamente,** mesmo sem conexão entre eles. Sendo assim, não é preciso verificar a coincidência dos elementos das ações processualizadas para que os processos sejam reunidos e aquelas julgadas conjuntamente.

Por outro lado, nos termos do art. 56 do Código de Processo Civil, dá-se a **continência** entre duas ou mais ações quando houver identidade quanto às partes e à causa de pedir, mas o pedido de uma (a proposta posteriormente), por ser mais amplo, abrange o das demais (a que foi proposta anteriormente). Logo, pode-se afirmar que a continência é uma espécie de conexão (STJ. CC 57.558/DF. DJU 03.03.08).

O CPC em seu art. 57 afirma que quando houver continência e a ação continente tiver sido intentada anteriormente no processo relativo à ação contida será proferida sentença sem resolução de mérito; caso contrário, as ações serão necessariamente reunidas. Pode ocorrer, contudo, que o pedido formulado na primeira ação seja mais amplo que o formulado na segunda, mas esta traga causa de pedir diferente. Nesta situação (que não é de litispendência parcial), não haveria extinção da segunda ação, mas sim reunião com a primeira, de modo que elas possam ser julgadas simultaneamente, a fim de garantia a harmonia dos julgamentos.

A competência é firmada, para fins de prevenção às ações conexas, no momento do **registro ou da distribuição da petição inicial**.

Se uma das ações tiver sido julgada, torna-se desnecessária a reunião, pois não será mais possível o julgamento conjunto (§ 1º do art. 55 do CPC).

7.2. Foro de eleição

Preventivamente, o art. 62 do CPC estatui que a competência em razão da matéria, da pessoa e da função, por ser absoluta, é inderrogável por convenção das partes. Por conseguinte, quando absoluta a competência definida em razão do valor e do território, ela será inderrogável, sendo nula eventual eleição de foro.

O negócio jurídico processual que estabelece eleição de foro deve ser **bilateral e escrito**, aludindo expressamente ao negócio jurídico material a que se refere. A eleição, contudo, é do foro, e não do juiz.

Quando eleito o foro, cabe ao réu (se conveniente) alegar sua existência (dispõe o § 4º do art. 63 do CPC) **na contestação**, como **questão preliminar** (art. 64 do CPC), quando a ação for intentada em lugar diverso do eleito, sob pena de **preclusão**.

Antes mesmo da citação, se o juiz constatar a abusividade da cláusula de eleição de foro, poderá, de ofício, reputá-la ineficaz, determinando a remessa dos autos ao juízo do foro de domicílio do réu (§ 3º do art. 63). Com a citação, só deverá reconhecer abusividade da eleição de foro se provocado em contestação ou se a cláusula visar a derrogar critério absoluto de definição de competência.

8. DECLARAÇÃO DE INCOMPETÊNCIA

A competência do juízo é **pressuposto de validade do processo**, pelo que deve ser observada. Se a incompetência do órgão jurisdicional é relativa, somente poderá ser reconhecida por provocação das partes. Se absoluta, as partes podem provocar, mas o juiz pode reconhecê-la de ofício. O CPC institui 03 hipóteses típicas para alcançar a declaração de incompetência (ou de competência, que ocorrerá quando negado o requerimento formulado). São elas:

a) ***Contestação***: na contestação, o réu pode requerer a declaração de incompetência, que pode ser relativa ou absoluta.

O § 2º do art. 340 do CPC dispõe que, reconhecida a competência do foro indicado pelo réu, o juízo para o qual for distribuída a contestação ou a carta precatória será considerado prevento. Só que pode ocorrer de o réu defender, na contestação, a competência de um terceiro foro, que não o da causa ou o de onde foi distribuída a contestação ou a carta precatória, situação em que, se acolhida a alegação, os autos serão remetidos para aquele indicado.

Mesmo antes de decidido o requerimento relacionado à alegação de incompetência, dispõe o § 3º do art. 340 do CPC que será **suspensa a realização da audiência de conciliação ou de mediação**, se tiver sido designada (somente quando definida a competência, o juízo competente designará nova data para a audiência).

Acontece que, se a alegação for de incompetência absoluta, e ela não estiver relacionada ao território, não deverá ser suspensa a realização de audiência de conciliação ou de mediação. De fato, a suspensão só se justifica pela dificuldade de comparecer à sessão designada, pelo que deve estar relacionada, de qualquer forma, à **competência territorial**, além do que o juízo, mesmo incompetente, pode homologar autocomposição.

b) ***Arguição ou declaração de incompetência absoluta***: quando a ação é intentada perante **juízo absolutamente incompetente**, a incompetência deve ser *declarada de ofício e pode ser alegada pelas partes (ou mesmo por terceiro interessado), em qualquer tempo e grau de jurisdição* (§ 1º do art. 64 do CPC). Contudo, deve ser alegada na **primeira oportunidade de falar nos autos**. Se assim não procederem, as partes arcarão com as custas processuais decorrentes do retardamento.

Após manifestação da parte contrária, o juiz decidirá imediatamente a alegação de incompetência. Reconhecida a incompetência absoluta, os autos serão *remetidos ao juízo competente (não haverá extinção do processo)*. As decisões até então proferidas (pelo juízo incompetente), salvo se houver pronunciamento judicial em sentido contrário, *conservar-se-ão os efeitos até que outra seja proferida*, se for o caso, pelo juízo competente. Enquanto isso, as decisões proferidas pelo juízo incompetente permanecerão eficazes, podendo, inclusive, ser posteriormente ratificadas.

Rejeitada a alegação de incompetência absoluta, os autos permanecerão no mesmo juízo para prosseguimento do processo.

c) ***Conflito de competência***: há conflito de competência quando: dois ou mais juízes se declaram competentes; dois ou mais juízes se consideram incompetentes, atribuindo um ao outro a competência; entre dois ou mais juízes surge controvérsia acerca da reunião ou separação de processos.

Constatado o conflito, ele deve ser necessariamente suscitado. Não pode haver devolução dos autos ao órgão jurisdicional que, anteriormente, declarou-se incompetente, num verdadeiro *pingue-pongue* do processo, representativo de negativa de prestação jurisdicional e violador da garantia da duração razoável do processo.

De qualquer modo, pode um juízo que se considera incompetente remeter o processo a outro que entenda como competente. E este, por sua vez, caso se entender por incompetente, poderá: a) suscitar o conflito de competência (se entender que a competência é do juízo que lhe remeteu o processo); b) remeter o processo a outro juízo (diferente do originário) que entenda competente.

> **Importante!**
>
> Nos termos do art. 45 do CPC, quando o processo tramitar perante outro juízo, os autos serão remetidos ao juízo federal competente se nele intervier a União, suas empresas públicas, entidades autárquicas e fundações, ou conselho de fiscalização de atividade profissional, na qualidade de parte ou de terceiro interveniente. Mas os autos não serão remetidos, conforme estabelece o § 1º do art. 45, se houver pedido cuja apreciação seja de competência do juízo perante o qual foi proposta a ação.
>
> Caso o juiz, ao não admitir a cumulação de pedidos em razão da incompetência para apreciar qualquer deles, não examinará o mérito daquele em que exista interesse da União, de suas entidades autárquicas ou de suas empresas públicas. Nesse caso, dispõe o § 3º do art. 45, o juízo federal restituirá os autos ao juízo estadual **sem suscitar conflito**, se o ente federal cuja presença ensejou a remessa for excluído do processo.

A **competência** para julgar o conflito suscitado é do **tribunal comum hierarquicamente superior** aos órgãos jurisdicionais conflitantes. Entre juízos vinculados a tribunais diversos (ainda que de diferentes Justiças), a competência para conhecer o conflito será o STJ (STJ. CC 19.013/RJ. DJU 24.11.97).

> **Importante!**
>
> Quando o conflito de competência envolver Juízo Federal e Juizado Especial Federal de diferentes Seções Judiciárias, sua resolução competirá ao Superior Tribunal de Justiça. Mas, quando envolver Juízo Federal e Juizado Especial Federal da mesma Seção, sua resolução competirá ao Tribunal Regional Federal.

Se o conflito envolver tribunais superiores, a competência para resolvê-lo será do STF (STF. CC 7545/SC. DJe 03/06/09; AgR-RE 509352/SP. DJe 01/08/08).

O conflito de competência entre **juízo federal** e **juízo estadual investido de jurisdição federal** deve ser processado e dirimido pelo TRF da respectiva Região (STJ. CC 15.214/SP. DJU 03.06.96).

9. COOPERAÇÃO NACIONAL

Aos órgãos do Poder Judiciário, estadual ou federal, especializado ou comum, em todas as instâncias e graus de jurisdição, inclusive aos tribunais superiores, incumbe o dever de recíproca cooperação, por meio de seus magistrados e servidores. Os juízos (inclusive de diferentes ramos do Poder Judiciário) poderão formular (entre si) pedido de cooperação para prática de qualquer ato processual (independentemente da natureza e da fase em que se encontre o processo), o qual, além de prescindir de forma específica, deve ser prontamente atendido. Dito pedido pode ser executado como: a) auxílio direto; b) reunião ou apensamento de processos; c) prestação de informações; d) atos concertados entre os juízes cooperantes.

As cartas de ordem, precatória e arbitral, necessárias para a cooperação nacional, seguirão o regime previsto no CPC, que será adiante apresentado. E os atos concertados entre os juízes cooperantes poderão consistir, além de outros, no estabelecimento de procedimento para: a) a prática de citação, intimação ou notificação de ato; b) a obtenção e apresentação de provas e a coleta de depoimentos; c) a efetivação de tutela provisória; d) a efetivação de medidas e providências para recuperação e preservação de empresas; e) a facilitação de habilitação de créditos na falência e na recuperação judicial; f) a centralização de processos repetitivos; g) a execução de decisão jurisdicional.

Partes e Procuradores

1. CONCEITO DE PARTES

Considera-se **autor (polo ativo)** aquele que leva ao Poder Judiciário uma pretensão, visando ao seu acolhimento, mediante prestação jurisdicional, conforme pedido. É quem exerce o direito de ação na busca da tutela jurisdicional relativamente a um bem da vida. Ao seu turno, considera-se **réu (polo passivo)** aquele contra quem o autor formula pretensão, na busca de sujeitá-lo.

2. TEORIA GERAL DAS CAPACIDADES: CAPACIDADE DE SER PARTE E CAPACIDADE PROCESSUAL

A capacidade processual das partes *lato senso* se manifesta em três facetas: a) capacidade de ser parte (personalidade judiciária ou processual); b) capacidade processual *stricto sensu* (capacidade de "estar em juízo" ou legitimidade *ad processum*) e; c) capacidade postulatória. As duas primeiras, que serão analisadas nesse tópico, possuem relação estreita com os conceitos de personalidade jurídica e capacidade civil (institutos de direito material).

A **capacidade de ser parte,** segundo a doutrina, é um pressuposto pré-processual, e pode ser conceituada como a aptidão processual de poder figurar como sujeito de direitos no processo para exercer uma pretensão ou oferecer resistência a ela. É, pois, a **personalidade judiciária** de figurar como autor, réu, ou interveniente em uma ação judicial.

Nessa toada, todas as pessoas detentoras do atributo jurídico da **personalidade civil** (pessoas naturais e pessoas jurídicas) terão, automaticamente **personalidade judiciária (capacidade de ser parte),** por serem titulares de direitos e obrigações na ordem civil.

O conceito de personalidade judiciária, tal como ocorre com o conceito da personalidade jurídica civil, não admite gradação. É uma lógica absoluta: ou se é titular de personalidade judiciária ou não.

De outra parte, a **capacidade processual *stricto sensu*** é o segundo momento de aferição. Toda capacidade processual pressupõe a capacidade de ser parte, no entanto, a recíproca não é verdadeira (esta pode existir sem aquela). Ser detentor de **capacidade processual** é ter aptidão de estar em juízo por si (pessoalmente), efetuando e recepcionando atos processuais, válida e eficazmente sem necessidade de assistência ou representação.

Apesar de serem conceitos diferentes e autônomos, haverá forte elo entre a capacidade processual e a capacidade material de fato ou de exercício (art. 3º a 5º do CC/02), como se depreende do art. 70 do CPC: "toda pessoa que se encontre no exercício de seus direitos tem capacidade para estar em juízo". Portanto, regra geral, aquele que esteja habilitado ao exercício pessoal dos atos da vida civil (capacidade civil plena), estará, automaticamente, autorizado a figurar em juízo, pessoalmente, possuindo uma capacidade processual plena.

No entanto, mais uma vez, a simetria não é perfeita. Há casos de capacidade de exercício plena, mas de ausência de capacidade processual como no caso das **pessoas casadas** (art. 73 do CPC), em que o cônjuge mesmo plenamente capaz, só poderá estar em juízo nas ações reais imobiliárias (hipoteca, demolitória, divisória etc.) **caso haja autorização do outro cônjuge**, salvo no regime legal ou convencional de separação absoluta de bens.

> **Importante!**
>
> Será igualmente dispensado o consentimento do cônjuge, mesmo que o regime legal não seja o da separação absoluta de bens, quando a ação real tiver por objeto imóvel adquirido antes da celebração do casamento.

Nessa hipótese, caso o consentimento seja negado por um dos cônjuges sem justo motivo, ou se for impossível concedê-lo, poderá o juiz suprir a ausência, sendo certo que a falta de consentimento quando necessário e não suprido pelo juiz, terá como consequência a invalidade do processo (art. 74 do CPC). A mesma lógica se aplica à união estável desde que comprovada nos autos.

> **Importante!**
>
> Na união estável, presume-se o regime da comunhão parcial de bens (STJ. REsp 1477937. DJe 27.04.17), mas pode ocorrer de a separação absoluta de bens ser legalmente imposta ou convencionada pelos próprios companheiros.

Como também é possível, noutro giro, e de acordo com parte da doutrina, que a parte não possua capacidade de exercício, mas que tenha capacidade processual plena, como acontece no caso do **eleitor de dezesseis anos**, que é relativamente incapaz, mas possui capacidade judiciária para promover ação popular pessoalmente.

3. INCAPAZES E CAPACIDADE PROCESSUAL

Como é sabido, diferentemente da capacidade de ser parte, a capacidade de fato ou de exercício **admite gradação**. Ilustrativamente, um incapaz terá capacidade de ser parte, pois possui personalidade jurídica (nasceu com vida), no entanto, não possui capacidade de exercício e, reflexamente, não terá capacidade processual plena, para que atue no processo sozinho. Só será a ele possível estar em juízo, por intermédio da representação ou da assistência.

Pode ocorrer, ainda, de o incapaz não ter representante legal (não estiver sob o poder familiar, tutela ou curatela), ou de os interesses deste colidirem com os daquele (quando a vitória do incapaz no feito refletir de forma negativa na esfera jurídica ou moral dos seus representantes). Nesses casos, a lei previu uma solução consubstanciada no dever do juiz em designar **curador especial ao incapaz (representante processual *ad hoc*),** que se encontrar em qualquer dessas situações. Também ao réu preso ou revel (desde que tenha sido citado fictamente, ou seja, por edital ou por hora certa), que não tenham comparecido ao processo, será nomeado curador especial para lhes representar adequadamente.

O Código de Processo Civil deixou clarividente, concretizando o disposto na Constituição da República, que caberá à Defensoria Pública o papel de exercer as funções de curadoria especial (art. 72, parágrafo único, CPC). Em caso de ausência de comarca ou subseção da Defensoria, caberá ao órgão jurisdicional a livre escolha do curador especial.

4. PESSOAS JURÍDICAS E ENTES DESPERSONALIZADOS

Sendo a capacidade de ser parte a aptidão de ser sujeito de direitos no processo para exercer ou contestar uma ação processualizada, tanto as **pessoas jurídicas** (dotadas de personalidade jurídica), como os **entes despersonalizados**, podem se revestir da qualidade de parte. Os entes despersonalizados, apesar de não possuírem personalidade jurídica, quando visarem a defender interesses próprios, podem ser partes, porque, nessa situação, possuem personalidade judiciária e, por conseguinte, são considerados capazes processualmente.

Já esclareceu o Superior Tribunal de Justiça que "a regra geral é a de que só os entes personalizados, com capacidade jurídica, têm capacidade de estar em juízo, na defesa dos seus direitos. É criação doutrinária acolhida pela jurisprudência a admissão de que órgãos sem personalidade jurídica (câmara de vereadores, assembleia legislativa, tribunal de contas, espólio, herança jacente, herança vacante, massa falida, condomínio etc.) possam vir a juízo defender interesses e direitos próprios" (STJ. REsp 649824/RN. DJU 30.05.06).

A seguir temos exemplos de sujeitos de direitos despersonalizados, mas que podem figurar em uma gama de situações jurídicas, dentre elas a de ser sujeito do processo (capacidade de ser parte): a) nascituro; b) concepturo (*nondum conceptus* ou prole eventual); c) espólio; d) massa falida; e) herança jacente; f) condomínio de apartamentos; g) sociedades não personificadas (sociedade de fato, sociedade irregular, sociedade em comum); h) as comunidades indígenas; i) os órgãos públicos despersonalizados com prerrogativas próprias (Mesas das Assembleias Legislativas, da Câmara Federal e do Senado, Ministério Público, Cartório de Notas, Tribunais de Contas); j) família; l) entidades religiosas dentre outros.

> Enunciado 525 da súmula de jurisprudência do Superior Tribunal de Justiça: "A Câmara de Vereadores não possui personalidade jurídica, apenas personalidade judiciária, somente podendo demandar em juízo para defender os seus direitos institucionais".

Da mesma forma que as pessoas jurídicas os entes despersonalizados devem ingressar em juízo **representados** por quem a lei processual lhes determinar, sob pena de se verificar a incapacidade processual. A respeito, o art. 75 do CPC traz as formas de como as pessoas jurídicas de direito público, as de direito privado e os entes despersonalizados deverão ser representadas em juízo.

Nos termos do art. 75 do CPC/2015, serão representados em juízo, ativa e passivamente: a) a União, pela Advocacia-Geral da União, diretamente ou mediante órgão vinculado; b) o Estado e o Distrito Federal, por seus procuradores; c) o Município, por seu prefeito ou procurador; d) a autarquia e a fundação de direito público, por quem a lei do ente federado designar; e) a massa falida, pelo administrador judicial; f) a herança jacente ou vacante, por seu curador; g) o espólio, pelo inventariante; h) a pessoa jurídica, por quem os respectivos atos constitutivos designarem ou, não havendo essa designação, por seus diretores; i) a sociedade e a associação irregulares e outros entes organizados sem personalidade jurídica, pela pessoa a quem couber a administração de seus bens; j) a pessoa jurídica estrangeira, pelo gerente, representante ou administrador de sua filial, agência ou sucursal aberta ou instalada no Brasil; k) o condomínio, pelo administrador ou síndico.

Como visto acima, a representação do espólio, por regra, será operada pelo inventariante. No entanto, quando o inventariante for dativo, os sucessores do falecido serão intimados no processo no qual o espólio seja parte.

O legislador estabelece ainda, no § 2º do art. 75 do CPC, que a sociedade ou associação sem personalidade jurídica não poderá opor a irregularidade de sua constituição quando demandada. Essa alegação encerra **comportamento processual contraditório**, afrontando a boa-fé objetiva, já que quando a lei prescreve determinada forma, sob pena de nulidade, a decretação desta não pode ser requerida pela parte que lhe deu causa (art. 276 do CPC/2015).

Por fim, visando a agilizar a marcha processual e evitar gastos inúteis, o § 4º do art. 75 do Código tarifa a possibilidade de os Estados e o Distrito Federal ajustarem **compromisso recíproco para prática de ato processual por seus procuradores em favor de outro ente federado**, mediante convênio firmado pelas respectivas procuradorias.

5. PROCURADORES E CAPACIDADE POSTULATÓRIA (*JUS POSTULANDI*)

A terceira faceta da capacidade processual a ser analisada é a **postulacional.** É, pois, o terceiro passo no processo de aferição da capacidade processual *lato sensu* que deve ser realizado. Em regra, além da capacidade de ser parte e da capacidade processual *stricto sensu*, exige-se uma **capacidade técnica** para a realização de determinados atos processuais de postulação, os quais só poderão ser realizados por pessoas legalmente autorizadas.

Assim, para que o indivíduo, como parte, postule em juízo (por exemplo, apresentação de uma petição inicial), é preciso estar acompanhado por um **advogado legalmente habilitado**, já que é ele quem possui capacidade postulatória. Do mesmo modo, possui ainda tal aptidão técnica a **Defensoria Pública** para casos de hipossuficiência dos representados, o **Ministério Público** em determinadas hipóteses, e excepcionalmente, os próprios autores sem a necessidade de advogado, como se verá adiante.

A contestação apresentada pelo defensor teve de ser acompanhada de procuração outorgada pelo réu.

Há casos, porém, a excepcionar tal regra, em que a parte não necessitará deste acompanhamento, sendo-lhe permitido postular em causa própria. À guisa de exemplo, o parágrafo único do art. 103 pontua que "é lícito à parte postular em causa própria quando tiver habilitação legal". É o caso do demandante plenamente capaz que é advogado, hipótese em que o indivíduo cumula a capacidade de ser parte, a capacidade de estar em juízo e a capacidade postulatória. Por lógico, não se exige procuração habilitada nos autos nessas situações.

Em tal hipótese incumbe-lhe, na forma do art. 106: a) declarar, na petição inicial ou na contestação, o endereço, seu número de inscrição na Ordem dos Advogados do Brasil e o nome da sociedade de advogados da qual participa, para o recebimento de intimações (inciso I); b) comunicar ao juízo qualquer mudança de endereço (inciso II).

Caso o advogado descumpra o dever de cooperação previsto no inciso I, o juiz ordenará que se supra a omissão, no prazo de 05 dias, antes de determinar a citação do réu, sob pena de indeferimento da petição inicial. Já se o advogado infringir o dever de manter atualizado o seu endereço, serão consideradas válidas e eficazes as intimações enviadas por carta registrada ou por meio eletrônico àquele constante nos autos.

De igual modo, o art. 9º da Lei nº 9.099/95, autoriza a postulação pela parte em juízo, perante os Juizados Especiais, sem a presença de advogado, desde que o valor da causa não seja superior a 20 salários mínimos.

A atuação da parte no processo, portanto, afora os casos especiais que a própria lei excepciona, estará **condicionada à capacidade postulatória**, que é outorgada aos regularmente inscritos na Ordem dos Advogados do Brasil, segundo a dicção do art. 103 do CPC. Ressalta-se que o bacharel em direito legalmente inscrito nos quadros da OAB só poderá representar a parte em juízo se estiver habilitado para a causa, ou seja, constituído por **instrumento procuratório** que lhe outorgue poderes para tanto, como dispõe o art. 104 do CPC.

Quanto à habilitação, consigne-se que a procuração geral para o foro (procuração *ad judicia*) pode ser outorgada por instrumento público ou particular assinado pela parte, que habilita o advogado a praticar todos os **atos gerais ordinários** imprescindíveis ao exercício das pretensões do outorgante em juízo (por exemplo, postulações, recebimento de intimações, interposição de recursos etc.).

Salvo disposição em contrário, no próprio instrumento, a procuração outorgada na fase de conhecimento é eficaz para todas as fases do processo, inclusive para o cumprimento de sentença (§ 4º do art. 105).

O mandato judicial pode, ainda, conferir poderes especiais ao advogado para realizar determinados atos como: receber citação, confessar, reconhecer a procedência do pedido, transigir, desistir, renunciar ao direito sobre o qual se funda a ação, receber, dar quitação, firmar compromisso e assinar declaração de hipossuficiência econômica. Em tal situação a procuração deve conter uma **cláusula específica para conferir tais poderes**, pois são atos que estão, em maioria, relacionados à disponibilidade do direito material.

A ausência do **instrumento de mandato**, quando necessário, devidamente assinado, impedirá que o advogado exerça a sua capacidade postulatória em juízo em favor da parte, sendo possível, no entanto, em nome dela, intentar ação, a fim de evitar decadência ou prescrição, bem como intervir, no processo, para praticar atos reputados urgentes. Nestes casos, o advogado se obrigará, independentemente de caução, a exibir o instrumento de mandato no prazo de 15 dias, prorrogável até outros 15, por despacho do juiz (art. 104 do CPC).

Pela análise literal do art. 37, parágrafo único, do CPC/1973, a não ratificação dos atos praticados sem procuração, levaria a sua inexistência. Esse artigo levou parte da doutrina e da jurisprudência a interpretar a capacidade postulatória como um pressuposto processual de existência, opção que já era criticada por este curso e que o CPC/2015 tratou de corrigir.

Seguramente, a capacidade postulatória não está no plano da existência, como já foi sumulado erroneamente pelo STJ: 115, já que o recurso interposto por advogado sem procuração nos autos, se ele for inscrito na OAB, existe (preenche todos os pressupostos de existência) e é válido (pois praticado por advogado). No entanto, **é ineficaz em relação àquele em cujo nome foi praticado**, respondendo o advogado pelas despesas e por perdas e danos, como dispõe, corretamente, o art. 104, § 2º do CPC/2015.

6. SUCESSÃO DAS PARTES E DOS PROCURADORES

O CPC/2015 promove correção técnica salutar ao eliminar a expressão "substituição" do art. 41 do CPC/1973 e empregar a correta denominação do instituto descrito no art. 108 do CPC. Assim, o referenciado dispositivo determina que, no curso do processo, somente é lícita **a sucessão** voluntária das partes nos casos expressos em lei.

Na substituição, o substituto apenas ingressa com legitimidade *ad processum*, pleiteando em nome próprio direito alheio. Ao contrário, na sucessão, o sucessor ingressa em juízo com legitimidade *ad causam*, na medida em que demanda em nome próprio direito próprio.

O art. 108 do CPC institui, neste sentido, a **estabilidade subjetiva**, que terá reflexo nos processos de conhecimento e execução e está ligado ao fenômeno da *perpetuatio legitimationis*.

Nesta ordem de ideias, mesmo havendo a alienação da coisa ou do direito litigioso, a título particular, por ato entre vivos, não se alterará a legitimidade das partes. O adquirente ou o cessionário da coisa ou do direito litigioso não poderá ingressar em juízo, sucedendo o alienante, ou o cedente, sem que o **consinta** a parte contrária.

Se não houver consentimento, o adquirente ou o cessionário poderá intervir no processo, assistindo o alienante ou o cedente na qualidade de **assistente litisconsorcial**, porquanto estará ali funcionando também como parte, na medida em que tem interesse jurídico (*legitimidade ad causam*) material na solução do litígio. Tanto é que a sentença, proferida entre as partes originárias estenderá os seus efeitos ao adquirente ou ao cessionário, modificando a relação jurídica existente entre o adquirente ou cessionário e a parte contrária.

Essas hipóteses trazidas pelo art. 109 e parágrafos do CPC são relativas à **sucessão processual entre vivos**. Há, porém, a sucessão processual por *causa mortis* quando, ocorrendo a morte de qualquer das partes, o espólio ou os sucessores substituírem o *de cujus* no polo em que estiver funcionando no processo.

Em relação à **substituição dos procuradores**, a lei processual preconiza que a parte que revogar o mandato outorgado ao seu advogado, no mesmo ato constituirá outro que assuma o patrocínio da causa, sob pena de, assim não o fazendo, extinguir-se o processo sem resolução de mérito por ausência de pressuposto processual de validade, caso seja a parte o autor, ou prosseguir o processo à revelia, caso seja a parte o réu.

Na hipótese de falecimento do procurador de qualquer das partes, o prazo para constituir outro em substituição é de **15 dias** (período em que o processo ficará suspenso). Porém, as cominações, em caso de persistência da omissão depois de ultrapassado o interregno legal, serão as mesmas da revogação do mandato, ou seja, extinção do processo sem resolução de mérito ou seu prosseguimento à revelia, caso seja autor ou réu, respectivamente (art. 313, § 3 do CPC).

Por outro lado, é direito do advogado, a qualquer tempo, renunciar ao mandato, provando que cientificou o mandante a fim de que este nomeie substituto. Deverá, no entanto, **permanecer no patrocínio da causa durante os 10 dias seguintes (ou antes, se, em menor elastério, constituído novo advogado), desde que necessário para evitar prejuízo a seu constituinte**. Se não observada essa determinação legal, ao advogado serão aplicadas as sanções previstas no EOAB.

CAPÍTULO VI

Deveres das partes e de seus procuradores

1. CONSIDERAÇÕES INICIAIS

As variadas disposições de processo civil impõem aos diversos sujeitos uma série de ônus e deveres.

2. DEVERES DAS PARTES E DE SEUS PROCURADORES

As disposições processuais podem impor uma série de **deveres**, que haverão de ser respeitados por todos os sujeitos do processo, inclusive os imparciais. Assim, os deveres processuais, sobretudo os previstos entre os artigos 77 e 78, ao contrário do que se poderia concluir a partir do "Título", cabem a todos os sujeitos do processo, e não apenas às partes.

2.1. Especificação dos deveres

São deveres dos sujeitos processuais, dentre outros, os seguintes:

a) *expor os fatos em juízo conforme a verdade*;

b) *não formular pretensão ou de apresentar defesa quando cientes de que são destituídas de fundamento*;

c) *não produzir provas e não praticar atos inúteis ou desnecessários à declaração ou à defesa do direito*;

d) *cumprir com exatidão as decisões jurisdicionais, de natureza provisória ou final, e não criar embaraços à sua efetivação*;

e) *declinar, no primeiro momento que lhes couber falar nos autos, o endereço residencial ou profissional onde receberão intimações, atualizando essa informação sempre que ocorrer qualquer modificação temporária ou definitiva*;

f) *não praticar inovação ilegal no estado de fato de bem ou direito litigioso.*

2.2. Atos atentatórios à dignidade da justiça, advertência e aplicação de multa

Previamente, cumpre ao juiz advertir aos sujeitos do processo que o não cumprimento dos deveres previstos nos itens "d" e "f" constituem ato atentatório à dignidade da justiça e que, por isso, sem prejuízo das sanções criminais, civis e processuais cabíveis, poderá aplicar ao responsável, **multa de até 20% do valor da causa, de acordo com a gravidade da conduta.**

Mas, ainda que o juiz não advirta, deve ser aplicada a multa respectiva contra o sujeito processual, até porque, nos termos do § 2º do art. 77, a violação do disposto nos incisos IV e VI "constitui" ato atentatório à dignidade da justiça. Se há atentado, ele deve ser punido e não apenas advertido. A multa é aplicável quando verificada a prática do atentado. A advertência, conquanto deva anteceder sua prática, não é requisito de aplicação da multa.

Não há, sob a égide do CPC/2015, tolerância à prática do ato atentatório à dignidade da justiça. Havido o ato, deve ser aplicada a multa. A advertência é conveniente, mas deve anteceder a prática. Parte da doutrina, porém, adota posição contrária, ao defender que antes de aplicar qualquer sanção, o sujeito infrator deve ser advertido de suas consequências.

As situações de atentado contra a dignidade da justiça trazidas pelo § 2º do art. 77 são meramente exemplificativas. O CPC/2015, em diversos dispositivos, elenca situações outras de atentado à dignidade.

Se a multa eventualmente aplicada não for paga no prazo a ser fixado pelo juiz, ela será (em regra) **inscrita como dívida ativa** da União ou do Estado após o trânsito em julgado da decisão que a fixou. Sua execução observará o procedimento da execução fiscal, revertendo-se aos fundos previstos no art. 97 do CPC.

A multa pela prática de ato atentatório à dignidade da justiça, quando o valor da causa for **irrisório ou inestimável,** poderá ser fixada em **até 10 vezes o valor do salário-mínimo**. Tal possibilidade, disposta no § 5º do art. 77 do CPC/2015, corrige distorção contida no parágrafo único do art. 14 do CPC/1973, que, independentemente do valor da causa, a multa deveria ser sempre aplicada em percentual de até 20%, o que acabava por não penalizar, na proporção devida, o sujeito que atentasse contra a dignidade da justiça.

Por expressa disposição do § 6º do art. 77 do CPC, a multa por ato atentatório à dignidade da justiça não se aplica aos advogados públicos ou privados e aos membros da Defensoria Pública e do Ministério Público. Resta-lhe apenas a apuração de eventual responsabilidade disciplinar ser apurada pelo respectivo órgão de classe ou corregedoria, ao qual o juiz deverá oficiar. A disposição legal perde a oportunidade de impedir a prática de atos atentatórios, pelos advogados, quando podem ser identificados e, a eles, ser atribuída a autoria.

O valor da multa por atentado à dignidade da justiça deve ser fixado por decisão interlocutória, contra a qual não cabe agravo de instrumento (a insatisfação deve ser suscitada por ocasião de apelação ou de respectivas contrarrazões), de acordo com a gravidade do fato.

2.3. Impossibilidade de cumprimento, pelo representante judicial, da obrigação imposta por decisão judicial

Além da imunidade identificada, o representante judicial da parte não pode ser compelido a cumprir decisão em seu lugar, pois que, além de o encargo exercido não se compatibilizar com o cumprimento da obrigação imposta contra seu constituinte, muita das vezes o ato é de natureza personalíssima, somente podendo ser praticado pelo representado. Todavia, embora não seja compelido a cumprir a decisão em lugar, cabe ao representante judicial comunicar à parte que representa acerca da obrigação inadimplida.

2.4. Vedação ao emprego de expressões ofensivas

As partes, seus procuradores, os juízes, os membros do Ministério Público e da Defensoria Pública e qualquer pessoa que participe do processo, **não podem empregar expressões ofensivas**.

3. RESPONSABILIDADE DAS PARTES POR DANO PROCESSUAL

Não só as partes podem ser responsabilizadas por dano processual. A elas, acrescenta-se o interveniente. Eles (autor, réu e interveniente) responderão por perdas e danos quando, diz o texto do art. 79, litigarem de má-fé.

3.1. Litigância de má-fé

Conforme a disposição do art. 80, é considerado litigante de má-fé aquele que: a) ***deduzir pretensão ou defesa contra texto expresso de lei ou fato incontroverso;*** b) ***alterar a verdade dos fatos;*** c) ***usar do processo para conseguir objetivo ilegal;*** d) ***opuser resistência injustificada ao andamento do processo;*** e) ***proceder de modo temerário em qualquer incidente ou ato do processo;*** f) ***provocar incidente manifestamente infundado;*** g) ***interpuser recurso com intuito manifestamente protelatório.***

3.2. Multa

De acordo com o texto do art. 81 do CPC, "o juiz, de ofício ou a requerimento, condenará o litigante de má-fé a pagar multa, que deverá ser **superior a um por cento e inferior a dez por cento do valor corrigido da causa**".

Além disso, o CPC tratou de dar maior efetividade à encimada multa ao estabelecer que quando o valor da causa for irrisório ou inestimável, a multa poderá ser fixada em até 10 vezes o valor do salário-mínimo.

Quanto à responsabilidade pelo pagamento da multa, o atual Código preservou a disposição do anterior. O § 1º do art. 81 dispõe que quando forem 02 ou mais os litigantes de má-fé, o juiz condenará cada um na proporção de seu respectivo interesse na causa ou solidariamente aqueles que se coligaram para lesar a parte contrária. Se os atos são isolados, a condenação ao pagamento de multa considerará o ato praticado pelo respectivo litigante. Se os atos são concorrentes, ante a verificação de coligação das partes, a condenação será solidária.

Mesmo que o litigante seja contemplado pelos benefícios da gratuidade judiciária, deverá pagar o valor relativo à multa aplicada em decorrência de sua má-fé. Inclusive, o § 4º do art. 98 do CPC dispõe que a concessão de gratuidade não afasta o dever de o beneficiário pagar, ao final, as multas processuais que lhe sejam impostas.

É indiscutível na doutrina a possibilidade de cumulação da multa por atentado à dignidade da justiça com a de litigância de má-fé quando relativas a fatos diferentes. Já quando o fato for comum, há divergência, no entanto, os autores desse livro entendem pela possibilidade em razão dos bens jurídicos protegidos e os destinatários serem diversos.

A cobrança de multas (assim como de indenizações) decorrentes de litigância de má-fé ou de prática de ato atentatório à dignidade da justiça será promovida nos próprios autos do processo. A decisão que as fixou será considerada título executivo judicial, pelo que se possibilita o seu cumprimento nos mesmos autos.

3.3. Indenização

Ao litigante de má-fé, além de aplicada multa e imposta a responsabilidade pelo pagamento dos custos processuais, ele deve **reparar/indenizar integralmente a parte contrária pelos prejuízos que sofreu**, cujo valor será fixado pelo juiz (na própria decisão que reconhecer a litigância de má-fé) ou, caso não seja possível mensurá-los, mediante liquidação por arbitramento ou pelo procedimento comum, nos próprios autos. A disposição do § 3º do art. 81 do CPC/2015 representa evidente avanço frente ao texto da legislação anterior, que realizava restrições não razoáveis.

CAPÍTULO VII

Despesas, honorários advocatícios e multas

1. CONSIDERAÇÕES INICIAIS

As despesas processuais compreendem os gastos despendidos pelos sujeitos parciais durante o curso do processo. No presente capítulo, será analisada a Seção III do Capítulo II do Título I do Livro III do CPC, denominada "Das Despesas, dos Honorários Advocatícios e das Multas". A nomenclatura não é a mais fidedigna à terminologia processual, a considerar que os honorários constituem espécie do gênero despesas processuais.

E não é só. Conquanto haja referência aos honorários advocatícios, o Código trata apenas daqueles decorrentes da sucumbência da parte. Existem também os honorários advocatícios contratuais, não tratados pelo Código de Processo Civil, mas, sim, pelo Código Civil, pelo Estatuto da Ordem dos Advogados do Brasil e pelo Código de Ética e Disciplina da Ordem dos Advogados do Brasil.

2. DESPESAS PROCESSUAIS

2.1. Definição

Por despesas processuais compreendam-se todos os gastos realizados pelos sujeitos processuais, especialmente os parciais, necessários a possibilitar que o processo seja instrumento para que, por seu intermédio, o Estado proporcione a oferta de prestação jurisdicional.

2.2. Dispensa de pagamento

Alguns sujeitos, como o Ministério Público, a Fazenda Pública e a Defensoria Pública estão dispensados do pagamento da chamada taxa judiciária. Aliás, quanto às demais despesas processuais, só procederão ao seu pagamento ao final do processo, se forem vencidos, conforme o art. 91, *caput*, do CPC.

2.3. Suspensão de exigibilidade

Os sujeitos considerados hipossuficientes fazem jus ao benefício da gratuidade judiciária, que implica a dispensa do adiantamento das despesas, além da **suspensão da exigibilidade do seu pagamento pelo prazo de cinco anos** contados do trânsito em julgado da decisão final, ao fim do qual a obrigação de pagar se extingue.

2.4. Responsabilidade pelo adiantamento

De uma forma geral, incumbe às partes prover as despesas dos atos que realizarem ou requererem no processo, antecipando-lhes o pagamento, desde o início até a sentença final ou, na execução, até a plena satisfação do direito reconhecido no título. O autor adiantará as despesas relativas a ato cuja realização o juiz determine de ofício ou a requerimento do Ministério Público, quando sua intervenção ocorrer como fiscal da ordem jurídica.

2.5. Responsabilidade pelo pagamento

Ao final, a sentença condenará o vencido a pagar ao vencedor as despesas que antecipou, e, se o assistido for vencido, o assistente será condenado ao pagamento das custas em proporção à atividade que houver exercido no processo.

▸ **IMPORTANTE!**

"Nas hipóteses de extinção do processo sem resolução de mérito provocada pela perda do objeto da ação em razão de ato de terceiro e sem que exista a possibilidade de se saber qual dos litigantes seria sucumbente se o mérito da ação fosse julgado, o pagamento das custas e dos honorários advocatícios deve ser rateado entre as partes" (STJ. REsp 1.641.160/RJ. DJe 21.03.17; Inf. STJ 600).

2.6. Despesas relativas à realização de prova pericial

As despesas dos atos processuais praticados a requerimento da Fazenda Pública, do Ministério Público ou da Defensoria Pública serão pagas ao final pelo vencido.

Contudo, especificamente quanto às perícias requeridas pela Fazenda Pública, pelo Ministério Público ou pela Defensoria Pública, elas poderão ser realizadas por entidade pública ou, se houver previsão orçamentária, ter os valores adiantados por aquele que requerer a prova. Se não houver previsão orçamentária no exercício financeiro para adiantamento dos honorários periciais, eles serão pagos no exercício seguinte ou ao final, pelo vencido, caso o processo se encerre antes do adiantamento a ser feito pelo ente público.

Quando o pagamento da perícia for de responsabilidade de beneficiário de gratuidade da justiça, ela poderá ser: a) custeada com recursos alocados no orçamento do ente público e realizada por servidor do Poder Judiciário ou por órgão público conveniado; b) paga com recursos alocados no orçamento da União, do Estado ou do Distrito Federal, no caso de ser realizada por particular, hipótese em que o valor será fixado conforme tabela do tribunal respectivo ou, em caso de sua omissão, do Conselho Nacional de Justiça.

A prova pericial, qualquer das partes proceder à nomeação de assistente técnico, ela adiantará a respectiva remuneração, que será ressarcida, ao final, pela parte vencida.

2.7. *Cautio pro expensis*

Se o autor, brasileiro ou estrangeiro, residir fora do Brasil ou deixar de residir no país ao longo da tramitação de processo, **deverá prestar caução suficiente ao pagamento das custas e dos honorários de advogado da parte contrária nas ações que propuser**, se não tiver, no Brasil, bens imóveis que lhes assegurem o pagamento.

Mas, ainda que perdurem as condições encimadas, do autor não se exigirá a caução quando: a) houver dispensa prevista em acordo ou tratado internacional de que o Brasil faz parte; b) a ação pendente for de execução (fundada em título judicial ou extrajudicial); c) seja o caso se reconvenção.

2.8. Despesas relacionadas ao adiamento ou à repetição de atos

As despesas decorrentes de atos adiados ou cuja repetição for necessária ficarão a cargo do sujeito (parte, auxiliar da justiça, órgão do Ministério Público, Defensoria Pública ou juiz) que, sem justo motivo, houver dado causa ao adiamento ou à repetição.

2.9. Sentença sem resolução de mérito e propositura de nova ação

Quando, a pedido do réu, o juiz proferir sentença sem resolver o mérito, o autor não poderá propor novamente a ação sem pagar ou depositar em cartório as despesas e os honorários a que foi condenado.

3. HONORÁRIOS ADVOCATÍCIOS

3.1. Definição

Há duas espécies de honorários advocatícios: os **contratuais e os sucumbenciais.**

A primeira espécie decorre de **negócio jurídico firmado entre o advogado e o sujeito cujos interesses serão patrocinados por meio de mandato judicial.** A segunda espécie de**corre do êxito alcançado pelo advogado em razão do trabalho por ele desempenhado,** constituindo obrigação em detrimento da parte vencida (pelo menos, em regra), porque, indevidamente, deu causa ao ajuizamento da ação. O seu valor será fixado pelo órgão jurisdicional, em percentual variante, conforme parâmetros estabelecidos pelo CPC, a considerar os critérios de fixação ali igualmente previstos.

O CPC, nos artigos 85 e seguintes, trata especificamente dos honorários de sucumbência, que, a despeito de outrora terem servido exclusivamente à remuneração profissional (do advogado da parte vencedora), agora, passam a ter, também, a função de **desestimular a prática de atos processuais infundados.**

3.2. Condenação do vencido ao pagamento de honorários advocatícios

O CPC segue a tradição de responsabilizar o **vencido no pagamento dos honorários advocatícios em favor do advogado da parte vencedora**. Adota-se a **causalidade** para definir a responsabilidade pelo pagamento dos honorários. Destaca-se, ainda, que além da fixação em sentença, como o CPC/2015, especificamente no artigo 356 (primeira parte), passou a admitir as decisões parciais de mérito.

Portanto, a sentença, nesse contexto, deve ser compreendida como o **ato decisório definitivo.** Ele condenará a parte vencida a pagar honorários de sucumbência em favor do advogado da parte vencedora, mesmo quando julgar também reconvenção, cumprimento de sentença provisório ou definitivo, execução resistida ou não e recursos interpostos (neste último caso, com o claro intento de também reduzir a investida em sede recursal).

3.3. Critérios de aferição e limites de fixação

Em primeira instância, os honorários serão fixados entre **o mínimo de dez e o máximo de vinte por cento sobre o valor da condenação**, do proveito econômico obtido ou, não sendo possível mensurá-lo, sobre o valor atualizado da causa, observados: a) o grau de zelo do profissional; b) o lugar de prestação do serviço; c) a natureza e a importância da causa; d) o trabalho realizado pelo advogado e o tempo exigido para o seu serviço.

A fixação dos honorários de sucumbência observará: a) *o grau de zelo do profissional*; b) *o lugar de prestação do serviço*; c) *a natureza e a importância da causa*; d) *o trabalho realizado pelo advogado e o tempo exigido para o seu serviço*;

3.4. Limites de fixação contra a Fazenda Pública

Nas causas em que a Fazenda Pública for parte, haverá diferenciação de parâmetros de fixação da verba honorária.

Nas causas em que a Fazenda Pública for parte, a fixação dos honorários observará os critérios de aferição gerais (conforme descrito no item anterior) e os seguintes percentuais (diferentes da regra geral):

Porcentagem	Valor da condenação ou proveito econômico obtido
Mínimo de 10% e máximo de 20%	Até 200 salários mínimos;
Mínimo de 8% e máximo de 10%	Até 2.000 salários mínimos;
Mínimo de 5% e máximo de 8%	Acima de 2.000 salários mínimos até 20.000 salários mínimos;
Mínimo de 3% e máximo de 5%	Acima de 20.000 salários mínimos até 100.000 salários mínimos;
Mínimo de 1% e máximo de 3%	Acima de 100.000 salários mínimos;

Em qualquer dessas hipóteses, os percentuais devem ser aplicados desde logo, quando for líquida a sentença. Se for ilíquida, a definição do percentual somente ocorrerá quando da liquidado o julgado. Se não houver condenação principal ou não sendo possível mensurar o proveito econômico obtido, a condenação em honorários dar-se-á sobre o valor atualizado da causa.

Será considerado o salário mínimo vigente quando prolatada sentença líquida ou o que estiver em vigor na data da decisão de liquidação.

Quando a condenação contra a Fazenda Pública ou o benefício econômico obtido pelo vencedor ou o valor da causa for superior ao valor previsto na primeira faixa, ou seja, até 200 salários mínimos, a fixação do percentual de honorários deve observar a faixa inicial e, naquilo que a exceder, a faixa subsequente, e assim sucessivamente.

3.5. Honorários advocatícios e carga eficacial do ato decisório definitivo

Os critérios de aferição e limites de fixação apresentados acima se aplicam independentemente de qual seja o conteúdo da decisão, inclusive nos casos de improcedência ou de sentença sem resolução de mérito.

3.6. Causas de inestimável ou irrisório proveito econômico

A fim de que seja cumprida a dupla função dos honorários advocatícios de sucumbência, quais sejam, remunerar a atividade profissional do advogado da parte vencedora e desestimular a prática de atos injustificados, o § 8º do art. 85 do CPC dispõe que, nas causas em que for inestimável ou irrisório o proveito econômico ou, ainda, quando o valor da causa for muito baixo, o juiz fixará o valor dos honorários por **apreciação equitativa**, a observar os critérios gerais de aferição.

3.7. Ação de indenização por ato ilícito contra pessoa

Na ação de indenização por ato ilícito contra pessoa, o percentual de honorários incidirá sobre a soma das prestações vencidas acrescida de 12 prestações vincendas. O "proveito econômico" a ser considerado como base de fixação dos honorários, portanto, é composto pelas **parcelas vencidas e pelas próximas doze a se vencerem** (ainda que a parte vencedora receba maior número de parcelas).

3.8. Perda do objeto

Estabelece o art. 85, § 10, do Código de Processo Civil que, nos casos de perda do objeto, os honorários serão devidos por **quem deu causa ao processo**. O dispositivo preserva a causalidade para fins de condenação ao pagamento de honorários sucumbenciais.

3.9. Honorários de sucumbência recursal

O CPC, em seu art. 85, § 11, dispõe: "o tribunal, ao julgar recurso, majorará os honorários fixados anteriormente levando em conta o trabalho adicional realizado em grau recursal, observando, conforme o caso, o disposto nos §§ 2º a 6º, sendo vedado ao tribunal, no cômputo geral da fixação de honorários devidos ao advogado do vencedor, ultrapassar os respectivos limites estabelecidos nos §§ 2º e 3º para a fase de conhecimento".

Assim, considerando o trabalho adicional desempenhado pelo advogado da parte vencedora em sede recursal, o órgão julgador aumentará os honorários antes fixados **até o limite máximo de 20%**.

> **IMPORTANTE!**
>
> Recentemente, a Segunda Seção do STJ, à unanimidade, confirmou, em um único julgamento, as principais teses acerca dos honorários recursais:
>
> PROCESSUAL CIVIL. AGRAVO INTERNO NOS EMBARGOS DE DIVERGÊNCIA EM RECURSO ESPECIAL. ACÓRDÃO EMBARGADO PUBLICADO NA VIGÊNCIA DO CPC/2015. FALTA DE SIMILITUDE FÁTICA. PRESCRIÇÃO. REPARAÇÃO. DIREITOS AUTORAIS. ILÍCITO EXTRACONTRATUAL. ACÓRDÃO EMBARGADO CONFORME A JURISPRUDÊNCIA DO STJ. NÃO CABIMENTO. DECISÃO MANTIDA.
>
> 1. (...)

5. É devida a majoração da verba honorária sucumbencial, na forma do art. 85, § 11, do CPC/2015, quando estiverem presentes os seguintes requisitos, simultaneamente: a) decisão recorrida publicada a partir de 18.3.2016, quando entrou em vigor o novo Código de Processo Civil; b) recurso não conhecido integralmente ou desprovido, monocraticamente ou pelo órgão colegiado competente; e c) condenação em honorários advocatícios desde a origem no feito em que interposto o recurso.

6. Não haverá honorários recursais no julgamento de agravo interno e de embargos de declaração apresentados pela parte que, na decisão que não conheceu integralmente de seu recurso ou negou-lhe provimento, teve imposta contra si a majoração prevista no § 11 do art. 85 do CPC/2015.

7. Com a interposição de embargos de divergência em recurso especial tem início novo grau recursal, sujeitando-se o embargante, ao questionar decisão publicada na vigência do CPC/2015, à majoração dos honorários sucumbenciais, na forma do § 11 do art. 85, quando indeferidos liminarmente pelo relator ou se o colegiado deles não conhecer ou negar-lhes provimento.

8. Quando devida a verba honorária recursal, mas, por omissão, o Relator deixar de aplicá-la em decisão monocrática, poderá o colegiado, ao não conhecer ou desprover o respectivo agravo interno, arbitrá-la ex officio, por se tratar de matéria de ordem pública, que independe de provocação da parte, não se verificando reformatio in pejus.

9. Da majoração dos honorários sucumbenciais promovida com base no § 11 do art. 85 do CPC/2015 não poderá resultar extrapolação dos limites previstos nos §§ 2º e 3º do referido artigo.

10. É dispensada a configuração do trabalho adicional do advogado para a majoração dos honorários na instância recursal, que será considerado, no entanto, para quantificação de tal verba.

11. Agravo interno a que se nega provimento. Honorários recursais arbitrados ex officio, sanada omissão na decisão ora agravada.

(AgInt nos EREsp 1539725/DF, Rel. Ministro ANTONIO CARLOS FERREIRA, SEGUNDA SEÇÃO, julgado em 09/08/2017, DJe 19/10/2017).

Frise-se, ademais, que os honorários recursais são cumuláveis com multas e outras sanções processuais, inclusive as previstas no art. 77 do CPC, aplicadas em caso de verificação da prática de atos atentatórios à dignidade da justiça.

3.10. Embargos à execução rejeitados ou julgados improcedentes

Para se evitar a cumulação de execuções, as verbas de sucumbência arbitradas em embargos à execução rejeitados ou julgados improcedentes e em fase de cumprimento de sentença **serão acrescidas no valor do débito principal**, para todos os efeitos legais.

3.11. Titularidade dos honorários de sucumbência

Os honorários sucumbenciais constituem **direito do advogado.** O § 5º do art. 99 do CPC estabelece que o recurso que verse exclusivamente sobre valor de honorários de sucumbência fixados em favor do advogado de beneficiário estará sujeito a preparo, salvo se o próprio advogado demonstrar que tem direito à gratuidade.

3.12. Natureza e privilégios dos honorários de sucumbência

Os **honorários advocatícios têm natureza alimentar** e, por conta disso, gozam dos mesmos privilégios dos créditos oriundos da legislação do trabalho. A disposição trazida pelo CPC/2015 encerra, em definitivo, divergência havida junto ao Superior Tribunal de Justiça, quando em vigor o CPC/1973.

3.13. Impossibilidade de compensação dos honorários de sucumbência

De forma mais que oportuna, o § 14 do art. 85 do CPC vedou a compensação de honorários em caso de sucumbência recíproca, superando o enunciado 306 da súmula do STJ.

3.14. Pagamento efetuado em favor da sociedade de advogados

Em razão da autorização contida no § 15 do art. 85 do CPC, o advogado pode requerer que o pagamento dos honorários que lhe caibam seja efetuado em favor da sociedade de advogados que integra na qualidade de sócio. Além de facilitar a manuseio da autorização de liberação de valores eventualmente depositados à disposição do juízo, o texto legal simplificou a questão tributária envolta.

3.15. Juros moratórios

Quando os honorários forem fixados em quantia certa, os juros moratórios incidirão a partir da data do trânsito em julgado da decisão.

3.16. Atuação do advogado em causa própria

Os honorários serão devidos ao advogado, mesmo quando ele atuar em causa própria. Não haveria motivo de o advogado não ser remunerado pela parte vencida, pelo simples fato de defender seus próprios interesses, já que a finalidade da condenação ao pagamento em honorários advocatícios de sucumbência é remunerar o profissional pelo trabalho desenvolvido no processo.

3.17. Omissão do ato decisório definitivo em relação à condenação sucumbencial

O § 18 do art. 85 do Código de Processo Civil passou a dispor que, "caso a decisão transitada em julgado seja omissa quanto ao direito aos honorários ou ao seu valor, é cabível **ação autônoma para sua definição e cobrança**".

3.18. Pagamento de honorários de sucumbência aos advogados públicos

O art. 85, no § 19, garantiu aos advogados públicos a percepção de honorários de sucumbência, nos termos da lei.

4. DISPOSIÇÕES COMUNS ENTRE DESPESAS PROCESSUAIS E HONORÁRIOS ADVOCATÍCIOS

As despesas processuais contemplam os honorários de advogado, pois aquelas são gênero do qual estes são espécie. A abordagem em separado, realizada acima, seguiu a sistemática estabelecida pelo CPC, que, logo adiante, traz disposições comuns, cuja abordagem passa aqui a ser realizada.

4.1. Sucumbência recíproca

O CPC estabelece, em seu art. 86, que, se cada litigante for, em parte, vencedor e vencido, **serão proporcionalmente distribuídas entre eles as despesas**. Essa reciprocidade considera a respectiva condenação ou o proveito econômico proporcionado a cada uma das partes. Assim, por exemplo, se ocorrer de uma parte vencer em 30%, e a outra, em 70%, cada uma arcará com as despesas na mesma proporção, ressalvada a vedação de compensação dos honorários de sucumbência. Já se um litigante sucumbir em *parte mínima do pedido*, o outro responderá, por inteiro, pelas despesas e pelos honorários advocatícios (STJ. AgRg nos EDcl no REsp 1457873/PR. DJe 25.03.15).

4.2. Cumulação subjetiva de ações

Se concorrerem diversos autores ou diversos réus, os vencidos respondem proporcionalmente pelas despesas e pelos honorários. Por isso, a sentença deverá distribuir entre os litisconsortes, de forma expressa, **a responsabilidade**

proporcional pelo pagamento das verbas previstas no *caput*. Se tal distribuição não for feita, os vencidos responderão solidariamente pelas despesas e pelos honorários.

4.3. Procedimentos de jurisdição voluntária

Nos procedimentos de jurisdição voluntária, por não haver conflito de interesses, as despesas **serão adiantadas pelo requerente e rateadas entre os interessados**. Especificamente nos juízos divisórios, se não houver litígio, os interessados pagarão as despesas proporcionalmente a seus quinhões.

4.4. Desistência, renúncia e reconhecimento do pedido

Proferida sentença com fundamento em desistência, em renúncia ou em reconhecimento do pedido, as despesas e os honorários **serão pagos pela parte que desistiu, renunciou ou reconheceu.**

4.5. Transação

Se houver transação e nada tendo as partes disposto quanto às despesas, estas serão **divididas igualmente**. Se a transação ocorrer antes da sentença, as partes ficam dispensadas do pagamento das custas processuais remanescentes, se houver.

5. MULTAS

5.1. Definição e outras considerações

As multas sancionatórias são aplicadas aos sujeitos do processo em razão da prática de ilícitos processuais, que podem ser **atos atentatórios à dignidade da justiça** (art. 77, § 2º, do CPC) ou **atos de litigância de má-fé** (art. 81). Ambos decorrem do descumprimento de um dever de conduta processual, que pode prejudicar outro sujeito do processo ou a própria presteza da atividade jurisdicional.

5.2. Destinação

O valor das sanções impostas ao **litigante de má-fé** reverterá em benefício da **parte contrária**, e o valor das penalidades impostas aos serventuários, ao Estado, caso o processo tramite na justiça estadual, ou à União, se o processo tramitar perante a Justiça Federal ou do Trabalho.

O valor das multas fixadas em desfavor do sujeito que pratica ato atentatório à dignidade da justiça é revertido em favor da União ou do Estado, a depender também do ramo do Judiciário em que tramite o processo (art. 77 § 2º, do CPC).

Ressalva-se, entretanto, que a multa referida no art. 774, parágrafo único, do CPC, embora decorra de ato atentatório à dignidade da justiça, é revertida em favor do exequente, por expressa disposição legal.

5.3. Fundo de Modernização do Poder Judiciário

A União e os Estados podem criar fundos de modernização do Poder Judiciário, aos quais serão revertidos os valores das sanções pecuniárias processuais destinadas à União e aos Estados, além de outras verbas previstas em lei.

CAPÍTULO VIII

Gratuidade da Justiça

1. CONSIDERAÇÕES INICIAIS

O art. 5º, LXXIV, da Constituição prescreve que o Estado prestará **assistência jurídica integral e gratuita** aos que comprovarem insuficiência de recursos. Tal garantia se desdobra: a) **assistência judiciária gratuita**, que consiste no patrocínio gratuito de processo judicial por defensor público ou, em alguns casos, por advogado particular; b) **gratuidade da justiça, gratuidade judiciária ou justiça gratuita**, objeto de estudo deste capítulo, que é o benefício processual que consiste na dispensa do adiantamento de despesas processuais e de honorários de advogado por parte do litigante economicamente hipossuficiente.

2. OBJETO

A gratuidade judiciária consiste na dispensa do **adiantamento** de despesas processuais e de honorários advocatícios, e não do seu pagamento. Assim, se o beneficiário é vencido, responde pelas obrigações inerentes à sua sucumbência (art. 98, § 4º, do CPC), observado o regramento específico para a sua cobrança, sobre o qual se falará mais à frente. Por outro lado, se resta vencedor o beneficiário, a parte adversa é quem deverá arcar com os custos do processo, por força da causalidade.

Assim, as despesas processuais são suportadas pelo Estado, que paga os honorários do perito, dispensa o recolhimento de custas e emolumentos, providencia publicações na imprensa oficial etc.

O benefício da justiça gratuita abrange: a) as taxas ou custas judiciais; b) os selos postais; c) as despesas com publicação na imprensa oficial, dispensando-se a publicação em outros meios; d) a indenização devida à testemunha que, quando empregada, receberá do empregador salário integral, como se em serviço estivesse; e) as despesas com a realização de exame de código genético (DNA) e de outros exames considerados essenciais; f) os honorários do advogado e do perito e a remuneração do intérprete ou do tradutor nomeado para apresentação de versão em português de documento redigido em língua estrangeira; g) o custo com a elaboração de memória de cálculo, quando exigida para a instauração da execução; h) os depósitos previstos em lei para interposição de recurso, para propositura de ação e para a prática de outros atos processuais inerentes ao exercício da ampla defesa e do contraditório; i) os emolumentos devidos a notários ou registradores em decorrência da prática de registro, averbação ou qualquer outro ato notarial necessário à efetivação de decisão judicial ou à continuidade de processo judicial no qual o benefício tenha sido concedido.

Como a gratuidade judiciária não desonera a parte de arcar, ao final, com os ônus inerentes à sua sucumbência, é incorreta a sentença que deixa de fixar honorários sucumbenciais, em razão de o vencido gozar da justiça gratuita. Os honorários constituem direito do advogado e ônus da parte sucumbente. Assim, mesmo quando o vencido for assistido pela gratuidade, deve haver condenação ao pagamento de honorários de sucumbência, cuja exigibilidade, entretanto, **fica suspensa por 05 anos,** na forma do art. 98, § 3º, do CPC, o qual será estudado mais adiante.

2.1. Concessão parcial do benefício e parcelamento de valores

É possível a concessão da gratuidade judiciária em relação a algum ou a todos os atos do processo. O benefício também pode consistir na redução de percentual de despesas processuais a serem adiantadas (desde que a parte possa arcar com uma fração do valor) ou, ainda, **no parcelamento desses valores**. Neste último caso, o magistrado, em decisão fundamentada, em observância à capacidade econômica da parte, deve fixar o número de parcelas, as datas de vencimento e os prazos para que os respectivos comprovantes sejam apresentados nos autos.

2.2. Não alcance das multas processuais

A gratuidade da justiça não desonera o beneficiário de pagar as multas processuais que lhe sejam impostas (art. 98, § 4º, do CPC), sejam elas coercitivas, indenizatórias ou punitivas.

3. REQUISITOS

Pode gozar do benefício da gratuidade qualquer pessoa, seja ela **natural ou jurídica, brasileira ou estrangeira, domiciliada ou não no país, independentemente de ser parte ou terceiro no processo.** Também é estendido o benefício aos entes despersonalizados, a exemplo do condomínio edilício.

Faz jus à gratuidade da justiça **o hipossuficiente**, assim considerado aquele que não disponha de recursos suficientes para pagar as despesas processuais e os honorários advocatícios sem prejuízo do seu sustento e/ou da sua família.

Não se pode condicionar o deferimento da gratuidade da justiça à concomitante utilização da assistência judiciária gratuita, isto é, o simples fato de a parte ser patrocinada por advogado particular não significa que ela não possa usufruir do benefício da gratuidade (art. 99, § 4º, do CPC).

Segundo o art. 99, § 3º, do CPC, presume-se verdadeira a alegação de insuficiência feita exclusivamente por pessoa natural. Trata-se de presunção relativa, que pode ser desconstituída por prova em contrário (STJ. AgRg no AREsp 703.246/SP. DJe 23.06.15).

Por outro lado, as pessoas jurídicas com ou sem fins lucrativos não gozam da referida presunção legal em seu favor, cabendo-**lhes comprovar sua hipossuficiência**, conforme entendimento consolidado do Superior Tribunal de Justiça (enunciado 481 da sua súmula de jurisprudência) e do Supremo Tribunal Federal (AI 637177 AgR. DJe 25.11.10).

A gratuidade judiciária tem caráter *intuitu personae* (art. 99, § 6º, do CPC), por isso não se estende ao litisconsorte (ainda que em litisconsórcio unitário) nem ao sucessor processual do beneficiário, salvo se expressamente requererem e lhes tiverem deferido o benefício.

4. CONCESSÃO, DENEGAÇÃO, IMPUGNAÇÃO E REVOGAÇÃO

O requerimento de gratuidade judiciária pode ser inicial ou de forma ulterior. É **inicial** o requerimento feito pelo autor, na petição inicial, pelo réu, na contestação, ou pelo terceiro, na petição de ingresso. Por outro lado, diz-se **ulterior** o requerimento formulado depois da primeira manifestação da parte nos autos.

Nesse caso, o requerimento pode ser feito por simples petição, que não suspende o curso do processo (art. 99, § 1º, do CPC), e o seu deferimento não tem efeito retroativo (STJ. AgRg nos EAREsp 418.715/SC. DJe 29.06.15), ou seja, não libera o beneficiário das despesas relativas a atos processuais praticados anteriormente.

O requerimento do benefício da gratuidade judiciário deve vir acompanhado de afirmação **de hipossuficiência da parte**.

O juiz, ao receber o pedido, pode, de plano, deferir o benefício ou, se constatar elementos que evidenciem o não preenchimento dos requisitos para a sua concessão, intimar a parte requerente, para que **comprove a sua incapacidade**

de arcar com os custos do processo (art. 99, § 2º, do CPC). Somente se a parte, depois de intimada, não se manifestar ou não conseguir demonstrar sua hipossuficiência, pode o magistrado denegar a gratuidade da justiça.

Se o benefício for requerido em recurso, aparte ficará dispensada de comprovar o recolhimento do preparo, incumbindo ao relator apreciar o pedido e, se indeferi-lo, fixar prazo para que o recorrente efetue e comprove o pagamento das custas (art. 99, § 7º, do CPC).

Deferida a gratuidade judiciária, a parte contrária poderá oferecer impugnação na contestação, na réplica, nas contrarrazões, ou, em caso de pedido formulado em petição avulsa, por simples petição, a ser apresentada em 15 dias, nos próprios autos do processo, sem suspensão do seu curso. Não o fazendo, haverá preclusão desse direito, ressalvada, entretanto, a possibilidade de o julgador, de ofício, reanalisar o preenchimento dos requisitos para a concessão da justiça gratuita. Além disso, nada impede que a parte adversa requeira a revogação do benefício posteriormente, fundamentando seu pedido em fato novo.

O juiz, acolhendo a impugnação ou mesmo de ofício, pode revogar o benefício da gratuidade, determinando à parte que recolha o valor das despesas que deixou de adiantar até então. Para isso, é preciso que se evidencie que o beneficiário, ao tempo de concessão da gratuidade, tinha condições de arcar com os custos do processo ou, ainda, que deixou de ser hipossuficiente. Em caso de má-fé, o magistrado pode fixar multa equivalente a, no máximo, 10 vezes o valor das despesas, a qual será revertida em favor da Fazenda Pública estadual ou federal (a depender do ramo do Poder Judiciário em que tramita o processo) e poderá ser inscrita em dívida ativa.

Contra a decisão que indeferir a gratuidade judiciária ou acolher o pedido de revogação, **caberá agravo de instrumento**, exceto quando a questão for decidida na sentença, hipótese em que deverá ser impugnada por apelação. Em ambos os casos, o recorrente ficará dispensado do preparo até a decisão do relator sobre a questão, preliminarmente ao julgamento do recurso (art. 101, § 1º, do Código de Processo Civil).

- **Importante! Concedidos os benefícios da gratuidade judiciária, caberá à parte adversa apresentar, contra a decisão, impugnação logo no primeiro momento em que se pronunciar nos autos. Mantidos os benefícios, caberá suscitar a questão posteriormente, quando o objeto litigioso do processo for submetido ao Tribunal ad quem, em recurso (geralmente de apelação) ou nas suas contrarrazões.**

Confirmada a denegação ou a revogação do benefício, o relator ou o órgão colegiado determinará ao recorrente que recolha as custas processuais no prazo de 05 dias, sob pena de não conhecimento do recurso (§ 2º do art. 101).

Transitada em julgado a decisão que revoga a justiça gratuita, a parte deverá efetuar o pagamento de todas as despesas que deixou de adiantar, no prazo assinado pelo juiz (art. 102, *caput*, do CPC). Não realizado o recolhimento, o processo será extinto sem resolução do mérito, tratando-se do autor, e, nos demais casos, não poderá ser deferida a realização de nenhum ato ou diligência requerida pela parte, até que seja efetuado o depósito (art. 102, parágrafo único).

O teor do art. 98, § 8º, do Código de Processo Civil traz curiosa previsão em favor dos notários e registradores. Segundo o aludido dispositivo, havendo dúvida fundada quanto ao preenchimento atual das condições para a concessão do benefício, o notário ou registrador, após praticar o ato, pode requerer ao juízo competente para decidir questões notariais ou registrais a revogação total ou parcial da gratuidade ou a sua substituição pelo parcelamento de que trata o art. 98, § 6º, caso em que o beneficiário será citado para se manifestar sobre o requerimento, em 15 dias. A nosso ver, o dispositivo viola a isonomia, na medida em que privilegia o notário e o registrador em detrimento dos demais partícipes do processo, a exemplo do perito, a quem o Código, injustificadamente, não atribuiu a mesma oportunidade.

5. PAGAMENTO DAS DESPESAS PROCESSUAIS E DOS HONORÁRIOS ADVOCATÍCIOS PELO BENEFICIÁRIO

Se o beneficiário da gratuidade da justiça é vencedor no processo, a parte contrária deverá arcar com as despesas processuais e com os honorários de sucumbência.

Da mesma forma, se o hipossuficiente é vencido, deve suportar os ônus inerentes à sua sucumbência, conforme prescreve o art. 98, § 2º, do CPC. Nesse caso, entretanto, o § 3º do mesmo artigo prevê que as obrigações sujeitam-se a condição suspensiva, somente podendo ser executadas se, nos 05 anos seguintes ao trânsito em julgado da decisão que as certificou, o credor demonstrar que deixou de existir a situação de insuficiência de recursos que justificou a concessão da gratuidade; passado esse prazo, extinguem-se as obrigações.

O referido prazo quinquenal não é prescricional, mesmo porque, se o fosse, não começaria a fluir enquanto pendente a condição suspensiva, nos termos do art. 199, I, do Código Civil. Como o CPC deixa claro que a contagem se inicia com o trânsito em julgado da decisão, é certo que não se tratar de prazo prescricional.

Também não se pode enquadrá-lo como prazo decadencial, na medida em que a decadência está associada aos direitos potestativos e, consequentemente, às ações constitutivas. Como se trata, aqui, de pretensão condenatória, resta claro que não se está diante de prazo decadencial.

Na verdade, as obrigações decorrentes da sucumbência do beneficiário submetem-se, a um só tempo, a condição suspensiva (porque sua exigibilidade fica condicionada ao fim do estado de insuficiência de recursos, que é evento incerto) e a termo extintivo (já que, transcorridos 05 anos desde o trânsito em julgado da decisão, as obrigações se extinguem).

Note-se que, para efeito de exigibilidade das despesas processuais e dos honorários advocatícios, não basta que o beneficiário vencido possua bens penhoráveis. É preciso, como exige o dispositivo supracitado, que se demonstre o **fim do estado de hipossuficiência econômica, consubstanciado na disponibilidade financeira para arcar com os ônus processuais decorrentes da sucumbência.**

Ademais, segundo o art. 13 da Lei nº 1.060/1950 (um dos poucos dispositivos do diploma que permanecem em vigor), se o beneficiário puder atender, em parte, as despesas do processo, os valores pagos serão rateados entre os que tiverem direito (Estado, advogado da parte contrária, perito etc.).

Litisconsórcio

1. CONSIDERAÇÕES INICIAIS

Em algumas vezes, mais de uma pessoa atua, em conjunto, no polo ativo e/ou no polo passivo da relação processual, a formar o denominado litisconsórcio, que, ao lado das modalidades de intervenção de terceiros, enseja a **ampliação subjetiva da ação**.

2. CONCEITO

Pode-se conceituar litisconsórcio como sendo a **pluralidade de pessoas** que assumem, em processo judicial, a condição de autores e/ou réus. Quando há formação de litisconsórcio, um ou ambos os polos da relação processual é ou são ocupados por mais de uma parte.

3. JUSTIFICATIVA

A formação de litisconsórcio é justificada em atenção à **economia processual** e à **segurança jurídica**, porque, em um único pronunciamento jurisdicional, são resolvidas, num só processo, várias ações, o que realizado de forma harmônica.

4. CLASSIFICAÇÃO

O litisconsórcio pode ser classificado de variadas formas. Aqui, foram escolhidas, para fins de apresentação, aquelas que são mais comumente utilizadas.

Confira-se:

4.1. Ativo, passivo e misto (ou recíproco)

Quanto ao **polo processual em que se forma**, o litisconsórcio é classificado em ativo, passivo e misto. Será: ativo, quando houver pluralidade de autores; passivo, quando houver pluralidade de réus; misto, quando houver, simultaneamente, pluralidade de autores e de réus.

4.2. Inicial e ulterior

O litisconsórcio pode ser formado logo quando intentada a ação ou posteriormente à prática desse ato, realizada por intermédio do ato postulatório inicial. Portanto, quanto ao **momento de formação**, o litisconsórcio é classificado em inicial, quando formado no ato da propositura da ação, ou ulterior, quando formado após a propositura da ação.

Podem ensejar o surgimento de litisconsórcio ulterior, por exemplo: a) intervenção de terceiros (assistência litisconsorcial, denunciação à lide ou chamamento ao processo); b) substituição das partes.

De regra, porém, o litisconsórcio é inicial, principalmente em se considerando que a alteração do elemento subjetivo da ação processualizada é uma exceção, e em muitas vezes só ocorre em determinado momento de tramitação processual, em decorrência da garantia da *perpetuatio legitimationis* e da própria preservação do juiz natural.

Se facultativo o litisconsórcio, ao ser intentada a ação, o autor não poderá modificar os polos da relação processual, porque violaria a garantia do juiz natural, já que ele teria a possibilidade de escolher o julgador para o litisconsorte. Contudo, se necessário o litisconsórcio, a modificação do polo decorreria de determinação de correção (não haveria escolha pelo autor).

4.3. Facultativo e necessário

Quanto à **obrigatoriedade** de sua formação, o litisconsórcio poderá ser facultativo ou necessário.

Será **facultativo** quando os litisconsortes não estão obrigados a litigar em conjunto, mas optam por fazê-lo por economia ou por algum outro motivo (muitas vezes até mesmo de ordem pessoal), desde que verificada uma das hipóteses previstas no art. 113 do CPC.

De acordo com o referido dispositivo legal, duas ou mais pessoas podem litigar, no mesmo processo, em conjunto, ativa ou passivamente, quando: a) entre elas houver comunhão de direitos ou de obrigações relativamente à lide; b) entre as causas houver conexão pelo pedido ou pela causa de pedir; c) ocorrer afinidade de questões por ponto comum de fato ou de direito.

Como será mostrado adiante, as situações de formação de litisconsórcio previstas no art. 113 não são exclusivas do litisconsórcio facultativo (na formação do litisconsórcio necessário, conquanto relacionado a outros requisitos, pode decorrer de alguma daquelas situações). Mas, se não verificadas aquelas, não se formará o litisconsórcio facultativo.

No **litisconsórcio facultativo**, haveria a possibilidade de propositura de ações distintas e isoladas. O autor poderia promover várias ações contra os réus (litisconsórcio facultativo passivo) ou os diversos autores poderiam propor várias ações isoladamente (litisconsórcio facultativo ativo) contra o mesmo réu, mas opta(m) por demandar conjuntamente. **Por isso que o litisconsórcio facultativo será, também, considerado como simples.**

Por sua vez, o litisconsórcio é **necessário** quando as partes são obrigadas a litigar em conjunto, não havendo a possibilidade de propositura de ações distintas e isoladas. Ocorre em duas hipóteses: a) por disposição de lei; b) pela natureza da relação jurídica controvertida, a eficácia da sentença depender da citação de todos que devam ser litisconsortes.

A relação processual se completa quando há citação de todos os litisconsortes **necessários.** Se o autor não promover a citação, o juiz ordenará que promova, sob pena de extinção do processo sem resolução do mérito. Caso o órgão julgador não perceba que se trata de hipótese de litisconsórcio necessário, não ordenando a citação, e venha, posteriormente, proferir pronunciamento definitivo de mérito, este (pelo menos em regra) será ineficaz para aqueles que não integraram a relação jurídica. Inclusive, é assim que dispõe o inciso II art. 115 do Código de Processo Civil.

O **litisconsórcio necessário** somente poderá ser passivo (inclusive, é assim que deixa subentendido o parágrafo único do art. 115 do CPC[13]). Caso pudesse ser também ativo, grave problema surgiria, pois, se algum(ns) dos litisconsortes não quisesse(m) intentar ação, restringir-se-ia o acesso à prestação jurisdicional em favor do(s) outro(s). Este é o entendimento perfilado pelo Superior Tribunal de Justiça, segundo o qual aquele que poderia ser litisconsorte do autor deve ser citado para que manifeste sua opção de manter-se (ou não) inerte.

4.4. Unitário e simples

Quanto aos **efeitos do julgamento**, o litisconsórcio pode ser classificado em unitário e simples.

---

13. Art. 115. A sentença de mérito, quando proferida sem a integração do contraditório, será:

    [...]

    Parágrafo único. Nos casos de litisconsórcio passivo necessário, o juiz determinará ao autor que requeira a citação de todos que devam ser litisconsortes, dentro do prazo que assinar, sob pena de extinção do processo.

Será unitário quando, pela natureza da relação jurídica, o juiz tiver de decidir o mérito de modo uniforme para todos os litisconsortes. São dois os **requisitos** da relação jurídica para a caracterização da unitariedade: a) que ela seja única; b) que ela seja incindível. Nesse tipo de litisconsórcio, várias pessoas são tratadas como se fossem apenas uma, ocorrendo extensão dos efeitos dos benefícios da prática de um ato processual aos demais litisconsortes. O recurso interposto por um dos litisconsortes, por exemplo, aproveita a todos os demais.

O litisconsórcio será **simples** quando o pronunciamento jurisdicional definitivo não será necessariamente igual para todos, porque a relação jurídica em debate não é una ou, se for, não é incindível. Por isso que há, no litisconsórcio simples, além de cumulação subjetiva, também objetiva de ações. Por conseguinte, os litisconsortes são considerados litigantes distintos em suas relações com a parte adversa. Os atos e as omissões de um não prejudicam os outros, uma vez que o desfecho da ação não é necessariamente uniforme para todos (mas os poderão beneficiar). Pense-se no exemplo em que várias vítimas de único acidente provocado por um motorista intentam ação contra ele para o recebimento de indenização. Nessa situação, provavelmente, cada um dos acidentados receberia uma indenização com valores diferentes, uma vez que cada um sofreu danos distintos.

5. HIPÓTESES DE FORMAÇÃO DE LITISCONSÓRCIO

O art. 113 do CPC trata das hipóteses **taxativas** de formação de litisconsórcios. Elas se aplicam tanto aos tipos facultativos, quanto aos necessários. A razão para tal esclarecimento é que o caput do citado artigo dispõe que "duas ou mais pessoas podem litigar, no mesmo processo, em conjunto, ativa ou passivamente [...]". Em decorrência da expressão "podem", alguns entendem que essas hipóteses somente se aplicariam ao litisconsórcio facultativo. Porém, não é essa a melhor interpretação.

A primeira hipótese, prevista no inciso I do art. 113, diz que o litisconsórcio se formará quando entre as pessoas houver **comunhão de direitos ou de obrigações**. Já o inciso II, diz respeito às **causas em que houver conexão pelo objeto ou pela causa de pedir**. E o inciso III refere-se à **afinidade de questões por ponto comum de fato ou de direito**.

6. LIMITAÇÃO DO LITISCONSÓRCIO FACULTATIVO

O juiz (inclusive de ofício) poderá limitar o litisconsórcio facultativo quanto ao número de litigantes na fase de conhecimento, na liquidação de sentença ou na execução, quando este comprometer a rápida solução do litígio ou dificultar a defesa ou o cumprimento da sentença (mas, nada impede que substitua a limitação do litisconsórcio pela ampliação de prazos, sem prejuízo da possibilidade de desmembramento na fase de cumprimento de sentença)[14].

O requerimento de limitação do litisconsórcio facultativo enseja a formação de um incidente processual, que deve ser resolvido mediante decisão interlocutória. O juiz decidirá motivadamente, com base nos parágrafos do art. 113 do CPC, a estabelecer o número máximo de litisconsortes de acordo com o caso concreto. Com o desmembramento, o juiz ficará prevento para julgar aqueles que foram separados.

7. TRATAMENTO DOS LITISCONSORTES

De acordo com o art. 117 do CPC, "os litisconsortes serão considerados, em suas relações com a parte adversa, como litigantes distintos, exceto no litisconsórcio unitário, caso em que os atos e as omissões de um não prejudicarão os outros, mas os poderão beneficiar".

8. ALGUMAS REPERCUSSÕES PROCESSUAIS DA FORMAÇÃO LITISCONSORCIAL

8.1. Convocação do litisconsórcio ativo unitário e opção

Se convocado o litisconsorte ativo unitário, ele pode optar por ingressar no processo na condição de litisconsorte do autor ou de assistente do réu. Não é porque o juiz tem de decidir o mérito de modo uniforme para todos os litisconsortes, que aquele que foi convocado tem de, necessariamente, controverter os argumentos que venham a ser apresentados pelo réu. Pode o litisconsorte concordar com os termos da resistência e, se for o caso, assumir a posição de assistente simples do réu.

8.2. Integração de litisconsórcio unitário a partir da fase instrutória

Em consequência da opção que seja realizada pelo litisconsorte unitário convocado, se ele for integrado ao processo a partir da fase instrutória, tem direito de especificar, pedir e produzir provas, sem prejuízo daquelas já produzidas, sobre as quais o interveniente tem o ônus de se manifestar na primeira oportunidade

14. Enunciado 116 do FPPC.

em que falar no processo (enunciado 11 do FPPC). E assim o é porque, seja a participar do processo na condição de litisconsorte ou de assistente, poderá pedir e produzir provas.

8.3. Prazo para os litisconsortes

Sob a égide do CPC/1973, independentemente do tipo de litisconsórcio, se eles estivessem representados por procuradores distintos, teriam prazo em dobro para contestar, recorrer e, de modo geral, falar nos autos (art. 191 do CPC/1973). Porém, com o CPC/2015, conquanto também seja indiferente o tipo de litisconsórcio, não será concedido prazo dobrado quando os advogados dos litisconsortes pertençam ao mesmo escritório de advocacia ou quando o processo correr em autos eletrônicos (art. 229 do CPC/2015).

A primeira condição (não pertencer ao mesmo escritório de advocacia) evita que os advogados do mesmo escritório utilizem indevidamente do benefício legal, como antes faziam, mediante a simples outorga de poderes por diferentes procurações. Se o objetivo da disposição contida no texto legal era possibilitar o acesso aos advogados, porque teriam de dividir o tempo de acesso aos autos, não se justifica a concessão do benefício quando os autos serão compartilhados por advogados pertencentes ao mesmo escritório.

A segunda condição (não correr o processo em autos eletrônicos) constitui uma atualização do texto legal, que, sob a vigência do CPC/1973, não fazia tal previsão específica porque, naquela época, não existia autos eletrônicos.

Lembre-se que, por óbvio, a formação e preservação do litisconsórcio é condição para concessão e manutenção do benefício de prazo. A partir de quando se formar até que seja preservado, será concedido o prazo, nos termos das condições acima enfrentadas. Finalizada a pluralidade subjetiva, automaticamente, afasta-se o benefício. É por isso que o enunciado 641 da súmula do STF estabelece que "não se conta em dobro o prazo para recorrer, quando só um dos litisconsortes haja sucumbido".

8.4. Andamento do processo e intimação dos atos processuais

Conquanto o litisconsórcio signifique pluralidade do elemento subjetivo da ação processualizada, cada litisconsorte tem o direito de promover o andamento do processo, e, dos respectivos atos, todos aqueles devem ser intimados. Poder-se-ia pensar que, ou os fatos deveriam ser praticados conjuntamente, ou que, pelo fato de os atos praticados por um (ou mais) dos litisconsortes não prejudicar os demais, não precisariam ser todos intimados.

8.5. Proferimento de sentença definitiva sem integração do contraditório

O processo deve correr, até o seu deslinde, mediante observância do contraditório. Aliás, o contraditório é tão importante que está relacionado ao próprio conceito de processo. Assim, se faltar algum litisconsorte, o juiz deve determinar a sua inclusão na relação processual. Caso ocorra de ser proferida sentença de mérito sem integração do contraditório, nomeadamente porque não integrado o litisconsorte à relação processual, ela será (conforme dispõe o art. 115 do CPC, que constitui regra de aplicação excepcional):

a) nula, se a decisão deveria ser uniforme em relação a todos que deveriam ter integrado o processo, ou seja, para todos os litisconsortes unitários, inclusive aos que compuseram a relação processual;

> **Importante!**
>
> Apenas será decretada a invalidade da decisão se verificada a existência de prejuízo em detrimento daqueles que deveriam ser litisconsortes. Se o contraditório for inútil, o ato decisório deverá ser preservado, como ocorre, por exemplo, no julgamento de improcedência de ação intentada sem formação litisconsorcial passiva.

b) ineficaz, nos outros casos, mas apenas para os que não foram citados, ou seja, que não compuseram a relação processual, sendo, além de eficaz (por conseguinte), válida em relação aos que foram citados.

8.6. Despesas processuais

Dispõe o art. 87 do Código de Processo Civil que, concorrendo diversos autores ou diversos réus, os vencidos respondem proporcionalmente pelas despesas (que compreendem as custas processuais e os honorários advocatícios decorrentes da sucumbência). Se forem sucumbentes litisconsortes unitários, as despesas serão repartidas entre eles em iguais partes. Se simples, proporcionalmente ao proveito econômico obtido pela parte adversa.

CAPÍTULO X

Intervenção de terceiros

1. CONCEITOS E ESPECIFICIDADES

Partes, sob o viés estritamente processual, a abstrair a referência ao direito material, são os sujeitos parciais do contraditório dinâmico do processo. Do conceito clássico, é quem pede (autor) e a quem é pedido (réu). De qualquer modo, a condição de parte é adquirida invariavelmente pela: a) propositura da ação; b) citação; c) sucessão processual; d) por determinadas espécies de intervenção de terceiro.

Por exclusão, **terceiro** é o sujeito que, não é autor nem réu, mas que, ao ingressar na relação processual, exerce atividade predominantemente (e não exclusivamente) postulatória. Exclui-se, pois, dessa classificação os peritos e as testemunhas, que são **sujeitos probatórios** e, também, imparciais, pelo que não têm a aptidão para assumir a condição de parte ou de terceiro.

2. NATUREZA JURÍDICA

A intervenção de terceiros não possui natureza de **processo incidente** (caracteriza-se por ser um processo instaurado em função de um já existente e que se aparta e autonomiza do originário, mas, sobre ele, projetando seus efeitos), mas sim de um **incidente processual**, que se estrutura como uma demanda nova, que se integra à originária, tornando-a complexa.

3. MODALIDADES

O legislador promoveu alterações relevantes na sistematização e arquitetura da intervenção de terceiros. Primeiramente, alocou a **assistência,** que já era considerada pela doutrina forma genuína de intervenção de terceiro, no Título III da Parte Geral do Código, que se refere às intervenções de terceiros, deixando clarividente sua natureza.

Depois, a **oposição** recebeu novo tratamento. Deixou de ser espécie de intervenção de terceiro para figurar como **procedimento especial**, em razão da sua natureza de ação autônoma (a formar um processo incidente) e por possuir um regime jurídico semelhante ao dos embargos de terceiros.

O legislador, ainda, eliminou a nomeação à autoria do rol das figuras típicas de intervenção de terceiros, conquanto sua finalidade prática tenha sido mantida em contornos mais ampliados, com a inclusão do incidente de correção do polo passivo da ação, a simplificar o antigo instituto.

Além disso, dois novos institutos foram inseridos no rol da intervenção de terceiros. Foram eles o **incidente de desconsideração da personalidade jurídica** e o *amicus curiae*, que em razão da importância (e da própria novidade em termos legislativos), serão tratados em tópicos específicos.

Segue quadro-resumo de tais alterações:

CPC/1973 (revogado)	→	CPC/2015
Sem correspondência	→	Assistência
Denunciação da Lide	→	Denunciação da Lide
Chamamento ao processo	→	Chamamento ao Processo
Sem correspondência	→	Incidente de Desconsideração da Personalidade Jurídica
Sem correspondência	→	Amicus Curiae (amigo da Corte)
Oposição	→	Procedimento Especial
Nomeação à autoria	→	Incidente de correção do pólo passivo da demanda

4. CLASSIFICAÇÃO

As intervenções de terceiros classificam-se em: **a) espontânea ou voluntária:** caso em que o terceiro apresenta-se, *sponte propria*, para atuar no processo, independentemente de provocação das partes ou do juiz (a exemplo do que ocorre com a assistência e, em alguns casos, com o *amicus curiae* e, até mesmo, com a desconsideração da personalidade jurídica); **b) provocada ou coacta:** quando o terceiro é exortado a intervir no processo, pela provocação das partes (a exemplo do que ocorre com a denunciação da lide, o chamamento ao processo e, às vezes, com a desconsideração da personalidade jurídica) ou de ofício pelo juiz (a exemplo do que ocorre em alguns casos com o *amicus curiae*).

Antes de prosseguir, faz-se uma importante observação relativa às figuras da desconsideração da personalidade jurídica e do *amicus curiae*: o primeiro poderá ser espontâneo ou provocado; o *segundo* é a única modalidade de intervenção de terceiro que comporta atuação oficiosa do juiz.

5. CABIMENTO

A intervenção de terceiro pode ocorrer, pelo menos em regra, durante todo o curso do processo, mas, em algumas das modalidades interventivas, há momentos processuais específicos que, se não observados, pode ensejar preclusão (restando ao interessado, quando cabível, o uso de ação autônoma).

Com efeito, o pedido de assistência, em regra, pode ser formulado a qualquer tempo. Mas, o chamamento ao processo deve ser pedido na contestação. A denunciação da lide, pelo autor, na petição inicial, e, pelo réu, na contestação. O *amicus curiae*, por iniciativas das partes ou do juiz, pode ser trazido em qualquer fase do processo.

Em qualquer fase do processo, também, pode ocorrer a desconsideração da personalidade jurídica. Mas não a todo momento. Essa forma de intervenção deve ocorrer logo inicialmente, a partir dos atos postulatórios inaugurais, ou quando for praticado algum ato executivo, em que seja necessária a desconsideração para a efetivação daquele.

6. RESTRIÇÕES (ATUAIS E ANTIGAS)

Alguns procedimentos, por sua natureza, podem limitar as modalidades de intervenção de terceiros. A Lei nº 9.099/1995, que rege os Juizados Especiais Cíveis, em seu art. 10, expressamente excluiu todas as espécies de intervenção de terceiros. Essa vedação decorre da simplicidade, informalidade, economia e celeridade próprias do procedimento, que não se coaduna com a possibilidade de ampliação da demanda.

No entanto, o Código, editado posteriormente à Lei que instituiu os Juizados Especiais Cíveis, a excepcionar a disposição que impede a intervenção de terceiros, admitiu a instauração do incidente de desconsideração da personalidade jurídica (art. 1.062). Logo, pode-se afirmar, conquanto isso já ocorresse na prática, que a desconsideração da personalidade jurídica é possível no procedimento sumaríssimo.

Não bastasse isso, a nomeação à autoria não é mais (ou, pelo menos, ficou claro, com o Código, que já não era considerada) hipótese típica de intervenção de terceiros. Portanto, a correção do polo passivo da demanda, realizada com base nos artigos 338 e 339, em regra, não sofre mais encimadas limitações.

Quanto à oposição, a despeito de ter deixado (ou, pelo menos, ter ficado claro) de ser uma modalidade de intervenção de terceiros, não pode ser utilizada no procedimento sumaríssimo dos Juizados Especiais Cíveis. Isso porque passou a ser (ou foi reconhecida como) procedimento especial, que, segundo orientação do enunciado 8 do FONAJE, não é cabível.

> Enunciado 8 do FONAJE: "As ações cíveis sujeitas aos procedimentos especiais não são admissíveis nos Juizados Especiais".

7. INTERVENÇÕES DE TERCEIROS EM ESPÉCIE

7.1. Assistência

7.1.1. Conceito

A assistência *lato sensu* constitui modalidade **interventiva espontânea (voluntária)**, em que um terceiro, juridicamente interessado, ingressa no processo em curso para **auxiliar** uma das partes sem nenhuma exortação judicial, a fim de evitar prejuízos.

7.1.2. Interesse legitimador

O art. 119, *caput*, do CPC prescreve que: "pendendo causa entre 02(duas) ou mais pessoas, o terceiro juridicamente interessado em que a sentença [*rectius*: decisão] seja favorável a uma delas poderá intervir no processo para assisti-la". A expressão "**juridicamente interessado**" deve ser interpretada como uma cláusula geral, que será preenchida casuisticamente, sendo um dos requisitos da assistência a sua presença.

Ao considerar a jurisprudência firmada sob a égide do CPC/1973, que se harmoniza ao CPC/2015, em regra geral, o interesse meramente econômico[15], pro-

15. Como acontece quando o credor requer a sua assistência em processo cujo objeto é a cobrança demandada por um credor em face de um devedor comum sem vínculo de solidariedade.

fissional[16], social, religioso[17], humanitário ou afetivo não é suficiente para autorizar a assistência. Para sua admissibilidade, o **interesse há de ser jurídico.** É preciso que o terceiro seja cotitular da relação jurídica pendente ou que esta tenha potencialidade de projetar efeitos negativos na esfera de um terceiro, que possua relação jurídica conexa com aquela que se discute.

7.1.3. Cabimento

Nos termos da redação do parágrafo único do art. 119 do CPC, "a assistência será admitida em qualquer procedimento e em **todos os graus de jurisdição**; recebendo o assistente o processo no estado em que se encontre".

Nesses termos, a assistência tem cabimento em qualquer tempo ou grau de jurisdição, inclusive nas instâncias extraordinárias. Por regra, como se extrai do texto legal transcrito, a assistência não se submete à preclusão temporal. Entretanto, a segunda parte do texto legal destaca que o assistente recebe os autos no estado em que se encontra, pelo que se conclui que a intervenção não faz com que o processo retroceda a fases anteriores.

Mas, pode ocorrer, inclusive em razão de provocação do assistente, de ser decretada alguma invalidade e, por isso, haja necessidade de realizar ou de repetir a prática de ato(s) processual (processuais). Nesta hipótese, embora o assistente receba os autos no estado em que se encontra, a decretação de invalidade fará com que o processo retroceda a fase anterior.

7.1.4. Espécies

De acordo com a intensidade dos reflexos da causa principal na esfera jurídica de terceiros, a assistência terá como espécies: **a) simples ou adesiva:** o terceiro tem uma relação jurídica com uma das partes, **conexa,** porém, distinta daquela discutida em juízo, a qual poderá sofrer reflexamente ou indiretamente os efeitos da tutela jurisdicional. **b) litisconsorcial ou qualificada**: existe relação jurídica entre o assistente e o adversário do assistido. O terceiro ingressa em juízo em razão de ter interesse jurídico direto no resultado do processo, **por ser cotitular da relação material discutida em juízo.** Poderia desde o início ser parte, mas, manteve-se estático. Passa, assim, a ser considerado litisconsorte, em razão de a

16. Como ocorre no caso de advogado que pleiteia a assistência em processo que está a discutir tese por ele sustentada.
17. É o caso da entidade ou associação religiosa que pleiteia a sua assistência em processo cujo objeto esteja a discutir algum princípio ou interesse religioso da entidade ou associação.

decisão judicial ter a aptidão de influir diretamente na relação jurídica entre ele e o adversário do assistido.

7.1.5. Procedimento

Independentemente de a assistência ser simples ou litisconsorcial, elas seguem idêntico procedimento. O terceiro formula o pedido fundamentado em fatos e razões que embasem o seu interesse jurídico. Em sequência, as partes serão intimadas para impugnar o pedido no **prazo de 15 dias**. Decorrido esse lapso temporal, com ou sem apresentação de reposta, o juiz analisará o pedido e decidirá acerca da intervenção.

Se, quanto ao pedido de assistência, houver impugnação de qualquer das partes, o juiz, sem desentranhamento da petição interventiva e da impugnação (ou seja, sem formar autos em apartados) de plano, decidirá o pedido, sem suspensão do curso do processo, por **decisão interlocutória, que desafia agravo de instrumento.**

7.1.6. Regime Jurídico

a) Poderes do assistente simples e a sua eficácia preclusiva

A função principal do assistente simples é **coadjuvar a parte assistida**, exercendo os mesmos poderes e sujeitando-se aos mesmos ônus processuais. No entanto, o assistente adesivo não possui independência plena para atuar como entender conveniente no processo. Seu regime jurídico é *sui generis*. Sua atuação é **acessória** e deve ser interpretada por intermédio da análise conjunta do parágrafo único do art. 121 e do art. 122 do Código, que, numa primeira análise, aparentam ser conflitantes, mas, ao contrário, são conciliáveis.

Quanto aos efeitos da assistência simples, ela traz como consequência jurídica principal, a impossibilidade de o assistente discutir, em outro processo, a **justiça da decisão**. Isso ocorrerá se ele (o assistente) tiver ingressado no processo em momento processual apto ao exercício do efetivo e dinâmico contraditório e que o assistido não tenha praticado atos de má-gestão processual.

b) Poderes do assistente litisconsorcial e coisa julgada

A assistência litisconsorcial constituirá **litisconsórcio facultativo ulterior unitário**, em que o assistente passa a ser parte no processo. Nesse âmbito, prevalece a **independência**. O assistente possui paridade de tratamento. Não há um regime distinto que coloca o assistente em posição subsidiária de atuação. O assistente litisconsorcial, em regra, atua na mesma amplitude do assistido e não se subordina à sua vontade (como ocorre na modalidade simples).

Quanto à eficácia da intervenção, o assistente litisconsorcial não fica abarcado pela justiça da decisão, mas pela própria **coisa julgada**, já que passa a figurar como parte principal do processo.

7.2. Denunciação da lide

7.2.1. Conceito e especificidades

Nos termos do art. 129 do CPC: "se o denunciante for vencido na ação principal, o juiz passará ao julgamento da denunciação da lide". Em seguida, completa o parágrafo único: "se o denunciado for vencedor, a ação de denunciação não terá o seu pedido examinado, sem prejuízo da condenação do denunciante ao pagamento das verbas de sucumbência em favor do denunciado".

7.2.2. Hipóteses de cabimento

Apesar de o CPC/2015 restringir as hipóteses de cabimento da denunciação da lide a apenas dois incisos (quando, no CPC/1973, o art. 70 possuía três incisos), isso não denota redução do âmbito de incidência material do instituto. Em verdade, será admissível a denunciação da lide, promovida por qualquer das partes:

a) **ao alienante imediato, no processo relativo à coisa cujo domínio foi transferido ao denunciante, a fim de que possa exercer os direitos que da evicção lhe resultam;**

b) **àquele que estiver obrigado, pela lei ou pelo contrato, a indenizar, em ação regressiva, o prejuízo do que perder a demanda.**

7.2.3. Facultatividade

O código **suprimiu a obrigatoriedade da denunciação da lide**. A redação do *caput* do art. 125, que regula a matéria, assevera que é **admissível a denunciação da lide.** Aliás, o § 1º do art. 125 do Código foi ainda mais claro ao dispor que "o direito regressivo será exercido por ação autônoma quando a denunciação da lide for indeferida, deixar de ser promovida ou não for permitida".

7.2.4. Denunciação sucessiva, "per saltum" e coletiva

O CPC/2015 adotou um sistema mais restritivo, a permitir apenas uma **única denunciação sucessiva ou gradual**. Nesses termos, só é possível duas denunciações em um mesmo processo. A primeira realizada pelo autor ou réu ao terceiro, e a segunda realizada de forma sucessiva, uma única vez, pelo litisdenunciado àquele que lhe transferiu o domínio do bem, ou seja, o transmitente imediato. Esse é o teor do § 2º do art. 125 que dispõe: "admite-se uma única denunciação sucessiva, promovida pelo denunciado, contra seu antecessor imediato na cadeia dominial ou quem seja responsável por indenizá-lo, não podendo o denunciado sucessivo promover nova denunciação, hipótese em que eventual direito de regresso será exercido por ação autônoma".

Sob a égide do CPC/1973, havia, ainda, a possibilidade, a partir do art. 456 do CC, da chamada **denunciação da lide "per saltum"**, hipótese na qual o denunciante, com base na teoria da função social dos contratos e na tutela externa do crédito, poderia se voltar contra qualquer um dos alienantes da cadeia contratual, por meio de um salto para alcançar terceiro com quem não possuía relação jurídica material, sem ter que obedecer a ordem cronológica dos vínculos obrigacionais.

Contudo, tal possibilidade foi expressamente vedada pelo atual Código, que revogou o supracitado texto do Código Civil. A seguir a mesma lógica, não se admite, também, a chamada **denunciação coletiva**, hipótese em que o denunciante solicitava a citação, de uma só vez, de forma solidária, de todos os integrantes da cadeia de negócios jurídicos.

7.2.5. Procedimento

A denunciação da lide opera-se tanto por iniciativa do autor (na petição inicial) quanto do réu (preferencialmente na contestação), não sendo cabível, em regra, denunciação *ex officio*. Não mais se exige a apresentação de uma petição específica para a intervenção. Admite-se que a alegação seja trazida em um dos capítulos da petição inicial, quando o autor for o denunciante, e no interior da contestação, quando o denunciante for o réu. Inclusive, é assim que dispõe o art. 126 do CPC: "a citação do denunciado será requerida na petição inicial, se o denunciante for autor, ou na contestação, se o denunciante for réu, devendo ser realizada na forma e nos prazos previstos no art. 131".

De quem quer que parta a denunciação, o juiz, no exercício do controle de admissibilidade, poderá indeferi-la de plano. Nesse caso, restará ao denunciante a faculdade de interpor o recurso de agravo de instrumento, pois, embora esta forma de intervenção constitua uma "nova ação", não enseja a formação de um novo processo (STJ. REsp 111298/SC. DJU 22.05.00), pelo que não seria, aí, cabível apelação. Esta somente seria cabível contra decisão de inadmissibilidade, se ela fosse proferida na sentença.

Independentemente de quem tenha partido a iniciativa, se o denunciante for vencido na ação principal, o juiz passará ao julgamento da denunciação da lide. Mas, se o denunciante for vencedor, a ação de denunciação não terá o seu pedido examinado, sem prejuízo da condenação do denunciante ao pagamento das verbas de sucumbência em favor do denunciado.

7.3. Chamamento ao processo

7.3.1. Conceito

É pelo chamamento ao processo que o réu, na condição de **devedor solidário ou de fiador**, ao ser demandado para responder pela totalidade da dívida, pede a intervenção de terceiro (devedor principal ou codevedor solidário), para que, se julgada procedente a ação do autor, o terceiro também seja condenado, a ficar ele abrangido pela coisa julgada material, sendo a sentença, para isso, título executivo.

7.3.2. Hipóteses de cabimento

Embora o chamamento ao processo esteja localizado na parte geral do código, cujos dispositivos tendem a ter aplicabilidade em todas as etapas do processo, somente será cabível no **processo de conhecimento** em face do seu cunho eminentemente condenatório (a sentença condenará os codevedores a adimplir a obrigação assumida).

Na execução, se iniciada a partir daí, sem prévia cognição, sobretudo nos casos que envolvam a prestação de fiança, o fiador poderá requerer, em seu favor, a observância (quando existente) do benefício de ordem, para que primeiro seja tentada a satisfação do direito contra o devedor principal e, somente se frustrada tal tentativa, a execução prossiga contra si.

Três são as hipóteses de o chamamento ao processo: a) *do afiançado na ação em que o fiador for réu*; b) *dos demais fiadores, na ação proposta contra um ou alguns deles*; c) *dos demais devedores solidários, quando o credor exigir de um ou de alguns deles, o pagamento da dívida comum.*

▸ **IMPORTANTE!**

Não é admissível o chamamento do fiador ao processo pelo devedor. Pela relação processual originariamente formada, ao credor, como parte favorecida pela fiança, é quem cabe chamar o fiador ao processo. Se ele assim não o fez, não caberá ao devedor fazer.

Inclusive porque o credor pode ter razões para não realizar o chamamento do fiador ao processo. Elas (as razões) vão desde as processuais (para evitar, por exemplo, o alongamento da tramitação processual) até às pessoais (não querer, por exemplo, que o fiador suporte a obrigação).

7.3.3. Procedimento

O CPC/2015 simplifica o procedimento do chamamento ao processo. Assim, para que a mesma decisão declare as responsabilidades dos coobrigados (fiador e devedor, cofiadores e codevedores), bastará ao réu requerer a citação daqueles que devam figurar no polo passivo na qualidade de litisconsortes. Não cabe a atuação *ex officio* do juiz para instaurar tal demanda interventiva.

Por se tratar esta espécie de intervenção de uma verdadeira ação, deve o réu, ao exercitar tal direito na contestação, preencher os requisitos de uma petição inicial, a delimitar, fundamentadamente, a hipótese de cabimento, inclusive com a possibilidade de dilação probatória, e, ao final, requerer a citação dos chamados, sob pena de preclusão temporal da faculdade de chamamento.

7.4. Incidente de desconsideração da personalidade jurídica

7.4.1. Aspectos materiais

Cada estatuto material fixa diferentes pressupostos para aplicação da teoria da desconsideração (maior ou menor), cabendo ao estatuto processual reconhecer que o requerimento de consideração da personalidade jurídica observará os pressupostos ali previstos.

7.4.2. Desconsideração da personalidade jurídica inversa (ou às avessas)

O § 2º do art. 133 do Código determina que se aplique o disposto no capítulo em que se insere a hipótese de desconsideração inversa da personalidade jurídica. A partir daí, o Código reconhece a desconsideração inversa, que já vinha sendo desenvolvida a partir de construções doutrinárias e pela própria jurisprudência. Por isso, todas as disposições processuais relativas ao incidente aplicar-se-ão nas hipóteses de desconsideração inversa da personalidade jurídica.

A lógica, mais uma vez, é mitigar a separação patrimonial (agora ao reverso), para permitir que o patrimônio da sociedade seja atingido para se responsabilizar a pessoa jurídica pelo adimplemento de dívidas formadas pessoalmente pelo sócio. Até pedagogicamente, evita-se que o sócio esvazie seu patrimônio pessoal e o integralize na empresa, com vistas a protegê-lo da excursão patrimonial dos seus credores.

7.4.3. Aspectos procedimentais

a) *obrigatoriedade do contraditório*

O código estabelece um incidente processual adequado ao modelo constitucional de processo com regras procedimentais específicas para aplicação da desconsideração. Dentre elas, destaca-se a necessidade de **pleno respeito ao contraditório e ao devido processo constitucional**, como aduz o art. 135 do CPC: "instaurado o incidente, o sócio ou a pessoa jurídica será citado para manifestar-se e requerer as provas cabíveis no prazo de 15 (quinze) dias".

b) *vedação à atuação de ofício do juiz*

O *caput* art. 133 dispõe que "o incidente de desconsideração da personalidade jurídica será instaurado a pedido da parte ou do Ministério Público, quando lhe couber intervir no processo". Assim, nenhum incidente de desconsideração da personalidade jurídica poderá ser instaurado de ofício. Ele sempre dependerá da provocação da parte interessada ou do Ministério Público.

c) *cabimento*

Nos termos do *caput* do art. 134 do Código de Processo Civil, o incidente de desconsideração é cabível em todas as fases do processo de conhecimento, no cumprimento de sentença e na execução fundada em título executivo extrajudicial. Também é cabível sua instauração em grau recursal, como se extrai da interpretação do parágrafo único do art. 136, que dispõe caber, contra a decisão de desconsideração proferida por relator, recurso de agravo interno.

d) *anotação no cartório do distribuidor*

O § 1º do art. 134 impõe ao juiz o dever de *uma vez instaurado o incidente*, determinar a anotação, no cartório do distribuidor, dos dados relativos não só ao fato que o incidente foi instaurado, mas, também, o registro de quem são o requerente e o requerido.

Esse marco terá importância singular na definição da boa-fé dos negócios jurídicos realizados entre o atingindo pelo incidente e os terceiros, já que, na forma do art. 137 do CPC, "as alienações ou onerações realizadas pelo requerido já poderão ser consideradas em fraude a execução após a instauração do incidente".

e) *momento para requerimento da desconsideração*

Quando a desconsideração for requerida em **capítulo da petição inicial**, o juiz já determina a citação do sócio (desconsideração direta) ou da pessoa jurídica (desconsideração inversa) como parte, originariamente. Nessa ocasião, a pretensão da desconsideração já integra o próprio objeto do processo, de tal modo que não haverá suspensão do processo (§ 3º do art. 134 do CPC).

Nas demais ocasiões, seja qual for a fase processual, **é obrigatória a instauração do incidente** para que ocorra (pelo menos de maneira regular) a desconsideração da personalidade jurídica. Nesse sentido, o § 4º, do art. 795, do CPC dispõe que, "para a desconsideração da personalidade jurídica é obrigatória a observância do incidente previsto neste Código".

Regularmente citado, o destinatário da desconsideração terá o prazo de 15 dias para se manifestar, mediante apresentação da defesa, sob pena de revelia. Após apresentação das alegações de defesa, verificar-se-á quais as questões controvertidas, que serão objeto da atividade instrutória, no curso do próprio incidente. Na forma do art. 136, "concluída a instrução, se necessária, o incidente será resolvido por decisão interlocutória".

f) efeitos da desconsideração

A decisão de desconsideração da personalidade jurídica opera como principal efeito processual a inserção de um terceiro na posição de responsável, mesmo sem ser devedor. Ocorrerá o direcionamento da responsabilidade para atingir o patrimônio do sócio ou pessoa jurídica, ao permitir que a atividade executiva (prática de atos expropriatórios) alcance também tais núcleos patrimoniais, desde que sejam passíveis de penhora.

O segundo efeito processual da desconsideração da personalidade jurídica, que também é de extrema relevância, está disposto no art. 137 do CPC, o qual prescreve que: "acolhido o pedido de desconsideração, a alienação ou a oneração de bens, havida em fraude de execução, será ineficaz em relação ao requerente".

7.5. *Amicus curiae*

7.5.1. Considerações iniciais

O *amicus curiae (friend of court, amigo da cúria, da justiça ou da corte)* é um instituto de cariz democrático, advindo da doutrina estrangeira, com o objetivo de promover a pluralização do debate em juízo, conferir maior qualidade às decisões judiciais e aprimorar a prestação da tutela jurisdicional.

No direito brasileiro, apesar de previsões em leis esparsas, somente com o atual Código de Processo Civil que tal intervenção teve seu cabimento generalizado, a bastar que sejam preenchidos os requisitos constantes do art. 138.

7.5.2. Natureza jurídica

Apesar de existir divergência doutrinária a respeito da natureza jurídica *amicus curiae*, tal debate tem pouca repercussão prática, porque há consenso quanto aos requisitos e aos efeitos de tal figura processual. Seja como for, o legislador pacifica a questão ao definir a natureza jurídica do *amicus curiae* como espécie de **intervenção de terceiros**, que possui **interesse institucional** (por isso, não recebe honorários, nem se submete ao regime jurídico do impedimento e da suspeição, embora se sujeite às disposições da litigância de má-fé).

7.5.3. *Amicus curiae* público e privado

O Código não estipula limites quantitativos, podendo haver vários amigos da corte, inclusive com interesses conflitantes. Aliás, o CPC/2015 amplia consideravelmente a legitimidade interventiva ao admitir tanto o *amicus* público quanto o privado.

O CPC/2015 incrementa evidente melhoria no regramento da modalidade interventiva, ao trazer entendimento que estende às **pessoas naturais** legitimidade para atuar como amigo privado da corte, a bastar que seja *expert* em determinada matéria conexa àquela que está em debate em juízo.

Com a admissão do *amicus curiae* no processo, este não adquire o *status* de parte, nem mesmo a condição do assistente simples como interessado jurídico, pois ele será uma espécie de **interventor anódino (*ad adiuvandum tantum*)**, que não é detentor de interesse jurídico. Detém papel processual limitado e por isso não se submete à autoridade da coisa julgada. Por isso também, sua intervenção no processo não tem a aptidão de **alterar a competência**.

7.5.4. Cabimento

A intervenção do *amicus curiae*, consideravelmente ampliado com o CPC/2015, cabe em qualquer fase do processo (ou grau de cognição), seja em processo individual ou coletivo, seja na fase de conhecimento ou na fase executiva, na tutela provisória, em grau recursal, desde que preenchidos os requisitos legais e houver utilidade em sua intervenção.

O enunciado 235 do Fórum Permanente de Processualistas Civis orienta que a intervenção do *amicus curiae* é cabível no **mandado de segurança**. Já o enunciado 369, orienta que é cabível a intervenção de *amicus curiae* no **procedimento de edição, revisão e cancelamento de enunciados de súmulas** pelos tribunais.

7.5.5. Amicus curiae voluntário ou provocado

A intervenção do amigo da corte pode ocorrer de forma voluntária (espontânea) ou provocada. Na primeira, o terceiro, espontaneamente, requer a sua participação no feito, podendo o magistrado autorizá-la ou não. Na provocada, poderá ser admitido por determinação das partes ou por determinação de ofício do juiz (espécie de intervenção *iussu iudicis).*

O enunciado 388 do Fórum Permanente de Processualistas Civis confere também ao **assistente simples** o poder de requerer a intervenção do *amicus curiae.*

7.5.6. Requisitos

A correta delimitação dos requisitos que fundamentam a intervenção do *amicus curiae* é essencial para sua operabilidade e para evitar manobras ardilosas a fim de causar tumulto ao processo.

Pois bem.

Os requisitos dispostos no art. 138 do CPC podem ser divididos em subjetivos e objetivos. Os primeiros são: a) **representatividade adequada**; b) **respeitabilidade e autoridade do terceiro**. Os últimos (alternativos, conforme orienta enunciado 395 do FPPC) são: a) **relevância da matéria**; b) **repercussão social da controvérsia**; c) **especificidade do tema objeto da demanda**.

Quando houver pluralidade de pedidos de admissão de *amicus curiae*, orienta o enunciado 82 do CJF, o relator deve observar, como critério para definição daqueles que serão admitidos, o equilíbrio na representatividade dos diversos interesses jurídicos contrapostos no litígio, velando, assim, pelo respeito à amplitude do contraditório, paridade de tratamento e isonomia entre todos os potencialmente atingidos pela decisão.

7.5.7. Decisão de admissibilidade irrecorrível

Preenchidos os requisitos, o juiz poderá admitir ou não o *amicus curiae*. Na forma do art. 138 do Código de Processo Civil, o pronunciamento judicial, que admite ou não o amigo da corte, é irrecorrível (salvo a possibilidade de interposição de embargos de declaração para aperfeiçoamento da decisão).

Se inadmitido, o amigo da corte não ingressará no processo. Eventual manifestação sua, que, por alguma circunstância, tiver sido carreada aos autos, será extirpada. Por outro lado, no caso de admissão, o amigo da corte será intimado dessa decisão para, no prazo de 15 dias, ofertar sua manifestação sob pena de preclusão.

7.5.8. Poderes

Na formado § 2º do art. 138 do CPC: "caberá ao juiz ou relator, na decisão que solicitar ou admitir a intervenção, definir os poderes do *amicus curiae*". Assim, a atuação do *amicus curiae* será delimitada casuisticamente pelo juiz. Todavia, de logo, o Código (pelo menos em regra) exclui a legitimidade recursal generalizada, na forma do § 1º do art. 138, que expressamente não autoriza a interposição de recurso. Essa regra comporta duas exceções: interposição de **embargos de declaração**; recurso contra a decisão que julgar o incidente de resolução de demandas repetitivas (art. 138, § 3).

Apesar de o Código apenas apresentar essas duas exceções, não se pode olvidar que ele (o Código) constitui um microssistema de precedentes. A ser assim, deve-se estender os poderes de recorribilidade, também, contra decisões que julgarem os recursos repetitivos, conforme orienta o enunciado 370 do Fórum Permanente de Processualistas.

7.5.9. Argumentos

As intervenções realizadas pelo amigo da corte possuem **natureza meramente opinativa e informativa. Não vinculam o órgão julgador.** Elas buscam apenas aprimorar a decisão jurisdicional, injetando novos argumentos aos debates, para que possam dar suporte ao magistrado, contribuindo para o bom julgamento da causa.

CAPÍTULO XI

Auxiliares da Justiça

1. JUIZ

Ao juiz,, cabe exercer a jurisdição. Na condução do processo, compete a ele: a) assegurar às partes igualdade de tratamento; b) velar pela duração razoável do processo; c) prevenir ou reprimir qualquer ato contrário à dignidade da justiça e indeferir postulações meramente protelatórias; d) determinar todas as medidas indutivas, coercitivas, mandamentais ou sub-rogatórias necessárias para assegurar o cumprimento de ordem judicial, inclusive nas ações que tenham por objeto a prestação pecuniária; e) promover, a qualquer tempo, a autocomposição, preferencialmente com auxílio de conciliadores e mediadores; f) dilatar os prazos processuais e alterar a ordem de produção dos meios de prova, adequando-os às necessidades do conflito de modo a conferir maior efetividade à tutela do direito; g) exercer o poder de polícia, requisitando, quando necessário, força policial, além da segurança interna dos fóruns e tribunais; h) determinar, a qualquer tempo, o comparecimento pessoal das partes, para inquiri-las sobre os fatos da causa, hipótese em que não incidirá a pena de confesso; i) determinar o suprimento de pressupostos processuais e o saneamento de outros vícios processuais; j) quando se deparar com diversas ações individuais repetitivas, oficiar ao Ministério Público, à Defensoria Pública e, na medida do possível, a outros legitimados a que se referem o art. 5º da Lei nº 7.347/1985 e o art. 82 do Código de Defesa do Consumidor, para, se for o caso, propor a ação coletiva pertinente.

Segundo o art. 140, *caput*, do CPC, o juiz não pode escusar-se de decidir, sob a alegação de lacuna ou obscuridade no ordenamento jurídico (***non liquet***).

Igualmente, se o juiz proceder com dolo ou fraude ou, ainda, omitir ou retardar, sem justo motivo, providência que deva ordenar de ofício ou a requerimento, responderá civilmente pelas perdas e danos decorrentes de sua conduta.

No entanto, responde apenas **regressivamente**, perante o Estado, que é primariamente responsável pela reparação civil ao jurisdicionado, nos termos do art. 37, § 6º, *in fine*, da Constituição e do art. 143, *caput*, do CPC. Nesses casos, a responsabilidade civil do Estado é **subjetiva**, cabendo ao jurisdicionado demonstrar a existência de dolo ou fraude por parte do juiz; por outro lado, é **objetiva** a responsabilidade civil do Estado nos casos de **erro judiciário** (STF. RE 770.931/SC. DJe 13.10.14).

2. AUXILIARES DA JUSTIÇA

Tal como o juiz, os auxiliares da justiça devem agir com **imparcialidade** no exercício de suas funções, aplicando-se a eles os motivos de **impedimento e suspeição** do juiz, conforme determina o art. 148, II, do CPC.

O art. 149 do CPC dispõe o seguinte: "são auxiliares da Justiça, além de outros cujas atribuições sejam determinadas pelas normas de organização judiciária, o escrivão, o chefe de secretaria, o oficial de justiça, o perito, o depositário, o administrador, o intérprete, o tradutor, o mediador, o conciliador judicial, o partidor, o distribuidor, o contabilista e o regulador de avarias".

Eles se classificam, segundo o vínculo que possuem com o Estado, em permanentes e eventuais.

2.1. Auxiliares permanentes

São auxiliares permanentes da justiça o escrivão, o chefe de secretaria, o oficial de justiça, o distribuidor e o contabilista.

a) ***Escrivão e chefe de secretaria***: ao escrivão ou ao chefe de secretaria compete *organizar o cartório (ou secretaria judiciária)*. Cabe-lhes exercer as funções de documentação, certificação e movimentação dos autos do processo, juntamente com seus auxiliares (escreventes). O art. 152 do CPC enumerou suas atribuições de forma exemplificativa, a estabelecer a possibilidade de serem atribuídas outras funções de acordo com as normas de organização judiciária (art. 152, II, do CPC).

b) ***Oficial de justiça***: cabe ao meirinho: fazer pessoalmente as citações, prisões, penhoras, arrestos e outras diligências próprias do seu ofício; executar as ordens do juiz a que estiver subordinado; auxiliar o magistrado na manutenção da ordem; efetuar avaliações, quando tal atividade não exigir conhecimentos especializados (art. 870, parágrafo único, do CPC); certificar, em mandado, proposta de autocomposição apresentada por qualquer das partes, na ocasião de realização de ato de comunicação que lhe couber (caso em que o juiz ordenará a intimação da parte contrária para se manifestar em cinco dias, sem prejuízo do regular prosseguimento do processo, entendendo-se o silêncio como recusa).

Sempre que possível, as diligências devem ser realizadas na presença de duas testemunhas, certificando o oficial, no mandado, o ocorrido, mencionando o lugar, o dia e a hora. Cumprido o mandado, deve devolvê-lo ao cartório.

Em cada comarca, seção ou subseção, deve haver, no mínimo, tantos oficiais de justiça quantos sejam os juízos, a teor do que prescreve o art. 151 do CPC.

Segundo o art. 155 do CPC, o oficial de justiça, o escrivão e o chefe de secretaria responderão, civil e regressivamente, quando, sem justo motivo, recusarem-se a cumprir, no prazo, os atos impostos pela lei ou pelo juiz a que subordinados, ou, ainda, quando praticarem ato nulo com dolo ou com culpa. Por serem agentes públicos, respondem apenas de forma regressiva perante o Estado, que é primariamente responsável pela reparação civil ao jurisdicionado, nos termos do art. 37, § 6º, da Constituição.

c) ***Distribuidor***: é o responsável pelo registro dos processos e, na comarca, seção ou subseção em que haja mais de um juízo, pela sua distribuição. Cabe a ele realizar o sorteio, quando houver mais de um juízo com mesma competência material, bem como encaminhar o processo ao juízo prevento, nas hipóteses de conexão, de continência ou de prevenção.

d) ***Contabilista***: o contador judicial é o responsável por fazer cálculos aritméticos determinados pelo juiz, a exemplo do que ocorre na liquidação de sentença por cálculos (art. 524, § 2º, do CPC). Também lhe cabe, por determinação do juiz, realizar cálculos em favor do beneficiário da justiça gratuita (STJ. 1.274.466/SC. DJe 21.05.14).

2.2. Auxiliares eventuais

São auxiliares eventuais da justiça o perito, o depositário, o administrador, o intérprete, o tradutor, o partidor e o regulador de avarias.

a) ***Perito***: é o auxiliar convocado pelo juiz quando a prova de determinado fato depende de conhecimento técnico-científico.

O perito deve ser nomeado entre profissionais legalmente habilitados e órgãos técnicos ou científicos cadastrados perante o tribunal a que está vinculado o juízo. Para a formação desse cadastro, o art. 156, § 2º, do CPC impõe que os tribunais realizem consulta pública, por meio da *internet* ou de jornais de grande circulação, além de consulta direta a universidades, a conselhos de classe, ao Ministério Público, à Defensoria Pública e à Ordem dos Advogados do Brasil, para a indicação de profissionais ou de órgãos técnicos interessados.

Segundo o § 3º do mesmo artigo, os profissionais e órgãos cadastrados devem passar por avaliações e reavaliações periódicas, considerando a formação profissional, a atualização do conhecimento e a experiência dos peritos interessados. No local em que não houver perito inscrito no cadastro do tribunal, a nomeação do auxiliar é de livre escolha do magistrado, devendo recair sobre profissional ou órgão técnico ou científico comprovadamente detentor do conhecimento necessário à realização da prova pericial.

O perito pode escusar-se do encargo, desde que apresente motivo legítimo, no prazo de 15 dias, contados da sua intimação (ou da ciência de causa de suspeição ou de impedimento superveniente), sob pena de renúncia ao direito de fazê-lo (art. 157, *caput* e § 1º, do CPC).

Se, por dolo ou por culpa, o perito prestar informações inverídicas, responderá civilmente pelos prejuízos causados à parte, ficando inabilitado para atuar em outras perícias pelo prazo de 02 a 05 anos, independentemente das demais sanções previstas em lei, devendo o juiz comunicar o fato à entidade de classe para adoção das medidas cabíveis.

b) ***Depositário e administrador***: ao depositário ou ao administrador cabe a guarda e a conservação dos bens penhorados, arrestados, sequestrados ou arrecadados, salvo disposição legal contrária. O administrador, além dessas responsabilidades, tem o dever de manter a coisa produtiva, como ocorre em caso de penhora de estabelecimento empresarial (arts. 862 a 865 do CPC).

c) ***Intérprete e tradutor***: o tradutor é o responsável pela tradução para de documento redigido em língua estrangeira. Já o intérprete tem a função de verter para o Português as declarações das partes e testemunhas que não conhecerem o idioma nacional, bem como de realizar a interpretação simultânea dos depoimentos das partes e testemunhas com deficiência auditiva que se comuniquem por meio da Língua Brasileira de Sinais ou equivalente, quando assim for solicitado.

Segundo o art. 163, não pode ser intérprete ou tradutor quem: a) não tiver a livre administração de seus bens; b) for arrolado como testemunha ou atuar como perito no processo; c) estiver inabilitado para o exercício da profissão por sentença penal condenatória, enquanto durarem os seus efeitos.

Quanto à recusa do encargo de intérprete ou de tradutor, aplicam-se as disposições relativas ao perito (arts. 157 e 158 do CPC), já comentadas acima.

d) ***Partidor***: é o responsável pela realização da partilha (art. 651 do CPC).

e) ***Regulador de avarias***: é o auxiliar que atua no procedimento especial de regulação de avaria grossa (art. 707 e seguintes do CPC). Aplicam-se, no que couber, as disposições atinentes ao perito (arts. 156 a 158).

2.3. Mediador e conciliador

O conciliador, que deve atuar preferencialmente nos casos em que não houver vínculo anterior entre as partes, pode sugerir soluções para o litígio, sendo vedada a utilização de qualquer tipo de constrangimento ou intimidação para que as partes conciliem. Por sua vez, ao mediador, que deve atuar preferencialmente nos casos em que já haja relação anterior entre as partes (por exemplo, em conflitos familiares ou societários), cabe tão somente auxiliar as partes a compreender as questões e os interesses em conflito, de modo que eles possam, pelo reestabelecimento da comunicação, identificar soluções consensuais.

Os mediadores, conciliadores e câmaras privadas de conciliação serão inscritos em cadastro nacional e em cadastro de tribunal de justiça ou de tribunal regional federal, que manterá registro de profissionais habilitados, com indicação de sua área profissional. Preenchendo o requisito da capacitação mínima, por meio de curso realizado por entidade credenciada, conforme parâmetro curricular definido pelo CNJ, em conjunto com o Ministério da Justiça, o conciliador ou o mediador, com o respectivo certificado, poderá requerer sua inscrição no cadastro nacional e no cadastro de tribunal de justiça ou de tribunal regional federal. Os tribunais podem optar pela criação de quadro próprio de conciliadores e mediadores, a ser preenchido por meio de concurso público de provas e títulos.

Se advogado, o conciliador ou o mediador judicial fica **impedido** de exercer a advocacia nos juízos em que desempenhe suas funções (art. 167, § 5º, do CPC).

As partes podem escolher consensualmente o conciliador, o mediador ou a câmara privada de conciliação e de mediação. Nesse caso, não é necessário que o profissional esteja cadastrado perante o tribunal. Não havendo acordo, a distribuição será feita entre aqueles registrados perante o tribunal, podendo ser designado mais de um conciliador ou mediador, se recomendável.

O conciliador e o mediador, quando não forem servidores públicos do quadro do tribunal, receberão remuneração prevista em tabela do respectivo tribunal, de acordo com parâmetros estabelecidos pelo CNJ.

O conciliador e o mediador ficam impedidos, por um ano, contado do término da última audiência em que atuaram, de assessorar, representar ou patrocinar qualquer das partes.

O mediador ou o conciliador, após regular processo administrativo, será excluído do cadastro, se: a) agir com dolo ou culpa na condução da conciliação ou da mediação sob a sua responsabilidade ou violar as regras previstas no art. 166 do CPC; b) atuar em procedimento de conciliação ou mediação, apesar de impedido ou suspeito. Além disso, o juiz do processo ou o juiz coordenador do centro de conciliação e mediação, se houver, verificando atuação inadequada do mediador ou conciliador, poderá afastá-lo, por até 180 dias, por decisão fundamentada, informando o fato ao tribunal, para instauração de processo administrativo (art. 173, § 2º, do CPC).

O art. 174 do CPC impõe à União, aos Estados, ao Distrito Federal e aos Municípios a criação de câmaras de mediação e conciliação, com atribuições relacionadas à solução consensual de conflitos no âmbito administrativo, tais como: a) dirimir conflitos envolvendo órgãos e entidades da administra pública; b) avaliar a admissibilidade dos pedidos de resolução de conflitos, por meio de conciliação, no âmbito da administração pública; c) promover, quando couber, a celebração de termo de ajustamento de conduta.

CAPÍTULO XII

Impedimentos e suspeição

1. CONSIDERAÇÕES INICIAIS

O **impedimento** representa **presunção legal absoluta de parcialidade** do juiz, do membro do Ministério Público ou dos auxiliares da justiça (art. 148 do CPC). A **suspeição**, por sua vez, constitui **indício** de parcialidade. Constatada a ocorrência de um dos motivos de suspeição ou de impedimento, afasta-se o juiz da causa, por faltar-lhe imparcialidade, pressuposto processual de validade. O mesmo ocorre com o membro do Ministério Público ou de qualquer outro auxiliar da justiça, conquanto as considerações deste capítulo estejam mais voltadas ao juiz, em razão das disposições do Código de Processo Civil.

2. HIPÓTESES DE IMPEDIMENTO

Segundo o art. 144 do Código de Processo Civil, que prevê um **rol taxativo** de hipóteses de impedimento, é vedado ao juiz exercer suas funções no processo: a) *em que interveio como mandatário da parte, oficiou como perito, funcionou como membro do Ministério Público ou prestou depoimento como testemunha*; b) *de que conheceu em outro grau de jurisdição, tendo proferido decisão*; c) *quando nele estiver postulando, como defensor público, advogado ou membro do Ministério Público, seu cônjuge ou companheiro, ou qualquer parente, consanguíneo ou afim, em linha reta ou colateral, até o terceiro grau, inclusive*; d) *quando for parte no processo ele próprio, seu cônjuge ou companheiro, ou parente, consanguíneo ou afim, em linha reta ou colateral, até o terceiro grau, inclusive*; e) *quando for sócio ou membro de direção ou de administração de pessoa jurídica parte no processo*; f) *quando for herdeiro presuntivo, donatário ou empregador de qualquer das partes*; g) *em que figure como parte instituição de ensino com a qual tenha relação de emprego ou decorrente de contrato de prestação de serviços*; h) *em que figure como parte cliente do escritório de advocacia de seu cônjuge, companheiro ou parente, consanguíneo ou afim, em linha* *reta ou colateral, até o terceiro grau, inclusive, mesmo que patrocinado por advogado de outro escritório*; i) *quando promover ação contra a parte ou seu advogado.*

Em acréscimo, o art. 147 do CPC prescreve que, quando dois ou mais juízes forem parentes, consanguíneos ou afins, em linha reta ou colateral, até o terceiro grau, o primeiro que conhecer do processo impede que o outro atue nele, hipótese em que deve se escusar.

Convém ressaltar que a Terceira Turma do STJ decidiu que a causa de impedimento em questão apenas ocorre quando o primeiro magistrado tenha apreciado o mérito do processo; caso contrário, não há prejuízo a ensejar a nulidade do ato decisório (STJ. REsp 1.673.327/SC. DJe 12.09.17; Inf. STJ 611)[18].

Tal hipótese de impedimento, apesar do que prevê o art. 148, II, do CPC, não ocorre quando houver parentesco entre magistrado e auxiliar da justiça (STJ. REsp 906.598/MT. DJ 02.08.07).

Se não reconhecido o impedimento no curso do processo, é cabível ação rescisória para desconstituir decisão transitada em julgado proferida por juiz impedido (art. 966, II, do CPC).

3. HIPÓTESES DE SUSPEIÇÃO

De acordo com o art. 145 do CPC, **há suspeição do juiz**: a) *amigo íntimo ou inimigo de qualquer das partes ou de seus advogados*; b) *que receber presentes de pessoas que tiverem interesse na causa antes ou depois de iniciado o processo, que aconselhar alguma das partes acerca do objeto da causa ou que subministrar meios para atender às despesas do litígio*; c) *quando qualquer das partes for sua credora ou devedora, de seu cônjuge ou companheiro ou de parentes destes, em linha reta até o terceiro grau, inclusive*; d) *interessado no julgamento do processo em favor de qualquer das partes.*

Consoante o artigo 145, § 2º, I e II, do Código de Processo Civil, **é ilegítima a alegação de suspeição**: a) quando tiver sido provocada por quem a alega; ou b) quando a parte que a suscita houver praticado ato que signifique manifesta aceitação do arguido. No primeiro caso, a norma visa a coibir a prática da suspeição provocada, atitude tendente a afastar o juiz natural da causa. Na segunda situação, procura-se preservar o princípio da boa-fé processual (art. 5º do CPC), evitando o *venire contra factum proprium.*

18 Ressalva-se, contudo, o entendimento contrário dos autores, para quem há impedimento independentemente a natureza do primeiro pronunciamento judicial.

Ademais, a mera suspeição, diferentemente do impedimento, não enseja a propositura de ação rescisória (STJ. REsp 1.330.289/PR. DJe 30.08.12).

4. ARGUIÇÃO DE IMPEDIMENTO OU DE SUSPEIÇÃO

A parte deve arguir o impedimento ou a suspeição do magistrado no **prazo de 15 dias**, contados da data do conhecimento do fato, em petição dirigida ao próprio juiz, na qual deve expor o fundamento da recusa, podendo instruí-la com documentos e com rol de testemunhas (art. 146, *caput*).

O mencionado prazo é preclusivo para a alegação de suspeição; por outro lado, o impedimento pode ser arguido a qualquer tempo e grau de jurisdição, podendo, inclusive, ser declarado de ofício pelo juiz. Nada obstante, é dado ao julgador, em vez de recusar, reconhecer a sua suspeição por motivo de foro íntimo, a teor do que dispõe o art. 145, § 1º, do CPC.

A arguição de impedimento ou de suspeição não exige outorga de poderes específicos ao advogado, pois não está entre as expressas exceções à procuração geral para o foro elencadas no art. 105 do CPC/2015.

A arguição de impedimento ou de suspeição enseja a formação de um **incidente processual,** que suspende automaticamente o curso do processo (art. 313, III, do CPC). O juiz, ao receber a petição, pode reconhecer-se impedido ou suspeito, ordenando a remessa dos autos ao seu substituto legal; caso contrário, determinará a autuação do incidente em apartado e, em 15 dias, deverá apresentar as suas razões, acompanhadas de documentos e de rol de testemunhas, ordenando, em seguida, a remessa ao tribunal (art. 146, § 1º, do CPC). O magistrado, réu do incidente, não precisa constituir advogado para subscrever sua defesa, tendo plena capacidade postulatória para tanto.

A parte contrária à suscitante do incidente não se manifesta, pois não tem interesse processual em defender a permanência de determinado juiz no processo. Tanto é assim, que o magistrado, ao averbar-se suspeito por motivo de foro íntimo, não precisa, primeiramente, ouvir as partes, da mesma forma que pode, diante do recebimento da arguição de impedimento ou de suspeição, reconhecer, de pronto, a sua parcialidade, dispensando o processamento do incidente.

No tribunal, o incidente será distribuído a um relator, que deverá declarar os efeitos em que for recebido o incidente; se recebido sem efeito suspensivo, o processo voltará a correr, em condução pelo mesmo juiz; se com tal efeito, o processo permanecerá suspenso até o julgamento do incidente (art. 146, § 2º, do CPC). Enquanto não declarado o efeito em que recebido o incidente, eventual pedido de tutela de urgência deve dirigir-se ao substituto legal do juiz recusado, consoante o, § 3º do art. 146.

Se o tribunal verificar que a alegação de impedimento ou de suspeição é improcedente, rejeitá-la-á, sendo preservada a validade de todos os atos praticados pelo juiz parte na exceção. Caso acolhida a alegação, o tribunal fixará o instante a partir do qual o juiz não poderia ter atuado, a nulificar, com decretação de invalidade, os atos praticados após tal momento (§§ 6º e 7º do art. 146). Havendo impedimento ou manifesta suspeição, a corte condenará o juiz ao pagamento das custas processuais, remetendo os autos ao seu substituto, podendo o magistrado recorrer da decisão (§ 5º). Neste caso, são cabíveis embargos de declaração, recurso especial e/ou recurso extraordinário.

Cuidando-se de suspeição ou de impedimento de membro do Ministério Público ou de auxiliar da justiça, o incidente processa-se perante o próprio juiz da causa, em separado e sem suspensão do processo. A parte interessada deverá arguir a suspeição ou o impedimento **em petição específica fundamentada e instruída**, no primeiro momento em que lhe couber falar nos autos. O juiz, então, ouvirá o arguido no prazo de quinze dias, facultando-lhe a produção de provas.

Contra a decisão interlocutória que julgar o incidente não cabe agravo de instrumento, em face da omissão do art. 1.015 do CPC. Assim, a questão, por não comportar recurso imediato, não fica acobertada pela preclusão, podendo ser impugnada posteriormente, em sede de apelação (art. 1.009, § 1º). Por outro lado, se a questão for resolvida na sentença, caberá, por óbvio, apelação.

CAPÍTULO XIII

Ministério Público, Advocacia Pública e Defensoria Pública

1. DISPOSIÇÕES COMUNS

1.1. Benefício do prazo em dobro

O Ministério Público (art. 180, *caput*), a Defensoria Pública (art. 186, *caput*) e a Fazenda Pública gozam de **prazo em dobro** para todas as suas manifestações processuais, salvo quando houver prazo próprio, estabelecido em lei (§ 2º).

Também dispõe desse benefício a Empresa Brasileira de Correios e Telégrafos, por força do art. 12 do Decreto-Lei nº 509/1969.

1.2. Intimação pessoal

O Ministério Público (arts. 180, *caput*, e 183, § 1º, do CPC), a Defensoria Pública (art. 186, § 1º, do CPC) e a Advocacia Pública (183, *caput* e § 1º, do CPC/2015) possuem prerrogativa de **intimação pessoal** de todos os atos do processo, o que deve ocorrer por carga, remessa ou meio eletrônico. Assim, a contagem dos prazos processuais não se inicia com a comunicação, mas com a entrega dos autos a ele (STJ. AgRg no REsp 1.445.557/RN. DJe 02.09.15).

▸ **Importante!**

A "intimação pessoal" dos entes acima referidos não pode ser confundida com a "intimação por oficial de justiça", referida no art. 231, II, do CPC.

Esta última (por oficial de justiça), que se realiza por mandado, ocorre somente em casos excepcionais (art. 275). Já essa espécie de intimação pessoal, não depende de mandado, nem de intervenção do oficial de justiça. Ela se perfectibiliza por modos variados, previstos no Código (ou na praxe forense), mediante a cientificação pelo próprio escrivão ou pelo chefe de secretaria (art. 273 do CPC), ou mediante encaminhamento da ata da publicação dos acórdãos, ou, o que é mais comum, com a entrega dos autos ao intimado ou a sua remessa à repartição a que pertence.

Assim, mesmo quando, eventualmente, o executor dessa espécie de providência seja um oficial de justiça, nem assim se poderá considerar alterada a natureza da intimação, que, para os efeitos legais, continua sendo "pessoal" e não "por oficial de justiça". (STJ. REsp 653304/MG. DJ 28.02.05).

1.3. Responsabilidade Civil

O membro do Ministério Público, da Advocacia Pública e da Defensoria Pública que agir com **dolo ou fraude** no exercício de suas funções responde civilmente pelos danos causados (art. 184, CPC). No entanto, sua responsabilidade é apenas regressiva, frente ao Estado, que é primariamente responsável pela reparação ao particular, nos termos do art. 37, § 6º, da Constituição (STF. RE 327.904. DJ 08.09.06). Assim, o promotor ou procurador responde por sua conduta dolosa ou fraudulenta apenas perante o Estado, em ação regressiva.

Além disso, o art. 77, § 6º, do CPC exclui a responsabilidade do membro do Ministério Público pelas multas decorrentes de atos atentatórios à dignidade da justiça. Entretanto, o mesmo dispositivo impõe ao juiz que oficie à respectiva corregedoria, para que apure a sua responsabilidade disciplinar.

2. MINISTÉRIO PÚBLICO

O Ministério Público é instituição permanente, una, indivisível, independente e essencial à função jurisdicional do Estado, incumbindo-lhe a defesa da ordem jurídica, do regime democrático e dos interesses sociais e individuais indisponíveis[19].

2.1. Princípios

De acordo com o art. 127, § 1º, da Constituição são **princípios institucionais** (fundamentos) do Ministério Público: **a) unidade**: os membros do MP integram uma só instituição; porém, não há unidade entre o MPU e os Ministérios Públicos Estaduais, tampouco entre os ramos do MPU; **b) indivisibilidade**: os membros do MP podem ser substituídos uns pelos outros no desempenho de suas funções, pois

---

19. São **funções institucionais** do Ministério Público: a) promover privativamente a ação penal pública, na forma da lei; b) zelar pelo efetivo respeito dos Poderes Públicos e dos serviços de relevância pública aos direitos assegurados na Constituição, promovendo as medidas necessárias a sua garantia; c) promover o inquérito civil e a ação civil pública, para a proteção do patrimônio público e social, do meio ambiente e de outros interesses difusos e coletivos; d) promover a ação de inconstitucionalidade ou representação para fins de intervenção da União e dos Estados, nos casos previstos na Constituição; e) defender judicialmente os direitos e interesses das populações indígenas; f) expedir notificações nos procedimentos administrativos de sua competência, requisitando informações e documentos para instruí-los, na forma da lei complementar respectiva; g) exercer o controle externo da atividade policial, na forma da sobredita lei complementar; h) requisitar diligências investigatórias e a instauração de inquérito policial, indicados os fundamentos jurídicos de suas manifestações processuais.

estas não são vinculadas à pessoa física do promotor ou do procurador, mas ao órgão do MP; c) **independência funcional**: o representante do MP tem autonomia no desempenho de suas funções, devendo atuar conforme sua convicção jurídica, submetendo-se tão somente ao direito, e jamais à vontade de seus superiores hierárquicos.

2.2. Garantias

O Ministério Público, enquanto órgão, possui **garantias institucionais** estabelecidas na Constituição: a) **autonomia funcional**: o MP não se submete a ingerências de nenhum outro Poder; b) **autonomia administrativa**: o *parquet* tem capacidade de autogoverno. Conforme o art. 127, § 2º, da Constituição o MP pode propor ao Poder Legislativo a criação e extinção de seus cargos e serviços auxiliares, provendo-os por concurso público de provas ou de provas e títulos, a política remuneratória e os planos de carreira; c) **autonomia financeira**: de acordo com o art. 127, § 3º, da Constituição, cabe ao Ministério Público elaborar a sua proposta orçamentária, dentro dos limites estabelecidos na lei de diretrizes orçamentárias.

2.3. Vedações

A Constituição, no art. 128, § 5º, II, estabelece certos impedimentos aos membros do Ministério Público, a fim de assegurar a sua imparcialidade. Ei-los: a) receber, a qualquer título e sob qualquer pretexto, honorários, percentagens ou custas processuais; b) exercer a advocacia; c) participar de sociedade comercial, na forma da lei; d) exercer, ainda que em disponibilidade, qualquer outra função pública, salvo uma de magistério; e) exercer atividade político-partidária; f) receber, a qualquer título ou pretexto, auxílios ou contribuições de pessoas físicas, entidades públicas ou privadas, ressalvadas as exceções previstas em lei; g) exercer a advocacia no juízo ou tribunal do qual se afastou, antes de decorridos 03 anos do afastamento do cargo por aposentadoria ou exoneração.

2.4. O Ministério Público no Processo Civil

No processo civil, ele pode atuar como **órgão agente (parte)** ou como **órgão interveniente (fiscal da ordem jurídica ou *custos legis*)**. A diferença consiste em que o Ministério Público, quando agente, possui interesse no julgamento da causa, na medida em que é parte, ao passo que, quando oficia como interveniente, não tem predileção pelo julgamento da causa em um sentido ou em outro, limitando-se a zelar pela observância do direito.

O Ministério Público pode atuar na qualidade de **legitimado ordinário** (isto é, na defesa de direito próprio) ou **extraordinário** (na defesa de direito alheio, quando autorizado por lei).

2.5. Órgão Interveniente

O Ministério Público, se não for parte, deve atuar como fiscal da ordem jurídica, nas hipóteses previstas na Constituição e na lei. Nesses casos, ele deve ser intimado, para, no prazo de 30 dias, intervir no processo (art. 178, *caput*, do CPC).

O *parquet*, quando oficiar como *custos legis*, deve ser intimado pessoalmente de todos os atos do processo, tendo vista dos autos depois das partes, para manifestar-se. Na qualidade de órgão interveniente, tem amplos poderes, podendo produzir provas, requerer medidas processuais pertinentes e recorrer (art. 179, II, do CPC).

Segundo o art. 178 do CPC, o Ministério Público deve intervir como fiscal da ordem jurídica nos processos que envolvam: **a) interesse público ou social; b) interesse de incapaz; c) litígios coletivos pela posse de terra rural ou urbana**.

O *parquet* também deve intervir em outras hipóteses, como na reclamação constitucional (art. 991, CPC), no incidente de resolução de demandas repetitivas (art. 982, III, do CPC), no incidente de assunção de competência, no mandado de segurança (art. 12 da Lei nº 12.016/2009), na ação popular (art. 6º, § 4º, da Lei nº 4.717/1965), entre outras.

3. ADVOCACIA PÚBLICA

Os advogados públicos são os representantes judiciais da União, dos Estados, do Distrito Federal, dos Municípios e das demais pessoas jurídicas de direito público que integram a Administração Direta e Indireta[20].

Os Estados, o Distrito Federal e os Municípios também são representados por procuradores (art. 75, II e III, do CPC), cujas carreiras são disciplinadas por leis próprias. Como o poder de representação dos advogados públicos decorre de

---

20. A Advocacia Pública é formada, no âmbito federal, pelos: a) advogados da União, que representam a União em juízo (art. 9º da Lei Complementar nº 73/1993); b) procuradores da Fazenda Nacional, a quem cabe representar a União judicialmente, nas causas de natureza fiscal (art. 12, V, da Lei Complementar nº 73/1993); c) procuradores federais, a quem compete a representação judicial das autarquias e fundações públicas federais (art. 17, I, da Lei Complementar nº 73/1993); d) procuradores do Banco Central do Brasil, que patrocinam a referida autarquia judicialmente (art. 4º, I, da Lei nº 9.650/1998).

lei, dispensa-se a juntada de procuração aos autos, consoante dispõem o art. 287, parágrafo único, III, do Código de Processo Civil e o enunciado 644 da súmula do Supremo Tribunal Federal[21].

4. DEFENSORIA PÚBLICA

Para concretizar o art. 5º, LXXIV, da Constituição essa garantia, a Constituição, em seu art. 134, previu a instituição permanente da Defensoria Pública, à qual incumbe a orientação jurídica, a promoção dos direitos humanos e a defesa judicial e extrajudicial dos direitos individuais e coletivos dos necessitados, de forma integral e gratuita[22].

4.1. Representação da parte pela Defensoria Pública

O defensor público não precisa juntar procuração aos autos. No entanto, os poderes de representação do defensor público não são ilimitados; ao contrário, correspondem apenas àqueles contidos na procuração geral para o foro (art. 105, CPC). Por isso, se determinado ato processual exigir poderes específicos, o defensor público deve juntar aos autos instrumento de mandato judicial (STJ. REsp 1.431.043/MG. DJe 27.04.15).

A representação processual por defensor público pode ocorrer em todos os graus de jurisdição, conforme prescrevem os arts. 134 da Constituição e 185 do CPC.

4.2. Defesa dos Interesses Coletivos

O art. 134 da Constituição prevê expressamente a atribuição institucional da Defensoria Pública para defender os direitos coletivos dos necessitados.

Além disso, o Supremo Tribunal Federal, ao julgar a ADI 3.943/DF, em 07.05.15, assentou a constitucionalidade do art. 5º, II, da Lei nº 7.347/1985, que prevê a legitimidade da Defensoria Pública para **propor ação civil pública** na

21. Súmula do STF, nº 644: "Ao titular do cargo de procurador de autarquia não se exige a apresentação de instrumento de mandato para representá-la em juízo".

22. A Defensoria Pública, instituição una, indivisível e independente, abrange, segundo o art. 2º da Lei Complementar nº 80/1994: a) a Defensoria Pública da União, que atua junto às Justiças Federal, do Trabalho, Eleitoral e Militar (art. 14); b) a Defensoria Pública do Distrito Federal e Territórios, que atua na Justiça Distrital; c) as Defensorias Públicas dos Estados, que oficiam perante as Justiças Estaduais.

defesa de interesses difusos, coletivos *stricto sensu* e individuais homogêneos. Por isso mesmo, o art. 139, X, do CPC determina que o juiz, ao se deparar com diversas demandas individuais repetitivas, deve oficiar a Defensoria Pública e o Ministério Público, para que, se for o caso, proponham a ação coletiva respectiva.

CAPÍTULO XIV

Pressupostos processuais

1. CONSIDERAÇÕES INICIAIS

Os **pressupostos processuais *lato sensu*** são elementos indispensáveis à regular existência, validade e eficácia da relação jurídica processual. Sem a presença deles, o processo reputar-se-á inexistente (pressupostos de existência), inválido (requisitos de validade) ou ineficaz (condições de eficácia do procedimento). Estes são os pressupostos **positivos**.

Além dos pressupostos processuais positivos, há também alguns elementos que não podem estar presentes, pois obstam o desenvolvimento válido e regular do processo. São os chamados **pressupostos negativos (ou extrínsecos)**.

Por fim, há o chamado **pressuposto processual intrínseco** que se traduz no respeito às formas processuais e procedimentais preestabelecidas.

A análise dos pressupostos processuais é uma questão precedente (preliminar) e prejudicial ao mérito, relacionadas às formalidades meramente processuais. Antes do exame meritório, o magistrado, necessariamente, realizará o **juízo de admissibilidade do processo**, para verificar se a relação processual preenche os requisitos mínimos de existência, validade e eficácia.

Apesar de o tratamento prático dos pressupostos e das condições ser assaz semelhante (ambas são preliminares e, por isso, podem ser prejudiciais ao mérito), há uma importante diferenciação: os pressupostos são observados sob o amparo das regras processuais, enquanto que as condições são aferidas sob o amparo do direito material.

2. PRESSUPOSTOS DE EXISTÊNCIA

Os pressupostos processuais de existência são positivos, pois são elementos sem os quais o processo não existe. Ausentes quaisquer deles, o processo inexiste juridicamente[23].

O processo, como espécie de relação jurídica, pressupõe a coexistência de elementos **subjetivos** e **objetivos**. Os subjetivos levam em consideração o Estado-juiz e as partes da relação processual. Já os objetivos, que formam os elementos objetivos da demanda, levam em consideração: o objeto (prestação jurisdicional instada) e o fato jurídico (ação concretizada: ato de existência da demanda).

O primeiro pressuposto subjetivo determina que, para que o processo exista, o **órgão jurisdicional acionado deve ser investido de jurisdição**. O ocupante do órgão jurisdicional deve ter sido aprovado em concurso público para o cargo de juiz com regular posse[24].

O segundo pressuposto processual de existência subjetivo é a **capacidade de ser parte**[25].O terceiro pressuposto de existência objetivo caracteriza-se pela **existência de demanda** (exercício do direito abstrato de ação), o que se faz por petição. Apenas o ato material de pedir é que constitui pressuposto de existência.

Logo, para que o processo exista, deve haver a **propositura de uma demanda perante um órgão investido de jurisdição** por quem tenha **capacidade de ser parte**.

Caso não tenha sucedido a declaração da inexistência do processo por falta dos pressupostos de existência em momento oportuno, a decisão prolatada pode ser questionada por **ação rescisória** ou por **ação declaratória de inexistência**[26].

3. PRESSUPOSTOS (REQUISITOS) PROCESSUAIS DE VALIDADE

Preenchidos os pressupostos de existência, é possível perquirir os requisitos processuais de validade, a se analisar se os atos jurídicos até então praticados são

23. Há quem defenda que os pressupostos processuais não podem ser de existência, pela ilação de que não existiria meio apto para alegação dos mesmos. Não concordamos com tal entendimento, pois o plano da existência é jurídico, o processo físico pode existir no mundo fático, mas ser um nada jurídico.
24. Não se descarta, contudo, a possibilidade de ser proferida decisão por um árbitro, que, conquanto não seja juiz de direito, tem atribuição jurisdicional.
25. Ver capítulo "PARTES E PROCURADORES".
26. Tecnicamente, para parcela da doutrina não existe nulidade ou anulabilidade no plano da existência, apenas declaração de inexistência jurídica.

válidos e se permitem o desenvolvimento regular do processo. Ato inválido é ato que existe, porém, com algum defeito, que pode ensejar a decretação de invalidade.

Os requisitos de validade também podem ser **classificados** como **subjetivos** e **objetivos**. Os subjetivos levam em consideração os sujeitos imparciais (Estado-juízo) e parciais (partes) da relação processual. Os objetivos levam em consideração a citação válida e a aptidão da petição que veicula direito de ação.

Para que o processo possa se desenvolver validamente, o **órgão julgador deve ser competente**[27] e o seu **ocupante imparcial**.

Quanto à imparcialidade do juiz, ele deve estar equidistante às partes (não deve ser suspeito, nem muito menos impedido). O reconhecimento da parcialidade não leva à extinção do processo. Todavia, os atos decisórios praticados pelo juiz reconhecido como parcial podem ser invalidados, ante deliberação do seu substituto legal[28].

As partes, por seu lado, devem possuir **capacidade processual**[29] e estar munidas de **capacidade postulatória**[30].

Se a parte não estiver representada de forma regular (naturalmente, quando necessária a representação ou a assistência), o juiz suspenderá o curso do processo, concedendo-lhe prazo razoável para **sanar o defeito** (art. 76 do CPC).

Não sendo sanado o vício relacionado à incapacidade processual (ou a irregularidade de representação), em desatendimento à determinação judicial, se o processo estiver na instância originária: a) caso se trate do autor, o juiz proferirá sentença não resolutiva de mérito ante a falta de pressuposto processual (art. 485, IV, do CPC); b) se for o réu, reputar-se-á revel, se a providência lhe couber, prosseguindo-se o trâmite processual a considerar os efeitos decorrentes da revelia.

Mesma lógica aplica-se à instância recursal (a considerar que o recurso tem faculdade de extensão do direito de ação). Logo, descumprida a determinação de regularização, o relator: a) não conhecerá do recurso, se a providência couber ao recorrente; b) não considerará (ou, para ser mais preciso, não deverá considerar) as contrarrazões, se a providência couber ao recorrido.

Apresentados os pressupostos processuais de validade subjetivos, passa-se para os **objetivos**. São eles: **petição apta a veicular o direito de ação** e **citação válida.**

27. Ver capítulo "COMPETÊNCIA".
28. Ver capítulo "JUIZ" e "RESPOSTA DO RÉU".
29. Ver capítulo "PARTES E PROCURADORES".
30. Ver capítulo "PARTES E PROCURADORES".

A parte deve dar impulso inicial por petição. Mas, para que o processo possa se desenvolver regularmente, é necessário que a **petição (que veicula o direito de ação) seja considerada apta**, a preencher, assim, os requisitos dispostos nos artigos 319 e 320 do Código de Processo Civil.

Se houver alguma irregularidade na petição inicial, o juiz deverá intimar o autor para lhe oportunizar, no prazo de 15 dias, a emenda. Entretanto, se o vício for insanável ou o autor não emendar a petição, esta será indeferida (art. 330, I, do CPC), mediante sentença não resolutiva de mérito (art. 485, I, do CPC).

A **citação**, por sua vez, é o ato pelo qual se chama a juízo o réu ou o interessado a fim de se defender, sendo indispensável para a validade do processo a sua realização. Mas não basta haver citação para que a relação processual esteja plenamente instaurada. É imprescindível que ela seja **válida**, porque, somente assim, operará todos os seus efeitos.

Alguns consideram a realização da citação como pressuposto de existência do processo. Contudo, é mais adequado considerá-la como **condição de eficácia do processo em relação ao réu**, pois, mesmo antes da citação do réu, o processo existe entre autor e órgão julgador. O mesmo se diga nos casos de indeferimento da petição inicial amparado nas hipóteses dos artigos 330 e 332 do Código de Processo Civil.

Além disso, segundo o art. 239, § 1º do CPC, "o comparecimento espontâneo do réu ou do executado supre a falta ou nulidade de citação", o que implica concluir que o comparecimento espontâneo do réu não citado valida o processo porque ele já existe.

Há, assim, duas vertentes a se observar: a primeira, se houve citação; a segunda, se ela foi válida. A realização da citação se coloca como condição de eficácia do processo para o réu, porque existe processo entre autor e Estado antes da citação. A citação válida, por sua vez, é pressuposto para a validade do processo (e, consequentemente, a própria sentença).

Se o processo tramitou **sem citação**, ele existiu, chegando ao seu fim, mas, os atos neles praticados não podem produzir efeitos em detrimento do réu, porquanto não participou da relação processual. Pensar contrariamente seria violar o contraditório, a ensejar **invalidade insanável**, que poderia ser questionada a qualquer tempo, inclusive depois de ultrapassado o prazo decadencial da ação rescisória.

Ao seu turno, se **houve citação, mas ela foi irregular**, acarretará **invalidade processual**, que, se não sanada no curso do processo, pode levar à sua extinção sem resolução de mérito (por ausência de pressuposto de validade, conforme art. 485, IV, do CPC). A nulidade pode ser alegada a qualquer tempo e grau de jurisdição, inclusive mediante ação rescisória. Transcorrido o prazo decadencial dessa ação de impugnação, não haverá como se questionar a invalidade.

Quando o réu for revel e tiver sido citado fictamente (por edital ou hora certa), a **nomeação de curador especial** é imprescindível para a validade do processo.

4. PRESSUPOSTOS PROCESSUAIS EXTRÍNSECOS NEGATIVOS

Os pressupostos processuais negativos são aqueles que **não podem estar presentes para que o processo possa se desenvolver**. São também chamados extrínsecos, porque decorrem de fatos externos ao processo em curso, mas que têm influência negativa sobre este[31]. A presença de qualquer deles impedirá a resolução do mérito, sobretudo porque são insanáveis.

Os pressupostos processuais negativos são:

a) ***Litispendência***: Haverá ofensa à litispendência quando for ajuizada demanda idêntica a outra pendente, mesmo que elas sigam procedimentos diferentes. A identidade de demandas ocorre quando uma nova (proposta) tem as mesmas partes, a mesma causa de pedir (tanto a próxima – fundamentos jurídicos do pedido –, quanto à remota – fatos) e o mesmo pedido de outra. Verificada a litispendência, as demandas posteriores não terão seu mérito resolvido, sendo proferida sentença terminativa (art. 485, V, do CPC).

b) ***Coisa julgada***: a coisa julgada visa a proporcionar segurança jurídica às relações firmadas entre as partes, a partir da imutabilidade do pronunciamento jurisdicional definitivo de mérito proferido em determinada demanda[32]. Haverá ofensa à coisa julgada quando se repetir demanda idêntica a outra anteriormente decidida por sentença de mérito transitada em julgado. As posteriores demandas, que ofendem a coisa julgada, não terão seu mérito resolvido, sendo proferida sentença terminativa (art. 485, V, do CPC).

c) ***Perempção***: a perempção busca impedir o abuso no exercício do direito de ação. Ela ocorre quando o autor, por 03 vezes, dá causa à prolação de sentença fundada em abandono da causa. Em razão disso, o autor não poderá intentar nova ação (a quarta) contra o réu com mesmo objeto, ficando-lhe ressalvada, entretanto, a possibilidade de alegar em defesa o seu direito. Se ocorrer de ser intentada uma quarta ação, apesar das 03 anteriores sentenças fundadas no abandono, o órgão julgador proferirá sentença não resolutiva de mérito, agora, fundada nos termos do art. 485, III, Código de Processo Civil.

31. Pode-se dizer que os pressupostos processuais negativos podem ser colocados como pressupostos processuais de validade, caso sejam vistos sob outra ótica da "não verificação". Assim, a "não verificação" de litispendência, coisa julgada, perempção e convenção de arbitragem são "pressupostos processuais de validade".

32. Ver capítulo "COISA JULGADA".

> ▸ **Importante!**
>
> A perempção **não alcança** as demandas cujos objetos estejam relacionados a **direitos indisponíveis**.

O juiz conhecerá de ofício, em qualquer tempo e grau de jurisdição, enquanto não proferida a sentença de mérito, a alegação de perempção, litispendência ou de coisa julgada.

d) ***Convenção de arbitragem***: a arbitragem está regulamentada pela Lei nº 9.307/96. Em razão da convenção de arbitragem, as partes renunciam à atividade jurisdicional oferecida pelo Estado para substituí-la por aquela prestada por um árbitro.

Segundo o art. 337, X, do CPC, o réu, antes de discutir o mérito, deve alegar, dentre outras questões, a convenção de arbitragem. O § 5º do art. 337, por seu turno, estabelece que, "com exceção do compromisso arbitral e da incompetência relativa, o juiz conhecerá de ofício da matéria enumerada neste artigo". Significa, pois, que, se houver alguma cláusula compromissória, o juiz deve agir oficiosamente (respeitando, evidentemente, o contraditório) e, depois de firmado seu convencimento (no sentido de reconhecer a existência, validade e eficácia da referida cláusula), proferir sentença terminativa.

5. PRESSUPOSTO PROCESSUAL INTRÍNSECO

Alguns mencionam o **respeito às formas processuais e procedimentais** preestabelecidas como sendo pressuposto processual intrínseco. Tal pressuposto é corolário do devido processo legal e sua inobservância pode ser causa de invalidade processual[33] e, até mesmo, de prolação de sentença não resolutiva de mérito.

6. RECONHECIMENTO (OU NÃO) DE OFÍCIO

A opção, em geral, é pela de atuação oficiosa por parte do magistrado ante a ausência de pressupostos processuais. No entanto, há casos em que a alegação fica a critério exclusivo das partes. Tal ocorre, por exemplo, no caso da **incompetência relativa** e da **convenção de arbitragem.** Apesar disso, mesmo quando não cognoscíveis de ofício, continuam a integrar a classe dos pressupostos processuais.

33. Ver capítulo "NULIDADES".

7. SISTEMA DE INVALIDADES E OS PRESSUPOSTOS PROCESSUAIS

Em afirmação à instrumentalidade valorativa e substancial, à cooperação e à primazia na solução do mérito, quando constatada a carência de um pressuposto processual, o juiz deverá, no exercício do seu dever de saneamento, sempre que possível, determinar, de logo (e sempre antes de proferir sentença terminativa), o preenchimento dos pressupostos processuais e o saneamento de quaisquer outros vícios processuais (art. 139, IX, CPC).

Assim, toda vez que o magistrado identificar algum vício processual sanável, incumbir-lhe-á, chamar as partes ao diálogo, identificar os defeitos processuais a serem sanados e facultar correção em prazo razoável (art. 317 do CPC). As sentenças terminativas constituem, portanto, um proceder judicial absolutamente residual.

CAPÍTULO XV

Atos processuais

1. CONSIDERAÇÕES INICIAIS

Pode-se dizer que os **atos processuais** constituem **manifestações de vontade** dos **diversos sujeitos processuais** e visam a criar, a modificar e a extinguir a relação jurídica processual, culminando, por isso, e depois de observado o devido processo legal, num provimento jurisdicional, que pode (e, precisamente, deve) resolver o objeto litigioso do processo.

2. FORMA

Os atos processuais **independem de forma determinada**, senão quando a lei expressamente a exigir, considerando-se válidos os que, realizados de outro modo, preencham-lhe a finalidade essencial (art. 188 do CPC/2015).

Aliás, apesar da disposição específica, no sentido de que os atos processuais independem de forma, o CPC prevê formas aos atos processuais considerados mais relevantes, as quais objetivam (a partir da imposição do "modo", "tempo" e "lugar" da respectiva prática) alcançar determinada finalidade, conferindo segurança aos interessados, sobretudo aos integrantes da relação processual.

2.1. Instrumentalidade das formas

Consideram-se válidos os atos se, mesmo que realizados sem observância das formas, alcançarem a **finalidade** a que se destinam (e contanto que **não cause prejuízo ao sujeito protegido** por elas).

Aliás, deve-se sempre ressaltar que o processo não é um fim em si mesmo, mas um meio para solucionar o objeto litigioso apresentado. Aquele tem natureza instrumental. Por isso, a **instrumentalidade das formas**, que rege a prática dos atos processuais, baliza-se pelo "não prejuízo às partes" e pela "segurança jurídica", a se evitar a constante decretação de invalidades no curso do processo.

2.2. Uso da língua portuguesa

O **uso da língua portuguesa** (do vernáculo) constitui exceção **à prescindibilidade de forma**. Ele é obrigatório para a prática dos atos processuais, embora se tolere o emprego de "jargões jurídicos" em idiomas estrangeiros. Tal é considerado mera irregularidade, que não compromete o alcance da finalidade do ato praticado, que é permitir sua compreensão, sobretudo pelos sujeitos do processo.

Só é permitida a juntada de documento em língua estrangeira quando acompanhado de versão para o vernáculo tramitada por via diplomática ou pela autoridade central, ou firmada por tradutor juramentado. De qualquer modo, se for possível a compreensão da informação trazida pelo documento, independentemente de sua tradução, **será considerada mera irregularidade, que não tem o condão de invalidar o ato.**

Quanto aos números, só é exigida tradução se não forem arábicos ou romanos.

3. PUBLICIDADE DOS ATOS PROCESSUAIS

Os atos processuais, em regra, são **públicos**, na medida em que todos podem ter acesso aos autos (STJ. REsp 660284/SP. DJU 19.12.05) e assistir aos atos praticados em audiência, mesmo que não sejam partes. A exceção alcança os processos que correm em segredo de justiça, conforme rol exemplificativo estabelecido pelo art. 189 do CPC, por exigência do interesse público ou social ou em razão da natureza da causa (cujos julgamentos, mesmo assim, são públicos).

4. ATOS EM GERAL

O CPC **classificou** os atos processuais em:

1) ***Atos das partes***: o processo é inaugurado por iniciativa da parte e desenvolve-se por impulso oficial, mas compete às partes, no transcorrer do processo, o ônus de realizar alguns atos. Elas realizam diversos atos, que podem ser classificados como:

a) **postulatórios** são aqueles em que as partes expõem as razões fático-jurídicas ao juízo, para pleitear um provimento jurisdicional (são exemplos de atos postulatórios a petição inicial, a contestação);

b) **probatórios**: são aqueles que visam a formar o convencimento do órgão julgador (é exemplo de ato de produção de prova pelas partes);

c) **dispositivos** são aqueles em que autor, réu, ou ambos, abrem mão de faculdades processuais ou do próprio direito material (são exemplos de atos dispositivos a renúncia[34], o reconhecimento jurídico do pedido, transação e desistência).

2) ***Atos do juiz***: ao juiz compete o poder-dever de prestar a tutela jurisdicional. Para tanto, ordenará a tramitação processual, em respeito às garantias relacionadas, sobretudo, ao devido processo legal, mediante a prática de diversos atos processuais, dentre os quais os seus pronunciamentos, que consistem em sentença, decisões interlocutórias e despachos.

São pronunciamentos jurisdicionais:

A **sentença**, conforme o § 1º do art. 203 do CPC, seriam ressalvadas as disposições expressas dos procedimentos especiais, o pronunciamento por meio do qual o juiz, com fundamento nos arts. 485 e 487, **põe fim à fase cognitiva do procedimento comum, bem como extingue a execução.**

Com a nova redação, ficou claro que a sentença, além de ser definida por conteúdo (alguns dos fundamentos constantes nos arts. 485 e 487 do CPC), é, também, pela aptidão de por fim à fase de conhecimento ou ao processo de execução.

Por sua vez, a **decisão interlocutória**, nos termos do § 2º do mesmo art. 203 do CPC, é todo pronunciamento judicial de natureza decisória que não se enquadre no § 1º. Logo, todo ato decisório que não seja sentença, será decisão interlocutória.

Finalmente, o **despacho**, nos termos do § 3º do art. 203 do CPC, são todos os demais pronunciamentos do juiz praticados no processo, de ofício ou a requerimento da parte. Como ocorre com as decisões interlocutórias, sua definição legal é trazida de forma residual. O que não for pronunciamento judicial decisório será despacho.

---

34. A renúncia ao direito que se funda a ação é classificada tanto pela doutrina como pela jurisprudência como instituto de natureza material e, por isso, deve ser interpretada restritivamente (STJ. REsp 613732/RR. DJU 20.02.06).

Pronunciamento do juiz	Conteúdo	Aptidão
Sentença	Algumas das situações previstas nos artigos 485 ou 487	Põe fim à fase de cognição ou ao processo de execução
Decisão interlocutória	Diversificado, mas podem contemplar algumas das situações previstas nos artigos 485 ou 487	Não põe fim à fase de cognição ou ao processo de execução
Despacho	Diversificado, mas não contempla qualquer das situações previstas nos artigos 485 ou 487	Não põe fim à fase de cognição ou ao processo de execução

O acórdão é o julgamento colegiado proferido pelos tribunais, enquanto que o individual é a decisão monocrática. Eles (acórdão e decisão monocrática) fazem as vezes de uma decisão interlocutória (resolve questão processual ou de mérito, seja esta provisória ou definitiva, sendo esta última de forma parcial) ou de uma sentença (resolve todas as questões de mérito que estejam pendentes). Pode ocorrer, portanto, de um acórdão resolver uma ou todas as questões processuais, bem assim uma ou todas as questões de mérito, seja de forma provisória, seja de forma definitiva. Ocorre o mesmo com a decisão monocrática.

Os despachos, as decisões, as sentenças e os acórdãos serão redigidos, datados e assinados pelos juízes (inclusive eletronicamente). Quando forem proferidos oralmente, o servidor os documentará, submetendo-os aos juízes para revisão e assinatura.

Os despachos deverão ser proferidos no prazo de 05 dias, enquanto que as decisões interlocutórias em 10 e as sentenças em 30 dias. Aqueles dois, bem assim o dispositivo das sentenças e a ementa dos acórdãos serão publicados no Diário de Justiça Eletrônico.

c) ***Atos do escrivão ou chefe de secretaria***: os auxiliares da justiça, dos quais fazem parte os escrivães ou chefes de secretaria, são imprescindíveis à regular prestação jurisdicional. Os atos processuais por eles praticados consistem em **documentação**, **movimentação** e **certificação**, e são praticados no âmbito do cartório ou da secretaria judicial.

5. TEMPO E LUGAR DOS ATOS PROCESSUAIS

Os atos processuais devem ser realizados nos **dias úteis**. São considerados **feriados**, para efeitos forenses, além dos dias assim declarados por lei, os sábados, os domingos e os dias em que não haja expediente forense.

Não se distinguem feriados federais, estaduais, distritais ou municipais. Contudo, os feriados locais só influenciam a prática de atos nos órgãos respectivos. Naqueles que estejam em lugar em que não é feriado, devem ser praticados os atos.

Nos dias úteis, os atos processuais devem ser praticados das **6h às 20h**, a considerar o horário adotado no juízo em que será praticado o respectivo ato processual, mas serão concluídos após as 20h os atos iniciados antes, quando o adiamento prejudicar a diligência ou causar grave dano.

Independentemente de autorização judicial, as citações, as intimações e as penhoras poderão realizar-se no período de férias forenses, onde as houver, e nos feriados ou dias úteis fora do horário acima indicado, observada a garantia da inviolabilidade domiciliar.

Quando o ato tiver de ser praticado por meio de petição em autos não eletrônicos, essa deverá ser protocolada no horário de funcionamento do fórum ou tribunal, conforme o disposto na lei de organização judiciária local.

Contudo, **a prática eletrônica de ato processual pode ocorrer em qualquer horário até às 24h do último dia do prazo**, a se observar que o horário vigente no juízo perante o qual o ato deve ser praticado é que será considerado para fins de atendimento do prazo.

Durante as férias forenses e nos feriados, não se praticarão atos processuais. Neste período, os prazos ficarão suspensos e só recomeçarão a correr no primeiro dia útil seguinte. Há, contudo, exceções, pois, além das citações, das intimações e das penhoras, naquele período, pode ser proferida tutela de urgência.

Quanto ao lugar, os atos processuais realizar-se-ão ordinariamente na sede do juízo, ou, excepcionalmente, em outro lugar em razão de deferência, de interesse da justiça, da natureza do ato ou de obstáculo arguido pelo interessado e acolhido pelo juiz.

6. NEGÓCIOS JURÍDICOS PROCESSUAIS

O CPC/2015 não criou, mas, reafirmou a (importância da) autonomia da vontade na prática de atos processuais. Nos termos do art. 190, versando o processo sobre direitos que admitam autocomposição, é lícito às partes plenamente capazes estipular mudanças no procedimento para ajustá-lo às especificidades da causa e convencionar sobre os seus ônus, poderes, faculdades e deveres processuais, antes ou durante o processo.

As partes resolvem, por vontade própria, convencionar em torno das regras processuais disponíveis. Não são incomuns os casos em que as partes, por exemplo: (i) renunciam mutuamente ao prazo para a interposição de recursos; (ii) elegem foro competente para julgar ação que advenha de determinada avença firmada no plano extraprocessual; (iii) suspendem o processo; (iv) alteram prazos dilatórios; (vi) adiam a realização de audiência; (vii) distribuem o tempo para apresentar razões finais orais; (viii) instituem arbitragem... São todos exemplos de negócios jurídicos processuais.

Conquanto o art. 190 do CPC restrinja a negociação processual aos direitos que admitam autocomposição, ela pode ocorrer em relação a direitos que não admitam, desde que **em benefício da parte protegida pela indisponibilidade**. O contrário não. Aliás, de ofício ou a requerimento, o juiz controlará a validade dos negócios jurídicos processuais. Por isso, recusará aplicação nos casos de nulidade ou de inserção abusiva em contrato de adesão ou em que alguma parte se encontre em manifesta situação de vulnerabilidade.

7. CALENDARIZAÇÃO PROCESSUAL

O juiz e as partes, em diálogo, com o objetivo de afirmar a eficiência, a economia e a duração razoável do processo, podem estabelecer um calendário processual, que dispensará a realização de intimações acerca dos atos processuais a serem praticados. De fato, dispõe o art. 191 que, de comum acordo, o juiz e as partes podem fixar calendário para a prática dos atos processuais, quando for o caso.

Ante a convenção, as partes e o juiz podem estabelecer o prazo para a apresentação de resposta, as datas da realização de audiência de instrução e julgamento, da nomeação do perito com o local da realização da prova respectiva e da apresentação das razões finais. Em razão da calendarização, dispensa-se a intimação das partes para a prática de ato processual ou a realização de audiência cujas datas tiverem sido designadas no calendário. E mais: o calendário vincula as partes e o juiz (e os demais sujeitos relacionados), e os prazos nele previstos somente serão modificados em casos excepcionais, devidamente justificados.

A violação ao calendário importa perda do direito, cujo exercício estava com data designada, e a decorrente perda da vantagem relacionada.

8. PRÁTICA ELETRÔNICA DE ATOS PROCESSUAIS

Os autos processuais podem ser total ou parcialmente digitais, de forma a permitir que os atos sejam produzidos, comunicados, armazenados e validados por meio eletrônico, na forma da lei. Para tanto, os sistemas de automação processual respeitarão a publicidade dos atos, o acesso e a participação das partes e de seus procuradores, inclusive nas audiências e sessões de julgamento, observadas as garantias da disponibilidade, independência da plataforma computacional, acessibilidade e interoperabilidade dos sistemas, serviços, dados e informações que o Poder Judiciário administre no exercício de suas funções.

A Lei nº 11.419/06 foi quem primeiro regulamentou a **prática eletrônica de atos processuais** no âmbito do Poder Judiciário. Ela estabelece que todas as petições serão protocoladas *on-line* até as 24h do último dia do prazo. As petições deverão ser assinadas eletronicamente (a partir de credenciamento que possibilite a adequada identificação presencial do interessado), recebendo-se um recibo eletrônico do ato praticado.

Quando da tramitação do processo eletrônico, as comunicações são consideradas pessoais e deverão ser virtualmente endereçadas. Feita a consulta eletrônica, o que deve ocorrer em até 10 dias seguintes ao envio da comunicação, esta se considera realizada. Se não for feita a consulta, ultrapassado o prazo de 10 dias, considera-se também realizada a comunicação.

Nos casos urgentes em que a comunicação eletrônica possa causar prejuízo a quaisquer das partes ou nos casos em que for evidenciada qualquer tentativa de burla ao sistema, o ato processual deverá ser realizado por outro meio que atinja sua finalidade, conforme determinado pelo juiz. Quando, por motivos técnicos, não for possível a realização do ato de comunicação por meio eletrônico, ele será realizado segundo as regras ordinárias, digitalizando-se o documento físico que deverá ser posteriormente destruído.

Os documentos juntados eletronicamente serão considerados originais, devendo ser preservados pelo detentor até, pelo menos, o transcurso do prazo decadencial para ajuizamento de ação rescisória. Se não for possível a juntada deles (em face do seu volume ou por ser ininteligível), deverão ser apresentados ao cartório ou secretaria no prazo de 10 dias contados do envio de petição eletrônica comunicando o fato, os quais serão devolvidos à parte após o trânsito em julgado.

Os autos digitais que tiverem de ser remetidos a outro juízo ou instância, que não disponham de sistema compatível, deverão ser impressos em papel, autuados na forma dos arts. 206 a 209 do CPC.

CAPÍTULO XVI

Prazos processuais

1. CONSIDERAÇÕES INICIAIS

Com o objetivo de concretizar a garantia da duração razoável, a legislação processual delimitou temporalmente o direito à prática de atos no processo. Concedeu aos sujeitos processuais uma série de prazos a serem respeitados, com consequências respectivas que diferirão conforme seja o sujeito que não atendeu ao prazo, indo desde a perda do direito de praticar o ato até a sanção administrativa.

2. CONSIDERAÇÕES INICIAIS

2.1. Prazos legais, judiciais e convencionais

Os prazos podem ser classificados quanto à origem. São **legais** os prazos cuja duração é prevista em lei; são **judiciais** aqueles fixados pelo juiz, seja porque a lei não prevê expressamente um prazo, seja porque lhe confere certa discricionariedade, mas dentro de um limite predeterminado (por exemplo, o prazo para contestação à ação rescisória é fixado pelo relator, mas não pode ser inferior a 15 dias nem superior a 30 dias); são **convencionais** aqueles estabelecidos pelas partes, em razão do autorregramento (arts. 190 e 191, CPC).

São exemplos de prazos legais: a) o prazo de 15 dias para impugnação ao pedido de assistência (art. 120, CPC); b) o prazo de 15 dias para contestação (art. 335); c) o prazo de 15 dias para interposição de qualquer recurso, exceto os embargos de declaração (art. 1.003, § 5º); d) o prazo de 5 dias para interposição de embargos de declaração (art. 1.023); etc.

Por outro lado, são exemplos de prazos judiciais: a) o prazo para contestação em ação rescisória (art. 970, CPC); b) o prazo para que o autor supra irregularidades ou vícios sanáveis (art. 352). Enfim, são judiciais os prazos a que se refere o art. 218, § 1º, do CPC.

Sempre que não existir prazo legal e o juiz deixar de fixar prazo para a prática de ato pela parte, deve-se observar o prazo subsidiário de 5 dias, previsto no § 3º do art. 218 do CPC[35]. Assim, por exemplo, se o juiz determina a intimação pessoal da parte para cumprir determinada obrigação de fazer, sem mencionar o prazo para tanto, o executado terá 5 dias para fazê-lo.

Ainda, podem-se citar, como exemplos de prazos convencionais, o fixado para a suspensão negociada do processo, nos termos do art. 313, II e § 3º, do CPC, e todos aqueles fixados no calendário processual (art. 191).

2.2. Prazos comuns e particulares

Quanto à abrangência subjetiva, os prazos podem ser divididos em comuns e particulares. São comuns os prazos que correm contra ambas as partes (autor e réu) ou contra mais de uma parte do mesmo polo do processo (coautores ou corréus). Assim, por exemplo, é comum o prazo para apelação contra sentença que julgou parcialmente procedente o pedido (sucumbência recíproca). Autor e réu têm o mesmo prazo para recorrer, começando e terminando em termos inicial e final idênticos para todas as partes.

Os prazos particulares, por seu turno, correm apenas contra determinado sujeito processual, a exemplo do prazo de 30 dias para que o Ministério Público intervenha como fiscal da ordem jurídica (art. 178 do CPC). Também é particular o prazo de 15 dias para apresentação de razões finais escritas pelas partes e pelo Ministério Público (se for caso de sua intervenção), porque, a teor do art. 364, § 2º, do CPC, os prazos correm de forma sucessiva para cada parte: primeiro, corre o prazo quinzenal para o autor; depois, o prazo do réu; por fim, o prazo do Ministério Público.

2.3. Prazos próprios e impróprios

Quanto ao sujeito processual a que se destinam, os prazos podem ser próprios ou impróprios. Os prazos próprios são aqueles que correm contra os sujeitos parciais do processo (partes e intervenientes), enquanto os prazos impróprios dirigem-se ao juiz e aos auxiliares da justiça (sujeitos imparciais). É o caso, por exemplo, dos prazos previstos no art. 226 do CPC, que se destinam ao magistrado, e no art. 228, que destinam ao serventuário.

---

35. § 3º Inexistindo preceito legal ou prazo determinado pelo juiz, será de 5 (cinco) dias o prazo para a prática de ato processual a cargo da parte.

Ao passo que o transcurso dos prazos próprios acarreta, via de regra, a preclusão (perda de uma faculdade processual), o desatendimento dos prazos impróprios pelo juiz e por seus auxiliares, em princípio, tem efeitos exclusivamente disciplinares. Contudo, consoante o art. 235, § 3º, do Código de Processo Civil, a inércia injustificada do juiz pode ensejar a remessa dos autos ao seu substituto legal, o que se traduz em consequência processual.

2.4. Prazos peremptórios e dilatórios

Com o CPC/2015, tal classificação parece não ter mais fundamento (ou, pelo menos, utilidade), porque o novo Código possibilita a alteração de quaisquer prazos processuais pelas partes, em razão do seu poder de autorregramento, disciplinado nos arts. 190 e 191. Além disso, o art. 139, VI, prevê que o juiz tem o poder de "dilatar os prazos processuais e alterar a ordem de produção dos meios de prova, adequando-os às necessidades do conflito de modo a conferir maior efetividade à tutela do direito". A única restrição legal à alteração dos prazos está disposta no art. 222, § 1º, segundo a qual o juiz não pode reduzir prazos peremptórios sem anuência das partes.

3. COMEÇO DO PRAZO E COMEÇO DA CONTAGEM DO PRAZO

3.1. Disposições gerais

Segundo o art. 231 do Código de Processo Civil, considera-se dia do **começo do prazo**: a) a data de juntada aos autos do aviso de recebimento, quando a citação ou a intimação for pelo correio; b) a data de juntada aos autos do mandado cumprido, quando a citação ou a intimação for por oficial de justiça; c) a data de ocorrência da citação ou da intimação, quando ela se der por ato do escrivão ou do chefe de secretaria; d) o dia útil seguinte ao fim da dilação assinada pelo juiz, quando a citação ou a intimação for por edital; e) o dia útil seguinte à consulta ao teor da citação ou da intimação ou ao término do prazo para que a consulta se dê, quando a citação ou a intimação for eletrônica; f) a data de juntada do comunicado de que trata o art. 232[36] ou, não havendo esse, a data de juntada da carta aos autos de origem devidamente cumprida, quando a citação ou a intimação se realizar em cumprimento de carta; g) a data de publicação, quando a intimação se der pelo

36. Art. 232. Nos atos de comunicação por carta precatória, rogatória ou de ordem, a realização da citação ou da intimação será imediatamente informada, por meio eletrônico, pelo juiz deprecado ao juiz deprecante.

Diário da Justiça impresso ou eletrônico; h) o dia da carga, quando a intimação se der por meio da retirada dos autos, em carga, do cartório ou da secretaria.

Havendo **mais de um réu**, o § 1º do art. 231 determina que o prazo só se inicia: a) quando da juntada do último aviso de recebimento; b) quando da juntada do último mandado cumprido; c) quando da ocorrência da última citação por ato do escrivão ou do chefe de secretaria; d) quando do dia útil seguinte à última dilação assinada pelo juiz; e) quando da última consulta ao teor da citação ou da intimação eletrônica ou do fim do último prazo para consulta; f) a partir da comunicação, pelo juízo deprecado, do cumprimento da última carta precatória, rogatória ou de ordem, ou, não havendo comunicação, quando da juntada aos autos principais da carta devidamente cumprida.

Por outro lado, se a intimação se dirigir a mais de um sujeito processual, os prazos são contados individualmente (art. 231, § 2º, do CPC).

Não se deve confundir o começo do prazo com o começo da contagem do prazo, que se dá no dia útil seguinte. O art. 224 do CPC dispõe que, salvo disposição em contrário, os prazos são contados excluindo o dia do começo e incluindo o dia do vencimento.

3.2. Disposição relativa à intimação eletrônica

Quando a intimação for eletrônica, a data da publicação corresponde ao primeiro dia útil seguinte ao da disponibilização da informação (art. 224, § 2º). Assim, a contagem do prazo tem início no primeiro dia útil seguinte ao da publicação (art. 224, § 3º), que, por sua vez, corresponde ao primeiro dia útil seguinte ao da disponibilização.

4. FORMA DE CONTAGEM DOS PRAZOS PROCESSUAIS

Na contagem dos prazos processuais fixados em dias (e apenas eles), sejam eles legais ou judiciais, computam-se somente os **dias úteis**, conforme prescreve o art. 219 do CPC. A regra não tem aplicação: a) aos prazos materiais; b) àqueles que, mesmo sendo processuais, sejam contados noutra unidade de tempo que não seja o dia; c) àqueles que, mesmo sendo contados em dias, disponha de regra especial. Inclusive, a regra de contagem é bem diferente da prevista no CPC/1973, que, em seu art. 178, estabelecia que os prazos eram contínuos, não se interrompendo nos feriados (isto é, eram contados em dias corridos, embora não pudessem se iniciar nem findar em dia considerado não útil).

Os dias de começo e de vencimento do prazo serão protraídos para o primeiro dia útil seguinte, se eles coincidirem com dia em que o expediente forense for encerrado antes ou iniciado depois da hora normal ou houver indisponibilidade da comunicação eletrônica. Se intermediários tais dias e não havendo ato do respectivo tribunal a reconhecê-los como "não úteis", eles serão computados.

A regra de contagem em dias úteis aplica-se exclusivamente aos **prazos processuais** (art. 219, parágrafo único). Assim, por exemplo, o prazo decadencial para propositura de ação rescisória conta-se em dias corridos, da mesma forma que o prazo da prescrição intercorrente (art. 924, V, do CPC). Também se conta em dias úteis o prazo decadencial de 120 dias para impetração de mandado de segurança (art. 23, Lei nº 12.016/2009). Apesar disso, caso o dia do vencimento caia em feriado, o prazo protrai-se para o primeiro dia útil seguinte (art. 132, § 1º, do Código Civil).

Nada impede que as partes, mediante negócio jurídico, acordem a contagem dos prazos processuais em dias corridos, conforme dispõe o enunciado 579 do FPPC: "Admite-se o negócio processual que estabeleça a contagem dos prazos processuais dos negociantes em dias corridos".

Os prazos contados em minutos ou horas têm seus termos iniciais no exato momento da intimação, correndo de minuto a minuto. Não havendo identificação do horário, deve-se considerar o ato praticado no término do expediente, o qual, por sua vez, constituirá o termo inicial de contagem. Já os prazos de meses e de anos expiram no dia de igual número do de início, ou no imediato, se faltar exata correspondência.

5. SUSPENSÃO DO PRAZO PROCESSUAL

A suspensão do prazo processual acarreta a paralisação da sua contagem, e, cessada a causa suspensiva, restitui-se à parte apenas o tempo que faltava para sua complementação (art. 221, CPC). O prazo é contado de onde parou, e não do início (como ocorreria se se tratasse de interrupção).

Entre as hipóteses de suspensão dos prazos incluem-se, evidentemente, os casos de suspensão do próprio processo, descritos no rol exemplificativo do art. 313 (sobre o tema, ver capítulo atinente à formação, suspensão e extinção do processo). Também se suspendem os prazos processuais durante a execução de programas instituídos pelo Poder Judiciário para promover a autocomposição (também chamados de mutirões de conciliação e de mediação), cabendo aos tribunais especificar, com antecedência, a duração dos trabalhos (art. 221, parágrafo único).

Ademais, o CPC/2015 instituiu as chamadas "férias do advogado", consistentes na suspensão de todos os prazos processuais entre os dias 20 de dezembro e 20 de janeiro, inclusive (art. 220). Durante tal período, não são realizadas audiências nem sessões de julgamento (art. 220, § 2º). Apesar disso, os juízes, os membros do Ministério Público, da Defensoria Pública e da Advocacia Pública e os auxiliares da Justiça exercem normalmente suas atribuições, ressalvadas as férias individuais e os feriados instituídos em lei (art. 220, § 1º). Tal suspensão dos prazos processuais é aplicável, inclusive, aos juizados especiais.

6. PRECLUSÃO TEMPORAL E JUSTA CAUSA

Decorrido o prazo para que a parte pratique determinado ato processual, extingue-se o direito de praticá-lo ou de emendá-lo, independentemente de declaração judicial; opera-se a preclusão temporal.

Poder-se-ia pensar que, se a preclusão é temporal, a parte não praticou o ato e, assim, não teria como emendá-lo. Essa ilação não é verdadeira. Pode ocorrer de o ato ser praticado defeituosamente e a parte permanece inerte, embora intimada para emendá-lo. Nessa situação, ela perderia o direito de emendar o ato processual, pois antes praticado (de forma defeituosa).

É dado à parte comprovar que não realizou o ato por justa causa, conforme dispõe o art. 223 do CPC. O Código optou por uma definição legal de justa causa, evitando as discussões doutrinárias acerca da diferenciação entre força maior e caso fortuito. Segundo o § 1º do art. 223, considera-se justa causa o evento alheio à vontade da parte que a impediu de praticar o ato por si ou por mandatário. Nesses casos, o juiz assinará prazo para que a parte pratique o ato (§ 2º do art. 223).

Assim, por exemplo, há justa causa, apta a acarretar a devolução do prazo à parte, quando o advogado alega doença que o impossibilite de exercer a profissão ou de substabelecer a outro causídico, ou quando for o único procurador constituído pela parte (STJ. AgRg no AREsp 813.405/SP. DJe 02.06.16). Igualmente, se, durante o prazo para recurso, os autos vão conclusos ao juiz, impedindo o acesso da parte ao processo, deve-se-lhe devolver o prazo para recurso (STJ. AgRg no REsp 1.356.627/SP. DJe 10.02.16).

7. PRORROGAÇÃO DOS PRAZOS PROCESSUAIS

Os prazos podem ser ampliados por **convenção processual** (arts. 190 e 191 do CPC)[37] ou por **ato do juiz**.

37. Enunciado 19 do Fórum Permanente de Processualistas Civis: "São admissíveis os seguintes negócios processuais, dentre outros: pacto de impenhorabilidade, acordo de ampliação de prazos das partes de qualquer natureza, acordo de rateio de despesas processuais, dispensa consensual de assistente técnico, acordo para retirar o efeito suspensivo de recurso, acordo para não

Consoante o art. 222 do CPC, o juiz pode, na comarca, seção ou subseção judiciária onde for difícil o transporte, prorrogar os prazos por até 2 meses. Além disso, havendo calamidade pública, o limite de 2 meses pode ser excedido. Nesses casos, o juiz deve, de forma **fundamentada**, fixar o prazo que entender razoável para a prática do ato. Caso, porém, a calamidade configure causa de verdadeira impossibilidade de praticar o ato, restará caracterizada a força maior a que alude o art. 313, VI, do CPC. Nessa hipótese, não há que se falar em dilação de prazo, mas em suspensão do próprio processo, nos termos do art. 313, VI. A gravidade do evento, a ensejar a ampliação do prazo ou a suspensão do processo, deverá ser avaliada pelo julgador, a quem cabe determinar uma providência ou outra.

Além da previsão do art. 222, o CPC/2015 confere ao juiz um verdadeiro poder geral de dilação dos prazos, previsto no art. 139, VI. Segundo este dispositivo, incumbe ao juiz "dilatar os prazos processuais e alterar a ordem de produção dos meios de prova, adequando-os às necessidades do conflito de modo a conferir maior efetividade à tutela do direito".

A dilação de prazo não pode servir para afastar a preclusão temporal já consumada (enunciado 129 do FPPC[38]) . Com efeito, o art. 139, parágrafo único, do CPC estabelece que a ampliação de prazo prevista no art. 139, VI, somente pode ser feita antes de encerrado o prazo regular. Em outras palavras, o prazo pode ser dilatado antes do seu início ou mesmo depois de iniciado, desde que ainda não findado, pois, operada a preclusão temporal, extingue-se o direito ou a faculdade processual da parte.

8. RENÚNCIA AO PRAZO

A parte pode renunciar ao prazo estabelecido em seu favor, desde o que faça **expressamente**. A renúncia ao prazo é ato unilateral da parte e surte efeitos imediatamente, independendo de homologação judicial (art. 200, parágrafo único, do CPC).

---

promover execução provisória; pacto de mediação ou conciliação extrajudicial prévia obrigatória, inclusive com a correlata previsão de exclusão da audiência de conciliação ou de mediação prevista no art. 334; pacto de exclusão contratual da audiência de conciliação ou de mediação prevista no art. 334; pacto de disponibilização prévia de documentação (pacto de *disclosure*), inclusive com estipulação de sanção negocial, sem prejuízo de medidas coercitivas, mandamentais, sub-rogatórias ou indutivas; previsão de meios alternativos de comunicação das partes entre si; acordo de produção antecipada de prova; a escolha consensual de depositário-administrador no caso do art. 866; convenção que permita a presença da parte contrária no decorrer da colheita de depoimento pessoal".

38. Enunciado 129 do FPPC: "A autorização legal para ampliação de prazos pelo juiz não se presta a afastar preclusão temporal já consumada".

A renúncia ao prazo não exige poderes especiais do advogado, pois o art. 105 do CPC somente os exige para a renúncia ao direito em que se funda a ação.

9. PRÁTICA DO ATO PROCESSUAL ANTES DO TERMO INICIAL

Segundo o art. 218, § 4º, do CPC/2015, considera-se tempestivo o ato praticado antes do termo inicial do prazo. Apesar da aparente obviedade, o dispositivo tem sua razão de ser. Na vigência do CPC/1973, o STJ construiu o entendimento de que o recurso interposto antes da publicação (*rectius*: intimação) da decisão recorrida no diário oficial (começo do prazo) era extemporâneo e, pois, inadmissível, ainda que a decisão já tivesse sido lançada nos autos e, portanto, fosse de conhecimento público. Trata-se, claramente, de jurisprudência defensiva, que visava a barrar, sem qualquer razão aceitável, a maior quantidade de recursos possível, sem apreciar-lhes o mérito.

10. CONTAGEM DO PRAZO EM DOBRO PARA LITISCONSORTES COM PROCURADORES DIFERENTES

Havendo litisconsortes com procuradores distintos, contam-se em dobro todos os prazos para suas manifestações, em qualquer juízo ou tribunal, **independentemente de requerimento**, desde que os advogados dos litisconsortes não integrem o mesmo escritório de advocacia (art. 229, *caput*, do CPC).

Caso apenas um dos litisconsortes passivos ofereça defesa, cessa a contagem do prazo em dobro (art. 229, § 1º). Em outras palavras, havendo litisconsórcio passivo, o prazo para contestação é contado em dobro, mas, em face da revelia de um dos réus, todos os prazos subsequentes são contados de forma simples.

Também cessa a contagem dos prazos em dobro, caso apenas um dos litisconsortes seja sucumbente. Nessa hipótese, o prazo para recurso contra a decisão de mérito será contado de forma simples, nos termos do enunciado 641 da súmula do STF: "não se conta em dobro o prazo para recorrer, quando só um dos litisconsortes haja sucumbido".

CAPÍTULO XVII

Comunicação dos atos processuais

1. CONSIDERAÇÕES INICIAIS

O juiz, investido do dever legal de impulsionar o processo, pode então determinar desde a simples ciência da prática de um ato processual a qualquer das partes interessadas, até uma determinação judicial para que seja praticado um ato específico, a se cumprir o que determinara. Para tanto, existem três tipos de veículo para a comunicação dos atos processuais: **a) as citações; b) as intimações; c) as cartas.**

2. CITAÇÕES

O art. 238 do CPC define a citação como o ato pelo qual são convocados o réu, o executado ou o interessado para **integrar a relação processual**. Apesar de, após o recebimento da petição inicial, já existir processo regularmente instaurado entre autor e juiz, a relação jurídico-processual só se completa quando o réu tiver ciência de que contra ele existe demanda proposta, considerando que a citação legitima a natureza de contraditório, sendo a ela a essência do devido processo.

No tocante à citação, há duas vertentes a se observar: a primeira, se houve citação; a segunda, se ela foi válida. Quanto à primeira, a realização da citação se coloca como **condição de eficácia** do processo para o réu. Quanto à segunda, a citação, feita de forma válida, é **pressuposto para o desenvolvimento válido do processo**.

2.1. Comunicação da decisão ao réu não citado

O legislador, relativamente a alguns casos, mitiga a indispensabilidade da citação. São exemplos, conforme previsão da parte final do art. 239 do CPC: a) **indeferimento da petição inicial**; b) **improcedência liminar do pedido**. Em tais casos, a ausência de citação não implicará em vício processual. Isso porque o legislador aplicou a lógica do **contraditório inútil ou infrutífero**, ao afastar a necessidade de citação do réu, quando a decisão a ser proferida beneficia-lhe, a não projetar efeitos negativos na sua esfera jurídica. Entretanto, se o autor recorrer de tal decisão liminar, o réu deve ser imediatamente citado (art. 332, § 4º do CPC) para, se quiser, apresentar contrarrazões.

Mas, se decorrido o prazo recursal, o réu deve ser comunicado do resultado do julgamento que lhe favoreceu, para que, depois, possa, se necessário, defender-se em relação à outra ação ou, até mesmo, executar a prestação eventualmente reconhecida em seu favor.

2.2. Comparecimento espontâneo do réu

O § 1º do art. 239 do Código, dispõe que o comparecimento espontâneo do réu, desde que não acarrete prejuízo, supre a falta da citação ou mesmo convalida aquela que tenha sido irregular, porque o objetivo da comunicação (integração do réu, do executado ou do interessado à relação processual) foi alcançado.

Com o **comparecimento espontâneo**[39], dá-se início a contagem dos prazos de defesa, situação diferente daquela que ocorria no CPC/1973, que estipulava como marco inicial para apresentação de resposta a intimação da decisão, que acolhia o pedido de decretação de invalidade da citação. Logo, se o réu comparece e defende a falta ou a nulidade de citação, deverá, a contar daí, apresentar sua resposta. Além de se dispensar a realização de citação, porque a relação processual estará completada em razão do comparecimento espontâneo, tal ato pressuporá a intimação do réu para apresentar contestação.

Se o réu comparece para alegar inexistência ou invalidade da citação, mas, por sua vez, o juiz rejeita as respectivas afirmações, duas consequências podem decorrer, a depender da fase processual: a) se no processo de conhecimento, o réu será considerado revel, caso, logicamente, o prazo para apresentar resposta já estiver decorrido (se não decorrido, poderá, ainda, apresentar resposta); b) se no processo de execução, ele terá normal seguimento.

39. Há dois entendimentos jurisprudenciais importantes a respeito do tema construídos ao tempo do CPC/1973 que, na opinião do curso, devem permanecer aplicáveis ao CPC/15 por concretizar o devido processo legal, a boa – fé processual e efetividade: a) o de que o comparecimento espontâneo do réu supre a falta de citação, ainda que o advogado que compareça e apresente a contestação tenha **procuração com poderes apenas para o foro em geral** (sem poderes especiais para receber citação), desde que de tal ato não resulte nenhum prejuízo à parte ré (STJ. REsp 772648/PR. DJU 13.03.06); b) o de que a simples apresentação de procuração e a **retirada dos autos efetuada por advogado destituído de poderes para receber citação** não induzem à detecção do comparecimento espontâneo por parte do réu, inocorrendo o efeito do suprimento da falta do ato específico (STJ. REsp 747057/ES. DJU 02.04.07).

Se o réu comparece e são acolhidas as afirmações de inexistência ou invalidade de citação e apresentada resposta, todos os atos processuais concatenados terão suas invalidades decretadas, a se prosseguir a tramitação do processo com a repetição daqueles, quando for o caso, e a realização de atos outros necessários que não foram antes praticados. De qualquer modo, o comparecimento espontâneo, aí, será suficiente para que o processo possa se desenvolver de forma válida mesmo sem necessidade de realização de (válida) citação. 2.3. Destinatários da citação

No atual sistema processual vige, como fundamento, a **pessoalidade** da citação. Esta deve ser realizada na pessoa do réu (ou do executado ou do interessado), a fim de tutelar-se a efetiva ciência e, assim, possibilitar o exercício efetivo do contraditório. Por isso, é o destinatário da citação que deve receber e assinar (de mão própria) a carta (no aviso de recepção) ou o mandado de citação (art. 242 do CPC).

Entretanto, caso o citando seja destituído de capacidade processual (incapazes), a citação será na pessoa do seu representante legal (pais, tutores ou curadores). Se absolutamente incapaz (art. 3º do CC), a citação será realizada na pessoa do representante. Se relativamente incapaz (art. 4º do CC), a citação será realizada em conjunto (nas pessoas do citando e de seu assistente).

Na hipótese de o citando ser uma **pessoa jurídica**, a citação será realizada, em regra, na pessoa em quem tenha poderes convencionais ou estatutários para representá-la em juízo. Em ocorrendo o fenômeno da presentação, os presentantes é que serão os destinatários da citação.

Apesar da pessoalidade da citação, o réu, o executado ou o interessado podem, por entenderem oportuno, na procuração judicial, outorgar poder especial para que o seu **procurador** possa receber a citação em seu nome.

2.4. Casos especiais

O Código prevê, para alguns casos específicos, que o recebimento da citação pode ocorrer por pessoa diversa do citando, a considerar, por vezes, a boa-fé, noutras, a aparência, e, ainda, para dotar a comunicação de maior efetividade, a mitigar, assim, a pessoalidade. Veja-se:

a) ***o locador que se ausentar do Brasil sem cientificar o locatário de que deixou, na localidade onde estiver situado o imóvel, procurador com poderes para receber citação será citado na pessoa do administrador do imóvel encarregado do recebimento dos aluguéis, que será considerado habilitado para representar o locador em juízo.***

b) ***na ausência do citando, a citação será feita na pessoa do seu mandatário, administrador, preposto ou gerente, quando a ação se originar de atos por eles praticados.***

c) ***sendo o citando pessoa jurídica, será válida a entrega do mandado a pessoa com poderes de gerência geral ou de administração, ou, ainda, a funcionário responsável pelo recebimento da correspondência.***

d) ***a citação da União, dos Estados, do Distrito Federal, dos Municípios e de suas respectivas autarquias e fundações de direito público será realizada perante o órgão de Advocacia Pública responsável por sua representação judicial.***

e) ***nos condomínios edilícios ou loteamentos com controle de acesso, será válida a entrega do mandato feita a funcionário da portaria responsável pelo recebimento de correspondência, que, entretanto, poderá recusar o recebimento, se declarar, por escrito, sob as penas da lei, que o destinatário da correspondência está ausente.***

2.5. Impedimentos legais

Não se fará a citação, salvo para evitar o perecimento do direito, na forma do art. 244 do CPC:

a) ***de quem estiver assistindo a qualquer ato de culto religioso***;

b) ***de cônjuge, de companheiro ou de qualquer parente do morto, consanguíneo ou afim, em linha reta, ou na linha colateral em segundo grau, no dia do falecimento e nos 7 dias seguintes***;

c) ***de noivos, nos 3 primeiros dias seguintes ao casamento***;

d) de doentes enquanto grave o seu estado.

2.6. Caráter itinerante

A citação possui **caráter itinerante ou móvel.** Portanto, dar-se-á em qualquer lugar em que se encontre o réu, o executado ou o interessado (art. 243 do CPC), a não importar se em sua residência ou em local de trabalho. Fracassada a citação no endereço declinado na petição inicial, pode o autor oferecer um novo endereço, caso em que o oficial terá o dever de efetivar a citação no local indicado.

2.7. Citação do militar

No caso específico do militar em serviço ativo, a sua citação será feita na unidade em que estiver a servir, quando não for conhecida a sua residência ou nela não for encontrado.

2.8. Tempo e lugar

Quanto ao tempo e ao lugar da citação, o CPC/2015 dá mais amplos contornos à atuação do oficial de justiça, ao afastar a necessidade de expressa autorização judicial e, assim, permitir, como regra, a citações, intimações e penhoras no período de férias forenses (onde houver) e nos feriados ou dias úteis fora do horário estabelecido, observada a garantia da inviolabilidade de domicílio (art. 5º, XI, da Constituição).

2.9. Efeitos

Realizada validamente a citação, ela operará, para o réu, pelo menos três efeitos[40] típicos, ainda quando ordenada por juízo incompetente.

São eles:

a) ***induz litispendência***;

b) ***faz litigiosa a coisa***;

c) ***constitui o devedor em mora***.

> **Importante!**
>
> A **prevenção** não se opera mais com a citação, não sendo, por isso, como ocorria sob a égide do CPC/1973, um dos seus efeitos. O CPC/2015 dispõe que a prevenção se dará com o **registro ou distribuição da petição inicial** (conforme disposições dos artigos 59, 284 e 312).

40. Desses, o único efeito eminentemente processual da citação é a litispendência. Já que a litigiosidade da coisa possui repercussão dúplice de ordem material e processual e a mora desencadeia efeitos de natureza material.

▸ **Importante!**

A interrupção da prescrição de acordo com o CPC/1973 constituía efeito da citação válida. Com o CPC/2015, opera-se relevante harmonização com o Código Civil, especificamente a disposição do art. 202, I. O marco inicial da interrupção da prescrição passa ser o **despacho que ordena a citação** e não mais a citação válida (§ 1º do art. 240 do CPC).

Esse juízo de admissibilidade positivo da causa, ainda que precário, interromperá o prazo prescricional, que só voltará a correr a partir da extinção do processo. Aliás, foi esta intelecção que justificou a edição do Enunciado 136 do FPPC: "a citação válida no processo judicial interrompe a prescrição, ainda que o processo seja extinto em decorrência do acolhimento de alegação de convenção de arbitragem".

O lapso temporal transcorrido entre a propositura da ação e o despacho positivo não prejudicará o interessado, pois, pelo menos em regra, a interrupção retroage àquela data (essa mesma lógica aplica-se à decadência e aos demais prazos extintivos previstos em lei). Não por outra razão que o § 3º do art. 240, a se harmonizar com enunciado 106 da súmula do STJ, dispõe que o autor não será prejudicado pela demora imputável exclusivamente à máquina judiciária.

No entanto, ao autor, incumbe adotar, no prazo de 10 dias, as providências necessárias para viabilizar a citação do réu, sob pena de não obter a retroação à data da propositura da ação, mas apenas à data em que aquelas forem tomadas.

2.10. Modalidades e classificação

As espécies de citação estão enumeradas no art. 246 do CPC. São elas: a) pelos correios; b) por oficial de justiça; c) por escrivão ou chefe de secretaria; d) por edital; e) por meio eletrônico.

Destaca-se, que nos casos de citação/intimação realizadas por correio, oficial de justiça, ou por carta de ordem, precatória ou rogatória, o prazo recursal inicia-se com a juntada aos autos do aviso de recebimento, do mandado cumprido, ou da juntada da carta. (REsp 1632777, 17.5.2017)

2.10.1. Pelos correios

Essa é a modalidade preferencial de citação. Constitui a **regra geral** e, por isso, prescinde até de requerimento da parte. Tal primazia se dá exatamente por esta ser a modalidade mais célere e mais econômica, porque processada por via postal, a afastar a necessidade de locomoção pessoal de um oficial de justiça[41]. Soma-se ainda o fato de a citação pelos correios ser mais vantajosa, pois pode ser realizada em qualquer comarca, a prescindir de carta precatória.

41. Em compensação, a citação pelos correios é menos segura e efetiva, em relação à citação realizada por oficial de justiça.

No entanto, a primazia da citação postal vem sendo **progressivamente mitigada**, em razão da implementação do processo judicial eletrônico e da consequente possibilidade de citação por meio eletrônico[42]. Além disso, a própria lei impõe situações especiais nas quais a citação deve ser realizada obrigatoriamente por oficial de justiça, bem como a possibilidade de o autor requerer, justificadamente, o afastamento da citação pelos correios, a escolher outra modalidade.

Salvo disposição em sentido diverso, quando a citação (ou a intimação) for realizada pelos correios, o prazo para manifestação do réu começa a correr a partir **da data da juntado aos autos do aviso de recebimento**[43].

2.10.2. Pelo oficial de justiça

A citação por mandado possui caráter subsidiário. Ela somente será utilizada nas hipóteses previstas no Código ou em lei, ou quando frustrada a citação pelos correios. Além das hipóteses elencadas pelas leis extravagantes, o Código indica as seguintes situações em que a citação será realizada por oficial de justiça: ***a) nas ações de estado das pessoas, observado o disposto no art. 695, § 3º; b) quando o citando for pessoa incapaz; c) quando o citando for pessoa de direito público***; ***d) quando o citando residir em local não atendido pela entrega domiciliar de correspondência***: em razão da impossibilidade de ordem pragmática; ***e) quando o autor, justificadamente, a requerer de outra forma***.

No que se refere ao procedimento, o mandado de citação deverá conter, dentre outras informações, as seguintes: a) os nomes do autor e do citando, bem como os respectivos domicílios ou residências; b) a finalidade da citação, com todas as especificações constantes da petição inicial, bem como a menção expressa do prazo para contestação, sob pena de revelia, ou para embargar a execução; c) a aplicação de sanção para o caso de descumprimento da ordem, se houver; d) se for o caso, a intimação do citando para comparecer, acompanhado de advogado ou de defensor público à audiência de conciliação ou mediação, com menção do dia, da hora e do lugar do comparecimento e)cópia da petição inicial, do despacho ou da

---

42. Vislumbra-se, ainda, a possibilidade de dois centros de interesses no exercício da sua liberdade, realizarem um negócio jurídico pré-processual, convencionando, por exemplo, que a citação de eventual demanda entre as partes será instrumentalizada por **e-mail ou por WhatsApp** previamente determinados em um contrato, por exemplo. Há, portanto, com base na cláusula geral do art. 190 do CPC, a possibilidade da realização de negócios processuais atípicos que permitam outros meios de comunicação dos atos processuais.

43. A citação promovida durante a greve do judiciário é válida. Compete ao advogado constituído pela parte acompanhar o movimento grevista, cientificando-se do início da contagem dos prazos processuais. (STJ. REsp 1153218/SP. DJe 03.09.10).

decisão que deferir a tutela provisória; f) a assinatura do escrivão ou do chefe de secretaria e a declaração de que o subscreve por ordem do juiz.

Se não observadas essas exigências, de regra, decretar-se-á a invalidade da citação.

Ao oficial de justiça, caberá procurar o réu e, onde o encontrar, citá-lo. Na ocasião, deverá ler o mandado e entregar-lhe a contrafé. Se o réu recusar a receber a contrafé, o oficial de justiça a portará por fé.

O oficial de justiça, ainda, deverá obter a nota de ciente do réu, ou certificar que ele não a pôs, no mandado. Em tudo, constará o dia e a hora da diligência, devendo, em seguida, entregar o mandando em cartório.

Nas comarcas contíguas de fácil comunicação e nas que se situem na mesma região metropolitana, o oficial de justiça poderá efetuar, em qualquer delas citações (além de intimações, notificações, penhoras e quaisquer outros atos executivos, a teor do que estabelece o art. 255 do Código de Processo Civil).

Salvo disposição em contrário, quando a citação (ou a intimação) for realizada por oficial de justiça, o dia do começo do prazo para manifestação do réu começará a correra partir da data de juntada ao processo do respectivo mandado devidamente cumprido.

2.10.3. *Por hora certa*

A citação por hora certa está disposta no art. 252 do CPC, que estabelece: "**quando por duas vezes**, o oficial de justiça houver procurado o citando em seu domicílio ou residência sem o encontrar, deverá, havendo suspeita de ocultação, intimar qualquer pessoa da família, ou em sua falta a qualquer vizinho, que, no dia útil imediato, voltará, a fim de efetuar a citação, na hora que designar".

A unificar a sistemática de ampliação da responsabilidade dos funcionários da portaria responsáveis pelo recebimento de correspondências, o parágrafo único do art. 252 do CPC admite que "nos condomínios edilícios ou loteamentos com controle de acesso, será válida a intimação a que se refere o *caput* feita a funcionário da portaria responsável pelo recebimento".

No dia e hora designados (na terceira tentativa de citação pessoal), o oficial de justiça, **independentemente de novo despacho**, comparecerá ao **domicílio ou residência** do citando, a fim de realizar a diligência (art. 252, *caput*, do CPC). Se o citando estiver presente, será feita a citação pelo oficial de justiça. Se ausente, o oficial de justiça procurará informar-se das razões da ausência, dando realizada a citação, ainda que o citando se tenha ocultado em outra comarca, secção ou subsecção judiciárias.

A citação por hora certa será efetivada mesmo que a pessoa da família ou vizinho, que houver sido intimado do retorno do oficial de justiça, esteja ausente, ou se, embora presente, a pessoa da família ou o vizinho se recusar a receber o mandado. Da certidão da ocorrência, o oficial de justiça deixará contrafé com pessoa da família ou com qualquer vizinho, conforme o caso, **declarando-lhe o nome**.

Apesar da utilização de pessoa da família ou de qualquer vizinho para se concretizar o ato processual, não há impedimento para que a citação por hora certa seja realizada em processos que correm em segredo de justiça. Se tal ocorrer, o oficial de justiça deve advertir a pessoa que recebeu a citação de tal particularidade, a entregar o mandado e os demais instrumentos que o acompanha em envelope lacrado.

Feita a citação por hora certa, o **escrivão ou chefe de secretaria** enviará ao réu, executado ou interessado, no prazo de 10 dias, contados da data da juntada do mandado aos autos, carta, telegrama, ou correspondência eletrônica, dando-lhe ciência de tudo.

No caso de em que o magistrado dispensar de pronto a audiência de conciliação ou mediação, o prazo para o réu apresentar resposta começa a correr da data da **juntada do mandado de citação aos autos do processo**, e não do recebimento da comunicação da citação por hora certa, pois, a ser entendido de forma contrária, estar-se-ia beneficiando quem agiu de má-fé, já que teria, no mínimo, 10 dias a mais para responder. Ultrapassado o prazo de resposta, se o réu for revel, a ele será nomeado, pelo juiz, curador especial.

2.10.4. Por Edital

A citação por edital é outra espécie de citação ficta. Para sua admissibilidade deverá ocorrer, necessariamente, uma das hipóteses do art. 256 do CPC, quais sejam: a) ***quando desconhecido ou incerto o citando***; b) ***quando ignorado, incerto ou inacessível o lugar em que se encontrar o citando***; c) ***nos casos expressos em lei***.

Para que seja válida a citação por edital, é imprescindível a observância cumulativa dos seguintes requisitos: a) ***a afirmação do autor, ou a certidão do oficial, informando a presença das circunstâncias autorizadoras;*** b) ***a publicação do edital na rede mundial de computadores, no sítio do respectivo tribunal e na plataforma de editais do CNJ, que deve ser certificada nos autos;*** c) ***a determinação pelo juiz, do prazo, que variará entre 20 e 60 dias, fluindo da data da pública única, ou, havendo mais de uma, da primeira***; d) ***a advertência de que será nomeado curador especial em caso de revelia.***

Se a parte que requerer a citação por edital o fizer dolosamente, alegando circunstâncias autorizadoras para sua realização inexistentes ou infundadas, incorrerá em **multa de 05 vezes o valor do salário mínimo** vigente na sede do juízo, a qual será revertida em benefício do citando (art. 258 do CPC).

2.10.5. Pelo escrivão ou chefe de secretaria

O Código, a percebera utilidade de tal comunicação, reconheceu expressamente a citação por intermédio do escrivão ou do chefe de secretaria (art. 246, III, CPC). Se o réu comparecer no cartório ou na secretaria onde corre processo, que veicula ação contra aquele, o escrivão ou chefe de secretaria, de imediato, e a atender às disposições do art. 250, realizará a citação. Na ocasião, deverá documentar o fato, mediante juntada de certidão aos autos.

2.10.6. Por meio eletrônico

Essa modalidade de citação pauta-se no **sistema de autocomunicação**, que prima pela autorresponsabilidade da parte. Estabelece como marco da citação o momento em que o citando acessa o sistema eletrônico (para tomar ciência dos termos da comunicação) ou quando decorrido o prazo de 10 dias da publicação do ato (situação em que será considerado presumidamente citado).

Para operacionalização desse sistema, o primeiro pressuposto é que as partes possuam prévio **registro no sistema de comunicação eletrônica**. Por esta razão, o Código, a seguir essa nova tendência de estímulo à citação eletrônica, **obriga as empresas públicas e privadas** a manter cadastro nos sistemas de processo em autos eletrônicos, para efeito de recebimento de citação e intimações (§ 1º do art. 246 do CPC). Contudo, as microempresas e as empresas de pequeno porte não são alcançadas por essa obrigação (§ 1º do art. 246 do CPC).

Essa nova disposição torna, pelo menos para as empresas públicas e privadas e para as entidades de direito público, a citação eletrônica como modalidade preferencial. Mas aquelas precisarão, para que tal ocorra (a citação por meio eletrônico), realizar o obrigatório cadastro, na forma dos artigos 2º e 5º da Lei nº 11.419/06.

De fato, o art. 1.049 do Código estabelece que as entidades de direito público (União, os Estados, o Distrito Federal, os Municípios, suas respectivas entidades da administração indireta), o Ministério Público, a Defensoria Pública e a Advocacia Pública devem realizar, no prazo de 30 dias, a contar da data da entrega em vigor do Código, o cadastro perante a administração do tribunal em que atuem para cumprimento do disposto nos artigos 246, § 2º, e 270, parágrafo único.

E não é só.

As empresas públicas e privadas, do mesmo modo, deverão, conforme dispõe o art. 1.501, cadastrar-se no prazo de 30 dias da inscrição dos respectivos atos constitutivos da pessoa jurídica, perante o juízo onde tenham sede ou filial.

Salvo disposição em contrário, quando a citação (ou intimação) for eletrônica, considera-se o dia do começo do prazo para o réu o dia útil seguinte à consulta ao teor da citação (ou da intimação) ou ao término do prazo para que a consulta se dê, conforme dispõe o art. 231, V, do CPC.

> **Importante!**
>
> Nos termos estabelecidos pelo § 1º do art. 231 do CPC, em todas as modalidades de citação, quando houver mais de um réu, o dia do começo do prazo para contestar coincidirá com a última das datas a que se refere o art. 231, I a IV.
>
> Se ocorrer de os réus terem diferentes advogados, que não pertençam ao mesmo escritório, o prazo de resposta, além do benefício indicado acima, será contado em dobro. Neste caso, todos os prazos processuais serão dobrados, e não apenas o de resposta (art. 229).

3. INTIMAÇÕES

A intimação, nos termos do art. 269 do CPC, é ato pelo qual se dá ciência a alguém (partes ou terceiros) dos atos e dos termos do processo. Essa definição adota uma *lógica residual*. Não sendo o caso de citação, todos os demais atos de comunicação processual serão operados mediante intimação.

A intimação, ato processual realizado por cumprimento de ofício, salvo disposição em contrário (como pode ocorrer, por exemplo, se estabelecido um calendário processual, hipótese em que será dispensada), é de extrema relevância, porque projeta como efeito principal a fixação do marco inicial (*dies a quo*) para a contagem dos prazos processuais.

3.1. Modalidades

São as seguintes, as modalidades de intimação:

3.1.1. Por meio eletrônico

O art. 270 do Código de Processo Civil determina que, **sempre que possível**, as intimações deverão ocorrer **por meio eletrônico**, na forma da lei. Fica, assim, claro que a intimação eletrônica é a modalidade prioritária do sistema de comunicação dos atos processuais.

Para que seja possível a adoção dessa modalidade de intimação, é condição indispensável que o destinatário tenha se **cadastrado no sistema**, na forma do art. 2º da Lei nº 11.419/06. Por esta razão, é que o CPC apenas torna prioritária e obrigatória a intimação eletrônica quando ela for possível, ou seja, desde que seus destinatários tenham realizado o registro no sistema do respectivo tribunal.

No que se refere à **intimação do advogado privado**, com a progressiva implantação do processo eletrônico nos tribunais, a prática de atos processuais, em geral, ficará condicionada ao credenciamento prévio, perante o respectivo tribunal, na forma disposta pela Lei nº 11.419/06. Isso que impulsionará os advogados à realização do cadastramento e, por conseguinte, promoverá a crescente utilização dessa modalidade de intimação aos advogados.

Realizado o cadastro, adotar-se-á o **sistema de autocomunicação**, que determina que a intimação do advogado ocorra no dia da sua efetiva consulta eletrônica ao teor da intimação, certificando-se nos autos a sua realização (§ 1º do art. 5º da Lei nº 11.419/06).A citada lei, ainda, ao advogado, o compromisso de acessar o portal, pois prevê que, decorridos 10 dias da data em que a intimação for disponibilizada no sítio do tribunal, o destinatário da intimação se dará por intimado (§ 3º do art. 2º da Lei nº 11.419/06).

3.1.2. Pela publicação no Diário da Justiça

Não havendo cadastro no sistema do tribunal, a Lei nº 11.419/06 estabelece outra espécie de intimação a ser realizada por meio eletrônico. Trata-se da intimação realizada pelo diário eletrônico. O art. 272 do Código estabelece que somente quando não realizadas por meio eletrônico, consideram-se feitas as intimações pela publicação dos atos no órgão oficial.

Nessa hipótese, as intimações serão consideradas como realizadas, nas capitais dos Estados e no Distrito Federal e em todas as comarcas do interior em que haja órgão de imprensa, que oficialmente mantenha publicação das intimações judiciais, pela só publicação de aviso no Diário da Justiça ou órgão oficial de imprensa local. Para tanto, o Código estabelece regras para a publicação no Diário.

São elas: a) ***os advogados poderão requerer que, na intimação a eles dirigida figure apenas o nome da sociedade a que pertençam desde que devidamente registrada na Ordem dos Advogados do Brasil***; b) ***sob pena de nulidade, é indispensável que da publicação constem os nomes das partes e de seus advogados, com o respectivo número da inscrição na Ordem dos Advogados do Brasil, ou, se assim requerido, da sociedade de advogados***; c) ***a grafia dos nomes das partes não deve conter abreviaturas***; d) ***a grafia dos nomes dos advogados deve***

corresponder ao nome completo e ser a mesma que constar da procuração ou que estiver registrada na Ordem dos Advogados do Brasil; e) ***constando dos autos pedido expresso para que as comunicações dos atos processuais sejam feitas em nome dos advogados indicados, o seu desatendimento implicará nulidade***.

Os advogados poderão requerer que, na intimação a eles dirigida, figure apenas o nome da sociedade a que pertençam desde que devidamente registrada na Ordem dos Advogados do Brasil.

Com a publicação da nota de foro, ocorra ela no diário impresso ou no eletrônico, a intimação será considerada como realizada, se ocorrer em dia útil. Publicada em dia que não seja considerado como útil, ter-se-á como realizada no dia útil seguinte. Se houver algum defeito na intimação, ela deverá ser renovada. Em qualquer caso, o prazo processual só começará a correr a partir da publicação no diário.

▸ **IMPORTANTE!**

Em caso de duplicidade de intimações, sendo uma eletrônica e outra pelo diário oficial, prevalece, para efeito de contagem de prazo, a realizada por meio eletrônico, em razão do disposto no art. 4º, § 2º, da Lei nº 11.419/2006 e no art. 272 do CPC (STJ. AgInt no AREsp 903.091/RJ. DJe 27.03.17; Inf. STJ 601).

3.1.3. Pelo correio

Não dispondo a lei de outro modo, as intimações serão feitas às partes, aos seus representantes legais, aos advogados e aos demais sujeitos do processo, pelos correios. Eles deverão manter seus endereços constantemente atualizados. Se a modificação, temporária ou definitiva, não tiver sido devidamente comunicada ao juízo, ter-se-á como válidas as intimações dirigidas ao endereço antes indicado, a correr os prazos a partir da juntada aos autos do comprovante de entrega da correspondência.

IMPORTANTE!

A validade da intimação enviada ao endereço constante na petição informativa depende de: a) quem tenha fornecido o endereço; b) realização de prévia comunicação, quando se tratar de parte adversa.

Se a parte indica como sendo seu o endereço apontado na petição informativa, caso o mude e não efetue a devida atualização perante o juízo, as comunicações para lá endereçadas são consideradas válidas.

Se indica como sendo de outrem o endereço, é imprescindível a realização de prévia comunicação para considerar, em caso de mudança de endereço sem a prévia comunicação ao juízo, as vindouras como válidas.

Tal providência visa a afirmar a duração razoável do processo e a boa-fé objetiva.

Nos termos do § 1º, do art. 269 do CPC, é facultado ao advogado realizar a intimação do **advogado da parte contrária** pelos correios, juntando aos autos, a seguir, cópia do ofício de intimação. Tal permissivo não alcança a possibilidade de o advogado **intimar a própria parte contrária**, caso em que a comunicação só pode ser realizada pelo juízo.

O ofício de intimação confeccionado pelo advogado deve ser instruído com cópia do despacho, da decisão ou da sentença. É imprescindível, também, que a comunicação contenha as informações essenciais à identificação do processo, assim como a assinatura do advogado com seu respectivo número de inscrição perante a respectiva seccional da Ordem dos Advogados do Brasil.

3.1.4. Por Oficial de Justiça

A **intimação por oficial de justiça** tem caráter **subsidiário**, sendo utilizada apenas quando frustrada a realização por meio eletrônico ou pelos correios. Tem-se, pois, situação idêntica a das citações. Embora o Código, quanto às intimações, não explicite as hipóteses que seriam realizadas por oficial de justiça, deve-se entender que assim será quando restarem infrutíferas as demais modalidades de intimação.

Nos casos de intimação pessoal a ser cumprida por oficial de justiça (ou pelo escrivão ou chefe de secretaria diretamente no cartório), devem ser observados **os requisitos do § 1º do art. 275 do CPC**, que estabelece: "A certidão de intimação deve conter: a indicação do lugar e a descrição da pessoa intimada, mencionando, quando possível, o número de seu documento de identidade e o órgão que o expediu; a declaração de entrega da contrafé; a nota de ciente ou a certidão de que o interessado não a apôs no mandado".

> ▸ **Importante!**
>
> Apesar da omissão do código, caberá, quanto à intimação, sua realização por hora certa ou por edital.
>
> Nos Juizados Especiais, as intimações, sejam elas direcionadas às partes ou aos seus advogados, podem ser realizadas por telefone.

3.2. Casos especiais

▸ ***a) Intimação pessoal do advogado***

Em regra, as intimações dos atos processuais dão-se **na pessoa dos advogados constituídos pelas partes**, seja por meio eletrônico (se cadastrado no sistema), seja por diário da justiça (nas comarcas em que há publicação em órgão oficial), seja pelos correios. Entretanto, se inviável a intimação por meio eletrônico e não houver na localidade publicação em órgão oficial, incumbirá ao escrivão ou chefe de secretaria intimar de todos os atos do processo os advogados das partes, pessoalmente, quando domiciliado na sede do juízo, ou por carta registrada (com aviso de recebimento), quando domiciliado fora do juízo.

▸ *b) Intimação pessoal da parte dos atos reais*

Outra situação em que ocorre a intimação pessoal é no caso dos **atos reais** (são aqueles que só podem ser cumpridos pessoalmente pela parte), como, por exemplo, a **intimação para exibição de um documento**, ou para recolher material genético, ou para realizar depoimento pessoal. Nesses casos, o destinatário do ato será intimado pessoalmente (e não por intermédio do advogado).

▸ *c) Intimação pela retirada dos autos do cartório ou da secretaria*

A retirada dos autos do cartório ou da secretaria em **carga pelo advogado**, por pessoa credenciada a pedido do advogado ou da sociedade de advogados, pela Advocacia Pública, pela Defensoria Pública ou pelo Ministério Público, implicará sua intimação pendente nos autos retirados (§ 7º do art. 272 do CPC).

▸ *d) Intimação em audiência*

As intimações poderão ser feitas, igualmente, **em audiência**. As partes, desde logo, ficam intimadas (ainda que por intermédio de seus advogados) dos termos do processo (inclusive de eventual sentença), **contando-se o prazo da data em que os advogados tomaram ciência da decisão**. Não é só. Considera-se intimado do ato decisório o advogado que, embora intimado para a audiência de instrução e julgamento, na qual foi proferida sentença, a ela não compareceu (STJ. AgRg no AREspAgRg no AREsp 392272/GO. DJe 29.11.13).

3.3. Nulidade de intimação

Com o propósito de concretizar a duração razoável do processo, o Código de Processo Civil, no § 8º do art. 272, estabelece que a parte arguirá a **nulidade da intimação em capítulo preliminar do próprio ato que lhe caiba praticar**, o qual será tido por tempestivo, caso o vício seja reconhecido. Assim, por exemplo, se irregularmente intimada de ato decisório, a parte, ao interpor recurso, deverá, em preliminar, arguir a nulidade da intimação. Se for acolhida a preliminar para decretar a invalidade da intimação, o recurso será considerado tempestivo.

Se não possível a prática imediata do ato diante da **necessidade de acesso prévio aos autos**, a parte limitar-se-á a arguir a nulidade da intimação, sendo o prazo contado da intimação da decisão que decrete a invalidade. A utilizar do mesmo exemplo apresentado acima, a parte foi irregularmente intimada do ato decisório e, quando tomou conhecimento, não teve acesso aos autos. Nessa situação, caber-lhe-á arguir apenas a nulidade da intimação que, se decretada a invalidade, abrirá novo prazo para interpor recurso, a ser contado a partir de tal intimação.

4. CARTAS

As cartas são instrumentos que garantem a direção do processo pelo juiz, mesmo quando os atos necessários tiverem que se desenvolver **além dos limites de sua circunscrição territorial**, porque possibilitam o intercâmbio entre órgãos jurisdicionais diversos.

As cartas não servem unicamente para fins de realização de citação e intimação. A utilidade delas é bem mais abrangente. Por isso, nos termos do § 1º do art. 236 do CPC, "será expedida carta para a prática de atos fora dos limites territoriais do tribunal, da comarca, da seção ou da subseção judiciárias, ressalvadas as hipóteses previstas em lei".

> **Importante!**
>
> Nos termos do enunciado 33 do FONAJE – Fórum Nacional dos Juizados Especiais, "é dispensável a expedição de carta precatória nos Juizados Especiais Cíveis, cumprindo-se os atos nas demais comarcas, mediante via postal, por ofício do Juiz, fax, telefone ou qualquer outro meio idôneo de comunicação".

4.1. Modalidades

As modalidades de cartas são as seguintes:

a) ***carta de ordem***: utilizada quando tribunal expede carta para juízo a ele vinculado, caso o ato deva ser realizado para além dos limites territoriais do local de sua sede (§ 2º do art. 236 do CPC);

b) ***carta rogatória***: utilizada para que órgão jurisdicional estrangeiro pratique ato de cooperação jurídica internacional, relativo a processo em curso perante órgão jurisdicional brasileiro (art. 237, II, do CPC);

c) ***carta precatória***: utilizada para que o órgão jurisdicional brasileiro pratique ou determine o cumprimento de ato relativo a pedido de cooperação judiciária formulado por órgão jurisdicional de competência territorial diversa (art. 237, III, do CPC);

d) ***carta arbitral:*** utilizada para que órgão do Poder Judiciário pratique ou determine o cumprimento, na área de sua competência territorial, de ato objeto de pedido de cooperação judiciária formulado por juízo arbitral, inclusive se importar efetivação de tutela provisória (art. 237, IV, do CPC);

O Código permite, ainda, que a carta seja dirigida ao juízo estadual da respectiva comarca quando o ato relativo a processo em curso na justiça federal ou em tribunal superior houver de ser praticado em local onde não haja vara federal.

4.2. Requisitos

São **requisitos** das cartas processuais: a) ***a indicação dos juízes de origem e de cumprimento do ato***; b) ***o inteiro teor da petição, do despacho judicial e do instrumento do mandato conferido ao advogado***; c) ***a menção do ato processual, que lhe constitui o objeto***: para fins de identificação e, se for o caso, distribuição no juízo deprecado; d) ***o encerramento com a assinatura do juiz***: para conferir autenticidade.

As cartas têm **caráter itinerante**, o que representa afirmação à economia e à duração razoável do processo. Caso entregues em juízo diverso, poderão ser encaminhadas a outro juízo (o adequado), de modo que seja praticado o ato, sem a necessidade de serem devolvidas ao juízo deprecante.

No entanto, o Código determina, em afirmação ao contraditório, que o encaminhamento da carta a outro juízo deve ser imediatamente comunicado ao deprecante, que intimará as partes.

O juízo deprecante, para impulsionar e, assim, não paralisar indefinidamente o processo, deve fixar o **prazo** dentro do qual deverão ser elas cumpridas, atendendo à facilidade das comunicações e à natureza da diligência. Todavia, se houver inviabilidade da prática do ato no prazo estipulado o juízo deprecado poderá dilatar o prazo fazendo a comunicação ao deprecante.

As partes deverão ser intimadas pelo juiz do ato de expedição da carta, que poderão acompanhar o cumprimento da diligência no juízo destinatário, que realizará os atos de comunicação. A parte a quem interessar o cumprimento da diligência cooperará para que o prazo da carta seja cumprido.

CAPÍTULO XVIII

Invalidades processuais

1. DEFEITO E INVALIDADE

O defeito do ato jurídico existe desde o momento em que ele é praticado ou é preexistente a ele. Não há defeito posterior à perfectibilização do ato. Assim, por exemplo, o acordo celebrado em audiência não se torna defeituoso em decorrência da posterior perda da capacidade jurídica de uma das partes; o vício há de ser contemporâneo à formação do ato.

A invalidade, por sua vez, é a **sanção** aplicável ao ato defeituoso, que, só após decisão judicial constitutiva negativa, torna-se inválido. No processo, não há nulidades de pleno direito.

Portanto, ato defeituoso não é sinônimo de ato inválido, seja porque é necessário o reconhecimento judicial da nulidade (seja ela absoluta ou relativa), seja porque há atos defeituosos que escapam à nulificação, como se verá no tópico a seguir.

2. PREJUÍZO E INVALIDADE

A invalidade do ato processual somente deve ser decretada se o defeito que o inquina gerar prejuízo. É o que se extrai do brocardo francês ***pas de nullité sans grief***, positivado no § 1º do art. 282 do CPC. Segundo esse dispositivo, o ato não será repetido, nem sua falta será suprida, quando não prejudicar a parte. Em complemento, o § 2º do mesmo artigo dispõe que o juiz não decretará a nulidade do ato, se puder proferir decisão de mérito favorável à parte que se beneficiaria com a sua invalidação.

Entende-se como equivalente ao sobredito postulado o **princípio da instrumentalidade das formas**, consagrado no art. 277 do CPC, segundo o qual se considera válido o ato praticado de forma diversa da prevista em lei, se lhe alcançar a finalidade. No mesmo sentido, o art. 283, *caput* e parágrafo único, prevê a possibilidade de **aproveitamento** dos atos praticados com erro de forma que não gerem prejuízo às partes.

Desse modo, pode-se dizer, em síntese, que a invalidação do ato processual depende, invariavelmente, da presença de dois pressupostos: um defeito na sua formação e um prejuízo dele decorrente, consistente no não atendimento da sua finalidade. Esse raciocínio é aplicável tanto às nulidades relativas quanto às absolutas.

3. NULIDADES PROCESSUAIS ABSOLUTAS E RELATIVAS

As nulidades processuais podem ser absolutas ou relativas.

As nulidades absolutas relacionam-se ao **interesse público** e decorrem de **vícios mais graves.** Podem ser arguidas a qualquer tempo ou mesmo apreciadas de ofício pelo juiz, não estando, pois, sujeitas à preclusão, por constituírem **matéria de ordem pública**. É exemplo de nulidade absoluta a falta de pressuposto processual de validade (art. 485, IV e § 3º, do CPC).

As nulidades relativas (também chamadas de anulabilidades), por sua vez, são resultado de vícios **de menor gravidade e dizem respeito exclusivamente ao interesse das partes**. Conforme o art. 278 do CPC, **devem ser arguidas pela parte interessada no primeiro momento em que lhe couber falar nos autos, sob pena de preclusão**. São inadmissíveis, pois, as chamadas "**nulidades de algibeira**" (STJ. AgRg no REsp 1.391.006/DF. DJe 19.11.15). São exemplos (de nulidades relativas) a incompetência relativa (art. 65, *caput*) e o desrespeito a convenção de arbitragem (art. 337, § 6º).

O CPC/2015 adotou a **regra da irrecorribilidade imediata das decisões interlocutórias**, na medida em que o agravo de instrumento **só é cabível nas hipóteses expressamente indicadas no art. 1.015 do CPC/2015**. Desse modo, decisões interlocutórias defeituosas, que não sejam impugnáveis pela via do agravo, não ficam acobertadas pela preclusão, devendo ser atacadas em eventual apelação, na forma do art. 1.009, § 1º.

4. INTERDEPENDÊNCIA DOS ATOS PROCESSUAIS

Segundo o **princípio da interdependência ou da concatenação dos atos processuais** (artigo 281 do Código de Processo Civil), uma vez invalidado o ato, são apanhados pela nulidade todos os atos subsequentes que dele dependam. Para isso, não é suficiente que o ato seja posterior; é preciso que seja **subordinado ao ato cuja invalidade foi decretada**, de modo que não possa subsistir sozinho. A respectiva decisão, ainda, deve ser fundamentada, a justificar o porquê da invalidação dos atos concatenados. Neste sentido, apresenta-se o enunciado 277 do FPPC: "para fins de invalidação, o reconhecimento de que um ato subsequente é dependente de um ato defeituoso deve ser objeto de fundamentação específica à luz de circunstâncias concretas".

Contudo, se o ato for apenas parcialmente defeituoso, não é afetada pela invalidação a sua parte não viciada, desde que independente. Assim, por exemplo, a sentença *ultra petita* (isto é, que concede à parte mais do que foi pedido) enseja tão somente a anulação da sua parte que vai além do pedido, ficando preservado o restante do pronunciamento judicial.

Em decorrência do princípio da interdependência dos atos processuais, o art. 282, *caput*, do Código de Processo Civil impõe que o juiz, ao pronunciar a nulidade, declare expressamente quais atos são afetados pela invalidação (e, se for o caso, quais partes desses atos), bem como determine as providências necessárias para que eles sejam repetidos ou retificados, caso seja preciso.

5. BOA-FÉ PROCESSUAL E VEDAÇÃO DO *VENIRE CONTRA FACTUM PROPRIUM*

No campo das invalidades processuais, a regra da proibição do *venire* está expressa no artigo 276 do CPC, segundo o qual a decretação de nulidade não pode ser requerida pela parte que lhe deu causa. Portanto, a parte não pode, por exemplo, pedir a anulação do processo com base em vício na própria representação processual (STJ. REsp 685.744/BA. DJ 29.06.07). A vedação do *venire contra factum proprium* **somente é aplicável às nulidades relativas, e não às absolutas, que podem ser decretadas de ofício pelo juiz** (STJ. REsp 961.407/SP. DJe 06.10.08).

6. NULIDADE DECORRENTE DA FALTA DE INTIMAÇÃO DO MINISTÉRIO PÚBLICO

Nos processos em que figurar como *custos legis* (art. 178, CPC), o Ministério Público deve ser intimado de todos os atos do processo, conforme determina o art. 179, I, do CPC. A falta de comunicação do Ministério Público, nesses casos, acarreta nulidade do processo, a partir do instante em que ele deveria ter sido intimado (art. 279, *caput* e § 1º).

A falta de intimação do fiscal da ordem jurídica que causa nulidade, e não a ausência de efetiva manifestação (STJ. REsp 207.197/TO. DJ 19.12.03). Basta, pois, que se oportunize a participação do *parquet*, mediante intimação, cabendo ao seu representante avaliar a necessidade de manifestar-se ou não no processo. É o que se extrai do art. 180, § 1º, do CPC, segundo o qual, findo o prazo sem manifestação do MP, cabe ao juiz requisitar os autos e dar andamento ao processo.

A nulidade do processo somente pode ser decretada depois de ouvido o membro do Ministério Público, que deve se manifestar sobre a existência de prejuízo (art. 279, § 2º). Entretanto, tal manifestação não vincula o órgão julgador; o *parquet* deve apontar e demonstrar o efetivo malefício decorrente da falta de sua intimação, não bastando a simples alegação genérica de nulidade (STJ. AgRg no REsp 1.196.311/DF. DJe 29.06.12). Não por outra razão, o enunciado 279 do FPPC orienta que, "para fins de alegar e demonstrar prejuízo, não basta a afirmação de tratar-se de violação a norma constitucional".

7. CONVALIDAÇÃO DO ATO

O ato defeituoso pode ser convalidado. Não significa que ele tornar-se-á regular, mas que o vício não poderá mais servir de base para a sua invalidação. Em se tratando de nulidade relativa, o ato viciado convalida-se pela imediata preclusão. Se, na primeira oportunidade em que lhe couber falar nos autos, a parte não requerer a invalidação do ato, não poderá mais fazê-lo.

Se o defeito constituir causa de nulidade absoluta, o ato somente se convalidará com o trânsito em julgado da sentença de mérito, por força da eficácia preclusiva da coisa julgada (art. 508, CPC), na medida em que, antes disso, pode ser invalidado a qualquer momento, inclusive de ofício.

Todavia, alguns vícios, com o trânsito em julgado, tornam-se hipóteses de rescindibilidade da coisa julgada, a autorizar o ajuizamento de ação rescisória (art. 966, CPC). Mas, a falta e a irregularidade da citação (causas de nulidade absoluta) são vícios transrescisórios, que autorizam a invalidação do processo mesmo após o transcurso do prazo decadencial previsto no art. 975, *caput*, do CPC/2015.

Nada obstante, se a parte comparece aos autos, sem alegar a nulidade de citação ou de intimação, há preclusão do direito de fazê-lo, nos termos do art. 278, *caput*, do CPC/2015 (STJ. AgRg no AREsp 226.533/SP. DJe 22.11.12).

CAPÍTULO XIX

Distribuição e registro

1. REGISTRO

O registro é o ato de documentação de um processo. O distribuidor registra as principais características de uma relação processual, como suas partes, o tipo de procedimento, o valor da causa, o número do processo, a data do protocolo da petição inicial, entre outras. Trata-se de ato obrigatório, ainda que o processo tramite em segredo de justiça. Caso haja, no curso do processo, reconvenção, intervenção de terceiro ou qualquer ampliação do objeto litigioso, o juiz deve ordenar ao distribuidor que proceda à respectiva anotação (art. 286, parágrafo único, do CPC). Os novos dados serão acrescidos àqueles constantes por ocasião do registro inicial.

O registro constitui providência necessária a garantir, em favor de qualquer interessado, o acesso à informação precisa e, em alguns casos, demonstrar a boa-fé. Quando expedida certidão de ações judiciais, ela deverá constar todos os dados relativos ao processo, inclusive às modificações realizadas no curso da tramitação.

Nas comarcas, seções ou subseções em que não haja mais de uma vara com mesma competência, o registro é o ato que torna prevento o juízo (arts. 43 e 59 do CPC).

2. DISTRIBUIÇÃO

A distribuição é o ato processual por meio do qual se determina a competência para julgar determinada causa, naquelas comarcas, seções ou subseções em que haja mais de um juízo. Havendo pluralidade de órgãos judiciais igualmente competentes na mesma unidade territorial, cabe ao distribuidor, por meio de sorteio, estabelecer a vara em que tramitará o processo. Nesse caso, a distribuição é o ato que torna prevento o juízo (arts. 43 e 59 do CPC).

A distribuição, segundo o art. 285, *caput*, do Código de Processo Civil, deve dar-se **por sorteio** (evitando o direcionamento de causas a juízos predeterminados e preservando a garantia constitucional do juiz natural), observadas a alternância e a igualdade entre os juízos.

A **distribuição pode ser física ou eletrônica** (art. 285 do CPC).

Por outro lado, há casos em que a distribuição não se dá por sorteio, mas **por dependência**. Ei-los:

a) quando houver conexão ou continência entre a ação a ser distribuída e outra anteriormente ajuizada.

b) quando, tendo sido extinto o processo sem resolução do mérito, for reiterado o pedido, ainda que em litisconsórcio ativo ou que sejam parcialmente alterados os réus.

c) quando ocorrer a hipótese do art. 55, § 3º, do CPC.

Para que a distribuição ocorra, é necessário que a petição inicial esteja acompanhada de procuração, que deve conter o endereço eletrônico e não eletrônico do advogado (art. 287, *caput*). Não sendo apresentado instrumento de mandato, o distribuidor deve recusar a prática do ato, salvo nas seguintes situações, em que se dispensa a juntada da procuração: a) para a prática de atos urgentes, na forma do art. 104 do CPC; b) se a parte estiver representada pela Defensoria Pública; c) se o poder de representação decorrer de lei ou da Constituição da República, a exemplo do que ocorre com os membros do Ministério Público e da Advocacia Pública. Ainda, nada obstante seja omisso o CPC/2015 nesse ponto, é inegável que também se dispensa a apresentação de procuração em caso de advocacia em causa própria (conforme previa o art. 254, I, do CPC/1973), pois não faz sentido obrigar o autor a outorgar, por contrato, poderes a si mesmo.

A distribuição pode ser fiscalizada pela parte, por seu procurador, pelo Ministério Público e pela Defensoria Pública (art. 289), devendo, após, ser publicada no Diário da Justiça (art. 285, parágrafo único).

Uma vez distribuída a petição inicial, é possível o cancelamento da distribuição, caso a parte autora, depois de intimada, não efetue o pagamento das custas e despesas no prazo de 15 dias (art. 290 do CPC). Se cancelada a distribuição, a parte não será condenada a pagar custas e despesas processuais, bem assim honorários advocatícios sucumbenciais.

Se o réu tiver sido citado, não será mais hipótese de cancelamento da distribuição, mas de extinção do processo sem resolução de mérito.

Ademais, o magistrado pode, de ofício ou a requerimento, determinar a correção de erro ou de falta de distribuição (art. 288).

CAPÍTULO XX

Valor da causa

1. CONSIDERAÇÕES INICIAIS

Toda causa deve ter um valor certo, mesmo que não possua conteúdo patrimonial aferível. Trata-se da **representação monetária do pedido**, requisito da petição inicial e da reconvenção, conforme prescrevem os artigos 291, 292 e 319, V, do CPC.

O valor da causa serve de **parâmetro para o cálculo dos honorários advocatícios** (art. 85, § 2º, do CPC), **das custas judiciais, das multas por litigância de má-fé** (art. 81) e por **ato atentatório à dignidade da justiça** (art. 77, § 2º).

Além disso, constitui critério definidor da competência dos juizados especiais (art. 3º, I, da Lei nº 9.099/1995, art. 3º da Lei nº 10.259/2001, art. 2º da Lei nº 12.153/2009). Daí sua importância, a ensejar o seu estudo em um capítulo isolado.

2. CRITÉRIOS PARA FIXAÇÃO DO VALOR DA CAUSA

O valor da causa pode ser **legal** ou **estimado**. No primeiro caso, a lei confere parâmetros para a sua determinação, como fazem os arts. 292 e 700, § 3º, do Código de Processo Civil e o art. 58, III, da Lei nº 8.245/1991. Na segunda hipótese, à guisa de critérios legais, cabe à parte estimar o valor da causa.

A regra geral é a de que "o valor da causa deve refletir o **proveito econômico** pretendido pela parte" (STJ. REsp 1.522.102/RJ. DJe 25.09.15). Entretanto, há situações em que a causa não tem expressão pecuniária, como ocorre com a ação de interdição e com o *habeas data*. Nesses casos, cabe à parte estimar o valor da causa.

Os critérios legais para determinação do valor da causa são os seguintes:

a) nas **ações de cobrança de dívida,** o valor da causa corresponde à soma monetariamente corrigida do principal, dos juros de mora vencidos e de eventuais penalidades, até a data da propositura da ação;

b) nas ações que versarem sobre a **existência, a validade, o cumprimento, a modificação, a resolução, a resilição ou a rescisão de ato jurídico**, o valor da causa corresponde ao valor do ato ou de sua parte controvertida;

c) nas **ações de alimentos**, o valor causa é o somatório de doze prestações mensais pedidas pela parte autora;

d) nas **ações de divisão, de demarcação e de reivindicação**, o valor da causa é o valor da avaliação da área ou bem objeto do pedido;

e) nas **ações de indenização**, inclusive a fundada em dano moral, o valor da causa é valor pretendido a título de reparação[44];

f) nas ações que contenham **pedidos alternativos**, o de maior valor representa o valor da causa;

g) nas ações que contenham **pedido subsidiário**, o pedido principal equivale ao valor da causa;

h) na **ação monitória,** o valor da causa equivale à importância devida, ao valor da coisa reclamada, ao conteúdo patrimonial em discussão ou ao proveito econômico pretendido.

Quando o autor pedir prestações periódicas vencidas e vincendas, todas deverão ser computadas no cálculo do valor da causa. Entretanto, caso o número de parcelas seja superior a doze ou, ainda, indeterminado, computar-se-á uma prestação anual, de acordo com o art. 292, § 2º, do CPC.

3. CORREÇÃO E IMPUGNAÇÃO

Consoante o art. 293, § 2º, do CPC, o juiz **deve corrigir, de ofício,** o valor da causa, quando verificar que não corresponde ao benefício econômico pleiteado pela parte, determinando, então, a complementação das custas processuais. Trata-se de questão que pode ser apreciada pelo juiz a qualquer momento, antes da prolação da sentença, quando se opera a preclusão (STJ. REsp 784.435/RJ. DJ 26.09.07).

Por outro lado, o réu só poderá impugnar o valor da causa em **preliminar da contestação**, sob pena de preclusão, segundo prescreve o art. 293 do CPC. Assim, embora seja dado ao juiz revisar, *ex officio*, o valor da causa a qualquer momento, o réu somente pode suscitar alguma incorreção em sua contestação, sob pena de perder o direito de fazê-lo.

---

44. O art. 292, V, do CPC/2015 pressupõe que o valor da indenização seja previamente conhecido pelo autor. Entretanto, isso nem sempre ocorre. Há casos em que a extensão do dano não é aferível de logo, sendo necessária a sua posterior liquidação. Nessas situações, a parte deve estimar, provisoriamente, o valor da causa (STJ. REsp 764.820/MG. DJ 20.11.06).

Caso o réu impugne o valor da causa na contestação, o autor deverá ser ouvido em 15 dias (art. 351). Após, o juiz resolverá a questão, mantendo ou revisando o valor da causa e, se for o caso, determinando o recolhimento das custas correspondentes, sob pena de ser cancelada a distribuição.

A decisão que corrige, de ofício, o valor da causa ou que acolhe ou rejeita impugnação não é recorrível de imediato, em face da ausência de previsão de cabimento de agravo de instrumento (art. 1.015 do CPC). Assim, a parte somente pode impugná-la por meio de eventual e ulterior apelação, nos termos do art. 1.009, § 1º, do CPC.

CAPÍTULO XXI

Tutela provisória

1. TEORIA GERAL DA TUTELA PROVISÓRIA

1.1. Noções conceituais

A tutela definitiva dos direitos advém de provimento jurisdicional formado em **cognição exauriente** e que, por tal razão, tem a aptidão para formar **coisa julgada material**. Apesar de ser passível de recurso, a tutela definitiva dispensa qualquer outro pronunciamento jurisdicional para regular a situação jurídica que legitima a sua atuação. Sua oferta possui natural vocação à afirmação da segurança jurídica. A tutela definitiva engloba: a) **tutela de conhecimento**: provimento de acertamento ou de definição; b) **tutela executiva**: que opera efeitos sobre o plano fático[45].

Esse é o tratamento clássico da tutela dos direitos, técnica completamente neutra às peculiaridades do direito material e à própria necessidade de se conferir efetividade.

A doutrina passou a perceber que, em concreto, o cumprimento de todos os passos do devido processo legal, regido pela tutela padrão, invariavelmente, acarretava delongas suscetíveis de causar danos irreparáveis à parte, presumidamente, merecedora da tutela jurisdicional favorável, a violar a efetividade e a razoável duração do processo.

Surge, então, a **tutela provisória**, instituto que promove a simplificação do procedimento (sumariedade procedimental) com vistas a acolher uma **situação emergencial casuística ou de patente evidência**, equalizando os efeitos maléficos do tempo, sem solucionar de forma definitiva a causa.

A primeira nota essencial da tutela provisória é a restrição da cognição do plano vertical. O juízo provisório é de **cognição sumária** quando a convicção do

45. Há parcela de autorizada doutrina que inclui a tutela não satisfativa (cautelar) como espécie de tutela principal, admitindo a possibilidade da tutela cautelar formar coisa julgada material como regra.

magistrado encontra-se em um ponto intermediário da linha de convencimento, onde há um conhecimento ainda rarefeito da situação trazida pelas partes, a formar um juízo de probabilidade sobre o feito.

A segunda característica, que é decorrência lógica da primeira, é que o provimento emitido por juízo não exauriente de mera probabilidade **não tem aptidão para formação da coisa julgada material**, já que não houve um debate profundo e com todas as possibilidades probatórias em contraditório amplo a respeito da causa[46].

1.2. Espécies

Em afirmação à operabilidade e ao sincretismo processual, o CPC/2015 acaba com a dualidade entre processo principal (conhecimento ou execução) e processo cautelar. Todas as tutelas (principais ou sumárias) ***passam a ser veiculadas em um mesmo processo***. Assim, sob o rótulo genérico de tutela provisória, o legislador concentrou técnicas processuais de complemento eficacial da tutela principal: a tutela de **urgência** e a de **evidência**[47].

Nos termos do art. 294 do Código, "a tutela provisória pode fundamentar-se em urgência ou evidência"[48]. Por seu turno, a tutela de urgência subdivide-se, então, em ***cautelar*** *ou* ***antecipada (satisfativa)***.

Por fim, a última espécie de tutela provisória, que trouxe um regulamento remodelado e com novas hipóteses de cabimento no CPC/2015, é a **tutela de evidência**, que, além de ser satisfativa, dispensa o elemento da urgência. Ela tem o escopo de **tutelar posição jurídica de alta carga de evidência.**

Tendo em consideração os requisitos que fundamentam a concessão das tutelas provisórias, o ponto comum que pode ser vislumbrado é no que diz respeito à ***probabilidade do direito***, que estará presente nas três modalidades com amplitude variada. De igual modo, as três espécies de tutela provisória são marcadas pela ***sumariedade procedimental***.

---

46. Apesar de ser uma questão política, a maioria dos países entendem por constitucionalmente adequado só incidir a coisa julgada material em provimentos que tenham sido emitidos sob cognição exauriente.
47. Enunciado nº 418 do FPPC: (arts. 294 a 311; Leis 9.099/1995, 10.259/2001 e 12.153/2009). As tutelas provisórias de urgência e de evidência são admissíveis no sistema dos Juizados Especiais. (Grupo: Impacto nos Juizados e nos procedimentos especiais da legislação extravagante).
48. Nesse sentido, o enunciado nº 28 do FPPC orienta que: "a tutela antecipada é uma técnica de julgamento que serve para adiantar efeitos de qualquer tipo de provimento, de natureza cautelar ou satisfativa (antecipada), de conhecimento ou executiva".

Quanto aos momentos oportunos para o requerimento da tutela provisória, tema que será melhor desenvolvido adiante, destaca-se que as tutelas de urgência podem ser requeridas em **caráter antecedente** ou **incidentalmente**, ao passo que as tutelas de evidência, por prescindirem do elemento da urgência, **não admitem a modalidade antecedente**.

Em razão do sincretismo processual (já que todas as tutelas são veiculadas em procedimento único) o pedido incidental de tutela provisória não enseja o pagamento de novas custas (art. 295 do CPC)[49]. Por isso, o valor da causa, na tutela antecipada antecedente, deve levar em consideração o pedido de tutela final.

Veja a seguir, quadro que esmiúça as espécies de tutela provisória:

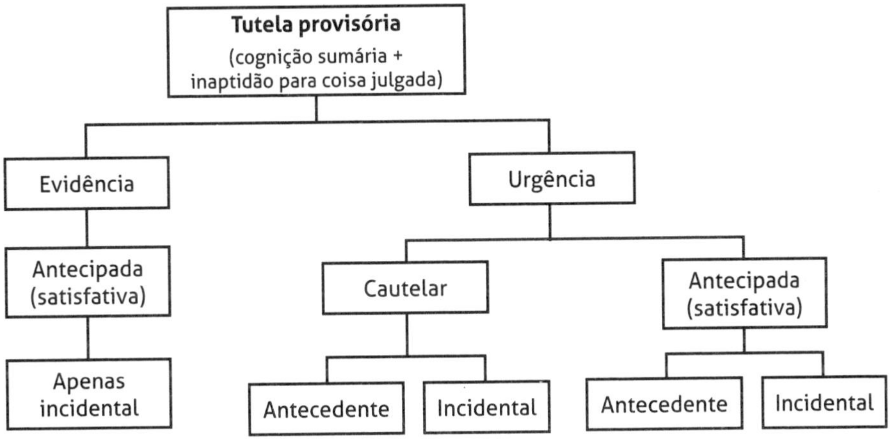

1.3. Precariedade

Conforme dispõe o art. 296 do CPC, "a tutela provisória conserva sua eficácia na pendência do processo, mas pode, *a qualquer tempo*, ser revogada ou modificada". Nesses termos, a decisão conserva sua eficácia na pendência do processo, mas de forma **precária**, pois não enseja preclusão *pro iudicato*, já que são medidas que ficam, em regra, sujeitas à alteração a qualquer tempo.

49. Nesse sentido, o enunciado nº 29 do FPPC determina que: "a decisão que condicionar a apreciação da tutela provisória incidental ao recolhimento de custas ou a outra exigência não prevista em lei equivale a negá-la, sendo impugnável por agravo de instrumento".

1.4. Efetivação

O Código dispõe, no art. 297, que o juiz poderá determinar as medidas que considerar adequadas para efetivação da tutela provisória. Tal dispositivo notabiliza um **poder geral de cautela**, onde o juiz poderá definir as medidas que considerar adequadas para efetivação de toda e qualquer espécie de tutela provisória (atipicidade dos meios executivos).

Para completar a sistemática da efetivação das tutelas provisórias, o legislador estabelece que a efetivação da tutela provisória observará as disposições referentes ao cumprimento provisório da sentença, **no que couber.**

1.5. Fundamentação da decisão

O Código determina que, na decisão que conceder, negar, modificar ou revogar a tutela provisória, o juiz justificará, ***de modo claro e preciso***, as razões de seu convencimento[50].

1.6. Competência

Segundo o *caput* do art. 299 do CPC, a tutela provisória será requerida ao juízo da causa, e, quando antecedente, ao juízo competente para conhecer da ação principal.

1.7. Iniciativa

No que concerne à iniciativa, o Código anterior estabelecia regras sobre o tema. O CPC/2015 perdeu a oportunidade de pacificar o tema, e, ao contrário, colocou um ponto de interrogação ainda maior, já que não há em todo o regramento da tutela provisória (art. 294 a 311) sequer uma única previsão legal expressa que trate da iniciativa da tutela provisória.

---

50. Sobre o tema destaca-se os seguintes enunciados do FPPC: i) enunciado nº 30: "o juiz deve **justificar** a postergação da análise liminar da tutela provisória sempre que estabelecer a necessidade de contraditório prévio" ii) enunciado 141: "o disposto no art. 298, CPC, aplica-se igualmente à decisão monocrática ou colegiada do tribunal".

Portanto, apesar de alguns[51] defenderem a impossibilidade de concessão da tutela de ofício em razão do regime de **responsabilidade objetiva do requerente**, que foi estipulado no art. 302 do CPC, os autores do presente curso acreditam que, como não há nenhuma disposição proibitiva, e com a previsão expressa do poder geral de cautela, a jurisprudência, casuisticamente, e utilizando-se da proporcionalidade, analisará os possíveis efeitos práticos da sua decisão para deferir de ofício ou não a tutela provisória[52].

2. TEORIA GERAL DA TUTELA DE URGÊNCIA

Apesar de o regime da tutela de urgência cautelar e satisfativa ter sido **homogeneizado**, como ocorreu com a unificação dos pressupostos de concessão, não se pode olvidar que existe diferença relativa ao conteúdo.

2.1. Unificação dos pressupostos

O atual Código, a afirmar a operatividade e a identidade funcional, estabelece **pressupostos comuns** para concessão da tutela provisória de urgência, seja ela cautelar ou satisfativa (antecipada). De tal sorte que, atendidos os pressupostos do ***fumus boni iuris (existência de prova inequívoca capaz de formar o juízo de probabilidade do magistrado)*** e do ***periculum in mora*** **(perigo de dano irreparável ou de difícil reparação)**, a tutela acautelatória ou a tutela satisfativa podem concedidas.

2.2. Atos relativos à tutela de urgência

Mesmo durante as férias forenses e nos feriados, onde, por regra, não se praticam atos processuais, o Código admite a prática de atos relativos à tutela de urgência (art. 214 do CPC).

51. Grande parcela da doutrina utiliza-se desse dispositivo para defender a vedação à atuação oficiosa do magistrado, sob o argumento de que no caso de o juiz atuar oficiosamente, poderá colocar em situação processual de risco a parte que não manifestou vontade a respeito, violando o princípio do autorregramento da vontade. Afinal, o juiz não pode impor uma responsabilidade objetiva à parte sem o seu consentimento, nem se mostra razoável atribuir tal responsabilidade ao Estado ou ao magistrado.
52. Casos como a tutela de urgência para liberação de cirurgia ou medicamento para pacientes com alto grau de risco à vida, são hipóteses em que a atuação oficiosa pode ser, casuisticamente, defendida, já que não há regras proibitivas e os valores em questão são de alta relevância constitucional.

2.3. Momentos para requerimento

Primeiramente, o Código admite que a tutela de urgência (satisfativa ou cautelar) seja **requerida em caráter antecedente**, na peça inaugural do processo em que futuramente se pretende adicionar ou complementar (inclusive com o pedido principal).

Além disso, ela pode ser requerida ***incidentalmente (tutela interinal)***: a)de início, na petição inicial, em capítulo destacado, cumulada com o pedido de tutela principal definitiva ou; b) quando surgirem, durante a marcha processual, condições que justifiquem o pedido da tutela provisória, oportunidade em que poderá ser requerida via: i) protocolo de petição simples; ii) oralmente em audiência, quando será reduzida a termo; iii) na petição recursal.

2.4. Momento para concessão

Em contraponto ao tópico antecessor, passa-se à análise dos momentos possíveis para concessão da tutela de urgência. No que diz respeito à tutela antecedente, como já aventado, ela será tratada em tópico próprio.

Quando a tutela for requerida de forma contemporânea ao pedido principal, na petição inicial, poderá o julgador, a depender do seu grau de convencimento a respeito dos pressupostos das tutelas de urgência: **a) deferir liminarmente a tutela de urgência**[53] (sem oitiva da parte contrária), postecipando o contraditório. **b) designar audiência de justificação prévia para melhor formar o seu convencimento, podendo decidir, após a audiência, por decisão interlocutória; c) postergar a análise do pedido para depois da contestação, até o momento da sentença.**

2.5. Caução

Como a tutela provisória baseada em cognição superficial enseja natural assunção de riscos, o § 1º do art. 300 dispõe que, para a concessão da tutela de urgência, o juiz pode, conforme o caso, exigir caução real ou fidejussória idônea para ressarcir os danos que a outra parte possa vir a suportar, podendo a caução ser dispensada se a parte economicamente hipossuficiente não puder oferecê-la.

A caução **não é obrigatória**. Como bem aduz o dispositivo encimado, "conforme o caso", o juiz pode exigir caução utilizando-se como critério principal a potencialidade de prejuízo que a medida pode acarretar ao requerido.

---

53. Cumpre ressaltar, que o termo liminar, para o código, deve ser lido como um conceito eminentemente cronológico, como a decisão judicial que é proferida sem a oitiva da parte contrária.

No entanto, o CPC/2015 traz uma hipótese expressa de dispensa da caução, no caso de **hipossuficiência econômica do requerente**. Essa flexibilização resguarda que a condição financeira do requerente, por si só, não seja elemento capaz de despotencializar o seu direito à tutela de urgência.

É igualmente dispensada a apresentação de caução quando a tutela provisória for concedida em favor da Fazenda Pública, já que a reversibilidade da medida ou sua conversão em perdas e danos estará assegurada. Além disso, a exigência de caução ficaria prejudicada porque, nos termos do art. 100 da Constituição da República, "os pagamentos devidos pelas Fazendas Públicas Federal, Estaduais, Distrital e Municipais, em virtude de sentença judiciária, far-se-ão exclusivamente na ordem cronológica de apresentação dos precatórios e à conta dos créditos respectivos, proibida a designação de casos ou de pessoas nas dotações orçamentárias e nos créditos adicionais abertos para este fim". Esse é o entendimento do Fórum Permanente do Poder Público, a teor do seu Enunciado 42: "A exigência de caução real ou fidejussória para a concessão da tutela de urgência prevista no § 1º do art. 300 do CPC não é aplicável ao Poder Público, em razão do disposto no art. 100 da Constituição Federal".

2.6. Fungibilidade

É comum a **conversão** de uma medida de urgência em outra, principalmente quando se verifica que o requerente pugnou pela antecipação da tutela como se medida cautelar fosse. Com a unificação procedimental e dos pressupostos, com ainda maior razão, deve admitir-se a fungibilidade na forma do parágrafo único do art. 305 do Código, que dispõe que, caso magistrado entenda que o pedido de tutela cautelar requerida em caráter antecedente tenha natureza de tutela antecipada, irá então observar o procedimento disposto no art. 303. Aplicada a fungibilidade ao caso, orienta o Enunciado 45 do CJF, deverá "[...] o juiz esclarecer as partes sobre o regime processual a ser observado".

2.7. Responsabilidade objetiva

Os provimentos provisórios de urgência, em razão de serem concedidos com base em juízo de verossimilhança e de cognição sumária, estão mais suscetíveis a erros. Em consequência, **é maior a probabilidade, por conta da efetivação de uma medida provisória, de se causar prejuízos ao requerido**. A responsabilidade prevista pelo Código é uma obrigação de indenizar ou reparar, **objetivamente**, os prejuízos, eventualmente, provocados pela concessão da tutela provisória. O dano a ser indenizado ou reparado é o decorrente da execução da medida de urgência.

A fim de evitar o requerimento indevido de medidas provisórias de urgência, bem como o abuso do direito de ação, o art. 302 do CPC dispõe que, além das eventuais cominações por litigância de má-fé, a parte beneficiária do procedimento provisório de urgência, deve assumir todo o risco oriundo da execução provisória, devendo, pois responder ao requerido pelo prejuízo que a efetivação da tutela causa à parte adversa, se: a) a sentença lhe for desfavorável; b) obtida liminarmente a tutela em caráter antecedente, não fornecer os meios necessários para a citação do requerido no prazo de 05 dias; c) quando ocorrer a cessação da eficácia da medida em qualquer hipótese legal; d) quando o juiz acolher a alegação de decadência do direito ou de prescrição da pretensão do autor.

O art. 302, determinar que, por regra, o prejudicado pela execução da medida provisória prescindirá de ação condenatória autônoma de indenização contra o requerente da medida, pois a **indenização ou reparação será liquidada nos autos em que a medida tiver sido concedida**, sempre que possível.

3. TUTELA PROVISÓRIA DE URGÊNCIA SATISFATIVA

3.1. Considerações iniciais

No código antecessor, a generalização da tutela antecipada, antes restrita a alguns procedimentos especiais, operou-se apenas após a reforma de 1994, com a Lei nº 8.952. O atual Código mantém a previsão desse **poder geral de tutela antecipada**, agora sob o título de tutela provisória de urgência antecipada e de forma mais simplificada e ampliada, inclusive com a possibilidade da tutela antecipada antecedente, que não era possível no Código anterior.

3.2. Reversibilidade

A tutela provisória antecipada agrega um requisito adicional: **a reversibilidade da medida antecipatória**. O art. 300, § 3º, do Código dispõe que a tutela de urgência antecipada não será concedida quando houver perigo de irreversibilidade dos efeitos da decisão. Assim, para a concessão da tutela provisória satisfativa é necessário que, ***em regra***, a reversibilidade da medida seja possível.

Nessa toada, em regra, para que haja concessão da tutela de urgência, os efeitos advindos da antecipação devem ser passíveis de reversão ao *status quo ante*, seja *in natura*[54], seja por indenização, ante uma razão bem simples: se não há reversibilidade, existirá o **risco de dano inverso,** quando a concessão da tutela satisfativa de urgência implicar inversão do *periculum in mora* para o réu.

---

54. Considerando-se a possibilidade de que a reversão seja "*in natura*", o órgão julgador pode condicionar a antecipação de tutela à prestação de caução, que deve ser suficiente e idônea, podendo ser dispensados nos casos de hipossuficiência.

Essa regra que proíbe tutela provisória com efeitos irreversíveis, como obtempera o enunciado 419 do FPPC, **não é absoluta**. Deparando-se o julgador com a irreversibilidade da medida para o caso específico, ele deve aplicar o **postulado da proporcionalidade**, sopesando o grau do seu convencimento, principalmente, quanto à verossimilhança das alegações. De tal sorte que, quando houver irreversibilidade recíproca, é possível mitigar a regra geral, antecipando os efeitos da tutela jurisdicional, mesmo sem a verificação do requisito da reversibilidade. Foi por isso que o CJF editou o Enunciado 40, de acordo com o qual "a irreversibilidade dos efeitos da tutela de urgência não impede sua concessão, em se tratando de direito provável, cuja lesão seja irreversível".

4. TUTELA PROVISÓRIA DE URGÊNCIA CAUTELAR

4.1. Considerações iniciais

A tutela cautelar foi modificada profundamente pelo CPC/2015. Com a constatação da desnecessidade da duplicação de processos (duplicidade de citações, intimações), houve uma salutar abolição de todo regramento do processo cautelar autônomo, de tal sorte que as ações cautelares típicas ou atípicas, que eram objeto de ação autônoma apartada do processo principal no Código anterior, passarão a ser veiculadas em processo único.

Assim, tutelas cautelares e principais se amalgamam em único regime processual. Até mesmo no caso da tutela de urgência cautelar antecedente (tutela preparatória no código anterior) haverá unicidade procedimental.

4.2. Poder geral de cautela

Em afirmação à operatividade, o Código, no art. 301, elenca um rol de medidas cautelares nominadas, entretanto, sem particularizar um procedimento específico para cada uma delas. Assim, as medidas nominadas previstas (arresto, sequestro, arrolamento de bens e o registro de protesto contra alienação de bem), serão regidas por um procedimento comum (*uniformidade procedimental*) e estarão sujeitas aos mesmos requisitos de concessão (*perigo da demora e fumaça do bom direito*).

5. TEORIA GERAL DAS TUTELAS DE URGÊNCIA ANTECEDENTES

As medidas antecedentes só são aplicáveis às tutelas de urgência. Inadmite-se a modalidade antecedente no caso da tutela de evidência, por ela não ser baseada em urgência e, por isso, dispensar intensa aceleração pela admissibilidade de apresentação de simples requerimento de antecipação provisória.

Outro destaque essencial é que, diferentemente do anterior Código, que só admitia a chamada cautelar preparatória (sob a veste de um processo cautelar autônomo), o CPC/2015 universaliza a sistemática e consente o pedido antecedente tanto para a tutela de urgência cautelar quanto para a satisfativa.

Em tais casos, é preferível ao advogado fazer uso de uma **petição menos formal e simplificada**, para que formule um pedido de tutela de urgência antecedente. Somente após a efetivação da tutela, é que será realizado o aditamento da peça inaugural com eventuais suplementos probatórios, e dar-se-á, em homenagem ao sincretismo processual, continuidade à marcha do processo nos mesmos autos do processo.

Prossiga-se.

O ponto nevrálgico que divisa as duas espécies de tutela de urgência antecedente é, exatamente, o regime diferenciado de procedimentos. A tutela de urgência antecipada antecedente prevê o inovador mecanismo da **estabilização da tutela**, ao passo que a cautelar não. Inclusive, como orienta o enunciado 420 do Fórum Permanente de Processualistas Civis, "não cabe estabilização de tutela cautelar".

5.1. Procedimento da tutela satisfativa antecedente

5.1.1. Petição Inicial

A solicitação antecedente da tutela de urgência deve ser utilizada em situações de **extrema urgência contemporânea à propositura da ação**, casos em que a parte não detém tempo hábil nem para preparar uma petição inicial do processo de conhecimento mais bem elaborada, que preencha todos os seus requisitos formais, bem assim de arregimentar todas as provas necessárias à demonstração dos fatos apresentados.

5.1.2. Momento da estabilização

Se a tutela antecipada antecedente for concedida, é possível ao juiz tomar as seguintes providências:

a) Intimar o autor para que ele possa (exercitar o ônus de):

   i) aditar a petição inicial mediante complementação da sua argumentação, juntada de novos documentos e confirmação do pedido de tutela final, o que deverá fazer em 15 dias ou em outro prazo maior que o juiz fixar;

   ii) ou, se preferir, não aditar a petição inicial;

b) Citar o réu para que ele:

   i) cumpra a tutela antecipada antecedente, no regime da execução provisória;

   ii) interponha ou não o respectivo agravo de instrumento contra a decisão interlocutória concessiva no prazo de 15 dias;

   iii) seja intimado para audiência de conciliação ou mediação, ficando advertido de que, não havendo autocomposição, o prazo para apresentar sua contestação será contado na forma do art. 335.

O Código não foi claro na sistematização da ordem das providências acima elencadas, a gerar divergências na coordenação de tais dispositivos. Para os autores do presente livro, o juiz, a se utilizar do poder de **gestão processual**, deverá orientar um procedimento antecedente em que a prática dos atos encimados seja logicamente compatível. A ser assim, os autores do presente livro entendem que:

Primeiramente, deve-se clarificar que, no momento em que o autor especifica, na sua petição inicial, o desejo de valer-se do procedimento dos artigos 303 e 304 do Código, ele cria legítimas expectativas para a parte contrária e para o juiz, no sentido de que pretende seguir o regime de estabilização da tutela.

Esse comportamento processual cria para o juiz a expectativa de que, *a priori*, o autor deseja a estabilização da tutela e que, portanto, é ilógico, nesse momento processual, ser determinada a intimação do autor para aditar a petição inicial como, em interpretação literal, poderia induzir o art. 303, I, do Código. Se a decisão antecipada já foi concedida e o autor pretende amparar-se do regime da estabilização, não é razoável que o juiz exija o aditamento da petição inicial sob pena de extinção do processo.

Logo, o primeiro ato a ser realizado pelo juiz é citar o réu para que ele:

a) cumpra a decisão que antecipou a tutela sob o regime da execução provisória;

b) seja intimado da decisão e, assim, inicie-se o termo *a quo* do prazo para interposição de agravo de instrumento (ou de outro eventualmente cabível, a considerar que a ação pode se originar em tribunal) contra a decisão concessiva.

Na letra "b" é que reside o ponto central do fenômeno da estabilização da tutela: a não interposição do recurso acarretará na **extinção do processo sem resolução do mérito** com a consequente **estabilização da tutela antecipada concedida**.

Daí, surge uma indagação: qual conduta processual tem o condão de configurar-se como apta para impedir a estabilização da tutela?

O projeto inicial do Código dispunha que a ausência de **impugnação** da decisão concessiva da tutela antecipada antecedente acarretava a estabilização. Esse texto, bem mais amplo, permitia ao intérprete encaixar no termo "impugnação", qualquer ato processual capaz de demonstrar vontade de se insurgir contra a estabilização. Assim, a apresentação de contestação, a formulação de pedido de reconsideração, a impetração de mandado de segurança contra ato judicial... impediam a estabilização da tutela.

Contudo, o texto aprovado **define termo mais restrito**. Na forma do art. 304 do Código, a tutela antecipada, concedida nos termos do art. 303, torna-se estável se contra a decisão que a conceder não for interposto o respectivo **recurso**.

Em razão da modificação do texto, alguns defendem entendimento mais restritivo no sentido de que somente a interposição de respectivo recurso poderia afastar o fenômeno da estabilização. Assim, os demais meios impugnativos ficariam prejudicados por suposta perda do objeto.

Alguns outros adotam interpretação ampliativa. Compreendem o vocábulo "recurso" como qualquer forma de manifestação das partes[55]. Assim, somente a completa ausência de manifestação com conteúdo impugnativo por parte do réu é que justificaria a estabilização da tutela.

Os autores do presente livro defendem que a solução mais apropriada é a que adota a interpretação ampliativa, porque afirma a primazia da solução do mérito. Se o réu, de qualquer maneira, manifestou sua irresignação contra a ação processualizada, por óbvio, após eventual estabilização, ele buscará rever, reformar ou invalidar a decisão. Essa ilação, inclusive, é mais aderente à ideologia do Código, que buscou inibir a interposição de recursos manifestamente improcedentes.

A este respeito, o Fórum Permanente do Poder Público, a ratificar o posicionamento dos autores deste livro, editou o Enunciado 43, de acordo com o qual, "qualquer medida impugnativa apresentada pela Fazenda Pública que controverta o direito sobre o qual se funda a antecipação de tutela concedida em caráter antecedente constitui meio idôneo para impedir a estabilização da demanda, prevista no art. 304 do CPC".

De qualquer forma, em face de tal impasse, o juiz, no exercício do dever de esclarecimento inerente à cooperação, antes de extinguir o processo sem resolução do mérito com a estabilização, deve estabelecer diálogo com o réu para saber se o

55. Contestação, mandado de segurança, pedido de reconsideração, pedido de suspensão liminar previstos nas Leis nº 8.437/1992 e 9.494/1997 ou reclamação.

meio de impugnação por ele utilizado indica discordância com aquela (estabilização da tutela).

Seja qual for a corrente a ser seguida, o Código adotou a técnica monitória ao atribuir um efeito processual a depender da conduta defensiva da parte ré (*secumdum eventum defensionis).* O momento crucial da estabilização é a **ausência de manifestação contrária por parte do réu**[56].

Pois bem.

Caso a parte ré interponha o agravo de instrumento, este será, então, o momento oportuno para que o **juiz intime o autor para realizar o aditamento da petição inicial**, complementando sua argumentação, juntando novos documentos e confirmando o pedido de tutela final, para que se dê continuidade ao processo. Corroboram com tal entendimento a ausência de termo *a quo* para contagem do prazo de aditamento, bem como a previsão de que o juiz pode estipular prazo maior para o aditamento. Se o autor não realizar o aditamento, haverá extinção do processo sem resolução do mérito[57].

Aditada a petição inicial, o réu será citado e intimado para comparecer à audiência de conciliação ou mediação, oportunidade na qual poderá requerer o cancelamento da audiência por desinteresse na autocomposição (que, caso somado ao desinteresse do autor, implicará em início da contagem do prazo contestacional a partir da data do protocolo da petição de cancelamento). Caso a matéria versada inadmita autocomposição, o prazo para contestação será contado na forma do art. 334 do Código (a depender da modalidade de citação eleita).

Com a contestação, o procedimento de tutela provisória antecedente será convertido em procedimento comum.

5.1.3. Estabilização parcial

Se ocorrer de a decisão concessiva de tutela antecipada antecedente, ao analisar pedidos cumulados na forma simples, em parte (especificamente quanto à análise de um dos pedidos apresentados), restar impugnada, a estabilização do ato decisório será apenas parcial, adstringida à parte não impugnada. A tramitação

56. O Enunciado 501 do FPPC orienta que "a tutela antecipada concedida em caráter antecedente não se estabilizará quando for interposto **recurso pelo assistente simples, salvo se houver manifestação expressa do réu em sentido contrário**".

57. Sobre o tema destaca-se o enunciado nº 499 do FPPC que prescreve que: "efetivada a tutela de urgência e, posteriormente, sendo o processo extinto sem resolução do mérito e sem estabilização da tutela, será possível fase de liquidação para fins de responsabilização civil de danos".

do processo continuará apenas em relação à parte do objeto litigioso, exatamente àquela correspondente à parcela impugnada da decisão.

O mesmo ocorrerá se a cumulação for sucessiva e a impugnação do réu se adstringir à parte da decisão que apreciou o pedido sucessivo. A estabilização será parcial, a alcançar a parte correspondente ao pedido anterior. Se a impugnação for da parte da decisão relativa ao pedido anterior, evidentemente, como ele é requisito ao atendimento do pedido sucessivo, a parte da decisão relativa a este também estará impugnada, a não se estabilizar a tutela antecipada antecedente.

Se subsidiária for a cumulação de pedidos e concedida tutela antecipada antecedente relativa ao pedido principal, a sua impugnação impedirá por completo a estabilização, até porque sequer apreciado o pedido subsidiário. E mesmo que concedida tutela antecipada antecedente em relação apenas ao pedido subsidiário, mesmo que não haja impugnação pela parte adversa, como restou indeferido o pedido principal formulado pelo autor, também não haverá estabilização.

Finalmente, se a cumulação de pedidos for alternativa, por serem comuns os fatos necessários à atendibilidade de qualquer daqueles, a impugnação da decisão evitará por completo a estabilização. Da mesma forma, a falta de impugnação ensejará a estabilização total da decisão que concede a tutela antecipada antecedente. A dizer de outra forma, na cumulação alternativa de pedidos, não se vislumbra a possibilidade de estabilização parcial da decisão judicial que concede a tutela antecipada antecedente.

5.1.4. Ação de revisão da estabilização

A estabilização operada nos termos acima delineados é **relativa ou fraca,** pois, conforme disposição do art. 304, admite que qualquer das partes demande a outra com o intuito de rever, reformar ou invalidar a tutela antecipada estabilizada.

O fenômeno da estabilização relativa é adequado para solucionar o mérito, o que significa que se essa adequação potencial corresponder à realidade, o eventual litígio ficará sanado e por este motivo nenhuma das partes fará uso da ação de revisão da estabilização. No entanto, se uma das partes intentar a ação, o que deverá fazer no **prazo de 02 anos**, contados a partir da ciência da decisão que extinguiu o processo, a solução do mérito ainda estará pendente, pelo que a estabilização relativa não foi pensada para esse caso. De igual modo, se o autor desejar uma decisão definitiva acerca da crise de direito (por regular de forma mais adequada o caso concreto, com a incidência dos efeitos positivos e negativos da coisa julgada material), poderá intentar a supracitada ação.

Na petição inicial da ação de revisão da estabilização, o autor deve pedir, além da revisão, reforma ou invalidação da decisão que concedeu a tutela antecipada antecedente, o exaurimento da cognição quanto ao mérito da ação originária, porque ele é quem justificará a revisão, a reforma ou a invalidação da decisão estabilizada.

Além disso, pode ser que a ação de revisão de estabilização seja ajuizada pelo autor da ação originária, quem busca, logicamente, não a revisão, a reforma ou a invalidação da decisão estabilizada, mas, sim, a sua definitividade pela cognição exauriente.

Logo, a revisão, a reforma ou a invalidação pode nem ser objeto do processo, mas, independentemente de quem ajuíze a ação de revisão de estabilização, o pedido de exaurimento da cognição é indispensável, devendo ser trazido na petição inicial da parte que aquela processualiza.

O julgamento de mérito da ação de revisão de estabilização ensejará a formação de coisa julgada material, seja para ratificar a tutela antecipada antecedente, seja para revisá-la, reformá-la ou anulá-la. Contra ela, cabe ajuizamento de ação rescisória, desde que preenchidas algumas das hipóteses do art. 966 do CPC. Apesar disso é preciso que se destaque em tempo oportuno, não cabe ação rescisória nos casos de estabilização da tutela antecipada, conforme orienta o enunciado 33 do Fórum Permanente de processualistas Civis, porque de cognição restrita e vinculada à verificação de hipóteses legais específicas.

Não sendo promovida a ação de revisão da estabilização no prazo de 02 anos, operar-se-á a **estabilização qualificada**.

5.1.5. *Efeitos da Estabilização qualificada, absoluta ou forte*

Alguns defendem que a estabilização qualificada da tutela opera, em essência, os mesmos efeitos da coisa julgada material. Entretanto, tal interpretação ultrapassa os limites semânticos do texto legal, a configurar clara conclusão *contra legem*.

O § 6º do art. 304 do CPC dispõe que a decisão que concede a tutela **não fará coisa julgada material**, mas a estabilidade dos respectivos efeitos só será afastada por decisão proferida que a revir, reformar, ou invalidar, em ação ajuizada por uma das partes, nos termos do § 2º do referido dispositivo (art. 304).

Além disso, seria impróprio harmonizar suposta verificação da coisa julgada material a um juízo de cognição sumária, porque aquela é instituto típico das tutelas exaurientes. Seria, inclusive, constitucionalmente inadequado, violador ao devido processo justo e à própria segurança jurídica.

Nada obstante, alguns destacam ponto de intersecção entre a estabilização da tutela e a coisa julgada. Ele (o ponto) residiria na **vedação à rediscussão do feito (elemento formal da coisa julgada)**, salvo quando ocorrentes novos fatos ainda não analisados. Por conseguinte, estabilizada a tutela antecipada e consumado o prazo decadencial de 02 anos para intentar ação de cognição plena, contados da ciência da decisão que extinguiu o processo nos termos do § 1º do art. 304, estabilizam-se os resultados práticos que foram provisoriamente deferidos a se vedar a rediscussão da causa, caso não ocorram novos fatos.

A estabilização qualificada não viola a segurança jurídica e o contraditório, porque tal fenômeno só será verificado quando houver **dupla inação do requerido**: primeiro, quando deixar de interpor o recurso contra a decisão que concede a tutela antecipada; segundo, quando autor e réu permanecem inertes pelo prazo de 02 anos, sem formular requerimento de desarquivamento do processo para reavivar o debate exauriente do tema.

No entanto, a estabilização **não opera o efeito positivo da coisa julgada**, exatamente porque não há declaração alguma sobre a existência ou não de direitos, a qual possa ser utilizada como fundamento de ação futura. Diferentemente da coisa julgada material, que reveste com o manto da indiscutibilidade a decisão propriamente dita, a criar uma norma individualizada para o caso concreto, que se cristaliza no tempo, a estabilização qualificada **atinge apenas os efeitos da decisão**.

5.2. Procedimento da tutela de urgência cautelar antecedente

5.2.1. Petição Inicial

A petição inicial para essa tutela preparatória (*ante causam*) será substancialmente mais simplificada comparativamente àquela em que se formula conjuntamente pedido principal e cautelar, conforme dispõe o art. 308, § 1º do Código de Processo Civil.

5.2.2. Resposta

Recebida petição inicial, deferido ou não o pedido liminar, o réu será citado para, no **prazo de 05 dias**, apresentar resposta e indicar as provas que eventualmente pretenda produzir[58]. Caso o juiz conceda a tutela cautelar antecedente *inaudita altera pars* (liminarmente), o réu será citado e intimado (para cumprir a decisão e, se quiser, interpor recurso).

---

58. Enunciado nº 381 do FPPC opina pelo cabimento da ***réplica*** no procedimento de tutela cautelar requerida em caráter antecedente.

Não sendo contestada a tutela cautelar antecedente, presumir-se-ão aceitos, pelo requerido, como verdadeiros, as assertivas fáticas apresentadas pelo requerente (excepcionando-se as hipóteses do art. 345 do Código). Esse **efeito** da revelia (presunção de veracidade dos fatos, que pode apontar verossimilhança das alegações do requerente) cinge-se à tutela **cautelar**, não havendo reflexo na ação posterior, que pode ser em seguida intentada, a dar continuidade ao procedimento.

No procedimento antecedente, a defesa de mérito deve estar jungida à demonstração de inexistência do *fumus boni iuris* e do *periculum in mora*. No máximo, à alegação de verificação da prescrição ou da decadência. Qualquer outra questão de mérito, principalmente aqueles pertinentes à discussão delineada após a adição do pedido principal, será inoportuna[59].

Contestado tempestivamente a ação, observar-se-á o procedimento comum, essencialmente, quanto à instrução.

5.2.3. Pedido principal

Superadas as supracitadas questões, tem-se que o **prazo** para formulação do pedido principal é de **30 dias contados da efetivação da tutela cautelar**. Ele será apresentado nos mesmos autos em que formulado o pedido cautelar, a não depender de novas custas processuais.

Nessa oportunidade, outra causa de pedir poderá ser acrescentada, afinal, na ação antecedente foi apenas sumariamente descrita. Mas, a causa de pedir não deve ser modificada, porque justamente reconhecida como suficiente para deferir a tutela provisória. Se for modificada, a decisão perderá a sua eficácia.

Formulado o pedido principal, as partes serão intimadas (seja por seus advogados ou pessoalmente) para comparecer à audiência de conciliação ou mediação, dispensando-se, por óbvio, nova citação, porque se dará continuidade ao processo.

Realizada a audiência e frustrada a resolução consensual ou a partir dos momentos identificados no art. 335 do Código de Processo Civil, inicia-se a contagem do prazo para apresentação de resposta para o pedido principal, que será de 15 dias.

59. O conteúdo deve estar jungido ao pedido cautelar, fatos e argumentos típicos do incidente cautelar. Até porque esgotar a defesa, quando a cautelar for antecedente, é estrategicamente prejudicial para o pedido principal, pois oportuniza ao requerido o conhecimento de questões que serão melhor trabalhadas apenas após a complementação do pedido principal. Não há, por isso, em regra, interesse de adiantar outros argumentos de resistência que não sejam os necessários e suficientes para indeferir a medida acautelatória.

5.2.4. Cessação da eficácia

Caso a tutela cautelar antecedente seja deferida e o autor não formule o pedido principal no prazo de 30 dias (art. 308 do CPC), tal comportamento acarretará em automática perda da eficácia da tutela concedida em caráter antecedente[60] (art. 309, I, do CPC), com a consequente extinção do processo sem resolução do mérito.

Caso a tutela cautelar antecedente ou incidente seja deferida, mas não seja efetivada no prazo de 30 dias, operar-se-á a cessação da eficácia da tutela cautelar (deve-se ponderar que, se o decurso do prazo citado se der por motivos alheios à vontade do autor, não haverá a cessação da medida). Neste sentido, orienta o Enunciado 46 do CJF: "a cessação da eficácia da tutela cautelar, antecedente ou incidental, pela não efetivação no prazo de 30 dias, só ocorre se caracterizada omissão do requerente".

A cessação da eficácia cautelar, antecedente ou incidente, ocorrerá, também, quando o juiz julgar improcedente a ação ou extinguir o processo principal sem resolução do mérito. Nessas situações, as decisões, que são baseadas em cognição exauriente, cessam a eficácia do provimento de cognição sumária. Tais hipóteses ratificam a referibilidade inerente à tutela cautelar, pois a medida assecuratória não tem sentido, caso o pedido principal seja improcedente ou ocorra sentença terminativa.

E não é só.

Como orienta o enunciado 504 do FPPC, "cessa a eficácia da tutela cautelar concedida em caráter antecedente, se a sentença for de procedência do pedido principal, e o direito objeto do pedido foi definitivamente efetivado e satisfeito".

5.2.5. Vedação à rediscussão

Na forma do art. 309, parágrafo único, do CPC, exaurida a eficácia da pretensão cautelar por qualquer motivo legítimo, é vedado à parte renovar o pedido, salvo sob novo fundamento (causa de pedir diversa).

Esse dispositivo leva a posições doutrinárias divergentes a respeito de qual o fenômeno de estabilidade se operaria com o exaurimento da eficácia da pretensão cautelar. Há quem defenda que há, em essência, coisa julgada material, como há defesa por uma preclusão *pro iudicato*.

---

60. Há doutrina divergente que invocando o sincretismo processual, o princípio da economia, e a primazia das decisões de mérito, defende que a não apresentação do pedido principal no prazo 30 dias, apesar de acarretar a perda da eficácia à tutela cautelar, não origina, de imediato, a extinção do processo sem resolução do mérito, devendo o processo seguir para análise do pedido principal.

Os autores do presente livro aderem à segunda concepção, até porque não se teria como defender a verificação de coisa julgada em juízo de cognição não exauriente. Assim, entendem se tratar de **preclusão** *pro iudicato.*

O certo é que, cessada a eficácia da tutela cautelar por qualquer motivo, não será possível à parte renovar o pedido, salvo se houver fatos supervenientes que ensejem a formulação de um novo pedido, porque baseado em outra causa de pedir.

5.2.6. Independência entre as tutelas

O art. 310 do CPC dispõe acerca da independência da tutela cautelar em relação à tutela principal ao delinear que o indeferimento da tutela cautelar não obsta que a parte formule pedido principal, nem influi no julgamento desse, salvo se o motivo do indeferimento for a **decretação de decadência ou de prescrição.**

Essa exceção mitiga a regra geral de que a cautelar não tem o condão de produzir coisa jugada material. A prescrição e a decadência são as únicas matérias de mérito que podem ser antecipadas e julgadas *ante causam* (antes da propositura do pedido principal) fazendo com que o seu acolhimento prejudique a tutela cautelar e o próprio pedido principal.

6. TUTELA DE EVIDÊNCIA

6.1. Considerações iniciais

A tutela de evidência não é um instituto totalmente inovador, como se poderia pensar pela nomenclatura que recebe. O CPC/1973 já previa a sua possibilidade com fundamento no art. 273, II. No entanto, ela (a tutela de evidência) era pouco utilizada.

O CPC/2015, entretanto, muda de paradigma, ao afastar uma concepção excessivamente protetora do réu. As hipóteses legais em que for possível a concessão da tutela de evidência, são consideravelmente aumentadas, porque ela, agora, pode ser concedida independentemente da verificação de risco.

E não poderia ser diferente, porque a lógica da tutela de evidência é realizar uma distribuição do ônus do tempo mais equitativa, visando a evitar que a demora na entrega prestação jurisdicional definitiva seja suportada pela parte que esteja em posição de alta probabilidade do direito afirmado.

Assim, o sistema processual, a partir do CPC/2015, estruturou o instituto da tutela de evidência para tutelar situações em que a parte deixou satisfatoriamente clara a **robustez do direito afirmado** (elevada densidade probatória da existência do direito) e obteve uma resistência abusiva da parte *ex adversa.*

A tutela de evidência será sempre predominantemente satisfativa. Portanto, visa a regular a situação fática, entregando, de forma provisória, o bem, não havendo, por regra, a figura da tutela de evidência predominantemente cautelar. E, como baseada em cognição sumária, a decisão proferida não tem força para produzir coisa julgada.

6.2. Requisitos para concessão

Essa modalidade de tutela diferenciada, que será, nos moldes do art. 311 do CPC, **sempre satisfativa**, dispensa a verificação do risco de dano e destaca como elemento principal a existência de alta carga probatória apta a evidenciar o direito material afirmado (*fumus boni iuris*). O *periculum in mora*, portanto, não é requisito essencial para sua concessão.

6.3. Hipóteses de cabimento

As tutelas de evidência típicas são aquelas dispostas no art. 311 do Código de Processo Civil. Todas elas constituem hipóteses de antecipação provisória da procedência da ação (**tutela satisfativa**) e formam um rol exaustivo (*numerus clausulus*).

Como elemento comum das hipóteses de concessão da tutela de evidência previstas no art. 311, está a existência de uma defesa *inconsistente ou frágil*, que não teve a força de criar um estado de dubiedade a respeito do direito afirmado pelo autor.

Assim, ou a defesa é concretamente inconsistente, como ocorre nos incisos I e IV, hipóteses em que se exige, por parte do juiz, para a concessão da tutela provisória fundada na evidência, a análise do comportamento do réu para assim configurá-la (defesa como concretamente inconsistente);ou haverá uma presunção judicial de que a defesa a ser apresentada será frágil, como ocorre nos incisos II e III, hipóteses em que a antecipação da tutela é de imediato possível (independentemente da oitiva da parte adversa, sendo, assim, liminarmente concedida).

Nessa última hipótese (prevista na letra "b"), a afirmação de existência de direito formulada pelo autor é tão evidente, porque baseada em precedente ou em contrato depósito comprovado documentalmente, que o juiz presume não ser séria a defesa superveniente.

Abaixo, serão analisadas cada uma das hipóteses de possível concessão da tutela fundada na evidência, conforme previstas nos incisos do art. 311 do CPC: ***a) quando ficar caracterizado o abuso do direito de defesa ou manifesto propósito***

protelatório; b) Quando as alegações de fato puderem ser comprovadas apenas documentalmente e houver tese firmada em julgamento de casos repetitivos ou em súmula vinculante; c) quando se tratar de pedido reipersecutório fundado em prova documental adequada do contrato de depósito, caso em que será decretada a ordem de entrega do objeto custodiado, sob cominação de multa; d) a petição inicial for instruída com prova documental suficiente dos fatos constitutivos do direito do autor, a que o réu não oponha prova capaz de gerar dúvidas razoáveis.

6.4. Concessão liminar

Assim, a tutela de evidência pode ser deferida tanto liminarmente como em decisão incidental. No primeiro caso, só se admite a tutela liminar nas hipóteses dos incisos II e III do art. 311, situações que prescindem de avaliação da defesa apresentada pelo réu. Quanto aos incisos I e IV, onde um dos requisitos para concessão da tutela provisória é a análise do comportamento do réu, por óbvio, veda-se a concessão liminar.

Em decorrência do traço característico dessa modalidade de tutela provisória, que não é a urgência, não caberá a modalidade antecedente tal como se opera com a tutela de urgência.

CAPÍTULO XXII

Formação, suspensão e extinção do processo

1. CONSIDERAÇÕES INICIAIS

O processo, que se consubstancia na composição ordenada de atos processuais, destinados ao exercício da jurisdição pelo juiz e da ação/defesa pelas partes, se vier a se formar, ele, **obrigatoriamente**, extinguir-se-á, **podendo**, entre um e outro ato jurídico processual, suspender-se.

2. FORMAÇÃO DO PROCESSO

O primeiro momento da formação é a propositura da ação, dando-se esta com o **protocolo da petição inicial**, independentemente de distribuição (onde houver mais de um juiz) ou de despacho do juiz (onde houver um só juízo). Não é preciso que o réu seja citado para que o processo seja formado. Mesmo antes de sua citação, estará formado. A citação válida apenas completará a relação processual e permitirá que, contra o réu, surtam seus efeitos, conforme previstos no art. 240 do CPC.

3. SUSPENSÃO DO PROCESSO

Eventualmente, em decorrência de decisão judicial fundada em fatos jurídicos, atos jurídicos das partes ou atos judiciais legalmente previstos, pode haver suspensão do processo. Ela consiste na **abstenção da prática dos atos processuais** destinados à prestação jurisdicional.

Durante a suspensão, as partes não ficam impossibilitadas (pelo menos juridicamente) de praticar atos (sejam eles postulatórios, probatórios ou mesmo dispositivos). A abstenção se relaciona à prática de atos do juiz (sobretudo os pronunciamentos decisórios). Isso porque, no período de suspensão do processo, a vedação alcança a prática de qualquer ato processual oneroso. Se ele for praticado, será considerado ineficaz.

Todavia, apesar da suspensão, o juiz poderá determinar, inclusive de ofício, a realização de **atos urgentes a fim de evitar dano irreparável, salvo no caso de arguição de impedimento ou de suspeição.** De fato, quando questionada a imparcialidade da pessoa do juiz (mediante arguição de impedimento ou de suspeição), ele não poderá (mas apenas o seu substituto) determinar a prática de qualquer ato, ainda que seja considerado urgente.

A suspensão do processo tem como **termo inicial**: i) se decorrer de fato jurídico (força maior, morte da parte ou perda de sua capacidade), a partir da ocorrência do fato que lhe deu ensejo (a decisão respectiva será meramente declaratória); ii) se decorrer de ato jurídico das partes ou ato judicial, em regra, a partir da decisão respectiva.

Tem como **termo final**: i) se decorrer de convenção das partes, com o término do prazo de suspensão (sendo no máximo de 6 meses), independentemente de intimação; ii) se porque o julgamento depende de outra causa (ou da declaração de existência ou de inexistência de relação jurídica que constitua o objeto principal de outro processo pendente) ou porque tiver de ser proferida somente após a verificação de determinado fato (ou a produção de certa prova, requisitada a outro juízo), com a verificação das condições suspensivas previstas (sendo no máximo de 01 ano), independentemente de intimação; iii) nos demais casos, a partir da decisão judicial proferida nesse sentido.

O processo, conforme dispõe o art. 313 do Código de Processo Civil, suspende-se:

a) ***Pela morte ou pela perda da capacidade processual de qualquer das partes, de seu representante legal ou de seu procurador***;

Não ajuizada ação de habilitação, ao tomar conhecimento da morte, o juiz determinará a suspensão do processo e observará o seguinte: i) falecido o réu, ordenará a intimação do autor para que promova a citação do respectivo espólio, de quem for o sucessor ou, se for o caso, dos herdeiros, no prazo que designar, de no mínimo 2 e no máximo 6 meses; ii) falecido o autor e sendo transmissível o direito em litígio, determinará a intimação de seu espólio, de quem for o sucessor ou, se for o caso, dos herdeiros, pelos meios de divulgação que reputar mais adequados, para que manifestem interesse na sucessão processual e promovam a respectiva habilitação no prazo designado, sob pena de extinção do processo sem resolução de mérito.

Não habilitado(s) o espólio, o sucessor ou, se for o caso, os herdeiros do autor falecido, o processo será extinto sem resolução de mérito. Não habilitado(s) o espólio, o sucessor ou, se for o caso, os herdeiros do réu falecido, o processo correrá à revelia (a não ser que a ação for considerada intransmissível por disposição legal, caso em que haverá extinção do processo).

No caso de morte do (único) procurador de qualquer das partes, ainda que iniciada a audiência de instrução e julgamento, o juiz determinará que a parte constitua novo mandatário, **no prazo de 15 dias.** Ao final deste, extinguirá o processo sem resolução de mérito, se o autor não nomear novo mandatário, ou ordenará o prosseguimento do processo à revelia do réu, se falecido o procurador deste. Se constituir novo procurador, o processo seguirá.

O prazo de 15 dias não é peremptório. Pode ser alargado por requerimento da parte interessada. E mesmo que além do mencionado prazo, se não tiver sido proferida sentença, as partes poderão realizar as habilitações necessárias.

b) ***Pela convenção das partes***: por esse ato jurídico, as partes (ainda que contra a vontade do fiscal da ordem jurídica) podem, de comum acordo, suspender o processo por um prazo máximo de 6 meses (não se admitindo sucessivas suspensões com a finalidade de superar o prazo máximo).

c) ***Pela arguição de impedimento ou de suspeição***: em decorrência desse ato jurídico das partes (de qualquer delas), o processo se suspende a partir de quando arguido o impedimento ou a suspeição, até que ela seja resolvida pelo tribunal *ad quem*.

d) ***Pela admissão de incidente de resolução de demandas repetitivas***; o pedido de instauração do incidente será dirigido ao presidente de tribunal, com os documentos necessários à demonstração do preenchimento dos pressupostos à instauração. Após a distribuição, o órgão colegiado competente para julgar o incidente procederá ao seu juízo de admissibilidade. Se admitido o incidente, o relator, conforme estabelece o inciso I do art. 982 do Código de Processo Civil, **suspenderá os processos pendentes, individuais ou coletivos, que tramitam no Estado ou na região. Essa suspensão tem início com a admissão do incidente.** Ela cessará se não for interposto recurso especial ou extraordinário contra a decisão proferida no incidente. Se interposto(s) qualquer (ambos), a suspensão se prolongará até o(s) julgamento(s) dele(s).

e) ***Quando a sentença de mérito depender do julgamento de outra causa ou da declaração de existência ou de inexistência de relação jurídica que constitua o objeto principal de outro processo pendente***: vendo-se o juízo em estado de perplexidade, impossibilitado, assim, de decidir o mérito de forma legítima, quando verificada a propositura anterior de ação a evolver questão antecedente lógica e necessária para o julgamento da causa, cujo processo se pretende suspender, este ficará paralisado aguardando a solução daquela.

f) ***Quando a sentença de mérito tiver de ser proferida somente após a verificação de determinado fato ou a produção de certa prova, requisitada a outro juízo***: vendo-se o juízo em estado de perplexidade, em razão da necessidade de verificar determinado fato ou de produzir certa prova requisitada a outro juízo, suspenderá o processo, como forma de legitimar o seu julgamento.

g) ***Por motivo de força maior***: em razão dessa espécie de fatos jurídicos, que fogem do controle humano (já que seus efeitos não são possíveis de evitar ou impedir), o processo tem seu curso paralisado, porque o prosseguimento acarretaria prejuízo a alguém.

h) ***Quando se discutir em juízo questão decorrente de acidentes e fatos da navegação de competência do Tribunal Marítimo;***

i) ***Nos demais casos, que este Código regula***: conforme expressa previsão do CPC, há outros casos, além dos elencados no art. 315, que dão ensejo à suspensão do processo. Dentre eles, estão exemplificativamente: instauração do incidente de desconsideração de personalidade jurídica; expedição de carta precatória, carta rogatória e solicitação de auxílio direto antes do saneamento processual; julgamento de recursos especial e extraordinário repetitivos;

j) pelo parto ou pela concessão de adoção, quando a advogada responsável pelo processo constituir a única patrona da causa: o período de suspensão será de 30 (trinta) dias, contado a partir da data do parto ou da concessão da adoção, mediante apresentação de certidão de nascimento ou documento similar que comprove a realização do parto, ou de termo judicial que tenha concedido a adoção, desde que haja notificação ao cliente;

k) quando o advogado responsável pelo processo constituir o único patrono da causa e tornar-se pai: o período de suspensão será de 8 (oito) dias, contado a partir da data do parto ou da concessão da adoção, mediante apresentação de certidão de nascimento ou documento similar que comprove a realização do parto, ou de termo judicial que tenha concedido a adoção, desde que haja notificação ao cliente.

4. EXTINÇÃO DO PROCESSO

A solução do objeto do processo dá-se pela prolação de "sentença". O ideal, portanto, é que haja **resolução de mérito**. Contudo, alguns fatos processuais impedem o órgão julgador de alcançar este objetivo, sendo a fase de cognição (pelo menos) extinta sem resolução de mérito.

Se ocorrer de ser proferido pronunciamento judicial terminativo, nada impedirá que a parte processualize novamente a ação (a fim de alcançar a resolução do mérito), mas a petição inicial não será despachada sem a prova do pagamento ou do depósito das custas e dos honorários de advogado (se eventualmente devidos e exigíveis).

Se o autor der causa, por 3 vezes, à sentença fundada em abandono da causa, não poderá propor nova ação contra o réu com o mesmo objeto do processo extinto, ficando-lhe ressalvada, entretanto, a possibilidade de alegar em defesa o seu direito.

No caso de abandono, haverá de ser uma sentença (e não uma decisão interlocutória), ante os elementos caracterizadores daquele.

Pois bem.

O art. 485 do CPC dispõe que o juiz **não resolverá o mérito** quando se verificar qualquer uma das **situações** nele elencada (mas, antes de proferir decisão sem resolução de mérito, o juiz deverá conceder à parte oportunidade para, se possível, corrigir o vício).

> ▸ IMPORTANTE!
>
> Embora sejam várias as situações de prolação de sentença sem resolução de mérito, elas podem ser reduzidas a duas, quais sejam: inadmissibilidade do processo (falta de pressupostos processuais e não preenchimento de qualquer das condições da ação) e abandono em sentido amplo (incluída aí a desistência).

Passa-se a analisar cada uma das situações prevista no art. 485 do CPC:

a) ***Indeferir a petição inicial***: a petição inicial será indeferida sem resolução de mérito quando, antes de determinada a citação do réu, for verificada alguma das hipóteses previstas no art. 330 do CPC. Em consequência, não haverá resolução de mérito.

b) ***O processo ficar parado durante mais de 1 (um) ano por negligência das partes***: se ambas as partes deixam o processo parado por mais de 1 ano, ele deve ser extinto sem resolução de mérito, com a condenação das partes no pagamento proporcional das custas processuais. Antes de proferir sentença nesse sentido, deve o juiz intimar pessoalmente as partes para que, no prazo de 5 dias, deem andamento ao processo.

c) ***Por não promover os atos e as diligências que lhe incumbir, o autor abandonar a causa por mais de 30 dias***; a não resolução de mérito, por abandono da causa pelo autor, depende de requerimento do réu (enunciado 240 da súmula do STJ). É assim, também, que dispõe o § 6º do art. 485 do CPC. Antes de proferir sentença, deve o juiz intimar pessoalmente o autor para, no prazo de 5 dias, dar andamento ao processo.

d) ***Verificar a ausência de pressupostos de constituição e de desenvolvimento válido e regular do processo***: não é a ausência de todo e qualquer pressuposto de desenvolvimento que implica não resolução de mérito, mas apenas aqueles que não podem ser, ou não foram oportunamente, supridos. No caso da incompetência, por exemplo, supre-se a ausência do pressuposto com a simples remessa do processo ao juízo competente. No caso de regularidade da representação processual, supre-se a ausência do pressuposto pela oportuna ação das partes, a menos que estes permaneçam inertes, hipótese em que ficará sem resolução de mérito.

e) ***Reconhecer a existência de perempção, de litispendência ou de coisa julgada***: se a sentença reconhecer a existência de perempção, de litispendência ou de coisa julgada (que são pressupostos processuais negativos), não haverá resolução de mérito. A atividade jurisdicional para o reconhecimento de qualquer destes pressupostos negativos independe de provocação. O juiz deve agir *ex officio*, o que não dispensa, todavia, a intimação das partes para se pronunciar acerca da questão arguida. A perempção ocorre quando o autor houver dado motivo, por 3 vezes consecutivas, à impossibilidade de resolução de mérito por não ter promovido os atos e diligências que lhe competiam, abandonando a causa por mais de 30 dias, conforme reconhecido pelas sentenças terminativas anteriores. Se os motivos da não resolução de mérito das sentenças anteriores não decorrerem de abandono do autor, inexiste perempção. A litispendência ocorre quando é intentada, perante órgãos jurisdicionais brasileiros, ação idêntica à outra pendente (ainda que haja diversidade de procedimentos ou que os pedidos, conquanto diferentes, sejam equivalentes). E, a coisa julgada aqui descrita se dá quando é repetida ação idêntica à outra anteriormente decidida por sentença de mérito transitada em julgado.

f) ***Verificar ausência de legitimidade ou de interesse processual***: a ausência de qualquer das condições da ação conduz à carência do direito de ação, que impossibilita a resolução de mérito. Assim, verificada a carência do direito de ação, será proferida sentença sem resolução de mérito. Pode ocorrer de, quando intentada a ação, estivesse ausente qualquer de suas condições, mas, depois, restou preenchida. Se tal ocorrer, não deverá ser proferida sentença terminativa, porque eventual carência do direito de ação não mais persistirá.

g) ***Acolher a alegação de existência de convenção de arbitragem ou quando o juízo arbitral reconhecer sua competência***: a convenção de arbitragem (pressuposto processual negativo) é gênero do qual são espécies a cláusula compromissória e o compromisso arbitral, sendo este o ajuste, e aquela cláusula contratual, de as partes se submeterem à decisão de mérito a ser proferida pelo árbitro.

Segundo o art. 337, X, do CPC, incumbe ao réu, antes de discutir o mérito, alegar a existência de convenção de arbitragem. O § 5º do art. 337 do CPC, por seu turno, estabelece que, "excetuadas a convenção de arbitragem e a incompetência relativa, o juiz conhecerá de ofício das matérias enumeradas neste artigo".

h) ***Homologar a desistência da ação***: a desistência da ação é ato processual, que, quando homologado, impossibilita a resolução de mérito. **Oferecida a contestação,** o requerimento de desistência (de regra) somente pode ser homologado se houver anuência do réu ou, a critério do juiz, se a parte deixar de anuir sem motivo justificado, até porque a recusa deve ser fundamentada e justificada, não bastando a simples alegação de discordância, sem a indicação de motivo relevante (STJ. REsp 241780/PR. DJU 03.04.00).

> ▸ **Importante!**
>
> O marco temporal para análise da dispensabilidade de anuência do réu é o oferecimento da defesa e não o escoamento do prazo. Portanto, caso a parte ré conteste no segundo dia do prazo da contestação, haverá a necessidade do seu consentimento para tornar eficaz a desistência do réu.

De acordo com art. 90 do CPC: "proferida sentença com fundamento em desistência, em renúncia ou em reconhecimento do pedido, as despesas e os honorários serão pagos pela parte que desistiu, renunciou ou reconheceu. Sendo parcial a desistência, a renúncia ou o reconhecimento, a responsabilidade pelas despesas e pelos honorários será proporcional à parcela reconhecida, à qual se renunciou ou da qual se desistiu. Se o requerimento de desistência for formulado antes da citação, o autor somente responde pelas custas processuais e, tendo a citação sido efetuada, deve arcar também com os honorários do advogado do réu (STJ. REsp 638382/DF. DJU 09.05.06). A desistência da ação pode ser apresentada até a sentença. Depois da sentença, não será mais permitida, em qualquer hipótese, a desistência (STJ. REsp 1.115.161/RS. DJe 04.03.10).

No sentido técnico-jurídico processual, a desistência difere-se da renúncia ao direito sobre qual se funda a ação, a considerar que esta (renúncia do direito), diferentemente daquela (desistência), alcança o direito material (ou, para ser mais preciso, o objeto litigioso do processo), de forma definitiva, pelo que justifica a prolação de decisão com resolução de mérito, como se observa do quadro abaixo:

Desistência do direito de ação	Renúncia do direito material
Ato unilateral de disposição do direito processual (o autor desiste de prosseguir com o processo);	Ato unilateral de disposição do direito material (autor abre mão do objeto litigioso do processo);
Acarreta a extinção do processo sem resolução do mérito (sentença terminativa);	Acarreta a extinção do processo com resolução do mérito;
Faz coisa julgada formal, produzindo efeitos meramente processuais;	Faz coisa julgada formal e material produzindo efeitos processuais e materiais;
Possibilidade de repropositura;	Impossibilidade de repropositura;
Se o réu já tiver apresentado contestação, é obrigatório que o réu consinta com a desistência.	Não existe obrigatoriedade legal de ouvir o réu sobre a renúncia do direito manifestada pelo autor.

Relativamente à formulação de requerimento de desistência, o art. 105 do CPC dispõe que "a procuração geral para o foro, outorgada por instrumento público ou particular assinado pela parte, habilita o advogado a praticar todos os atos do processo, exceto [...] desistir". A dizer de outra forma, a desistência só pode ser requerida pelas partes ou por procurador com poderes especiais (STJ. MS 12241/DF. DJe 25.03.08). Homologada a desistência, será proferida sentença sem resolução de mérito.

O § 4º do art. 90 concretiza uma sanção premial para o réu que reconheça a procedência do pedido e, simultaneamente, cumpra integralmente a prestação reconhecida, hipótese na qual os honorários serão reduzidos pela metade.

i) ***Em caso de morte da parte, a ação for considerada intransmissível por disposição legal***: se a ação processualizada é intransmissível, qualquer outra pessoa que a deduza (ou contra quem é deduzida) será considerada parte ilegítima. Somente estarão legitimadas as pessoas integrantes da relação jurídica levada a juízo. Por essa razão, falecendo uma (ou ambas) as partes, será proferida sentença terminativa (sem resolução de mérito), tendo em conta a perda superveniente da legitimidade.

j) ***Nos demais casos prescritos neste Código***: além das hipóteses elencadas pelo art. 485, o CPC prevê outras que dão ensejo à impossibilidade de resolução de mérito, a exemplo do que prevê o § 3º do art. 313 e o parágrafo único do art. 115. Qualquer que seja o caso de sentença terminativa, interposta, contra ela, apelação, o juiz terá 5 dias para retratar-se.

Destaca-se, ainda, que o juiz conhecerá de ofício das hipóteses das letras D, E, F e I, em qualquer tempo e grau de jurisdição, enquanto não ocorrer o trânsito em julgado. Todavia, nas hipóteses da letra D, E e F, o réu que não a alegar, na primeira oportunidade em que lhe caberia falar nos autos, responderá pelas custas de retardamento.

Por sua vez, o art. 487 do CPC apresenta um rol de situações em que será proferida sentença de resolução de mérito. De acordo com o seu texto, haverá **resolução de mérito quando o juiz**:

a) ***Acolher ou rejeitar o pedido formulado na ação ou na reconvenção***: em sendo o pedido do autor, na ação, ou do réu, na reconvenção, julgado procedente (no todo ou em parte) ou improcedente, haverá resolução de mérito. A redação do inciso I do art. 487 do CPC/2015 traz evolução em relação àquela trazida pelo inciso I do art. 269 do CPC/1973, pois que considera, também, numa concepção isonômica, a possibilidade de ser veiculado pedido pelo réu mediante apresentação de reconvenção. Não adota, contudo, ao ver dos autores desse livro, o melhor fator de delimitação do objeto litigioso do processo (que não é o pedido, mas sim as afirmações de existência de direito, sendo essas, se acolhidas ou rejeitadas, quem definem a procedência ou improcedência da ação).

Esta hipótese de resolução de mérito (ao contrário das demais elencadas no art. 487 do CPC) é a única em que haverá um "julgamento". Por isso, não se fala, no mais das vezes, em "julgamento de mérito" (espécie) e, sim, em "resolução de mérito" (gênero). Por isso que a redação do *caput* do art. 487 do CPC/2015 refere-se à "resolução" e não a "julgamento" do mérito, como ocorria antes, na redação originária do CPC/1973.

Nessa situação, diferentemente das demais previstas pelo art. 487 do CPC, o juiz forma sua convicção (mesmo que isso não ocorra, a considerar a possibilidade de julgar mediante estado de perplexidade ou a necessidade seguir precedente vinculante), a resolver o mérito, sem que a vontade de qualquer das partes ou o transcorrer de lapso temporal sejam elementos determinantes para definir o resultado.

b) ***Decidir, de ofício ou a requerimento, sobre a ocorrência de decadência ou prescrição***: tanto a prescrição quanto a decadência prejudicam o julgamento, mas não a resolução de mérito. Se verificada a prescrição, o juiz resolve manter os fatos, como se apresentam, pela perda da pretensão. Se verificada a decadência, o juiz resolve manter os fatos, como se apresentam, pela perda do direito. Em ambos os casos, tal ocorre em razão do transcurso de lapso temporal mínimo determinado em lei. Assim, verificada a ocorrência de alguma das prejudiciais, o órgão julgador deve, a requerimento de qualquer parte ou mesmo de ofício, decretá-la para ofertar a resolução de mérito. Também, se rejeitada a alegação de prescrição ou decadência, a decisão será de mérito.

c) ***Homologar o reconhecimento da procedência do pedido formulado na ação ou na reconvenção***: o reconhecimento da procedência do pedido é ato unilateral da parte. Para que possa ensejar a prolação de sentença, com a consequente resolução do mérito, o reconhecimento deve ser total (o parcial, conquanto possa resolver o mérito naquela parte, por decisão interlocutória definitiva, não autoriza, pelo menos em tese, a prolação de sentença) e homologado pelo juiz.

São requisitos para este ato volitivo (reconhecimento da procedência do pedido) a disponibilidade do direito e a capacidade de ser parte. O advogado, para assim proceder em nome da parte, deve ter poderes especiais no instrumento de procuração (art. 105, *caput*, do CPC).

Se o réu reconhece a procedência do pedido, e desde que estejam preenchidos os requisitos apontados, o juiz, por sentença, resolverá o mérito. O mesmo acontecerá se o reconhecimento partir do autor com relação à reconvenção. Só que, aí, para ser sentença, é necessário que não haja mais questão pendente de solução na ação intentada pelo autor ou que ela seja resolvida conjuntamente com a reconvenção. Caso contrário, será uma decisão interlocutória definitiva de mérito (julgamento parcial de mérito).

Quem reconhece a procedência do pedido deve arcar com as despesas processuais. Se ambas as partes reconhecem, cada uma responderá pelas respectivas despesas.

d) ***Homologar a transação***: se as partes, mediante concessões mútuas até chegarem a um patamar aceito por ambas, optarem pela resolução do mérito, o juiz, a observar a legalidade do ato, bem assim a disponibilidade do direito e a capacidade de o réu ser parte, homologará a composição. Com isso, o mérito estará resolvido. Diferentemente do que se poderia concluir, não basta a transação firmada entre as partes, é preciso que ela seja homologada pelo juiz. Homologada a transação, as despesas processuais devem ser divididas entre as partes em iguais partes, a não ser que nos termos da renúncia haja, entre as partes, pactuação em sentido diverso.

e) ***Homologar a renúncia à pretensão formulada na ação ou na reconvenção: a renúncia à pretensão formulada na ação ou na reconvenção é ato privativo da parte que aciona, a ser exercida em qualquer tempo ou grau de jurisdição, independentemente da anuência da parte adversa. O autor pode renunciar à pretensão formulada na ação, enquanto que o réu poder renunciar à pretensão formulada na reconvenção. Quando homologada a renúncia (o que ocorrerá se verificada a disponibilidade do direito e a capacidade de ser parte), enseja resolução do mérito.***

CAPÍTULO XXIII

Petição inicial

1. CONSIDERAÇÕES INICIAIS

Quando peticiona em juízo, a parte pratica um ato postulatório. Pede-se uma providência ao Estado-juiz. A primeira petição do processo é chamada de inicial. Quando apresentada, traz consigo o exercício do direito de ação. Mas não são apenas as iniciais são consideradas instrumentos de exercício do direito de ação. Este pode ser exercido por outras petições, a exemplo da contestação, que veicula contradireito, e da própria reconvenção (que será apresentada em petição autônoma, se não apresentada contestação).

2. REQUISITOS

São requisitos da petição inicial: a) o juízo a que é dirigida; b) os nomes, os prenomes, o estado civil, a existência de união estável, a profissão, o número de inscrição no Cadastro de Pessoas Físicas ou no Cadastro Nacional da Pessoa Jurídica, o endereço eletrônico, o domicílio e a residência do autor e do réu; c) o fato e os fundamentos jurídicos do pedido; d) o pedido com as suas especificações; e) o valor da causa; f) as provas com que o autor pretende demonstrar a verdade dos fatos alegados; g) a opção do autor pela realização ou não de audiência de conciliação ou de mediação.

Analisam-se cada um desses requisitos:

a) ***O juízo a que é dirigida***: se na comarca ou seção judiciária houver mais de um órgão jurisdicional (juízo) competente, será feita a distribuição (sorteio aleatório e igualitário) a se prescindir a indicação numérica.

A finalidade desse requisito da petição inicial é possibilitar que ela chegue ao órgão jurisdicional, que dará andamento ao processo. Se houver indicação equivocada, sendo remetida a petição a juízo incompetente, a petição não será indeferida. Caberá ao juízo incompetente (ou mediante provocação do réu, se a incompetência for relativa) remeter ao juízo competente.

b) ***Os nomes, os prenomes, o estado civil, a existência de união estável, a profissão, o número de inscrição no Cadastro de Pessoas Físicas ou no Cadastro Nacional da Pessoa Jurídica, o endereço eletrônico, o domicílio e a residência do autor e do réu***: a petição inicial deve trazer a individualização das partes de forma suficiente (para que a ação não seja intentada por e contra pessoa incerta, a impossibilitar, até mesmo, as próprias comunicações processuais), o que é feito com a indicação dos dados encimados.

A considerar que a qualificação das partes tem o fim de individualizá-las, é possível a propositura de ação sem que sejam preenchidos todos os requisitos indicados. Basta que as partes estejam individualizadas para que possam ser regularmente citadas, o que pode ser feito mediante a apresentação de outras informações. Exemplo ilustrativo é o das ações possessórias, onde os esbulhadores são pessoas não identificadas. Embora quase impossível preencher os requisitos de qualificação dos réus, conforme descritos no art. 319 do CPC, eles podem ser individualizados (a possibilitar a citação) pela indicação do lugar de esbulho. O importante é garantir o acesso à prestação jurisdicional sem prejuízo, em contrapartida, do contraditório.

Não há de se esquecer, porém, que o estado civil, bem assim a indicação da existência de união estável, tem importância para se identificar a **necessidade de outorga uxória e para se verificar a legitimação processual** (art. 73 do CPC), pelo que, se não indicados corretamente, deve o réu, em sua resposta (ou na primeira oportunidade que lhe couber falar nos autos), proceder à indicação corretiva.

Para fins de comunicação dos atos processuais, é necessário conhecer a profissão (para estabelecer a forma daquela, que pode ser um convite, uma requisição ou uma intimação), assim como o domicílio e a residência (para localização das partes, a se observar que alguns atos processuais são endereçados e, às vezes, praticados por aquelas pessoalmente) das partes.

A identificação da profissão das partes litigantes é igualmente **útil para avaliação de suas condições socioeconômicas**, a se aferir se é o caso ou não de concessão dos benefícios da gratuidade judiciária, porque pode ser um indício de que a parte possui condições de pagar as despesas do processo sem prejuízo do sustento próprio ou de sua família (STJ. REsp 36730/RS. DJU 15.12.03). Também é importante a indicação da profissão para designação e comparecimento em audiências. Algumas autoridades são tratadas com deferência, podendo escolher dia, hora e local para serem ouvidas.

O art. 319, II, do CPC/2015, traz como novidade a indicação do **número de inscrição no Cadastro de Pessoas Físicas ou no Cadastro Nacional da Pessoa Jurídica** como requisito da petição inicial. Sua indicação é servil à prática de alguns atos processuais essenciais, principalmente aqueles adstringidos à localização de pessoas e/ou de bens que garantirão eventual execução. Basta que seja realizada a indicação numérica, a se prescindir a juntada do respectivo cartão.

Outrossim, também como novidade, o art. 319, II, do CPC/2015 dispõe que a petição inicial deve indicar os **endereços eletrônicos** das partes. Eles são necessários à realização de comunicações eletrônicas, que, quando possível, torna, em alguns casos, dispensável até a indicação do domicílio e residência. Inclusive, o domicílio e a residência, se desconhecidos ou incertos, podem, também, prescindir de indicação, mas, nesse caso, a citação, pelo menos, terá que ser efetuada de forma eletrônica ou por edital (mas não restringirá a garantia de acesso à prestação jurisdicional).

Caso não disponha de qualquer das informações mencionadas acima, poderá o autor, na petição inicial, requerer ao juiz diligências necessárias à sua obtenção. Contudo, repita-se, a petição inicial não será indeferida se, a despeito da falta de informações indicadas como requisitos de qualificação, for possível a citação do réu, bem assim se a obtenção delas tornar impossível ou excessivamente oneroso o acesso à prestação jurisdicional.

c) ***O fato e os fundamentos jurídicos do pedido***: a petição inicial é o instrumento de exercício do direito de ação. Quando efetivamente exercido, há uma demanda, cujos elementos são partes, causa de pedir e pedido. Logo, a petição inicial deve, assim como faz em relação à identificação das partes, indicar os fatos (causa de pedir remota) e fundamentos jurídicos (causa de pedir próxima) do pedido.

De acordo com a **Teoria da Substanciação**, adotada (para os direitos heterodeterminados), de forma predominante (mas não exclusiva) pelo sistema jurídico pátrio (art. 282, III, do CPC), a parte, na petição inicial, deve indicar os fatos (apenas os necessários, considerados importantes) e fundamentos jurídicos de seu pedido para que esteja satisfeito o elemento da causa de pedir. Com base na análise dos fatos e de suas consequências jurídicas, o juiz determinará o direito. E não é necessário que se indique o(s) dispositivo(s) legal(is) (fundamento legal) aplicável(is), principalmente a se considerar que o direito nem sempre está positivado e que "o juiz conhece o direito". Inclusive, como orienta o enunciado 281 do FPPC, a **indicação do dispositivo legal não é requisito da petição inicial e, uma vez existente, não vincula o órgão julgador.** Contudo, orienta o enunciado 282, para julgar com base em enquadramento normativo diverso daquele invocado pelas partes, ao juiz cabe observar o dever de consulta, previsto no art. 10.

A outra teoria que explica a causa de pedir é a da Individualização. Segundo ela, a causa de pedir é formada unicamente pela relação jurídica afirmada pela parte, tendo os fatos um cunho secundário. Referida teoria não foi adotada, de forma predominante, pelo sistema jurídico brasileiro, embora subsista a sua utilidade prática em alguns casos (relacionados a direitos autodeterminados). A título de exemplo, pode-se fazer referência à; a) ação de divórcio, onde, para se justificar o atendimento do pedido, basta afirmar a existência de casamento; b) ação reivindicatória, onde, para se justificar o atendimento ao pedido, basta afirmar a propriedade do bem imóvel.

Em razão da disposição do art. 330, § 2º, do CPC, nas ações que tenham por objeto, por exemplo,[61] a revisão de obrigação decorrente de empréstimo, de financiamento ou de alienação de bens, o autor terá de, sob pena de inépcia, discriminar na petição inicial, dentre as obrigações contratuais, aquelas que pretende controverter, além de quantificar o valor incontroverso do débito, que deverá continuar sendo pago no tempo e modo contratados. Essa disposição não representa bem uma "novidade", mas apenas uma simbologia legislativa, a ficar aclarado que os fatos trazidos pela petição inicial devem ser narrados de forma analítica, a possibilitar a sua perfeita compreensão, além do que o simples ajuizamento de ação não autoriza o descumprimento de obrigação assumida no plano extrajudicial.

d) ***O pedido com as suas especificações***: pela razão explicitada acima, a petição inicial deverá indicar o pedido formulado pelo autor. Por sua significativa importância, o "pedido" será estudado em capítulo próprio. Aqui, adianta-se que a narração dos fatos deve alcançar uma conclusão lógica, sob pena de a petição inicial ser considerada inepta e, por consequência, ser indeferida. A "conclusão lógica", a que conduz a narração fática, é o pedido, que, se cumulado, deve observar a compatibilidade.

e) ***O valor da causa***: a petição inicial deve indicar o valor atribuído à causa, que deve ser certo e expresso em moeda corrente nacional, segundo os critérios de apuração previstos no art. 292 do Código de Processo Civil. O valor da causa tem importância para quantificar economicamente a ação, definir do rito processual adequado e fixar a competência do juízo. Também, quando a sentença não for condenatória, serve como base para a definição de honorários advocatícios. Por fim, destina-se à verificação da necessidade (ou não) de constituição de advogado. Remete-se o leitor ao capítulo onde o "valor da causa" é discorrido com maiores informações.

f) ***As provas com que o autor pretende demonstrar a verdade dos fatos alegados***: a parte deverá, na petição inicial, indicar, de forma genérica, os meios de prova que eventualmente pretende se utilizar para convencer o juiz acerca de suas afirmações. Não se exige a especificação das provas, mas apenas a indicação delas, a se fazer alusão aos meios que, eventualmente, a parte possa ter necessidade de produzir durante o curso processual.

---

61. O enunciado 290 do Fórum Permanente de Processualistas Civis orienta que "a enumeração das espécies de contrato previstas no § 2º do art. 330 é exemplificativa".

g) ***A opção do autor pela realização ou não de audiência de conciliação ou de mediação***: de acordo com o inciso VII do art. 319 do CPC, o autor, na petição inicial, deve indicar sua opção pela realização ou não de audiência de conciliação ou de mediação. Só que essa exigência não pode ser considerada um requisito da petição inicial, apesar da indicação legal assim a colocar como tal. Se não indicada sua opção na petição inicial, o autor estará a concordar com a realização da referida audiência, pois, a teor do que dispõe o art. 334, § 4º, I, do CPC, a audiência só não será realizada se ambas as partes manifestarem, expressamente, desinteresse na composição consensual. Omisso o autor, por não indicação na petição inicial, não manifestará desinteresse expressamente. Logo, será realizada a audiência. E diga-se mais: nos termos do inciso II do mesmo dispositivo, não será realizada audiência de conciliação ou mediação quando não se admitir a autocomposição. Se for esse o caso, pouco importará a manifestação do autor, ainda que favorável, porque a audiência não será realizada. Por assim dizer, a opção pela realização de audiência, embora conveniente, não chega a ser um requisito da petição inicial, pelo que sua omissão não justifica indeferimento.

h) ***A petição inicial será instruída com os documentos indispensáveis à propositura da ação***: a petição inicial deverá ser instruída com os documentos indispensáveis à propositura da ação. São considerados "documentos indispensáveis" aqueles que a lei assim os considerar (como, por exemplo, a certidão de casamento para a ação de divórcio e a certidão de registro de propriedade para a ação reivindicatória) ou que o autor fizer referência como fundamento de seu pedido, os quais, se em sua posse, devem ser juntados logo na petição inicial. Se o autor não dispuser dos documentos indispensáveis (que pode estar na posse da parte adversa ou de terceiros), orienta o enunciado 283 do Fórum Permanente de Processualistas Civis, aplicam-se os arts. 319, § 1º, 396 a 404 do Código de Processo Civil. A ser assim, caso não disponha dos documentos indispensáveis, poderá o autor, na petição inicial, requerer ao juiz diligências necessárias à sua obtenção.

Afora esses requisitos explicitados acima, na petição inicial deve constar o endereço onde o advogado do autor receberá as comunicações processuais e, evidentemente, sua assinatura, com a indicação do número de inscrição nos quadros da respectiva seccional da OAB.

Por omissão legislativa, não se exige que o autor requeira a citação do réu, como antes ocorria sob a vigência do CPC/1973, a teor do que dispunha o art. 282, VII (que, mesmo sob a vigência do anterior Código, o requisito já era mitigado)[62].

62. Antes mesmo da revogação do CPC/1973, o STJ já entendia, de forma copiosa, que a ausência de requerimento era sanada pela citação válida (STJ. REsp 827642/MG. DJU 24.08.06).

3. ADITAMENTO E ALTERAÇÃO

Protocolada a petição inicial, mas **antes de sua distribuição**, pode o autor aditar ou alterar qualquer dos elementos (objetivos ou subjetivos) da ação exercida (demanda). Se não houver necessidade de distribuição perante a unidade judiciária respectiva, até a citação, será permitida a modificação dos elementos subjetivos, **independentemente do consentimento do réu.**

Vinda a distribuição da petição inicial, contudo **antes da citação** do réu, apenas os elementos objetivos podem ser aditados ou alterados pelo autor (independentemente do consentimento do réu). Isso a considerar que não foi comunicado sequer para apresentar resposta, pelo que não estará submetido a qualquer prejuízo. Quando citado, o mandado respectivo deve comunicar acerca do aditamento ou da alteração realizada.

Depois da citação, os elementos objetivos somente só poderão ser aditados ou alterados, **até o saneamento do processo, se o réu consentir**. Caso contrário, devem ser mantidos aqueles estabelecidos até período anterior. Se consentido o aditamento ou alteração, será assegurado o contraditório mediante a possibilidade de manifestação do réu no prazo mínimo de 15 dias, facultado o requerimento de prova suplementar.

Após o saneamento, o autor não poderá modificar mais qualquer elemento. É que, caso fosse admitida a mudança dos elementos a qualquer tempo, a atividade processual ficaria embaraçada. O saneamento, assim, foi colocado como termo último à alteração dos elementos da demanda por estar o Estado-juiz preparado para dar início ao julgamento.

O aditamento, diferentemente do que ocorre com a emenda, embora possam ser contemporâneos, **não significa necessidade de correção de qualquer vício** atribuído à petição inicial. Ela estaria apta mesmo sem o aditamento. Trata-se de opção do autor, que, em algumas vezes, quer aditar (ampliando ou reduzindo) os elementos da ação. Por exemplo, o autor, antes de citação do réu, alargou o pedido de indenização, acrescentando, além do pedido de indenização por danos materiais, o de indenização por danos morais.

Já a alteração dos elementos da ação pode ocorrer, ou por simples conveniência do autor, ou para corrigir eventual vício, que poderia até ensejar o indeferimento da petição inicial ou mesmo a extinção por qualquer outro motivo. Ao assim proceder, o autor não amplia ou reduz os elementos da ação, mas os modifica (mesmo que seja apenas um). Por exemplo, antes da citação do réu, o autor pode alterar o pedido de indenização por danos morais para danos materiais.

Simples esclarecimentos prestados pelo autor não significam aditamento da petição inicial, pelo que podem ser realizados a qualquer momento. É por isso que o enunciado 428 do Fórum Permanente de Processualistas orienta que a integração e o esclarecimento das alegações nos termos do art. 357, § 3º[63], não se confundem com o aditamento do ato postulatório previsto no art. 329.

Essas disposições em torno do aditamento e da alteração dos elementos da ação aplica-se à reconvenção e à respectiva causa de pedir.

4. EMENDA

O juiz, ao verificar que a petição inicial **não preenche os requisitos** necessários (conforme indicado acima e que estão dispostos nos arts. 319 e 320 do CPC) **ou** que **apresenta defeitos e irregularidades capazes de dificultar o julgamento de mérito**, determinará que o autor, no prazo de 15 dias, a emende ou a complete, indicando **com precisão** o que deve ser corrigido ou completado.

O Código de Processo Civil, no art. 106, I, dispõe que, quando postular em causa própria, incumbe ao advogado declarar, na petição inicial ou na contestação, o endereço, seu número de inscrição na Ordem dos Advogados do Brasil e o nome da sociedade de advogados da qual participa, para o recebimento de intimações. Em seguida, o § 1º estabelece que, se o advogado descumprir o disposto no inciso I, o juiz ordenará que se supra a omissão, no prazo de 5 dias, antes de determinar a citação do réu, sob pena de indeferimento da petição.

Veja-se que o prazo de emenda para a situação individualizada, a considerar a própria simplicidade do ato a ser praticado, é menor. Em vez de 15 dias, são apenas 5. Mas, se a determinação de emenda contemplar aquela situação e outra mais, o prazo será comum de 15 dias. Essa é a orientação estabelecida pelo enunciado 425 do Fórum Permanente de Processualistas Civis: "Ocorrendo simultaneamente as hipóteses dos art. 106, § 1º, e art. 321, caput, o prazo de emenda será único e de quinze dias".

O prazo de emenda (qualquer que seja ele), que não é peremptório, a critério do juiz, pode ser reduzido ou ampliado por convenção das partes ou por determinação judicial, como, também, poder ser aceita (a critério do juiz) a emenda

63. Art. 357. Não ocorrendo nenhuma das hipóteses deste Capítulo, deverá o juiz, em decisão de saneamento e de organização do processo:

[...]

§ 3º Se a causa apresentar complexidade em matéria de fato ou de direito, deverá o juiz designar audiência para que o saneamento seja feito em cooperação com as partes, oportunidade em que o juiz, se for o caso, convidará as partes a integrar ou esclarecer suas alegações.

à petição inicial, ainda que realizada tardiamente, ou seja, depois do prazo, mas antes da sentença de indeferimento (STJ. REsp 1.133.689/PE. DJe 28.03.12).

Se não cumprida a determinação de emenda, ou não sendo possível a correção do vício apontado, o juiz indeferirá a petição inicial, a extinguir o processo sem análise de mérito.

A qualquer momento, inclusive em sede recursal, pode ser determinada a emenda da petição inicial (STJ. AgRg no REsp 752335/MG. DJe 15.03.10). É equivocado dizer que a citação do réu impede, necessariamente, a emenda da petição inicial. A citação impede o indeferimento, mas não a emenda.

5. INDEFERIMENTO

Indefere-se a petição inicial quando **não for possível a correção do vício de ordem processual pertinente ou** quando, instado a assim fazer, **o autor não tenha atendido a determinação**. Por isso, orienta o enunciado 292 do Fórum Permanente de Processualistas Civis, que, "Antes de indeferir a petição inicial, o juiz deve aplicar o disposto no art. 321".

O art. 330 do CPC preconiza que a petição inicial será **indeferida quando**:

a) for **inepta**;

A petição inicial será **inepta** quando:

a.1) lhe faltar pedido ou causa de pedir;

a.2) o pedido for indeterminado, ressalvadas as hipóteses legais em que se permite o pedido genérico;

a.3) da narração dos fatos não decorrer logicamente a conclusão;

a.4) contiver pedidos incompatíveis entre si.

Como a impossibilidade jurídica do pedido não é mais colocada como condição da ação, por óbvio, não é colocado, a teor do que ocorria sob a vigência do CPC/1973, como hipótese de indeferimento da petição inicial por inépcia.

Além dos casos de inépcia, a petição inicial poderá ser indeferida quando:

b) a **parte for manifestamente ilegítima**;

c) o **autor carecer de interesse processual**;

d) **não atendidas as prescrições dos arts. 106 e 321.**

Antes de indeferir a petição inicial por ilegitimidade passiva da parte, o juiz deve facultar sua correção, a teor do que dispõe o art. 339 do CPC. Aliás, é assim que orienta o enunciado 296 do FPPC: "Quando conhecer liminarmente e de ofício a ilegitimidade passiva, o juiz facultará ao autor a alteração da petição inicial, para substituição do réu, nos termos dos arts. 339 e 340, sem ônus sucumbenciais".

Especificamente nas ações que tenham por objeto (exemplificativamente) a revisão de obrigação decorrente de empréstimo, de financiamento ou de alienação de bens, o autor terá de, sob pena de inépcia, discriminar na petição inicial, dentre as obrigações contratuais, aquelas que pretende controverter, além de quantificar o valor incontroverso do débito, que deverá continuar a ser pago no tempo e modo contratados.

O indeferimento da petição inicial é ato judicial que sempre ocorre **antes do despacho de citação**, porquanto, advindo este, a petição inicial estará deferida. Seria contraditório indeferir o que foi antes deferido. Logo, depois do despacho de citação, ainda que concorra qualquer vício que poderia levar a petição inicial ao indeferimento, o processo deve ser extinto em razão de outro motivo.

Sob a vigência do CPC/1973, essa informação era essencial pelo fato de que o juízo de retratação, previsto no art. 296 do CPC, somente era possível se a petição inicial fosse indeferida. Contudo, sob a vigência do CPC/2015, conquanto seja também possível o juízo de retratação por indeferimento da petição inicial, a teor do que estabelece o art. 331, **ele é extensível a qualquer outra situação de prolação de sentença sem resolução de mérito** (§ 7º do art. 485).

Indeferida a petição inicial, o autor poderá apelar, facultado ao juiz, no prazo de 5 dias, **mediante empréstimo de efeito regressivo, retratar-se**. Se não houver retratação, o juiz mandará citar o réu para responder ao recurso. Se a sentença for reformada pelo tribunal, o prazo para a contestação começará a correr da intimação do retorno dos autos, observado o disposto no art. 334, que determina a designação de audiência de conciliação e de mediação. Não interposta a apelação, o réu será intimado do trânsito em julgado da sentença.

Para se retratar, é necessário que o juízo considere a apelação tempestiva. Caso contrário, orienta o enunciado 293 do FPPC, "se considerar intempestiva a apelação contra sentença que indefere a petição inicial ou julga liminarmente improcedente o pedido, não pode o juízo *a quo* retratar-se". Se houver retratação em razão da interposição do recurso de apelação, e não for o caso de improcedência liminar, o juiz, no mesmo ato, mandará citar o réu para comparecer à audiência de conciliação ou de mediação.

O indeferimento da petição inicial pode ser total ou parcial. Contra a sentença ou decisão interlocutória, comporta interposição de recurso de apelação, ou agravo de instrumento, respectivamente.

6. IMPROCEDÊNCIA LIMINAR DO PEDIDO

Nas causas que dispensem a fase instrutória, o juiz, independentemente da citação do réu, julgará liminarmente improcedente o pedido que contrariar: a) enunciado de súmula do STF ou do STJ; b) acórdão proferido pelo STF ou pelo STJ em julgamento de recursos repetitivos; c) entendimento firmado em incidente de resolução de demandas repetitivas ou de assunção de competência; d) enunciado de súmula de tribunal de justiça sobre direito local.

As hipóteses elencadas, que são trazidas pelo art. 332 do CPC/2015, visam a **afirmar o sistema de precedentes**. Admite-se, nelas, o julgamento imediato de improcedência, por ser improvável o provimento do recurso que eventualmente seja interposto contra o ato decisório. E é justamente para que não haja maior chance de provimento recursal, a ponto de atentar contra a própria duração razoável do processo, que se impede o julgamento liminar de improcedência em hipóteses outras.

O atual Código adota uma posição diferente daquela trazida pelo CPC/1973, em que o art. 285-A visava a afirmar, de uma forma ilógica, **os julgados do próprio juízo, a desconsiderar, numa interpretação literal, os precedentes constituídos pelos tribunais.**

Aliás, as hipóteses trazidas explicitam precedentes qualitativos, constituídos em situações que legitimam a posição alcançada pelos respectivos órgãos dos tribunais a proporcionar, também por isso, sua estabilização. Julga-se, portanto, imediatamente improcedente com a legitimidade emprestada pelos precedentes identificados nas hipóteses do art. 332 do CPC/2015 e com a segurança de que se trata de posição estável.

O juiz também poderá julgar liminarmente improcedente o pedido se verificar, desde logo, a ocorrência de **decadência ou de prescrição**. Nesse caso, não precisa o autor ser intimado para se pronunciar acerca da ocorrência ou não da prescrição, **pois que lhe restará a interposição de recurso, com a possibilidade de retratação pelo juízo.** É por isso que o parágrafo único do art. 487 do CPC dispõe que, "ressalvada a hipótese do § 1º do art. 332, a prescrição e a decadência não serão reconhecidas sem que antes seja dada às partes oportunidade de manifestar-se".

Para preservar a coerência do sistema, quando julga liminarmente improcedente a ação com base em qualquer outra hipótese trazida pelo art. 332 do CPC, o juiz não precisa ouvir, antes, o autor a respeito da questão a ser decidida. **Como haverá a possibilidade de se retratar via recurso, essa será a oportunidade para o autor se pronunciar a respeito.**

Destaca-se que não se pode, simplesmente, transcrever o precedente como fundamentação "suficiente". Aliás, o inciso V do art. 489 é expresso no sentido de não considerar fundamentada a decisão que "**se limitar a invocar precedente ou enunciado de súmula, sem identificar seus fundamentos determinantes nem demonstrar que o caso sob julgamento se ajusta àqueles fundamentos**".

Há de se reconhecer que o esforço argumentativo para decidir, em julgamento de improcedência liminar, é menor, mas nunca dispensado. A fundamentação é elemento da própria decisão, que não pode ser dispensada em conta da simples transcrição de um precedente, como indicava, de forma equivocada, o art. 285-A do CPC/1073.

O julgamento liminar de improcedência pode ser total ou parcial.

Se o **julgamento de improcedência liminar for total**, **comporta apelação**, que, quando interposta, **o juiz poderá retratar-se em 5 dias.** Se houver retratação, o juiz determinará o prosseguimento do processo, com a citação do réu, e, se não houver retratação, determinará a citação do réu para apresentar contrarrazões, no prazo de 15 dias. Não interposta a apelação, o réu será intimado do trânsito em julgado da sentença.

Se o julgamento de improcedência liminar for parcial, **comporta agravo de instrumento**, que, quando interposto, o juiz poderá retratar-se (em prazo não definido especificamente pelo Código, a se aplicar, assim, o de 10 dias previsto no inciso II do art. 226). Se houver retratação, o juiz determinará o prosseguimento do processo, relativamente (também) à parte alcançada pelo efeito regressivo, com a citação (ou intimação, se já tiver sido citado) do réu. Se não houver retratação pelo juízo originário, o relator do agravo determinará a citação (ou intimação, se já tiver sido citado pelo juízo *a quo*) do réu para apresentar contrarrazões, no prazo de 15 dias. Não interposto o agravo, o réu será apenas intimado do trânsito em julgado da decisão, mas o processo continuará em relação à parte ainda não julgada.

CAPÍTULO XXIV

Pedidos

1. CONSIDERAÇÕES INICIAIS

Em todo pedido formulado perante o Poder Judiciário, sobressaem-se o bem da vida pretendido, que constitui o **pedido mediato** (objetivo), e a providência jurisdicional, que constitui o **pedido imediato** (meio), necessária à sua obtenção (declaração, constituição e condenação). Conjuntamente com as partes e a causa de pedir, o **pedido é elemento que constitui e identifica a ação**, e, por isso, serve à verificação da ocorrência de conexão (e continência), de litispendência e de coisa julgada. Relaciona-se, assim, o pedido, como fatores modificativos de competência e com pressupostos processuais negativos.

2. REQUISITOS

O pedido deve ser **certo e determinado**. O pedido **certo** é aquele que está expresso. A sua formulação, por consequência, não deve (pelo menos em regra) ser implícita. A parte, quando formula pedido, até mesmo em respeito às garantias da ampla defesa e do contraditório, deve ser claro ao informar o que quer. **Somente em situações excepcionais (legalmente previstas) é que se admite a formulação implícita de pedido**. A título de exemplo, o § 1º do art. 322 dispõe que "compreendem-se no principal os juros legais, a correção monetária e as verbas de sucumbência, inclusive os honorários advocatícios", ainda que não formulados pedidos expressos a respeito.

Por sua vez, o pedido será **determinado** quando delimitado em relação à sua quantidade e à sua qualidade. A parte diz quanto e de que qualidade quer. Mas, ser determinado não quer dizer que tenha de ter repercussão econômica. O pedido determinado é o oposto do pedido genérico. De regra, é vedada a formulação de pedido genérico. Somente é lícita sua formulação: a) nas ações universais, se a parte não puder individuar os bens demandados; b) quando não for possível determinar, desde logo, as consequências do ato ou do fato; c) quando a determinação do objeto ou do valor da condenação depender de ato que deva ser praticado pelo réu.

Além de certo e determinado, o pedido deve ser coerente, congruente e concludente. Será **coerente** o pedido quando se relacionar à causa de pedir. Por sua vez, será **congruente** o pedido que esteja delimitado pela causa de pedir, que, inclusive, será identificado. E será **concludente** quando constituir consequência lógica da causa de pedir, até porque, como estabelecido pelo inciso III do § 1º do art. 330 do Código de Processo Civil, da narração dos fatos trazidos pela parte, deve decorrer logicamente uma conclusão, sob pena de a petição inicial (inclusive da reconvenção) ser inepta.

3. INTERPRETAÇÃO

O CPC/2015, relativamente ao anterior, inovou quando tratou da interpretação dos pedidos. Antes, o art. 293 do CPC/1973 estabelecia que "os pedidos são interpretados restritivamente, compreendendo-se, entretanto, no principal os juros legais". O atual Código, entretanto, no § 2º do art. 322, dispõe que "**a interpretação do pedido considerará o conjunto da postulação e observará o princípio da boa-fé**". A modificação tem grande significado. O juiz não faz a interpretação do pedido apenas com sua exclusiva leitura. Deve ele considerar o conjunto de toda postulação e a boa-fé.

A ser dessa forma, **a fundamentação (a causa de pedir) serve ao juiz em sua interpretação do pedido, a exemplo do que ocorre com a fundamentação da sentença para a interpretação de seu dispositivo**. Além disso, se houver cumulação, os pedidos devem ser analisados numa acepção conjunta, de maneira que o resultado da interpretação seja harmônico. A atividade intelectiva, por assim dizer, não é isolada, a considerar apenas o pedido formulado pelas partes, ao que poderia parecer sob a égide do CPC/1973.

A disposição trazida pelo § 2º do art. 322, possibilita, por outro aspecto, que o juiz supere circunstâncias, que poderiam comprometer o atendimento dos pedidos formulados pelas partes. **Erros materiais, por exemplo, podem ser corrigidos de ofício pelo juiz** (como ocorre com a sentença, mesmo depois de publicada), em sua atividade interpretativa (ou mesmo em cooperação), para alcançar um produto harmônico, amparado pela boa-fé. Se, na petição inicial, o autor trata, na fundamentação, de danos morais e, ao final, formula pedido de indenização por danos materiais, deve o juiz concluir que o pedido seria de reparação por danos morais.

4. CUMULAÇÃO

4.1. Momentos e formas

É lícito à parte, em único processo, cumular pedidos. Haveria, aí, uma espécie de **cumulação objetiva de ações.**

Quanto ao momento, a cumulação pode ser *inicial* ou *ulterior*. Será **inicial**, quando os pedidos forem formulados no ato que, originariamente, apresenta a demanda (petição inicial da ação ou da reconvenção). Ao contrário, será **ulterior**, quando o novo pedido for formulado depois da postulação inicial. A par disso, não é de se confundir cumulação de pedidos ulterior, com a ampliação objetiva ulterior do objeto litigioso do processo. Poderá haver ampliação do objeto processual sem que haja cumulação de pedidos. É o que ocorre com a reconvenção.

Quanto à forma, a cumulação pode ser *própria* ou *imprópria*. Haverá cumulação **própria** quando forem formulados vários pedidos, esperando-se que todos eles sejam acolhidos simultaneamente. Cada um dos pedidos formulados em cumulação própria pode dar ensejo a uma relação processual independente, mas, por motivo de economia, eles são conjugados em único processo. Em consequência, o objeto litigioso do processo torna-se composto, a se exigir pronunciamento jurisdicional dividido em capítulos.

A cumulação *própria* pode ser *simples* ou *sucessiva*. Será **simples** quando os pedidos formulados **não guardarem relação de precedência ou prejudicialidade um com os outros** (ou seja, ainda que não haja conexão entre eles). Os pedidos podem, em análise independente, ser acolhidos (no todo ou em parte) ou rejeitados. Ao contrário, será **sucessiva** a cumulação própria quando os pedidos formulados guardarem entre si **relação de precedência ou prejudicialidade.**

De maneira antagônica, haverá cumulação **imprópria**, quando forem formulados vários pedidos ao mesmo tempo, **esperando-se que apenas um deles (ou que nem todos) seja acolhido, porquanto o acolhimento de um (ou de alguns), necessariamente, implica impossibilidade de atendimento do outro.**

A cumulação imprópria pode ser *eventual* (ou *subsidiária*) ou *alternativa*. Será **eventual** quando a cumulação se dirige a garantir um proveito efetivo, por admitir, a parte, uma situação de impossibilidade de atendimento do pedido principal. A parte procede a essa espécie de cumulação para que o juiz conheça do pedido posterior, quando não acolher o anterior. Por sua vez, será **alternativa** a cumulação quando, pela natureza da obrigação, o devedor puder cumprir a prestação de mais de um modo.

4.2. Requisitos

Para que os pedidos possam ser cumulados, não é necessário que haja, entre eles, conexão. Exige-se o preenchimento de 03 outros requisitos, que são: a) **compatibilidade entre os pedidos; b) competência; c) compatibilidade ou adequação do procedimento.** Esses requisitos têm plena aplicação quando a cumulação for própria (simples ou sucessiva), mas, quando imprópria (alternativa ou eventual), a compatibilidade entre os pedidos é mitigada.

4.3. Espécies

Quando cumulados os pedidos, possibilita-se a identificação de suas espécies. Se não cumulados, será sempre um pedido simples. Os pedidos, então, quando cumulados, podem ser: a) simples; b) alternativo; c) subsidiário (ou eventual); d) sucessivo.

4.3.1. Pedido alternativo

O pedido será alternativo quando, pela natureza da obrigação, o devedor puder cumprir a prestação de mais de um modo. A parte formula mais de um pedido, esperando que **qualquer um deles, sem preferência**, seja atendido. O pedido alternativo decorre de uma cumulação imprópria.

O parágrafo único do art. 325 do Código de Processo Civil estabelece, *in verbis*, que, "quando, pela lei ou pelo contrato, a escolha couber ao devedor, o juiz lhe assegurará o direito de cumprir a prestação de um ou de outro modo, ainda que o autor não tenha formulado pedido alternativo".

Se a sentença atender a qualquer dos pedidos alternativos formulados, em cumulação, na petição inicial, a parte que os formulou carecerá de interesse em recorrer, porque alcançou o máximo de benefício possível com a prestação jurisdicional (quem terá interesse recursal, nesse caso, será a parte adversa). Se rejeitados os pedidos alternativos, contudo, haverá interesse da parte que os formulou.

4.3.2. Pedido eventual (ou subsidiário)

O art. 326 do CPC dispõe que é lícito formular mais de um pedido em ordem subsidiária, a fim de que o juiz conheça do posterior (o eventual), quando não acolher o anterior (o principal). Trata-se de uma espécie de **cumulação imprópria**, em que a parte formula mais de um pedido, alternativamente, para que o juiz acolha um deles.

Tal se dá porque a parte admite (conquanto não reconheça) que, por questões de ordem material ou processual, o pedido anterior (o principal), pode não ser atendido, mas lhe restará a possibilidade de atendimento, pelo juiz (em decisão definitiva), do pedido posterior (o eventual). O pedido, portanto, será eventual quando o autor formulá-lo em admissão de impossibilidade de atendimento do pedido principal, como forma de garantir proveito efetivo.

Diferentemente do que acontece com o pedido alternativo, o eventual não **decorre** de uma obrigação alternativa, mas **da admissão de impossibilidade, por questões práticas, de atendimento do pedido principal**. Há uma ordem de apresentação dos pedidos. A parte prefere o atendimento do pedido principal, mas, não sendo possível atendê-lo, pede o atendimento do subsidiário. Por essa razão, não sendo observada, pelo juiz, a ordem de apresentação dos pedidos, haverá *error in procedendo*, facultando a interposição de recurso contra a decisão que contemplou em seu favor pedido em ordem diversa da que foi estabelecida.

Embora a formulação de pedido eventual possibilite o seu atendimento somente se julgado improcedente o pedido principal, a cumulação deverá preencher seus requisitos. A identidade ou a compatibilidade de procedimento e a competência do juízo devem ser observadas, a se admitir a mitigação, no entanto, do requisito de compatibilidade entre os pedidos, porque será atendido apenas um deles.

A parte poderá recorrer contra a parte da decisão que rejeitar o pedido principal, mesmo que o pedido subsidiário seja atendido, pois, ao estabelecer hierarquia entre os pedidos, ela define o que lhe é mais interessante. É assim que orienta o enunciado 288 do FPPC: "quando acolhido o pedido subsidiário, o autor tem interesse de recorrer em relação ao principal". Mas, ao ser interposto recurso, este se restringirá a um capítulo, porquanto a parte da decisão que acolheu o pedido subsidiário não será devolvida ao tribunal *ad quem*.

Também, se não analisado(s) o(s) pedido(s) eventual(is), apesar de rejeitado o principal, haverá interesse recursal, conquanto, a teor do que orienta o enunciado 7 do Fórum Permanente de Processualistas Civis, "o pedido, quando omitido em decisão judicial transitada em julgado, pode ser objeto de ação autônoma".

Se o tribunal *ad quem* prover o recurso, para julgar improcedente o pedido principal, o relator poderá julgar a causa, por inteiro, a analisar o pedido eventual, se presentes os elementos necessários[64], sendo desnecessário o retorno dos autos ao juízo *a quo* (STJ. EDcl no REsp 260051/SP. DJU 18.08.03). Inclusive, essa é a orientação advinda do enunciado 102 do FPPC: "o pedido subsidiário (art. 326) não apreciado pelo juiz – que acolheu o pedido principal – é devolvido ao tribunal com a apelação interposta pelo réu".

64. Ver capítulo "TEORIA GERAL DOS RECURSOS".

4.3.3. *Pedido sucessivo*

O pedido será sucessivo quando, **para a sua análise e o seu atendimento, for necessário o acolhimento do pedido anterior que lhe é condicionante.** Se rejeitado o pedido anterior, automaticamente estará rejeitado o posterior (STJ. EDcl no AgRg nos EDcl no Ag 517703/RO. DJU 28.11.05). Todavia, acolhido o pedido anterior, nem sempre será acolhido o pedido posterior. O acolhimento daquele é apenas um dos requisitos necessários para o atendimento deste.

A possibilidade de formulação de pedidos sucessivos se ampara na economia processual, pois a parte não precisa aguardar o acolhimento do pedido pressuposto para, somente depois, promover ação quanto ao pedido sucessivo. É nesse aspecto que o pedido sucessivo se difere do eventual. Enquanto que no pedido sucessivo o acolhimento do pedido posterior depende do acolhimento do anterior, no pedido subsidiário, o seu acolhimento depende da rejeição.

Quanto ao ônus sucumbencial, rejeitado o pedido principal, estarão rejeitados os sucessivos, sendo da parte que os formulou a responsável pelo pagamento dos ônus decorrentes da sucumbência. Se a parte tiver formulado pedidos sucessivos, arcará parcialmente com pagamento dos ônus decorrentes da sucumbência, caso não sejam todos acolhidos (STJ. EDcl no REsp 380435/RS. DJU 24.10.05). Nesse caso, a sucumbência deve ser distribuída de forma proporcional ao atendimento dos pedidos sucessivos formulados. Contudo, se acolhidos todos os pedidos, a sucumbência da parte adversa é que será total.

5. PRESTAÇÃO INDIVISÍVEL

Se houver vários credores de obrigação indivisível, qualquer um deles, individualmente (ou mesmo em litisconsórcio ativo facultativo, se assim convier para alguns dos legitimados) pode pedir o seu cumprimento integral. Entretanto, julgada procedente a ação, somente poderá receber aquilo que lhe pertence.

6. ADITAMENTO OU ALTERAÇÃO DO PEDIDO

Distribuição da petição inicial, contudo, **antes da citação** do réu o(s) pedido(s) formulado(s) pode(m) ser aditado(s) ou alterado(s) pelo autor (independentemente do consentimento do réu). Isso a considerar que não foi comunicado sequer para apresentar resposta, pelo que não estará submetido a qualquer prejuízo. Entretanto, quando citado o réu, o mandado respectivo deve comunicar acerca do aditamento ou da alteração realizada.

Depois da citação, o(s) pedido(s) somente poderá(ao) ser aditado(s) ou alterado(s), **até o saneamento** do processo, se o réu consentir. Caso contrário, deve(m) ser mantido(s) aquele(s) estabelecido(s) até período anterior. Se consentido o aditamento ou alteração, será assegurado o contraditório mediante a possibilidade de manifestação do réu no prazo mínimo de 15 dias, facultado o requerimento de prova suplementar.

Se houver várias partes e sendo um só o pedido dirigido contra todas elas, a citação de uma é suficiente para impedir o aditamento ou a alteração do pedido sem o respectivo consentimento (da parte que foi citada). Se a pluralidade de partes decorrer da formação de litisconsórcio facultativo, e forem veiculados pedidos contra vários réus, a impossibilidade de alteração deve ser observada em relação a cada um destes.

Após o saneamento, o autor não poderá aditar ou alterar mais qualquer elemento, inclusive o pedido. É que, caso fosse admitida seu aditamento ou alteração a qualquer tempo, a **atividade processual ficaria embaraçada**. O saneamento, assim, foi colocado como termo último à alteração dos elementos da demanda (dentre os quais está o pedido) por estar o Estado-juiz preparado para dar início ao julgamento.

Essas disposições em torno do aditamento e da alteração do(s) pedido(s) formulado(s) na ação aplicam-se à reconvenção.

Por fim, é de se considerar que o § 2º do art. 515 do CPC, que possibilita a inclusão de sujeito estranho ao processo e de relação jurídica que não tenha sido deduzida em juízo, relativiza a disposição do art. 329. Considere-se, porém, que, aí, nessa situação, não haveria resistência, pelo que não se compromete a atividade das partes e do próprio Estado-juiz.

CAPÍTULO XXV

Audiência de conciliação ou mediação

1. CONSIDERAÇÕES INICIAIS

Para tentar aumentar o percentual de solução consensual de conflitos, o legislador importou a experiência dos Juizados Especiais, de maneira que, logo após apresentada a petição inicial, designa-se audiência de conciliação ou de mediação. Foi por esse motivo que, agora, uma de suas etapas, o procedimento comum, direciona à **conciliação ou** à **mediação** (art. 334 do CPC), mediante realização de audiência, que terá como objetivo primordial, a potencialização das resoluções consensuais do conflito. O presente capítulo, pois, destina-se a analisar esta audiência de conciliação ou mediação.

2. AUDIÊNCIA DE CONCILIAÇÃO OU MEDIAÇÃO

2.1. Introdução

O Código inaugura em seu texto uma audiência prévia **com função exclusivamente conciliatória**, ambiente ideal à cooperação e ao estímulo à resolução consensual dos conflitos. Nessa audiência, apropriada à irradiação da cooperação, o mediador ou conciliador, auxiliares da justiça, gerirão o litígio de modo dialógico, a fomentar o debate e o diálogo entre os sujeitos processuais em uma plataforma horizontalizada, sem protagonismos, em busca de uma solução consensual do conflito.

2.2. Procedimento

Antes de mais, ressalta-se a possibilidade de realização de negócio jurídico pré-processual, a convencionar mediação ou conciliação extrajudicial prévia obrigatória, inclusive com a previsão de exclusão da audiência de conciliação ou de mediação ou mesmo de um pacto de exclusão contratual da audiência de conciliação ou de mediação.

Aliás, o enunciado 19 do FPPC orienta que "são admissíveis os seguintes negócios processuais, dentre outros: [...] pacto de mediação ou conciliação extrajudicial prévia obrigatória, inclusive com a correlata previsão de exclusão da audiência de conciliação ou de mediação prevista no art. 334; pacto de exclusão contratual da audiência de conciliação ou de mediação prevista no art. 334".

Pode ainda haver negócio jurídico pré-processual em que se preveja contratualmente uma cláusula de mediação ou de conciliação, hipótese na qual as partes deverão comparecer à primeira sessão de mediação (art. 3º, § 1º da Lei nº 13.140) ou conciliação, a considerar que, além a possibilidade estabelecida pelo Código, há, também, a obrigação assumida em razão de contrato.

Não havendo negócio jurídico processual pactuado e uma vez afastada a possibilidade de indeferimento da petição inicial ou de improcedência liminar do pedido, o juiz proferirá despacho positivo, a reconhecer a aptidão da petição inicial (pressuposto de validade) e determinará, por conseguinte, a citação do réu.

Como antes vaticinado, o ponto principal, que vai impulsionar a resolução consensual dos conflitos, é a importante **inversão procedimental** promovida pelo Código de Processo Civil: o magistrado não irá mais citar a parte ré para contestar no prazo legal, como ocorria anteriormente, mas, sim, para **comparecer à sessão de conciliação ou mediação**.

Essa antecipação da audiência para momento anterior à apresentação da defesa pelo réu foi realizada em razão de pelo menos dois fatores: o primeiro, para afastar as amarras da preclusão e da estabilização objetiva da demanda, que alijam a cooperação; o segundo, para potencializar a autocomposição, a considerar a injeção de estímulo ao consenso, estrategicamente, antes da apresentação da defesa pelo réu.

Esse incremento das soluções conciliatórias será operacionalizado por meio da imposição legislativa do dever de **criação dos centros judiciários de solução consensual de conflitos** (art. 165 do Código de Processo Civil), lugar onde serão realizadas, em regra, as audiências de conciliação ou mediação.

Portanto, será escolhido, pelo magistrado ou pelas partes, um **mediador ou conciliador**, a depender do litígio. Tais sujeitos que atuarão preventivamente na tentativa findar o litígio, seja por técnicas de restabelecimento da comunicação, seja por sugestões de solução efetiva à crise do direito, de forma consensual.

A conciliação e a mediação, apesar das similitudes, são institutos que, para o direito brasileiro, não se confundem. O Código faz bem essa distinção ao estabelecer que o conciliador deverá atuar, de modo preferencial, nos casos em que não houver vínculo anterior entre as partes (por exemplo, colisão de dois veículos), podendo, inclusive, sugerir soluções para o litígio.

Já o mediador atuará, preferencialmente, nos casos em que houver vínculo anterior entre as partes (por exemplo, causas societárias e de família), auxiliando os interessados a compreender as questões e os interesses em disputa, potencializando o restabelecimento da comunicação para que elas próprias cheguem a uma solução consensual com mútuos benefícios.

A Lei nº 13.140/2015, no parágrafo único do art. 1º, conceitua a mediação como: "a atividade técnica exercida por terceiro imparcial sem poder decisório, que, escolhido ou aceito pelas partes, as auxilia e estimula a identificar ou desenvolver soluções consensuais para a controvérsia".

Sempre que necessário, dispõe o Código, como ocorre geralmente nos casos de complexidade técnica, haverá designação de mais de um mediador ou conciliador. Em idêntico sentido está à disposição do art. 15 da Lei nº 13.140/2015: "a requerimento das partes ou do mediador, e com anuência daquelas, poderão ser admitidos outros mediadores para funcionarem no mesmo procedimento, quando isso for recomendável em razão da natureza e da complexidade do conflito".

As técnicas de conciliação e de mediação, conforme dispõe o art. 166 do Código, serão informadas pela: a) independência; b) imparcialidade; c) autonomia da vontade das partes; d) confidencialidade[65]; e) oralidade; f) informalidade; g) decisão informada.

A complementar esse plexo, que rege a conciliação e a medição, a Lei nº 13.140/2015, no seu art. 2º, acrescenta: a) **isonomia entre as partes**; b) **a busca do consenso**; c) **boa-fé objetiva**. Elas, conquanto provenientes de lei específica (a versar acerca da mediação), são perfeitamente aplicáveis (também) à conciliação em razão do diálogo das fontes.

No que se refere à escolha da técnica de resolução consensual, ela pode ser feita: **a) pelas partes:** quando em comum acordo escolhem o mediador ou conciliador, que poderão ou não estar cadastrados no tribunal, a firmar verdadeiro negócio jurídico processual (art. 168, § 1º); **b) pelo juiz:** que no silêncio das partes, realizará distribuição entre aqueles cadastrados no registro do tribunal, observada a respectiva formação.

Na ausência do conciliador ou mediador na comarca, de **forma excepcional**, a audiência pode ser conduzida pelo magistrado. Há quem defenda que, quando essa situação ocorrer, o juiz que presidir a sessão não deve ser o mesmo a

65. Visando concretizar tal princípio o art. 14 da Lei 13.140/2015 determina que no início da primeira reunião de mediação, e sempre que julgar necessário, o mediador deverá alertar as partes acerca das regras de confidencialidade aplicáveis ao procedimento. Tal dispositivo tem a função de alertar as partes com intento pedagógico destas estabelecerem um diálogo mais franco e terem maior confiança e segurança para propositura de propostas de acordos sem comprometimento no decorrer da causa.

prosseguir com o feito. Contudo, essa posição pode ser impraticável nas menores comarcas, que disponham de poucos juízes, pelo que não seria razoável do ponto de vista pragmático.

O juízo deverá marcar a audiência preliminar com **antecedência mínima de 30 dias**. Estabelece-se o respeito a um lapso temporal mínimo para a designação da audiência, mas se silencia quanto ao prazo máximo para sua realização. Tal lacuna pode acarretar morosidade na realização da audiência e o ilegítimo prolongamento do *termo a quo* para apresentar resposta.

O Código ainda determina que o réu deve ser citado com a **antecedência mínima de 20 dias** em relação à data estipulada para audiência, lapso temporal considerado suficiente para que o réu entre em contato com advogado (ou defensor público) e, assim, prepare-se adequadamente para tentativa de resolução consensual.

No mesmo mandado de citação, o réu será, também, intimado para comparecer à audiência, acompanhado de procurador habilitado, informando-lhe o dia, hora e lugar de seu comparecimento. O autor, por sua vez, será intimado na pessoa do seu advogado.

A par dessas formalidades, o juiz deverá realizar um cronograma a fim de respeitar os prazos previstos no art. 334 do Código.

Prossiga-se.

A depender da complexidade e do ritmo da audiência, poderá haver mais de uma sessão destinada à conciliação e à mediação, em prazo que não exceda 02 meses da data de realização da primeira sessão, desde que necessárias à continuidade do diálogo e a composição das partes (art. 334, § 2º).

O Código prevê a possibilidade de utilização de meios eletrônicos para realização das audiências (art. 334, § 2º do CPC). Nesse aspecto, não se descarta o uso de aplicativos como o *WhatsApp*, o *Skype*, o *Periscope*, o *FaceTime* etc.[66] Aliás, com a crescente afirmação da política de modernização do Poder Judiciário, será cada vez mais comum acordos formalizados em plataforma digital, fato que traz nítida economia, aceleração e efetividade, porque a designação da audiência poderá ocorrer em períodos mais curtos e as partes, bem assim os auxiliares (mediadores ou conciliadores), não precisarão enfrentar trânsito nem despender gastos com seus deslocamentos até o local de realização da audiência.

---

66. No caso, o trabalhador disse ter desenvolvido uma hérnia de disco por causa do serviço, que desempenhou durante menos de um ano. Ele a princípio queria receber R$ 12 mil, mas acabou fechando acordo em R$ 8 mil, com pagamento à vista por meio de diálogo estabelecido por meio do *WhatsApp* (TRT 15ª Região – Centro Integrado de Conciliação – Proc. **0010025-20.2015.5.15.0094**).

O Código, no § 4º do art. 334, aponta duas hipóteses em que a audiência não será realizada. São elas: a) **se ambas as partes manifestarem, expressamente, desinteresse na composição consensual;** b) **quando não se admitir a autocomposição.**

Para analisar a primeira hipótese, é preciso avaliar os seguintes comportamentos: a) apenas uma das partes manifesta vontade pela realização da audiência; b) ambas as partes, expressamente, manifestam vontade favorável à realização da audiência; c) uma das partes ou ambas silenciam a respeito da realização da audiência; d) ambas expressamente demonstram desinteresse na realização da audiência.

De todas as hipóteses encimadas, apenas a da letra "d", é que impedirá a realização da sessão de conciliação ou mediação. Pela afirmação ao estímulo à resolução consensual dos conflitos, as demais hipóteses devem ser interpretadas como manifestação de vontade, de pelo menos uma das partes, à realização da audiência, o que já justifica sua designação. Se for o caso de litisconsórcio, o desinteresse na realização da audiência deve ser manifestado por todos os litisconsortes (art. 334, § 6º do CPC).

▸ Importante!

Nesse ponto, devem-se analisar os impactos da Lei nº 13.140/2015 (Lei de Mediação) sobre o Código, especificadamente quanto à etapa de mediação inserida no procedimento comum estrategicamente antes da apresentação de resposta pelo réu.

A Lei nº 13.140/2015 dispõe, em seu art. 27, que, "se a petição inicial preencher os requisitos essenciais e não for o caso de improcedência liminar do pedido, o **juiz designará *audiência de mediação***".

Esse dispositivo, por ser superveniente ao Código (apesar de ter entrado em vigência antes), pode levar à interpretação de que a designação da audiência de mediação passa a ser obrigatória.

Entretanto, essa não parece ser a opção mais aderente às premissas fixadas pelo Código. Ao ver dos autores do presente livro, as disposições relativas à conciliação ou à mediação (como, por exemplo, a Lei nº 13.140/2015, os respectivos dispositivos do CPC/2015 e a Resolução nº 120 do CNJ) formam um microssistema de métodos consensuais de solução de conflitos. Logo, devem ser interpretadas em diálogo, com aplicação naquilo em que não se conflitarem.

Nesse passo, apesar de o art. 27 da Lei nº 13.140/2015 dispor que o juiz designará a audiência mediação, sem estipular exceções, acredita-se que esse dispositivo deve ser interpretado sistematicamente, a considerar o art. 334 do Código, a levar também como parâmetro interpretativo o autorregramento das partes.

De tal maneira que mesmo que o juiz *"designe"* a audiência de mediação, caso ambas as partes manifestem oposição expressa à sua realização, a sessão não deverá ocorrer.

Mas, ainda que prevaleça o entendimento da obrigatoriedade da audiência de mediação, deve-se convir que a soma de duas vontades contrárias à realização da audiência possui aptidão para formar um negócio jurídico processual, a afastar a suposta obrigatoriedade.

No caso de o direito não admitir autocomposição, o Código determinou que a audiência de conciliação ou mediação não será designada. Contudo, afasta-se clássica confusão de que todo direito indisponível não admite autocomposição. Inclusive, serão raras as oportunidades em que se veda, de forma absoluta, a autocomposição, sendo, quanto àquele (direito indisponível), possível a transação.

A corroborar com tal entendimento, o *caput* do art. 3º da Lei nº 13.140/2015 determina que pode ser objeto de ***mediação*** o conflito que acerca de direitos disponíveis ou sobre ***direitos indisponíveis que admitam transação***. E completa o respectivo § 2º que o consenso das partes envolvendo direitos indisponíveis, mas transigíveis, deve ser homologado em juízo, exigida a oitiva do Ministério Público, mandamento este que deve se estender também aos casos de conciliação.

Mais recentemente, a Lei nº 13.140/2015 regulamentou a transação envolvendo a Administração Federal Direta, suas autarquias e fundações, a permitir, expressamente, a autocomposição na esfera pública, desde que preenchidos os requisitos legais. Logo, está superada a concepção de que não é possível autocomposição, quando a causa envolver direito indisponível.

Pois bem.

O comparecimento das partes à sessão designada é um dever processual, cujo descumprimento acarretará na cominação de uma pena pecuniária expressiva, que tem o escopo de impelir o comparecimento das partes. O art. 334 dispõe que o não comparecimento injustificado do autor ou do réu à audiência de conciliação é **considerado ato atentatório à dignidade da justiça** e será penalizado com multa **de até 2% da vantagem econômica pretendida ou do valor da causa**, montante que será revertido em favor da União (Justiça Federal) ou do Estado (Justiça Estadual).

Na audiência de conciliação, as partes deverão, em razão da pessoalidade, **comparecer pessoalmente**. No entanto, admite-se que as partes, seja pessoa jurídica ou não, constituam representante com poderes específicos para negociar e transigir, o que deve ser feito por meio de procuração específica (art. 334, § 10 do CPC). A atuação do representante, neste caso, limitar-se-á aos atos relativos à autocomposição com a respectiva assinatura do acordo, se vier a ser concretizado.

> **Importante!**
>
> No ponto vislumbra-se a possibilidade de o advogado cumular a função de advogado e representante na audiência de conciliação ou mediação. Apesar de existir regra no estatuto de ética da OAB que veda a atuação do advogado como preposto, ela não se aplica a tal situação, pois o representante não pratica atos típicos de preposto, mas atos negociais, inerentes à advocacia.

A fim de possibilitar um melhor gerenciamento do tempo na realização das audiências, a evitar atrasos decorrentes da exacerbação nas designações, o Código estabeleceu que a pauta de audiência de conciliação ou mediação será organizada de modo a respeitar o intervalo mínimo de 20 minutos entre o início de uma e o início da seguinte.

Com a realização da audiência, alcançada a tão almejada resolução consensual, ela será reduzida a termo com a assinatura das partes e do conciliador ou mediador e então submetida à homologação judicial, por sentença, que resolverá o mérito, a constituir título executivo judicial. No caso de autocomposição parcial[67], a eficácia executiva recairá apenas sobre a parcela resolvida (a parcela não conciliada poderá ser contestada pelo réu).

O parágrafo único do art. 28 da Lei 13.140/2015 determina que, se houver acordo, os autos serão encaminhados ao juiz, que determinará o arquivamento do processo e, desde que requerido pelas partes, homologará aquele, por sentença, e o termo final da mediação e, em seguida, determinará o arquivamento do processo. Solucionado o conflito pela mediação antes da citação do réu, não serão devidas custas judiciais finais.

Ressalte-se, em tempo oportuno, que a transação realizada entre as partes, desde que atendidos os elementos necessários, é negócio jurídico válido, ainda que não homologado pelo juízo, de tal maneira que o simples arrependimento unilateral superveniente de uma das partes não dá ensejo à anulação do acordo.

Em audiência, se não alcançado o consenso, ou se as partes não comparecem ao ato solene, o prazo de resposta, para o réu, começará a fluir da data do término da audiência. Se tiver havido mais de uma sessão, o prazo começará a correr a partir da última tentativa fracassada.

Destaca-se que não há marco final para tentativa de resolução consensual do conflito. A frustração no momento inaugural do processo não impede tentativas supervenientes de transação, ainda que após a publicação da sentença (STJ. REsp 1.267.525/DF. DJe 29.10.15).

---

67. O art. 3º, § 1º, da Lei nº 13.140/2015 prevê expressamente que a mediação pode versar sobre todo o conflito ou parte dele, dispositivo que se aplica também à conciliação pela complementaridade oriunda da técnica do diálogo das fontes.

CAPÍTULO XXVI

Resposta do réu

1. CONSIDERAÇÕES INICIAIS

Serão apresentadas, a seguir, as diversas modalidades de resposta do réu, quando, contra ele, é exercido direito de ação. Mostrar-se-á que aquela pode apresentar resistência e/ou contra-atacar. Aliás, ante a possibilidade de o réu exercitar o direito de ação, passará, nesta, a ser autor, contra aquela da ação originária, que passará a ser réu. Por fim, identificar-se as consequências do não exercício do ônus de resistir à ação processualizada.

2. MODALIDADES

O Código de Processo Civil enumera duas como sendo as modalidades típicas de resposta do réu para o processo de conhecimento: a) contestação; b) reconvenção.

Anteriormente, sob a égide do CPC/1973, ao lado da contestação e da reconvenção, possibilitava-se a apresentação de exceções processuais, sendo elas de **incompetência, de suspeição e de impedimento.** Atualmente, com o CPC/2015, a exceção de incompetência foi deslocada para a contestação, enquanto que as exceções de impedimento e suspeição incluídas como poderes, deveres e responsabilidade do juiz.

Analisam-se, abaixo, cada uma dessas modalidades de resposta do réu:

2.1. Contestação

A contestação é a modalidade de resposta consistente na apresentação de **resistência** à ação processualizada pela parte adversa. O réu pode contestar apresentando argumentos contra existência ou validade da relação material, bem como pode se limitar a arguir defeitos formais, que inviabilizam a continuidade do processo. Diante dessas possibilidades, a resposta do réu divide-se em **defesa de mérito** e defesa processual.

2.1.1. *Classificação*

As **defesas processuais** são todas consideradas **indiretas** e consistem em invocar consequências relacionadas ao processo. Podem ser **dilatórias** (capazes de retardar a relação processual sem, por conseguinte, extingui-la) e **peremptórias** (se acolhidas, implicam a extinção terminativa do processo).

Por seu turno, a **defesas de mérito** podem ser diretas ou indiretas. São **diretas** quando enfrentam a ação processualizada, a negar os fatos que lhe sustenta ou os efeitos jurídicos a eles atribuídos. É **indireta** quando objetiva a rejeição da ação em decorrência de fato outro (modificativo, impeditivo ou extintivo) não sustentado pelo autor.

Há uma espécie de **defesa indireta de mérito** que revela um **contradireito do réu**, a lhe servir tanto como base para a defesa, como, também, de fato constitutivo de uma ação autônoma, que poderia ser intentada contra o autor. É a denominada **exceção material**, que se caracteriza por representar direito autônomo do réu contra o autor, o qual, por isso, não pode ser conhecido de ofício.

2.1.2. *Concentração*

A defesa do réu se orienta pela concentração. **Só há uma oportunidade para apresentar defesa.** Por isso que o art. 336 do CPC dispõe que incumbe ao réu alegar, na contestação, toda a matéria de defesa, expondo as razões de fato e de direito com que impugna o pedido do autor e especificando as provas que pretende produzir.

Mas a liberdade de apresentar defesas contraditórias não é absoluta. Gritantes incoerências entre afirmações cumuladas podem configurar **comportamento processual desleal, punível por verificada litigância de má-fé**. Fique claro: é possível que a defesa do réu guarde alguma contradição entre os seus argumentos, diante da necessidade de concentração da defesa. Contudo, as contradições devem ser decorrentes da admissão de resultado contrário aos seus interesses em face da participação judicial, porque não sabe qual será o entendimento a ser adotado pelo órgão jurisdicional.

O art. 342 do Código de Processo Civil estabelece que depois da contestação, só é lícito ao réu deduzir novas alegações quando: a) relativas a direito ou a fato superveniente; b) competir ao juiz conhecer delas de ofício; c) por expressa autorização legal, puderem ser formuladas em qualquer tempo e grau de jurisdição.

2.1.3. Preliminares

Por lógica argumentativa de defesa e pela prejudicialidade, a contestação deve **começar pelas questões processuais** (preliminares), **a seguir-lhes as defesas de mérito**. Por isso que o art. 337 do Código de Processo Civil elenca um rol de questões processuais que devem ser apresentadas na contestação como preliminares, as quais antecedem a eventual discussão de mérito. Ei-las: a) inexistência ou nulidade da citação; b) incompetência absoluta e relativa; c) incorreção do valor da causa; d) inépcia da petição inicial; e) perempção; f) litispendência; g) coisa julgada; h) conexão; i) incapacidade da parte, defeito de representação ou falta de autorização; j) convenção de arbitragem; k) ausência de legitimidade ou de interesse processual; l) falta de caução ou de outra prestação que a lei exige como preliminar; m) indevida concessão do benefício de gratuidade de justiça.

Antes, sob a égide do CPC/1973, a afirmação de incompetência relativa, de incorreção do valor da causa e de indevida concessão do benefício da gratuidade de justiça deveria ser apresentada em petições separadas, em autos próprios, mediante pagamento de custas processuais. Além disso, a afirmação de incompetência relativa suspendia o prazo para a apresentação de contestação e/ou de reconvenção pelo réu.

Com o CPC/2015, além de se tornar o procedimento mais simples e econômico, a afirmação de incompetência relativa não mais suspende o processo, de modo que se acaba por evitar a prática de atos incompatíveis com a boa-fé com a simultânea afirmação da garantia da duração razoável do processo. Basta dizer que, antes, por conta da suspensividade, apresentava-se exceção de incompetência relativa para se alargar o prazo de contestação e/ou reconvenção.

Excetuadas a convenção de arbitragem e a incompetência relativa, o juiz conhecerá de ofício das matérias acima enumeradas.

2.1.4. Alegação de incompetência do juízo

Se, dentre as preliminares, houver alegação de incompetência relativa ou absoluta, a contestação poderá ser protocolada no foro de domicílio do réu, fato que será imediatamente comunicado ao juiz da causa, preferencialmente por meio eletrônico. Mas, seja feita uma observação, antes de prosseguir: a alegação de incompetência absoluta pode ser apresentada também pelo autor. Somente quando se tratar de alegação de incompetência relativa, é que a possibilidade de apresentação será exclusiva do réu. Este, portanto, em sua resposta, pode alegar tanto incompetência relativa quanto absoluta do juízo.

Assim, há as possibilidades relacionadas à apresentação de contestação pelo réu, especificamente no que concerne a incompetência do juízo em que tramita o processo: a) alegar incompetência do juízo em que tramita o processo; b) não alegar incompetência do juízo em que tramita o processo.

2.1.5. *Defesas de mérito*

Depois das questões preliminares (processuais), cabe ao réu a alegação de eventuais defesas indiretas de mérito, consistentes nos fatos extintivos, modificativos e impeditivos do direito do autor. Elas se consubstanciam em exceções materiais e devem ser alegadas pelo réu na oportunidade de apresentação da contestação. A exceção do contrato não cumprido é um exemplo de defesa indireta e mérito. Pedido o cumprimento do contrato pelo autor, caberá ao réu, na contestação, suscitar a exceção. Não suscitada, haverá preclusão.

2.1.6. *Substituição do réu ou formação de litisconsórcio passivo*

O Código inova quando, ao passo em que retira a nomeação à autoria como figura interventiva e, ao mesmo tempo, em afirmação à eficiência, possibilita a substituição do réu. Nos termos do art. 338, alegando o réu, na contestação, ser parte **ilegítima** ou não ser o responsável pelo prejuízo invocado, o juiz facultará ao autor, em 15 dias, a alteração da petição inicial para substituição do réu.

Quando alegar sua ilegitimidade, incumbe ao réu indicar o sujeito passivo da relação jurídica discutida sempre que tiver conhecimento, sob pena de arcar com as despesas processuais e de indenizar o autor pelos prejuízos decorrentes da falta de indicação. Diferentemente do que ocorria sob a vigência do CPC/1973, agora, cabe ao réu, quando alega sua ilegitimidade, indicar quem seria a pessoa legitimada para figurar no polo passivo.

A **responsabilidade do réu**, por não indicar o sujeito passivo da relação jurídica discutida, surge apenas quando ele tiver conhecimento de sua pessoa (não é necessário que indique todos os elementos de qualificação do réu, nos termos do art. 319 do Código de Processo Civil, conquanto assim o deva fazer, se puder, mas que, pelo menos, identifique-o). Deverá indenizar o autor pelas despesas processuais e pelos prejuízos decorrentes da improcedência ação.

A indenização, que será fixada pela **sentença** como **efeito anexo**, contemplará, portanto, todos os prejuízos decorrentes da improcedência da ação, a se admitir, até mesmo, a fixação de indenização por perda de chance. Todavia, a responsabilidade será subjetiva (enunciado 44 do FPPC[68]), dependente, pois, da de-

68. O enunciado 44 do Fórum Permanente de Processualistas Civis orienta que: "A responsabilidade a que se refere o art. 339 é subjetiva".

monstração da culpa por parte do réu. É preciso que o autor mostre (ou que fique evidenciado), no curso do processo, que o réu tinha conhecimento de quem o substituiria, mas se recusou a fazer a indicação.

O autor, ao **aceitar a indicação**, procederá, no prazo de 15 dias, à alteração da petição inicial para a substituição do réu. No prazo de 15 dias, o autor pode, também, optar por alterar a petição inicial para incluir, como **litisconsorte passivo**, o sujeito indicado pelo réu. São duas, pois, as opções: ou substituir o réu por pessoa indicada como legitimada ou incluir, em acréscimo, a pessoa indicada como litisconsorte passivo.

Se houver substituição por acolhimento da indicação realizada pelo réu, o indicado, quando apresentar sua resposta, pode fazer nova indicação, inclusive relativa ao réu originário, situação em que o autor pode pedir **outra substituição**.

A indicação realizada pelo réu, conveniente que se diga, quando o autor optar pelo litisconsórcio, **não é uma nova hipótese de formação litisconsorcial**. O litisconsórcio passivo, para o caso, depende da verificação da alguma das situações previstas nos artigos 113 e seguintes do Código de Processo Civil. Por isso, não pode o autor, simplesmente porque o réu indicou, requerer a formação litisconsorcial, quando não verificadas as hipóteses estabelecidas pelo Código.

Se realizada a substituição, o autor reembolsará as **despesas** e pagará os **honorários** ao procurador do réu excluído, que serão fixados entre 3% e 5% do valor da causa ou, sendo este irrisório, nos termos do art. 85, § 8º, que prediz: "Nas causas em que for inestimável ou irrisório o proveito econômico ou, ainda, quando o valor da causa for muito baixo, o juiz fixará o valor dos honorários por apreciação equitativa [...]".

Não haverá, contudo, condenação ao pagamento de honorários se a substituição do réu ocorrer **antes** de o originariamente indicado **ter sido citado**.

2.1.7. Ônus de impugnação específica

Na contestação, o réu deve concentrar todas suas afirmações de defesa, a se manifestar especificamente contra todos os fatos afirmados e documentos trazidos pelo autor na petição inicial (STJ. REsp 107286/PR. DJU 16.11.04). Isso, por óbvio, se ele quiser afastar a procedência da ação processualizada para o caso de os fatos afirmados pelo autor (amparados nos documentos juntados) serem suficientes para tal, em caso de serem julgados, pelo juiz, como verdadeiros (a considerar que a não apresentação de defesa é ônus e não dever).

Em razão disso, não se admite a formulação, pelo réu, de defesa genérica, consistente na negativa geral dos fatos afirmados (e dos pedidos formulados) pelo autor. Cabe ao réu impugnar os fatos (proposições fáticas, para ser mais preciso)

especificamente, sob pena de presunção (relativa) de veracidade deles. Por isso, dispõe o art. 336 do Código de Processo Civil que incumbe ao réu alegar, na contestação, toda a matéria de defesa, **expondo as razões de fato e de direito com que impugna o pedido do autor** e especificando as provas que pretende produzir.

Um esclarecimento é necessário. O dispositivo do Código fala em impugnar pedido. Esse pode ser impugnado direta ou indiretamente. Pode o réu aceitar que os fatos relacionados aos pedidos sejam verdadeiros, mas que a consequência disso não seja a procedência do pedido. Da mesma forma, se for o caso, pode impugnar os fatos apresentados pelo autor, para que sejam considerados improcedentes os pedidos neles amparados. E pode até ocorrer que ele considerar o pedido procedente, mas não com base nos fatos apresentados, pelo que poderá impugnar esses últimos.

Em qualquer situação, a impugnação, de regra, deve ser específica, seja dos fatos, seja dos pedidos. Todavia, nalgumas hipóteses, a inércia do réu em impugnar especificamente os pedidos (ou os fatos a eles relacionados) não implica presunção de veracidade. São elas: a) se não for admissível, a respeito do fato, a confissão; b) se a petição inicial não estiver acompanhada de instrumento que a lei considerar da substância do ato; c) se os fatos estiverem em contradição com a defesa, considerada em seu conjunto;

O ônus da impugnação especificada dos fatos não se aplica ao defensor público, ao advogado dativo e ao curador especial.

2.1.8. Requisitos

Os **requisitos** da petição de contestação são semelhantes aos da petição inicial. São eles: a) juízo ou tribunal a que é dirigida; b) nomes e prenomes das partes; c) fatos e fundamentos jurídicos da defesa; d) pedidos com as suas especificações; e) documentos indispensáveis; f) requerimento de provas com que pretende demonstrar os fatos alegados na defesa.

2.1.9. Forma

Sob a égide do CPC/1973, o art. 297 dispunha que "o réu poderá oferecer [...] em petição escrita, dirigida ao juiz da causa, contestação [...]". O CPC/2015, por sua vez, no art. 335, dispõe que "o réu poderá oferecer contestação, por petição [...]". Foi subtraído, do texto legal, o vocábulo "escrita", que qualificava a petição de contestação. Fica então a pergunta: a contestação, no atual Código, deve ser apresentada também na forma escrita ou ela pode seguir outra forma?

No texto de lei, não há palavras inúteis. Além disso, as modificações realizadas têm uma significação. Se o art. 297 do CPC/1973 qualificava a petição de contestação, impondo-lhe a forma escrita, é porque, no mínimo, a petição pode ser apresentada de outra forma. Atualmente, com a retirada do vocábulo que identificava a forma da petição de contestação e a considerar os avanços dos meios de registro de fatos (com variados suportes), deve-se concluir que a forma pode ser variada.

Por isso, restringir a contestação à forma escrita seria divorciar a atividade jurisdicional do comprometimento em resolver, da melhor maneira, o mérito, além do que restringiria as possibilidades comportadas, sobretudo, pelo suporte eletrônico.

2.1.10. Prazo

No procedimento comum, a contestação deve ser apresentada no **prazo** de até **15 dias**, cujo **termo inicial** será a data:

a) da audiência de conciliação ou de mediação, ou da última sessão de conciliação, quando qualquer parte não comparecer ou, comparecendo, não houver autocomposição;

b) do protocolo do pedido de cancelamento da audiência de conciliação ou de mediação apresentado pelo réu, mesmo realizado após o decíduo previsto no § 5º do art. 334, quando ambas as partes manifestarem, expressamente, desinteresse na composição consensual;

c) prevista no art. 231 do Código de Processo Civil, de acordo com o modo como foi feita a citação, para os demais casos que não sejam contemplados pelas situações descritas acima.

   Por sua vez, o art. 231 do Código, que trata das disposições gerais relacionadas aos prazos processuais, considera dia do começo do prazo como sendo:

   c.1) a data de juntada aos autos do aviso de recebimento, quando a citação for pelo correio;

   c.2) a data de juntada aos autos do mandado cumprido, quando a citação for por oficial de justiça;

   c.3) a data de ocorrência da citação, quando ela se der por ato do escrivão ou do chefe de secretaria;

   c.4) o dia útil seguinte ao fim da dilação assinada pelo juiz, quando a citação for por edital;

c.5) o dia útil seguinte à consulta ao teor da citação ou ao término do prazo para que a consulta se dê, quando a citação for eletrônica;

c.6) a data de juntada do comunicado de que trata o art. 232 (comunicação eletrônica, pelo juízo deprecado, de cumprimento da carta expedida) ou, não havendo esse, a data de juntada da carta aos autos de origem devidamente cumprida, quando a citação se realizar em cumprimento de carta.

Os incisos VII e VIII do art. 231 do Código de Processo Civil[69] tratam especificamente de intimação e, por isso, não servem de termo inicial para contagem do prazo para apresentação de contestação.

Se houver **litisconsortes**, que tiverem diferentes procuradores, de escritórios de advocacia distintos, o **prazo** para apresentação de contestação será contado em **dobro**, independentemente de requerimento. Contudo, o benefício de dobra de prazo não se aplica quando o processo correr em autos eletrônicos.

No caso de litisconsórcio (passivo), ocorrendo a hipótese do art. 334, § 6º (manifestação de desinteresse na realização de audiência de conciliação e mediação), o termo inicial para cada um dos réus será a data de apresentação de seu respectivo pedido de cancelamento da audiência. Apesar de dobrado o prazo para apresentação de resposta, a contagem será **autônoma**.

E mais.

O § 2º do art. 335 do Código estabelece que, quando ocorrer a hipótese do art. 334, § 4º, inciso II (não admitir autocomposição), havendo litisconsórcio passivo e o autor desistir da ação em relação a réu ainda não citado, o prazo para resposta correrá da data de intimação da decisão que homologar a desistência.

Também será dobrado o prazo para apresentação de resposta pelo réu quando patrocinado pela **defensoria pública**[70] (art. 186) ou quando ele for a **União**, os **Estados**, o **Distrito Federal**, os **Municípios** e suas respectivas **autarquias** e **fundações de direito público** (art. 183) (exceto nos casos das ações de competência dos juizados especiais, cujos prazos serão simples) ou **Ministério Público** (art. 180).

---

69. Art. 231. Salvo disposição em sentido diverso, considera-se dia do começo do prazo:

[...]

VII – a data de publicação, quando a intimação se der pelo Diário da Justiça impresso ou eletrônico;

VIII – o dia da carga, quando a intimação se der por meio da retirada dos autos, em carga, do cartório ou da secretaria.

70. Se for o caso, o réu deve comunicar previamente esta condição.

2.2. Reconvenção

Reconvenção é modalidade de resposta, em que o réu formula, em seu favor, pedido diferente do da simples improcedência da ação intentada pelo autor. Trata-se de verdadeiro **contra-ataque do réu (ainda que em litisconsórcio ulterior)** em detrimento do **autor (ainda que em litisconsórcio ulterior)**, em que aquele intenta outra ação (reconvencional) na qual assume a posição de autor.

Diferentemente da contestação (assim compreendida como resistência, unicamente), que representa um ônus, a reconvenção (que pode ser veiculada pela contestação) é mera **faculdade** do réu, porque, embora prestigie a economia processual, pode ser deduzida, de forma autônoma, noutro processo. Ela (a reconvenção) faz surgir pedidos contrastantes e viabiliza que o juiz, **num só processo**, julgue a ação inicial e a reconvencional.

2.2.1. Condições e pressupostos de admissibilidade da reconvenção

Como exercício do direito de ação que é a reconvenção, ela, para ter seu mérito analisado, exige o preenchimento das **condições** relacionadas ao direito de agir, com algumas especificidades. São elas:

a) ***Legitimação para a reconvenção***: o réu, originário e/ou superveniente, tem legitimidade para reconvir contra o autor, quando este agir em nome próprio.

b) ***Interesse em reconvir:*** a reconvenção reclama necessidade e utilidade na sua utilização, consistente na impossibilidade de o benefício pretendido pelo réu não poder ser atendido por contestação, mas poder ser por intermédio de reconvenção. Por exemplo, em ação de indenização decorrente de acidente de trânsito, o autor pede que o réu seja condenado a lhe pagar os prejuízos decorrentes. Se o réu entender que a responsabilidade pelo acidente foi do autor, deve apresentar reconvenção, pois a simples improcedência da ação não é suficiente para que lhe seja reconhecido o direito de ser indenizado pelo autor.

Assim, o réu carece de interesse na apresentação de reconvenção quando o resultado útil por ele pretendido possa ser alcançado pela simples apresentação de contestação. Mas, isso não quer dizer que para apresentar reconvenção é necessária a apresentação de contestação. O § 6º do art. 343 do Código de Processo Civil é expresso ao dispor que o réu pode propor reconvenção independentemente de oferecer contestação.

Advirta-se, contudo, que a desistência da ação ou a ocorrência de causa extintiva que impeça o exame de seu mérito não obsta ao prosseguimento do processo quanto à reconvenção. Se esta vier a ser apresentada na pendência da ação do autor, haverá interesse de agir.

Além das condições, para a apresentação de reconvenção, são necessários os seguintes **pressupostos** específicos:

a) ***Tempestividade***: a reconvenção, como elemento da resposta do réu, deve ser apresentada simultaneamente à contestação, no prazo, em regra, de 15 dias. Ressalvam-se os prazos especiais de apresentação de contestação, que se estendem à reconvenção.

b) ***Identidade ou adequação procedimental entre a ação inicial e a ação reconvencional***: para que o seja afirmada a eficiência processual, é necessária a verificação de procedimento uno entre ação inicial e ação reconvencional. Caso a ação inicial se submeta ao rito ordinário e a ação reconvencional a rito diverso, é lícito ao reconvinte (a não ser que a ação a ser veiculada em reconvenção adote rito irrenunciável), submeter a sua reconvenção ao procedimento ordinário.

c) ***Competência do juízo para a reconvenção***: a obrigatoriedade de a ação inicial e a ação reconvencional serem resolvidas por um mesmo órgão jurisdicional pressupõe que ele seja absolutamente competente para processar e julgar ambas. O órgão jurisdicional da ação inicial deve ter competência funcional, material e pessoal para resolver a ação reconvencional.

d) ***Conexão***: como pressuposto de admissão, exige-se a verificação de conexão (específica) da ação reconvencional com a ação inicial ou com os fundamentos da defesa. Por isso, é categórico o art. 343 do Código de Processo Civil ao dispor: "na contestação, é lícito ao réu propor reconvenção para manifestar pretensão própria, conexa com a ação principal ou com o fundamento da defesa".

2.2.2. Desistência da ação e reconvenção

A princípio, deve-se ter em mente que a reconvenção, mesmo sendo uma ação autônoma do réu, **depende**, para sua existência, **da pendência da relação processual originária impulsionada pelo autor**. Requerida a desistência da ação inicial, desde que obedecidos os requisitos formais, fica impossibilitada a posterior apresentação de reconvenção.

Apresentadas a defesa e/ou a reconvenção, não mais será lícito ao autor desistir da ação inicial sem o consentimento do réu. E mesmo que o réu consinta, agora fará *jus* a um pronunciamento jurisdicional acerca da reconvenção, porquanto a extinção da ação inicial não impede o prosseguimento da reconvenção (STJ. REsp 505048/RJ. DJU 17.11.03).

2.2.3. *Forma*

A reconvenção seguirá a mesma forma da contestação. Logo, não precisará seguir, necessariamente, a forma escrita. Isso porque a reconvenção seguirá na mesma petição da contestação, se esta for apresentada. Apesar da simultaneidade entre contestação e reconvenção, em tese, é possível o réu reconvir sem contestar. O texto do § 6º do art. 343 do CPC é expresso neste sentido: "o réu pode propor reconvenção independentemente de oferecer contestação".

E mais. Como orienta o enunciado 45 do Fórum Permanente de Processualistas Civis, "para que se considere proposta a reconvenção, não há necessidade de uso desse *nomen iuris*, ou dedução de um capítulo próprio. Contudo, o réu deve manifestar inequivocamente o pedido de tutela jurisdicional qualitativa ou quantitativamente maior que a simples improcedência da demanda inicial".

2.2.4. *Distribuição por dependência*

A reconvenção, como ação que é, será distribuída por dependência à ação inicial.

2.2.5. *Requisitos da petição de reconvenção*

Como se trata de exercício do direito de ação do réu (e terceiro) contra o autor (e terceiro), a reconvenção deve cumprir os **requisitos** da petição inicial, inclusive com atribuição de valor à causa (STJ. AgRg no Ag 306387/SP. DJU 10.09.01). Seu controle de admissibilidade iguala-se àquele efetuado pelo juiz quando da análise da petição inicial.

2.2.6. *(In)deferimento*

Se resolver **indeferir a petição de reconvenção**, o órgão julgador assim o fará por **decisão interlocutória**. Ao contrário, deferida a petição de reconvenção, o autor (reconvindo), por intermédio de seu **advogado**, será **intimado** para responder (esta intimação produzirá os mesmos efeitos de uma citação).

2.2.7. *Resposta à reconvenção*

Além da defesa, que deverá ser apresentada no prazo de 15 dias, o autor (reconvindo), como réu na reconvenção, **poderá**, na mesma petição (e, por óbvio, em igual prazo) também **reconvir**.

2.2.8. Saneamento, organização e julgamento

A ação e a reconvenção serão **saneadas e organizadas**, oportunidade em que já poderão, em conjunto ou isoladamente, ser resolvidas, com ou sem análise de mérito. Se a ação inicial não for conhecida, por ser extinta, sem resolução de mérito, por decisão interlocutória, o processo seguirá com relação à ação reconvencional. O mesmo pode ocorrer se a ação reconvencional não for conhecida. Ela será julgada por decisão interlocutória, a continuar o processo com relação à ação inicial.

3. REVELIA

A revelia consiste na **não apresentação de contestação**, seja pelo transcurso do prazo, seja pela consumação da oportunidade, seja pela prática de ato incompatível. No **rito sumariíssimo**, a revelia consiste no não comparecimento do réu à audiência ou, ainda que ele compareça, na não apresentação de contestação. Consiste num fato processual e, por isso, da revelia, podem-se decorrer alguns **efeitos**. São eles:

a) ***Perda do direito de o réu-revel ser intimado***: as partes serão comunicadas dos atos processuais. É direito que lhes assiste. Contudo, se o réu for revel, ele perderá o direito de ser intimado dos atos processuais. O abandono do processo, por deixá-lo correr à revelia, justifica a dispensa de comunicação processual direcionada, relativamente aos atos praticados.

b) ***Preclusão do direito de alegar determinadas matérias de defesa***: não apresentada resistência, o réu revel perderá o direito de alegar determinadas matérias de defesa, em especial aquelas que constituem exceções materiais, ou seja, impeditivos, modificativos ou extintivos do direito do autor.

c) ***Impossibilidade de apresentar reconvenção conexa com o fundamento da defesa***: se não foi apresentada contestação, o ato dependente (reconvenção fundada na defesa) não pode ser apresentado. Nada impede, contudo, que o réu, que não apresentou contestação, não possa apresentar reconvenção. Pode sim, mas ela não pode ser conexa à defesa, e sim à ação inicial.

d) ***Presunção de veracidade das alegações de fatos formuladas pelo autor***: esta presunção de veracidade não é absoluta, mas relativa, podendo ser afastada quando, exemplificativamente, ferir a lógica (STJ. EDcl no REsp 258423/DF. DJU 04.06.01), contrariar os elementos de prova existentes nos autos (STJ. AgRg no Ag 776511/RS. DJU 30.04.07), apresentada reconvenção na qual o réu efetivamente impugne o pedido do autor (STJ. REsp 1.335.994/SP. DJe 12.08.14).

Com efeito, a presunção de veracidade dos fatos deve ser temperada, a deixar margem ao livre convencimento do juiz diante de provas existentes nos autos (STJ. REsp 624922/SC. DJU 07.11.05), não atingindo, outrossim, as questões de direito (STJ. REsp 733742/MG. DJU 12.12.05). Por exemplo, não ação de desapropriação, "a revelia do desapropriado não significa aceitação da oferta, pois a lei impõe a realização de perícia avaliatória a fim de fixar o justo preço" (STJ. REsp 618146/ES. DJ 19.12.06).

Aliás, o art. 345 do Código de Processo elenca algumas situações nas quais se exclui a aptidão de a revelia implicar confissão ficta. São elas: 1) havendo pluralidade de réus, algum deles contestar a ação; 2) o litígio versar sobre direitos indisponíveis; 3) a petição inicial não estiver acompanhada de instrumento que a lei considere indispensável à prova do ato; 4) as alegações de fato formuladas pelo autor forem inverossímeis ou estiverem em contradição com prova constante dos autos.

A presunção de veracidade decorrente da revelia não significa necessária procedência da ação (STJ. REsp 433934/MS. DJ 30.06.03), porquanto, pode acontecer, por exemplo, de os fatos não se subsumirem à proposta de enquadramento jurídico apresentada. A revelia está jungida à confissão ficta dos fatos, não se confundindo com o reconhecimento da procedência do pedido, o qual, diferentemente, tem o condão de extinguir o processo com resolução de mérito (STJ. REsp 94193/SP. DJU 03.11.98).

e) ***Possibilidade de julgamento imediato do mérito***: esta possibilidade está condicionada à ausência de controvérsia das assertivas fáticas trazidas pelo autor. Se o réu revel comparecer em juízo antes do julgamento e evidenciar a necessidade de produzir provas, o mérito não pode ser julgado imediatamente. Assim, nada obstante a constatação da revelia, em algumas vezes, não se tem por verificado o presente efeito.

De qualquer modo, se constatada a ausência de controvérsia, poderá ocorrer o julgamento imediato do mérito. Aliás, é um dever do juiz proferir o julgamento imediato quando as circunstâncias objetivamente autorizarem.

Mesmo que a apresentação da contestação seja intempestiva, o juiz não deve determinar o seu **desentranhamento**, a considerar que o desentranhamento não é efeito da revelia. A contestação deve permanecer nos autos, podendo o juiz, se ainda não proferiu sentença, considerar as alegações do réu, principalmente quando relacionadas a questões cognoscíveis de ofício.

Pois bem.

Analisados os efeitos da revelia, deve-se dizer que aqueles apresentados pelas alíneas "a", "b", "c" e "e" representam os **efeitos processuais** da revelia, enquanto que o apresentado pela alínea "d", o **efeito material**.

CAPÍTULO XXVII

Fase de saneamento

1. CONSIDERAÇÕES INICIAIS

Essa fase é, em verdade, imprescindível e nuclear no rito processual. Sob o ângulo da **utilidade**, o juiz verifica se há algum defeito formal. Caso haja, poderá determinar, se possível, a **correção** do defeito apontado. Se não for corrigido ou não for possível a correção, proferirá **sentença sem resolução de mérito**.

Não havendo defeito formal, o juiz aferirá a **necessidade** do prosseguimento do processo, a considerar se as provas apresentadas aos autos são suficientes para o "julgamento antecipado do mérito" ou se foi verificada alguma das hipóteses de autocomposição.

Em sendo as provas suficientes para o "julgamento antecipado do mérito", ou verificada alguma das hipóteses de autocomposição, o juiz proferirá **sentença com resolução de mérito**.

Caso necessário o prosseguimento do processo para a produção de novas provas, o órgão julgador efetuará o saneamento propriamente dito ("despacho saneador"), com possibilidade de realização ou não de audiência de saneamento, conduzindo a tramitação processual para a realização de **audiência de instrução e julgamento**.

2. PROVIDÊNCIAS PRELIMINARES

Findo o prazo para a resposta (inclusive para a da reconvenção, se houver), o escrivão fará a conclusão dos autos ao juiz que, conforme o caso, no prazo de 05 dias (art. 226, I do CPC), tomará as **providências preliminares necessárias**. Estas emanam dos atos postulatórios até então praticados, objetivam manter o processo sob o império do contraditório e têm por finalidade dar ao processo curso adequado, inclusive em afirmação à duração razoável.

Sem descurar da importância das demais providências saneadoras, que poderão ser adotadas durante todo o curso do processo, esse tópico focará na análise das providências preliminares previstas nos artigos. 347 a 353 do CPC. Sem pretensão de exaustão, analisar-se-ão a seguir quais providências preliminares típicas serão aplicadas a depender da conduta processual adotada pelas partes.

▸ *a) Em caso de revelia*

Na hipótese de a parte ré quedar-se inerte e não apresentar contestação no prazo legal, ordinariamente, afora as hipóteses do art. 345 do CPC, opera-se a presunção relativa da veracidade dos fatos alegados pelo autor. Nesse caso, o juiz, desde logo, dispensa a fase probatória e passa diretamente para fase decisória, onde proferirá sentença, no prazo impróprio de 30 dias, julgando de forma imediata o mérito com fulcro no art. 355, inc. II do CPC.

Ocorre que, mesmo que não contestada a ação processualizada pelo autor (ante a revelia), pode-se verificar a inocorrência da presunção de veracidade das alegações de fatos formuladas pelo autor (efeito da revelia), nas hipóteses tarifadas no art. 345 do CPC, a obstaculizar, pois, o julgamento antecipado do mérito.

▸ *b) Em caso de contestação*

Se contestada a ação (a não se verificar, por consequência, os efeitos da revelia) e sendo necessária a dilação probatória, o juiz mandará intimar **ambas as partes para que especifiquem as provas** que pretendem produzir na audiência de instrução e julgamento, se ainda não as tiver indicado especificadamente.

> ▸ **Importante!**
>
> Destaca-se que o requerimento de provas divide-se em duas fases:
>
> a) na primeira, vale o **protesto genérico** (indicação na petição inicial e na resposta do réu) para futura especificação probatória (requer-se a **possibilidade de produzir as provas referidas**);
>
> b) na segunda, depois de transcorrido o prazo para resposta, em sendo necessária a dilação probatória, o juiz chama à sua **especificação**, que será guiada pelos pontos controvertidos na defesa (requer-se a **efetiva produção das provas especificadas**).

No entanto, se o réu apresentar **defesa indireta de mérito**, no sentido de reconhecer o fato em que se fundou a ação, mas lhe opondo outro fato (novo) impeditivo, modificativo ou extintivo do direito do autor, incumbirá ao juiz, em respeito ao contraditório, **determinar a oitiva do autor no prazo de 15 dias**, mediante réplica (impugnação), permitida a produção de prova (art. 350 do CPC).

Se o réu apresentar **defesa processual**, alegando algum dos óbices processuais previstos no art. 337 do CPC, o juiz, em respeito ao contraditório e ao devido processo legal, **determinará a oitiva do autor (réplica) no prazo de 15 dias**, permitindo-lhe a produção de prova (art. 350 do CPC).

A redação dos arts. 350 e 351 do CPC, expressamente, não restringem a atividade instrutória do autor à prova documental, imperando a liberdade probatória ampla, a concretizar o devido processo legal.

> **Importante!**
>
> Em único despacho, se for o caso de o réu apresentar cumulativamente fatos impeditivos, modificativos ou extintivos (defesa indireta de mérito), bem assim matérias que tornem o processo inútil (defesa indireta processual), o juiz facultará a oitiva do autor no mesmo prazo legal.

Pode ocorrer, ainda, hipótese em que o juiz identifique, de ofício, um vício processual ainda não ventilado pelas partes, caso em que, a homenagear a proibição de decisões surpresas, deverá intimar as partes para que exerçam efetivamente o contraditório e para que tenham oportunidade de sanear o processo.

Nestes termos, a redação do art. 352 do CPC consagra **a sanabilidade** que assevera que, caso as irregularidades ou **vícios** apontados forem sanáveis, o juiz **determinará** sua correção em prazo nunca superior a 30 dias. Mesmo se sanável o vício persistir, naturalmente, o processo deverá terminar já nesta fase.

> **Importante!**
>
> A ação declaratória incidental era admitida no CPC revogado, após a fase postulatória, quando a parte tinha o propósito de estender a coisa julgada para questão prejudicial, o que dava ensejo à providência preliminar típica de oportunizar a defesa da parte contrária.
>
> A simplificar o trato do tema, o novo CPC suprimiu a possibilidade da ação declaratória incidental, ao admitir que as questões incidentais sejam suscitadas em matéria de defesa, e mais, que possam ser acobertadas pela coisa julgada, desde que, além de competente o juízo, haja ampla discussão e instrução probatória a respeito.
>
> Nesse caso, uma vez suscitada questão prejudicial em defesa, incumbe ao juiz, por analogia, intimar a parte contrária para, no prazo de 15 dias, manifestar-se, permitindo-lhe a produção ampla de provas.

3. JULGAMENTO CONFORME O ESTADO DO PROCESSO

Depois de cumpridas as providências preliminares ou não havendo necessidade delas, haverá **julgamento conforme o estado do processo** (art. 353 do CPC), podendo: a) proferir sentenças em resolução de mérito ou proferir decisão parcial sem resolução do mérito; b) proferir sentença com resolução de mérito (em decorrência da prescrição, decadência, autocomposição das partes ou do "julgamento antecipado total do mérito"); c) julgar antecipadamente parte do mérito (art. 356 do CPC); d) proferir **despacho de saneamento e organização do processo**, declarando a regularidade formal da relação processual.

Nessa hipótese, a depender da complexidade da causa, o juiz poderá, antes do despacho, designar audiência de saneamento, para que as partes, em cooperação, fixem os pontos controvertidos e especifiquem as provas necessárias à solução do processo, podendo, inclusive, estipular calendário processual para programar a prática dos atos processuais.

Em razão de sua, importância, o "julgamento antecipado do mérito" será discorrido em capítulo próprio.

4. DESPACHO DE SANEAMENTO E ORGANIZAÇÃO DO PROCESSO

Quando não for o caso de extinção anômala do processo (não acolhidos ou não ocorrerem defeitos formais impeditivos da análise do mérito), nem de extinção do processo com resolução meritória (decadência e prescrição, julgamento antecipado do mérito ou autocomposição) e a ação, para ser apreciada, exigir a dilação probatória, o magistrado **deverá proferir uma decisão de saneamento e ordenamento do processo** (art. 357, CPC).

A interpretação literal desse dispositivo aponta que, quando a causa não apresentar complexidade, em regra, a atividade saneadora será concentrada e ocorrerá na **forma escrita**, sem a necessidade de se designar uma audiência específica para tal intento. No entanto, deve-se promover salto interpretativo, orientado pelo modelo cooperativo de processo, no sentido de **privilegiar sua organização de forma concentrada e oral** por intermédio de uma audiência de organização e saneamento, que se realizará em plataforma de boa-fé e cooperação entre os sujeitos processuais.

Nesse sentido, o enunciado 298 do FPPC, acertadamente, assinala que a audiência de saneamento e organização do processo em cooperação com as partes poderá ocorrer independentemente de a causa ser complexa. Também, a destacar a importância do ato, o enunciado 299 do FPPC orienta que o juiz pode designar audiência de saneamento também (ou só) com objetivo de ajustar com as partes a fixação de calendário para fase de instrução e decisão.

De acordo com as circunstâncias do caso, o art. 357 do CPC prescreve que na decisão de saneamento e organização do processo, adotar-se-á as seguintes atividades: **a)***resolverá as questões processuais pendentes, se houver*; **b)** ***delimitará as questões de fato sobre as quais recairá a atividade probatória, especificando os meios de prova admitidos***; **c)** ***definirá a distribuição do ônus da prova***; **d)*****delimitará as questões de direito relevantes para a decisão de mérito***; **e)*****designará, se necessário, audiência de instrução e julgamento***.

5. AUDIÊNCIA DE SANEAMENTO COMPARTILHADO EM COOPERAÇÃO

É preciso adotar como meio preferencial de organização e ordenação do processo a audiência prévia compartilhada de saneamento.

Referenciada audiência foi erigida como o polo aglutinador de todas as atividades saneadoras e organizativas do processo capaz de criar um amplo *locus* de diálogo franco, leal e aberto entre as partes, procuradores e o juízo, de forma a **estimular comportamentos processuais cooperativos e leais e a corresponsabilizar os sujeitos processuais rumo ao acertamento dos contornos da causa, nas vertentes de fato e de direito.**

A audiência de saneamento tem a função de concretizar, outrossim, a oralidade (contato pessoal entre as partes e juiz), com vistas a uma nova tentativa de conciliação, à delimitação dos termos do litígio e o acertamento e aprimoramento das alegações.

As respectivas pautas deverão ser preparadas com intervalo mínimo de 01 hora entre as audiências (art. 357, § 9º, do CPC) a fim de proporcionar a estabelecimento de tempo adequado para o diálogo.

CAPÍTULO XXVIII

Julgamento antecipado do mérito

1. CONSIDERAÇÕES INICIAIS

O julgamento imediato do processo constitui **modalidade de julgamento conforme o estado do processo**, ao levar este à **resolução do mérito**, ante a prolação de sentença, que acolhe ou rejeita o pedido do autor, com a vantagem de eliminar atos inúteis. Tal acaba, como será mostrado a seguir, por afirmar a duração razoável do processo, sem prejuízo, entretanto, das garantias processuais.

2. HIPÓTESES DE JULGAMENTO IMEDIATO DO MÉRITO

O Código autoriza o julgador a analisar, de imediato, o mérito da questão posta a desate no processo judicial. A verificar que os elementos trazidos ao processo são suficientes para que se proceda à apreciação do seu objeto litigioso, o julgador, em **cognição exauriente**, deverá, de plano, proferir sentença com resolução de mérito.

A circunstância que permite o julgamento antecipado do mérito é a **desnecessidade de dilação probatória.** Caso o magistrado se convença da dispensabilidade da prova, ele cria a legítima expectativa de que o seu julgamento não será de improcedência por insuficiência de provas, por incompatibilidade lógica entre tais atos. Caso o faça, violará a boa-fé objetiva (na modalidade *venire contra factum proprium*). Aliás, o enunciado 297 do Fórum Permanente de Processualistas Civis faz essa orientação: "o juiz que promove julgamento antecipado do mérito por desnecessidade de outras provas não pode proferir sentença de improcedência por insuficiência de provas".

Ante a dispensabilidade da dilação probatória, o Código prevê as seguintes situações de julgamento imediato do mérito: a) ***quando não houver necessidade de produção de outras provas***; b) ***quando o réu for revel, ocorrer efeito previsto no art. 344 e não houver requerimento de prova na forma do art. 349***:

3. OBRIGAÇÃO DO JULGADOR

O julgamento imediato do mérito não é uma faculdade do juiz, mas obrigação sua, sempre que já estiverem presentes nos autos elementos suficientes para a formação de seu convencimento (STJ. REsp 2832/RJ. DJU 17.09.90). Quando, no estado em que se apresentar o processo, o julgador perceber que pode proferir sentença sem necessária dilação probatória (porque firmou o seu convencimento), assim deve proceder. Inclusive, a própria redação do art. 355 do CPC é cogente ao preconizar que o juiz "julgará" e não "poderá julgar".

4. JULGAMENTO ANTECIPADO PARCIAL DO MÉRITO

Sob a vigência do CPC/1973, admitia-se o julgamento imediato parcial do mérito quanto à parcela incontroversa. Mesmo assim, ainda persistia alguma resistência, porque se compreendia que não havia disposição expressa nesse sentido, a considerar que o fundamento adotado pela maior parte dos representantes da doutrina encontrava-se amparo no § 6º do art. 273, que tratava da tutela antecipada.

Contudo, o CPC/2015 afasta, por definitivo, qualquer dúvida a respeito acerca da possibilidade de julgamento imediato parcial do mérito quando consigna expressamente a possibilidade de fracionamento do objeto litigioso. Assim, quando parcela do mérito mostrar-se incontroversa ou quando estiver apta a imediato julgamento (art. 356 do CPC), tal deve ocorrer.

- **Importante! Embora o art. 356 preveja duas hipóteses para julgamento parcial do mérito, quais sejam, quando parcela do mérito mostrar-se incontroversa ou quando estiver apta a imediato julgamento, elas podem ser reduzidas a uma. Isso, porque, nem sempre que incontroversa a parcela do mérito, deverá o juiz proferir decisão parcial. Tal ocorre, por exemplo, com o caso de direitos indisponíveis, em que não incide o efeito da presunção de veracidade dos fatos afirmados pelo autor. O mérito só deve ser parcialmente resolvido, mesmo que parcela sua mostre-se incontroversa, se houver aptidão para o imediato julgamento.**

Com isso, quebra-se, definitivamente, o dogma da unidade estrutural da sentença e da indivisibilidade do objeto litigioso. A ideia de que cada processo só pode ter uma única decisão de mérito e que a coisa julgada ocorre nessa única oportunidade foi substituída pela ideia de **coisa julgada progressiva**, ao admitir-se uma pluralidade de decisões meritórias numa mesma fase processual.

O art. 356, § 6º do CPC/2015 dispõe que o julgamento parcial do mérito desafia recurso de agravo de instrumento. Isso porque a natureza jurídica desse pronunciamento jurisdicional é de **decisão interlocutória (definitiva de mérito)**.

Mas, o tratamento, quanto à obrigatoriedade do julgamento parcial do imediato mérito, é o mesmo quanto ao julgamento total. Não se trata de mera faculdade concedida ao juiz, mas de um **dever** que a lei impõe. O art. 356 do Código dispõe que o juiz **decidirá** parcialmente o mérito quando um ou mais dos pedidos formulados ou parcelas deles mostrar-se incontroverso ou quando estiver em condições de imediato julgamento, na forma do art. 355.

5. SUPRESSÃO DE ATOS PROCESSUAIS

Com o julgamento imediato do mérito, os atos processuais seguintes às providências preliminares são eliminados, porquanto se revelam desnecessários. Assim, dentre outros atos, são suprimidos os seguintes atos: a) o saneamento; b) a realização de audiência de instrução e julgamento; c) a apresentação razões finais. Evidentemente, depois de realizado o julgamento, atos seguintes, além de possíveis, podem ser mostrar necessários, como, por exemplo, a interposição de recurso por qualquer das partes ou as providências necessárias para o eventual cumprimento da sentença.

6. CERCEAMENTO DE DEFESA

Ao passo em que o juiz tem a obrigação de julgar imediatamente o mérito, ele deve redobrar suas atenções para não ensejar pronunciamento de anulação da decisão proferida em razão de eventual cerceamento do direito de defesa. Se não dispensado tal cuidado, ao invés de acelerar o procedimento, o juiz poderá retardar ainda mais a prestação jurisdicional definitiva, porquanto, eventualmente, terá que proferir novo julgamento em substituição ao anulado.

CAPÍTULO XXIX

Audiência de instrução e julgamento

1. CONSIDERAÇÕES INICIAIS

A audiência de instrução e julgamento é ato processual complexo e público[71], realizado sob a presidência do juiz, no qual é **produzida a prova oral** e é debatida e decidida a causa. Participam da audiência, além do juiz, as partes, os advogados, o membro Ministério Público e os auxiliares da justiça. O magistrado, que coordena a audiência, exerce o poder de polícia, incumbindo-lhe: a) manter a ordem e o decoro na audiência; b) ordenar que se retirem da sala de audiência aqueles que se comportarem de forma inconveniente; c) requisitar, quando necessário, força policial; d) tratar com urbanidade as partes, os advogados, os membros do Ministério Público e da Defensoria Pública e qualquer pessoa que participe do processo; e) registrar em ata, com exatidão, todos os requerimentos apresentados em audiência.

A designação da audiência de instrução e julgamento, que deve ocorrer na decisão de saneamento do processo (art. 357, V, do CPC), pressupõe a inocorrência das hipóteses de julgamento antecipado do mérito (art. 355). Não se trata, pois, de ato imprescindível, pois só deve ocorrer quando for necessária a produção de prova em audiência.

2. PROCEDIMENTO

2.1. Abertura da audiência e realização de pregão

No dia e hora designados[72], o juiz declarará aberta a audiência, mandando apregoar as partes e seus advogados, bem com outras pessoas que devam participar

71. Art. 368. A audiência será pública, ressalvadas as exceções legais.

72. Art. 363. Havendo antecipação ou adiamento da audiência, o juiz, de ofício ou a requerimento da parte, determinará a intimação dos advogados ou da sociedade de advogados para ciência da nova designação.

da audiência (peritos, assistentes técnicos, testemunhas etc.). O pregão consiste no chamamento das partes e de seus procuradores, feito por auxiliar do juízo, em voz alta. Tal chamado público deve ocorrer, ainda que o processo tramite em segredo de justiça e a audiência ocorra a portas fechadas.

2.2. Tentativa de conciliação das partes

Instalada a audiência, cabe ao juiz tentar conciliar as partes, independentemente do anterior emprego de outros métodos de solução consensual de conflitos, como a arbitragem e a mediação, ou de ter havido infrutífera audiência de conciliação (art. 334, CPC). Se as partes não estiverem presentes, a conciliação pode se dar por meio dos seus advogados, caso possuam poderes específicos para transigir (art. 105). Havendo conciliação, será ela reduzida a termo e homologada por sentença (art. 487, III).

2.3. Produção de provas

Frustrada a autocomposição, deve-se iniciar a produção das provas. Preferencialmente, colhem-se, primeiro, os esclarecimentos do perito e dos assistentes técnicos, que devem responder aos quesitos referidos no art. 477, § 3º, do CPC, se não já os tiverem respondido por escrito. Em seguida, as partes prestam seus depoimentos pessoais, começando pelo autor. Por último, são ouvidas as testemunhas – primeiro, as arroladas pelo autor e, após, as arroladas pelo réu, começando sempre pelas perguntas da parte que as arrolou (art. 459, *caput*), ressalvada a possibilidade de o juiz formular perguntas antes e depois da inquirição pelas partes (art. 459, § 1º). Como dito, tal ordem é apenas **preferencial**, e não obrigatória, podendo o juiz, com base no art. 139, VI, invertê-la, adequando o rito da audiência às necessidades do conflito, para conferir maior efetividade à tutela do direito.

2.4. Alegações finais

Finalizada a instrução, passa-se às **alegações finais**. O juiz concederá a palavra sucessivamente aos advogados do autor e do réu e ao membro do Ministério Público, se for o caso de sua intervenção, pelo prazo de 20 minutos, prorrogável por mais 10 (minutos), a critério do magistrado. Havendo litisconsorte ou interveniente, o prazo, conforme o art. 364, § 1º, do CPC, será de 30 minutos, divididos igualmente entre os litisconsortes, salvo se estes convencionarem distribuição diversa. Se forem muitos os litisconsortes, tornando muito pequeno o prazo, o juiz pode dilatá-lo, com amparo no art. 139, VI, do CPC.

Se a causa apresentar questões fáticas e/ou jurídicas complexas, o debate oral pode ser substituído por razões finais escritas (memoriais), que deverão ser apresentados em prazos sucessivos de quinze dias, assegurada vista dos autos (art. 364, § 2º).

2.5. Prolação de sentença

Oferecidas as alegações finais (orais ou escritas), o juiz proferirá sentença em audiência ou no prazo (impróprio) de 30 dias. Prolatada a decisão em audiência, considera-se, desde então, publicada, independentemente do comparecimento das partes e de seus advogados, desde que tenham sido regularmente intimados, a teor do que dispõe o art. 1.003, § 1º, do CPC/2015 (STJ. REsp 1.268.652/PR. DJe 08.05.14).

3. ADIAMENTO DA AUDIÊNCIA

O adiamento da audiência de instrução pode ocorrer, de acordo com o art. 362 do CPC: a) por convenção das partes; b) se não puder comparecer, por motivo justificado, qualquer pessoa que dela deva necessariamente participar, desde que a justificação seja comprovada antes da abertura da audiência; c) por atraso injustificado de seu início em tempo superior a trinta minutos do horário marcado.

O não comparecimento imotivado da parte acarreta tão somente a frustração da tentativa de conciliação, salvo se seu advogado tiver poder para transigir, caso em que não haverá prejuízo. Por outro lado, se a parte adversa tiver requerido ou se o juiz tiver ordenado, de ofício, o seu depoimento pessoal (art. 385, CPC), com a advertência da pena de confesso, é de se lhe aplicar tal penalidade, nos termos do art. 385, § 1º, do CPC.

Não comparecendo, imotivadamente, o advogado, o defensor público ou o membro do Ministério Público, o juiz poderá dispensar a produção das provas requeridas pela parte (art. 362, § 2º, do CPC). A ausência injustificada do perito, se não houver mais quesitos a serem respondidos, não acarreta o adiamento da audiência.

A falta da testemunha regularmente intimada conduz ao adiamento da audiência, independentemente de justificação, e enseja a sua condução coercitiva, na forma do art. 455, § 5º, do CPC. Se a parte que a arrolou tiver prescindido de sua intimação, comprometendo-se a levá-la, perderá o direito de ouvi-la, caso não seja comprovado o seu impedimento, conforme o art. 455, § 2º. Justificada a ausência da testemunha não intimada (porque havia compromisso de comparecimento espontâneo), adia-se a audiência; caso contrário, dispensa-se a sua oitiva.

Ausente o escrivão, cabe ao juiz convocar auxiliar *ad hoc*, nos termos do art. 153 do CPC. Assim, não há que se falar em adiamento em razão da ausência de servidor. Em qualquer caso, aquele que der causa ao adiamento da audiência responderá pelas despesas adicionais (por exemplo, as despesas relativas à nova intimação de testemunhas), a teor do que prescreve o art. 362, § 3º, do CPC.

Havendo adiamento (ou antecipação) da audiência, o juiz, de ofício ou a requerimento da parte, determinará a intimação dos advogados ou da sociedade de advogados para ciência da nova designação.

4. SUSPENSÃO DA AUDIÊNCIA

O art. 365 do Código de Processo Civil prevê que a audiência é **una e contínua**. A instrução e o julgamento (além da conciliação e dos debates orais) devem ocorrer de uma só vez, a fim de preservar a incomunicabilidade das pessoas que são ouvidas na audiência, bem assim de afirmar a duração razoável do processo.

Logo, apenas excepcionalmente, é possível a cisão (isto é, a sua suspensão, para continuação posterior) da audiência. Tal ocorre quando, por exemplo: a colheita das provas orais pode tomar muito tempo e não ser finalizada no mesmo dia, devido ao grande número de pessoas a serem ouvidas; ou o juiz, após a instrução, pode determinar a conversão do julgamento em diligência, a fim de produzir mais elementos de prova acerca de determinados fatos. Nesses casos, o juiz marcará o prosseguimento (ou a realização) da audiência para a data mais próxima, em pauta preferencial, conforme determina o art. 365, parágrafo único, do CPC.

5. TERMO DE AUDIÊNCIA

De acordo com o art. 367, *caput*, do CPC, o servidor lavrará, sob ditado do juiz, termo que conterá, em resumo, o ocorrido na audiência, bem como, por extenso, os despachos, as decisões e a sentença, se proferida na ocasião. Vale lembrar que é dever do juiz, previsto no art. 360, V, registrar, em ata, com exatidão, todos os requerimentos apresentados em audiência, ainda que impertinentes ou irrelevantes.

Quando o termo de audiência não for registrado por meio eletrônico (quando deverá obedecer às disposições dos arts. 193 a 199 do CPC), subscrevê-lo-ão o juiz, os advogados, o membro do Ministério Público e o escrivão ou chefe de secretaria, exceto se houver ato dispositivo para o qual os procuradores não tenham poderes.

A audiência pode ser gravada integralmente em imagem e áudio, em meio digital ou analógico, desde que se assegure às partes e órgãos julgadores acesso rápido (art. 367, § 5º, do CPC). A gravação também pode ser feita por qualquer das partes, independentemente de autorização judicial (art. 367, § 6º).

CAPÍTULO XXX

Provas

1. CONSIDERAÇÕES INICIAIS

Entende-se por prova todo e qualquer instrumento ou meio hábil, ainda que não previsto em lei, destinado a demonstrar, em regra, a existência de um fato que interessa à resolução do objeto litigioso do processo, a partir do convencimento, pelo juiz, de que as proposições acerca dele apresentadas são verdadeiras (mesmo que não sejam). Essa definição se harmoniza com a disposição do art. 369 do CPC, de acordo com a qual "as partes têm o direito de empregar todos os meios legais, bem como os moralmente legítimos, ainda que não especificados neste Código, para provar a verdade dos fatos em que se funda o pedido ou a defesa e influir eficazmente na convicção do juiz".

2. CLASSIFICAÇÃO

As provas podem ser classificadas, quanto aos **fatos**, como: a) **diretas**, que buscam demonstrar a existência dos próprios fatos investigados nos autos; b) **indiretas** (indiciárias), que buscam demonstrar outro fato, por intermédio do qual se chega a uma conclusão acerca dos fatos investigados nos autos.

Quanto ao **sujeito** (ou quanto à fonte), elas (as provas) podem ser classificadas como: a) **pessoais**, consistentes em qualquer afirmação (ou comportamento, para ser mais preciso, a considerar a necessidade de uma maior abrangência) consciente realizada por uma pessoa; b) **reais**, traduzidas em toda atestação inconsciente extraída de uma coisa.

Quanto à **preparação**, as provas podem ser classificadas como: a) **causais**, constituídas durante o trâmite do processo; b) **pré-constituídas**, aquelas que são preparadas antes de ser intentada a ação, portanto, antes de formado o processo.

3. OBJETO

A prova, em regra, tem como objeto as **proposições fáticas relevantes para a solução do mérito** delimitado pelas afirmações de existência de direito trazidas pela ação e/ou pela defesa. É a partir da análise das proposições fáticas, com seu enquadramento jurídico, que o juiz extrairá a solução do mérito.

Todavia, há fatos que, por suas características ou circunstâncias, **não precisam ser demonstrados**. São eles: a) ***notórios***: são os de conhecimento geral; b) ***afirmados por uma parte e confessados pela parte contrária***: são os reconhecidos, expressa ou tacitamente, pela parte contrária; c) ***admitidos no processo como incontroversos***: são os afirmados por uma parte e não impugnados pela parte adversa; d) ***em cujo favor, milita a presunção legal de existência ou de veracidade***: são os que a lei atribuem as referidas presunções.

Excepcionalmente o **direito** pode ser objeto de prova. Deve, contudo, ser local (municipal, estadual ou distrital), consuetudinário ou estrangeiro. É assim que preconiza o art. 376 do CPC: "A parte que alegar direito municipal, estadual, estrangeiro ou consuetudinário provar-lhe-á o teor e a vigência, se assim o juiz determinar".

4. FINALIDADE

Como decorrência lógica de seu próprio objeto, as provas devem buscar a formação da **convicção do juiz**, a possibilitar a solução do mérito sob o amparo de uma verdade aparente, a se evitar pronunciamentos jurisdicionais sob o estado de perplexidade.

5. DESTINATÁRIOS

As provas, por serem elementos de formação da convicção do **juiz**, têm como destinatário direto o Estado, representado na pessoa daquele – embora possa ser que ele sequer faça apreciação. Pode ocorrer, com efeito, de ser produzida prova, com o objetivo de convencer o juiz, portanto, a ele destinada, mas nem ser considerada no julgamento da questão. Por isso, conquanto seja o primeiro destinatário das provas trazidas aos autos, pode ocorrer de ele nem considerar aquelas produzidas, sobretudo pelas partes. Cabe, pois, ao juiz controlar, mediante decisão fundamentada de indeferimento, as diligências consideradas **inúteis ou meramente protelatórias.**

Indiretamente, em face da necessidade de legitimação do pronunciamento jurisdicional, que impulsiona a conformação, as provas são destinadas às **partes** e aos **interessados** na solução do mérito posto ao conhecimento do Poder Judiciário. O enunciado 50 do Fórum Permanente de Processualistas Civis destaca que "os destinatários da prova são aqueles que dela poderão fazer uso, sejam juízes, partes ou demais interessados, não sendo a única função influir eficazmente na convicção do juiz".

6. VALORAÇÃO

São três os critérios de valoração das provas: a) critério legal; b) livre convicção (ou convicção íntima do juiz); c) convencimento motivado (ou persuasão racional do juiz).

Apresentam-se considerações acerca de cada um deles.

a) ***Critério legal***: o juiz afere as provas seguindo uma hierarquia estabelecida legalmente. Entre os meios de prova, há diferenciação de valores, que devem ser considerados na formação do convencimento do juiz em razão de disposição legal.

b) ***Livre convicção (ou da convicção íntima do juiz)***: prevalece a íntima convicção do julgador. Para isso, não existe uma regra que imponha o método de avaliação da prova, a impor ao juiz o dever de evidenciar a razão pela qual lhe levou a decidir de determinada forma (diferente de outras que estavam colocadas como alternativas). Não é muito utilizado porque permite o convencimento extra-autos, podendo ser contrário às provas trazidas.

c) ***Convencimento motivado (ou persuasão racional do juiz)***: o juiz apreciará livremente as provas trazidas, a atender aos fatos e às circunstâncias constantes dos autos, ainda que não alegados pelas partes (ou por qualquer outro interessado), devendo, todavia, em seu pronunciamento, indicar os motivos que lhe formaram o convencimento. No sistema da persuasão racional, o julgamento deve advir de uma **operação lógica motivada nos elementos de convicção existentes aos autos do processo.** A conclusão alcançada pelo juiz deve ligar-se à apreciação daquilo que restou demonstrado.

7. ÔNUS

7.1. Distribuição estática

O ônus (ao contrário do dever, que pressupõe a obrigatoriedade de atendimento, sob pena de aplicação de uma sanção), se descumprido, acarretará em

consequência processual negativa (encargo). Constitui, por isso, uma faculdade, mas cujo exercício se faz necessário à consecução de um interesse, a se revelar como uma obrigação interna, da parte para consigo mesma.

Ao **autor**, é imposto o ônus de provar as assertivas **fáticas constitutivas** (alegados fatos que teriam dado ensejo à relação jurídica) de seu direito. Ao **réu**, o ônus de demonstrar as assertivas de existência de **fatos extintivos** (fatos que poriam fim à relação jurídica deduzida) **e/ou modificativos** (fatos que alterariam a relação jurídica deduzida) **e/ou impeditivos** (fatos que significariam a ausência de alguns dos requisitos genéricos) do direito do autor. Ao réu, apesar de o texto legal não fazer essa referência, também é imposto o ônus de provar as assertivas negativas, desde que determinadas, àquelas trazidas pelo autor.

O ônus probatório imposto às partes é chamado de **ônus subjetivo**.

7.2. Distribuição por convenção

A distribuição do ônus da prova (ou da produção de determinada prova) pode ser convencionada[73] **(inclusive antes da formação do processo), sendo nula, todavia, a convenção que distribui de maneira diversa quando recair sobre direito indisponível da parte ou quando tornar excessivamente difícil a uma parte o exercício do direito.**

7.3. Distribuição dinâmica

Embora o Código de Processo Civil tenha adotado, como regra, a concepção **estática** de distribuição do ônus da prova, possibilita a convenção e a distribuição de forma **dinâmica**. Afastam-se as regras estáticas **e impõe-se o ônus à parte que se encontrar em melhores condições de produzir a prova**.

7.4. Inversão do ônus da prova

Na legislação extravagante especial, o art. 6º, VIII, do Código de Defesa do Consumidor estabelece que são direitos básicos do consumidor a facilitação da defesa de seus direitos, inclusive com a **inversão do ônus da prova**, a seu favor, no processo civil, quando, a critério do juiz, for verossímil a alegação ou quando for ele hipossuficiente, segundo as regras ordinárias de experiências.

73. A convenção acerca da distribuição do ônus da prova é diferente da determinação de inversão do ônus da prova. Aquela decorre de acordo entre as partes (conquanto possa significar inversão do ônus), enquanto que a inversão do ônus pode ser uma imposição judicial. Mais coerente é compreender que a inversão pode advir tanto de convenção entre as partes como de determinação judicial (nas situações que a lei autoriza).

8. COMUNHÃO

Apesar de o CPC estabelecer uma regra de julgamento fundada no ônus probatório, tem-se que **as provas pertencem ao processo**, pouco importando o sujeito quem as produziu. Ao juiz, incumbe analisar o conjunto probatório em sua globalidade, sem perquirir a quem competiria o ônus probatório (STJ. REsp 11468/RS. DJU 07/04/92). Provados todas as proposições, o juiz **não aplicará a "regra de distribuição do ônus probatório"**.

9. PODER DE INSTRUÇÃO

A proposição de provas, a princípio, cabe às partes, pois conhecem bem os fatos e, por conseguinte, encontram-se em melhores condições de identificar as fontes, devendo o juiz indeferir, em decisão fundamentada, as diligências inúteis ou meramente protelatórias. A iniciativa probatória do juiz também está expressamente autorizada e varia de acordo com a sua pessoa, ante a subjetividade do convencimento.

10. PROVA EMPRESTADA

A prova emprestada consiste no transporte da prova, via **certidão** ou mesmo em **cópia**, de um processo para outro. Aproveita-se uma atividade probatória anteriormente desenvolvida, mediante traslado dos elementos que a documentaram. O juiz poderá admitir a utilização de prova produzida em outro processo, atribuindo-lhe o valor que considerar adequado, observado o **contraditório**.

O enunciado 52 do Fórum Permanente de Processualistas Civis especifica: "para a utilização da prova emprestada, faz-se necessária a observância do contraditório no processo de origem, assim como no processo de destino, considerando-se que, neste último, a prova mantenha a sua natureza originária".

11. PROVAS ILÍCITAS

São provas ilícitas aquelas obtidas em violação a disposições de **direito material**, principalmente as contidas na Constituição da República. Ilícita, portanto, é a forma de obtenção e não a espécie. Elas não se confundem com as **provas ilegítimas**, que são aquelas que foram produzidas em desrespeito às normas de direito processual. Provas ilegais é o gênero das quais são espécies as provas ilícitas e as ilegítimas.

12. MEIOS TÍPICOS E ATÍPICOS DE PROVAS

São admissíveis como meios de provas todos aqueles considerados juridicamente **idôneos**, porque a taxatividade não se coaduna com a verdade. O art. 369 do CPC estabelece: "as partes têm o direito de empregar todos os meios legais, bem como os moralmente legítimos, ainda que não especificados neste Código, para provar a verdade dos fatos em que se funda o pedido ou a defesa e influir eficazmente na convicção do juiz".

13. PRODUÇÃO ANTECIPADA DA PROVA

A produção antecipada da prova será admitida, qualquer que seja a sua espécie, conforme estabelece o art. 381 do Código de Processo Civil, nos casos em que: a) haja fundado receio de que venha a tornar-se impossível ou muito difícil a verificação de certos fatos na pendência da ação; b) a prova a ser produzida seja suscetível de viabilizar a autocomposição ou outro meio adequado de solução de conflito; c) o prévio conhecimento dos fatos possa justificar ou evitar o ajuizamento de ação.

As hipóteses trazidas pelo art. 381 do Código de Processo Civil são **exemplificativas,** a considerar que a produção antecipada embasa-se e resguarda, dentre outros, direitos e garantias considerados fundamentais.

14. ATA NOTARIAL

A existência e o modo de existir de algum fato podem ser atestados ou documentados, a requerimento do interessado, mediante **ata lavrada por tabelião**. Os próprios dados representados por imagem ou som gravados em arquivos eletrônicos poderão constar da ata notarial. A ata notarial distingue-se da escritura pública. Enquanto esta contém declaração de vontade que inclusive pode ser bilateral, aquela constitui apenas descrição unilateral de fato pelo notário, cuja narrativa dispõe de fé pública.

15. DEPOIMENTO PESSOAL

15.1. Fonte e finalidade

O depoimento pessoal é o meio de prova que tem por **fonte** as partes litigantes. Sua principal **finalidade** é obter a confissão da parte depoente sobre as proposições fáticas relevantes ao deslinde da causa. Mas, conquanto seja essa a sua principal finalidade, serve para trazer esclarecimentos necessários (acerca de fatos importantes) ao deslinde do processo, os quais não se confundem com a confissão.

15.2. Comparecimento pessoal

O juiz pode, de ofício, em qualquer estado que se encontre a tramitação processual, determinar o comparecimento pessoal das partes a fim de interrogá-las (colher "**interrogatório**"). Em situações excepcionais, o juiz pode se dirigir até onde se encontra a parte para praticar dito ato processual, como será adiante mostrado.

15.3. Requerimento do próprio depoimento

Compete a cada uma das partes requerer que a **adversa** preste depoimento pessoal. A primeira parte do art. 385 do CPC dispõe que "cabe à parte requerer o depoimento pessoal da outra parte", e não o próprio depoimento. Pelo mesmo motivo, não é admissível o pedido do depoimento pessoal formulado pelo litisconsorte contra outro do mesmo polo da relação processual.

15.4. Momento

Em regra, o depoimento pessoal é prestado na **audiência de instrução e julgamento**. Excepcionalmente, é colhido: a) antes da propositura da ação ou, na sua pendência, antes da audiência; b) em dia e hora designados, em razão de enfermidade ou outro motivo relevante, que impossibilite o comparecimento em audiência.

15.5. Não comparecimento à audiência ou recusa a depor

Para a colheita do depoimento, a parte será intimada pessoalmente, constando do mandado a pena de **confissão** das proposições fáticas contra ela alegadas, caso não compareça ou, comparecendo, recuse-se a depor. A parte que intimada e advertida pessoalmente, não comparece à audiência de instrução e julgamento (ou, comparece e se recusa a depor), tem **contra si a confissão ficta das proposições fáticas alegadas pela parte adversa.**

15.6. Local de comparecimento

A parte, intimada a prestar depoimento pessoal, não está obrigada a **comparecer perante o juízo diverso** daquele em que reside. Nesse caso, seu depoimento será tomado por carta e não na sede do juízo em que está sendo processada a causa, salvo se ela concordar em comparecer. Também poderá ocorrer de o depoimento pessoal da parte ser colhido por meio de **videoconferência ou outro recurso tecnológico de transmissão de sons e imagens em tempo real**.

15.7. Ordem dos depoimentos

Na audiência de instrução e julgamento, as partes depõem após as respostas do perito e dos assistentes técnicos aos quesitos de esclarecimentos eventualmente formulados. São interrogadas na forma prescrita para a inquirição de testemunhas, pelo que é defeso à parte que ainda não depôs **assistir ao interrogatório da parte adversa**.

> ▸ IMPORTANTE!
>
> Pela ordem legal, é ouvido autor e, em seguida, o réu. Enquanto o autor está prestando o seu depoimento, o réu deve se retirar da sala de audiência, ali permanecendo apenas seu advogado, que formulará as perguntas àquele. Na oportunidade do depoimento do réu, como o autor já prestou o seu, ele pode permanecer na sala de audiência, auxiliando seu advogado no esclarecimento dos fatos apresentados pelo réu e na formulação de perguntas. Em razão disso, a parte que primeiro presta o seu depoimento pessoal goza de certa vantagem, porquanto tem a possibilidade de auxiliar o seu advogado.

15.8. Pessoalidade

No seu depoimento, a parte responderá pessoalmente sobre os fatos articulados, não podendo servir-se de escritos anteriormente preparados, permitindo-lhe o juiz, todavia, a consulta a notas breves (elaboradas pessoalmente), desde que objetivem completar esclarecimentos, cabendo àquele verificar se os apontamentos obedecem aos limites devidos.

15.9. Escusas que podem ser apresentadas pelas partes

A parte não é obrigada a depor sobre fatos:

a) criminosos ou torpes que lhe forem imputados;

b) a cujo respeito, por estado ou profissão, deva guardar sigilo;

c) acerca dos quais não possa responder sem desonra própria, de seu cônjuge, de seu companheiro ou de parente em grau sucessível;

d) que coloquem em perigo a vida do depoente, de seu cônjuge, de seu companheiro ou de parente em grau sucessível.

Contudo, esta disposição não se aplica às ações de estado e de família.

Se o juiz considerar escusável a resistência ao depoimento, não haverá confissão.

16. CONFISSÃO

16.1. Definição

A confissão **não é um meio de prova**. Pode ser objeto de um meio de prova. Há confissão quando a parte, relativamente a **direitos disponíveis**, admite a verdade de uma proposição fática contrária ao seu interesse e, ao mesmo tempo, favorável ao da parte adversa, ou quando a parte nega proposições fáticas favoráveis ao seu interesse.

16.2. Distinções

Não há que se confundir confissão e **reconhecimento do pedido**. A confissão, que pode emanar de qualquer das partes, verte-se a um fato. O reconhecimento do pedido, que somente emana do réu e deve ser expresso, verte-se a todos os fatos que fundamentam (e são necessários ao atendimento) o pedido, sem a oposição de outro qualquer, que seja impeditivo, modificativo ou extintivo (é a admissão da existência do próprio direito alegado pelo autor).

O mesmo se diga em relação à **renúncia do direito que se funda a ação**. A renúncia do direito que se funda a ação só pode ser praticada pelo autor e importa em disposição de direito, a determinar, por si só, uma consequência jurídica que vincula o juiz. A confissão pode partir de qualquer das partes e refere-se a proposições fáticas.

16.3. Efeito

O **efeito** da confissão é a incontrovérsia das assertivas fáticas afirmadas por uma das partes e aceitas pela outra.

16.4. Requisitos

São **requisitos** da confissão: a) capacidade plena do confitente; b) disponibilidade do direito relacionado ao fato confessado; c) inexigibilidade de forma específica para a validade do ato jurídico confessado.

16.5. Classificação

A confissão pode ser classificada da seguinte maneira: **extrajudicial** ou **judicial** (**real** [**espontânea** ou **provocada**] ou **ficta**).

A confissão judicial é aquela feita nos autos do processo. A extrajudicial é aquela feita fora dos autos do processo.

A confissão judicial pode ser real (expressa) ou ficta (presumida – sanção decorrente da recusa, por exemplo, em não comparecer à audiência de instrução e julgamento para prestar depoimento pessoal ou em não apresentar contestação ou em não juntar aos autos, mediante acolhimento de pedido de exibição, os documentos determinados pelo juiz a qualquer das partes). Ao seu turno, a confissão judicial real pode ser espontânea ou provocada.

Com relação à confissão judicial ficta, ela somente pode ser espontânea. Atenta contra a principiologia processual admitir-se uma confissão judicial provocada, do tipo, "provocar uma revelia", "impossibilitar o comparecimento da parte à audiência em que seria colhido o depoimento pessoal" etc.

Relativamente à confissão espontânea, que pode ser feita pela própria parte, ou por mandatário com poderes especiais, lavra-se o respectivo termo nos autos. Entretanto, a confissão feita por um representante somente é eficaz nos limites em que este pode vincular o representado.

A confissão provocada, que só pode ser judicial, quando decorrente do depoimento pessoal prestado, deverá ser registrada.

A confissão extrajudicial tem a mesma eficácia da judicial, mas, quando feita verbalmente, só terá eficácia nos casos em que a lei não exija prova literal.

16.6. Indivisibilidade

A confissão pode acorrer a qualquer tempo, sendo, de regra, **indivisível**. Não pode a parte, que a quiser invocar, aceitá-la no tópico que a beneficiar e rejeitá-la no que lhe for desfavorável. Estranha, porém, esta ilação, diante da definição do instituto, que o considera como negativo no todo em detrimento do confitente e positivo no todo em favor da parte adversa. A indivisibilidade, como regra, é uma decorrência lógica. É mais condizente entender-se que a prova da qual decorre a confissão é que não pode ser dividida. Se a parte quer se beneficiar da confissão decorrente da prova, deverá aceitar esta como um todo, e não somente na parte que lhe favoreça.

Em exceção à regra da indivisibilidade da prova de que decorre a confissão, ela poderá ser cindida quando o confitente aduzir fatos novos, capazes de constituir fundamento de defesa de direito material ou de reconvenção. Pode uma parte confessar as proposições fáticas trazidas pela parte adversa. Todavia, se trouxer uma proposição nova, a confissão relativa às anteriores deve ser extraída, aproveitando-se unicamente a versão trazida com relação à nova proposição.

16.7. Irrevogabilidade

A confissão é irrevogável, mas, quando emanar de **erro** ou **coação**, ela pode ser **invalidada**. O **dolo** não justifica a invalidação da confissão, mas somente o eventual erro advindo daquele.

Os **instrumentos** para alcançar a invalidação são:

a) ação anulatória, se pendente o processo em que foi feita, ou quando proferida da sentença sem resolução de mérito;

b) ação rescisória, depois de transitada em julgado a sentença de mérito (pelo menos em regra), da qual aquela constitua o único fundamento.

17. EXIBIÇÃO DE DOCUMENTO OU COISA

A exibição de documento ou coisa é um **ônus** (pelo menos em regra, porque, em determinadas circunstâncias, pode ser um dever) para a parte e um **dever** para o terceiro.

Não é todo documento e/ou coisa que pode ser objeto de exibição. As partes devem produzir as provas que entendam necessárias para provar as assertivas fáticas que sustentam suas afirmações de existência de direito. A problemática surge quando aquelas ficam impossibilitadas de produzir pessoalmente determinada prova. Não sendo a prova inviável, e, por outro lado, útil à formação do convencimento jurisdicional, justifica-se a exibição de documento e/ou coisa por quem, muitas vezes, ela não se aproveita.

O pedido formulado pela parte conterá:

a) a individuação, tão completa quanto possível, do documento ou da coisa;

b) a finalidade da prova, indicando os fatos que se relacionam com o documento ou com a coisa;

c) as circunstâncias em que se funda o requerente para afirmar que o documento ou a coisa existe e se acha em poder da parte contrária.

A exibição de documento pode ser requerida: a) incidentalmente por uma das partes para que a outra faça a exibição; b) incidentalmente por uma das partes para que o terceiro faça a exibição; c) inexistindo ação pendente, por meio de ação instrumental.

18. PROVA DOCUMENTAL

18.1. Definição

O conceito de documento é (e deve ser) amplo, a abranger não só aquilo que atualmente se conhece como suporte, como também tudo o que possa vir a ser criado para conter a expressão de um pensamento. Documento é **todo objeto que registra um fato efêmero**, tornando-o permanente. A ser assim, fotografia, filmagem, áudio, que podem estar postas em diversos suportes, são considerados exemplos (não exaustivos, por óbvio) de documentos.

18.2. Classificação

Os documentos podem ser **classificados** em: a) **públicos**: quando seu autor material é uma autoridade pública no desempenho de sua função, ou seja, quando se tratar de ato emanado do Poder Público; b) **particulares**: quando elaborados por pessoa, que não é autoridade pública no desempenho de sua função.

Os documentos públicos, por sua vez, podem ser classificados em: a) **judiciais**: oriundos de processo judicial, podendo ser produzidos pelo escrivão ou pelo chefe de secretaria, pelo oficial de justiça ou pelo juiz, isolada ou conjuntamente; b) **extrajudiciais**: elaborados pelos serventuários da justiça do foro extrajudicial (serventias extrajudiciais); c) **administrativos**: todos os demais originados de repartições públicas.

18.3. Força probante dos documentos

O documento público faz prova não só da sua **formação**, mas também dos **fatos** que o escrivão, o chefe de secretaria, o tabelião ou o servidor declarar que ocorreram em sua presença.

Quando a lei exigir instrumento público como da **substância do ato**, estabelece o art. 406 do Código de Processo Civil, nenhuma outra prova, por mais especial que seja, pode suprir-lhe a falta.

Já o documento feito por **oficial público incompetente** ou **sem a observância das formalidades legais**, sendo subscrito pelas partes, tem a mesma eficácia probatória do documento particular.

As declarações constantes do documento particular escrito e assinado ou somente assinado presumem-se verdadeiras em relação ao **signatário**. Mas, quando, todavia, contiver **declaração de ciência** de determinado fato, o documento particular prova a ciência, mas não o fato em si, incumbindo o ônus de prová-lo ao interessado em sua veracidade.

A **data** do documento particular, quando a seu respeito surgir dúvida ou impugnação entre os litigantes, provar-se-á por todos os meios de direito. Contudo, em relação a terceiros, considerar-se-á datado o documento particular: a) no dia em que foi registrado; b) desde a morte de algum dos signatários; c) a partir da impossibilidade física que sobreveio a qualquer dos signatários; d) da sua apresentação em repartição pública ou em juízo; e) do ato ou do fato que estabeleça, de modo certo, a anterioridade da formação do documento.

O documento particular pode ter **autor material e intelectual**. Materialmente, é autor aquele que elabora o suporte, a lançar ideias que não são suas, pelo que não é responsável pelo conteúdo. Intelectualmente, considera-se **autor** do documento particular: a) aquele que o fez e o assinou; b) aquele por conta de quem ele foi feito, estando assinado; c) aquele que, mandando compô-lo, não o firmou porque, conforme a experiência comum, não se costuma assinar, como livros empresariais e assentos domésticos.

Considera-se **autêntico** (de autoria certa) o documento quando: a) o tabelião reconhecer a firma do signatário; b) a autoria estiver identificada por qualquer outro meio legal de certificação, inclusive eletrônico, nos termos da lei; c) não houver impugnação da parte contra quem foi produzido o documento. A identificação da autoria é, muitas vezes, necessária, porque o documento particular, de cuja autenticidade não se duvida, prova que o seu autor fez a declaração que lhe é atribuída.

O documento particular admitido expressa ou tacitamente é **indivisível**, sendo vedado à parte que pretende utilizar-se dele aceitar os fatos que lhe são favoráveis e recusar os que são contrários ao seu interesse, salvo se provar que estes não ocorreram. Pode ocorrer de um documento provar vários fatos, sendo, aí, possível que a parte prove um ou alguns por este instrumento e demonstrar que os outros não ocorreram, utilizando-se, para tanto, de outra prova. A utilização do documento, a assim considerar, deve ser integral, a ser considerado como um todo, independentemente de quem o fez e o produziu.

As **fotografias digitais e as extraídas da rede mundial de computadores**, especificamente, fazem prova das imagens que reproduzem, devendo, se impugnadas, ser apresentada a respectiva autenticação eletrônica ou, não sendo possível, realizada perícia.

Se se tratar de **fotografia publicada em jornal ou revista**, será exigido um exemplar original do periódico, caso impugnada a veracidade pela outra parte. O mesmo ocorrerá à forma impressa de mensagem eletrônica.

As reproduções dos documentos particulares, fotográficas ou obtidas por outros processos de repetição, valem como certidões sempre que o escrivão ou o chefe de secretaria certificar sua conformidade com o original.

A cópia de documento particular tem o mesmo valor probante que o original, cabendo ao escrivão, intimadas as partes, proceder à conferência e certificar a conformidade entre a cópia e o original[74].

18.4. Arguição de falsidade

A falsidade consiste em **formar** documento não verdadeiro ou em **alterar** aquele que é verdadeiro. Ela deve ser suscitada na contestação, na réplica ou no prazo de 15 dias, contado a partir da intimação da juntada do documento aos autos, mas, ainda que não observado o prazo, a falsidade poderá ser apurada, a considerar que o juiz pode agir de maneira oficiosa, além do que poderá justificar a propositura de eventual ação rescisória. Arguida, a falsidade será resolvida como questão incidental, salvo se a parte requerer que o juiz a decida como questão principal (nos termos do inciso II do art. 19 do Código de Processo Civil).

A parte arguirá a falsidade expondo os motivos em que funda a sua pretensão e os meios com que provará o alegado. Depois de ouvida a outra parte no prazo de 15 dias, será realizado o exame pericial. Contudo, ele não será realizado se a parte que produziu o documento concordar em retirá-lo dos autos. Pode ser legítima a recusa à retirada do documento, para consequente realização do exame pericial, quando elemento novo, essencial à apuração da verdade, poder ser trazido.

Quanto ao ônus da prova, ele incumbe, quando: a) se tratar de falsidade de documento ou de preenchimento abusivo, à parte que a arguir; b) se tratar de impugnação da autenticidade, à parte que produziu o documento.

A declaração sobre a falsidade do documento, quando suscitada como questão principal, constará da parte dispositiva da sentença e sobre ela incidirá também a autoridade da coisa julgada. Entretanto, não porque reconhecida a falsidade do documento juntado, que a sentença será necessariamente julgada contra quem produziu a prova.

74. Também fazem a mesma prova que os originais: a) as certidões textuais de qualquer peça dos autos, do protocolo das audiências ou de outro livro a cargo do escrivão ou do chefe de secretaria, se extraídas por ele ou sob sua vigilância e por ele subscritas; b) os traslados e as certidões extraídas por oficial público de instrumentos ou documentos lançados em suas notas; c) as reproduções dos documentos públicos, desde que autenticadas por oficial público ou conferidas em cartório com os respectivos originais; d) as cópias reprográficas de peças do próprio processo judicial declaradas autênticas pelo advogado, sob sua responsabilidade pessoal, se não lhes for impugnada a autenticidade; e) os extratos digitais de bancos de dados públicos e privados, desde que atestado pelo seu emitente, sob as penas da lei, que as informações conferem com o que consta na origem; f) as reproduções digitalizadas de qualquer documento público ou particular, quando juntadas aos autos pelos órgãos da justiça e seus auxiliares, pelo Ministério Público e seus auxiliares, pela Defensoria Pública e seus auxiliares, pelas procuradorias, pelas repartições públicas em geral e por advogados, ressalvada a alegação motivada e fundamentada de adulteração.

18.5. Produção da prova documental

Às partes incumbe instruir a petição inicial ou a contestação com os documentos destinados a provar suas alegações.

Quando o documento consistir em reprodução cinematográfica ou fonográfica, a parte deverá trazê-lo na petição inicial ou na contestação, mas sua exposição será realizada em audiência, intimando-se previamente as partes.

Quanto aos documentos novos, é lícito às partes, em qualquer tempo, juntá-los aos autos, caso sejam destinados a fazer prova de assertivas relacionadas a fatos ocorridos depois dos articulados ou para contrapô-los às que foram produzidos nos autos.

O réu manifestar-se-á na contestação sobre os documentos anexados à petição inicial, e o autor manifestar-se-á na réplica sobre os documentos anexados à contestação. Mas, sempre que uma das partes requerer a juntada de documento aos autos, o juiz ouvirá, a seu respeito, a outra parte, que disporá do prazo de 15 dias para: a) impugnar a admissibilidade da prova documental; b) impugnar sua autenticidade; c) suscitar sua falsidade, com ou sem deflagração do incidente de arguição de falsidade; d) manifestar-se sobre seu conteúdo.

O juiz poderá, a requerimento da parte, dilatar o prazo para manifestação sobre a prova documental produzida, levando em consideração a quantidade e a complexidade da documentação.

Sempre que necessário, o juiz requisitará às repartições públicas, em qualquer tempo ou grau de jurisdição: a) as certidões necessárias à prova das alegações das partes; b) os procedimentos administrativos nas causas em que forem interessados a União, os Estados, o Distrito Federal, os Municípios ou entidades da administração indireta.

Recebidos os autos, o juiz mandará extrair, no prazo máximo e improrrogável de 01 mês, certidões ou reproduções fotográficas das peças que indicar e das que forem indicadas pelas partes, e, em seguida, devolverá os autos à repartição de origem. Se possível, as repartições públicas poderão fornecer todos os documentos em meio eletrônico, conforme disposto em lei, certificando, pelo mesmo meio, que se trata de extrato fiel do que consta em seu banco de dados ou no documento digitalizado.

18.6. Documentos eletrônicos

A utilização de documentos eletrônicos no processo convencional dependerá de sua conversão à forma impressa e da verificação de sua autenticidade, na forma da lei. Por "processo convencional", deve-se entender "autos físicos". Portanto, quando físicos os autos, os documentos eletrônicos, em regra, dependerão de sua conversão para a forma impressa e da verificação de sua autenticidade.

O juiz apreciará o valor probante do documento eletrônico não convertido, assegurado às partes o acesso ao seu teor. Só que, quando o documento consistir em reprodução cinematográfica ou fonográfica, logicamente, não será possível, aos autos físicos, sua conversão para a forma impressa. A regra não se aplica a tais documentos, que deverão ser apresentados em suportes acessíveis às estruturas da respectiva unidade judiciária. Por conseguinte, não haverá nenhum prejuízo ao seu valor probante, ante a impossibilidade de conversão à forma impressa.

19. PROVA TESTEMUNHAL

19.1. Definição

A prova testemunhal consiste na narração, por **pessoa capaz**, **imparcial** e **estranha** à relação processual, de fatos importantes à solução do mérito, os quais são conhecidos **sensorialmente** por aquela.

19.2. Admissibilidade e do valor da prova testemunhal

Ela (a prova testemunhal) é sempre admissível, se a lei não dispuser de modo diverso.

O juiz **indeferirá** a inquirição de testemunhas sobre fatos: a) já provados por documento ou confissão da parte; b) que só por documento ou por exame pericial puderem ser provados.

Nos casos em que a lei exigir prova escrita da obrigação, é admissível a prova testemunhal quando houver **começo de prova por escrito**, emanado da parte contra a qual se pretende produzir a prova.

Também se admite a prova testemunhal quando o credor **não pode ou não podia**, moral ou materialmente, **obter a prova escrita da obrigação**, em casos como o de parentesco, de depósito necessário ou de hospedagem em hotel ou em razão das práticas comerciais do local onde contraída a obrigação.

É lícito à parte provar com testemunhas: a) nos contratos simulados, a divergência entre a vontade real e a vontade declarada; b) nos contratos em geral, os vícios de consentimento.

Podem depor como testemunhas todas as pessoas, exceto as incapazes, impedidas ou suspeitas[75].

Sendo necessário, pode o juiz **admitir** o depoimento das **testemunhas menores, impedidas ou suspeitas**. Em tal circunstância, os depoimentos serão prestados independentemente de compromisso, e o juiz lhes atribuirá o valor que possam merecer.

A **testemunha não é obrigada a depor** sobre fatos: a) que lhe acarretem grave dano, bem como ao seu cônjuge ou companheiro e aos seus parentes consanguíneos ou afins, em linha reta ou colateral, até o terceiro grau; b) a cujo respeito, por estado ou profissão, deva guardar sigilo.

Além disso, a testemunha pode requerer ao juiz que a escuse de depor, alegando qualquer dos motivos previstos no Código de Processo Civil, decidindo o juiz de plano após, a esse respeito, ouvidas as partes.

Se a escusa for rejeitada, a testemunha terá de prestar depoimento. Se acolhida, ficará dispensada. Mas, se a escusa disser respeito apenas a uma ou a algumas das assertivas fáticas mencionadas, o interrogatório limitar-se-á às restantes.

Salvo disposição especial em contrário, as testemunhas devem ser ouvidas na sede do juízo. Mas, quando a parte ou a testemunha, por enfermidade ou por outro motivo relevante, estiver impossibilitada de comparecer, mas não de prestar depoimento, o juiz designará, conforme as circunstâncias, dia, hora e lugar para inquiri-la.

19.3. Produção da prova testemunhal

O **rol de testemunhas**, que deverá ser apresentado em **prazo** comum, a ser fixado pelo juiz, não superior a 15 dias, **conterá**, sempre que possível, o nome, a profissão, o estado civil, a idade, o número de inscrição no Cadastro de Pessoas

75. São incapazes: a) o interdito por enfermidade ou deficiência mental; b) o que, acometido por enfermidade ou retardamento mental, ao tempo em que ocorreram os fatos, não podia discerni-los, ou, ao tempo em que deve depor, não está habilitado a transmitir as percepções; c) o que tiver menos de 16 anos; d) o cego e o surdo, quando a ciência do fato depender dos sentidos que lhes faltam.

São impedidos: a) o cônjuge, o companheiro, o ascendente e o descendente em qualquer grau e o colateral, até o terceiro grau, de alguma das partes, por consanguinidade ou afinidade, salvo se o exigir o interesse público ou, tratando-se de causa relativa ao estado da pessoa, não se puder obter de outro modo a prova que o juiz repute necessária ao julgamento do mérito; b) o que é parte na causa; c) o que intervém em nome de uma parte, como o tutor, o representante legal da pessoa jurídica, o juiz, o advogado e outros que assistam ou tenham assistido as partes.

São suspeitos: a) o inimigo da parte ou o seu amigo íntimo; b) o que tiver interesse no litígio.

Físicas, o número de registro de identidade e o endereço completo da residência e do local de trabalho. Na impossibilidade de obtenção ou de desconhecimento das informações relativas à qualificação da testemunha, orienta o enunciado 519 do FPPC, que a parte poderá requerer ao juiz providências necessárias para a sua obtenção.

A exigência do deposito do rol de testemunhas, devidamente qualificadas e com a necessária antecedência, justifica-se para que a parte contrária possa melhor inquiri-las e, especialmente, contraditá-las. Entretanto, a qualificação incompleta de testemunha constante no rol depositado em juízo não gera, por si só, nulidade se regularizada em tempo hábil à sua finalidade, ainda que em momento posterior à sua apresentação.

O número de testemunhas arroladas por cada parte não pode ser superior a 10, sendo 03, no máximo, para a prova de cada fato. Se houver litisconsórcio ou assistência, cada um deles poderá, também, arrolar até 10 testemunhas.

Depois de apresentado o rol de testemunhas, atendidas as disposições do §§ 4º e 5º do art. 357, a parte só pode **substituir** a testemunha, mediante requerimento formulado até o momento da realização da audiência de instrução e julgamento, que: a) falecer; b) por enfermidade, não estiver em condições de depor; c) tendo mudado de residência ou de local de trabalho, não for encontrada.

Quando o **juiz da causa for arrolado como testemunha**, ele: a) declarar-se-á impedido, se tiver conhecimento de fatos que possam influir na decisão, caso em que será vedado à parte que o incluiu no rol desistir de seu depoimento; b) se nada souber, mandará excluir o seu nome, dando prosseguimento ao processo.

As testemunhas depõem, na **audiência de instrução e julgamento**, perante o **juiz da causa, exceto**: a) as que prestam depoimento antecipadamente; b) as que são inquiridas por carta.

São inquiridos em sua residência ou onde exercem sua função: a) o presidente e o vice-presidente da República; b) os ministros de Estado; c) os ministros do Supremo Tribunal Federal, os conselheiros do Conselho Nacional de Justiça e os ministros do Superior Tribunal de Justiça, do Superior Tribunal Militar, do Tribunal Superior Eleitoral, do Tribunal Superior do Trabalho e do Tribunal de Contas da União; d) o procurador-geral da República e os conselheiros do Conselho Nacional do Ministério Público; e) o advogado-geral da União, o procurador-geral do Estado, o procurador-geral do Município, o defensor público-geral federal e o defensor público-geral do Estado; f) os senadores e os deputados federais; g) os governadores dos Estados e do Distrito Federal; h) o prefeito; i) os deputados estaduais e distritais; j) os desembargadores dos Tribunais de Justiça, dos Tribunais Regionais Federais, dos Tribunais Regionais do Trabalho e dos Tribunais Regionais Eleitorais e os conselheiros dos Tribunais de Contas dos Estados e do Distrito

Federal; k) o procurador-geral de justiça; l) o embaixador de país que, por lei ou tratado, concede idêntica prerrogativa a agente diplomático do Brasil.

O juiz solicitará à autoridade que indique dia, hora e local a fim de ser inquirida, remetendo-lhe cópia da petição inicial ou da defesa oferecida pela parte que a arrolou como testemunha. Passado 01 mês sem manifestação da autoridade, o juiz designará dia, hora e local para o depoimento, preferencialmente na sede do juízo. O juiz também designará dia, hora e local para o depoimento, quando a autoridade não comparecer, injustificadamente, à sessão agendada para a colheita de seu testemunho no dia, hora e local por ela mesma indicados.

Cabe ao advogado da parte **informar ou intimar a testemunha** por ele arrolada do dia, da hora e do local da audiência designada, dispensando-se a intimação do juízo.

A intimação, para as testemunhas que não se disponham a comparecer espontaneamente, ou por motivo de cautela, deverá ser realizada por carta com aviso de recebimento, cumprindo ao advogado juntar aos autos, com antecedência de pelo menos 03 dias da data da audiência, cópia da correspondência de intimação e do comprovante de recebimento. A inércia na realização da intimação importa desistência da inquirição da testemunha.

Se a parte comprometer-se a levar a testemunha à audiência, independentemente da intimação, ou seja, mediante simples informação, presumir-se-á, caso a testemunha não compareça, que a parte desistiu de sua inquirição.

A intimação será feita pela via judicial quando: a) for frustrada a intimação por carta com aviso de recebimento; b) sua necessidade for devidamente demonstrada pela parte ao juiz; c) figurar no rol de testemunhas servidor público ou militar, hipótese em que o juiz o requisitará ao chefe da repartição ou ao comando do corpo em que servir; d) a testemunha houver sido arrolada pelo Ministério Público ou pela Defensoria Pública; e) a testemunha for alguma das autoridades previstas no art. 454 do CPC.

A **testemunha** que, intimada, **deixar de comparecer sem motivo justificado** será conduzida e responderá pelas despesas do adiamento.

Antes de depor, a testemunha será **qualificada**, declarará ou confirmará seus dados e informará se tem relações de parentesco com a parte ou interesse no objeto do processo, de modo a possibilitar a sua identificação (conferindo se é ela a pessoa indicada no rol de testemunhas), verificação de incapacidade, de impedimento ou de suspeição.

Qualificada, se o juiz não reconheça a incapacidade, impedimento ou suspeição de ofício, é lícito à parte **contraditar** a testemunha. Caso ela negue os fatos que lhe são imputados, a parte poderá provar a contradita com documentos ou com testemunhas, até 03, apresentadas no ato e inquiridas em separado[76].

A contradita pode ser liminarmente rejeitada, se não for hipótese de cabimento. Cabível, sendo provados ou confessados os fatos a que se refere a contradita, desde que, efetivamente, digam respeito à situação de incapacidade, impedimento ou suspeição, o juiz dispensará a testemunha ou lhe tomará o depoimento como informante. Mas, se não provados ou não confessados os fatos, ou sendo eles improcedentes, a contradita será rejeitada e a testemunha ouvida como tal.

Ao início da inquirição, a testemunha prestará o compromisso de dizer a verdade do que souber e lhe for perguntado. Em razão disso, o juiz advertirá a testemunha que incorre em sanção penal quem faz afirmação falsa, cala ou oculta a verdade.

As perguntas, a partir de então, serão **formuladas pelas partes diretamente** à testemunha, começando pela que a arrolou, não admitindo o juiz aquelas que puderem induzir a resposta, não tiverem relação com as questões de fato objeto da atividade probatória ou importarem repetição de outra já respondida.

Durante a coleta dos depoimentos, o juiz **inquirirá** as testemunhas **separadamente**. Ele providenciará que uma não ouça o depoimento das outras.

Quanto à **ordem**, o juiz ouvirá, sucessivamente, primeiro as arroladas pelo autor e depois as pelo réu, entretanto, o juiz poderá alterar essa ordem se as partes concordarem. Se houver assistência, as testemunhas arroladas pelo assistente serão ouvidas após a oitiva das testemunhas arroladas pela parte assistida. As arroladas pelos litisconsortes são ouvidas com a observância da ordem que aqueles são colocados na petição inicial.

Ao deporem, primeiramente, as perguntas serão formuladas pela parte arrolou a respectiva testemunha para, depois, a parte adversa formular as suas. Se houver litisconsortes (ou assistência), após a parte litisconsorciada (ou assistida) formular suas perguntas, o litisconsorte (o assistente) respectivo formulará as suas.

O juiz, por sua vez, poderá inquirir a testemunha tanto antes quanto depois da inquirição feita pelas partes. Entretanto, conforme orienta o enunciado 157 do FPPC, "deverá ser facultada às partes a formulação de perguntas de esclarecimento ou complementação decorrentes da inquirição do juiz".

As testemunhas devem ser tratadas com urbanidade, não se lhes fazendo perguntas ou considerações **impertinentes**, **capciosas** ou **vexatórias**.

---

76. Apesar de a lei nada dispor a respeito, a parte que arrolou a testemunha tem interesse em responder à contradita, razão porque deve o juiz facultar os esclarecimentos necessários, inclusive com a formulação de perguntas.

As perguntas que o juiz indeferir, por qualquer motivo que seja, serão transcritas no termo, se a parte o requerer (art. 459, § 3º, do CPC). Como esclarece o enunciado 158 do FPPC, "constitui direito da parte a transcrição de perguntas indeferidas pelo juiz".

O depoimento poderá ser documentado por meio de gravação. Quando digitado ou registrado por taquigrafia, estenotipia ou outro método idôneo de documentação, o depoimento será assinado pelo juiz, pelo depoente e pelos procuradores.

O juiz pode ordenar, de ofício ou a requerimento da parte (ou de terceiro interessado), para outra sessão a ser realizada: a) a inquirição de testemunhas referidas nas declarações da parte ou das testemunhas; b) a acareação de 02 ou mais testemunhas ou de alguma delas com a parte, quando, sobre fato determinado que possa influir na decisão da causa, divergirem as suas declarações. A acareação pode ser realizada por videoconferência ou por outro recurso tecnológico de transmissão de sons e imagens em tempo real. Nela, os acareados serão reperguntados para que expliquem os pontos de divergência, reduzindo-se a termo o ato de acareação.

Ao concluir a sessão designada para coleta de depoimento, a testemunha pode requerer ao juiz o **pagamento da despesa** que efetuou para comparecimento ao local onde foi ouvida. A parte deverá efetuar o pagamento respectivo logo que arbitradas as despesas ou depositar o valor em cartório dentro de 03 dias.

Para todos os efeitos, o depoimento prestado em juízo é considerado **serviço público**. E se a testemunha estiver sujeita ao regime da legislação trabalhista, não sofrerá, por comparecer à audiência, perda de salário nem desconto no tempo de serviço.

20. PROVA PERICIAL

20.1. Definição

A perícia se consubstancia na **verificação** realizada em **pessoas ou coisas**, por **profissional** detentor de conhecimentos técnicos ou científicos, com a finalidade de obter informações capazes de esclarecer dúvidas quanto a assertivas relacionadas a **fatos complexos**. É adequada sempre que necessária a realização de verificações fora do alcance do homem dotado de cultura comum, não especializado em temas técnicos ou científicos (como são as partes e o juiz). Consiste em **exame** (pessoas ou bens móveis[77]), **vistoria** (bens imóveis) ou **avaliação** (estabelecer valor).

77. Ninguém pode ser coagido ao exame (STF. HC 71373/RS. DJU 10.11.94). Mas aplica-se presunção em seu detrimento se não tiver motivo justificado.

20.2. Requisitos

O juiz indeferirá sua realização quando: a) a prova do fato não depender de conhecimento especial de técnico; b) for desnecessária em vista de outras provas produzidas; c) a verificação for impraticável.

Com fundamento na experiência comum, o juiz está autorizado a presumir e a extrair conclusões fundadas em algum conhecimento técnico ou científico, que eventualmente possua. Este conhecimento não pode ultrapassar simples noções que se possui (e que os advogados possam possuir) por cultura geral.

20.3. Admissibilidade

O juízo de **admissibilidade** da prova pericial, em regra, é feito por ocasião do saneamento e da organização do processo, oportunidade em que o juiz determina quais as provas a serem realizadas no processo.

20.4. Procedimento

20.4.1. Nomeação do perito

O juiz nomeará o profissional de sua confiança, detentor de conhecimentos técnicos ou científicos, para funcionar como auxiliar da justiça, fixando de imediato o prazo para a entrega do laudo (este **prazo** deve anteceder, **pelo menos** em **20 dias**, à data de realização da audiência de instrução e julgamento). Incumbe às partes, dentro de 15 dias contados da intimação do despacho de nomeação do perito: a) arguir o impedimento ou a suspeição do perito, se for o caso; b) indicar assistente técnico; c) apresentar quesitos.

O perito será escolhido entre profissionais de nível universitário (com formação acadêmica específica), devidamente inscrito nos respectivos órgãos de classe.

Quando o exame tiver por objeto a autenticidade ou a falsidade de documento ou for de natureza médico-legal, o perito será escolhido, de preferência, entre os técnicos dos estabelecimentos oficiais especializados, a cujos diretores o juiz autorizará a remessa dos autos, bem como do material sujeito a exame. Nas hipóteses de gratuidade de justiça, os órgãos e as repartições oficiais deverão cumprir a determinação judicial com preferência, no prazo estabelecido. A prorrogação desse prazo pode ser requerida motivadamente.

Quando o exame tiver por objeto a autenticidade da letra e/ou da firma, o perito poderá requisitar, para comparação, documentos existentes em repartições públicas e, na falta destes, poderá requerer ao juiz que a pessoa a quem se atribuir a autoria do documento lance em folha de papel, por cópia ou sob ditado, dizeres diferentes, para fins de comparação.

Conquanto seja mais comum ser realizada pelo juiz, as partes podem, de comum acordo, proceder à escolha do perito, indicando-o mediante requerimento, desde que: a) sejam plenamente capazes; b) a causa possa ser resolvida por autocomposição. Ao escolherem o perito, já devem indicar os respectivos assistentes técnicos para acompanhar a realização da perícia, que se realizará em data e local previamente anunciados. A perícia consensual, a assim considerar, substitui, para todos os efeitos, a que seria realizada por perito nomeado pelo próprio juiz.

Tratando-se de **perícia complexa**, que abranja mais de uma área de conhecimento especializado, o juiz poderá nomear mais de um perito, e a parte, indicar mais de um assistente técnico.

20.4.2. Atos iniciais a serem praticados pelo perito

Ciente da nomeação, o perito apresentará em 05 dias: a) proposta de honorários; b) currículo, com comprovação de especialização; c) contatos profissionais, em especial o endereço eletrônico, para onde serão dirigidas as intimações pessoais.

20.4.3. Pagamento dos honorários periciais

As partes serão intimadas da proposta de honorários para, querendo, manifestar-se no prazo comum de 05 dias, após o que o juiz arbitrará o valor. Em seguida, as partes serão intimadas para adiantar a remuneração de seus respectivos assistentes técnicos (se houverem indicado). Aquela que requereu a prova pericial será intimada para adiantar os honorários do perito, que serão rateados quando a prova for determinada de ofício ou requerida por ambas as partes.

O juiz poderá determinar que a parte responsável pelo pagamento dos honorários do perito deposite em juízo o valor correspondente. A quantia recolhida em depósito bancário à ordem do juízo será corrigida monetariamente e paga de acordo com o art. 465, § 4º, que dispõe: "o juiz poderá autorizar o pagamento de até cinquenta por cento dos honorários arbitrados a favor do perito no início dos trabalhos, devendo o remanescente ser pago apenas ao final, depois de entregue o laudo e prestados todos os esclarecimentos necessários".

Quando o pagamento da perícia for de responsabilidade de beneficiário de gratuidade da justiça, ela poderá ser: a) custeada com recursos alocados no orçamento do ente público e realizada por servidor do Poder Judiciário ou por órgão público conveniado; b) paga com recursos alocados no orçamento da União, do

Estado ou do Distrito Federal, no caso de ser realizada por particular, hipótese em que o valor será fixado conforme tabela do tribunal respectivo ou, em caso de sua omissão, do Conselho Nacional de Justiça[78].

Quando a perícia for **inconclusiva ou deficiente**, o juiz poderá **reduzir a remuneração** inicialmente arbitrada para o trabalho.

20.4.4. *Indicação de assistentes técnicos, formulação de quesitos e impugnação ao perito*

Escolhido o perito, as partes serão **intimadas** do despacho de nomeação, incumbindo-lhes: a) indicar assistentes técnicos (podendo ser mais de um, nomeadamente quando se tratar de perícia complexa), que lhes auxiliarão, sendo eles de confiança da parte e não estão sujeitos a impedimento ou suspeição; b) apresentar quesitos a serem respondidos, sem prejuízos dos suplementares[79], que poderão ser formulados durante a diligência, cientificando-se a parte contrária da respectiva juntada aos autos. Poderão as partes, ainda, **questionar** a **qualificação técnica** do profissional nomeado, bem assim a sua **imparcialidade**.

Na formulação de quesitos ao perito, não se deve pedir-lhe **conclusões jurídicas**. A ele incumbe, como auxiliar da justiça, informar o juiz sobre a matéria de fato, para que este, sim, conclua.

20.4.5. *Escusas que podem ser apresentadas pelo perito*

Por sua vez, o perito pode **escusar-se** ou ser recusado por impedimento ou suspeição. O juiz, ao aceitar a escusa ou ao julgar procedente a impugnação, nomeará novo perito.

---

78. Em qualquer dessas duas hipóteses aventadas acima, o juiz, após o trânsito em julgado da decisão final, oficiará a Fazenda Pública para que promova, contra quem tiver sido condenado ao pagamento das despesas processuais, a execução dos valores gastos com a perícia particular ou com a utilização de servidor público ou da estrutura de órgão público Mas, quando o responsável pelo pagamento das despesas seja especificamente o beneficiário de gratuidade da justiça, a exigibilidade pelo pagamento dos honorários ficará suspensa, por até 05 anos após o trânsito em julgado da decisão que certificou as despesas, podendo ser exigida se demonstrado que deixou de existir a situação de insuficiência de recursos que justificou a concessão de gratuidade. Ultimado dito período, extinguir-se-á a obrigação de pagar.

79. PERÍCIA. CUSTAS. QUESITOS SUPLEMENTARES. Os honorários periciais relativos a quesitos suplementares que, como no caso dos autos, configuram em realidade uma nova perícia, devem ser adiantados pela parte que os formula. Essa orientação, além de respeitar a real natureza da nova quesitação ainda impede eventual comportamento processual malicioso. REsp 842.316, Rel. Min. Sidnei Beneti, j. 25.5.10. 3ª T. (Info 436)

20.4.6. Substituição do perito

O perito pode ser **substituído** quando: a) faltar-lhe conhecimento técnico ou científico; b) sem motivo legítimo, deixar de cumprir o encargo no prazo que lhe foi assinado. Nessa última hipótese, o juiz comunicará a ocorrência à corporação profissional respectiva, podendo, ainda, impor multa ao perito, fixada tendo em vista o valor da causa e o possível prejuízo decorrente do atraso no processo.

O perito substituído **restituirá**, no prazo de 15 dias, os valores recebidos pelo trabalho não realizado, sob pena de ficar impedido de atuar como perito judicial pelo prazo de 05 anos. Não ocorrendo a restituição voluntária, a parte que tiver realizado o adiantamento dos honorários poderá promover execução contra o perito com fundamento na decisão que determinar a devolução do numerário.

20.4.7. Acompanhamento dos trabalhos realizados pelo perito

O perito deve assegurar aos assistentes das partes o acesso e o acompanhamento das diligências e dos exames que realizar, com prévia comunicação, comprovada nos autos, com antecedência mínima de 05 dias. Além disso, as partes, sob pena de nulidade[80], terão ciência da data e do local designados pelo juiz ou indicados pelo perito para ter início a produção da prova[81].

---

80. Abuso sexual. Criança. Perícia. Nulidade. A rígida observância do procedimento previsto no CPC é imprescindível, mormente o estabelecido no art. 431-A, porque a intimação do início da produção da prova propicia à parte e ao seu assistente, além do singelo acompanhamento do desenvolvimento da perícia, o questionamento da capacidade técnico-científica do perito indicado e sua eventual substituição, nos termos do art. 424, I, do CPC, como também a apresentação de quesitos suplementares (art. 425 do mesmo codex). Observou que todas essas possibilidades outorgam, potencialmente, à parte, a condição de incrementar sua linha de defesa com o acréscimo de dados ou a infirmação das conclusões periciais. Desse modo, entendeu pela nulidade da perícia, em decorrência da não intimação da recorrente para o início da produção do laudo pericial e, reputando-a como insanável, notadamente por implicar essa ausência de acompanhamento do assistente técnico possível supressão de informações na busca da preservação da integridade física e psicológica da criança. REsp 1.153.849, rel. p/ac. Min. Nancy Andrighi, j. 9.11.10. 3ª T. (Info 455)
81. Perícia. Intimação. Em atenção ao princípio do contraditório, o juiz deve intimar as partes a fim de possibilitar-lhes a indicação de assistentes técnicos e a apresentação de quesitos, após nomear seu perito responsável pela produção da prova pericial (art. 421, § 1º, do CPC). As partes têm o direito de contradizer o laudo, refutá-lo ou mesmo requerer esclarecimentos sobre ele, providências que só podem ser ultimadas se intimadas as partes para tanto. Não pode ser acolhida a alegação de ser necessária a demonstração do prejuízo para o fim de reconhecer a nulidade arguida, visto que o prejuízo foi evidenciado quando o juízo singular, ao ter como improcedente o pedido nos embargos à execução, expressamente se embasou na prova pericial obtida sem a ciência das partes. REsp 812.027, rel. Min. Maria T. A. Moura, j. 5.10.10. 6ª T. (Info 450)

20.4.8. Prova técnica simplificada ("perícia informal")

De ofício ou a requerimento das partes, o juiz poderá, em substituição à perícia, determinar a produção de **prova técnica simplificada**, quando o ponto controvertido for de menor complexidade, que consistirá na inquirição de especialista, pelo juiz (em audiência, onde poderão comparecer, até porque serão intimados, as partes e seus assistentes técnicos), sobre ponto controvertido da causa que exija especial conhecimento científico ou técnico. Durante a arguição, o especialista, que deverá ter formação acadêmica específica na área objeto de seu depoimento, poderá valer-se de qualquer recurso tecnológico de transmissão de sons e imagens com o fim de esclarecer os pontos controvertidos da causa.

20.4.9. Desempenho do encargo

Para o desempenho de sua função, o perito e os assistentes técnicos podem valer-se de **todos os meios necessários ao cumprimento do encargo**, ouvindo testemunhas, obtendo informações, solicitando documentos que estejam em poder da parte, de terceiros ou em repartições públicas, bem como instruir o laudo com planilhas, mapas, plantas, desenhos, fotografias ou outros elementos necessários ao esclarecimento do objeto da perícia.

20.4.10. Apresentação do laudo pericial

O perito protocolará o laudo em juízo, no prazo fixado pelo juiz, pelo menos 20 dias antes da audiência de instrução e julgamento (se ele, por motivo justificado, não puder apresentar o laudo dentro do prazo, o juiz poderá conceder-lhe, por uma vez, prorrogação pela metade do prazo originalmente fixado). Se não respeitado o prazo de precedência mínima, o juiz não realizará audiência de instrução e julgamento (a não ser que as partes não fiquem submetidas a qualquer prejuízo).

20.4.11. Conteúdo do laudo pericial

O **laudo pericial** deverá **conter**: a) a exposição do objeto da perícia; b) a análise técnica ou científica realizada pelo perito; c) a indicação do método utilizado, esclarecendo-o e demonstrando ser predominantemente aceito pelos especialistas da área do conhecimento da qual se originou; d) resposta conclusiva a todos os quesitos apresentados pelo juiz, pelas partes e pelo órgão do Ministério Público. O perito deve apresentar sua fundamentação em linguagem simples e com coerência lógica, indicando como alcançou suas conclusões, sendo vedado ao perito ultrapassar os limites de sua designação, bem como emitir opiniões pessoais que excedam o exame técnico ou científico do objeto da prova.

20.4.12. Considerações em torno do laudo pericial

Depois de apresentado o laudo pericial, as **partes** serão intimadas para, querendo, **manifestar-se** a seu respeito, no prazo comum de 15 dias, podendo o **assistente técnico** de cada uma das partes, em igual prazo, **apresentar** seu respectivo **parecer**.

20.4.13. Esclarecimentos a serem prestados pelo perito

O **perito** do juízo, depois de ter entregado o laudo, tem o dever de, no prazo de 15 dias, **esclarecer** ponto: a) sobre o qual exista divergência ou dúvida de qualquer das partes, do juiz ou do órgão do Ministério Público; b) divergente apresentado no parecer do assistente técnico da parte. Se ainda assim persistir a necessidade de esclarecimentos, a parte requererá ao juiz que mande intimar o perito ou o assistente técnico a comparecer à audiência de instrução e julgamento, formulando, desde logo, as perguntas, sob forma de quesitos, cuja intimação ocorrerá por meio eletrônico, com pelo menos 10 dias de antecedência da audiência.

Permite-se o adiamento da audiência de instrução e julgamento na hipótese de o perito não comparecer, ainda que por motivo injustificado, embora o art. 362, II, do CPC faça referência a "motivo justificado".

20.4.14. Realização de nova perícia

Quando a matéria não estiver suficientemente esclarecida, o juiz determinará, de ofício ou a requerimento da parte, a realização de nova perícia. A segunda perícia tem por objeto os mesmos fatos sobre os quais recaiu a primeira e destina-se a corrigir eventual omissão ou inexatidão dos resultados a que esta conduziu. Reger-se-á pelas disposições estabelecidas para a primeira, não a substitui a primeira, cabendo ao juiz apreciar o valor de uma e de outra.

21. INSPEÇÃO JUDICIAL

21.1. Definição

A inspeção judicial é o meio de prova consistente na **percepção sensorial direta do juiz** sobre qualidades e/ou circunstâncias corpóreas de pessoas, coisas ou lugares relacionados com o objeto litigioso do processo. A sua produção é indelegável a qualquer outro sujeito processual. Nada impede que um juiz, em substituição, utilize-se a inspeção antes realizada.

Pode ser realizada, a inspeção judicial, de ofício ou a requerimento da parte, em qualquer fase do processo, a fim de esclarecer assertiva fática que interesse à decisão da causa.

21.2. Discricionariedade na realização da prova pericial

Sua realização é **ato discricionário do juiz**, cabendo a ele aferir a conveniência (no caso de o juiz não tiver formado seu convencimento a partir dos elementos probatórios carreados ao processo) e a oportunidade (no caso de os efeitos do tempo sobre o processo não tiverem o condão de comprometer o seu resultado útil).

21.3. Assistência por perito(s)

O juiz poderá ser assistido de um ou mais peritos, considerando que, no curso da inspeção, pode necessitar de explicações técnicas sobre aspectos, que escapem ao âmbito de seus próprios conhecimentos.

21.4. Submissão à inspeção judicial

As partes têm o dever de se submeter à inspeção judicial. O terceiro não, porquanto a regra geral de colaboração com o Poder Judiciário para o alcance da verdade não basta para lhe obrigar. Aquelas podem se escusar de realizar inspeção judicial utilizando-se, analogicamente, das regras de escusa para prestar depoimento pessoal e para apresentar documento ou coisa.

Relativamente à inspeção de coisa, ao terceiro há o dever legal de exibi-la, podendo apresentar as escusas legais para exibição de documento ou coisa. Não incide a determinação de realização de depósito da coisa, que só é aplicável em cumprimento de pronunciamento jurisdicional emanado em exibição de documento ou coisa. Se a oposição do terceiro impossibilitar a inspeção, apenas as sanções penais (decorrente do possível cometimento de crime de desobediência) poderão ser-lhe impostas.

21.5. Comunicação das partes

Independentemente do local onde for realizado o ato de inspeção, as partes têm sempre direito a assistir à inspeção, prestando esclarecimentos e fazendo observações que considerem de interesse para a causa. Por consequência, as partes devem ser **cientificadas** sobre o dia, horário e local da realização da inspeção judicial.

21.6. Auto circunstanciado

Concluída a diligência, o juiz mandará lavrar **auto circunstanciado**, mencionando nele tudo quanto for útil ao julgamento da causa. Ele poderá ser instruído com desenho, gráfico ou fotografia, mencionando nele tudo quanto for útil ao julgamento da causa, inclusive as impressões colhidas, que sejam relevantes para a causa. Nada impede, contudo, que o auto circunstanciado seja instruído com documentos, tais como reproduções cinematográficas e fonográficas, que, aliás, são mais contextualizadas às novas tecnologias de registro.

Se não for lavrado o auto circunstanciado, a inspeção perde o valor de prova, porquanto o sistema de valoração de provas adotado, de forma predominante, pelo sistema jurídico brasileiro é o do convencimento motivado.

Sentença

1. CONSIDERAÇÕES INICIAIS

A atividade jurisdicional, que, predominantemente, é ofertada pelo Estado, é indeclinável. Provocada a jurisdição, ela deve ser prestada. O ideal é que os pressupostos processuais e as condições da ação estejam devidamente preenchidos, a possibilitar, depois de suficientes esclarecimentos (se necessário for), o enfrentamento da(s) questão(ões) apresentada(s) com o consequente apontamento da solução de mérito. Mas este cenário ideal nem sempre ocorrerá, pelo que poderá ensejar a prolação de sentenças que não resolvam o mérito e, mesmo quando resolvam, faça de forma ilegítima, porquanto, em alguns casos, pode ser deficiente de maior instrução processual ou mesmo desprovida de efetividade ou, até mesmo, de eficácia prática.

2. DEFINIÇÃO

O CPC/2015, no § 1º do art. 203, dispõe que, "ressalvadas as disposições expressas dos procedimentos especiais, sentença é o pronunciamento por meio do qual o juiz, com fundamento nos arts. 485 e 487, **põe fim à fase cognitiva do procedimento comum, bem como extingue a execução**".

3. REQUISITOS

3.1. Considerações gerais

São três os requisitos estabelecidos como essenciais para a validade de uma sentença: **a) relatório; b) fundamentos; c) dispositivo**.

A sentença que não contiver relatório ou fundamentação, será nula, e o ato que carece de dispositivo não pode ser considerado uma sentença.

3.2. Considerações específicas

- ***a) Relatório:***

O relatório é um resumo dos principais dados e ocorrências do processo. Conterá os nomes das partes, a identificação do caso, com a suma do pedido e da contestação, e o registro das principais ocorrências havidas no andamento do processo.

- ***b) Fundamentos:***

A fundamentação é um requisito, cuja exigência tem origem constitucional. O juiz, de forma suficiente, deve analisar e decidir os pontos de fato e de direito apresentados ao longo do processo (ainda que não sejam questões, ante a eventual falta de controvérsia), enfrentando todos os argumentos relacionados, a evidenciar os motivos de sua convicção em face do material probatório que lhe foi apresentado e do respectivo plano jurídico.

O juiz deve evidenciar as razões de fato e de direito que justificaram sua decisão. Não se considera fundamentada qualquer decisão judicial que apenas: i) se limitar à indicação, à reprodução ou à paráfrase de ato normativo, sem explicar sua relação com a causa ou a questão decidida; ii) empregar conceitos jurídicos indeterminados, sem explicar o motivo concreto de sua incidência no caso; iii) invocar motivos que se prestariam a justificar qualquer outra decisão; iv) não enfrentar todos os argumentos deduzidos no processo capazes de, em tese, infirmar a conclusão adotada pelo julgador; v) se limitar a invocar precedente ou enunciado de súmula, sem identificar seus fundamentos determinantes nem demonstrar que o caso sob julgamento se ajusta àqueles fundamentos; vi) deixar de seguir enunciado de súmula, jurisprudência ou precedente invocado pela parte, sem demonstrar a existência de distinção no caso em julgamento ou a superação do entendimento.

Tais hipóteses, como orienta o anunciado 303 do FPPC, são exemplificativas. Por isso que o enunciado 516 do FPPC orienta que, "para que se considere fundamentada a decisão sobre os fatos, o juiz deverá analisar todas as provas capazes, em tese, de infirmar a conclusão adotada". Da mesma forma, o enunciado 517: "a decisão judicial que empregar regras de experiência comum, sem indicar os motivos pelos quais a conclusão adotada decorre daquilo que ordinariamente acontece, considera-se não fundamentada".

Também ratifica essa ilação (de serem exemplificativas as hipóteses descritas) a disposição do § 2º do art. 489, de acordo com o qual, no caso de colisão entre normas, o juiz deve justificar o objeto e os critérios gerais da ponderação efetuada, enunciando as razões que autorizam a interferência na norma afastada e as premissas fáticas que fundamentam a conclusão. Caso o juiz não observe qualquer desses núcleos, a decisão proferida será passível de invalidação, por carência de fundamentação.

Mesmo vício (carência de fundamentação) ocorrerá se, a teor do que orienta o enunciado 516 do FPPC, o juiz deixar de analisar todas as provas capazes, em tese, de infirmar a conclusão adotada. E continua, nessa senda, o enunciado 523 do mesmo Fórum, quando se refere ao dever de fundamentação: "o juiz é obrigado a enfrentar todas as alegações deduzidas pelas partes capazes, em tese, de infirmar a decisão, não sendo suficiente apresentar apenas os fundamentos que a sustentam".

▸ ***c) Dispositivo:***

O dispositivo é a conclusão da sentença, onde o juiz resolve os pontos e as questões que lhe foram submetidos pelas partes. Mostra qual foi a decisão adotada. Para as partes, então, o dispositivo da sentença é a resposta do Poder Judiciário acerca do(s) ponto(s) e da(s) questão(ões) que submeteram à apreciação. No dispositivo, o juiz pode acolher ou rejeitar as afirmações de existência de direito (geralmente representadas pelos pedidos); declarar inadmissível a tutela jurisdicional; homologar atos de disposição das partes.

4. CLASSIFICAÇÃO DAS SENTENÇAS

Quanto à solução do mérito, as sentenças, quanto à solução do mérito, podem ser **classificadas** em: a) ***terminativa***: é aquela que põe fim ao procedimento em primeiro grau sem resolver o mérito (art. 485 do CPC) por falta de pressupostos processuais e pela verificada carência do direito de ação; b) ***definitiva***: é aquela que resolve o mérito, podendo acolher ou rejeitar, no todo ou em parte, os pedidos formulados, considerar prejudicada a ação ou pretensão, bem assim homologar atos dispositivos emanados dos sujeitos parciais (art. 487 do CPC).

Quanto à carga eficacial predominante, as sentenças definitivas, de acordo com a carga eficacial predominante (força), podem ser classificadas em: a) ***predominantemente declaratórias***: são as que, sem proporcionar modificação fática, eliminam uma crise de incerteza ao declarar a existência, inexistência ou modo de ser de uma relação jurídica (ou, excepcionalmente, da autenticidade ou falsidade de documento) com efeitos retroagidos à formação da relação jurídica ou ao momento em que se verificou a situação jurídica declarada; b) ***predominantemente constitutivas***: são as que, a partir da realização de uma modificação no plano fático, além de declarar o direito, criam, modificam ou extinguem uma relação jurídica, com efeitos a partir da prolatação da sentença ou de outro marco temporal eventualmente estabelecido pela sentença; c) ***predominantemente condenatórias***: são as que, em razão da verificação de uma crise de inadimplemento, além de declarar o direito, impõem, em razão da reprovação de conduta ilícita atribuída à parte vencida, que causa dano, uma obrigação contra si, a justificar uma futura execução, que, (somente) quando cumprida, mediante necessária sub-rogação, enseja modificação fática; d) ***predominantemente mandamentais***: são as que impõem, mediante imposição de ordem, obrigação diversa da de pagar quantia (geralmente um fazer ou não fazer) e, como dependem da participação da parte vencida, são cumpridas mediante coerção indireta, empregada para vencer a renitência daquela (parte vencida), sendo a multa a medida de coerção mais comum, conquanto não seja a única; e) **predominantemente executivas (*latu sensu*)**: são as que reconhecem direito à prestação, que pode ser realizado pelo próprio Estado-juiz, mediante sub-rogação, pelo que dispensam a manifestação de resistência pela parte vencida (não simplesmente condenam; possibilitam a imediata passagem para o patrimônio jurídico da parte vencedora do que deveria estar, mas, evidentemente, não está).

Quanto à delimitação da repercussão econômica, as sentenças predominantemente condenatórias, que impõem obrigação de pagar quantia, quanto à delimitação da repercussão econômica, podem ser classificadas em: a) ***líquida***: é aquela que, desde logo, quantifica a obrigação ou individualiza seu objeto; b) ***ilíquida***: é aquela que, embora reconheça a existência da obrigação, não a quantifica de logo.

5. CORRELAÇÃO ENTRE SENTENÇA E DEMANDA

Por consectário do princípio da inércia, o juiz deve julgar a demanda exatamente nos limites em que ela foi intentada. O juiz não deve julgar fora, além ou aquém da provocação objetiva e subjetiva apresentada pelas partes. Ele deve, por assim dizer, analisar todos os elementos de demanda que lhe são apresentados.

As sentenças que não se adstringem aos elementos apresentados pelas partes guardam vícios de correlação e, por isso, podem ser:

a) Sentença *extra petita*:

No aspecto objetivo, o juiz não pode analisar e, por conseguinte, deferir/indeferir às partes providência diversa, ou por causa de pedir diversa, daquela apresentada pelas partes, a não ser que se trate de matéria de ordem pública. No aspecto subjetivo, não pode, de forma direta, analisar e, por conseguinte, deferir/indeferir providência ou impor ônus a quem não é parte na demanda.

A sentença que oferta prestação fora dos limites estabelecidos pelas partes é ***extra petita*** e, por conseguinte, nula, pois desrespeita o contraditório, na medida em que a parte vencida fica impossibilitada de apresentar resistência, e o amplo acesso à justiça, na medida em que não oferece prestação jurisdicional relativa àquilo que foi apresentado pelas partes. Fere, além disso, a inércia da jurisdição, porque oferta prestação jurisdicional correspondente ao que não foi provocado.

b) Sentença *ultra petita*:

Por também desrespeitar a inércia da prestação jurisdicional, inclusive por importar desrespeito ao contraditório, o juiz, no aspecto objetivo, não deve analisar questões que possam conferir às partes prestação jurisdicional superior àquela delineada pelos elementos objetivos da(s) demanda(s). No aspecto subjetivo, não pode, de forma direta, analisar questões que signifiquem a possibilidade de concessão de providência ou de imposição de obrigação a quem não é parte na ação.

Se ocorrer qualquer dessas hipóteses, ter-se-á uma sentença *ultra petita*, que deve ter sua invalidade decretada naquilo em que exceder à amplitude da provocação. Interposto recurso contra este pronunciamento jurisdicional, o excesso deve ser podado pelo órgão julgador. Caso a sentença tenha transitado em julgado, caberá à parte interessada propor ação rescisória para fins de desconstituição.

c) Sentença *citra petita*:

Por restringir o acesso ao Poder Judiciário, é nula a sentença que deixa de apreciar pedido, algum pedido ou parte do pedido (pendentes), assim como as respectivas causas de pedir ou alguma causa de pedir, ou deixa de decidir com relação a alguma ou algumas das partes. Neste caso, a sentença será *citra petita* e pode ser corrigida tanto por meio de embargos de declaração, como por meio de apelação. Se transitada em julgado a sentença, caberá a propositura de nova ação em torno daquilo que não foi objeto de julgamento.

6. EFEITOS

As sentenças possuem (ou, pelo menos, podem possuir) os seguintes efeitos:

a) Efeito principal:

O efeito principal é aquele que está previsto no dispositivo da (de qualquer) sentença, a evidenciar, em regra[82], a resposta aos pedidos que foram formulados pelas partes ou às questões prejudiciais que foram apresentadas, em contraditório pelas partes, em juízo competente e em procedimento sem restrição probatória.

82. A exceção se observa na possibilidade de a sentença possuir algum vício de correlação com a demanda.

b) Efeito anexo:

O efeito anexo é aquele que decorre de disposição legal. A lei atribui a determinadas espécies de sentença, a definir desde logo a amplitude, independentemente de formulação de pedido e de o efeito estar previsto no dispositivo do ato decisório.

c) Efeito secundário:

O efeito secundário é aquele que, para ser produzido, embora não dependa de pedido certo formulado pela parte, precisa estar contemplado no dispositivo da sentença, que delimitará o caso.

7. PUBLICAÇÃO

A sentença, como os demais atos processuais em geral, deve ser pública. No momento em que publicada, passa a existir juridicamente e, assim, a produzir os efeitos que lhe são próprios.

A publicação da sentença pode se dar em **sessão pública** (audiência) ou por sua **juntada aos autos** (devidamente assinada), os quais serão entregues pelo juiz ao cartório. Se não assinada, será considerada ato inexistente.

Ela (a publicação) **não se confunde com intimação** (conquanto o Código, em algumas passagens, utilize a expressão "publicação em órgão oficial" como sinônimo de intimação). Esta (a intimação) é o ato pelo qual se dá conhecimento do ato processual, especificamente às partes, a fim de que possam, se oportuno, interpor algum recurso ou cumpri-la espontaneamente. O prazo para interposição de recurso, em regra, conta-se a partir daí (data da intimação), e não da data da publicação da sentença.

Se os advogados estiverem presentes na sessão pública, eles também ficarão intimados do pronunciamento judicial[83]. No caso da juntada da sentença aos autos, apesar de publicada, os advogados das partes ainda precisarão ser intimados.

83. Tratando-se a audiência pública de uma audiência de instrução e julgamento, há presunção de intimação do ato decisório na hipótese em que o procurador, embora intimado para a audiência na qual foi proferida a sentença, a ela não compareceu (STJ. AgRg no AREsp 226.951/DF. DJe 09.10.12).

No caso da Defensoria Pública, ante os benefícios de intimação que ela goza por força das disposições legais que lhe assistem, entendeu o STJ que: "a despeito da presença do Defensor Público, na audiência de instrução e julgamento, a intimação pessoal da Defensoria Pública somente se concretiza com a respectiva entrega dos autos com vista, em homenagem ao princípio constitucional da ampla defesa" (STJ. REsp 1190865/MG. DJe 14.02.12).

Com a publicação da sentença, o juiz que a proferiu, segundo disposição do art. 494 do Código de Processo Civil, só pode **alterá-la**:

a) para corrigir-lhe, de ofício ou a requerimento da parte, inexatidões materiais ou erros de cálculo[84-85];

b) por meio de embargos de declaração, quando a sentença for omissa, obscura ou contraditória;

O art. 494 do Código de Processo Civil, entretanto, não apresenta hipóteses exaustivas. É possível identificar, dentro do sistema processual algumas mais, em que a sentença pode ser alterada depois de publicada. É o caso em que é interposta apelação contra sentença terminativa, pois, aí, o juízo em que foi proferida a sentença poderá retratar-se em relação à sua decisão (§ 7º do art. 485 do CPC).

Acrescentem-se as sentenças proferidas nas causas que tramitam sob o procedimento definido pelo Estatuto da criança e do Adolescente. Dispõe o art. 198, VII, que "antes de determinar a remessa dos autos à superior instância, no caso de apelação, ou do instrumento, no caso de agravo, a autoridade judiciária proferirá despacho fundamentado, mantendo ou reformando a decisão, no prazo de cinco dias".

8. SENTENÇAS NÃO RESOLUTIVAS DE MÉRITO

As hipóteses de sentenças não resolutivas de mérito estão previstas no art. 485 do Código de Processo, que passam a ser analisadas abaixo:

a) **Indeferir a petição inicial;**

b) **O processo ficar parado durante mais de 1 (um) ano por negligência das partes;**

---

84. O erro material passível de ser corrigido de ofício e não sujeito à preclusão é o reconhecido *primu ictu oculi*, consistente em equívocos materiais sem conteúdo decisório propriamente dito (STJ. REsp 1151982/ES. DJe 31.10.12).

O magistrado pode corrigir de ofício, mesmo após o trânsito em julgado, erro material consistente no desacordo entre o dispositivo da sentença que julga procedente o pedido e a fundamentação no sentido da improcedência da ação. Isso porque o art. 463, I, do CPC permite ao magistrado a correção de erros materiais existentes na sentença, ainda que a decisão já tenha transitado em julgado, sem que se caracterize ofensa à coisa julgada. Precedentes citados: AgRg no Aresp 89.520-DF, Primeira Turma, Dje 15/8/2014; e Resp 1.294.294-RS, Terceira Turma, Dje 16/5/2014. RMS 43.956-MG, Rel. Min. Og Fernandes, julgado em 9/9/2014.

85. Inexatidão material ou erro material é o equívoco cuja retificação não implica alteração de cunho jurídico. Caracteriza-se pelo equívoco de escrita ou de cálculo (sobre a conta homologada, hábil a representar a manifestação incorreta da vontade, e não se confunde com o erro sobre os critérios de cálculo a serem utilizados, tais como incidência de juros, ou de índice de correção monetária, dentre outros) (STJ. AgRg no REsp 787709/MT. DJU 13.11.06).

c) **Por não promover os atos e as diligências que lhe incumbir, o autor abandonar a causa por mais de 30 dias;**

d) **Verificar a ausência de pressupostos de constituição e de desenvolvimento válido e regular do processo;**

e) **Reconhecer a existência de perempção, de litispendência ou de coisa julgada;**

f) **Verificar ausência de legitimidade ou de interesse processual;**

g) **Acolher a alegação de existência de convenção de arbitragem ou quando o juízo arbitral reconhecer sua competência;**

h) **Homologar a desistência da ação;**

i) **Em caso de morte da parte, a ação for considerada intransmissível por disposição legal;**

j) **Nos demais casos prescritos neste Código.**

O pronunciamento judicial que não resolve o mérito não obsta a que a parte proponha novamente a ação. Todavia, no caso de extinção em razão de litispendência e nos casos das situações indicadas nas letras "a", "d", "f" e "g", a propositura da nova ação depende, evidentemente, da correção do vício que levou à sentença sem resolução do mérito. Se não for corrigido, haverá desrespeito ao dever de boa-fé.

Se proposta nova ação, a petição inicial não será despachada sem a prova do pagamento ou do depósito das custas e dos honorários de advogado. Além disso, se o autor der causa, por 03 vezes, a sentença fundada em abandono da causa, não poderá propor nova ação contra o réu com o mesmo objeto, ficando-lhe ressalvada, entretanto, a possibilidade de alegar em defesa o seu direito.

9. SENTENÇAS RESOLUTIVAS DE MÉRITO

Por sua vez, o art. 487 do Código de Processo Civil apresenta um rol de situações em que será proferida sentença de resolução de mérito, as quais devem ser prioritárias em relação àquelas previstas no art. 485, tendo em vista a orientação, por norma fundamental, de primazia na resolução do mérito. Por isso que, nos termos do art. 488 do CPC, desde que possível, o juiz resolverá o mérito sempre que a decisão for favorável à parte a quem aproveitaria eventual pronunciamento nos termos do art. 485.

De acordo com o texto do art. 487 do CPC, haverá **resolução de mérito quando o juiz**:

a) **Acolher ou rejeitar o pedido formulado na ação ou na reconvenção;**

b) **Decidir, de ofício ou a requerimento, sobre a ocorrência de decadência ou prescrição;**

c) **Homologar o reconhecimento da procedência do pedido formulado na ação ou na reconvenção;**

d) **Homologar a transação;**

e) **Homologar a renúncia à pretensão formulada na ação ou na reconvenção.**

10. INTERPRETAÇÃO DA DECISÃO JUDICIAL

A decisão judicial deve ser interpretada a partir da conjugação de todos os seus elementos e em conformidade com o princípio da boa-fé.

Ao se interpretar uma decisão judicial, o juiz não se deve valer de apenas um dos elementos, mas, de todos eles conjuntamente. Relatório, fundamentação e dispositivo formam um todo (a decisão judicial), que deve guardar plasticidade revelada por uma interpretação que deve ser harmônica.

Essa disposição é comum a todos os atos decisórios.

11. DEFINIÇÃO, EM SENTENÇA (DECISÃO JUDICIAL), DA EXTENSÃO DA OBRIGAÇÃO DE PAGAR QUANTIA

Na ação relativa à obrigação de pagar quantia, ainda que formulado pedido genérico (conforme exceções previstas no § 1º do art. 324 do Código de Processo Civil), a decisão definirá desde logo a extensão da obrigação, o índice de correção monetária, a taxa de juros, o termo inicial de ambos e a periodicidade da capitalização dos juros.

Exceção a essa regra ocorrerá apenas quando não for possível determinar, de modo definitivo, o montante devido ou a apuração do valor devido depender da produção de prova de realização demorada ou excessivamente dispendiosa, assim reconhecida na sentença, casos em que a apuração correrá em liquidação de sentença.

12. RELAÇÃO JURÍDICA CONDICIONAL E CERTEZA DO ATO DECISÓRIO

A decisão jurisdicional deve ser certa, ainda que resolva relação jurídica condicional. Não há qualquer impedimento à resolução de relação jurídica condicionada, é preciso que se diga. Aliás, as relações jurídicas submetidas a condições suspensivas ou resolutivas são comumente objeto de ações judiciais.

Impedimento há para que o juiz profira decisões condicionadas. Ele (o juiz) não pode condicionar a procedência ou improcedência de uma ação a um evento futuro e incerto. Se fosse assim admitido, não haveria, bem provavelmente, resolução do objeto litigioso pela decisão proferida, a desconsiderar a função política da jurisdição.

Portanto, quando prolatar ato decisório, o juiz deve definir a procedência ou a improcedência de logo, mesmo que resolva relação jurídica condicional.

13. FATOS NOVOS, QUE SEJAM CONSTITUTIVOS, MODIFICATIVOS OU EXTINTIVOS DO DIREITO A INFLUIR NO JULGAMENTO DO MÉRITO

Se, depois da propositura da ação, algum fato constitutivo, modificativo ou extintivo do direito influir no julgamento do mérito, caberá ao juiz tomá-lo em consideração, de ofício ou a requerimento da parte, no momento de proferir a decisão. É preciso que o fato esteja relacionado ao objeto litigioso do processo.

14. ORDEM CRONOLÓGICA

O art. 12 do CPC dispõe que "os juízes e os tribunais deverão obedecer preferencialmente à ordem cronológica de conclusão para proferir sentença ou acórdão". Essa regra é contemplada por algumas exceções, conforme disposição do § 2º do mencionado dispositivo legal, sendo reconhecida como informativa (meramente orientadora). Por isso que o enunciado 486 do Fórum Permanente de Processualistas Civis concluiu que "a inobservância da ordem cronológica dos julgamentos não implica, por si, a invalidade do ato decisório".

Nada obsta que outro critério de organização das atividades judiciais seja utilizado pelo órgão em substituição à ordem cronológica. Para tanto, ele precisa ser devidamente divulgado. Na omissão de critério diferente, deve ser utilizado aquele estabelecido pelo art. 12 do Código de Processo Civil.

15. HIPOTECA JUDICIÁRIA

A decisão judicial, que condenar o réu ao pagamento de prestação consistente em dinheiro e a que determinar a conversão de prestação de fazer, de não fazer ou de dar coisa em prestação pecuniária, valerão como título constitutivo de hipoteca judiciária (oponível contra terceiros). Advirta-se, porém, que, nos termos do enunciado 310 do Fórum Permanente de Processualistas Civis, "não é título constitutivo de hipoteca judiciária a decisão judicial que condena à entrega de coisa distinta de dinheiro".

Não por outra razão que o § 1º do art. 495 estabelece que a decisão judicial, que reconheça o direito à prestação em dinheiro, produz a hipoteca judiciária: a) embora a condenação seja genérica; b) ainda que o credor possa promover o cumprimento provisório da sentença ou esteja pendente arresto sobre bem do devedor; c) mesmo que impugnada por recurso dotado de efeito suspensivo. Ela poderá ser realizada mediante apresentação de cópia da sentença perante o cartório de registro imobiliário, independentemente de ordem judicial, de declaração expressa do juiz ou de demonstração de urgência.

No prazo de até 15 dias da data de realização da hipoteca, a parte informá-la-á ao juízo da causa, que determinará a intimação da outra parte para que tome ciência do ato. Em sua resposta, a parte pode defender que o direito à prestação reconhecido pela decisão judicial seria incapaz de produzir hipoteca (por não consistir em obrigação, contra ela, de obrigação consistente em dinheiro), ou mesmo que não há decisão judicial proferida (pelo que, independentemente da natureza da ação, a hipoteca não poderia ser produzida, porque constitui efeito anexo de ato decisório).

Não será necessário trânsito em julgado ou o recebimento do recurso eventual sem efeito suspensivo, até porque, se fosse verificada algumas dessas situações, seria o caso de penhora (e não de hipoteca).

16. REMESSA NECESSÁRIA

A remessa necessária constitui nova análise, por órgão judicial superior, de determinadas sentenças proferidas contra pessoas jurídicas de direito público (ainda que elas interponham recurso), com o objetivo de resguardar o interesse público. Trata-se de condição à formação da coisa julgada, não configurando (segundo entendimento jurisprudencial) espécie recursal[86]. Justificam essa ilação, quanto à natureza da remessa, por quê: a) o juiz, que determina a remessa, não tem legitimidade recursal; b) ela ocorre independentemente da manifestação tempestiva de quem quer que seja; c) o Código de Processo Civil a alocou em capítulo destinado ao tratamento da sentença e da coisa julgada.

De acordo com o art. 496 do CPC, está sujeita ao duplo grau de jurisdição, nao produzindo efeito senão depois de confirmada pelo tribunal, a sentença: a) proferida contra a União, os Estados, o Distrito Federal, os Municípios e suas respectivas autarquias e fundações de direito público; b) que julgar procedentes, no todo ou em parte, os embargos à execução fiscal. Não interposta, contra a sentença, apelação no prazo legal, o juiz ordenará a remessa dos autos ao tribunal, e, se

86. Há respeitável segmento doutrinário em posição contrária, a entender que, no plano de delimitação estabelecido pela tradicional definição de recurso, que a remessa necessária constitui uma espécie, pois estaria mais próxima de ser um recurso do que uma condição de formação da coisa julgada.

não o fizer, o presidente do respectivo tribunal avocá-los-á. Em qualquer dos casos, o tribunal julgará a remessa necessária. Por isso que o enunciado 423 do STF (que adota terminologia do CPC/1039) orienta: "não transita em julgado a sentença por haver omitido o recurso *ex officio* que se considera interposto *ex lege*".

Entretanto, mesmo que verificada uma das hipóteses de remessa necessária prevista no art. 496 do Código de Processo Civil, ele não se realizará quando:

a) a condenação ou o proveito econômico obtido na causa for de valor certo e líquido inferior a: a.1) 1.000 salários-mínimos para a União e as respectivas autarquias e fundações de direito público; a.2) 500 salários-mínimos para os Estados, o Distrito Federal, as respectivas autarquias e fundações de direito público e os Municípios que constituam capitais dos Estados; a.3) 100 salários-mínimos para todos os demais Municípios e respectivas autarquias e fundações de direito público.

b) a sentença estiver fundada em: b.1) súmula de tribunal superior; b.2) acórdão proferido pelo Supremo Tribunal Federal ou pelo Superior Tribunal de Justiça em julgamento de recursos repetitivos; b.3) entendimento firmado em incidente de resolução de demandas repetitivas ou de assunção de competência; b.4) entendimento coincidente com orientação vinculante firmada no âmbito administrativo do próprio ente público, consolidada em manifestação, parecer ou súmula administrativa.

Se a sentença proferida for ilíquida, a remessa necessária é obrigatória. Por isso que foi editado o enunciado 490 da súmula do STJ, editada sob a vigência do CPC/1973, que estabelecia outros patamares numéricos (que eram idênticos, conquanto diferentes a pessoas de direito público): "a dispensa de reexame necessário, quando o valor da condenação ou do direito controvertido for inferior a 60 salários mínimos, não se aplica a sentenças ilíquidas".

▸ Importante!

O art. 14, § 1º, da Lei nº 12.016/09 (atual Lei do Mandado de Segurança) que traz disposição semelhante à constante no antigo art. 12, parágrafo único, da Lei nº 1.533/51 (antiga Lei do Mandado de Segurança), em antinomia legislativa ao art. 496 do Código de Processo Civil, contém disposição específica, a estabelecer que, "concedida a segurança, a sentença estará sujeita obrigatoriamente ao duplo grau de jurisdição".

Ante a especialidade, é inaplicável ao mandado de segurança a disposição do art. 496 do CPC, (STJ. EREsp 654839/SP. DJU 1.10.07). Logo, independentemente do valor controvertido, no mandado de segurança, se houver concessão da ordem mandamental, haverá remessa necessária. Diga-se o mesmo em relação às sentenças que, na ação popular (art. 19 da Lei nº 4.717/65) ou na ação civil pública (STJ. REsp 1108542/SC. DJe 12.05.09), reconhecem a carência do direito de ação ou julga improcedente a ação. Independentemente do valor, estarão submetidas à remessa.

17. JULGAMENTO DAS AÇÕES RELATIVAS ÀS PRESTAÇÕES DE FAZER, DE NÃO FAZER E DE ENTREGAR COISA

17.1. Ação que tenha por objeto prestação de fazer ou não fazer

Na ação que tenha por objeto a **prestação de fazer ou de não** fazer, o juiz, se procedente o pedido, concederá a tutela específica ou determinará providências que assegurem a obtenção de tutela pelo resultado prático equivalente.

O dispositivo estabelece que, se o pedido for julgado procedente, o órgão judicante, na ação que tenha por objeto prestação de fazer ou não fazer, **concederá tutela específica ou adotará medidas que assegurem o resultado prático equivalente**. Ali, tratam-se, conjuntamente, das obrigações de fazer (exceto a de emissão de declaração de vontade) e não fazer, porque comuns os atos de satisfação utilizados.

Quando do julgamento de procedência das ações que tenham por objeto obrigações de fazer ou de não fazer, o órgão jurisdicional há de conceder "tutela específica". Deve determinar as providências jurisdicionais necessárias para garantir resultado prático idêntico àquele decorrente do adimplemento espontâneo da obrigação. É o resultado prático específico.

Para garantir o **cumprimento da "tutela específica"** (ou seja, do "resultado prático específico") das obrigações de fazer e não fazer, o Código prevê uma série **de medidas coercitivas e sub-rogatórias**. Para a facilitação da tutela específica ou realização de resultado prático correspondente ao adimplemento, enumeram-se, de forma apenas exemplificativa, as seguintes medidas: imposição de multa, remoção de pessoas/coisas, desfazimento de obras e impedimento de atividade nociva.

Se não for possível a concessão da tutela específica, o órgão jurisdicional "**determinará providências" que assegurem o "resultado prático equivalente"**. O "resultado prático equivalente" é o que, embora não corresponda ao espontâneo adimplemento, proporciona ao exequente **a satisfação mais próxima que a conversão em perdas e danos.** Quando não mais for possível conceder a tutela específica, a atividade jurisdicional deve, antes de determinar a conversão em perdas e danos, proporcionar resultado prático equivalente.

A determinação de providências para a obtenção de resultado prático equivalente pode ocorrer também depois da formação do título executivo. Apesar de o art. 497 do CPC tratar do "julgamento", pode ocorrer de, em momento posterior (ou mesmo anterior, sem que tenha sido levado a conhecimento do órgão jurisdicional), o adimplemento específico fique impossibilitado, caso em que se deverá garantir a efetividade da prestação jurisdicional com o resultado prático equivalente.

Para a concessão da tutela específica destinada a inibir a prática, a reiteração ou a continuação de um ilícito, ou a sua remoção, é irrelevante a demonstração da ocorrência de dano ou da existência de culpa ou dolo (par. único do art. 497). Diferentemente do CPC/1973, que não trazia dispositivo equivalente, o CPC/2015 explicita a função da tutela específica, **a reafirmar inclusive sua serventia à garantia do ressarcimento de um dano**.

Contudo, não é de se confundir a tutela específica do ressarcimento de um dano com a conversão em perdas e danos. Quando o direito à prestação, decorrente de obrigação inadimplida, é de pagar, a **tutela específica a ser oferecida é o ressarcimento**. Mas se a prestação for de natureza outra, que não se possa adimplir ou proporcionar o resultado prático equivalente, haverá conversão em perdas e danos. No primeiro caso, haverá concessão de tutela específica, enquanto que, no segundo, conversão em perdas e danos.

Mas, deixe-se claro, a tutela inibitória específica se destina a impedir a prática, a reiteração ou a continuação do ilícito, nada tendo a ver com o eventual dano, que, se for do interesse do lesado, pode ser objeto da tutela ressarcitória, esta sim, dirigida contra o ato danoso.

Para afirmar o direito fundamental à inafastabilidade do controle jurisdicional, adota-se previsão servil às situações passadas, presentes e futuras, quando se reconhece que a tutela específica deve inibir/remover a prática, a reiteração ou a continuação. A despeito de utilização da conjunção "ou" (pelo par. único do art. 497), a tutela específica pode servir cumulativamente para situações enumeradas. Pode ocorrer, por exemplo, de um ilícito ter sido, estar a ser e continuar a ser praticado, situação em que a tutela específica inibirá/removerá a sua prática, reiteração e continuação.

A natureza da tutela jurisdicional, por assim dizer, variará de acordo com o **momento da ocorrência do ilícito**. Se este estiver a ser ou já tiver sido praticado, a tutela jurisdicional visará a remover o ilícito. Se o ilícito ainda não tiver sido praticado, a tutela será preventiva, pois visará a inibir sua ocorrência.

Logo, pode-se concluir que, para fins de concessão de medidas de cognição sumária, não se faz necessária a **demonstração do ilícito.** Basta que fique caracterizada sua simples **probabilidade**. Por uma lógica razão: se o ato é ilícito, não é necessário demonstrar sua ocorrência atual ou premente para que seja inibida sua prática. Só por ser ilícito, deve ser inibido.

Sob outro aspecto, permite-se tutelar especificamente tanto as obrigações, cujo inadimplemento seja instantâneo, como as obrigações, cujo inadimplemento seja contínuo. Relativamente ao inadimplemento contínuo, ele pode ser inibido/

removido em prática, reiteração e continuação. Todavia, concernente ao inadimplemento instantâneo, ele pode ser apenas inibido em sua prática.

No caso do **inadimplemento contínuo**, só haverá conversão em perdas e danos, se impossível ou se assim quiser o autor. Já no caso de inadimplemento instantâneo, em razão de suas consequências no plano fático, que não permitem o desfazimento dos efeitos da inadimplência, haverá **conversão em perdas e danos unicamente pela impossibilidade de tutela específica.** O querer do autor, quando instantâneo o inadimplemento, está circunscrito à faculdade de exigir ou não do réu o ressarcimento pelas perdas e danos.

Para concessão de tutela específica contra ato ilícito, até porque pode ser preventiva, **não é necessária a demonstração da existência de dano, de culpa ou de dolo.** Se o ato for ilícito, repita-se, sua verificação ou possibilidade de ocorrência é suficiente para garantir a concessão da tutela específica, conquanto, se demonstrada a existência de dano, de culpa ou de dolo, haverá maior razão para a concessão da tutela específica.

Pode acontecer de ser concedida tutela específica sem verificação da ocorrência de dano ou da existência de culpa ou dolo, como ocorre, por exemplo, quando colocados à venda produtos com validade vencida. A remoção será determinada sem necessidade de verificação de dano ou da existência de culpa ou de dolo.

Contudo, a **necessidade de verificação de ocorrência de dano ou da existência de culpa ou dolo pode estar relacionada à tutela específica,** sobretudo quando o ato originário não for ilícito. Para a concessão de tutela específica de obrigação de pagar quantia, por exemplo, não se faz necessária a verificação da ilicitude. No caso, deve ser verificada apenas a existência do dano decorrente do simples inadimplemento. O mesmo se dá quando alguém, em legítima defesa ou em estado de necessidade, causa dano a outrem, pois, embora não haja ilícito, persiste o dever de ressarcir.

17.2. Ação que tenha por objeto a entrega de coisa

Na ação que tenha por **objeto a entrega de coisa**, estabelece o art. 498 do CPC, o juiz, ao conceder a tutela específica, **fixará o prazo para o cumprimento da obrigação**. A ideia é que, para a adoção de qualquer medida coercitiva ou sub-rogatória, o órgão jurisdicional, antes, como regra, em atividade cooperativa, deve comunicar o destinatário do comando decisório.

Quanto à comunicação, muda-se de paradigma. Agora, não se faz mais necessária a intimação da parte em sua própria pessoa. Ela pode ser realizada também por intermédio de **seu advogado,** e deverá identificar expressamente o prazo para adimplemento.

Quanto ao prazo a ser fixado, para cumprimento da obrigação de entrega de coisa, ele é judicial e, em razão de sua natureza, deve ser estabelecido a considerar a complexidade ínsita à prática do ato necessário ao adimplemento.

Para possibilitar o cumprimento da obrigação de entregar coisa pelo réu, mesmo que seja ela certa, é necessário que o autor descreva seus traços característicos. Quando a **coisa for determinada** apenas pelo gênero e pela quantidade, ela será individualizada (escolhida) e também descrita em seus traços característicos, mas poderá ocorrer de tal ser realizado pelo réu, por lhe caber a opção de escolha[87]. A descrição é necessária para possibilitar a satisfação da obrigação.

---

87. Se o direito de escolha da coisa couber ao autor (por terem pactuado as partes ou por assim prever a disposição normativa aplicável), ele deve, já na petição inicial do processo, individualizá-la, de modo a lhe tornar certa. Caso assim não proceda, o juiz (sob provocação ou não do réu) deve adverti-lo acerca do direito de escolha. Se mesmo assim não fizer, entender-se-á que o direito foi renunciado pelo autor, passando a escolha a ser, agora, do réu.

Pode ser que o autor não individualize a coisa na petição inicial do processo e que o juiz não o advirta, seguindo o processo, depois de facultada a apresentação de resposta pelo réu, até a sentença. Quando esta for executada, necessariamente, o autor deverá, aí, proceder à individualização, caso contrário, se não proceder dessa forma, depois de advertido, entender-se-á como renunciado o direito de escolha.

Parte da doutrina entende que, se o autor não individualiza a coisa na petição inicial da fase de conhecimento ou no requerimento de execução, a depender das circunstâncias, ela deverá ser indeferida, ao invés de se reconhecer a renúncia ao direito de escolha em favor do réu. Prefiro, porém, adotar posição contrária. Entendo que a individualização da coisa pode ser realizada quando da execução (não exclusivamente na petição inicial do processo, embora reconheça ser o ideal) e que ela pode ser realizada pelo interesse do réu (o qual, por exemplo, não quer continuar a assumir o encargo de depositário). Ele não pode ficar a depender do exercício do direito de escolha pelo autor.

Se o direito de escolha couber ao réu (em face da omissão do negócio jurídico, por assim terem pactuado as partes ou por disposição normativa outra aplicável ao caso), ele, quando for cumprir a obrigação (seja no prazo para a apresentação de resposta, seja quando estabelecido o prazo em execução), deve proceder à individualização (escolha) da coisa com a sua entrega. Se não entregar a coisa, pode, ainda assim, individualizá-la para que o autor proceda à sua busca e apreensão ou à sua imissão na posse. Se o réu não exercer o direito de escolha depois a advertido a respeito, ele passará, em razão da renúncia, para o autor.

Parte da doutrina entende que, se o réu não individualiza a coisa, deverá, sobre ele, incidir as medidas de apoio, tal qual a fixação de multa. Entendo, contudo, que deva ser adotada posição contrária, a entender que há renúncia ao direito de escolha, pois, a não ser assim, estar-se-ia a ferir a economia e a duração razoável do processo. Seria grande inconveniente ao processo paralisar a atividade satisfativa para que o réu exerça, forçosamente, o seu direito de escolha. Se o direito é disponível, preferível compreender, depois da advertência pelo órgão jurisdicional, por sua renúncia.

Se o direito de escolha couber ao réu, mas o autor, indevidamente, tiver o exercido na petição inicial, caberá ao juiz possibilitar, por ocasião da apresentação de resposta ou do cumprimento da obrigação, a escolha por aquele.

Para a **tutela específica, as medidas a serem adotadas pelo órgão jurisdicional são diversas, pelo que não estão adstringidas à busca e apreensão e à imissão na posse.** Pode, por exemplo, ser fixada multa que, em termos processuais, pode representar maior economia (porque dispensa a realização de diligência pelos auxiliares da justiça) e aceleração do processo (porque, além de o réu saber onde se encontra o bem a ser entregue, dispensa o tempo necessário à realização da diligência). Até porque a entrega de coisa, em análise generalista, constitui obrigação de fazer (embora tenha suas particularidades).

Tanto há diversidade das medidas de apoio, que o art. 500, de aplicação geral às ações relativas à obrigação de fazer, não fazer e entregar coisa, estabelece, em relação às perdas e danos (devidas em caso de impossibilidade de cumprimento de qualquer obrigação ou de vontade do autor), que "**a indenização por perdas e danos dar-se-á sem prejuízo da multa fixada periodicamente para compelir o réu ao cumprimento específico da obrigação**".

Se as perdas e danos também são devidos pela impossibilidade do cumprimento, ou pela vontade do autor, da obrigação de entregar coisa, caso tenha sido fixada, como medida de apoio, multa, ela continuará a ser devida. A dizer de outra forma, pode ser que a multa advenha do inadimplemento da obrigação de entregar coisa.

Para garantir o cumprimento de obrigação de entregar de coisa, podem ser utilizadas, em favor do autor, inclusive por conta **de decisão de cognição sumária, medidas acautelatórias, a exemplo do sequestro e da indisponibilidade do bem** (nomeadamente, com relação a esta última medida, quando o bem esteja sujeito a registro).

17.3. Conversão da obrigação em perdas e danos

A **obrigação somente será convertida em perdas e danos** se o autor o requerer ou se impossível a tutela específica ou a obtenção de tutela pelo resultado prático equivalente.

Quanto ao momento da obtenção do resultado prático equivalente ou da conversão da obrigação em perdas e danos, tal deve ocorrer, no caso do requisito objetivo, assim que verificada a **impossibilidade do adimplemento específico**. No caso do requisito subjetivo, quando **manifestada vontade do autor**, o que, como antes defendido, por ocorrer a qualquer momento, inclusive a dispensar a verificação da impossibilidade de alcance do resultado prático equivalente.

A indenização por perdas e danos dar-se-á sem prejuízo da multa fixada periodicamente para compelir o réu ao cumprimento específico da obrigação. A multa a ser aplicada tem natureza coercitiva. Evita-se a atribuição de outra natureza à medida de apoio, o que poderia ensejar consequências processuais distintas. Inclusive, não poderia a multa ter natureza indenizatória, a se considerar que o fato a justificar o pagamento de indenização é diverso do que justifica a incidência da multa coercitiva.

17.4. Ação que tenha por objeto a emissão de declaração de vontade

Na ação que tenha por **objeto a emissão de declaração de vontade**, a sentença que julgar procedente o pedido, uma vez transitada em julgado, produzirá todos os efeitos da declaração não emitida. No caso de **falta de emissão de declaração de vontade**, a sentença, para produzir seus efeitos, dependerá do trânsito em julgado. Nada impede, entretanto, que sejam antecipados, provisoriamente, em razão da urgência ou evidência, os efeitos da tutela jurisdicional definitiva de procedência.

Quando o art. 501 do CPC estabelece que a sentença só pode surtir seus efeitos quando transitada em julgado, o dispositivo confunde "coisa julgada" com "eficácia da sentença". Para que os efeitos surtam, não é necessário o trânsito em julgado. Tanto é que se admite a antecipação de tutela, inclusive por necessidade de se afirmar o direito fundamental de inafastabilidade do controle jurisdicional. Mas, de fato, para a formação da coisa julgada, imperiosa a constatação do trânsito em julgado.

Para o caso da **emissão da declaração de vontade não emitida**, a tutela específica é alcançada pela **equivalência da sentença ao ato de declaração omitido**. Por isso, dispensa-se execução e, em consequência, a participação do réu para a efetivação da tutela concedida em razão da sentença de procedência. Como o réu não terá de participar para garantir o atendimento do direito à prestação reconhecido em favor do autor, a sentença, que, em relação à eficácia, em si basta, não precisa fixar prazo para sua satisfação. A ser assim, dispensam-se, além da fase de execução, por consequência lógica, as medidas de apoio (medidas coercitivas).

Pode acontecer de, durante o curso do processo, a tutela específica não mais servir ao alcance dos fins pretendidos pelo autor, pelo que poderá ser convertida em perdas e danos. Assim, a quantificação das perdas e danos, salvo se indicado valor em negócio jurídico, será objeto de liquidação posterior ou anterior à sentença. Também se admitiria a conversão em perdas e danos pela vontade exclusiva do autor. Mas, aqui, é importante perceber, para o alcance do objetivo pretendido pelo autor (a se considerar a dispensa da necessidade de execução), não se depende da preservação de "confiança" na pessoa do réu. Aquele é alcançado a partir da concessão da tutela específica.

Quando prolatada sentença, pode ser que, da declaração de vontade reconhecida, seja(m) reconhecido(s) outro(s) direito(s) à prestação. Mesmo que não seja pedido o reconhecimento dele(s), poderia(m) assim ser, a justificar, para o caso, execução de outro(s) direito(s) à prestação reconhecido(s), já que haveria certificação suficiente. A exigibilidade da(s) respectiva(s) obrigação(ões) e, quando muito, a liquidação, pode(m) ser posteriormente alcançada(s). Quando tal ocorrer, a sentença surtirá seus efeitos concretos sobre o(s) direito(s) à prestação certificado(s) a justificar, em alguns casos, fase executiva com o emprego, se necessário for, de medidas de apoio. Imprescindível, para isso, assumir, como defendido pelos autores deste livro, a ação processual como fator de delimitação do objeto litigioso do processo.

Coisa julgada

1. CONSIDERAÇÕES INICIAIS

A coisa julgada é instituto processual que afirma a **segurança jurídica** (e não a justiça) nas relações firmadas entre as partes (a envolver, às vezes, até terceiros), a partir da imutabilidade (e, por óbvio, da indiscutibilidade) do pronunciamento jurisdicional definitivo proferido em julgamento de determinada ação.

As partes e, às vezes, terceiros, são alcançados pela eficácia da coisa julgada, que afirmará a segurança jurídica a partir da imutabilidade e da indiscutibilidade do ato decisório, porque ele (o ato decisório) não mais estará submetido a qualquer recurso, seja por preclusão, em qualquer de suas modalidades, seja por inexistência.

2. COISA JULGADA FORMAL E MATERIAL

Tradicionalmente, a coisa julgada tem duas **espécies**, sendo uma **formal** e outra **material**. Ambas formam-se a partir do **trânsito em julgado** da decisão, que será verificado quando aquela (decisão) não mais estiver sujeita a recurso, independentemente de sua natureza e/ou a remessa necessária (considerado, por parte da doutrina, como espécie recursal).

Quando a decisão **não resolve o mérito**, forma-se apenas a coisa julgada formal, com efeitos internos ao processo (endoprocessuais ou intraprocessuais), a impossibilitar, no mesmo processo, a modificação da decisão definitiva por outra superveniente. Todavia, nada impede que, corrigido o vício, seja proferida nova decisão noutro processo.

Quando o processo tem seu **mérito resolvido** (obviamente por decisão), forma-se, além da coisa julgada formal, a material, com efeitos que vão além do respectivo processo (panprocessuais ou extraprocessuais), a impossibilitar, em qualquer processo, a modificação do ato decisório.

3. REGIMES JURÍDICOS DA COISA JULGADA

O Código de Processo Civil traz 02 regimes jurídicos para a coisa julgada. Um para a(s) questão(ões) principal(is) e outro para a(s) questão(ões) prejudicial(is), estando o primeiro previsto no *caput* do art. 503 e o outro nos respectivos parágrafos. Passa-se a analisar cada um desses regimes:

3.1. Coisa julgada de questão principal

Nos termos do *caput* do art. 503 do Código de Processo Civil, a decisão que julgar total ou parcialmente o mérito tem força de lei nos limites da **questão principal** expressamente decidida. A teor do que se extrai do texto legal, a formação de coisa julgada, quando relativa à questão principal, depende, apenas, de decisão judicial expressa, ainda que proferida por juízo incompetente.

Ao contrário do que se poderia pensar, a despeito de constituir garantia fundamental, o contraditório prévio não é condição para a formação de coisa julgada sobre questão principal. A não observância pode, em alguns casos, até justificar a decretação de invalidade, com consequente **desconstituição da sentença**, mas não retira a aptidão de formar coisa julgada.

Aliás, deve-se perceber que, em alguns casos, a ausência do contraditório sequer compromete a validade do ato processual. Basta revistar o julgamento liminar de improcedência, em que, embora não citado o réu, a sentença de mérito, quando transitada em julgado, forma, sem qualquer irregularidade, coisa julgada.

O texto legal acima referido passa a prever a possibilidade de formação de coisa julgada em partes, mediante decisões parciais de mérito. Significa que a(s) questão(ões) principal(is) podem ser definitivamente decididas antes da sentença. A absorver esse entendimento, o enunciado 336 do FPPC orienta que "cabe ação rescisória contra decisão interlocutória de mérito".

Isso impulsionou a edição do enunciado 436 do FPPC, de acordo com o qual, "preenchidos os demais pressupostos, a decisão interlocutória e a decisão unipessoal (monocrática) são suscetíveis de fazer coisa julgada". Significa, portanto, que o ato decisório, em gênero, quando transitado em julgado, forma coisa julgada.

3.2. Coisa julgada de questão prejudicial

O segundo regime jurídico da coisa julgada, que contemplam as prejudiciais, está delineado pelos §§ 1º e 2º do art. 503 do CPC. Ele afirma a eficiência e a segurança jurídica, mas, ainda, apresenta-se tímida, a considerar os modelos adotados por sistemas estrangeiros.

De acordo com os §§ 1º e 2º do art. 503 do CPC, a decisão, que julga **questão prejudicial**, decidida expressa e incidentemente no processo, faz coisa julgada se, cumulativamente[88]: a) dessa resolução depender o julgamento do mérito; b) a seu respeito tiver havido contraditório prévio e efetivo, não se aplicando no caso de revelia; c) o juízo tiver competência em razão da matéria e da pessoa para resolvê-la como questão principal; d) não houver restrições probatórias ou limitações à cognição que impeçam o aprofundamento da análise da questão prejudicial[89-90].

A coisa julgada sobre a **questão prejudicial incidental,** a teor do que orienta o enunciado 437 do FPPC, limita-se à existência, inexistência ou modo de ser de situação jurídica, e à autenticidade ou falsidade de documento. Mas tal não impede a execução de eventual direito à prestação que venha a ser reconhecido em razão da formação de coisa julgada sobre a questão prejudicial decidida. A esse respeito, convém sempre lembrar que, mesmo as decisões de força declarativas podem, se reconhecerem direito à prestação, ser executadas.

O enunciado 165 do Fórum Permanente de Processualistas Civis orienta que "a análise de questão prejudicial incidental, desde que preencha os pressupostos dos parágrafos do art. 503, está sujeita à coisa julgada, independentemente de provocação específica para o seu reconhecimento".

Tal orientação confirma a posição adotada pelos autores do presente livro, de acordo com a qual o **mérito da ação não é delimitado pelos pedidos formulados pelas partes, mas pelas afirmações de existência de direito apresentadas**. Além disso, nos termos do enunciado 438 do FPPC, "é desnecessário que a resolução expressa da questão prejudicial incidental esteja no dispositivo da decisão para ter aptidão de fazer coisa julgada".

4. COISA JULGADA PROGRESSIVA

O art. 975 do Código, que trata da ação rescisória, dispõe que "o direito à rescisão se extingue em 2 (dois) anos **contados do trânsito em julgado da última decisão proferida no processo"**. Contudo, o § 4º do art. 218 estabelece que "será

88. Essa orientação corresponde com aquela trazida pelo enunciado 313 do Fórum Permanente de Processualistas Civis: "São cumulativos os pressupostos previstos nos § 1º e seus incisos, observado o § 2º do art. 503".

89. E justamente por formar coisa julgada, que o enunciado 338 do Fórum Permanente de Processualistas conclui que "cabe ação rescisória para desconstituir a coisa julgada formada sobre a resolução expressa da questão prejudicial incidental".

90. Apesar disso, no Fórum Permanente de Processualistas Civis de Curitiba, foi vetada a seguinte proposta de enunciado: "A coisa julgada será produzida sobre questão prejudicial incidental, mesmo em procedimento com limitações probatórias, se não houver necessidade de dilação probatória dos fatos relacionados à questão prejudicial incidental".

considerado tempestivo o ato praticado antes do termo inicial do prazo". Como pode ser intentada ação rescisória para desconstituir a decisão de mérito, há de se admitir que ela transitou em julgado.

Essa mudança compatibiliza, dentre outras, a disposição do art. 503 com a do art. 356, de acordo com o qual **o juiz decidirá parcialmente o mérito quando um ou mais dos pedidos formulados ou parcela deles mostrar-se incontroverso ou estiver em condições de imediato julgamento**[91]. Hoje, é possível que o mérito seja julgado de forma fracionada.

Pode até ocorrer, sob a vigência do CPC/2015, que o mérito seja parcialmente, ou até mesmo totalmente, resolvido por decisão interlocutória. A par dessa mudança, o sistema processual brasileiro passou a admitir a **formação progressiva de coisa julgada.** Na medida em que os atos decisórios definitivos vão sendo proferidos, caso transitados em julgado, eles passam a formar, em partes que se adicionam, coisa julgada.

Por isso que o enunciado 336 do FPPC orienta que "cabe ação rescisória contra decisão interlocutória de mérito". E justifica o porquê no enunciado 436: "Preenchidos os demais pressupostos, a decisão interlocutória e a decisão unipessoal (monocrática) são suscetíveis de fazer coisa julgada". Logo, se as decisões parciais são suscetíveis de fazer coisa julgada, inclusive a justificar a propositura de ação rescisória, força é concluir que o Código de Processo Civil passou a admitir a formação progressiva de coisa julgada.

5. EFEITOS DECORRENTES DA DECISÃO TRANSITADA EM JULGADO

A decisão transitada em julgado, sobre a qual, portanto, forma-se coisa julgada material, tem dois efeitos, sendo um positivo e outro negativo.

O efeito **positivo** impõe respeito pelo juízo, relativamente à prática de atos, inclusive em ações judiciais seguintes, àquilo que foi decidido na ação que ensejou a formação da coisa julgada. Ele pode ser utilizado como fundamento de uma ação seguinte, devendo o juiz ser coerente em sua decisão, a harmonizá-la com a coisa julgada.

O efeito **negativo** impede novo julgamento em torno do caso julgado. Apresenta-se como uma exceção processual, a impedir novo julgamento em razão do que anteriormente decidido. Por conta do efeito negativo é que, nos termos do art. 507 do CPC, "é vedado à parte discutir no curso do processo as questões já decididas a cujo respeito se operou a preclusão".

---

91. Essa conclusão (de formação de coisa julgada progressiva) pode ser extraída, dentre outras várias, da disposição do § 3º do art. 356 do Código de Processo Civil, que possibilita o trânsito em julgado da decisão parcial de mérito.

6. EFICÁCIA PRECLUSIVA DECORRENTE DA FORMAÇÃO DA COISA JULGADA

Em razão do efeito negativo da coisa julgada, estabelece o art. 508 do CPC que, "transitada em julgado a decisão de mérito, considerar-se-ão deduzidas e repelidas todas as alegações e as defesas que a parte poderia opor tanto ao acolhimento quanto à rejeição do pedido". Por isso, todas as afirmações em torno da(s) causa(s) de pedir apresentada(s) pela(s) parte(s), que culminou em sentença transitada em julgado, que foi(ram) deduzida(s) ou que poderia(m) ser dedutível(is), não pode(m) mais ser submetida(s) à apreciação jurisdicional.

Trata-se da **eficácia preclusiva da coisa julgada**, "pela qual todas as questões deduzidas que poderiam sê-lo e não o foram encontram-se sob o manto da coisa julgada, não podendo constituir novo fundamento para discussão da mesma causa, mesmo que em ação diversa', ou seja, 'a coisa julgada é tutelada pelo ordenamento jurídico não só pelo impedimento à repropositura de ação idêntica após o trânsito em julgado da decisão, mas também por força da denominada eficácia preclusiva do julgado, que impede seja infirmado o resultado a que se chegou em processo anterior' com decisão transitada em julgado, ainda que 'a ação repetida seja outra, mas que, por via oblíqua, desrespeita o julgado adredemente proferido'" (STJ. REsp 1.039.079/MG. DJe 17.12.2010).

Assim, mantidas as partes e o(s) pedido(s), somente é viável propor nova ação, sem esbarrar no óbice da coisa julgada, se for modificada a causa de pedir. Mantida esta e alterando-se apenas os argumentos em torno dela, o autor defrontar-se-á com o pressuposto processual negativo da coisa julgada, a justificar a prolação de sentença sem resolução de mérito para a segunda ação.

7. CONFLITO ENTRE COISAS JULGADAS

Pode ocorrer de, no mesmo processo ou em processos diferentes, serem resolvidas idênticas questões, mediante decisões transitadas em julgado. Daí surge a pergunta: nessa situação, qual o julgamento deve prevalecer, o primeiro ou o último?

Sendo proferidas duas ou mais decisões definitivas, a resolver questões idênticas, quando transitadas em julgado, o **segundo julgamento deve prevalecer sobre o primeiro**, pelo menos se não ou enquanto **não for intentada ação rescisória.** Julgada procedente a ação rescisória, será desconstituída a segunda decisão, a restabelecer a eficácia da primeira. Pode até ocorrer de, em ação rescisória, ser concedida tutela provisória, a suspender a eficácia da segunda decisão e restabelecer a da primeira.

8. LIMITES

O art. 503 do CPC dispõe que a decisão, que resolve total ou parcialmente o objeto litigioso do processo, tem força de lei nos limites das questões decididas. Assim, pode-se dizer que, segundo a disposição legal, a coisa julgada material tem **limites**, sendo eles:

a) ***Objetivo***: o limite objetivo da coisa julgada baliza "o quê" está alcançado pela imutabilidade da decisão de mérito (que pode até fracionar o objeto litigioso do processo) transitada em julgado. O elemento declarativo da decisão constitui o limite objetivo da coisa julgada. Não é o dispositivo da decisão (com seus diversos elementos) que delimita objetivamente a coisa julgada, mas apenas o seu elemento declarativo, que pode até não está localizado na parte da decisão que tradicionalmente se inclui o dispositivo.

Por consequência da delimitação objetiva, estabelece o art. 504 do Código de Processo Civil que não fazem coisa julgada os motivos, ainda que importantes para determinar o alcance da parte dispositiva da sentença e a verdade dos fatos, estabelecida como fundamento da sentença.

Antes, sob a vigência do CPC/1973, o art. 469 dispunha que não fazia coisa julgada a apreciação da questão prejudicial, decidida incidentemente no processo. Sob a vigência do CPC/2015, conforme dispõe o art. 503, §§ 1º e 2º, a questão prejudicial, desde que atendidos os requisitos ali descritos, pode fazer coisa julgada.

Não é só.

Como orienta o enunciado 438 do Fórum Permanente de Processualistas Civis, "é desnecessário que a resolução expressa da questão prejudicial incidental esteja no dispositivo da decisão para ter aptidão de fazer coisa julgada".

b) ***Subjetivo***: a decisão, em regra, pela própria necessidade de respeito ao contraditório e à ampla defesa, faz coisa julgada material apenas entre as partes que compõem a relação processual (os assistentes litisconsorciais, por sua própria natureza, são também atingidos pela coisa julgada). Entretanto, ela (a coisa julgada) não prejudica terceiros (diretamente). Só que a decisão jurisdicional, como ato jurídico que é, existe com respeito de todos, mesmo daqueles que não fizeram parte do processo, que, inclusive, podem questionar o seu resultado.

Sob a vigência do CPC/1973, a primeira parte do art. 472 dispunha que "a sentença faz coisa julgada às partes entre as quais é dada, não *beneficiando*, nem prejudicando terceiros". Atualmente, dispõe o art. 506 do CPC/2015, que "a sentença faz coisa julgada às partes entre as quais é dada, não prejudicando terceiros". A eliminação do vocábulo "beneficiando" induz ao reconhecimento de que a coisa julgada por favorecer terceiros.

O limite subjetivo da coisa julgada material representa "quem" está alcançado pela imutabilidade da decisão transitada em julgado. De regra, são aqueles, repita-se, que compuseram a relação processual. Contudo, pode ocorrer de os efeitos da decisão se estenderem "*ultra partes*", atingindo não só as partes, mas determinados terceiros, ou "*erga omnes*", atingindo não só as partes, mas todos.

Exemplifica a extensão "*ultra partes*" o caso do terceiro que poderia ter intervindo no processo na condição de litisconsorte unitário, mas permaneceu inerte. Embora não tenha sido parte no processo, os efeitos da decisão, sobre a qual se formou a coisa julgada, aquele alcançará.

Exemplifica a extensão "*ultra partes*", as decisões definitivas de procedência proferidas em ações coletivas, que versem sobre direito coletivo "*stricto sensu*". Todos os membros da respectiva coletividade, bem assim os demais legitimados extraordinários, serão alcançados pela coisa julgada.

Exemplifica a extensão "*erga omnes*" dos limites subjetivos da coisa julgada, as ações coletivas, que versam acerca de direitos difusos.

c) ***Temporal***: a coisa julgada material regula os fatos passados, que foram apresentados ao Poder Judiciário, bem assim os presentes e futuros, desde que esteja preservado o cenário fático apresentado por ocasião da prolatação da decisão transitada em julgado. A modificação do cenário fático-jurídico após a formação da coisa julgada material não impossibilita a discussão em torno da novel situação. Até porque ela (a nova situação) não está regulada por nenhum pronunciamento jurisdicional, não se podendo, assim, restringir a prestação jurisdicional. Logo, se houve modificação do cenário fático-jurídico depois da formação da coisa julgada material, esta regulará apenas o cenário anterior, a não impossibilitar a discussão em relação ao atual.

É exatamente por isso (reconhecer uma limitação temporal à coisa julgada) que, nos termos do art. 505 do Código de Processo Civil, nenhum juiz decidirá novamente as questões já decididas relativas à mesma lide, *salvo*: a) se, tratando-se de relação jurídica de trato continuado, sobreveio modificação no estado de fato ou de direito, caso em que poderá a parte pedir a revisão do que foi estatuído na sentença; (aí, será a primeira decisão sobre o novo quadro jurídico); b) nos demais casos prescritos em lei.

Então, no que diz respeito aos limites temporais da coisa julgada, pode-se dizer que: a) se não houve modificação do cenário em torno dos fatos presentes e futuros, a coisa julgada material impossibilita a discussão judicial circunscrita tanto aos fatos passados, quando aos presentes e futuros; b) se houve modificação do cenário em torno dos fatos presentes e futuros, a coisa julgada material não impossibilita a discussão judicial circunscrita aos fatos presentes e futuros, mas apenas aos passados, porque já devidamente regulados.

d) ***Espacial (ou territorial)***: a coisa julgada, *a priori*, não tem limites espaciais, pelo que deve ser observada por todos os órgãos jurisdicionais competentes. Embora a Lei da Ação Civil Pública estabeleça, em seu art. 16, que "a sentença civil fará coisa julgada 'erga omnes', nos limites da competência territorial do órgão prolator, exceto se o pedido for julgado improcedente por insuficiência de provas, hipótese em que qualquer legitimado poderá intentar outra ação com idêntico fundamento, valendo-se de nova prova", o Superior Tribunal de Justiça, acertadamente, pontuou que "os efeitos e a eficácia da sentença não estão circunscritos a lindes geográficos" (STJ. AgRg no REsp 1094116/DF. DJe 27.05.13). Pode acontecer, entretanto, de o dispositivo da sentença transitada em julgado proceder, equivocadamente, à tal delimitação. Nessa situação, até que venha a ocorrer eventual desconstituição do título judicial, devem ser respeitados os limites estabelecidos.

9. MEIOS DE IMPUGNAÇÃO

As decisões de mérito transitadas em julgado podem ser impugnadas, e assim os são feitos, em regra, mediante a propositura de **ação rescisória**, nas taxativas hipóteses de cabimento. Excepcionalmente, admite-se a impugnação da coisa julgada mediante apresentação de **impugnação ao cumprimento de sentença**.

O enunciado 268 da súmula de jurisprudência do STF dispõe que "não cabe mandado de segurança contra decisão judicial com trânsito em julgado".

Todavia, há precedente do Superior Tribunal de Justiça no sentido de que "a interpretação que melhor compatibiliza a vedação do art. 59 da Lei nº 9.099/1995 com o entendimento *supra* é a de que se deve admitir a impetração de **mandado de segurança** frente aos Tribunais de Justiça para controle da competência dos Juizados Especiais, ainda que a decisão a ser anulada já tenha transitado em julgado" (STJ. MC 15465/SC. DJe 28.04.09).

Também do Supremo Tribunal Federal, advém o enunciado 734 de súmula, de acordo com o qual "não cabe reclamação quando já houver transitado em julgado o ato judicial que se alega tenha desrespeitado decisão do Supremo Tribunal Federal".

CAPÍTULO XXXIII

Liquidação de sentença

1. CONSIDERAÇÕES INICIAIS

A decisão que reconhece (em condenação ou não) o direito à prestação de pagar quantia, só será hábil a se efetivar (em favor da parte vencedora) se for, além de certa e exigível, líquida. Não se pode desconhecer que algumas prestações (reconhecidas por títulos executivos) podem ser exigidas quando forem certas e exigíveis. Entretanto, quando (a prestação) for pecuniária, ela deve ser, além de certa e exigível, líquida.

Por isso que o art. 509 dispõe que, quando a sentença (decisão definitiva de mérito) condenar ao pagamento de quantia ilíquida, proceder-se-á à sua liquidação, a requerimento do credor ou do devedor: por arbitramento, quando determinado pela sentença, convencionado pelas partes ou exigido pela natureza do objeto da liquidação; pelo procedimento comum, quando houver necessidade de alegar e provar fato novo.

Na liquidação, serão discutidas unicamente questões relacionadas à quantificação monetária do direito à prestação reconhecido pela decisão. Em razão da coisa julgada, para que não seja violada, a decisão definitiva de mérito não pode ser alterada por ocasião de sua liquidação. Neste sentido, dispõe o § 4º do art. 509 do Código de Processo Civil: "**na liquidação é vedado discutir de novo a lide ou modificar a sentença que a julgou**".

2. CÁLCULOS ARITMÉTICOS

Quando a apuração do valor da prestação (reconhecida em decisão definitiva de mérito) depender apenas de **cálculo aritmético**, o credor poderá promover, desde logo, o cumprimento da sentença (sendo desnecessário procedimento de liquidação de sentença, em extensão da fase cognitiva, ou mesmo da instauração de incidente ou de propositura de ação específica). Basta que instrua o respectivo pedido com a memória de cálculo.

Portanto, a apresentação de cálculo aritmético (em memória discriminada), conquanto indispensável, constitui mero requisito ao procedimento de cumprimento de sentença. Juntada a memória de cálculos, a instruir seu pedido de cumprimento de sentença, poderá o juiz, apesar da omissão legal, valer-se da contadoria judicial quando a memória apresentada pelo credor aparentemente exceder os limites da decisão.

3. MODALIDADES DE LIQUIDAÇÃO DE SENTENÇA

O Código de Processo Civil, no art. 509, traz duas modalidades de liquidação de sentença: a) por arbitramento; b) realizada pelo procedimento comum.

3.1. Liquidação por arbitramento

3.1.1. Considerações preliminares

Quando a sentença condenar ao pagamento de quantia ilíquida, proceder-se-á à sua liquidação, a requerimento do credor ou do devedor. A liquidação será realizada por arbitramento, dispõe o art. 509, I, do Código de Processo Civil, quando assim determinado pela sentença, convencionado pelas partes ou exigido pela natureza do objeto da liquidação.

Contudo, pode até ocorrer de a sentença determinar que a sua liquidação ocorrerá por arbitramento, mas, se o juiz a entender por desnecessária ou por insuficiente, determinará, mesmo após o trânsito em julgado, a sua dispensa ou a sua realização (da liquidação) por outra modalidade.

Também, se as partes convencionem que a liquidação será realizada por arbitramento, não está o juiz obrigado a atender a vontade delas. Se o juiz entender que a liquidação por arbitramento é desnecessária[92] ou insuficiente, determinará a sua dispensa ou sua realização por outra modalidade. O que realmente define a necessidade da liquidação por arbitramento, é a necessidade de **esclarecer fato complexo**, contanto que não seja ele novo, ou seja, apresentado ao processo, mas não esclarecido.

Na liquidação por arbitramento, o juiz intimará as partes para a **apresentação de pareceres (técnicos) ou documentos elucidativos**, no prazo que fixar, e, caso não possa decidir de plano, nomeará perito, observando-se, no que couber, o procedimento da prova pericial (art. 510 do CPC).

---

92. Se, por exemplo, "discriminados os valores a serem ressarcidos, cujo montante pode ser obtido por mero cálculo aritmético, não há falar em necessidade de liquidação por arbitramento" (STJ. AgRg no Ag 635717/SP. DJ 20.06.05).

Os pareceres e os documentos elucidativos devem ser apresentados ao processo no prazo que o juiz fixar. As partes, pois, devem atender ao prazo judicial, que será estabelecido de acordo com a complexidade do ato a ser realizado pelas partes. Não se trata de prazo peremptório. Pode ser prorrogado.

Se não apresentados os pareceres ou os documentos elucidativos no prazo estabelecido pelo juiz, a liquidação será extinta, sem resolução de mérito (devendo-se, antes, intimar pessoalmente a parte liquidante para, no prazo de 05 dias, suprir eventual omissão de seu advogado). Se apresentados os pareceres e documentos elucidativos, o juiz poderá, se em condições, decidir. Mas, se não estiver em condições, nomeará perito, observando-se, no que couber, a partir daí o procedimento da prova pericial.

3.1.2. Procedimento

A **liquidação por arbitramento** proceder-se-á a partir de um **simples requerimento formulado por qualquer das partes**. Por isso (a não ser que a liquidação seja uma ação)[93], a parte contrária será intimada, na pessoa de seu advogado ou da sociedade de advogados a que estiver vinculado, para apresentar resposta.

Comunicada a parte adversa, ainda que ela não apresente resposta, não haverá confissão ficta como consectário da revelia, em face da necessidade única de conhecimentos técnicos para alcançar a liquidação.

Em seguida, o juiz determinará a a**presentação de pareceres de documentos elucidativos.** Se eles não forem suficientes para a liquidação, o juiz nomeará o perito, cujos honorários serão arcados pela parte vencida, conforme reconhecido pela sentença[94]) e fixará o prazo para a entrega do laudo (este prazo deve anteceder, pelo menos em 20 dias, à data de realização da audiência de instrução e julgamento).

93. A não ser que o título judicial a liquidar seja uma sentença arbitral, uma sentença estrangeira homologada pelo STJ ou uma sentença penal condenatória transitada em julgado. Nestes casos, diante da própria lógica processual (de não haver uma continuidade do processo no órgão jurisdicional em que foi proferido o título executivo judicial), a parte adversa será citada, porque a pretensão de liquidação será uma ação judicial.

94. "O autor da liquidação de sentença não deve antecipar os honorários periciais, pois o processo não lhe pode causar diminuição patrimonial, na medida em que se sagrou vencedor no processo de conhecimento. Ademais, numa visão solidarista do processo, não parece adequado dizer que apenas o autor tenha interesse na liquidação do julgado. [...] ambas as partes têm o dever de cooperação na fase de cumprimento do julgado, em respeito à autoridade das decisões judiciais" (STJ. REsp 1.274.466/SC. DJe 14.05.14).

Incumbirá às partes, dentro de 15 dias contados da intimação do despacho de nomeação do perito: a) **arguir o impedimento ou a suspeição do perito, se for o caso; b) indicar assistente técnico; c) apresentar quesitos.**

O perito será escolhido entre profissionais de nível universitário (com formação acadêmica específica), devidamente inscrito nos respectivos órgãos de classe.

Conquanto seja mais comum ser realizada pelo juiz, **as partes podem, de comum acordo, proceder à escolha do perito**, indicando-o mediante requerimento, desde que: a) sejam plenamente capazes; b) a causa possa ser resolvida por autocomposição. Ao escolherem o perito, já devem indicar os respectivos assistentes técnicos para acompanhar a realização da perícia, que se realizará em data e local previamente anunciados.

Se, não houver, na localidade, profissional com formação superior, o **perito será livremente escolhido pelo juiz,** observando-se, evidentemente, o conhecimento técnico necessário ao esclarecimento do fato controvertido.

Tratando-se de **perícia complexa**, que abranja mais de uma área de conhecimento especializado, o juiz poderá nomear mais de um perito, e a parte, indicar mais de um assistente técnico.

Ciente da nomeação, o perito apresentará em 05 dias: a) proposta de honorários; b) currículo, com comprovação de especialização; c) contatos profissionais, em especial o endereço eletrônico, para onde serão dirigidas as intimações pessoais.

As partes serão intimadas da proposta de honorários para, querendo, manifestar-se no **prazo comum de 05 dias,** após o que o juiz arbitrará o valor. Em seguida, as partes serão intimadas para adiantar a remuneração de seus respectivos assistentes técnicos (se houverem indicado). A vencida (conforme sentença) será intimada para adiantar os honorários do perito.

O juiz poderá determinar que a parte responsável pelo pagamento dos honorários do perito **deposite em juízo o valor correspondente.** A quantia recolhida em depósito bancário à ordem do juízo será corrigida monetariamente e paga de acordo com o art. 465, § 4º, que dispõe: "o juiz poderá autorizar o pagamento de até cinquenta por cento dos honorários arbitrados a favor do perito no início dos trabalhos, devendo o remanescente ser pago apenas ao final, depois de entregue o laudo e prestados todos os esclarecimentos necessários".

Quando o pagamento da perícia for de responsabilidade de beneficiário de gratuidade da justiça, ela poderá ser: a) custeada com recursos alocados no orçamento do ente público e realizada por servidor do Poder Judiciário ou por órgão público conveniado; b) paga com recursos alocados no orçamento da União, do Estado ou do Distrito Federal, no caso de ser realizada por particular, hipótese em que o valor será fixado conforme tabela do tribunal respectivo ou, em caso de sua omissão, do Conselho Nacional de Justiça.

Escolhido o perito, as partes serão intimadas do despacho de nomeação, incumbindo-lhes: a) indicar assistentes técnicos (podendo ser mais de um, nomeadamente quando se tratar de perícia complexa), que lhes auxiliarão, sendo eles de confiança da parte e não estão sujeitos a impedimento ou suspeição; b) apresentar quesitos a serem respondidos, sem prejuízos dos suplementares, que poderão ser formulados durante a diligência, cientificando-se a parte contrária da respectiva juntada aos autos.

O **perito deve assegurar aos assistentes das partes o acesso e o acompanhamento das diligências e dos exames que realizar,** com prévia comunicação, comprovada nos autos, com antecedência mínima de 05 dias. Além disso, as partes, sob pena de nulidade, terão ciência da data e do local designados pelo juiz ou indicados pelo perito para ter início a produção da prova.

De ofício ou a requerimento das partes, o juiz poderá, em substituição à perícia, determinar a **produção de prova técnica simplificada**, quando o ponto controvertido for de menor complexidade, consistente na inquirição de especialista, pelo juiz (em audiência, onde poderão comparecer, até porque serão intimados, as partes e seus assistentes técnicos), sobre ponto controvertido da causa que exija especial conhecimento científico ou técnico. Durante a arguição, o especialista poderá valer-se de qualquer recurso tecnológico de transmissão de sons e imagens com o fim de esclarecer os pontos controvertidos da causa.

Para o desempenho de sua função, o perito e os assistentes técnicos podem valer-se de todos os meios necessários ao cumprimento do encargo, ouvindo testemunhas, obtendo informações, solicitando documentos que estejam em poder da parte, de terceiros ou em repartições públicas, bem como instruir o laudo com planilhas, mapas, plantas, desenhos, fotografias ou outros elementos necessários ao esclarecimento do objeto da perícia.

O perito protocolará o laudo em juízo, no prazo fixado pelo juiz, **pelo menos 20 dias antes da audiência de instrução e julgamento** (se ele, por motivo justificado, não puder apresentar o laudo dentro do prazo, o juiz poderá conceder-lhe, por uma vez, prorrogação pela metade do prazo originalmente fixado). Se não respeitado o prazo de precedência mínima, o juiz não realizará audiência de instrução e julgamento (a não ser que as partes não fiquem submetidas a qualquer prejuízo).

O laudo pericial deverá conter: a) a exposição do objeto da perícia; b) a análise técnica ou científica realizada pelo perito; c) a indicação do método utilizado, esclarecendo-o e demonstrando ser predominantemente aceito pelos especialistas da área do conhecimento da qual se originou; d) resposta conclusiva a todos os quesitos apresentados pelo juiz, pelas partes e pelo órgão do Ministério Público.

No laudo, o **perito deve apresentar sua fundamentação em linguagem simples e com coerência lógica**, indicando como alcançou suas conclusões, sendo vedado ao perito ultrapassar os limites de sua designação, bem como emitir opiniões pessoais que excedam o exame técnico ou científico do objeto da prova.

Depois de apresentado o laudo pericial, **as partes serão intimadas para, querendo, manifestar-se a seu respeito, no prazo comum de 15 dias**, podendo o assistente técnico de cada uma das partes, em igual prazo, apresentar seu respectivo parecer.

O perito do juízo, depois de ter entregado o laudo, tem o dever de, no prazo de 15 dias, esclarecer ponto: a) sobre o qual exista divergência ou dúvida de qualquer das partes, do juiz ou do órgão do Ministério Público; b) divergente apresentado no parecer do assistente técnico da parte (inciso II do § 2º do art. 477 do CPC). Se ainda assim persistir a necessidade de esclarecimentos, a parte requererá ao juiz que mande intimar o perito ou o assistente técnico a comparecer à audiência de instrução e julgamento, formulando, desde logo, as perguntas, sob forma de quesitos, cuja intimação ocorrerá por meio eletrônico, com pelo menos 10 dias de antecedência da audiência (§§ 3º e 4º do art. 477)[95].

Quando a matéria não estiver suficientemente esclarecida, **o juiz determinará, de ofício ou a requerimento da parte, a realização de nova perícia**. A segunda perícia tem por objeto os mesmos fatos sobre os quais recaiu a primeira e destina-se a corrigir eventual omissão ou inexatidão dos resultados a que esta conduziu. Reger-se-á pelas disposições estabelecidas para a primeira, não a substitui a primeira, cabendo ao juiz apreciar o valor de uma e de outra. Eventual indeferimento do requerimento de realização de nova perícia não caracteriza cerceamento do direito de defesa, caso os elementos necessários a justificar a formação do convencimento do juiz estejam presentes a partir dos meios probatórios já produzidos.

3.2. Liquidação pelo procedimento comum

3.2.1. Considerações preliminares

Far-se-á a liquidação por artigos, quando, para determinar a repercussão monetária da obrigação de pagar quantia, forem insuficientes cálculos e conhecimentos técnicos, havendo, por isso, necessidade de apresentar fato(s) novo(s) que, não necessariamente, tenha(m) ocorrido depois da sentença, mas que nela não restou (restaram) decidido(s).

95. Os prazos trazidos pelos textos legais mencionados podem ser inconciliáveis, a considerar que o laudo deve ser apresentado em até 20 antes da audiência de instrução e julgamento. Isso porque não haveria como o perito juntar o laudo 20 dias antes da audiência e, depois, nesse interregno, as partes e seus assistentes técnicos, no prazo de 15 dias, pronunciarem-se acerca do laudo e, nos 15 dias seguintes, o perito prestar seus esclarecimentos, que, se não forem suficientes, possibilitará o comparecimento do expert à sessão, mediante intimação com antecedência mínima de 10 dias.

3.2.2. Procedimento

Na petição de liquidação de sentença pelo procedimento comum, a parte interessada enumerará o(s) fato(s) novo(s) a ser (serem) provado(s).

Em razão de sua natureza, essa liquidação requer a instituição de um procedimento cognitivo, razão pela qual observará, no que couber, o procedimento comum. Aliás, foi por isso que, a antes chamada "**liquidação por artigos**", passou, sob a vigência do CPC/2015, a ser chamada de "liquidação pelo procedimento comum".

A parte interessada, quando requerer a liquidação por artigos, elaborará petição nos moldes estabelecidos pelo art. 319 do CPC (exceto o constante no inciso VII), bem como instruir seu pedido com os documentos necessários (art. 320). Caso não se observe os requisitos necessários, será determinada sua emenda e, a permanecer inerte a parte, a petição será indeferida.

Preenchidos os requisitos necessários, o juiz determinará a intimação do requerido, na pessoa de seu advogado ou da sociedade de advogados a que estiver vinculado, para, querendo, apresentar contestação no prazo de 15 dias. Não caberá reconvenção, além do que não haverá interesse na sua apresentação, porque desnecessária.

Se não apresentada contestação, poderá haver confissão em torno do(s) fato(s) novo(s).

Em seguida, o **juiz instruirá o processo** (com a possibilidade, inclusive, de realizar prova pericial para esclarecer fato novo considerado complexo). A entender desnecessária a dilação probatória (ou finalizada esta), proferirá decisão. Na ocasião, verificará se foram ou não provados os fatos novos necessários à quantificação monetária da sentença. Caso afirmativo, liquidará a obrigação com a **consequente indicação do** *quantum debeatur*. Caso contrário, a parte interessada deverá instruir sua petição com os elementos necessários à apuração do quanto devido e requerer novamente a liquidação da sentença.

4. QUESTÕES RELEVANTES

4.1. Competência

O Código de Processo Civil é omisso quanto à competência para processar e julgar a liquidação de sentença. Não há qualquer indicação específica a respeito da competência para o processamento e julgamento da liquidação. Esta lacuna deve ser suprida por analogia, a partir do art. 516, no que couber.

Assim, será competente para a liquidação o juízo que processou a causa no primeiro grau de jurisdição, considerando que, no mais das vezes, aquela (a liquidação) é uma fase continuativa do processo. A parte interessada, se vencedora na ação, poderá optar pelo juízo do atual domicílio da parte vencida, pelo juízo do local onde se encontrem os bens sujeitos à futura execução, casos em que a remessa dos autos do processo será solicitada ao juízo de origem.

4.2. Liquidação provisória

Se pendente recurso, ainda que ele disponha de efeito suspensivo, **qualquer das partes poderá requerer a liquidação provisória da sentença** (vocábulo utilizado em sua acepção ampla, a contemplar todos os atos decisórios, inclusive decisões parciais de mérito). Ela deverá ser processada **em autos apartados**, instruídos com cópias das peças processuais necessárias à compreensão da questão. Se o recurso for parcial, a reconhecer parte incontroversa, a liquidação, quanto a esta parte, será definitiva, sendo provisória somente a realizada com relação à parte controversa. A liquidação provisória corre por conta e risco da parte que a requereu.

4.3. Liquidação de forma diversa da estabelecida na sentença

Nos termos do enunciado 344 da súmula de jurisprudência do STJ, "a liquidação por forma diversa da estabelecida na sentença não ofende a coisa julgada". E não haveria razão para ser diferente. O **juiz deve redirecionar o procedimento à técnica processual adequada, nomeadamente porque não está alcançada pelo limite objetivo da coisa julgada.**

Pode acontecer de a técnica estabelecida não possibilitar a liquidação, ou mesmo de a liquidação ser (ou se tornar) desnecessária (a necessitar de simples cálculo aritmético). Assim, não pode o órgão julgador, até porque não imporá às partes restrições diversas daquelas estabelecidas na sentença liquidanda, abster-se de conduzir o processo de modo a proporcionar a esperada satisfação do direito certificado.

4.4. Parâmetros de liquidação

Estabelece o art. 491 do Código de Processo Civil que, na ação relativa à obrigação de pagar quantia, ainda que formulado pedido genérico, a **decisão definirá desde logo a extensão da obrigação**, o **índice de correção monetária, a taxa de juros, o termo inicial de ambos e a periodicidade da capitalização dos juros.**

Excepciona a regra de liquidez da sentença quando não for possível determinar, definitivamente, o montante devido ou quando a apuração do valor devido depender da produção de prova de realização demorada ou excessivamente dispendiosa, assim reconhecida na sentença. Em tais exceções, seguir-se-á a apuração do valor devido por liquidação.

4.5. Liquidação zero

Pode-se, no procedimento, alcançar a denominada "liquidação zero". Se tal ocorrer, não **haverá o que se executar, tendo o respectivo pronunciamento judicial (que decide a liquidação de sentença) eficácia declaratória.** Por esta razão é que se pode afirmar que a sentença ilíquida, por si, não confere à parte vencida o atributo de "devedora de quantia certa", porquanto, mesmo com a procedência da ação, a condenação apenas fixa a responsabilidade da parte vencida.

A liquidação zero pode decorrer de **indicação de valor zero ou de impossibilidade de apontamento de valor**. Exemplo de liquidação zero advém da liquidação pelo procedimento comum: não provado o fato novo, o valor da liquidação será zero. Também enseja liquidação zero a verificação da inexigibilidade do título na liquidação de sentença, quando ocorrente, por exemplo, a prejudicialidade da pretensão executória pela prescrição (conforme enunciado 150 da súmula de jurisprudência do Supremo Tribunal Federal).

4.6. Cumprimento de parte líquida e liquidação de parte ilíquida

Outro aspecto a ser considerado diz respeito à **execução de parte líquida do pronunciamento jurisdicional e à liquidação da sua parte ilíquida**. De fato, pode ocorrer de uma sentença, que possui mais de um capítulo, reconheça, neles, obrigação de pagar quantia. Só que, num (ou em alguns) dos capítulos, há liquidez e, no outro (ou nos demais), não. Daí, serem possíveis liquidação e cumprimento de sentença simultaneamente.

Se tal ocorrer, a liquidação poderá ser processada em **autos apartados** (§ 1º do art. 509), a continuar, no processo principal, o cumprimento da sentença, a fim de que não haja tumulto processual. Logo, não é preciso liquidar todo o valor para, somente então, requerer o seu adimplemento. Pode haver execução da parte líquida e liquidação da parte ilíquida.

4.7. Condenação a reparar danos extrapatrimoniais

Quando o direito objeto da ação for **reparação por danos extrapatrimoniais** suportados, a sentença não deverá ser ilíquida. Quando de sua prolação, ela (a sentença) deve identificar de imediato o valor fixado a título de reparação, pois que o direito referido não depende do conhecimento de fatos novos ou de conhecimentos técnico-científicos específicos para ser liquidado, nomeadamente porque é estabelecido essencialmente a partir de parâmetros subjetivos.

4.8. Natureza da decisão que julga a liquidação de sentença

A decisão que resolve a liquidação de sentença, em fase continuativa, em incidente ou em ação autônoma, será uma sentença recorrível, assim, por recurso de apelação.

Quanto ao ato decisório que antecede a liquidação, há quem defenda não ser sentença, justamente porque ele fica submetido à posterior fase de apontamento. Logo, não poria fim à fase do processo.

Todavia, vários dispositivos do Código de Processo Civil, a exemplo do inciso II do § 4º do art. 85 e do *caput* do art. 509, forçam conclusão diversa, porque reconhecem como sentença ato decisório ilíquido.

Na verdade, quando proferida sentença ilíquida, haverá duas fases de conhecimento no processo, sendo a primeira para certificar direito e, eventualmente, reconhecer exigibilidade de prestação, e a segunda para completar a norma jurídica individualizada.

Ambas as fases são encerradas por sentença.

Obviamente, o ato decisório que antecede a liquidação terá natureza jurídica de sentença se resolver integralmente o objeto litigioso do processo. Se não resolver, será uma decisão interlocutória.

Mesmo que o ato antecedente seja uma decisão interlocutória, sua liquidação, em fase seguinte, se integral, ocorrerá por sentença. Só será decisão interlocutória proferida em liquidação se não resolver por completo o seu mérito.

4.9. Recursos interponíveis contra decisão ilíquida e contra a decisão que julga a liquidação de sentença

Se proferida sentença ilíquida, apesar de "formulado pedido certo e determinado, somente o autor tem interesse recursal em arguir o vício da sentença ilíquida" (enunciado 318 da súmula de jurisprudência do Superior Tribunal de Justiça).

No caso, a indevida iliquidez pode advir de decisão interlocutória (proferida nos moldes do art. 356), sentença, decisão monocrática de membro de tribunal ou acórdão. A depender da situação, pode caber agravo de instrumento, apelação, agravo interno, recurso especial ou recurso extraordinário.

Se a parte interessada não interpuser recurso contra a decisão que resolveu a liquidação de sentença, ela, posteriormente, não pode, depois, alegar excesso de execução, se a parte adversa apenas pediu o seu (da decisão) cumprimento. Da mesma forma, não poderá a parte, ao executar a decisão objeto de liquidação, pedir além do valor apontado em liquidação.

CAPÍTULO XXXIV

Cumprimento de sentença

1. CONSIDERAÇÕES INICIAIS

Se a sentença a ser cumprida contemplar uma obrigação de fazer, de não fazer ou de entregar coisa distinta de dinheiro, a fase de cumprimento de sentença seguirá as disposições dos arts. 536 a 538 do CPC. Caso contemple uma obrigação de pagar quantia certa, o cumprimento definitivo de sentença seguirá as disposições dos arts. 523 e seguintes do CPC, ao passo que o cumprimento provisório dar-se-á conforme as disposições dos arts. 520 a 522.

2. TÍTULOS EXECUTIVOS JUDICIAIS

O art. 515 do Código de Processo Civil enumera, em seus incisos, os títulos executivos judiciais: a) **as decisões proferidas no processo civil que reconheçam a exigibilidade de obrigação de pagar quantia, de fazer, de não fazer ou de entregar coisa**; b) **a decisão homologatória de autocomposição judicial**; c) **a decisão homologatória de autocomposição extrajudicial de qualquer natureza**; d) **o formal e a certidão de partilha, exclusivamente em relação ao inventariante, aos herdeiros e aos sucessores a título singular ou universal**; e) **o crédito de auxiliar da justiça, quando as custas, emolumentos ou honorários tiverem sido aprovados por decisão judicial**; f) a **sentença penal condenatória transitada em julgado**; g) a **sentença arbitral**; h) a **sentença estrangeira homologada pelo Superior Tribunal de Justiça**; i) **a decisão interlocutória estrangeira, após a concessão do *exequatur* à carta rogatória pelo Superior Tribunal de Justiça**.

3. COMPETÊNCIA

Seja execução definitiva ou provisória, o cumprimento de sentença efetuar-se-á perante: a) os **tribunais, nas causas de competência originária**; b) o **juízo que decidiu a causa no primeiro grau de jurisdição**; c) o **juízo cível competente**, quando se tratar de sentença penal condenatória transitada em julgado, de sentença arbitral ou de sentença estrangeira homologada pelo STJ.

4. CUMPRIMENTO DEFINITIVO

É definitiva a execução lastreada em **decisão judicial transitada em julgado,** isto é, em título executivo judicial definitivo. A seguir, tratar-se-á, isoladamente, do procedimento relativo ao cumprimento definitivo das obrigações de fazer, de não fazer, de dar coisa distinta de dinheiro e de pagar quantia.

4.1. Obrigações de fazer e de não fazer

Reconhecida a obrigação de fazer ou de não fazer em título executivo judicial, o juiz poderá determinar, de ofício ou a requerimento, as medidas necessárias à satisfação do exequente, para **efetivar a tutela específica ou para obter resultado prático equivalente**. Entre outras medidas, o juiz poderá determinar a imposição de multa, a busca e apreensão[96], a remoção de pessoas e coisas, o desfazimento de obras e o impedimento de atividade nociva, podendo, se necessário, requisitar força policial.

Afora aqueles expressos no art. 536 do CPC, qualquer meio executivo não previsto em lei poderá ser utilizado pelo magistrado, desde que não ofenda a dignidade do executado, na medida em que vigora, no processo de execução, **a atipicidade dos meios executivos**.

Não se admite a decretação (ou a ameaça de decretação) de prisão, mesmo que sob o fundamento de suposto cometimento de crime de desobediência, como forma de coagir a parte ao cumprimento de obrigação (STJ. RHC 35.253/RJ. DJe 05.03.13). Por outro lado, o descumprimento injustificado da ordem judicial poderá acarretar a aplicação de penalidade por litigância de má-fé.

A **multa coercitiva (*astreintes*)** flui a partir de quando se configurar o **descumprimento da decisão** (isto é, quando extrapolado o prazo para cumprimento fixado pelo juiz) e continuará a incidir enquanto não cumprida a obrigação (art. 537, § 4º, do CPC). É indispensável que seja fixado prazo razoável para que o executado possa cumprir a obrigação. Além disso, é preciso que o devedor fique ciente do prazo que lhe foi concedido para cumprir a obrigação, bem como do valor da multa fixada, de modo que possa decidir, de forma clara, se cumprirá a obrigação ou se insistirá no seu inadimplemento.

A decisão que fixa a multa não fica acobertada pela preclusão ou pela coisa julgada, podendo ser revista a qualquer tempo, inclusive na fase de cumprimento de sentença (STJ. AgRg no AREsp 688.355/MG. DJe 12.02.16). Segundo o art. 537,

---

96. O mandado de busca e apreensão será cumprido por 2 oficias de justiça, conforme dispõe o art. 537, § 2º, do CPC.

§ 1º, do CPC, o juiz, de ofício ou a requerimento, poderá majorar ou diminuir o valor e/ou a periodicidade da **multa vincenda** ou, ainda, excluí-la, se verificar que se tornou insuficiente ou excessiva ou que o executado demonstrou o cumprimento parcial superveniente da obrigação ou justa causa para o descumprimento.

O exame da proporcionalidade entre o valor da multa e o valor econômico da obrigação deve ser feito no momento da fixação das *astreintes*, de modo que a recalcitrância do devedor em descumprir a obrigação, elevando o valor acumulado da multa, não pode servir de causa para a sua redução (STJ. AgRg no REsp 1.523.970/SP. DJe 29.06.15).

Por outro lado, também não se tolera, por contrariar a boa-fé, que o credor, após a fixação da multa, mantenha-se inerte por longo período (a ponto de o devedor inadimplente confiar que não seja mais interesse do credor o cumprimento da obrigação) e, depois de acumular valor elevado, peça o seu pagamento. Isto é, não pode o credor aguardar até o ponto em que a execução do valor acumulado da multa seja mais vantajosa do que o próprio cumprimento específico da obrigação.

A multa será revertida **em favor do exequente** (art. 537, § 2º, do CPC), que pode **executá-la provisoriamente**, devendo o seu valor ser depositado em juízo, mas levantado pelo credor somente após o trânsito em julgado (art. 537, § 3º).

▶ **IMPORTANTE!**

Não é cabível, por aplicação analógica, a fixação de multa coercitiva fundada no art. 537 do CPC para compelir o devedor a adimplir obrigação de pagar quantia, que se submete exclusivamente à multa prevista no art. 523, § 1º (STJ. REsp 1.343.775/PB. DJ 26.11.15).

Se a tutela específica se tornar impossível ou não puder se chegar a resultado prático equivalente, a obrigação será **convertida em perdas e danos** (art. 499, CPC), ou seja, em obrigação de pagar quantia.

4.2. Obrigação de entregar coisa distinta de dinheiro

Nas obrigações de entrega de coisa, o juiz fixará prazo para o cumprimento da obrigação (art. 498, CPC). Não satisfeita no prazo, o magistrado, nos termos do art. 538 do CPC, determinará a expedição de mandado de **busca e apreensão** ou de **imissão na posse** em favor do exequente, conforme se trate de coisa móvel ou imóvel.

Se a **coisa for incerta**, porque determinada apenas pelo gênero e pela quantidade, caberá ao credor individualizá-la na petição inicial, caso lhe caiba a escolha, para que o devedor proceda à sua entrega no prazo fixado pelo juiz. Se a escolha couber ao devedor, este a entregará individualizada, no prazo fixado pelo juiz. Não entregue a coisa incerta no prazo estabelecido, será determinada a busca e apreensão ou a imissão na posse.

Por força do art. 538, § 3º, do CPC, aplicam-se subsidiariamente ao cumprimento de sentença que reconhece obrigação de entregar coisa as regras atinentes às obrigações de fazer e de não fazer.

Sob a égide do CPC/2015, a multa é cabível, inclusive, para compelir o sujeito a **exibir documento**, porquanto o art. 400, parágrafo único, prevê que "o juiz pode adotar medidas indutivas, coercitivas, mandamentais ou sub-rogatórias para que o documento seja exibido". O mesmo ocorre com o documento em posse de terceiro, a teor do que prescreve o art. 403, parágrafo único: "Se o terceiro descumprir a ordem, o juiz expedirá mandado de apreensão, requisitando, se necessário, força policial, sem prejuízo da responsabilidade por crime de desobediência, pagamento de multa e outras medidas indutivas, coercitivas, mandamentais ou sub-rogatórias necessárias para assegurar a efetivação da decisão".

Assim, com a vigência do CPC/2015, fica superado o enunciado 372 da súmula do STJ[97], que vedava a imposição de multa para exibição de documento. Esse é, aliás, o entendimento externado pelo FPPC, no seu enunciado 54: "Fica superado o enunciado 372 da súmula do STJ ('*Na ação de exibição de documentos, não cabe a aplicação de multa cominatória*') após a entrada em vigor do CPC, pela expressa possibilidade de fixação de multa de natureza coercitiva na ação de exibição de documento".

4.3. Obrigação de pagar quantia certa

O cumprimento de sentença que certifica obrigação de pagar quantia certa, provisório ou definitivo, dá-se por **requerimento do credor**, nos termos dos arts. 513, § 1º, e 523, *caput*, do CPC.

Não se admite, portanto, que a execução se inicie de ofício, por determinação do juiz. Nesse sentido, a Corte Especial do Superior Tribunal de Justiça, ainda sob a égide do CPC/1973, assentou: "o cumprimento da sentença não se efetiva de forma automática, ou seja, logo após o trânsito em julgado da decisão. [...] cabe ao credor o exercício de atos para o regular cumprimento da decisão condenatória, especialmente **requerer ao juízo que dê ciência ao devedor sobre o montante apurado**, consoante memória de cálculo discriminada e atualizada" (STJ. REsp 940.274/MS. DJe 31.05.10).

97. "Na ação de exibição de documentos, não cabe a aplicação de multa cominatória".

O requerimento do exequente deve ser instruído com demonstrativo discriminado e atualizado do crédito[98], devendo a petição conter: a) o nome completo e o número de inscrição no Cadastro de Pessoas Físicas ou no Cadastro Nacional da Pessoa Jurídica do exequente e do executado; b) o índice de correção monetária adotado; c) os juros aplicados e as respectivas taxas; d) os termos inicial e final dos juros e da correção monetária utilizados; e) a periodicidade da capitalização dos juros, se for o caso; f) a especificação dos eventuais descontos obrigatórios realizados; g) a indicação dos bens passíveis de penhora, sempre que possível. Além disso, se a decisão exequenda disser respeito à relação jurídica sujeita a termo ou a condição, o credor deverá demonstrar a realização da condição ou a ocorrência do termo (art. 514, CPC).

Caso o juiz detecte que o valor apontado pelo exequente excede os limites da condenação, a execução será iniciada pelo valor pretendido, mas eventual penhora terá por base a importância que o juiz entender adequada. Para verificar tal valor, o juiz pode valer-se do contador do juízo, o qual terá 30 dias para elaborar os cálculos, salvo se outro prazo lhe for assinado.

Se a elaboração da memória discriminada de cálculos depender de dados em poder do devedor ou de terceiro, o juiz poderá requisitá-los. Se a complementação do demonstrativo depender de dados adicionais em poder do executado, o juiz também poderá requisitá-los, fixando prazo de até 30 dias para cumprimento da diligência. Caso as informações adicionais não sejam prestadas pelo devedor no prazo assinado, reputar-se-ão corretos os cálculos do credor feitos com base nos dados disponíveis.

O executado será, então, **intimado para cumprir a sentença:** a) pelo Diário da Justiça, na pessoa do seu advogado constituído nos autos; b) por carta com aviso de recebimento, quando representado pela Defensoria Pública ou quando não tiver procurador constituído nos autos; c) por meio eletrônico, quando, nos casos do art. 246, § 1º, do CPC, não tiver advogado constituído nos autos; d) por edital, quando assim tiver sido citado e tiver sido revel na fase de conhecimento.

Intimado, o executado terá o prazo de **15 dias** para pagar espontaneamente o débito, acrescido das custas, se houver (art. 523, *caput*). Transcorrido o prazo legal sem pagamento voluntário, o débito será automaticamente acrescido de **multa de 10%** e de **honorários advocatícios de 10%, ambos incidentes sobre o valor da execução** (art. 523, § 1º). A referida multa somente incide após o desatendimento do executado à intimação para adimplemento espontâneo. Caso **o devedor, no prazo legal, pague apenas parte do valor da condenação, a multa e os honorários incidirão somente sobre o restante** (art. 523, § 2º).

98. Sendo a parte beneficiária da gratuidade judiciária, o magistrado pode determinar que os cálculos sejam feitos pelo contabilista do juízo (STJ. REsp 1.274.466/SC. DJe 21.05.14).

▸ **IMPORTANTE!**

Se a parte executada estiver assistida pela Defensoria Pública, o prazo para cumprimento espontâneo da obrigação deve ser contado em dobro (STJ. REsp 1.261.856/DF. DJe 29.11.16; decisão publicada no Informativo 594 do STJ, 2017).

Não efetuado o pagamento espontâneo tempestivamente, será expedido mandado de penhora e avaliação, seguindo-se os atos de expropriação, conforme os artigos 831 e seguintes do Código de Processo Civil, os quais serão estudados em capítulo próprio.

Segundo o art. 526 do CPC, é dado ao réu, antes mesmo de intimado para cumprir a sentença, comparecer em juízo e oferecer em pagamento o valor que entender devido, apresentando memória de cálculo discriminada. Nessa hipótese, o autor será intimado, para, em 05 dias, impugnar o valor depositado, podendo, desde já, levantar (sacar) a parcela incontroversa. Entendendo o juiz pela insuficiência do depósito, incidirão a **multa de 10% e honorários advocatícios sobre a parte faltante**, seguindo-se a execução sobre tal valor. Por outro lado, se o autor não apresentar oposição, o juiz declarará satisfeita a obrigação e extinguirá o processo.

Por fim, destaque-se que a pretensão executiva submete-se ao mesmo prazo prescricional da pretensão condenatória, conforme dispõe o enunciado 150 da súmula do STF: **"Prescreve a execução no mesmo prazo de prescrição da ação"**. Portanto, o credor deve dar início ao cumprimento de sentença levando em consideração o prazo prescricional pertinente, cuja contagem se inicia com o trânsito em julgado da decisão a ser executada, nos termos do art. 202, parágrafo único, do Código Civil.

5. CUMPRIMENTO PROVISÓRIO

É provisório o cumprimento de sentença fundado em **título executivo judicial provisório**, porque pendente o trânsito em julgado. Tal só poderá ocorrer quando a decisão a ser executada tiver eficácia imediata, isto é, quando for impugnada por **recurso sem efeito suspensivo**. Se o recurso interposto contra a decisão tiver efeito suspensivo *ope legis* ou lhe for atribuído *ope judicis*, fica inviabilizado o cumprimento provisório.

Só é possível o cumprimento provisório fundado em **título executivo judicial**, nunca em título extrajudicial.

A **sentença arbitral, a sentença penal condenatória transitada em julgado e a sentença estrangeira homologada pelo STJ**, por não mais comportarem impugnação mediante recurso, não poderão ser executadas provisoriamente, mas apenas definitivamente.

No cumprimento provisório de sentença, devem ser observadas as seguintes regras:

a) a execução correrá por **iniciativa e responsabilidade do exequente**, que se obriga, caso a sentença seja reformada ou anulada, a reparar os danos que o executado houver sofrido;

b) o **cumprimento provisório ficará sem efeito, sobrevindo decisão que modifique ou anule a sentença objeto da execução**, restituindo-se as partes ao estado anterior, liquidando-se eventuais prejuízos nos mesmos autos. Se a sentença provisória for modificada ou anulada apenas em parte, somente nesta ficará sem efeito a execução;

c) o levantamento de depósito em dinheiro e a prática de atos que importem alienação transferência de posse ou de propriedade ou de outro direito real ou dos quais possa resultar grave dano ao executado dependerão de **caução suficiente e idônea, arbitrada de plano pelo juiz e prestada nos próprios autos.**

A caução (contracautela), todavia, poderá ser dispensada quando: a) o crédito for de natureza alimentar, independentemente da sua origem; b) o credor demonstrar situação de necessidade; c) o recurso pendente for o agravo fundado no art. 1.042 do CPC; d) a sentença a ser provisoriamente cumprida estiver em consonância com enunciado da súmula do STF ou do STJ ou em conformidade com acórdão proferido no julgamento de incidente de resolução de demandas repetitivas ou de recurso extraordinário ou especial repetitivo.

Tais requisitos são **alternativos**, e não cumulativos, como ocorria na vigência do art. 475-O, § 2º, do CPC/1973. A contracautela pode ser dispensada, ainda, mediante negócio processual firmado entre as partes (enunciado 262 do FPPC), tendo em vista que se trata de garantia estabelecida em favor do executado, que pode dela abrir mão.

Nos casos de dispensa por parte do juiz, ele poderá manter a exigência de caução, se a isenção puder causar manifesto risco de grave dano de difícil ou incerta reparação ao executado (art. 521, parágrafo único, do CPC).

O cumprimento provisório de sentença deve ser requerido pelo exequente, processando-se em **autos apartados**, tendo em vista a remessa dos autos principais ao tribunal, para análise do recurso interposto. Nada impede, porém, que a execução se dê nos próprios autos, caso estes estejam no juízo de primeira instância. É o que ocorre, por exemplo, com a decisão interlocutória que concede tutela provisória, que é cumprida nos próprios autos (até porque eventual recurso de agravo de instrumento é dirigido diretamente ao tribunal).

Se os autos não forem eletrônicos, o pedido deverá ser instruído com cópias das seguintes peças, cuja autenticidade poderá ser certificada pelo próprio advogado, sob sua responsabilidade pessoal (arts. 425, IV, e 522, parágrafo único, do CPC): a) decisão exequenda; b) certidão de interposição do recurso não dotado de efeito suspensivo; c) procurações outorgadas pelas partes; d) decisão de habilitação, se for o caso; e) outras peças processuais consideradas necessárias para demonstrar a existência do crédito.

O executado poderá, se quiser, apresentar impugnação ao cumprimento de sentença, conforme dispõe o art. 520, § 1º, do CPC.

Sob a égide do CPC/2015, é aplicável ao cumprimento provisório de sentença a multa de 10% prevista no art. 523, § 1º, por expressa disposição do art. 520, § 2º. Isso, porque o § 3º do mesmo artigo prevê, de forma inequívoca, a inexistência de incompatibilidade entre o depósito voluntário e o recurso interposto, representando, assim, exceção à regra prevista no art. 1.000 do CPC/2015[99] (correspondente ao art. 503 do CPC/1973).

Sobrevindo o trânsito em julgado da decisão exequenda ou de posterior decisão que a confirme, a **execução provisória converter-se-á em definitiva**.

No mais, aplicam-se ao cumprimento provisório de sentença, subsidiariamente, as disposições relativas ao cumprimento definitivo (art. 527, CPC) e à execução fundada em título executivo extrajudicial (art. 513).

6. IMPUGNAÇÃO AO CUMPRIMENTO DE SENTENÇA

Escoado o prazo para pagamento espontâneo previsto no art. 523 do CPC, inicia-se o prazo de **15 dias** para que o executado apresente, **nos próprios autos**, impugnação ao cumprimento de sentença. O prazo em questão flui automaticamente, a partir do fim do prazo quinzenal para adimplemento voluntário, **independentemente de penhora ou de nova intimação**, por expressa disposição do art. 525 do CPC/2015.

> **IMPORTANTE!**
>
> Se o executado, no prazo previsto no art. 523 do CPC, efetua o depósito do valor da condenação, para fins de garantir a execução, visando a requerer a atribuição de efeito suspensivo à sua futura impugnação ao cumprimento de sentença, o prazo para apresentação da defesa começa a correr a partir da data em que foi realizado o depósito (STJ. AgRg no AREsp 602.372/RS. DJe 05.08.15).

---

99. Art. 1.000. A parte que aceitar expressa ou tacitamente a decisão não poderá recorrer.

Parágrafo único. Considera-se aceitação tácita a prática, sem nenhuma reserva, de ato incompatível com a vontade de recorrer.

A impugnação ao cumprimento de sentença não é exclusiva da execução fundada em título judicial que reconhece obrigação de pagar quantia. Ela também cabe contra sentença que certifica obrigação de fazer ou de não fazer, bem como de entregar coisa distinta de dinheiro. A única diferença é que, nesses casos, as matérias de defesa são mais restritas (por exemplo: não cabe alegação de penhora incorreta na execução de obrigação de fazer, de não fazer ou de dar coisa distinta de dinheiro).

A impugnação poderá versar, isolada ou cumulativamente, sobre as seguintes matérias: a) **falta ou nulidade da citação, se, na fase de conhecimento, o processo correu à revelia**; b) **ilegitimidade das partes**; c) **inexequibilidade do título ou inexigibilidade da obrigação**; d) **penhora incorreta ou avaliação errônea**; e) **excesso de execução**[100] **ou cumulação indevida de execuções**[101]; f) **incompetên-**

100. Há excesso de execução, segundo o art. 917, § 2º, do CPC, quando: a) o exequente pleiteia quantia superior à do título; b) ela recai sobre coisa diversa daquela declarada no título; c) ela se processa de modo diferente do que foi determinado no título; d) o exequente, sem cumprir a prestação que lhe corresponde, exige o adimplemento da prestação do executado; e) o exequente não prova que a condição se realizou.

Quando se tratar de obrigação de pagar quantia, o impugnante tem o ônus de declarar, de imediato, o valor que entende correto, apresentando demonstrativo discriminado e atualizado de seu cálculo, sob pena de rejeição liminar da impugnação. Todavia, caso a impugnação tenha outro fundamento além do excesso de execução, ela será processada, mas o juiz não examinará tal alegação.

Se o executado for beneficiário da gratuidade judiciária, fica dispensado de tal ônus, já que os cálculos serão feitos pelo contabilista do juízo. Entretanto, é preciso que, na sua defesa, o executado aponte, ainda que genericamente, os erros que supostamente acometem a memória de cálculo apresentada pelo credor. Por exemplo: deve o devedor indicar que a taxa de juros aplicada pelo exequente é distinta da prevista no título, sem, todavia, precisar mencionar o valor correto.

Reconhecido o excesso de execução por decisão judicial com trânsito em julgado, deve o exequente, intimado na pessoa do seu procurador, (ajustar o valor da execução ou) devolver a parcela declarada indevida, dispensada a propositura de nova ação (STJ. REsp 1.090.635/PR. DJ 02.12.08). Recusando-se o exequente a restituir o valor recebido a maior, deve-se instaurar novo procedimento de cumprimento de sentença, nos mesmos autos, procedendo-se à sua intimação, agora na qualidade de executado, para pagar, no prazo de 15 dias, sob pena de multa de 10% (STJ. REsp 1.104.711/PR. DJe 17.09.10).

Cogita-se, ainda, a possibilidade de a sentença que reconheça obrigação de pagar quantia ser cumprida apenas em parte, sobrevindo, posteriormente, a apresentação de novos cálculos para execução do saldo remanescente. Caso isso ocorra, entende o STJ que deverá ser concedida ao executado nova oportunidade para impugnação (STJ. REsp 1.265.894/RS. DJe 11.06.13).

101. Há cumulação indevida de execuções, a teor do art. 780 do CPC, quando: a) as pretensões executivas fundarem-se em títulos distintos, se o devedor não for o mesmo; b) o juízo não for competente para processar todas as execuções; c) não for idêntico o procedimento de cada uma das execuções. A propósito, vale lembrar o teor do enunciado 289 do Fórum Permanente de Processualistas Civis: "Se houver conexão entre pedidos cumulados, a incompetência relativa não impedirá a cumulação, em razão da modificação legal da competência".

cia absoluta ou relativa do juízo[102]; g) **qualquer causa modificativa ou extintiva da obrigação, como pagamento, novação, compensação, transação ou prescrição**[103]**, desde que supervenientes à sentença**; h) **qualquer causa de nulidade da sentença arbitral**[104].

O impedimento e a suspeição devem ser arguidos na forma dos arts. 146 a 148, e não mediante impugnação ao cumprimento de sentença, conforme dispõe o art. 525, § 2º, do CPC. Isso, porque o incidente respectivo será julgado pelo tribunal.

Proposta a impugnação, é possível ao juiz indeferi-la liminarmente, quando intempestiva e/ou quando manifestamente protelatória, por força do art. 918, I e III, do CPC, aplicável subsidiariamente ao cumprimento de sentença (enunciado 545 do FPPC).

Não rejeitada liminarmente a impugnação, deverá o credor ser intimado para apresentar réplica à impugnação, em afirmação ao contraditório. Embora o CPC seja omisso nesse ponto, entende-se que o prazo para oferecimento da réplica pelo exequente deve ser de 15 dias, por dois motivos: a) é o mesmo prazo para apresentação da impugnação, significando isonomia entre as partes; b) é o prazo previsto para que o exequente, na execução fundada em título extrajudicial, impugne os embargos à execução, conforme o art. 920, I, do CPC, que deve ser aplicado subsidiariamente ao cumprimento de sentença, por força do art. 513 do CPC.

Depois de apresentada a impugnação pelo executado, é-lhe lícito suscitar questões relativas a fatos supervenientes, por meio de simples petição, no prazo de 15 dias, contados da comprovada ciência do fato ou da intimação do ato (art. 525, § 11).

---

102. Pode o executado sustentar, em impugnação, a incompetência relativa ou absoluta do juízo da execução, levando em consideração as disposições do art. 516 do Código de Processo Civil. No caso do reconhecimento da incompetência absoluta ou relativa, não há anulação automática dos atos decisórios e executivos praticados pelo juízo incompetente, mas sim o seu aproveitamento, exceto se o juízo competente proferir decisão em sentido contrário (art. 64, § 4º, do CPC).

103. Enunciado 57 do FPPC: "A prescrição prevista nos arts. 525, § 1º, VII e 535, VI, é exclusivamente da pretensão executiva".

104. A teor do art. 33, § 3º, da Lei nº 9.307/1996, a nulidade da sentença arbitral pode ser decretada em sede de impugnação ao cumprimento de sentença. A decisão arbitral é nula, segundo o art. 32 da Lei de Arbitragem, se: a) for nula a convenção de arbitragem; b) emanou de quem não podia ser árbitro; c) não contiver relatório, fundamentação e dispositivo, além da data e do lugar em que proferida; d) for proferida fora dos limites da convenção de arbitragem; e) comprovado que foi proferida por prevaricação, concussão ou corrupção passiva; f) proferida fora do prazo; g) forem desrespeitados os princípios do contraditório, da igualdade entre as partes, da imparcialidade do árbitro e do livre convencimento.

O pronunciamento jurisdicional que rejeita a impugnação ao cumprimento de sentença constitui decisão interlocutória, sendo impugnável mediante **agravo de instrumento** (art. 1.015, parágrafo único, do CPC). O mesmo ocorre quando a impugnação é acolhida total ou parcialmente, por exemplo, para retificar o valor da execução ou para reconhecer a prescrição de parte da pretensão executória. Se a decisão acolher a impugnação, acarretando a extinção da execução, será o pronunciamento jurisdicional recorrível por meio de **apelação**, porquanto se tratará de sentença.

Todas as questões relativas à validade da decisão e dos atos executivos subsequentes poderão ser arguidas pelo executado, nos próprios autos, por simples petição, a teor do art. 518 do CPC. Por se cuidar de matérias de ordem pública, não há prazo para sua arguição, podendo o executado suscitar tais questões antes de ser intimado para pagar espontaneamente ou mesmo após o julgamento da impugnação, desde que o ponto ventilado não tenha ainda sido decidido (hipótese em que haveria preclusão *pro judicato*). O que não se admite é que, depois de declarado o fim da execução por sentença (art. 924), o executado suscite questão de ordem pública, visando a invalidar o procedimento. Nesses casos, naturalmente, a questão não poderá ser mais analisada, em face da eficácia preclusiva da coisa julgada, que acoberta a decisão final da execução.

6.1. Efeito suspensivo

A impugnação **não tem efeito suspensivo**. No entanto, o juiz pode atribuir tal efeito à defesa, desde que o executado, cumulativamente: a) requeira-o expressamente; b) garanta a execução, mediante penhora, caução ou depósito suficientes; c) apresente fundamentos relevantes e demonstre que o prosseguimento da execução é suscetível de causar-lhe grave dano de difícil ou incerta reparação.

O efeito suspensivo pode ser total ou dizer respeito apenas à parte do objeto da execução, hipótese em que a execução prosseguirá quanto à parcela restante. Em qualquer caso, o efeito suspensivo não impede a efetivação dos atos de substituição, de reforço ou de redução de penhora e de avaliação de bens (art. 525, § 7º, do CPC).

Havendo litisconsórcio passivo, a atribuição de efeito suspensivo à impugnação apresentada por um dos executados não acarreta a suspensão em relação aos que não impugnaram a execução, se o fundamento disser respeito exclusivamente ao impugnante (art. 525, § 9º, do CPC). Assim, por exemplo, se ele alega ser parte ilegítima para figurar no polo passivo da execução, a eventual atribuição de efeito suspensivo somente lhe beneficiará; caso alegue, por outro lado, que o exequente pleiteia quantia superior à prevista no título executivo, a suspensão beneficia não só a ele, mas aos demais executados.

Mesmo deferida a atribuição de efeito suspensivo ao incidente de impugnação ao cumprimento de sentença, é lícito ao credor requerer a continuidade da execução, oferecendo e prestando, nos próprios autos, caução suficiente e idônea a ser arbitrada pelo juiz, para garantir sua pretensão (afastando, assim, o "risco" que justificara a atribuição de efeito suspensivo à defesa do executado).

Contra a decisão que atribui ou denega efeito suspensivo é interponível agravo de instrumento (art. 1.015, parágrafo único). Referida decisão pode ser revogada (no todo ou em parte) durante a tramitação processual, bastando, para tanto, que haja elemento novo a ponto de convencer o órgão jurisdicional competente do contrário.

7. HONORÁRIOS ADVOCATÍCIOS

São devidos honorários sucumbenciais no cumprimento de sentença. É indiferente o fato de a execução ser impugnada ou não, desde que escoado o prazo para cumprimento voluntário da obrigação, quando haverá propriamente execução. Não haveria de ser diferente, porque o advogado deve ser remunerado pelo trabalho desempenhado na fase de execução, além do que a fixação de honorários serve de desestímulo à injustificada resistência da parte. Nesse sentido, o enunciado 517 da súmula do STJ dispõe que: "são devidos honorários advocatícios no cumprimento de sentença, haja ou não impugnação, depois de escoado o prazo para pagamento voluntário, que se inicia após a intimação do advogado da parte executada". Assim, extrapolado o prazo para pagamento voluntário, incidirão, de imediato, honorários de **10% sobre o valor da execução**.

Havendo depósito espontâneo do valor da condenação dentro do prazo legal, sem apresentação de impugnação, não são devidos honorários advocatícios.

Oferecida impugnação ao cumprimento de sentença e sendo esta acolhida, ainda que parcialmente, devem ser fixados honorários sucumbenciais em favor do advogado do executado. Por outro lado, rejeitada a defesa, o juiz pode **majorar** os honorários fixados inicialmente em favor patrono do exequente, **até o limite de 20%**, nos termos do art. 827, § 2º, do CPC, aplicável subsidiariamente ao cumprimento de sentença (enunciado 450 do FPPC). Tal majoração pode ocorrer ao fim do procedimento executivo, mesmo que não seja apresentada defesa pelo executado, levando-se em conta o trabalho realizado pelo causídico durante o cumprimento de sentença.

Também é cabível a fixação de honorários advocatícios também no cumprimento provisório de sentença, nos termos dos art. 85, § 1º, e 520, § 2º, do Código de Processo Civil. Assim, na vigência do CPC/2015, fica superado o entendimento do STJ de que só cabe arbitramento de honorários em execução provisória quando convertida em definitiva (STJ. REsp 1.291.736/PR. DJe 19.12.13).

8. PROTESTO DE DECISÃO JUDICIAL TRANSITADA EM JULGADO

Em se tratando de cumprimento definitivo de sentença, a decisão exequenda poderá ser levada a protesto, desde que já esgotado o prazo de 15 dias para pagamento voluntário. Na verdade, qualquer título executivo judicial pode ser objeto de protesto, inclusive a sentença arbitral, pois não há qualquer razão para diferenciá-la dos demais títulos judiciais.

O exequente poderá realizar o protesto mediante apresentação de certidão de teor da decisão. Esta deverá ser fornecida pelo cartório da vara em que tramita o processo no prazo de 03 dias, contendo os nomes e as qualificações das partes, o número do processo, o valor da dívida e a data de decurso do prazo para pagamento espontâneo.

O executado poderá, comprovando a satisfação integral da obrigação, requerer ao **juízo da execução o cancelamento do protesto**, o qual será feito mediante envio de ofício ao cartório, no prazo de 3 dias contados da data do protocolo do requerimento. Evidentemente, qualquer hipótese de extinção da execução pode embasar o cancelamento do protesto, a exemplo da prescrição intercorrente e da renúncia ao crédito pelo exequente.

9. OBRIGAÇÃO DE PRESTAR ALIMENTOS

Quando a decisão a ser executada certifica obrigação de prestar alimentos, o Código de Processo Civil impõe um rito especial, mais benéfico ao alimentando. A adoção desse procedimento, no entanto, é **facultativa**, cabendo ao exequente a escolha entre tal regramento e aquele previsto para o cumprimento de sentença que reconhece obrigação de pagar quantia. Optando por este último, não será cabível a prisão civil do executado; porém, mesmo que seja atribuído efeito suspensivo à impugnação, poderá o exequente levantar mensalmente o valor da prestação, independentemente de caução.

Em se tratando de alimentos provisórios ou de alimentos fixados em sentença ainda não transitada em julgado, a execução processar-se-á em autos apartados;

se transitada em julgado a sentença que fixa alimentos definitivos, o cumprimento dar-se-á nos próprios autos.

A requerimento do exequente, o devedor será intimado, para, em 3 dias: a) pagar o débito; b) provar que o fez; c) justificar a impossibilidade absoluta de efetuar o pagamento.

Nesta última hipótese, o alimentante deverá comprovar o seu estado de insuficiência de recursos ou poderá, ainda, demonstrar a ocorrência de outra hipótese de extinção da execução que não seja o pagamento, a exemplo da renúncia ao crédito pelo exequente.

Se o executado não tomar qualquer das atitudes previstas no art. 528, *caput*, do CPC, ou se sua justificativa não for aceita, o juiz, independentemente de requerimento, mandará **protestar a decisão judicial**.

Caso o executado seja funcionário público, militar, diretor ou gerente de empresa ou empregado sujeito à legislação trabalhista, o juiz, a requerimento do exequente, poderá determinar o **desconto em folha de pagamento** da importância da prestação alimentícia. O juiz, então, oficiará à autoridade, à empresa ou ao empregador, determinando, sob pena de crime de desobediência, o desconto, a partir da primeira remuneração seguinte, a contar da data do protocolo do ofício. Este deverá conter: a) os nomes do exequente e do executado; b) os números de suas inscrições no CPF; c) a importância a ser descontada mensalmente; d) a duração dos descontos; e) a conta em que deverá ser feito o depósito.

O art. 529, § 3º, do CPC/2015 prevê expressamente a possibilidade de pagamento também das prestações alimentícias vencidas, desde que os descontos mensais respeitem o limite de **50% dos ganhos líquidos** do executado. Assim, por exemplo, se o valor da prestação alimentícia corresponde a 25% dos ganhos líquidos do alimentante, e havendo quatro parcelas em atraso, poderão ser descontados, mensalmente, 50% da remuneração do devedor, durante quatro meses, ao fim dos quais o desconto passará a ser de 25%.

Isso não significa que o art. 529, § 3º, do CPC impõe um limite material ao valor dos alimentos, isto é, não quer dizer que os alimentos não podem ser fixados em mais de 50% do valor da remuneração do alimentante.

Frustrado o adimplemento por meio de desconto em folha, poderá o juiz decretar a **prisão civil** do executado. Tal medida coercitiva somente deve ser adotada a requerimento do exequente, jamais de ofício. É que, na maioria das vezes, a obrigação de prestar alimentos decorre de relação familiar, podendo não ser de interesse do alimentando que o alimentante seja preso. Por isso, é necessário, para se decretar a prisão civil, que tal providência tenha sido pleiteada pelo exequente.

O débito alimentar que autoriza a prisão é o que compreende as 03 prestações vencidas imediatamente antes do ajuizamento da execução e as que se vencerem no curso do processo, conforme dispõe o art. 528, § 7º, do Código de Processo Civil.

A prisão poderá ser decretada pelo prazo de **1 a 3 meses**, que deverá ser cumprida em **regime fechado**, ficando o executado separado dos presos comuns.

O cumprimento da pena não exime o executado do pagamento das parcelas vencidas e vincendas. Por outro lado, se o alimentante pagar as prestações que motivaram a prisão (isto é, as três vencidas antes do ajuizamento da execução e aquelas vencidas durante o processo), o juiz suspenderá a ordem de prisão. Caso haja, ainda, parcelas vencidas anteriormente, a execução prosseguirá, mas apenas pelos demais meios executivos, sem a possibilidade de prisão.

Se, mesmo depois de cumprida a prisão, o executado não cumprir a obrigação, seguir-se-á o disposto nos artigos 831 e seguintes do CPC, por meio de expropriação de bens do alimentante.

A prisão só é cabível para compelir o devedor a pagar alimentos, se estes forem legítimos ou voluntários. Em se tratando de **alimentos indenizativos**, fixados em razão de ato ilícito, é descabida a prisão civil. Na verdade, para esses casos, o CPC/2015 prevê um meio executivo específico: a **constituição de capital** cuja renda assegure o pagamento do valor mensal da pensão alimentícia.

Em se tratando de alimentos decorrentes de ato ilícito, caberá ao executado, a requerimento do credor, constituir capital, que pode consistir em imóveis ou direitos reais sobre imóveis suscetíveis de alienação, títulos da dívida pública ou aplicações financeiras em banco oficial.

O capital constituirá patrimônio de afetação e, enquanto perdurar a obrigação, será inalienável e, por conseguinte, impenhorável. Sobrevindo alteração nas condições econômicas (isto é, na necessidade do alimentando e/ou na possibilidade do alimentante), as partes poderão requerer, conforme o caso, a redução ou o aumento da prestação, que poderá ser fixada tomando por base o salário mínimo[105] [106].

105. Enunciado 490 da súmula do STF: "A pensão correspondente à indenização oriunda de responsabilidade civil deve ser calculada com base no salário-mínimo vigente ao tempo da sentença e ajustar-se-á às variações ulteriores

106. Agravo regimental em recurso extraordinário. 2. Pensão reparatória vitalícia. Caráter alimentar. Salário mínimo. 3. Art. 7º, inc. IV, da Constituição Federal. É lícita a vinculação do valor de prestação que visa à manutenção da subsistência humana ao de um salário mínimo. Precedentes. 4. Agravo regimental a que se nega provimento. (RE 535087 AgR, Relator(a): Min. GILMAR

A constituição de capital pode ser substituída: a) pela inclusão do exequente em folha de pagamento de pessoa jurídica de notória capacidade econômica; ou b) a requerimento do executado, por fiança bancária ou garantia real, em valor a ser arbitrado imediatamente pelo juiz.

Finda a obrigação de prestar alimentos, o juiz mandará liberar o capital, cessar o desconto em folha ou cancelar as garantias prestadas.

10. OBRIGAÇÃO DE PAGAR QUANTIA CERTA PELA FAZENDA PÚBLICA

A execução por quantia certa fundada em título executivo judicial ou extrajudicial realiza-se por meio de penhora e expropriação dos bens do devedor. Contudo, quando a Fazenda Pública é a executada, tal sistemática não tem aplicação, na medida em que seus **bens são inalienáveis** (art. 100, CC/2002) e, por isso, **impenhoráveis** (art. 832, CPC/2015).

A Constituição, no seu art. 100, institui o **regime de precatórios**, pelo qual são adimplidas, em ordem cronológica, as obrigações de pagar quantia impostas à Fazenda Pública. Por isso, no cumprimento de sentença que reconhece obrigação de pagar pela Fazenda Pública, esta não é intimada, para, em 15 dias, cumprir a obrigação, sob pena de multa de 10%, porquanto, fazendo-o, estaria a quebrar a ordem cronológica de pagamentos instituída pela Constituição.

Segundo o art. 534 do CPC, no cumprimento de sentença que certifica obrigação de pagar contra a Fazenda Pública, o exequente deverá apresentar demonstrativo discriminado e atualizado do crédito, contendo: a) o nome completo e o número de inscrição no Cadastro de Pessoas Físicas ou no Cadastro Nacional da Pessoa Jurídica do exequente; b) o índice de correção monetária adotado; c) os juros aplicados e as respectivas taxas; d) os termos inicial e final dos juros e da correção monetária utilizados; e) a periodicidade da capitalização dos juros, se for o caso; f) a especificação dos eventuais descontos obrigatórios realizados.

Se houver mais de um credor, cumpre a cada um apresentar o seu demonstrativo.

O ente público será **intimado**[107] na pessoa do seu representante judicial, por carga, remessa ou meio eletrônico, para, querendo, apresentar **impugnação** à

MENDES, Segunda Turma, julgado em 08/02/2011, DJe-037 DIVULG 23-02-2011 PUBLIC 24-02-2011 EMENT VOL-02470-02 PP-00230).

107. Não há mais necessidade de nova citação da Fazenda Pública, como previa o art. 730 do CPC/1973.

execução, **nos próprios autos**, no prazo de **30 dias**. A defesa poderá versar sobre: a) falta ou nulidade da citação, se, na fase de conhecimento, o processo correu à revelia; b) ilegitimidade das partes; c) inexequibilidade do título ou inexigibilidade da obrigação; d) excesso de execução ou cumulação indevida de execuções; e) incompetência absoluta ou relativa do juízo da execução; f) qualquer causa modificativa ou extintiva da obrigação, como pagamento, novação, compensação, transação ou prescrição, desde que supervenientes ao trânsito em julgado da sentença exequenda.

O impedimento e a suspeição deverão ser arguidos na forma dos artigos 146 a 148, porquanto o incidente respectivo será julgado pelo tribunal.

Como se vê, as matérias de defesa são as mesmas previstas no art. 525, § 1º, do CPC, com exceção da hipótese de penhora incorreta ou avaliação errônea, que, por óbvio, não se aplica à Fazenda Pública. Assim, tudo o que foi dito anteriormente sobre a impugnação tem aplicação à defesa da Fazenda Pública, inclusive no tocante à necessidade de, na hipótese de alegação de excesso de execução, apontar o valor reputado correto e à inexequibilidade do título fundado em lei ou ato normativo declarado inconstitucional pelo Plenário do STF.

A impugnação será, invariavelmente, dotada de **efeito suspensivo**, pois o art. 100, §§ 1º, 3º e 5º, da Constituição exige o prévio trânsito em julgado para a expedição do precatório ou da requisição de pequeno valor. Nesse sentido, prescreve o enunciado 532 do Fórum Permanente de Processualistas Civis: "A expedição do precatório ou da RPV depende do trânsito em julgado da decisão que rejeita as arguições da Fazenda Pública executada".

Caso a impugnação seja apenas parcial, a parte não questionada poderá, de imediato, ser objeto de cumprimento. É possível, assim, a expedição do precatório ou da requisição de pequeno valor relativos à parcela incontroversa. A execução, nesse caso, é definitiva.

Não impugnada a execução ou rejeitada a defesa do ente público (por decisão transitada em julgado), expedir-se-á o precatório ou a requisição de pequeno valor.

10.1. Regime de precatórios

De acordo com o art. 100, *caput*, da Constituição, o adimplemento das obrigações de pagar impostas judicialmente à Fazenda Pública é feito na ordem cronológica de apresentação dos precatórios, à conta do crédito de ente público devedor.

O **precatório** consiste em documento expedido pelo juiz da execução, contendo, entre outras informações, o número do processo, os nomes das partes e de seus procuradores, bem como seus números de inscrição no CPF ou no CNPJ, menção à natureza do crédito (comum ou alimentar) e o valor individualizado por beneficiário. Tal documento, depois de expedido, é enviado, por ofício do juiz, ao presidente do respectivo tribunal, para inscrição em lista de pagamento. O recebimento do ofício pelo presidente da corte é chamado de **apresentação do precatório** e é o momento a partir do qual se considera incluído o crédito na ordem cronológica.

É obrigatória a inclusão, no orçamento das entidades de direito público, de verba necessária ao pagamento de seus débitos constantes de precatórios apresentados até o dia 1º de julho, fazendo-se o pagamento até o final do exercício financeiro seguinte (art. 100, § 5º, da Constituição). Assim, por exemplo, se o precatório for apresentado até o dia 01 jul. 2016, seu pagamento deverá ser efetuado até o dia 31 dez. 2017; se apresentado após tal data, o adimplemento deverá ocorrer até 31 dez. 2018. As dotações orçamentárias e os créditos abertos serão consignados diretamente ao Poder Judiciário, cabendo ao presidente do tribunal que proferir a decisão exequenda determinar o pagamento integral.

Se o crédito objeto do precatório tiver **natureza alimentar**, terá preferência sobre os demais (art. 100, § 1º)[108-109]. Além disso, segundo o art. 100, § 2º, da Constituição, se o seu titular tiver 60 anos de idade ou mais ou for portador de doença grave, terá preferência sobre os demais créditos alimentares, até o valor equivalente ao triplo do que for considerado "pequeno valor" na esfera do ente público devedor.

Tem-se, assim, **três ordens cronológicas** distintas, em ordem decrescente de prioridade: a) a dos créditos alimentares, até o triplo do valor considerado "pequeno valor", cujos titulares tenham 60 anos ou mais ou sejam portadores de doença grave; b) a dos créditos alimentares "comuns"; c) a dos créditos não alimentares ou comuns.

Há, na própria Constituição, hipóteses de dispensa de expedição de precatório. Trata-se das obrigações definidas em lei como de **pequeno valor**, nos termos do art. 100, § 3º. Segundo o § 4º do mesmo artigo, tais valores devem ser fixados

---

108. Enunciado 655 da súmula do STF: "A exceção prevista no art. 100, caput, da Constituição, em favor dos créditos de natureza alimentícia, não dispensa a expedição de precatório, limitando-se a isentá-los da observância da ordem cronológica dos precatórios decorrentes de condenações de outra natureza". Também assim, o enunciado 144 da súmula do STJ: "Os créditos de natureza alimentícia gozam de preferência, desvinculados os precatórios da ordem cronológica dos créditos de natureza diversa".

109. Enunciado 47 da súmula vinculante: "Os honorários advocatícios incluídos na condenação ou destacados do montante principal devido ao credor consubstanciam verba de natureza alimentar cuja satisfação ocorrerá com a expedição de precatório ou requisição de pequeno valor, observada ordem especial restrita aos créditos dessa natureza".

por cada ente público, mediante lei, de acordo com a sua capacidade econômica, sendo o mínimo igual ao valor do maior benefício do regime geral de previdência social. No âmbito federal, considera-se pequeno valor o que não ultrapasse 60 salários mínimos (arts. 3º e 17, § 1º, da Lei nº 10.259/2001). Aos Estados e Municípios que ainda não tiverem editado leis pertinentes à matéria, aplicam-se os limites estabelecidos no art. 87 do ADCT, que prevê, para os Estados, o teto de 40 salários mínimos e, para os Municípios, de 30 salários mínimos.

Nesses casos, conforme o art. 535, § 3º, II, do CPC, o pagamento será realizado, por ordem do juiz, dirigida à autoridade na pessoa de quem o ente público foi citado para o processo, no prazo de **2 meses**, contados da entrega da requisição de pequeno valor (RPV), mediante depósito na agência de banco oficial mais próxima da residência do exequente.

É vedado o **fracionamento** do valor do crédito superior à quantia definida como pequeno valor, a fim de burlar a ordem cronológica de pagamento dos precatórios, consoante dispõe o § 8º do art. 100 da Constituição. Se, por exemplo, o crédito existente em face da União corresponde a 130 salários mínimos, não pode o credor desmembrar a obrigação em duas menores, para receber, primeiro, 60 salários mínimos, por RPV, e, depois, os 70 restantes, por precatório. O que se permite é que o credor renuncie à parcela excedente, recebendo apenas o "pequeno valor", mediante RPV.

Contudo, há uma exceção à proibição do fracionamento: o credor alimentar maior de 60 anos ou portador de doença grave pode, por expressa disposição do § 2º do art. 100, dividir o seu crédito entre duas ordens cronológicas diferentes. É possível que ele submeta à lista de maior prioridade a quantia equivalente ao triplo do considerado "pequeno valor", enquanto o restante segue a ordem dos credores comuns.

Caso o credor seja preterido no seu direito de precedência ou não seja alocado, no orçamento do ente público, o valor necessário ao pagamento do seu crédito, ele poderá requerer ao presidente do tribunal o **sequestro** da quantia respectiva, nos termos do art. 100, § 6º, da Constituição. Trata-se de ato de natureza administrativa, conforme o enunciado 311 da súmula do Superior Tribunal de Justiça (STJ. AgRg no RMS 36.861/SP. DJe 06.12.13).

Destaca-se, ainda, por oportuno, que a execução provisória de obrigação de fazer em face da Fazenda Pública não atrai o regime constitucional dos precatórios. (RE 573872, 24.5.2017)

Procedimentos especiais

1. CONSIDERAÇÕES INICIAIS

Quanto mais o legislador consiga, por intermédio de boas técnicas, homogeneizar os procedimentos, mais se concede **previsibilidade e segurança jurídica**. Assim, juiz, partes, advogados e servidores podem lidar, de forma mais hábil e prática, com o processo.

O CPC/2015 fixa como uma das suas premissas a **operabilidade**. Com isso, busca-se o estado ideal da tutela jurisdicional efetiva e eficiente a partir da simplificação e objetivação dos procedimentos, com vistas a assegurar um processo justo a se desenvolver em tempo razoável.

A assim considerar, um dos passos dados pelo legislador nesse sentido foi a extinção do procedimento sumário e a generalização do procedimento comum para todas as causas cíveis (ressalvadas, por óbvio, aquelas que se submeterão a procedimentos especiais).

No mesmo sentido, o legislador promoveu sensíveis alterações nos procedimentos especiais, a adotar uma política de racionalização, a afirmar, além da utilidade, a operabilidade. Para isso, partiu da lógica (sempre atual) de que determinados direitos devem (ou, em algumas vezes, podem) ser regidos por um procedimento especial.

Tal se justifica quando se constata que o procedimento comum não é suficiente para tutelar o direito de forma justa e expedita. Aí, concede-se às partes, sobretudo àquela que inaugura a prestação jurisdicional via formação do processo, procedimentos especiais, que podem ser obrigatórios e, noutras ocasiões, apenas facultativos.

Entretanto, até para afirmar a utilidade, o CPC/2015 extinguiu alguns procedimentos especiais, cujos direitos subjetivos passaram a ser tutelados pelo procedimento comum, a fim de trazer mais simplicidade e segurança jurídica. Mas, evidentemente, até para afirmar a garantia do efetivo acesso à prestação jurisdicional (e da própria eficiência), manteve alguns procedimentos especiais codificados (além daqueles previstos na legislação extravagante).

2. PROCEDIMENTOS ESPECIAIS

Os procedimentos especiais podem ser divididos em procedimentos especiais de jurisdição contenciosa, que, no Código, estão previstos entre os artigos 539 a 718, e procedimentos especiais de jurisdição voluntária, que, no Código, estão previstos entre os artigos 719 e 770.

Não quer isso dizer, conforma antes firmado, que não haja procedimentos especiais na legislação extravagante. Há sim. Quanto a eles, as alterações trazidas pelo Código são apenas reflexas, a considerar a modificação de institutos comuns (possíveis) a todos (ou cada uma) eles (deles).

A lógica dos procedimentos especiais é oferecer um **arranjo procedimental diferenciado para tutelar, de forma mais adequada, direitos subjetivos que exijam tratamentos particularizados.**

A especialização pode decorrer, dentre outros, pela modificação de prazos, a possibilidade de concessão uma tutela diferenciada e inversão de atos ou etapas processuais.

Mas, para simplificar a tutela jurisdicional, um maior número de ações, que antes eram especiais, foi incluído no procedimento comum. Por isso, evidentemente, alguns procedimentos especiais foram suprimidos e as peculiaridades procedimentais que os caracterizava deixaram de existir, o que não significa que o juiz não possa, para afirmar o acesso efetivo, destinar uma atuação diferenciada.

Nos **procedimentos especiais de jurisdição contenciosa**, ficou clara essa redefinição. Tal ocorreu, por exemplo, com a ação de depósito. No CPC/1973, ela estava prevista no art. 901. Tinha como traço peculiar a tutela de evidência e alguns prazos diferenciados. O CPC/2015, contudo, deslocou a ação depósito para o procedimento (art. 311, III), mas, possibilitou a concessão de uma tutela de evidência específica.

Do CPC/2015, **foram suprimidos os seguintes procedimentos** de jurisdição contenciosa: a) ação de anulação e substituição de títulos ao portador (art. 907 do CPC/1973); b) ação de nunciação de obra nova (art. 934 do CPC/1973); c) ação de usucapião de terras particulares (art. 941 do CPC/1973); d) vendas a crédito com reserva de domínio (art.1070 do CPC/1973).

Apesar da extinção daqueles procedimentos especiais, os direitos por eles tutelados continuarão a ser, agora, pelo procedimento comum com todas as inovações procedimentais trazidas pelo CPC/2015 (como, por exemplo, a generalização da tutela provisória e a tutela específica das obrigações em geral).

Não é só.

Em movimento inverso, ocorreu de ações que antes seguiam o procedimento comum, passarem a seguir procedimentos especiais autônomos. Isso ocorreu, por exemplo, com a oposição. Antes, qualificada como simples intervenção de terceiro, foi, agora, devidamente reconhecida como procedimento especial de jurisdição contenciosa.

Assim, as seguintes ações (expressamente, pelo menos) foram colocadas como espécies de procedimentos especiais de jurisdição contenciosa pelo CPC/2015: a) ação de exigir contas (arts. 550 a 553 do CPC); b) ação de dissolução parcial de sociedade (art. 599 do CPC), que, antes, estava regulada pelo CPC/1939; c) ações de família (art. 693 do CPC); d) ação de regulação de avaria grossa (art. 707 a 711 do CPC).

De qualquer modo, a maior parte das ações especiais foi mantida pelo Código, com algumas modificações pontuais. São elas: a) ação de consignação em pagamento (art. 539 a 549 do CPC); b) ações possessórias (art. 554 a 568 do CPC); c) ação de divisão e demarcação de terras particulares (art. 569 a 598 do CPC); d) ação de inventário e partilha (art. 610 a 673 do CPC); e) ação de embargos de terceiro (art. 674 a 681 do CPC); f) ação monitória (art. 700 a 702 do CPC); g) ação de homologação de penhor legal (art. 703 a 706 do CPC); ação de restauração de autos (art. 712 a 718 do CPC). Quanto aos procedimentos de jurisdição voluntária, houve apenas pontuais modificações. Destacam-se a notificação e a interpelação (art. 726 do CPC), que, no Código anterior, eram indevidamente colocadas como sendo procedimentos cautelares típicos.

Da mesma forma, o divórcio, a separação consensual, a extinção de união estável e a alteração do regime de bens do matrimônio (art. 731 a 734 do CPC), que representam ampliação dos procedimentos antes previstos no CPC/1973, que se adstringia à separação consensual.

Destaca-se, por oportuno, que o divórcio consensual, a separação consensual e a extinção consensual de união estável, **não havendo nascituro ou filhos incapazes e observados os requisitos legais, poderão ser realizados por escritura pública**, extrajudicialmente, da qual constarão as disposições de que trata o art. 731 do CPC/2015.

2.1. Ação de consignação em pagamento

A **consignação em pagamento é instrumento posto à disposição do devedor para que exerça o direito de cumprir uma obrigação.** Sempre que haja obstáculo imposto pelo credor à satisfação da obrigação, bem como quando houver incerteza sobre a titularidade do crédito, o devedor terá a faculdade de recorrer ao procedimento especial previsto nos arts. 539 a 549, a fim de desincumbir-se de sua obrigação. Trata-se, pois, de "modo de extinção da obrigação, com força de pagamento, e a correspondente ação consignatória tem por finalidade ver atendido o direito - material - do devedor de liberar-se da obrigação e de obter quitação" (STJ. REsp 659.779/RS. DJ 27.09.04).

A consignação em pagamento é compatível apenas com as obrigações de pagar quantia ou de entregar coisa distinta de dinheiro. É por isso que o art. 539, caput, do CPC dispõe que "poderá o devedor ou terceiro requerer, com efeito de pagamento, a consignação da quantia ou da coisa devida".

O art. 335, I a V, do Código Civil traz um rol exemplificativo das hipóteses em que é cabível a consignação em pagamento: a) se o credor não puder ou, sem justa causa, recusar receber o pagamento ou dar quitação na devida forma; b) se o credor não for nem mandar receber a coisa no lugar, no tempo e na condição devidos; c) se o credor for incapaz de receber, for desconhecido, declarado ausente, ou residir em lugar incerto ou de acesso perigoso ou difícil; d) se ocorrer dúvida sobre quem deva legitimamente receber o objeto do pagamento; e) se pender litígio sobre o objeto do pagamento.

A **legitimidade ativa** para propor ação de consignação em pagamento é do devedor. Contudo, tal legitimidade não é exclusiva. O próprio art. 539, caput, do CPC prescreve que "poderá o devedor ou terceiro requerer, com efeito de pagamento, a consignação da quantia ou da coisa devida".

Nos termos do art. 304 do Código Civil, o terceiro interessado pode pagar a dívida e, se o credor se opuser, pode valer-se dos meios conducentes à sua exoneração. Assim, por exemplo, o fiador pode intentar ação de consignação em pagamento, independentemente do consentimento do devedor principal, visando a desincumbir-se da obrigação principal, pela qual responde, em razão de pacto acessório.

Igual direito assiste ao terceiro não interessado, desde que o faça em nome e à conta do devedor, salvo oposição deste (art. 304, parágrafo único, do Código Civil). Nesse caso, o terceiro tem direito a reembolsar-se do que pagar, mas não se sub-roga nos direitos do credor (art. 305 do CC/2002).

A **legitimidade passiva**, na ação de consignação em pagamento, é, em regra, do credor. Todavia, há hipóteses em que existe dúvida sobre quem é realmente o credor (art. 335, IV, do CC/2002). Nesses casos, todos os possíveis credores devem ser incluídos no polo passivo da relação processual, a se oportunizar que provem eventual direito (art. 547, CPC).

Diferente é a situação em que o credor é desconhecido (art. 335, III, do CC). Aqui, não há dúvida sobre dois ou mais potenciais credores; o sujeito ativo da obrigação é completamente desconhecido. Nessa situação, cabe ao devedor requerer a citação por edital de todos os possíveis interessados, nos termos do art. 256, I, do CPC.

A ação de consignação em pagamento deve ser ajuizada no foro do lugar do pagamento, conforme os arts. 540 do CPC e 337 do CC. Cuida-se de competência territorial relativa, passível de prorrogação, caso o réu não suscite a incompetência na contestação (art. 65 do CPC).

Tratando-se de obrigação de entregar coisa móvel (inclusive dinheiro), a regra geral é a de que o pagamento deve ser efetuado no domicílio do devedor, salvo se as partes convencionarem diversamente ou se o contrário resultar da lei, da natureza da obrigação ou das circunstâncias (art. 327 do CC). Assim, em regra, será competente o foro do domicílio do autor (devedor), e não do réu (credor), como ocorre habitualmente no procedimento comum, em razão da regra geral do art. 46 do CPC. Todavia, nada impede que o local do pagamento seja modificado por disposição negocial, bem como que haja eleição de foro por cláusula expressa.

Se a coisa devida for corpo que deva ser entregue no lugar em que está, poderá o devedor requerer a consignação no foro em que ela se encontra, com base no art. 341 do Código Civil. Se obrigação for de entrega de coisa imóvel ou de pagamento de prestações relativas a imóvel, o pagamento deve ser feito no lugar em que se situa o bem, a teor do comando do art. 328 do Código Civil. Assim, a competência, no caso de consignação de bem imóvel ou de prestações relativas a ele, é do foro do local em que se situa o bem.

Quanto ao procedimento, em se tratando de obrigação de pagar quantia, é possível ao devedor, antes de intentar uma ação judicial, utilizar-se do procedimento extrajudicial previsto nos §§ 1º a 4º do art. 539 do CPC. Trata-se de uma faculdade do devedor, que não precisa submeter-se a essa fase para propor a demanda consignatória. Cuidando-se de obrigação de pagar quantia, o devedor poderá depositar o valor devido em estabelecimento bancário (oficial, onde houver), situado no lugar do pagamento, cientificando-se o credor por carta com aviso de recebimento (AR), assinado o prazo de 10 dias para manifestação de recusa (art. 539, § 1º). Decorrido o prazo de 10 dias, contado do retorno do aviso de recebimento, sem manifestação de recusa do credor, considerar-se-á o devedor liberado da obrigação, ficando a quantia depositada à disposição do credor (art. 539, § 2º). Não há necessidade de homologação judicial; o procedimento é realizado integralmente no plano extraprocessual.

Por outro lado, se houver recusa por escrito, manifestada ao estabelecimento bancário, restará frustrada a consignação extrajudicial. A instituição financeira, então, deverá expedir notificação ao depositante, no prazo de um dia útil, com aviso de recepção (art. 6º da Resolução nº 2.814/2001 do BACEN). Nesse caso, o consignante poderá propor a ação judicial, aproveitando o depósito já efetuado e instruindo a petição inicial com o comprovante do depósito e da recusa (art. 539, § 3º).

Segundo os §§ 3º e 4º do art. 539 do CPC, a ação deve ser proposta no prazo de um mês, findo o qual o depósito fica sem efeito, podendo o devedor levantá-lo (sacá-lo). Evidentemente, também ficará sem efeito o depósito, se o devedor proceder ao seu levantamento (saque) antes do prazo mensal mencionado.

Quanto à fase judicial, de acordo com o art. 542 do CPC, na petição inicial, o autor deverá requerer: a) o depósito da quantia ou da coisa devida, a ser efetivado no prazo de 5 dias, contados do deferimento, ressalvada a hipótese de o depósito já ter sido feito extrajudicialmente, na forma dos §§ 1º a 4º do art. 539; b) a citação do réu, para, além de compor a relação processual, levantar o depósito (se o credor entender como satisfatório à extinção da obrigação, ainda que não corresponda exatamente à prestação) ou oferecer contestação (se o credor entender como insatisfatório à extinção da obrigação).

Não realizado o depósito no prazo, o processo será extinto sem resolução do mérito (art. 542, parágrafo único). Todavia, se, antes de o juiz proferir decisão terminativa, o autor realizar o depósito, tal fato deverá ser levado em consideração, a teor do art. 493 do CPC. Assim, o processo não será extinto, mas os efeitos da mora somente cessarão a partir da data do depósito. Logo, ao efetuar o depósito fora do tempo, deve considerar os efeitos de sua mora para calcular o valor devido.

Na contestação, consoante o art. 544 do CPC, o réu poderá alegar que: a) não houve recusa ou mora em receber a quantia ou a coisa devida; b) foi justa a recusa; c) o depósito não se efetuou no prazo ou no lugar do pagamento; d) o depósito não é integral, hipótese em que cabe ao contestante indicar o montante que entende devido (art. 544, parágrafo único).

Na hipótese do inciso IV do art. 544 (insuficiência do depósito), o art. 545 faculta ao autor a complementação do depósito, no prazo de 10 dias, salvo se corresponder a prestação cujo inadimplemento acarrete a rescisão do contrato (isto é, se, por exemplo, houver previsão contratual no sentido de que o inadimplemento de x parcelas conduz à rescisão). É por isso que o art. 544, parágrafo único, impõe ao réu que, na contestação, decline o valor que entende devido. Só assim, é possível ao autor complementar o depósito.

Nos casos de depósito parcial, o réu poderá, desde logo, levantar a quantia ou a coisa devida, com a consequente liberação parcial do autor, prosseguindo o processo quanto à parcela controvertida (art. 545, § 1º, do CPC).

Se o pedido for julgado procedente, o juiz declarará extinta a obrigação e condenará o réu ao pagamento das custas e dos honorários sucumbenciais (art. 546). A sentença é, pois, declaratória, na medida em que apenas reconhece o cumprimento anterior da obrigação. Se sentença concluir pela insuficiência do depósito, determinará, sempre que possível, o montante devido, valendo como título executivo, podendo o credor promover cumprimento de sentença em face do consignante, nos próprios autos, na forma do art. 513 e seguintes do CPC (art. 545, § 2º, do CPC). Igual conclusão é válida para os casos em que a sentença julgar totalmente improcedente o pedido, sendo facultado ao credor promover a execução do valor nos próprios autos.

Em se tratando de obrigação de entregar coisa incerta (que deve ser identificada, pelo menos, pelo gênero e pela quantidade, conforme o art. 243 do CC/2002), a escolha pode caber ao credor ou ao devedor. Em regra, pertence ao devedor a escolha, salvo se houver disposição contratual em sentido contrário, nos termos do art. 244 do CC/2002.

Competindo ao devedor a escolha da coisa a ser entregue, tal direito deve ser exercido quando da propositura da ação, caso a escolha não já tenha sido feita antes. Então, na própria petição inicial, o autor deve individualizar a coisa a ser entregue. Por outro lado, cabendo ao credor a escolha, será ele citado para exercer o direito dentro de 5 dias (prazo especial[110]), se outro prazo não constar de lei ou do contrato, ou para aceitar que o devedor a faça, devendo o juiz, ao despachar a petição inicial, fixar lugar, dia e hora em que se fará a entrega, sob pena de depósito (art. 543 do CPC).

O autor pode requerer o levantamento do depósito, enquanto o réu não declarar que o aceita ou não o impugnar (art. 338, CC). Isso, porque, como visto, a consignação é uma faculdade do devedor. Tal atitude equivale à desistência da ação e, por isso, acarreta a extinção do processo sem resolução do mérito (art. 485, VIII, do CPC), com a consequente condenação do autor ao pagamento das despesas processuais (inclusive honorários, se o réu já tiver sido citado).

2.2. Ações possessórias

De acordo com o art. 1.196, considera-se possuidor todo aquele que tem, de fato, o exercício, pleno ou não, de algum dos poderes inerentes à propriedade. A posse é, pois, um **fato jurídico, consistente no exercício de pelo menos um dos poderes decorrentes do direito de propriedade.**

---

110. Esse prazo não se confunde com aquele previsto no art. 812 do CPC, que trata da execução para entrega de coisa incerta e estabelece como sendo de 15 dias para impugnar a escolha realizada pela parte adversa. Eis a redação do dispositivo legal: "Art. 812. Qualquer das partes poderá, no prazo de 15 (quinze) dias, impugnar a escolha feita pela outra, e o juiz decidirá de plano ou, se necessário, ouvindo perito de sua nomeação".

Consoante o art. 1.210 do Código Civil, o possuidor tem o direito de: a) **ser mantido na posse, em caso de turbação; b) ser restituído, em caso de esbulho; c) ser segurado de violência iminente, se tiver justo receio de ser molestado.**

A turbação ocorre quando **alguém impede o livre exercício da posse pelo possuidor, sem que este perca integralmente a posse da coisa.** O esbulho, por sua vez, consiste na perda da posse por ato violento ou clandestino, a exemplo da invasão de um imóvel seguida da expulsão do possuidor. Este, então, valer-se-á da tutela reintegratória, para restabelecer a posse perdida.

O possuidor direto ou indireto também pode requerer ao juiz que o segure da turbação ou do esbulho iminente, caso tenha justo receio de ser molestado na posse. Para proteger-se antecipadamente da ameaça de turbação ou de esbulho, o possuidor pode pedir ao Poder Judiciário um interdito proibitório.

Há, então, três tutelas possessórias distintas: a) a **interdição**, para os casos de ameaça; b) a **manutenção**, para os casos de turbação; c) a **reintegração**, para os casos de esbulho. Existe, aí, uma clara gradação: parte-se da simples ameaça, passa-se pela limitação da posse, até chegar à sua efetiva perda. Essa é, em suma, a distinção entre as tutelas possessórias.

Justamente por isso, o art. 554, caput, do Código de Processo Civil prevê a **fungibilidade entre as tutelas possessórias**: "A propositura de uma ação possessória em vez de outra não obstará a que o juiz conheça do pedido e outorgue a proteção legal correspondente àquela cujos pressupostos estejam provados".

As ações possessórias podem ser classificadas em ações de força nova e ações de força velha. A diferença entre as categorias é determinada pelo tempo transcorrido desde a data do esbulho ou da turbação. Considera-se ação de força nova aquela proposta dentro de ano e dia da turbação ou do esbulho afirmado na petição inicial; é de força velha aquela proposta depois de tal prazo.

Segundo o art. 558 do CPC, só se submetem ao procedimento previsto nos arts. 560 a 566 as ações de força nova. As ações de força velha, por outro lado, seguem o procedimento comum – o que não significa que percam o caráter possessório, mas apenas a especialidade do procedimento, especificamente quanto ao regramento para concessão de tutela provisória.

A ação possessória relativa a coisa **móvel** segue a regra geral do art. 46 do Código de Processo Civil, segundo o qual a ação fundada em direito real sobre bens móveis deve ser proposta no foro do domicílio do réu. Trata-se de competência relativa, que admite modificação por negócio processual de eleição de foro (art. 63, CPC). Além disso, proposta a ação perante juízo de competência territorial diverso, a falta de alegação do réu na contestação acarreta a prorrogação da competência do juízo até então incompetente, nos termos do art. 65 do CPC.

Para a ação possessória relativa a bem **imóvel**, o art. 47, § 2º, do CPC estabelece a competência absoluta do foro de situação da coisa. Tal competência não admite prorrogação nem modificação por cláusula de eleição de foro. Se o imóvel se achar situado em mais de um Estado, comarca, seção ou subseção judiciária, competirá ao juízo de qualquer uma dessas unidades territoriais conhecer da ação, tornando-se prevento, a estender sua competência sobre a totalidade do imóvel (art. 60, CPC).

Na petição inicial das ações de manutenção e de reintegração de posse, incumbe ao autor, além de preencher os requisitos do art. 319 do CPC, especificamente, provar: a) a sua posse; b) a turbação ou o esbulho praticado pelo réu; c) a data da turbação ou do esbulho; d) a continuação da posse, embora turbada, na ação de manutenção, ou a perda da posse, na ação de reintegração.

Perceba-se que, além dos requisitos atinentes à comprovação da causa de pedir, o art. 561, III, do CPC exige que se demonstre a data em que ocorreu o esbulho ou a turbação. Isso é fundamental para aferir se se trata de ação de força nova ou de força velha, isto é, se a ação foi intentada dentro de dia e ano. Caso não tenha sido, não será possível a concessão do mandado liminar previsto no art. 562 do CPC. Assim, a prova da data do esbulho ou da turbação determina o procedimento a ser seguido pela demanda possessória.

Na ação de interdição, por versar apenas sobre ameaça de esbulho ou turbação, cabe ao autor comprovar somente a posse e a existência de ameaça à continuidade do seu exercício. Não se exige, por óbvio, prova da turbação ou do esbulho, porque nenhum deles ocorreu ainda.

Na petição inicial, consoante o art. 555, I e II, do Código de Processo Civil, é lícito ao autor cumular ao pedido possessório o de: a) condenação em perdas e danos; b) indenização dos frutos.

O pedido de perdas e danos deve ser relacionado ao próprio esbulho ou turbação. Não se permite pedido baseado em fatos que não guardem conexão com a causa de pedir possessória. Quanto à indenização dos frutos, cumpre lembrar que os frutos podem ser: a) naturais, que são aqueles que provêm da coisa sem necessidade de atuação humana; b) industriais, que são aqueles extraídos da coisa mediante trabalho humano; c) civis, que são os rendimentos provenientes de relação econômica estabelecida em função da coisa.

O art. 555, parágrafo único, I e II, do CPC determina que o autor da ação possessória também pode requerer a imposição de medida necessária e adequada para: a) evitar nova turbação ou esbulho; b) cumprir-se a tutela provisória ou final.

Em primeiro lugar, o dispositivo franqueia à parte autora pedir ao juiz que, além de mantê-la ou reintegrá-la na posse, fixe, desde já, medida coercitiva para evitar nova perturbação da sua posse. Em segundo lugar, o art. 555, parágrafo único, II, do CPC, ao estabelecer a possibilidade de imposição de medida necessária ao cumprimento da tutela provisória ou final, embora pareça apenas ratificar o inciso I, na verdade, dispõe que o cumprimento da obrigação fim (manutenção ou reintegração) pode exigir a satisfação de obrigação meio, que pode ser requerida pelo autor e imposta ao réu. Em outras palavras, para retornar a coisa ao status quo ante, pode ser necessário mais do que reintegrar ou manter a posse do autor.

Na ação de força nova, estando a petição inicial instruída com a comprovação dos requisitos elencados no art. 561, I a IV, do CPC, o juiz deferirá, sem ouvir o réu, mandado liminar de manutenção ou de reintegração.

Trata-se de hipótese especial de tutela de evidência, fora do art. 311 do CPC. Basta a comprovação da posse, do esbulho ou da turbação, do transcurso de prazo inferior a um ano e da continuidade da posse, embora turbada (no caso da manutenção), ou da perda da posse (no caso da reintegração), para que o autor tenha direito à tutela possessória liminar, sem a ouvida prévia do réu. Demonstrados tais elementos, está configurada a evidência do direito do autor. Não é necessária, pois, a demonstração de urgência.

O juiz poderá, antes de deferir o mandado liminar, determinar ao autor que justifique previamente o alegado, citando o réu para comparecer à audiência de justificação que for designada (art. 562, CPC). Tal audiência tem o intuito de ouvir as partes acerca do pedido liminar. Considerada suficiente a justificação, o juiz fará logo expedir o mandado de manutenção ou de reintegração (art. 563).

Contra a decisão que defere ou denega a expedição de mandado liminar cabe agravo de instrumento, nos termos do art. 1.015, I, do CPC.

Se o réu provar, a qualquer tempo, que o autor provisoriamente mantido ou reintegrado na posse carece de idoneidade financeira para, no caso de sucumbência, responder por perdas e danos, o juiz designará prazo de 05 dias para prestar caução, real ou fidejussória, sob pena de ser depositada a coisa litigiosa, ressalvada a impossibilidade da parte economicamente hipossuficiente (art. 559, CPC).

Conforme o art. 564 do CPC, concedido ou não o mandado liminar, ao autor caberá promover a citação do réu, em 05 dias, para, querendo contestar a ação, no prazo de 15 (quinze) dias. Perceba-se que, aqui, o réu é citado para contestar, e não para comparecer à audiência de mediação ou de conciliação, como ocorre no procedimento comum (art. 334).

Contudo, caso tenha havido audiência de justificação prévia, com a citação do réu para comparecer a ela, o prazo para contestação será contado da intimação da decisão que deferir ou não a medida liminar (art. 564, parágrafo único, do CPC).

Segundo o art. 556 do CPC, na contestação, é lícito ao réu, alegando que foi ele o ofendido na sua posse, demandar proteção possessória contra o autor, bem como indenização pelos prejuízos resultantes da turbação ou do esbulho cometido pelo autor. Tal dispositivo institui a natureza dúplice da ação possessória.

Se o réu formular pedido de manutenção ou de reintegração imediata, demonstrando os requisitos do art. 561, I a IV, do CPC, o juiz poderá revogar o mandado liminar concedido anteriormente em favor do autor e conferir a posse provisoriamente ao réu. Nesse caso, aplica-se, por isonomia, o disposto no art. 559 do CPC: o autor pode, a qualquer tempo, provar que o réu provisoriamente mantido ou reintegrado na posse carece de idoneidade financeira para, no caso de sucumbência, responder por perdas e danos, hipótese em que o juiz designará prazo de 5 (cinco) dias para prestar caução, real ou fidejussória, sob pena de ser depositada a coisa litigiosa, ressalvada a impossibilidade da parte economicamente hipossuficiente.

Como matérias de defesa, é dado ao réu arguir quaisquer questões, tal como no procedimento comum. Porém, o art. 557, parágrafo único, do CPC expressamente consigna que a alegação de propriedade ou de outro direito sobre a coisa não obsta a manutenção ou reintegração requerida pelo autor. Consagra-se, assim, a autonomia da tutela possessória em relação à propriedade. Daí por que, em regra, é inviável a afirmação, em contestação à ação possessória, de aquisição da propriedade por usucapião (STJ. AgRg no REsp 1.389.622/SE. DJe 24.04.14). Essa é, pois, a limitação cognitiva do procedimento especial possessório.

Por fim, destaque-se que a contestação é o meio adequado para que o réu exerça o direito de indenização por benfeitorias realizadas sobre o bem, nos termos da legislação material (STJ. REsp 1.659.643/PR. DJe 05.05.17). Formulará o réu, na contestação, pedido contraposto, que constitui uma espécie de reconvenção.

2.3. Divisão de terras particulares

A ação de divisão, a considerar a classificação que se baseia no direito que se visa a proteger, é de natureza **real**, justamente porque o **direito à divisão tem como principal fundamento o direito de propriedade.** Além de real, a ação divisória é imobiliária em razão do bem objeto do pedido ser uma coisa imóvel.

Por disposição expressa do art. 1.320 do Código Civil, compete exclusivamente ao condômino a ação para divisar seu imóvel contra os demais condôminos. É do direito de propriedade que surge o direito de exigir a divisão da coisa comum. Em consequência disso, como a propriedade é perpétua, fica insuscetível à prescrição extintiva.

Entretanto, a ação divisória se submete à prescrição aquisitiva. Pode desaparecer o domínio de um coproprietário em razão de um terceiro adquirir o bem comum por usucapião. Nesse caso, desaparece o direito de dividir, em razão da perda da propriedade pela usucapião em favor de um terceiro.

Quanto à carga **eficacial predominante da sentença de procedência**, há grande divergência doutrinária a respeito da classificação da ação divisória, sobretudo a considerar as repercussões em torno da segunda fase do procedimento. Alguns consideram a ação divisória como declaratória; outros, como constitutiva. Há, ainda, aqueles que considerem como sendo executiva. Os autores do presente livro, a considerar as duas fases da divisão, consideram a primeira como sendo constitutiva e a segunda como executiva.

A ação de divisão objetiva dividir bem imóvel conjunto. Caberá ao condômino a função de obrigar os demais consortes a partilhar a coisa comum. A ação de divisão cabe, portanto, ao condômino que aspire obrigar o seu confinante a divisar a coisa comum, desde que ela seja susceptível de divisão, afinal, o poder de pedir a divisão está submetido à possibilidade de divisão da coisa.

A ação divisória pode ser total ou parcial. Será total quando todos os coproprietários divisarem os seus quinhões dando por findo o condomínio. Será, no entanto, parcial quando dois ou mais condôminos pretendam permanecer em condomínio, a se dissolver a comunhão tão somente com relação a um ou alguns dos proprietários comuns.

O art. 569, II, do Código de Processo Civil dispõe que cabe ao proprietário a ação divisória. Ante a falta de qualquer aposto explicativo, não se faz necessário que o proprietário, para ter legitimidade ativa, esteja no exercício da posse direta sobre o imóvel.

Já a legitimidade passiva será ocupada pelos demais condôminos. É o que prevê o art. 560, II do Código Civil, que acentua caber ao condômino a ação de divisão, para obrigar os demais consortes a estremar os quinhões.

Haverá interesse processual quando a parte tiver necessidade de recorrer ao processo (sob pena de ter o seu direito subjetivo alijado), que poderá lhe proporcionar benefício de ordem prática. No caso da divisão, qualquer coproprietário de coisa comum tem interesse de intentar ação divisória. É preciso, ainda, para subsistir o interesse na ação de divisão, que o imóvel seja divisível.

Na ação divisória, por ser ela de natureza real, competente, de forma absoluta, é o juízo onde se situa o imóvel. Se a coisa comum se situar em mais de uma comarca, qualquer delas será competente.

Na ação de divisão, a petição inicial deve preencher os requisitos formais gerais dos arts. 319 e 320 do Código de Processo Civil. Para além desses requisitos gerais, exige-se requisitos específicos, quais sejam: a) os títulos de domínio do promovente; b) a indicação da origem da comunhão e a denominação, a situação, os limites e as características do imóvel; c) nome, estado civil, profissão e residência de todos os condôminos, a se especificar os estabelecidos no imóvel com benfeitorias e culturas; d) descrição das benfeitorias comuns.

A dizer de outra maneira, a petição inicial deve fornecer uma visão panorâmica da pretensão do autor, a evidenciar, em apertada síntese que: a) o imóvel dividendo compõe-se de terras particulares; b) existe uma comunhão sobre ele; c) o autor participa da comunhão; d) indicação dos demais integrantes da comunhão; e) indicação do imóvel a dividir.

O art. 577 do CPC/2015 prescreve que, feitas as citações, terão os réus o prazo comum de 15 dias para contestar. Apesar de o dispositivo legal empregar o vocábulo "contestar", o réu pode apresentar qualquer modalidade de resposta, ou seja, além de contestação, pode apresentar reconvenção ou exceções de impedimento ou suspeição.

Depois de ultimado o prazo de resposta ou de efetivamente apresentada defesa, a ação de divisão seguirá o rito comum, segundo dispõe o art. 578 do CPC. A partir de então, serão adotadas as providências preliminares e saneado o processo.

Encerrada a instrução, o juiz proferirá sentença, a determinar ou não a partilha. Se o(s) réu(s) não discutir(em) a propriedade, as questões a decidir relacionar-se-ão à partilha da coisa comum.

Em cumprimento à decisão, o perito procederá à divisão dos quinhões. Findos os trabalhos e desenhados, na planta, os quinhões e as servidões aparentes, o perito organizará o memorial descritivo. Em seguida, o escrivão lavrará o auto de divisão, que deverá ser assinado pelo juiz e pelo(s) perito(s). Então, o juiz proferirá sentença homologatória da divisão.

Pela descrição do procedimento da ação de divisão, percebe-se que há duas fases. Uma primeira, destinada a reconhecer a (im)procedência das afirmações que sustentam a existência do direito de dividir, e uma segunda, para efetivar a divisão.

2.4. Demarcação de terras particulares

A ação de demarcação cabe ao proprietário que **aspire obrigar o seu confinante a estremar os respectivos prédios, a se fixar novos ou primários limites entre eles ou a se aviventar os já apagados.**

São três, portanto, as justificativas para o ajuizamento da ação de demarcação usualmente trazidas pela doutrina e que podem ter diferentes objetos mediatos. A primeira delas, **aviventar rumos, entre os imóveis a serem demarcados, que se encontram apagados**. A segunda, **renovar os marcos, utilizados para demarcar imóveis vizinhos, que se encontram destruídos ou arruinados.** E, a terceira, **estremar os imóveis vizinhos pela primeira vez.**

A demarcação pode ser **total ou parcial**. Será total quando todo o perímetro do imóvel de propriedade do autor da ação não se encontra demarcado. Com a procedência da ação, será demarcado todo o limite do bem. Por sua vez, a demarcação será parcial quando apenas porção do perímetro do imóvel de propriedade do autor da ação não se encontrar demarcada. Com a procedência da ação, a parte determinada do imóvel, segundo indicada na petição inicial, será demarcada.

Especificamente em relação à ação demarcatória, o art. 569, I, do Código de Processo Civil dispõe que cabe ao proprietário a ação de demarcação. Ante a falta de qualquer aposto explicativo, não se faz necessário que o proprietário, para ter legitimidade, esteja no exercício da posse direta sobre o imóvel.

A despeito de o art. 569 do CPC dar a entender que o proprietário tem legitimação ativa, porque cabe a ele a ação de demarcação, também contra o proprietário, do imóvel vizinho, no caso, deve se proposta a ação. A demarcatória é intentada por proprietário de um imóvel, cujos limites precisam ser aviventados, renovados ou estremados pela vez primeira, contra o proprietário do imóvel vizinho, cujas linhas demarcadas são comuns àquele outro.

Quanto ao interesse processual, para que este reste evidenciado, é necessária a alegação de que, entre prédios vizinhos e contíguos, não existem limites ou que eles estão apagados. Além do mais, o imóvel tem de ser descrito segundo os títulos que fundamentam a aquisição de propriedade. Se for inter vivos e houver, por exemplo, erros no registro, é preciso, primeiro, retificá-los, e, posteriormente, se for o caso, demarcar a propriedade. O autor não teria interesse processual se afirmasse que, a despeito da existência de erro, estaria a pedir a demarcação do imóvel descrito no registro.

A petição inicial constitui o instrumento formal postulatório utilizado pela parte para exteriorizar o ato de processualizar a ação. Na ação de demarcação, conforme dispõe o art. 574, a petição inicial, a ser instruída com os títulos da propriedade, designará o imóvel pela situação e pela denominação, descreverá os limites por constituir, aviventar ou renovar e nomeará todos os confinantes da linha demarcanda. Tais requisitos constituem, respectivamente, especificações dos documentos indispensáveis à propositura da ação, da causa de pedir e do pedido da ação de demarcação. A petição inicial da ação de demarcação exige, além daqueles requisitos específicos, aqueles outros dispostos nos arts. 319 e 320 do Código de Processo Civil.

O art. 575 do CPC/2015 dispõe que, feitas as citações, terão os réus o prazo comum de quinze dias para contestar. Apesar de o dispositivo legal empregar o vocábulo "contestar", o réu pode apresentar qualquer modalidade de resposta, ou seja, além de contestação, pode apresentar reconvenção ou exceções de impedimento ou suspeição.

Depois de ultimado o prazo de resposta, ou de efetivamente realizada sua apresentação, a ação de demarcação, dispõe o art. 576 do CPC/2015, seguirá o rito comum. A partir de então, serão adotadas as providências preliminares e saneado o processo.

Saneado o processo, se não for o caso de julgamento conforme o estado do processo, com a prolação de sentença terminativa ou definitiva, as atividades predominantes de instrução são iniciadas.

A considerar que a demarcação será realizada a partir dos títulos, dos marcos, dos rumos, da fama da vizinhança, das informações de antigos moradores do lugar e de outros elementos que coligirem, é possível a produção de qualquer das provas típicas. Algumas, contudo, a despeito da adoção prevalente do livre sistema do convencimento motivado de valoração dos meios de prova, em razão dos elementos a serem considerados para a demarcação, são (serão) mais habituais. De fato, as provas testemunhais, as periciais e, sob a égide do CPC/2015, também as documentais, são (serão) bem mais frequentes comparativamente aos depoimentos pessoais e às inspeções judiciais.

A sentença, que julgar procedente a ação, determinará o traçado da linha demarcada (art. 579 do CPC/2015). Mas apenas se o réu não discutir a propriedade, é que as questões a decidir serão pertinentes ao traçado da linha divisória dos imóveis, exclusivamente.

Quanto à eficácia da sentença que resolve a primeira fase da ação demarcatória, ela, por reconhecer limites (sem alterá-los), é declaratória.

Transitada em julgado a sentença proferida na primeira fase da ação de demarcação, em caso de procedência, dispõe o art. 582 do CPC/2015, o(s) perito(s) anteriormente nomeado(s) efetuará(ão) a demarcação e colocará(ão) os marcos necessários. Todas as operações serão consignadas em planta e memorial descritivo com as referências convenientes para que seja identificado, em qualquer tempo, os pontos assinalados, observada a legislação especial que dispõe sobre a identificação do imóvel rural.

Executadas as correções e as retificações que o juiz determinar, lavrar-se-á o auto de demarcação, em que os limites demarcados serão minuciosamente descritos conforme o memorial e a planta. Assinado o auto pelo juiz e pelo(s) perito(s), será proferida a sentença homologatória da demarcação. Ela só poderá ser proferida, para pôr fim ao procedimento de demarcação, após a assinatura do auto pelo juiz e pelo(s) peritos.

Desta sentença proferida em segunda fase, **caberá recurso de apelação a ser recebida apenas no efeito devolutivo.**

2.5. Embargos de terceiro

Terceiro, no processo, é o sujeito que não formula pedido e contra quem não foi formulado. Ele terá interesse em agir quando bem de seu patrimônio for (ou estiver ameaçado de ser) alcançado de maneira indevida, sem ser parte na ação.

Os embargos de terceiro vão de encontro à constrição judicial ilícita. Constituem ação judicial cognitiva de rito especial, acessória à ação principal, de força mandamental ou executiva. É que, por tutelar a **posse e determinados direitos reais, objetiva evitar ou afastar constrição judicial indevida, assim considerada quando a coisa for apreendida ou sujeitada, por ordem judicial, à determinada finalidade processual.**

A utilização dos embargos de terceiro não é obrigatória. Nem, muito menos, a sua não utilização ensejará qualquer prejuízo material à realização do direito do terceiro. Isso porque, se o terceiro não opuser embargos, não lhe será retirado o direito de discutir a apreensão judicial ilícita em procedimento comum. Haverá apenas preclusão. O terceiro poderá intentar, por isso, desde ação possessória até ação com finalidade anulatória, para desfazer ou inibir a constrição judicial indevida.

Os embargos, a considerar o bem jurídico a ser defendido em razão da indevida constrição judicial, podem ser de terceiro proprietário, inclusive fiduciário, ou de possuidor. Na primeira espécie, são defendidos (geralmente) direitos reais, não apenas atinentes ao domínio. Na segunda, especificamente a posse. Podem ser classificados, ainda, quanto ao propósito de desfazer ou de inibir a constrição judicial entendida como indevida. Aí, os embargos de terceiro são classificados em repressivos ou preventivos.

O Código de Processo Civil, no § 1º do art. 674, reconhece legitimação ativa, para opor embargos, ao terceiro proprietário (assim compreendido o titular de direito real), inclusive fiduciário, ou ao possuidor.

No § 2º, o art. 674 do Código de Processo Civil traz ainda um rol de legitimados à oposição de embargos. São eles: a) o cônjuge ou companheiro, quando defende a posse de bens próprios ou de sua meação, ressalvado o disposto no art. 843; b) o adquirente de bens cuja constrição decorreu de decisão que declara a ineficácia da alienação realizada em fraude à execução; c) quem sofre constrição judicial de seus bens por força de desconsideração da personalidade jurídica, de cujo incidente não fez parte; d) o credor com garantia real para obstar expropriação judicial do objeto de direito real de garantia, caso não tenha sido intimado, nos termos legais dos atos expropriatórios respectivos. Tais hipóteses de legitimação ativa são meramente exemplificativas.

Será legitimado passivo da ação de embargos de terceiro o sujeito a quem o ato de constrição aproveita. Mas o seu adversário do processo principal também poderá ser legitimado passivo. Tal ocorrerá, especificamente, quando for sua a indicação do bem à constrição judicial.

Os embargos de terceiro, como ação judicial de rito especial, podem ser opostos a qualquer tempo no processo de conhecimento, enquanto não transitada em julgado a sentença, e, no cumprimento de sentença ou no processo de execução, até 05 dias depois da adjudicação, da alienação por iniciativa particular ou da arrematação, mas sempre antes da assinatura da respectiva carta.

O art. 676 dispõe que "os embargos serão distribuídos por dependência ao juízo que ordenou a constrição e autuados em apartado". Portanto: a) serão distribuídos e não apenas protocolados; b) a distribuição ocorrerá por dependência, para o juízo em que cursa a ação principal, tendo em vista a conexão existente (art. 61 do CPC/2015); c) formarão autos apartados, diferentes dos autos da ação principal.

Na petição inicial, o embargante, além de preencher os requisitos dispostos no art. 319 do Código de Processo Civil, fará, ainda, prova sumária "de sua posse ou de seu domínio" (leia-se: "de seu direito incompatível com o ato constritivo") e da qualidade de terceiro, oferecendo documentos e rol de testemunhas.

O valor da causa, nos embargos de terceiro, corresponderá, em regra, ao valor do bem constrito. Caso o terceiro seja apenas possuidor, o valor da causa deverá coincidir com a expressão econômica da posse, que, não necessariamente, corresponde ao valor da coisa[111]. Se o valor do bem for superior ao da execução (atual ou futura), este último será o valor da causa. Se apenas parte do bem for submetida à constrição, o valor da parte corresponderá ao dos embargos de terceiro, desde que, para garantir coerência com as premissas apresentadas, não seja superior à execução.

111 Enunciado 178 do FPPC: "O valor da causa nas ações fundadas em posse, tais como as ações possessórias, os embargos de terceiro e a oposição, deve considerar a expressão econômica da posse, que não obrigatoriamente coincide com o valor da propriedade".

Estando apta a petição inicial, o juiz mandará citar o embargado por intermédio do seu advogado, independentemente de este possuir poderes específicos para receber citação. Tais poderes são conferidos pela disposição legal contida no § 3º do art. 677 do CPC, que dispõe (em exceção): "a citação será pessoal, se o embargado não tiver procurador constituído nos autos da ação principal".

Antes ou mesmo depois de citado o embargado, o juiz poderá conceder tutela provisória antecipatória. Se reconhecer suficientemente provado o domínio ou a posse do embargante, o juiz, em decisão interlocutória, determinará a suspensão das medidas constritivas sobre os bens litigiosos objeto dos embargos, bem como a manutenção ou a reintegração provisória da posse, se o embargante a houver requerido.

A tutela provisória, para ser concedida, dependerá apenas da suficiente demonstração do direito objeto da indevida constrição. Não há ônus de demonstração da urgência. Ela se presume. Por isso que a disposição trazida pelo art. 678 do Código de Processo Civil não exige, para deferimento da tutela provisória, a demonstração da urgência.

O juiz poderá condicionar a ordem de manutenção ou de reintegração provisória de posse à prestação de caução pelo requerente (ressalvada a impossibilidade da parte economicamente hipossuficiente), que será prestada nos autos dos embargos de terceiro. Se a prova apresentada pelo embargante for robusta, o juiz poderá dispensar caução. Conquanto não seja necessária demonstração de urgência, deve ser garantida a reversibilidade da tutela.

Os embargos poderão ser contestados no prazo de 15 dias, findo o qual se seguirá, a partir daí, o procedimento comum. O embargado será citado para responder aos embargos, e não simplesmente para compor a relação processual e comparecer à audiência conciliação ou mediação. Assim, o prazo para contestar embargos de terceiro será contado a partir da citação.

Entretanto, se designada audiência preliminar (para a produção de provas e análise do pedido de tutela provisória), o prazo de contestação só terá início a partir do encerramento desta (ainda que o pedido de tutela provisória não tenha sido analisado em audiência).

Na contestação aos embargos, o embargado deverá defender que a constrição judicial foi indevida. Não haverá, por disposição legal, limitação à amplitude da defesa, embora o que denote seu interesse seja justamente a existência de constrição judicial indevida. Mas, se os embargos forem opostos por credor com garantia real, o embargado somente poderá alegar que: a) o devedor comum é insolvente (mesmo que não haja sentença a decretar a insolvência, ou seja, esta pode ser demonstrada no curso do processo); b) o título é nulo ou não obriga a terceiro; c) outra é a coisa dada em garantia.

Acolhido o pedido formulado na ação de embargos de terceiro, o ato de constrição judicial indevida será cancelado, com o reconhecimento do domínio, da manutenção da posse ou da reintegração definitiva do bem ou do direito ao embargante. Quem deu causa à constrição indevida, deverá arcar com os honorários advocatícios (Enunciado 303 da súmula do STJ).

2.6. Oposição

Pode acontecer de **um terceiro que não esteja em nenhum dos polos de relação processual já formada afirmar ser titular da coisa ou do direito disputado pelas partes e, por isso, pedir, mediante ajuizamento de ação, que lhe seja ofertada prestação jurisdicional a preservar seu patrimônio jurídico.** Se isso ocorrer, a oposição, como ação especial, permitirá que o terceiro postule, agora na condição de parte (opoente), contra autor e réu originários, que serão incluídos no polo passivo da nova relação processual (na condição de opostos).

Com efeito, dispõe o art. 682 do Código de Processo Civil: "quem pretender, no todo ou em parte, a coisa ou o direito sobre que controvertem autor e réu poderá até ser proferida a sentença, oferecer oposição contra ambos". A limitação temporal estabelecida pelo texto legal, qual seja, "até ser proferida sentença" se justifica pelo fato de, a partir daí o terceiro já poder identificar, pela certificação judicial proporcionada pelo ato decisório, quem será o réu na ação que vier a propor, a qual, neste caso, não mais seria uma oposição.

Se a ação originária já tiver sido julgada, ainda que a decisão esteja pendente de recurso, considera-se intempestiva a oposição intentada. Ou seja, só se admite oposição até o momento da prolação da sentença. É o que se extrai do art. 682 do CPC.

Em execução, seja ela fundada em título executivo judicial (cumprimento de sentença) ou extrajudicial, não se deve apresentar oposição. Isso, a considerar que, em execução, há uma certificação quanto ao titular do direito executado, seja pela certificação judicial proveniente de sentença, seja pela idoneidade do título extrajudicial. O direito, em razão da certificação, é do exequente. Ao interessado, aí, cabe intentar ação contra o exequente e não oposição contra ambas as partes do processo de execução. Assim, pode-se dizer que a execução não comporta ação de oposição.

Igualmente, não se admite a apresentação de oposição incidentemente a processo que tramite pelo procedimento dos juizados especiais cíveis. A oposição também encontra restrição quanto à admissibilidade de sua apresentação em mandado de segurança.

A oposição, embora concretize a eficiência e a duração razoável do processo, é de uso facultativo. Pode o interessado aguardar o transcurso da ação originária para, só depois, ajuizar ação respectiva contra a parte vencedora.

Se o interessado decidir pela oposição, ele deverá requerer sua distribuição por dependência. O juízo competente para conhecer da oposição é aquele em que tramita o processo originário. A competência será funcional: caberá ao juízo da ação principal a função de julgar a oposição. Portanto, ela é absoluta.

A oposição, por ser uma ação autônoma, deve preencher as respectivas condições, além do que os pressupostos processuais devem ser respeitados, dentre os quais, o da petição inicial apta. Em razão disso, além dos requisitos do art. 319 do CPC, a petição inicial da oposição deve: a) observar a existência de uma ação originária em que ainda não foi proferida sentença; b) constar a formulação de pretensão relativa ao mesmo bem ou direito discutido na ação originária; c) respeitar a competência absoluta do juízo para julgar a ação originária e a oposição.

O valor da causa, na oposição, corresponderá, em regra, ao valor da ação originária, a não ser que aquela seja parcial, hipótese em que o valor corresponderá à repercussão econômica do direito que se busca tutelar.

Admitido o processamento, a oposição será apensada aos autos e tramitará simultaneamente à ação originária (sendo ambas julgadas pela mesma sentença). Se a oposição for proposta após o início da audiência de instrução, o juiz suspenderá o curso do processo ao fim da produção das provas, salvo se concluir que a unidade da instrução atende melhor ao princípio da duração razoável do processo.

Com a distribuição da ação (por dependência ao juízo que tramita o processo originário), e estando apta a petição inicial, o juiz mandará citar as partes do processo originário, que formarão litisconsórcio passivo necessário simples (não unitário), na condição de opostos.

Os litisconsortes passivos terão o prazo comum de 15 dias para apresentar resposta, que pode ser na forma de contestação ou de reconvenção. O início do prazo se dará quando efetivada a citação do último litisconsorte. Se qualquer um dos opostos reconhecer a procedência da oposição, esta continuará em relação ao outro oposto. Obviamente, se o reconhecimento partir do autor da ação originária, ele estará a renunciar, em favor do réu, ao direito contra o qual ser funda sua ação.

Além de tramitar conjuntamente, tanto que a oposição será apensada aos autos do processo originário, ambas as ações (originária e oposição) serão (geralmente) julgadas simultaneamente, na mesma sentença, a se evitar desarmonia entre os julgados. O próprio parágrafo único do art. 685 do CPC admite julgamentos não sincrônicos, ao dispor que: "se a oposição for proposta após o início da audiência de instrução, o juiz suspenderá o curso do processo ao fim da produção das provas, salvo se concluir que a unidade da instrução atende melhor ao princípio da duração razoável do processo".

Se julgada procedente a oposição, ficará prejudicado o julgamento da ação originária (a não ser que a oposição seja parcial, caso em que a prejudicialidade alcançará apenas parte da ação originária). Se improcedente a oposição, a ação originária seguirá normalmente.

2.7. Ações de família

As disposições relativas às ações de família (Capítulo X do Título III do Livro I da Parte Especial do CPC), de que cuida este capítulo, aplicam-se aos processos contenciosos **de divórcio, separação, reconhecimento e extinção de união estável, guarda, visitação e filiação,** segundo dispõe o art. 693 do Código de Processo Civil.

Todavia, o rol não é exaustivo, mas exemplificativo, sendo devida a aplicação das normas sobre ações de família a qualquer processo contencioso que envolva Direito de Família.

2.8. Ação Monitória

Nos termos do art. 700 do Código de Processo Civil, a ação monitória pode ser proposta por aquele que afirmar, com base em prova escrita sem **eficácia de título executivo, ter direito de exigir do devedor capaz o cumprimento de obrigação, podendo ela consistir no pagamento de quantia em dinheiro, na entrega de coisa fungível ou infungível ou de bem móvel ou imóvel ou no adimplemento de obrigação de fazer ou de não fazer.**

Se a obrigação do réu (direito à prestação do autor) estiver demonstrada (em juízo de possibilidade) por prova escrita, o juiz deferirá a expedição de mandado de pagamento, de entrega de coisa ou para execução de obrigação de fazer ou de não fazer, concedendo ao réu prazo de 15 dias para cumprimento e pagamento de honorários advocatícios de 5% do valor atribuído à causa.

A petição inicial da ação monitória deve preencher todos os requisitos indicados no art. 319 do Código de Processo Civil (exceto a opção do autor pela realização ou não de audiência de conciliação ou de mediação), com algumas particularidades, a considerar sua finalidade.

Na ação monitória, o autor deve afirmar a existência de direito à prestação (demonstrada por prova escrita), a ser adimplida pelo réu. Não se faz necessária, contudo, a indicação do negócio jurídico subjacente.

A obrigação do réu pode ser de qualquer natureza. Como explicita o *caput* do art. 700, a ação monitória pode ser proposta por aquele que afirmar, com base em prova escrita sem eficácia de título executivo, ter direito de exigir do devedor capaz o cumprimento de obrigação, de pagar quantia em dinheiro, de entregar de coisa fungível ou infungível ou de bem móvel ou imóvel ou de adimplir obrigação de fazer ou de não fazer.

A depender da natureza da obrigação do réu, na petição inicial, incumbe ao autor explicitar: a importância devida, instruindo-a com memória de cálculo (quando se tratar de obrigação de pagar quantia certa); o valor atual da coisa reclamada (quando se tratar de obrigação de entregar coisa); o conteúdo patrimonial em discussão ou o proveito econômico perseguido (quando se tratar de obrigação de fazer positiva ou negativa).

Quanto ao pedido, na ação monitória, o autor pede que o juiz considere suficiente a prova escrita juntada e, por isso, expeça-se mandado de pagamento, de entrega de coisa ou para execução de obrigação de fazer ou de não fazer.

No que se refere ao valor da causa, na ação monitória, o autor, em sua petição inicial, deve explicitar, conforme o caso (a depender da obrigação dita inadimplida), a importância devida (instruindo-a com memória de cálculo), o valor atual da coisa reclamada e o conteúdo patrimonial em discussão ou o proveito econômico perseguido. O valor da causa deve corresponder ao quantitativo da obrigação, conforme indicado nos fatos e fundamentos jurídicos.

O art. 700 do Código de Processo Civil coloca como documento indispensável a "prova escrita sem eficácia de título executivo", a convencer o juiz, num juízo de probabilidade, acerca do direito ao pagamento de quantia em dinheiro, à entrega de coisa fungível ou infungível ou de bem móvel ou imóvel e ao adimplemento de obrigação de fazer ou de não fazer. A teor do que dispõe o § 1º do art. 700 do Código de Processo Civil, a prova escrita pode consistir em prova oral documentada, produzida antecipadamente nos termos do art. 381.

Embora o art. 700 faça referência à "prova escrita sem eficácia de título executivo", não há impedimento para o autor propor ação monitória com base em título executivo. Inclusive, o enunciado 446 da súmula do Superior Tribunal de Justiça dispõe que "cabe ação monitória mesmo quando o autor for portador de título executivo extrajudicial".

Sendo possível o direito do autor (a considerar a prova escrita juntada à petição inicial), o juiz deferirá a expedição de mandado de pagamento, de entrega de coisa ou para execução de obrigação de fazer ou de não fazer. Nele, será concedendo ao réu prazo de 15 dias para o cumprimento e o pagamento de honorários advocatícios de 5% do valor atribuído à causa.

Para tanto, o réu, na ação monitória, será citado por qualquer dos meios permitidos para o procedimento comum (inclusive os fictos). Poderá, em igual prazo, em vez de cumprir a obrigação trazida na prova escrita juntada à petição inicial, opor embargos ao mandato (ou até mesmo apresentar reconvenção).

Contudo, o réu que não opõe embargos e, ao contrário, no prazo de 15 dias, cumpre a obrigação (contida no mandado) de pagar quantia, entregar coisa ou fazer (não fazer), é premiado com a isenção do pagamento de custas processuais e com o pagamento de honorários sucumbenciais de apenas 5% (em exceção à disposição do art. 85 do CPC).

Quando citado, o réu da ação monitória poderá, em sua resposta, a ser ofertada no prazo de 15 dias, opor embargos, que serão apresentados nos próprios autos, independentemente de prévia segurança do juízo. Inclusive, nem custas processuais são pagas em razão da oposição de embargos, pois, a ser diferente, por terem aqueles (os embargos) a natureza jurídica de defesa, estar-se-ia a restringir o exercício direito fundamental por parte do réu. Os embargos podem se fundar em matéria passível de alegação como defesa no procedimento comum. Sua oposição, pois, é que possibilita a cognição exauriente na ação monitória.

Especificamente quando o réu alegar que o autor pleiteia quantia superior à devida, cumprir-lhe-á declarar de imediato o valor que entende correto, apresentando demonstrativo discriminado e atualizado da dívida. Não apontado o valor que ele (o réu) entende por correto ou não apresentado o demonstrativo, os embargos serão liminarmente rejeitados, se esse for o seu único fundamento. Se houver outro fundamento, os embargos serão processados, mas o juiz deixará de examinar a alegação de excesso.

A oposição dos embargos suspende, até o julgamento em primeiro grau, a eficácia da decisão que defere expedição de mandado de pagamento, de entrega de coisa ou para execução de obrigação de fazer ou de não fazer, concedendo ao réu prazo de 15 dias para o cumprimento e o pagamento de honorários advocatícios de cinco por cento do valor atribuído à causa. Por conseguinte, fica suspenso o mandado monitório.

A critério do juiz, os embargos serão autuados em apartado, se parciais, constituindo-se de pleno direito o título executivo judicial em relação à parcela incontroversa. A opção de apartar os embargos visa a possibilitar o regular trâmite processual, sem maiores contratempos, a considerar a diversidade de atos praticados no procedimento monitório e no de execução. Trata-se, contudo, de um ato discricionário, não tendo as partes (ou interessados) direito de apartar os autos.

Na ação monitória, é possível a concessão de tutela provisória, seja ela amparada na urgência ou na evidência.

Após os trâmites processuais necessários, inclusive pertinentes à eventual instrução do processo, os embargos serão levados a julgamento. Sendo eles rejeitados, constituir-se-á de pleno direito o título executivo judicial, prosseguindo-se o processo em observância ao disposto no Título II ("Do Cumprimento da Sentença") do Livro I ("Do Processo de Conhecimento e do Cumprimento de Sentença") da Parte Especial, no que for cabível.

Acolhidos os embargos, sendo eles totais, não será constituído título executivo em favor do autor. Mas, se forem acolhidos em parte os embargos totais ou acolhidos totalmente os embargos parciais, será constituído título executivo em favor do autor da ação monitória, mas, com as necessárias adequações (sem acolhimento do pedido formulado na petição inicial), a considerar o julgamento proferido.

O § 9º do art. 702 do Código de Processo Civil dispõe que "cabe apelação contra a sentença que acolhe ou rejeita os embargos".

O juiz condenará o autor de ação monitória proposta indevidamente e de má-fé ao pagamento, em favor do réu, de multa de até 10% sobre o valor da causa. Da mesma forma, condenará o réu que de má-fé opuser embargos à ação monitória ao pagamento de multa de até 10% sobre o valor atribuído à causa, em favor do autor.

2.9. Restauração de autos

Em consonância com o art. 712 do CPC/2015, qualquer das partes que figuravam em um dos polos da relação do processo desaparecido pode **promover a ação restauração dos autos. Além das partes, o juiz e o Ministério Público, igualmente, podem intentar a ação especial.**

A competência para a ação de restauração de autos será do juízo em que tinha curso o processo que desapareceu, devendo-se observar, entretanto, o disposto no art. 717, para situações em que o processo já tramita no tribunal. A dizer de outra forma, se o desaparecimento dos autos tiver ocorrido no tribunal, a ação de restauração será distribuída, sempre que possível, ao relator do processo.

Na petição inicial, em que se pede a restauração de autos, a parte, além de preencher os requisitos do art. 319 do CPC, declarará o estado do processo ao tempo do seu desaparecimento. Na sua postulação, deverá incluir: a) certidões dos atos constantes do protocolo de audiências do cartório por onde haja corrido o processo; b) cópias das peças que tenham em seu poder; c) qualquer outro documento que facilite a restauração.

Em seguida, o juiz mandará citar a parte para apresentar contestação no prazo de 05 dias, cabendo-lhe exibir as cópias, as contrafés e as reproduções dos atos e dos documentos que estiverem em seu poder. O juiz, na busca da recomposição, poderá, inclusive, citar terceiros que intervieram no processo, para que exercitem o contraditório e contribuam com elementos que auxiliem na restauração.

Citada, a parte poderá adotar três condutas: a) concordar com a restauração, colaborando com a juntada de cópias e de documentos que tiver em seu poder, hipótese na qual o procedimento terminará com a lavratura do auto de restauração, que, homologado pelo juiz, suprirá o processo desaparecido; b) não contestar a ação, situação em que será considerado revel, podendo as alegações do autor ser consideradas verdadeiras, na forma do arts. 334 e 345; c) concordar parcialmente com a restauração dos autos, hipótese em que o juiz verificará a necessidade de designação de audiência de instrução e julgamento, e, em caso de desnecessidade, decidirá.

Se a perda dos autos tiver ocorrido depois da produção das provas em audiência, o juiz, caso julgue necessário, mandará repeti-las. Contudo, o juiz só determinará a repetição das provas se efetivamente necessário. Se as partes tenham documentado, de forma suficiente, os atos probatórios (ex. laudo pericial, prova documental original), a repetição será dispensada.

Determinada a repetição das provas: a) as testemunhas serão reinquiridas ou, não sendo possível, poderão ser substituídas de ofício ou a requerimento da parte; b) a prova pericial, se não houver certidão ou cópia do laudo, será novamente realizada, a nomear, para o encargo, sempre que possível, o mesmo perito; c) a prova documental, não havendo certidão de documentos, será reconstituída mediante cópias e, na falta delas, pelos meios ordinários de prova.

Os serventuários e auxiliares de justiça deverão depor como testemunhas acerca dos atos que presenciaram ou confirmar que determinados documentos constavam nos autos do processo.

É possível que o juiz possua arquivos dos atos por ele praticados. Se eles existirem, o juiz juntá-los-á aos autos da ação de restauração, a gozarem da autoridade dos atos originalmente praticados. Caso não possua tais arquivos, mas tendo os atos judiciais sido substituídos por outros (decisões unipessoais ou acórdãos), a ausência será admitida se não prejudicar a execução.

Julgada a restauração, o processo seguirá os seus termos.

Se os autos originários forem localizados, dar-se-á preferência a eles, devendo os autos da restauração ser apensados ao original.

Caso o aparecimento ocorra na pendência de recurso interposto na ação de restauração, ele será julgado prejudicado por falta de interesse recursal.

A prestação jurisdicional, na ação de restauração, estará restrita à reconstrução e recomposição dos autos, não havendo qualquer discussão a respeito do mérito da ação cujos autos do processo estão sendo recompostos.

Na forma do art. 718, do CPC, "quem houver dado causa ao desaparecimento dos autos responderá pelas custas da restauração e pelos honorários de advogado, sem prejuízo da responsabilidade civil ou penal em que incorrer". Os honorários sucumbenciais e as custas serão devidos ainda que não seja oferecida contestação.

Além disso, a condenação ao pagamento dos honorários e das custas não afastará a responsabilização civil ou penal que porventura seja imputada à parte. A responsabilidade civil será subjetiva e abarcará todos os danos causados em decorrência do desaparecimento dos autos.

2.10. Ação de Exigir Contas

O CPC/1973 previa dois procedimentos especiais específicos para amparar as pretensões de exigir contas e prestar contas (procedimento especial de dar contas). Ocorre que, o legislador do CPC/2015 identificou que a prestação de contas não carecia de um procedimento especial específico, pois tal pretensão poderia ser instrumentalizada por meio do ***procedimento comum***, ou até mesmo pelo procedimento especial da ***consignação em pagamento,*** não havendo particularidade de direito material que justificasse um procedimento especial específico.

Permanece, no entanto, no CPC/2015 apenas o procedimento especial de exigir contas eis que o modelo bifásico que será a seguir detalhado, possui notória incompatibilidade com os passos do procedimento comum.

Na ação de exigir contas, a legitimidade para propositura da ação é daquele que afirma possuir interesses, direitos ou bens alheios administrados por outrem, chamado de gestor.

Já a legitimidade passiva é conferida àquele que administra os interesses alheios, possuindo a guarda ou administração dos interesses direitos ou bens alheios.

Por seu turno, o interesse de agir surge com a recusa de realização da prestação das contas voluntariamente (extrajudicialmente), se as contas já tiverem sido prestadas e aprovadas consensualmente, não haverá interesse (contas dos administradores de sociedade aprovadas em Assembleia).

Na forma do art. 550 do CPC/2015: "aquele que afirmar ser titular do direito de exigir contas requererá a citação do réu para que as preste ou ofereça contestação no prazo de 15 (quinze) dias".

Na petição inicial da ação de exigir contas, além do preenchimento dos requisitos previstos no art. 319 do CPC/2015, incumbe ao réu, na causa de pedir, especificar, de forma minuciosa e detalhada, as razões pelas quais exige as contas, instruindo a peça inaugural com documentos comprobatórios dessa necessidade, caso existam.

Importa destacar que a ação de exigir contas possui incompatibilidade com a audiência de conciliação ou mediação, mais um fator que particulariza o procedimento especial analisado.

Uma vez citado o legitimado passivo para responder, no prazo de 15 dias[112], ele poderá adotar uma série de posturas que serão a seguir delineadas.

Primeiro, o réu poderá **não prestar as contas e ato contínuo contestar a pretensão autoral**. Aqui revela-se a principal peculiaridade de tal procedimento especial, que é o modelo bifásico de cumulação sucessiva, onde na primeira fase decidir-se-á se existe ou não o direito de exigir às contas, ao passo que na segunda fase ocorrerá o julgamento das contas que foram então apresentados, apurando-se o saldo em favor do autor do réu e sua consequente execução.

Somente com o reconhecimento da existência do dever de prestar contas é que se avança para segunda fase do modelo bifásico, com a determinação para que o réu, na forma do § 5° do art. 550 do CPC/2015, preste as contas no prazo de 15 (quinze) dias, sob pena de não lhe ser lícito impugnar as que o autor apresentar.

O legislador concretiza, nesse ponto, o princípio da boa-fé objetiva, na vertente *venire contra factum proprium*, ao não admitir o comportamento contraditório do réu de não prestar as contas no prazo de quinze dias, seguido do comportamento incompatível com os parâmetros de eticidade de impugnar as contas apresentadas pelo autor.

Tal exigência também se estende ao autor que, na forma do art. 551, § 2 do CPC/2015, deverá apresentar as contas na forma adequada, já instruídas com os documentos justificativos, especificando-se as receitas, a aplicação das despesas e os investimentos, se houver, bem como o respectivo saldo.

112 Ocorreu, nesse ponto, o aumento do prazo para contestação, de cinco dias no CPC/1973, para quinze dias no atual código, privilegiando, assim, o contraditório da parte ré.

É preciso clarificar, por oportuno, qual é a natureza jurídica do pronunciamento que julga a primeira fase do procedimento bifásico. O legislador no art. 550, § 5° do CPC/2015 valeu-se da palavra **decisão**, ao invés de sentença como ocorria no CPC/1973. De tal alteração extrai-se o entendimento de que tal pronunciamento é uma **decisão interlocutória de mérito** que desafia o recurso de agravo de instrumento.

Uma vez produzindo os efeitos condenatórios da decisão parcial de prestar contas, inicia-se, então, a segunda fase que será adiante esmiuçada, salvo se houver concessão de efeito *ope judicis* ao agravo de instrumento na forma do art. 1019, I, do CPC/2015.

A **segunda postura** possível é, de pronto, aquiescer implicitamente com seu dever de prestar as contas, apresentando-as e não protocolar contestação. Em tal hipótese o procedimento não seguirá o modelo bifásico, eis que o réu já admitiu o seu dever de prestar contas, passando-se, de forma imediata, para segunda fase.

O legislador de forma escorreita determinou que as contas serão apresentadas **na forma adequada**, termo genérico que não restringe a atuação do réu apenas a apresentação das contas na forma mercantil como ocorria no CPC/1973. Deve o réu então especificar as receitas, a aplicação das despesas e os investimentos se houver.

Uma vez devidamente prestadas as contas no prazo de quinze dias, o autor será intimado, para exercitar o seu contraditório sobre os números apresentados. Impõe-se ao autor o dever de fundamentar de forma específica a sua impugnação, privilegiando o princípio da fundamentação qualificada e a boa-fé objetiva, vendando-se, pois, a impugnação genérica de rejeição de contas.

O legislador dispõe, ainda, na forma do art. 551, § 1°, do CPC que: "havendo impugnação específica e fundamentada pelo autor, o juiz estabelecerá prazo razoável para que o réu apresente os documentos justificativos dos lançamentos individualmente impugnados".

Pois bem.

O próximo passo procedimental, a partir de então, é seguir o procedimento comum. Assim, prestadas as contas, o autor terá 15 (quinze dias) para exercitar seu contraditório, prosseguindo o processo pelo procedimento estabelecido no Capítulo X do Título I deste Livro, eis que finalizadas as particularidades procedimentais que singularizam a ação de exigir contas.

O término do procedimento, naturalmente, ocorrerá com a prolação da sentença, em que o juiz irá aceitar ou não a prestação de contas, determinando o saldo credor ou devedor, ou a acertamento total das contas (equivalente a zero).

O legislador dispõe no art. 552 que: "a sentença apurará o saldo e constituirá título executivo judicial". Daí extrai-se o caráter dúplice da sentença, eis que tanto autor como réu poderão ser beneficiados com decisão judicial condenatória que autoriza a cobrança do saldo apurado.

Ao fim e ao cabo, o réu poderá, ainda, permanecer inerte, sem prestar contas e sem apresentar a contestação. Nessa situação verificar-se-á o fato da revelia (ausência de contestação do réu), onde os efeitos daí decorrentes podem ou não ser aplicados.

Portanto, caso os fatos apresentados pelo autor sejam verossímeis, o juiz julgará antecipadamente o pedido na forma do art. 355, II, do CPC/2015. Caso contrário, poderá prosseguir com o procedimento comum, requerendo novas provas para formação mais acurada da sua convicção.

CAPÍTULO XXXVI

Processo de execução

1. CONSIDERAÇÕES INICIAIS

A atividade jurisdicional de execução deve ser impulsionada pela existência de **título executivo judicial ou extrajudicial.** Seja qual for a natureza do título, conquanto se verifique a predominância de atos típicos da execução, pode-se verificar posterior atividade cognitiva. Porém, a natureza do título define a amplitude da cognição na execução. Se fundada em título executivo judicial, as matérias de cognição são mais restritas do que se fundada em título executivo extrajudicial.

Com o sincretismo processual e a convivência de atos cognitivos e executivos no mesmo processo, o cumprimento de sentença dará continuidade ao processo rumo à execução do título judicial. Nos casos de títulos executivos extrajudiciais, cujas disposições serão analisadas no presente capítulo, far-se-á necessária a formação de um processo executivo autônomo.

2. PRINCÍPIOS

A execução é guiada por alguns princípios setoriais. Dentre eles, enumeram-se:

a) ***Patrimonialidade***: quem responde pelo cumprimento da obrigação é o patrimônio da parte executada e não a sua pessoa (art. 789 do CPC).

b) ***Exato adimplemento***: a execução, em razão da garantia de acesso qualificado à prestação jurisdicional, deve proporcionar um cenário onde o direito subjetivo do exequente não tivesse sido desrespeitado.

c) ***Disponibilidade do processo pelo exequente***: se não tiverem sido opostos embargos, o exequente pode pedir desistência independentemente do consentimento do executado. Isso ocorre justamente porque a execução visa a satisfazer o direito do exequente. Se o pedido de desistência[113] for formulado após a oposição de embargos ou apresentação de impugnação ao cumprimento de sentença, ou mesmo da indicação de bens à penhora, à parte exequente caberá o pagamento dos ônus da sucumbência relativos à execução, tendo em vista a causalidade.

d) ***Utilidade***: a execução só se justifica se ela puder proporcionar algum proveito à parte exequente. Tanto é que a ausência de bens penhoráveis justifica a suspensão da execução (art. 921, III, do Código de Processo Civil). E ainda que eles (bens penhoráveis) existam, mas se forem suficientes apenas ao pagamento das custas da execução, não se levará a efeito a penhora, conforme dispõe o art. 836 do Código.

e) ***Realização em benefício do exequente***: a execução deve satisfazer ao interesse do exequente, que, aparentemente, em razão do atributo da certeza da obrigação reconhecida pelo título executivo, é quem deve ser contemplado pela prestação jurisdicional satisfativa. Em favor dele (do exequente), deve ser adimplida, pelo executado, a obrigação, conforme estabelece o art. 797 do Código de Processo Civil.

f) ***Menor onerosidade***: quando o exequente, por vários meios igualmente eficazes, puder promover a execução, o juiz mandará que se faça pelo modo menos gravoso para o executado (art. 805 e art. 829, § 2º, ambos do CPC). A agir assim, o juiz, além de garantir a satisfação da obrigação, também respeita a dignidade da pessoa do executado.

3. INSTRUMENTOS

A atividade jurisdicional de execução pode fazer uso de dois instrumentos: a) **sub-rogação**, que dispensa a atividade do devedor, porque o estado-juiz supre a atividade do devedor; b) **coerção**, que objetiva vencer a resistência do devedor no cumprimento da obrigação, sendo mais comum nas obrigações personalíssimas.

A sub-rogação utiliza a expropriação, o desapossamento e a transformação. A coerção, a imposição de multa, restrição de crédito ou, excepcionalmente (contra o devedor de alimentos), a prisão. A sub-rogação, quando cabível, é o instrumento que tem a maior possibilidade de tornar efetiva a prestação reconhecida pelo título executivo.

---

113. O pedido de desistência formulado via fac-símile somente produz eficácia após a anexação das peças originais (STJ. AgRg no REsp 870484/RS. DJU 17.12.07).

4. CONDIÇÕES DA AÇÃO EXECUTIVA

O Código exclui do rol das condições da ação a possibilidade jurídica do pedido. Tal modificação alcança a execução, que se limitará a duas condições da ação executiva, quais sejam, a legitimidade das partes e o interesse processual.

Quanto à primeira, está **legitimado** a **promover** a execução forçada o **credor**, considerado legitimado ativo primário/originário, sendo assim entendido aquele a quem a lei confere título executivo, conforme dispõe o art. 778 do Código de Processo Civil. Em seguida, o Código reconhece hipóteses de legitimidade superveniente ou derivada, situação na qual fatos supervenientes à constituição do crédito conferem legitimidade a outrem para prosseguir em sucessão ao exequente originário.

Na forma do art. 778, § 1º, do CPC, podem ainda promover a execução (legitimidade primária) ou nela prosseguir (legitimidade superveniente): a) **Ministério Público**, nos casos prescritos em lei (art. 178 do CPC); b) o **espólio**, os **herdeiros** ou os **sucessores** do credor, sempre que, por morte deste, for-lhes transmitido o direito resultante do título executivo; c) o **cessionário**, quando o direito resultante do título executivo lhe for transferido por ato entre vivos; d) o **sub-rogado**, nos casos de sub-rogação legal ou convencional.

Diferentemente da sucessão processual regulada no processo de conhecimento (art. 109, § 1º, do CPC), que exige o consentimento da parte contrária, o Código deixa claro que a sucessão processual ocorrida na fase de execução independe do consentimento do executado (art. 778, § 2º).

Por outro lado, têm legitimidade passiva para a execução (art. 779, § 1º): a) o **devedor**, reconhecido como tal no título executivo; b) o **espólio**, os **herdeiros** ou os **sucessores** do devedor; c) o **novo devedor**, que assumiu, com o consentimento do credor, a obrigação resultante do título executivo; d) o **fiador do débito** constante em título extrajudicial; e) **o responsável titular do bem vinculado por garantia real ao pagamento do débito**; f) o **responsável tributário**, assim definido em lei.

Quanto ao **interesse processual**, especificamente no aspecto da necessidade do provimento jurisdicional, o exequente não poderá executar o título sem provar que se realizou a condição ou que ocorreu o termo eventualmente fixado.

No aspecto da utilidade, a execução só poderá ser instaurada se o executado não satisfizer obrigação certa, exigível e líquida, consubstanciada no título executivo. Isso porque a parte credora não poderá iniciar a execução ou nela prosseguir se o devedor cumprir a obrigação.

Aliás, o exequente poderá recusar o recebimento se não corresponder à prestação, requerendo ao juiz sua (da prestação) execução, ressalvado, evidentemente, ao executado a faculdade de opor embargos.

Nos casos em que é defeso a um contraente, antes de cumprida a sua obrigação, exigir o implemento da do outro, não se procederá à execução, se a parte se propõe satisfazer a prestação, com meios considerados idôneos pelo juiz, mediante a execução da contraprestação pela outra (parte), e esta, sem justo motivo, recusar a oferta. Assim, o devedor poderá exonerar-se da obrigação, caso deposite em juízo a prestação. Nessa hipótese, o juiz suspenderá a execução, não permitindo que a parte credora receba a prestação, sem cumprir a contraprestação que lhe couber.

4.1. Cumulação de execuções

Desde que preenchidas as condições (e que haja, além de identidade procedimental, competência do juízo), o exequente, quando o executado for o mesmo, poderá cumular várias execuções, ainda que fundadas em títulos diferentes (art. 780).

5. COMPETÊNCIA

A execução fundada em título extrajudicial será processada **perante o juízo competente, observando-se o seguinte:** a) a execução poderá ser proposta no foro de domicílio do executado, de eleição constante do título ou, ainda, de situação dos bens a ela sujeitos; b) tendo mais de um domicílio, o executado poderá ser demandado no foro de qualquer deles; c) sendo incerto ou desconhecido o domicílio do executado, a execução poderá ser proposta no lugar onde for encontrado ou no foro de domicílio do exequente; d) havendo mais de um devedor, com diferentes domicílios, a execução será proposta no foro de qualquer deles, à escolha do exequente; e) a execução poderá ser proposta no foro do lugar em que se praticou o ato ou em que ocorreu o fato que deu origem ao título, mesmo que nele não mais resida o executado.

À semelhança do que ocorreu na reformulação das disposições relativas à competência para o cumprimento de sentença, o CPC/2015, nas execuções fundadas em título executivo extrajudicial, amplia as hipóteses de competência territorial para concretizar a efetividade e a realização em favor do exequente.

Com efeito, a hipótese prevista na letra "a" estabelece uma regra de competência dinâmica, ofertando, a partir do reconhecimento de foros concorrentes, mais opções à propositura da execução. O exequente poderá optar por intentar a execução no foro do domicílio do executado, no foro de eleição ou no constante no título, bem assim no da situação da coisa.

Na hipótese prevista na letra "e", que, por indevidamente não foi inserida na letra "a", admite a propositura da execução no foro do lugar em que se praticou o ato ou ocorreu o fato que deu origem ao título, mesmo que o executado lá não mais resida, a privilegiar, assim, a efetividade da execução.

No mais, o Código reproduz importantes regras de definição de competência do processo de conhecimento, adaptando-as ao processo de execução (letras "b" e "c"). No caso de litisconsórcio passivo, com domicílios diferentes, estabelece que a execução poderá ser intentada no foro de qualquer dos litisconsortes, à escolha do exequente (letra "d").

6. AMPLITUDE TERRITORIAL DA ATUAÇÃO DO OFICIAL DE JUSTIÇA

Não dispondo a lei de modo diverso, o juiz determinará os atos executivos, e o oficial de justiça os cumprirá. O atual Código inova, ao ampliar o território de atuação do oficial, que poderá cumprir os atos executivos, determinados pelo juiz, também **nas comarcas contíguas, de fácil comunicação, e nas que se situem na mesma região metropolitana (§ 1º do art. 782), a se evitar a expedição de cartas precatórias, que demandam tempo e custos.**

7. EMPREGO DE FORÇA POLICIAL

Sempre que, para efetivar a execução, for necessário o emprego da força policial, o juiz a requisitará, mediante comunicação a ser enviada ao comandante da respectiva unidade.

8. TÍTULOS EXECUTIVOS

No capítulo referente ao cumprimento de sentença, foram enumerados os títulos executivos judiciais. Agora, caberá dispensar o mesmo tratamento aos títulos executivos extrajudiciais previstos no Código (conquanto existam outros títulos executivos previstos na legislação extravagante).

Para aparelhar execução, é necessário que a documentação do ato revele uma prestação que seja, além de certa, também exigível e líquida. Exatamente por isso que o art. 803, I, do CPC, mesmo sem estar dotado da melhor técnica processual, pontua ser nula a execução se o título executivo extrajudicial não corresponder à obrigação certa, líquida e exigível. Semelhante é a disposição do art. 783, segundo a qual a execução para cobrança de crédito fundar-se-á sempre em título de obrigação certa, líquida e exigível.

A obrigação será certa quando não há dúvida com relação à sua existência. Será líquida quando pode ser individualizada com relação ao seu objeto. E será exigível quando não for cumprida na condição ou termo estabelecidos. Se a prestação não possuir estes atributos devidamente documentados, o exequente carecerá de interesse processual. Mas, antes de realizada a citação do executado, a execução poderá ser convertida em processo de conhecimento ou outro especial eventualmente cabível. Depois do ato citatório, não mais poderá haver conversão.

O art. 784 do CPC elencou os seguintes sendo títulos executivos extrajudiciais:

a) **a letra de câmbio, a nota promissória, a duplicata, a debênture e o cheque;**

b) **a escritura pública ou outro documento público assinado pelo devedor;**

c) **o documento particular assinado pelo devedor e por duas testemunhas;**

d) **o instrumento de transação referendado pelo ministério público, pela defensoria pública, pela Advocacia Pública, pelos advogados dos transatores ou por conciliador ou mediador credenciado pelo tribunal;**

e) **o contrato garantido por hipoteca, penhor, anticrese ou outro direito real de garantia e aquele garantido por caução;**

f) **o contrato de seguro de vida em caso de morte;**

g) **o crédito decorrente de foro e laudêmio;**

h) **o crédito, documentalmente comprovado, decorrente de aluguel de imóvel, bem como de encargos acessórios, tais como taxas e despesas de condomínio;**

i) **a certidão de dívida ativa da Fazenda Pública da União, dos Estados, do Distrito Federal, dos Territórios e dos Municípios, correspondente aos créditos inscritos na forma da lei;**

j) **o crédito referente às contribuições ordinárias ou extraordinárias de condomínio edilício, previstas na respectiva convenção ou aprovadas em assembleia geral, desde que documentalmente comprovadas;**

k) **a certidão expedida por serventia notarial ou de registro relativa a valores de emolumentos e demais despesas devidas pelos atos por ela praticados, fixados nas tabelas estabelecidas em lei;**

l) **todos os demais títulos a que, por disposição expressa, a lei atribuir força executiva.**

9. NÃO IMPEDIMENTO À EXECUÇÃO PELA PROPOSITURA DE AÇÃO A DISCUTIR A PRESTAÇÃO RECONHECIDA PELO TÍTULO

A propositura de qualquer ação a discutir a prestação reconhecida pelo título executivo não impede que o credor promova execução. A finalidade dessa disposição é não impedir a execução em razão da simples propositura de ação cognitiva, cujo escopo pode ser o de obstar o processo satisfativo da prestação reconhecida pelo título executivo.

Veja-se que não se pode impedir a propositura de execução em razão de ação cognitiva. Mas, nada impede, até como forma de afirmar o acesso qualificado à prestação jurisdicional que, em ação cognitiva, seja concedida tutela provisória para suspender o curso da execução. Seria necessário, para tanto, elemento de convicção suficiente à sobreposição de qualquer dos atributos do título executivo (certeza, exigibilidade ou liquidez).

10. TÍTULOS EXECUTIVOS EXTRAJUDICIAIS ESTRANGEIROS

Diferentemente do que ocorre com a sentença estrangeira, os títulos executivos extrajudiciais oriundos de países estrangeiros, para serem executados, não dependem de homologação pelo Superior Tribunal de Justiça. Para ter eficácia executiva, basta que restem satisfeitos os requisitos de formação referidos pela lei do lugar de sua celebração e que o Brasil seja indicado como o lugar de cumprimento da obrigação.

11. UTILIDADE DO PROCESSO DE CONHECIMENTO, APESAR DA EXISTÊNCIA DE TÍTULO EXECUTIVO EXTRAJUDICIAL

O Código, no art. 785, dispõe que a existência de título executivo extrajudicial não impede a parte de optar pelo processo de conhecimento, a fim de obter título executivo judicial. Em razão disso, não carecerá de interesse processual, o exequente que dotado de um título executivo extrajudicial, eleja a via cognitiva para constituição de título judicial. Por isso, orienta o enunciado 446 do FFPC que cabe ação monitória mesmo quando o autor for portador de título executivo extrajudicial.

Só não se admitiria o uso do processo de conhecimento quando o título executivo fosse judicial, pois o exequente careceria de interesse processual. Isso não acontece quando o título executivo é extrajudicial, porque sua conversão em judicial proporciona vantagens em favor do detentor. A maior delas, conquanto não seja a única, por certo, é a restrição das matérias de defesa possíveis de apresentação quando do uso da impugnação ao cumprimento da sentença.

12. EXECUÇÃO PROVISÓRIA E DEFINITIVA

Para os títulos executivos **extrajudiciais, a execução é definitiva**. Contudo, se opostos **embargos**, eles poderão, em algumas hipóteses, ser recebidos no **efeito suspensivo**. Se isso ocorrer, a execução se tornará provisória. Portanto, têm-se algumas possibilidades, que passam a ser analisadas abaixo:

a) ***oposição de embargos não recebidos no efeito suspensivo***: a execução seguirá até seu deslinde, realizando-se, se for necessário, atos de excussão necessários à satisfação do direito do exequente. Estes embargos podem ser acolhidos ou rejeitados. A depender do resultado, haverá consequências jurídicas diversas, quais sejam:

   a.1) *acolhimento dos embargos*: acolhidos os embargos e não interposto recurso, a execução será extinta ou adequada ao julgamento (reduzindo o valor executado, por exemplo), indenizando-se (ou reparando-se) eventuais prejuízos. Interposto recurso, recebido no efeito suspensivo, a execução prosseguirá, porquanto aquele alcança apenas a eficácia da sentença dos embargos. Provido o recurso interposto contra a sentença que acolheu os embargos (para reformá-la ou anulá-la), a execução continuará normalmente (a não ser que o provimento do recurso seja apenas parcial, o que implicará adequações à execução). Desprovido o recurso, a execução será extinta ou adequada ao julgamento (reduzindo o valor executado, por exemplo), indenizando-se (ou reparando-se) eventuais prejuízos.

   a.2) *rejeição dos embargos*: rejeitados os embargos, a execução, que não parou, continuará, caso ainda não tenha chegado ao seu fim. Tal ocorre inclusive se for interposto recurso contra a sentença que tenha rejeitados os embargos, porque aquela não goza de efeito suspensivo. Provido o recurso interposto contra a sentença que rejeitou os embargos, a execução será extinta ou adequada ao julgamento (reduzindo o valor executado, por exemplo), indenizando-se (ou reparando-se) eventuais prejuízos. Desprovido o recurso, a execução continuará normalmente (se é que já não tenha sido finalizada), até porque não parou.

b) ***oposição de embargos recebidos no efeito suspensivo***: pode ser atribuído efeito suspensivo aos embargos, a teor do que dispõe o art. 919 do Código de Processo Civil. Neste caso, não poderão ser realizados atos de excussão, o que, porém, não impossibilita a prática de alguns outros atos de execução, como a penhora e a avaliação de bens. O julgamento pode ensejar:

b.1) *rejeição dos embargos*: rejeitados os embargos e não interposto recurso, a execução prosseguirá. Sendo interposta apelação, que não goza de efeito suspensivo, a execução prosseguirá de forma provisória. Se provido o recurso interposto contra a sentença que rejeitou os embargos, a execução será extinta ou adequada ao julgamento (reduzindo o valor executado, por exemplo), indenizando-se (ou reparando-se) eventuais prejuízos. Se desprovido o recurso, a execução, se ainda não tiver findado, continuará.

b.2) *acolhimento dos embargos*: acolhidos os embargos, a execução não poderá seguir nos moldes originários. Ela será extinta ou adequada ao julgamento (reduzindo o valor executado, por exemplo), indenizando-se (ou reparando-se) eventuais prejuízos. Isso mesmo que tenha sido interposta apelação, porque o efeito suspensivo atribuído aos embargos não é alcançado pelo efeito suspensivo típico do recurso. Se provido o recurso interposto contra a sentença que acolheu os embargos, a execução retornará (ou, se parcial for o provimento, será adequada aos termos da decisão recursal). Se desprovido o recurso, a execução será extinta ou adequada ao julgamento (reduzindo o valor executado, por exemplo), indenizando-se (ou ressarcindo-se) eventuais prejuízos.

13. RESPONSABILIDADE PATRIMONIAL

Para o cumprimento de sua obrigação, o executado não responde pessoalmente. A responsabilidade recai sobre o seu patrimônio (bens presentes e futuros, salvo as restrições estabelecidas em lei). Poderá, igualmente, em determinadas ocasiões, recair sobre patrimônio de terceiro, considerando-se que a responsabilidade patrimonial **não se confunde com legitimação passiva** para a execução.

A responsabilidade limita-se ao necessário e ao suficiente para satisfazer a obrigação, razão pela qual o valor do bem penhorado deve ser sempre corretamente aferido (STJ. REsp 71960/SP. DJU 14.04.03). Pela mesma razão, o exequente, que estiver, por direito de retenção, na posse de coisa pertencente ao executado, não poderá promover a execução sobre outros bens se não depois de excutida a coisa que se achar em seu poder.

Comparativamente, ao anterior Código, o CPC/2015 promove alteração importante. Ele deixa claro que as impenhorabilidades não são absolutas, quando, no art. 833, apenas dispôs que são "impenhoráveis" (diferentemente do que ocorria com o art. 649 do CPC/1973, que dizia ser "absolutamente impenhoráveis").

O art. 833, lista os seguintes bens como sendo impenhoráveis:

a) os **bens inalienáveis**, bem como os **declarados**, por ato voluntário, **não sujeitos à execução**;

b) os **móveis**, **os pertences** e **as utilidades domésticas** que guarnecem a residência do executado, salvo os de elevado valor ou que ultrapassem as necessidades comuns correspondentes a um médio padrão de vida;

c) os **vestuários**, bem como os **pertences de uso pessoal** do executado, salvo se de elevado valor;

d) os **vencimentos, os subsídios, os soldos, os salários, as remunerações, os proventos de aposentadoria, as pensões, os pecúlios e os montepios**; bem como as **quantias recebidas por liberalidade de terceiro** e destinadas ao sustento do devedor e sua família, os **ganhos de trabalhador autônomo** e os **honorários de profissional liberal**[114](ressalvada hipótese de penhora para pagamento de prestação alimentícia, independentemente de sua origem, bem como às importâncias excedentes a 50 salários-mínimos mensais);

e) os **livros, as máquinas, as ferramentas, os utensílios, os instrumentos ou outros bens móveis necessários ou úteis ao exercício da profissão do executado**;

f) o **seguro de vida**;

g) os **materiais necessários para obras em andamento**, salvo se essas forem penhoradas;

h) a **pequena propriedade rural**, assim definida em lei, desde que trabalhada pela família;

i) os **recursos públicos** recebidos por instituições privadas para aplicação compulsória em **educação, saúde ou assistência social**;

j) **a quantia depositada em caderneta de poupança (ou em qualquer outra aplicação financeira) até o limite de 40 salários mínimos**;

k) os **recursos públicos do fundo partidário** recebidos por partido político, nos termos da lei;

l) os **créditos oriundos de alienação de unidades mobiliárias**, sob o regime de incorporação imobiliária, vinculados à execução da obra.

114. Consta na ementa do julgado referido: "*É impenhorável o valor depositado em conta bancária proveniente de restituição do imposto de renda, cuja origem advém das receitas compreendidas no art. 649, IV, do CPC/1973* [atual art. 833, IV, do CPC/2015)".

13.1. Impenhorabilidade do bem de família

Ao imóvel residencial próprio do casal, ou da entidade familiar, o atributo de impenhorabilidade foi concedido pela Lei nº 8.009/1990. Ela alcança o imóvel sobre o qual se assentam a construção, as plantações, as benfeitorias de qualquer natureza e todos os equipamentos, inclusive os de uso profissional, ou móveis que guarnecem a casa, desde que quitados. A impenhorabilidade do imóvel familiar, independentemente de qual seja o seu valor (STJ. REsp 715259/SP. DJe 05.08.10), é oponível em qualquer processo de execução.

Mas a **impenhorabilidade do bem de família cede espaço**:

a) pelo **titular do crédito decorrente do financiamento destinado à construção ou à aquisição do imóvel, no limite dos créditos e acréscimos constituídos em função do respectivo contrato**;

b) pelo **credor da pensão alimentícia, resguardados os direitos, sobre o bem, do seu coproprietário que, com o devedor, integre união estável ou conjugal, observadas as hipóteses em que ambos responderão pela dívida;**

c) para **cobrança de impostos, predial ou territorial, taxas e contribuições devidas em função do imóvel familiar**;

d) para **execução de hipoteca sobre o imóvel oferecido como garantia real pelo casal ou pela entidade familiar**;

e) por ter sido adquirido com **produto de crime ou para execução de sentença penal condenatória a ressarcimento, indenização ou perdimento de bens**.

13.2. Terceiros sujeitos à execução

O patrimônio do devedor e, eventualmente, de terceiro pode ser penhorado para garantir o cumprimento da obrigação inadimplida. Isso não significa dizer que qualquer bem de terceiro poderá ser objeto de penhora. Deve haver sua responsabilização patrimonial, seja decorrente de disposição legal, seja de ato volitivo.

Ao incidir a penhora sobre bens alheios, cabe aos terceiros interessados a oposição de embargos de terceiro, a fim de afastar a ilegalidade subjetiva da penhora realizada. Mas, em face da responsabilidade patrimonial, além dos bens do devedor, ficam sujeitos à execução, desde que demonstradas suas propriedades, os bens (art. 790 do CPC): a) ***do sucessor a título singular, tratando-se de execução fundada em direito real ou obrigação reipersecutória***; b)***do sócio, nos termos da lei***; c) ***do devedor, ainda que em poder de terceiros***; d) ***do cônjuge ou companheiro, nos casos em que os seus bens próprios ou de sua meação respondem pela***

dívida; e) ***alienados ou gravados com ônus real em fraude de execução***; f) ***cuja alienação ou gravação com ônus real tenha sido anulada em razão do reconhecimento, em ação autônoma de fraude contra credores***; g) ***do responsável, nos casos de desconsideração da personalidade jurídica.***

13.3. Responsabilidade patrimonial do fiador

O fiador, que é de regra devedor subsidiário, quando executado, tem direito de exigir que primeiro sejam executados os bens do devedor **situados na mesma comarca**, livres e desembargados, indicando-os pormenorizadamente à penhora. A tal prerrogativa, dá-se o nome de **benefício de ordem**, instituído pelo legislador como forma de afirmar a economia processual.

Como o devedor deve ressarcir o fiador pelo pagamento por ele efetuado nessa condição, inclusive nos mesmos autos da execução aparelhada pelo credor originário. Essa solução significa minoração da quantidade de atos processuais e, consequentemente, do dispêndio financeiro (com avaliação, realização de hastas públicas etc.) que, em última análise, será suportado pelo devedor principal.

Porém, os bens do fiador ficarão sujeitos à execução, se os do devedor forem insuficientes à satisfação do direito do credor. O mesmo acontecerá se fiador, que se obrigou como devedor solidário, renunciar ao benefício de ordem. Pela própria natureza da obrigação assumida pelos devedores solidários, onde o credor pode exigir de quaisquer dos devedores, de forma autônoma e independente, não há benefício de ordem.

A fiança é, de fato, draconiana. Quando regularmente formalizada, **até o bem de família do fiador pode ser penhorado para garantir o pagamento da obrigação assumida**[115]. A matéria restou pacificada a partir da edição do enunciado 549 da súmula de jurisprudência do Superior Tribunal de Justiça, que orienta ser válida a penhora de bem de família pertencente a fiador de contrato de locação.

13.4. Responsabilidade patrimonial do espólio e dos herdeiros

Os bens integrantes do espólio respondem pelas dívidas do falecido dentro das forças da herança e na proporção do quinhão que lhe couber. Se a partilha não se efetivou definitivamente, o credor poderá exigir aquilo que lhe é devido diretamente contra o espólio, a bastar que ele requeira sua habilitação.

115. Súmula 8 do TJSP: "*É penhorável o único imóvel do fiador em contrato locatício, nos termos do art. 3º, VII, da Lei 8.009, de 29.03.1990, mesmo após o advento da Emenda Constitucional nº 26, de 14.02.2000*".

Realizada a partilha definitivamente (o que se dá com o trânsito em julgado da sentença respectiva ou pela sua realização, por intermédio de escritura pública, junto à serventia extrajudicial), os bens destinados a cada herdeiro é que passam a responder pelas dívidas. Tal ocorrerá na proporção dos bens que couberem a cada herdeiro, até o limite da herança recebida.

14. FRAUDE À EXECUÇÃO

A fraude à execução (que também é tipificada como crime) consiste na alienação ou constituição de garantia, maliciosamente efetuada pelo executado, de seu patrimônio, com a finalidade de, no curso de ação, que pode ser inclusive de natureza penal[116], da qual tem ciência, fraudar a satisfação atual ou futura execução para a satisfação do direito de outrem.

A alienação ou a oneração de bem é considerada fraude à execução:

a) **quando sobre o bem pender ação fundada em direito real ou com pretensão reipersecutória, desde que a pendência do processo tenha sido averbada no respectivo registro público, se houver;**

b) **quando tiver sido averbada, no registro do bem, a pendência do processo de execução, na forma do art. 828;**

c) **quando tiver sido averbado, no registro do bem, hipoteca judiciária ou outro ato de constrição judicial originário do processo onde foi arguida a fraude;**

d) **quando, ao tempo da alienação ou da oneração, tramitava contra o devedor ação capaz de reduzi-lo à insolvência;**

e) **nos demais casos expressos em lei.**

15. RESPONSABILIDADE CIVIL DE ALEGADO CREDOR (ART. 776 DO CPC)

O exequente ressarcirá ao executado os danos que este sofreu, quando a sentença, transitada em julgado, declarar inexistente, no todo ou em parte, a obrigação, que deu lugar à execução. Tal busca evitar aparelhamento abusivo de execuções, assim reconhecidos quando declarada inexistente a obrigação disposta no título executivo. São as chamadas de "execuções ilícitas", cujo reconhecimento impõe ao exequente-vencido obrigação que vai além de pagar os encargos decorrentes da sucumbência.

---

116. Pois ela justifica aparelhamento de execução, quando condenatória transitada em julgado.

16. ATOS DA EXECUÇÃO

Se a legislação não dispuser de modo diverso, o juiz determinará os atos executivos (que variarão em razão da pessoa, das condições de solvência do devedor, da natureza da obrigação e da forma de realização do direito) e os oficiais de justiça os cumprirão. Para tal, sempre que for necessário o emprego da força policial, o juiz a requisitará.

17. DISPOSIÇÕES GERAIS

Aplicam-se subsidiariamente à execução (quando não houver disposição específica a respeito) as disposições que regem o **processo de conhecimento**. Por isso que: a) a petição inicial dos embargos à execução, quando não preenche os requisitos dos artigos 319 e 320 do CPC, é passível de emenda, nos termos do art. 321 do CPC; b) ao executado que, citado por edital ou por hora certa, permanecer revel, será nomeado curador especial, com legitimidade para apresentação de embargos (conforme enunciado 196 da súmula de jurisprudência do STJ); c) são cognoscíveis, de ofício, questões de ordem processual; d) a extinção do processo de execução não se restringe às hipóteses elencadas no art. 924, podendo se fundar em qualquer das situações constantes nos artigos 485 e 487.

CAPÍTULO XXXVII

Diversas Espécies de Execução

1. CONSIDERAÇÕES INICIAIS

O Código de Processo Civil trata das seguintes **espécies** de execução: a) **execução para entrega de coisa certa**; b) **execução para entrega de coisa incerta**; c) **execução de obrigação de fazer**; d) **execução de obrigação de não fazer**; e) **execução por quantia certa contra devedor solvente**; f) **execução por quantia certa contra devedor insolvente**; g) **execução por quantia certa contra a Fazenda Pública**; h) **execução por quantia certa de prestação alimentícia.**

Eventualmente, pode haver **conversão** da espécie nos próprios autos – sem que para tanto seja necessária a propositura de outra ação de execução.

No capítulo relativo ao CUMPRIMENTO DE SENTENÇA, tratou-se das **execuções impróprias** (ou imediatas, como preferem alguns), bem assim daquelas **próprias** (ou tradicional, como preferem alguns) fundadas em sentença penal condenatória transitada em julgado, sentença estrangeira homologada pelo STJ e sentença arbitral. Tratar-se-á, agora, das execuções **próprias** fundadas em **títulos executivos extrajudiciais**, além das **execuções por quantia certa contra a Fazenda Pública e de prestação alimentícia baseadas em títulos executivos extrajudiciais.**

2. DISPOSIÇÕES GERAIS ÀS DIVERSAS ESPÉCIES DE EXECUÇÃO

As disposições relativas ao **processo de conhecimento**, no que forem compatíveis, aplicar-se-ão subsidiariamente ao processo de execução. Por isso, os requisitos trazidos pelos artigos 319 e 320 do CPC, quando forem compatíveis, serão respeitados na petição inicial da execução.

Além desses requisitos, a petição inicial do processo de execução será instruída com: a) **título executivo extrajudicial**; b) **prova de que se verificou a condição, ou ocorreu o termo, se for o caso**; c) **prova, se for o caso, de que adimpliu a contraprestação que lhe corresponde ou que lhe assegura o cumprimento, se o executado não for obrigado a satisfazer a sua prestação senão mediante a contraprestação do exequente.**

O Código exige, ainda, a **juntada de demonstrativo do débito atualizado até a data da propositura da demanda.** Como se trata de requisito específico da execução de obrigação de pagar quantia, ele será oportunamente enfrentado.

A se acrescer aos requisitos encimados, incumbe ao exequente, ao intentar a execução, indicar na petição inicial: ***a) a espécie de execução de sua preferência, quando por mais de um modo pode ser realizada*; *b) os nomes completos do exequente e do executado e seus números de inscrição no Cadastro de Pessoas Físicas ou no Cadastro Nacional de Pessoa Jurídica*; *c) os bens suscetíveis de penhora, sempre que possível.***

3. INTIMAÇÕES OBRIGATÓRIAS DE TERCEIROS E OUTRAS MEDIDAS

As hipóteses de intimação obrigatória de terceiros interessados estão previstas no art. 799 e foram substancialmente ampliadas para contemplar todas as espécies de direitos reais sobre a coisa alheia, como forma de tutelar o contraditório em tais situações.

Incumbe ainda ao exequente: a) requerer a intimação do credor pignoratício, hipotecário, anticrético ou fiduciário, quando a penhora recair sobre bens gravados por penhor, hipoteca, anticrese ou alienação fiduciária; b) requerer a intimação do titular de usufruto, uso ou habitação, quando a penhora recair sobre bem gravado por usufruto, uso ou habitação; c) requerer a intimação do promitente comprador, quando a penhora recair sobre bem em relação ao qual haja promessa de compra e venda registrada; d) requerer a intimação do promitente vendedor, quando a penhora recair sobre direito aquisitivo derivado de promessa de compra e venda registrada; e) requerer a intimação do superficiário, enfiteuta ou concessionário, em caso de direito de superfície, enfiteuse, concessão de uso especial para fins de moradia ou concessão de direito real de uso, quando a penhora recair sobre imóvel submetido ao regime do direito de superfície, enfiteuse ou concessão; direitos reais sobre a coisa alheia de exploração; f) requerer a intimação do proprietário de terreno com regime de direito de superfície, enfiteuse, concessão de uso especial para fins de moradia ou concessão de direito real de uso, quando a penhora recair sobre direitos do superficiário, do enfiteuta ou do concessionário; g) requerer a intimação da sociedade, no caso de penhora de quota social ou de ação de sociedade anônima fechada, para o fim previsto no art. 876, § 7º; h) pleitear, se for o caso, medidas urgentes.

Deste modo, garante-se àqueles que podem ser atingidos reflexamente pelos atos de constrição de determinado bem tenham oportunidade de participar dos atos processuais praticados na execução. E nada mais sensato, porque são atingidos pelos atos executivos, que podem culminar em eventual desrespeito a direito que lhe assista.

4. EXECUÇÃO PARA A ENTREGA DE COISA CERTA

Diz-se certa a coisa quando ela está individualizada. Existindo obrigação, definida em título executivo extrajudicial, de entrega de coisa certa, o devedor será citado para, dentro de 15 dias, satisfazer a obrigação ou para, também no prazo de 15 dias, opor embargos à execução.

Ao despachar a petição inicial da execução para entrega de coisa certa, o juiz poderá (de ofício ou a requerimento do exequente) **fixar multa** (*astreintes*) por atraso no cumprimento da obrigação, ficando o respectivo valor sujeito à alteração, caso se revele insuficiente ou excessivo. Essa técnica mandamental será utilizada para pressionar psicologicamente o executado a entregar a coisa no supracitado prazo.

Se a coisa for alienada quando litigiosa, será expedido mandado contra o terceiro adquirente, **que somente será ouvido após depositá-la.** Em tal caso, o instrumento de defesa adequado serão os embargos de terceiro.

No caso de o devedor entregar a coisa (hipótese em que também se lavrará o respectivo termo), dar-se-á por **satisfeita a obrigação e extinta a execução**, salvo se esta tiver de prosseguir para o pagamento de frutos ou ressarcimento de prejuízos, se houver hipótese na qual será instaurado procedimento incidental de liquidação.

O pagamento do valor da coisa poderá decorrer da conversão da execução[117] para entrega de coisa certa em execução por quantia certa, ante a impossibilidade de cumprimento da prestação específica. Mas, a conversão poderá ocorrer em razão da simples manifestação da vontade do credor.

117. A decisão que converte a execução para entrega de coisa certa em execução por quantia certa é passível de impugnação por agravo de instrumento (art. 1.015, § único do CPC).

Efetuada a liquidação, se houver saldo em favor do executado ou de terceiros, o exequente o depositará quando requerer a entrega da coisa. Se houver saldo em favor do exequente, esse poderá cobrá-lo nos autos do mesmo processo.

5. EXECUÇÃO PARA A ENTREGA DE COISA INCERTA

Diz-se incerta a coisa quando definida apenas pelo gênero e pela quantidade, não estando, por isso, devidamente individualizada. Quando intentada a ação, o executado será citado para entregar coisa individualizada, se lhe couber a escolha. Mas, se essa (a escolha) couber ao exequente, este, já na petição inicia, fará sua indicação, individualizando-a.

A individualização da coisa pode ser **questionada** pela parte adversa no prazo de **15 dias**, quando comunicada a respeito. Se for o caso, o juiz decidirá a respeito, adotando como critério de julgamento, dentre outros, a regra de que o devedor não poderá dar a coisa pior, nem será obrigado a prestar a melhor. Havendo necessidade, antes de decidir, o juiz poderá nomear perito. Contra a decisão, por ser proferida em processo de execução, caberá a interposição de agravo por instrumento.

A partir de então, individualizada a coisa, **segue-se como execução para entrega de coisa certa**. A diferença entre a execução para a entrega de coisa incerta e a para entrega de coisa certa, portanto, está apenas na fase inicial.

6. EXECUÇÃO DAS OBRIGAÇÕES DE FAZER

As obrigações de fazer podem ser fungíveis ou infungíveis. As primeiras podem ser satisfeitas por terceiros caso o obrigado não a cumpra. As últimas dependem de aptidões específicas do obrigado, pelo que só podem ser satisfeitas por ele (são personalíssimas). Esta distinção é essencial.

Quando o objeto da execução for obrigação de fazer devidamente reconhecida por título executivo extrajudicial, o executado será **citado** para satisfazê-la no prazo que o juiz lhe assinar, se outro não estiver determinado no título executivo.

Pode acontecer de o título executivo prever a incidência de **multa coercitiva**, ajustada entre as partes, a fim de compelir o inadimplente a cumprir sua obrigação. Caso não haja, o exequente poderá pedir, na petição inicial, e o juiz deverá fixar *astreintes*, de modo a vencer a resistência do executado.

Se o valor da multa estiver previsto no título executivo, o juiz poderá reduzi-lo, se excessivo. Em respeito à isonomia, poderá também majorá-lo, se insuficiente.

O valor justo da multa é aquele capaz de dobrar a parte renitente, sujeitando-a aos termos da lei. Justamente aí reside o grande mérito da multa: ela se acumula até que o devedor se convença da necessidade de obedecer à ordem judicial.

O Código não instituiu a intimação pessoal do executado como requisito para aplicação das *astreintes*, a reforçar, assim, a desnecessidade da medida por suficiência da publicação na ocorrida na imprensa oficial em nome do patrono da parte. Assim, não constituirá condição necessária para cobrança da multa, pelo descumprimento de obrigação de fazer, **a intimação pessoal do executado acerca da fixação da multa,** ficando superado o enunciado 410 da súmula do STJ.

Durante o transcurso do interregno para satisfação da obrigação, o executado pode adotar alguns **comportamentos**. São eles:

a) ***cumprir a obrigação***: se o executado realiza a prestação, o juiz intimará o exequente para se pronunciar no prazo de 10 dias. Se não houver impugnação, o juiz considerará satisfeita a obrigação (art. 818 do CPC).

Se houver impugnação do exequente, o juiz decidirá a respeito (STJ. REsp 39268/SP. DJU 29.04.96). Se houver necessidade, ele (o juiz) poderá recorrer ao auxílio de um perito para só então decidir. Contra a decisão, caberá recurso de agravo de instrumento.

b) ***não cumprir a obrigação e não opor embargos***: se o executado não realizar a prestação no prazo designado, deve-se identificar se esta (a prestação) é fungível ou infungível.

Se fungível for, haverá duas possibilidades.

A primeira, o exequente poderá optar pela conversão da obrigação de fazer em perdas e danos, nos próprios autos do processo. Apurado o *quantum*, o que pode ser feito inclusive por liquidação (caso seja necessário, pois o seu valor, por exemplo, pode estar expresso no título executivo, pelo que aquela seria dispensada), seguir-se-á execução por quantia certa.

Se a conversão da obrigação de fazer em perdas e danos não for a opção do exequente, como a obrigação pode ser satisfeita por terceiro, o juiz, a atender ao pedido formulado pelo exequente, assim autorizará, devendo o executado assumir as respectivas despesas. Logo, o juiz escolherá um terceiro para cumprir a obrigação, devendo, antes, apresentar sua proposta.

Mas, se o exequente quiser executar, ou mandar executar, sob sua direção e vigilância, as obras e os trabalhos necessários à realização da prestação, terá preferência, em igualdade de condições à oferta apresentada pelo terceiro (art. 820 do CPC). O direito de preferência deverá ser exercido no prazo de 05 dias, **após aprovada a proposta do terceiro**, sob pena de decadência.

Para viabilizar a imediata execução, o exequente adiantará as quantias previstas na proposta que, ouvidas as partes, o juiz houver aprovado.

Se o responsável pelo cumprimento for o exequente, não poderá impugnar a prestação por ele realizada. O executado é quem poderá impugnar (alegando, por exemplo, que a obrigação foi cumprida além dos limites previstos no título executivo).

Acolhida a impugnação do executado, proceder-se-á aos ajustes necessários, para que ele não responda além daquilo que se obrigou.

Contra a decisão que julga a impugnação, cabe agravo de instrumento.

Sendo o responsável um terceiro, o juiz ouvirá as partes no prazo de 10 dias.

Não havendo impugnação, dará por satisfeita a obrigação (art. 818 do CPC), prosseguindo a execução contra o executado com a finalidade de ressarcir a quantia adiantada pelo exequente, além de eventual ônus sucumbencial.

Havendo impugnação, o juiz a decidirá. Em sua decisão, pode o juiz entender que a obrigação foi devidamente satisfeita, prosseguindo a execução em face do executado para fins de ressarcimento do valor adiantado pelo exequente ao terceiro.

Se decidir que o terceiro contratado não realizou a prestação no prazo, ou que o praticou de modo incompleto ou defeituoso, o exequente poderá (mera faculdade - STJ. REsp 9584/SP. DJU 09.03.92) requerer, no **prazo de 15 dias,** que o autorize a concluí-la ou a repará-la à custa do contratante (art. 819 do CPC).

Ouvido o contratante no prazo de 15 dias, o juiz mandará avaliar o custo das despesas necessárias e o condenará ao pagamento (parágrafo único do art. 819 do CPC).

Caso não seja do interesse do exequente assumir o cumprimento da obrigação, requererá ao juiz que mande o terceiro concluir ou reparar o fato. Cumprida a obrigação, a execução prosseguirá contra o executado, a fim de ressarcir os valores que o exequente adiantou ao terceiro.

Caso, no julgamento da impugnação, o juiz decida que o terceiro (na utilização do numerário decorrente da oferta) prestou o fato além do que devido pelo executado, este último responderá apenas pelo valor da obrigação devida, que deverá ser apurado.

Contra a decisão que julgar a impugnação, caberá agravo de instrumento.

Se a obrigação for infungível ou quando convencionarem que o executado satisfaça pessoalmente, o exequente poderá requerer ao juiz que lhe assine prazo para cumpri-la. Havendo recusa ou mora do executado, sua obrigação pessoal será convertida em perdas e danos, caso em que, depois de apuradas estas (se houver necessidade) prosseguir-se-á com o procedimento de execução por quantia certa.

c) ***não cumprir a obrigação e opor embargos***: o prazo para oposição de embargos é de 15 dias. Se recebidos em efeito suspensivo, a execução não poderá prosseguir. Somente após o julgamento destes é que, se não houver prejudicialidade, ela continuará. Se os embargos não forem recebidos em efeito suspensivo, a execução continuará.

7. EXECUÇÃO DAS OBRIGAÇÕES DE NÃO FAZER

As obrigações de não fazer, que decorrem de lei ou de contrato, podem ser instantâneas ou permanentes. A primeira, se descumprida, não poderá ser desfeita (o que acontece, por exemplo, com a divulgação da imagem de um artista noutra canal de televisão). A última, conquanto descumprida, pode ser desfeita (como acontece, por exemplo, com a obrigação de não edificar).

A distinção entre as obrigações de não fazer instantâneas e permanentes é de fundamental, porquanto ensejam consequências processuais diferentes, razão por que devem ser analisadas de forma separada.

Confira-se:

a) ***obrigação de não fazer instantânea***: descumprida a obrigação reconhecida por título executivo extrajudicial, restará a conversão em perdas e danos. Quando estiver diante de uma obrigação de não fazer instantânea, não ingressará com uma "execução de obrigação de não fazer". A execução será por quantia certa. Esta contemplará, além das perdas e danos (que poderão ser apurados por liquidação – às vezes, contudo, a quantia pode estar previamente definida, inclusive pelas partes), o valor da multa coercitiva aplicada. Isso, porque, nas obrigações de não fazer instantâneas, a multa coercitiva é aplicada uma única vez, sendo fixada em elevado valor, a fim de inibir a prática do ato contido. Depois de descumprida a obrigação, a multa não pode continuar sendo contada, porquanto a obrigação de desfazer é impossível (STJ. REsp 634775/CE. DJU 16.11.04). O executado que descumpre obrigação de não fazer instantânea, pois, será citado para pagar ou opor embargos, seguindo-se, então, o rito da execução por quantia certa.

b) ***obrigação de não fazer permanente***: descumprida a obrigação de não fazer permanente prevista em título executivo extrajudicial, o exequente requererá ao juiz que assine ao executado prazo para desfazer o ato comissivo. Em execução, o executado será, agora, citado a fazer algo (desfazer o que estava obrigado a não fazer, mas foi feito). Diante deste cenário (existência de obrigação de desfazer), adota-se o mesmo procedimento da execução da obrigação de fazer, onde o executado poderá cumprir a obrigação, não cumpri-la ou opor embargos, a desdobrar-se o andamento processual conforme antes exposto.

8. EXECUÇÃO POR QUANTIA CERTA CONTRA DEVEDOR SOLVENTE

8.1. Penhora, da avaliação e da expropriação de bens

8.1.1. Disposições gerais

A execução por quantia certa contra **devedor solvente**, que também é realizada em benefício do exequente tem por objeto a **expropriação de bens do executado**, a fim de, com o resultado da alienação, satisfazer o direito do exequente (STJ. REsp 1089888/SC. DJe 21.05.09). Antes da expropriação, é ordem natural que, por intermédio da prestação jurisdicional, os bens sejam **penhorados e avaliados**.

Para a prática destes atos, faz-se necessário o exercício do direito de ação por **petição inicial**. Ela, na execução por quantia certa contra devedor solvente, deve vir acompanhada de **memória discriminada e atualizada de cálculos**, a não ser que o exequente se satisfaça apenas com o valor nominal do título, ou este já expresse todo o valor devido (art. 798, I, b, do CPC).

O demonstrativo de débito deve conter: a) índice de correção monetária adotado; b) a taxa de juros aplicada; c) os termos inicial e final de incidência do índice de correção monetária e da taxa de juros utilizados; d) a periodicidade da capitalização dos juros, se for o caso; e) a especificação do desconto obrigatório realizado.

8.1.2. Citação do Devedor e Indicação de Bens

Ao despachar a petição inicial, de logo, o juiz fixará os **honorários advocatícios** de **10%** a serem pagos pelo executado, sendo este **citado**, para, no prazo de **3 dias**, contados da realização da citação propriamente dita, independentemente da juntada do mandado aos autos, pagar a dívida somada aos honorários advocatícios.

Juntada a primeira via do mandado aos autos, começa a correr o prazo para a **oposição de embargos**, que dispensa a segurança do juízo. Portanto, correm dois prazos: um para pagamento, contado independentemente da juntada do mandado aos autos, e outro para oposição de embargos, contado a partir da juntada do mandado aos autos.

Para tentar conter a resistência do executado, o valor dos honorários poderá ser **elevado até 20%,** quando rejeitados os embargos à execução, podendo a majoração, caso não opostos os embargos, ocorrer ao final do procedimento executivo, levando-se em conta o trabalho realizado pelo advogado. Contudo, efetuado o pagamento no prazo encimado, os honorários serão **reduzidos** de 10% para **5%** e a **execução será extinta**.

O Código simplifica o procedimento, ao não exigir uma segunda via de mandado, caso não efetuado o pagamento. No próprio mandado de citação, constará, também, a **ordem de penhora e a avaliação** a ser cumprida pelo oficial de justiça logo que verificado o não pagamento no prazo assinalado, de tudo, lavrando-se auto, com intimação do executado.

A penhora recairá sobre os bens indicados pelo exequente que, em regra, possui a primazia na indicação, salvo se outros forem indicados pelo executado e aceitos pelo juiz, mediante demonstração de que a constrição proposta lhe será menos onerosa e não trará prejuízo ao exequente.

Se o executado não atender à determinação judicial estará cometendo atentado à dignidade da justiça, podendo ser aplicada em seu detrimento **multa pecuniária não superior a 20% do valor atualizado do débito em execução**, o qual será revertido em proveito do exequente, exigível nos próprios autos do processo, sem prejuízo de outras sanções de natureza processual ou material.

O que o Código aqui chama de "arresto", entenda-se "pré-penhora" ou "penhora antecipada". Trata-se de medida de execução e não acautelatória (tutela provisória cautelar), como o vocábulo empregado poderia deixar a entender. Por isso, o "arresto" executivo não se submete aos requisitos formais procedimentais da tutela de urgência provisória cautelar.

8.1.3. Ordem do rol de bens penhoráveis

A penhora observará, **preferencialmente**, a seguinte **ordem**: **a) dinheiro**, em espécie ou em **depósito** ou **aplicação** em instituição financeira; **b) títulos da dívida pública** da União, Estados e Distrito Federal **com cotação em mercado**; **c títulos e valores mobiliários com cotação em mercado**; **d)veículos** de via **terrestre**; **e) bens imóveis**; **f) bens móveis em geral**; **g) semoventes; h) navios** e

aeronaves; i) ações e **quotas de sociedades simples e empresárias**; j) percentual do **faturamento** de empresa devedora; **k) pedras e metais preciosos; l) direitos aquisitivos derivados de promessa de compra e venda e de alienação fiduciária em garantia. m) outros** direitos.

Essa ordem de preferência é estabelecida levando em consideração a facilidade de alienação. Isso possibilita rápida satisfação da prestação executada.

Apesar de o texto legal dizer expressamente que a ordem supracitada só deve ser observada preferencialmente, o § 1º do artigo 835 do Código mitiga essa disposição ao reconhecer a **prioridade de caráter absoluto à penhora em dinheiro.** Isso, por uma razão bem simples: o dinheiro não precisa ser alienado em hasta pública, como ocorre com os demais bens, de modo que proporciona indiscutível economia ao processo.

Para fins de substituição da penhora, equiparam-se a dinheiro à fiança bancária e o seguro garantia judicial, desde que em valor não inferior ao do débito constante da inicial, acrescido de 30%.

8.1.4. Substituição de penhora

A penhora, mediante requerimento da parte interessada, poderá ser **substituída**: a) se **não obedecer à ordem legal**; b) se **não incidir sobre os bens designados em lei, contrato ou ato judicial** para o pagamento; c) se, **havendo bens no foro da execução, outros houverem sido penhorados**; d) se, **havendo bens livres, a penhora houver recaído sobre bens já penhorados ou objeto de gravame**; e) se incidir sobre **bens de baixa liquidez**; f) se **fracassar a tentativa de alienação judicial** do bem; g) se o devedor **não indicar o valor dos bens** ou **omitir qualquer informação relativa à sua individualização.**

8.1.5. Penhora e Depósito

A penhora deverá incidir em tantos bens quantos bastem para o pagamento do **principal, juros, custas e honorários advocatícios.** Ela será efetuada onde quer que se **encontrem os bens** (mesmo que através de carta), ainda que sob a posse, detenção ou guarda de terceiros.

No caso da penhora de imóveis, independentemente, de onde se localizem, quando apresentada certidão da respectiva matrícula, e na penhora de veículos automotores, quando apresentada certidão que ateste a sua existência, serão realizadas por termo nos autos.

Se o executado não tiver bens no foro onde tramita o processo, não sendo possível a realização da penhora na forma acima analisada, ela (a penhora) será feita por carta[118], realizando-se, em seguida, a avaliação e a alienação dos bens do foro da situação.

Se o executado ou o terceiro fechar as portas da casa, a fim de obstar a penhora, o oficial de justiça comunicará o fato ao juiz, solicitando-lhe ordem de arrombamento. Se deferida, dois oficiais de justiça cumprirão o mandado, arrombando cômodos e móveis, em que se presuma estarem os bens, e lavrarão de tudo auto circunstanciado, que será assinado por duas testemunhas, presentes à diligência.

Se necessário for, o juiz requisitará **força policial**, a fim de auxiliar os oficiais de justiça na penhora dos bens e na prisão de quem resistir à ordem.

Os oficiais de justiça lavrarão em duplicata o auto da ocorrência, entregando uma via ao escrivão ou ao chefe de secretaria, para ser juntada aos autos, e a outra à autoridade policial, a quem couber a apuração criminal dos eventuais delitos de desobediência ou de resistência. Do auto da ocorrência constará o rol de testemunhas, com a respectiva qualificação.

Não se levará a efeito a penhora, quando evidente que o produto da execução dos bens encontrados será **totalmente absorvido pelo pagamento das custas da execução**. Essa orientação comporta exceção. Tal ocorre quando o credor estiver isento do pagamento de custas, como ocorre com a Fazenda Pública.

Nos casos alcançados pela regra geral, ou se não for encontrado quaisquer bens penhoráveis, o oficial, independentemente de determinação judicial, descreverá na certidão os bens que guarnecem a residência ou o estabelecimento do executado quando este for pessoa jurídica. O Código prevê, para este caso, a figura do **depósito provisório**. Após a elaboração da lista, o executado ou seu representante legal será nomeado depositário provisório dos bens até ulterior determinação do magistrado.

A penhora de bens imóveis realizar-se-á mediante **auto ou termo de penhora**, cabendo ao exequente, sem prejuízo da imediata intimação do executado, providenciar, para presunção absoluta de conhecimento por terceiros, a respectiva **averbação no ofício imobiliário**, mediante a apresentação de certidão de inteiro teor do ato, independentemente de mandado judicial.

Lavrar-se-á termo quando a penhora for realizada pelo escrivão ou chefe de secretaria a partir da apresentação, pela parte interessada, da certidão da respectiva

118. Súmula 46 do STJ: na execução por carta, os embargos do devedor serão decididos no juízo deprecante, salvo se versarem unicamente vícios ou defeitos de penhora, avaliação ou alienação dos bens.

matrícula (independentemente de onde se localizem o imóvel); sendo a penhora do imóvel realizada pelo oficial de justiça, lavrar-se-á auto.

Apreendidos e depositados os bens, a penhora considerar-se-á feita com a lavratura do **auto** ou do **termo**, que conterão: a) a indicação do **dia, do mês, do ano e do lugar** em que foi feita; b) os **nomes** do exequente e do executado; c) a **descrição dos bens** penhorados, com as suas **características**; d) a **nomeação do depositário** dos bens.

8.1.6. Intimação do Executado

Formalizada a penhora, dela será imediatamente intimado o executado, além de todos os sujeitos elencados no art. 889 referentes aos casos de direitos reais, na pessoa do **advogado** ou **à sociedade de advogados a que aquele pertença.**

No entanto, se não houver advogado constituído nos autos, a intimação será **pessoal**, de preferência por via postal. Nessa hipótese, quando o executado houver mudado de endereço, sem prévia comunicação ao juízo, considerar-se-á realizada a intimação no endereço antigo, observado o disposto no parágrafo único do art. 274 do CPC.

Se a penhora for realizada na presença do executado, este se dará por intimado, a se dispensar a intimação do advogado ou da sociedade de advogados a que ele pertence.

Recaindo a penhora sobre bem imóvel ou direito real sobre imóvel, será intimado também o **cônjuge do executado**, salvo se forem casados em regime de separação absoluta de bens.

Quanto ao depósito, o executado não necessariamente será nomeado (depositário), até porque o referido encargo não é obrigatório, podendo ser recusado. Aliás, de acordo com o comando do art. 840, os bens penhorados serão **preferencialmente depositados: a) as quantias em dinheiro, os papéis de crédito e as pedras e os metais preciosos, no Banco do Brasil, na Caixa Econômica Federal ou em banco do qual o Estado ou o Distrito Federal possua mais da metade do capital social integralizado, ou, na falta desses estabelecimentos, em qualquer instituição de crédito designada pelo juiz; b) os móveis, os semoventes, os imóveis urbanos e os direitos aquisitivos sobre imóveis urbanos, em poder do depositário judicial, ou, na ausência deste, em poder do exequente; c) os imóveis rurais, os direitos aquisitivos sobre imóveis rurais, as máquinas, os utensílios e os instrumentos necessários ou úteis à atividade agrícola, mediante caução idônea, em poder do executado.**

Os bens poderão ser depositados em poder do executado nos casos de difícil remoção ou quando anuir o exequente.

Constituído o depositário, ele não fica obrigado a cumprir o encargo até a extinção da execução. É que "ninguém será obrigado a fazer ou deixar de fazer alguma coisa senão em virtude de lei. Por essa razão, o mesmo tratamento deve ser conferido ao depositário que assume o encargo, mas, posteriormente, de forma justificada, explica que não pode mais arcar com tal ônus" (STJ. REsp 1120403/SP. DJe 03.12.09).

A destituição do depositário também é possível se ele não cumpre seu encargo.

Pode acontecer de ser necessária uma **segunda penhora** sobre bens diversos. Tal ocorrerá se: a) a **primeira for anulada**; b) executados os bens, o **produto da alienação não bastar** para o pagamento do exequente; c) o **exequente desistir da primeira penhora**, por serem litigiosos os bens, ou por estarem submetidos à constrição judicial.

Também poderá haver pedido de **substituição** da penhora por parte do executado, no prazo de 10 dias contado da sua intimação da penhora, desde que ele comprove cabalmente que o atendimento ao seu pedido não trará prejuízo algum ao exequente e será menos onerosa para sua pessoa. Por isso, tem se entendido que a substituição da penhora somente deve ser atendida para aumentar a liquidez da garantia.

O juiz só autorizará a substituição se o **executado**, em seu requerimento: a) comprovar as respectivas matrículas e os registros por certidão do correspondente ofício, quanto aos bens imóveis; b) descrever os bens móveis, com todas as suas propriedades e características, bem como o estado deles e o lugar onde se encontram; c) descrever os semoventes, com indicação de espécie, de número, de marca ou sinal e do local onde se encontram; d) identificar os créditos, indicando quem seja o devedor, qual a origem da dívida, o título que a representa e a data do vencimento; e) atribuir, em qualquer caso, valor aos bens indicados à penhora, além de especificar os ônus e os encargos a que estejam sujeitos.

Requerida a substituição do bem penhora, o executado deverá: a) indicar onde se encontram os bens sujeitos à execução; b) exibir a prova de sua propriedade e a certidão negativa ou positiva de ônus; c) abster-se de qualquer atitude que dificulte ou embarace a realização da penhora.

O executado somente poderá oferecer bem imóvel em substituição caso o requeira com a expressa anuência do cônjuge, salvo se o regime for o de separação absoluta de bens.

Formulado requerimento de substituição, para garantir o contraditório e a vedação às decisões surpresas, o juiz intimará o exequente para manifestar-se sobre o requerimento de substituição do bem penhorado.

De uma forma geral, as partes, e não apenas o executado, poderão requerer a substituição da penhora se: a) ela não obedecer à ordem legal; b) ela não ela não incidir sobre os bens designados em lei, contrato ou ato judicial para o pagamento; c) havendo bens no foro da execução, outros tiverem sido penhorados; d) havendo bens livres, ela tiver recaído sobre bens já penhorados ou objeto de gravame; e) ela incidir sobre bens de baixa liquidez; f) fracassar a tentativa de alienação judicial do bem; ou g) o executado não indicar o valor dos bens ou omitir qualquer das indicações previstas em lei.

Efetuada a substituição da penhora, deve ser lavrado outro termo referente à nova penhora que igualmente deverá conter os requisitos dispostos no art. 838 do CPC.

Se no decorrer da marcha executiva, o valor de mercado dos bens penhorados sofrer alteração significativa, será admitida a redução, a ampliação ou, até mesmo, a substituição de penhora.

O juiz, mediante requerimento, autorizará a **alienação antecipada** dos bens penhorados quando: a) se tratar de veículos automotores, de pedras e metais preciosos e de outros bens móveis sujeitos à depreciação ou deterioração; b) houver manifesta vantagem.

Antes de decidir a respeito da alienação antecipada, o juiz ouvirá a parte adversa, no prazo de 03 dias antes de decidir (art. 853 do CPC).

8.1.7. Penhora de dinheiro em depósito ou em aplicação financeira

Para possibilitar a penhora de dinheiro em depósito ou aplicação financeira, que é a modalidade **absolutamente preferencial** por dispensar a realização de atos de alienação, o juiz, a requerimento do exequente, sem dar ciência prévia do ato ao executado, determinará às instituições financeiras, por meio do sistema eletrônico gerido pela autoridade supervisora do sistema financeiro nacional (Banco Central), que torne indisponíveis ativos financeiros existentes em nome do executado, limitando-se a indisponibilidade ao valor indicado na execução.

8.1.8. Penhora de créditos

Quando a penhora recair sobre crédito do executado, o oficial de justiça penhorá-lo-á. Enquanto não ocorrer a apreensão do título representativo,

considerar-se-á feita a penhora pela intimação: a) ao **terceiro devedor**, para que não pague ao seu executado, seu credor; b) ao **executado**, para que não pratique ato de disposição do crédito.

Se o título não for apreendido, mas o terceiro confessar a dívida, este será havido como depositário da importância e apenas se exonerará da obrigação, depositando em juízo a importância da dívida. Se o terceiro negar o débito em conluio com o executado, a quitação, que este lhe der, considerar-se-á em fraude à execução.

8.1.9. Penhora das quotas ou das ações de sociedades personificadas

O art. 861 do Código de Processo Civil concretiza claramente a preservação da atividade empresarial, ao conferir preferência aos sócios na alienação das quotas, para que se opere, com maior facilidade, a continuidade da empresa.

Penhoradas as quotas ou as ações de sócios em sociedade simples ou empresária, o juiz deve assinar prazo razoável, não superior a 03 meses[119], para que a sociedade: a) apresente balanço especial, na forma da lei; b) ofereça as quotas ou as ações aos demais sócios, observado o direito de preferência legal ou contratual; c) não havendo interesse dos sócios na aquisição das ações, proceda à liquidação das quotas ou das ações, depositando em juízo o valor apurado, em dinheiro.

A liquidação da quota deve ser evitada ao máximo, pois constitui procedimento drástico, que pode causar prejuízos à continuidade da atividade empresarial. Tanto é assim que o § 1º do art. 861 dispõe: "para evitar a liquidação das quotas ou das ações, a sociedade poderá adquiri-las sem redução do capital social e com utilização de reservas, para manutenção em tesouraria".

8.1.10. Penhora da Empresa e de outros estabelecimentos e de semoventes

Quando a penhora recair sobre estabelecimento comercial, industrial ou agrícola, bem como em semoventes, plantações ou edifício em construção, o juiz nomeará um **administrador-depositário**, determinando-lhe, depois de estabelecer a sua remuneração, que apresente em **10 dias o plano de administração**.

119. Esse prazo poderá ser ampliado pelo juiz, se o pagamento das quotas ou das ações liquidadas: a) I – superar o valor do saldo de lucros ou reservas, exceto a legal, e sem diminuição do capital social, ou por doação; ou b) colocar em risco a estabilidade financeira da sociedade simples ou empresária.

Ouvidas as partes, que poderão escolher o depositário e ajustar o plano de administração, caberá ao juiz decidir a este respeito.

Se a empresa funcionar mediante concessão ou autorização, a penhora far-se-á, conforme o valor do crédito, sobre a renda, sobre determinados bens ou sobre todo o patrimônio. Para tanto, o juiz nomeará como administrador-depositário, de preferência, um dos seus diretores.

Recaindo, porém, **sobre todo o patrimônio**, prosseguirá a execução até seus ulteriores termos, ouvindo-se, antes da alienação judicial, o ente público que houver outorgado a concessão.

Por outro lado, quando a penhora recair **sobre a renda ou sobre determinados bens**, o administrador-depositário apresentará a forma de administração e o esquema de pagamento, observando-se, quanto ao mais, o disposto em relação ao regime de penhora de frutos e rendimentos de coisa móvel e imóvel.

8.1.11. Penhora de percentual de faturamento de empresa

A penhora de percentual do faturamento da empresa não é preferencial. Ao contrário, só deve ocorrer em **situações excepcionais**, por conta das repercussões negativas que pode causar em detrimento da pessoa jurídica, a ponto, inclusive, de comprometer a preservação da empresa, e de outros credores, cujos créditos, às vezes, são até mais privilegiados que o executado. Por isso, só será deferida a penhora sobre faturamento quando não houver bens hábeis à satisfação do crédito executado e o percentual definido não prejudicar o funcionamento da empresa.

Portanto, mais uma vez, caberá ao juiz, ao ponderar as circunstâncias relacionadas ao caso concreto, definir qual modalidade de penhora será utilizada.

De qualquer modo, privilegia-se a **função social da empresa** ao determinar que o juiz fixará percentual que propicie a satisfação do crédito exequendo em tempo razoável, mas desde que não torne inviável o exercício da atividade empresarial. Há uma evidente preocupação com a preservação da atividade empresarial, que não pode ter o seu faturamento penhorado em percentuais elevados.

O juiz deverá nomear **administrador depositário**, o qual submeterá à aprovação judicial a forma de sua atuação e prestará contas mensalmente, entregando em juízo as quantias recebidas com os respectivos balancetes mensais, a fim de serem imputadas no pagamento da dívida. Não se descarta a possibilidade de as partes realizarem um negócio jurídico processual para convencionarem quem será o administrador – depositário.

Na penhora de percentual de faturamento de empresa, observar-se-á, no que couber, o disposto quanto ao regime de penhora de frutos e rendimentos de coisa móvel e imóvel, modalidade de penhora que será analisada no próximo tópico.

8.1.12. Penhora de Frutos e Rendimentos de Coisa Móvel ou Imóvel

Essa técnica expropriatória tem o objetivo de satisfazer o direito do exequente por intermédio dos frutos e dos rendimentos do bem, sem necessidade de aliená-los. Trata-se de expediente **menos gravoso** ao executado e que, quando efetivo, deve ser estimulado pelo juiz.

Ordenada a penhora sobre frutos e rendimentos, o juiz deverá nomear um administrador depositário, que será investido de todos os poderes que concernem à administração do bem e à fruição de seus frutos e utilidade, perdendo o executado o direito de gozo do bem até que o exequente seja pago do principal, dos juros, das custas e dos honorários advocatícios da causa.

Na penhora dos frutos dos bens imóveis, para que a medida tenha eficácia frente a terceiros, é necessária a **averbação no ofício imobiliário**. Dispensam-se maiores formalidades para a averbação, sendo até desnecessária a expedição de mandado judicial. Basta que o exequente, no ofício imobiliário, apresente certidão de inteiro teor do ato.

O juiz poderá nomear administrador-depositário: a) o **exequente**, caso o executado consinta ou; b) **o executado**, caso o exequente consinta.

Não havendo consenso, o juiz nomeará profissional qualificado para o desempenho da função (administrador judicial).

Escolhido o administrador-depositário, ele deverá submeter à aprovação do juiz a forma de administração e a de prestar contas periodicamente.

Se houver discordância entre as partes ou entre essas e o administrador, o juiz decidirá a melhor forma de administração do bem.

Contra essa decisão, caberá agravo de instrumento.

O § 3º do art. 869 do CPC permite a penhora dos frutos também quando o imóvel do executado já estiver arrendado. Em tal situação, o inquilino pagará o aluguel diretamente ao exequente, salvo no caso de nomeação de administrador.

Para garantir os frutos, o exequente ou administrador do bem poderá celebrar locação, garantido sempre o contraditório ao executado.

Todas as quantias que forem recebidas pelo administrador serão entregues ao exequente, a fim de serem imputadas ao pagamento da dívida, situação na qual o exequente dará ao executado, por termo nos autos, a quitação das quantias por ele recebidas.

8.1.13. Avaliação

A avaliação, por regra, será feita pelo **oficial de justiça**. Caso sejam necessários **conhecimentos especializados e o valor da execução o comportar**, o juiz nomeará **perito**, fixando-lhe prazo não superior a 10 dias para entrega do laudo.

A avaliação realizada pelo oficial de justiça constará de vistoria e de laudo anexados ao auto de penhora ou, em caso de perícia realizada por avaliador, de laudo apresentado no prazo fixado pelo juiz, devendo-se, em qualquer hipótese, especificar **os bens, com as suas características, e o estado em que se encontram**, bem assim os seus respectivos **valores.**

Há, pois, 04 casos em que **não se procederá à avaliação**. São eles: a) uma das partes aceitar a estimativa feita (situação que se dispensa a participação do oficial de justiça)[120]; b) se tratar de títulos ou de mercadorias que tenham cotação na bolsa, comprovada por certidão ou publicação no órgão oficial; c) se tratar de títulos da dívida pública, de ações de sociedades e de títulos de crédito negociáveis em bolsa, cujo valor será o da cotação oficial do dia, comprovada por certidão ou publicação no órgão oficial; d) se tratar de veículos automotores ou de outros bens cujo preço médio de mercado possa ser conhecido a partir de pesquisas realizadas por órgãos oficiais ou de anúncios de venda divulgados em meios de comunicação, caso em que caberá a quem fizer a nomeação o encargo de comprovar a cotação de mercado.

Em sentido contrário, será admitida **nova avaliação** quando: a) qualquer das partes arguir, fundamentadamente, a ocorrência de erro na avaliação ou dolo do avaliador; b) se verificar, posteriormente à avaliação, que houve majoração ou diminuição no valor do bem; c) o juiz tiver fundada dúvida sobre o valor atribuído ao bem na primeira (na verdade, anterior, pois pode ter ocorrido mais de uma) avaliação (caso em que serão aplicadas as disposições do art. 480 do Código).

Definidos os valores após a avaliação, poderá o juiz mandar, a requerimento do interessado e ouvida a parte contrária: a) reduzir a penhora aos bens suficientes, ou transferi-la para outros, que bastem à execução, se o valor dos penhorados

120. Em tal hipótese, mesmo com a concordância das partes, caso o juiz tenha fundada dúvida a respeito do valor do bem, poderá, excepcionalmente, ser realizada a avaliação.

for consideravelmente superior ao crédito do exequente e acessórios; b) ampliar a penhora, ou transferi-la para outros bens mais valiosos, se o valor dos penhorados for inferior ao referido crédito do exequente.

Realizadas a penhora e avaliação, o juiz dará início aos atos de expropriação de bens, que podem ocorrer mediante **adjudicação, alienação por iniciativa particular ou em leilão judicial eletrônico ou presencial.**

Tais espécies de expropriação de bens são **complementares** e suas regras se interpenetram.

Confira-se:

8.1.14. Adjudicação

A adjudicação é forma de expropriação pelo qual o **exequente**, sem que os bens sejam alienados à hasta pública, **oferece preço não inferior ao da avaliação para ter para si a propriedade**, satisfazendo, em contrapartida, débito executado. É a forma preferencial de alienação, porque afirma a economia processual, a considerar que dispensa o pagamento de comissão ao leiloeiro, e tem procedimento bem menos burocrático, já que prescinde da publicação de editais.

A adjudicação difere-se da dação em pagamento porque consiste na transferência coativa do bem ao exequente.

Requerida a adjudicação, o executado será intimado a respeito, para que ele possa acompanhar o ato expropriatório e exercer o seu contraditório dinâmico.

A intimação será feita: a) **pelo Diário da Justiça**, na pessoa de seu advogado constituído nos autos; b) **por carta com aviso de recebimento**, quando representado pela Defensoria Pública ou quando não tiver procurador constituído nos autos; c) **por meio eletrônico**, quando, em se tratando de empresas públicas e privadas, exceto microempresas e empresas de pequeno porte, não tiver procurador constituído nos autos.

A intimação por qualquer das modalidades supracitadas será dispensada, se o executado for citado por edital e não tiver procurador nos autos.

A considerar a legitimidade para adjudicação, serão também intimados, acerca do requerimento formulado: a) o coproprietário de bem indivisível do qual tenha sido penhorada fração ideal; b) o titular de usufruto, uso, habitação, enfiteuse, direito de superfície, concessão de uso especial para fins de moradia ou concessão de direito real de uso, quando a penhora recair sobre bem gravado com tais direitos reais; c) o proprietário do terreno submetido ao regime de direito de superfície, enfiteuse, concessão de uso especial para fins de moradia ou concessão de direito real de uso, quando a penhora recair sobre tais direitos reais; d) o credor pignoratício, hipotecário, anticrético, fiduciário ou com penhora anteriormente averbada, quando a penhora recair sobre bens com tais gravames, caso não seja o credor, de qualquer modo, parte na execução; e) o promitente comprador, quando a penhora recair sobre bem em relação ao qual haja promessa de compra e venda registrada; f) o promitente vendedor, quando a penhora recair sobre direito aquisitivo derivado de promessa de compra e venda registrada; g) a União, o Estado e o Município, no caso de alienação do bem tombado[121].

O § 7º do art. 876 do CPC estabelece a necessidade de se intimar a sociedade em caso de penhora de quota social ou ação de sociedade anônima fechada realizada em favor de exequente alheio à sociedade. Intimada (a sociedade), ela ficará responsável por informar aos sócios a ocorrência da penhora, assegurando a estes o exercício do direito de preferência.

O direito de adjudicação pode ser também exercido: a)pelos **credores concorrentes** que hajam penhorado o mesmo bem; b) pelo **cônjuge** ou **companheiro**; c) pelos **descendentes** ou **ascendentes do executado**.

Havendo mais de um pretendente à adjudicação, entre eles proceder-se-á a licitação. Ao final desta, constatada a igualdade de oferta, a preferência será, respectivamente, do cônjuge, do companheiro, do descendente ou do ascendente, pois preferível que o bem permaneça na unidade familiar.

Realizada a adjudicação por credor, se o valor do seu crédito (principal, juros, custas processuais e honorários advocatícios) corresponder ao valor dos bens, a **execução será extinta**. Se o valor do crédito for inferior ao dos bens, o exequente **depositará de imediato a diferença** (sob pena de se tornar sem efeito a expropriação), ficando esta à disposição do executado. Se o valor do crédito for superior, a execução **prosseguirá pelo saldo remanescente**.

Os colegitimados têm o prazo de 05 dias para exercer o direito à adjudicação, respeitadas as regras de prioridade. Transcorrido tal prazo, contado da última intimação e decididas eventuais questões, o juiz mandará lavrar o **auto de adjudicação** respectivo.

Com a lavratura e **assinatura** do auto pelo juiz, pelo adjudicatário, pelo escrivão ou chefe de secretaria e, se estiver presente, pelo executado, a adjudicação torna-se perfeita, acabada e irretratável, pelo que será expedida a respectiva **carta de adjudicação e o mandado de imissão na posse**, quando se tratar de bem

121. Enunciado nº 448 do FPPC: (arts. 799, 804, 889, VIII e 1.072, I) O exequente deve providenciar **a intimação da União, Estados e Municípios no caso de penhora de bem tombado.**

imóvel (ou mesmo bem móvel, caso submetido a registro), ou **ordem de entrega** ao adjudicatário, para proceder a tradição do bem móvel.

A carta de adjudicação conterá a descrição do imóvel, com remissão à sua matrícula e aos registros, a cópia do auto de adjudicação e a prova de quitação do imposto de transmissão.

Se a penhora recair sobre bem hipotecado, é possível ao executado remir o bem, até a assinatura do auto de adjudicação, oferecendo preço igual ao da avaliação, se não tiver havido licitantes, ou ao do maior lance oferecido[122].

Esse comando consagra a **remição da execução** e privilegia a função social da propriedade ao permitir que o executado preserve o seu bem, ao ter prioridade de resguardá-lo em seu patrimônio retirando-lhe o gravame da hipoteca, desde que pague o valor da avaliação (se não houver havido licitantes) ou do maior lance.

O direito de remição também será estendido à massa ou aos credores em concurso nos casos de falência ou de insolvência, hipótese na qual o exequente não pode recusar o preço da avaliação do imóvel.

Frustradas as tentativas de alienação do bem, reabre-se a oportunidade para requerimento da adjudicação, caso em que também se poderá pleitear a realização de nova avaliação.

8.1.15. Alienação por Iniciativa Particular

Não efetivada a adjudicação dos bens penhorados, o exequente poderá requerer a alienação por sua própria iniciativa ou por intermédio de corretor ou leiloeiro público credenciado perante a autoridade judiciária, os quais deverão estar em exercício profissional por não menos de 05 anos.

Trata-se de forma de expropriação em que, diferentemente da adjudicação, os bens penhorados são alienados a terceiro por iniciativa do exequente, destinando-se o **produto**, que **não será inferior a patamar estabelecido pelo juiz**, à satisfação do valor executado.

Sendo esta a forma de expropriação, a parte deverá comunicar se ela própria realizará a alienação ou se será um corretor. Por sua vez, o juiz fixará o **prazo** em que a alienação deve ser efetivada, a forma de publicidade, o preço mínimo, as condições de pagamento e as garantias, bem como, se for o caso, a comissão de corretagem (que não deverá ultrapassar o montante de 5%).

---

122. Os artigos 1.482 e 1.483 do Código Civil foram revogados pelo art. 1.072 do CPC e seus conteúdos foram incorporados pelo respectivo texto.

Apresentadas as propostas, se elas não se harmonizarem às condições fixadas, serão submetidas à apreciação judicial, depois de ouvidas as partes, para decisão. Se considerar como razoáveis, poderá autorizar a alienação. Caso contrário, estabelecerá novo prazo para a realização do ato expropriatório.

A alienação será formalizada por **termo** nos autos, com assinatura do juiz, do exequente, do adquirente e, se estiver presente, pelo executado, expedindo-se carta de alienação do imóvel e o mandado de imissão na posse para o devido registro imobiliário (ou mesmo do bem móvel, caso submetido a registro), ou, se bem móvel, ordem de entrega ao adquirente. Antes, porém, da formalização do termo, o devedor poderá remir a dívida, caso em que a proposta apresentada perderá seu objeto.

Para uniformizar o procedimento desta forma de alienação, os **Tribunais** poderão editar **disposições complementares** ao procedimento, inclusive, a admitir, quando for o caso, o concurso de meios eletrônicos, e dispondo sobre o credenciamento dos corretores e leiloeiros públicos.

Inclusive, o CNJ editou a Resolução nº 160/11, que regulamenta essa forma de expropriação, mas, de qualquer modo, não impede que os tribunais tratem de disposições complementares.

Nas localidades onde não houver corretor ou leiloeiro púbico credenciado nos termos acima delineados, a indicação será de livre escolha do exequente[123].

A alienação por iniciativa particular poderá ser tornada sem efeito nas mesmas hipóteses da alienação em hasta pública.

8.1.16. Alienação em Hasta Pública (em leilão judicial eletrônico ou presencial)

A alienação em hasta pública é forma de expropriação consistente na oferta pública dos bens penhorados, onde o produto será revertido à satisfação do valor executado. Terá lugar quando não requerida adjudicação e não realizada a alienação por iniciativa particular dos bens penhorados. Trata-se, pois, de modalidade subsidiária de expropriação.

A realização do leilão pela via eletrônica traz vantagens, pois menos custoso e de maior efetividade, com potencialidade de atingir um público bem maior,

123. Sobre o tema, o enunciado nº 192 do FPPC, aplicando o princípio da instrumentalidade valorativa, acertadamente, prescreve que: "a alienação por iniciativa particular realizada por corretor ou leiloeiro não credenciado perante o órgão judiciário não invalida o negócio jurídico, salvo se o executado comprovar prejuízo".

formado por pessoas interessadas. Por tais razões, o leilão eletrônico é modalidade preferencial. Somente no caso de impossibilidade de sua realização, é que se adotará o leilão presencial, modalidade que será realizada no em local designado pelo juiz.

O leilão eletrônico, por óbvio, deve observar as garantias processuais das partes, de acordo com regulamentação específica do Conselho de Justiça e deverá atender aos requisitos da publicidade, autenticidade e segurança, com observância das disposições estabelecidas na legislação sobre certificação digital.

São atribuições do leiloeiro público: a) publicar o edital, anunciado a alienação; b) realizar o leilão onde se encontrem os bens ou no lugar designado pelo juiz em caso de leilão presencial; c) expor aos pretendentes os bens ou as amostras das mercadorias; d) receber e depositar, dentro de 01 dia, à ordem do juiz, o produto da alienação; e) prestar contas nos dois dias subsequentes ao depósito.

Em contrapartida, o leiloeiro terá o direito de receber do arrematante a comissão estabelecida em lei ou arbitrada pelo juiz.

Quanto a esse ponto, deve-se observar que as despesas com comissão de corretagem não são pagas pelo executado, ainda que a arrematação tenha sido realizada pelo exequente.

Para se estabelecer o preço como razoável, com base no qual se possa admitir em leilão e evitar a utilização de recursos contra a alienação do bem por alegado preço vil, o Código estabelece que o juiz da execução definirá um **preço mínimo**, as **condições de pagamento** e as **garantais** que poderão ser prestadas pelo arrematante.

No entanto, ainda que omisso o juiz quanto à definição do preço mínimo, tal não ensejará o adiamento ou a invalidade do ato de expropriação. Inclusive, o enunciado 193 do Fórum Permanente de Processualistas orienta que "não justifica o adiamento do leilão, nem é causa de nulidade da arrematação, a falta de fixação, pelo juiz, do preço mínimo para a arrematação".

Para qualquer que seja a forma de alienação em hasta pública, será precedido de publicação de **edital**, que conterá: a) **a descrição do bem penhorado, com suas características, e, tratando-se de imóvel, sua situação e suas divisas, com remissão à matrícula e aos registros**; b) **o valor pelo qual o bem foi avaliado, o preço mínimo pelo qual poderá ser alienado, as condições de pagamento e, se for o caso, a comissão do leiloeiro designado**; c) **o lugar onde estiverem os móveis, os veículos e os semoventes e, tratando-se de créditos ou direitos, a identificação dos autos do processo em que foram penhorados**; d)**o sítio, na rede mundial de computadores, e o período em que se realizará o leilão, salvo se este se der de modo presencial, hipótese em que serão indicados o local, o dia e a hora de sua**

realização; e) **a indicação de local, dia e hora de segundo leilão presencial, para a hipótese de não haver interessado no primeiro**; f) **menção da existência de ônus, recurso ou processo pendente sobre os bens a serem leiloados**.

Não será aceito preço vil. O Código fixa parâmetros objetivos para aferição da vileza. Primeiro, se o preço mínimo for estipulado pelo juiz e constate no edital, será vil o preço inferior ao mínimo ao montante fixado. Por outro giro, não tendo fixado preço mínimo, será vil o preço inferior a 50%[124] do valor da avaliação.

Logo, é importante que o juiz fixe, em qualquer que seja a modalidade de expropriação, o preço mínimo para se evitar discussões e recursos em razão da vileza.

Designado o leiloeiro, este deverá adotar todas as providências para ampla divulgação da alienação. A publicação do edital deverá ocorrer com **antecedência mínima de 5 dias** da data marcada para realização do leilão.

A forma de publicidade será eletrônica. O edital será publicado na **rede mundial de computadores**, em sítio designado pelo juízo da execução (geralmente será o sítio do tribunal a que está vinculado o juízo), e conterá descrição detalhada e, sempre que possível, com a descrição ilustrada dos bens, informando de forma expressa se o leilão será na modalidade eletrônica ou presencial.

Ocorre que, se não for possível a publicação na rede mundial de computadores ou se o juiz considerar que em razão das condições da sede do juízo, o modo eletrônico será insuficiente ou inadequado (o que em geral, mas não necessariamente, ocorre nas comarcas menores), o edital será afixado em local de costume e publicado, o seu resumo, pelo menos uma vez em jornal de ampla circulação local.

O Código confere ao juiz verdadeiro poder geral para adotar medidas atípicas a fim de alcançar a maior publicidade possível do edital. É no uso desse poder geral que o juiz, atendendo aos valores dos bens e às condições da sede do juízo, poderá: a) alterar a forma e a frequência da publicidade na imprensa; b) mandar publicar o edital em local de ampla circulação de pessoas; c) divulgar avisos em emissora de rádio ou televisão local, bem como em sítios distintos dos já nomeados.

---

124. O STJ tem entendido que não é vil o preço igual ou superior a 50% da avaliação (STJ. REsp 1017301/RJ. DJe 26.05.08). Este percentual deve considerar avaliação atual dos bens penhorados (STJ. REsp 117156/SP. DJU 08.03.00). Por conta disso, "*é dever do juiz determinar de ofício a atualização do laudo de avaliação, quando entre sua realização e a data da alienação judicial decorrer tempo significativo*" (STJ. AgRg no REsp 1196471/RS. DJe 14.12.10).

Nos casos de editais de leilão de imóveis e de veículos automotores, eles devem ser publicados pela imprensa ou por outros meios de divulgação, preferencialmente na seção ou no local reservados à publicidade dos respectivos negócios.

Se o juiz entender conveniente, poderá determinar a reunião de publicações em listas referentes a mais de uma execução.

Não realizado o leilão por qualquer que seja o motivo, o juiz mandará publicar a transferência, observando-se sempre os requisitos de ampla publicidade, conforme disposto acima.

O escrivão, o chefe de secretaria ou o leiloeiro que culposamente der causa a uma transferência indevida, responderá pelas despesas da nova publicação, podendo o juiz, inclusive, aplicar-lhe a pena de suspensão de 05 dias 03 meses, em procedimento administrativo regular, garantido o contraditório.

Devem ser cientificados da alienação judicial, com pelo menos 05 dias de antecedência, para que possam exercer as faculdades e direitos que lhes couber: **a) o executado, por seu advogado ou, se não tiver procurador constituído nos autos, por carta registrada, mandado, edital ou outro meio idôneo; b) o coproprietário de bem indivisível do qual tenha sido penhorada fração ideal; c) o titular de usufruto, uso, habitação, enfiteuse, direito de superfície, concessão de uso especial para fins de moradia ou concessão de direito real de uso, quando a penhora recair sobre bem gravado com tais direitos reais; d) o proprietário do terreno submetido ao regime de direito de superfície, enfiteuse, concessão de uso especial para fins de moradia ou concessão de direito real de uso, quando a penhora recair sobre tais direitos reais; e) o credor pignoratício, hipotecário, anticrético, fiduciário ou com penhora anteriormente averbada, quando a penhora recair sobre bens com tais gravames, caso não seja o credor, de qualquer modo, parte na execução; f) o promitente comprador, quando a penhora recair sobre bem em relação ao qual haja promessa de compra e venda registrada; g) o promitente vendedor, quando a penhora recair sobre direito aquisitivo derivado de promessa de compra e venda registrada; h) a União, o Estado e o Município, no caso de alienação de bem tombado.**

A uniformizar o tratamento dispensado pelo art. 487 do CPC, o estatuto processual amplia o rol de sujeitos que não podem arrematar, de modo a privilegiar a isenção e a evitar o conflito de interesses. Assim, poderá oferecer o lance quem estiver na livre administração de seus bens, com exceção: a) **dos tutores, dos curadores, dos testamenteiros, dos administradores ou dos liquidantes, quanto aos bens confiados à sua guarda e à sua responsabilidade**; b) **dos mandatários, quanto aos bens de cuja administração ou alienação estejam encarregados**; c) **do juiz, do membro do Ministério Público e da Defensoria Pública, do escrivão, do chefe de secretaria e dos demais servidores e auxiliares da justiça, em**

relação aos bens e direitos objeto de alienação na localidade onde servirem ou a que se estender a sua autoridade; d) **dos servidores públicos em geral, quanto aos bens ou aos direitos da pessoa jurídica a que servirem ou que estejam sob sua administração direta ou indireta;** e) **dos leiloeiros e seus prepostos, quanto aos bens de cuja venda estejam encarregados;** f) **dos advogados de qualquer das partes.**

Quanto ao pagamento, salvo nos casos em que o juiz convencione modo diverso, ele (o pagamento) deve ser realizado **de imediato pelo arrematante**, por depósito judicial ou por meio eletrônico.

O Código estabelece que, na presença de mais de um pretendente, proceder-se-á entre eles à licitação, mas no caso de igualdade de oferta, terá preferência o **cônjuge, o companheiro, o descendente ou o ascendente do executado, nessa ordem.**

No caso de **leilão de bem tombado,** a União, os Estados e os Municípios terão, nessa ordem, direito de preferência na arrematação em igualdade de oferta. Por tal razão, é que tais entes devem ser intimados, a fim de que possam exercer tal direito de preferência.

Se o leilão for de diversos bens e houver mais de um lançador, terá preferência aquele que se **propuser a arrematá-los todos em conjunto**, oferecendo para os bens que não tiverem lance, preço igual ao da avaliação e, para os demais, preço igual ao do maior lance que, na tentativa de arrematação individualizada, tenha sido oferecido para eles.

Quando o imóvel admitir cômoda divisão, a requerimento do executado, o juiz ordenará a **alienação judicial parcial**, desde que a parte destacada seja suficiente para o pagamento do exequente e para satisfação das despesas da execução. Para isso, a alienação em partes deve ser requerida a tempo de viabilizar a avaliação das glebas destacadas e sua devida inclusão no edital, caso em que caberá ao executado instruir o requerimento com planta e memorial descritivo subscritos por profissional habilitado. Entretanto, na ausência de lançador, a alienação será realizada em sua integridade. Por isso, o edital deve trazer todos os elementos para, primeiramente, tentar-se a alienação parcial e, não sendo ela realizada, tentar-se, logo em seguida, a alienação integral.

No caso de o exequente arrematar os bens e for o único credor, não estará obrigado a exibir o preço, mas, se o valor dos bens exceder ao seu crédito, depositará, dentro de 03 dias, a diferença, sob pena de tornar-se sem efeito a arrematação, e, nesse caso, realizar-se-á novo leilão, à custa do exequente.

O Código facilita as condições de pagamento ao admitir o **pagamento parcelado do preço tanto para bens móveis com para bens imóveis**. De fato, a arrematação, por regra, far-se-á mediante o pagamento imediato do preço à vista pelo arrematante por depósito judicial ou meio eletrônico. A proposta à vista sempre terá prevalência sobre as propostas de pagamento parcelado, por ser mais efetiva e segura. No entanto, o legitimado e interessado em arrematar o bem poderá apresentar proposta de aquisição parcelada do bem, por valor não inferior ao da avaliação, por escrito, até o início do primeiro leilão. Até a data do segundo leilão, a proposta deverá ser por valor que não seja considerado vil (inferior ao preço mínimo, caso estipulado pelo juiz ou 50% menor que o da avaliação).

As propostas para aquisição em prestações, que serão juntadas aos autos, conterão, em qualquer das hipóteses, oferta de pagamento de pelo menos 25% do valor do lance à vista e o restante parcelado em até 30 meses, garantido por caução idônea, quando se tratar de móveis e por hipoteca do próprio bem, quando se tratar de imóveis. Além disso, indicarão o prazo, a modalidade, o indexador de correção monetária e as condições de pagamento do saldo.

Aprovado o pagamento parcelado, eventual atraso de qualquer das prestações, acarretará na incidência de multa de 10% sobre a soma da parcela inadimplida com as parcelas vincendas.

Se houver inadimplemento, o exequente poderá pedir a resolução da arrematação ou promoverá, em face do arrematante, a execução do valor devido, devendo ambos os pedidos ser formulados nos autos da execução em que se deu a arrematação, sem a necessidade de ação autônoma.

Se cumularem propostas de pagamento parcelado: a) em diferentes condições: o juiz decidirá pela mais vantajosa, assim compreendida, sempre, a de maior valor; b) em iguais condições: o juiz decidirá pela formulada em primeiro lugar.

Nessa hipótese de arrematação a prazo, os pagamentos feitos pelo arrematante pertencerão ao exequente até o limite de seu crédito, e os subsequentes ao executado.

Para proteger o incapaz, o Código estabelece que se, em relação ao imóvel de propriedade (ou qualquer outro direito real) do incapaz, não se alcançar em leilão pelo menos 80% do valor da avaliação, o juiz confiará o bem à guarda e à administração de depositário idôneo, adiando a alienação por prazo não superior a 01 ano.

Se durante o período de adiamento, sobrevier algum pretendente que assegure, mediante caução idônea, o preço (integral) da avaliação, o juiz ordenará a alienação em leilão. Em tal hipótese para evitar desistência do pretendente à arrematação, o juiz impor-lhe-á ao desistente, multa de 20% sobre o valor da avaliação, em benefício do incapaz, valendo a decisão como título executivo (judicial).

No lapso de tempo fixado para o adiamento, o juiz poderá autorizar a locação do imóvel durante esse prazo.

Findo o prazo do adiamento, o imóvel será submetido a novo leilão, a identificar se o proprietário do imóvel continua incapaz. Caso positivo, serão observadas as restrições à alienação que lhe protege. Caso negativo, o leilão será realizado considerando a atual capacidade do proprietário.

Em caso do inadimplemento do arrematante (e do fiador, se houver), o juiz impor-lhe-á, em favor do exequente, a perda da caução, voltando os bens a novo leilão, do qual não serão admitidos a participar o arrematante e o fiador remissos. No entanto, caso o fiador do arrematante pague o valor do lance e da multa, poderá, então, requerer que a arrematação lhe seja transferida.

Será suspensa da arrematação logo que o produto da alienação dos bens (no caso de serem vários) for suficiente para o pagamento do exequente e para a satisfação das despesas da execução.

Quanto aos limites temporais do leilão: a) se for na modalidade eletrônica: a prática eletrônica do ato processual poderá ocorrer em qualquer horário até as 24h do último dia do prazo; b) se for na modalidade presencial: ultrapassado o horário forense, o leilão prosseguirá no dia útil imediato, à mesma hora em que teve início, dispensando-se novo edital.

A arrematação constará de **auto**, que será lavrado de imediato e poderá abranger bens penhorados em mais de uma execução, sendo mencionadas as condições de alienação.

Eletrônico ou presencial o leilão, **assinado** o auto pelo juiz, pelo arrematante e pelo leiloeiro, a arrematação será considerada perfeita, acabada e irretratável, ainda que venham a ser julgados procedentes os embargos do executado ou **ação autônoma** de que trata o § 4º do art. 903.

Contudo, a **ordem** de entrega do bem móvel ou a **carta** de arrematação do bem imóvel com o respectivo mandado de imissão na posse (ou móvel submetido a registro) somente será expedida depois de efetuado o **depósito** ou **prestadas as garantias** pelo arrematante, bem como realizado o pagamento da comissão do leiloeiro e das demais despesas da execução.

A carta de arrematação conterá a descrição do imóvel, com remissão à sua matrícula ou individuação e aos seus registros, a cópia do auto de arrematação e a prova de pagamento do imposto de transmissão, além da indicação da existência de eventual ônus real ou gravame.

Na hipótese de leilão de bem hipotecado, o executado poderá remi-lo até a assinatura do auto de arrematação, desde que ofereça preço igual ao do maior lance oferecido. De igual modo, no caso de falência ou insolvência do devedor hipotecário, o direito de remição será estendido à massa ou aos credores em concurso, não podendo o exequente recusar o preço da avaliação do imóvel.

A arrematação poderá ser: a) **invalidada,** quando realizada por preço vil ou com outro vício (como ocorre, por exemplo, quando ausente de um dos requisitos do edital); b) **considerada ineficaz** em relação ao sujeito que não for intimado, no caso de não observância da lista de intimação obrigatória disposta no art. 804 do Código; c) **resolvida,** se não for pago o preço ou se não for prestada a caução (na hipótese do pagamento parcelado).

O juiz decidirá a respeito das situações encimadas, se for provocado em até 10 dias após o aperfeiçoamento da arrematação. Ultrapassado esse prazo e constatada a inércia das partes, será expedida a carta de arrematação e, conforme o caso, a ordem de entrega ou mandado de imissão na posse. Depois disso, a invalidação da arrematação só poderá ser decretada mediante ação autônoma, em cujo processo o arrematante deve figurar como litisconsórcio necessário.

Poderá, ainda, ocorrer a **desistência** da arrematação, caso em que o arrematante receberá de volta imediatamente o depósito que tiver efetuado desde que: a) prove, nos 10 dias seguintes, a existência de ônus real ou gravame não mencionado no edital; b) se, antes de expedida a carta de arrematação ou a ordem de entrega, o executado alegar alguma das situações previstas no § 1º do art. 903; c) uma vez citado para responder a ação autônoma supracitada, desde que apresente a desistência no prazo de que dispõe para responder a essa ação.

Será considerado ato atentatório à dignidade da justiça a suscitação infundada de vício com o objetivo de ensejar a desistência do arrematante, devendo o suscitante ser condenado, sem prejuízo da responsabilidade por perdas e danos, ao pagamento de multa, a ser fixada pelo juiz e devida ao exequente, em montante não superior a 20% do valor atualizado do bem (§ 6º do art. 903 do CPC).

8.2. Pagamento ao credor

8.2.1. Disposições gerais

A satisfação do crédito exequendo far-se-á: a) pela entrega do dinheiro (proveniente da alienação dos bens penhorados ou da remição do executado); b) pela adjudicação dos bens penhorados.

8.2.2. Entrega do Dinheiro

O juiz autorizará que o exequente levante (saque), até a satisfação integral de seu crédito, o dinheiro depositado para segurar o juízo ou o produto dos bens alienados, bem como do faturamento de empresa ou de outros frutos e rendimentos de coisas ou empresas penhoradas, quando:

a) a execução for movida só a benefício do exequente singular, a quem, por força da penhora, cabe o direito de preferência sobre os bens penhorados e alienados;

b) não houver sobre os bens alienados outros privilégios ou preferências instituídos anteriormente à penhora.

Durante o plantão judiciário, veda-se a concessão de pedidos de levantamento (saque) de importância em dinheiro ou valores ou de liberação de bens apreendidos.

A expedição de mandado de levantamento poderá ser substituída pela transferência eletrônica do valor depositado em conta vinculada ao juízo para outra indicada pelo exequente.

Concorrendo **vários credores ou exequentes**, o dinheiro será distribuído e entregue consoante a ordem das respectivas preferências. Estas podem decorrer da **natureza do crédito** ou da **anterioridade da penhora**.

Primeiramente, paga-se o crédito de natureza privilegiada (assim colocado por decorrência de previsão legal). Havendo identidade de natureza, o recebimento ocorre de acordo com a anterioridade da penhora. Independentemente de quem tenha proposto a execução que deu ensejo à alienação dos bens, paga-se ao que efetuou a primeira penhora, depois, com a sobra, paga-se ao que efetuou a segunda, e assim sucessivamente.

Na hipótese de adjudicação ou alienação, os créditos que recaem sobre o bem, inclusive os de natureza *propter rem*, sub-rogam-se sobre o respectivo preço, observada a ordem de preferência.

A preferência em razão da natureza do crédito obedece à seguinte **ordem**: a) créditos **trabalhistas** (inclusive os decorrentes de acidentes de trabalho); b) créditos com **garantia real**; c) créditos **tributários**; d) créditos com **privilégio especial**; e) créditos com **privilégio geral**; f) créditos **quirografários**.

Os exequentes concorrentes, se houver, requererão as provas a serem produzidas em audiência. A disputa entre eles versará unicamente sobre o direito de preferência (questões outras, relacionadas ao crédito, têm sede própria de discussão) e a anterioridade da penhora. Findo o debate com a apresentação das razões, o juiz decidirá.

Se não houver título legal à preferência, o dinheiro será distribuído entre os concorrentes, observando-se a anterioridade de cada penhora.

Efetuado o pagamento do principal, juros, custas e honorários ao exequente (ou aos exequentes, se houver concurso entre eles), a importância remanescente, se houver, será entregue ao executado e a execução extinta. Não satisfeito o valor executado, a execução prosseguirá em relação ao crédito faltante.

9. EXECUÇÃO POR QUANTIA CERTA CONTRA A FAZENDA PÚBLICA

As execuções contra a Fazenda Pública (União, Estados, Municípios, Distrito Federal e respectivas autarquias e fundações públicas) podem ser por quantia certa, de obrigação de fazer, de não fazer ou de entregar coisa. As últimas seguirão as sistemáticas antes estudadas. Mas, a **execução por quantia certa** (seja ela fundada em título executivo judicial ou extrajudicial), em face da impenhorabilidade dos bens públicos (decorrente da inalienabilidade deles) e da essencialidade dos serviços públicos, obedecerá às disposições do artigo 910 do CPC.

Na execução por quantia certa contra a Fazenda Pública fundada em título extrajudicial, ela será **citada** para, no prazo de **30 dias**, **opor embargos**.

Para a Fazenda Pública, não há opção de pagamento, ainda que a quantia executada corresponda ou mesmo seja inferior (por disposição de vontade do credor) àquela devida. À Fazenda Pública resta apenas opor ou não embargos.

Se opuser embargos, eles serão processados e a Fazenda poderá alegar qualquer matéria que lhe seria lícito deduzir como defesa no processo de conhecimento.

Se não opuser os embargos ou transitando em julgado a decisão que os rejeita, expedir-se-á precatório ou requisição de pequeno valor em favor do exequente, observando-se o art. 100 da Constituição da República.

O pagamento será feito na **ordem de apresentação do precatório** e à conta do respectivo crédito. Fica vedada a designação de casos ou de pessoas nas dotações orçamentárias e nos créditos adicionais abertos para pagamento das requisições. Entretanto, os créditos de **natureza alimentícia** (decorrentes de salários, vencimentos, proventos, pensões e suas complementações, benefícios previdenciários e indenizações por morte ou por invalidez, fundadas em responsabilidade civil) terão **preferência** sobre os que tenham natureza diversa.

Dentre os créditos de natureza alimentícia, a preferência é dos titulares que tenham **60 anos de idade ou mais** na data de expedição do precatório, ou que sejam **portadores de doença grave**. Serão pagos com preferência sobre todos os demais débitos, até o importe equivalente ao triplo daquele considerado como de "pequeno valor", admitido o fracionamento para essa finalidade – o restante será pago na ordem cronológica de apresentação do precatório.

10. EXECUÇÃO POR QUANTIA CERTA DE PRESTAÇÃO ALIMENTÍCIA

O termo "alimentos", em seu sentido jurídico, corresponde, além dos suprimentos imprescindíveis à alimentação, aqueles necessários à manutenção do alimentante em seu cotidiano. O dever de prestar alimentos comumente decorre do direito de família, mas pode também dimanar do direito hereditário ou do direito das obrigações.

A execução de alimentos (sejam eles, provisionais, provisórios ou definitivos), pode estar fundada em **título executivo judicial ou extrajudicial**.

Se **fundada em título executivo judicial**, a execução dos débitos alimentares pretéritos pode ser feita por meio de **cumprimento de sentença**.

Se **fundada em título executivo extrajudicial** que reconheça a prestação alimentar, o juiz mandará citar o executado para, em 03 dias, efetuar o pagamento das parcelas anteriores ao início da execução e das que se vencerem no seu curso, provar que o fez ou justificar a impossibilidade de fazê-lo.

A constituição do título executivo extrajudicial se dá com a fixação de alimento por meio de acordos extrajudiciais, que dispensam homologação judicial[125]. O Código ainda estabelece algumas peculiaridades procedimentais e prerrogativas relacionadas à execução de alimentos, seja ela fundada em título executivo judicial ou extrajudicial.

Veja-se.

Recaindo a penhora em dinheiro, o oferecimento de qualquer defesa não obsta que o exequente **receba mensalmente a importância da prestação alimentícia**. Esta prerrogativa é aderente às próprias necessidades de quem recebe alimentos, que, periodicamente, precisa auferir verba essencial à sua manutenção.

Na execução fundada em título executivo judicial, que fixa os alimentos (sejam eles, provisionais, provisórios ou definitivos), o juiz mandará citar o executado para, em 03 dias, efetuar o pagamento das parcelas anteriores ao início da execução e das que se vencerem em seu curso, provar que o fez ou justificar a impossibilidade de efetuá-lo.

Citado, poderá ocorrer o seguinte: a) o executado pagar, circunstância em que o juiz extinguirá a execução (deve, porém, antes dar vistas ao exequente); b) o executado justificar a impossibilidade de pagamento, situação em que não poderá

125. O Código legitima os acordos extrajudiciais, reconhecendo ao Ministério Público e a Defensoria Pública idoneidade e aptidão para fiscalização da regularidade do instrumento (verificação da manifestação de vontade livre e consciente das partes) (STJ. REsp 1.117.639, Rel. Min. Massami Uyeda, j. 20.5.10. 3ª T. (Info 435)).

ser decretada a sua **prisão**, conquanto o valor cobrado continue sendo devido, pelo que poderá ser oportunamente exigido (apenas se afasta a possibilidade de decreto de prisão); c) o executado não pagar nem justificar, caso em que o juiz, atendendo a requerimento de exequente, decretar-lhe-á, como forma de coerção, a prisão pelo prazo de **01 a 03 meses**.

Contra este último pronunciamento judicial (que decreta a prisão do executado), caberá a interposição de agravo de instrumento ou mesmo a impetração da *habeas corpus* – observadas, naturalmente, as exigências formais próprias de cada instituto.

Quanto à utilização da prisão civil como medida coercitiva, o Código prevê, de forma expressa, a utilização da referida medida coercitiva mesmo às execuções de alimentos amparadas em título executivo extrajudicial.

Caso a ordem de prisão seja superior a 01 mês, o juiz necessariamente deverá **fundamentar** sua decisão, a explicitar as razões que o fizeram decidir por interregno além do mínimo. O Superior Tribunal de Justiça, enfrentando caso onde foi decretada prisão, através de decisão judicial sem fundamentação, pelo prazo de 02 meses, concedeu ordem parcial, reduzindo o prazo de prisão para 01 mês.

Decretada a prisão civil, ela só será suspensa com o cumprimento da obrigação, ou seja, pelo pagamento integral da prestação alimentícia, inclusive com incidência de correção monetária e acréscimo de juros de mora.

O débito alimentar que autoriza a prisão civil do alimentante é o que compreende as **03 prestações anteriores ao ajuizamento da execução e as que se vencerem no curso do processo**.

Sobrevindo modificação nas condições econômicas, poderá a parte interessada requerer, conforme as circunstâncias, redução ou aumento da prestação alimentar. Inclusive, quando cessada a obrigação de prestar alimentos, o juiz mandará liberar o capital, cessar o desconto em folha ou cancelar as garantias prestadas.

Independentemente da origem dos alimentos, eles são irrepetíveis. Pagos, não podem ser restituídos ao executado.

Passados mais de 03 meses, o crédito perde sua natureza alimentar. Ao exequente, se quiser, caberá propor execução por quantia certa, com a possibilidade de penhora do patrimônio do executado, mas não de sua prisão civil.

Se, entre os valores inadimplidos, houver parcelas vencidas há menos, bem como há mais de 03 meses, o credor não poderá propor execução de alimentos a contemplar o montante integral. A ele cabe, ou propor execução por quantia certa a englobar todo o valor, ou propor uma execução de alimentos, relativamente aos valores vencidos há menos de 03 meses, e uma execução por quantia certa, relativamente aos valores vencidos há mais de 03 meses. Não se admite, entretanto, a cumulação de execuções em único processo, porque diferentes são os respectivos procedimentos.

Não requerida a execução nos termos acima analisados, observar-se-á o disposto para execução de quantia certa, com a ressalva de que, recaindo a penhora em dinheiro, a concessão de efeito suspensivo aos embargos à execução não obsta a que o exequente levante mensalmente a importância da prestação.

No entanto, é preciso ponderar as circunstâncias do caso concreto, a fim de concretizar o processo acesso qualificado à prestação jurisdicional. O juiz poderá, em situações excepcionais, impedir o levantamento do valor quando, por exemplo, estiver diante de uma arguição de falsidade do título executivo.

CAPÍTULO XXXVIII

Execução por quantia certa contra devedor insolvente

1. CONSIDERAÇÕES INICIAIS

Nesse ponto, o Código estabeleceu, nas disposições finais e transitórias (art. 1.052 do CPC/2015), que, até a edição de lei específica, as execuções contra devedor insolvente, em curso ou que venham a ser propostas, permanecem reguladas pelo Livro II, Título IV, ou seja, pelos artigos **748 a 786-A do CPC/1973.**

CAPÍTULO XXXIX

Embargos à execução

1. CONSIDERAÇÕES INICIAIS

Quando a execução fundar-se em **título executivo extrajudicial**, o devedor poderá opor **embargos à execução**. Tais não constituem espécie recursal, mas **ação autônoma de conhecimento (com cognição ampla e exauriente), incidente à execução, proposta como instrumento de defesa do executado**.

2. EMBARGOS À EXECUÇÃO FUNDADA EM TÍTULO EXECUTIVO EXTRAJUDICIAL

2.1. Objeto dos embargos

O executado pode alegar, nos embargos: a) ***inexequibilidade do título ou inexigibilidade da obrigação***; b) **penhora incorreta ou avaliação errônea**; c) **excesso de execução ou cumulação indevida de execuções**; d) **retenção por benfeitorias necessárias ou úteis, nos casos de execução para entrega de coisa certa; e) incompetência absoluta ou relativa do juízo da execução; f) qualquer matéria que lhe seria lícito deduzir como defesa em processo de conhecimento**.

2.2. Procedimento

Sendo ação, os embargos devem ser inaugurados por **petição inicial**, que deverá indicar: indicará: a) o juízo ou tribunal, a que é dirigida; b) os nomes, os prenomes, o estado civil, a existência de união estável, a profissão, o número do CPF ou do CNPJ, o endereço eletrônico, o domicílio e a residência do requerente e do requerido; c) o fato e os fundamentos jurídicos do pedido; d) o pedido, com as suas especificações; e) o valor da causa; f) as provas com que o autor pretende demonstrar a verdade dos fatos alegados.

Além dos requisitos indicados acima, a petição inicial dos embargos deverá ser instruída com cópias das peças processuais relevantes (do processo de execução), bem como com outros documentos necessários à demonstração dos fatos que compõem a causa de pedir dos embargos. O advogado do embargante poderá declarar a autenticidade de tais cópias, sob sua responsabilidade pessoal, dispensando a autenticação por cartório.

Os embargos podem ser opostos pelo executado, **independentemente de qualquer garantia**, no prazo de **15 dias**, contados na forma do art. 231 do CPC. Nas execuções por carta, o prazo é contado: a) da juntada, na carta, da certificação da citação, quando os embargos versarem unicamente sobre vícios ou defeitos da penhora, da avaliação ou da alienação dos bens; b) da juntada, nos autos de origem, do comunicado eletrônico de cumprimento da carta enviado pelo juízo deprecado ao juízo deprecante ou, não havendo este, da juntada da carta devidamente cumprida, quando versarem sobre questões diversas das citadas no item "a".

Intentados os embargos, serão distribuídos por dependência e autuados em apartado. No caso da execução por carta (hipótese em que os bens do executado não se encontram no foro da execução, de tal sorte que a penhora deve operar-se em outro foro), os embargos serão oferecidos no juízo deprecante ou no juízo deprecado, mas a competência para julgá-los é do juízo deprecante, salvo se versarem unicamente sobre vícios ou defeitos da penhora, da avaliação ou da alienação dos bens efetuadas no juízo deprecado. Nesse sentido, dispõe o enunciado 46 da súmula do STJ: "Na execução por carta, os embargos do devedor serão decididos no juízo deprecante, salvo se versarem unicamente vícios ou defeitos da penhora, avaliação ou alienação dos bens".

O prazo para oferecimento de embargos pelo executado é externo, por isso, não incide sobre ele o disposto no art. 229 do CPC, que trata da duplicação de prazos internos para litisconsortes com procuradores diferentes. Logo, o prazo para oferecer embargos, havendo ou não litisconsortes com advogados distintos, será de 15 dias.

Os embargos serão liminarmente rejeitados: a) quando intempestivos; b) nos casos de indeferimento da petição inicial e improcedência liminar do pedido; c) quando manifestadamente protelatórios, caso em que o seu ajuizamento será considerado condutada atentatória à dignidade da justiça.

Os embargos à execução, em regra, **não têm efeito suspensivo**. Todavia, a requerimento do embargante, o **órgão jurisdicional poderá atribuir** o referido efeito, quando verificados os requisitos para a concessão da tutela provisória, desde que a execução esteja **garantida** por **penhora, depósito ou caução suficientes**. São, portanto, requisitos cumulativos para a atribuição de efeito suspensivo: a) requerimento do embargante; b) presença dos requisitos da tutela provisória[126]; c) garantia do juízo.

O requerimento de atribuição de efeito suspensivo não precisa ser formulado necessariamente na petição inicial dos embargos. É possível que, durante o trâmite da ação, o executado demonstre o preenchimento dos requisitos da tutela provisória e requeira a suspensão da execução. Nesse sentido, veja-se o teor do enunciado 546 do FPPC: "O efeito suspensivo dos embargos à execução pode ser requerido e deferido a qualquer momento do seu trâmite, observados os pressupostos legais".[127]

Conhecidos esses requisitos, tem-se a ilação de que o efeito suspensivo não pode ser deferido automaticamente ou de ofício pelo juiz.

A decisão relativa ao efeito suspensivo dos embargos poderá, a requerimento da parte interessada, ser **modificada ou revogada** a qualquer tempo, em decisão fundamentada, cessando as circunstâncias que a motivaram. Se os requisitos não mais existem, a decisão que atribuiu efeito suspensivo pode ser revogada. Se os requisitos passaram a existir, poderá ser atribuído efeito suspensivo, mesmo que decisão anterior o tivesse negando.

Em seu aspecto objetivo, o efeito suspensivo pode ser atribuído a todo o objeto da execução ou a uma parte apenas. Se for este o caso, a execução prosseguirá quanto à parte restante (não alcançada pelo efeito suspensivo). É o que afirma o enunciado 547 do FPPC: "O efeito suspensivo dos embargos à execução pode ser parcial, limitando-se ao impedimento ou à suspensão de um único ou de apenas alguns atos executivos". Isso pode ocorrer em duas situações: a) se os embargos se voltarem apenas contraparte do objeto da execução; b) se, embora totais os embargos, o juiz deferir o efeito suspensivo parcialmente.

A atribuição de efeito suspensivo aos embargos não impede a efetivação dos atos de substituição, de reforço ou de redução da penhora (§ 5º do art. 919).

Havendo mais de um executado, a concessão de efeito suspensivo aos embargos oferecidos por um (ou alguns) deles não suspenderá a execução contra os que não embargaram, se o fundamento disser respeito exclusivamente ao embargante. Assim, por exemplo, se ele alega ser parte ilegítima para figurar no polo passivo da execução, a eventual atribuição de efeito suspensivo somente lhe beneficiará;

126. Enunciado 80 do FPPC: "A tutela antecipada prevista nestes dispositivos pode ser de urgência ou de evidência".

127. Art. 5º O executado poderá opor embargos no prazo de 10 (dez) dias contados da penhora que serão recebidos com efeito suspensivo, desde que alegue e prove: I – que depositou, por inteiro a importância reclamada na inicial. II – que pagou a dívida, apresentando desde logo a prova da quitação.

caso alegue, por outro lado, que o exequente pleiteia quantia superior à prevista no título executivo, a suspensão beneficia não só a ele, mas aos demais executados.

Recebidos os embargos, o exequente será intimado, para, no prazo de **15 dias**, querendo, apresentar **impugnação**. Por impugnação entenda-se contestação e/ou arguição de suspeição ou impedimento, não se admitindo reconvenção.

Não apresentada impugnação, haverá **revelia**. Entretanto, alguns efeitos dela não subsistem em detrimento do embargado. Entre tais efeitos, está o da confissão ficta.

Transcorrido o interregno de impugnação aos embargos, se o juiz tiver condições de decidir imediatamente o pedido, assim o fará. Caso contrário, adotará as medidas saneadoras, designando **audiência**, e, encerrada a instrução, proferirá sentença.

3. EMBARGOS À EXECUÇÃO CONTRA A FAZENDA PÚBLICA

A execução contra a Fazenda Pública fundada em título executivo judicial já foi estudada no capítulo relativo ao cumprimento de sentença. Acontece que também é possível que a execução se funde em **título extrajudicial**, consoante o enunciado 279 da súmula do STJ.

Nesses casos, a Fazenda Pública é citada, para, em **30 dias**, oferecer embargos. Estes têm **efeito suspensivo** *ope legis*, pois o art. 100, §§ 1º, 3º e 5º, da Constituição exige o prévio trânsito em julgado para a expedição do precatório ou da requisição de pequeno valor. Mesmo que julgados improcedentes os embargos, a **apelação** interposta contra a sentença de improcedência tem efeito suspensivo.

Diferentemente do que o corre com a impugnação ao cumprimento de sentença, que tem suas matérias de defesa restritas ao rol do art. 535 do CPC, os embargos à execução podem versar sobre **qualquer matéria que lhe seria lícito alegar como defesa no processo de conhecimento**. Não há, pois, nenhuma limitação à cognição nos embargos.

No mais, aplicam-se, no que couber, as observações feitas acerca da impugnação à execução contra a Fazenda Pública, no capítulo atinente ao cumprimento de sentença.

4. MORATÓRIA

No prazo para opor embargos, reconhecendo o crédito do exequente e comprovando o **depósito de 30%** do valor em execução, acrescido de custas e honorários de advogado, poderá o executado (exceto a Fazenda Pública) requerer que lhe seja permitido pagar o restante em até **06 parcelas mensais**, com incidência de **correção monetária** e acréscimo de **juros de 1% ao mês.**

Requerido o parcelamento, o exequente será intimado, para manifestar-se sobre o preenchimento dos requisitos, e o juiz decidirá o requerimento em 5 dias.

O parcelamento, a nosso ver, é um **direito potestativo do executado.**

São três os **requisitos** para a concessão da moratória: a) reconhecimento do crédito pelo executado; b) pedido de pagamento parcelado; c) depósitos suficientes.

Preenchidos todos os requisitos, o juiz deferirá a proposta, autorizará o exequente a levantar a quantia depositada e suspenderá os atos executivos. Se verificar o não pagamento integral de qualquer das prestações, ocorrerá, de pleno direito, cumulativamente: a) o vencimento das prestações subsequentes e o prosseguimento da execução com o imediato reinício dos atos executivos; b) a imposição ao executado de multa de 10% sobre o valor das prestações não pagas.

Se o executado for beneficiário da gratuidade judiciária, do valor dos depósitos serão excluídas as partes relativas às custas e aos honorários de advogado. Se for exercido o direito à moratória e, ao mesmo tempo, o executado requerer a concessão do benefício da gratuidade, duas situações poderão ocorrer: a) ser deferido o benefício, hipótese em que os depósitos realizados sem as verbas sucumbenciais serão considerados suficientes; b) ser indeferido o benefício, situação em que os depósitos realizados constituirão apenas moratória parcial, sendo aquelas verbas devidas de imediato.

No caso de indeferimento da proposta de parcelamento por não preenchimento dos requisitos, o depósito será convertido em penhora, seguindo-se os atos executivos.

Além das encimadas consequências impostas contra o executado em razão do exercício do direito à moratória, a opção pelo parcelamento implicará a renúncia ao direito de opor embargos, em face do reconhecimento do crédito pelo executado, pressuposto para a concessão de moratória. Isso, porque constituiria *venire contra factum proprium*, por exemplo, a alegação do executado, em embargos, de defeito do título executivo, já que a sua higidez já fora reconhecida, quando do requerimento de parcelamento.

Há, contudo, exceções à renúncia ao direito de embargar decorrente do pedido de moratória. É o que ocorre, por exemplo, com a nulidade da penhora e/ou a avaliação errônea, que poderão ser arguidas normalmente, na forma do art. 917, § 1º, do CPC. O que não se pode discutir são questões concernentes ao título e ao valor reconhecido pelo executado, bem como a atos praticados antes do pedido de parcelamento.

CAPÍTULO XL

Suspensão e extinção do processo de execução

1. CONSIDERAÇÕES INICIAIS

Como mostrado anteriormente, o processo forma-se e extingue-se, podendo, entre um e outro, suspender-se. Na execução não é diferente. O CPC reserva capítulos próprios para a suspensão e extinção da execução.

2. SUSPENSÃO

A suspensão da execução consiste na abstenção da prática dos atos processuais destinados à satisfação de direito, em decorrência de decisão judicial fundada em fatos jurídicos, atos jurídicos das partes ou atos judiciais legalmente previstos. Suspensa a execução, o juiz, salvo no caso de arguição de impedimento ou suspeição, apenas poderá ordenar providências urgentes.

Segundo o art. 921 do CPC, a execução se suspende: ***a) nas hipóteses previstas no art. 313 e 315, no que couber; b) no todo ou em parte, quando recebidos com efeito suspensivo os embargos à execução***; c) ***quando o executado não possuir bens penhoráveis***; ***d) se a alienação dos bens penhorados não se realizar por falta de licitantes e o exequente, em 15 dias, não requerer a adjudicação nem indicar outros bens penhoráveis***; ***e) quando concedido o parcelamento de que trata o art. 916.***

As hipóteses de suspensão encimadas não são taxativas. Existem outras. À guisa de exemplo, menciona-se a propositura de **ações heterotópicas contra a execução** (se proferida decisão liminar neste sentido), a oposição de embargos de terceiro (nestes, a execução só ficará suspensa com relação aos bens que são objeto dos embargos, a teor do que dispõe o art. 1.052 do Código) e ajuizamento de ação rescisória (se proferida decisão liminar neste sentido e, por óbvio, trate-se de execução fundada em título executivo judicial).

3. EXTINÇÃO

A execução, por ter sido formada, tem que ser extinta. Mas a extinção da execução não significa necessária satisfação do exequente. Às vezes, a execução é extinta, todavia, a prestação não é satisfeita, o que pode justificar, depois, até mesmo, nova execução.

Nos termos do Código de Processo Civil (**rol não taxativo**), extingue-se a execução quando: ***a) a petição inicial for indeferida***; b) ***a obrigação for satisfeita***; c) ***o executado obtiver, por qualquer outro meio, a extinção total da dívida***; d) ***o exequente renunciar ao crédito***; e) ***ocorrer a prescrição intercorrente.***

Outras hipóteses justificam a extinção da execução, a exemplo de: a) ***falta de pressuposto processual;*** b) ***ausência de condição da ação;*** c) ***acolhimento de embargos do devedor onde se discute a prestação.***

Qualquer que seja a hipótese, a extinção da execução, ela só produzirá efeitos quando reconhecida por sentença (art. 925).

A sentença proferida apenas **encerra a execução**, não fazendo coisa julgada material. Possibilita, assim, ao executado, que, se, por exemplo, tiver eventualmente efetuado pagamento a maior, postule a devolução do excesso no mesmo processo.

CAPÍTULO XLI

Processos nos Tribunais

1. CONSIDERAÇÕES INICIAIS

O Código de Processo Civil, entre os artigos 926 e 945, traz disposições gerais relacionadas à aplicação e superação dos precedentes nos tribunais, além de outras, também gerais, relativas à ordem dos processos no tribunal.

2. DISPOSIÇÕES GERAIS

2.1. Estabilidade, integridade e coerência da jurisprudência

Para fins de afirmação da segurança jurídica e da própria isonomia, estabelece o art. 926 do Código de Processo Civil, os tribunais devem **uniformizar** sua jurisprudência e mantê-la **estável**, **íntegra** e **coerente**.

A **estabilidade** da jurisprudência será alcançada quando alterada apenas por justa razão, decorrente de algum fator de superação. Não quer dizer que a jurisprudência deva ser imutável. Não é isso. Contudo, a jurisprudência não pode ser alterada em razão, por exemplo, da simples mudança de composição de um órgão, mediante ingresso de juiz que, pessoalmente, traga diferente convicção, ou mesmo quando os membros de órgão colegiado resolvam, sem justificativa, mudar de posição.

Orienta o enunciado 322 do FPPC que "a modificação de precedente vinculante poderá fundar-se, entre outros motivos, na revogação ou modificação da lei em que ele se baseou, ou em alteração econômica, política, cultural ou social referente à matéria decidida". Se preservados os fatores, a jurisprudência não pode ser modificada.

A **estabilidade** da jurisprudência do tribunal, como orienta o enunciado 316 do FPPC, depende também da observância de seus próprios precedentes, inclusive por seus órgãos fracionários. O enunciado relembra que, além de se obedecer aos precedentes dos tribunais superiores, deve-se também obedecer à jurisprudência do próprio tribunal. Essa é a orientação do enunciado 453 do FPPC: "a estabilidade a que se refere o caput do art. 926 consiste no dever de os tribunais observarem os próprios precedentes".

Procedimentalmente, a modificação do entendimento sedimentado poderá ser realizada, conforme orientação do enunciado 321 do FPPC, "nos termos da Lei nº 11.417, de 19 de dezembro de 2006, quando se tratar de enunciado de súmula vinculante; do regimento interno dos tribunais, quando se tratar de enunciado de súmula ou jurisprudência dominante; e, incidentalmente, no julgamento de recurso, na remessa necessária ou causa de competência originária do tribunal".

Por sua vez, alguns defendem, sem razão, que a jurisprudência deve ser **íntegra**, a não contrariar o texto da lei. Mas, não pode ser o preciso alcance do adjetivo que qualifica a jurisprudência, sobretudo porque se desprezaria a construção normativa e a unidade do sistema jurídico. Aliás, a integridade se relaciona essencialmente à **unidade do ordenamento jurídico,** e não apenas ao texto legal isolado. Nesse sentido, orienta o enunciado 456 do Fórum Permanente de Processualistas Civis, que "uma das dimensões do dever de integridade consiste em os tribunais decidirem em conformidade com a unidade do ordenamento jurídico".

E, será **coerente,** a jurisprudência, quando ela tratar casos idênticos da mesma forma, a ratificar as decisões proferidas anteriormente, mediante oferecimento de iguais soluções. Os casos não idênticos, em respeito também à coerência, devem ser julgados de diferentes formas, sem deixar de observar, quando for necessário, os elementos necessários à harmonização de julgados. Aliás, é possível que os casos sejam diferentes, entretanto, ainda assim, o juiz não pode desprezar a linha de precedentes que guarde relação. A coerência, de fato, caminha ao lado não apenas das idênticas questões, mas, também, das que, conquanto diferentes, estejam relacionadas.

O enunciado 454 do Fórum Permanente de Processualistas indica que "uma das dimensões da coerência a que se refere o caput do art. 926 consiste em os tribunais não ignorarem seus próprios precedentes (**dever de autorreferência**)". Por isso que, nos termos do enunciado 455 do FFPC, tem-se como "uma das dimensões do dever de coerência significa o dever de não contradição, ou seja, o dever de os tribunais não decidirem casos análogos contrariamente às decisões anteriores, salvo distinção ou superação". Outra dimensão da coerência seria, nos termos do enunciado 455 do FPP, "o dever de não contradição, ou seja, o dever de os tribunais não decidirem casos análogos contrariamente às decisões anteriores, salvo distinção ou superação".

Perceba-se que, quanto à estabilidade, referiu-se apenas à superação, mas, em relação à coerência, refere-se tanto à superação e distinção. Isso é proposital. Efetivamente, a coerência está relacionada à distinção, mas a estabilidade não. Quando se utiliza algum fator de distinção, não se desestabiliza, mas sim, quanto à outra questão, constrói-se seu novo entendimento. Por isso que o enunciado 324 do mesmo FPPC orienta que "lei nova, incompatível com o precedente judicial, é fato que acarreta a não aplicação do precedente por qualquer juiz ou tribunal, ressalvado o reconhecimento de sua inconstitucionalidade, a realização de interpretação conforme ou a pronúncia de nulidade sem redução de texto".

Para ratificar a disposição do art. 926, orienta o enunciado 431 do Fórum Permanente de Processualistas Civis: "o julgador, que aderir aos fundamentos do voto-vencedor do relator, há de seguir, por coerência, o precedente que ajudou a construir no julgamento da mesma questão em processos subsequentes, salvo se demonstrar a existência de distinção ou superação".

Para que tais qualidades da jurisprudência sejam preservadas, por afirmação à segurança jurídica e à isonomia, os tribunais, na forma estabelecida e segundo os pressupostos fixados em seus respectivos regimentos internos, editarão enunciados de súmula correspondentes à sua jurisprudência dominante e se aterão às circunstâncias fáticas dos precedentes que motivaram sua criação.

Outrossim, sobremaneira em âmbito vertical, os juízes e os tribunais observarão: a) as decisões do Supremo Tribunal Federal em controle concentrado de constitucionalidade; b) os enunciados de súmula vinculante; c) os acórdãos em incidente de assunção de competência ou de resolução de demandas repetitivas e em julgamento de recursos extraordinário e especial repetitivos; d) os enunciados das súmulas do STF em matéria constitucional e do STJ em matéria infraconstitucional; e) a orientação do plenário ou do órgão especial aos quais estiverem vinculados.

Contudo, os juízes e os tribunais não poderão decidir, em grau algum de jurisdição, com base em fundamento a respeito do qual não se tenha dado às partes oportunidade de se manifestar, ainda que se trate de matéria sobre a qual deva decidir de ofício. Por isso que, nos termos do enunciado 458 do FPPC, "para a aplicação, de ofício, de precedente vinculante, o órgão julgador deve intimar previamente as partes para que se manifestem sobre ele".

Convém lembrar, ainda, que, nos termos do enunciado 459 do FPPC: "as normas sobre fundamentação adequada quanto à distinção e superação e sobre a observância somente dos argumentos submetidos ao contraditório são aplicáveis a todo o microssistema de formação dos precedentes".

2.2. Modificação da jurisprudência e modulação de efeitos da alteração

A modificação de enunciado de súmula, de jurisprudência pacificada ou de tese adotada em julgamento de casos repetitivos (bem assim de qualquer outro precedente vinculante - art. 927 do CPC) observará a necessidade de *fundamentação adequada e específica*, considerando os princípios da segurança jurídica, da proteção da confiança e da isonomia.

Para garantir a legitimidade da respectiva decisão, a alteração de tese jurídica adotada em enunciado de súmula ou em julgamento de casos repetitivos (a exemplo do que ocorre quando da formação da tese jurídica[128]) poderá ser precedida de *audiências públicas* e da participação de pessoas, órgãos ou entidades que possam contribuir para a rediscussão da tese.

Não é só.

Em razão da segurança jurídica, na hipótese de alteração de jurisprudência dominante do STF e dos tribunais superiores ou daquela oriunda de julgamento de casos repetitivos, pode haver modulação dos efeitos da alteração (*prospective overruling*) no interesse social e no da segurança jurídica. Quanto a isso, o enunciado 55 do FPPC orienta que a modificação do precedente tem, como regra, eficácia temporal prospectiva, no entanto, pode haver modulação temporal, no caso concreto.

Pode ocorrer de o tribunal, antes de modificar sua jurisprudência, emita um sinal (*signaling*), quando do julgamento dos casos que lhe são, no momento, submetidos. Aliás, o enunciado 320 do FPPC já orienta que "os tribunais poderão sinalizar aos jurisdicionados sobre a possibilidade de mudança de entendimento da corte, com a eventual superação ou a criação de exceções ao precedente para casos futuros".

2.3. Publicidade dos precedentes

Os tribunais darão publicidade a seus precedentes, organizando-os por questão jurídica decidida (em temas) e divulgando-os, preferencialmente, na rede mundial de computadores (mas, nada impede que sejam divulgados por outros veículos, a exemplo das publicações em revistas).

128. Enunciado 460 do Fórum Permanente de Processualistas Civis: "O microssistema de aplicação e formação dos precedentes deverá respeitar as técnicas de ampliação do contraditório para amadurecimento da tese, como a realização de audiências públicas prévias e participação de *amicus curiae*".

2.4. Enumeração e objeto dos casos repetitivos

São considerados casos repetitivos, que podem ter por objeto questão de direito material ou processual, a decisão proferida em: a) incidente de resolução de demandas repetitivas; b) recursos especial e extraordinário repetitivos. Eles (o IRDR e os REsp e RE repetitivos) terão procedimentos específicos, próprios para a resolução dos casos repetitivos, a garantir, além da efetiva participação dos interessados, a de pessoas que possam contribuir para legitimar a decisão.

3. ORDEM DOS PROCESSOS NO TRIBUNAL

3.1. Registro e distribuição

Os autos (de ações originárias, recursos ou remessas necessárias, enfim, de todos os feitos que se originam ou chegam ao tribunal) serão registrados no protocolo do tribunal no dia de sua entrada, cabendo à secretaria ordená-los, com imediata distribuição. A critério do tribunal, os serviços de protocolo poderão ser descentralizados, mediante delegação a ofícios de justiça de primeiro grau.

A distribuição se fará de acordo com o regimento interno do tribunal, observando-se a alternatividade, o sorteio eletrônico e a publicidade, mas, o primeiro recurso protocolado no tribunal tornará **prevento o relator** para eventual recurso subsequente interposto no mesmo processo ou em processo conexo. Tal prevenção, trazida pelo CPC, estabelece disposição diversa das trazidas pelos regimentos internos de alguns tribunais.

Realizada a distribuição, por sorteio ou em razão de prevenção, os autos serão imediatamente conclusos ao relator, que, em 30 dias, depois de elaborar o voto, restitui-los-á, com relatório, à secretaria. Por óbvio, trata-se de um prazo impróprio e, por isso, não enseja nenhuma consequência processual.

3.2. Atribuições do relator

Incumbe ao relator: a) *dirigir e ordenar o processo no tribunal, inclusive em relação à produção de prova, bem como, quando for o caso, homologar autocomposição das partes*; b) *apreciar o pedido de tutela provisória nos recursos e nos processos de competência originária do tribunal*; c) *não conhecer de recurso inadmissível, prejudicado ou que não tenha impugnado especificamente os fundamentos da decisão recorrida*; d) *negar provimento a recurso que for contrário a: i) súmula do STF, do STJ ou do próprio tribunal; ii) acórdão proferido pelo STF ou pelo STJ em julgamento de recursos repetitivos; iii) entendimento firmado em incidente de resolução de demandas repetitivas ou de assunção de competência:* e) *depois de facultada a apresentação de contrarrazões, dar provimento ao recurso se a decisão recorrida for contrária a: i) súmula do STF, do STJ ou do próprio tribunal; ii) acórdão proferido pelo STF ou pelo STJ em julgamento de recursos repetitivos; iii) entendimento firmado em incidente de resolução de demandas repetitivas ou de assunção de competência:* f) *decidir o incidente de desconsideração da personalidade jurídica, quando este for instaurado originariamente perante o tribunal;* g)*determinar a intimação do Ministério Público, quando for o caso;* h) *exercer outras atribuições estabelecidas no regimento interno do tribunal:*

3.3. Constatação de fato superveniente

Se o relator constatar a ocorrência de fato superveniente à decisão recorrida ou a existência de questão apreciável de ofício ainda não examinada que devam ser considerados no julgamento do recurso, intimará as partes para que se manifestem no prazo de 05 dias. Tal ocorrerá independentemente de o julgamento ser monocrático ou colegiado.

No caso de julgamento colegiado, se a constatação ocorrer durante a sessão de julgamento, esse será imediatamente suspenso a fim de que as partes se manifestem especificamente. E se a constatação se der em vista dos autos, deverá o juiz que a solicitou encaminhá-los ao relator, que tomará as providências previstas acima (suspender o julgamento e intimar as partes para se manifestarem no prazo de 05 dias), em seguida, solicitará a inclusão do feito em pauta para prosseguimento do julgamento, com submissão integral da nova questão aos julgadores.

Encerrada a sessão, os julgadores não poderão conhecer a nova questão, a não ser que devidamente provocados, mediante a interposição de recurso que seja útil a esse desiderato. Contudo, o mais comum é que outro órgão seja competente para conhecer o recurso interposto posteriormente ao fato superveniente, cabendo aos seus respectivos membros considerar a nova questão.

3.4. Designação, pauta e julgamento

3.4.1. Designação de dia para julgamento

Não sendo o caso de julgamento monocrático, o relator, depois de estudar o caso e adotar as providências necessárias, apresentará os autos ao presidente do órgão, que designará dia para julgamento, ordenando a publicação da pauta no órgão oficial.

Se identificada a ausência ou a irregularidade de publicação da pauta, orienta o enunciado 198 do FPPC, antes de encerrado o julgamento, o órgão julgador determinará sua correção, procedendo à nova publicação. E, destaque-se, com apoio no enunciado 84 do FPPC: a ausência de publicação da pauta gera nulidade do acórdão que decidiu o recurso, ainda que não haja previsão de sustentação oral, ressalvada, apenas, a hipótese do § 1º do art. 1.024[129] (relativa aos embargos de declaração), na qual a publicação da pauta é dispensável.

3.4.2. Antecedência mínima, vista dos autos e afixação da pauta

Entre a data de publicação da pauta e a da sessão de julgamento decorrerá, pelo menos, o prazo de 05 dias, incluindo-se em nova pauta os processos que não tenham sido julgados, salvo aqueles cujo julgamento tiver sido expressamente adiado para a primeira sessão seguinte. Às partes, mesmo depois da publicação da pauta de julgamento, será permitida vista dos autos em cartório. E, para garantir a publicidade e a própria identificação do julgamento (e de seu local), afixar-se-á a pauta na entrada da sala em que se realizar a sessão de julgamento.

3.4.3. Ordem de julgamento

Ressalvadas as preferências legais e regimentais, os recursos, a remessa necessária e os processos de competência originária serão julgados na seguinte ordem: a) aqueles nos quais houver sustentação oral, observada a ordem dos requerimentos; b) os requerimentos de preferência apresentados até o início da sessão de julgamento; c) aqueles cujo julgamento tenha iniciado em sessão anterior; d) os demais casos.

3.4.4. Sustentação oral

Na sessão de julgamento, depois da exposição da causa pelo relator, o presidente dará a palavra, sucessivamente, ao recorrente, ao recorrido e, nos casos de sua intervenção, ao membro do Ministério Público, pelo prazo improrrogável de *15 minutos para cada um*, a fim de sustentarem suas razões, nas seguintes hipóteses, nos termos estabelecidos pelas regras do regimento interno do tribunal:

---

129. Art. 1.024. O juiz julgará os embargos em 5 (cinco) dias.

§ 1º Nos tribunais, o relator apresentará os embargos em mesa na sessão subsequente, proferindo voto, e, não havendo julgamento nessa sessão, será o recurso incluído em pauta automaticamente.

[...]

a) no recurso de apelação; b) no recurso ordinário; c) no recurso especial; d) no recurso extraordinário; e) nos embargos de divergência; f) na ação rescisória, no mandado de segurança e na reclamação; g) no agravo de instrumento interposto contra decisões interlocutórias que versem sobre tutelas provisórias de urgência ou da evidência; h) em outras hipóteses previstas em lei ou no regimento interno do tribunal.

Outrossim, nos processos de competência originária previstos no inciso VI do art. 937 (na ação rescisória, no mandado de segurança e na reclamação), caberá sustentação oral no agravo interno interposto contra decisão de relator que o extinga.

No comum das vezes, o procurador que desejar proferir sustentação oral poderá requerer, até o início da sessão, que o processo seja julgado em primeiro lugar, sem prejuízo das preferências legais.

Quando se tratar de incidente de resolução de demandas repetitivas, a sustentação poderá ser realizada pelo autor e pelo réu do processo originário e pelo Ministério Público, no prazo de 30 minutos, bem assim pelos demais interessados, no prazo de 30 minutos, só que divididos entre todos, sendo exigida inscrição com 02 dias de antecedência. Contudo, a considerar o número de inscritos, o prazo poderá ser ampliado.

Em qualquer caso, dispõe o § 4º do art. 937, é permitido ao advogado com ***domicílio profissional em cidade diversa daquela onde está sediado o tribunal*** realizar sustentação oral por meio de ***videoconferência*** ou outro recurso tecnológico de transmissão de sons e imagens em tempo real, desde que o requeira até o dia anterior ao da sessão.

Destaque-se, por fim, que o STJ recentemente decidiu ser possível ao advogado formular requerimento de tutela provisória em sede de sustentação oral (STJ. REsp 1.332.766/SP. DJe 01.08.17; Inf. STJ 608).

3.4.5. Questão preliminar, providências para julgamento e mérito

Se ocorrer de qualquer das partes suscitar questão preliminar, no julgamento, ela será decidida antes do mérito, deste não se conhecendo caso seja incompatível com a decisão.

Entretanto, constatada a ocorrência de vício sanável, inclusive aquele que possa ser conhecido de ofício, o relator determinará a realização ou a renovação do ato processual, no próprio tribunal ou em primeiro grau de jurisdição, intimadas as partes. Tais providências devem ser adotadas em todos os recursos, inclusive excepcionais, conforme orienta o enunciado 197 do FPPC.

Nos termos do enunciado 332 do FPPC, "considera-se vício sanável, tipificado no art. 938, § 1º, a apresentação da procuração e da guia de custas ou depósito recursal em cópia, cumprindo ao relator assinalar prazo para a parte renovar o ato processual com a juntada dos originais". Outro exemplo é trazido pelo enunciado 333 do mesmo FPPC: "em se tratando de guia de custas e depósito recursal inseridos no sistema eletrônico, estando o arquivo corrompido, impedido de ser executado ou de ser lido, deverá o relator assegurar a possibilidade de sanar o vício, nos termos do art. 938, § 1º".

Cumprida a respectiva diligência destinada a sanar o vício indicado, o relator, sempre que possível, prosseguirá no julgamento do recurso.

Se for reconhecida a necessidade de produção de prova (em caso de recursos ordinários, exclusivamente), o relator converterá o julgamento em diligência, que se realizará no tribunal ou em primeiro grau de jurisdição, decidindo-se o recurso após a conclusão da instrução.

Se não determinadas as diligências encimadas (para sanar vício e produzir prova) pelo relator, elas poderão ser determinadas pelo órgão competente para julgamento do recurso.

Pode ocorrer, sob outro aspecto, de a preliminar ser rejeitada ou a apreciação do mérito ser com ela (a preliminar) compatível. Nesse caso, seguir-se-ão a discussão e o julgamento da matéria principal, sobre a qual deverão se pronunciar os juízes vencidos na preliminar.

3.4.6. Vista

Por ocasião da sessão de julgamento, o relator ou outro juiz que não se considerar habilitado a proferir imediatamente seu voto poderá solicitar vista pelo prazo máximo de 10 dias, após o qual o processo será novamente incluído em pauta para julgamento na sessão seguinte à data da devolução. O autor do pedido de vista não precisa esgotar o prazo. Pode, antes, devolver o processo, que será incluído, de novo, na pauta para julgamento na sessão seguinte. E, antes mesmo de ser entregue os autos em vista, os demais julgadores, que se encontrem aptos, podem proferir seus votos.

Se os autos não forem devolvidos tempestivamente ou se não for solicitada pelo juiz prorrogação de prazo de no máximo mais 10 dias, o presidente do órgão fracionário os requisitará para julgamento do recurso na sessão ordinária subsequente, com publicação da pauta em que for incluído. Passado o prazo máximo, se aquele que fez o pedido de vista ainda não se sentir habilitado a votar, o presidente do órgão colegiado convocará substituto para proferir voto, na forma estabelecida no regimento interno do respectivo tribunal.

3.4.7. Anúncio do resultado do julgamento e redação do acórdão

Proferidos os votos, o presidente anunciará o resultado do julgamento, designando para redigir o acórdão o relator ou, se vencido este, o autor do primeiro voto vencedor.

Se o voto vencedor tiver sido proferido por juiz que foi afastado ou substituído, o acórdão será escrito pelo próximo juiz que o acompanhou.

No julgamento de apelação ou de agravo de instrumento, a decisão será tomada, no órgão colegiado, pelo **voto de 03 juízes.** O mesmo (julgamento no órgão colegiado pelo voto de 03 juízes) ocorrerá no caso do agravo regimental interposto contra decisão que julgar monocraticamente apelação e agravo de instrumento.

Se houver voto vencido, ele será necessariamente declarado e considerado parte integrante do acórdão para todos os fins legais, inclusive de prequestionamento.

3.4.8. Julgamento não unânime da apelação (e do agravo de instrumento contra decisão parcial de mérito e da ação rescisória)

O art. 942 do CPC, em razão da **eliminação dos embargos infringentes,** institui técnica de julgamento. Quando o resultado da apelação for não unânime, o julgamento terá prosseguimento em sessão a ser designada com a presença de outros julgadores, que serão convocados nos termos previamente definidos no regimento interno, em número suficiente para garantir a possibilidade de inversão do resultado inicial, assegurado às partes e a eventuais terceiros o direito de sustentar oralmente suas razões perante os novos julgadores. Essa técnica também se aplica ao julgamento não unânime proferido em ação rescisória, quando o resultado for a rescisão da sentença, devendo, nesse caso, seu prosseguimento ocorrer em órgão de maior composição previsto no regimento interno, bem assim no agravo de instrumento, quando houver reforma da decisão que julgar parcialmente (de forma definitiva) o mérito.

Ante a competência funcional dos órgãos de julgam apelação e agravo, de um lado, e, de outro, ação rescisória, pode-se concluir que, para aqueles primeiros, serão convocados, pelo menos, mais dois julgadores, enquanto que, na última, o processo será remetido para órgão de maior composição (se houver). Pode-se, assim, prever uma tendência de as câmaras ou turmas dos tribunais serem formadas por cinco membros (conquanto apenas três participem dos julgamentos das apelações e dos agravos de instrumento), bem assim, nos tribunais, serem formados, onde não houver, órgãos mais fracionados ou amplos, para, respectivamente, julgar a ação rescisória ou aplicar a técnica de julgamento definida pelo art. 942 do CPC.

Aliás, em detida análise do art. 942, especificamente quanto à aplicação de seu comando no caso de julgamento não unânime de procedência das ações rescisórias, a técnica estabelecida não exige a "convocação" de outros julgadores "em número suficiente para garantir a possibilidade de inversão do resultado final", mas apenas o seu encaminhamento para órgão de maior composição. A dizer de outra forma, mesmo que o quantitativo de julgadores adicionais, que integram o órgão de maior composição, não seja suficiente para garantir a inversão do resultado, a técnica deve ser aplicada no julgamento da ação rescisória. Só não seria aplicada se, no tribunal, não houver um órgão de maior composição, comparativamente ao competente para julgar a ação rescisória.

Nos casos de apelação e de agravo de instrumento (que julgue parcialmente o mérito), sendo possível, o prosseguimento do julgamento dar-se-á na mesma sessão, colhendo-se os votos de outros julgadores que porventura componham o órgão colegiado. Agora, deve-se observar que, apesar de ser possível o julgamento na mesma sessão, se qualquer um dos demais julgadores não se sentir confortável, ele poderá pedir vistas dos autos, pelo prazo de 10 dias, para, então, proferir o seu voto. A não ser assim, seria no mínimo temerosa a aplicação da técnica, pois que os julgadores poderiam não estar inteirados das questões submetidas a julgamento, a considerar a falta de acesso, até mesmo, aos autos do processo. De qualquer modo, os julgadores que já tiverem votado poderão rever, até que se encerre o julgamento, seus votos (mesmo que por ocasião da aplicação da técnica do art. 942).

Ao incidente de assunção de competência e ao de resolução de demandas repetitivas, à remessa necessária e os julgamentos não unânimes proferidos, nos tribunais, pelo plenário ou pela corte especial, não se aplicará a técnica do julgamento em análise. E mais. Como orienta o enunciado 233 do FPPC, ficam superados os enunciados 88 ("São admissíveis embargos infringentes em processo falimentar"), 169 ("São inadmissíveis embargos infringentes no processo de mandado de segurança"), 207 ("É inadmissível recurso especial quando cabíveis embargos infringentes contra o acórdão proferido no tribunal de origem"), 255 ("Cabem embargos infringentes contra acórdão, proferido por maioria, em agravo retido, quando se tratar de matéria de mérito") e 390 ("Nas decisões por maioria, em reexame necessário, não se admitem embargos infringentes") da súmula do STJ como consequência da eliminação dos embargos infringentes[130].

130. Enunciado 466 do Fórum Permanente de processualistas Civis: "A técnica do art. 942 não se aplica aos embargos infringentes pendentes ao tempo do início da vigência do CPC, cujo julgamento deverá ocorrer nos termos dos arts. 530 e seguintes do CPC de 1973".

3.4.9. Registro de votos, acórdãos e demais atos processuais

Os votos, os acórdãos e os demais atos processuais podem ser registrados em documento eletrônico inviolável e assinados eletronicamente, na forma da lei, devendo ser impressos para juntada aos autos do processo quando este não for eletrônico. Por isso, todo acórdão conterá ementa, para que, quando lavrado (o acórdão), a ementa será publicada no órgão oficial no prazo de 10 dias. A ementa, todavia, não constitui requisito do acórdão. Não haverá qualquer invalidade, ante sua ausência. Ela é destinada apenas para fins de registro e publicação no órgão oficial de imprensa.

3.4.10. Publicação do acórdão e substituição

Os acórdãos serão publicados perante o órgão oficial no prazo de até 30 dias, contado da data da sessão de julgamento. Não publicado o acórdão, nesse prazo, as notas taquigráficas o substituirão, para todos os fins legais, independentemente de revisão. Nesse caso, o presidente do tribunal lavrará, de imediato, as conclusões e a ementa e mandará publicar o acórdão.

3.4.11. Precedência do julgamento do agravo de instrumento

Se interposto agravo de instrumento no mesmo processo, ele será julgado antes da apelação. Se ambos os recursos houverem de ser julgados na mesma sessão, terá precedência o agravo de instrumento.

CAPÍTULO XLII

Incidente de Assunção de Competência

1. CONSIDERAÇÕES INICIAIS

O art. 947 do CPC/2015 (a exemplo do que ocorria com o § 1º do art. 555 do CPC/1973, embora com algumas diferenças) traz, como (um) in**strumento de uniformização de jurisprudência** (a fim de mantê-la estável, íntegra e coerente), o agora denominado incidente de assunção de competência. Ele, essencialmente (mas não apenas), **busca prevenir a divergência jurisprudencial interna (de qualquer tribunal)**[131], mediante transferência da competência, a um órgão colegiado de maior composição, com a finalidade de julgar o recurso, a remessa necessária ou a ação originária no tribunal, cujas respectivas decisões terão efeito vinculante.

2. PRESSUPOSTOS

É admissível o incidente de assunção de competência, conforme dispõe o art. 947 do Código de Processo Civil, quando o julgamento de recurso, de remessa necessária ou de ação de competência originária **envolver relevante questão de direito, com grande repercussão social, sem repetição em múltiplos processos.** Logo, são pressupostos de admissibilidade necessários à instauração do incidente de assunção de competência: a) *julgamento em curso*; b) *questão de direito envolvida com o recurso, remessa necessária ou processo de competência originária do tribunal*; c) *questão de direito relevante*; d) *questão de direito de grande repercussão social*; e) *questão de direito sem repetição em múltiplos processos.*

131. Essa conclusão foi alcançada pelo Fórum Permanente de Processualistas Civis, quando editou o enunciado 468, de acordo com o qual "o incidente de assunção de competência aplica-se em qualquer tribunal".

3. LEGITIMIDADE

Ocorrendo a hipótese de assunção de competência, o relator proporá, de ofício ou a requerimento da parte, do Ministério Público ou da Defensoria Pública, que seja o recurso, a remessa necessária ou o processo de competência originária julgado pelo órgão colegiado que o regimento indicar. Não se pode dizer que esse rol é taxativo, porque o relator pode propor de ofício.

4. COMPETÊNCIA

Admitido o incidente de assunção de competência, dispõe o § 1º do art. 947, ele será julgado, juntamente com o recurso, a remessa necessária e a ação originária, pelo órgão colegiado que o regimento indicar. Nos termos do enunciado 202 do FPPC, "o órgão colegiado a que se refere o § 1º do art. 947 deve atender aos mesmos requisitos previstos pelo art. 978", ou seja, ser responsável, conforme regimento interno, pela uniformização de jurisprudência do tribunal.

5. VINCULAÇÃO

O acórdão proferido em assunção de competência **vinculará todos os juízes e órgãos fracionários**, exceto se houver revisão de tese[132].

6. PROCEDIMENTO

Em razão do que dispõe o art. 947 do CPC, o incidente de assunção de competência passa por juízo de admissibilidade, que é, primeiramente, realizado pelo órgão em que tramita o recurso, a remessa necessária ou a ação de competência originária.

Se inadmitido, o processo permanecerá no (retornará ao) mesmo órgão, que julgará o caso. Em caso de admissão, o incidente será remetido ao órgão colegiado

---

132. Para modificar a orientação jurisprudencial, deve haver precedência de uma fundamentação, com argumentação suficiente a justificar superação do entendimento anterior. Poderia ser por alteração de fatores jurídicos, políticos, sociais, culturais e até econômicos. Não por outra razão, orienta o enunciado 322 do FPPC que "a modificação de precedente vinculante poderá fundar-se, entre outros motivos, na revogação ou modificação da lei em que ele se baseou, ou em alteração econômica, política, cultural ou social referente à matéria decidida". Se preservados os fatores, a jurisprudência não pode ser modificada.

Todavia, pode ocorrer de a orientação jurisprudencial ser modificada, porque o precedente se revela: inadequado, ante a existência de fundamento(s), suficiente(s) para justificar sua superação, e que não foi(ram) apreciado(s) na sua formação; inexequível, por ser impossível implementá-lo, ante sua relação direta com obrigações consideradas impossíveis ou excessivamente onerosas.

(de maior composição) que o regimento indicar, que procederá a um segundo juízo de admissibilidade. Se também for positivo, o órgão indicado procederá ao julgamento, servindo a *ratio decidendi* como precedente vinculante a todos os órgãos do tribunal.

Nos termos do enunciado 201 do FPPC, aplicam-se ao incidente de assunção de competência as regras previstas nos arts. 983 e 984 do CPC.

A ser assim, antes do julgamento do incidente, facultar-se-á a manifestação, no prazo de 15 dias, das partes, de terceiros interessados (inclusive os que tiveram seus processos suspensos, em aguardo ao julgamento ao incidente de assunção de competência), do *amicus curiae* e do Ministério Público. Eles poderão requerer a juntada de documentos, bem como as diligências necessárias para a elucidação da questão de direito controvertida.

Concluídas as diligências, o relator solicitará dia para o julgamento do incidente. No julgamento, observar-se-á a seguinte ordem: a) o relator fará a exposição do objeto do incidente; b) poderão sustentar suas razões, sucessivamente: o autor e o réu do processo originário e o Ministério Público, pelo prazo de 30 minutos; os demais interessados, no prazo de 30 minutos, divididos entre todos, sendo exigida inscrição com 02 dias de antecedência.

Considerando o número de inscritos, o prazo para a realização de sustentação oral poderá ser ampliado.

O conteúdo do acórdão abrangerá a análise de todos os fundamentos suscitados concernentes à tese jurídica discutida, sejam favoráveis ou contrários. O órgão colegiado (mais amplo), em afirmação à eficiência, julgará, além do incidente de assunção de competência, o caso concreto.

Desse julgamento, caberá recurso. Se proferido pelo Tribunal local, caberá a interposição, em tese, de recurso extraordinário e de recurso especial. Se proferido pelo STJ, caberá, em tese, recurso extraordinário para o STF. Se proferido pelo STF, não caberá recurso, a não ser, se for o caso, embargos de declaração.

A legitimidade para interpor recurso é ampla. Qualquer daqueles que podem requerer a instauração do incidente de assunção de competência, inclusive o *amicus curiae*, pode interpor recurso. Mas, o recurso interposto pelos demais legitimados, à exceção das partes, possibilita apenas a reforma da tese jurídica. Já o recurso interposto por qualquer das partes do processo, esse sim, possibilita a reforma ou anulação do acórdão.

Julgado o incidente, será vinculante o precedente, inclusive para os processos que ficaram sobrestados e também para os futuros, que venham a ser formados (para esses casos outros, tal ocorrerá mesmo antes do trânsito em julgado da decisão do caso concreto). Por isso que, se realizado julgamento contra o precedente formado em incidente de assunção de competência, caberá reclamação[133].

7. ALTERAÇÃO DE TESE JURÍDICA ADOTADA EM INCIDENTE DE ASSUNÇÃO DE COMPETÊNCIA

O enunciado 461 do FPPC orienta que o disposto no § 2º do art. 927 ("a alteração de tese jurídica adotada em enunciado de súmula ou em julgamento de casos repetitivos poderá ser precedida de audiências públicas e da participação de pessoas, órgãos ou entidades que possam contribuir para a rediscussão da tese") aplica-se ao incidente de assunção de competência.

Não poderia ser diferente porque, como ocorre com os enunciados de súmula ou os julgamentos de casos repetitivos, os acórdãos proferidos em incidente de assunção de competência também são vinculantes. Por isso a adoção do mesmo cuidado (destinado àqueles outros casos) para a alteração da tese jurídica adotada pelo incidente de assunção de competência.

Por ser fiscal da ordem jurídica, orienta o enunciado 467 do FPPC que "o Ministério Público deve ser obrigatoriamente intimado no incidente de assunção de competência".

Em face da segurança jurídica, na hipótese de alteração de jurisprudência firmada com base em incidente de assunção de competência, pode haver modulação dos efeitos da alteração (*prospective overruling*) no interesse social e no da segurança jurídica. Quanto a isso, o enunciado 55 do FPPC orienta que a modificação do precedente tem, como regra, eficácia temporal prospectiva, no entanto, pode haver modulação temporal, no caso concreto.

Pode ocorrer de o tribunal, antes de modificar sua jurisprudência, emita um sinal (*signaling*), quando do julgamento dos casos que lhe são, no momento, submetidos. Aliás, o enunciado 320 do FPPC já orienta que "os tribunais poderão sinalizar aos jurisdicionados sobre a possibilidade de mudança de entendimento da corte, com a eventual superação ou a criação de exceções ao precedente para casos futuros".

---

133. Art. 988. Caberá reclamação da parte interessada ou do Ministério Público para:

[...]

IV – garantir a observância de enunciado de súmula vinculante e de precedente proferido em julgamento de casos repetitivos ou em incidente de assunção de competência.

CAPÍTULO XLIII

Incidente de arguição de inconstitucionalidade

1. CONSIDERAÇÕES INICIAIS

O controle de constitucionalidade, quando realizado o controle difuso pelos tribunais, faz-se mediante a instauração de incidente processual (ao contrário do que ocorre com controle abstrato, não se forma novo processo). A inconstitucionalidade de dispositivo(s) legal(is) e ato(s) normativo(s) constitui causa de pedir do caso concreto, que envolve o interesse direto do legitimado. Para que o órgão jurisdicional competente possa analisar o pedido formulado pelo sujeito interessado, aquele deve, antes, avaliar a questão prejudicial, que se relaciona com (in) constitucionalidade do(s) dispositivo(s) questionado(s).

2. CONTROLE CONCENTRADO DE CONSTITUCIONALIDADE

Quando a incompatibilidade do texto legal em face da Constituição for suscitada em ações, recursos ou reexames a serem apreciados no âmbito dos tribunais, existirá procedimento específico, denominado **incidente de arguição de inconstitucionalidade**, que deverá ser observado.

3. CLÁUSULA DE RESERVA DE PLENÁRIO

De acordo com a própria disposição do art. 97 da Constituição da República, somente pelo **voto da maioria absoluta de seus membros ou dos membros do respectivo órgão especial poderão os tribunais decretar a inconstitucionalidade de lei ou ato normativo do Poder Público**. Da disposição constitucional, advém a denominada "cláusula de reserva de plenário", cujo cumprimento é requisito para que para todos os tribunais, na forma difusa, bem como para o STF (e para os Tribunais de Justiça, em razão de questionamentos formulados frente às respectivas Constituições Estaduais), no controle concentrado, decretem a inconstitucionalidade de lei e atos normativos do Poder Público.

Apenas na primeira oportunidade é que, para afastar a incidência, no todo ou em parte, da lei ou do ato normativo do poder público, por decretação incidental de inconstitucionalidade, faz-se necessário o respeito à cláusula de reserva de plenário. Para as ocasiões seguintes, está dispensada a observância a tal requisito, pelo que os próprios órgãos fracionários, ou seja, câmaras ou turmas, poderão julgar de imediato as questões que lhe são submetidas sem a necessidade de instaurar incidente de inconstitucionalidade, a bastar, para tanto, invocar o precedente judicial.

4. EFEITOS

Em regra, os efeitos da decretação incidental de inconstitucionalidade somente se aplicam às partes do processo e com eficácia retroativa.

Se o controle for realizado pelo Supremo Tribunal Federal, em julgamento de caso concreto, por resolução, o Senado Federal **poderá suspender, no todo ou em parte, os efeitos da lei** (seja ela federal, estadual ou mesmo municipal) decretada inconstitucional, a alcançar, assim, eficácia *erga omnes*. A eficácia *erga omnes* da decisão do Supremo Tribunal que decreta a inconstitucionalidade da lei ou ato está subordinada à resolução do Senado Federal, conforme disposição do inciso X do art. 52 da Constituição da República.

Apesar dessa ampliação subjetiva, ante a edição de resolução pelo Senado Federal, os efeitos do ato, para aqueles que não foram partes no processo, projetam-se *ex nunc*. Só os que foram partes, justamente por serem alcançados diretamente pelo ato jurisdicional decisório, independentemente de haver ou não resolução do Senador Federal, serão alcançados pela eficácia *ex tunc*.

A resolução a ser editada pela Casa Legislativa, entretanto, não poderá ampliar, restringir ou mesmo interpretar a decisão que decreta incidentalmente a inconstitucionalidade. Cabe a ela editar, se for o caso, a resolução de forma simétrica ao ato jurisdicional decisório.

Em qualquer caso, a decretação de inconstitucionalidade cabe ao Poder Judiciário. Sem a decretação incidental, não cabe ao Senado Federal suspender a eficácia da lei, por entendê-la inconstitucional.

Quanto à extensão subjetiva dos efeitos da decretação incidental de inconstitucionalidade, deve-se levar em consideração a circunstância de a ação ser ou não coletiva. Se não for, os efeitos estarão, realmente, circunscritos às partes do processo. Mas, se a ação for coletiva, a autoridade da coisa julgada (sobretudo, mas não só nessa hipótese, quando a ação for julgada procedente) recairá sobre as partes materiais, cujo direito estava a ser pleiteado por substituto processual. A decretação de inconstitucionalidade, entretanto, levará em consideração a aplicação da lei ao caso concreto, sem suspender, de uma forma generalizada, sua eficácia, nem, muito menos, retirá-la do sistema jurídico.

5. PROCEDIMENTO

O procedimento a ser observado nos tribunais é comumente chamado de **incidente de inconstitucionalidade**, a estar regulado pelos arts. 948 a 950 do Código de Processo Civil de 2015 (antes, pelos arts. 480 a 482 do Código de Processo Civil de 1973). Ao chegar o processo no Tribunal, no qual tenha sido arguida a inconstitucionalidade de lei ou ato normativo como questão prejudicial à análise do mérito, o relator, ouvido o Ministério Público, submeterá a questão à Turma ou Câmara, a que tocar o seu conhecimento.

CAPÍTULO XLIV

Conflito de Competência

1. CONSIDERAÇÕES INICIAIS

A ação será processada e julgada perante órgão competente, ou seja, que tenha atribuição jurisdicional outorgada reconhecida pelo sistema jurídico. Pode ocorrer, entretanto, de, depois de distribuída a ação, 02 ou mais juízes se declarem competentes para julgar a ação, ou 02 ou mais juízes se consideram incompetentes, atribuindo um ao outro a competência. Também, entre aqueles, pode surgir controvérsia acerca da reunião ou separação de processos.

Diante dessas situações, pode ser instaurado, de forma incidental, um **conflito de competência,** que, ao ser julgado pelo tribunal *ad quem*, definirá o órgão competente para processar e julgar a ação pendente[134], ou, se for o caso, se os processos devem ser reunidos ou separados.

2. HIPÓTESES DE CONFLITO DE COMPETÊNCIA

Há conflito de competência quando: 02 ou mais juízes se declaram competentes; 02 ou mais juízes se consideram incompetentes, atribuindo um ao outro a competência; entre 02 ou mais juízes surge controvérsia acerca da reunião ou separação de processos. Quando ocorre qualquer uma das situações mencionadas, o juiz deve suscitar o conflito.

Constatada alguma situação de conflito, ele deve ser necessariamente suscitado. Não pode haver devolução dos autos ao órgão jurisdicional que, anteriormente, por intermédio de arguição ou de ofício, declarou-se incompetente. Não pode haver o *pingue-pongue* dos autos do processo, até porque representa negativa

134. Enunciado 59 da súmula da jurisprudência do Superior Tribunal de Justiça: "Não há conflito de competência se já existe sentença com trânsito em julgado, proferida por um dos juízos conflitantes".

de prestação jurisdicional e descumprimento da garantia da duração razoável do processo.

Logo, um juízo, que se considera incompetente, deve remeter o processo a outro que ele entenda como sendo competente. Este, por sua vez, se se entender incompetente, poderá, alternativamente: a) suscitar o conflito de competência (se entender que a competência é do juízo que lhe remeteu os autos do processo); b) remeter os autos do processo a outro juízo (diferente do originário) que entenda competente.

3. LEGITIMIDADE

O conflito de competência pode ser suscitado por qualquer das partes, pelo Ministério Público ou pelo juiz. O *parquet* terá legitimidade quando parte ou quando fiscal da ordem jurídica. Entretanto, nesta condição, o Ministério Público, conforme dispõe o parágrafo único do art. 951 do Código de Processo Civil, só será ouvido nos conflitos suscitados em processos previstos no art. 178 do Código de Processo Civil[135].

4. COMPETÊNCIA PARA PROCESSAR E JULGAR O CONFLITO DE COMPETÊNCIA

Quando alegada a incompetência do juízo, é este mesmo quando decide se é ou não competente para julgar a ação processualizada. Entretanto, quando suscitado o conflito de competência dentre 02 ou mais juízos, o julgamento caberá ao tribunal comum hierarquicamente superior àqueles. Entre juízos vinculados a tribunais diversos, ainda que de diferentes Justiças, a competência para conhecer o conflito será o Superior Tribunal de Justiça. Se o conflito envolver tribunais superiores, a competência para resolvê-lo será do STF.

---

135. Art. 178. O Ministério Público será intimado para, no prazo de 30 (trinta) dias, intervir como fiscal da ordem jurídica nas hipóteses previstas em lei ou na Constituição Federal e nos processos que envolvam:

I – interesse público ou social;

II – interesse de incapaz;

III – litígios coletivos pela posse de terra rural ou urbana.

Parágrafo único. A participação da Fazenda Pública não configura, por si só, hipótese de intervenção do Ministério Público.

CAPÍTULO XLV

Homologação de sentença estrangeira e concessão do exequatur à carta rogatória

1. CONSIDERAÇÕES INICIAIS

Para que uma decisão estrangeira, assim entendida o ato definitivo proferido por autoridade jurisdicional de outro país, possa surtir efeitos no Brasil, é necessário que ela seja homologada pelo Superior Tribunal de Justiça. Inclusive, a decisão estrangeira somente terá eficácia no Brasil após a homologação de sentença estrangeira ou a concessão do *exequatur* às cartas rogatórias, salvo disposição em sentido contrário de lei ou tratado. A EC nº 45/04 transferiu para o STJ a competência para homologar sentenças estrangeiras e também para conceder *exequatur* às cartas rogatórias[136].

Contudo, os títulos executivos extrajudiciais constituídos no estrangeiro, sem participação jurisdicional, por óbvio, porque não são "sentenças", não precisam de homologação da autoridade jurisdicional brasileira competente.

A ação homologatória de sentença estrangeira é de conhecimento, intentada para alcançar uma **decisão de natureza constitutiva**, pois que atribuirá àquele ato decisório eficácia no território brasileiro. Ao apreciá-la (a ação de homologação), o Superior Tribunal de Justiça, repita-se, não julgará, novamente, a ação sentenciada pela autoridade jurisdicional estrangeira. Haverá impossibilidade de discussão do mérito subjacente à sentença estrangeira, pelo que o STJ limitar-se-á a realizar um juízo de delibação, onde apreciará se estão presentes os requisitos necessários à homologação da sentença estrangeira.

136. Art. 105, I, "i" da CF/88

2. AMPLITUDE DA EXPRESSÃO "SENTENÇA ESTRANGEIRA"

O CPC, especialmente nos artigos 960 e seguintes, refere-se à "sentença estrangeira" sem, contudo, dar seus contornos mais precisos. Tal expressão deve compreender todas as decisões definitivas, que são proferidas por órgãos colegiados ou monocráticos, bem como os atos jurídicos que, no Brasil, equiparar-se-iam às sentenças, ante sua natureza jurisdicional, como ocorre com as sentenças arbitrais. Por assim dizer, não apenas as "sentenças" propriamente ditas, ou seja, numa acepção estrita, são compreendidas pela expressão mencionada acima. A interpretação àquela deve ser ampla, a contemplar, por exemplo, as decisões parciais de mérito, espécie de decisão interlocutória, que, no sistema brasileiro, constitui uma novidade, a teor da disposição trazida pelo art. 356 do CPC.

Entretanto, não se deve confundir homologação da sentença estrangeira com concessão de *exequatur* à carta rogatória. Aquela (sentença estrangeira) está relacionada a decisões jurisdicionais definitivas, independentemente de qual seja a sua espécie. Essa (concessão de *exequatur*), por sua vez, nem sempre. Relaciona-se, geralmente, a decisões que são proferidas no curso do processo para garantir cumprimento de diligências. Mas, pode ocorrer de ser requerida perante o STJ (órgão também competente) para alcançar algum (ou alguns), todavia, nem todos, os efeitos de uma decisão jurisdicional definitiva proferida por autoridade jurisdicional estrangeira. Não se pode esquecer a possibilidade inversa, de ser expedida carta rogatória da autoridade brasileira para a estrangeira, situação em que seria requerida *exequatur* à carta rogatória brasileira à autoridade estrangeira.

Feita tal distinção, um detalhe, quanto ao local em que proferida a sentença arbitral, afigura-se importante. Mesmo sendo estrangeiro o tribunal arbitral, se a sentença for proferida no Brasil, ela é nacional, e, por isso, dispensa homologação. Inclusive, a disposição do parágrafo único do art. 34 da Lei nº 9.307/1996 é nesse sentido: "considera-se sentença arbitral estrangeira a que tenha sido proferida fora do território nacional". Consequentemente, quando proferida no estrangeiro, a sentença arbitral é equiparada a uma sentença estrangeira. A Lei nº 9.307/1996 confere normatização específica à matéria, a teor das disposições dos respectivos arts. 34 a 40, a trazer, inclusive, diferentes requisitos para homologação.

3. REQUISITOS PARA HOMOLOGAÇÃO DA DECISÃO ESTRANGEIRA E PARA A CONCESSÃO DO *EXEQUATUR*

Nos termos do art. 963 do Código de Processo Civil, constituem requisitos indispensáveis à homologação da decisão estrangeira, bem assim para a concessão do *exequatur* às cartas rogatórias: a) ser proferida por autoridade competente; b) ser precedida de citação regular, ainda que verificada a revelia; c) ser eficaz no país em que foi proferida; d) não ofender a coisa julgada brasileira; e) estar acompanhada de tradução oficial, salvo disposição que a dispense prevista em tratado; f) não conter manifesta ofensa à ordem pública.

▸ **IMPORTANTE!**

Configura ofensa à ordem pública, apta a ensejar a denegação da homologação da sentença estrangeira, a comprovada parcialidade do julgador, independentemente de decisão proferida pela Justiça estrangeira sobre o tema (STJ. SEC 9.412/EX. DJe 30.05.17; Inf. 605).

Ação rescisória

1. CONSIDERAÇÕES INICIAIS

A ação rescisória é a **ação de impugnação autônoma**, nomeadamente porque forma outra relação processual. Não se trata, por isso, de recurso. Pode ser intentada por qualquer das partes da ação originária (ou pelo seu sucessor a título universal ou singular), pelo Ministério Público ou por terceiro interessado. Deve observar **prazo decadencial, que será de, no mínimo, 02 anos.** E visa a desconstituir decisão, que tenha a aptidão de impossibilitar a discussão do mérito por intermédio de outra ação.

2. PRESSUPOSTOS

2.1. Gerais

Devem ser observados, para a ação rescisória, todos os pressupostos processuais gerais, já que são comuns a qualquer processo. A discussão em torno de alguns deles, especificamente os que impedem a propositura de nova ação para discutir o mérito da que foi julgada pela decisão rescindenda, pode ser parte do objeto litigioso da ação rescisória. Sua análise, pois, para essa situação, será meritória. O julgamento da ação rescisória, portanto, em juízo rescindente, ocupar-se-á a seu respeito.

2.2. Específicos

Além dos pressupostos processuais gerais, a ação rescisória deve observar os seguintes pressupostos específicos:

a) existência de decisão transitada em julgado, que pode ser de mérito ou, ainda, terminativa, mas, nesse último caso, que impeça a propositura de nova ação ou a rediscussão em torno da inadmissibilidade de recurso;

b) afirmação pelo autor, como causa de pedir, de pelo menos uma das hipóteses de rescindibilidade que estão previstas entre os incisos I e VIII do art. 966 do CPC

CPC, art. 966: I – se verificar que foi proferida por força de prevaricação, concussão ou corrupção do juiz; II – for proferida por juiz impedido ou por juízo absolutamente incompetente; III – resultar de dolo ou coação da parte vencedora em detrimento da parte vencida ou, ainda, de simulação ou colusão entre as partes, a fim de fraudar a lei; IV – ofender a coisa julgada; V – violar manifestamente norma jurídica; VI – for fundada em prova cuja falsidade tenha sido apurada em processo criminal ou venha a ser demonstrada na própria ação rescisória; VII – obtiver o autor, posteriormente ao trânsito em julgado, prova nova cuja existência ignorava ou de que não pôde fazer uso, capaz, por si só, de lhe assegurar pronunciamento favorável; VIII – for fundada em erro de fato verificável do exame dos autos.

No que se refere à hipótese do inciso V, importa destacar que, será manifesta a violação à norma jurídica, quando em dissonância à orientação estabelecida pelo Supremo Tribunal Federal e pelo Superior Tribunal de Justiça, sobretudo, porque, no comum das vezes, a eles cabe a formação de precedentes vinculantes, a teor do que dispõe o art. 927 do Código de Processo Civil[137]. Por isso, estabelece o § 5º do art. 966, cabe ação rescisória, nos termos do inciso V do *caput* deste artigo, contra decisão baseada em enunciado de súmula[138], acórdão ou precedente previsto no art. 927, que não tenha considerado a existência de distinção entre a questão discutida no processo e o padrão decisório que lhe deu fundamento. Mas, quando a ação rescisória fundar-se na hipótese do § 5º, caberá ao autor, sob pena de inépcia, demonstrar, fundamentadamente, tratar-se de situação particularizada por hipótese fática distinta ou questão jurídica não examinada, a impor outra solução jurídica.

---

137. Art. 927. Os juízes e os tribunais observarão: I – as decisões do Supremo Tribunal Federal em controle concentrado de constitucionalidade; II – os enunciados de súmula vinculante; III – os acórdãos em incidente de assunção de competência ou de resolução de demandas repetitivas e em julgamento de recursos extraordinário e especial repetitivos; IV – os enunciados das súmulas do Supremo Tribunal Federal em matéria constitucional e do Superior Tribunal de Justiça em matéria infraconstitucional; V – a orientação do plenário ou do órgão especial aos quais estiverem vinculados.

138. Sob a vigência do CPC/1973, a jurisprudência do Superior Tribunal de Justiça era no sentido de que "não existe previsão legislativa para o ajuizamento de ação rescisória sob o argumento de violação de súmula" (STJ. AR 4.112/SC. DJe 28.11.12), pelo que seria incabível. Apesar de o CPC/2015, no § 5º do art. 966 admitir essa possibilidade, ela não se amolda ao sistema de precedentes, porque o enunciado de súmula não tem *ratio decidendi*. Na verdade, ela decorre dos precedentes que ensejaram a edição do enunciado de súmula. Assim, a parte do texto que faz referência a enunciado de sumula é desnecessária, no mínimo, pois os precedentes constituídos no âmbito dos tribunais superiores, nos termos do art. 927, que culminaram na edição do enunciado, já têm eficácia vinculante.

Essa premissa, em reconhecer, por intermédio do texto legal, a violação manifesta da norma jurídica quando contrariar precedente vinculante, é uma evolução em relação àquilo que dispunha o art. 485, V, do CPC/1973, pois, ali, a violação à lei precisava ser literal, o que quase nunca ocorria, ante a constante divergência de entendimentos havida entre os tribunais locais, o que representava óbice ao cabimento da ação rescisória, a teor da orientação estabelecida pelo enunciado 343 da súmula do Supremo Tribunal Federal.

c) exercício do direito de ação no respectivo prazo decadencial[139].

3. CONDIÇÕES

Como exercício de direito de ação que é, para se propor a rescisória, evidentemente, faz-se necessária verificação da legitimidade das partes e do interesse processual.

3.1. Legitimidade

3.1.1. Legitimidade ativa

Têm legitimidade para propor a ação rescisória: a) quem foi parte no processo ou o seu sucessor a título universal ou singular; b) terceiro juridicamente interessado; c) Ministério Público, se não foi ouvido no processo em que lhe era obrigatória a intervenção ou quando a decisão rescindenda é o efeito de simulação ou de colusão das partes, a fim de fraudar a lei ou em outros casos em que se imponha sua atuação; d) aquele que não foi ouvido no processo em que lhe era obrigatória sua intervenção.

---

139. O prazo para propor ***ação*** rescisória é decadencial. De fato, nos termos do art. 975 do Código de Processo Civil, "o direito à rescisão se extingue em 02 anos contados do trânsito em julgado da última decisão proferida no processo". Esse prazo, conforme estabelece o § 1º do mesmo dispositivo legal, "prorroga-se até o primeiro dia útil imediatamente subsequente [...] quando expirar durante férias forenses, recesso, feriados ou em dia em que não houver expediente forense" (STJ. EREsp 667672/SP. DJe. 26.06.08).Só que o art. 975 do Código de Processo Civil traz duas exceções à regra do prazo decadencial de 02 anos.

A primeira delas está prevista no § 2º, que estabelece que, se a ação rescisória estiver fundada no inciso VII, o termo inicial do prazo será a data de descoberta da prova nova, observado o prazo máximo de 05 anos, contado do trânsito em julgado da última decisão proferida no processo.

A segunda exceção ao prazo decadencial de 02 anos está prevista no § 3º do art. 975. Ele dispõe que, nas hipóteses de simulação ou de colusão das partes, o prazo começa a contar, para o terceiro prejudicado e para o Ministério Público, que não interveio no processo, a partir do momento em que têm ciência da simulação ou da colusão.

Transcorrido o prazo decadencial sem a propositura de ação rescisória, dá-se a formação da "coisa soberanamente julgada", que não poderá ser modificada.

3.1.2. Legitimidade passiva

A legitimidade passiva é daquele que, tendo sido parte no processo originário, não é autor da ação rescisória.

> ▸ **IMPORTANTE!**
>
> Na ação rescisória que visa a rescindir também o capítulo de sentença relativo aos honorários de sucumbência, o patrono da parte adversa deve ser incluído no polo passivo, por ser o titular da referida verba (STJ. REsp 1.651.057/CE. DJe 26.05.17; Inf. STJ 605).

3.2. Interesse processual

Tem interesse em intentar ação rescisória a parte que tenha saído vencida na decisão rescindenda (inclusive se proferida em liquidação de sentença[140]), além do terceiro juridicamente interessado e do Ministério Público, na hipótese em que, em razão da decisão proferida, não se possa propor nova ação para discutir as questões antes apresentadas.

4. ATOS DE DISPOSIÇÃO DE DIREITOS E HOMOLOGATÓRIOS PRATICADOS NO CURSO DA EXECUÇÃO

Cabe ação anulatória para desconstituir: a) atos de disposição de direitos praticados pelas partes ou por outros participantes do processo e homologados pelo juízo; b) atos homologatórios praticados no curso da execução.

5. TUTELA PROVISÓRIA

Preenchidos os requisitos, a tutela provisória, seja ela de urgência ou evidência, será concedida. Não há restrição. Contudo, a concessão de tutela provisória em ação rescisória é medida excepcional. O julgador deve estar seguro em relação ao preenchimento dos requisitos para poder conceder a tutela. Assim, se não preenchidos os requisitos que autorizam a concessão, a decisão rescindenda não terá qualquer restrição quanto à sua eficácia, não sendo obstáculo para o seu normal cumprimento.

---

140. O Superior Tribunal de Justiça decidiu que "*é cabível a ação rescisória para rescindir decisão proferida em fase de liquidação de sentença*" (STJ. AgRg no REsp 1252679/SE. DJe 04.05.12).

6. PROCEDIMENTO

6.1. Competência

6.1.1. Determinação

A ação rescisória será distribuída perante **o tribunal que proferiu a decisão a ser rescindida.** No caso de decisão proferida por juízo monocrático de primeira instância, é competente para a ação rescisória o tribunal que conheceria eventual recurso interponível contra aquela. A considerar que o juiz de primeira instância integra um respectivo tribunal, afirma-se a regra de que o próprio tribunal é competente para rescindir a decisão proferida pelo seu integrante.

No caso de cumulação de ações no mesmo processo, sendo elas julgadas por diferentes tribunais, podem ocorrer as seguintes situações:

a) com o trânsito em julgado parcial, serem intentadas rescisórias contra cada uma das partes transitadas em julgado, situação em que aquelas serão intentadas separadamente, perante os respectivos tribunais, com a possibilidade, em caso de prejudicialidade, de haver suspensão de alguma(s) dela(s);

b) ser proposta uma rescisória, apesar do trânsito em julgado global, apenas contraparte do objeto decidido no curso do processo, situação em que aquela será intentada perante o respectivo tribunal, prolator da decisão a ser desconstituída, independentemente da outra parte que não foi objeto de ação rescisória;

c) com o trânsito em julgado global, ser proposta uma rescisória contra todas as decisões, situação em que será competente o tribunal que proferiu a última decisão.

Se as ações cumuladas foram julgadas pelo mesmo tribunal, dele, por óbvio, será a competência para processar e julgar a(s) respectiva(s) rescisória(s), podendo, se houver trânsito em julgado parcial (sucessivamente), ser intentada uma ou quantas forem as decisões ou mais ações que, se conexas, poderão ser apensadas para processamento e julgamento conjunto.

6.1.2. Reconhecimento da incompetência

Reconhecida a incompetência (que será absoluta, por ser definida em razão da função) do tribunal para julgar a ação rescisória, o autor, nos termos do § 5º do art. 968 do CPC/2015, será intimado para emendar a petição inicial, a fim de adequar o objeto da ação rescisória, quando a decisão apontada como rescindenda: a) não tiver apreciado o mérito e não se enquadrar na situação prevista no § 2º do art. 966; b) tiver sido substituída por decisão posterior.

6.2. Relator

Na ação rescisória, a escolha de relator recairá, sempre que possível, em juiz que não haja participado do julgamento rescindendo.

6.3. Petição inicial

6.3.1. Requisitos

Na petição inicial da ação rescisória, devem-se observar os requisitos dos arts. 106, 319 e 320 do CPC[141].

6.3.2. Instrumento de procuração

Deve proceder à juntada de novo instrumento de procuração (não podendo ser aquele da ação originária, ainda que o instrumento de representação anterior contenha poderes específicos para a propositura de futura ação rescisória).

6.3.3. Causas de rescindibilidade

A incorreta indicação de um dispositivo por outro, não impede que o julgador, a atribuir a correta qualificação jurídica às razões expostas na inicial, julgue procedente a ação rescisória.

6.3.4. Pedidos

Além do pedido de rescisão, deverá também ser formulado, quando cabível, de forma sucessiva, o de novo julgamento.

6.3.5. Documentos indispensáveis

Em decorrência do prazo decadencial, que é contado a partir do trânsito em julgado da sentença rescindível, e do obrigatório pedido de rescisão, próprio da ação rescisória, são documentos imprescindíveis, dentre outros, aquele que demonstre o trânsito em julgado, e a decisão que se pretende rescindir.

---

141. IMPORTANTE! "Não padece de inépcia a petição inicial de ação rescisória apenas porque omite a subsunção do fundamento de rescindibilidade no art. 485 do CPC ou o capitula erroneamente em um de seus incisos. Contanto que não se afaste dos fatos e fundamentos invocados como causa de pedir, ao Tribunal é lícito emprestar-lhes a adequada qualificação jurídica ('iura novit curia'). No entanto, fundando-se a ação rescisória no art. 485, inc. V, do CPC, é indispensável expressa indicação, na petição inicial da ação rescisória, do dispositivo legal violado, por se tratar de causa de pedir da rescisória, não se aplicando, no caso, o princípio 'iura novit curia'" (Súmula 408 do TST).

6.3.6. Depósito prévio e multa

Com a finalidade de evitar o abuso do direito de ação (em conturbação à pacificação que deveria ser proporcionada pela definitividade da prestação jurisdicional), a autor da rescisória, deverá depositar a importância de 5% sobre o valor da causa, que poderá ser convertida em multa de natureza inibitória a ser aplicada em reversão do réu, caso a ação seja, por unanimidade de votos, declarada inadmissível ou improcedente.

Se a sentença a ser desconstituída tiver eficácia condenatória predominante, a base de cálculo do valor do depósito considerará a condenação imposta.

O valor do depósito, não será superior a 1.000 salários-mínimos. Apesar de ser uma novidade no plano legislativo, a jurisprudência já vinha a desenhar posicionamento nesse sentido, a admitir depósito inferior a 5% do valor da condenação, como maneira de afirmar a garantia de pleno acesso à prestação jurisdicional.

União, Estado, Município, Distrito Federal, bem assim as respectivas autarquias e fundações se a lei de regência atribuir a elas as mesmas prerrogativas e privilégios da Fazenda Pública, Ministério Público, beneficiários da gratuidade judiciária, massa falida e autor de rescisória tendente a desconstituir sentença proferida em ação popular estão dispensados de depósito prévio[142]. Contudo, os beneficiários da gratuidade judiciária podem ser condenados ao pagamento da multa se a sucumbência for unânime.

Especificamente em relação à União, aos Estados, aos Municípios, ao Distrito Federal, às respectivas autarquias e fundações, e ao Ministério Público, entende o Superior Tribunal de Justiça que a liberalidade conferida ao Poder Público do depósito prévio de 5% do valor da causa, a título de multa, resulta da presunção de que eles não irão aforar ações temerárias, razão porque seria inviável a condenação na multa quando a ação por ela ajuizada for inadmissível ou julgada improcedente.

6.3.7. Indeferimento da petição inicial

A petição inicial da ação rescisória será indeferida nos casos previstos no art. 330 do CPC ou quando não efetuado o depósito (da eventual multa) correspondente a 5% do valor da pretensão econômica. Antes de indeferir a petição inicial,

142. BENEFICIÁRIO. JUSTIÇA GRATUITA. DEPÓSITO. AR. O rol do art. 3º da Lei 1.060/50 é meramente exemplificativo, pois deve ser interpretado de acordo com o art. 9º da mesma Lei e com o art. 5º, XXXV e LXXIV, da CF. A fim de se resguardar o direito constitucional de livre acesso ao Poder Judiciário em igualdade de condições, é inexigível o depósito de que trata o art. 488, II, do CPC ao beneficiário da justiça gratuita. REsp 1.052.679, Rel. Min. Nancy Andrighi, j. 8.6.10. 3ª T. (Info 438)

deverá o relator facultar ao autor, quando possível, a correção dos vícios que inviabiliza aquela. Sempre, contudo, deverá, antes de indeferir a inicial, consultar as partes a respeito.

Aliás, o enunciado 284 editado pelo FPPC orienta que se aplica à ação rescisória o disposto no art. 321, que tem a seguinte redação: "o juiz, ao verificar que a petição inicial não preenche os requisitos dos arts. 319 e 320 ou que apresenta defeitos e irregularidades capazes de dificultar o julgamento de mérito, determinará que o autor, no prazo de 15 dias, a emende ou a complete, indicando com precisão o que deve ser corrigido ou completado".

Se o relator, monocraticamente, indeferir a petição inicial, contra a respectiva decisão caberá recurso de agravo interno, que será julgado pelo órgão colegiado competente para processar e julgar a ação rescisória.

6.3.8. Improcedência liminar do pedido

Aplica-se à ação rescisória o disposto no art. 332, o qual dispõe que, nas causas que dispensem a fase instrutória, o juiz, independentemente da citação do réu, julgará liminarmente improcedente o pedido que contrariar: a) enunciado de súmula do Supremo Tribunal Federal ou do Superior Tribunal de Justiça; b) acórdão proferido pelo Supremo Tribunal Federal ou pelo Superior Tribunal de Justiça em julgamento de recursos repetitivos; c) entendimento firmado em incidente de resolução de demandas repetitivas ou de assunção de competência; d) enunciado de súmula de tribunal de justiça sobre direito local.

O julgamento liminar de improcedência do pedido pode ser total ou parcial.

6.4. Citação

Se deferida a petição inicial da ação rescisória, o relator mandará citar o réu para apresentar resposta.

6.5. Resposta

6.5.1. Prazo

No caso, o relator da ação rescisória mandará citar o réu para, em prazo não inferior a 15 dias e não superior a 30, oferecer sua resposta. Ele (o relator) atribuirá o prazo, dentro da variação preestabelecida pelo art. 970 do CPC, de acordo com a complexidade do caso.

Se omisso o juiz quanto à fixação do prazo de resposta, não se deve admitir como sendo de 30 dias por, supostamente, ser mais benéfico ao réu. Seria o caso de invalidade da citação, por falta de indicação numérica do prazo de resposta. Aliás, ainda que o mandado fizesse referência ao prazo do art. 970 do CPC, a citação seria inválida.

O prazo de resposta submeter-se-á às disposições especiais dos art. 180, 183, 186 e do art. 229, todos do CPC, desde que preenchidos os respectivos suportes fáticos, pelo que poderá ser alargado. Findo o prazo, com ou sem apresentação de reposta, serão observadas as disposições atinentes ao procedimento comum.

No procedimento comum, quando a causa versa de acerca de direito que admite autocomposição, o prazo de contestação começa a fluir da audiência de conciliação ou de mediação ou da data do protocolo do pedido de cancelamento da audiência de conciliação ou de mediação apresentado pelo réu, quando ocorrer a hipótese do art. 334, § 4º, I. Só que tais disposições legais não se aplicam à ação rescisória. Logo, o prazo para contestar ação rescisória é contado de acordo com as condições estabelecidas pelo art. 231.

6.5.2. Revelia

A ausência de contestação, todavia, não produzirá os efeitos da revelia, em virtude do interesse do Estado na preservação da coisa julgada. Aliás, por ser de ordem pública a coisa julgada, a ação rescisória não admite transação ou reconhecimento da procedência do pedido rescindente.

6.5.3. Modalidades de resposta

Ao réu, em resposta, caberá apresentar contestação ou exceção de suspeição ou de impedimento. Poderia até reconvir, mas, tal só será admissível quando verificada a sucumbência parcial.

6.6. Providências preliminares e saneamento

Sendo necessário, o relator adotará as providências preliminares e, além disso, saneará e organizará o processo, cabendo-lhe: a) resolver as questões processuais pendentes, se houver; b) delimitar as questões de fato sobre as quais recairá a atividade probatória, especificando os meios de prova admitidos; c) definir a distribuição do ônus da prova, observado o art. 373; d) delimitar as questões de direito relevantes para a decisão do mérito; e) designar, se necessário, audiência de instrução e julgamento.

6.7. Julgamento conforme o estado do processo

Transcorrido o prazo para a apresentação de resposta, com ou sem ela, poderá o relator, inclusive por decisão monocrática, desde que respeitado o dever de consulta provindo da cooperação, extinguir o processo sem resolução de mérito ou passar ao julgamento imediato do mérito.

6.8. Instrução do processo

Se as assertivas fáticas apresentadas pelas partes dependerem de dilação probatória, o relator poderá delegar a competência ao juiz de direito da comarca onde deva ser produzida, fixando prazo de 01 a 03 meses para a devolução dos autos. Nada impede, contudo, que o próprio relator instrua o processo. A delegação, muitas vezes, ocorre por questões estruturais relativas ao tribunal.

Quando delegada, a instrução processual não necessariamente será realizada pelo mesmo juízo que proferiu a decisão rescindenda ou em que tramitou a ação em primeira instância. A competência para a instrução, nesse caso, para se afirmar a economia processual, será definida de acordo com o território, conforme aplicáveis regras de distribuição jurisdicional estabelecidas pela legislação. Por isso o enunciado 340 do FPPC orienta que, "observadas as regras de distribuição, o relator pode delegar a colheita de provas para juízo distinto do que proferiu a decisão rescindenda".

Quanto às espécies de prova, a coleta do depoimento pessoal sofre certa restrição, embora não se descarte sua produção, no que concerne à confissão dos fatos suficientes à procedência do(s) pedido(s) formulado(s) pelo autor da ação rescisória. Isso porque, como antes dito, a confissão (nem mesmo o reconhecimento da procedência do pedido) não justifica a desconstituição da decisão transitada em julgada.

6.9. Razões finais

Concluída a instrução, será aberta vista, sucessivamente, ao autor (primeiramente) e ao réu (depois), pelo prazo de 10 dias, para que eles apresentem suas razões finais.

6.10. Vistas ao Ministério Público

Nas hipóteses do art. 178, o Ministério Público, quando não for parte, será intimado, antes do julgamento, intervir, o que fará na condição de fiscal da ordem jurídica.

6.11. Julgamento

Depois de apresentadas as razões finais e, se for o caso, ocorrida a intervenção do Ministério Público, o relator elaborará seu voto (que será apresentada na sessão oportuna) e remeterá os autos para a secretaria do tribunal, que, a fim de proporcionar as condições para um debate qualificado no órgão colegiado, expedirá cópias do relatório e as distribuirá entre os juízes que compõem o órgão colegiado competente para o julgamento em sessão a ser designada.

Segundo o enunciado 252 da súmula do STF, "na ação rescisória, não estão impedidos juízes que participaram do julgamento rescindendo" (Súmula 252 do STF[143]), embora, repita-se, conforme dispõe o parágrafo único do art. 971, o relator seja escolhido entre aqueles juízes que não tenham participado (do julgamento rescindendo). Não há uma obrigatoriedade, mas apenas uma orientação para resguardar a máxima imparcialidade e, assim, afastar o "enviesamento cognitivo". Só que, alguns tribunais, mediante inclusão de disposição específica nos seus regimentos internos, afastam, de forma impositiva, o juiz que participou do julgamento anterior. No Superior Tribunal de Justiça, o art. 238 de seu Regimento Interno estabelece que "à distribuição da ação rescisória não concorrerá o Ministro que houver servido como relator do acórdão rescindendo".

Se a ação rescisória estiver fundada na alegação de impedimento ou do cometimento dos crimes de prevaricação, concussão ou corrupção do juiz, ele, necessariamente, não poderá participar do julgamento.

O julgamento da rescisória é dividido em 03 fases: a admissibilidade, o juízo rescindente (em que se busca a desconstituição da sentença) e o juízo rescisório (que vai decidir novamente o que foi objeto da sentença rescindida).

Admitida a ação rescisória, adentrar-se-á no juízo rescindente, que pode ser positivo ou negativo. Se o juízo rescindente for negativo, a ação rescisória será improcedente e ficará prejudicado o juízo rescisório, que é sucessivo. Se for positivo o juízo rescindente, caso necessário, adentrar-se-á no juízo rescisório, que definirá o resultado da ação, como sendo procedente ou improcedente. Mas, nem sempre o juízo rescisório será necessário, caso em que a procedência da ação estará definida pelo simples julgamento positivo do juízo rescindente.

Se julgando procedente o pedido rescindente, o tribunal rescindirá a sentença e, se for o caso (diante da desnecessidade de dilação probatória para esclarecer os fatos apresentados na ação originária), proferirá novo julgamento. Nesse caso, o valor do depósito será devolvido para o autor.

143. O enunciado 252 da súmula do Supremo Tribunal Federal foi editado sob a vigência do CPC/39.

Por sua vez, se julgada inadmissível ou improcedente a ação rescisória, a sentença rescindenda será mantida. Sendo unânime o julgamento, a importância do depósito será revertida em favor do réu. Não sendo unânime, o valor do depósito será devolvido em favor do autor.

Em qualquer caso, a parte vencida será condenada ao pagamento das despesas processuais.

Deve-se fazer uma advertência, ante a retirada, pelo Código, da possibilidade jurídica do pedido como condição da ação. Em algumas situações, a lei veda a utilização da ação rescisória. É o que acontece com as decisões proferidas pelos juizados especiais[144] (com a ressalva de que, se contra as sentenças proferidas nos juizados especiais for interposto, for interposto recurso extraordinário, é possível intentar ação rescisória, mas será perante o STF), em julgamento de ADI, de ADC[145] e de ADPF. Se, nesses casos, intentada ação rescisória, ela será improcedente.

6.12. Recursos

Contra a decisão que julga, no todo ou em parte, a ação rescisória, são cabíveis, em tese, agravo interno, embargos de declaração, recurso especial e recurso extraordinário. Se a rescisória for julgada pelo STJ, elimina-se o cabimento de recurso especial. Se julgada pelo STF, só caberá a interposição de agravo interno ou de embargos de declaração.

6.13. Ação rescisória contra decisão que julga ação rescisória

Por fim, cabe, em tese, intentar ação rescisória contra a decisão que julgou a ação rescisória. Mas, como orienta o enunciado 400 da súmula do TST, "em se tratando de rescisória de rescisória, o vício apontado **deve nascer na decisão rescindenda, não se admitindo a rediscussão do acerto do julgamento da rescisória anterior**".

---

144. Segundo a dicção do art. 59 da Lei nº 9.099/95, nos juizados especiais cíveis não se admitirá o ajuizamento de ação rescisória.

145. À luz do art. 26 da Lei nº 9.868/99, "*a decisão que declara a constitucionalidade ou a inconstitucionalidade da lei ou do ato normativo em ação direta ou em ação declaratória é irrecorrível, ressalvada a interposição de embargos declaratórios, não podendo, igualmente, ser objeto de ação rescisória*".

CAPÍTULO XLVII

Incidente de resolução de demandas repetitivas

1. CONSIDERAÇÕES INICIAIS

O incidente de resolução de demandas repetitivas (IRDR) é um instrumento processual de tutela dos direitos individuais homogêneos, o qual visa a conferir tratamento isonômico às chamadas "**demandas de massa**". Cuida-se de técnica utilizada pelos tribunais de justiça e pelos tribunais regionais federais para a construção de **precedentes vinculantes**, aplicáveis a todos os processos que contenham a mesma controvérsia sobre determinada questão jurídica e que tramitem no respectivo Estado ou Região.

Trata-se de **incidente processual**, que acarreta a **suspensão de todos os processos que versem sobre idêntica controvérsia**, para que o tribunal, por intermédio de seu órgão uniformizador, decida qual é a tese jurídica aplicável ao suporte fático comum. Julgado o IRDR, a tese sufragada deve ser observada por todos os órgãos judiciários vinculados à corte.

A fixação de tese jurídica (*ratio decidendi*) em sede de IRDR implica inúmeras consequências. De uma forma geral, o IRDR: permite a concessão de tutela de evidência (art. 311, II); possibilita o julgamento de improcedência liminar do pedido (art. 332, III); dispensa a remessa necessária das sentenças proferidas contra a Fazenda Pública (art. 496, § 4º, III); dispensa a prestação de caução na execução provisória (art. 521, IV).

Por sua vez, no âmbito dos tribunais, implica nas seguintes consequências: permite ao relator julgar monocraticamente o recurso (art. 932, IV, "c", e V, "c"); permite ao relator julgar monocraticamente o conflito de competência (art. 955, parágrafo único, II); viabiliza o cabimento de reclamação constitucional (arts. 985, § 1º, e 988, IV).

2. REQUISITOS DE ADMISSIBILIDADE

As condições de admissibilidade do IRDR estão previstas no art. 976, I e II, do Código de Processo Civil. São elas: a) efetiva repetição de processos que contenham controvérsia sobre a mesma questão **unicamente de direito**; b) risco de ofensa à isonomia e à segurança jurídica. Tais requisitos são cumulativos.

3. COMPETÊNCIA

Compete aos **tribunais de justiça** e aos **tribunais regionais federais** julgar os incidentes de resolução de demandas repetitivas (enunciado 343 do FPPC). As cortes superiores, portanto, não têm competência para julgar originariamente o IRDR, ficando sua atuação limitada ao julgamento dos respectivos (e eventuais) recursos extraordinários e especiais interpostos contra os acórdãos dos tribunais locais.

O julgamento do IRDR cabe ao órgão indicado pelo regimento interno como responsável pela uniformização da jurisprudência da corte (art. 978, CPC). Também cabe a ele julgar o recurso, a remessa necessária ou o processo de competência originária em que foi suscitado o IRDR, conforme prescreve o parágrafo único do art. 978.

4. REQUERIMENTO DE INSTAURAÇÃO DO IRDR

A instauração do incidente de resolução de demandas repetitivas, segundo o art. 977 do CPC, pode ser requerida: a) pelo juiz da causa, por ofício; b) pelo relator do recurso, da remessa necessária ou do processo de competência originária do tribunal, por ofício[146]; c) pelas partes, por petição; d) pelo Ministério Público, por petição; e) pela Defensoria Pública, por petição.

O pedido deve ser dirigido ao **presidente do tribunal de justiça ou do tribunal regional federal,** instruído com todos os documentos necessários à demonstração do preenchimento dos requisitos de admissibilidade do incidente. É preciso, pois, que o sujeito que suscite o IRDR comprove, documentalmente, a pluralidade de processos que contenham a mesma questão jurídica, bem como a existência de decisões conflitantes proferidas por diferentes órgãos judiciários vinculados à corte.

---

146. Enunciado 342 do Fórum Permanente de Processualistas Civis: "O incidente de resolução de demandas repetitivas aplica-se a recurso, a remessa necessária ou a qualquer causa de competência originária".

A inadmissão do incidente, por ausência de preenchimento de alguma das suas condições de admissibilidade, não impede que ele seja novamente suscitado, uma vez satisfeitos os requisitos (art. 976, § 3º, do CPC). Além disso, o IRDR não depende do pagamento de custas processuais (art. 976, § 5º).

5. JUÍZO DE ADMISSIBILIDADE

Suscitado o incidente, será ele distribuído a um relator e, então, submetido ao juízo de admissibilidade pelo órgão uniformizador da corte (art. 981, CPC). É vedada, nesse caso, a decisão monocrática, de acordo com o enunciado 91 do FPPC.

A decisão que admite ou rejeita o processamento do IRDR é **irrecorrível, salvo por meio de embargos de declaração**, em face da sua natureza integrativa. Nesse sentido, o enunciado 556 do FPPC orienta: "É irrecorrível a decisão do órgão colegiado que, em sede de juízo de admissibilidade, rejeita a instauração do incidente de resolução de demandas repetitivas, salvo o cabimento dos embargos de declaração".

6. CONDUTAS DO RELATOR

6.1. Suspensão dos processos

Admitido o incidente de resolução de demandas repetitivas, o relator suspenderá todos os processos pendentes, individuais ou coletivos, que tramitem no Estado ou na Região (arts. 313, IV, e 982, I, do CPC). Todos os órgãos jurisdicionais competentes serão, então, **comunicados da decisão** (§ 1º do art. 982). A suspensão aplica-se, inclusive, aos juizados especiais e às turmas recursais, consoante os enunciados 93 e 470 do FPPC.

Essa hipótese de suspensão processual decorre do juízo de admissibilidade positivo do IRDR, por isso independe da demonstração dos requisitos da tutela de urgência (enunciado 92 do FPPC).

Embora, de início, a suspensão fique limitada à circunscrição territorial de competência do tribunal, **é possível às partes, ao Ministério Público e à Defensoria Pública requerer ao Supremo Tribunal Federal, se a questão for constitucional, ou ao Superior Tribunal de Justiça, se a questão for federal, a extensão da suspensão a todos os processos individuais ou coletivos em trâmite no território nacional que versem sobre a questão objeto do IRDR, visando à garantia da segurança jurídica**. Para tanto, basta que se demonstre a existência de multiplicidade de processos que contenham a mesma questão jurídica, **em trâmite em mais de um Estado ou Região** (enunciado 95 do FPPC). Independentemente dos limites da competência territorial, as partes de qualquer processo em que se discuta a mesma questão objeto do IRDR têm legitimidade para requerer ao STF ou ao STJ a ampliação da suspensão processual (art. 982 § 4º).

Durante a suspensão dos processos, apesar da vedação à prática de quaisquer atos processuais, **é possível a realização de atos urgentes, a fim de evitar dano irreparável** (art. 314). Inclui-se aí, por óbvio, a concessão de tutela de urgência. O pedido, nesses casos, deve ser dirigido ao juízo em que tramita o processo suspenso (§ 2º do art. 982).

É possível que a suspensão do processo seja apenas parcial, na hipótese de haver cumulação simples de pedidos, sendo apenas um deles dependente da resolução da questão submetida ao IRDR. Nesse caso, nada impede o prosseguimento parcial do processo, em face da possibilidade de julgamento antecipado de parte do mérito, na forma do art. 356 do CPC. Essa é, aliás, a orientação do FPPC, como se observa do enunciado 205: "Havendo cumulação de pedidos simples, a aplicação do art. 982, I e § 3º, poderá provocar apenas a suspensão parcial do processo, não impedindo o prosseguimento em relação ao pedido não abrangido pela tese a ser firmada no incidente de resolução de demandas repetitivas".

A suspensão processual cessa em duas hipóteses: a) **se julgado o incidente, não for interposto recurso especial ou extraordinário contra o acórdão** (art. 982, § 5º, do CPC); b) **se o incidente não for julgado dentro do prazo de um ano, salvo decisão fundamentada do relator em sentido contrário** (art. 980, parágrafo único).

Por último, um questionamento importante: como deve a parte proceder, se o seu processo for suspenso, a despeito de o contexto fático dele ser distinto do caso submetido ao IRDR? Isto é, **como realizar o *distinguishing* entre os casos**?

À guisa de previsão específica no CPC, deve-se observar analogicamente o procedimento previsto no artigo 1.037, §§ 9º a 13, relativo aos recursos repetitivos. Até porque, nos termos do enunciado 345 do FPPC, "o incidente de resolução de demandas repetitivas e o julgamento dos recursos extraordinários e especiais repetitivos formam um microssistema de solução de casos repetitivos, cujas normas de regência se complementam reciprocamente e devem ser interpretadas conjuntamente".

Assim, a parte deve peticionar ao juiz, se o processo estiver em primeira instância, ou ao relator, se em segunda, **demonstrando a distinção** entre a questão debatida no processo e aquela submetida ao incidente de resolução de demandas repetitivas e requerendo o prosseguimento do feito. A outra parte, então, deverá ser ouvida em 05 dias. Reconhecida a distinção entre os casos, o processo terá prosseguimento; do contrário, mantém-se a suspensão.

Contra a decisão que resolver o requerimento de prosseguimento, cabe agravo de instrumento, se o processo estiver em primeira instância, ou agravo interno, se em segunda.

6.2. Requisição de informações

A teor do art. 982, II, do CPC, o relator do incidente poderá requisitar informações aos órgãos jurisdicionais em que tramitam processos em que se discute a questão objeto do IRDR, os quais as prestarão no prazo de 15 dias.

6.3. Intimação do Ministério Público

De acordo com o art. 976, § 2º, do CPC, o Ministério Público, se não tiver suscitado o incidente, deverá intervir na qualidade de fiscal da ordem jurídica. Por isso, o art. 982, III, impõe que o relator intime o Ministério Público, para que este, querendo, manifeste-se por escrito, no prazo de 15 dias.

7. INSTRUÇÃO

No prazo de 15 dias, as partes, os interessados e os *amici curiae* poderão requerer a juntada de documentos, bem como as diligências necessárias para a elucidação da questão jurídica. Em seguida, no mesmo prazo, manifestar-se-á o Ministério Público. O relator poderá, se entender necessário, realizar audiência pública, para ouvir depoimentos de pessoas com experiência e conhecimento sobre a matéria.

8. JULGAMENTO

O IRDR **deve ser julgado no prazo de um ano**, contado da publicação do acórdão de admissão do incidente. Este tem preferência sobre todos os demais processos, salvo aqueles que envolvam réu preso e os pedidos de *habeas corpus.*

No julgamento do incidente, o relator, inicialmente, fará a exposição do seu objeto. Em seguida, poderão sustentar suas razões, sucessivamente: a) o autor e o réu do processo originário e o Ministério Público, pelo prazo de 30 minutos cada; b) os demais interessados e os *amici curiae*, no prazo de 30 minutos, divididos entre todos, sendo exigida a inscrição com dois dias de antecedência. Este último prazo poderá ser ampliado, considerando a quantidade de inscritos (art. 984, § 1º, do CPC).

O acórdão do julgamento do IRDR deve conter a análise de todos os fundamentos apresentados pelas partes, pelo MP, pelos interessados, pelos *amici curiae* e pelos magistrados, sejam eles favoráveis ou contrários à tese fixada pelo tribunal.

9. EFEITOS DA DECISÃO

As razões de decidir do acórdão proferido em IRDR têm **efeito vinculante** (art. 927, III, do CPC), obrigando todos os órgãos jurisdicionais subordinados ao tribunal a seguir o precedente.

Julgado o IRDR, a tese jurídica firmada pela corte será aplicada a todos os processos individuais ou coletivos que versem sobre idêntica questão jurídica e que tramitem no Estado ou na Região, inclusive àqueles que tramitem nos juizados especiais e nas turmas recursais. A tese deve, ainda, ser aplicada a todos os casos futuros.

O pronunciamento judicial que deixar de observar a tese fixada pelo tribunal poderá ser impugnado *per saltum*, por meio de reclamação dirigida ao tribunal, sem prejuízo dos recursos cabíveis[147].

Caso o objeto do IRDR envolva prestação de serviço em regime de concessão, de permissão ou de autorização, o resultado do julgamento será comunicado ao órgão ou entidade competente para fiscalizar a efetiva aplicação da tese jurídica por parte dos entes sujeitos a regulação (art. 985, § 2º, do CPC).

10. RECURSOS

Da decisão que julgar o IRDR, caberá recurso extraordinário ou especial, desde que atendidas as hipóteses de cabimento previstas no arts. 102, III, e 105, III, da Constituição.

147. Enunciado 558 do FPPC: "Caberá reclamação contra decisão que contrarie acórdão proferido no julgamento dos incidentes de resolução de demandas repetitivas ou de assunção de competência para o tribunal cujo precedente foi desrespeitado, ainda que este não possua competência para julgar o recurso contra a decisão impugnada".

Podem recorrer da decisão as partes do processo de que se originou o incidente, bem como o *amicus curiae* (art. 138, § 3º, do CPC), a Defensoria Pública e o Ministério Público, ainda que este tenha funcionado apenas como fiscal da ordem jurídica (art. 179, II, do CPC e enunciado 99 da súmula do STJ[148]). Além disso, a parte de qualquer processo que tenha sido suspenso (ou determinada a suspensão, para ser mais preciso) na forma do art. 982, I, do CPC tem legitimidade para recorrer da decisão (enunciado 94 do FPPC), na medida em que a tese fixada no julgamento do IRDR será aplicada ao seu processo.

O recurso extraordinário, nesse caso, **independe da demonstração de ocorrência de repercussão geral, que é presumida** (arts. 987, § 1º, e 1.035, § 3º, II, do CPC). Trata-se de presunção absoluta, pois não admite prova em contrário.

Há, ainda, uma peculiaridade comum a ambos os recursos excepcionais, quando interpostos contra acórdão de julgamento de IRDR: o efeito suspensivo *ope legis*, previsto no art. 987, § 1º, do CPC. Tal previsão tem o objetivo de preservar a segurança jurídica, evitando que uma tese ainda não submetida ao tribunal superior competente para julgar a questão em definitivo seja aplicada a múltiplos processos.

Julgado o mérito do recurso pelo STF ou pelo STJ, a tese adotada será aplicada não só no Estado ou na Região em que foi instaurado o IRDR, mas em todo território nacional (art. 987, § 2º). Se, por outro lado, o recurso não for conhecido, por falta de qualquer requisito de admissibilidade, mantém-se a tese firmada pelo tribunal local, com eficácia limitada à sua área de jurisdição.

Também cabem embargos de declaração contra o acórdão de julgamento do IRDR, a considerar que, consoante o art. 1.022 do CPC, os aclaratórios são cabíveis "contra qualquer decisão judicial".

11. REVISÃO DA TESE JURÍDICA

Conforme o art. 986 do CPC, a revisão da tese jurídica fixada em IRDR (superação do precedente ou *overruling*) pode ser realizada de ofício pelo tribunal ou mediante requerimento do Ministério Público ou da Defensoria Pública.

Apesar da omissão legal, pode-se dizer, sem dúvida, que as partes também podem requerer a revisão da tese, na medida em que a corte pode fazê-lo até mesmo de ofício. Nesse sentido, o enunciado 473 do Fórum Permanente de

148. "O Ministério Público tem legitimidade para recorrer no processo em que oficiou como fiscal da lei, ainda que não haja recurso da parte".

Processualistas Civis prescreve: "A possibilidade de o tribunal revisar de ofício a tese jurídica do incidente de resolução de demandas repetitivas autoriza as partes a requerê-la".

A necessidade de superar a tese jurídica pode decorrer, dentre outros motivos, de alteração legislativa ou de mudança no contexto econômico, político, cultural ou social (enunciado 322 do FPPC).

Em qualquer caso, a revisão da tese pode ser precedida de audiências públicas e da participação de pessoas, órgãos ou entidades que possam contribuir para a rediscussão da tese (art. 927, § 2º, do CPC).

Na revisão da *ratio decidendi* de IRDR, o tribunal deve adotar fundamentação adequada e específica, considerando os princípios da segurança jurídica, da proteção da confiança e da isonomia (art. 927, § 4º). Aliás, com base na segurança jurídica e também no interesse social, a corte pode, nos termos do art. 927, § 3º, do CPC, realizar **modulação dos efeitos da alteração**, atribuindo eficácia prospectiva ao novo precedente. Assim é possível, por exemplo, excluir da incidência da nova tese jurídica todas as situações surgidas sob a vigência da tese anterior, inclusive o caso concreto que acarretou a revisão, ou, ainda, fixar uma data a partir da qual se deve aplicar a nova *ratio decidendi*.

12. PUBLICIDADE

Segundo o art. 979 do CPC, a instauração e o julgamento do incidente de resolução de demandas repetitivas devem ser seguidas de ampla divulgação e publicidade, por meio de registro eletrônico no Conselho Nacional de Justiça.

Os tribunais de justiça e tribunais regionais federais devem manter bancos eletrônicos de dados atualizados com informações sobre questões jurídicas decididas em sede de IRDR, contendo os fundamentos determinantes das decisões e os dispositivos legais relacionados a elas. Tais dados devem ser informados ao CNJ, para inclusão no cadastro.

13. DESISTÊNCIA OU ABANDONO

A desistência ou o abandono do IRDR pelo sujeito suscitante não impede a análise do mérito pelo tribunal. Nesses casos, prevalece o interesse social na resolução da questão jurídica repetitiva, em detrimento do interesse privado. Em caso de desistência ou de abandono, o Ministério Público, que atua obrigatoriamente como *custos legis* no IRDR, deve assumir a titularidade do polo ativo do incidente (art. 976, § 2º).

CAPÍTULO XLVIII

Reclamação constitucional

1. CONSIDERAÇÕES INICIAIS

Desde a promulgação da Constituição de 1988, a reclamatória ganhou *status* constitucional, estando prevista, hoje, nos artigos 102, I, "l", e 105, I, "f", como meio de garantia da autoridade das decisões do STF e do STJ, bem como de preservação da sua competência. Além disso, a EC nº 45/2004 inseriu, na Constituição, o art. 103-A, § 3º, segundo o qual **cabe reclamação contra ato judicial ou administrativo que contrarie enunciado da súmula vinculante.**

A reclamação constitucional não se confunde com **a reclamação correicional** (correição parcial). Esta última não tem natureza jurisdicional, mas administrativa, e visa à fiscalização da atividade do juiz, pela corregedoria, a fim de puni-lo, em caso de omissão ou de abuso.

2. NATUREZA JURÍDICA

O Supremo Tribunal Federal decidiu que a reclamação constitucional enquadra-se no direito constitucional de petição. Ocorre que o direito de petição, embora possa ser exercido perante autoridades judiciárias, está ligado umbilicalmente à atividade não jurisdicional. Assim, não parece correto enxergar a reclamação, que tem clara natureza processual, como expressão do direito de petição.

Na verdade, a reclamação constitucional é uma **ação de competência originária**, pois provoca a atividade jurisdicional do Estado, quebrando-lhe a inércia. Ela tem partes, causa de pedir e pedido, e a decisão que a julga faz coisa julgada material (STF. Rcl 532/RJ. DJ 20.09.96). Assim, a reclamação constitucional é uma **ação autônoma de impugnação**, tal qual o mandado de segurança e a ação rescisória.

3. CABIMENTO

3.1. Hipóteses constitucionais

De acordo com os artigos 102, I, "l", 105, I, "f", e 103-A, § 3º, da Constituição, cabe reclamação constitucional: **a) para preservar a competência do STF e do STJ; b) para garantir a autoridade das decisões do STF e do STJ; c) contra ato administrativo ou decisão judicial que contrariar enunciado da súmula vinculante ou aplicá-lo indevidamente.**

3.2. Hipóteses legais

Segundo o art. 988 do Código de Processo Civil, cabe reclamação: a) **para preservar a competência de qualquer tribunal**; b) **para garantir a autoridade das decisões de qualquer tribunal**; c) **para garantir a observância de enunciado da súmula vinculante e de decisão do STF em controle concentrado de constitucionalidade**; d) **para garantir a observância de precedente de incidente de resolução de demandas repetitivas ou de incidente de assunção de competência.**

3.3. Reclamação contra decisão transitada em julgado

É inadmissível a reclamatória proposta após o trânsito em julgado da decisão impugnada, nos termos do art. 988, § 5º, I, do CPC e do enunciado 734 da súmula do STF. Logo, embora não haja prazo próprio para o manejo da reclamação, ela não pode ser utilizada como sucedâneo de ação rescisória (STF. Rcl 21.171 AgR/BA. DJe 16.09.15).

Ademais, considerando que o ajuizamento da reclamatória não exclui a possibilidade de interposição dos recursos cabíveis, o § 6º do art. 988 do CPC prescreve que o julgamento ou a inadmissão do recurso interposto contra a decisão reclamada – os quais podem conduzir ao trânsito em julgado da decisão, se não impugnados por novo recurso – não prejudicam a reclamação. Isso, porque, uma vez julgado procedente o pedido reclamatório, desconstitui-se a eficácia de todos os atos processuais posteriores à decisão reclamada, inclusive o eventual trânsito em julgado ocorrido durante a tramitação da reclamação (STF. Rcl 509/MG. DJ 04.08.00).

4. COMPETÊNCIA

A reclamação pode ser intentada perante **qualquer tribunal** cuja competência tenha sido usurpada ou cuja autoridade tenha sido desrespeitada.

No **STF**, a reclamação constitucional é de **competência das Turmas**, salvo se a decisão violada tiver sido proferida pelo Plenário ou se a competência invadida pertencer a este. No **STJ**, compete à **Corte Especial** julgar as reclamações para preservação da sua competência e para garantia da autoridade das suas decisões. Já às Seções compete julgar as reclamatórias para preservação das suas competências e para garantia da autoridade das suas decisões e das respectivas Turmas.

Sempre que possível, a reclamação será distribuída ao relator do processo principal (art. 988, § 3º, do CPC). Em se tratando de reclamatória fundada no descumprimento de enunciado da súmula vinculante ou de decisão de controle concentrado de constitucionalidade, a distribuição é livre, nos termos do art. 70, § 1º, do RISTF.

5. LEGITIMIDADE

Segundo o art. 988 do CPC, a legitimidade para intentar reclamação cabe à "parte interessada" - isto é, ao sujeito prejudicado pelo ato, inclusive o terceiro interessado - e ao Ministério Público - ainda que este, no processo originário, tenha atuado exclusivamente como fiscal da ordem jurídica. Se o *Parquet* não for o reclamante, deverá oficiar como *custos legis* (art. 991, CPC).

O polo passivo da reclamação, por sua vez, deve ser ocupado pela **autoridade a quem for imputada a prática do ato impugnado**. Em se tratando de reclamação proposta contra decisão colegiada, cabe ao presidente do órgão a sua representação em juízo. Também deve ser citada, para compor o polo passivo, a parte beneficiária da decisão reclamada (art. 989, III, do CPC).

Ademais, o art. 990 do CPC dispõe que qualquer interessado poderá impugnar o pedido do reclamante. Evidentemente, para que seja admissível essa intervenção, o terceiro deve demonstrar interesse jurídico no julgamento da reclamatória, nos termos do art. 119 do CPC. Trata-se, sem dúvida, de intervenção facultativa (STF. Rcl 449 AgR/SP. DJ 21.02.97).

6. PROCEDIMENTO

A reclamatória deve ser proposta por meio de petição inicial dirigida ao presidente do tribunal, contendo a prova documental necessária (art. 988, § 2º, do CPC). Não se admite, no processo da reclamação, dilação probatória.

Autuada e distribuída a ação, o art. 889 do CPC determina que o relator: a) requisitará informações à autoridade a quem for imputada a prática do ato impugnado, que as prestará em dez dias; b) se necessário, suspenderá o processo ou o ato impugnado, para evitar dano irreparável; c) determinará a citação do beneficiário da decisão reclamada, que terá o prazo de 15 dias para apresentar contestação.

Decorridos os prazos para prestação de informações e para oferecimento de contestação, o Ministério Público, se não for o reclamante, terá vista dos autos por 05 dias (art. 991, CPC).

O processo será, então, incluído em pauta para julgamento. Na sessão de julgamento da reclamação, as partes e o Ministério Público poderão sustentar suas razões, sucessivamente, pelo prazo de 15 minutos cada (art. 937, VI). Julgada a reclamação, o presidente da corte determinará o imediato cumprimento da decisão, lavrando-se o acórdão posteriormente (art. 993).

7. EFICÁCIA DA DECISÃO

Conforme o art. 992 do CPC, o tribunal, julgando procedente o pedido reclamatório, "cassará a decisão exorbitante de seu julgado ou determinará medida adequada à solução da controvérsia".

CAPÍTULO XLIX

Teoria geral dos recursos

1. CONSIDERAÇÕES INICIAIS

Recurso é o remédio jurídico-processual, que, voluntariamente, pode ser utilizado pelas partes, pelo Ministério Público e por terceiro prejudicado, em prazo peremptório, para reformar, anular ou aperfeiçoar decisão judicial, por parte do próprio órgão julgador ou do tribunal *ad quem*, dentro do mesmo processo em que foi proferida.

2. VÍCIOS (ERROS) ATRIBUÍVEIS AOS ATOS DECISÓRIOS

2.1. *Error in procedendo* e *error in iudicando*

As decisões jurisdicionais podem conter dois tipos de vícios, que podem ser corrigidos mediante interposição de recursos. O primeiro é o vício de atividade (*error in procedendo*), consistente no defeito formal (equívoco de forma), que contamina a decisão jurisdicional enquanto ato jurídico, tornando-a inválida, a justificar, por isso, sua cassação. O segundo é o vício de julgamento (*error in iudicando*), consistente no erro na resolução do mérito (equívoco de conteúdo), ocorrido na solução de questões de fato e de direito (mesmo que, eventualmente, de natureza processual), a justificar, por isso, sua reforma.

2.2. Identificação

Para identificar se o erro é de procedimento ou de julgamento, não basta verificar qual o direito, se processual ou material. É necessário observar se o direito se refere ou não ao mérito. Isso porque pode ocorrer de o erro estar relacionado a uma disposição de direito processual, mas o erro ser de julgamento. Para confirmar essa hipótese, basta citar o caso de uma ação rescisória, que, se alegada violação de norma jurídica processual, o erro na sua aplicação será de julgamento. Isso porque ela constitui o mérito da ação. Quando, pois, se tratar de erro relacionado ao mérito, será de julgamento. Se não for a ele relacionado, o erro será de procedimento.

2.3. Importância da distinção

Essa distinção é importante. As decisões que analisam o mérito recursal, fundado em vício de procedimento (*error in procedendo*), se decidirem pelo provimento, anulam a decisão recorrida. Não há (de regra) substituição, a considerar que o órgão recursal não profere julgamento em reforma, mas apenas, em caso de provimento, anula aquele que foi submetido a recurso. Por seu turno, as decisões, que analisam mérito recursal fundado em vício de juízo (*error in iudicando*), reformam o pronunciamento jurisdicional recorrido, substituindo-o, ainda que o órgão o mantenha ante o desprovimento recursal. Por essa razão, eventual ajuizamento de ação rescisória teria como objeto a decisão proferida em recurso, e não a anteriormente proferida (objeto de recurso).

2.4. Formulação de algumas premissas necessárias

Antes de prosseguir, duas premissas devem ser firmadas. Primeira: a alegação da existência de *error*, seja ele *in procedendo* ou *in iudicando*, é imprescindível para que fique caracterizado o ***interesse recursal***, pois, se não é alegada a existência de *error*, não haverá, sequer no plano abstrato (concernente às afirmações), o que se anular e/ou reformar, a ser desnecessário o recurso. Segunda: o mérito da ação não se confunde com o do recurso, que é diferente e, de regra, mais restrito, já que se adstringe a questionar erro(s) relacionado(s) à decisão proferida pelo juízo *a quo* (enquanto que o objeto litigioso da ação se delimita pelas afirmações de existência de direito trazidas pelas partes).

3. PRESSUPOSTOS DE ADMISSIBILIDADE

Em razão do prolongamento do direito de ação, que se exerce por intermédio de um processo, o recurso somente tem seu mérito examinado pelo órgão funcionalmente competente, quando preenchidos os respectivos pressupostos de admissibilidade, que estão delineados pela legislação própria. Serão eles analisados, abaixo.

3.1. Cabimento

Nos termos do art. 994 do Código de Processo Civil, são cabíveis os seguintes recursos: a) apelação; b) agravo de instrumento; c) agravo interno; d) embargos de declaração; e) recurso ordinário; f) recurso especial; g) recurso extraordinário; h) agravo em recurso especial ou extraordinário; i) embargos de divergência. Além daquelas espécies recursais, hoje, existem, ainda, os embargos infringentes de alçada (art. 34 da Lei nº 6.830/1980) e o recurso inominado (arts. 41 e ss. da Lei nº 9.099/1995).

3.2. Legitimidade recursal

A legitimidade recursal se consubstancia na exigência de que o recurso seja interposto por quem possui, por previsão legal, o poder de recorrer. No caso, as partes, o terceiro prejudicado e o Ministério Público têm legitimidade recursal (art. 996 do Código de Processo Civil). Ao terceiro prejudicado, entretanto, cumpre demonstrar a possibilidade de a decisão sobre a relação jurídica submetida à apreciação judicial atingir direito de que se afirme titular ou que possa discutir em juízo como substituto processual. Só que tal ônus não é para evidenciar sua legitimidade, mas, sim, seu interesse recursal.

3.3. Interesse recursal

O interesse recursal se consubstancia na exigência de que o recurso interposto seja útil (possa trazer alguma vantagem prática) e necessário (constituir na única via hábil à obtenção da vantagem aspirada) ao recorrente. Pode ocorrer de, em determinadas situações, a parte carecer de interesse, pelo que o recurso eventualmente interposto será inadmitido.

3.4. Inexistência de fato extintivo ou impeditivo

A inexistência de fato extintivo ou impeditivo se consubstancia na exigência de que não tenha ocorrido fato que conduza à extinção do direito de recorrer, ou que impeça a admissibilidade do recurso. É exemplo de fato extintivo a renúncia ao direito de recorrer. São exemplos de fatos impeditivos a desistência do recurso ou da ação, o reconhecimento do pedido, a renúncia ao direito em que se funda a ação, a ausência do depósito de multa processual e prática de ato que conduz à preclusão lógica.

A renúncia ao direito de recorrer independe da aceitação da outra parte (art. 999). Ela não se confunde com a desistência. Aliás, dela se diferencia porque, nessa (na desistência), há a interposição de recurso, enquanto que, naquela (na renúncia), não, pois precede ao ato de interposição. Convenha-se, porém, que, entre renúncia e desistência, há semelhanças, porque, além de impedirem a análise do mérito recursal, podem ser exercidas sem anuência da parte recorrida.

Uma situação específica, em relação à desistência (que pode ser formulada até antes de proclamado o resultado do julgamento), deve ser pontuada. Ela (a desistência do recurso) não impede a análise de questão, cuja repercussão geral já tenha sido reconhecida e daquela seja objeto de julgamento de recursos extraordinários ou especiais repetitivos. Haverá desistência, entretanto, a questão será julgada, para afirmar a **função prospectiva dos precedentes**. Ressalve-se, conforme orientação do enunciado 213 do FPPC, que o resultado do julgamento não se aplica ao recurso de que se desistiu.

3.5. Tempestividade

A tempestividade constitui exigência de que a faculdade recursal seja exercida dentro do prazo legal (a considerar o fuso-horário adotado pelo órgão jurisdicional em que será praticado o ato de interposição), caso contrário, dar-se-á ensejo à preclusão temporal e à formação de coisa julgada. O prazo para recorrer, no comum das vezes, é de 15 dias. O § 5º do art. 1.003, inclusive, dispõe que, "excetuados os embargos de declaração (cujo prazo para recorrer é de 05 dias), o prazo para interpor os recursos e para responder-lhes é de **15 (quinze) dias**".

Se o recorrente estiver representado pela defensoria pública, o prazo para recorrer (e apresentar contrarrazões) **será dobrado** (art. 186 do CPC e arts. 44, I, 89, I, ambos da LC nº 80/1994). Também será dobrado o prazo quando o recorrente for o Ministério Público (art. 180 do CPC), a Fazenda Pública, suas autarquias e fundações públicas (art. 183 do CPC e Lei nº 9.469/97), bem assim litisconsortes que tiverem diferentes procuradores, de escritórios de advocacia distintos (art. 229 do CPC).

O prazo para interposição de recurso conta-se da data em que os advogados, a sociedade de advogados, a Advocacia Pública, a Defensoria Pública ou o Ministério Público são **intimados da decisão** (art. 1.003). Se as decisões forem proferidas em audiências, esses sujeitos considerar-se-ão nesse momento intimados (respectivo § 1º). O prazo de interposição de recurso pelo réu contra decisão proferida anteriormente à citação começa a correr nos moldes estabelecidos pelo art. 231, incisos I a VI.

> **▸ IMPORTANTE!**
>
> "Nos casos de intimação/citação realizadas por correio, oficial de justiça, ou por carta de ordem, precatória ou rogatória, o prazo recursal inicia-se com a juntada aos autos do aviso de recebimento, do mandado cumprido, ou da juntada da carta" (STJ. REsp 1.632.777/SP. DJe 26.05.17; Inf. STJ 604; Tema 379).

A tempestividade, por sua vez, é aferida pelo recibo constante na petição recursal, que deve ser firmado por órgão que tenha esta função. O § 3º do art. 1.003 do Código de Processo Civil, a esse respeito, dispõe que, no prazo para interposição de recurso, a petição será protocolada em cartório ou conforme as normas de organização judiciária, ressalvado o disposto em regra especial. Estando ele (recibo) ausente, pela certidão de juntada aos autos.

Se a petição do recurso for remetida pelos correios, a tempestividade será aferida pela **data de sua postagem**.

A considerar a ocorrência de feriado local, o recorrente deverá comprovar sua ocorrência no ato de interposição do recurso (§ 6º do art. 1.003), mediante juntada da respectiva lei local, de certidão expedida pelo juízo ou tribunal) *a quo* e, até mesmo, de documentos obtidos por intermédio de sítio eletrônico do Poder Judiciário, desde que contenham a identificação de sua procedência (o endereço eletrônico de origem, a data de reprodução no rodapé da página cuja veracidade seja facilmente verificável) (STJ. AgRg no Ag 1.251.998. DJe 15.09.10).

Se, durante o prazo para a interposição do recurso, sobrevier o falecimento da parte ou de seu advogado ou ocorrer motivo de força maior que suspenda o curso do processo, será tal prazo restituído em proveito da parte, do herdeiro ou do sucessor, contra quem começará a correr novamente depois da intimação (art. 1.004).

Se ocorrer de o recurso ser protocolizado equivocadamente em outro Tribunal e recebido, em seguida, depois do trânsito em julgado da decisão recorrida, por aquele (tribunal) que é competente para processar e julgar o recurso, este será considerado intempestivo (STF. AgRg no ARE 650.657/SC. DJe 13.03.12).

O enunciado 22 do FPPC orienta que "o Tribunal não poderá julgar extemporâneo ou intempestivo recurso, na instância ordinária ou na extraordinária, interposto antes da abertura do prazo". Tal ilação decorre da disposição do § 4º do art. 218, segundo o qual "será considerado tempestivo o ato praticado antes do termo inicial do prazo".

O § 5º do art. 1.024 do CPC/2015 passou a dispor que, "se os embargos de declaração forem rejeitados ou não alterarem a conclusão do julgamento anterior, o recurso interposto pela outra parte antes da publicação do julgamento dos embargos de declaração será processado e julgado independentemente de ratificação". A exigência da ratificação (ou complementação) ocorrerá apenas se providos os embargos de declaração com alteração da conclusão.

3.6. Regularidade formal

A regularidade formal se consubstancia na exigência de que o recurso seja interposto na forma estabelecida em lei. Em algumas situações, a legislação estabelece, para a prática de atos postulatórios, no caso, relativos a recursos, formas a serem observadas, porque há uma finalidade aspirada a ser alcançada. Se a forma legal não for atendida, mas sendo alcançada a sua finalidade, o pressuposto da regularidade formal, em razão da instrumentalidade das formas, pode ser mitigado[149].

3.7. Preparo

O preparo se consubstancia na exigência de que o recorrente comprove (mediante guia de recolhimento própria, fornecida pela entidade arrecadadora), no ato de interposição, o recolhimento, quando devidos, dos encargos financeiros recursais (inclusive porte de remessa e retorno – enunciado 187 da súmula do STJ). Mesmo durante o plantão judiciário e as férias forenses (a não ser que impossibilitada a expedição das respectivas guias de recolhimento), o preparo deve ser comprovado no ato de interposição do recurso.

Apenas se admite posterior recolhimento do preparo (nos valores habitualmente exigidos, conforme respectivo regimento de custas), em ocasião seguinte ao ato de interposição, se houver previsão legal específica diversa (§ 1º do art. 42 da Lei nº 9.099/95) ou se existir justificativa suficiente. Aliás, § 6º do art. 1.007 do Código de Processo Civil estabelece que, "provando o recorrente justo impedimento, o relator relevará a pena de deserção, por decisão irrecorrível, fixando-lhe prazo de 05 dias para efetuar o preparo".

Com a redação do § 6º do art. 1.007 do CPC, que, agora, estabelece prazo de 05 dias, posteriores ao ato de interposição do recurso, para o recolhimento do preparo, quando verificado justo impedimento, acredita-se que o enunciado 484 da súmula de jurisprudência do STJ seja, pelo menos em parte, superado. Ele deverá permanecer a admitir o recolhimento posterior do preparo, mas, de acordo, agora, com o prazo legal de 05 dias.

Se não for recolhido o preparo do recurso, ele será considerado deserto. Aplica-se, a dizer de outra forma, a pena de deserção contra o recorrente, a qual enseja a inadmissibilidade recursal em razão da não observância do respectivo pressuposto (do preparo). Agora, duas consequências podem decorrer, em detrimento do recorrente, a depender se a falta de recolhimento do preparo foi integral ou parcial (insuficiente).

Nos termos do § 4º do art. 1.007, "o recorrente que não comprovar, no ato de interposição do recurso, o recolhimento do preparo, inclusive porte de remessa e de retorno, será intimado, na pessoa de seu advogado, para realizar o recolhimento em dobro, sob pena de deserção". Haverá, portanto, se não recolhido o preparo,

149. Exemplo da regularidade formal e da sua mitigação pode ser observado no capítulo "AGRAVO DE INSTRUMENTO", onde se trata das peças obrigatórios para a formação do instrumento.

uma segunda chance. Ela, contudo, será acompanhada de uma penalidade (pagamento em dobro), por que não sido o preparo comprovado por ocasião da interposição do recurso.

Além da penalidade (pagamento do preparo em dobro), aquele que não (recolhe e) demonstra o preenchimento do referido pressuposto de admissibilidade por ocasião da interposição do recurso assumirá, ainda, um ônus adicional. O de não poder complementá-lo, caso não tenha sido recolhido em dobro. É o que dispõe o § 5º do art. 1.007: "é vedada a complementação se houver insuficiência parcial do preparo, inclusive porte de remessa e de retorno, no recolhimento realizado na forma do § 4º".

Situação diferente ocorre quando, por ocasião da interposição do recurso, o recorrente recolhe o preparo, mas, em valor insuficiente. O § 2º do Art. 1.007 do Código de Processo Civil dispõe que "a insuficiência no valor do preparo, inclusive porte de remessa e de retorno, implicará deserção se o recorrente, intimado na pessoa de seu advogado, não vier a supri-lo no prazo de 5 (cinco) dias". Há, pois, a concessão de oportunidade para complementar o preparo. Só se não atendida a determinação, é que será aplicada a pena de deserção.

Estão dispensados do recolhimento de preparo (por suspensão da exigibilidade) aqueles que forem patrocinados pela Defensoria Pública e, em geral, os beneficiados pela gratuidade judiciária (STJ. REsp 245663/MG. DJU 20.03.00). Também estão dispensados do recolhimento de preparo (por isenção), inclusive porte de remessa e de retorno, os recursos interpostos pelo Ministério Público, pela União, pelo Distrito Federal, pelos Estados, pelos Municípios, e respectivas autarquias, e pelos que gozam de isenção legal.

Embora reconhecida a isenção quanto ao recolhimento do preparo, a interposição de qualquer recurso pelas pessoas jurídicas de direito público federais, estaduais, distritais e municipais deve estar condicionada ao recolhimento prévio da multa punitiva (penalidade), sob pena de ter o seu conhecimento negado (STJ. REsp 753245/SP. DJU 10.10.05).

Especificamente no processo em autos eletrônicos, a independer de quem seja o recorrente, é dispensado o recolhimento do porte de remessa e de retorno.

Por fim, a superar anterior entendimento sufragado pelo Superior Tribunal de Justiça, que, num movimento de construção de uma jurisprudência defensiva, entendia ser deserto o recurso, quando a guia de custas fosse equivocadamente preenchida, passou a dispor o § 7º do art. 1.007, que: "o equívoco no preenchimento da guia de custas não implicará a aplicação da pena de deserção, cabendo ao relator, na hipótese de dúvida quanto ao recolhimento, intimar o recorrente para sanar o vício no prazo de 5 (cinco) dias".

4. JUÍZO DE ADMISSIBILIDADE E DE MÉRITO RECURSAL

A verificação do preenchimento dos pressupostos de admissibilidade, necessários à apreciação do mérito recursal, recebe o nome de juízo de admissibilidade. É obrigatório e anterior ao juízo de mérito, devendo ser realizado de ofício. Em regra, ele é realizado pelo órgão recursal (excepcionalmente, no caso dos recursos extraordinário e especial, pode ser duplo, sendo, por isso, realizado, primeiramente, pelo tribunal *a quo* e, depois, pelo tribunal *ad quem*).

O não preenchimento de qualquer dos pressupostos de admissibilidade implica em juízo de admissibilidade negativo, que deve ser expresso e fundamentado, pois a respectiva decisão tranca o acesso ao juízo de mérito. Contra ela (a decisão de inadmissibilidade do recurso), cabe interposição de **agravo interno** (ou de agravo o para o respectivo tribunal superior, que conheceria o recurso originário). Ao revés do juízo de admissibilidade negativo, o positivo pode ser implícito. Se o órgão passa a examinar o mérito recursal, decide pela admissibilidade.

Sendo conhecido o recurso interposto, por ser positivo o seu juízo de admissibilidade, o órgão julgador passa ao juízo de mérito, que está vertido aos vícios dos pronunciamentos jurisdicionais (*error in procedendo* e *error in iudicando*), oportunidade em que analisa se o inconformismo do recorrente, manifestado por suas afirmações, é procedente ou não. Sendo procedente, o recurso é provido. Sendo improcedente, é desprovido. Em ambos os casos, haverá substituição da decisão recorrida, conforme sua amplitude.

5. PRINCÍPIOS

São princípios (setoriais) que regem o sistema recursal cível brasileiro, dentre outros, os seguintes:

5.1. Taxatividade

Cada recurso tem previsão legal. Os legitimados, inconformados com a decisão, só podem fazer uso dos recursos previstos na legislação federal vigente. Expedientes atípicos ou que, conquanto típicos, não tenham a aptidão de reformar ou anular ato decisório, bem assim de ser interposto em prazo peremptório, não são recursos.

Por não preencherem um ou mais elementos que compõe o núcleo de definição (anteriormente apresentados), o pedido de reconsideração, o recurso adesivo, a correição parcial, o reexame necessário, a suspensão de segurança e a reclamação não são consideradas espécies recursais.

Confira-se:

▸ *a) Pedido de reconsideração*:

O *pedido de reconsideração* é expediente comumente utilizado na prática, mas sem qualquer amparo legal. Ele é atípico. Como a locução adjetiva sugere, trata-se de pedido formulado por pessoa interessada (geralmente a parte) para que o órgão prolator da decisão reconsidere o ato por ele praticado. Ele não interrompe ou suspende o prazo para interposição de recurso, além do que sua aplicação prática está restrita às decisões provisórias, porque as definitivas, ao porem fim à fase perante a instância, só podem ser alteradas mediante a interposição de recurso.

▸ *b) Recurso adesivo:*

O *recurso adesivo* constitui forma (e não espécie) de interposição recursal secundária, quando há sucumbência recíproca dos litigantes e a parte adversa interpõe recurso independente. Em um primeiro momento, uma das partes, apesar de sucumbente, conforma-se e resolve não interpor recurso caso a outra não interponha. Todavia, a constatar que a parte adversa interpôs recurso, aproveita o ensejo para, no prazo das contrarrazões ao recurso da parte adversa, aderir, manifestando aí suas razões de inconformismo, mediante interposição de recurso na forma adesiva, de modo que ele seja conhecido pelo órgão recursal por ocasião de julgamento.

É possível às partes (e somente a elas[150]) o uso da via adesiva para interpor **apelação, recurso especial e extraordinário**, exclusivamente, ainda que mínima a sucumbência, ficando a apreciação do mérito do recurso interposto na forma adesiva subordinada ao conhecimento do recurso principal.

O recurso adesivo não poderá adotar natureza diversa da do principal. Por isso, no recurso ordinário constitucional, a considerar que, para a outra parte, o recurso interponível, salvo exceções[151], é outro, que não o ordinário (quais seja, recurso extraordinário ou especial), pelo que não cabe interposição de recurso ordinário na forma adesiva[152].

---

150. Sendo interposto recurso principal, terceiro prejudicado não pode fazer uso da via adesiva.

151. Exceções consideradas por conta da interposição bilateral contra sentença proferida nas causas em que forem partes, de um lado, Estado estrangeiro ou organismo internacional e, do outro, Município ou pessoa residente ou domiciliada no país.

152. Ver capítulo "RECURSO ORDINÁRIO CONSTITUCIONAL".

Sua interposição (do recurso na forma adesiva) não está condicionada à apresentação de contrarrazões ao recurso principal, porque os institutos são independentes, a restar assegurado, pela ampla defesa e contraditório, tanto o direito de recorrer, como o de responder ao recurso (STJ. EDcl no REsp 171543/RS. DJU 16.06.00).

O prazo para recorrer (apresentar razões) é o mesmo para apresentar contrarrazões (15 dias). Trata-se de consectário da isonomia. Relativamente à Fazenda Pública, à Defensoria Pública e ao Ministério Público, eles gozam do prazo dobrado para manifestar-se nos autos. Logo, têm prazo dobrado para interpor recurso na forma adesiva (STJ. EDcl no REsp 171543/RS. DJU 14.08.00).

Quanto à tempestividade, ainda, o art. 997, § 2º, I, do CPC dispõe que o recurso adesivo "será dirigido ao órgão perante o qual o recurso independente fora interposto, no prazo de que a parte dispõe para responder". A pergunta: a interposição do recurso adesivo deve ser simultânea às contrarrazões do recurso principal? A resposta é positiva. O recurso adesivo não pode ser interposto depois de apresentada a resposta ao recurso principal, porque se verificará a preclusão consumativa.

O recurso interposto na forma adesiva não será conhecido, se houver desistência do recurso principal ou se for ele considerado inadmissível. Contudo, a desistência do recurso não impede a análise de questão cuja repercussão geral já tenha sido reconhecida e daquela objeto de julgamento de recursos extraordinários ou especiais repetitivos.

▸ *c) Correição parcial:*

A *correição parcial*, que tem referências no art. 6º, I, da Lei nº 5.010/66 e no art. 32, I, da Lei nº 8.625/93, é medida administrativa, de natureza jurídico-correcional, destinada a regularizar o serviço forense, frente à prática de erros ou de abusos, que invertam (ou tumultuem) a ordem dos atos a praticados no processo. Não é considerada um recurso, porque, além de não ter previsão na legislação federal, pode ser utilizada a qualquer tempo. Aliás, os próprios preceitos que versam acerca da correição parcial condicionam sua utilização à inexistência de recurso interponível contra o ato processual causador do inconformismo.

▸ *d) Remessa necessária:*

A remessa necessária constitui nova análise, por órgão judicial superior, de determinadas sentenças proferidas contra pessoas jurídicas de direito público (ainda que elas interponham recurso), com o objetivo de resguardar o interesse público. Trata-se de condição à formação da coisa julgada, não configurando (segundo entendimento jurisprudencial) espécie recursal[153]. Justificam essa ilação, quanto à natureza da remessa, porque: a) o juiz, que determina a remessa, não tem legitimidade recursal; b) ela ocorre independentemente da manifestação tempestiva de quem quer que seja; c) o Código de Processo Civil a alocou em capítulo destinado ao tratamento da sentença e da coisa julgada.

De acordo com o art. 496 do CPC, está sujeita ao duplo grau de jurisdição, não produzindo efeito senão depois de confirmada pelo tribunal, a sentença: a) proferida contra a União, os Estados, o Distrito Federal, os Municípios e suas respectivas autarquias e fundações de direito público; b) que julgar procedentes, no todo ou em parte, os embargos à execução fiscal. Não interposta, contra a sentença, apelação no prazo legal, o juiz ordenará a remessa dos autos ao tribunal, e, se não o fizer, o presidente do respectivo tribunal avocá-los-á. Em qualquer dos casos, o tribunal julgará a remessa necessária. Por isso que o enunciado 423 do STF (que adota terminologia do CPC/1039) orienta: "não transita em julgado a sentença por haver omitido o recurso *ex-officio* que se considera interposto *ex lege*".

Entretanto, mesmo que verificada uma das hipóteses de remessa necessária prevista no art. 496 do Código de Processo Civil, ele não se realizará quando:

a) a condenação ou o proveito econômico obtido na causa for de valor certo e líquido inferior a: a.1) 1.000 salários-mínimos para a União e as respectivas autarquias e fundações de direito público; a.2) 500 salários-mínimos para os Estados, o Distrito Federal, as respectivas autarquias e fundações de direito público e os Municípios que constituam capitais dos Estados; a.3) 100 salários-mínimos para todos os demais Municípios e respectivas autarquias e fundações de direito público.

b) a sentença estiver fundada em: b.1) súmula de tribunal superior; b.2) acórdão proferido pelo Supremo Tribunal Federal ou pelo Superior Tribunal de Justiça em julgamento de recursos repetitivos; b.3) entendimento firmado em incidente de resolução de demandas repetitivas ou de assunção de competência; b.4) entendimento coincidente com orientação vinculante firmada no âmbito administrativo do próprio ente público, consolidada em manifestação, parecer ou súmula administrativa.

153. Há respeitável segmento doutrinário em posição contrária, a entender que, no plano de delimitação estabelecido pela tradicional definição de recurso, que a remessa necessária constitui uma espécie, pois estaria mais próxima de ser um recurso do que uma condição de formação da coisa julgada.

e) *Suspensão de segurança:*

A *suspensão de segurança (ou suspensão de liminar)*, conforme dispõe o art. 15 da Lei nº 12.016/2009, constitui requerimento formulado ao tribunal *ad quem* com o objetivo de alcançar a imediata suspensão dos efeitos de decisão proferida em mandado de segurança pelo juízo *a quo*, a se evitar, com isso, grave lesão à ordem, à saúde, à segurança e à economia públicas. O art. 4º da Lei nº 8.437/1992 possibilita a formulação, ao presidente do tribunal competente, de pedido de suspensão de qualquer tutela provisória.

Na suspensão de segurança (ou suspensão de liminar), ao contrário do que acontece com os recursos, não se discute o mérito da decisão com a finalidade de sua reforma ou de sua anulação. A discussão é essencialmente política e se visa unicamente à suspensão dos efeitos da decisão objeto do encimado remédio processual. É por isso que, das decisões proferidas em suspensão de liminar, não cabe recurso especial, já que este objetiva discutir argumentos referentes ao exame de legalidade, enquanto que o pedido de suspensão, repita-se, ostenta juízo político (STJ. AgRg no AREsp 126.036/RS. DJe 04.12.12).

f) *Reclamação:*

A reclamação tem natureza jurídica de ação, que visa a preservar a competência dos Tribunais e garantir a autoridade de suas decisões (STF. Rcl-AgR 3102/RS. DJU 07.12.06) (STJ. AgRg nos EDcl na Rcl 2339/SP. DJU 12.04.07). Ela não é recurso porque não desempenha tal função (não enseja anulação ou reforma de decisão, e sim prevalecimento de decisão advinda de órgão judicial hierarquicamente superior e/ou afirmação de sua competência). A decisão proferida em reclamação faz coisa julgada material.

Maiores considerações em torno da reclamação são delineadas em capítulo próprio.

5.2. Singularidade (ou unirrecorribilidade ou unicidade)

A singularidade se consubstancia na exigência de o recorrente atacar cada decisão por apenas um recurso. Para o STJ, "o princípio da unirrecorribilidade não admite interposição simultânea de recursos pelo mesmo legitimado contra a mesma decisão" (STJ. REsp 799490/RS. DJe 30.05.11). Se um dos recursos for incabível, não haverá desrespeito à unicidade, pelo que se o segundo recurso for o adequado, será admitido, caso atenda aos demais pressupostos de admissibilidade, em relação ao primeiro.

São exceções à singularidade: a) interposição simultânea de recursos especial e extraordinário contra um mesmo acórdão (porquanto o STF e o STJ, que são os órgãos recursais, os quais poderão analisar o mesmo processo, têm competências diversas); b) decisão de tribunal local, composta de mais de um capítulo autônomo que, num, inadmita recurso de natureza extraordinária e, noutro, entenda por prejudicado o recurso (situação em que comportaria, de forma simultânea, a interposição, respectivamente, de agravo e de agravo regimental).

5.3. Esgotamento das vias recursais

Exigência de que o recorrente esgote os recursos cabíveis perante a instância *a quo* antes de interpor recurso para o tribunal *ad quem*. A ausência de interposição de recurso cabível na instância *a quo* conduz, regra geral, à inadmissibilidade do recurso subsequente, porquanto inadmissível a figura do recurso *per saltum*. Apenas para dar um exemplo, não pode ser interposto recurso de natureza extraordinária, para o STF e/ou STJ, contra decisão monocrática proferida por tribunal local, porque, contra ela, cabe a interposição de agravo interno.

5.4. *Non reformatio in peius*

Constitui-se na impossibilidade de o órgão recursal decidir em prejuízo do único recorrente, uma vez que, por estar vinculado ao princípio do dispositivo, aquele (o órgão recursal) deve lançar decisão delimitada na matéria impugnada e, pelo menos como regra, no pedido formulado pelo recorrente. É vedado julgamento fora da provocação recursal, que cause gravame ao recorrente.

Se ambas as partes interpõem recurso, o próprio recurso não pode prejudicar a parte que o interpôs, mas o recurso da parte adversa pode prejudicar aquela. Exemplo: contra sentença que condenou o réu a pagar indenização de determinado valor, aquela interpôs recurso para diminuir o valor, enquanto que o autor interpôs recurso para aumentar. Neste caso, o recurso réu não pode servir para aumentar o valor da indenização, mas o recurso interposto pelo autor poderá ter essa aptidão.

5.5. Fungibilidade

A fungibilidade consiste na admissão (recebimento) de um recurso cabível por outro, em tese, incabível, quando o recorrente não tenha incorrido em erro grosseiro, em face da existência de dúvida objetiva acerca do recurso cabível, ao impugnar a decisão causadora do inconformismo. Nos termos do enunciado 104 do Fórum Permanente de Processualistas Civis, "o princípio da fungibilidade recursal é compatível com o CPC e alcança todos os recursos, sendo aplicável de ofício".

Se existir fundada divergência jurisprudencial acerca do recurso cabível para impugnar determinada decisão, ou induzindo a lei ao cometimento do equívoco, tem-se por satisfeita a existência da dúvida objetiva, sendo admitida a troca na interposição do recurso correto pelo inadequado. Também é tolerável o erro na interposição, quando o próprio órgão julgador confere ao seu pronunciamento título incompatível com o conteúdo, a ocasionar dúvida razoável sobre a via recursal a ser utilizada (STJ. EAREsp 230.380/RN. DJe 11.10.17; Inf. STJ 613).

No mais, para que, pela fungibilidade, um recurso (o incabível) seja recebido pelo outro (o cabível), é necessário que sejam atendidos os pressupostos de admissibilidade recursal deste (não havendo, sob a égide do CPC/2015, maiores entraves em relação ao prazo, porque, de regra, é de 15 dias para todos os recursos). Caso contrário, o juízo de admissibilidade será negativo.

5.6. Aplicação da lei vigente ao tempo da publicação da decisão

Aplica-se a lei processual vigente ao tempo da publicação da decisão, mais especificamente aquelas que tratem de pressupostos de admissibilidade recursal, a considerar que o direito de o legitimado recorrer surge no momento em que a decisão causadora da irresignação é proferida. Preserva-se a aplicação da lei anterior mesmo depois do advento de lei superveniente.

5.7. Consumação

Exercitado o direito de recorrer contra a decisão causadora de inconformismo, há sua respectiva consumação (preclusão), não sendo admissível a interposição de novo recurso contra o pronunciamento recorrido, bem assim (em regra) a complementação, o aditamento ou a correção do recurso anteriormente interposto.

5.8. Dialeticidade

A dialeticidade consubstancia-se na exigência de o recorrente apresentar os fundamentos e respectivos argumentos pelos quais está insatisfeito com a decisão recorrida, a fim de justificar o proferimento de outra decisão, em reforma ou em anulação. São as chamadas razões recursais. Elas (as razões recursais) devem ser apresentadas conjuntamente à petição de manifestação da intenção ao exercício da faculdade (sendo, diferentemente do que ocorre no processo penal, inadmissível o recurso se aquelas forem apresentadas posteriormente).

5.9. Voluntariedade

Exigência de que não haja dúvida acerca da vontade (insatisfação) do recorrente em impugnar o pronunciamento jurisdicional recorrido. Sendo o recurso um ato voluntário, tanto que sua natureza jurídica é de faculdade de extensão do direito de ação, essa voluntariedade deve perdurar até o seu julgamento, sob pena de inviabilizar a sua admissibilidade.

A constatação de preclusão lógica, por exemplo, compromete a voluntariedade. A atuação da voluntariedade fica bem visível no caso das decisões interlocutórias, proferidas no curso do processo, contra as quais não caiba agravo de instrumento. Se o recorrente não apresentar sua irresignação por oportunidade de interposição de apelação, entender-se-á como ausente a voluntariedade.

Outra expressão da voluntariedade está prevista no art. 1.000, segundo o qual "a parte que aceitar expressa ou tacitamente a decisão não poderá recorrer". Em seguida, completa o respectivo parágrafo único "considera-se aceitação tácita a prática, sem nenhuma reserva, de ato incompatível com a vontade de recorrer".

5.10. Complementaridade

A complementaridade de consubstancia na possibilidade de o recorrente complementar suas razões recursais, caso a decisão recorrida anteriormente seja modificada ou aperfeiçoamento em decorrência do julgamento de embargos de declaração interpostos pela parte contrária (STJ. REsp 713254/MS. DJ 19.06.06).

5.11. Atos decisórios juridicamente relevantes

Somente os atos decisórios considerados juridicamente relevantes podem ser objeto de recurso. Constitui-se, por consequência lógica, na vedação à recorribilidade de determinados pronunciamentos jurisdicionais, por se entendê-los como não relevantes. O estabelecimento da "não relevância" decorre de mera opção legislativa. A lei estabelece quais são as situações em que, mesmo frente a pronunciamento jurisdicional, não pode, contra ele, especificamente, ser interposto recurso, ante a falta de relevância.

6. EFEITOS

O Código de Processo Civil, quando trata dos recursos, faz, costumeiramente, referência expressa aos efeitos devolutivo e suspensivo. Entretanto, os recursos podem ter mais que estes dois efeitos. Só que os recursos têm vários outros efeitos, os quais serão abaixo apresentados e analisados:

6.1. Obstativo (ou impedimento ao trânsito em julgado)

A interposição de recurso, em regra, impede o trânsito em julgado do pronunciamento jurisdicional, a prolongar a litispendência. Todavia, apenas os recursos cabíveis e tempestivos podem impedir o trânsito em julgado. Recurso descabido ou intempestivo não o impede.

Há opositores a esta ressalva. Aqueles mais radicais adotam o posicionamento de que o recurso interposto, ainda que inadmitido, impede o trânsito em julgado. Outros, a adotar corrente intermediária, entendem que se o fator que levou ao não conhecimento do recurso for objeto de outro recurso, haverá impedimento ao trânsito em julgado, sob pena de descartar, por completo, a hipótese de reforma do julgado que não admitiu o recurso pelas instâncias superiores, negando-se a existência de dúvida com relação à admissibilidade (STJ. ERESP 441252/CE. DJU 29.06.05). Alguns outros, por fim, a adotar posição também intermediária, defendem que a interposição de recurso, desde que cabível e tempestivo, impede o trânsito em julgado da decisão, ainda que na instância *ad quem* não seja conhecido em decorrência de outro pressuposto de admissibilidade (STJ. REsp 203067/PR. DJU 14.02.00).

Embora o efeito obstativo impeça o trânsito em julgado da decisão objeto do recurso, ele não impede que isso ocorra em relação a outra(s) decisão(ões). É o que acontece, por exemplo, quando: a) a sentença tem vários capítulos, mas a apelação interposta não contempla todos em seu objeto; b) há julgamento parcial de mérito, contra o qual é interposto agravo de instrumento e, depois, ao ser julgada a outra parte do objeto litigioso do processo, em sentença, não é interposta apelação; c) é concedida tutela provisória (em antecipação ao julgamento de procedência), cuja decisão é objeto de agravo de instrumento, e, depois, é proferida sentença, contra a qual não se interpôs apelação.

Em todos os exemplos encimados, impede-se o trânsito em julgado da decisão recorrida, mas não de outras decisões que são proferidas no curso do processo.

Algumas decisões, mesmo que não sejam objeto de recurso, não transitarão em julgado. Está-se a falar das tutelas provisórias. Veja-se o caso de concessão de tutela provisória em razão da urgência. Se não interposto recurso, a decisão não transitará em julgado, porque, para isso, precisará ser confirmada por decisão proferida em cognição exauriente. Logo, pode-se dizer que, além do recurso, há outros fatores impeditivos ao trânsito em julgado.

6.2. Suspensivo

Para afirmar a legitimidade da decisão proferida pelo juízo *a quo*, de maneira que não seja apenas uma "passagem" para o alcance do provimento final, predomina a regra de que os recursos não são dotados de efeito suspensivo. Por isso que a primeira parte do art. 995 do CPC dispõe que "**os recursos não impedem a eficácia da decisão**". Entretanto, em sua segunda parte, excepciona: "salvo disposição legal ou decisão judicial em sentido diverso". Logo, quando o recurso eventualmente possui efeito suspensivo, o texto legal ou a decisão que o atribui faz (qualquer delas) expressa ressalva (atribuição).

A ser assim, pode ocorrer de a lei prever o efeito suspensivo ao respectivo recurso, caso em que não será necessária prolatação de decisão judicial nesse sentido. Mas, se a lei não previr, para ser atribuído tal efeito (suspensivo), deve haver decisão judicial nesse sentido, a ser proferida pelo relator do respectivo recurso[154], fundada na existência de risco de dano grave, de difícil ou de impossível reparação, e na demonstração da probabilidade de provimento do recurso (parágrafo único do art. 995).

A interposição de recurso, quando dotado de (ou atribuído) efeito suspensivo, prolonga o estado de ineficácia em que se encontrava a decisão, impedindo que ela produza, relativamente à parte impugnada (ou delimitada por decisão judicial específica), imediatamente qualquer de seus efeitos. Explica-se: se o efeito suspensivo é *ex lege*, a amplitude da devolutividade delimita o efeito suspensivo; se é *ope iudicis*, a amplitude da decisão que atribui efeito suspensivo, é que delimita a suspensividade.

Quando o efeito suspensivo é *ex lege*, a suspensividade da eficácia da decisão recorrida ocorre a partir de quando o recurso poderia ser interposto. O estado de ineficácia decorre da mera recorribilidade e vai até quando ela se findar ou até quando não mais couber a interposição de recurso seguinte, o qual seja dotado de efeito suspensivo. Quando é *ope iudicis*, a suspensividade da decisão recorrida ocorre a partir de quanto publicada a decisão de atribuição do dito efeito (suspensivo), que pode ser requerido no próprio recurso ou, se depois de interposto, mediante simples petição.

Dois pontos mais são dignos de nota: o primeiro, que podem existir recursos parciais (art. 1.002 do CPC), os quais, se interpostos, mesmo que tenham (ou que atribuído lhes seja) efeito suspensivo, ficarão delimitados, numa amplitude máxima, à parte do objeto litigioso impugnada pelo recurso; o segundo, que, além da

154. Enunciado 465 do Fórum Permanente de Processualistas Civis: A concessão do efeito suspensivo ao recurso inominado cabe exclusivamente ao relator na turma recursal.

interposição (ou de sua possibilidade) de recurso poder atribuir efeito suspensivo, em razão de lei ou de decisão judicial, outros fatos jurídicos podem ter essa aptidão de suspender a eficácia da decisão.

6.3. Devolutivo

A admissibilidade do recurso transfere ao órgão jurisdicional *ad quem* (ou ao próprio órgão julgador, se detiver competência funcional para isso) o conhecimento da matéria recorrida e, pelo menos em regra, daquela que deveria ser conhecida pelo juízo *a quo*, mas não foi. Este efeito é comum a todos os recursos, porque é da essência deles provocar o reexame da decisão pelo Poder Judiciário.

A extensão horizontal do efeito devolutivo do recurso é determinada pela amplitude da impugnação (*tantum devolutum quantum apellatum*) (dimensão horizontal do efeito devolutivo). Enquanto isso, sua profundidade identifica-se com o material que deve trabalhar o órgão *ad quem* para julgar (dimensão vertical do efeito devolutivo ou efeito translativo).

O efeito devolutivo, em sua dimensão horizontal, determina os limites horizontais do recurso (o que se pode decidir). Relaciona-se ao objeto litigioso recursal (a questão principal do recurso). Na dimensão vertical, determinam-se os limites verticais (material com que o órgão recursal trabalhará para decidir a questão que lhe foi submetida). Relaciona-se ao objeto de conhecimento do recurso (as questões que devem ser enfrentadas como fundamentos para a solução do objeto litigioso recursal).

Em decorrência do efeito devolutivo em sua dimensão vertical, as matérias de ordem pública (a exemplo dos pressupostos processuais e das condições da ação) devem ser objeto de análise pelo órgão jurisdicional *ad quem* (STJ. REsp 856388/SP. DJU 24.05.07), independentemente de provocação por qualquer dos interessados. O próprio interesse público, que circunda o efeito em análise, está acima dos interesses de qualquer pessoa.

O efeito devolutivo, em sua dimensão horizontal, limita o efeito devolutivo em sua dimensão vertical, de modo que o tribunal somente poderá apreciar, em profundidade, as questões que se relacionarem àquilo que foi impugnado horizontalmente. Assim, pode-se dizer que o recorrente estabelece a extensão do recurso (no plano horizontal), mas não a sua profundidade (no plano vertical).

6.4. Substitutivo

O art. 1.008 do Código de Processo Civil dispõe que "o julgamento proferido pelo tribunal substituirá a decisão impugnada no que tiver sido objeto de recurso".

Em razão do efeito substitutivo, o julgamento recursal proferido pelo órgão recursal substitui a decisão recorrida no que tiver sido objeto de recurso (pode ser total ou parcial).

Contudo, somente há substituição se o recurso interposto for admitido (independentemente de ele ser provido ou desprovido), no limite da devolutividade, seja ela horizontal ou vertical. Se não for admitido o recurso, não haverá substituição, logo porque não haverá apreciação de qualquer das questões decididas pelo juízo *a quo*.

Se o recurso for parcial, por não contemplar em seu objeto todas as questões que foram decididas pelo juízo *a quo*, quando julgado (o recurso), porque admitido, a substituição ocorre na amplitude da devolutividade. Se o recurso for total, mas admitido apenas em alguma(s) parte(s), somente nela(s) é que haverá substituição.

Quanto ao resultado do julgamento, se provido ou desprovido o recurso, também haverá substituição. Poder-se-ia até se questionar essa conclusão, pelo fato de o resultado ter sido preservado com o desprovimento. Ocorre que, apesar da preservação do resultado, há outros elementos, que justificam a substituição, dentre os quais as repercussões jurídicas decorrentes do julgamento do recurso.

6.5. Expansivo

Verifica-se o efeito expansivo do recurso quando a decisão que lhe julga alcança pessoa(s) diversa(s) da do recorrente (efeito expansivo subjetivo) ou outros atos processuais, diversos daqueles que foram objeto do recurso (efeito expansivo objetivo).

O art. 1.005 apresenta situação de incidência do efeito expansivo subjetivo, ao estabelecer que "o recurso interposto por um dos litisconsortes a todos aproveita, salvo se distintos ou opostos os seus interesses".

Por sua vez, o art. 520, II e III, apresenta situação de incidência do efeito expansivo objetivo, ao estabelecer que "o cumprimento provisório da sentença impugnada por recurso desprovido de efeito suspensivo será realizado da mesma forma que o cumprimento definitivo, sujeitando-se ao seguinte regime: [...] fica sem efeito, sobrevindo decisão que modifique ou anule a sentença objeto da execução, restituindo-se as partes ao estado anterior e liquidando-se eventuais prejuízos nos mesmos autos; se a sentença objeto de cumprimento provisório for modificada ou anulada apenas em parte, somente nesta ficará sem efeito a execução [...]".

6.6. Regressivo (ou retratação)

Em razão do efeito regressivo, autoriza-se que o órgão jurisdicional *a quo*, ante a interposição recursal, reveja sua decisão, a fim de se retratar. Este efeito não é comum a todas as espécies recursais, sendo admitido unicamente quando houver expressa autorização legal.

São exemplos de recursos, que são dotados de efeito regressivo, o agravo de instrumento (§ 1º do art. 1.018 do CPC), o agravo interno (§ 2º do art. 1.021 do CPC) e a apelação interposta contra sentenças de indeferimento da petição inicial (art. 331 do CPC), de julgamento de improcedência liminar (§ 3º do art. 332 do CPC) e terminativa (§ 7º do art. 485 do CPC).

Também poderá haver retratação, em razão da existência de efeito regressivo, ao recurso de apelação que seja interposto contra as sentenças proferidas nas causas que tramitam sob o procedimento definido pelo Estatuto da Criança e do Adolescente, a teor do que estabelece o seu art. 198, VII.

Emprestado efeito regressivo, mediante exercício do juízo de retratação, o recurso interposto será inadmitido, porque prejudicado (ante a perda de seu objeto), a passar o recorrente a carecer de interesse recursal, já que o julgamento do recurso pela instância *ad quem* não mais lhe poderá lhe proporcionar qualquer utilidade.

Se o efeito regressivo incidir apenas em parte do, aquela em que ele não incidiu, será submetida à instância recursal.

6.7. Ativo

O efeito ativo se consubstancia na possibilidade de a instância *ad quem* antecipar, mediante decisão provisória, a tutela recursal de provimento antes do julgamento definitivo (do recurso). Pode acontecer, em razão da falta de preenchimento dos requisitos necessários para a tutela provisória, de o efeito ativo ser concedido apenas em parte.

O efeito ativo diferencia-se do suspensivo porque este, busca decisão capaz de suspender a eficácia de outra proferida pela instância *a quo*, enquanto que aquele busca a antecipação provisória da tutela recursal de provimento por ter sido proferida decisão na instância anterior que indeferiu pedido formulado pelo recorrente.

Segue em exemplo para auxiliar a diferenciação entre o efeito ativo e suspensivo: foi formulado pedido de tutela provisória liminar perante a instância *a quo*:

a) se tiver sido deferido o pedido de tutela provisória liminar formulado perante o juízo *a quo*, o recorrente interporá recurso para suspender os efeitos da decisão recorrida, a visar, assim, à concessão de efeito suspensivo (a tornar ineficaz a decisão proferida pela instância *a quo*, que foi objeto do recurso);

b) se o pedido de tutela provisória liminar formulado perante o juízo *a quo* tiver sido indeferido, o recorrente buscará a atribuição de efeito ativo para que seja atendido, de forma provisória, o pedido formulado no recurso (deferir o pedido de cognição sumária antes formulado).

O efeito ativo pode ser atribuído em razão de concessão de tutela provisória de urgência ou de evidência. Não por outra razão que o enunciado 423 do FPPC, em referência aos arts. 311, 995, parágrafo único, 1.012, § 4º, 1.019, inciso I, 1.026, § 1º, e 1.029, § 5º, do CPC, orienta que "cabe tutela de evidência recursal".

6.8. Desobstrutivo

Em razão do efeito desobstrutivo, nos casos de extinção do processo sem resolução de mérito, bem assim de prolação de decisão nula (por falta de congruência ou de fundamentação), a instância *ad quem* pode, de logo, independentemente da formulação de pedido pelo recorrente, julgar a questão apresentada perante a instância *a quo*.

Faz-se necessário, entretanto, que a questão apresentada à instância *a quo*, para poder ser julgada pela *ad quem*, esteja em condições de imediato julgamento, seja porque ela é exclusivamente de direito ou, mesmo que envolva fatos, que eles estejam suficientemente esclarecidos.

Para que se fale em desobstrução, é imprescindível, evidentemente, que haja prévia obstrução. Sem essa, não há possibilidade de incidência do efeito desobstrutivo. Bastaria a simples incidência do efeito devolutivo. O art. 1.013 do Código de Processo Civil, ao tratar do recurso de apelação, traz hipóteses que podem ilustrar a incidência do efeito desobstrutivo e devolutivo.

Em seu § 3º, especificamente nos incisos I, II e IV, o art. 1.013, apresenta exemplos de incidência do efeito desobstrutivo, onde, são afastados os motivos de obstrução para, depois, julgar a questão apresentada na instância *a quo*. Mas, no inciso III, traz verdadeiro exemplo do efeito devolutivo, pois, não havia obstrução ao julgamento originário.

Agora, pode ocorrer de ser afastado algum motivo de obstrução pela instância *ad quem*, mas, depois, deparar-se com outro, que também impeça a análise do mérito. Nesse caso, ficaria o órgão recursal também impossibilitado de adentrar no mérito da questão apresentada perante a instância *a quo*.

O efeito desobstrutivo, que representa afirmação da competência do tribunal para julgar as questões que foram apresentadas perante a instância de origem, deve ser interpretado em consonância ao art. 355, I, que dispõe: "o juiz julgará antecipadamente o pedido, proferindo sentença com resolução de mérito, quando: [...] não houver necessidade de produção de outras provas [...]" (STJ. EDcl no AgRg no AREsp 42537/RJ. DJe 23.09.13).

7. CLASSIFICAÇÃO

Os recursos podem ser classificados:

a) Quanto ao objeto imediato visado, em *ordinário* (aqueles que objetivam a defesa de direito subjetivo) e *extraordinário* (aqueles que objetivam a preservação do direito objetivo).

b) Quanto à possibilidade de suspender a eficácia da decisão recorrida, em *suspensivos* (impedem a imediata eficácia do pronunciamento jurisdicional recorrido) e *não suspensivos* (não impedem a imediata eficácia do pronunciamento jurisdicional recorrido).

c) Quanto à extensão da matéria impugnada, em *totais* (toda a decisão recorrida é impugnada) e *parciais* (apenas parte da decisão é recorrida).

8. CERTIFICAÇÃO DO TRÂNSITO EM JULGADO E BAIXA DOS AUTOS AO JUÍZO DE ORIGEM

O art. 1.006 do CPC/2015 dispõe que, "certificado o trânsito em julgado, com menção expressa da data de sua ocorrência, o escrivão ou o chefe de secretaria, independentemente de despacho, providenciará a baixa dos autos ao juízo de origem, no prazo de 05 dias". Tal dispositivo corresponde ao art. 510 do CPC/1973, de acordo com o qual "transitado em julgado o acórdão, o escrivão, ou secretário, independentemente de despacho, providenciará a baixa dos autos ao juízo de origem, no prazo de 05 dias".

Não há diferença substancial entre os textos legais, que atribui ao escrivão ou chefe de secretaria a função de certificar devidamente o trânsito em julgado, independentemente de autorização ou determinação judicial, e, depois, de remeter os autos do processo ao juízo de origem. Ela (a diferença) reside unicamente num pretenso aperfeiçoamento redacional, quando o novo dispositivo deixa claro que aquele auxiliara da justiça (escrivão ou chefe de secretaria), antes de remeter os autos, deve certificar a ocorrência do trânsito em julgado.

Mas, a redação do art. 1.006 do CPC/2015 não é a melhor. Primeiro, porque despreza que, se os autos forem eletrônicos, não será necessária sua remessa. Aliás, as próprias partes ou qualquer outro sujeito, quando eletrônicos os autos, podem dar conhecimento ao juízo de origem, ou instá-lo a tomar conhecimento, independentemente de remessa. Depois, porque, ao se referir sem ressalvas à necessidade de certificação, incluiu aparente necessidade da prática de um ato processual, o que contrariaria a própria eficiência visada pelo dispositivo.

CAPÍTULO L

Apelação

1. CONSIDERAÇÕES INICIAIS

1.1. Cabimento

De acordo com o *caput* do art. 1.009 do Código de Processo Civil, "da sentença cabe apelação". O § 1º do art. 203, dispõe que, "ressalvadas as disposições expressas dos procedimentos especiais, sentença é o pronunciamento por meio do qual o juiz, com fundamento nos arts. 485 e 487, põe fim à fase cognitiva do procedimento comum, bem como extingue a execução".

1.2. Regularidade formal

A petição do recurso de apelação, que será dirigida ao juízo de primeiro grau, conterá, sob pena de não preenchimento do pressuposto da regularidade formal: a) *os nomes e a qualificação das partes*; b) *a exposição do fato e do direito*; c) *as razões do pedido de reforma ou de decretação de nulidade (invalidação)*; d) *o pedido de nova decisão.*

2. EFEITOS

O Código de Processo Civil, ao tratar dos recursos, inclusive o de apelação, não é, em muitos dos dispositivos relacionados, expresso quanto aos seus efeitos. Comumente, a prática processual trata como se fossem apenas dois (**devolutivo e suspensivo**). Ratifica essa conclusão o enunciado 331 do STJ, que, ao tratar de situação, em que afastado o efeito suspensivo, dispõe: "a apelação interposta contra sentença que julga embargos à arrematação tem efeito meramente devolutivo". Contudo, há (pode haver) outros vários efeitos relacionados (também ao recurso de apelação). São eles: a) obstativo (ou impedimento ao trânsito em julgado); b) suspensivo; c) ativo; d) Regressivo (ou retratação); e) devolutivo; f) desobstrutivo; g) substitutivo.

3. INOVAÇÃO RECURSAL

No direito processual civil brasileiro, proíbe-se a inovação em sede recursal, ainda que com anuência da parte adversa. Não seria diferente com a apelação. Isso porque, além de causar embaraços ao procedimento, pode contrariar a boa-fé e a própria ampla defesa. Apenas excepcionalmente, pois, é permitido que as partes suscitem questões de fato novas, **desde que provem que deixaram de fazê-lo por motivo de força maior**. Tal, inclusive, constitui a disposição do art. 1.014 do Código de Processo Civil: "as questões de fato não propostas no juízo inferior poderão ser suscitadas na apelação, se a parte provar que deixou de fazê-lo por motivo de força maior".

Além dessa hipótese (motivo de força maior), expressamente reconhecida pelo Código de Processo Civil no art. 1.014, fazem exceção à regra da impossibilidade de inovação, em sede recursal, questões: a) relativas a fatos supervenientes; b) de fato, suscitadas pela primeira vez na apelação do terceiro prejudicado; c) relativas a direito superveniente; d) que competiria ao juiz conhecê-las de ofício; e) que, por expressa autorização legal, puderem ser formuladas em qualquer tempo e juízo.

4. PROCEDIMENTO

A apelação deve ser interposta perante o juízo que proferiu a sentença a ser impugnada, na forma estabelecida pelo art. 1.010 do Código de Processo Civil, no prazo 15 dias (a não ser que haja algum privilégio de dobra), mediante recolhimento de preparo.

O juízo de primeira instância deverá, em seguida, intimar o apelado para, também no prazo de 15 dias, apresentar contrarrazões, ocasião em que poderá interpor apelação na forma adesiva. Se for o caso, o juiz intimará o apelante para apresentar contrarrazões.

Recebidos os autos, no tribunal, o recurso de apelação será distribuído imediatamente ao **relator**, a quem caberá **decidir monocraticamente** a apelação apenas nas hipóteses do art. 932, III a V, que são as seguintes:

a) não conhecer de recurso inadmissível, prejudicado ou que não tenha impugnado especificamente os fundamentos da decisão recorrida;

b) negar provimento a recurso que for contrário a: súmula do Supremo Tribunal Federal, do Superior Tribunal de Justiça ou do próprio tribunal; acórdão proferido pelo Supremo Tribunal Federal ou pelo Superior Tribunal de Justiça em julgamento de recursos repetitivos; entendimento firmado em incidente de resolução de demandas repetitivas ou de assunção de competência;

c) depois de facultada a apresentação de contrarrazões, dar provimento ao recurso se a decisão recorrida for contrária a: súmula do Supremo Tribunal Federal, do Superior Tribunal de Justiça ou do próprio tribunal; acórdão proferido pelo Supremo Tribunal Federal ou pelo Superior Tribunal de Justiça em julgamento de recursos repetitivos; entendimento firmado em incidente de resolução de demandas repetitivas ou de assunção de competência;

Se não for o caso de decisão monocrática, o relator elaborará seu voto para julgamento do recurso pelo **órgão colegiado**, em sessão a ser designada pelo presidente do órgão, mediante inclusão em pauta.

Na sessão de julgamento, depois da exposição da causa pelo relator, o presidente dará a palavra, sucessivamente, ao recorrente, ao recorrido e, nos casos de sua intervenção, ao membro do Ministério Público, pelo prazo improrrogável de 15 minutos para cada um, a fim de **sustentarem suas razões**.

Proferidos os votos pelos membros do órgão colegiado, que será composto (pelo menos inicialmente, a considerar a necessidade, em alguns casos, de aplicação da técnica de julgamento do art. 942) por 03 juízes, o presidente anunciará o resultado do julgamento, designando para redigir o acórdão o relator ou, se vencido este, o autor do primeiro voto vencedor.

O acórdão conterá ementa.

Em razão da atividade desempenhada na instância recursal, os honorários advocatícios decorrentes da sucumbência serão realinhados, a teor do que estabelece o art. 85, § 11, do Código de Processo Civil.

O art. 946 do Código de Processo Civil dispõe que "o agravo de instrumento será julgado antes da apelação interposta no mesmo processo". E completa o parágrafo único: "se ambos os recursos de que trata o *caput* houverem de ser julgados na mesma sessão, terá precedência o agravo de instrumento".

Só que tal precedência somente seria necessária se verificada prejudicialidade entre as questões submetidas a julgamento nos referidos recursos. Não sendo o caso, os julgamentos podem ser independentes, em respeito à própria eficiência e à razoável duração do processo, como foi perante o juízo *a quo*.

Agravo de instrumento

1. CONSIDERAÇÕES INICIAIS

O agravo passou a ser **apenas de instrumento** (foi extinta a forma retida). Foi instituído, pelo art. 1.015, um **rol taxativo de cabimento** do agravo de instrumento. Não cabe, contra qualquer decisão interlocutória, em regra, agravo de instrumento, mas somente contra aquelas expressamente previstas em lei. Contra as decisões que não estejam (expressamente previstas, cabe sua impugnação por ocasião da interposição do recurso de apelação ou da apresentação de suas contrarrazões (§ 1º do art. 1.009).

Só que essa regra comporta exceções. Nos termos do parágrafo único do art. 1.015 do Código de Processo Civil, também caberá agravo de instrumento contra decisões interlocutórias proferidas na **fase de liquidação de sentença ou de cumprimento de sentença, bem assim nos processos de execução e de inventário**. Em tais situações, independentemente do conteúdo da decisão interlocutória, caberá agravo de instrumento. Basta que as decisões sejam proferidas em liquidação ou cumprimento de sentença, bem assim em execução ou processo de inventário[155].

Para tornar o assunto ainda mais complexo, o STJ no julgamento dos Recursos Especiais 1.696.396 e 1.704.520, pela sistemática repetitiva, entendeu que o rol de cabimento do Agravo de Instrumento, constante no art. 1.015 do CPC, é de **taxatividade mitigada**, a possibilitar de tal forma a recorribilidade imediata de decisões interlocutórias, para além da lista disposta no art. 1.015 do CPC, sempre em caráter excepcional, quando houver comprovada urgência.

Portanto, afasta-se a lógica da taxatividade estrita, sendo cabível a interposição do agravo de instrumento contra qualquer decisão interlocutória na fase de conhecimento, como decisões que indeferem a produção de prova ou um pedido de sigilo processual, **desde que preenchido o requisito da urgência**.

155. Nos termos do enunciado 351 do Fórum Permanente de Processualistas Civis, "o regime da recorribilidade das interlocutórias do CPC aplica-se ao procedimento do mandado de segurança".

1.1. Cabimento

1.1.1. Por fase ou natureza do processo

Nos termos do parágrafo único do art. 1.015 do Código de Processo Civil, "caberá agravo de instrumento contra decisões interlocutórias proferidas na **fase de liquidação de sentença ou de cumprimento de sentença, no processo de execução e no processo de inventário**". Então, contra qualquer decisão interlocutória proferida em fase de liquidação ou cumprimento de sentença, ou nos processos de execução ou de inventário, caberá a interposição de agravo de instrumento, independentemente de quais sejam seus conteúdos.

1.1.2. Por conteúdo

Se não se tratar de fase de liquidação ou cumprimento de sentença, bem assim de processos de execução ou de inventário, deve ser analisado o conteúdo das decisões interlocutórias para saber se, contra elas, é interponível agravo de instrumento. Algumas vezes, é bem verdade, não basta apenas a análise do conteúdo da decisão interlocutória. É preciso analisar se ela (a decisão interlocutória), também, deferiu ou indeferiu o pedido que lhe antecede, para identificar se é cabível ou não o agravo de instrumento.

O art. 1.015 do Código de Processo Civil identifica quais são as decisões interlocutórias recorríveis por agravo de instrumento. Para facilitar a compreensão acerca do cabimento do agravo de instrumento, será, aqui, alterada a ordem elencada pelo texto legal, para que as hipóteses sejam incluídas em grupos, a tratar o primeiro das decisões interlocutórias definitivas de mérito, o segundo, das decisões interlocutórias provisórias de mérito, e, o terceiro, das decisões interlocutórias processuais.

Prossiga-se:

1.1.2.1. Decisões interlocutórias definitivas de mérito

- **a) *mérito do processo*:**

O art. 1.015, I, do CPC, dispõe que cabe agravo de instrumento contra decisão que verse sobre o mérito do processo. Essa hipótese seria suficiente para contemplar algumas das tutelas provisórias, mas o legislador distinguiu as hipóteses. Por isso, quando versar acerca do "mérito do processo", compreenda-se apenas as decisões interlocutórias que **decidam parcialmente o mérito**, nos termos do art. 356 do Código de Processo Civil. Se for provisória a decisão de mérito, cabe agravo de instrumento, contudo, a hipótese de cabimento será outra.

Sendo decisão definitiva de mérito, independentemente de seu resultado, ou seja, se de procedência ou de improcedência da parte do objeto litigioso julgada, cabe agravo de instrumento. Veja-se que a hipótese apresentada pelo legislador não previu o resultado, mas, apenas o seu conteúdo. Por isso que o enunciado 103 do Fórum Permanente de Processualistas orienta que "a decisão parcial proferida no curso do processo com fundamento no art. 487, I, sujeita-se a recurso de agravo de instrumento".

Por sua vez, o enunciado 177 do Fórum Permanente de Processualistas orienta que "a decisão interlocutória que julga procedente o pedido para condenar o réu a prestar contas, por ser de mérito, é recorrível por agravo de instrumento". Poder-se-ia até indagar por que, então, contra a decisão que rejeita o pedido de prestação de contas não é recorrível por agravo de instrumento. A resposta é simples. Porque, nesse caso, a decisão seria uma sentença, recorrível mediante apelação.

- **a.1)** ***incidente de desconsideração da personalidade jurídica*:**

O art. 1.015 do Código de Processo Civil, no inciso IV, dispõe caber agravo de instrumento contra decisão que verse acerca do incidente de desconsideração da personalidade jurídica. Com a desconsideração da personalidade jurídica, sendo julgado procedente o incidente, reconhece-se a responsabilidade (do patrimônio) dos respectivos sócios, que se trata, evidentemente, de uma **questão de mérito**. O mesmo pode-se dizer da decisão que não desconsidera a personalidade jurídica, por julgar improcedente a incidente, porque não reconhece a responsabilidade.

1.1.2.2. Decisões interlocutórias provisórias de mérito

- **a)** ***tutelas provisórias*:**

O art. 1.015 do Código de Processo Civil, no inciso I, dispõe caber agravo de instrumento contra decisão que verse acerca de tutelas provisórias. As tutelas provisórias, sejam elas de evidência ou de urgência (e, estas últimas, antecipatórias ou cautelares), tratam de mérito (a compreender que a ação cautelar cumulada tem mérito), mas, com soluções provisórias. Assim, contra qualquer decisão que julgue tutelas provisórias, por serem decisões provisórias de mérito, cabe a interposição de agravo de instrumento.

Pode ocorrer de a decisão interlocutória conceder, modificar, revogar ou indeferir a tutela provisória pedida. Qualquer que seja o resultado, cabe a interposição de agravo de instrumento. Aqui, nessa hipótese, considera-se apenas o conteúdo da decisão. O resultado é indiferente. Isso seria suficiente para justificar o enunciado

29 do FPPC, mas que traz outro adereço: "a decisão que condicionar a apreciação da tutela provisória incidental ao recolhimento de custas ou a outra exigência não prevista em lei equivale a negá-la, sendo impugnável por agravo de instrumento".

- **a.1) *concessão, modificação ou revogação do efeito suspensivo aos embargos à execução*:**

Também por se tratar de uma tutela provisória, cabe, nos termos do art. 1.015, X, do Código de Processo Civil, agravo de instrumento contra a decisão que versar acerca da concessão, modificação ou revogação do efeito suspensivo aos embargos à execução. Não seria necessária, a bem da verdade, a identificação dessa hipótese de cabimento, porque trata de tutela provisória, o que já seria suficiente, contudo, o legislador optou por tornar o texto mais operacional, a fim de deixar claro o cabimento na hipótese identificada.

1.1.2.3. Decisões interlocutórias processuais

Pela análise realizada acima, pode-se dizer que, em razão do conteúdo, se as decisões interlocutórias forem definitivas ou provisórias de mérito, contra elas, caberá a interposição de agravo de instrumento. Não há, pois, necessidade de se identificar "determinada" decisão interlocutória. Sendo de mérito (definitiva ou provisória), caberá agravo. As situações mais particulares, deve-se dizer, estão relacionadas **às decisões interlocutórias processuais**, pois, só contra algumas (identificadas pelo art. 1.015) caberá a interposição de agravo.

Confira-se: a) ***rejeição da alegação de convenção de arbitragem***; b) ***rejeição do pedido de gratuidade da justiça ou acolhimento do pedido de sua revogação***; c) ***exibição ou posse de documento ou coisa;*** d) ***exclusão de litisconsorte***; e) ***rejeição do pedido de limitação do litisconsórcio***; f) ***admissão ou inadmissão de intervenção de terceiros***; g) ***redistribuição do ônus da prova nos termos do art. 373, § 1º***; h) ***outros casos expressamente referidos em lei.***

> **IMPORTANTE!**
>
> A Quarta Turma do STJ, em 14.11.17, deu interpretação extensiva ao art. 1.015, III, reconhecendo ser cabível **agravo de instrumento contra a decisão interlocutória que verse sobre competência** (STJ. REsp 1.679.909/RS. DJe 01.02.18. Inf. 618). Isso porque, a rigor, a decisão que acolhe a alegação de convenção de arbitragem, tratada textualmente no referido dispositivo, é pronunciamento que **reconhece a incompetência do juízo estatal e a competência do juízo arbitral.** É, portanto, decisão que versa sobre competência, assim como aquela que reconhece a competência de um juízo estatal sobre outro. Por isso, o STJ, acolhendo tese já difundida na doutrina, entendeu ser amplamente cabível agravo de instrumento contra decisão que verse sobre competência.

O art. 1.015 do Código de Processo Civil, no inciso XIII, estabelece, em última hipótese prevista no referido rol, que outros casos expressamente referidos em lei, referentes à prolação de decisões interlocutórias, podem ser recorríveis por intermédio de agravo de instrumento. O próprio Código prevê, em outros dispositivos, a possibilidade de cabimento para além do rol do art. 1.015. Por isso que o enunciado 154 do FPPC, ao se referir ao art. 354, orienta que "é cabível agravo de instrumento contra ato decisório que indefere parcialmente a petição inicial ou a reconvenção".

1.2. Regularidade formal

1.2.1. Petição

A petição do recurso de agravo de instrumento será dirigida diretamente ao tribunal competente, por meio de petição com os seguintes requisitos, sob pena de não preenchimento do pressuposto da regularidade formal: a) *os nomes das partes*; b) *a exposição do fato e do direito*; c) *as razões do pedido de reforma ou de invalidação da decisão e o próprio pedido*; d) *o nome e o endereço completo dos advogados constantes do processo.*

1.2.2. Instrumento

O instrumento do agravo é formado por peças destinadas a fazer com que os membros do órgão colegiado do tribunal, que julgará o recurso possam, dentre outras funções, compreender o contexto em que se insere a questão decidida pelo juízo *a quo*. Ditas peças, que formam o instrumento, o qual acompanha a petição recursal, podem ser obrigatórias ou facultativas. Se não forem juntadas aquelas (peças obrigatórias) ou as determinadas (posteriormente) pelo relator (por serem necessárias), o agravo não preencherá, também, o pressuposto da regularidade formal.

- ***a) peças obrigatórias:***

Nos termos do inciso I do art. 1.017 do Código de Processo Civil, são consideradas peças obrigatórias: *i) petição inicial, contestação e petição que ensejou a decisão agravada: ii) decisão agravada; iii) certidão da respectiva intimação ou outro documento oficial que comprove a tempestividade; iv) procurações outorgadas aos advogados do agravante e do agravado*:

- ***b) peças facultativas:***

O art. 1.017, no inciso III, dispõe que "a petição de agravo de instrumento será instruída: [...] facultativamente, com outras peças que o agravante reputar úteis".

A dificuldade de encontrar um verbo que harmonizasse a juntada de peças obrigatórias e facultativas fez com que o legislador não alcançasse a melhor redação no texto legal. Na verdade, a petição do agravo não "será" instruída com as peças facultativas. Ela, na verdade, "poderá" ser instruída com as ditas peças. Até porque, se elas (peças facultativas) não forem juntadas, a *priori*, não haverá nenhuma consequência processual.

1.2.3. Comprovação de interposição

Nos termos do art. 1.018, "o agravante poderá requerer a juntada, aos autos do processo, de cópia da petição do agravo de instrumento, do comprovante de sua interposição e da relação dos documentos que instruíram o recurso". Em seguida, o § 2º dispõe: "não sendo eletrônicos os autos, o agravante tomará a providência prevista no *caput*, no prazo [*preclusivo*] de 3 (três) dias a contar da interposição do agravo de instrumento" (respeitados os benefícios legais).

A redação do texto legal parte do pressuposto de que, em geral, os autos do processo são eletrônicos. Se for o caso, a comunicação ao juízo *a quo* é uma mera faculdade. E mesmo que os autos do recurso sejam físicos, a faculdade permanecerá, desde que os autos do processo sejam eletrônicos, pois, nessa hipótese, o relator (e os demais julgadores, se for o caso) poderá ter acesso às peças ali colacionadas.

Entretanto, se os autos do processo forem físicos, a comunicação constitui ônus. O recorrente deverá juntar aos autos do processo, perante o juízo *a quo*, cópia da petição do agravo de instrumento, do comprovante de sua interposição (que, sendo físicos os autos, geralmente vêm em carimbo na própria petição) e a (indicação da) relação dos documentos que compõem o instrumento.

O descumprimento da exigência (juntada aos autos do processo, perante o juízo *a quo*, de cópia da petição do agravo de instrumento, do comprovante de sua interposição e da relação dos documentos que compõem o instrumento), desde que arguido e provado pelo agravado, importa inadmissibilidade do agravo de instrumento.

O recorrido deve suscitar, nas contrarrazões, o descumprimento da exigência de comunicação pelo recorrente. Esta regra pode ser mitigada quando os autos originários não estavam à sua disposição (caso em que o momento passa a ser a primeira oportunidade que o agravado teve acesso àqueles – STJ. REsp 1091167/RJ. DJe 19.03.09).

Não pode o Tribunal deixar de conhecer o agravo se o agravado não arguiu nem provou, oportunamente, o desrespeito à exigência apontada (STJ. REsp 648087/ES. DJU 22.05.06). Se, por exemplo, a informação de descumprimento foi trazida pelo juiz, não há empecilho para o conhecimento do recurso, caso o agravado não tenha suscitado o desrespeito à formalidade.

Não se pode desconsiderar, todavia, que as informações prestadas nos autos pelo juízo *a quo*, dando conta da ausência do requisito de admissibilidade do agravo de instrumento (regularidade formal), constituem documento eficaz para o recorrido provar o não cumprimento do comando normativo (STJ. REsp 896896/MG. DJU 08.03.07).

A consequência processual (inadmissibilidade do recurso) se justifica porque o cumprimento da exigência estabelecida pelo art. 1.018, objetiva, possibilitar o exercício do juízo de retratação (empréstimo de efeito regressivo), mas, sobretudo, o acesso imediato do recorrido aos termos do agravo e conteúdo de instrumento, sem necessidade de seu deslocamento ao tribunal.

Logo, se o recorrente não faz a comunicação, prejudica a retratação e o acesso imediato do recorrido aos termos do agravo. O Recorrente pode até renunciar ao juízo de retratação, mas o acesso imediato aos termos do agravo somente pode ser renunciado pelo recorrido. Então, se ele não comunica ou não comprova o desrespeito formal, a pugnar pela inadmissão do recurso, este (o recurso) será conhecido.

2. EFEITOS

O agravo de instrumento, como todos os demais recursos, é dotado de efeito devolutivo. Eventualmente, pode ser dotado dos efeitos obstativo, suspensivo, ativo, regressivo, desobstrutivo e substitutivo.

3. PROCEDIMENTO

O recurso de agravo de instrumento será interposto no **prazo 15 dias** (a não ser que haja algum privilégio de dobra), em petição que atenda às exigências dos arts. 1.016 e 1.017 do CPC, a qual será acompanhada do **comprovante do pagamento das respectivas custas e do porte de retorno**, quando devidos, conforme tabela publicada pelos tribunais.

Interposto o agravo de instrumento perante o tribunal *ad quem* (Tribunal de Justiça ou Tribunal Regional Federal), ele será distribuído a um relator, que, se for o caso, no prazo de 05 dias, poderá julgar monocraticamente, desde que para não conhecer, por ser o recurso inadmissível, prejudicado ou que não tenha impugnado especificamente os fundamentos da decisão interlocutória recorrida (art. 932, III).

O relator também poderá, em decisão unipessoal a ser proferida em igual prazo (05 dias), negar provimento ao recurso se contrário: a) à súmula do STF, do STJ ou do próprio tribunal; b) a acórdão proferido pelo STF ou pelo STJ em julgamento de recursos repetitivos; e c) a entendimento firmado em incidente de resolução de demandas repetitivas ou de assunção de competência (art. 932, IV).

Se for o caso de julgamento monocrático, o relator poderá agir sem a necessária intimação do recorrido para apresentar contrarrazões. Não quer dizer que, facultada a apresentada de contrarrazões, o julgamento tenha de ser colegiado. Não é este ato que define se o julgamento será ou não colegiado, mas sim se está preenchida ou não qualquer das hipóteses previstas no art. 932, III e IV do CPC.

A decisão proferida pelo relator deve ser comunicada ao juízo *a quo*. E, contra ela, caberá a interposição de agravo interno, nos termos do art. 1.021 do Código de Processo Civil.

Se não for o caso de julgamento monocrático, o relator, no prazo de 05 dias, poderá atribuir efeito suspensivo ao recurso ou deferir, em antecipação de tutela, total ou parcialmente, a pretensão recursal[156], comunicando ao juiz sua decisão. Se o juiz comunicar que emprestou efeito regressivo, mediante juízo de retratação, o agravo ficará prejudicado.

Como ou sem atribuição de efeito suspensivo, o relator ordenará a intimação do agravado pessoalmente, por carta com aviso de recebimento, quando não tiver procurador constituído, ou pelo Diário da Justiça ou por carta com aviso de recebimento dirigida ao seu advogado, para que responda no **prazo de 15 dias**, facultando-lhe juntar a documentação que entender necessária ao julgamento do recurso.

Após, determinará a intimação do Ministério Público, preferencialmente por meio eletrônico, quando for o caso de sua intervenção, para que se manifeste no prazo de 15 dias.

Findas tais providências, o relator solicitará dia para julgamento em prazo (impróprio) não superior a 01 mês da intimação do agravado.

Na sessão de julgamento, após exposta a causa pelo relator, se o agravo impugnar decisões interlocutórias que versem sobre tutelas provisórias de urgência

156. Enunciado 142 do Fórum Permanente de Processualistas Civis: "Da decisão monocrática do relator que concede ou nega o efeito suspensivo ao agravo de instrumento ou que concede, nega, modifica ou revoga, no todo ou em parte, a tutela jurisdicional nos casos de competência originária ou recursal, cabe o recurso de agravo interno nos termos do art. 1.021 do CPC".

ou da evidência, o presidente dará a palavra, sucessivamente, ao recorrente, ao recorrido e, nos casos de sua intervenção, ao membro do Ministério Público, pelo prazo improrrogável de 15 minutos para cada um, a fim de sustentarem suas razões.

Fica uma indagação: e se o agravo impugnar decisões terminativas ou decisões parciais de mérito, o presidente do órgão julgador do agravo deverá conceder a oportunidade para realização de sustentação oral? Essa hipótese não é prevista (pelo menos de forma expressa) pelo art. 937 do CPC, embora, no inciso IX, disponha que poderá ser realizada sustentação oral "em outras hipóteses previstas em lei ou no regimento interno do tribunal".

Acontece que o art. 937, no inciso I, possibilita a realização de sustentação oral na apelação que, justamente, é interposta contra decisões terminativas ou definitivas. Não haveria, como antes defendido, porque não ser concedida oportunidade para realizar sustentação oral quando o agravo tivesse por objeto decisões terminativas ou definitivas. A não ser assim, aí, também, o juiz de primeira instância teria o poder discricionário de definir quando seria ou não realizada sustentação oral. Para não realizar, bastaria decidir parte do objeto litigioso por decisão interlocutória. Para realizar, decidiria todos os capítulos por sentença (cujo objeto, nos termos do art. 1.009, pode ir além daquilo que foi decidido pela sentença, a contemplar, assim, decisões interlocutórias proferidas no curso da fase de conhecimento).

Proferidos os votos pelos membros do órgão colegiado, que será composto por 03 juízes, o presidente anunciará o resultado do julgamento, designando para redigir o acórdão o relator ou, se vencido este, o autor do primeiro voto vencedor.

Se o objeto do agravo for decisão definitiva (parcial de mérito), será aplicada a técnica de julgamento do art. 942 do CPC, a teor do que estabelece o § 3º, II.

O acórdão conterá ementa (art. 943 do CPC).

Também, mesmo sem precedentes a apreciar a questão, os autores do presente livro entendem que, se o objeto do agravo for decisão terminativa ou definitiva, em razão da atividade desempenhada na instância recursal, os honorários advocatícios decorrentes da sucumbência, fixados pelo juízo *a quo*, serão realinhados, a teor do que estabelece o art. 85, § 11, do Código de Processo Civil.

CAPÍTULO LII

Agravo interno

1. CONSIDERAÇÕES INICIAIS

O agravo interno é o recurso cabível contra **decisão proferida pelo relator,** sendo interposto por qualquer dos legitimados recursais para que a decisão tomada monocraticamente seja submetida ao respectivo órgão colegiado. Justifica-se pela verificação de algum vício, geralmente decorrente da não verificação de algum fator de distinção, que não autorizaria o julgamento unipessoal ou, pelo menos, indicaria a adoção de outra posição, diferente, por óbvio, daquela tomada pelo relator.

1.1. Cabimento

Nos termos da primeira parte do *caput* do art. 1.021 do Código de Processo Civil, "contra decisão proferida pelo relator caberá agravo interno [...]". A referência ao *relator* é indicativa da adoção de decisão monocrática. Não é que, no julgamento colegiado, possa-se, por agravo interno, impugnar o voto do relator. Não é isso. Contra decisões colegiadas cabem outros recursos, mas não o agravo interno. Nos casos em que o relator decidir de forma unipessoal é que cabe o agravo.

1.2. Regularidade formal

A petição do recurso de agravo de instrumento será dirigida ao relator, por meio de petição, onde o recorrente impugnará especificadamente os fundamentos da decisão agravada. Evidentemente, não basta que o recurso apenas impugne especificamente os fundamentos da decisão unipessoal. Faz-se necessário que a petição identifique as partes, apresente as razões do pedido de reforma ou de invalidação da decisão, para, em seguida, formular o respectivo pedido.

Confira-se: a) *os nomes das partes e as qualificações das partes*; b) *a exposição do fato e do direito*; c) *as razões do pedido de reforma ou de invalidação da decisão*; d) *pedido de reforma ou anulação da decisão monocrática*:

2. EFEITOS

O agravo interno, como todos os demais recursos, é dotado de efeito devolutivo. Eventualmente, pode ser dotado dos efeitos obstativo, suspensivo, ativo, regressivo, desobstrutivo e substitutivo.

3. PROCEDIMENTO

O recurso de agravo de será interposto no prazo 15 dias (a não ser que haja algum privilégio de dobra), em petição que atenda às exigências do art. 1.021 do Código de Processo Civil, dirigida ao relator, a qual será acompanhada do comprovante do pagamento das respectivas custas (preparo), quando devidos, conforme tabela publicada pelos tribunais.

O relator, ao receber o agravo interno, intimará o agravado para manifestar-se sobre o recurso no prazo de 15 dias (a não ser que haja algum privilégio de dobra), ao final do qual, não havendo retratação, o relator levá-lo-á a julgamento pelo órgão colegiado, com inclusão em pauta. Se houver retratação, caberá ao agravado, agora, interpor agravo interno contra a decisão de retratação.

No julgamento, é vedado ao relator limitar-se à reprodução dos fundamentos da decisão agravada para julgar improcedente o agravo interno. Deverá, então, em respeito ao dever de fundamentação, seguir a disposição do art. 489 do CPC. Esta disposição poderia parecer muito óbvia, contudo, é necessária, a considerar que a reprodução de fundamentos era praxe nos tribunais, inclusive superiores, que mantinham a decisão "por seus próprios fundamentos".

Na sessão de julgamento, a causa será exposta pelo relator. Se o agravo interno for interposto contra decisão monocrática, da qual o recurso ou ação, em originários julgamentos colegiados, comportassem sustentação oral, nele também caberá sustentação oral, pelo prazo improrrogável de 15 minutos para cada parte. Não fosse assim, o relator poderia imiscuir o agravante do direito de sustentar oralmente perante o órgão colegiado, a bastar, para tanto, que julgasse (mesmo que em erro) monocraticamente o recurso ou a ação.

Proferidos os votos pelos membros do órgão colegiado, que será composto por 03 juízes, o presidente anunciará o resultado do julgamento, designando para redigir o acórdão o relator ou, se vencido este, o autor do primeiro voto vencedor.

O acórdão conterá ementa (art. 943 do CPC).

Em razão da atividade desempenhada na instância recursal, os honorários advocatícios decorrentes da sucumbência, fixados pelo juízo *a quo*, serão realinhados, a teor do que estabelece o art. 85, § 11, do Código de Processo Civil.

Quando o agravo interno for declarado manifestamente inadmissível ou manifestamente improcedente em votação unânime, o órgão colegiado, em decisão fundamentada, condenará o agravante a pagar ao agravado uma multa fixada entre 1% e 5% do valor atualizado da causa. A interposição de qualquer outro recurso estará condicionada ao depósito prévio do valor dessa multa, à exceção da Fazenda Pública e do beneficiário de gratuidade da justiça, que farão o pagamento ao final.

Para a aplicação da multa mencionada, não basta que o recurso seja declarado como manifestamente inadmissível ou improcedente. É necessário, em acréscimo, que a votação seja unânime. Essa orientação é delineada pelo enunciado 359 do Fórum Permanente de Processualistas Civis: "a aplicação da multa prevista no art. 1.021, § 4º, exige que a manifesta inadmissibilidade seja declarada por unanimidade".

A imposição da multa visa a guarnecer a seriedade da atividade jurisdicional, que não pode ser atentada com a interposição de recurso manifestamente inadmissível ou improcedente. Mas, não se deve olvidar que o agravo interno pode ser apenas um recurso de passagem, para se alcançar o ingresso nos tribunais superiores, a considerar que, em razão das disposições constantes nos arts. 102 e 105 da Constituição da República, que só reconhece o cabimento de RE ou de REsp contra decisões proferidas em única ou última instância.

Se for assim considerado o agravo interno, não pode ser aplicada multa contra o recorrente (STJ. REsp 1198108/RJ. DJe 21.11.12), porque apenas busca, de forma legítima (e deixa claro seu intento de) alcançar o ingresso perante os tribunais superiores. A não ser assim, os tribunais devem passar a admitir a interposição de RE ou de REsp sem esgotamento das instâncias ordinárias, a reconhecer que, contra decisões monocráticas, é possível interpor qualquer daqueles recursos.

Se o objeto do agravo interno for decisão monocrática proferida em apelação, será aplicada a técnica de julgamento do art. 942 do CPC. Isso porque, a exemplo do que ocorre com a sustentação oral, o direito de ter aplicada a mencionada técnica seria excutido pelo relator, a bastar, para tanto, que ele julgasse (mesmo que em erro) monocraticamente o recurso de apelação. Pelas razões expostas no capítulo de agravo de instrumento, os autores do presente livro acreditam que a técnica (do art. 942) também se aplica quando o agravo interno fosse interposto contra decisão monocrática que julgou agravo de instrumento, cujo objeto fosse decisão provisória ou decisão parcial de mérito.

CAPÍTULO LIII

Embargos de declaração

1. CONSIDERAÇÕES INICIAIS

O recurso de embargos de declaração tem por finalidade imediata o **aprimoramento da prestação jurisdicional**, a partir da supressão de omissões, eliminação de contradições, esclarecimento de obscuridades e correção de erros materiais, relacionadas a qualquer ato jurisdicional decisório. Pelo menos *a priori*, ele (o recurso de embargos de declaração) não objetiva a reforma ou a anulação da decisão recorrida, mas, pode decorrer que, pela necessidade de aperfeiçoamento do julgado, a modificação decorra como consequência.

1.1. Cabimento

De acordo com art. 1.001 "dos despachos não cabe recurso". Sendo os embargos de declaração recurso, ele não pode ser interposto contra despacho. Seja como for, proferido ato decisório, cabem embargos de declaração, quando aquele for dotado de:

a) *obscuridade:* a obscuridade é o defeito consistente na difícil ou impossível compreensão do ato decisório.

b) *contradição*: A contradição é a afirmação conflitante, quer no relatório, quer na fundamentação, quer no dispositivo, quer entre o relatório e a fundamentação, quer entre o relatório e o dispositivo, quer entre a fundamentação e a conclusão.

c) *omissão:* ocorre quando o órgão não cumpre sua função jurisdicional, por deixar de apreciar algum pedido, causa de pedir[157] ou mesmo por não resolver a ação em relação a alguma ou ambas as partes.

d) *erro material:* compreende as inexatidões materiais ou os erros de cálculos.

157. Uma vez constatada omissão quanto a certa causa de pedir veiculada pela parte, incumbe ao órgão investido do ofício judicante afastá-la (STF. AI-AgR-ED 496978/SP. DJU 01.06.07).

1.2. Prazo

Nos termos do art. 1.023 do Código de Processo Civil, "os embargos serão opostos, no prazo de 5 (cinco) dias, em petição dirigida ao juiz, com indicação do erro, obscuridade, contradição ou omissão, e não se sujeitam a preparo".

1.3. Inexistência de fato extintivo ou impeditivo

Na hipótese específica de serem interpostos embargos de declaração contra ato jurisdicional que julgou anteriores embargos de declaração, aqueles devem prender-se à decisão integrante (posterior), descabendo a rediscussão de fundamentos examinados e vencidos na decisão integrada (anterior). Caso contrário, haverá preclusão consumativa. Os embargos anteriores representam a consumação da faculdade processual.

1.4. Regularidade formal

A petição do recurso de embargos de declaração será dirigida ao órgão que proferiu a decisão embargada, por meio de petição com os seguintes requisitos, sob pena de não preenchimento do pressuposto da regularidade formal: a) *os nomes das partes e as qualificações das partes*; b) *as razões do pedido de reforma ou de invalidação da decisão*: c) *pedido de reforma ou anulação da decisão monocrática*:

1.5. Preparo

O preparo se consubstancia na exigência de que o recorrente comprove (mediante guia de recolhimento própria, fornecida pela entidade arrecadadora), no ato de interposição, o recolhimento, quando devidos, dos encargos financeiros recursais. A interposição de embargos de declaração **dispensa o recolhimento do preparo**, a teor do que estabelece o art. 1.023 do Código de Processo Civil.

1.6. Não existência de dois anteriores embargos considerados protelatórios (não constatação do abuso do direito de recorrer)

A teor do que estabelece o § 4º do art. 1.026 do Código de Processo Civil, "**não serão admitidos novos embargos de declaração se os 2 (dois) anteriores houverem sido considerados protelatórios**".

É preciso, entretanto, fazer uma análise dessa disposição, com as constantes nos §§ 2º e 3º do art. 1.026. O § 2º dispõe que: "quando manifestamente protelatórios os embargos de declaração, o juiz ou o tribunal, em decisão fundamentada, condenará o embargante a pagar ao embargado multa **não excedente a dois por cento** sobre o valor atualizado da causa". Por sua vez, o § 3º: "Na reiteração de embargos de declaração manifestamente protelatórios, a multa será elevada a até **dez por cento sobre o valor atualizado da causa**, e a interposição de qualquer recurso ficará condicionada ao depósito prévio do valor da multa, à exceção da Fazenda Pública e do beneficiário de gratuidade da justiça, que a recolherão ao final".

Se os primeiros embargos de declaração forem protelatórios, será aplicada, em detrimento do recorrente, multa de até 2% do valor atualizado da causa. Se os segundos embargos de declaração forem também protelatórios, além de ser aplicada multa elevada a até 10%, a interposição de qualquer outro recurso ficará condicionada ao depósito prévio do valor. Se forem interpostos terceiros embargos de declaração, eles (ainda que realizado o depósito das multas anteriormente aplicadas) não serão admitidos, a prejudicar, em consequência, até o efeito interruptivo para o recurso seguinte.

2. EFEITOS

São (podem ser) efeitos dos embargos de declaração, além do devolutivo, o obstativo, o suspensivo, o ativo, o modificativo, o substitutivo, o integrativo e o interruptivo.

3. PROCEDIMENTO

Nos termos do art. 1.023 do Código de Processo Civil, os embargos serão opostos, no prazo de 05 dias (a não ser que haja algum privilégio de dobra), em petição dirigida ao juiz, com indicação do erro, obscuridade, contradição ou omissão, e não se sujeitam a preparo.

3.1. Competência

A competência para admitir e julgar os embargos declaratórios é do mesmo órgão jurisdicional que proferiu a decisão recorrida. Se ela (decisão embargada) tiver sido proferida, de forma unipessoal, por juiz ou relator, os embargos de declaração serão julgados monocraticamente por aquele (juiz ou relator). Se a decisão for um acórdão, os embargos de declaração serão julgados pelo respectivo órgão colegiado[158]. Por isso, os embargos de declaração interpostos contra decisão colegiada não podem ser julgados monocraticamente (STJ. REsp 753805/RJ. DJU 04.06.07). E não haveria de ser diferente, ante a necessidade de respeito ao paralelismo de formas e das próprias disposições do *caput* do art. 1.024 ("o juiz julgará os embargos [...]") e do seu § 2º ("quando os embargos de declaração forem opostos contra decisão de relator ou outra decisão unipessoal proferida em tribunal, o órgão prolator da decisão embargada decidi-los-á monocraticamente").

3.2. Manifestação do embargado

Recebidos os embargos, o juiz ou relator, estabelece o § 2º do art. 1.023, intimará o embargado para, querendo, manifestar-se, no prazo de 05 dias, sobre os embargos opostos, caso seu eventual acolhimento **implique a modificação da decisão embargada**. Não sendo assim, os embargos de declaração não serão submetidos a contraditório, porque anteriormente exercido (ou, ao menos, possibilitado o seu exercício).

3.3. Julgamento

Facultada a apresentação de contrarrazões ou não sendo o caso, **o juiz julgará os embargos em 05 dias.** Quando os embargos de declaração forem opostos contra decisão de relator ou outra decisão unipessoal proferida em tribunal, o órgão prolator da decisão embargada decidi-los-á monocraticamente.

3.4. Prequestionamento

E, a despeito disso, considerar-se-ão incluídos no acórdão os elementos que o embargante suscitou, para fins de prequestionamento, ainda que os embargos de declaração sejam inadmitidos ou rejeitados, caso o tribunal superior considere existentes erro, omissão, contradição ou obscuridade.

3.5. Natureza jurídica da decisão

A decisão que julga os embargos de declaração terá a mesma natureza jurídica da decisão embargada. Se os embargos forem interpostos contra decisão

158. Por esta razão, "os embargos declaratórios opostos contra decisão monocrática do relator devem ser julgados por meio de decisão unipessoal, e não colegiada, prestigiando o princípio do paralelismo de formas" (STJ. EDcl nos EDcl no Ag 1195482/DF. DJe 14.11.11).

interlocutória, serão julgados por decisão interlocutória. Se interpostos contra sentença, serão julgados por sentença. Se interpostos contra decisão monocrática, serão julgados por decisão monocrática. Se interpostos contra acórdão, serão julgados por acórdão.

3.6. Fungibilidade (e intimação para complementação do recurso)

O órgão julgador conhecerá dos embargos de declaração como agravo interno se entender ser este o recurso cabível, desde que determine previamente a intimação do recorrente para, no prazo de 05 dias, (em exceção à consumação) complementar as razões recursais, de modo a ajustá-las às exigências típicas daquele recurso, conforme estabelecidas pelo art. 1.021, § 1º.

Para tanto, é necessário que a decisão embargada seja monocrática (proferida por relator). Caso se trate de uma decisão interlocutória ou de uma sentença, bem assim de um acórdão, não haveria como se receber os embargos de declaração interpostos como agravo interno, porque, contra aqueles atos decisórios, especificamente, não cabem agravo interno.

Se o embargante não for intimado para complementar as razões recursais e o órgão colegiado receber os embargos como agravo interno, ele (o órgão recursal) não poderá deixar de admitir o recurso sob o fundamento de que o recorrente não teria preenchido as exigências dispostas no art. 1.021, § 1º. Haveria inaceitável comportamento contraditório.

3.7. Complementaridade ou alteração de anteriores razões recursais

E, caso o acolhimento dos embargos de declaração implique modificação da decisão embargada (ainda que não seja na sua conclusão, mas, pelo menos, em suas razões de decidir), o embargado que já tiver interposto outro recurso contra a decisão originária tem o direito de complementar ou alterar suas razões, nos exatos limites da modificação. Para tanto, disporá do prazo de 15 dias, contado da intimação da decisão dos embargos de declaração.

3.8. (Des)necessidade de ratificação de recurso anterior

Se os embargos de declaração forem rejeitados ou não alterarem a conclusão do julgamento anterior, o recurso interposto pela outra parte antes da publicação do julgamento dos embargos de declaração será processado e julgado independentemente de ratificação. Agora, se forem acolhidos os embargos de declaração para alterar a conclusão do julgamento anterior, o recurso antes interposto pela parte adversa, ainda que não complementado (conquanto, às vezes, seja necessário, em observância à dialeticidade), deve ser pelo menos ratificado, para se evidenciar a voluntariedade.

3.9. Multa

Quando manifestamente protelatórios os embargos de declaração, o juiz ou o tribunal, em decisão fundamentada, ao declarar que o são, **deve condenar o recorrente a pagar ao embargado multa não excedente a 2% sobre o valor atualizado da causa.** Na reiteração de embargos de declaração manifestamente protelatórios, a multa será elevada (a se somar àquela antes aplicada) a **até 10% sobre o valor atualizado da causa**, ficando, agora, condicionada a interposição de qualquer outro recurso ao depósito prévio do valor respectivo, à exceção (ao ver dos autores do presente livro, injustificada) da Fazenda Pública e do beneficiário de gratuidade da justiça, que a recolherão ao final.

CAPÍTULO LIV

Recurso ordinário

1. CONSIDERAÇÕES INICIAIS

O recurso ordinário constitucional, em sua essência, muito se assemelha ao recurso de apelação. Inclusive, todos os requisitos de admissibilidade da apelação, previstos no Código de Processo Civil, são aplicáveis ao recurso ordinário. Mas, quando interposto contra decisão interlocutória, ele (o recurso ordinário) assemelhar-se-á a um agravo de instrumento.

E é exatamente por isso, que o art. 1.028, *caput*, e seu respectivo § 1º dispõe: ao recurso mencionado no art. 1.027, inciso II, alínea "b", aplicam-se, quanto aos requisitos de admissibilidade e ao procedimento, as disposições relativas à apelação e o Regimento Interno do STJ; na hipótese do art. 1.027, § 1º, aplicam-se as disposições relativas ao agravo de instrumento e o Regimento Interno do STJ.

Todavia, ele (o recurso ordinário) apresenta alguns elementos pontos de diferenciação, conforme se mostrará adiante.

1.1. Cabimento

O art. 1.027 do Código de Processo Civil apresenta 03 hipóteses de cabimento do recurso ordinário, estando 01 prevista no inciso I e outras duas previstas no inciso II.

Nos termos do art. 1.027, I, do CPC, caberá recurso ordinário, a ser julgado pelo Supremo Tribunal Federal, contra **acórdão, proferido em única instância pelos tribunais superiores, denegatório de ordem em mandados de segurança, *habeas data* e mandados de injunção**.

Mas, a teor do que estabelece o enunciado 513 da súmula do Supremo Tribunal Federal, "a decisão que enseja a interposição de recurso ordinário ou ex traordinário não é a do plenário, que resolve [*quando existente*] o incidente de inconstitucionalidade, mas a do órgão (câmaras, grupos ou turmas) que completa o julgamento do feito".

Por sua vez, nos termos do art. 1.027, II, do Código de Processo Civil, caberá recurso ordinário, a ser julgado pelo Superior Tribunal de Justiça: contra acórdão, proferido em única instância pelos tribunais regionais federais ou pelos tribunais de justiça dos Estados[159] e do Distrito Federal e Territórios, denegatório de ordem em mandado de segurança; contra sentença, proferida pelo juízo federal de primeira instância, nos processos em que forem partes, de um lado, Estado estrangeiro ou organismo internacional e, de outro, Município ou pessoa residente ou domiciliada no País.

Analisam-se, abaixo, cada uma dessas hipóteses, a fim de evidenciar os elementos necessários à concretização do pressuposto do cabimento:

a) *pelo Supremo Tribunal Federal, os mandados de segurança, os habeas data e os mandados de injunção decididos em única instância pelos tribunais superiores, quando denegatória a decisão*;

b) *Pelo Superior Tribunal de Justiça, os mandados de segurança decididos em única instância pelos tribunais regionais federais ou pelos tribunais de justiça dos Estados e do Distrito Federal e Territórios, quando denegatória a decisão;*

c) *Pelo Superior Tribunal de Justiça, os processos em que forem partes, de um lado, Estado estrangeiro ou organismo internacional e, de outro, Município ou pessoa residente ou domiciliada no País*;

1.1.1. Fungibilidade

A interposição de recurso extraordinário ou especial em lugar de recurso ordinário constitui erro grosseiro, não sendo possível a utilização da fungibilidade para a sua aceitação como tal. Inclusive, resta sumulado pelo Supremo Tribunal Federal, no enunciado 272, que "não se admite como ordinário recurso extraordinário de decisão denegatória de mandado de segurança".

De acordo com os precedentes advindos do Superior Tribunal de Justiça, está constatado o erro grosseiro porque, além de não existir dúvida objetiva, "os limites de matérias que podem ser debatidas em sede de recursos ordinários

---

159. Constituição da República

Art. 125. Os Estados organizarão sua Justiça, observados os princípios estabelecidos nesta Constituição.

§ 1º – A competência dos tribunais será definida na Constituição do Estado, sendo a lei de organização judiciária de iniciativa do Tribunal de Justiça.

constitucionais são totalmente diversos dos limites de conhecimento aplicável aos recursos extraordinários (em sentido lato), de modo que o conhecimento de um pelo outro esbarraria em óbices sumulares os mais variados" (STJ. RMS 31840/SP. DJe 12.11.10).

Entretanto, em afirmação à fungibilidade, tem-se admitido o recebimento, como recurso ordinário, de apelação interposta contra acórdão que denega ordem, proferido em única instância, ao fundamento de que, na hipótese, aplicam-se as regras processuais da apelação ao recurso ordinário constitucional (STJ. RMS 20652/MT. DJ 07.05.07).

1.2. Regularidade formal

A petição do recurso ordinário, que será dirigida ao juízo de primeiro grau, conterá, sob pena de não preenchimento do pressuposto da regularidade formal: a) *os nomes e a qualificação das partes*; b) *a exposição do fato e do direito*; c) *as razões do pedido de reforma ou de decretação de nulidade (invalidação)*; d) *o pedido de nova decisão.*

1.3. Prequestionamento

Conquanto o recurso ordinário seja julgado pelo Supremo Tribunal Federal ou pelo Superior Tribunal de Justiça, o prequestionamento não é requisito de sua admissibilidade. Será apenas para os recursos de natureza extraordinária, que não é o caso do recurso ordinário que, como deixa clarividente a sua nomenclatura, tem natureza ordinária.

2. EFEITOS

À semelhança da apelação, o recurso ordinário possui (ou pode possuir) os seguintes efeitos: a) obstativo (ou impedimento ao trânsito em julgado); b) suspensivo; c) ativo; d) regressivo (ou retratação); e) devolutivo; f) desobstrutivo; g) substitutivo.

3. PROCEDIMENTO

O recurso ordinário deve ser interposto perante o presidente (ou vice-presidente) do tribunal que proferiu a decisão a ser impugnada (a não ser que se trate de uma sentença, prevista no art. 1.027, II, "b", situação em que o recurso ordinário será interposto perante o juiz prolator), no prazo 15 dias (a não ser que haja algum privilégio de dobra), mediante recolhimento de preparo.

A instância *a quo* deverá, em seguida, intimar o recorrido para, também no prazo de 15 dias, apresentar contrarrazões. Não será cabível recurso adesivo (por haver diferença da espécie recursal), a não ser na hipótese prevista pelo art. 1.027, II, "b". Se for o caso, o juiz intimará o apelante para apresentar contrarrazões.

Cumpridas essas formalidades, é possível, desde que diante de algumas das hipóteses autorizadoras, que a instância *a quo* exerça o juízo de retratação, em razão do empréstimo de efeito regressivo. Em tais casos, exclusivamente, a instância *a quo* analisa o mérito do recurso ordinário.

E, para tanto (analisar o mérito do recurso ordinário quando do exercício do juízo de retratação), o órgão *a quo* (que não será a presidência ou vice-presidência do tribunal de origem, mas o próprio órgão que proferiu a decisão recorrida), por antecedência lógica, efetuará um juízo de retratação, que apenas lhe vincula. Se ele não for positivo, por óbvio, não poderá haver retratação.

Se a instância *a quo* emprestar efeito regressivo, o recurso ordinário ficará prejudicado, pelo que não será admitida pelo tribunal *ad quem*. Ao recorrido caberá, agora, e se entender conveniente, interpor recurso (o cabível) contra o pronunciamento de retratação, que será uma decisão substitutiva.

Se não emprestar efeito regressivo ou se não for possível para a situação que se apresenta, os autos serão remetidos, pela instância *a quo* ao tribunal *ad quem*, independentemente da realização de juízo de admissibilidade. Caso assim o faça, caberá reclamação por usurpação de competência.

Recebidos os autos, no tribunal superior, o recurso ordinário será distribuído imediatamente ao relator, a quem caberá decidir monocraticamente a apelação apenas nas hipóteses do art. 932, III a V, que são as seguintes:

a) não conhecer de recurso inadmissível, prejudicado ou que não tenha impugnado especificamente os fundamentos da decisão recorrida;

b) negar provimento a recurso que for contrário a: súmula do STF, do STJ ou do próprio tribunal; acórdão proferido pelo STF ou pelo STJ em julgamento de recursos repetitivos; entendimento firmado em incidente de resolução de demandas repetitivas ou de assunção de competência;

c) depois de facultada a apresentação de contrarrazões, dar provimento ao recurso se a decisão recorrida for contrária a: súmula do STF, do STJ ou do próprio tribunal; acórdão proferido pelo STF ou pelo STJ em julgamento de recursos repetitivos; entendimento firmado em incidente de resolução de demandas repetitivas ou de assunção de competência;

Se não for o caso de decisão monocrática, o relator elaborará seu voto para julgamento do recurso pelo órgão colegiado, em sessão a ser designada pelo presidente do órgão, mediante inclusão em pauta.

Na sessão de julgamento, depois da exposição da causa pelo relator, o presidente dará a palavra, sucessivamente, ao recorrente, ao recorrido e, nos casos de sua intervenção, ao membro do Ministério Público, pelo prazo improrrogável de 15 minutos para cada um, a fim de sustentarem suas razões.

Proferidos os votos pelos membros do órgão colegiado, que será composto por 05 ministros, o presidente anunciará o resultado do julgamento, designando para redigir o acórdão o relator ou, se vencido este, o autor do primeiro voto vencedor.

Em qualquer caso, não será necessária a aplicação da técnica de julgamento do art. 942 do CPC, porque, além de o recurso ordinário ser julgado por um tribunal superior, o que já é suficiente para qualificar o julgamento, o órgão colegiado é composto por 05 ministros (e não por apenas 03 juízes, como ocorre na maior parte das vezes perante os tribunais locais).

O acórdão conterá ementa.

Em razão da atividade desempenhada na instância recursal, os honorários advocatícios decorrentes da sucumbência serão realinhados, a teor do que estabelece o art. 85, § 11, do Código de Processo Civil.

CAPÍTULO LV

Recurso extraordinário e recurso especial

1. CONSIDERAÇÕES INICIAIS

O recurso extraordinário e o recurso especial são classificados como sendo de estrito direito (embora, haja situações que abstraiam o parâmetro classificatório utilizado) e fazem parte do gênero **recursos extraordinários**. O recurso especial, previsto pelo art. 105, III, da Constituição, é julgado pelo Superior Tribunal de Justiça e objetiva manter a unidade e integridade da legislação federal infraconstitucional, enquanto que o recurso extraordinário (em sentido estrito), previsto pelo art. 102, III, do Constituição, é julgado pelo Supremo Tribunal Federal e objetiva resguardar a ordem constitucional.

Ambos os recursos são de **fundamentação vinculada**, a considerar que sua admissibilidade está condicionada às hipóteses constitucionalmente previstas, que estabelecem parâmetros às razões recursais. Eles (recurso extraordinário e recurso especial) não servem ao exame de questões fáticas e, por conseguinte, ao reexame de provas, mas, tão-somente, à apreciação do direito (legislação federal) em si. Visam, pois, antes de tutelar o interesse da parte, a preservar a adequada aplicação do direito, protegendo, apenas de forma mediata, o interesse do recorrente, que, por óbvio, relaciona-se ao caso concreto.

1.1. Pressupostos gerais de admissibilidade

1.1.1. Cabimento

1.1.1.1. Recurso extraordinário

Nos termos do art. 102, III, da Constituição da República, cabe recurso extraordinário, a ser julgado pelo Supremo Tribunal Federal, quando a decisão recorrida, decidida em única ou última instância: a) *contrariar dispositivo da Constituição Federal;* b) *declarar a inconstitucionalidade de tratado ou lei;* c) *julgar válida lei ou ato de governo local contestado em face da Constituição;* d) *julgar válida lei local contestada em face de lei federal:*

1.1.1.2. *Recurso especial*

Nos termos do art. 105, III, da Constituição da República, cabe recurso especial, a ser julgado pelo Superior Tribunal de Justiça, quando a decisão recorrida, decidida em única ou última instância pelos Tribunais Regionais Federais ou pelos tribunais dos Estados, do Distrito Federal e Territórios: a) *contrariar tratado ou lei federal, ou negar-lhes vigência*; b) *julgar válido ato de governo local contestado em face de lei federal;* c) *der à lei federal interpretação divergente da que lhe haja atribuído outro tribunal;*

1.1.2. *Regularidade formal*

As petições (que devem ser distintas) do recurso extraordinário e do recurso especial, que serão interpostos perante o presidente ou vice-presidente do tribunal local, conquanto destinados a tribunais superiores. Elas conterão, nos termos do art. 1.029 do Código de Processo Civil, sob pena de não preenchimento do pressuposto da regularidade formal, a exposição do fato e do direito, a demonstração do cabimento do recurso interposto e as razões do pedido de reforma ou de invalidação da decisão recorrida.

1.2. Pressupostos específicos de admissibilidade (do recurso extraordinário e do recurso especial)

Além dos pressupostos gerais de admissibilidade (exigidos para a interposição de qualquer recurso[160]), o recurso extraordinário e o recurso especial exigem o preenchimento de alguns pressupostos específicos, comuns a ambos. São eles:

1.2.1. *Esgotamento das instâncias ordinárias*

A interposição do recurso especial e do recurso extraordinário pressupõe que tenham sido esgotadas as possibilidades de discussão das questões aventadas perante as instâncias ordinárias.

1.2.2. *Prequestionamento*

O prequestionamento se consubstancia na apreciação prévia, pela instância inferior, sobre a questão de direito federal constitucional ou infraconstitucional objeto do recurso extraordinário e do recurso especial. Tal pressuposto, necessário

160. Ver capítulo "TEORIA GERAL DOS RECURSOS".

independentemente da hipótese que justifica o cabimento, decorre da própria natureza e finalidade dos recursos de estrito direito, que, em vez de terem por objeto precípuo a definição do objeto litigioso do processo, visam primeiramente a aplicar de modo uniforme o direito em solução à controvérsia.

Por ser o prequestionamento um pressuposto de admissibilidade, em recurso extraordinário e em recurso especial, não é possível sequer a apreciação *ex officio* de qualquer matéria, ainda que de ordem pública, quando não prequestionada, devendo a apreciação recursal limitar-se unicamente àquela matéria debatida perante o tribunal *a quo*. Por essa razão é que o STF e o STJ entendem que, mesmo em matéria de ordem pública, não pode ser proferida nova decisão se não prequestionada nas instâncias inferiores.

1.3. Pressuposto específico de admissibilidade (do recurso extraordinário): repercussão geral

Nos termos do art. 1.035 do CPC, o STF, em decisão irrecorrível, não conhecerá do recurso extraordinário quando a questão constitucional nele versada não tiver repercussão geral. E continua o § 1º: "para efeito de repercussão geral, será considerada a existência ou não de questões relevantes do ponto de vista econômico, político, social ou jurídico que ultrapassem os interesses subjetivos do processo". Portanto, a repercussão geral, colocada como pressuposto de admissibilidade do recurso extraordinário, ocorrerá quando a análise da questão submetida ultrapassar os interesses individuais das partes, a se levar em consideração o aspecto econômico, político, social ou jurídico.

2. EFEITOS

O recurso extraordinário e o recurso especial possuem (ou podem possuir) os seguintes efeitos: a) obstativo (ou impedimento ao trânsito em julgado); b) suspensivo; c) ativo; d) devolutivo; e) desobstrutivo; f) substitutivo.

3. PROCEDIMENTO

3.1. Disposições comuns

Recebida a petição do recurso pela secretaria do tribunal, o recorrido será intimado para apresentar contrarrazões no prazo de 15 dias, findo o qual os autos serão conclusos ao presidente ou ao vice-presidente do tribunal recorrido, que deverá tomar as seguintes providências:

a) negar seguimento:

a.1) recurso extraordinário que discuta questão constitucional à qual o STF não tenha reconhecido a existência de repercussão geral (hipótese da inadmissibilidade) ou a recurso extraordinário interposto contra acórdão que esteja em conformidade com entendimento do STF exarado no regime de repercussão geral (hipótese de julgamento do mérito recursal pelo tribunal *a quo*);

a.2) a recurso extraordinário ou a recurso especial interposto contra acórdão que esteja em conformidade com entendimento do STF ou do STJ, respectivamente, exarado no regime de julgamento de recursos repetitivos (hipótese de julgamento do mérito recursal pelo tribunal *a quo*);

b) encaminhar o processo ao órgão julgador para realização (facultativa, conforme art. 1.030, V, "c", do CPC) do juízo de retratação, se o acórdão recorrido divergir do entendimento do STF ou do STJ exarado, conforme o caso, nos regimes de repercussão geral ou de recursos repetitivos;

c) sobrestar o recurso que versar sobre controvérsia de caráter repetitivo ainda não decidida pelo Supremo Tribunal Federal ou pelo Superior Tribunal de Justiça (em razão de anterior recurso extraordinário ou recurso especial antes interposto), conforme se trate de matéria constitucional ou infraconstitucional;

d) selecionar o recurso como representativo de controvérsia constitucional ou infraconstitucional, nos termos do § 6º do art. 1.036, ou seja, dentre os recursos admissíveis, que contenham abrangente argumentação e discussão a respeito da questão a ser decidida pelo tribunal superior;

e) realizar o juízo de admissibilidade e, se positivo, remeter o feito ao Supremo Tribunal Federal ou ao Superior Tribunal de Justiça, desde que o recurso ainda não tenha sido submetido ao regime de repercussão geral ou de julgamento de recursos repetitivos[161]; o recurso tenha sido selecionado como representativo da controvérsia; o tribunal recorrido tenha refutado o juízo de retratação.

161. Não se faz juízo de admissibilidade se algum outro recurso, que trate da mesma controvérsia, tenha sido submetido ao regime da repercussão geral ou de julgamento de recursos repetitivos. Mas, a hipótese aqui tratada é quando o próprio recurso não tenha sido submetido. Se ele tiver sido, ficará suspenso.

Se o juízo de admissibilidade do RE ou do REsp for negativo, dessa decisão caberá agravo ao tribunal superior. Por sua vez, da decisão que negar seguimento àqueles recursos, ou sobrestá-los, caberá agravo interno (art. 1.021).

Admitido o recurso por decisão do presidente ou do vice-presidente do tribunal *a quo* (ou mesmo pelo provimento, junto ao STF e/ou STJ, do agravo interposto contra a decisão do tribunal local que admitiu o recurso extraordinário e/ou especial), os autos seguirão para o STF ou para o STJ, conforme se trate de recurso extraordinário ou especial, respectivamente, que realizarão novo juízo de admissibilidade, agora em definitivo, pelo que darão por conhecido e admissível para julgamento.

A decisão de admissibilidade pelo tribunal *a quo* não induz preclusão para os tribunais *ad quem*.

O recurso extraordinário e o recurso especial, nas hipóteses do art. 932 do Código de Processo Civil, poderão ser julgados monocraticamente pelo relator, cuja decisão comportará a interposição de agravo interno no prazo de 15 dias.

Se não for caso de julgamento monocrático, os recursos serão julgados colegiadamente por uma das turmas que compõem o STF (se for RE) e/ou o STJ (se for REsp), em sessão a ser designada pelo presidente do órgão, mediante inclusão em pauta.

Na sessão de julgamento, depois da exposição da causa pelo relator, o presidente dará a palavra, sucessivamente, ao recorrente, ao recorrido e, nos casos de sua intervenção, ao membro do Ministério Público, pelo prazo improrrogável de 15 minutos para cada um, a fim de sustentarem suas razões.

Proferidos os votos pelos membros do órgão colegiado, que será composto por 05 ministros, o presidente anunciará o resultado do julgamento, designando para redigir o acórdão o relator ou, se vencido este, o autor do primeiro voto vencedor.

Providos os recursos, para reconhecer a ofensa à Constituição Federal (STF) e/ou à legislação federal infraconstitucional (STJ), haverá a aplicação do direito à causa. Reconhecido o *error in procedendo*, será anulado o acórdão recorrido, a retornar os autos ao tribunal *a quo* para nova decisão. Desprovidos os recursos, com a aplicação do direito à causa, será mantido o resultado da decisão recorrida, conquanto esta seja substituída.

O acórdão conterá ementa (art. 943 do CPC).

3.2. Interposição simultânea de recurso extraordinário e de recurso especial

Haverá casos em que, proferida decisão em única ou última instância, ela amolda tanto às hipóteses de cabimento do recurso extraordinário, quanto às do recurso especial, por versar sobre matéria de direito federal infraconstitucional e constitucional. Se o recorrente ingressar com ambos os recursos, deverá assim fazer em petições distintas perante o tribunal local.

3.3. Conversão recursal

Nos termos do art. 1.032, se o relator, no STJ, entender que, em vez de recurso especial, seria o caso de recurso extraordinário, deverá conceder prazo de 15 dias para o recorrente demonstrar a existência de repercussão geral e se manifestar acerca a questão constitucional.

3.4. Julgamento por seleção (ou amostragem) de recurso extraordinário ou recurso especial repetitivo

Sempre que houver multiplicidade de recursos extraordinários ou de recursos especiais com fundamento em idêntica questão de direito, haverá afetação para julgamento nos moldes a seguir apresentados e com observância ao disposto no Regimento Interno do Supremo Tribunal Federal e no do Superior Tribunal de Justiça. E não é necessário que as decisões que ensejaram a interposição de recurso extraordinário ou recurso especial sejam idênticas. Basta que sejam de direito (até porque, nos termos da Súmula 7 do STJ, as questões de fato, em regra, não são levadas aos tribunais superiores) e que tratem da mesma questão, pouco importando o resultado do *decisum*.

O procedimento de afetação deve se iniciar perante os tribunais locais. Constatada a multiplicidade de recursos extraordinários ou de recursos especiais, o presidente ou o vice-presidente de tribunal de justiça ou de tribunal regional federal selecionará 02 ou mais recursos representativos da controvérsia, que serão encaminhados ao Supremo Tribunal Federal ou ao Superior Tribunal de Justiça para fins de afetação, determinando a suspensão do trâmite de todos os processos pendentes, individuais ou coletivos, que tramitem no Estado ou na região, conforme o caso.

Eventual interessado (que teve seu processo suspenso em razão do procedimento de afetação) pode requerer, ao presidente ou ao vice-presidente, que exclua da decisão de sobrestamento e inadmita o recurso especial ou o recurso extraordinário que tenha sido interposto intempestivamente, tendo o recorrente o prazo de 05 dias para manifestar-se sobre esse requerimento. Da decisão que indeferir o requerimento de exclusão de sobrestamento, caberá apenas agravo interno.

A escolha feita pelo presidente ou vice-presidente do tribunal de justiça ou do tribunal regional federal (dos 02 ou mais recursos) não vinculará o relator no tribunal superior, que poderá selecionar outros recursos representativos da controvérsia.

Aliás, o relator junto ao tribunal superior pode devolver (alguns ou todos, se, no tribunal superior, já tiver chegado algum recurso anteriormente) os recursos que foram selecionados pelo tribunal local ou mesmo acrescentar outros aos que foram depois escolhidos, pois que, além de admissíveis, os recursos devem conter a mais abrangente argumentação e discussão a respeito da questão a ser decidida.

E não haveria de ser diferente porque, se não remetidos recursos representativos da controvérsia pelo presidente ou vice-presidente do tribunal local, o relator em tribunal superior também poderá selecionar 02 ou mais recursos representativos da controvérsia para julgamento da questão de direito. Isso, repita-se, independentemente da iniciativa do presidente ou do vice-presidente do tribunal de origem.

Selecionados os recursos representativos da controvérsia, o relator, no **tribunal superior**, a constatar a multiplicidade de recursos extraordinários ou especiais com fundamento em idêntica questão de direito, proferirá decisão de afetação, na qual: a) identificará com precisão a questão a ser submetida a julgamento; b) determinará a suspensão do processamento de todos os processos pendentes, individuais ou coletivos, que versem sobre a questão e tramitem no território nacional; c) poderá requisitar a cada ou a qualquer dos presidentes ou vice-presidentes dos tribunais de justiça ou dos tribunais regionais federais a remessa de (pelo menos) um recurso representativo da controvérsia.

Contudo, se, após receber os recursos selecionados pelo presidente ou pelo vice-presidente de tribunal de justiça ou de tribunal regional federal, não for procedida a afetação, o relator, no tribunal superior, comunicará o fato ao presidente ou ao vice-presidente que os houver enviado, para que seja revogada a decisão de suspensão.

Se houver mais de uma afetação perante o tribunal superior, ficará prevento o relator que primeiro tiver proferido a decisão de identificação (com precisão) da questão a ser submetida a julgamento.

Os recursos afetados deverão ser julgados no prazo de 01 ano e terão preferência sobre os demais feitos, ressalvados os que envolvam réu preso e os pedidos de *habeas corpus*.

Quando os recursos requisitados pelo relator no tribunal superior contiverem outras questões além daquela que é objeto da afetação, caberá ao tribunal decidir esta em primeiro lugar e depois as demais, em acórdão específico para cada processo.

Perante os tribunais locais (em seus respectivos órgãos), as partes e, eventualmente, terceiros, deverão ser intimadas da decisão de suspensão de seu processo, a ser proferida pelo respectivo juiz ou relator, assim quando informado da decisão de afetação proferida pelo relator no tribunal superior, que determinou a suspensão dos processos pendentes, no território nacional, que tratem da mesma questão de direito.

Entretanto, se demonstrada distinção entre a questão a ser decidida no processo e aquela a ser julgada no recurso especial ou extraordinário afetado, a parte (ou interessado) poderá requerer o prosseguimento do seu processo. Inclusive, o enunciado 348 do Fórum Permanente de Processualistas orienta que "os interessados serão intimados da suspensão de seus processos individuais, podendo requerer o prosseguimento ao juiz ou tribunal onde tramitarem, demonstrando a distinção entre a questão a ser decidida e aquela a ser julgada no incidente de resolução de demandas repetitivas, ou nos recursos repetitivos".

O respectivo requerimento será dirigido: a) ao juiz, se o processo sobrestado estiver em primeiro grau; b) ao relator, se o processo sobrestado estiver no tribunal de origem; c) ao relator do acórdão recorrido, se for sobrestado recurso especial ou recurso extraordinário no tribunal de origem; d) ao relator, no tribunal superior, de recurso especial ou de recurso extraordinário cujo processamento houver sido sobrestado.

Reconhecida a distinção, em alguns casos (dos incisos I, II e IV do § 10 do art. 1.037), o próprio juiz ou relator dará prosseguimento ao processo e, noutros (do inciso III do § 10 do art. 1.037), o relator comunicará a decisão ao presidente ou ao vice-presidente que houver determinado o sobrestamento, para que o recurso especial ou o recurso extraordinário seja encaminhado ao respectivo tribunal superior (na forma do art. 1.030, parágrafo único).

Da decisão que resolver o requerimento de afastamento da suspensão por distinção, caberá agravo de instrumento, se o processo estiver em primeiro grau, ou agravo interno, se a decisão for de relator (STF. Rcl 7.569/SP. DJe 19.11.09).

Nos tribunais superiores, em que estejam a tramitar o recurso extraordinário ou o recurso especial, o relator poderá: a) solicitar ou admitir manifestação de pessoas, órgãos ou entidades com interesse na controvérsia, considerando a relevância da matéria e consoante dispuser o regimento interno; b) fixar data para, em audiência pública, ouvir depoimentos de pessoas com experiência e conhecimento na matéria, com a finalidade de instruir o procedimento; c) requisitar (sempre que possível, por meio eletrônico) informações aos tribunais inferiores a respeito da controvérsia, que deverão ser prestadas no prazo de 15 dias, e, cumprida a diligência, intimará o Ministério Público para manifestar-se, também em 15 dias.

Transcorrido o prazo para o Ministério Público e remetida cópia do relatório aos demais ministros, haverá inclusão em pauta, devendo, repita-se, ocorrer o julgamento com preferência sobre os demais feitos, ressalvados os que envolvam réu preso e os pedidos de habeas corpus.

O conteúdo do acórdão abrangerá a análise dos fundamentos relevantes da tese jurídica discutida.

Decididos os recursos afetados pelo respectivo tribunal superior, os seus órgãos colegiados declararão prejudicados os demais recursos versando sobre idêntica controvérsia ou os decidirão aplicando a tese firmada. No caso dos recursos extraordinários, negada a existência de repercussão geral, serão considerados automaticamente inadmitidos aqueles cujo processamento tenha sido sobrestado.

Nos tribunais locais, assim que publicado o acórdão paradigma (pelo tribunal superior):

a) o presidente ou o vice-presidente negará seguimento aos recursos especiais ou extraordinários sobrestados na origem, se o acórdão recorrido coincidir com a orientação do tribunal superior;

b) o órgão que proferiu o acórdão recorrido, na origem, reexaminará o processo de competência originária, a remessa necessária ou o recurso anteriormente julgado, se o acórdão recorrido contrariar a orientação do tribunal superior;

c) os processos suspensos em primeiro e segundo graus de jurisdição retomarão o curso para julgamento e aplicação da tese firmada pelo tribunal superior;

d) se os recursos versarem sobre questão relativa à prestação de serviço público objeto de concessão, permissão ou autorização, o resultado do julgamento será comunicado ao órgão, ao ente ou à agência reguladora competente para fiscalização da efetiva aplicação, por parte dos entes sujeitos a regulação, da tese adotada.

Realizado o juízo de retratação, com alteração do acórdão divergente, o tribunal de origem, se for o caso, decidirá as demais questões pendentes, cujo enfrentamento se tornou necessário em decorrência da alteração.

Contudo, se mantido o acórdão divergente pelo tribunal de origem, o recurso especial ou extraordinário será remetido ao respectivo tribunal superior.

Pode ocorrer, é verdade, de a parte, antes de qualquer providência judicial, desistir da ação em curso no primeiro grau de jurisdição, até mesmo antes de ser proferida a sentença, por verificar que a questão nela discutida é idêntica à resolvida pelo recurso representativo da controvérsia. Se a desistência ocorrer antes de oferecida contestação (mesmo que citado o réu), a parte ficará isenta do pagamento de custas e de honorários de sucumbência. Se depois de apresentada contestação, haverá condenação sucumbencial. Mas, em qualquer desses casos, a desistência independe de consentimento do réu.

3.5. Efeitos da decisão proferida em julgamento de recurso extraordinário

A declaração da constitucionalidade ou inconstitucionalidade das leis ou atos normativos, em sede de recurso extraordinário, é questão prejudicial ao julgamento do caso concreto. A decisão proferida pelo Supremo Tribunal Federal, em regra, só vincula as partes. Porém, o Senado poderá suspender os efeitos da lei declarada inconstitucional (art. 52, X, da Constituição da República) após comunicação do referido tribunal superior, a fazer que seus efeitos se estendam a todos, com eficácia *ex nunc*.

Ocorre que o Supremo Tribunal Federal tem seguido orientação, de acordo com a qual a decisão sobre inconstitucionalidade em recurso extraordinário deve orientar o tribunal no julgamento de situações semelhantes, no que se denomina "objetivação do recurso extraordinário". Foram prolatados vários julgamentos, a exemplo do RE 197197/SP, DJU 02.02.04, que interpretou o art. 29, IV da Constituição, a cuidar da fixação do número de vereadores em cada município. Foi, então, editada a resolução nº 21.702 do TSE, que conferiu eficácia *erga omnes* ao julgamento do Supremo Tribunal Federal.

Com base nesse entendimento, já havia sido editada a Emenda Regimental nº 12 do STF, que se refere ao julgamento dos Recursos Extraordinários interpostos no âmbito dos juizados especiais federais. Estatuiu-se que a decisão do STF é vinculante para as turmas recursais, as quais deverão retratar-se ou declarar prejudicados os recursos extraordinários já interpostos (art. 321, § 5º inciso VI do Regimento Interno do STF). A previsão da súmula vinculante é mais uma tendência de conferir eficácia *erga omnes* às decisões sobre inconstitucionalidade (art. 103-A da Constituição e Lei nº 11.417/2006).

Assim, a decisão em recurso extraordinário tem deixado de alcançar apenas as partes do processo para ter eficácia geral.

CAPÍTULO LVI

Agravo em recurso especial e em recurso extraordinário

1. CONSIDERAÇÕES INICIAIS

1.1. Cabimento

Contra decisão do presidente ou do vice-presidente do tribunal local que não admite recurso extraordinário ou especial, cabe agravo a ser julgado, respectivamente, pelo STF e pelo STJ. A redação do art. 1.042 do CPC não é muito clara, ante a revogação da redação originária realizada pela Lei n° 13.256/2016, que suprimiu os incisos constantes na redação originária, mas não ajustou o *caput*.

De qualquer modo, pode-se identificar aquela hipótese de cabimento porque, como o objetivo da Lei n° 13.256/2016 foi devolver aos tribunais locais, por intermédio de seus presidentes e vice-presidentes, a função de realizar juízo de admissibilidade do recurso extraordinário ou especial, a retornar ao modelo adotado pelo CPC/1973, não poderia ser outra a hipótese de cabimento do recurso em análise (agravo).

Logo, apesar de o art. 1.042 do CPC prenunciar apenas que "cabe agravo contra decisão de presidente ou de vice-presidente do tribunal que", compreenda-se, em acréscimo, por sua interponibilidade contra decisão que não admita, na origem, recurso extraordinário ou especial. Até porque, se a inadmissibilidade fosse perante o tribunal superior, o agravo seria interno, conforme disposição do art. 1.021.

1.2. Regularidade formal

1.2.1. Petição inicial

A petição do recurso de agravo será interposta perante o presidente ou vice-presidente do tribunal local e será dirigida ao presidente do tribunal superior, com os seguintes requisitos, sob pena de não preenchimento do pressuposto da regularidade formal: a) *os nomes das partes*; b) *a exposição do fato e do direito*; c) *as razões do pedido de reforma ou de invalidação da decisão e o próprio pedido*; d) *o nome e o endereço completo dos advogados constantes do processo*:

1.2.2. *(Desnecessidade de) Formação de instrumento*

Nos termos do enunciado 225 do Fórum Permanente de Processualistas Civis, "o agravo em recurso especial ou extraordinário será interposto nos próprios autos". A considerar, pois, que os autos são remetidos ao tribunal superior para análise do agravo interposto, pode-se concluir, de fato, que o recurso em referência dispensa a formação de instrumento.

1.3. (Desnecessidade de) preparo

O recurso de agravo está dispensado da realização de preparo.

2. EFEITOS

O agravo é (pode ser) dotado dos seguintes efeitos: a) devolutivo; b) obstativo; c) regressivo; d) desobstrutivo; e) substitutivo.

3. PROCEDIMENTO

3.1. Considerações gerais

O recurso de agravo será interposto no prazo 15 dias (a não ser que haja algum privilégio de dobra), em petição protocolizada perante o presidente ou vice-presidente do tribunal local, mas endereçada ao presidente do respectivo tribunal superior (Supremo Tribunal Federal ou Superior Tribunal de Justiça).

O presidente ou vice-presidente do tribunal local ordenará a intimação do agravado pessoalmente, por carta com aviso de recebimento, quando não tiver procurador constituído, ou pelo Diário da Justiça ou por carta com aviso de recebimento dirigida ao seu advogado, para que responda no prazo de 15 dias.

Após o prazo de resposta (com ou sem sua apresentação), não havendo retratação, o agravo será remetido ao tribunal superior competente, onde será designado seu relator.

No tribunal superior, o relator, depois de intimado o Ministério Público, poderá não admitir o agravo. Poderá também, em decisão unipessoal, a ser proferida em igual prazo (05 dias), negar provimento ao recurso se contrário a: a) súmula do STF, do STJ ou do próprio tribunal; b) acórdão proferido pelo STF ou pelo STJ em julgamento de recursos repetitivos; c) entendimento firmado em incidente de resolução de demandas repetitivas ou de assunção de competência (art. 932, IV).

Se for o caso de julgamento monocrático, o relator poderá agir sem a necessária intimação do recorrido para apresentar contrarrazões. Não quer dizer que, facultada a apresentada de contrarrazões, o julgamento tenha de ser colegiado. Não é este ato que define se o julgamento será ou não colegiado, mas sim se está preenchida ou não qualquer das hipóteses previstas no art. 932, III e IV, do CPC.

A decisão proferida pelo relator deve ser comunicada ao tribunal *a quo*. E, contra ela, caberá a interposição de agravo interno, nos termos do art. 1.021 do Código de Processo Civil.

Não sendo o caso de decisão monocrática, o relator determinará a intimação do Ministério Público, preferencialmente por meio eletrônico, quando for o caso de sua intervenção, para que se manifeste no prazo de 15 dias. Findas tais providências, ele (o relator) solicitará dia para julgamento.

Na sessão de julgamento, após exposta a questão pelo relator, iniciar-se-á o julgamento, a não ser que, ali, sejam também julgados o recurso extraordinário ou o recurso especial, que ficaram trancados, situação em que o presidente dará a palavra, sucessivamente, ao recorrente, ao recorrido e, nos casos de sua intervenção, ao membro do Ministério Público, pelo prazo improrrogável de 15 minutos para cada um, a fim de sustentarem suas razões (§ 5º do art. 1.042[162]).

Proferidos os votos pelos membros do órgão colegiado, o presidente anunciará o resultado do julgamento. Se estiver em prontas condições, poderá o órgão julgar, de imediato, julgar o recurso extraordinário ou o recurso especial que foi destrancado, a anunciar, o presidente, ao final, o resultado final do julgamento.

Ao final, designando para redigir o acórdão o relator ou, se vencido este, o autor do primeiro voto vencedor.

---

162. Art. 1.042. Cabe agravo contra decisão de presidente ou de vice-presidente do tribunal que:

[...]

§ 5º O agravo poderá ser julgado, conforme o caso, conjuntamente com o recurso especial ou extraordinário, assegurada, neste caso, sustentação oral, observando-se, ainda, o disposto no regimento interno do tribunal respectivo.

O acórdão conterá ementa (art. 943 do CPC[163]).

3.2. Considerações específicas

Na hipótese de interposição conjunta de recursos extraordinário e especial, o agravante, se quiser destrancar ambos, deverá interpor um agravo para cada recurso não admitido. Pode ocorrer, entretanto, de o agravante se conformar quanto à inadmissão de um dos recursos (o extraordinário ou o especial) e, assim, interpor agravo apenas contra a (parte da) decisão que inadmitiu o outro.

Se o acórdão recorrido (por recurso extraordinário e recurso especial) contiver, para justificar sua conclusão, fundamentos na legislação federal constitucional e infraconstitucional, o agravante deverá interpor, simultaneamente, após o recurso extraordinário e o recurso especial inadmitidos, dois agravos, sendo um contra a decisão que inadmitiu o extraordinário e outro contra a que inadmitiu o especial. Casso assim não faça, será mantida a decisão pelo fundamento não recorrido.

Havendo apenas um agravo, o recurso será remetido ao tribunal competente (que poderá ser, evidentemente, o Supremo Tribunal Federal ou o Superior Tribunal de Justiça, a depender de qual recurso tenha sido inadmitido pelo presidente ou vice-presidente do tribunal *a quo*). Havendo interposição conjunta de agravos (sendo um contra a decisão que não admitiu o recurso extraordinário e outro contra a decisão que não admitiu o recurso especial), os autos serão remetidos (primeiramente) ao Superior Tribunal de Justiça.

Concluído o julgamento do agravo pelo Superior Tribunal de Justiça e, se for o caso, do recurso especial, independentemente de pedido, os autos serão remetidos ao Supremo Tribunal Federal para apreciação do agravo a ele dirigido, salvo se estiver prejudicado. Isso porque, se provido o agravo perante o Superior Tribunal de Justiça e, logo em seguida, julgado o recurso especial, sendo este provido, pode a decisão proferida pelo tribunal *a quo* ser-lhe favorável, caso em que não poderá o julgamento junto ao Supremo Tribunal Federal proporcionar-lhe benefício.

Agora, pode ocorrer de, quando o agravo aportar ao Superior Tribunal de Justiça, este entender que o julgamento do agravo perante o Supremo Tribunal Federal é-lhe prejudicial. Neste caso, aquele (STJ), por decisão irrecorrível, remeterá os autos a este tribunal (STF), para julgamento prévio. Se o Supremo Tribunal Federal entender contrariamente, em decisão também irrecorrível, devolverá os autos ao Superior Tribunal de Justiça para julgar o agravo de sua competência.

---

163. Art. 943. Os votos, os acórdãos e os demais atos processuais podem ser registrados em documento eletrônico inviolável e assinados eletronicamente, na forma da lei, devendo ser impressos para juntada aos autos do processo quando este não for eletrônico.

§ 1º Todo acórdão conterá ementa.

§ 2º Lavrado o acórdão, sua ementa será publicada no órgão oficial no prazo de 10 (dez) dias.

CAPÍTULO LVII

Embargos de divergência

1. CONSIDERAÇÕES INICIAIS

Os embargos de divergência constituem espécie recursal admissível perante o Supremo Tribunal Federal e o Superior Tribunal de Justiça que se presta a eliminar divergência jurisprudencial havida entre órgãos fracionários. Com sua interposição, a parte objetiva a reforma ou a anulação da decisão e, em consequência, a uniformização da jurisprudência da corte.

2. REQUISITOS DE ADMISSIBILIDADE

2.1. Cabimento

Cabem embargos de divergência contra o **acórdão de órgão fracionário do STF ou do STJ** que: a) em recurso extraordinário ou em recurso especial, divergir do julgamento de qualquer outro órgão do mesmo tribunal, sendo os acórdãos, embargado e paradigma, de mérito; b) em recurso extraordinário ou em recurso especial, divergir do julgamento de qualquer outro órgão do mesmo tribunal, sendo um acórdão de mérito e outro que não tenha conhecido do recurso, embora tenha apreciado a controvérsia.

O § 1º do art. 1.043 dispõe que "poderão ser confrontadas teses jurídicas contidas em julgamentos de recursos e de ações de competência originária". O cabimento dos embargos, portanto, não fica mais restrito à invocação de precedentes proferidos em recursos excepcionais. Podem ser apontados como paradigmas decisões de recursos (quaisquer que sejam eles, desde que, por óbvio, explicitem o entendimento do órgão fracionário sobre a tese jurídica) e de ações de competência originária.

Há, ainda, ampliação do cabimento dos embargos, relativamente ao CPC/1973, em razão do disposto no § 3º do art. 1.043, segundo o qual "cabem embargos de divergência quando o acórdão paradigma for da mesma turma que proferiu a decisão embargada, desde que sua composição tenha sofrido alteração em mais da metade de seus membros".

O § 2º do art. 1.043 estabelece que "a divergência que autoriza a interposição de embargos de divergência pode verificar-se na aplicação do direito material ou do direito processual". Entretanto, a questão processual que objeto de divergência não pode dizer respeito à admissibilidade do recurso especial ou extraordinário, já que o inciso II do art. 1.043, que continha tal previsão, foi revogado pela Lei nº 13.256/2016. Na verdade, a questão processual deve constituir o próprio mérito do anterior recurso especial ou extraordinário, para efeito de cabimento de embargos de divergência fundados nela. Assim, por exemplo, não cabem embargos que versem sobre a tempestividade do recurso especial (requisito de admissibilidade), mas sim na hipótese de, no recurso especial, afirmar-se ter havido violação a dispositivo de lei processual por parte do tribunal *a quo*.

Nos termos do art. 1.043, *caput*, para que sejam cabíveis os embargos, a decisão recorrida deve ser, obviamente, colegiada (até porque, se fosse monocrática, caberia agravo interno). Tanto que a referência do texto legal é a **"acórdão"**. A decisão paradigma, do mesmo modo, deve ser colegiada, podendo, esta, especificamente, advir de qualquer órgão, seja ele turma, seção ou plenário (ou órgão especial).

2.2. Regularidade formal

A petição dos embargos de divergência, que será dirigida ao ministro responsável pela lavratura do acórdão embargado, conterá, sob pena de não preenchimento do requisito da regularidade formal: a) *os nomes e a qualificação das partes*; b) *a exposição do fato e do direito*; c) *as razões do pedido de reforma ou de decretação de nulidade (invalidação);* d) *o pedido de nova decisão*;

2.3. Prequestionamento

Em princípio, **não há necessidade de que a matéria objeto dos embargos tenha sido prequestionada pelo órgão fracionário**. Entretanto, se se tratar de questão suscitada desde o recurso especial ou extraordinário, o conhecimento dos embargos não prescinde do prequestionamento pelo tribunal local, até porque, se o órgão fracionário reconhece a sua ausência, os embargos de divergência não servem para rediscuti-la, por serem recurso de fundamentação vinculada (STJ. AgRg no EAREsp 605.659/SP. DJe 20.11.15).

3. EFEITOS

Os embargos de divergência possuem (ou podem possuir) os seguintes efeitos: a) obstativo (ou impedimento ao trânsito em julgado); b) suspensivo; c) ativo; d) devolutivo; e) substitutivo; f) interruptivo[164].

4. PROCEDIMENTO

4.1. Perante o STF

Os embargos de divergência devem ser interpostos por petição, no prazo de 15 dias, perante a secretaria do Supremo Tribunal Federal, mediante recolhimento de preparo. Eles serão juntados aos autos independentemente de despacho e distribuídos ao relator.

Distribuídos os embargos, os autos serão conclusos ao relator (do acórdão embargado), que realizará o juízo de admissibilidade dos embargos de divergência. Se não admitidos, restará ao recorrente a interposição de agravo interno. Se admitidos, intimar-se-á o recorrido para, querendo, apresentar contrarrazões em igual prazo de 15 dias. A decisão que admite os embargos é irrecorrível.

Ultrapassado o prazo de contrarrazões, se for o caso de ouvir o Ministério Público, este terá vista dos autos por 20 dias. Em seguida, os autos serão conclusos ao relator, que pedirá a inclusão do feito na pauta de julgamento. Se o tribunal pleno conhecer os embargos de divergência, deverá julgar a causa, aplicando o direito à espécie.

Na sessão de julgamento, depois da exposição da causa pelo relator, o presidente dará a palavra, sucessivamente, ao recorrente, ao recorrido e, nos casos de sua intervenção, ao membro do Ministério Público, pelo prazo improrrogável de 15 minutos para cada um, a fim de sustentarem suas razões.

Proferidos os votos pelos membros do órgão colegiado, o presidente anunciará o resultado do julgamento, designando para redigir o acórdão o relator ou, se vencido este, o autor do primeiro voto vencedor. O acórdão conterá ementa (art. 943 do CPC).

---

164. Interpostos os embargos de divergência no Superior Tribunal de Justiça, fica interrompido o prazo para a interposição de recurso extraordinário para o Supremo Tribunal Federal (§ 1º do art. 1.044). E só há sentido em atribuir efeito interruptivo aos embargos de divergência interpostos perante o Superior Tribunal de Justiça, porque, a eles, segue (em tese) o recurso extraordinário. Se interpostos perante o Supremo Tribunal Federal, não haverá recurso seguinte.

4.2. Perante o STJ

Os embargos de divergência devem ser interpostos em petição, no prazo de 15 dias, perante a secretaria do Superior Tribunal de Justiça, mediante recolhimento de preparo. Eles serão juntados aos autos independentemente de despacho e distribuídos ao relator.

Ato contínuo, os autos serão encaminhados para o relator, que será escolhido, mediante sorteio, das seguintes formas:

a) entre os membros da seção competente, quando a mesma turma (em razão da modificação de seus membros) divergir ou suas turmas divergirem entre si ou de decisão da mesma seção;

b) entre os membros da corte especial, quando a divergência for entre turmas de seções diversas, ou entre turma e outra seção ou com a corte especial.

Escolhido o relator, ele poderá inadmitir o recurso (inclusive quando não se comprovar ou não se configurar a divergência jurisprudencial). O relator também poderá rejeitar os embargos de divergência quando contrariarem a súmula do tribunal. Se admitir os embargos de divergência, o que deverá ser feito por decisão fundamentada, mandará intimar o recorrido para, querendo, apresentar contrarrazões em 15 dias.

Ultrapassado o prazo de contrarrazões, se for o caso de ouvir o Ministério Público, este terá vista dos autos por 20 dias. Em seguida, os autos serão conclusos ao relator, que pedirá a inclusão do feito na pauta de julgamento. Se a seção ou a corte especial conhecer os embargos de divergência, deverá julgar a causa, aplicando o direito à espécie.

Na sessão de julgamento, depois da exposição da causa pelo relator, o presidente dará a palavra, sucessivamente, ao recorrente, ao recorrido e, nos casos de sua intervenção, ao membro do Ministério Público, pelo prazo improrrogável de 15 minutos para cada um, a fim de sustentarem suas razões.

Proferidos os votos pelos membros do órgão colegiado, o presidente anunciará o resultado do julgamento, designando para redigir o acórdão o relator ou, se vencido este, o autor do primeiro voto vencedor. O acórdão conterá ementa (art. 943 do CPC).

4.2.1. (Des)necessidade de ratificação de recurso anterior

Se os embargos de divergência forem desprovidos ou não alterarem a conclusão do julgamento anterior, o recurso extraordinário interposto pela outra parte antes da publicação do julgamento dos embargos de divergência será processado e julgado independentemente de ratificação. Porém, se forem providos os embargos para alterar a conclusão do julgamento anterior, o recurso extraordinário antes interposto, ainda que não complementado (conquanto, às vezes, seja necessário, em observância à dialeticidade), deve ser pelo menos ratificado, para se evidenciar a voluntariedade.

4.2.2. Inadmissibilidade de interposição simultânea de embargos de divergência e de recurso extraordinário

Como antes dito, a interposição de embargos de divergência junto ao Superior Tribunal de Justiça não é necessária para que a parte ingresse perante o Supremo Tribunal Federal mediante recurso extraordinário. Pode, pois, de logo, interpor contra o acórdão proferido pelo Superior Tribunal de Justiça, recurso extraordinário. Mas, pode ocorrer, por natural, que a parte interponha embargos de divergência.

Nesse caso, ainda que o acórdão contenha vários capítulos, não se admite a interposição simultânea de embargos de divergência e de recurso extraordinário, por violar a unicidade recursal (unirrecorribilidade), até porque, como antes dito, não há necessidade da interposição simultânea, a se considerar que a admissibilidade dos embargos de divergência interrompe o prazo para a interposição do recurso extraordinário seguinte.

Se ocorrer a interposição simultânea, o recurso que for protocolizado depois não será admitido, ante a consumação recursal decorrente do protocolo do primeiro, sendo este, sim, processado. Contudo, se houver interposição simultânea, sendo protocolizados, primeiro, os embargos de divergência, nada impede que, depois de julgados estes, o recorrente interponha novo recurso extraordinário, desta feita, admissível. O contrário não será possível. Se a interposição for simultânea, mas, protocolizado primeiro o recurso extraordinário, não será possível, depois, junto ao Superior Tribunal de Justiça, a interposição de embargos de divergência. Estes somente poderiam ser interpostos contra o acórdão que julgou o recurso extraordinário, mas não contra o lavrado pelo Superior Tribunal de Justiça.

Parte III

Direito Empresarial

André Luiz Santa Cruz Ramos

Daniel Messias da Trindade

CAPÍTULO I

Do Direito Comercial ao Direito Empresarial[1]

1. CONCEITO E ORIGEM DO DIREITO COMERCIAL

O Direito Comercial pode ser definido, sucintamente, como o **ramo do Direito que disciplina as atividades econômicas**. Ou, de forma mais detalhada, pode ser conceituado como um **regime jurídico especial de Direito Privado que regula e disciplina as atividades econômicas e aqueles que as exercem do modo profissional**.

Ocorre que nem sempre foi assim. Com efeito, se comparamos o Direito Comercial com outros ramos afins, tal como o Direito Civil, por exemplo, veremos que o Direito Comercial é bem recente. Isso porque durante muito tempo, a despeito de já existir o comércio e de este ser uma atividade praticada até mesmo com grande intensidade e relevância em algumas civilizações antigas, não havia ainda a noção de um Direito Comercial, ou seja, não havia um regime jurídico próprio, específico destinado a disciplinar as atividades mercantis. **Tradicionalmente, as regras mercantis faziam parte do Direito Comum**.

Os historiadores do Direito apontam que foi **somente na Idade Média que o Direito Comercial surgiu**, pois foi nessa época que começaram a se desenvolver regras especiais para a disciplina das atividades negociais, em função do incremento do comércio propiciado pelo período denominado de Renascimento Mercantil.

Sabendo da necessidade de criação de regras específicas para a disciplina das atividades mercantis (comércio ou mercancia) e sabendo que essa tarefa exigia a existência de uma entidade com força política suficiente para impor regras a uma coletividade, os comerciantes burgueses resolveram se organizar em grandes

---

1. DANIEL MESSIAS DA TRINDADE (revisão e atualização). Professor. Advogado. Ex-Delegado de Polícia do Estado do Rio Grande do Sul. Criador do App iGabaritei. Especialista em Direito Público pela Universidade Potiguar. Especialista em Segurança Pública pela Academia de Polícia do Estado do Rio Grande do Sul. Membro *honoris causa* do Centro de Estudos de Direito Europeu em Lisboa. Autor e coautor de livros jurídicos.

associações, as ***corporações de ofício***, e criar suas próprias regras, que seriam compiladas nos ***estatutos*** de tais associações.

Cada corporação tinha, pois, suas próprias regras comerciais, reunidas no respectivo estatuto. Para aplicação dessas regras, foram criados os ***tribunais consulares***: os próprios mercadores elegiam ***cônsules***, que funcionariam como "juízes" nos litígios entre comerciantes membros de uma mesma corporação. Enfim: da mesma forma que nós nos submetemos às regras do estatuto de uma associação da qual fazemos parte, os comerciantes que se filiavam a uma determinada corporação de ofício se submetiam voluntariamente às regras do seu estatuto. Em resumo, pode-se dizer então que **os comerciantes burgueses criaram um "direito" para eles mesmos, e a esse direito deu-se o nome de *Direito Comercial*.** Tratava-se, pois, de um direito criado e desenvolvido pelos comerciantes e para os comerciantes. Daí porque muitos autores afirmarem que **o Direito Comercial nasceu como um direito corporativista, como um direito de classe**.

Perceba-se também que as regras do Direito Comercial foram surgindo e se desenvolvendo a partir da própria dinâmica da atividade negocial, ou seja, **o Direito Comercial nasceu como um direito costumeiro ou consuetudinário**. As regras que compunham o regime jurídico comercial, materializado nos estatutos das diversas corporações de ofício medievais, eram na verdade a compilação dos usos, costumes e práticas mercantis vivenciadas em cada localidade. Nesse período de surgimento do Direito Comercial, pois, ele compreende os usos e costumes mercantis observados na disciplina das relações jurídico-comerciais. E na elaboração desse "direito" não havia ainda nenhuma participação "estatal". Com efeito, cada corporação, que tinha seus próprios usos e costumes, aplicava o Direito Comercial por meio de *cônsules* eleitos pelos próprios associados, com a finalidade de reger as relações entre os seus membros.

Enfim, o sistema de jurisdição especial que marca essa primeira fase do Direito Comercial provoca uma profunda transformação na teoria do direito, pois o sistema jurídico comum tradicional vai ser derrogado por um direito específico, peculiar a uma determinada classe social e disciplinador da nova realidade econômica que emergia: **o comércio.**

2. A TEORIA DOS ATOS DE COMÉRCIO

O comércio foi se intensificando progressivamente, sobretudo em função das feiras e dos navegadores. O sistema de jurisdição especial mencionado no tópico antecedente, surgido e desenvolvido nas cidades italianas, difunde-se por toda a Europa, chegando a países como França, Inglaterra, Espanha e Alemanha.

Com essa proliferação da atividade mercantil, o Direito Comercial também evoluiu. Se no seu período inicial a sistematização de suas regras foi devida precipuamente à atividade dos próprios comerciantes, que se associaram em grandes associações (as *Corporações de Ofício*), num momento posterior essa sistematização das regras mercantis coube aos **Estados Nacionais** que se formaram no início da Idade Moderna.

Na medida em que o Estado vai passando a disciplinar a atividade mercantil, com a edição de leis e a assunção do monopólio da jurisdição, as *Corporações de Ofício* vão perdendo força, até desaparecerem. **O Direito Comercial, então, deixa de ser um direito consuetudinário e passa a ser um direito posto e aplicado pelo Estado.** O regime jurídico especial que regula as atividades mercantis (nessa época, quando se fala em atividade mercantil, fala-se basicamente no comércio, já que esta era a mais importante atividade econômica nesse período histórico) não se encontra mais compilado nos estatutos das *Corporações*, aplicáveis apenas a seus membros, mas em Códigos de leis, aplicáveis a todos os cidadãos.

Nesse contexto, **merece destaque a edição, em 1804 e 1808, do Código Civil (CC) e do Código Comercial (CCom) franceses**. O Direito Comercial inaugura, então, sua **segunda fase**. Finalmente, pode-se falar agora em um *sistema jurídico estatal* destinado a disciplinar as relações jurídico-comerciais, ou seja, enfim tem-se delimitado um regime jurídico próprio, específico para disciplinar as atividades mercantis (o comércio, basicamente) e aqueles que se dedicam ao exercício profissional dessas atividades (os comerciantes).

Perceba-se que, de fato, **a codificação napoleônica dividiu claramente o direito privado: de um lado, o Direito Civil; de outro, o Direito Comercial**. Enquanto o CC napoleônico era, fundamentalmente, um corpo de leis que atendia aos interesses da burguesia fundiária, pois estava centrado no direito de propriedade, o CCom, por sua vez, encarnava o espírito da burguesia comercial e industrial, valorizando a riqueza mobiliária. Tínhamos enfim dois Códigos distintos para a disciplina das atividades privadas, e um deles era justamente o **Código Comercial, que cuidava, especificamente, das atividades mercantis (comércio) e daqueles que as exerciam (comerciantes)**.

Ocorre que essa divisão do direito privado, com dois grandes corpos de leis a reger as relações jurídicas entre particulares, cria a necessidade de estabelecer um critério que delimitasse a incidência de cada um desses ramos da árvore jurídica às diversas relações ocorridas no dia a dia dos cidadãos. Mais precisamente, **era preciso criar um critério que delimitasse o âmbito de incidência do Direito Comercial, já que este surgiu, conforme visto, como um regime jurídico *especial* destinado a regular as atividades mercantis**. Para tanto, a doutrina francesa criou a ***teoria dos atos de comércio***, que tinha como uma de suas funções essenciais a de atribuir, a quem praticasse os denominados atos de comércio, a qualidade de comerciante, o que era pressuposto para a aplicação das normas do Código Comercial.

O Direito Comercial regularia, portanto, as relações jurídicas que envolvessem a prática de alguns atos definidos em lei como *atos de comércio*. Caso, todavia, a relação jurídica não envolvesse a prática de desses atos, ela não seria considerada uma relação mercantil e, pois, seria ela regida pelas normas do CC.

A definição dos atos de comércio era tarefa atribuída ao próprio legislador, o qual optava ou por descrever as suas características básicas – como fizeram o Código de Comércio português de 1833 e o Código Comercial espanhol de 1885 – ou por enumerar, num rol de condutas típicas, que atos seriam considerados de *mercancia* – como fez o nosso legislador, conforme veremos adiante.

Nessa segunda fase do Direito Comercial, portanto, pode-se perceber uma importante mudança: a mercantilidade, antes definida pela qualidade dos sujeitos da relação jurídica (o Direito Comercial era o direito aplicável aos membros das Corporações de Ofício), **passa a ser definida pelo objeto da relação jurídica** (o Direito Comercial passa ser aplicável sempre que uma determinada relação envolver a prática de um dos atos de comércio descritos na legislação).

Daí porque os doutrinadores afirmam que a codificação napoleônica operou uma **objetivação do Direito Comercial**, além de ter, como dito anteriormente, bipartido de forma clara o direito privado.

O fato é que, **na verdade, nunca se conseguiu definir satisfatoriamente o que são atos de comércio**. Mesmo a teoria do jurista italiano Alfredo Rocco, a mais aceita e segundo a qual os atos de comércio possuíam a função comum de intermediação na efetivação da troca – os atos de comércio seriam aqueles que ou realizavam diretamente a referida intermediação (atos de comércio por natureza, fundamental ou constitutivo) ou facilitavam a sua execução (atos de comércio acessórios ou por conexão) – não conseguia definir com precisão todo o conjunto de relações jurídicas submetidas à disciplina do regime jurídico comercial.

Com efeito, uma série de outras atividades econômicas, tão importantes quanto a *mercancia* (os atos de comércio), não se encontrava na enumeração legal dos atos de comércio. Algumas delas porque se desenvolveram posteriormente (ex.: prestação de serviços), e a produção legislativa, como sabemos, não consegue acompanhar o ritmo veloz do desenvolvimento social, tecnológico etc. Outras delas, por razões históricas (ex.: atividades rurais e negociação de bens imóveis).

Não obstante seus defeitos, a verdade é que a teoria francesa dos atos de comércio, por inspiração da codificação napoleônica, foi adotada por quase todas as codificações oitocentistas, inclusive a do Brasil (Código Comercial de 1850).

3. A TEORIA DA EMPRESA

Com o passar dos anos, **as atividades econômicas foram tornando-se cada vez mais complexas, e a teoria dos atos de comércio, consequentemente, mostrou-se incapaz de continuar norteando a disciplina jurídica do mercado**. Isso porque aquela noção de Direito Comercial centrada no conceito de ato de comércio e na figura do comerciante estava ultrapassada, diante da nova realidade econômica.

Foi necessário, então, que se criasse um **novo critério para delimitar a abrangência do regime jurídico comercial**. Dito de outra forma, foi preciso desenvolver uma nova teoria para nortear a disciplina jurídica das atividades econômicas, as quais, dada a sua complexidade, não eram devidamente abrangidas pela teoria dos atos de comércio, que se restringia, conforme visto, às atividades de mercancia (o comércio propriamente dito e outras atividades afins).

Ademais, a divisão do Direito Privado provocada pela codificação napoleônica, que contrapôs dois códigos de leis para a disciplina das atividades civis e comerciais, respectivamente, passou a ser criticada por parte da doutrina privatista, que pregava a necessidade de unificação do Direito Privado.

Foi nesse contexto, então, que o Direito Comercial passou por uma nova reformulação, e o marco histórico identificador dessa mudança foi a edição do **Código Civil italiano de 1942**, que adotou uma nova teoria para a disciplina jurídica das atividades econômicas: **a teoria da empresa**. À luz dessa teoria, o Direito Comercial - que, como veremos, passará a ser chamado de Direito Empresarial - desvia seu foco do binômio ato de comércio/comerciante para o binômio **empresa/empresário**.

Com efeito, com a adoção da teoria da empresa, o Direito Comercial (Empresarial) deixa de lado aquela ideia de um regime jurídico voltado exclusiva ou preponderantemente para a *mercancia* (comércio e outras atividades afins), que não abrangia, pois, uma série de atividades não compreendidas na noção de ato de comércio, e **passa a disciplinar toda e qualquer atividade econômica, desde que organizada para a produção ou circulação de bens ou de serviços e exercida com profissionalismo**.

Vê-se, pois, que a compreensão dessa nova dimensão do Direito Empresarial (que substituiu o antigo Direito Comercial) pressupõe, necessariamente, a definição da expressão *empresa* e, consequentemente, a definição da expressão *empresário*, uma vez que essas duas expressões vieram substituir, de certa forma, as antigas expressões *ato de comércio* e *comerciante*, respectivamente. De fato, não se concebe mais a ideia de um Direito Comercial como regime jurídico especial para a disciplina das atividades mercantis (atos de comércio) e de seus praticantes (comerciantes). **Hodiernamente, prevalece a ideia de um Direito Empresarial como regime jurídico especial voltado para disciplina da atividade econômica organizada (empresa) e daqueles que exercem tais atividades (empresários).**

Feita essa observação, pode-se então concluir que **empresa é uma atividade** e **empresário é quem exerce essa atividade**. Mas tal definição não é precisa, por ser incompleta. Empresa é uma atividade **econômica** (realizada com intuito e lucro) **organizada** (realizada com articulação dos diversos fatores de produção: capital, mão de obra, insumos e tecnologia), voltada para a **produção ou circulação de bens ou de serviços** (veja-se que a expressão empresa não se restringe a algumas atividades específicas, como acontecia com a expressão ato de comércio, que tinha seu conceito restrito ao comércio e algumas atividades afins: empresa é qualquer atividade econômica, podendo ser voltada para a produção de bens ou de serviços ou para a circulação de bens ou de serviços).

Empresário, por sua vez, é quem exerce *empresa* (isto é, quem exerce uma atividade econômica organizada) e o faz de modo **profissional**, ou seja, com habitualidade (o exercício de atividade econômica de forma esporádica, pois, não caracteriza ninguém como empresário) e pessoalidade (assumindo os riscos do negócio que empreende: o empresário sabe que empreender pode lhe render bons lucros, mas sabe também que essa atividade pode lhe trazer sérios prejuízos).

Pois bem. Além de ter adotado a teoria da empresa, o CC italiano rompeu com a tradição de dividir o Direito Privado em dois grandes códigos de leis – o CC e o Código Comercial – e promoveu uma ***unificação formal*** do direito privado, disciplinando as relações civis e comerciais num único diploma legislativo: o CC. O Direito Comercial (ou empresarial, já que houve a adoção da teoria da empresa) entra, enfim, na **terceira fase** de sua etapa evolutiva, superando o conceito de mercantilidade para definir as relações sob a sua disciplina e adotando, conforme visto, o critério da *empresarialidade* como forma de delimitar o âmbito de incidência das suas normas. Em síntese, o norte desse novo *Direito Empresarial* deixa de ser o ato de comércio (que era o norte do antigo *Direito Comercial*) e passa a ser a **empresa**.

Note-se que, como fizemos questão de destacar acima, **essa unificação provocada no direito privado pela codificação italiana foi meramente formal**, uma vez que o Direito Empresarial, a despeito de não possuir mais um diploma legislativo próprio, **conservou sua autonomia didático-científica**. Afinal, como bem destaca a doutrina majoritária a respeito do assunto, o que define um determinado ramo do Direito como autônomo e independente não é a existência de um código próprio contendo suas regras, e sim o fato de esse ramo do Direito constituir um regime jurídico específico, com características e princípios que possam identificá-lo e diferenciá-lo dos demais. E isso, sem sombra de dúvidas, o Direito Empresarial possui, desde a sua origem até a presente data.

Com efeito, o Direito Empresarial, como regime jurídico específico que disciplina a atividade econômica (empresa) e aqueles que as exercem (empresários), **conserva uma série de características que o distinguem das demais disciplinas jurídicas**. São características fundamentais do Direito Empresarial, que o diferenciam sobremaneira do Direito Civil:

a) o **cosmopolitismo**, uma vez que o comércio, historicamente, foi fator fundamental de integração entre os povos, razão pela qual o seu desenvolvimento propicia, até os dias de hoje, uma intensa inter-relação entre os países (note-se que em matéria de Direito Empresarial há diversos acordos internacionais em vigor, muitos dos quais o Brasil é signatário, tais como a Convenção de Genebra, que criou uma legislação uniforme sobre títulos de crédito, e a Convenção da União de Paris, que estabelece preceitos uniformes sobre propriedade industrial);

b) a **onerosidade**, dado o caráter econômico e especulativo das atividades mercantis, que faz com que o intuito de lucro seja algo intrínseco ao exercício da atividade empresarial;

c) o **informalismo**, em função do dinamismo da atividade empresarial, que exige meios ágeis e flexíveis para a realização e a difusão das práticas mercantis;

d) o **fragmentarismo**, pelo fato de o Direito Empresarial possuir uma série de sub-ramos com características específicas (direito falimentar, direito cambiário, direito societário, direito de propriedade industrial etc.); e

e) **elasticidade**, o Direito Empresarial permanece em constante processo de mudança, para melhor se adequar ao dinamismo das atividades econômicas.

O mais importante, todavia, com a edição do CC italiano e a formulação da teoria da empresa, é que **o Direito Empresarial deixou de ser, como tradicionalmente o foi, um Direito do comerciante (período subjetivo das Corporações de Ofício) ou dos atos de comércio (período objetivo da codificação napoleônica), para tornar-se o Direito da empresa (qualquer atividade econômica organizada)** e alcançar, assim, uma maior gama de relações jurídicas.

Empresa	atividade econômica organizada
Empresário	pessoa física ou jurídica que exerce empresa profissionalmente

4. O DIREITO COMERCIAL BRASILEIRO

O Código Comercial de 1850, assim como a grande maioria dos códigos editados nos anos 1800, adotou a teoria francesa dos atos de comércio, por influência da codificação napoleônica. O CCom/1850 definiu o comerciante como aquele que exercia a *mercancia* de forma habitual, como sua profissão.

Embora o próprio código não tenha dito o que considerava *mercancia* (atos de comércio), o legislador logo cuidou de fazê-lo, no Regulamento nº 737, também de 1850. Prestação de serviços, negociação imobiliária e atividades rurais foram esquecidas, o que corrobora a crítica já feita ao sistema francês.

Em 1875, o Regulamento nº 737 foi revogado, mas o seu rol enumerativo dos atos de comércio continuou sendo levado em conta, tanto pela doutrina quanto pela jurisprudência, para a definição das relações jurídicas que mereceriam disciplina jurídico-comercial.

Mas não era só o Regulamento nº 737/1850 que definia os chamados atos de comércio no Brasil. Outros dispositivos legais também o faziam. Assim, por exemplo, consideravam-se atos de comércio, ainda que não praticados por comerciante, as operações com letras de câmbio e notas promissórias, nos termos do art. 57 do Decreto nº 2.044/1908, e as operações realizadas por sociedades anônimas, nos termos do art. 2º, § 1º, da Lei nº 6.404/76.

Ademais, a doutrina ainda mencionava os chamados **atos de comércio *por conexão*** (por dependência ou acessórios), que eram, na verdade, atos essencialmente civis, mas que se transformavam atos de comércio quando eram exercidos com o fim de facilitar o exercício de determinada atividade mercantil.

CCom/1850	Regulamento 737/1850
Teoria dos atos de comércio	Enumeração dos atos de comércio

5. O DIREITO EMPRESARIAL BRASILEIRO

A adoção da teoria francesa dos atos de comércio pelo Direito Comercial brasileiro fez com que ele merecesse as mesmas críticas já apontadas acima. Com efeito, não se conseguia justificar a não incidência das normas do regime jurídico comercial a algumas atividades tipicamente econômicas e de suma importância para a atividade negocial, como a prestação de serviços, a negociação imobiliária e a pecuária.

Seguindo a influência da teoria da empresa, foi então editada a Lei nº 10.406/02, que instituiu um novo CC em nosso ordenamento jurídico e completou a tão esperada transição do Direito Comercial brasileiro: **abandonou-se a teoria francesa dos atos de comércio para adotar-se a teoria italiana da empresa.**

Seguindo à risca a inspiração do CC italiano de 1942, o novo CC brasileiro derroga grande parte do Código Comercial de 1850, na busca de uma unificação, ainda que apenas formal, do direito privado. **Do Código Comercial resta hoje apenas a parte segunda, relativa ao Comércio Marítimo** (a parte terceira – "das quebras" – já havia sido revogada há muito tempo; de lá para cá, o Direito Falimentar brasileiro já foi regulado pelo DL nº 7.661/45, que era a antiga *Lei de Falências*, hoje revogada e substituída pela Lei nº 11.101/05, a *Lei de Falência e Recuperação de Empresas*).

CCom/1850	Parte I	parte geral do Direito Comercial (revogada pelo CC/2002)
	Parte II	comércio marítimo (ainda em vigor)
	Parte III	direito falimentar (revogado há bastante tempo, hoje disciplinado na Lei nº 11.101/05)

O CC de 2002 trata, no seu Livro II, do "Direito de Empresa". **Desaparece a figura do comerciante e surge a figura do empresário** (da mesma forma, não se fala mais em sociedade comercial, mas em sociedade empresária). A mudança, porém, está longe de se limitar a aspectos terminológicos. **Ao disciplinar o Direito de Empresa, o Direito brasileiro se afasta, definitivamente, da ultrapassada teoria dos atos de comércio e incorpora a teoria da empresa ao nosso ordenamento jurídico**, adotando o conceito de empresarialidade para delimitar o âmbito de incidência do regime jurídico comercial.

Hoje, no Direito brasileiro, não se fala mais em comerciante, como sendo aquele que pratica habitualmente atos de comércio. **Fala-se agora em empresário, sendo este o que *"exerce profissionalmente atividade econômica organizada para a produção ou a circulação de bens ou de serviços"*** (CC de 2002, art. 966).

Portanto, a partir das observações feitas acima, por meio das quais tentamos estabelecer, em resumo, as bases históricas da afirmação do Direito Empresarial como ramo jurídico independente e autônomo, podemos conceituá-lo, em síntese, como o **regime jurídico especial destinado à regulação da atividade econômica organizada (empresa) e dos seus agentes produtivos (empresários)**. Na qualidade de regime jurídico especial, contempla todo um conjunto de normas específicas que se aplicam aos agentes econômicos, hoje chamados de empresários (empresários individuais e sociedades empresárias).

Note-se, porém, que essa autonomia que o Direito Empresarial possui em relação ao Direito Civil não significa que eles sejam ramos absolutamente distintos e contrapostos. Direito Empresarial e Direito Civil, como ramos englobados na rubrica Direito Privado, possuem, não raro, institutos jurídicos comuns. Ademais, o Direito Empresarial, como regime jurídico especial, muitas vezes socorre-se do Direito Civil – este entendido, pode-se dizer, como um regime jurídico geral das atividades privadas – para suprir eventuais lacunas de seu arcabouço normativo.

Assim, pode-se dizer que cabe ao Direito Civil, como bem destacava o art. 1º do CC de 1916, a disciplina geral dos direitos e obrigações de ordem privada concernentes às pessoas, aos bens e às suas relações, sendo, ademais, fonte normativa subsidiária para os demais ramos do direito. Já ao Direito Empresarial cabe, por outro lado, a disciplina especial dos direitos e obrigações de ordem privada concernentes ao exercício de atividade econômica organizada (empresa). Durante muito tempo, é verdade, o Direito Civil foi o próprio Direito Privado, realidade que, conforme vimos nos tópicos iniciais deste capítulo, mudou radicalmente a partir do desenvolvimento das atividades mercantis, o que fez surgir o Direito Comercial (hoje Direito Empresarial), como ramo especial destinado justamente a regular os interesses especiais dos agentes econômicos.

Direito Civil	regime jurídico geral de direito privado
Direito Empresarial	regime jurídico especial de direito privado (disciplina especificamente a empresa e os empresários)

Por fim, cumpre apenas destacar que, como **ramo jurídico autônomo e independente**, o Direito Empresarial tem suas próprias fontes:

(i) o **CC**, que é atualmente a mais importante fonte formal do Direito Empresarial, já que contém boa parte de suas regras jurídicas fundamentais;

(ii) o **CCom de 1850, que disciplina o Comércio Marítimo**;

(iii) a **legislação esparsa**, que cuida de matérias específicas, como o Direito Falimentar (Lei nº 11.101/05), o Direito Societário (Lei nº 6.404/76, que regula as sociedades por ações), o Direito Cambiário (Lei Uniforme de Genebra, que regula as letras de câmbio e as notas promissórias, Lei nº 7.357/85, que regula os cheques, e Lei nº 5.474/68, que regula as duplicatas), o Direito de Propriedade Industrial (Lei nº 9.279/96, chamada de LPI) etc.;

(iv) os **usos e costumes mercantis**, sobretudo porque o Direito Empresarial, como visto, surgiu como um direito consuetudinário, baseado nas práticas mercantis dos mercadores medievais.

Direito Comercial → Direito Empresarial	
Corporações de Ofício ↓ Tribunais Consulares ↓ Usos e costumes mercantis	Nessa fase inicial, o Direito Comercial era um direito consuetudinário e possuía um caráter extremamente corporativista, só se aplicando aos mercadores associados a Corporações de Ofício.
Codificação Napoleônica ↓ Divisão do Direito Privado ↓ Código Comercial ↓ Teoria dos atos de comércio ↓ Objetivação do Direito Comercial	Nessa segunda fase, o Direito Comercial se consolida como um regime jurídico autônomo, destinado a disciplinar as atividades mercantis – atos de comércio – e aqueles que exercem atividade mercantil profissionalmente – comerciantes.
CC italiano de 1942 ↓ Unificação formal do Direito Privado ↓ Teoria da empresa	Na sua fase atual, o Direito Empresarial passa a ser um regime jurídico que disciplina toda e qualquer atividade econômica organizada, não se restringindo apenas aos atos de comércio. Assim, o Direito Empresarial é o regime jurídico de Direito Privado que disciplina a atividade econômica – empresa – e aqueles que exercem atividade econômica profissionalmente – empresários.

6. O NOVO CPC E O DIREITO EMPRESARIAL

Apesar de existirem procedimentos específicos que são típicos do direito empresarial (falência e recuperação judicial, por exemplo), **não se tem um direito processual empresarial, de modo que é no Código de Processo Civil que encontramos as regras processuais gerais aplicáveis aos litígios que envolvem o direito empresarial material.**

É possível destacar, no entanto, alguns pontos específicos do novo CPC que terão especial impacto no direito empresarial, merecendo destaque (i) o **incidente de desconsideração da personalidade jurídica** (arts. 133 a 137), (ii) a **ação dissolução parcial de sociedade** (arts. 599 a 609) e (iii) as **regras sobre penhora de quotas/ações, de estabelecimento empresarial e de faturamento da empresa** (arts. 861 a 866).

Sobre o incidente de desconsideração da personalidade e a ação de dissolução parcial de sociedade, confiram-se os tópicos específicos no capítulo sobre direito societário.

Sobre a penhora de quotas/ações, cumpre destacar que será dado prazo de até 3 meses para que (i) os demais sócios decidam se querem adquirir as quotas/ações penhoradas ou, (ii) se eles não quiserem, a sociedade decida se quer liquidar as referidas quotas/ações, depositando em juízo o valor correspondente. Em ambos os casos será evitada a eventual entrada de estranho na sociedade. Caso nenhuma das duas opções mencionadas seja usada, porém, o juiz pode determinar o leilão judicial das quotas/ações penhoradas, e **nesse caso um credor adjudicante ou um terceiro arrematante poderão se tornar sócios.**

Sobre a penhora do estabelecimento empresarial, por se tratar de medida constritiva muito severa, o novo CPC deixa claro que ela "**somente será determinada se não houver outro meio eficaz para a efetivação do crédito**" (art. 865).

Finalmente, quanto à penhora de faturamento da empresa, o novo CPC também deixa claro que se trata de **medida excepcional**, a qual só deve ser determinada "se o executado não tiver outros bens penhoráveis ou se, tendo-os, esses forem de difícil alienação ou insuficientes para saldar o crédito executado" (art. 866). Tal penhora também não pode tornar "inviável o exercício da atividade empresarial" (§ 1º), de modo que sua fixação em percentual elevado, que dificulte, por exemplo, os demais pagamentos essenciais (folha de salário, tributos etc.) deve ser rechaçada.

O novo Direito Empresarial brasileiro

1. O DIREITO DE EMPRESA NO NOVO CC DE 2002

Tendo o CC adotado, conforme vimos, a teoria da empresa, tornaram-se obsoletas as antigas noções de ato de comércio e de comerciante, que foram substituídas pelos conceitos de **empresa (atividade econômica organizada de produção ou circulação de bens ou serviços)** e **empresário (a pessoa, física ou jurídica, que exerce uma empresa profissionalmente)**, respectivamente, que já detalhamos no capítulo anterior.

O CC não definiu diretamente o que vem a ser empresa, mas estabeleceu o conceito de empresário, que está previsto no seu **art. 966**: *"considera-se empresário quem exerce profissionalmente atividade econômica organizada para a produção ou a circulação de bens ou de serviços"*.

Empresa	Empresário
Atividade econômica organizada	Pessoa física ou jurídica que exerce empresa profissionalmente

O conceito de empresa, pois, está inserto nesse conceito de empresário dado pela nossa legislação. De fato, **a partir do conceito de empresário pode-se estabelecer, logicamente, que empresa é uma atividade econômica organizada com a finalidade de fazer circular ou produzir bens ou serviços**. Nesse sentido, aliás, já decidiu o STJ (RESP 623367/RJ).

Empresa é, portanto, uma *atividade*, algo abstrato. Empresário, por sua vez, é quem exerce empresa de modo profissional. Assim, ***a empresa não é sujeito de direito***. Quem é sujeito de direito é o titular da empresa. Melhor dizendo, sujeito de direito é quem exerce empresa, ou seja, o **empresário**, que pode ser pessoa física (empresário individual) ou pessoa jurídica (sociedade empresária).

A grande dificuldade em compreender o conceito de empresa para aqueles que iniciam o estudo do Direito Empresarial está no fato de que a expressão é utilizada, coloquialmente, de forma atécnica. Empresa é, na verdade, um conceito abstrato, que corresponde, como visto, a uma atividade econômica organizada, destinada à produção ou à circulação de bens ou de serviços. **Não se deve confundir, pois, empresa com a sociedade empresária.** Esta, na verdade, é uma **pessoa jurídica que exerce empresa**, ou seja, que exerce uma *atividade econômica organizada*. Portanto, não se deve jamais confundir a empresa com a sociedade empresária, não obstante nós usemos, no dia a dia, as expressões como sinônimas (ex.: "Eu e Paulo montamos uma empresa". Na verdade, o correto seria dizer "Eu e Paulo montamos uma sociedade empresária").

Também não se deve confundir a expressão empresa com o estabelecimento empresarial, que estudaremos adiante. Este é **conjunto de bens (ponto, equipamentos, marca etc.) que o empresário usa para exercer uma empresa**, isto é, para exercer uma *atividade econômica organizada* (ex.: "Vou vender minha empresa porque ela está me dando prejuízos". O correto seria dizer "Vou vender meu estabelecimento empresarial...").

Enfim, **as expressões empresa, empresário e estabelecimento empresarial, que constituem os pilares conceituais em que se fundamenta a teoria da empresa, não podem ser usadas de forma equivocada pelo operador do Direito.** Empresa é uma atividade econômica organizada. Empresário é a pessoa, física ou jurídica, que exerce uma empresa profissionalmente. Estabelecimento empresarial é o conjunto de bens usados pelo empresário para o exercício de uma empresa.

1.1. Agentes econômicos com disciplina especial

Como critério delimitador do âmbito de incidência do Direito Empresarial, a teoria da empresa, de fato, deu uma maior abrangência ao regime jurídico-empresarial, superando uma grande deficiência da antiga teoria dos atos de comércio, que restringia esse regime apenas aos comerciantes. No entanto, **ainda há, mesmo para esse novo Direito Empresarial informado pela teoria da empresa, alguns agentes econômicos específicos que, não obstante exerçam atividade econômica de produção ou circulação de bens ou serviços, não se submetem às normas empresariais, por não serem considerados *empresários***, à luz da nossa legislação atual.

> ▸ **Atenção!**
>
> Nem toda atividade econômica é empresa. Portanto, existem atividades econômicas não empresariais.

1.1.1. Os profissionais intelectuais

Um desses agentes econômicos que, embora exerça atividade econômica de produção ou circulação de bens ou serviços, não se submete ao regime jurídico-empresarial é o **profissional intelectual**.

A situação específica dos profissionais intelectuais, também chamados de profissionais liberais, está disciplinada no **art. 966, parágrafo único, do CC**: *"não se considera empresário quem exerce profissão intelectual, de natureza científica, literária ou artística, ainda com o concurso de auxiliares ou colaboradores, salvo se o exercício da profissão constituir elemento de empresa"*.

Em princípio, pois, os profissionais intelectuais (um advogado, um médico, um professor, um músico etc.), mesmo quando exercem a atividade em seu nome próprio, não são considerados empresários. Advogados, médicos, arquitetos, entre outros, que vivem do exercício de sua profissão intelectual, não são empresários, **salvo se o objeto da atividade constituir elemento de empresa**. Mas o que o legislador quis dizer ao usar essa expressão?

O CC quer com isso dizer que enquanto o profissional intelectual apenas exerce a sua atividade intelectual, ainda que com o intuito de lucro e mesmo contratando alguns auxiliares, ele não é considerado empresário para os efeitos legais. Enquanto o profissional intelectual está numa fase embrionária de atuação (é um profissional que atua sozinho, faz uso apenas de seu esforço, da sua capacidade intelectual), ele não é considerado empresário, não se submetendo, pois, ao regime jurídico-empresarial.

Todavia, **a partir do momento em que ele dá uma *forma empresarial* ao exercício de suas atividades, será considerado empresário** e passará a ser regido pelas normas do Direito Empresarial. Quando o exercício de sua profissão se tornar impessoal e os serviços não estiverem mais ligados à pessoa daquele profissional, mas a uma organização empresarial específica da qual aquele profissional se tornou um agente organizador, será ele considerado empresário.

Nesse sentido, são bastante elucidativos os enunciados nº 193, 194 e 195, do Conselho da Justiça Federal, aprovados na III Jornada de Direito Civil, realizada em 2005. De acordo com o enunciado nº 193, "o exercício das atividades de natureza exclusivamente intelectual está excluído do conceito de empresa". O enunciado nº 194 dispõe que "os profissionais liberais não são considerados empresários, salvo se a organização dos fatores de produção for mais importante que a atividade pessoal desenvolvida". E o enunciado nº 195 diz que "a expressão 'elemento de empresa' demanda interpretação econômica, devendo ser analisada sob a égide da absorção da atividade intelectual, de natureza científica, literária ou artística, como um dos fatores da organização empresarial".

▸ **Atenção!**

O mesmo raciocínio vale para os profissionais intelectuais que exercem suas profissões em sociedade. Essa sociedade, em princípio, será uma sociedade simples e não uma sociedade empresária.

1.1.2. O exercente de atividade econômica rural

Outro agente econômico que mereceu disciplina especial do CC foi aquele que exerce **atividade econômica rural**. O CC se preocupou em dar um tratamento especial a ele, **excluindo-o da obrigatoriedade de registro na Junta Comercial**, prevista no seu art. 967.

Com efeito, de acordo com esse dispositivo, todo empresário, antes de iniciar o exercício da atividade empresarial, tem que se registrar na Junta Comercial do seu estado, seja empresário individual (pessoa física) ou sociedade empresária (pessoa jurídica). **Para aquele que exerce atividade econômica rural, todavia, o CC concedeu a *faculdade* de se registrar** ou não perante a Junta Comercial da sua unidade federativa.

Assim sendo, **se aquele que exerce atividade econômica rural não se registrar na Junta Comercial, não será considerado empresário, para os efeitos legais**. Em contrapartida, **se ele optar por se registrar, será considerado empresário para todos os efeitos legais**, submetendo-se, assim, às regras do regime jurídico-empresarial. Esta regra está contida no **art. 971 do CC**, o qual determina que *"o empresário, cuja atividade rural constitua sua principal profissão, pode, observadas as formalidades de que tratam o art. 968 e seus parágrafos, requerer inscrição no Registro Público de Empresas Mercantis da respectiva sede, caso em que, depois de inscrito, ficará equiparado, para todos os efeitos, ao empresário sujeito a registro"*.

Conclui-se, pois, que para os que exercem atividade econômica rural o registro na Junta Comercial tem natureza **constitutiva** e não meramente declaratória, como de ordinário. Portanto, o registro não é requisito para que alguém seja considerado empresário, mas apenas uma obrigação legal imposta aos praticantes de atividade econômica. Quanto ao exercente de atividade econômica rural, todavia, essa regra é excepcionada, sendo o registro na Junta, pois, condição indispensável para sua caracterização como empresário e consequente submissão ao regime jurídico-empresarial. Veja-se, a propósito, o que dispõe o enunciado nº 202 do CJF, aprovado na III Jornada de Direito Civil: "o registro do empresário ou sociedade rural na Junta Comercial é facultativo e de natureza constitutiva, sujeitando-o ao regime jurídico-empresarial. É inaplicável esse regime ao empresário ou sociedade rural que não exercer tal opção".

Por fim, ressalte-se que regra idêntica foi prevista para a sociedade que tem por objeto social a exploração de atividade econômica rural. Dispõe o CC, em seu art. 984, que "a sociedade que tenha por objeto o exercício de atividade própria de empresário rural e seja constituída, ou transformada, de acordo com um dos tipos de sociedade empresária, pode, com as formalidades do art. 968, requerer inscrição no Registro Público de Empresas Mercantis da sua sede, caso em que, depois de inscrita, ficará equiparada, para todos os efeitos, à sociedade empresária".

1.1.2.1 Empresário

Art. 966 do CC: A pessoa física (empresário individual) ou jurídica (sociedade empresária ou EIRELI) que exerce profissionalmente atividade econômica organizada (empresa) de produção ou circulação de bens ou serviços.

Apesar de o conceito de empresário ser bastante genérico, há certos agentes econômicos que, não obstante exerçam atividade econômica profissionalmente, não se submetem ao regime jurídico-empresarial, ou seja, não são considerados empresários. São eles:

1) Profissionais intelectuais, salvo quando o exercício da profissão constituir mero elemento de empresa (art. 966, p. ún., do CC);
2) Exercentes de atividade econômica rural, salvo quando optarem pelo registro na Junta Comercial (art. 971 do CC);

1.2. Exercício de empresa

O CC estabeleceu algumas vedações ao exercício de empresa, bem como disciplinou alguns detalhes sobre a atuação do empresário casado. Inicialmente, dispõe o CC, em seu art. 972, que "podem exercer a atividade de empresário os que estiverem em pleno gozo da capacidade civil e não forem legalmente impedidos".

Com efeito, da leitura do art. 972 do Código Civil é possível traçar dois requisitos essenciais para o exercício de empresa, quais sejam: 1) ausência de impedimento legal; e 2) capacidade.

Atualmente, os impedimentos legais ao exercício de atividade empresarial estão espalhados pelo arcabouço jurídico-normativo. Normalmente, esses impedimentos estão em normas de Direito Público e visam a proteger a coletividade, evitando que esta negocie com determinadas pessoas que, em virtude de sua função ou condição, são incompatíveis com o exercício livre de atividade empresarial. Podem ser citados, como exemplos: o art. 117, X, da Lei nº 8.112/90, relativo aos **servidores públicos federais**; o art. 36, I, da LC 35/79 – LOMAN, relativo aos

magistrados; o art. 44, III, da Lei nº 8.625/93, relativo aos **membros do Ministério Público**, o art. 29 da Lei nº 6.880/80, relativo aos **militares.**

É preciso atentar para o fato de que a proibição é para o exercício de empresa *individualmente*, não sendo vedado, pois, que alguns impedidos sejam sócios de sociedades empresárias, uma vez que, nesse caso, quem exerce a atividade empresarial é a própria pessoa jurídica, e não seus sócios. Em suma: os impedimentos se dirigem aos empresários individuais, e não aos sócios de sociedades empresárias. Nesse sentido, pode-se afirmar então que os impedidos não podem se registrar na Junta Comercial como empresários individuais (pessoas físicas que exercem atividade empresarial), não significando, em princípio, que eles não possam participar de uma sociedade empresária como quotistas ou acionistas, por exemplo. No entanto, a possibilidade de os impedidos participarem de sociedades empresárias não é absoluta, **somente podendo ocorrer se forem sócios de responsabilidade limitada e, ainda assim, se não exercerem funções de gerência ou administração.**

▸ Atenção!

Empresário individual ≠ Sócio de uma sociedade empresária: muitas regras da parte inicial do CC de 2002 se aplicam aos empresários individuais e não às sociedades empresárias.

Quanto aos impedimentos ao exercício de empresa, o CC estabelece em seu art. 973 que "a pessoa legalmente impedida de exercer atividade própria de empresário, se a exercer, responderá pelas obrigações contraídas". Portanto, as obrigações contraídas por um "empresário" impedido **não são nulas**. Ao contrário, elas terão plena validade em relação a terceiros de boa-fé que com ele contratem.

A outra vedação ao exercício de empresa estabelecida no art. 972 do CC, como dissemos, diz respeito à incapacidade. Só pode exercer empresa quem é capaz, quem está no pleno gozo de sua capacidade civil, conforme determina o dispositivo normativo em comento. Ocorre que o próprio CC abre duas exceções, permitindo que o incapaz exerça empresa nesses casos. A matéria está disciplinada no **art. 974 do CC**, o qual prevê que *"poderá o incapaz, por meio de representante ou devidamente assistido, continuar a empresa antes exercida por ele enquanto capaz, por seus pais ou pelo autor de herança"*.

Em primeiro lugar, destaque-se que o art. 974 se refere ao exercício *individual* de empresa. Trata-se, pois, de casos em que o incapaz será autorizado a explorar atividade empresarial individualmente, ou seja, na qualidade de empresário individual (pessoa física). A possibilidade de o incapaz ser sócio de uma sociedade empresária é situação totalmente distinta e que há muito tempo é admitida no

Brasil, **desde que o capital social esteja integralizado e que o incapaz não exerça poderes de administração.**

Outra observação a ser feita sobre o artigo em comento é que **ambas as situações excepcionais em que se admite o exercício de empresa por incapaz são para que ele *continue* a exercer empresa, mas nunca para que ele *inicie* o exercício de uma atividade empresarial**. O incapaz nunca poderá ser autorizado a iniciar o exercício de uma empresa, apenas poderá ser autorizado, excepcionalmente, a dar continuidade a uma atividade empresarial que já era exercida por alguém, na qualidade de empresário individual.

Da leitura do art. 974 do CC, percebe-se que o incapaz poderá ser autorizado a ser empresário individual quando: **(i)** ele mesmo, quando era capaz, já exercia a atividade empresarial, **sendo a sua incapacidade, portanto, superveniente**; e **(ii)** a atividade empresarial era exercida por outrem, de quem o incapaz adquire a titularidade do exercício da atividade empresarial por **sucessão *causa mortis***. Nesse sentido, aliás, é o enunciado nº 203 do CJF, aprovado na III Jornada de Direito Civil: "*o exercício de empresa por empresário incapaz, representado ou assistido, somente é possível nos casos de incapacidade superveniente ou incapacidade do sucessor na sucessão por morte*".

Se o juiz entender conveniente a continuação do exercício da empresa pelo incapaz, concederá um **alvará** autorizando-o a tanto, **por meio de representante ou assistente, conforme o grau de sua incapacidade**. É preciso atentar, nesse ponto, para a interessante previsão contida no § 2º do art. 974 do CC, segundo a qual "*não ficam sujeitos ao resultado da empresa os bens que o incapaz já possuía, ao tempo da sucessão ou da interdição, desde que estranhos ao acervo daquela, devendo tais fatos constar do alvará que conceder a autorização*".

- **Importante ressaltar que não se deve confundir a hipótese em questão – exercício de atividade empresarial por incapaz, mediante autorização judicial – com o caso em que o incapaz com 16 (dezesseis) anos completos preenche os requisitos para a sua emancipação em decorrência do estabelecimento comercial em função do qual tenha economia própria (art. 5º, inciso V, do CC). Nesse caso, não se está diante de um incapaz, mas de um menor capaz. A emancipação, como se sabe, antecipa a capacidade, permitindo então que o menor emancipado – que é capaz, repita-se – exerça a empresa independentemente de autorização judicial.**

Por fim, o CC, conforme já dito, também trouxe algumas regras especiais aplicáveis ao empresário casado, regras que se aplicam, por óbvio, ao **empresário individual**, já que na sociedade empresária quem é o titular da empresa é a própria pessoa jurídica, a qual não pode casar.

▸ **Atenção!**

Empresário individual ≠ Sócio de uma sociedade empresária: muitas regras da parte inicial do CC de 2002 se aplicam aos empresários individuais e não às sociedades empresárias.

De acordo com o art. 978 do CC, "o empresário casado **pode, sem necessidade de outorga conjugal, qualquer que seja o regime de bens**, alienar os imóveis que integrem o patrimônio da empresa ou gravá-los de ônus real".

Já o art. 979 do CC, por sua vez, determina que "além de no Registro Civil, serão arquivados e averbados, no Registro Público de Empresas Mercantis, os pactos e declarações antenupciais do empresário, o título de doação, herança, ou legado, de bens clausulados de incomunicabilidade ou inalienabilidade". Assim, se estes atos não forem devidamente registrados na Junta Comercial, o empresário não poderá opô-los contra terceiros.

No mesmo sentido da regra acima comentada, dispõe o art. 980 do CC que "a sentença que decretar ou homologar a separação judicial do empresário e o ato de reconciliação não podem ser opostos a terceiros, antes de arquivados e averbados no Registro Público de Empresas Mercantis".

Lembre-se!

Quanto aos impedimentos, vale ressaltar que eles não obstam, em princípio, que o impedido seja sócio de uma sociedade empresária. Nesse caso, basta que sua responsabilidade seja limitada e que ele não exerça poderes de administração.

Quanto aos incapazes, vale a mesma regra: eles não podem ser empresários individuais, mas podem ser, em princípio, sócios de uma sociedade empresária, desde que assumam responsabilidade limitada, que o capital social esteja integralizado e que eles não exerçam poderes de administração (conforme art. 974, parágrafo 3º, do CC, acrescentado pela Lei nº 12.399/2011).

Finalmente, é preciso ter muito cuidado com o art. 974 do CC, que prevê duas situações excepcionais em que o incapaz pode continuar a exercer empresa: (i) incapacidade superveniente e (ii) herança.

2. O REGISTRO PÚBLICO DE EMPRESAS MERCANTIS

A inscrição na Junta Comercial **antes** de iniciar a atividade é **obrigação legal imposta a todo e qualquer empresário** (empresário individual, EIRELI ou sociedade empresária), sob pena de começar a exercer a empresa **irregularmente**. Trata-se de obrigação prevista no art. 967 do CC, o qual dispõe ser "obrigatória a inscrição do empresário no Registro Público de Empresas Mercantis da respectiva sede, antes do início de sua atividade".

O art. 968 do CC estabelece os requisitos formais para o requerimento de inscrição do empresário, destacando-se aqui o inciso II, alterado pela Lei Complementar 147/2014. Agora a firma, com a respectiva assinatura autógrafa, pode ser substituída "pela assinatura autenticada com certificação digital ou meio equivalente que comprove a sua autenticidade", ressalvada as disposições específicas para microempresas e empresas de pequeno porte.

Saliente-se, porém, que a inscrição, embora seja uma formalidade legal imposta pela lei a todo e qualquer empresário ou sociedade empresária - com exceção da situação dos que exercem de atividade econômica rural, como visto - **não é requisito para a caracterização do empresário e sua consequente submissão ao regime jurídico-empresarial**. Quer-se dizer com isso que caso o empresário individual ou a sociedade empresária não se registrem na Junta Comercial antes do início de suas atividades, tal fato não implicará a sua exclusão do regime jurídico-empresarial, nem fará com que eles não sejam considerados, respectivamente, empresário individual e sociedade empresária. Afinal, conforme disposto no enunciado nº 199 do CJF, aprovado na III Jornada de Direito Civil, "a inscrição do empresário ou sociedade empresária é requisito delineador de sua **regularidade**, e não de sua caracterização". Sendo assim, se alguém começa a exercer profissionalmente atividade econômica organizada de produção ou circulação de bens ou serviços, mas não se registra na Junta Comercial, **será considerado empresário e se submeterá às regras do regime jurídico-empresarial**, embora esteja **irregular**, sofrendo, por isso, algumas consequências, como a **impossibilidade de requerer recuperação judicial**, por exemplo (art. 48 da Lei nº 11.101/05).

O Registro Público de Empresas Mercantis, no Brasil, está disciplinado em legislação especial: **Lei nº 8.934/94**. Não obstante, o CC também traz algumas normas sobre registro (arts. 1.150 a 1.154).

No seu art. 3º, a Lei nº 8.934/94 criou o **SINREM (Sistema Nacional de Registro de Empresas Mercantis)**, sistema que regula o registro de empresa no Brasil. Esse sistema é composto por dois órgãos: *"I - O **DNRC (Departamento Nacional de Registro do Comércio)**, órgão central do SINREM, com funções supervisora, orientadora, coordenadora e normativa, no plano técnico; e supletiva, no plano administrativo; II - As **Juntas Comerciais**, como órgãos locais, com funções executora e administradora dos serviços de registro"*.

Vê-se, pois, que esse sistema de registro criado pela Lei nº 8.934/94 possui um órgão central, o **DNRC**, que supervisiona, orienta, coordena e normatiza o registro de empresa no Brasil, e vários órgãos locais, as **Juntas Comerciais**, que fazem o registro, em cada Estado da federação, dos diversos empresários individuais e sociedades empresárias que exercem atividade empresarial em nosso País.

Aqui é importante uma anotação. O Decreto nº 8.001/2013 extinguiu o DRNC, criando em seu lugar o DREI, Departamento de Registro Empresarial e Integração, órgão vinculado à Secretaria de Governo Digital (SGD) que passou a integrar a estrutura do Ministério da Economia (Decreto nº 9.745/2019), com as mesmas atribuições do DNRC (vide www.economia.gov.br). A doutrina aponta dois problemas aqui para serem enfrentados. Primeiro, um ato normativo infralegal extinguindo um órgão, o DNRC, criado e disciplinado por lei. Em princípio, a Constituição Federal, no art. 84, possibilitaria isso à Presidente da República. Segundo, a atribuição, a um órgão específico da Secretaria de Micro e Pequena Empresa, o DREI, da organização técnica de todo o registro empresarial, inclusive dos empresários que não se enquadrem nos critérios da LC 123/2007. Uma vez que a redação da Lei 8.934/94 está mantida com o disciplinamento do DNRC e a doutrina ainda nutre dúvidas acerca deste novo cenário, daqui em diante, far-se-á menção aos dois nomes, DNRC e DREI, para chamar a atenção do leitor sobre a alteração.

As Juntas Comerciais fazem parte da estrutura administrativa dos Estados (isto é, são órgãos dos respectivos Estados), mas se sujeitam, no plano técnico, às normas e diretrizes baixadas pelo DNRC (atual DREI), órgão central do SINREM e que integra a estrutura administrativa federal (isto é, é órgão da União). Pode-se dizer, portanto, que **as Juntas são órgãos estaduais que exercem uma função federal, que é a função de registro dos empresários individuais e das sociedades empresárias**. Em suma, pode-se dizer que **as Juntas Comerciais possuem uma subordinação hierárquica híbrida. No plano técnico, as Juntas se submetem ao DNRC (atual DREI), enquanto no âmbito administrativo elas se submetem à administração estadual.** Vale mencionar que, com a edição da Lei nº 13.833/2019, foram transferidos, da União para o Distrito Federal, a Junta Comercial do Distrito Federal, as atividades de registro público de empresas mercantis e atividades afins no âmbito do Distrito Federal, e os livros e os documentos relativos ao registro público de empresas mercantis e atividades afins do Distrito Federal sob responsabilidade da Junta Comercial do Distrito Federal.

Em razão desse caráter híbrido de subordinação das Juntas Comerciais (ao Estado-membro respectivo e ao DNRC, atual DREI), o Superior Tribunal de Justiça tem firmado o entendimento de que há uma divisão de competência para apreciar ações judiciais em que a Junta Comercial seja parte. Tratando-se de ***matéria administrativa***, a competência para processar e julgar as ações em que a Junta figure num dos polos da demanda é da **Justiça comum estadual**. Em contrapartida, em se tratando de ***matéria técnica***, relativa ao registro de empresa, a competência passa a ser da **Justiça Federal**, em virtude do interesse na causa do DNRC (atual DREI), conforme preceitua o art. 109, inciso I, da Constituição Federal.

Assim, por exemplo, se a Junta Comercial indeferir o pedido de arquivamento de contrato social de uma determinada sociedade limitada, com base numa

Instrução Normativa do DNRC (atual DREI), e essa sociedade resolver impetrar mandado de segurança contra tal decisão, **deverá fazê-lo na Justiça Federal, porque nesse caso a Junta agiu sob orientação de um ente federal, o DNRC (atual DREI)**. Nesse sentido, podem ser citados os seguintes acórdãos do Superior Tribunal de Justiça e do Supremo Tribunal Federal, respectivamente (STJ, CC 15575/BA, STJ, CC 43225/PR, STJ, CC 31357/MG e STF, RE 199793/RS). No entanto, **nos casos em que particulares litigam acerca de registros de alterações societárias a competência é da Justiça Estadual** (REsp 678.405/RJ).

Justiça Federal	Justiça Estadual
Matéria técnica **OU** Discussão sobre a lisura do ato da junta	Matéria administrativa **OU** Disputas societárias entre particulares

Os atos de registro praticados pelas Juntas Comerciais são os seguintes: a) **matrícula**; b) **arquivamento**; c) **autenticação** (art. 32 da Lei nº 8.934/94).

Matrícula é o registro de alguns profissionais específicos, os chamados auxiliares do comércio: leiloeiros, tradutores públicos, intérpretes, trapicheiros e administradores de armazéns-gerais. Nesse caso, a Junta funciona, *grosso modo*, como órgão regulador da profissão.

O **arquivamento** é o ato de registro que diz respeito, basicamente, aos atos constitutivos da sociedade empresária ou do empresário individual, bem como suas respectivas alterações. Após o arquivamento do ato constitutivo do empresário individual ou da sociedade empresária, caso haja alguma alteração esta será feita por meio de **averbação**, que constitui, assim, uma anotação referente à nova situação registral, realizada à margem do ato constitutivo originário.

Por fim, a **autenticação** é ato de registro que se refere aos instrumentos de escrituração contábil do empresário (livros empresariais) e dos agentes auxiliares do comércio. A autenticação é um **requisito extrínseco de regularidade na escrituração**. Sem autenticação da Junta, pois, os livros não estarão corretamente escriturados.

Destaque-se que segundo o disposto no art. 1.154 do CC o ato sujeito a registro não pode ser oposto a terceiros antes do cumprimento das formalidades exigidas, salvo se houver prova de que o terceiro o conhecia. A norma é plenamente justificável e possui outros dispositivos correlatos, que representam verdadeiro desdobramento do seu conteúdo normativo. Com efeito, se as Juntas são o órgão de registro público dos empresários e das sociedades empresárias, sua função precípua é dar publicidade aos atos desses agentes econômicos, a fim de se tornarem conhecidos de terceiros e a eles poderem ser opostos. Se um determinado ato ainda não foi registrado na Junta, não pode ser oposto a terceiros, salvo se se provar que esse terceiro conhecia aquele ato.

Sobre os atos de registro praticados pelas juntas comerciais, há 03 (três regras) muito importantes: (i) as Juntas Comerciais, na análise dos atos de registro a ela submetidos, deve ater-se ao exame do cumprimento das formalidades legais previstas (**art. 40** da Lei nº 8.934/94 e art. 1.153, parágrafo único, do CC), jamais adentrando no mérito do ato praticado (se algum interessado quiser discutir o mérito do ato, como, por exemplo, a existência ou não de falta grave para excluir um quotista e uma sociedade limitada, deve fazê-lo no Poder Judiciário); (ii) segundo o **art. 29** da Lei nº 8.934/94, *"qualquer pessoa, sem necessidade de provar interesse, poderá consultar os assentamentos existentes nas juntas comerciais e obter certidões, mediante pagamento do preço devido"*, uma vez que as Juntas Comerciais, como órgãos públicos de registro dos empresários individuais e das sociedades empresárias, possuem justamente a função de dar publicidade aos atos relativos a esses agentes econômicos, daí porque os assentamentos feitos na Junta Comercial são públicos, e não secretos, podendo a eles ter acesso qualquer pessoa, sem que para tanto precise justificar ou mostrar a existência de algum interesse pertinente; (iii) por fim, segundo o **art. 36** da Lei nº 8.934/94, *"os documentos referidos no inciso II do art. 32 deverão ser apresentados a arquivamento na junta, dentro de 30 (trinta) dias contados de sua assinatura, a cuja data retroagirão os efeitos do arquivamento; fora desse prazo, o arquivamento só terá eficácia a partir do despacho que o conceder"* (art. 1.151, §§ 1º e 2º, do CC).

Essa terceira regra é muito importante na prática. Uma alteração do contrato social, por exemplo, deve ser levada a registro na Junta dentro de 30 (trinta), contados da sua efetiva realização, uma vez que, se isso não for feito, a referida alteração contratual só será considerada eficaz perante terceiros após o deferimento do registro pela Junta (efeitos *ex nunc*). Caso, porém, o registro seja feito dentro do prazo legal, a alteração contratual, quando deferida, considerar-se-á produzindo efeitos desde a data em que foi decidida pelos sócios (efeitos *ex tunc*). Em resumo: se o ato é levado a registro dentro do prazo legal de trinta dias, o registro opera efeitos *ex tunc*, retroagindo à data da sua efetiva realização. Em contrapartida, se o ato é levado a registro fora do prazo legal de trinta dias, produz efeitos *ex nunc*, ou seja, só se torna eficaz a partir do seu deferimento.

Finalmente, destaque-se que **os membros das Juntas Comerciais são chamados de vogais, e em regra as decisões sobre os atos de registro submetidos à apreciação da Junta são proferidas por esses vogais, em decisões singulares, conforme determina o art. 42 da Lei nº 8.934/94**. Todavia, alguns atos de registro específicos, por serem mais complexos, se submetem a um regime de decisão colegiada (Turma ou Plenário). A matéria está disciplinada no **art. 41** da lei, o qual determina que *"estão sujeitos ao regime de decisão colegiada pelas juntas comerciais,* *na forma desta lei: I – o arquivamento: a) dos atos de constituição de sociedades anônimas, bem como das atas de assembleias gerais e demais atos, relativos a essas sociedades, sujeitos ao Registro Público de Empresas Mercantis e Atividades Afins; b) dos atos referentes à transformação, incorporação, fusão e cisão de empresas mercantis; c) dos atos de constituição e alterações de consórcio e de grupo de sociedades, conforme previsto na Lei nº 6.404, de 15 de dezembro de 1976; II – o julgamento do recurso previsto nesta lei".*

Lembre-se!

Quanto ao registro de empresa no Brasil, a Lei nº 8.934/94 criou o SINREM, que possui um órgão central, o DNRC (atual DREI), com funções gerais, e vários órgãos locais, as Juntas Comerciais, que possuem a função específica de executar os atos de registro dos empresários, sociedades empresárias e auxiliares do comércio: arquivamento, matrícula e autenticação.

Além disso, é preciso atentar-se às 03 (três) regras importantes sobre os atos de registro praticados pelas Juntas Comerciais: 1) a Junta não pode analisar o mérito dos atos levados a registro; 2) qualquer pessoa pode ter acesso aos assentamentos das Juntas; e 3) os atos de registro devem ser levados à Junta nos trinta dias seguintes à sua prática, sob pena de só produzirem efeitos após o seu deferimento.

Por fim, não se deve esquecer a jurisprudência do STJ: se uma ação contra a Junta versar sobre matéria técnica, a competência será da Justiça Federal.

3. A ESCRITURAÇÃO DOS EMPRESÁRIOS

Além de se registrar antes de iniciar o exercício da atividade empresarial, outra obrigação legal imposta a todo empresário (empresário individual, EIRELI ou sociedade empresária), é a necessidade "seguir um sistema de contabilidade, mecanizado ou não, com base na escrituração uniforme de seus livros, em correspondência com a documentação respectiva, e a levantar anualmente o balanço patrimonial e o de resultado econômico" (art. 1.179 do CC). Enfim, **os empresários devem manter um sistema de escrituração contábil periódico, além de levantar, todo ano, dois balanços financeiros: o patrimonial e o de resultado econômico**. A obrigação é tão importante que **a legislação falimentar considera crime a escrituração irregular, caso a falência do empresário seja decretada** (art. 178 da Lei nº 11.101/05). Ademais, pela importância que ostentam, os livros comerciais **são equiparados a documento público para fins penais, sendo tipificada como crime a falsificação, no todo ou em parte, da escrituração empresarial (art. 297, § 2º, do CP).**

A escrituração do empresário é tarefa que a lei incumbe (art. 1.182 do CC) a profissional específico: o **contabilista**, o qual deve ser legalmente habilitado, ou seja, estar devidamente inscrito no seu órgão regulamentador da profissão. O referido dispositivo legal, todavia, ressalva os casos em que não exista contabilista habilitado na localidade, quando a tarefa de escrituração do empresário poderá ser exercida por outro profissional ou mesmo pelo próprio empresário.

Atualmente, **o único livro obrigatório comum a todo e qualquer empresário é o livro Diário, que pode ser substituído por fichas no caso de ser adotada escrituração mecanizada ou eletrônica** (art. 1.181 do CC). **O livro Diário também pode ser substituído pelo livro Balancetes Diários e Balanços, quando o empresário adotar o sistema de fichas de lançamentos** (art. 1.185 do CC). Se o Diário é o único livro obrigatório comum, são **facultativos** os livros caixa (no qual se controlam as entradas e saídas de dinheiro), estoque, razão (que classifica o movimento das mercadorias), borrador (que funciona como um rascunho do diário) e conta corrente (que é usado para as contas individualizadas de fornecedores ou clientes).

Alguns **livros específicos** são exigidos a certos empresários. É o caso, por exemplo, do livro de registro de duplicatas, exigido dos empresários que trabalharem com a emissão de duplicatas mercantis. É o caso, também, das sociedades anônimas, que são obrigadas, pela Lei nº 6.404/76 a escriturar uma série de livros específicos, como o livro de registro de atas da assembleia, o livro de registro de transferência de ações nominativas, entre outros. Também existem livros obrigatórios especiais que são exigidos em virtude do exercício de alguma profissão. São os casos, por exemplo, dos livros impostos pela legislação comercial aos leiloeiros e aos donos de armazéns-gerais. Afora esses livros obrigatórios, o empresário poderá escriturar outros, a seu critério (art. 1.179, § 1º, do CC).

É importante atentar também para o art. 1.179, § 2º, do CC, que dispensa "o pequeno empresário a que se refere o art. 970" das exigências contidas no *caput*, relativas à necessidade de manter um sistema de escrituração e de levantar anualmente os balanços patrimonial e de resultado econômico. O art. 970, por sua vez, afirma que "a lei assegurará tratamento favorecido, diferenciado e simplificado ao empresário rural e ao pequeno empresário, quanto à inscrição e aos efeitos daí decorrentes". Complementando essas regras, a legislação que trata das microempresas e das empresas de pequeno porte no Brasil (LC nº 123/06) esclarece, no art. 68, que "considera-se pequeno empresário, para efeito de aplicação do disposto nos arts. 970 e 1.179 da Lei no 10.406, de 10 de janeiro de 2002 (Código Civil), o empresário individual caracterizado como microempresa na forma desta Lei Complementar que aufira receita bruta anual até o limite previsto no § 1º do art. 18-A". O art. 18-A da LC nº 123/06, criado pela LC 128/2008 e alterado pela LC 139/2011, estabelece que "considera-se MEI o empresário individual a que se refere o art. 966 da Lei no 10.406, de 10 de janeiro de 2002 (Código Civil), que tenha auferido receita bruta, no ano-calendário anterior, de até R$ 81.000,00 (oitenta e um mil reais)". O **pequeno empresário** (empresário individual caracterizado como microempresa que aufira receita bruta anual de até R$ 81.000,00) **não se submete, portanto, ao dever de escrituração imposto pelo *caput* do art. 1.179 do CC.**

* **Esse pequeno empresário também é o conhecido MEI (microempreendedor individual).**

Outra regra importante sobre os livros empresariais é a de que eles **são protegidos pelo sigilo**, conforme determinação contida no art. 1.190 do CC: "ressalvados os casos previstos em lei, nenhuma autoridade, juiz ou tribunal, sob qualquer pretexto, poderá fazer ou ordenar diligência para verificar se o empresário ou a sociedade empresária observam, ou não, em seus livros e fichas, as formalidades prescritas em lei".

Observe-se que o dispositivo acima transcrito ressalva, de forma clara, "os casos previstos em lei", ou seja, **a legislação poderá prever situações excepcionais em que o sigilo empresarial que protege os livros do empresário não seja oponível**. Assim, o próprio CC estabelece uma dessas situações, ao dispor, no art. 1.193, que as restrições ao exame da escrituração **não se aplicam às autoridades fazendárias, quando estas estejam no exercício da fiscalização tributária**. E o Supremo Tribunal Federal, ponderando o direito ao sigilo empresarial dos empresários e o direito à fiscalização tributária das autoridades fazendárias, entende que o exame dos livros e documentos constantes da escrituração **deve ater-se ao objeto da fiscalização**. É o que dispõe a Súmula nº 439 do STF: "estão sujeitos à fiscalização tributária ou previdenciária quaisquer livros comerciais, limitado o exame ao ponto objeto da investigação".

O sigilo que protege os livros empresariais **também pode ser afastado por ordem judicial, total ou parcialmente**. O novo Código de Processo Civil trata do tema, estabelecendo, em seu **art. 420**, que "o juiz pode ordenar, a requerimento da parte, a exibição integral dos livros empresariais e dos documentos do arquivo: I – na liquidação de sociedade; II – na sucessão por morte de sócio; III – quando e como determinar a lei". O CC também cuida do assunto, preceituando, em seu **art. 1.191**, que "o juiz só poderá autorizar a exibição integral dos livros e papéis de escrituração quando necessária para resolver questões relativas a sucessão, comunhão ou sociedade, administração ou gestão à conta de outrem, ou em caso de falência". Interpretando harmonicamente os dois dispositivos transcritos, pode-se concluir que a exibição integral dos livros só pode ser determinada (i) a requerimento da parte – conforme determinação da norma processual – e (ii) somente nos casos expressamente previstos na lei (por exemplo, na liquidação da sociedade, na falência, entre outros).

A exibição parcial dos livros também está disciplinada em ambos os códigos. O novo CPC estabelece, em seu **art. 421**, que *"o juiz pode, de ofício, ordenar à parte a exibição parcial dos livros e documentos, extraindo-se deles a suma que interessar ao litígio, bem como reproduções autenticadas"*. O CC, por sua vez, preceitua, em seu **art. 1.191, § 1º**, que *"o juiz ou tribunal que conhecer de medida cautelar ou de ação pode, a requerimento ou de ofício, ordenar que os livros de qualquer das partes, ou de ambas, sejam examinados na presença do empresário ou da sociedade empresária a que pertencerem, ou de pessoas por estes nomeadas, para deles se extrair o que interessar à questão"*. A interpretação harmônica desses dispositivos nos leva à conclusão de que a exibição parcial dos livros empresariais pode ser determinada (i) pelo julgador, a requerimento ou até mesmo de ofício, e (ii) em qualquer processo.

Exibição Total	Exibição Parcial
apenas por requerimento da parte e só nos casos previstos em lei	até mesmo de ofício e em qualquer processo

Os livros empresariais são documentos que **possuem força probante**, sendo muitas vezes fundamentais para a resolução de um determinado litígio. Sobre esse assunto, dispõe o novo CPC, em seu art. 417: "os livros empresariais provam contra o seu autor, sendo lícito ao empresário, todavia, demonstrar, por todos os meios permitidos em direito, que os lançamentos não correspondem à verdade dos fatos". Vê-se, pois, que a eficácia probatória dos livros empresariais **contra** o empresário opera-se independentemente de os mesmos estarem corretamente escriturados. Nada impede, todavia, que o empresário demonstre, por outros meios de prova, que os lançamentos constantes daquela escrituração que lhe é desfavorável são equivocados.

Em contrapartida, para que os livros façam prova **a favor** do empresário é preciso que os mesmos estejam **regularmente escriturados**, conforme disposição do art. 418 do novo CPC: "Os livros empresariais, que preencham os requisitos exigidos por lei, provam também a favor do seu autor no litígio entre empresários".

Eficácia probatória dos livros:

Prova contra o empresário	Prova a favor do empresário
independe da regularidade da escrituração, mas o empresário pode fazer prova em contrário	só se estiverem regulamente escriturados e em litígios entre empresários

Vale ressaltar que **a regularidade da escrituração exige a obediência a requisitos intrínsecos e extrínsecos**. Os primeiros estão previstos no **art. 1.183 do CC**, o qual prevê que "a escrituração será feita em idioma e moeda corrente nacionais e em forma contábil, por ordem cronológica de dia, mês e ano, sem intervalos em branco, nem entrelinhas, borrões, rasuras, emendas ou transportes para as margens".

Os requisitos extrínsecos de regularidade da escrituração, por sua vez, são a **existência de um termo de abertura e de um termo de encerramento, bem assim a autenticação da Junta Comercial**. Vale lembrar que, conforme determinação do art. 32, inciso III, da Lei nº 8.934/94, só serão autenticados os livros empresariais dos empresários devidamente registrados na Junta.

4. NOME EMPRESARIAL

A partir do momento em que se registra, o empresário (empresário individual, EIRELI ou sociedade empresária) deve adotar uma **expressão para identificá-lo em suas relações jurídicas**, que será então o seu **nome empresarial**. Portanto, assim como todos nós, pessoas naturais, possuímos um nome civil, os empresários – seja o empresário individual, a EIRELI ou a sociedade empresária – também devem possuir um nome empresarial, que consiste, justamente, na expressão que os identifica nas relações jurídicas que formalizam em decorrência do exercício da atividade empresarial. Em outras palavras, nome empresarial **é aquele sob o qual o empresário, a empresa individual de responsabilidade limitada e a sociedade empresária exercem suas atividades e se obrigam nos atos a elas pertinentes**.

É preciso tomar cuidado, todavia, para **não confundir o nome empresarial com alguns outros importantes elementos de identificação do empresário, tais como a marca, o nome de fantasia (também chamado por alguns de título de estabelecimento ou insígnia) e até mesmo o nome de domínio**.

A marca é um **sinal distintivo que identifica produtos ou serviços de um determinado empresário**. Sua disciplina está adstrita ao âmbito do Direito de Propriedade Industrial e será oportunamente analisada. O nome de fantasia, por sua vez, é a **expressão que identifica o título do estabelecimento**, é a forma pela qual o empresário se identifica no dia a dia perante seus consumidores, por meio de panfletos, dos uniformes dos funcionários ou do *layout* do ponto. Por fim, o nome de domínio é o **endereço eletrônico que hospeda o site do empresário na internet**.

Nome empresarial	identifica o empresário individual ou a sociedade empresária como sujeito de direitos (ex.: Petróleo do Brasil S.A.)
Nome de fantasia	identifica o título do estabelecimento (ex.: Petrobras)
Marca	identifica um produto ou um serviço do empresário individual ou da sociedade empresária (ex.: óleo Lubrax)
Nome de domínio	identifica o site do empresário individual ou da sociedade empresária na internet (ex.: www.petrobras.com.br)

Segundo o art. 1.155 do CC, "considera-se nome empresarial a firma ou a denominação adotada, de conformidade com este Capítulo, para o exercício de empresa". O Código distingue, portanto, duas espécies de nome empresarial: a) **firma**; e b) **denominação**.

A firma, que pode ser **individual** (quando se tratar de empresário individual) ou **social** (quando se tratar de sociedade empresária), é **espécie de nome empresarial formada por um nome civil – do próprio empresário, no caso de firma individual, ou de um ou mais sócios, no caso de firma social**. O núcleo da firma é, pois, sempre um nome civil (por exemplo, André Ramos ou A. Ramos). Destaque-se ainda que na firma **pode** ser indicado o ramo de atividade (no exemplo já mencionado: André Ramos Comércio, Edição e Distribuição de livros). Trata-se, portanto, de uma **faculdade**, nos termos do art. 1.156, parte final, do CC, que dispõe claramente que o titular da firma pode aditar, se quiser, expressão que designe de forma mais precisa sua pessoa ou o ramo de sua atividade.

A denominação, **que só pode ser social – o empresário individual somente opera sob firma –, pode ser formada por qualquer expressão linguística, e a indicação do objeto social (ramo de atividade) é obrigatória** (vide arts. 1.158, § 2º, 1.160 e 1.161, todos do CC).

Portanto, pode-se dizer que a firma é usada, em regra, pelos **empresários individuais** e pelas **sociedades em que existam sócios de responsabilidade ilimitada** (sociedade em nome coletivo, sociedade em comandita simples e sociedade em comandita por ações), enquanto a denominação é usada, em regra, pelas **sociedades em que todos os sócios respondem de forma limitada** (sociedade limitada e sociedade anônima). Dissemos em regra porque a **sociedade limitada pode usar firma social** (art. 1.158 do CC) e a **sociedade em comandita por ações pode usar firma** (art. 1.190 do CC).

Assim, de acordo com o tipo societário utilizado pela sociedade empresária – limitada, anônima, comandita etc. – o nome empresarial usado variará conforme a espécie e até mesmo conforme a estrutura da sociedade constituída.

A sociedade limitada, por exemplo, pode adotar firma ou denominação, integradas pela palavra final "limitada" ou a sua abreviatura (art. 1.158 do CC). Se optar pelo uso da firma social, ela será composta com o nome de um ou mais sócios, desde que pessoas físicas, de modo indicativo da relação social (art. 1.158, § 1º, do CC). Se, todavia, optar pelo uso da denominação social, esta deverá necessariamente designar o objeto da sociedade, sendo permitido nela figurar o nome de um ou mais sócios (art. 1.158, § 2º, do CC). Exemplos: Ramos & Silva serviços de Informática Ltda. (firma social) e 12 de Julho Livraria e Editora Ltda. (denominação social).

As sociedades em que há sócios de responsabilidade ilimitada, como é o caso da sociedade em nome coletivo, operarão sob firma, na qual somente os nomes daqueles poderão figurar, bastando para formá-la aditar ao nome de um deles a expressão "e companhia" ou sua abreviatura (art. 1.159 do CC). Exemplos: Silva e Ramos Indústria de Alimentos ou Silveira & Cia Produtos de Limpeza.

A sociedade anônima, por sua vez, opera sob denominação designativa do objeto social, integrada pelas expressões "sociedade anônima" ou "companhia", por extenso ou abreviadamente, nos termos do art. 1.160 do CC. Exemplos: Recife Alimentos S/A ou Recife Companhia de Alimentos ou Companhia Recife de Alimentos. Veja-se que, na sociedade anônima a expressão companhia ou sua abreviatura virá sempre no início ou no meio, mas nunca no final do nome. O CC ainda destaca que "pode constar da denominação o nome do fundador, acionista, ou pessoa que haja concorrido para o bom êxito da formação da empresa" (art. 1.160, parágrafo único, do CC).

Já a **sociedade em comandita por ações pode adotar firma ou denominação designativa do objeto social, aditada da expressão "comandita por ações"** (art. 1.161 do CC), e a **sociedade em conta de participação não pode ter firma ou denominação** (art. 1.162 do CC).

Registre-se que os empresários individuais ou sociedades empresárias que se enquadrarem como microempresa ou empresa de pequeno porte, nos termos da Lei Complementar nº 123/06, **deverão acrescentar aos seus respectivos nomes empresariais as terminações ME ou EPP**, conforme o caso (por exemplo, André Ramos Cursos Jurídicos – ME, Silva e Ribeiro Serviços de Informática – ME ou SOS Computadores Serviços de Informática LTDA. – EPP).

O nome empresarial da EIRELI, segundo dispõe o art. 980-A do CC, "deverá ser formado pela inclusão da expressão 'EIRELI' após a firma ou a denominação social da empresa individual de responsabilidade limitada". Verifica-se, pois, que **a EIRELI, semelhantemente à sociedade limitada, pode adotar tanto firma, quanto denominação.**

Quanto à formação do nome empresarial, o art. 34 da Lei nº 8.934/94 determina que ***"o nome empresarial obedecerá aos princípios da veracidade e da novidade"***.

De acordo com o *princípio da veracidade*, o **nome empresarial não pode conter nenhuma informação falsa**. Sendo a expressão que identifica o empresário em suas relações como tal, é imprescindível que o nome empresarial só forneça dados verdadeiros àquele que negocia com o empresário. Exemplos de regras que incorporam o princípio da veracidade são os arts. 1.158, § 3º, (*"a omissão da* *palavra "limitada" determina a responsabilidade solidária e ilimitada dos administradores que assim empregarem a firma ou a denominação da sociedade"*) e 1.165 (*"o nome de sócio que vier a falecer, for excluído ou se retirar, não pode ser conservado na firma social"*).

Pelo *princípio da novidade*, por sua vez, entende-se a **proibição de se registrar um nome empresarial igual ou muito parecido com outro já registrado.** Com efeito, segundo o disposto no art. 1.163 do CC, "o nome de empresário deve distinguir-se de qualquer outro já inscrito no mesmo registro". O parágrafo único desse dispositivo prevê que "se o empresário tiver nome idêntico ao de outros já inscritos, deverá acrescentar designação que o distinga". Cabe à Junta Comercial onde o empresário, a EIRELI ou a sociedade empresária requereu o arquivamento de seus atos constitutivos proceder à análise da eventual colidência entre o nome empresarial levado a registro e outro nome empresarial já registrado, consultando seus assentamentos.

É preciso ressaltar, todavia, que a proteção ao nome empresarial quanto ao princípio da novidade **se inicia automaticamente a partir do registro e é restrita ao território do Estado da Junta Comercial em que o empresário se registrou.** Isso porque o art. 1.166 do CC dispõe que "a inscrição do empresário, ou dos atos constitutivos das pessoas jurídicas, ou as respectivas averbações, no registro próprio, asseguram o uso exclusivo do nome nos limites do respectivo Estado". Sendo assim, nada impede que um empresário com atividade na Bahia registre um nome empresarial idêntico ao de outro empresário, mais antigo, com atuação em Pernambuco, **salvo se este obteve o direito de usar exclusivamente seu nome empresarial em todo o território nacional, conforme previsão do parágrafo único do artigo em referência.**

Por fim, o Código dispõe, em seu art. 1.164, que "o nome empresarial não pode ser objeto de alienação", mas ressalva a possibilidade de o adquirente do estabelecimento empresarial continuar usando o antigo nome empresarial do alienante, precedido do seu e com a qualificação de sucessor, desde que o contrato de trespasse permita (art. 1.164, parágrafo único, do CC: "o adquirente de estabelecimento, por ato entre vivos, pode, se o contrato o permitir, usar o nome do alienante, precedido do seu próprio, com a qualificação de sucessor"). Portanto, a regra do *caput* do art. 1.164 do CC, que prevê a inalienabilidade do nome empresarial, deve ser interpretada em consonância com a regra do seu parágrafo único. Assim, **embora o nome empresarial, em si, não possa ser vendido, pode ser que num contrato de alienação do estabelecimento empresarial (que é chamado de trespasse) ele seja negociado, como elemento integrante desse próprio estabelecimento (fundo de empresa).**

Nome empresarial	
Espécies	**Princípios**
Firma: (i) usada pelo empresário individual e, em regra, pelas sociedades em que há sócios de responsabilidade ilimitada, lembrando que o uso é facultativo pela EIRELI ou pela sociedade limitada; (ii) o núcleo é sempre um nome civil; (iii) não é obrigatória a indicação do ramo de atividade.	**Veracidade:** o nome empresarial não deve conter nenhuma informação falsa.
Denominação: (i) usada, em regra, pelas sociedades em que a responsabilidade dos sócios é limitada, lembrando que o uso é facultativo pela EIRELI ou pela sociedade limitada; (ii) o núcleo é uma expressão linguística qualquer; (iii) é obrigatória a indicação do ramo de atividade.	**Novidade:** o nome empresarial não pode ser igual nem muito semelhante a outro já registrado na Junta Comercial (o âmbito e proteção ao nome, pois, é restrito ao território da Junta Comercial respectiva).

Artigos importantes do CC: 1.155, 1.158, 1.160 e 1.164.

5. ESTABELECIMENTO EMPRESARIAL

O empresário (empresário individual, EIRELI ou sociedade empresária) que se registra na Junta Comercial e adota um determinado nome empresarial para identificá-lo em suas relações jurídicas está apto a iniciar suas atividades. Para que inicie esse exercício, no entanto, **deverá organizar o seu estabelecimento empresarial** (fundo de empresa, que os italianos chamam de azienda).

De início, a expressão estabelecimento empresarial parece se referir ao local onde o empresário exerce sua atividade empresarial. Trata-se, todavia, de uma visão equivocada, que representa apenas uma noção vulgar da expressão, que corresponde tão-somente ao sentido coloquial que ela possui para as pessoas em geral.

O conceito técnico-jurídico de estabelecimento empresarial, todavia, é algo mais complexo. Trata-se, em suma, de **todo o conjunto de bens, materiais ou imateriais, que o empresário utiliza no exercício da sua atividade**. Esta foi, aliás, a definição dada pelo legislador do CC, no art. 1.142: "considera-se estabelecimento todo complexo de bens organizado, para exercício da empresa, por empresário, ou por sociedade empresária".

Portanto, o local onde o empresário exerce suas atividades – **ponto de negócio** – é apenas um dos elementos que compõem o estabelecimento empresarial, o qual, como visto, é composto também de outros bens **materiais** (equipamentos, máquinas etc.) e até mesmo bens **imateriais** (marca, patente de invenção etc.).

Outra observação importante sobre o conceito de estabelecimento empresarial, ainda antes de analisar mais detidamente as normas do CC relativas a ele, é a que diz respeito à importância de **não confundir o estabelecimento empresarial com o patrimônio do empresário**. Este é todo o conjunto de bens, direitos, ações, posse e tudo o mais que pertença a uma pessoa física ou jurídica e seja suscetível de apreciação econômica. Vê-se, pois, que nem todos os bens que compõem o patrimônio são, necessariamente, componentes também do estabelecimento empresarial, uma vez que, para tanto, será imprescindível que o bem, seja ele material ou imaterial, guarde um liame com o exercício da atividade-fim do empresário.

<table>
<tr><td rowspan="3">Estabelecimento</td><td>= complexo de bens, materiais e imateriais, organizado pelo empresário individual ou pela sociedade empresária para exercício da empresa (atividade econômica organizada)</td></tr>
<tr><td>≠ ponto</td></tr>
<tr><td>≠ patrimônio</td></tr>
</table>

Existem no direito estrangeiro diversas teorias para explicar o estabelecimento empresarial e definir a sua natureza jurídica, mas de todas elas prevalece a que considera o estabelecimento empresarial uma **universalidade de fato**, ou seja, um conjunto de elementos que, quando reunidos por ato vontade (se a reunião ocorrer por força de lei será uma universalidade de direito, como o espólio e a massa falida), podem ser concebidos como coisa unitária, ou seja, algo novo e distinto que não representa a mera junção dos elementos componentes.

A doutrina brasileira majoritária, seguindo mais uma vez as ideias suscitadas pela doutrina italiana sobre o tema, sempre considerou o estabelecimento empresarial uma universalidade de fato, uma vez que os elementos que o compõem formam uma coisa unitária exclusivamente em razão da destinação que o empresário lhes dá, e não em virtude de disposição legal.

Essa posição parece ter ganhado ainda mais força com a edição do novo CC e a consequente definição do estabelecimento como o complexo de bens organizado pelo empresário para o exercício de sua atividade econômica. De fato, o que dá origem ao estabelecimento, na qualidade universalidade, é a **vontade do empresário**, que organiza os diversos elementos que o compõem com a finalidade de exercer uma determinada atividade econômica e dela obter lucro.

Ressalte-se ainda que, sendo o estabelecimento uma universalidade de fato, ou seja, um complexo de bens organizado pelo empresário, ele não compreende os contratos, os créditos e as dívidas. Eis mais uma distinção que pode ser feita, portanto, entre estabelecimento e patrimônio, uma vez que este, ao contrário daquele, compreende até mesmo as relações jurídicas – direitos e obrigações – do seu titular.

Todavia, embora o estabelecimento empresarial não compreenda as relações obrigacionais do seu titular, mas tão-somente o complexo de bens, sejam eles materiais ou não, que ele (empresário individual ou sociedade empresária) organiza para o exercício de sua atividade, isso não significa que o CC não tenha se preocupado com os efeitos obrigacionais decorrentes das negociações que envolvam o estabelecimento.

Em primeiro lugar, o CC dispõe no seu art. 1.143 que *"pode o estabelecimento ser objeto unitário de direitos e de negócios jurídicos, translativos ou constitutivos, que sejam compatíveis com a sua natureza"*. Está aqui o código se referindo à **possibilidade de o estabelecimento ser negociado como um todo unitário, ou seja, como universalidade de fato**.

Claro que o estabelecimento pode ser objeto de negociações singulares, como permite o art. 90, parágrafo único, do CC. Mas o que nos interessa, nesse ponto, é analisar a negociação do estabelecimento de forma unitária, quando estaremos diante do chamado ***trespasse*** (**contrato que envolve a transferência do estabelecimento empresarial de um empresário para outro**).

De acordo com o disposto no art. 1.144 do CC, *"o contrato que tenha por objeto a alienação, o usufruto ou arrendamento do estabelecimento,* ***só produzirá efeitos quanto a terceiros depois de averbado à margem da inscrição do empresário, ou da sociedade empresária, no Registro Público de Empresas Mercantis, e de publicado na imprensa oficial****"*. Vê-se, pois, que é condição de **eficácia perante terceiros** o registro do contrato de trespasse na Junta Comercial e a sua posterior publicação. Essa formalidade é extremamente importante, para que terceiros interessados tomem conhecimento da operação e possam, eventualmente, impugná-la, caso percebam alguma fraude, por exemplo. Trata-se aqui de regra geral, a qual pode ter exceções. Por exemplo, **o empresário individual, a EIRELI ou a sociedade empresária enquadrados na LC 123/2006**, "ficam dispensados da publicação de qualquer ato societário" (art. 71 da LC 123/2006).

Ainda sobre o trespasse, o código dispõe, no seu art. 1.145, que *"se ao alienante não restarem bens suficientes para solver o seu passivo, a* ***eficácia*** *da alienação do estabelecimento depende do pagamento de todos os credores, ou do consentimento destes, de modo expresso ou tácito, em trinta dias a partir de sua notificação"*. Sendo assim, o empresário que quer vender o estabelecimento empresarial deve ter uma cautela importante: ou conserva bens suficientes para pagar todas as suas dívidas perante seus credores, ou deverá obter o consentimento destes, o qual poderá ser expresso ou tácito. Com efeito, caso não guarde em seu patrimônio bens suficientes para saldar suas dívidas, o empresário deverá notificar seus credores para que se manifestem em 30 dias acerca da sua intenção de alienar o estabelecimento. Uma vez transcorrido tal prazo sem que nenhum credor se manifeste, o consentimento dos credores será tácito.

▸ **Atenção!**

As duas regras analisadas acima (arts. 1.144 e 1.145 do CC) são **condições de eficácia do trespasse perante terceiros**, e não condições de validade do contrato.

Pois bem. Realizado o trespasse de maneira regular, ou seja, respeitadas as determinações legais acima analisadas (arts. 1.144 e 1.145 do CC), resta-nos analisar como o código disciplinou os efeitos da negociação unitária do estabelecimento empresarial.

Em primeiro lugar, **o art. 1.146 do CC trata da chamada sucessão empresarial**, estabelecendo que *"o adquirente do estabelecimento responde pelo pagamento dos débitos anteriores à transferência, desde que regularmente contabilizados, continuando o devedor primitivo solidariamente obrigado pelo prazo de um ano, a partir, quanto aos créditos vencidos, da publicação, e, quanto aos outros, da data do vencimento"*.

Pode-se concluir, portanto, que o adquirente do estabelecimento empresarial **responde** pelas dívidas existentes – contraídas pelo alienante –, **desde que regularmente contabilizadas**, isto é, constantes da escrituração regular do alienante, pois foram essas as dívidas a que o adquirente teve conhecimento quando da efetivação do negócio. Embora o adquirente assuma essas dívidas contabilizadas, **o alienante fica solidariamente responsável por elas durante o prazo de um ano**. Tal prazo, todavia, será contado de maneiras distintas a depender do **vencimento da dívida** em questão: tratando-se de *dívida já vencida*, o prazo é contado **a partir da publicação do contrato de trespasse** (vide art. 1.144); tratando-se, em contrapartida, de *dívida vincenda*, o prazo é contado **do dia de seu vencimento.**

É preciso deixar bastante claro, também, que **essa sistemática de sucessão obrigacional prevista no art. 1.146 do CC só se aplica às dívidas negociais do empresário**, decorrentes das suas relações travadas em consequência do exercício da empresa (por exemplo, dívidas com fornecedores ou financiamentos bancários). **Em se tratando, todavia, de dívidas tributárias ou de dívidas trabalhistas, não se aplica o disposto no art. 1146 do CC, uma vez que a sucessão tributária e a sucessão trabalhista possuem regimes jurídicos próprios, previstos em legislação específica** (arts. 133 do CTN e art. 448 da CLT, respectivamente).

E cumpre destacar, ainda sobre a sucessão empresarial, que a nova legislação falimentar (Lei nº 11.101/05) trouxe uma importantíssima novidade que se relaciona diretamente com a matéria ora em análise. Com efeito, o art. 141 da lei mencionada dispõe que *"na alienação conjunta ou separada de ativos, inclusive da empresa ou de suas filiais, promovida sob qualquer das modalidades de que trata este artigo: (...); II – o objeto da alienação **estará livre de qualquer ônus e***

não haverá sucessão do arrematante nas obrigações do devedor, inclusive as de natureza tributária, as derivadas da legislação do trabalho e as decorrentes de acidentes de trabalho". Regra semelhante se encontra prevista na mesma lei para os empresários individuais e sociedades empresárias em recuperação judicial (art. 60, parágrafo único).

Art. 1.146 do CC (sucessão empresarial):	Não se aplica
O adquirente assume as dívidas negociais contabilizadas do alienante.	As dívidas trabalhistas e tributárias, que possuem regras específicas (art. 448 da CLT e 133 do CTN)
	Quando o trespasse é feito em hasta pública em processo de falência ou recuperação judicial (arts. 141, II e 60, p. ún., da Lei nº 11.101/05)

Enquanto o art. 1.146 do CC cuidou da sucessão empresarial, **o art. 1.147 positivou no Direito Empresarial brasileiro a chamada *cláusula de não concorrência*** (também conhecida como cláusula de não restabelecimento ou cláusula de interdição da concorrência): *"não havendo autorização expressa, o alienante do estabelecimento não pode fazer concorrência ao adquirente, nos cinco anos subsequentes à transferência"*.

A regra em questão traduz a consagração, em nosso ordenamento jurídico, do entendimento jurisprudencial de que, **mesmo na ausência de cláusula contratual expressa, o alienante tem a obrigação contratual implícita de não fazer concorrência ao adquirente do estabelecimento empresarial**.

Essa obrigação implícita imposta ao alienante é uma **decorrência lógica da aplicação do princípio da boa-fé objetiva às relações contratuais** e encontra respaldo em diversos ordenamentos jurídicos estrangeiros. Com efeito, o adquirente do estabelecimento empresarial tem em vista a clientela do alienante, razão pela qual o restabelecimento deste, na medida em que pode, claramente, desviar essa clientela, que tende a segui-lo, configura ofensa ao princípio da boa-fé objetiva, no âmbito da qual se inclui a legítima expectativa do adquirente de "herdar" a clientela atrelada ao estabelecimento empresarial por ele adquirido.

Em atenção a esse entendimento – o qual, como dito, consolidou-se na jurisprudência brasileira ao longo dos anos – o CC de 2002 editou o art. 1.147, acima transcrito, que impõe a quem vende um estabelecimento empresarial, salvo disposição expressa em contrário, a obrigação contratual **implícita** de não se restabelecer para fazer concorrência ao adquirente por um determinado prazo – **05 (cinco) anos a partir da transferência** –, a fim de **evitar o desvio da clientela em detrimento do empresário-adquirente**.

Ainda sobre o trespasse e seus efeitos, o art. 1.148 do CC determina que, "salvo disposição em contrário, **a transferência importa a sub-rogação do adquirente nos contratos estipulados para exploração do estabelecimento, se não tiverem caráter pessoal**, podendo os terceiros rescindir o contrato em noventa dias a contar da publicação da transferência, se ocorrer justa causa, ressalvada, neste caso, a responsabilidade do alienante".

Discussão interessante, decorrente da interpretação do dispositivo acima transcrito, é a referente ao **contrato de locação**. Com efeito, entende parte da doutrina – e esse entendimento é até mesmo anterior à vigência do CC – que um exemplo de contrato que se mantém vigente após a realização do trespasse é o contrato de locação. Nesse sentido, aliás, dispunha o enunciado nº 64 do CJF, aprovado na II Jornada de Direito Civil: "a alienação do estabelecimento empresarial importa, como regra, na manutenção do contrato de locação em que o alienante figurava como locatário". Todavia, o referido enunciado foi cancelado na III Jornada de Direito Civil, realizada no ano seguinte, e substituído pelo enunciado nº 234, o qual dispõe que "quando do trespasse do estabelecimento empresarial, **o contrato de locação do respectivo ponto não se transmite automaticamente ao adquirente**". A matéria é deveras polêmica. É que pela legislação brasileira (art. 13 da Lei nº 8.245/91), **o contrato de locação tem caráter pessoal** (*intuitu personae*). Portanto, na interpretação do art. 1.148 do CC, deve-se entender necessária a concordância do locador para que o ponto de negócio alugado integre o estabelecimento empresarial em caso de venda.

Outros contratos, como o de **prestação de serviços específicos**, também não se transmitem automaticamente ao adquirente do estabelecimento empresarial trespassado, uma vez que também possuem caráter pessoal no seu cumprimento, razão pela qual não se submetem à regra geral de sub-rogação prevista no início do *caput* do art. 1.148 do CC. O mesmo ocorre, também, com um **contrato que se mantinha com um advogado ou escritório de advocacia**.

Por fim, ainda sobre o trespasse e seus efeitos, o art. 1.149 prevê que "*a cessão dos créditos referentes ao estabelecimento transferido produzirá efeito em relação aos respectivos devedores, desde o momento da publicação da transferência, mas o devedor ficará exonerado se de boa-fé pagar ao cedente*".

Vê-se, pois, que da mesma forma que o adquirente assume as dívidas contabilizadas do alienante (art. 1.146 do CC), ele assume também todo o ativo contabilizado. Sendo assim, efetuada a transferência, a partir do registro no órgão competente, conforme determinado pelo art. 1.044 do CC, **cabe aos devedores pagar ao adquirente do estabelecimento**. Caso, entretanto, esses devedores paguem, **de boa-fé**, ao antigo titular do estabelecimento – ou seja, o alienante – ficarão livres de responsabilidade pela dívida, cabendo ao adquirente, nesse caso, cobrar do alienante, que recebeu os valores de forma indevida, uma vez que já havia transferido seus créditos quando da efetivação do trespasse.

6. AUXILIARES E COLABORADORES DO EMPRESÁRIO

O empresário, seja ele empresário individual, EIRELI ou sociedade empresária, jamais conseguiria atuar de forma competitiva no mercado atual se não contasse com importantes auxiliares e colaboradores, os quais o CC reuniu e disciplinou sob a rubrica de **prepostos** (arts. 1.169 a 1.178 do código).

Dispõe o art. 1.169 do CC que "o preposto não pode, sem autorização escrita, fazer-se substituir no desempenho da preposição, sob pena de responder pessoalmente pelos atos do substituto e pelas obrigações por ele contraídas". Com efeito, **como o contrato de preposição implica, necessariamente, poderes de representação, típicos do mandato, não se admite ao preposto a possibilidade de delegar poderes sem prévia autorização do preponente, uma vez que as prerrogativas que a preposição lhe confere são pessoais e intransferíveis.** A regra do artigo em comento é simplesmente uma manifestação especial da regra geral do mandato, constante do art. 667 do CC, o qual dispõe que "o mandatário é obrigado a aplicar toda a sua diligência habitual na execução do mandato, e a indenizar qualquer prejuízo causado por culpa sua ou daquele a quem substabelecer, sem autorização, poderes que devia exercer pessoalmente".

Outra regra específica aplicável às relações entre os prepostos e os empresários é a referente à **proibição de os prepostos fazerem concorrência, ainda que indireta, aos seus preponentes, salvo se para tanto possuírem autorização expressa**. Se não possuem referida autorização, responderão por perdas e danos, **podendo o empresário prejudicado requerer a retenção dos lucros decorrentes da operação do preposto**. É o que dispõe o art. 1.170 do CC. Vale ressaltar que em tal hipótese pode-se configurar, ainda, o **crime de concorrência desleal previsto no art. 195 da Lei de Propriedade Industrial (Lei nº 9.279/96)**.

O art. 1.171 do CC, por sua vez, diz que "considera-se perfeita a entrega de papéis, bens ou valores ao preposto, encarregado pelo preponente, se os recebeu sem protesto, salvo nos casos em que haja prazo para reclamação".

O código também não se esqueceu de estabelecer, em seu art. 1.178, que "os preponentes são responsáveis pelos atos de quaisquer prepostos, praticados nos seus estabelecimentos e relativos à atividade da empresa, ainda que não autorizados por escrito". A regra é, no nosso entender, uma manifestação clara da aplicação da conhecida **teoria da aparência**, tanto que, no parágrafo único do artigo em questão, o legislador fez uma importante ressalva à sua aplicação, determinando que "quando tais atos forem praticados fora do estabelecimento, somente obrigarão o preponente nos limites dos poderes conferidos por escrito, cujo instrumento pode ser suprido pela certidão ou cópia autêntica do seu teor".

Por fim, como não poderia deixar de ser, resta claro que não obstante os empresários preponentes respondam perante terceiros pelos atos praticados pelos seus prepostos, **podem voltar-se contra estes caso tenham agido com culpa**. Caso sua atuação tenha sido **dolosa**, os prepostos assumem responsabilidade **solidária** com seus preponentes, podendo os terceiros exigir o cumprimento da obrigação contra qualquer deles. É o que diz o parágrafo único do art. 1.177 do CC, que assim dispõe: "no exercício de suas funções, os prepostos são pessoalmente responsáveis, perante os preponentes, pelos atos culposos; e, perante terceiros, solidariamente com o preponente, pelos atos dolosos".

6.1. Contabilista

Ainda sobre prepostos do empresário, já destacamos, quando da análise da escrituração do empresário, que um de seus principais auxiliares é o contabilista – popularmente conhecido como contador –, **profissional legalmente habilitado, com formação especializada, encarregado de zelar pela contabilidade do empresário**. Só se pode dispensar o auxílio de contabilista **se na localidade não houver nenhum**, conforme disposto no art. 1.182 do CC.

Como o contabilista é preposto responsável pela escrituração do empresário, dispõe o art. 1.177 do código que "os assentos lançados nos livros ou fichas do preponente, por qualquer dos prepostos encarregados de sua escrituração, produzem, salvo se houver procedido de má-fé, os mesmos efeitos como se o fossem por aquele".

Todavia, não custa lembrar a regra do parágrafo único desse art. 1.177, já mencionada no tópico antecedente, que prevê a responsabilidade **solidária** entre prepostos e preponentes, perante terceiros, quando o preposto agir **dolosamente**. Sendo assim, caso um contador, no exercício de suas funções, crie o chamado caixa dois, falsificando a escrituração do seu empresário preponente de forma dolosa, deve responder perante terceiros? A resposta, obviamente, é afirmativa, e a justificativa legal está justamente no art. 1.177, parágrafo único, do CC.

6.2. Gerente

O código também cuidou do gerente. Trata-se, talvez, do mais importante preposto do empresário, por ser **aquele ao qual o empresário confia poderes de chefia do seu negócio**. Nem sempre, é verdade, o empresário necessitará do auxílio de um gerente: em pequenos negócios, basta a figura do próprio empresário individual ou dos sócios da sociedade empresária para o bom desenvolvimento do empreendimento. No entanto, se o negócio cresce e, por exemplo, amplia o seu campo de atuação – com abertura de filiais ou sucursais – o auxílio de um gerente é de extrema valia para o sucesso da empresa.

Registre-se, por oportuno, que nesse ponto o CC não está se referindo ao gerente sócio, mas tão-somente ao **gerente preposto** – ou, melhor dizendo, ao gerente empregado, **que não deve ser confundido com o administrador da pessoa jurídica**. Está-se falando aqui do empregado ou prestador de serviço a quem o empresário (empresário individual, EIRELI ou sociedade empresária) confere poderes para chefiar um negócio seu, o que distingue esse preposto dos demais funcionários.

Segundo o art. 1.172 do CC, "considera-se gerente o preposto permanente no exercício da empresa, na sede desta, ou em sucursal, filial ou agência". Como o gerente é o preposto ao qual se atribuem funções de chefia, dispõe o art. 1.173 do CC que "quando a lei não exigir poderes especiais, considera-se o gerente autorizado a praticar todos os atos necessários ao exercício dos poderes que lhe foram outorgados". Se o empresário possuir mais de um gerente, **consideram-se solidários os poderes a eles conferidos, salvo se houver alguma estipulação expressa em sentido diverso** (art. 1.173, parágrafo único).

Destaque-se ainda que **os poderes conferidos pela gerência são amplos**, podendo o gerente até mesmo figurar em juízo em nome do preponente, desde que as ações versem sobre obrigações assumidas em virtude do exercício da função gerencial (art. 1.176 do CC).

Não obstante os poderes do gerente sejam amplos, como dito acima, **pode o empresário, por óbvio, limitá-los**. Nesse caso, para que a limitação produza **efeitos perante terceiros**, deverá o empresário (i) registrá-la na Junta Comercial, por meio de averbação ao ato constitutivo lá arquivado ou (ii) provar que a limitação de poderes era conhecida daquele que contratou com o gerente (art. 1.174 do CC).

Por fim, **registre-se ainda que o gerente pode atuar, eventualmente, em seu nome, mas por conta do preponente empresário** – como ocorre nos contratos de comissão mercantil, por exemplo, que serão analisados com detalhes oportunamente. Nesse caso, dispõe o art. 1.175 do CC que "o preponente responde com o gerente pelos atos que este pratique em seu próprio nome, mas à conta daquele".

7. EIRELI – EMPRESA INDIVIDUAL DE RESPONSABILIDADE LIMITADA

Atendendo aos reclamos antigos da doutrina comercialista e do meio empresarial, o legislador brasileiro criou a figura da empresa individual de responsabilidade limitada, por meio da Lei 12.441/2011, que alterou alguns dispositivos do CC e acrescentou outros. Segue a íntegra da referida Lei para comentários a seguir.

LEI 12.441, DE 11 DE JULHO DE 2011.

Altera a Lei nº 10.406, de 10 de janeiro de 2002 (Código Civil), para permitir a constituição de empresa individual de responsabilidade limitada.

A PRESIDENTA DA REPÚBLICA Faço saber que o Congresso Nacional decreta e eu sanciono a seguinte Lei:

Art. 1º Esta Lei acrescenta inciso VI ao art. 44, acrescenta art. 980-A ao Livro II da Parte Especial e altera o parágrafo único do art. 1.033, todos da Lei nº 10.406, de 10 de janeiro de 2002 (Código Civil), de modo a instituir a empresa individual de responsabilidade limitada, nas condições que especifica.

Art. 2º A Lei nº 10.406, de 10 de janeiro de 2002 (Código Civil), passa a vigorar com as seguintes alterações:

"Art. 44.

(...)

VI – as empresas individuais de responsabilidade limitada.

(...)

"LIVRO II

(...)

TÍTULO I-A –DA EMPRESA INDIVIDUAL DE RESPONSABILIDADE LIMITADA

Art. 980-A. A empresa individual de responsabilidade limitada será constituída por uma única pessoa titular da totalidade do capital social, devidamente integralizado, que não será inferior a 100 (cem) vezes o maior salário mínimo vigente no País.

§ 1º O nome empresarial deverá ser formado pela inclusão da expressão 'EIRELI' após a firma ou a denominação social da empresa individual de responsabilidade limitada.

§ 2º A pessoa natural que constituir empresa individual de responsabilidade limitada somente poderá figurar em uma única empresa dessa modalidade.

§ 3º A empresa individual de responsabilidade limitada também poderá resultar da concentração das quotas de outra modalidade societária num único sócio, independentemente das razões que motivaram tal concentração.

§ 4º (VETADO).

§ 5º Poderá ser atribuída à empresa individual de responsabilidade limitada constituída para a prestação de serviços de qualquer natureza a remuneração decorrente da cessão de direitos patrimoniais de autor ou de imagem, nome, marca ou voz de que seja detentor o titular da pessoa jurídica, vinculados à atividade profissional.

§ 6º Aplicam-se à empresa individual de responsabilidade limitada, no que couber, as regras previstas para as sociedades limitadas.

...."

"Art. 1.033. ....

Parágrafo único. Não se aplica o disposto no inciso IV caso o sócio remanescente, inclusive na hipótese de concentração de todas as cotas da sociedade sob sua titularidade, requeira, no Registro Público de Empresas Mercantis, a transformação do registro da sociedade para empresário individual ou para empresa individual de responsabilidade limitada, observado, no que couber, o disposto nos arts. 1.113 a 1.115 deste Código." (NR)

Art. 3º Esta Lei entra em vigor 180 (cento e oitenta) dias após a data de sua publicação.

Quanto à nomenclatura, é preciso destacar que **o mais correto seria chamar o instituto criado de "empresário individual de responsabilidade limitada", porque empresa é a atividade desenvolvida.**

A regra que exige **capital mínimo** (igual ou superior a 100 vezes o valor do maior salário mínimo vigente no país) para a constituição de EIRELI é polêmica, porque no Brasil não existe nenhuma regra legal que exija capital mínimo para a constituição de sociedades, razão pela qual é questionável a referida exigência para a constituição de EIRELI, a qual é objeto da ADIn 4.637 no STF, ainda pendente de julgamento. Sobre o assunto, foi editado o Enunciado nº 4 da I Jornada de Direito Comercial: "Uma vez subscrito e efetivamente integralizado, o capital da empresa individual de responsabilidade limitada **não** sofrerá nenhuma influência decorrente de ulteriores alterações no salário mínimo". Deve-se atentar que, na EIRELI, **não se admite sua constituição com capital apenas subscrito e não integralizado**. Pelo comando legal, **o capital, na constituição, deve estar totalmente integralizado**.

Vale registrar também que a EIRELI **não é uma subespécie de sociedade empresária**. Com efeito, o legislador criou um novo tipo de pessoa jurídica, acrescentando um inciso ao rol das pessoas jurídicas de direito privado constante do art. 44 do CC. Portanto, a EIRELI **não é um empresário individual nem uma sociedade unipessoal**: trata-se de uma **nova espécie de pessoa jurídica de direito privado**, que se junta às outras já existentes (sociedades, associações, fundações, partidos políticos e organizações religiosas). Nesse sentido, foi aprovado o Enunciado nº 3 da I Jornada de Direito Comercial, com o seguinte teor: "A Empresa Individual de Responsabilidade Limitada – EIRELI não é sociedade unipessoal, mas um novo ente, distinto da pessoa do empresário e da sociedade empresária".

A Lei 12.441/2011, é verdade, não dispõe expressamente onde o ato constitutivo da EIRELI deve ser arquivado, se na Junta Comercial ou no Registro Civil de Pessoas Jurídicas, motivo pelo qual o assunto tem causado certa celeuma na doutrina. **Se a EIRELI exercer uma atividade não empresarial, típica de sociedade simples, ela poderia ser inscrita no Registro Civil**. Não se verifica óbice legal para tanto. Entretanto, **se o objeto da EIRELI for efetivamente uma atividade empresarial, o que deve ser a regra, ela deve ser inscrita na Junta Comercial**, sujeitando-se a todo o regime empresarial que lhe é pertinente.

Quanto ao nome empresarial, **a EIRELI pode usar tanto firma quanto denominação, e em ambos os casos deve acrescentar a expressão EIRELI ao final do nome.**

A Presidência da República vetou o § 4º do art. 980-A, que tinha a seguinte redação: " § 4º Somente o patrimônio social da empresa responderá pelas dívidas da empresa individual de responsabilidade limitada, não se confundindo em qualquer situação com o patrimônio da pessoa natural que a constitui, conforme descrito em sua declaração anual de bens entregue ao órgão competente". Registre-se, porém, que mesmo com o veto deve ser mantido o entendimento de que o patrimônio da EIRELI e o patrimônio da pessoa natural que a constitui não se confundem, o que garante a possibilidade de limitação de responsabilidade, pela aplicação do § 6º do art. 980-A do CC, o qual determina a aplicação à EIRELI das regras da sociedade limitada. Confira-se a respeito o Enunciado 470 da V Jornada de Direito Civil: "Art. 980-A. O patrimônio da empresa individual de responsabilidade limitada responderá pelas dívidas da pessoa jurídica, não se confundindo com o patrimônio da pessoa natural que a constitui, sem prejuízo da aplicação do instituto da desconsideração da personalidade jurídica". Ocorre que em 30 de abril de 2019 foi editada a Medida Provisória nº 881 que, instituindo a Declaração de Direitos de Liberdade Econômica, incluiu o § 7º ao art. 980-A do CC, dispondo que "Somente o patrimônio social da empresa responderá pelas dívidas da empresa individual de responsabilidade limitada, hipótese em que não se confundirá, em qualquer situação, com o patrimônio do titular que a constitui, ressalvados os casos de fraude." Sendo assim, com a edição da referida Medida Provisória, a regra da autonomia patrimonial da EIRELI passou a ter previsão expressa no próprio art. 980-A do CC.

Questão extremamente polêmica sobre a EIRELI é a possibilidade de ela ser constituída por pessoa jurídica. O entendimento que prevaleceu inicialmente foi o de que "A empresa individual de responsabilidade limitada só poderá ser constituída por pessoa natural" (V Jornada de Direito Civil). No entanto, o Departamento Nacional de Registro Empresarial e Integração – DREI, por meio da Instrução Normativa nº 38/2017, alterou seu entendimento sobre o tema. Pela nova redação do item 1.2.5 ("Capacidade para ser titular de Eireli") do Manual de Registro de Eireli (Anexo V), na alínea "c", o DREI passou a admitir expressamente que o titular de EIRELI possa ser pessoa jurídica nacional ou estrangeira. Vale mencionar, ainda, que através da Instrução Normativa nº 55 de 08/03/2019, que altera o Manual de Registro de EIRELI, aprovado pela Instrução Normativa DREI nº 38/2017, o DREI passou a admitir, ainda, que o titular de EIRELI possa ser pessoa incapaz, desde que devidamente representado ou assistido, conforme o grau de sua incapacidade, e com a administração a cargo de terceira pessoa não impedida.

Finalmente, cumpre destacar também a regra do § 2º do art. 980-A do CC, segundo a qual "A pessoa natural que constituir empresa individual de responsabilidade limitada somente poderá figurar em uma única empresa dessa modalidade".

Direito de Propriedade Industrial

1. INTRODUÇÃO AO DIREITO DE PROPRIEDADE INDUSTRIAL

Vimos que o empresário (empresário individual, EIRELI ou sociedade empresária), para iniciar o exercício de uma atividade econômica que lhe propicie auferir lucros, **necessita organizar todo um complexo de bens que lhe permitiam desempenhar tal mister**. A esse complexo de bens (ponto, equipamentos, marca, matéria-prima, capital etc.) dá-se o nome de **estabelecimento empresarial**, e dentre esses bens incluem-se não apenas bens **materiais**, mas também bens **imateriais** (marcas, invenções etc.). E esses bens imateriais que compõem o estabelecimento empresarial são tão importantes, no atual estágio de desenvolvimento do capitalismo, que o ordenamento jurídico confere a eles uma tutela jurídica especial, hodiernamente agrupada num sub-ramo específico do Direito Empresarial chamado de **Direito da Propriedade Industrial**.

Esse Direito de Propriedade Industrial é espécie do chamado Direito de Propriedade Intelectual, que também abrange o Direito Autoral e, segundo uma doutrina minoritária, ainda abrange o Direito Antitruste. Pode-se dizer, pois, que o Direito de Propriedade Intelectual é gênero, do qual são espécies o direito do inventor (Direito de Propriedade Industrial), intrinsecamente ligado ao Direito Empresarial, e o direito do autor (Direito Autoral), mais ligado ao Direito Civil.

2. A CONVENÇÃO DE PARIS E O ACORDO TRIPS

Hodiernamente, **diante do fenômeno da globalização da economia, os processos criativos e a competitividade empresarial têm se intensificado, e, consequentemente, há uma maior preocupação com a proteção das criações do gênio humano na área industrial e econômica.**

Mas nem sempre foi assim. Durante muito tempo, o homem não teve a preocupação específica de proteger seus inventos. Alguns autores destacam que o direito do inventor ou criador somente passou a ser reconhecido quando o homem foi capaz de reproduzir em grande escala as suas ideias, o que se deu, sobretudo, após a Revolução Industrial, quando a humanidade, surpresa com a mudança nas relações econômicas provocadas pela passagem do sistema artesanal para a indústria, atentou para a inexorável realidade de que a criação era o grande instrumento de poder e riqueza.

Em consequência dessa percepção de que era importante conferir proteção aos direitos de propriedade industrial, houve a realização de um grande encontro de nações, a **Convenção de Paris**, em 1883, com a finalidade de tentar **harmonizar e uniformizar o sistema internacional de proteção à propriedade industrial**.

Mais recentemente, dando sequência a essa tendência de internacionalização do Direito de Propriedade Industrial, decorrente da necessidade uniformização das regras entre os diversos países, foi celebrado o **Acordo TRIPS**, Tratado Internacional integrante de um conjunto de acordos assinados em 1994 que encerraram a conhecida Rodada Uruguai, dando origem à Organização Mundial do Comércio (OMC). Também é chamado de *Acordo Relativo aos Aspectos do Direito da Propriedade Intelectual Relacionados com o Comércio* (ADPIC), mas a denominação TRIPS é mais usada por derivar das iniciais em Inglês do referido tratado internacional.

Desse contexto o Brasil não ficou de fora, tendo sido um país pioneiro em tema de propriedade intelectual, participando como fundador da Convenção de Paris e prevendo, em quase todas as Constituições, inclusive na atual (art. 5º, inciso XXIX), normas que cuidaram do Direito de Propriedade Industrial. Ademais, o Brasil já ratificou o Acordo TRIPS, por meio do Decreto Legislativo nº 30/94.

3. A LEI Nº 9.279/96 (LEI DE PROPRIEDADE INDUSTRIAL – LPI)

A lei que disciplina o Direito de Propriedade Industrial no Brasil é a Lei nº 9.279/96 - Lei de Propriedade Industrial (LPI), que substituiu a antiga Lei nº 5.772/71 e que regula, atualmente, os direitos e obrigações relativos à propriedade industrial no Brasil, estabelecendo, em seu art. 2º, que "a proteção dos direitos relativos à propriedade industrial, considerado o seu interesse social e o desenvolvimento tecnológico e econômico do País, efetua-se mediante: I - concessão de patentes de invenção e de modelo de utilidade; II - concessão de registro de desenho industrial; III - concessão de registro de marca; IV - repressão às falsas indicações geográficas; e V - repressão à concorrência desleal".

Os bens protegidos pelo direito de propriedade industrial são, portanto, quatro: **a invenção e o modelo de utilidade, protegidos mediante a concessão de *patente* (instrumentalizada por meio da respectiva carta-patente), e a marca e**

o desenho industrial, protegidos mediante a concessão do *registro* (instrumentalizada por meio do respectivo certificado de registro). Ademais, o direito de propriedade industrial ainda reprime, como visto, as falsas indicações geográficas e a concorrência desleal.

Patente	Registro
invenção e modelo de utilidade	marca e desenho industrial

O texto da LPI é obediente aos preceitos de acordo internacional firmado há muito tempo pelo Brasil, a já mencionada Convenção da União de Paris, bem como ao Acordo TRIPS. O Brasil, como já dissemos, é signatário original da referida Convenção e ratificou o Acordo TRIPS em 1994. Somos, pois, um país ***unionista***.

Em função da adoção, pela legislação brasileira, dos preceitos consagrados na Convenção da União de Paris, a LPI contemplou os denominados princípios da prioridade e da assimilação no seu art. 3º, que determina a aplicação da lei: "I – ao pedido de patente ou de registro proveniente do exterior e depositado no País por quem tenha proteção assegurada por tratado ou convenção em vigor no Brasil; (princípio da prioridade) e II – aos nacionais ou pessoas domiciliadas em país que assegure aos brasileiros ou pessoas domiciliadas no Brasil a reciprocidade de direitos iguais ou equivalentes" (princípio da assimilação).

Destaque-se ainda que a LPI considera os direitos de propriedade industrial **coisas móveis**, segundo disposição constante do seu art. 5º: "consideram-se bens móveis, para os efeitos legais, os direitos de propriedade industrial".

Por fim, registre-se que os direitos de propriedade industrial são concedidos, no Brasil, pelo **Instituto Nacional de Propriedade Industrial – INPI**, que é uma **autarquia federal**, vinculada ao **Ministério da Economia**, conforme Decreto nº 9.660, de 1º de janeiro de 2019, a qual possui a atribuição de conceder privilégios e garantias aos inventores e criadores em âmbito nacional.

Como ente administrativo que é, as decisões do INPI podem sempre ser revistas pelo Poder Judiciário, em função do conhecido **princípio da inafastabilidade do controle jurisdicional dos atos do Poder Público**, previsto no art. 5º, inciso XXXV, da Constituição da República. De acordo com a jurisprudência do Superior Tribunal de Justiça, **as ações contra o INPI são de competência da Justiça Federal** e devem ser ajuizadas na seção judiciária do Rio de Janeiro, local da sede do instituto. No entanto, havendo pluralidade de réus, pode o autor ajuizar a ação no foro de domicílio do outro réu, se assim preferir, nos termos do art. 46, § 4º, do novo CPC (REsp 346.628-SP).

4. PATENTES DE INVENÇÃO E DE MODELO DE UTILIDADE

Conforme destacamos acima, dois dos bens protegidos pelo Direito de Propriedade Industrial são a invenção e o modelo de utilidade, e sua proteção específica se dá mediante a **concessão de patente**, instrumentalizada por meio da respectiva **carta-patente**.

O pedido de proteção será feito junto ao INPI pelo **autor da invenção ou do modelo de utilidade**, mas também pode ser realizado, segundo o art. 6º, § 2º, da LPI "pelos **herdeiros ou sucessores do autor**, pelo **cessionário** ou por **aquele a quem a lei ou o contrato de trabalho ou de prestação de serviços determinar que pertença a titularidade**".

Se o invento foi realizado em conjunto, o pedido de proteção poderá ser feito por **todos os inventores**, ou por **qualquer deles, isoladamente, desde que, neste caso, sejam nomeados e qualificados os demais, para a ressalva dos respectivos direitos**. É o que prevê, o art. 6º, § 3º, da LPI.

Norma interessante se encontra no art. 7º da LPI, a qual determina que "**se dois ou mais autores tiverem realizado a mesma invenção ou modelo de utilidade, de forma independente, o direito de obter patente será assegurado àquele que provar o depósito mais antigo, independentemente das datas de invenção ou criação**". A norma em referência demonstra, de forma clara, uma das principais distinções entre o Direito de Propriedade Industrial e o Direito Autoral. **Neste, a proteção é conferida desde o momento da criação**, razão pela qual o ato de concessão da proteção tem efeito meramente **declaratório. Naquele, em contrapartida, a proteção só é assegurada a quem efetivamente buscar a proteção junto ao órgão competente, o INPI, e a obtiver, antes dos demais interessados.** O ato de concessão da proteção (patente ou registro), pois, tem efeito **constitutivo.**

A LPI não definiu o que vem a ser uma invenção, limitando-se a firmar que "é patenteável a invenção que atenda aos requisitos de novidade, atividade inventiva e aplicação industrial".

Quanto ao modelo de utilidade, a LPI optou por definir o seu conceito, afirmando, em seu art. 9º, que se trata de "objeto de uso prático, ou parte deste, suscetível de aplicação industrial, que apresente nova forma ou disposição, envolvendo ato inventivo, que resulte em melhoria funcional no seu uso ou em sua fabricação". Vê-se, pois, que o modelo de utilidade é, como alguns autores preferem chamar, uma mini-invenção ou pequena invenção.

Para que o autor de uma invenção ou de um modelo de utilidade obtenha a proteção jurídica ao seu invento, por meio da concessão da respectiva patente, precisa demonstrar o preenchimento dos requisitos de patenteabilidade, a saber: a) **novidade**; b) **atividade inventiva**; c) **aplicação industrial** (ou industriabilidade).

Além disso, tem que demonstrar a **licitude** (ou desimpedimento) do invento a ser patenteado.

O requisito da *novidade* se considera preenchido **quando a invenção ou o modelo de utilidade não estão compreendidos no estado da técnica** (art. 11 da LPI), o qual, por sua vez, "é constituído por tudo aquilo tornado acessível ao público antes da data de depósito do pedido de patente, por descrição escrita ou oral, por uso ou qualquer outro meio, no Brasil ou no exterior, ressalvado o disposto nos arts. 12, 16 e 17" (art. 11, § 1º, da LPI). Em síntese, o requisito da novidade estará preenchido **se o invento (invenção ou modelo de utilidade) representa algo desconhecido de todos, mesmo dos cientistas ou pesquisadores especializados naquele assunto ou naquela área do conhecimento.**

O requisito da *atividade inventiva*, por sua vez, se considera preenchido **quando, para um técnico no assunto, a invenção não decorrer de maneira evidente ou óbvia do estado da técnica** (art. 13 da LPI), **e o modelo de utilidade não decorrer de maneira evidente ou vulgar do estado da técnica** (art. 14 da LPI). Em suma: o inventor deverá demonstrar que chegou àquele resultado novo em decorrência específica de um ato de criação seu. Serve esse requisito, enfim, para distinguir a invenção de uma mera descoberta, de modo que o direito de propriedade protege o inventor, mas não o mero descobridor.

Já o terceiro requisito de patenteabilidade, o da *aplicação industrial*, é preenchido **quando a invenção ou o modelo de utilidade possam ser utilizados ou produzidos em qualquer tipo de indústria**, conforme disposto no art. 15 da LPI: "a invenção e o modelo de utilidade são considerados suscetíveis de aplicação industrial quando possam ser utilizados ou produzidos em qualquer tipo de indústria". Tem-se, aqui, requisito de patenteabilidade ligado diretamente à exigência de que o invento seja útil e factível. É preciso demonstrar que o invento pode ser fabricado industrialmente, senão não há motivo algum de ele ser protegido pela patente.

Requisitos de patenteabilidade		
Novidade	**Atividade inventiva**	**Aplicação industrial**
o invento não está compreendido no estado da técnica	o invento não decorre de maneira evidente do estado da técnica, ou seja, não é uma mera descoberta	o invento pode ser usado ou produzido em algum tipo de indústria

Por fim, a *licitude* (ou desimpedimento, como preferem alguns autores) **diz respeito ao disposto no art. 18 da LPI**, o qual afirma não serem patenteáveis: "I – o que for contrário à moral, aos bons costumes e à segurança, à ordem e à saúde públicas; II – as substâncias, matérias, misturas, elementos ou produtos de qualquer espécie, bem como a modificação de suas propriedades físico-químicas e os respectivos processos de obtenção ou modificação, quando resultantes de transformação do núcleo atômico; e III – o todo ou parte dos seres vivos, exceto os microrganismos transgênicos que atendam aos três requisitos de patenteabilidade - novidade, atividade inventiva e aplicação industrial – previstos no art. 8º e que não sejam mera descoberta".

É preciso tomar cuidado para não confundir o disposto no art. 18 com o que dispõe o art. 10 da LPI. Este dispositivo arrola, em diversos incisos, o que a lei, a priori, sequer considera como invenção ou modelo de utilidade. Enfim, o art. 10 da LPI trata de coisas, por exemplo, que merecem outro tipo de proteção jurídica concedida pelo ordenamento, como no caso das obras literárias (inciso IV), que são protegidas pelo Direito Autoral (Lei nº 9.610/98), ou os programas de computador (softwares), que são protegidos nos termos da Lei nº 9.609/98.

O art. 18 da LPI, por seu turno, trata de casos que, em tese, podem ser considerados uma invenção ou um modelo de utilidade, porque preenchidos os requisitos da novidade, da atividade inventiva e da aplicação industrial. Todavia, o ordenamento jurídico prefere não lhes conferir proteção, em homenagem a valores supostamente mais elevados, como a moral, a segurança, entre outros.

Sobre os impedimentos legais à patenteabilidade, registre-se uma informação deveras interessante sobre uma mudança recente da nossa legislação sobre propriedade industrial, relativa aos medicamentos. É que a lei anterior excluía do seu âmbito de proteção a invenção dos remédios, sob o pretexto de universalizar o acesso da população aos avanços da ciência médica. **A LPI, todavia, não mais previu esse impedimento, assegurando, assim, a devida proteção jurídica aos inventos na área farmacêutica.**

Registre-se, porém, que nesse caso exige-se um requisito especial para a concessão da patente do medicamente, que é a **prévia anuência da ANVISA** (Agência Nacional de Vigilância Sanitária), de acordo com o disposto no art. 229-C, da LPI: "a concessão de patentes para produtos e processos farmacêuticos dependerá da prévia anuência da Agência Nacional de Vigilância Sanitária - ANVISA".

Ressalte-se, por ser de extrema importância, que a patente é um privilégio concedido ao inventor que não dura para sempre. A proteção conferida é **temporária**. Segundo o art. 40 da LPI, "a patente de invenção vigorará pelo prazo de **20 (vinte) anos** e a de modelo de utilidade pelo prazo **15 (quinze) anos** contados da data de depósito".

Pode ocorrer, todavia, de o procedimento junto ao INPI – o qual, como visto, é deveras complexo – demorar bastante para se encerrar, em razão, por exemplo, de pendência judicial. Foi por isso que a LPI estabeleceu, no parágrafo único do art. 40, que *"o prazo de vigência não será inferior a 10 (dez) anos para a patente de invenção e a 7 (sete) anos para a patente de modelo de utilidade, a contar da data de concessão, ressalvada a hipótese de o INPI estar impedido de proceder ao exame de mérito do pedido, por pendência judicial comprovada ou por motivo de força maior"*. Assim, por exemplo, se uma patente só for concedida 15 (quinze) anos após o respectivo depósito, nesse caso ela ainda terá vigência por mais 10 (dez) anos, após a sua concessão. **A lei procurou garantir que o inventor usufrua seus direitos por um prazo razoável, impedindo que o atraso na apreciação de seu pedido, algo não imputável a ele, não lhe traga prejuízos.**

Patente de	A partir do depósito	A partir da concessão
Invenção	20 anos ou	10 anos
Modelo de utilidade	15 anos ou	7 anos

Protegido pela patente devidamente concedida pelo INPI, nos termos das reivindicações, do relatório descritivo e dos desenhos apresentados quando da realização do pedido, o seu titular terá o **direito de exploração econômica exclusiva** do invento patenteado, podendo *"impedir terceiro, sem o seu consentimento, de produzir, usar, colocar à venda, vender ou importar com estes propósitos: I – produto objeto de patente; II – processo ou produto obtido diretamente por processo patenteado"* (arts. 41 e 42 da LPI).

Violado seu direito de exploração econômica exclusiva, o titular da patente **poderá ingressar com ação judicial com a finalidade de obter indenização por essa exploração indevida**, "inclusive em relação à exploração ocorrida entre a data da publicação do pedido e a da concessão da patente" (art. 44 da LPI).

É preciso ressalvar, todavia, a hipótese de um terceiro de boa-fé, anteriormente à data de depósito do pedido de patente, já explorar o objeto desta patente. Nesse caso, a LPI lhe assegura o direito de "continuar a exploração, sem ônus, na forma e condição anteriores" (art. 45).

É preciso ressaltar, ainda, a possibilidade de o titular da patente licenciar a sua exploração, mediante **contrato de licença** que deverá ser averbado junto ao INPI para que produza efeitos perante terceiros.

A licença pode ser voluntária ou compulsória. Esta se encontra disciplinada nos arts. 68 e seguintes da LPI. Segundo o art. 68, "o titular ficará sujeito a ter a patente licenciada compulsoriamente se exercer os direitos dela decorrentes de forma abusiva, ou por meio dela praticar abuso de poder econômico, comprovado nos termos da lei, por decisão administrativa ou judicial". Por sua vez, o § 1º do art. 68 afirma que "ensejam, igualmente, licença compulsória: I – a não exploração do objeto da patente no território brasileiro por falta de fabricação ou fabricação incompleta do produto, ou, ainda, a falta de uso integral do processo patenteado, ressalvados os casos de inviabilidade econômica, quando será admitida a importação; ou II - a comercialização que não satisfizer às necessidades do mercado".

O art. 71 da LPI também traz uma hipótese interessante de **licença compulsória**. De acordo com esse dispositivo, "nos casos de emergência nacional ou interesse público, declarados em ato do Poder Executivo Federal, desde que o titular da patente ou seu licenciado não atenda a essa necessidade, poderá ser concedida, de ofício, licença compulsória, temporária e não exclusiva, para a exploração da patente, sem prejuízo dos direitos do respectivo titular". A questão ganhou repercussão nacional recentemente, em virtude da discutida "**quebra de patente**" do medicamento Efavirenz, usado no combate ao vírus HIV. **Por meio do Decreto nº 6.108/07, o Presidente da República determinou a licença compulsória do medicamente em questão.**

Licença Compulsória	
Art. 68	é uma 'sanção' contra o titular da patente determinada pelo INPI em processo administrativo, a requerimento de interessado.
Art. 71	é determinada de ofício pelo Presidente da República, em casos de interesse público ou emergência nacional

Outro tema também interessante sobre as patentes é o relacionado aos inventos (invenções e modelos de utilidade) desenvolvidos por **empregados** ou **prestadores de serviços**. É comum, sobretudo nos grandes empreendimentos, que inventos sejam produzidos por funcionários do empresário. A LPI, atenta a essa realidade, disciplinou a matéria.

De início, estabeleceu a lei, em seu art. 88, que *"a invenção e o modelo de utilidade **pertencem exclusivamente ao empregador** quando decorrerem de contrato de trabalho cuja execução ocorra no Brasil e que tenha por objeto a pesquisa ou a atividade inventiva, ou resulte esta da natureza dos serviços para os quais foi o empregado contratado"*.

O art. 89, por sua vez, dispõe que *"o empregador, titular da patente, **poderá conceder ao empregado, autor de invento ou aperfeiçoamento, participação nos ganhos econômicos resultantes da exploração da patente**, mediante negociação com o interessado ou conforme disposto em norma da empresa"*. Essa participação, todavia, *"**não se incorpora, a qualquer título, ao salário do empregado**"* (parágrafo único).

Há ainda o caso em que o invento **pertence exclusivamente ao empregado**, disciplinado no art. 90 da LPI. Trata-se de hipótese em que o invento **é desenvolvido pelo empregado, sem que exista nenhuma vinculação com o contrato de**

trabalho e sem que decorra da utilização de recursos, meios, dados, materiais, instalações ou equipamentos do empregador (art. 90).

Por fim, há a hipótese em que a propriedade do invento é **comum**. Isso se dará quando o invento *"**resultar da contribuição pessoal do empregado e de recursos, dados, meios, materiais, instalações ou equipamentos do empregador**, ressalvada expressa disposição contratual em contrário"* (art. 91). Nesse caso, *"**é garantido ao empregador o direito exclusivo de licença de exploração e assegurada ao empregado a justa remuneração**"* (§ 2º). O Superior Tribunal de Justiça decidiu, em julgado datado de 2000, que o empregado **pode** requerer remuneração ao empregador, pela sua comprovada contribuição pessoal na realização do invento, ainda que a patente não tenha sido deferida, bastando que exista, pois, mero depósito do pedido (REsp 195.759-PR).

Inventos desenvolvidos por empregado		
Patente do empregador	**Patente do empregado**	**Patente dividida**
quando o invento está relacionado com o contrato de trabalho ou com a própria natureza dos serviços prestados	quando o invento não está relacionado com o contrato de trabalho nem com a natureza dos serviços prestados, e ele não usou recursos, equipamentos ou instalações do empregador	quando o invento não está relacionado com o contrato de trabalho nem com a natureza dos serviços prestados, mas o empregado usou recursos, equipamentos ou instalações do empregador

Destaque-se que a LPI prevê, no seu art. 78, as **hipóteses de extinção da patente – quando seu objeto cairá em domínio público** –, afirmando que ela se extingue: "I – pela expiração do prazo de vigência; II – pela renúncia de seu titular, ressalvado o direito de terceiros; III – pela caducidade; IV – pela falta de pagamento da retribuição anual, nos prazos previstos no § 2º do art. 84 e no art. 87; e V – pela inobservância do disposto no art. 217".

Por fim, deve-se mencionar o conceito de **patente *pipeline***, também conhecida como patente de revalidação, prevista nos arts. 230 e 231 da Lei 9.279/96. Algumas patentes, como de medicamentos e de gêneros alimentícios, por exemplo, não eram admitidas no Brasil antes da Lei 9.279/96. Assim, o empresário ou submetia o pedido de patente no exterior, ou, mesmo sabendo da possível negativa, tentava o pedido no Brasil, ou, ainda, simplesmente ficava inerte. **A Lei 9.279/96 possibilitou a revalidação dessas patentes que não eram aqui aceitas na legislação anterior**. O tema é objeto da ADIn n° 4.234 no STF, ainda pendente de julgamento, mas **o STJ tem admitido a patente de revalidação**, como é possível ver no recente julgado: "uma patente pipeline concedida no exterior e revalidada no Brasil não pode ser anulada ao fundamento de falta de um dos requisitos de mérito do art. 8° da Lei 9.279/96, mas apenas por ausência de requisito específico aplicável a ela (como, por exemplo, por falta de pagamento da anuidade no Brasil) ou em razão de irregularidades formais" (REsp 1.145.637-SP).

5. REGISTRO DE DESENHO INDUSTRIAL

Já vimos que a proteção ao desenho industrial e às marcas não se dá por meio da concessão de patente, mas de **registro**.

Quanto ao desenho industrial, a LPI estabelece, em seu art. 95, que *"considera-se desenho industrial a forma plástica ornamental de um objeto ou o conjunto ornamental de linhas e cores que possa ser aplicado a um produto, proporcionando resultado visual novo e original na sua configuração externa e que possa servir de tipo de fabricação industrial"*.

Os requisitos para o registro de desenho industrial são: a) **novidade**; b) **originalidade**; c) **aplicação industrial**. Além disso, há também que se observar a **licitude** (ou desimpedimento) do desenho industrial a ser registrado.

O requisito da *novidade* do desenho industrial, assim como ocorre com as invenções e os modelos de utilidade, estará atendido **quando o mesmo não for compreendido no estado da técnica**, conforme previsão do art. 96 da LPI.

Já o requisito da *originalidade*, por sua vez, considera-se cumprido **quando do desenho industrial resultar "uma configuração visual distintiva, em relação a outros objetos anteriores"** (art. 97 da LPI). Cumpre destacar, ainda, que esse resultado original "**poderá ser decorrente da combinação de elementos conhecidos**" (parágrafo único). Se não se conseguir dar ao produto uma configuração que possa distingui-lo dos demais, não se estará diante de um desenho industrial registrável. Afinal, sua função é justamente distinguir aquele produto dos demais.

Ao prescrever que não se considera desenho industrial "qualquer obra de caráter puramente artístico" (art. 98), a LPI se preocupou em deixar fora do âmbito de proteção legal dos desenhos industriais as **obras de arte**. Afinal, estas possuem uma proteção jurídica específica, conferida pelo **Direito Autoral**.

Também se preocupou a LPI em estabelecer – a exemplo do que fez no art. 18 com relação às patentes – casos de **desenhos industriais não registráveis**. Assim, dispõe o art. 100 da lei que *"não é registrável como desenho industrial: I – o que for contrário à moral e aos bons costumes ou que ofenda a honra ou imagem de pessoas, ou atente contra liberdade de consciência, crença, culto religioso ou ideia e sentimentos dignos de respeito e veneração; II – a forma necessária comum ou vulgar do objeto ou, ainda, aquela determinada essencialmente por considerações técnicas ou funcionais"*.

O procedimento de registro, junto ao INPI, segue basicamente a mesma sistemática do procedimento das patentes de invenção e de modelo de utilidade, com algumas variações.

O prazo de vigência do registro de desenho industrial é de 10 (anos), contados da data do depósito, mas a LPI permite a prorrogação desse prazo por 03 (três) períodos sucessivos de 05 (cinco) anos cada (art. 108). Esse pedido de prorrogação deve ser feito no último ano da vigência do registro (art. 108, § 1º).

▸ Atenção!

Ao contrário do que ocorre com o prazo das patentes, o prazo do registro de desenho industrial pode ser prorrogado!

Prazo de vigência	Prorrogações	Prazo das prorrogações
10 anos	3	5 anos cada

O titular do registro de desenho, a exemplo do titular de uma patente, tem o **direito de exploração econômica exclusiva** do seu objeto, aplicando-se as mesmas normas relativas à invenção e ao modelo de utilidade (art. 109 c/c os arts. 42, incisos I, II e IV, e 43, da LPI).

A LPI também se preocupou em **assegurar ao terceiro de boa-fé que, antes da data do depósito do pedido de registro já explorava seu objeto, o direito de continuar a exploração, sem ônus, na forma e condição anteriores** (art. 110).

Por fim, a LPI estabelece, em seu art. 119, que *"**o registro extingue-se**: I - pela expiração do prazo de vigência; II - pela renúncia de seu titular, ressalvado o direito de terceiros; III - pela falta de pagamento da retribuição prevista nos arts. 108 e 120; ou IV - pela inobservância do disposto no art. 217"*.

6. REGISTRO DE MARCA

Outro bem da propriedade industrial protegido mediante o registro são as **marcas**, que a lei define como sendo "os sinais distintivos visualmente perceptíveis, não compreendidos nas proibições legais" (art. 122 da LPI).

Como a marca, assim como o desenho industrial, possui a finalidade de **identificar determinado produto ou serviço do empresário, distinguindo-o dos demais**, ela deve cumprir de forma eficiente essa função, sob pena de não ser considerada como marca e, consequentemente, não poder ser registrada. É por isso que **não se admite o registro como marca de expressões genéricas**, que não sirvam para distinguir um produto ou serviço de outros. A marca deve ser, portanto, individualizadora do produto ou serviço que identifica, para que possa distingui-lo dos demais.

Nesse sentido, entende o Superior Tribunal de Justiça que **é inadmissível o registro como marca de uma expressão comum ou corrente** (STJ, REsp 65.002/SP, Relator Ministro Carlos Alberto Menezes Direito, DJU de 02.09.2002, p. 182). Além disso, recentemente o STJ admitiu que, nos casos de **marcas evocativas**, aquelas nas quais, pela própria evolução do mercado, os termos empregados se tornaram genéricos (mas não eram ao tempo do registro, por isso foram aceitas), podem ter sua exclusividade mitigada, pois "ainda que já tenha sido registada no INPI, a marca que constitui vocábulo de uso comum no segmento mercadológico em que se insere – associado ao produto ou serviço que se pretende assinalar – pode ser utilizada por terceiros de boa-fé" (REsp 1.315.621-SP).

Da definição de marca dada pelo art. 122 da LPI, percebe-se que o Brasil, ao contrário do que ocorre em alguns ordenamentos jurídicos estrangeiros, **não previu a possibilidade de se registrar como marca um sinal sonoro**, haja vista a exigência legal de que o sinal distintivo seja **visualmente perceptível**. Da mesma forma, **não é possível registrar como marca um determinado cheiro ou sabor**, que seriam as denominadas marcas olfativas e gustativas.

A lei também se preocupou em estabelecer casos de **marcas não registráveis**, em seu art. 124. Destaque, por exemplo, para o inciso I, que trata do "brasão, armas, medalha, bandeira, emblema, distintivo e monumento oficiais, públicos, nacionais, estrangeiros ou internacionais, bem como a respectiva designação, figura ou imitação", e para o inciso XIV, que trata de "reprodução ou imitação de título, apólice, moeda e cédula da União, dos Estados, do Distrito Federal, dos Territórios, dos Municípios, ou de país".

Quanto às espécies de marca, a LPI distingue **03 (três) espécies** distintas. A lei se refere, em seu art. 123, (i) à **marca de produto ou serviço**, que é aquela usada para distinguir produto ou serviço de outro idêntico, semelhante ou afim, de origem diversa; (ii) à **marca de certificação**, que é aquela usada para atestar a conformidade de um produto ou serviço com determinadas normas ou especificações técnicas, notadamente quanto à qualidade, natureza, material utilizado e metodologia empregada; e (iii) à **marca coletiva**, que é aquela usada para identificar produtos ou serviços provenientes de membros de uma determinada entidade.

Existe ainda um outro critério importante de classificação das marcas, que leva em conta a sua forma de apresentação. Nesse sentido, as marcas podem ser **nominativas, figurativas, mistas** ou **tridimensionais**.

As marcas *nominativas* **são as criadas a partir de palavras e/ou números ou combinação de palavras e números**. Podem ser expressões já existentes ou criações originais. As marcas *figurativas*, por seu turno, **são aquelas constituídas por desenhos, símbolos ou figuras que apresentam configuração gráfica decorativa, incomum, não usual**. As marcas *mistas*, como o nome já indica, **são as que se constituem por meio da combinação das duas espécies de marcas acima mencionadas**. Por fim, as marcas *tridimensionais* são outra novidade da lei. Trata-se daquelas que são constituídas pela forma plástica do produto, ou seja, sua configuração física, com capacidade distintiva e dissociada de efeitos técnicos (por exemplo, um vidro de perfume).

Quanto ao procedimento de registro, a LPI estabelece que **qualquer pessoa, física ou jurídica**, pode requerer o registro de marca (art. 128 da LPI). As pessoas de direito privado, todavia, "só podem requerer registro de marca relativo à atividade que exerçam efetiva e licitamente, de modo direto ou através de empresas que controlem direta ou indiretamente, declarando, no próprio requerimento, esta condição, sob as penas da lei" (art. 128, § 1º, da LPI).

O registro de *marca coletiva*, por sua vez, somente pode ser realizado por **pessoa jurídica que represente a coletividade** (art. 128, § 2º, da LPI), e o registro de *marca de certificação* somente pode ser feito "por **pessoa sem interesse comercial ou industrial direto no produto ou serviço atestado**" (art. 128, § 3º, da LPI).

Ao titular do registro de marca concedido pelo INPI se confere proteção jurídica que lhe assegura o seu **uso exclusivo em todo o território nacional** (art. 129 da LPI), podendo ele, conforme disposição do art. 130 da LPI, "I – ceder seu registro ou pedido de registro; II – licenciar seu uso; III – zelar pela sua integridade material ou reputação".

Essa proteção conferida ao titular da marca, não obstante seja abrangente no que se refere ao seu âmbito territorial – vale em todo o país, como visto – é restrita no que diz respeito ao seu **âmbito material**. Assim, diz-se que a proteção conferida à marca registrada se submete ao chamado **princípio da especialidade ou especificidade**.

De fato, a proteção conferida à marca, consistente no direito de uso exclusivo, submete-se ao princípio da especialidade, ou seja, essa proteção jurídica conferida pela lei **é restrita ao(s) ramo(s) de atividade em que o seu titular atua, com exceção da marca de alto renome, a qual, conforme disposto no art. 125 da LPI, tem proteção em todos os ramos de atividade**. Eis o teor da regra em comento: "à marca registrada no Brasil considerada de alto renome será assegurada proteção especial, em todos os ramos de atividade". O STJ já decidiu que "é legítimo o interesse do titular de uma marca em obter do INPI, pela via direta, uma declaração geral e abstrata de que sua marca é de alto renome" (REsp 1.162.281-RJ).

É preciso estar atento para não confundir a marca de alto renome com a **marca notoriamente conhecida**, disciplinada no art. 126 da LPI. Aquela, conforme vimos, **tem proteção especial em todos os ramos de atividade**, enquanto esta **goza de proteção especial no seu ramo de atividade, mas independentemente de estar previamente depositada ou registrada no Brasil, podendo o INPI, inclusive, indeferir de ofício pedido de registro de marca que a reproduza ou a imite, no todo ou em parte**. Com efeito, dispõe o art. 126 da LPI que *"a marca notoriamente conhecida em seu ramo de atividade nos termos do art. 6º bis (I), da Convenção da União de Paris para Proteção da Propriedade Industrial, goza de proteção especial, independentemente de estar previamente depositada ou registrada no Brasil"*. E o § 2º deste art. 126 determina que *"o INPI poderá indeferir de ofício pedido de registro de marca que reproduza ou imite, no todo ou em parte, marca notoriamente conhecida"*.

▸ **Atenção!**

A proteção conferida pelo registro de marca é restrita à classe em que ela foi registrada no INPI.

Marca de alto renome (art. 125)	Marca notoriamente conhecida (art. 126)
é registrada e, excepcionalmente, tem proteção em todos os ramos de atividade	mesmo que não seja registrada, tem proteção no seu ramo de atividade

O registro da marca assegura ao seu titular o **direito ao uso exclusivo dela em todo o País**, nos termos do art. 129 da LPI, que assim determina: *"a propriedade da marca adquire-se pelo registro validamente expedido, conforme as disposições desta Lei, sendo assegurado ao titular seu uso exclusivo em todo o território nacional, observado quanto às marcas coletivas e de certificação o disposto nos arts. 147 e 148"*. Aquele, pois, que usar indevidamente marca registrada por outrem, **poderá ser demandado em juízo e ser condenado ao pagamento de perdas e danos**. Nesse ponto, cumpre destacar que o Superior Tribunal de Justiça entende que *"prescreve em 5 (cinco) anos a ação de perdas e danos pelo uso de marca comercial"* (Súmula 143 do STJ), bem como que esse prazo começa a contar "da data de violação do direito à propriedade industrial e se renova enquanto houver o indevido uso" (REsp 1.320.842-PR). Ademais, o mesmo Tribunal ainda entende que o uso indevido de marca **pode acarretar até mesmo a condenação do infrator em danos morais, quando houver a prova de vulgarização da marca registrada que está sendo indevidamente usada por terceiro** (REsp 466.761-RJ, Informativo nº 168/2003).

Ressalte-se, porém, que da mesma forma que ocorre com as patentes e com o registro do desenho industrial, **a LPI também se preocupou com o terceiro de boa-fé que já usava a marca antes do registro da mesma por outra pessoa**. Assim, dispõe o art. 129, § 1º, que "toda pessoa que, de boa-fé, na data da prioridade ou depósito, usava no País, há pelo menos 6 (seis) meses, marca idêntica ou semelhante, para distinguir ou certificar produto ou serviço idêntico, semelhante ou afim, terá direito de precedência ao registro".

O prazo de vigência do registro de marca é de 10 (dez) anos, contado da data de concessão, podendo ser prorrogado por períodos iguais e sucessivos, nos termos do art. 133 da LPI, que assim dispõe: *"o registro da marca vigorará pelo prazo de 10 (dez) anos, contados da data da concessão do registro, prorrogável por períodos iguais e sucessivos"*. Esse pedido de prorrogação, segundo o § 1º do art. 133, *"deverá ser formulado durante o último ano de vigência do registro, instruído com o comprovante do pagamento da respectiva retribuição"*. Não feito o pedido de prorrogação neste prazo, ainda há uma última alternativa ao titular da marca. Com efeito, de acordo com o § 2º do art. 133, *"se o pedido de prorrogação não tiver sido efetuado até o termo final da vigência do registro, o titular poderá fazê-lo nos 6 (seis) meses subsequentes, mediante o pagamento de retribuição adicional"*.

▸ **Atenção!**

Ao contrário do que ocorre com o prazo das patentes, o prazo do registro de marca pode ser prorrogado! E ao contrário do que ocorre com a prorrogação do prazo de registro do desenho industrial, a prorrogação do prazo do registro de marca não tem limite!

Prazo de vigência	Prorrogações	Prazo das prorrogações
10 anos	não há limite	10 anos cada (mesmo prazo da vigência inicial)

A LPI também permite que direito de uso exclusivo da marca possa ser cedido ou licenciado pelo seu titular. No caso de *cessão*, dispõe o art. 134 da LPI que "o pedido de registro e o registro poderão ser cedidos, desde que o cessionário atenda aos requisitos legais para requerer tal registro". Veja-se que a marca não precisa ainda estar registrada, **bastando que haja o simples pedido de registro**. Caberá ao cessionário, todavia, preencher os requisitos legais como se fosse ele o requerente do registro. Ademais, havendo mais de um pedido ou registro acerca de marcas iguais ou semelhantes, a cessão deve compreender todos os pedidos ou registros, conforme determinação do art. 135 da LPI, que assim prescreve: "a cessão deverá compreender todos os registros ou pedidos, em nome do cedente, de marcas iguais ou semelhantes, relativas a produto ou serviço idêntico, semelhante ou afim, sob pena de cancelamento dos registros ou arquivamento dos pedidos não cedidos".

No que se refere à *licença*, por sua vez, determina a LPI, em seu art. 139, que "o titular de registro ou o depositante de pedido de registro poderá celebrar contrato de licença para uso da marca, sem prejuízo de seu direito de exercer controle efetivo sobre as especificações, natureza e qualidade dos respectivos produtos ou serviços". O contrato de licença pode ainda, conforme disposição do parágrafo único do dispositivo em questão, prever que "o licenciado poderá ser investido pelo titular de todos os poderes para agir em defesa da marca, sem prejuízo dos seus próprios direitos".

Para que seja eficaz perante terceiros, todavia, o contrato de licença deve ser obrigatoriamente averbado no INPI. É o que preceitua o art. 140 da LPI: "o contrato de licença deverá ser averbado no INPI para que produza efeitos em relação a terceiros". O § 1º complementa a regra do caput, estipulando que "a averbação produzirá efeitos em relação a terceiros a partir da data de sua publicação".

Por fim, dispõe a LPI, em seu art. 142, que "**o registro da marca extingue-se**: I - pela expiração do prazo de vigência; II - pela renúncia, que poderá ser total ou parcial em relação aos produtos ou serviços assinalados pela marca; III - pela caducidade; ou IV - pela inobservância do disposto no art. 217".

7. INDICAÇÕES GEOGRÁFICAS

Como já mencionamos no início deste capítulo, **a LPI, além de proteger os bens da propriedade industrial - invenção, modelo de utilidade, desenho industrial e marca -, também reprime a concorrência desleal - matéria relacionada ao direito econômico - e as chamadas indicações geográficas**.

De acordo com o art. 176 da LPI, "constitui indicação geográfica a indicação de procedência ou a denominação de origem". A **repressão às falsas indicações geográficas** é de extrema importância, uma vez que a indicação inverídica do local de origem ou de procedência do produto ou serviço pode induzir o consumidor a erro.

A **indicação de procedência** está disciplinada no art. 177 da LPI, que assim dispõe: "considera-se indicação de procedência o nome geográfico de país, cidade, região ou localidade de seu território, que se tenha tornado conhecido como centro de extração, produção ou fabricação de determinado produto ou de prestação de determinado serviço".

A **denominação de origem**, por sua vez, está disciplinada no art. 178 da LPI, que assim prescreve: "considera-se denominação de origem o nome geográfico de país, cidade, região ou localidade de seu território, que designe produto ou serviço cujas qualidades ou características se devam exclusiva ou essencialmente ao meio geográfico, incluídos fatores naturais e humanos".

A cidade de Franca, por exemplo, é um polo produtor de calçados, razão pela qual é considerada uma indicação de procedência no que se refere a esse produto específico. Já a região de Champagne, na França, é um local que designa produto específico cujas qualidades estão a ela diretamente associadas, razão pela qual é considerada uma denominação de origem.

O art. 179 da LPI prevê ainda que "a proteção **estender-se-á** à representação gráfica ou figurativa da indicação geográfica, bem como à representação geográfica de país, cidade, região ou localidade de seu território cujo nome seja indicação geográfica".

Já o art. 180 da LPI faz uma ressalva à proteção legal, determinando que "quando o nome geográfico se houver tornado de uso comum, designando produto ou serviço, **não** será considerado indicação geográfica".

Não sendo o caso do art. 180, todavia, só podem usar a indicação geográfica aqueles produtores ou prestadores de serviços que (i) sejam estabelecidos no local e (ii) atendam requisitos de qualidade para tanto. É o que determina o art. 182 da LPI: "o uso da indicação geográfica é restrito aos produtores e prestadores de serviço estabelecidos no local, exigindo-se, ainda, em relação às denominações de origem, o atendimento de requisitos de qualidade".

8. *TRADE DRESS* (CONJUNTO-IMAGEM)

O *trade dress*, ou conjunto-imagem do produto, não está previsto na LPI como direito de propriedade industrial, mas já tem sido reconhecido tanto pela doutrina quanto pela jurisprudência. Ocorre a violação do *trade dress* quando um concorrente **imita uma série de características do produto ou até mesmo o *modus operandi* da prestação de um serviço**.

Com base no conceito de *trade dress*, o TJSP, por meio de sua Câmara reservada de direito empresarial, julgou um caso que envolvia a China in box e a Uai in box.

> Tutela antecipada que se concede inaudita altera parte – Sociedade titular da marca "China in box" que luta pela unicidade do signo e elementos identificadores, inclusive dos desenhos industriais registrados e que caracterizam a embalagens de seus produtos (*delivery*) – Sociedade requerida que oferece

> comida da culinária regional (mineira, principalmente) utilizando a expressão "Uai in box", com entrega em pacotes iguais aos da autora – Prática ilícita e que obriga garantir exclusividade para não iludir consumidores e depreciar a força da marca forte – Provimento.
>
> (...)
>
> O patrimônio da autora (incluindo o *trade dress*) também é digno de ser considerado e cabe interpretar os aspectos da luta pela unicidade. Aqui comporta reflexão a noção de exclusividade e não cabe restringir esse alcance para comida chinesa, porque em sendo acolhido tal obviedade se permitirá que outras empresas de *fast food* utilizem o principal identificador do produto da autora, uma porta aberta para a contrafação que estimula a ideologia parasitária. Existe regra de mercado e o produto mineiro em caixa deverá ser exibido com marca diferente e não com o emprego do in box, que é exclusivo da autora. Por outro lado e embora se admita que o serviço *delivery* (agora em intensa expansão, principal em grandes centros urbanos) tenha que, necessariamente, empregar padrões comuns, como o tipo de embalagem, não se concebe que se utilizem os mesmos desenhos registrados pela autora, como está ocorrendo. Uma pizza deverá ser entregue dentro de uma caixa redonda e não há como privilegiar aquele que fez o primeiro desenho desse material; diferente, contudo, do produto da autora, que obedece a um desenho original e totalmente novo na área, competindo a quem deseja explorar tal segmento investir para encontrar fórmula distintiva (AI nº 0138158-21.2012.8.26.0000, MM. Juiz Prolator Claudio Salvetti D'Angelo).

O STJ também já julgou um caso à luz do conceito de *trade dress*, que envolvia o conflito entre os sabonetes Protex e Francis Protection, este acusado de imitar o *trade dress* daquele. Confira-se o julgado:

> Direito processual civil. Recurso especial. Concorrência desleal. Concessão de liminar para determinar a substituição, em prazo razoável, das embalagens de produtos possíveis de serem confundidas com as utilizadas por marca concorrente. Possibilidade. Reexame de provas, em sede de recurso especial. Inviabilidade.
>
> (...)
>
> 2. A decisão recorrida reconheceu expressamente que "uma primeira análise das embalagens dos sabonetes comercializados pelas partes permite constatar a existência de uma grande semelhança no conjunto visual dos produtos, a qual tem inegável potencial de levar à confusão, induzindo o consumidor a adquirir um pelo outro", e, portanto, limita-se a impor à ré, no prazo de 90 dias, alterações nas embalagens de sua nova linha de sabonetes. A providência liminar, ademais, em caráter provisório, não tutela a marca, mas sim faz cessar a possível concorrência desleal, evitando eventual utilização indevida de elementos que têm função "paramarcárias", que a doutrina denomina "Trade Dress".

3. Dessarte, como o artigo 209, § 1º, da Lei 9.279/1996 expressamente prevê a possibilidade de o juiz, em casos de violação de direitos de propriedade industrial ou prática de atos de concorrência desleal, "nos autos da própria ação, para evitar dano irreparável ou de difícil reparação, determinar liminarmente a sustação da violação ou de ato que a enseje", a revisão da decisão recorrida encontra óbice intransponível na Súmula 7/STJ.

(...). (REsp 1.306.690/SP, Rel. Min. Luis Felipe Salomão, Quarta Turma, j. 10.04.2012, DJe 23.04.2012).

Outros casos conhecidos de disputas judiciais em que se discutiu a violação do *trade dress* foram os que envolveram a Mr. Cat contra a Mr. Foot (esta foi acusada de imitar as embalagens, a arquitetura das lojas etc.) e o Spoleto contra o Gepeto (este teve que repaginar seu estabelecimento após ser acusado de imitar o layout do concorrente).

LPI			
Bens protegidos			
Invenção	Modelo de utilidade	Desenho industrial	Marca

Lembre-se!

Invenção e **modelo de utilidade** são protegidos por meio da **patente** (prazo improrrogável de 20 para a invenção e de 15 anos para o modelo de utilidade). **Desenho industrial** e **marca** são protegidos por meio do **registro** (prazo prorrogável de 10 anos para ambos: o prazo do desenho pode ser prorrogado por 3 períodos de 5 anos, e o prazo da marca pode ser prorrogado por vários períodos de 10 anos, sem limite).

Os **requisitos de patenteabilidade** são: (i) **novidade**; (ii) **atividade inventiva**; (iii) **aplicação industrial**; (iv) **ausência de impedimento** (art. 18).

Além de proteger esses bens, a LPI também reprime as falsas indicações geográficas: indicações de procedência e denominação de origem (arts. 176, 177 e 178).

Artigos mais importantes da LPI: 10, 18, 68, 71, 88, 89, 90, 91, 95, 122, 123, 125 e 126.

Direito Societário

1. INTRODUÇÃO

Quando abordamos o conceito de empresário estabelecido pelo art. 966 do CC, observamos que **o empresário pode ser pessoa física ou pessoa jurídica**. No primeiro caso, estaremos diante da figura do **empresário individual**. Quando, todavia, a empresa (atividade econômica *organizada*) for exercida por uma pessoa jurídica, estaremos diante de uma **sociedade empresária** ou de uma **EIRELI**.

Também já mencionamos que nem toda atividade econômica configura empresa, razão pela qual existem atividades econômicas não empresariais (ex.: profissão intelectual). Quando essas atividades econômicas não empresariais forem exploradas por uma pessoa jurídica, estaremos diante de uma **sociedade simples**.

O direito societário, pois, c**ompreende o estudo das sociedades, que podem ser sociedades simples ou sociedades empresárias**.

2. SOCIEDADE SIMPLES E SOCIEDADES EMPRESÁRIAS

Segundo o CC, consideram-se pessoas jurídicas de direito privado as **associações**, as **fundações**, as **sociedades**, os **partidos políticos**, as **organizações religiosas** e a **EIRELI** (art. 44). É claro que, quando tratamos das pessoas jurídicas que exercem atividade empresarial, só devemos nos preocupar com o estudo da **EIRELI**, já abordada no Capítulo II, e das **sociedades**, objeto do presente capítulo, uma vez que são as únicas espécies de pessoas jurídicas de direito privado que possuem como característica o **escopo negocial**, a **finalidade lucrativa**.

Dentre as sociedades, não são todas as que interessam diretamente ao Direito Empresarial. Com efeito, estas podem ser de duas categorias: a) **sociedades simples**, que são aquelas que não exploram empresa (atividade econômica *organizada*), mas atividade econômica não empresarial; b) **sociedades empresárias**, que exploram empresa, ou seja, exercem profissionalmente atividade econômica *organizada* para a produção ou a circulação de bens ou de serviços (arts. 966 e 982 do CC). **Interessa ao Direito Empresarial, especificamente, o estudo da sociedade empresária.**

O CC estabelece, em seu art. 982, que *"salvo as exceções expressas, considera-se empresária a sociedade que tem por objeto o exercício de atividade própria de empresário sujeito a registro (art. 967); e, simples, as demais"*. Isso mostra que **o que diferencia uma sociedade empresária de uma sociedade simples é o seu objeto social**. Há apenas duas exceções a essa regra, previstas no seu parágrafo único, o qual prevê que *"independentemente de seu objeto, considera-se empresária a sociedade por ações; e, simples, a cooperativa"*.

Assim, se uma determinada sociedade tem por objeto o exercício de empresa (atividade econômica *organizada*) será considerada uma **sociedade empresária**. Se, todavia, uma determinada sociedade não tem por objeto o exercício de empresa (por exemplo, uma sociedade formada por profissionais intelectuais cujo objeto social seja a exploração da atividade por eles desempenhada), será considerada uma **sociedade simples**. É o que se pode extrair da regra do art. 982 do CC, combinada com a regra do art. 966 do mesmo código.

Há, entretanto, **duas exceções** expressamente previstas no próprio CC, em seu art. 982, parágrafo único. Trata-se da **sociedade por ações**, que independentemente do seu objeto social é considerada uma sociedade empresária, e da **sociedade cooperativa**, que independentemente do seu objeto social é considerada uma sociedade simples.

Sociedade empresária	Sociedade simples
sociedade que tem por objeto social o exercício de empresa (atividade econômica organizada).	sociedade que tem por objeto social o exercício de atividade econômica não empresarial (ex.: profissão intelectual).
Exceções: sociedade por ações (é sempre uma sociedade empresária, independentemente do objeto social) e sociedade cooperativa (é sempre uma sociedade simples, independentemente do objeto social).	

3. SOCIEDADES PERSONIFICADAS E SOCIEDADES NÃO PERSONIFICADAS

O CC divide as sociedades em dois grandes grupos: em um grupo, o CC tratou das **sociedades personificadas**; no outro, das **sociedades não personificadas**. Neste, estão a **sociedade em comum** e a **sociedade em conta de participação**. No grupo das sociedades personificadas, por sua vez, estão a **sociedade simples "pura"**, a **sociedade em nome coletivo**, a **sociedade em comandita simples**, a **sociedade limitada**, a **sociedade anônima**, a **sociedade em comandita por ações** e a **sociedade cooperativa**.

Cumpre esclarecer, inicialmente, que parece contraditória em si a expressão sociedade não personificada. De fato, se a sociedade é uma categoria de pessoa jurídica, não se pode admitir que uma sociedade não tenha personalidade jurídica. Ou se trata de uma sociedade, consequentemente dotada personalidade jurídica, ou não se trata de uma sociedade.

Por outro lado, entende-se a opção do legislador de disciplinar as chamadas sociedades não personificadas, não obstante a impropriedade da expressão, conforme destacado acima. **Quis o legislador, ao disciplinar essas "sociedades", conferir um mínimo de segurança jurídica às suas relações, que não são poucas, haja vista o grande número de atividades empresariais exercidas na informalidade.**

Por fim, destaque-se que, segundo a doutrina majoritária e o próprio CC, **a personalidade jurídica se inicia com o registro no órgão competente**. Tratando-se de sociedade empresária, o registro deve ser feito na **Junta Comercial**. Tratando-se de sociedade simples, o registro deve ser feito no **Cartório de Registro Civil das pessoas jurídicas** (arts. 45 e 985 do CC).

Sociedades não personificadas	Sociedades personificadas
sociedade em comum.	sociedade simples "pura".
sociedade em conta de participação.	sociedade em nome coletivo.
–	sociedade em comandita simples.
	sociedade limitada.
	sociedade anônima.
	sociedade em comandita por ações.
	sociedade cooperativa.

Chamamos de **sociedade simples "pura"** a sociedade simples que opta por constituir-se segundo suas regras próprias (art. 997 a 1.038 do CC), sem adotar a forma de uma sociedade específica. **Não existe sociedade empresária "pura" porque o legislador a obriga a adotar um dos tipos societários específicos.** Conferir art. 983 do CC.

4. SOCIEDADE EM COMUM

A sociedade em comum, segundo afirmam alguns autores, é a que conhecemos tradicionalmente com os nomes de **sociedade irregular** ou **sociedade de fato**. Na verdade, segundo o art. 986 do CC, **trata-se a sociedade em comum da sociedade que ainda não inscreveu seus atos constitutivos no órgão de registro competente**. Eis o teor da norma em comento: *"enquanto não inscritos os atos constitutivos, reger-se-á a sociedade, exceto por ações em organização, pelo disposto* *neste Capítulo, observadas, subsidiariamente e no que com ele forem compatíveis, as normas da sociedade simples".*

Parece-nos, pois, que a sociedade em comum é, na verdade, uma expressão que designa a sociedade contratual que está na fase de constituição, ou seja, praticando os atos preparatórios ao registro.

Uma preocupação específica do CC em relação à disciplina das sociedades em comum foi regular a **prova da sua existência**, já que elas não possuem registro e, consequentemente, são despidas de personalidade jurídica. Nesse sentido, o art. 987 do CC estabelece que *"os sócios, nas relações entre si ou com terceiros, somente por escrito podem provar a existência da sociedade, mas os terceiros podem prová-la de qualquer modo"*. Portanto, no que se refere à prova da existência da sociedade em comum, dispôs o CC que os terceiros, nas demandas judiciais que eventualmente necessitarem propor contra essa sociedade, **podem prová-la por qualquer meio de prova**. Em contrapartida, se quem necessita provar a existência da sociedade são os seus próprios sócios – com a finalidade, por exemplo, de discutir a partilha dos investimentos –, **só se admite a prova por escrito, ou seja, a apresentação do instrumento contratual.**

O mais importante na disciplina da sociedade em comum estabelecida pelo CC, todavia, foi a questão da **responsabilidade dos sócios quanto às obrigações sociais.**

Em tese, para a sociedade em comum, a qual, como o próprio código estabelece, não é dotada de personalidade jurídica, deveria o legislador ter previsto a responsabilidade ilimitada e direta dos sócios pelas obrigações sociais. No entanto, **preferiu o legislador estabelecer a responsabilidade ilimitada, porém *subsidiária*, dos sócios em geral, e a responsabilidade ilimitada e *direta* somente do sócio que contratou pela sociedade**: *"todos os sócios respondem solidária e ilimitadamente pelas obrigações sociais, excluído do benefício de ordem, previsto no art. 1.024, aquele que contratou pela sociedade"* (art. 990 do CC).

Como a sociedade em comum, por não ser uma pessoa jurídica com existência formal reconhecida pelo ordenamento jurídico – já que a personalidade só se inicia com o registro – não tem um "patrimônio próprio" que possa ser formalmente identificado (não possui bens em seu nome, não possui uma conta bancária em seu nome), o seu "patrimônio social", na verdade, é formado de bens e direitos titularizados por cada um de seus sócios. É o que dispõe o art. 988 do CC: *"os bens e dívidas sociais constituem patrimônio especial, do qual os sócios são titulares em comum"*. O que o código fez, portanto, foi estabelecer uma especialização patrimonial, ou melhor, um **patrimônio de afetação.**

De fato, **pode-se dizer que o patrimônio social da sociedade em comum, segundo o art. 988 do CC, é formado por todos os bens que estão diretamente**

afetados ao exercício da atividade constitutiva do objeto social. Nesse sentido, dispõe o enunciado nº 210 do CJF que *"o patrimônio especial a que se refere o art. 988 é aquele afetado ao exercício da atividade, garantidor de terceiro, e de titularidade dos sócios em comum, em face da ausência de personalidade jurídica"*. É contra esses bens que os credores sociais devem se voltar. Os bens não afetados ao exercício da empresa são bens pessoais dos sócios, portanto só podem ser executados **depois de exaurido o "patrimônio social"** a que se refere o artigo em referência.

O único sócio que não pode exigir que primeiro sejam executados os bens "sociais" é **aquele que contratou pela sociedade**, razão pela qual os credores poderão executá-lo **diretamente**.

Sociedade em comum	sociedade que ainda não se registrou.
Características	ausência de personalidade jurídica.
	prova da existência por escrito (entre os sócios).
	prova da existência por qualquer meio (para terceiros).
	patrimônio de afetação (bens e dívidas sociais).
	responsabilidade subsidiária dos sócios (perante o patrimônio de afetação).
	responsabilidade direta do sócio que contratou pela sociedade.
	responsabilidade solidária (entre os sócios).

5. SOCIEDADE EM CONTA DE PARTICIPAÇÃO

A sociedade em conta de participação é o que a doutrina chama de sociedade secreta. Na verdade, não se trata, propriamente, de uma sociedade, mas de um **contrato especial de investimento**.

Com efeito, a exemplo do que já afirmamos quando do estudo da sociedade em comum, é incoerente chamar de *sociedade* a conta de participação, uma vez que ela não possui personalidade jurídica. Ademais, outras de suas especificidades – natureza secreta, ausência de nome empresarial etc. –, apontam para a impropriedade técnica de se considerar a conta de participação uma espécie de sociedade.

A sociedade em conta de participação apresenta duas categorias distintas de sócios: os **sócios ostensivos** e os **sócios participantes** (também chamados de sócios ocultos). Para entendê-la corretamente, basta ler com atenção o art. 991 do CC: *"na sociedade em conta de participação, a atividade constitutiva do objeto* *social é exercida unicamente pelo sócio ostensivo, em seu nome individual e sob sua própria e exclusiva responsabilidade, participando os demais dos resultados correspondentes".*

Vê-se, pois, que **a conta de participação é uma "sociedade" que só existe internamente, ou seja, entre os sócios**. Externamente, isto é, perante terceiros, só aparece o **sócio ostensivo**, o qual exerce, **em seu nome individual, a atividade empresarial, e responde sozinho pelas obrigações contraídas**. Os demais sócios não aparecem nas relações com terceiros – por isso são também chamados de **sócios ocultos** –, **apenas participando dos resultados "sociais"**, conforme definido quando da elaboração do ato de constituição da "sociedade". Nesse sentido, é precisa a disposição constante do parágrafo único, do art. 991, do CC, segundo o qual *"obriga-se perante terceiro tão-somente o sócio ostensivo; e, exclusivamente perante este, o sócio participante, nos termos do contrato social"*.

No entanto, se os sócios participantes, em determinada negociação, "aparecerem" perante terceiros, ou seja, se atuarem em certo negócio social firmado pelo sócio ostensivo com terceiros, **responderão solidariamente junto com o sócio ostensivo por essa negociação**. É isso o que determina o art. 993, parágrafo único, do CC: *"Sem prejuízo do direito de fiscalizar a gestão dos negócios sociais, o sócio participante não pode tomar parte nas relações do sócio ostensivo com terceiros, sob pena de responder solidariamente com este pelas obrigações em que intervier"*.

As sociedades em conta de participação são bastante informais, razão pela qual sua constituição, de acordo com o art. 992 do CC, ***"independe de qualquer formalidade e pode provar-se por todos os meios de direito"***. Isso, todavia, não significa que conta de participação não possua um contrato. Este existe, sim, mas **não precisa sequer ser escrito**. Ademais, a conta de participação, como já frisado, **não tem personalidade jurídica, mesmo que seu contrato seja escrito e inscrito em algum órgão de registro**, conforme prevê o art. 993 do CC: *"o contrato social produz efeito somente entre os sócios, e a eventual inscrição de seu instrumento em qualquer registro não confere personalidade jurídica à sociedade"*. Geralmente os contratos de sociedade em conta de participação são registrados no cartório civil de títulos e documentos, mas esse registro, repita-se, **não confere personalidade jurídica à sociedade**.

Normalmente, a sociedade em conta de participação é constituída para a realização de empreendimentos temporários ou até mesmo para a realização de determinado negócio específico, extinguindo-se posteriormente.

Por não ter personalidade jurídica, a conta de participação **não possui um patrimônio social**, mas, a exemplo do que ocorre com a sociedade em comum, já estudada no tópico antecedente, o legislador criou para essa sociedade um **patrimônio especial**, conforme disposto no art. 994 do CC: *"a contribuição do sócio* *participante constitui, com a do sócio ostensivo, patrimônio especial, objeto da conta de participação relativa aos negócios sociais"*. Observe-se, porém, que como a atividade é exercida unicamente pelo sócio ostensivo, que o faz em seu nome individual e sob sua própria e exclusiva responsabilidade, a referida *"especialização patrimonial somente produz efeitos em relação aos sócios"* (art. 994, § 3º, do CC). Perante terceiros, frise-se, quem responde é o próprio sócio ostensivo.

Cabe ao sócio ostensivo, pois, utilizar esse patrimônio especial a que se refere o art. 994 do CC para a consecução do fim almejado pela sociedade, conforme descrito no contrato social.

Destaque-se, finalmente, que conforme disposto no art. 995 do CC, *"salvo estipulação em contrário, o sócio ostensivo não pode admitir novo sócio sem o consentimento expresso dos demais"*. Além disso, o código também dispõe que *"aplica-se à sociedade em conta de participação, subsidiariamente e no que com ela for compatível, o disposto para a* ***sociedade simples****, e a sua liquidação rege-se pelas normas relativas à prestação de contas, na forma da* ***lei processual****"* e *"havendo mais de um sócio ostensivo, as respectivas contas serão prestadas e julgadas no mesmo processo"*.

Sociedade em conta de participação	contrato de investimento.
Características	ausência de personalidade jurídica (ainda que o contrato seja registrado).
	ausência de nome empresarial.
	prova da existência por qualquer meio.
	atividade exercida pelo sócio ostensivo.
	responsabilidade exclusiva do sócio ostensivo (perante terceiros).

6. SOCIEDADE SIMPLES "PURA"

Sociedade simples, conforme já destacamos mais de uma vez, é a sociedade que tem por objeto o exercício de atividade econômica não empresarial. O caso típico de sociedade simples é o das **sociedades *uniprofissionais***, que são sociedades formadas por **profissionais intelectuais** (médicos, engenheiros, músicos etc.) cujo objeto social é o **exercício da própria atividade intelectual de seus sócios**. Outro exemplo de sociedade simples é a sociedade cujo objeto social constitui o **exercício de atividade econômica rural**, desde que seus sócios optem pelo registro no Cartório Civil, e não na Junta Comercial (art. 984 do CC).

Da leitura do art. 983 do CC, pode-se concluir que a sociedade simples tem um modelo de organização básico (arts. 997 a 1.038), que denominamos de ***sociedade simples "pura"*** (alguns autores chamam de ***sociedade simples "simples"***), mas pode também organizar-se segundo alguns tipos societários típicos da sociedade empresária, **desde que não sejam sociedades por ações**, já que essas são essencialmente empresárias (art. 982, p. ún., do CC).

Assim, além da forma básica (*sociedade simples pura*), a sociedade simples pode adotar a forma de uma *sociedade limitada*, de uma *sociedade em nome coletivo* ou de uma *sociedade em comandita simples*. Aqui, trataremos do modelo básico de constituição da sociedade simples: a *sociedade simples* ***pura***, disciplinada nos arts. 997 a 1.038 do CC.

> ▸ **Atenção!**
> As regras da sociedade simples pura (arts. 997 a 1.038 do CC) se aplicam subsidiariamente às demais sociedade contratuais (ex.: sociedade limitada).

A sociedade simples *pura* é uma **sociedade contratual**, ou seja, caracteriza-se por ser constituída por meio de um **contrato social** e tem seu regime de constituição e dissolução previsto no **CC**. As especificidades do *contrato social* fazem deles uma espécie *sui generis* de contrato: **contrato plurilateral** (teoria formulada por Tullio Ascarelli).

As principais **características** desse contrato plurilateral são: (i) o fato de que podem tomar parte dele várias pessoas e (ii) a *affectio societatis* (união de esforços em torno de um objetivo comum). Ademais, note-se que as partes do contrato social possuem direitos e deveres não apenas em relação a uma outra pessoa, mas em relação a todas as outras pessoas que compõem a sociedade, daí a sua plurilateralidade.

O art. 997 do CC estabelece que *"a sociedade constitui-se mediante* ***contrato escrito, particular ou público****, que, além de cláusulas estipuladas pelas partes, mencionará: I – nome, nacionalidade, estado civil, profissão e residência dos sócios, se pessoas naturais, e a firma ou a denominação, nacionalidade e sede dos sócios, se jurídicas; II – denominação, objeto, sede e prazo da sociedade; III – capital da sociedade, expresso em moeda corrente, podendo compreender qualquer espécie de bens, suscetíveis de avaliação pecuniária; IV – a quota de cada sócio no capital social, e o modo de realizá-la; V – as prestações a que se obriga o sócio, cuja contribuição consista em serviços; VI – as pessoas naturais incumbidas da administração da sociedade, e seus poderes e atribuições; VII – a participação de cada sócio nos lucros e nas perdas; VIII – se os sócios respondem, ou não, subsidiariamente, pelas obrigações sociais"*. Por fim, seu parágrafo único determina que *"é* ***ineficaz*** *em relação a terceiros qualquer pacto separado, contrário ao disposto no instrumento do contrato"*.

Esse rol de indicações previsto no art. 997 não é exaustivo, aplicando-se também outras exigências contidas na legislação pertinente para fins de registro. Foi esse o entendimento firmado na III Jornada de Direito Civil do CJF (Enunciado 214).

O contrato social deve ser escrito porque os sócios deverão levá-lo a registro no órgão competente, que, no caso da sociedade simples *pura*, é o Cartório de Registro Civil das Pessoas Jurídicas, conforme disposto no art. 1.150 do CC. Assim, constituída a sociedade, pela formalização e assinatura do contrato social, devem os sócios proceder ao registro do ato constitutivo da sociedade no Cartório, para que ela adquira personalidade jurídica e possa dar início às suas atividades. De acordo com o art. 998 do CC, o prazo para a efetivação desse registro é de 30 dias.

De acordo com o inciso I do art. 997 do CC, o contrato social deve mencionar "nome, nacionalidade, estado civil, profissão e residência dos sócios, se pessoas naturais, e a firma ou a denominação, nacionalidade e sede dos sócios, se jurídicas". Percebe-se logo que **a sociedade simples pura pode ter como sócios tanto pessoas físicas (pessoas naturais) quanto pessoas jurídicas (outra sociedade, por exemplo)**. A qualificação dos sócios é importante porque permite a verificação da existência de eventuais impedimentos à participação na sociedade. No caso de sócio pessoa jurídica, por exemplo, será preciso verificar se o seu objeto social lhe permite participar de outras sociedades.

Após a qualificação dos sócios, deve o contrato qualificar a própria sociedade, dispondo sobre seu nome, objeto, sede e prazo (art. 997, II, do CC). **O nome da sociedade simples pura pode ser firma ou denominação** (Enunciado 213 do CJF: "o art. 997, inc. II, não exclui a possibilidade de sociedade simples utilizar firma ou razão social"). **O objeto social da sociedade simples pura deve ser o exercício de atividade econômica não empresarial** (ex.: exercício de atividade intelectual, de natureza literária, científica ou artística, nos termos do art. 966, parágrafo único, do CC).

Outro dado que o contrato social deve necessariamente mencionar, segundo o art. 997, inciso III, do CC, é o "capital da sociedade, expresso em moeda corrente, podendo compreender qualquer espécie de bens, suscetíveis de avaliação pecuniária". **O capital social é o montante de contribuições dos sócios para a sociedade, a fim de que ela possa cumprir seu objeto social.**

Definido o capital social da sociedade, deve o contrato social mencionar ainda "a quota de cada sócio no capital social, e o modo de realizá-la" (art. 997, inciso IV, do CC). **O capital social das sociedades contratuais é dividido em *quotas*, e todos os sócios têm o dever de subscrever parcela do capital social (o que lhes conferirá um número x de quotas) e de integralizar (ou realizar) essa parcela subscrita, contribuindo efetivamente no valor das quotas adquiridas.** Portanto, resta claro que todos os sócios têm o dever de subscrição e integralização de quotas.

A contribuição do sócio, ou seja, o **modo de integralizar suas quotas, pode ser feita de diversas formas**: com bens – móveis ou imóveis, materiais ou imateriais –, dinheiro, entre outras. Na sociedade simples pura, aliás, **admite-se até mesmo a contribuição em serviços**, conforme previsão expressa do art. 997, inciso V, do CC.

Se o sócio integralizar sua quota com **transferência de bens** para a sociedade, estes devem ser suscetíveis de avaliação pecuniária. Ademais, nesse caso o sócio **responde pela evicção**. Se, todavia, o sócio integralizar sua quota com a **transferência de créditos** de sua titularidade para a sociedade, **responderá pela solvência do devedor**. É o que dispõe o art. 1.005 do CC: "o sócio que, a título de quota social, transmitir domínio, posse ou uso, responde pela evicção; e pela solvência do devedor, aquele que transferir crédito".

Por outro lado, se o sócio integralizar sua quota por meio da **prestação de serviços**, deve estar atento à regra do **art. 1.006 do CC**: "o sócio, cuja contribuição consista em serviços, não pode, salvo convenção em contrário, empregar-se em atividade estranha à sociedade, sob pena de ser privado de seus lucros e dela excluído".

Por fim, independentemente da forma pela qual os sócios vão integralizar suas respectivas quotas, eles "são obrigados, na forma e prazo previstos, às contribuições estabelecidas no contrato social, e aquele que deixar de fazê-lo, nos 30 dias seguintes ao da notificação pela sociedade, responderá perante esta pelo dano emergente da mora" (art. 1.004 do CC). Ao sócio que está em mora quanto à integralização de suas quotas, nos termos do art. 1.004, dá-se o nome de **remisso**, podendo os demais sócios, conforme previsto na regra em comento, cobrar dele uma **indenização por eventuais prejuízos que sua mora tenha causado à sociedade**. Mas essa não é a única medida que os demais sócios podem tomar contra o remisso. Nos termos do parágrafo único do art. 1.004, "verificada a mora, poderá a maioria dos demais sócios preferir, à indenização, a exclusão do sócio remisso, ou reduzir-lhe a quota ao montante já realizado, aplicando-se, em ambos os casos, o disposto no § 1º do art. 1.031". Assim, o sócio remisso pode **ter sua participação na sociedade reduzida ao número de quotas que ele efetivamente já integralizou**, ou ainda **ser excluído da sociedade, por deliberação da maioria restante (ou seja, a exclusão é extrajudicial, sem necessidade de recurso ao Judiciário)**.

<table>
<tr><td rowspan="3">Sócio Remisso</td><td>pode ser compelido a indenizar a sociedade pelos danos decorrentes da mora.</td></tr>
<tr><td>pode ter suas quotas reduzidas ao montante efetivamente integralizado.</td></tr>
<tr><td>pode ser excluído da sociedade.</td></tr>
</table>

Segundo o art. 1.022 do CC, "a sociedade adquire direitos, assume obrigações e procede judicialmente, por meio de administradores com poderes especiais, ou, não os havendo, por intermédio de qualquer administrador". De acordo com o art. 997, inciso VI, do CC o contrato social deve mencionar "as pessoas naturais incumbidas da administração da sociedade, e seus poderes e atribuições". De início, percebe-se que **a sociedade simples pura não pode ser administrada por pessoa jurídica, já que o dispositivo usa a expressão pessoas naturais para se referir aos administradores.**

Também não podem administrar a sociedade as pessoas mencionadas no art. 1.011, § 1º, do Código: *"não podem ser administradores, além das pessoas impedidas por lei especial, os condenados a pena que vede, ainda que temporariamente, o acesso a cargos públicos; ou por crime falimentar, de prevaricação, peita ou suborno, concussão, peculato; ou contra a economia popular, contra o sistema financeiro nacional, contra as normas de defesa da concorrência, contra as relações de consumo, a fé pública ou a propriedade, enquanto perdurarem os efeitos da condenação"*.

Caso o contrato social da sociedade simples *pura* não designe expressamente seus administradores, aplica-se o **art. 1.013 do CC**: *"a administração da sociedade, nada dispondo o contrato social, compete separadamente a cada um dos sócios"*. Ademais, **nada impede que os sócios, embora não tenham designado o administrador no próprio contrato social, o façam em ato separado posteriormente**. Nesse caso, deve-se atentar apenas para a imprescindibilidade de averbação do ato no órgão de registro da sociedade, em obediência ao art. 1.012 do CC.

A grande diferença entre o administrador nomeado no contrato social e o administrador nomeado em ato separado reside no fato de que os poderes daquele, caso seja sócio, **são, em princípio, irrevogáveis, salvo por decisão judicial que reconheça a ocorrência de justa causa para a revogação**. Em contrapartida, os poderes de administrador não sócio ou de administrador designado em ato separado, ainda que sócio, **são revogáveis a qualquer tempo pela vontade dos demais**. É o que dispõe o art. 1.019 do CC.

Caso o contrato social da sociedade simples pura silencie acerca dos poderes e atribuições dos seus administradores, entende-se que estes podem praticar todos e quaisquer atos pertinentes à gestão da sociedade, salvo oneração ou alienação de bens imóveis, o que só poderão fazer se tais atos constituírem o próprio objeto da sociedade (art. 1.015 do CC). **Assim, nada dispondo o contrato social, reconhece-se aos administradores poder geral de administração**.

Em contrapartida, caso o contrato social da sociedade simples pura faça uso da prerrogativa que lhe confere o art. 997, inciso VI, do CC e estabeleça expressamente os poderes e atribuições dos administradores, eventual excesso por parte destes, em princípio, não exime a sociedade de responsabilidade, em respeito à

teoria da aparência. Somente em situações excepcionais o excesso do administrador afastará a responsabilidade da sociedade pelos seus atos. Com efeito, segundo o disposto no art. 1.015, parágrafo único, do CC "o excesso por parte dos administradores somente pode ser oposto a terceiro se ocorrer pelo menos uma das seguintes hipóteses", as quais são descritas nos incisos I, II e III do dispositivo normativo em análise.

Vê-se, pois, que pela interpretação *a contrario sensu* do parágrafo único do art. 1.015, **em regra a sociedade responde por todos os atos de seus legítimos administradores, ainda que eles tenham atuado com excesso de poderes**. De fato, se o Código afirma que a sociedade somente pode opor o excesso contra terceiros em determinadas situações que o próprio legislador elencou, taxativamente, isso significa que nas demais situações o excesso dos administradores não pode ser oposto a terceiros, ou seja, a sociedade terá que responder pelas obrigações decorrentes da atuação excessiva dos seus gestores, não obstante possa depois voltar-se contra eles, em ação regressiva.

Nos incisos I e II do art. 1.015, parágrafo único, do CC o legislador cuidou dos casos em que há uma limitação expressa de poderes imposta pelos sócios ao(s) administrador(es) da sociedade, limitação essa que o terceiro conhecia ou, no mínimo, deveria conhecer. Por outro lado, o inciso III cuida de hipótese diversa, relacionada aos casos em que o administrador assume obrigação decorrente de "operação evidentemente estranha aos negócios da sociedade". Trata o inciso em comento da chamada **teoria "ultra vires"**.

Por fim, **nos casos em que o administrador agir com culpa no desempenho de suas atribuições, seja praticando ato regular de gestão ou ato com excesso de poderes, ele responderá tanto perante terceiros quanto perante a sociedade**, nos termos do art. 1.016 do Código: "os administradores respondem solidariamente perante a sociedade e os terceiros prejudicados, por culpa no desempenho de suas funções". Assim, nessas situações, poderão os terceiros cobrar a obrigação diretamente do administrador. Caso, porém, os terceiros cobrem a obrigação da sociedade, ela poderá agir em regresso contra o administrador faltoso.

Responsabilidade do administrador	
Atos com excesso de poderes	**Atos com culpa**
Em princípio, a sociedade responde perante terceiros, mas pode voltar-se depois contra o administrador. Todavia, nos casos do art. 1.015, parágrafo único, do CC a sociedade não responde perante terceiros.	O administrador responde solidariamente com a sociedade e eventuais terceiros prejudicados.

Não obstante o fim social de uma sociedade seja a obtenção de lucros em decorrência do exercício de atividade econômica, é possível que ela sofra prejuízos também. Por conseguinte, os sócios da sociedade devem dividir não apenas os lucros, mas também as perdas eventualmente sofridas. É **vedada**, portanto, a chamada **"cláusula leonina"**, a qual, se existente, será considerada nula de pleno direito, conforme estabelecido no art. 1.008 do CC: "é nula a estipulação contratual que exclua qualquer sócio de participar dos lucros e das perdas".

Perceba-se que o legislador não estabeleceu regras, *a priori*, acerca de como deve ser feita a distribuição dos lucros da sociedade, cabendo aos sócios, pois, prever a forma de participação de cada um no contrato social. Podem estabelecer, por exemplo, a distribuição preferencial de lucros a um sócio. Podem também distribuir entre os sócios apenas uma parte dos lucros, destinando a parte restante a investimentos sociais. O que os sócios não podem, apenas, é excluir algum membro de participação nos lucros ou nas perdas da sociedade.

Se o contrato social, todavia, for omisso a respeito do assunto, aplica-se o disposto **no art. 1.007 do CC**: "salvo estipulação em contrário, o sócio participa dos lucros e das perdas, na proporção das respectivas quotas, mas aquele, cuja contribuição consiste em serviços, somente participa dos lucros na proporção da média do valor das quotas".

	Distribuição de resultados
Contrato omisso	distribuição proporcional às quotas.
Cláusula expressa	pode haver distribuição desproporcional, desde que não exclua nenhum sócio de participação nos lucros ou nas perdas.

Por ser a sociedade simples pura uma pessoa jurídica, isto é, ente ao qual o ordenamento jurídico atribui personalidade, ela responde pelas suas obrigações com seus próprios bens sociais. Isso decorre da consagração em nosso ordenamento do **princípio da autonomia patrimonial das pessoas jurídicas**, previsto no art. 1.024 do CC: "os bens particulares dos sócios não podem ser executados por dívidas da sociedade, senão depois de executados os bens sociais".

Por outro lado, por se tratar de uma sociedade contratual, a responsabilidade dos sócios da sociedade simples pura, quanto às obrigações sociais, é **ilimitada**, ou seja, caso os bens sociais não sejam suficientes para saldar o passivo da sociedade, os credores poderão executar o restante das dívidas no patrimônio dos sócios. Nesse sentido, aliás, dispõe o art. 1.023 do CC: "se os bens da sociedade não lhe cobrirem as dívidas, respondem os sócios pelo saldo, na proporção em que participem das perdas sociais, salvo cláusula de responsabilidade solidária". Esta cláusula de **responsabilidade solidária** é a prevista no art. 997, inciso VIII, do CC, que estabelece a possibilidade de o contrato social prever "se os sócios respondem, ou não, subsidiariamente, pelas obrigações sociais". Se o contrato for omisso, valem as regras gerais dos arts. 1.023 e 1.024, ou seja, a responsabilidade dos sócios da sociedade simples pura será subsidiária e ilimitada.

O contrato social não é imutável, podendo ser alterado conforme a vontade dos sócios. Mas alterações não são fáceis de serem realizadas, já que o CC exigiu *quorum* bastante expressivo para tanto. Caso a alteração do contrato social seja referente a alguma matéria relacionada no art. 997 do CC, como, por exemplo, *mudança na forma de distribuição de lucros* (inciso VII) ou *mudança do capital social* (inciso III), a modificação do contrato dependerá de **aprovação unânime**. Por outro lado, se a alteração do contrato social for referente a outros temas, a modificação do contrato dependerá de **aprovação da maioria absoluta**, salvo se o contrato determinar a necessidade de deliberação unânime. É o que dispõe o art. 999 do CC. Não se deve esquecer, ademais, que qualquer alteração do contrato social deve ser averbada no Cartório onde foi feito o registro originário da sociedade (art. 999, parágrafo único).

Alteração do contrato social	
Matéria elencada no art. 997	**Outras matérias**
Quorum unânime.	Maioria absoluta, salvo se o contrato previr deliberação unânime.

A sociedade simples pura é aquela de pessoas, ou seja, existe uma forte ***affectio societatis*** entre os sócios e o vínculo contratual formado entre eles é ***intuitu personae***, razão pela qual a entrada de estranhos no quadro societário **dependerá sempre da anuência dos demais**. Nesse sentido, o art. 1.002 do CC determina que "o sócio não pode ser substituído no exercício das suas funções, sem o consentimento dos demais sócios, expresso em modificação do contrato social". Na mesma linha, o art. 1.003 do Código prevê que "a cessão total ou parcial de quota, sem a correspondente modificação do contrato social com o consentimento dos demais sócios, não terá eficácia quanto a estes e à sociedade".

Cumpre salientar também que **o sócio retirante da sociedade, que cedeu suas quotas a outrem (com a anuência dos demais, conforme destacado no parágrafo anterior), não fica automaticamente exonerado de eventuais obrigações perante terceiros e perante a própria sociedade**. Com efeito, dispõe o art. 1.003, parágrafo único, do CC que "até dois anos depois de averbada a modificação do contrato, responde o cedente solidariamente com o cessionário, perante a sociedade e terceiros, pelas obrigações que tinha como sócio". No mesmo sentido é a regra do art. 1.032 do Código: "a retirada, exclusão ou morte do sócio, não o exime, ou a seus herdeiros, da responsabilidade pelas obrigações sociais anteriores, até dois anos após averbada a resolução da sociedade; nem nos dois primeiros casos, pelas posteriores e em igual prazo, enquanto não se requerer a averbação".

Finalmente, o contrato social deve tratar também das deliberações sociais. Em princípio, cabe ao contrato social estabelecer que matérias dependerão de deliberação dos sócios. Em alguns casos, porém, é a própria lei que o faz, como na hipótese de *transformação da sociedade* (art. 1.114 do CC). Em ambos os casos, as deliberações serão tomadas por **maioria de votos**, contados segundo o valor de cada um. É o que determina o art. 1.010 do Código: "quando, por lei ou pelo contrato social, competir aos sócios decidir sobre os negócios da sociedade, as deliberações serão tomadas por maioria de votos, contados segundo o valor das quotas de cada um".

A maioria mencionada pelo dispositivo legal acima transcrito é **absoluta**, segundo disposto no seu § 1º: "para formação da maioria absoluta são necessários votos correspondentes a mais de metade do capital". **E essa maioria absoluta não se refere ao número de sócios votantes, mas tão somente ao valor de suas quotas**. Portanto, pode ser que numa determinada sociedade com cinco sócios os votos favoráveis de apenas dois sejam suficientes para aprovação da deliberação. Basta, nesse caso, que o valor de suas quotas somadas seja superior à metade do capital social.

A aferição do número de sócios votantes será importante, entretanto, quando pelo valor das quotas houver empate na votação. Nesse caso, **prevalecerá a decisão que teve o apoio da maior quantidade de sócios**. Caso haja empate também no número de sócios, **a matéria deverá ser levada ao Poder Judiciário, e a decisão caberá ao juiz**. É o que determina o § 2º do mesmo art. 1.010 do Código: "prevalece a decisão sufragada por maior número de sócios no caso de empate, e, se este persistir, decidirá o juiz".

Sociedade simples "pura"	sociedade cujo objeto é a exploração de atividade econômica não empresarial.
Características	adquire personalidade jurídica com o registro no Cartório.
	constitui-se por meio de contrato social.
	admite sócio pessoa jurídica.
	identifica-se por firma ou denominação.
	capital dividido em quotas.
	admite integralização de quotas em serviços.
	responsabilidade subsidiária e ilimitada dos sócios (regra).

7. SOCIEDADE EM NOME COLETIVO[1]

A principal característica dessa sociedade é a **responsabilidade ilimitada** dos sócios que a compõem, ou seja, esgotado o patrimônio da sociedade em nome coletivo, seus credores podem executar o restante das dívidas sociais no patrimônio pessoa dos sócios. Nesse sentido, dispõe o CC, em seu art. 1.039, que "somente pessoas físicas podem tomar parte na sociedade em nome coletivo, respondendo todos os sócios, solidária e ilimitadamente, pelas obrigações sociais".

Cumpre destacar a norma do parágrafo único do art. 1.039, acima referido, segundo a qual "sem prejuízo da responsabilidade perante terceiros, podem os sócios, no ato constitutivo, ou por convenção posterior, limitar entre si a responsabilidade cada um". Note-se bem que a limitação de responsabilidade que os sócios podem estabelecer produz efeitos **somente entre eles**, e não a terceiros. Nem poderia ser diferente, uma vez que sendo essa limitação de responsabilidade estabelecida por meio de contrato (contrato social ou convenção posterior), só produz efeitos entre as partes contratantes, não sendo oponível a terceiros. Perante os credores da sociedade, portanto, a responsabilidade dos sócios de uma sociedade em nome coletivo é sempre ilimitada. Havendo, todavia, a previsão contratual de limitação de responsabilidade entre eles, isso repercutirá apenas "internamente", dando ensejo, por exemplo, ao direito de regresso de um sócio contra outro.

Sendo uma sociedade contratual, a sociedade em nome coletivo é regida, subsidiariamente, pelas **normas da sociedade simples**, conforme disposição normativa constante do art. 1.040 do CC, e o seu contrato social deve conter as cláusulas gerais previstas no art. 997 do código, conforme determina o art. 1.041.

Ademais, sendo a sociedade em nome coletivo modelo societário em que os sócios respondem ilimitadamente pelas obrigações sociais, subentende-se que (i) ela **deve sempre adotar firma social como espécie de nome empresarial** (art. 1.041, parte final, c/c art. 1.157 do CC), (ii) ela **não admite incapazes como sócios**, (iii) os **sócios têm ampla liberdade para disciplinar as suas relações sociais, desde que não desnaturem o tipo societário escolhido**, (iv) ela **é uma sociedade de pessoas, dependendo de consentimento dos demais sócios a entrada**

---

1. Comercial e processual civil. Dissolução parcial de sociedade. (...) Nomeação de liquidante. Descabimento. Procedimento de apuração de haveres. Indicação de técnico pelo juízo para realização de perícia contábil. (...) Dissídio jurisprudencial. Rateio das custas e honorários em procedimento de dissolução parcial de sociedade. Precedentes desta corte que admitem a aplicação do princípio da sucumbência. Incidência da Súmula 83/STJ. (...) 2. A dissolução parcial de sociedade, com a retirada de um dos sócios, não prevê procedimento de liquidação, incompatível com o objetivo de preservação da atividade empresarial, sendo cabível a indicação de perito contábil, pelo juízo, para apuração dos haveres do sócio excluído. (...) (REsp 242603/SC, Rel. Min. Luis Felipe Salomão, 4.ª Turma, j. 04.12.2008, DJe 18.12.2008).

de estranhos ao quadro social e (v) a **sua administração compete aos próprios sócios, não se admitindo a designação de não sócio para o desempenho de tal mister** (art. 1.042 do CC).

Características da Sociedade em nome coletivo	
	pode ser *simples* ou *empresária*, a depender do objeto social.
	adquire personalidade jurídica com o registro no Cartório (se simples) ou na Junta (se empresária).
	constitui-se por meio de contrato social.
	não admite sócio pessoa jurídica.
	não admite administrador não sócio.
	identifica-se apenas por firma social.
	capital dividido em quotas.
	admite integralização de quotas em serviços.
	responsabilidade solidária e ilimitada dos sócios.

8. SOCIEDADE EM COMANDITA SIMPLES

A origem dessas sociedades está nas comendas medievais, uma espécie de contrato especial em que um "capitalista" - chamado de comanditário - entregava dinheiro ou bens a navegadores ou mercadores, a fim de que estes os negociassem, repartindo-se os lucros posteriormente. As comendas tinham, assim, duas categorias de sócios: os que investiam bens ou capital no empreendimento - chamados de comanditários e a quem o direito reservava responsabilidade limitada aos bens ou capital investidos - e os que efetivamente negociavam com esses bens ou capital - que respondiam ilimitadamente.

É com esse perfil que a sociedade em comandita simples está acolhida em nosso ordenamento jurídico, dispondo o CC, em seu art. 1.045, que "na sociedade em comandita simples tomam parte sócios de duas categorias: os **comanditados, pessoas físicas, responsáveis solidária e ilimitadamente pelas obrigações sociais**; e os **comanditários, obrigados somente pelo valor de sua quota**". Cabe ao contrato social, registre-se, especificar claramente quem são os comanditados e quem são os comanditários (parágrafo único).

Como nesse tipo societário existem sócios de responsabilidade ilimitada, prevê o CC, em seu art. 1.046, *caput*, que "aplicam-se à sociedade em comandita simples as **normas da sociedade em nome coletivo**, no que forem compatíveis (...)". No mesmo sentido, no parágrafo único desse dispositivo se estabelece que "aos **comanditados** cabem os mesmos direitos e obrigações dos sócios da **sociedade em nome coletivo**".

A obrigação precípua do *sócio comanditário* é tão-somente contribuir para a formação do capital social. Sua responsabilidade restringe-se a tanto, ou seja, uma vez efetivada a contribuição a que se comprometeu no contrato social, cumpriu sua obrigação social, não podendo os credores, em princípio, nada exigir dele, em função da limitação de responsabilidade que a lei lhe assegura.

Em contrapartida a essa limitação de responsabilidade, o código, em seu art. 1.047, determina que "sem prejuízo da faculdade de participar das deliberações da sociedade e de lhe fiscalizar as operações, não pode o comanditário praticar qualquer ato de gestão, nem ter o nome na firma social, sob pena de ficar sujeito às responsabilidades de sócio comanditado".

Vê-se, pois, que **a administração da comandita simples compete apenas aos *sócios comanditados***, não obstante o CC permita, em seu art. 1.047, parágrafo único, que o comanditário seja "constituído procurador da sociedade, para negócio determinado e com poderes especiais".

Da mesma forma, somente os nomes dos sócios comanditados podem constar da firma social, uma vez que são estes os que respondem ilimitadamente pelas obrigações da sociedade (vide art. 1.157 do CC).

Características da Sociedade em comandita simples	
	pode ser *simples* ou *empresária*, a depender do objeto social.
	adquire personalidade jurídica com o registro no Cartório (se simples) ou na Junta (se empresária).
	constitui-se por meio de contrato social.
	sócio comanditado só pode ser pessoa física.
	sócio comanditário pode ser pessoa física ou jurídica.
	apenas os comanditados podem administrar a sociedade.
	identifica-se apenas por firma social.
	capital dividido em quotas.
	admite integralização de quotas em serviços.
	responsabilidade ilimitada dos sócios comanditados.
	responsabilidade limitada dos sócios comanditários.

9. SOCIEDADE LIMITADA

Trata-se do tipo societário mais utilizado na praxe comercial, correspondendo a aproximadamente mais de 90% dos registros de sociedade no Brasil. A grande presença de sociedades limitadas no meio empresarial se deve basicamente ao fato de ela ostentar duas características específicas que a tornam um tipo societário bastante atrativo para os pequenos e médios empreendimentos: (i) a **contratualidade** e (ii) a **limitação de responsabilidade** dos sócios.

Sobre a **responsabilidade dos sócios pelas dívidas sociais**, dispõe o art. 1.052 do CC: "*na sociedade limitada, a responsabilidade de cada sócio é restrita ao valor de suas quotas, mas todos respondem solidariamente pela integralização do capital social*". Assim, pois, é que se dá a responsabilidade limitada dos quotistas. Se o capital social está totalmente integralizado, não se deve executar dívida social pendente no patrimônio dos sócios. Sobre isso, o STJ já entendeu até **configurar dano material e moral o bloqueio direto de contas bancárias dos sócios em ação executiva proposta por credor em razão de dívida que seria da sociedade limitada** (REsp 1.245.712-MT).

Caso, porém, o capital social não esteja totalmente integralizado – situação possível porque, como visto, o Brasil não exige a integralização total do capital social para a constituição da sociedade, tampouco fixa prazo para essa integralização –, **todos os sócios respondem solidariamente pela dívida da sociedade, até o limite da integralização**. O limite de responsabilidade dos sócios quotistas, portanto, é o **montante que falta para a integralização do capital social**.

Mas o simples fato de a sociedade limitada ter como característica a limitação de responsabilidade dos seus sócios não explica, por si só, a sua extrema aceitabilidade entre os pequenos e médios empreendedores, uma vez que a sociedade anônima também é um tipo societário que se caracteriza pela responsabilidade limitada de seus acionistas.

A outra característica, pois, que faz da sociedade limitada o tipo societário mais utilizado na praxe comercial brasileira é a sua **contratualidade**. De fato, ao longo do estudo da sociedade limitada veremos que muitas matérias relacionadas às relações entre sócios dependem do que dispuser o contrato social. Enfim, é a vontade societária que decide a maioria das questões que interessam aos sócios, ao contrário do que ocorre na sociedade anônima, que possui um regime legal que previamente estabelece a disciplina das relações sociais, sem dar margem de liberdade aos acionistas para tanto.

Atualmente, esse modelo societário é regulado por um **capítulo próprio do CC (arts. 1.052 a 1.087)**, que finalmente conferiu um novo perfil a tal sociedade, começando por lhe atribuir nova nomenclatura: de sociedade por quotas de responsabilidade limitada passou a ser apenas sociedade limitada.

O próprio CC estabelece, em seu art. 1.053, *caput*, que **a sociedade limitada é regida subsidiariamente pelas normas da sociedade simples**. E mais: **o art. 1.053, parágrafo único, permite que os sócios adotem, por expressa disposição constante do contrato social, a LSA (Lei nº 6.404/76 – Lei das sociedades por ações) como diploma de regência supletiva**: "*o contrato social poderá prever a regência supletiva da sociedade limitada pelas normas da sociedade anônima*".

Caso uma sociedade limitada opte por essa regência supletiva, poderá assumir uma feição capitalista e usar instrumentos típicos de uma S/A, previstos na Lei nº 6.404/76. Nesse sentido, a exemplo do acordo de acionistas que pode haver numa S/A (art. 118 da Lei nº 6.404/76), uma sociedade limitada que opte pela regência supletiva da LSA pode permitir acordos de quotistas, algo que já vem sendo muito usado na prática.

Legislação aplicável à sociedade limitada	
	Arts. 1.052 a 1.087 do CC (regras específicas).
	Regras da sociedade simples "pura" (arts. 997 a 1.038 do CC): aplicação subsidiária.
	Regras da sociedade anônima (Lei nº 6.404/76): aplicação supletiva.

A sociedade limitada é uma **sociedade contratual**, ou seja, ela é constituída por meio de um **contrato social**, o qual, conforme já dissemos, é um contrato **plurilateral**, uma vez que dele podem tomar parte várias pessoas e para a sua constituição será sempre necessária a chamada ***affectio societatis*** (união de esforços em torno de um objetivo comum).

Segundo o art. 1.054 do CC, o contrato social da sociedade limitada *"mencionará, **no que couber**, as indicações do art. 997, e, se for o caso, a firma social"*. Portanto, **muito do que expusemos no tópico referente à sociedade simples "pura" vale também para a sociedade limitada**. Ao usar a expressão *"no que couber"*, o legislador deixou claro que nem todas as matérias relacionadas no art. 997 precisam constar do contrato social de uma sociedade limitada. É o caso, por exemplo, do inciso V, que menciona *"as prestações a que se obriga o sócio, cuja contribuição consista em serviços"*. É que, conforme será destacado adiante, **na sociedade limitada não se admite o chamado *sócio de indústria*, que contribui apenas com a sua força de trabalho** (art. 1.055, § 2º, do CC).

Já vimos também que esse rol de indicações que deve conter o contrato social, previsto no art. 997 do CC, **não é exaustivo**, aplicando-se também outras exigências contidas na legislação pertinente para fins de registro (III Jornada de Direito Civil do CJF – Enunciado 214).

> **Atenção!**
>
> Muitas das observações feitas no tópico em que analisamos a sociedade simples pura valem também para as sociedades limitadas, por força das regras previstas nos arts. 1.053, *caput*, e 1.054 do CC.

Quanto ao capital social da sociedade limitada, o art. 1.055 do CC dispõe que *"o capital social divide-se em quotas, iguais ou desiguais, cabendo uma ou diversas a cada sócio"*. Vê-se, pois, que o **código permitiu que o capital social seja dividido**

em partes iguais ou desiguais. Ademais, vê-se que (i) não se estipulou um valor predeterminado para as quotas, mínimo ou máximo, (ii) não se consagrou a exigência de integralização inicial de um certo percentual do capital social total, (iii) não se fixou qualquer prazo para a sua efetiva integralização e (iv) não se exigiu um capital mínimo para a constituição da sociedade.

Cada sócio subscreverá uma parte do capital, ficando, consequentemente, responsável pela sua respectiva integralização, a qual pode ser feita em bens ou em dinheiro, mas nunca por meio da prestação de serviços (art. 1.055, § 2º, do CC), conforme já mencionamos.

> **Atenção!**
> Integralização do capita social da limitada deve ser feita com dinheiro ou bens suscetíveis de avaliação pecuniária. Não se admite a integralização em serviços!

Se o capital social pode, como visto, ser dividido em quotas iguais ou desiguais, o art. 1.056 do CC, em contrapartida, não admite, em princípio, a divisão de uma quota, *"salvo para efeito de transferência"*, caso em que se estabelecerá um **condomínio de quotas**, interessante novidade trazida pelo código. Nesse caso, prevê o art. 1.056, § 1º, que *"no caso de condomínio de quota, os direitos a ela inerentes somente podem ser exercidos pelo condômino representante, ou pelo inventariante do espólio de sócio falecido"*. Em suma: a quota terá mais de um dono, mas perante a sociedade, como ela é indivisível, apenas um dos condôminos poderá exercer os direitos que ela confere, o condômino-sócio. Quanto à responsabilidade, dispõe o art. 1.056, § 2º, que *"sem prejuízo do disposto no art. 1.052, os condôminos de quota indivisa respondem solidariamente pelas prestações necessárias à sua integralização"*.

Um tema interessante sobre a sociedade limitada disciplinado pelo código foi o relativo ao **ingresso de novos sócios**. De acordo com o art. 1.057 do CC, *"na omissão do contrato, o sócio pode ceder sua quota, total ou parcialmente, a quem seja sócio, independentemente de audiência dos outros, ou a estranho, se não houver oposição de titulares de mais de um quarto do capital social"*. Vê-se, pois, que segundo essa regra legal, **na omissão do contrato social, o sócio poderá ceder sua quota a qualquer sócio sem que seja necessária a anuência dos demais.** No entanto, **para cedê-la a pessoa estranha ao quadro social, dependerá da manifestação dos demais sócios, os quais poderão obstá-la, desde que representem mais de um quarto do capital social.**

Fácil constatar, portanto, que na omissão do contrato social o código deu uma **feição personalista** (*intuitu personae*) à sociedade limitada, protegendo os sócios quanto à entrada de estranhos ao quadro social. Em princípio, todavia, cabe aos sócios definir qual feição querem dar à sociedade que estão constituindo.

Cessão ou alienação de quotas	
Omissão do contrato	**Cláusula expressa**
Entrada de estranhos depende da anuência dos demais sócios, em razão da *affectio societatis* e do caráter *intuitu personae* da sociedade. A partir de ¼ do capital social, é possível obstar a entrada de estranho.	Pode prever a entrada de estranhos independentemente da anuência dos demais sócios. As regras para a cessão de quotas é assunto que pode ser estabelecido no contrato social.

Além de ter que ser feita em dinheiro ou em bens suscetíveis de avaliação pecuniária, **a integralização da parte do capital social subscrita pelo sócio poderá ser feita à vista ou de forma parcelada**, caso em que o contrato estabelecerá o prazo para tanto. Ultrapassado o prazo para a integralização da quota respectiva sem que o sócio se desincumba do seu dever contratual, ficará em mora em relação à sociedade, sendo, pois, considerado sócio ***remisso***.

Da mesma forma que ocorre na sociedade simples "pura", os demais sócios podem (i) **cobrar do remisso uma indenização pelo prejuízo decorrente da sua mora**, (ii) **reduzir as quotas do remisso** ou até mesmo (iii) **excluir o sócio remisso da sociedade**. Confira-se, a propósito, o disposto no art. 1.058 do CC: *"não integralizada a quota de sócio remisso, os outros sócios podem, sem prejuízo do disposto no art. 1.004 e seu parágrafo único, tomá-la para si ou transferi-la a terceiros, excluindo o primitivo titular e devolvendo-lhe o que houver pago, deduzidos os juros da mora, as prestações estabelecidas no contrato mais as despesas"*.

Entende-se que o *quorum* exigido para a exclusão do sócio remisso, bem como para a redução do valor de sua quota ao montante já integralizado, é de **maioria absoluta** (enunciado nº 216 do CJF).

Sócio Remisso	pode ser compelido a indenizar a sociedade pelos danos decorrentes da mora.
	pode ter suas quotas reduzidas ao montante efetivamente integralizado.
	pode ser excluído da sociedade.

No que se tange à administração da sociedade limitada, o novo código também trouxe normas importantes e algumas novidades. A sociedade limitada, de acordo com o que dispõe o CC em seu art. 1.060, ***"é administrada por uma ou mais pessoas designadas no contrato social ou em ato separado"***, às quais cabe, privativamente, o uso da firma ou da denominação social, ou seja, a possibilidade de atuar em nome da sociedade, exercendo direitos e assumindo obrigações.

Nas sociedades limitadas menores – com dois ou três sócios, por exemplo – é comum que a administração da pessoa jurídica seja atribuída a todos os sócios, o que fica estabelecido no próprio ato constitutivo. Todavia, nesses casos, é importante destacar que **se um novo sócio ingressar nessa sociedade posteriormente,**

a atribuição de administrar a sociedade não se estende de pleno direito a ele, em obediência ao disposto no art. 1.060, parágrafo único. Por conseguinte, **para que esse novo sócio também adquira o poder de administração da sociedade, terá que ser feita alteração no contrato social para que isso fique expressamente estabelecido**.

Outro ponto importante disciplinado pelo código foi a **possibilidade de pessoas estranhas ao quadro social administrarem a sociedade**. Isso é possível, **desde que o contrato social permita**. E mais: a eleição de administradores não sócios depende de *quorum* bastante expressivo. Com efeito, dispõe o CC, em seu art. 1.061, que ***enquanto o capital social não estiver integralizado*, a eleição de não sócios para o cargo de administrador da sociedade limitada depende da aprovação de *todos* os sócios**. Por outro lado, ***se o capital social já estiver integralizado*, a eleição depende de aprovação de *2/3 (dois terços), no mínimo***. Ressalte-se, todavia, que, conforme já destacamos quando do estudo da sociedade simples "pura", **a sociedade limitada também não pode ser administrada por pessoa jurídica**, entendimento que decorre da interpretação conjunta dos arts. 1.054 e 997, inciso VI, do CC.

▸ **Atenção!**

Aplica-se à sociedade limitada, subsidiariamente, o art. 1.015, parágrafo único, do CC. Portanto...

Responsabilidade do administrador	
Atos com excesso de poderes	**Atos com culpa**
em princípio, a sociedade responde perante terceiros, mas pode voltar-se depois contra o administrador. Todavia, nos casos do art. 1.015, parágrafo único, do CC a sociedade não responde perante terceiros.	o administrador responde solidariamente com a sociedade e eventuais terceiros prejudicados.

Ponto interessante e também inovador do CC acerca das sociedades limitadas foi o relativo à **possibilidade de ditas sociedades instituírem conselho fiscal**. Com efeito, dispõe o art. 1.066 que, "sem prejuízo dos poderes da assembleia dos sócios, pode o contrato instituir conselho fiscal composto de três ou mais membros e respectivos suplentes, sócios ou não, residentes no País, eleitos na assembleia anual de que trata o art. 1.078".

Trata-se, é bom destacar, de **mera faculdade**, a qual só tem sido exercida pelas sociedades limitadas maiores. Em sociedades limitadas pequenas, com poucos sócios, a existência de conselho fiscal é totalmente desnecessária e, ademais, representaria um custo adicional que com certeza tornaria inviável a sua manutenção e funcionamento regular.

Conselho Fiscal	
Na sociedade limitada	**Na sociedade anônima**
Existência e funcionamento facultativos.	Existência obrigatória e funcionamento facultativo.

Em regra, as decisões mais corriqueiras da sociedade limitada são tomadas isoladamente por aqueles que têm poderes para administrar a sociedade, ou seja, pelo(s) **administrador(es)**. No entanto, aquelas decisões mais complexas – como, por exemplo, a **alteração do contrato social** ou decisão sobre a **fusão** com outra sociedade – exigem uma **deliberação colegiada**.

No seu art. 1.071, o CC previu, em rol meramente exemplificativo, que *"dependem da deliberação dos sócios, além de outras matérias indicadas na lei ou no contrato: I – a aprovação das contas da administração; II – a designação dos administradores, quando feita em ato separado; III – a destituição dos administradores; IV – o modo de sua remuneração, quando não estabelecido no contrato; V – a modificação do contrato social; VI – a incorporação, a fusão e a dissolução da sociedade, ou a cessação do estado de liquidação; VII – a nomeação e destituição dos liquidantes e o julgamento das suas contas; VIII – o pedido de concordata"*. Outras matérias que também dependem de deliberação social, por exemplo, são as hipóteses de **exclusão de sócio** – seja a do sócio remisso ou a do sócio faltoso.

O órgão específico responsável pela tomada das deliberações sociais é a **assembleia** dos sócios. Todavia, o CC trouxe, nessa matéria, mais uma inovação: **nas sociedades limitadas menores, de até 10 sócios, o código previu que o regime de assembleia pode ser substituído pelo regime de reunião de sócios**. Com efeito, segundo o art. 1072, § 1°, do código *"as deliberações dos sócios, obedecido o disposto no art. 1.010, serão tomadas em reunião ou em assembleia, conforme previsto no contrato social, devendo ser convocadas pelos administradores nos casos previstos em lei ou no contrato"*. Já **nas sociedades limitadas maiores, com mais de dez sócios, o regime assemblear é imposto pela lei**: *"a deliberação em assembleia será obrigatória se o número dos sócios for superior a dez"* (art. 1.072, § 1°, do CC).

A grande diferença entre a *assembleia* e a *reunião* está no **procedimento**. Aquela segue rito mais solene, com o próprio código ditando suas regras procedimentais. Esta, por sua vez, tem rito mais simplificado, cabendo aos sócios, no contrato social, estabelecer os detalhes de seu procedimento.

Tanto a reunião quanto a assembleia, entretanto, podem ser dispensadas e substituídas por um documento escrito, desde que todos os sócios estejam concordando, ou seja, desde que a decisão seja unânime (art. 1072, § 3°, do CC).

Destaque-se ainda que as deliberações sociais, desde que tomadas em conformidade com a lei e o contrato social, "***vinculam todos os sócios, ainda que ausentes ou dissidentes***" (art. 1.072, § 5º, do CC).

O ***quorum*** **de instalação da assembleia** está previsto no art. 1.074 do CC, segundo o qual *"a assembleia dos sócios instala-se com a presença, em primeira convocação, de titulares de no mínimo três quartos do capital social, e, em segunda, com qualquer número"*.

O ***quorum*** **de deliberação**, por sua vez, está previsto no art. 1.076 do CC, com redação dada pela Lei nº 13.792/2019: "ressalvado o disposto no art. 1.061, as deliberações dos sócios serão tomadas: I – pelos votos correspondentes, no mínimo, a três quartos do capital social, nos casos previstos nos incisos V e VI do art. 1.071; II – pelos votos correspondentes a mais de metade do capital social, nos casos previstos nos incisos II, III, IV e VIII do art. 1.071; III – pela maioria de votos dos presentes, nos demais casos previstos na lei ou no contrato, se este não exigir maioria mais elevada."

<table>
<tr><th colspan="2">Deliberações Sociais: art. 1.071 (rol exemplificativo)</th></tr>
<tr><th>Assembleia</th><th>Reunião</th></tr>
<tr><td>Regime legal, obrigatório para as sociedades com mais de 10 sócios</td><td>Regime contratual, possível apenas nas sociedades com até 10 sócios</td></tr>
<tr><td colspan="2">Assembleia e reunião podem ser dispensadas quando a decisão for unânime.</td></tr>
</table>

O capital social da sociedade limitada pode ser modificado, com o seu aumento ou a sua diminuição. Em ambos os casos, deverá haver, obviamente, a respectiva alteração do contrato social.

No que se refere ao aumento, dispõe o **art. 1.081 do CC** que, *"ressalvado o disposto em lei especial, integralizadas as quotas, pode ser o capital aumentado, com a correspondente modificação do contrato"*. **Os sócios têm direito de preferência para participar desse aumento**, nos termos do § 1º da regra em questão: *"até trinta dias após a deliberação, terão os sócios preferência para participar do aumento, na proporção das quotas de que sejam titulares"*. Essa preferência pode ser cedida, desde que obedecida a regra do art. 1.057 do CC. É o que diz o § 2º: *"à cessão do direito de preferência, aplica-se o disposto no caput do art. 1.057"*. Já o § 3º, por sua vez, estabelece que *"decorrido o prazo da preferência, e assumida pelos sócios, ou por* *terceiros, a totalidade do aumento, haverá reunião ou assembleia dos sócios, para que seja aprovada a modificação do contrato".*

No que se refere à redução do capital social, quem cuida da matéria é o **art. 1.082 do CC**, segundo o qual *"pode a sociedade reduzir o capital, mediante a correspondente modificação do contrato: I – depois de integralizado, se houver perdas irreparáveis; II – se excessivo em relação ao objeto da sociedade".*

Modificação do capital social	
Aumento	**Diminuição**
decisão dos sócios, que possuem direito de preferência	quando houver perdas irreparáveis ou quando estiver excessivo em relação ao objeto social

O CC permite expressamente que o contrato social da sociedade limitada preveja a **exclusão de sócios por justa causa**. A matéria está prevista em seu art. 1.085, segundo o qual "ressalvado o disposto no art. 1.030, quando a maioria dos sócios, representativa de mais da metade do capital social, entender que um ou mais sócios estão pondo em risco a continuidade da empresa, em virtude de atos de inegável gravidade, poderá excluí-los da sociedade, mediante alteração do contrato social, desde que prevista neste a exclusão por justa causa".

Perceba-se que a regra continua a ser a exclusão **judicial** do sócio faltoso, conforme previsto no art. 1.030, ao qual o dispositivo em comento faz expressa referência. **Para que haja a exclusão *extrajudicial* por justa causa é preciso que o contrato social expressamente contenha essa previsão**. Não contendo, o recurso ao Judiciário é medida que se impõe.

Veja-se ainda que a falta cometida pelo sócio a ser excluído deve ser de **extrema gravidade**, sob pena de não configurar-se a justa causa que autoriza a medida extrema de exclusão. E mais: o código se preocupou em estabelecer, de forma pormenorizada, um procedimento bastante rigoroso a ser seguido pelo conjunto de sócios que deseja excluir o faltoso. **Com efeito, dispõe o art. 1.085, parágrafo único, do CC, com redação dada pela Lei nº 13.792/2019 que** *"ressalvado o caso em que haja apenas dois sócios na sociedade, a exclusão somente poderá ser determinada em reunião ou assembleia especialmente convocada para esse fim, ciente o acusado em tempo hábil para permitir seu comparecimento e o exercício do direito de defesa".*

Devem os demais sócios, portanto, convocar assembleia ou reunião – conforme o regime de deliberação colegiada por eles adotado – específica, na qual só se discutirá e votará uma única matéria: a eventual exclusão do sócio faltoso. Nada mais poderá ser discutido ou votado nessa assembleia ou reunião.

Tal regra **não será aplicada no caso de a sociedade ser composta por apenas dois sócios**, ocasião em que a exclusão deverá ser feita judicialmente.

Além do mencionado no parágrafo anterior, **exige-se também que o sócio acusado seja cientificado acerca da realização da assembleia ou reunião que deliberará a sua possível exclusão, a fim de que ele possa comparecer na data e local marcados com a finalidade de se defender das acusações que lhe são imputadas**. O legislador foi bastante feliz na redação deste dispositivo, na medida em que impediu a realização de **assembleias** ou reuniões na "na calada da noite", marcadas de última hora e sem a devida comunicação ao sócio acusado.

Por fim, destaque-se que o código exigiu ***quorum* de maioria absoluta** para a exclusão extrajudicial de sócio por justa causa, razão pela qual apenas os **sócios minoritários** poderão ser excluídos da sociedade por tal via, restando apenas a via **judicial** para a exclusão de **sócio majoritário**.

Exclusão extrajudicial de sócio por justa causa:	previsão expressa no contrato social.
	prática de atos de inegável gravidade por parte de determinado sócio.
	convocação de assembleia ou reunião específica.
	cientificação do acusado com antecedência suficiente para possibilitar o seu comparecimento e defesa.
	quorum de maioria absoluta.

Finalmente, mais um tema importante e extremamente relevante acerca da sociedade limitada é o relativo à chamada **sociedade limitada unipessoal**, aquela formada por um sócio apenas. Em nosso ordenamento jurídico, até a edição da Medida Provisória nº 881/2019, a pluralidade de sócios era pressuposto de existência de uma sociedade (art. 981 do CC). Havia apenas um caso de sociedade unipessoal admitido em nosso ordenamento jurídico, que era a **sociedade subsidiária integral**, espécie de sociedade anônima que tem como único sócio uma sociedade brasileira (art. 251, da LSA).

Ocorre que, em 30 de abril de 2019, foi editada a **Medida Provisória nº 881** que, além de instituir a Declaração de Direitos de Liberdade Econômica no Brasil, incluiu o parágrafo único ao art. 1.052 do CC, passando a admitir a figura da **sociedade limitada unipessoal**. Pelo novo dispositivo legal em comento: "**a sociedade limitada pode ser constituída por uma ou mais pessoas**, hipótese em que se aplicarão ao documento de constituição do sócio único, no que couber, as disposições sobre o contrato social".

Sendo assim, **até a edição da Medida Provisória nº 881, de 30 de abril de 2019, o Brasil não admitia a constituição originária de sociedade limitada unipessoal**, o que contrariava uma forte tendência do Direito comparado. Aliás, antes da Lei 12.441/2011 e da possibilidade da constituição de uma EIRELI, no Brasil, ou a pessoa exercia a atividade empresarial como empresário individual, sujeitando todo o seu patrimônio ao risco do empreendimento, ou constituía uma sociedade limitada juntamente com alguém, beneficiando-se, nesse caso, da separação entre o seu patrimônio e o da pessoa jurídica constituída, bem como da limitação de responsabilidade típica desse tipo societário escolhido. Como nem sempre a constituição de uma sociedade é tarefa das mais fáceis, uma vez que encontrar alguém para associar-se é deveras dificultoso, era comum, no Brasil, a constituição de sociedades limitadas em que 99% das quotas são de titularidade de uma pessoa, enquanto o 1% restante é de titularidade de outrem. Tratava-se, na verdade, de uma sociedade unipessoal disfarçada, de um drible no atraso de nossa legislação societária. Felizmente, a Medida Provisória nº 881/2019, com a inclusão do parágrafo único ao art. 1.052 do CC, solucionou esse problema.

Cumpre destacar, ainda, que nada impede que, eventualmente, uma determinada sociedade limitada fique com apenas um sócio. Pense-se no caso, por exemplo, de uma sociedade com apenas dois sócios em que um deles vem a falecer. Essa unipessoalidade da sociedade limitada, todavia, além de acidental, é temporária, uma vez que o código estabelece um prazo para que seja restabelecida a **pluralidade dos sócios**. Com efeito, segundo o art. 1033, IV, do CC, **a sociedade limitada que ficar com apenas um sócio deve restabelecer a pluralidade de sócios no prazo de 180 (cento e oitenta dias)**, sob pena de dissolução. Nesse ponto em específico, entendemos que, diante da novidade trazida pela Medida Provisória 881/2019 quanto à sociedade limitada unipessoal, no caso de falta de pluralidade de sócios por mais de 180 (cento e oitenta dias), não deve haver a automática dissolução da sociedade. Isso porque o sócio remanescente pode optar por continuar a empresa sob a forma de sociedade limitada unipessoal.

Características da Sociedade Limitada	pode ser *simples* ou *empresária*, a depender do objeto social.
	adquire personalidade jurídica com o registro no Cartório (se simples) ou na Junta (se empresária).
	constitui-se por meio de contrato social.
	admite sócio pessoa jurídica.
	admite administrador não sócio.
	identifica-se por firma ou denominação.
	capital dividido em quotas.
	não admite integralização de quotas em serviços.
	responsabilidade limitada dos sócios (quanto à integralização de suas respectivas quotas).
	responsabilidade solidária dos sócios (quanto à integralização total do capital social).

10. SOCIEDADE ANÔNIMA

Além da sociedade limitada, que é o tipo societário mais usado na prática comercial brasileira, o outro tipo societário utilizado é a sociedade anônima, que possui origem muito mais remota e configura espécie societária bastante atrativa para os **grandes empreendimentos**. De fato, seja qual for a origem precisa das sociedades anônimas, o que se pode perceber é que desde sempre essas sociedades se dedicaram a grandiosos empreendimentos, marca que as acompanha até os dias atuais.

No Brasil, as sociedades anônimas são regidas por lei específica, a **Lei nº 6.404/76 (LSA)**. A LSA sofreu algumas alterações em sua redação, provocadas pela Lei nº 9.457/97, que a preparou para o processo de privatizações, pela Lei nº 10.303/01, que procurou proteger os interesses dos acionistas minoritários e tornar o mercado de capitais mais seguro e atrativo para os investidores (ou seja, incorporou em nossa legislação societária os ideais de governança corporativa tão em voga atualmente) e pelas Leis nº 11.638/07 e nº 11.941/09, que alteraram significativamente as regras da LSA sobre elaboração e divulgação das demonstrações financeiras (mais uma vez a nossa legislação procurou se adequar aos ideais modernos de **governança corporativa**).

Governança Corporativa	Criação de padrões de gestão das companhias (sobretudo as companhias abertas), com o intuito de harmonizar as relações entre controladores e minoritários e dar mais segurança aos investidores do mercado de capitais. A **transparência** e a **prestação de contas confiável** são marcas da governança corporativa.

Dentre as principais características da sociedade anônima, extraídas de sua legislação, podemos destacar quatro: (i) sua **natureza capitalista** (a sociedade anônima é a sociedade de capital por excelência, ou seja, nela a entrada de estranhos ao quadro social independe da anuência dos demais sócios e a participação societária – chamada de ação – é livremente negociável e pode ser penhorada para a garantia de dívidas pessoais de seus titulares); (ii) sua **essência empresarial** (a sociedade por ações é considerada uma sociedade empresária independentemente do seu objeto social, conforme previsão do art. 982, parágrafo único, do CC); (iii) sua **identificação exclusiva por denominação** (conforme disposto no art. 1.160 do CC "a sociedade anônima opera sob denominação designativa do objeto social, integrada pelas expressões 'sociedade anônima' ou 'companhia', por extenso ou abreviadamente"); (iv) a **responsabilidade limitada dos seus sócios** (os acionistas respondem tão-somente pela integralização de suas ações, não havendo, para eles, sequer a previsão de responsabilidade solidária quanto à integralização de todo o capital social, conforme previsto no art. 1º da LSA: "a companhia ou sociedade anônima terá o capital dividido em ações, e a responsabilidade dos sócios ou acionistas será limitada ao preço de emissão das ações subscritas ou adquiridas").

Características da S/A	natureza capitalista
	essência empresarial
	identificação por denominação
	responsabilidade limitada dos acionistas

Quanto à classificação da sociedade anônima, dispõe o art. 4º da LSA: "*a companhia é aberta ou fechada conforme os valores mobiliários de sua emissão estejam ou não admitidos à negociação no mercado de valores mobiliários*". Melhor dizendo, **a S/A será aberta quando tiver autorização para negociar seus valores mobiliários no mercado de capitais, e fechada quando não tiver autorização para tanto**.

Essa autorização para abertura do capital, com a possibilidade de negociação dos valores mobiliários no mercado de capitais, é concedida pela **Comissão de Valores Mobiliários (CVM)**, autarquia federal ligada ao Ministério da Fazenda que atua, junto ao Banco Central, no controle e fiscalização das operações realizadas no mercado de capitais.

O papel da CVM é de suma importância, dispondo a LSA, em seu art. 4º, §§ 1° e 2º, que "somente os valores mobiliários de emissão de companhia registrada na Comissão de Valores Mobiliários podem ser negociados no mercado de valores mobiliários", e que "nenhuma distribuição pública de valores mobiliários será efetivada no mercado sem prévio registro na Comissão de Valores Mobiliários".

Classificação da S/A	
Fechada	**Aberta**
não tem autorização da CVM para negociar seus valores mobiliários no mercado de capitais	tem autorização da CVM para negociar seus valores mobiliários no mercado de capitais

O mercado de capitais – ou mercado de valores mobiliários – é o "local" onde se efetuam as diversas operações envolvendo os valores mobiliários emitidos pelas companhias abertas. Como a sociedade anônima, conforme destacamos acima, é uma sociedade de capital por excelência, suas ações – que, conforme veremos adiante, são o principal valor mobiliário emitido pelas companhias – são livremente negociáveis. Assim, em razão da constante negociação das ações e dos demais valores mobiliários que as companhias emitem, formou-se ao longo dos anos um verdadeiro *mercado* no qual essas operações de compra e venda são desenvolvidas.

Esse *mercado* é regulado pela **Comissão de Valores Mobiliários (CVM)**, criada pela Lei nº 6.385/76, inspirada na *Securities and Exchange Comission* do direito norte-americano. A atuação da CVM, **entidade autárquica federal de natureza especial**, com qualidade de **agência reguladora**, é extremamente relevante para o bom funcionamento do mercado de capitais, sendo exercida de três diferentes formas: a) **regulamentar**, uma vez que cabe à CVM estabelecer o regramento geral relativo ao funcionamento do mercado de capitais; b) **autorizante**, uma vez que é a CVM que autoriza a constituição de companhias abertas e a emissão e negociação de seus valores mobiliários; e c) **fiscalizatória**, uma vez que a CVM deve zelar pela lisura das operações realizadas no mercado de capitais, sendo investida, para tanto, de poderes sancionatórios.

A *bolsa de valores*, ao contrário do que muitos podem pensar, não é órgão que integra a Administração Pública. Trata-se de **associação privada formada por sociedades corretoras** que, por meio de autorização da CVM, presta serviço de interesse público inegável, consistente na manutenção de local adequado à realização das operações de compra e venda dos diversos valores mobiliários emitidos pelas companhias. Sua grande finalidade é dinamizar as operações do mercado de capitais, ampliando o volume de negócios por meio da realização de pregão diário em que os agentes das diversas corretoras que a compõem, obedecendo às regras do mercado mobiliário, se encontram e mantém relações constantemente.

O *mercado de balcão*, por sua vez, compreende toda e qualquer operação do mercado de capitais realizada fora da bolsa de valores. Quem atua no mercado de balcão, portanto, são as **sociedades corretoras e instituições financeiras autorizadas pela CVM**. Há que se distinguir ainda o simples mercado de balcão (mercado de balcão não organizado), cujas operações são realizadas por sociedades corretoras e instituições financeiras autorizadas, e o mercado de balcão organizado (MBO), composto no Brasil pela Sociedade Operadora do Mercado de Acesso (SOMA), companhia criada especialmente com a finalidade de manter um sistema que viabilize as operações de compra e venda de valores mobiliários.

Costuma-se classificar também o mercado de capitais em ***primário*** e ***secundário***. No mercado de capitais primário, são realizadas as **operações de subscrição e emissão de ações e outros valores mobiliários das companhias**. Por sua vez, o mercado de capitais secundário compreende as **operações de compra e venda desses valores**.

Perceba-se que nas operações de emissão e subscrição a sociedade anônima está colocando no mercado de capitais um valor mobiliário ***novo***. Tem-se aqui, portanto, uma relação estabelecida entre a própria companhia – que está emitindo o valor mobiliário – e o investidor – que o está subscrevendo. Nessa operação, o investidor pagará o chamado ***preço de emissão*** do valor mobiliário que está subscrevendo (em geral, uma ação), que corresponde, por sua vez, ao valor com que o investidor está contribuindo para o capital social da sociedade, tornando-se, a partir de então, um acionista.

No mercado de capitais secundário, por outro lado, o que ocorre são operações de compra e venda. Trata-se, pois, de operações com valores mobiliários já existentes, os quais estão sendo alienados a um outro investidor neles interessado. Nessa operação, é fácil perceber que a sociedade não mais participa da relação jurídica, a qual se estabelece apenas entre o titular do valor mobiliário – que a está vendendo – e o seu novo "dono" – que a está comprando. Por fim, registre-se que nessa compra e venda o investidor que adquire o valor mobiliário não paga por ele o seu preço de emissão. Este foi pago quando da sua subscrição, levada a efeito pelo seu primeiro titular no momento em que a própria sociedade o emitiu e o pôs em negociação. Agora, por se tratar de valor mobiliário já existente, que apenas está passando de um titular para outro, paga-se por ele um valor de mercado, que oscilará conforme o momento pelo qual passa a companhia. Se a companhia vem apresentando bons resultados, seus valores mobiliários passam a ter maior valor. Se, em contrapartida, a companhia passa por dificuldades, seus valores mobiliários tendem a perder valor.

Registre-se, ainda, que na bolsa de valores só se realizam operações de compra e venda de valores mobiliários, ou seja, **a bolsa só atua no mercado de capitais secundário**. No mercado de balcão, porém, são realizadas tanto as operações de compra e venda quanto as operações de emissão e subscrição de novos valores mobiliários. Portanto, **no mercado de balcão se desenvolvem operações tanto do mercado de capitais primário quanto do mercado de capitais secundário**.

Mercado de capitais	
Primário	**Secundário**
emissão e subscrição de novas ações	compra e venda de ações já existentes (a Bolsa de Valores só realiza operações no mercado secundário)

10.1. Constituição da sociedade anônima

Sendo a sociedade anônima uma **sociedade institucional**, e não contratual, ela se constitui não por meio de um contrato social, mas de um **ato institucional ou estatutário**. E mais: ausente a contratualidade, a constituição da sociedade anônima deve seguir uma série de requisitos formais previstos na legislação acionária. Estes requisitos estão divididos na LSA em duas etapas distintas: na primeira, devem ser observados os chamados **requisitos preliminares**; na segunda, devem ser observadas algumas **formalidades complementares**.

De acordo com o art. 80 da LSA, "a constituição da companhia depende do cumprimento dos seguintes **requisitos preliminares**: I – subscrição, pelo menos por 2 (duas) pessoas, de todas as ações em que se divide o capital social fixado no estatuto; II – realização, como entrada, de 10% (dez por cento), no mínimo, do preço de emissão das ações subscritas em dinheiro; III – depósito, no Banco do Brasil S/A., ou em outro estabelecimento bancário autorizado pela Comissão de Valores Mobiliários, da parte do capital realizado em dinheiro".

Vê-se, pois, que se exige a pluralidade sócios para a constituição de uma sociedade anônima, não sendo permitida a criação de sociedade anônima unipessoal, com exceção da chamada sociedade subsidiária integral, disciplinada pelo art. 251 da LSA.

Vimos acima que, de acordo com o art. 4º da LSA, as companhias podem ser classificadas em *abertas* e *fechadas*, residindo a diferença entres ambas na **possibilidade de negociação dos valores mobiliários no mercado de capitais**. Pois bem, as ***companhias abertas*** se constituem por meio de **subscrição pública de ações**. Nessa modalidade de constituição, exigem-se algumas **formalidades específicas**, tais como (i) o registro prévio na Comissão de Valores Mobiliários (CVM), (ii) a colocação das ações à disposição dos investidores interessados e (iii) a realização de assembleia inicial de fundação. Ademais, o fundador de uma companhia aberta deverá necessariamente contratar os serviços de uma instituição financeira especializada para constituí-la (**serviços de *underwriting***), cabendo a essa empresa contratada não apenas colocar as ações junto aos investidores – etapa seguinte do procedimento constitutivo da companhia – mas também cuidar de uma série de documentos a serem apresentados à CVM (estudo de viabilidade econômica e financeira do empreendimento, projeto do estatuto social e prospecto), assinando-os. Caberá ainda à instituição financeira *underwriter*, após deferido o registro pela CVM, captar recursos no mercado, atraindo investidores para o empreendimento a ser desenvolvido pela companhia. Sua tarefa é de extrema importância, porque nas companhias abertas todo o capital social deve ser subscrito, sob pena de cancelamento do registro de emissão anteriormente concedido pela CVM.

Em se tratando de constituição, por sua vez, de ***companhias fechadas***, o procedimento é bem mais simplificado, uma vez que é realizado por meio de **subscrição particular**, sem a captação de recursos junto a investidores no mercado de capitais. Nesse caso, podem ser adotadas duas modalidades de constituição: (i) a realização de assembleia dos subscritores ou (ii) a lavratura de escritura pública em cartório.

Uma vez ultrapassadas todas as etapas analisadas acima, que correspondem, como visto, aos requisitos preliminares e demais providências para a subscrição do capital social – que pode ser pública ou particular –, passa-se então à fase denominada pela lei de ***formalidades complementares*** *da constituição* da sociedade anônima, que compreende, basicamente, os procedimentos de registro na Junta Comercial, além de outras pequenas medidas de cunho administrativo e operacional. Cumpridas todas essas formalidades, a sociedade anônima poderá, enfim, entrar em funcionamento. Caso comece a exercer suas atividades antes de cumpridas essas ***formalidades complementares***, será considerada ***irregular***.

10.2. O capital social da sociedade anônima

De acordo com o art. 5º da LSA, "o estatuto da companhia fixará o valor do capital social, expresso em moeda nacional". Complementando a regra do *caput*, o seu parágrafo único determina que "a expressão monetária do valor do capital social realizado será corrigida anualmente (artigo 167)", o que será feito na assembleia-geral ordinária realizada todo ano após o término do exercício social, nos termos do art. 132 da LSA.

Cumpre destacar que, na sistemática da legislação acionária brasileira, admite-se a emissão de ações sem valor nominal, bem como a possibilidade de emissão de ações com preço superior ao seu valor nominal, razão pela qual o capital social da companhia nem sempre corresponderá, exatamente, à soma das contribuições dos sócios pelas ações subscritas. No primeiro caso – **ações sem valor nominal** – a própria legislação acionária permite que parte do preço de emissão não seja computada para o capital, mas para a formação de reserva de capital (art. 14, parágrafo único, da LSA). Da mesma forma, no segundo caso – **ações com valor nominal subscritas por preço superior a esse valor** – determina a lei que o excedente, chamado de **ágio**, seja destinado também à formação de reserva de capital.

No que se refere à formação do capital, dispõe a LSA, em seu art. 7º, que *"o capital social poderá ser formado com contribuições em dinheiro ou em qualquer espécie de bens suscetíveis de avaliação em dinheiro"*. Vê-se, pois, que **na S/A também não se admite a contribuição por meio da prestação de serviços**.

Quando a integralização é feita em bens, devem ser os mesmos avaliados por **3 (três) peritos ou por empresa especializada**, e nesse caso a responsabilidade civil dos subscritores ou acionistas que contribuírem com bens para a formação do capital social será idêntica à do vendedor. Quando, por outro lado, a integralização for feita com créditos, o subscritor ou acionista responderá pela solvência do devedor.

A obrigação de o acionista integralizar ou realizar o valor das ações subscritas está expressamente prevista no art. 106 da LSA, cabendo ao estatuto ou ao boletim de subscrição definir as prestações e o prazo para pagamento, e **o acionista que não realizar/integralizar o valor das ações que subscreveu nas condições**

estabelecidas será constituído em mora, tornando-se, a partir de então, acionista remisso, contra o qual a companhia pode tomar duas medidas, ambas previstas no art. 107 da LSA: "*I – promover contra o acionista, e os que com ele forem solidariamente responsáveis (artigo 108), processo de execução para cobrar as importâncias devidas, servindo o boletim de subscrição e o aviso de chamada como título extrajudicial nos termos do Código de Processo Civil; ou II – mandar vender as ações em bolsa de valores, por conta e risco do acionista*".

10.3. Ações

As ações são os valores mobiliários mais importantes das sociedades anônimas, porque representam parcela do capital social e conferem aos seus titulares a condição de acionistas da companhia. Existem duas classificações importantes das ações de uma S/A: uma que leva em conta os direitos e obrigações que elas conferem aos seus titulares, e outra que leva em consideração a forma de transferência.

Quantos aos direito e obrigações que conferem, as ações são classificadas em: a) **ordinárias**, que conferem direitos normais ao seu titular; b) **preferenciais**, que conferem uma preferência ou vantagem ao seu titular; e c) **de fruição**, que conferem apenas direitos de gozo ao seu titular.

As ***ações ordinárias***, como o próprio nome já indica, **são aquelas que conferem aos seus titulares direitos comuns, ordinários.** O ordinarialista, como é chamado o titular de uma ação dessa espécie, não possui, portanto, nenhum direito especial ou vantagem em relação aos demais sócios, mas também não se sujeita a nenhuma restrição, como acontece com titulares de outras espécies de ação.

Dentre os direitos conferidos aos ordinarialistas está o **direito de voto**, o qual, ao contrário do que se possa pensar, não constitui um direito essencial de qualquer acionista (vide art. 109 da LSA). Sendo assim, como o titular da ação ordinária possui o direito de voto, é normalmente entre os ordinarialistas que se estabelece a maioria controladora e os minoritários. A legislação que regula as sociedades anônimas há muito se preocupa com as relações entre esses dois grupos de sócios, tentando na medida do possível compatibilizar o exercício do poder de controle e a proteção aos interesses da minoria (governança corporativa).

A ***ação preferencial***, por sua vez, como o próprio nome também já indica, **confere ao seu titular, chamado de preferencialista, uma preferência ou vantagem em relação aos ordinarialistas.** Em contrapartida, o estatuto pode retirar ou restringir alguns dos direitos normalmente conferidos aos titulares de ações ordinárias, inclusive o direito de voto. No entanto, é preciso destacar que essas restrições que podem ser impostas aos preferencialistas, as quais devem vir expressamente consignadas no estatuto – conforme disposto no art. 19 da LSA –, **jamais poderão privar o titular da ação preferencial dos seus direitos fundamentais de acionista, previstos no art. 109 da lei.**

As vantagens ou preferências que a ação preferencial confere aos seus titulares também devem vir especificadas no estatuto social da companhia. O art. 17 da LSA estabelece que essas preferências ou vantagens podem consistir: "I – em prioridade na distribuição de dividendo, fixo ou mínimo; II – em prioridade no reembolso de capital, com prêmio ou sem ele; ou III – na acumulação das preferências ou vantagens de que tratam os incisos I e II".

Por fim, a terceira espécie de ação segundo o critério classificatório ora em análise, que leva em conta os direitos e obrigações que elas conferem aos seus titulares, são as ***ações de fruição***, as quais **são emitidas em substituição a ações ordinárias ou preferenciais que foram totalmente amortizadas, conferindo aos seus titulares meros direitos de gozo ou fruição.** Nesse sentido, dispõe o art. 44 da LSA que "o estatuto ou a assembleia geral extraordinária pode autorizar a aplicação de lucros ou reservas no resgate ou na amortização de ações, determinando as condições e o modo de proceder-se à operação". Assim sendo, determinada a amortização de uma ação preferencial ou ordinária, calcula-se o seu valor patrimonial naquele momento e paga-se esse valor ao titular da ação. Nesse caso, o estatuto ou a assembleia geral que decidir por essa amortização, conforme o caso, vai também decidir se a substitui por uma ação de fruição. Fazendo-o, o titular dessa ação de fruição terá, a partir de então, apenas direitos de gozo ou fruição contra a companhia.

Classificação das ações quanto aos direitos	
Ações ordinárias	Conferem direitos normais, inclusive o direito de voto
Ações preferenciais	Conferem direitos especiais, como a preferência no recebimento de dividendos, mas em regra não conferem direito de voto
Ações de fruição	Conferem apenas direitos de gozo

Além da classificação acima analisada, que leva em conta os direitos e obrigações conferidos ao acionista, há ainda outra classificação importante, que leva em conta a *forma de transferência das ações*. Segundo essa classificação, as ações podem ser de dois tipos: a) **nominativas**; e b) **escriturais.**

As ***ações nominativas*** **são aquelas que se transferem mediante registro levado a efeito em livro específico escriturado pela S/A para tal finalidade** (trata-se do livro "*Registro de ações nominativas*", mencionado no art. 31 da LSA). O registro no livro, portanto, é condição **indispensável** para que se opere validamente a transferência da propriedade da ação.

A transferência de uma ação nominativa, portanto, é ato **formal** que exige certa solenidade, consistente no comparecimento do vendedor e do comprador – ou de seus representantes – à companhia para assinatura do livro de "transferência das ações nominativas" (art. 31, § 1º, da LSA).

Além das ações nominativas, há também as ***ações escriturais***, previstas no art. 34 da LSA, o qual dispõe que "o estatuto da companhia pode autorizar ou estabelecer que todas as ações da companhia, ou uma ou mais classes delas, sejam mantidas em contas de depósito, em nome de seus titulares, na instituição que designar, sem emissão de certificados". As ações escriturais, portanto, **são mantidas em contas de depósito junto a instituições financeiras designadas pela própria companhia, devendo essas instituições possuir autorização da CVM para prestar esse tipo de serviço** (art. 34, § 2º, da LSA).

As ações escriturais, ao contrário das ações nominativas, **não possuem certificado** – na verdade elas sequer se materializam num documento, sendo incorpóreas – nem exigem muita solenidade para a sua transferência. Elas se transferem "pelo lançamento efetuado pela instituição depositária em seus livros, a débito da conta de ações do alienante e a crédito a conta de ações do adquirente, à vista de ordem escrita do alienante, ou de autorização ou ordem judicial, em documento hábil que ficará em poder da instituição" (art. 35, § 1º, da LSA).

A propriedade das ações escriturais, portanto, é comprovada pela mera **exibição do extrato da conta de depósito de ações** que a instituição financeira fornece ao seu titular (i) quando o acionista requerer, (ii) todo mês em que houver movimentação ou (iii) pelo menos uma vez ao ano (art. 35, § 2º, da LSA).

Registre-se que até 1990 as ações, quanto à forma de transferência, podiam ser de quatro tipos distintos: além das já mencionadas ações nominativas e escriturais, havia também as ações endossáveis, transmissíveis por endosso praticado no próprio certificado, e as ações ao portador, transmissíveis pela mera tradição desse documento. Todavia, a Lei nº 8.021/90 determinou que, no prazo de dois anos a partir da sua vigência, as ações endossáveis e ao portador fossem retiradas de circulação. É bem verdade que na LSA ainda podem ser vistas algumas normas que fazem menção a essas espécies de ações. Forçoso reconhecer, entretanto, que esses dispositivos da lei estão tacitamente revogados.

Classificação das ações quanto à transferência	
Ações nominativas	**Ações escriturais**
Transmitem-se mediante registro em livro próprio.	Transmitem-se pelo lançamento efetuado pela instituição financeira.
OBS.: Não há mais ações endossáveis e ações ao portador.	

No que se refere ao *valor da ação*, a doutrina destaca que à ação podem ser atribuídos pelos menos cinco valores diferentes: a) **valor nominal** (é alcançado por meio de uma simples operação aritmética: divide-se o capital social total da S/A – calculado em moeda corrente – pelo número total de ações por ela emitidas e tem-se, com precisão, o valor nominal de cada uma delas); b) **valor patrimonial** (divide-se o patrimônio líquido da companhia – ativo menos passivo – pelo número de ações e obtém-se, assim, o valor patrimonial de cada uma delas); c) **valor de negociação** (valor de compra e venda das ações no mercado de capitais secundário); d) **valor econômico** (valor que seria vantajoso para a parte que está negociando a ação, comprando-a ou vendendo-a, ou seja, valor que os peritos entendem, após a elaboração de estudos técnicos específicos – *método do fluxo de caixa descontado* – que as ações possivelmente valeriam se fossem postas à venda no mercado de capitais); e) **valor de emissão** (valor que o investidor entrega à sociedade a título de contribuição ao capital social).

Outro tema relevante quanto às ações é o referente aos *direitos essenciais dos acionistas*. Não obstante existam ações de diferentes categorias, que conferem direitos e obrigações distintos aos seus titulares, **há certos direitos que são conferidos a todos os acionistas, independentemente da espécie de ação que eles titularizam**. Trata-se, portanto, de **direitos essenciais dos acionistas**, aqueles direitos que nem a assembleia-geral, nem o estatuto da companhia podem retirar dos sócios. Tais direitos essenciais estão arrolados nos **incisos do art. 109 da LSA**. São direitos essenciais de qualquer acionista, pois, os direitos (i) de **participação nos lucros sociais**, (ii) de **participação na partilha do acervo líquido da companhia, nos casos em que esta for dissolvida**, (iii) de **fiscalização da gestão da sociedade**, (iv) de **preferência na subscrição de novos valores mobiliários** e (v) de **retirada**. Nenhum desses direitos poderá ser retirado do acionista, seja qual for a espécie de ação que ele titularize. E mais: o legislador não apenas assegurou abstratamente esses direitos essenciais, como também assegurou aos acionistas a possibilidade de defender tais direitos em juízo. Nesse sentido, dispõe o § 2º do referido dispositivo legal que "os meios, processos ou ações que a lei confere ao acionista para assegurar os seus direitos não podem ser elididos pelo estatuto ou pela assembleia-geral".

Perceba-se que dentre os direitos essenciais do acionista não se encontra o direito de voto, razão pela qual se conclui, obviamente, que tal direito não é essencial. É por isso que as ações preferenciais, em regra, não conferem direito de voto ao seu titular. Em contrapartida, as **ações ordinárias** conferem aos seus titulares esse direito, conforme previsão expressa do art. 110 da LSA: "*a cada ação ordinária corresponde 1 (um) voto nas deliberações da assembleia-geral.* § 1º O estatuto pode estabelecer limitação ao número de votos de cada acionista. § 2º É vedado atribuir voto plural a qualquer classe de ações".

Direitos essenciais: art. 109 da LSA	participação nos lucros.
	participação na partilha do acervo líquido.
	fiscalização.
	preferência para subscrição de valores mobiliários.
	retirada.
OBS.: O direito de voto NÃO é um direito essencial.	

Ainda no que se refere ao exercício do direito de voto, preocupou-se o legislador em disciplinar e coibir o *abuso do direito de voto por parte do acionista*. Nesse sentido, estabelece a LSA, em seu art. 115, que "*o acionista deve exercer o direito a voto no interesse da companhia; considerar-se-á abusivo o voto exercido com o fim de causar dano à companhia ou a outros acionistas, ou de obter, para si ou para outrem, vantagem a que não faz jus e de que resulte, ou possa resultar, prejuízo para a companhia ou para outros acionistas*". Trata-se de dispositivo incluído na LSA no bojo da reforma operada pela Lei nº 10.303/01, reforma essa que tentou incorporar à nossa legislação do anonimato princípios básicos de **governança corporativa**. A preocupação em coibir o uso abusivo do direito de voto foi tão grande que o legislador ainda estabeleceu no § 3º do dispositivo em comento que "*o acionista responde pelos danos causados pelo exercício abusivo do direito de voto, ainda que seu voto não haja prevalecido*".

Por fim, preocupou-se também o legislador em disciplinar os casos de deliberações em que os interesses do acionista sejam conflitantes com os interesses da companhia, determinando que, nesses casos, será vedado o exercício do direito de voto. Assim, por exemplo, **não pode o acionista votar nas deliberações que possam lhe trazer benefício particular**, como é o caso, por exemplo, da deliberação que analisa o laudo de avaliação dos bens que ele usou a título de contribuição para o capital social.

Obviamente, é entre os acionistas com direito de voto que se estabelecem as maiores batalhas pelo poder de controle da companhia. É nessa categoria de acionistas, pois, que se formarão os controladores da sociedade.

De acordo com o **art. 116 da LSA**, "*entende-se por acionista controlador a pessoa, natural ou jurídica, ou o grupo de pessoas vinculadas por acordo de voto, ou sob controle comum, que: a) é titular de direitos de sócio que lhe assegurem, de modo permanente, a maioria dos votos nas deliberações da assembleia-geral e o poder de eleger a maioria dos administradores da companhia; e b) usa efetivamente seu poder para dirigir as atividades sociais e orientar o funcionamento dos órgãos da companhia*".

Vê-se que para a configuração do acionista controlador são necessários dois requisitos, um de natureza objetiva – percentual do capital votante que confira maioria na assembleia e possibilidade de eleição da maioria dos administradores – e outro de natureza subjetiva – uso efetivo do percentual do capital votante para comandar a gestão dos negócios sociais.

A LSA se preocupou em disciplinar a atuação do **acionista controlador**, determinando que ele *"(...) deve usar o poder com o fim de fazer a companhia realizar o seu objeto e cumprir sua função social, e tem deveres e responsabilidades para com os demais acionistas da empresa, os que nela trabalham e para com a comunidade em que atua, cujos direitos e interesses deve lealmente respeitar e atender"* (art. 116, parágrafo único). No mesmo sentido, o art. 116-A da LSA, por sua vez, determina que *"o acionista controlador da companhia aberta e os acionistas, ou grupo de acionistas, que elegerem membro do conselho de administração ou membro do conselho fiscal, deverão informar imediatamente as modificações em sua posição acionária na companhia à Comissão de Valores Mobiliários e às Bolsas de Valores ou entidades do mercado de balcão organizado nas quais os valores mobiliários de emissão da companhia estejam admitidos à negociação, nas condições e na forma determinadas pela Comissão de Valores Mobiliários"*.

Note-se que a preocupação do legislador vai além da previsão de regras de orientação de conduta, havendo também a previsão de regras de responsabilização do controlador que usar seu poder de forma abusiva. Nesse sentido, dispõe o art. 117 que ***"o acionista controlador responde pelos danos causados por atos praticados com abuso de poder"***.

Um outro tema extremamente relevante no que se refere às relações entre os sócios de uma companhia é o chamado **acordo de acionistas**, que alguns autores também chamam de *contrato parassocial*, e que está disciplinado no art. 118 da LSA: *"os acordos de acionistas, sobre a compra e venda de suas ações, preferência para adquiri-las, exercício do direito a voto, ou do poder de controle deverão ser observados pela companhia quando arquivados na sua sede"*.

Vê-se, pois, que **o acordo de acionistas pode se referir a** (i) compra e venda de ações, (ii) preferência para aquisição de ações, (iii) exercício do direito de voto ou (iv) exercício do poder de controle da companhia. Nesses casos, se o acordo for arquivado na sede da sociedade anônima, ela deverá respeitá-lo, podendo o interessado, inclusive, requerer a execução judicial do que foi acordado, conforme disposto na própria lei: *"nas condições previstas no acordo, os acionistas podem promover a execução específica das obrigações assumidas"*.

A força do acordo de acionistas é tão grande que, além de o interessado poder executá-lo judicialmente, conforme visto, a LSA determina ainda que *"O presidente da assembleia ou do órgão colegiado de deliberação da companhia não computará o voto proferido com infração de acordo de acionistas devidamente arquivado*" (art. 118, § 8º). E mais: "*o não comparecimento à assembleia ou às reuniões dos órgãos de administração da companhia, bem como as abstenções de voto de qualquer parte de acordo de acionistas ou de membros do conselho de administração eleitos nos termos de acordo de acionistas, assegura à parte prejudicada o direito de votar com as ações pertencentes ao acionista ausente ou omisso e, no caso de membro do conselho de administração, pelo conselheiro eleito com os votos da parte prejudicada*" (art. 118, § 9º).

10.4. Outros valores mobiliários

Já destacamos que as sociedades anônimas sempre foram, desde o seu surgimento, o tipo societário ideal para os grandes empreendimentos, justamente pela sua possibilidade de mobilizar grandes somas de capital por meio de apelo à poupança popular, por meio da negociação de seus valores mobiliários no mercado de capitais. Diz-se, pois, que **as companhias são dotadas de mecanismos de autofinanciamento, o que lhes permite captar recursos sem necessidade de recorrer a financiamento externo (empréstimos bancários, etc.)**.

Esse autofinanciamento das sociedades anônimas é feito, basicamente, por meio da (i) ***capitalização***, que consiste na emissão de novas ações (conforme estudamos no tópico anterior), e da (ii) ***securitização***, que consiste na emissão de outros valores mobiliários, dentre os quais se destacam as **debêntures**, as **partes beneficiárias** e os **bônus de subscrição**.

Autofinanciamento da S/A	
Capitalização	**Securitização**
aumento do capital social, com emissão de novas ações	emissão de outros valores mobiliários

Segundo o art. 52 da LSA, "*a companhia poderá emitir debêntures que conferirão aos seus titulares direito de crédito contra ela, nas condições constantes da escritura de emissão e, se houver, do certificado*". Assim, embora o dispositivo em questão não traga uma definição específica para as debêntures, pode-se afirmar que ***debênture*** é uma **espécie de valor mobiliário emitido pelas sociedades anônimas que conferem ao seu titular um direito de crédito certo contra a companhia**, nos termos do que dispuser a sua escritura de emissão ou o seu certificado.

Destaque-se ainda que, segundo a legislação processual, **a debênture é considerada título executivo extrajudicial**, nos termos do art. 784, inciso I, do novo CPC.

A doutrina tradicional costuma afirmar que as debêntures representam, *grosso modo*, um contrato de mútuo/empréstimo que a companhia faz com os investidores adquirentes. Assim, diz-se que aquele que subscreve a debênture está emprestando à sociedade anônima o valor investido na sua subscrição, e esta, a partir do momento em que emite a debênture para o investidor que a subscreveu, assume o dever de pagar posteriormente a este o valor respectivo, na forma prescrita no seu certificado ou na escritura de emissão, conforme o caso. Finalizando, registre-se que **as debêntures podem ser de quatro tipos**: (i) **com garantia real**, (ii) **com garantia flutuante**, (iii) **quirografária** e (iv) **subordinada**.

Outro valor mobiliário emitido pelas sociedades anônimas é a ***parte beneficiária***, a qual, de acordo com o art. 46, § 1º, da LSA é **título que confere aos seus titulares um direito de crédito eventual contra a companhia, consistente na participação nos lucros anuais**.

Com efeito, dispõe o art. 46 que *"a companhia pode criar, a qualquer tempo, títulos negociáveis, sem valor nominal e estranhos ao capital social, denominados "partes beneficiárias""*. E o seu § 1º complementa, afirmando que *"as partes beneficiárias conferirão aos seus titulares direito de crédito eventual contra a companhia, consistente na participação nos lucros anuais (artigo 190)"*. Entende-se agora porque o direito de crédito que a parte beneficiária confere ao seu titular é eventual: **depende de o resultado da companhia, no respectivo exercício social, ter sido positivo, pois do contrário não haverá lucros a serem partilhados**. Também é importante anotar que **somente as companhias fechadas podem emitir partes beneficiárias**, conforme determinação do art. 47, parágrafo único, da LSA, segundo o qual "é vedado às companhias abertas emitir partes beneficiárias".

Há ainda outro valor mobiliário emitido pelas companhias, menos conhecido do que os demais, que é o chamado ***bônus de subscrição***, os quais **asseguram ao seu titular o direito de preferência na subscrição de novas ações**. Eis o que diz o art. 75 da LSA: *"a companhia poderá emitir, dentro do limite de aumento de capital autorizado no estatuto (artigo 168), títulos negociáveis denominados "Bônus de Subscrição""*. O parágrafo único complementa, afirmando que *"os bônus de subscrição conferirão aos seus titulares, nas condições constantes do certificado, direito de subscrever ações do capital social, que será exercido mediante apresentação do título à companhia e pagamento do preço de emissão das ações"*.

Dessa forma, pode-se dizer, grosso modo, que quem adquire um bônus de subscrição "compra" o direito de preferência, tomando-o dos acionistas. **Ocorre, todavia, que a lei, assegurando os direitos do acionista, conferiu a ele a preferência na subscrição dos próprios bônus**, conforme prevê o art. 77, parágrafo único: "os acionistas da companhia gozarão, nos termos dos artigos 171 e 172, de preferência para subscrever a emissão de bônus". Portanto, se um acionista investidor quiser manter o seu direito de preferência na subscrição de novas ações, deverá adquirir os bônus eventualmente emitidos, tendo para tanto preferência em relação a investidores externos.

Valores Mobiliários		
Debênture	**Parte Beneficiária**	**Bônus de Subscrição**
direito de crédito certo contra a companhia (é título executivo extrajudicial)	direito de crédito eventual contra a companhia (confere participação nos lucros anuais)	direito de preferência na subscrição de novas ações

10.5. Órgãos societários

As sociedades anônimas, por explorarem sempre empreendimentos de grande envergadura, possuem invariavelmente uma estrutura deveras complexa, composta de diversos órgãos, cada um com funções específicas. A depender do tamanho e da complexidade da empresa exercida pela companhia, ela terá mais ou menos órgãos e maior ou menor será o seu organograma administrativo.

A LSA se preocupa, todavia, com os órgãos de cúpula da companhia: a **assembleia-geral**, o **conselho de administração**, a **diretoria** e o **conselho fiscal**. Esses órgãos são detalhadamente regulados pela lei, que disciplina de forma pormenorizada sua estrutura, composição, funcionamento e atribuições.

Principais órgãos da S/A	
Assembleia geral	deliberação sobre questões de interesse geral da companhia.
Conselho de Administração	deliberação sobre a gestão dos negócios sociais.
Diretoria	execução dos atos de gestão e representação legal da companhia.
Conselho fiscal	fiscalização da gestão da companhia.

A ***assembleia-geral***, como o próprio nome já sugere, é o **órgão máximo de deliberação da sociedade anônima, que possui competência para tratar de todo e qualquer assunto relacionado ao objeto social**. Com efeito, de acordo com o art. 121 da LSA, *"a assembleia-geral, convocada e instalada de acordo com a lei e o estatuto, tem poderes para decidir todos os negócios relativos ao objeto da companhia e tomar as resoluções que julgar convenientes à sua defesa e desenvolvimento"*. O parágrafo único desse dispositivo, incluído pela Lei nº 12.431/11, prevê que *"Nas companhias abertas, o acionista poderá participar e votar a distância em assembleia geral, nos termos da regulamentação da Comissão de Valores Mobiliários"*. No mesmo sentido, o parágrafo único do art. 127 dispõe que *"Considera-se presente em assembleia geral, para todos os efeitos desta Lei, o acionista que registrar a distância* *sua presença, na forma prevista em regulamento da Comissão de Valores Mobiliários*". Essas regras permitem a chamada "**assembleia geral virtual**", facilitando a participação dos acionistas na discussão dos assuntos sociais, já que agora eles não precisam estar presentes fisicamente nas assembleias.

Certas matérias são de competência privativa da assembleia-geral, cabendo somente a ela deliberar sobre as mesmas. E, na verdade, o que se vê na prática é que somente nesses casos a assembleia geral costuma ser convocada, restando aos demais órgãos, sobretudo ao conselho de administração, decidir sobre os demais assuntos de interesse social.

Estas matérias de competência privativa da assembleia estão elencadas no **art. 122 da LSA. Mas a competência do conselho de administração e da diretoria para a convocação da assembleia-geral não é exclusiva, prevendo a lei hipóteses especiais em que ela pode ser convocada por outros órgãos ou mesmo acionistas** (art. 123, parágrafo único).

Uma vez convocada a assembleia-geral, com obediência às formalidades legais, ela somente se **instalará** validamente se estiverem presentes à sessão um determinado número de acionistas. Assim, de acordo com o art. 125 da LSA, "*ressalvadas as exceções previstas em lei, a assembleia-geral instalar-se-á, em **primeira convocação, com a presença de acionistas que representem, no mínimo, 1/4 (um quarto) do capital social com direito de voto;** em **segunda convocação instalar-se-á com qualquer número***".

Relembre-se que nem todos os acionistas de uma companhia possuem direito de voto, mas todos eles podem comparecer às assembleias. Afinal, ainda que determinados sócios não tenham direito de votar nas deliberações, eles possuem o chamado ***direito de voz***, que lhes permite discutir as matérias em debate antes da decisão ser tomada. É o que prevê expressamente o parágrafo único do art. 125: "*os acionistas sem direito de voto podem comparecer à assembleia-geral e discutir a matéria submetida à deliberação*".

Instalada a assembleia, em primeira ou segunda convocação, conforme o caso, assinado o livro de presença por todos os que comparecerem e composta a mesa que presidirá os trabalhos, poderá a assembleia-geral passar a discutir as matérias e deliberar sobre estas. Para tanto, todavia, será preciso observar o ***quorum* de deliberação**, o qual, em regra, é de **maioria dos acionistas com direito a voto presentes à sessão.** Com efeito, dispõe o art. 129 da LSA que "*as deliberações da assembleia-geral, ressalvadas as exceções previstas em lei, serão tomadas por maioria absoluta de votos, não se computando os votos em branco*".

Ressalte-se que esse *quorum* de deliberação do art. 129 da LSA é o ***quorum* normal**, mas em certas situações pode ser exigido um *quorum* diferenciado. Assim, prevê o § 1º do artigo em questão que "*o estatuto da companhia fechada pode* *aumentar o quorum exigido para certas deliberações, desde que especifique as matérias".* Trata-se do que alguns doutrinadores chamam de ***quorum* estatutário**, o qual só pode ser estabelecido, frise-se, nas **sociedades anônimas fechadas**, e sempre corresponderá a ***quorum* superior ao normalmente estabelecido para aquela matéria**.

Além do *quorum* normal do art. 129, analisado acima, há também o ***quorum* qualificado**, estabelecido para a deliberação sobre certas matérias especiais previstas no art. 136 da LSA. Para os casos de empate, o § 2º do art. 129 da LSA estabelece que *"se o estatuto não estabelecer procedimento de arbitragem e não contiver norma diversa, a assembleia será convocada, com intervalo mínimo de 2 (dois) meses, para votar a deliberação; se permanecer o empate e os acionistas não concordarem em cometer a decisão a um terceiro, caberá ao Poder Judiciário decidir, no interesse da companhia".* Portanto, em princípio cabe ao estatuto disciplinar a solução a ser adotada em caso de empate, **podendo**, por exemplo, prever a designação de árbitro para resolver a controvérsia. Caso, todavia, o estatuto seja omisso, convoca-se nova assembleia, nos dois meses seguintes. Enfim, persistindo o empate, podem os acionistas decidir pela submissão da decisão a um terceiro ou ao juiz.

***Quorum* de instalação da assembleia geral**	***Quorum* de deliberação da assembleia geral**
1ª convocação: ¼ do capital social votante	*quorum* normal: maioria dos presentes
2ª convocação: qualquer número	*quorum* estatutário: previsto em estatutos de companhias fechadas
–	*quorum* qualificado: metade do capital social votante (art. 136 da LSA)

De acordo com o art. 131 da LSA, a assembleia-geral pode ser **ordinária** (AGO) ou **extraordinária** (AGE). Eis o que diz a regra em questão: "a assembleia-geral é ordinária quando tem por objeto as matérias previstas no artigo 132, e extraordinária nos demais casos". Assim, enquanto a assembleia-geral ordinária só pode tratar das matérias previstas no art. 132 da LSA ("tomar as contas dos administradores, examinar, discutir e votar as demonstrações financeiras; deliberar sobre a destinação do lucro líquido do exercício e a distribuição de dividendos; eleger os administradores e os membros do conselho fiscal, quando for o caso; aprovar a correção da expressão monetária do capital social"), a assembleia-geral extraordinária será sempre convocada para tratar das demais matérias que exijam a sua deliberação (vide art. 122).

Ressalte-se que, tendo em vista a simplificação do procedimento, o parágrafo único do mesmo art. 131 dispõe que "a assembleia-geral ordinária e a assembleia-geral extraordinária **poderão** ser, cumulativamente, convocadas e realizadas no mesmo local, data e hora, instrumentadas em ata única".

A *assembleia-geral ordinária* (AGO), de acordo com o art. 132 da LSA, **deve ocorrer todo ano, nos quatro primeiros meses após o fim do exercício social.**

Assembleia Geral da S/A	
Ordinário (AGO)	**Extraordinária (AGE)**
realizada obrigatoriamente, uma vez por ano, só pode tratar das matérias previstas no art. 132 da LSA	realizada facultativamente, sempre que houver necessidade sobre questão de interesse geral da companhia

No que se refere aos órgãos de administração da companhia, **a LSA adotou um sistema dual, em que a administração é subdividida entre dois órgãos: o conselho de administração e a diretoria**. Com efeito, dispõe o art. 138 da LSA que *"a administração da companhia competirá, conforme dispuser o estatuto, ao conselho de administração e à diretoria, ou somente à diretoria"*. A referência, no final do dispositivo, à possibilidade de a administração da companhia caber exclusivamente aos diretores se dá porque **o conselho de administração é órgão facultativo em algumas sociedades anônimas fechadas**, sendo obrigatório apenas nas companhias abertas, nas de capital autorizado e nas sociedades de economia mista (arts. 138, § 2º, e 239, da LSA).

De acordo com o § 1º do art. 138, *"o conselho de administração é órgão de deliberação colegiada, sendo a representação da companhia privativa dos diretores"*. Destaque-se que, em obediência ao disposto no art. 139 da LSA, *"as atribuições e poderes conferidos por lei aos órgãos de administração não podem ser outorgados a outro órgão, criado por lei ou pelo estatuto"*. Portanto, **as atribuições do conselho de administração e da diretoria são exercidas exclusivamente por esses órgãos**, nos estritos termos estabelecidos em lei.

Enquanto a assembleia-geral, como visto, possui competência privativa para deliberar sobre questões de interesse geral da companhia, **o conselho de administração é órgão também deliberativo que assume a incumbência básica de tratar das matérias especificamente relacionadas à gestão dos negócios da sociedade anônima**. É bem verdade que, de maneira geral, tanto a assembleia-geral quanto o conselho de administração possuem competência para deliberar sobre qualquer matéria de interesse social, mas o que acaba ocorrendo na prática é que a assembleia-geral só é convocada para discutir e deliberar sobre as questões previstas no art. 122 da LSA, as quais, como visto, se inserem na sua competência privativa. As demais questões de interesse da companhia, portanto, são acometidas, não raro, ao conselho de administração.

De acordo com o art. 140 da LSA, **o conselho de administração será composto por, no mínimo, 3 (três) membros, eleitos pela assembleia-geral e por ela destituíveis a qualquer tempo**. Segundo o parágrafo único do art. 140, "o estatuto poderá prever a participação no conselho de representantes dos empregados, escolhidos pelo voto destes, em eleição direta, organizada pela empresa, em conjunto com as entidades sindicais que os representem".

No que tange à votação para a eleição dos membros do conselho de administração, pode-se adotar o **critério majoritário** ou o **critério proporcional**, cabendo ao estatuto social da companhia a escolha de um deles.

No *critério majoritário* de votação, **os acionistas podem votar em chapas (equipes previamente formadas) ou em cada cargo separadamente (isto é, realizam-se eleições isoladas, uma para cada cargo do conselho a ser preenchido)**, mas em ambas as situações cada ação com direito de voto corresponderá a um voto, como ocorre normalmente, nos termos do art. 110 da LSA. Perceba-se que, adotando-se o critério majoritário, o acionista controlador acaba conseguindo eleger, invariavelmente, todos os membros do conselho de administração.

No *critério proporcional* de votação, por sua vez, **não é possível a formação de chapas para a disputa dos cargos**. Ademais, não são feitas eleições isoladas para cada cargo do conselho, mas apenas uma, que servirá ao preenchimento de todo o órgão. Assim, nesse critério são eleitos para os cargos do conselho os candidatos mais votados, conforme a quantidade de cargos a serem preenchidos, o que acaba por produzir um órgão provavelmente de composição heterogênea, com participação de membros eleitos pelos controladores e também pelos minoritários, de maneira proporcional.

Além dessas duas modalidades de votação analisadas, a LSA ainda prevê uma outra modalidade especial, em que se adota o **critério de voto múltiplo**. Assim, de acordo com o seu art. 141, que disciplina essa modalidade de votação, "na eleição dos conselheiros, é facultado aos acionistas que representem, no mínimo, 0,1 (um décimo) do capital social com direito a voto, esteja ou não previsto no estatuto, requerer a adoção do processo de voto múltiplo, atribuindo-se a cada ação tantos votos quantos sejam os membros do conselho, e reconhecido ao acionista o direito de cumular os votos num só candidato ou distribuí-los entre vários". Vê-se, desde logo, que **a modalidade de voto múltiplo é uma faculdade outorgada pela lei aos acionistas minoritários com direito de voto**. Trata-se, enfim, de um modelo especial de votação proporcional, em que cada ação votante corresponderá a tantos votos quantos forem os membros do conselho de administração. E mais: cada acionista poderá usar os votos que suas ações lhe conferem da forma que bem entender, ou seja, pode concentrá-los todos num único candidato ou distribuí-los em candidatos distintos.

Por fim, após fixar as normas gerais sobre a composição, o funcionamento e a eleição do conselho de administração, a LSA, em seu art. 142, estabelece as suas competências.

Eleição dos membros do conselho de administração da S/A	
Critério majoritário	os acionistas podem votar em chapas ou em cada cargo separadamente, mas em ambas as situações cada ação com direito de voto corresponderá a um voto.
Critério proporcional	é feita uma única eleição para preenchimento de todo o conselho, sendo eleitos os candidatos mais votados, conforme a quantidade de cargos a serem preenchidos.
Voto múltiplo	modelo especial de votação proporcional, em que cada ação votante corresponderá a tantos votos quantos forem os membros do conselho de administração, podendo o acionista usar os votos que suas ações lhe conferem da forma que bem entender, concentrando-os num único candidato ou distribuindo-os em candidatos distintos.

Como a legislação acionária brasileira, como visto, adota o **modelo dualista de administração** para as sociedades anônimas, além do **conselho de administração**, o outro órgão encarregado da administração da companhia é a **diretoria**, que corresponde, na verdade, ao órgão realmente incumbido de desempenhar, de maneira efetiva, a gestão dos negócios sociais. Assim, **os diretores são os verdadeiros *executivos* da sociedade anônima, sendo responsáveis pela sua direção e pela sua representação legal** (art. 138, § 1º, da LSA).

De acordo com o art. 143 da LSA, "a Diretoria será composta por 2 (dois) ou mais diretores, eleitos e destituíveis a qualquer tempo pelo conselho de administração, ou, se inexistente, pela assembleia-geral, devendo o estatuto estabelecer: I – o número de diretores, ou o máximo e o mínimo permitidos; II – o modo de sua substituição; III – o prazo de gestão, que não será superior a 3 (três) anos, permitida a reeleição; IV – as atribuições e poderes de cada diretor".

Ressalte-se que, **os membros da diretoria – os diretores – não precisam ser acionistas, mas devem ser pessoas físicas e residirem no território nacional** (até bem pouco tempo atrás os membros do conselho de administração tinham que ser acionistas, mas atualmente eles também NÃO precisam ser acionistas, assim como os diretores). **Destaque-se também que alguns membros do conselho de administração podem também ocupar a posição de diretores**. É o que prevê o § 1º do art. 143, segundo o qual "os membros do conselho de administração, até o máximo de 1/3 (um terço), poderão ser eleitos para cargos de diretores".

Outro ponto importante a ser observado sobre a composição da diretoria é que, conforme dispõe a lei, cabe ao estatuto social definir (i) o número de diretores, (ii) o prazo de gestão deles, (iii), a sua substituição e (iv) os poderes e atribuições de cada um. Assim, a depender do tamanho e da complexidade das atividades desenvolvidas pela companhia, ela poderá ter mais ou menos diretores, conforme dispuser o seu estatuto. Por isso é que nas grandes companhias temos diversos diretores (diretor comercial, diretor jurídico, diretor financeiro, diretor de vendas, diretor de contratos etc.), cada um com competência específica, enquanto em outras companhias menores há apenas dois, o mínimo legal exigido.

Administração da S/A	
Conselho de administração	**Diretoria**
Órgão colegiado, com no mínimo 3 membros, eleitos pela assembleia geral ordinária	Órgão que representa legalmente a companhia, com no mínimo 2 membros eleitos pelo conselho de administração

Como a LSA adotou, repita-se, o modelo dualista de administração para as sociedades anônimas, podemos chamar de administradores da companhia tanto os conselheiros quanto os diretores. Assim, dispõe o art. 145 da LSA que "as normas relativas a requisitos, impedimentos, investidura, remuneração, deveres e responsabilidade dos administradores aplicam-se a conselheiros e diretores".

No que diz respeito às normas comuns aplicáveis aos conselheiros e diretores da companhia, isto é, aos seus *administradores*, ressalta a importância das regras relativas aos seus **deveres e responsabilidades.** Dentre os deveres específicos regulados expressamente na lei do anonimato, destacam-se, por exemplo, o ***dever de diligência***, o ***dever de lealdade***, o ***dever de informação***, dentre outros.

Em primeiro lugar, determina o art. 153 da LSA que *"o administrador da companhia deve empregar, no exercício de suas funções, o cuidado e diligência que todo homem ativo e probo costuma empregar na administração dos seus próprios negócios"*. Trata-se, de fato, de norma muito vaga, que pode trazer dúvidas de interpretação. O melhor, portanto, é entender que **esse dever de diligência será atendido sempre que o administrador atuar em conformidade com os padrões de gestão fixados pela ciência da administração de empresas.** Não se exige, nem se podia exigir, que o administrador efetivamente atinja os fins que deve perseguir, bastando apenas que o mesmo oriente sua atuação no sentido da consecução de finalidades de interesse da companhia.

Dentre os deveres de lealdade, a legislação acionária brasileira dá destaque ao dever de sigilo acerca de informações relevantes sobre os negócios da sociedade, sobretudo quando se trata de companhia aberta. Nesse sentido, aliás, é a regra especial do § 1º do art. 155, que assim dispõe: *"cumpre, ademais, ao administrador de companhia aberta, guardar sigilo sobre qualquer informação que ainda não tenha sido divulgada para conhecimento do mercado, obtida em razão do cargo e capaz de influir de modo ponderável na cotação de valores mobiliários, sendo-lhe vedado valer-se da informação para obter, para si ou para outrem, vantagem mediante compra ou venda de valores mobiliários"*. O grande objetivo da legislação acionária, nesse caso, é evitar a prática do chamado ***insider trading***, que consiste, *grosso modo*, no uso de informações internas e/ou sigilosas para obtenção e vantagem.

Outra preocupação da legislação acionária brasileira é com o chamado ***disclosure***. Afinal, dentre os deveres dos conselheiros e diretores está o dever de informar (art. 157). No linguajar técnico, esse dever é chamado de "*disclosure*", expressão que, traduzida para o português, significa "divulgação".

Principais deveres dos administradores da S/A	
Dever de diligência	**Dever de lealdade**
atuação em conformidade com os padrões de gestão fixados pela ciência da administração de empresas.	proibição do *insider trading* (uso de informações internas e/ou sigilosas para obtenção e vantagem).

Por fim, completando a lista dos quatro órgãos de cúpula da sociedade anônima, disciplina a legislação acionária a composição, o funcionamento, a estrutura e as atribuições do ***conselho fiscal*****, órgão interno de fiscalização da gestão da administração da companhia**.

De acordo com o art. 161 da LSA, "a companhia terá um conselho fiscal e o estatuto disporá sobre seu funcionamento, de modo permanente ou nos exercícios sociais em que for instalado a pedido de acionistas". Diante do que dispõe a norma em questão, costuma-se afirmar que **o conselho fiscal, nas sociedades anônimas, é órgão de existência obrigatória, mas de funcionamento facultativo**.

De fato, a lei afirma que toda companhia terá um conselho fiscal, mas que cabe ao estatuto dispor sobre o seu funcionamento, e este pode estabelecer, por exemplo, que o mesmo não funcione de modo permanente, mas apenas em determinados exercício sociais, quando houver pedido expresso de acionistas para a sua instalação, nos termos do § 2º, do art. 161.

Quanto à composição, dispõe o § 1º, desse mesmo art. 161, da LSA que "o conselho fiscal será composto de, no mínimo, 3 (três) e, no máximo, 5 (cinco) membros, e suplentes em igual número, acionistas ou não, eleitos pela assembleia-geral". A competência do conselho fiscal, por sua vez, está fixada no art. 163 da LSA.

Por fim, quanto aos deveres e responsabilidades dos membros do conselho fiscal, o art. 165 da LSA dispõe que eles "têm os mesmos deveres dos administradores de que tratam os arts. 153 a 156 e respondem pelos danos resultantes de omissão no cumprimento de seus deveres e de atos praticados com culpa ou dolo, ou com violação da lei ou do estatuto".

10.5.1. Responsabilidade da S/A pelos atos dos seus administradores

Não obstante saibamos que são os administradores da companhia que a representam legalmente – ou, melhor dizendo, a ***presentam*** – nos negócios jurídicos dos quais ela participa cotidianamente, eles não o fazem em seu nome. Ao contrário, **eles agem como a própria sociedade.** Na qualidade de meros órgãos, quando eles atuam, quem está atuando, propriamente, é a própria sociedade. Os administradores, portanto, apenas exteriorizam a vontade da sociedade. Sendo assim, **a responsabilidade pelos atos de gestão dos negócios sociais por eles praticados não recai sobre os mesmos, mas sobre a própria companhia.**

Portanto, de acordo com o art. 158 da LSA, "*o administrador não é pessoalmente responsável pelas obrigações que contrair em nome da sociedade e em virtude de ato regular de gestão; responde, porém, civilmente, pelos prejuízos que causar, quando proceder: I – dentro de suas atribuições ou poderes, com culpa ou dolo; II – com violação da lei ou do estatuto*". Veja-se, pois, que **quem responde pelos atos de gestão dos administradores da companhia é a própria companhia.** Caberá a ela, no máximo, exigir reparação civil de danos eventualmente causados por atos dos administradores que (i) **tenham agido com culpa ou dolo** ou que (ii) **violem o estatuto ou a lei.**

Responsabilidade dos administradores		
Atos regulares de gestão	**Atos de gestão praticados com culpa ou dolo**	**Atos de gestão com violação da lei ou do estatuto**
A sociedade responde perante terceiros, e o administrador não assume responsabilidade pessoal por eles.	A sociedade responde perante terceiros, mas pode voltar-se contra o administrador faltoso.	A sociedade responde perante terceiros, mas pode voltar-se contra o administrador faltoso.

Visto, portanto, que quem responde pelos atos de gestão dos administradores da companhia é a própria companhia, cabendo a ela, quando muito, exigir dos administradores respectivos a responsabilização civil pelos danos eventualmente causados por seus atos, nos termos das regras que analisamos acima, deve a sociedade promover essa responsabilização ingressando com ação própria, que a LSA chama de ***ação de responsabilidade***.

De acordo com o art. 159 da LSA, "*compete à companhia, mediante prévia deliberação da assembleia-geral, a ação de responsabilidade civil contra o administrador, pelos prejuízos causados ao seu patrimônio*". Em princípio, frise-se, a deliberação acerca da propositura da referida ação contra os administradores compete à **assembleia-geral ordinária**, já que é ela quem possui competência, nos termos do art. 132, inciso I, da LSA, para tomar as contas dos administradores. Todavia, pode também a deliberação pela propositura de ação de responsabilidade ser tomada em **assembleia-geral extraordinária**, caso alguma questão discutida e deliberada nela acarreta essa necessidade.

Obviamente, **cabe à própria sociedade, em princípio, propor a ação de responsabilidade contra o(s) administrador(es).** No entanto, caso a companhia fique inerte após a deliberação pela propositura da ação, esta poderá ser ajuizada por **qualquer acionista**, conforme determinação do § 3º do art. 159: *"qualquer acionista poderá promover a ação, se não for proposta no prazo de 3 (três) meses da deliberação da assembleia-geral"*.

Ressalte-se ainda que, como não poderia deixar de ser, mesmo que a ação de responsabilidade seja ajuizada por um acionista (§ 3º) ou por grupo de acionistas (§ 4º), o resultado da ação, caso ela seja bem sucedida, são revertidos **em favor da própria sociedade**, e não dos acionistas que ajuizaram a demanda. Cabe a estes acionistas demandantes, tão-somente, o **ressarcimento das despesas que realizaram para ingressas em juízo.** É o que dispõe de forma clara o § 5° do mesmo art. 159 da LSA.

Mais uma vez corroborando o entendimento de que a obrigação dos administradores é de **meio**, e não de resultado, dispõe o § 6° do art. 159 que *"o juiz poderá reconhecer a exclusão da responsabilidade do administrador, se convencido de que este agiu de boa-fé e visando ao interesse da companhia"*. Vê-se, pois, que a lei não exige que o administrador seja necessariamente bem sucedido na sua gestão; basta que o mesmo tenha agido de boa-fé e no interesse da companhia, além do que, é claro, tenha usado das boas técnicas de administração de empresas.

Da mesma forma, **também fica excluída a responsabilidade dos administradores se a assembleia-geral aprovar, sem reservas, suas contas e demonstrações financeiras, salvo erro, dolo, fraude ou simulação** (art. 134, § 3º, da LSA). Nesse caso, frise-se, só uma **decisão judicial** posterior pode anular a decisão da assembleia-geral, **em ação cujo prazo prescricional para a propositura é de dois anos** (art. 286 da LSA). Portanto, se a sociedade quiser, posteriormente, ingressar com ação de responsabilidade contra os administradores, não bastará a ela deliberar pela propositura da ação em nova assembleia. **Terá, antes, que pleitear judicialmente a anulação da deliberação que aprovou suas contas e demonstrações financeiras, sem reservas.** Nesse sentido é a posição majoritária da jurisprudência do STJ (REsp 256596/SP e REsp 257573/DF).

Por fim, registre-se que a própria LSA ressalva, no § 7º do art. 159, que a ação de responsabilidade da companhia contra o administrador **não se confunde com eventuais ações que qualquer acionista ou terceiro ingresse contra o mesmo, em razão de prejuízos diretos que seus atos lhes tenha eventualmente causado**. Eis o teor da norma em comentário: "a ação prevista neste artigo não exclui a que couber ao acionista ou terceiro diretamente prejudicado por ato de administrador".

Características da Sociedade anônima	
	é sempre empresária, independentemente do objeto social.
	adquire personalidade jurídica com o registro na Junta Comercial.
	constitui-se por meio de estatuto social.
	admite sócio pessoa jurídica.
	admite diretor não sócio.
	identifica-se exclusivamente por denominação.
	capital dividido em ações.
	não admite integralização de ações em serviços.
	responsabilidade limitada dos sócios.

11. SOCIEDADE EM COMANDITA POR AÇÕES

A sociedade em comandita por ações é uma sociedade empresária híbrida, uma vez que ostenta características de uma comandita e características de uma sociedade anônima. Com efeito, a sociedade em comandita por ações, assim como as sociedades anônimas, **tem o seu capital dividido em ações**; e, assim como as sociedades em comandita simples, **possui duas categorias distintas de sócios, uma com responsabilidade limitada e outra com responsabilidade ilimitada**.

Segundo o art. 1.190 do CC, "a sociedade em comandita por ações tem o capital dividido em ações, regendo-se pelas normas relativas à sociedade anônima, sem prejuízo das modificações constantes deste Capítulo, e opera sob firma ou denominação". No mesmo sentido, dispõe o art. 280 da Lei nº 6.404/76 (LSA) que "a sociedade em comandita por ações terá o capital dividido em ações e reger-se-á pelas normas relativas às companhias ou sociedades anônimas, sem prejuízo das modificações constantes deste Capítulo".

A grande distinção entre a sociedade em comandita por ações e a sociedade anônima é a **responsabilidade dos sócios**: na sociedade anônima, a responsabilidade de todos os acionistas é limitada; na comandita por ações, **o acionista que exerce função de direção (administrador) responde pelas obrigações sociais constituídas na sua gestão de forma ilimitada e solidária (com os demais membros da diretoria, se houver)**, e **os demais acionistas respondem de forma limitada**.

Com efeito, de acordo com o art. 1.091 do CC, "somente o acionista tem qualidade para administrar a sociedade e, como diretor, responde subsidiária e ilimitadamente pelas obrigações da sociedade". No mesmo sentido é a norma do art. 282 da LSA, que assim dispõe: "apenas o sócio ou acionista tem qualidade para administrar ou gerir a sociedade, e, como diretor ou gerente, responder subsidiária, mas ilimitada e solidariamente, pelas obrigações da sociedade". Havendo mais de um diretor, a lei estabelece a **responsabilidade solidária** entre eles, **após esgotados os bens sociais** (art. 1.091, § 1º, do CC).

De acordo com o art. 1.091, § 2º, do CC (regra que é idêntica à do art. 282, § 1º, da LSA) "os diretores serão nomeados no ato constitutivo da sociedade, sem limitação de tempo, e somente poderão ser destituídos por deliberação de acionistas que representem no mínimo dois terços do capital social". E a legislação ainda se preocupou em estabelecer as **responsabilidades dos acionistas diretores após o término dos seus respectivos mandatos**. Nesse sentido, determina o art. 1.091, § 3º, do CC (regra que, por sua vez, é semelhante à do art. 282, § 2º, da LSA) que "o diretor destituído ou exonerado continua, durante **dois anos**, responsável pelas obrigações sociais contraídas sob sua administração".

Perceba-se que, na sociedade em comandita por ações, em função de os diretores não serem eleitos pela assembleia-geral, mas simplesmente **nomeados no ato constitutivo**, e de, por isso, não terem mandato, a legislação lhes impõe regras severas quanto à sua responsabilidade, a qual, conforme salientamos, é **ilimitada**. Diante de tal fato, os poderes da assembleia-geral são limitados, não tendo ela competência para deliberar sobre certas matérias específicas que possam repercutir na responsabilidade dos acionistas diretores. Nesse sentido, estabelece o art. 1.092 do CC que "a assembleia geral não pode, sem o consentimento dos diretores, mudar o objeto essencial da sociedade, prorrogar-lhe o prazo de duração, aumentar ou diminuir o capital social, criar debêntures, ou partes beneficiárias". No mesmo sentido é a regra do art. 283 da LSA, que ainda acrescenta uma vedação: a assembleia-geral também não pode "aprovar a participação em grupo de sociedade".

No geral, pois, estas são as regras especiais aplicáveis às sociedades em comandita por ações, aplicando-se a elas, por conseguinte, as regras estabelecidas na **Lei nº 6.404/76**, a LSA. Por tal razão, pode a comandita por ações abrir o seu capital, emitir valores mobiliários etc.

Por fim, registre-se apenas que, de acordo com o art. 284 da LSA, "não se aplica à sociedade em comandita por ações o disposto nesta Lei sobre conselho de administração, autorização estatutária de aumento de capital e emissão de bônus de subscrição".

Características da Sociedade em comandita por ações	é sempre empresária, independentemente do objeto social
	adquire personalidade jurídica com o registro na Junta Comercial
	constitui-se por meio de estatuto social
	admite sócio pessoa jurídica
	não admite diretor não sócio
	identifica-se por firma ou denominação
	capital dividido em ações
	responsabilidade limitada dos acionistas não diretores
	responsabilidade ilimitada dos acionistas diretores

12. SOCIEDADE COOPERATIVA

Em 1971, foi editada a Lei nº 5.764, que definiu a Política Nacional de Cooperativismo e instituiu o regime jurídico das sociedades cooperativas no Brasil. As cooperativas também mereceram especial atenção da Constituição Federal de 1988, que **permitiu a sua criação independentemente de autorização** e **vedou a interferência estatal no seu funcionamento** (art. 5º, inciso XVIII).

O CC, ressalvando as disposições específicas da Lei do Cooperativismo (Lei 5.764/1971), também disciplinou as cooperativas, estabelecendo que **elas são sempre sociedades simples, independentemente do seu objeto social** (art. 982, parágrafo único), e detalhando suas principais características, no art. 1.094: "*são características da sociedade cooperativa: I – variabilidade, ou dispensa do capital social; II – concurso de sócios em número mínimo necessário a compor a administração da sociedade, **sem limitação de número máximo**; III – limitação do valor da soma de quotas do capital social que cada sócio poderá tomar; IV – **intransferibilidade** das quotas do capital a terceiros estranhos à sociedade, ainda que por herança; V – quorum, para a assembleia-geral funcionar e deliberar, fundado no **número de sócios presentes à reunião**, e não no capital social representado; VI – **direito de cada sócio a um só voto nas deliberações**, tenha ou não capital a sociedade, e qualquer que seja o valor de sua participação; VII – distribuição dos resultados, proporcionalmente ao valor das operações efetuadas pelo sócio com a sociedade, podendo ser atribuído juro fixo ao capital realizado; VIII – indivisibilidade do fundo de reserva entre os sócios, ainda que em caso de dissolução da sociedade*".

Merece destaque o inciso XI do art. 21 da Lei 5.764/1971, incluído pela Lei 13.806/2019, **que passou a permitir que o estatuto da cooperativa preveja o poder de a sociedade agir como substituta processual dos seus associados**. Também importa destacar que, nos termos do art. 88-A da Lei 5.764/1971, incluído pela Lei 13.806/2019, "a cooperativa poderá ser dotada de **legitimidade extraordinária autônoma concorrente para agir como substituta processual em defesa dos direitos coletivos de seus associados** quando a causa de pedir versar sobre atos de interesse direto dos associados que tenham relação com as operações de mercado da cooperativa, desde que isso seja previsto em seu estatuto e haja, de forma expressa, autorização manifestada individualmente pelo associado ou por meio de assembleia geral que delibere sobre a propositura da medida judicial."

Quanto à responsabilidade dos sócios, estabeleceu o art. 1.095 do CC que "***na sociedade cooperativa, a responsabilidade dos sócios pode ser limitada ou ilimitada.*** *§ 1º É limitada a responsabilidade na cooperativa em que o sócio responde somente pelo valor de suas quotas e pelo prejuízo verificado nas operações sociais, guardada a proporção de sua participação nas mesmas operações. § 2º É ilimitada a responsabilidade na cooperativa em que o sócio responde solidária e ilimitadamente pelas obrigações sociais*".

Ademais, dispõe o art. 1.096 do CC: "*no que a lei for omissa, aplicam-se as disposições referentes à* ***sociedade simples****, resguardadas as características estabelecidas no art. 1.094*".

Registre-se, por fim, uma interessante polêmica acerca do **registro da sociedade cooperativa**. Afinal, em que órgão devem ser registradas as sociedades cooperativas: Junta Comercial ou Cartório de Registro Civil das pessoas jurídicas? **Não obstante o CC diga que a cooperativa é uma sociedade simples, o entendimento majoritário é o de que elas devem se registrar na Junta Comercial**, em respeito ao disposto no art. 18 da Lei nº 5.764/71 (Lei do Cooperativismo) e no art. 32, inciso II, alínea a, da Lei nº 8.934/94 (Lei de Registro de Empresas Mercantis). Nesse sentido é o enunciado nº 69 do CJF: "as sociedades cooperativas são sociedades simples sujeitas à inscrição nas Juntas Comerciais".

Características da Sociedade Cooperativa	é sempre simples, independentemente do objeto social
	adquire personalidade jurídica com o registro na Junta Comercial
	constitui-se por meio de estatuto social
	quotas são intransferíveis a estranhos
	identificação exclusiva por denominação
	a responsabilidade dos sócios pode ser limitada ou ilimitada

13. OPERAÇÕES SOCIETÁRIAS

No campo do direito societário, são muito comuns as chamadas operações societárias, **nas quais as** sociedades se relacionam entre si, **transformando-se, fundindo-se, incorporando outras ou transferindo parcela de seu patrimônio a outras**. Em todos esses casos – transformação, incorporação, fusão e cisão –, haverá mudanças relevantes na estrutura das sociedades, que trarão consequências jurídicas relevantes.

A matéria está disciplinada tanto na **Lei nº 6.404/76 (LSA)** quanto no **CC**. Assim, se numa determinada operação societária há a participação de uma sociedade anônima, o que é o mais comum, aplicam-se as regras previstas na LSA, em razão da especialidade desse diploma legislativo. Todavia, se a operação não conta com a participação de uma sociedade anônima, o que é raro, aplicam-se as regras do CC.

De acordo com o art. 220 da LSA, "a transformação é a operação pela qual a sociedade passa, independentemente de dissolução e liquidação, de um tipo para outro". No mesmo sentido, dispõe o CC, em seu art. 1.113, que "o ato de transformação independe de dissolução ou liquidação da sociedade, e obedecerá aos preceitos reguladores da constituição e inscrição próprios do tipo em que vai converter-se". A

transformação é, pois, a **mera mudança no tipo societário**, que ocorre, por exemplo, quando uma sociedade limitada se transforma em uma sociedade anônima, e vice-versa. Ressalte-se, porém, que a transformação não se dá apenas entre sociedades limitadas e anônimas. Usa-se sempre esse exemplo porque, conforme já destacamos mais de uma vez, trata-se dos dois tipos societários mais usados na prática empresarial brasileira. No entanto, nada impede, por exemplo, que uma sociedade em nome coletivo se transforme numa sociedade limitada ou que uma sociedade em comandita simples se transforme numa sociedade em comandita por ações.

A deliberação acerca da transformação exige, em regra, **votação unânime**, salvo nos casos em que o ato constitutivo (contrato social ou estatuto) da sociedade transformada já contenha expressa disposição autorizando a operação. Nesse caso, aprovando-se a transformação por maioria, permite a lei que o sócio dissidente se retire da sociedade.

De acordo com o art. 227 da LSA, "a incorporação é a operação pela qual uma ou mais sociedades são absorvidas por outra, que lhes sucede em todos os direitos e obrigações". No mesmo sentido, dispõe o art. 1.116 do CC que "na incorporação, uma ou várias sociedades são absorvidas por outra, que lhes sucede em todos os direitos e obrigações, devendo todas aprová-la, na forma estabelecida para os respectivos tipos".

Na ***incorporação***, portanto, **haverá a extinção da(s) sociedade(s) incorporada(s), mas não surgirá uma nova sociedade**. Apenas a sociedade incorporada desaparecerá, e será sucedida em todos os seus direitos e obrigações pela sociedade incorporadora. Assim, dispõe o § 3º, do art. 227, da LSA que "aprovados pela assembleia-geral da incorporadora o laudo de avaliação e a incorporação, extingue-se a incorporada, competindo à primeira promover o arquivamento e a publicação dos atos da incorporação". No mesmo sentido é a regra do art. 1.118 do CC, que assim prescreve: "aprovados os atos da incorporação, a incorporadora declarará extinta a incorporada, e promoverá a respectiva averbação no registro próprio".

De acordo com o art. 228 da LSA, "a fusão é a operação pela qual se unem duas ou mais sociedades para formar sociedade nova, que lhes sucederá em todos os direitos e obrigações". No mesmo sentido, prevê o art. 1.119 do CC que "a fusão determina a extinção das sociedades que se unem, para formar sociedade nova, que a elas sucederá nos direitos e obrigações".

Vê-se, pois, que enquanto na incorporação não há o surgimento de uma nova sociedade, **na fusão há o surgimento, sim, uma nova sociedade, resultado da união das sociedades fundidas, e que as sucederá em todos os seus direitos e obrigações**.

Por fim, de acordo com o disposto no art. 229 da LSA, *"a cisão é a operação pela qual a companhia transfere parcelas do seu patrimônio para uma ou mais sociedades, constituídas para esse fim ou já existentes, extinguindo-se a companhia cindida, se houver versão de todo o seu patrimônio, ou dividindo-se o seu capital, se parcial a versão"*.

Vê-se, pois, que a ***cisão*** pode ser definida, sucintamente, como **transferência de patrimônio de uma sociedade para outra**. Se se transferem apenas alguns bens da sociedade cindida, há uma **cisão parcial**. Por outro lado, havendo a transferência de todos os bens da sociedade cindida, há uma **cisão total**, e nesse caso a sociedade cindida se extingue.

Operações Societárias	
Transformação	mudança de tipo societário
Incorporação	absorção de uma sociedade por outra (não surge nova sociedade)
Fusão	união de duas ou mais sociedades (surge nova sociedade)
Cisão	transferência de patrimônio de uma sociedade para outra

14. DISSOLUÇÃO, LIQUIDAÇÃO E EXTINÇÃO DAS SOCIEDADES

Quando se estuda a dissolução das sociedades, é preciso fazer duas observações relevantes. Em primeiro lugar, **é imprescindível distinguir o procedimento de dissolução da sociedade com o ato de dissolução da sociedade**. Este precede aquele, isto é, antes há o ato de dissolução, que pode ser extrajudicial ou judicial, e após esse ato se desencadeia todo o procedimento dissolutório, que abrange ainda a liquidação e a partilha.

Em segundo lugar, deve-se atentar para o fato de que existem dois regimes distintos de dissolução das sociedades no direito brasileiro, um aplicável às **sociedades contratuais** e previsto no **CC**, outro aplicável às **sociedades institucionais** e previsto na **LSA** (Lei nº 6.404/76). O leitor mais atento, todavia, perceberá que os regimes de dissolução do CC e da LSA são muito parecidos, seguindo ambos uma mesma sequência lógica e tendo ambos uma série de regras idênticas.

Procedimento Dissolutório	
Ato de dissolução: distrato, por exemplo	
Liquidação: apuração de ativo e passivo.	**Partilha:** divisão do acervo líquido entre os sócios.

14.1. Dissolução, liquidação e extinção das sociedades contratuais

Conforme já adiantamos no tópico antecedente, o procedimento dissolutório da sociedade se inicia com o *ato de dissolução*, que pode ser **extrajudicial** ou **judicial**. Quanto às **sociedades contratuais**, dispõe o **art. 1.033 do CC** que *"dissolve-se a sociedade quando ocorrer: I - o vencimento do prazo de duração, salvo se, vencido este e sem oposição de sócio, não entrar a sociedade em liquidação, caso em que se prorrogará por tempo indeterminado; II - o consenso unânime dos sócios; III - a deliberação dos sócios, por maioria absoluta, na sociedade de prazo indeterminado; IV - a falta de pluralidade de sócios, não reconstituída no prazo de cento e oitenta dias; V - a extinção, na forma da lei, de autorização para funcionar"*. No mesmo sentido, estabelece o art. 1.034 do CC que *"a sociedade pode ser dissolvida judicialmente, a requerimento de qualquer dos sócios, quando: I - anulada a sua constituição; II - exaurido o fim social, ou verificada a sua inexequibilidade"*.

Segundo certa doutrina, na norma do art. 1.033 do CC estariam previstas as causas de **dissolução de pleno direito** da sociedade - por exemplo, a falta de pluralidade de sócios - e as causas de **dissolução amigável** da sociedade - por exemplo, o consenso unânime. Por outro lado, na norma do art. 1.034 do CC estariam as causas de **dissolução judicial** da sociedade. Neste caso - dissolução judicial - é muito importante destacar que o procedimento da ação de dissolução da sociedade era o previsto no antigo Código de Processo Civil de 1939, em seus arts. 655 a 674, que estavam em vigor por força do disposto no art. 1.218 do Código de Processo Civil de 1973. O prazo de contestação era de 48 horas, nos casos de dissolução de pleno direito, ou de 5 (cinco) dias, nos casos de dissolução contenciosa. Agora, com o **novo CPC**, nos casos de **dissolução parcial**, aplicar-se à o **procedimento especial** disposto nos arts. 599 a 609 (vide tópico a seguir). Nos casos de **dissolução total**, o **procedimento será o comum**.

Não se deve esquecer ainda o caso da **falência da sociedade**, que também acarreta a sua dissolução. Ademais, **o próprio contrato social pode prever outras hipóteses de dissolução**, conforme estabelece o art. 1.035 do CC: *"o contrato pode prever outras causas de dissolução, a serem verificadas judicialmente quando contestadas"*.

Ocorrido o ato de dissolução da sociedade, cumpre destacar que ela nao perde automaticamente a sua personalidade jurídica. O ato de dissolução - um distrato ou uma decisão judicial, por exemplo - deverá ser **registrado na Junta Comercial**, e a sociedade então inicia sua **fase de liquidação**, devendo acrescer ao seu nome empresarial, para a proteção de terceiros que com ela contratem, a expressão *"em liquidação"*, bem como designar o respectivo liquidante.

De acordo com o art. 1.036 do CC, *"ocorrida a dissolução, cumpre aos administradores providenciar imediatamente a investidura do liquidante, e restringir a gestão própria aos negócios inadiáveis, vedadas novas operações, pelas quais responderão solidária e ilimitadamente*". Complementando a regra, prevê seu parágrafo único que, "*dissolvida de pleno direito a sociedade, pode o sócio requerer, desde logo, a liquidação judicial*". Vê-se, pois, que **embora a sociedade dissolvida - "*em liquidação*" - não perca imediatamente a sua personalidade jurídica, ela continua a existir apenas para ultimar suas obrigações.**

Quanto ao **procedimento da liquidação**, determina o § 2º, do art. 1.038, do CC que "*a liquidação da sociedade se processa de conformidade com o disposto no Capítulo IX, deste Subtítulo*", ou seja, seguindo o disposto nos arts. 1.102 a 1.112 do código.

A liquidação é conduzida com a finalidade de atingir dois objetivos básicos: (i) realização do ativo, com a venda dos bens da sociedade e a cobrança de seus devedores; e (ii) satisfação do passivo, com o pagamento de todos os seus credores. Nesse sentido, dispõe o art. 1.106 do CC que, "*respeitados os direitos dos credores preferenciais, pagará o liquidante as dívidas sociais proporcionalmente, sem distinção entre vencidas e vincendas, mas, em relação a estas, com desconto*". Complementando a regra, dispõe seu parágrafo único que "*se o ativo for superior ao passivo, pode o liquidante, sob sua responsabilidade pessoal, pagar integralmente as dívidas vencidas*".

Feitos os pagamentos aos credores, entra-se então na **fase da partilha** do acervo líquido da sociedade entre os seus sócios. Claro que, se a sociedade tiver passivo maior do que o ativo, não haverá o que partilhar. Nesse caso, aliás, cabe ao liquidante, conforme visto, confessar a insolvência da sociedade e requerer a sua falência.

Após a partilha, cumpre ao liquidante **prestar contas** de suas atividades, nos termos do art. 1.108 do código. **Após a liquidação, a partilha e a prestação de contas, nos termos da lei, o procedimento dissolutório se encerrará e a sociedade finalmente se extinguirá, o que será registrado na Junta Comercial.**

Por fim, registre-se que a liquidação pode ser **judicial**, caso em que o procedimento será distinto do acima analisado. Com efeito, de acordo com o art. 1.111 do CC, "*no caso de liquidação judicial, será observado o disposto na **lei processual***".

14.2. Dissolução parcial das sociedades contratuais

Além da dissolução total, destaque-se que também é possível a liquidação parcial da sociedade, construção doutrinária e jurisprudencial antiga, que hoje está expressamente admitida no CC, em seus arts. 1.028 a 1.032, e também no novo CPC (arts. 599 a 609). Assim, por exemplo, um sócio descontente pode requerer sua saída da sociedade e o recebimento da parte que lhe cabe no patrimônio social, preservando assim a atividade empresarial em relação aos demais. **Nesse caso, não se nomeia liquidante, bastando a indicação de perito contábil para a apuração dos haveres,** conforme já decidiu o Superior Tribunal de Justiça (REsp 242.603/SC, Rel. Min. Luis Felipe Salomão, 4.ª Turma, j. 04.12.2008, DJe 18.12.2008).

14.3. Dissolução, liquidação e extinção das sociedades por ações

Em se tratando de **sociedades institucionais** - sociedades por ações - o procedimento de dissolução não segue as regras previstas no CC, e sim as regras da **LSA** (Lei nº 6.404/76). Assim, quanto ao ato de dissolução das sociedades institucionais, prevê o **art. 206 da LSA** que *"dissolve-se a companhia: I - de pleno direito: a) pelo término do prazo de duração; b) nos casos previstos no estatuto; c) por deliberação da assembleia-geral (art. 136, X); d) pela existência de 1 (um) único acionista, verificada em assembleia-geral ordinária, se o mínimo de 2 (dois) não for reconstituído até à do ano seguinte, ressalvado o disposto no artigo 251; e) pela extinção, na forma da lei, da autorização para funcionar. II - por decisão judicial: a) quando anulada a sua constituição, em ação proposta por qualquer acionista; b) quando provado que não pode preencher o seu fim, em ação proposta por acionistas que representem 5% (cinco por cento) ou mais do capital social; c) em caso de falência, na forma prevista na respectiva lei; III - por decisão de autoridade administrativa competente, nos casos e na forma previstos em lei especial"*.

Vê-se, pois, que os casos de dissolução previstos na LSA são bem parecidos com os casos de dissolução previstos no CC, tendo a LSA também previsto separadamente as hipóteses de dissolução extrajudicial e as hipóteses de dissolução judicial. Aqui novamente será aplicada a seguinte regra: **a dissolução parcial, quando for o caso, será pelo procedimento especial previsto nos arts. 599 a 609 do novo CPC, enquanto a dissolução total será pelo procedimento comum.**

Quanto ao fato de a sociedade conservar a sua personalidade jurídica durante o procedimento de dissolução, a LSA é expressa, destacando, em seu art. 207, que "***a companhia dissolvida conserva a personalidade jurídica, até a extinção, com o fim de proceder à liquidação***". Quanto ao nome empresarial, por sua vez, o art. 212 determina que *"em todos os atos ou operações, o liquidante deverá usar a denominação social seguida das palavras '**em liquidação**'"*.

Ocorrendo um dos atos de dissolução, passa-se então à **fase de liquidação**. Nesse sentido, dispõe o art. 208 da LSA o seguinte: *"silenciando o estatuto, compete à assembleia-geral, nos casos do número I do artigo 206, determinar o modo de liquidação e nomear o liquidante e o conselho fiscal que devam funcionar durante o período de liquidação"*.

Havendo acervo líquido a partilhar, após a realização do ativo e a satisfação do passivo, começa então a **partilha**.

Concluídas, enfim, as fases de liquidação e de partilha, cabe ao liquidante, então, proceder à sua **prestação de contas** final, nos termos do art. 216 da LSA:

"pago o passivo e rateado o ativo remanescente, o liquidante convocará a assembleia-geral para a prestação final das contas". Segundo o § 1º desse dispositivo, *"**aprovadas as contas, encerra-se a liquidação e a companhia se extingue**"*.

Finalizando, e lembrando que a extinção da sociedade não se confunde com a sua dissolução nem com a sua liquidação, estabelece o art. 219 da LSA o seguinte: *"extingue-se a companhia: I – pelo encerramento da liquidação; II – pela incorporação ou fusão, e pela cisão com versão de todo o patrimônio em outras sociedades"*.

14.4. Dissolução parcial das sociedades por ações

O Superior Tribunal de Justiça hoje tem entendimento pacífico acerca do tema, entendendo pela **possibilidade** de dissolução parcial da sociedade anônima nos casos em que se verifique a presença de vínculo *intuitu personae* (*affectio societatis*) e a posterior quebra desse vínculo, por algum motivo. Nesses casos, muito frequentes em sociedades anônimas fechadas, é preferível a dissolução parcial da sociedade, com a continuação desta, do que sua dissolução total, o que atentaria contra o **princípio da preservação da empresa** (EREsp 111.294/PR, Rel. Min. Castro Filho, 2.ª Seção, j. 28.06.2006, DJ 10.09.2007, p. 183).

14.5. A ação de dissolução parcial no novo CPC

A dissolução parcial, como dito, é fruto de construção doutrinária e jurisprudencial, com base no **princípio da preservação da empresa**: quando um sócio não queria mais a sociedade e pedia a sua dissolução, muitas vezes os outros queriam continuar as atividades, de modo que a dissolução parcial foi construída para permitir que, nesses casos, o sócio dissidente se retirasse – recebendo seus respectivos haveres –, mas a sociedade permanecesse existindo com os demais.

Diante dos inúmeros casos de dissolução parcial que ocorrem na prática, o novo CPC não tinha como deixar de estabelecer um procedimento específico para tanto, o que foi feito em seus arts. 599 a 609.

Primeiramente, merece destaque o fato de que o novo CPC permitiu o uso da ação de dissolução parcial somente para a (i) resolução da sociedade empresária em relação a um sócio (em razão da sua morte, da sua exclusão ou de sua simples retirada), **ou somente para a** (ii) apuração de haveres de um sócio (pelos mesmos motivos). A ação pode também envolver ambas as hipóteses, caso em que terá uma fase inicial para decisão sobre a saída do sócio, e uma fase posterior para apuração dos seus haveres.

Merece destaque também o fato de que **o novo CPC permitiu expressamente a ação de dissolução parcial de sociedades anônimas fechadas**, algo que já vem sendo admitido pelo STJ, conforme visto acima.

Finalmente, merece destaque o fato de que **o novo CPC se preocupou em estabelecer critérios claros e objetivos tanto para a fixação da data de resolução da sociedade (art. 605), quanto para a fixação da apuração de haveres (arts. 604 e 606)**.

15. DESCONSIDERAÇÃO DA PERSONALIDADE JURÍDICA

Tratando-se a sociedade de uma pessoa jurídica, ou seja, de um ente personalizado ao qual o ordenamento jurídico confere a possibilidade de adquirir direitos e contrair obrigações, é importante destacar que é a própria sociedade, como pessoa jurídica, que exerce a atividade empresarial. Consequentemente, é a própria sociedade que responde pelas suas obrigações sociais. Essas assertivas decorrem da consagração do **princípio da autonomia patrimonial das pessoas jurídicas**, reconhecido pelo nosso ordenamento jurídico no **art. 1.024 do CC**: *"os bens particulares dos sócios não podem ser executados por dívidas da sociedade, senão depois de executados os bens sociais"*.

Da leitura do art. 1.024 do CC conclui-se que os sócios têm **responsabilidade subsidiária** pelas obrigações sociais, já que a responsabilidade direta será da própria sociedade, que responderá com seu próprio patrimônio. Isso, por si só, já representa uma vantagem em relação ao empresário individual, que responde com todo o seu patrimônio – inclusive com seus bens pessoais – pelo risco do seu negócio.

Ademais, quando se constitui uma sociedade, além de a responsabilidade dos sócios ser subsidiária, ela poderá ser também limitada, a depender do tipo de sociedade adotado. Portanto, **enquanto a responsabilidade do empresário individual é direta e ilimitada, a responsabilidade de um sócio de uma sociedade empresária é subsidiária (seus bens só podem ser executados após a execução dos bens sociais) e pode ser limitada, a depender do tipo societário utilizado**.

É preciso destacar que essa limitação ou ilimitação de responsabilidade dos sócios diz respeito à sua responsabilidade pessoal por dívidas da sociedade, ou seja, à possibilidade de os credores da sociedade executarem os bens pessoais dos sócios para satisfação de obrigações sociais. A responsabilidade dos sócios é que será limitada ou ilimitada, a depender do tipo de sociedade. **A responsabilidade da sociedade, por sua vez, será sempre ilimitada**.

Entretanto, não obstante a importância do princípio da autonomia patrimonial das pessoas jurídicas e das regras de limitação de responsabilidade para a economia do País e, consequentemente, para o Direito Empresarial, eles não podem ser vistos como dogmas absolutos, sobretudo porque, muitas vezes, podem ser utilizados de forma abusiva ou fraudulenta, servindo de instrumento para a blindagem do patrimônio de empresários inescrupulosos e nocivos ao meio empresarial.

Foi por isso que foi formulada a **teoria da desconsideração da personalidade jurídica**, com a finalidade de **coibir o uso abusivo da personalidade jurídica**. É que as pessoas jurídicas, quaisquer que sejam, devem ser criadas para a persecução de fins acolhidos pelo direito e manterem atuação em conformidade com os ditames legais traçados no ordenamento jurídico vigente. Quando isso não ocorrer, não se justificam a separação patrimonial e a limitação de responsabilidade dos sócios.

No Brasil, Rubens Requião, na década de 60, já defendia a aplicação da teoria da desconsideração da personalidade jurídica, a despeito da ausência de previsão legislativa. Somente em 1990, todavia, a *disregard doctrine* teve regulamentação legal no Direito brasileiro, com a edição do **Código de Defesa do Consumidor** (Lei nº 8.078/90, art. 28). Posteriormente, a teoria da desconsideração foi disciplinada também na **Lei nº 8.884/94** (art. 18), na **Lei nº 9.605/98** (art. 4º) e no **CC de 2002** (art. 50).

O art. 50 do CC é hoje a regra geral sobre desconsideração da personalidade jurídica em nosso ordenamento. O dispositivo está assim redigido (redação dada pela Medida Provisória 881, de 30 de abril de 2019): *"em caso de abuso da personalidade jurídica, caracterizado pelo desvio de finalidade ou pela confusão patrimonial, pode o juiz, a requerimento da parte, ou do Ministério Público quando lhe couber intervir no processo, desconsiderá-la para que os efeitos de certas e determinadas relações de obrigações sejam estendidos aos bens particulares de administradores ou de sócios da pessoa jurídica beneficiados direta ou indiretamente pelo abuso"*.

Desconsideração da pessoa jurídica no CC	art. 50.
	Só cabe em caso de ABUSO da personalidade jurídica.
	O abuso é caracterizado de duas formas: (i) confusão patrimonial ou (ii) desvio de finalidade.
	Não pode ser decretada de ofício.

Segundo o dispositivo acima transcrito, vê-se que a aplicação da teoria só é permitida em caso de **abuso de personalidade jurídica**, o que demonstra o seu alinhamento aos ideais que originaram a *disregard doctrine*. Além disso, o CC previu que o abuso de personalidade pode ser caracterizado pelo **desvio de finalidade** ou pela **confusão patrimonial**, o que atesta a adoção de uma **concepção objetivista** da teoria.

Frise-se que **a Medida Provisória 881/2019 inseriu os §§ 1º e 2º ao art. 50 do CC, passando a conceituar o que se entende por desvio de finalidade e confusão patrimonial**. Com efeito, de acordo com o § 1º, entende-se por desvio de finalidade ***"a utilização dolosa da pessoa jurídica com o propósito de lesar credores e para a prática de atos ilícitos de qualquer natureza"***. Por outro lado, nos termos do § 2º, *"entende-se por confusão patrimonial* ***a ausência de separação de fato entre os patrimônios, caracterizada por:*** *I –* ***cumprimento repetitivo pela sociedade de obrigações do sócio ou do administrador ou vice-versa;*** *II –* ***transferência de ativos ou de passivos sem efetivas contraprestações, exceto o de valor proporcionalmente*** *insignificante; e III – **outros atos de descumprimento da autonomia patrimonial***". Também merece destaque o § 5º, acrescido ao art. 50 do CC pela MP 881/2019, que determina **não constituir desvio de finalidade "a mera expansão ou a alteração da finalidade original da atividade econômica específica da pessoa jurídica"**.

Por fim, os §§ 3º e 4, acrescidos ao art. 50 do CC pela MP 881/2019, preveem que "o disposto no *caput* e nos § 1º e § 2º também se aplica à extensão das obrigações de sócios ou de administradores à pessoa jurídica" e que "a mera existência de grupo econômico sem a presença dos requisitos de que trata o caput não autoriza a desconsideração da personalidade da pessoa jurídica."

Como o art. 50 do CC é, atualmente, a **regra matriz** acerca da *disregard doctrine* no direito brasileiro, é de aplicação obrigatória, portanto, a todos os casos de desconsideração da personalidade jurídica, com exceção dos referentes às **relações de consumo**, aos **crimes ambientais** e às **infrações à ordem econômica**, os quais, como visto, possuem disciplina normativa própria prevista em leis especiais.

Um ponto importante a ser destacado no estudo da teoria da desconsideração é o relativo aos seus **efeitos**. A desconsideração da personalidade jurídica, ao contrário do que se possa imaginar, **não acarreta o fim da pessoa jurídica**, ou seja, esta não será dissolvida nem liquidada. A desconsideração tem os seus efeitos **adstritos ao caso concreto em que foi requerida**, continuando a pessoa jurídica – ainda que "desconsiderada" naquele caso – a existir normalmente e a ter os efeitos da sua personalização respeitados em todas as demais relações jurídicas em que figurar. É por isso que se critica a expressão despersonalização da pessoa jurídica, usada por alguns autores. **A desconsideração implica, tão-somente, uma suspensão temporária dos efeitos da personalização num determinado caso específico, não estendendo seus efeitos para as demais relações jurídicas das quais a pessoa jurídica faça parte.**

Sobre a jurisprudência do STJ, importante mencionar que o tribunal admite a **desconsideração inversa da personalidade jurídica**, a qual se caracteriza pelo **afastamento da autônoma patrimonial da sociedade, para, contrariamente do que ocorre na desconsideração propriamente dita, atingir o ente coletivo e seu patrimônio social**, a partir de uma interpretação teleológica do art. 50 do CC (por exemplo, REsp 948.117-MS, REsp 1.236.916-RS). A desconsideração inversa aparece bastante em questões do direito de família, quando o sócio, causando confusão patrimonial entre os seus bens e o da pessoa jurídica, transfere valores ao ativo societário, com o intuito de excluí-los, por exemplo, da partilha do divórcio. O STJ também entende possível a desconsideração da personalidade jurídica de forma incidental em um processo já em trâmite, como em uma execução singular ou coletiva (por exemplo, REsp 1.326.201-RJ), além do que admite a desconsideração para que os efeitos da decisão de falência atinjam sociedades de um mesmo grupo econômico, o que alguns chamam de **desconsideração indireta** (REsp 1.229.579 – MG).

15.1 Aspectos processuais da desconsideração da personalidade jurídica

Desde a entrada em vigor do CDC a teoria da desconsideração da personalidade jurídica tem previsão normativa expressa em nosso ordenamento, havendo atualmente, inclusive, outras regras de **direito material** sobre o assunto, como o art. 50 do CC.

No entanto, **até a entrada em vigor do novo CPC não havia nenhuma regra procedimental sobre a teoria da desconsideração da personalidade jurídica**, de modo que seus aspectos processuais acabaram sendo construídos pela jurisprudência dos nossos tribunais, notadamente o STJ.

O novo CPC previu um incidente de desconsideração da personalidade jurídica em seus arts. 133 a 137, merecendo destaque o seguinte: (i) houve previsão expressa de que tal incidente se aplica tanto à desconsideração "normal" quanto à desconsideração "inversa"; (ii) permitiu-se a instauração do incidente não apenas em processos executivos (cumprimento de sentença ou execução de título extrajudicial), mas também em todas as fases do processo de conhecimento; (iii) determinou-se a suspensão do processo enquanto perdurar o incidente processual; (iv) permitiu-se o requerimento de desconsideração da personalidade jurídica na própria petição inicial, caso em que a instauração do incidente processual apartado será dispensada e, obviamente, não haverá suspensão alguma; (v) estabeleceu-se expressamente a necessidade de o sócio ou a pessoa jurídica serem citados, garantindo-se a eles o contraditório e a ampla defesa; e (vi) determinou-se que o incidente seja julgado por decisão interlocutória, contra a qual caberá agravo.

Direito societário	
Sociedades Simples	objeto social não é a exploração de uma atividade econômica organizada
Sociedades Empresárias	objeto social é a exploração de uma atividade econômica organizada
Sociedades Não personificadas	Sociedade em comum (art. 990 do CC)
	Sociedade em conta de participação (art. 991 do CC)
Sociedades Personificadas	Sociedade limitada (arts. 1.052, 1.053, 1.057, 1.058 e 1.085 do CC)
	Sociedade anônima (Lei nº 6.404/76)
	Sociedade em nome coletivo (art. 1.039 do CC)
	Sociedade em comandita simples (art. 1.045 do CC)
	Sociedade em comandita por ações (art. 1.091 do CC)

- **Art. 1.024 do CC** (princípio da autonomia patrimonial das pessoas jurídicas)
- **Art. 50 do CC** (teoria da desconsideração da personalidade jurídica)

Títulos de Crédito

1. INTRODUÇÃO AO DIREITO CAMBIÁRIO

Os títulos de crédito são, em síntese, **instrumentos de circulação de riqueza**, e a sua principal função é justamente permitir que essa circulação se dê de forma rápida e segura, o que, por sua vez, só se tornou possível porque durante anos se desenvolveu todo um conjunto de regras e princípios aplicáveis aos títulos de crédito: o **regime jurídico cambial** (Direito Cambiário). São essas regras e esses princípios que permitem a subsistência dos títulos de crédito e seu uso corriqueiro até os dias atuais.

2. A LEI UNIFORME DE GENEBRA E O CC DE 2002

Há bastante tempo a Lei Uniforme de Genebra (LUG) é o nosso **diploma geral sobre títulos de crédito**, ou seja, é na LUG que encontramos as regras gerais sobre aceite, pagamento, protesto, endosso, aval etc. Foram os Decretos nº 57.663/66 e nº 57.595/66 que promulgaram as Leis Uniformes das Cambiais e do Cheque, respectivamente, em nosso ordenamento jurídico.

Cabe ressaltar, todavia, que o CC de 2002, ignorando o fato de o Brasil ter uma legislação geral sobre títulos de crédito (a LUG), resolveu tratar sobre o tema nos **arts. 887 a 926**.

A primeira preocupação que logo tiveram os estudiosos do Direito Empresarial foi quanto à possibilidade de o CC alterar as regras tradicionais do nosso Direito Cambiário, previstas na LUG. Mas não se pode dizer que isso tenha ocorrido, uma vez que, **conforme entendimento unânime da doutrina, os chamados títulos de crédito típicos (letras de câmbio, notas promissórias, cheques e duplicatas, basicamente) continuam sendo regulados por suas próprias e vigentes leis, além de se submeteram à disciplina geral da LUG**. Isso porque o próprio código ressalvou, em seu **art. 903**, que para os títulos de crédito próprios ou típicos suas regras só se aplicam se não houver disposição diversa na legislação específica.

De fato, o CC, no seu art. 903, reforçando a disposição constante do art. 887, estabelece que "salvo disposição diversa em lei especial, regem-se os títulos de crédito pelo disposto neste Código".

As disposições do novo CC, portanto, em princípio não se aplicam aos títulos de crédito próprios/típicos, que possuem legislação especial. É o caso da duplicata, da letra de câmbio, da nota promissória e do cheque. O CC funciona, pois, na parte relativa aos títulos de crédito, como uma **teoria geral para os chamados títulos atípicos ou inominados, que não possuam lei específica.**

Legislação aplicável aos títulos de crédito	
Títulos nominados	**Títulos inominados**
Leis específicas e LUG	CC

3. CONCEITO DE TÍTULOS DE CRÉDITO, CARACTERÍSTICAS E PRINCÍPIOS INFORMADORES

O conceito de título de crédito unanimemente aceito pelos doutrinadores é o dado por **Cesare Vivante**. O grande jurista italiano definiu título de crédito como o **documento necessário ao exercício do direito, literal e autônomo, nele mencionado**. Tal conceito **foi adotado pelo CC**, que em seu art. 887 dispõe que *"o título de crédito, documento necessário ao exercício do direito literal e autônomo nele contido, somente produz efeito quando preencha os requisitos da lei"*.

O conceito de Vivante é o ideal porque nos remete, por intermédio das expressões "necessário", "literal" e "autônomo", aos três **princípios informadores do regime jurídico cambial**: a) **cartularidade**; b) **literalidade**; c) **autonomia.**

3.1. Princípio da cartularidade

Quando se afirma que o título de crédito é o documento necessário ao exercício do direito nele mencionado, há uma referência clara ao *princípio da cartularidade*, segundo o qual se entende que **o exercício de qualquer direito representado no título pressupõe a sua posse legítima**. O titular do crédito representado no título deve estar de posse do título (ou seja, da cártula), que se torna, pois, imprescindível para a comprovação da própria existência do crédito e da sua consequente exigibilidade.

Também se costuma utilizar, com o mesmo sentido de cartularidade, a expressão **princípio da incorporação**, segundo o qual **o direito de crédito materializa-se no próprio documento, não existindo o direito sem o respectivo título.**

A incorporação, pois, representa a relação direta que se opera entre o documento e o direito de crédito, não existindo este sem aquele.

Em obediência ao princípio da cartularidade, (i) **a posse do título pelo devedor presume o pagamento do título**, (ii) **só é possível protestar o título apresentando-o**, (iii) **só é possível executar o título apresentando-o, não suprindo a sua ausência nem mesmo a apresentação de cópia autenticada**.

É preciso destacar, todavia, que o princípio da cartularidade ou incorporação, hodiernamente, vem sendo posto em xeque, em virtude do crescente desenvolvimento tecnológico e da consequente criação de **títulos de crédito magnéticos**, ou seja, que não se materializam numa cártula.

O próprio CC estabeleceu expressamente em seu art. 889, § 3º, que *"o título poderá ser emitido a partir dos caracteres criados em computador ou meio técnico equivalente e que constem da escrituração do emitente, observados os requisitos mínimos previstos neste artigo"*.

Aliás, diante de tal desenvolvimento tecnológico, foi editada, recentemente, a Lei nº 13.775, de 20 de dezembro de 2018, que regulamenta a **duplicata sob a forma escritural**, também chamada de **duplicata virtual**.

A doutrina tem se referido a esse processo como a ***desmaterialização dos títulos de crédito***, que acaba por contestar, de certa forma, o princípio da cartularidade, dada a proliferação dos títulos em meio magnético, sem que os mesmos sejam, enfim, materializados num documento em meio físico.

3.2. Princípio da literalidade

Quando se diz que o título de crédito é o documento necessário ao exercício do direito literal nele representado, faz-se referência expressa ao *princípio da literalidade*, segundo o qual **o título de crédito vale pelo que nele está escrito**. Nem mais, nem menos. Em outros termos, nas relações cambiais somente os atos que são devidamente lançados no próprio título produzem efeitos jurídicos perante o seu legítimo portador.

A literalidade, em síntese, **é o princípio que assegura às partes da relação cambial a exata correspondência entre o teor do título e o direito que ele representa**. Por um lado, o credor pode exigir tudo o que está expresso na cártula, não devendo se contentar com menos. Por outro lado, o devedor também tem o direito de só pagar o que está expresso no título, não admitindo que lhe seja exigido nada mais.

Perceba-se a importância do princípio da literalidade para que os títulos de crédito cumpram de forma segura a sua função precípua de circulação do crédito: como a pessoa que recebe o título tem a certeza de que a partir de sua simples leitura ficará ciente de toda a extensão do crédito que está recebendo, sente-se segura a realizar a operação.

Assim, uma **quitação parcial**, por exemplo, **deve ser feita no próprio título**, porque, caso contrário, poderá ser contestada. O mesmo ocorre, também, com o **aval** e com o **endosso**. Um aval tem que ser feito no próprio título, sob pena de não produzir efeito de aval. O endosso, da mesma forma, tem de ser feito no próprio título, sob pena de não valer como endosso.

3.3. Princípio da autonomia

O terceiro e mais importante princípio relacionado aos títulos de créditos, considerado a pedra angular de todo o regime jurídico cambial, é o *princípio da autonomia*. Por esse princípio, entende-se que **o título de crédito configura documento constitutivo de direito novo, autônomo, originário e completamente desvinculado da relação que lhe deu origem**. Assim, as **relações jurídicas representadas num determinado título de crédito são autônomas e independentes entre si, razão pela qual o vício que atinge uma delas, por exemplo, não contamina a(s) outra(s)**. Melhor dizendo: o legítimo portador do título pode exercer seu direito de crédito sem depender das demais relações que o antecederam, estando completamente imune aos vícios ou defeitos que eventualmente as acometeram.

Como bem ensinou o próprio Cesare Vivante, o direito representado num título de crédito é autônomo porque a sua posse legítima caracteriza a existência de um direito próprio, não limitado nem destrutível por relações anteriores.

Pode-se entender, agora, por que afirmamos que o princípio da autonomia é o mais importante princípio do regime jurídico cambial. Não fosse ele, não haveria segurança nas relações cambiais, e os títulos perderiam suas principais características: a **negociabilidade** e a **circulabilidade**. Afinal, ninguém se sentiria seguro ao receber um título de crédito como pagamento, via endosso, haja vista a possibilidade de ser surpreso pela alegação de um vício anterior, do qual sequer tinha conhecimento. Em decorrência do princípio da autonomia, portanto, a pessoa que recebe um título de crédito numa negociação não precisa se preocupar em investigar a sua origem nem as relações que eventualmente o antecederam, uma vez que ainda que tais relações existam e estejam viciadas, elas não contaminam as relações futuras decorrentes da circulação desse mesmo título.

Tamanha é a sua relevância para o regime jurídico cambial que, decorrentes do princípio da autonomia, há dois outros importantes princípios – ou subprincípios, como preferem alguns autores, uma vez que não trazem nenhuma ideia nova em relação à autonomia, mas apenas outra forma de se encarar este princípio.

Trata-se dos subprincípios da **abstração** e da **inoponibilidade das exceções pessoais ao terceiro de boa-fé**.

Segundo o subprincípio da *abstração*, entende-se que **quando o título circula, ele se desvincula da relação que lhe deu origem**. Assim, quando alguém endossa o título para outrem, fazendo-o circular, tal título se desvincula da operação que lhe deu origem – a compra e venda de um bem, por exemplo. A abstração significa, portanto, a completa desvinculação do título em relação à causa que originou sua emissão.

O princípio da *inoponibilidade das exceções pessoais* ao terceiro de boa-fé, por sua vez, nada mais é do que a **manifestação processual do princípio da autonomia**. Assim, se o devedor principal de um título de crédito, procurado pelo legítimo portador (um terceiro de boa-fé, que recebeu esse título via endosso), não pagar a dívida constante do título, poderá ser executado. Ao apresentar sua defesa, não poderá opor o vício existente na relação originária. Com efeito, **os vícios relativos à relação que originou o título não são oponíveis contra o terceiro de boa-fé que recebeu o título legitimamente**, porque o portador do título não pode ser atingido por defesas relativas a negócio do qual ele não participou.

A inoponibilidade das exceções pessoais ao terceiro de boa-fé está assegurada pelo **art. 17 da Lei Uniforme**, segundo o qual *"as pessoas acionadas em virtude de uma letra não podem opor ao portador exceções fundadas sobre as relações pessoais delas com o sacador ou com os portadores anteriores, a menos que o portador ao adquirir a letra tenha procedido conscientemente em detrimento do devedor"*. No mesmo sentido, dispõe o art. 916 do CC que *"as exceções fundadas em relação de devedor com os portadores precedentes, somente poderão ser por ele opostas ao portador, se este, ao adquirir o título tiver agido de má-fé"*.

Princípios do Regime Jurídico Cambial		
Cartularidade	**Literalidade**	**Autonomia**
O crédito só pode ser exigido por quem está na posse legítima do título	O título só vale pelo que nele está escrito	O direito de crédito é desvinculado da relação que lhe deu origem

4. CLASSIFICAÇÃO DOS TÍTULOS DE CRÉDITO

Costuma-se classificar os títulos de créditos por meio de diversos critérios. Passaremos, a partir de agora, a abordar os principais critérios classificatórios utilizados pela doutrina.

Sendo a negociabilidade e a circulabilidade as principais características dos títulos de crédito, conforme já apontamos, a classificação deles *quanto à forma de transferência* merece destaque. Segundo esse critério, o título pode ser: a) **ao portador**; b) **nominal à ordem**; c) **nominal não à ordem**; e d) **nominativo**.

Título ao portador **é aquele que circula pela mera tradição (art. 904 do CC), uma vez que neles a identificação do credor não é feita de forma expressa.** Sendo assim, qualquer pessoa que esteja com a simples posse título é considerada titular do crédito nele mencionado. A **simples transferência do documento (cártula)**, portanto, opera a transferência da titularidade do crédito. Os títulos ao portador, de uma maneira geral, foram proibidos no Brasil por força de determinação legal expressa da Lei nº 8.021/90, numa tentativa de combate à sonegação fiscal. O CC, todavia, disciplinou os títulos ao portador em seus arts. 904 a 909. Mas o próprio legislador do código ressalvou a excepcionalidade do título ao portador, dispondo no art. 907 que "é nulo o título ao portador emitido sem autorização de lei especial".

Título nominal, por sua vez, **é aquele que identifica expressamente o seu titular, ou seja, o credor**. A transferência da titularidade do crédito, pois, não depende apenas da mera entrega do documento (cártula) a outra pessoa: é preciso, além disso, praticar um ato formal que opere a transferência da titularidade do crédito. Nos títulos nominais à ordem, esse ato formal é o **endosso**, típico do regime jurídico-cambial (art. 910 do CC). Já nos títulos nominais não à ordem esse ato formal é a cessão civil de crédito, a qual, como o próprio nome já indica, submete-se ao regime jurídico civil.

Por fim, os *títulos nominativos*, segundo o art. 921 do CC, **são aqueles emitidos em favor de pessoa determinada, cujo nome consta de registro específico mantido pelo emitente do título**. Nesse caso, portanto, a transferência só se opera validamente por meio de **termo no referido registro**, o qual deve ser assinado pelo emitente e pelo adquirente do título (art. 922 do CC).

> **Atenção!**
>
> Em regra, os títulos de crédito próprios/típicos – letra de câmbio, nota promissória, cheque e duplicata – são títulos nominais à ordem, ou seja, devem ser emitidos com indicação expressa do beneficiário do crédito e podem circular via endosso. O único caso de título ao portador, quanto a estes títulos próprios, é o do cheque até o limite de R$ 100,00 (cem reais), conforme veremos adiante.

Os títulos também podem ser classificados *conforme o modelo*. Segundo esse critério classificatório, os títulos de crédito podem ser **livres** ou **vinculados**.

Título de modelo livre **é aquele para o qual a lei não estabelece uma padronização obrigatória, ou seja, a sua emissão não se sujeita a uma forma específica**

pré-estabelecida. É o que ocorre, por exemplo, com a letra de câmbio e com a nota promissória, títulos de crédito que podem ser criados em uma simples folha de papel, bastando para tanto que nela constem os requisitos essenciais desses títulos.

Já o *título de modelo vinculado*, ao contrário, **se submete a uma rígida padronização fixada pela legislação cambiária específica, só produzindo efeitos legais quando preenchidas as formalidades legais exigidas**. É o que ocorre com o cheque e com a duplicata. Esta, por exemplo, em obediência ao disposto no art. 27 da Lei das Duplicatas (Lei nº 5.474/68), deve ser emitida segundo as normas fixadas pelo Conselho Monetário Nacional.

Há ainda outro critério de classificação dos títulos, que os distingue *conforme a sua estrutura*. Segundo esse critério classificatório, os títulos de crédito podem ser uma **ordem de pagamento** ou uma **promessa de pagamento**.

Os *títulos que se estruturam como ordem de pagamento* – **letra de câmbio, cheque e duplicata** – se caracterizam por estabelecerem **três situações jurídicas distintas** a partir da sua emissão: em primeiro lugar, tem-se a figura do **sacador**, que emite o título, ou seja, ordena o pagamento; em segundo lugar, tem-se a situação do **sacado**, contra quem o título é emitido, ou seja, trata-se da pessoa que recebe a ordem de pagamento; por fim, tem-se a figura do **tomador**, em favor de quem o título é emitido, isto é, pessoa a quem o sacado deve pagar, em obediência à ordem que lhe foi endereçada pelo sacador.

No cheque, por exemplo, que se estrutura como uma ordem de pagamento, como dito acima, podem-se ser facilmente identificadas as figuras do sacador (correntista que emite o cheque), do sacado (instituição financeira que cumprirá a ordem de pagamento que lhe foi dada) e do tomador (terceiro que recebe o cheque como forma de pagamento e que irá descontá-lo).

Por outro lado, nos *títulos que se estruturam como promessa de pagamento* – **nota promissória** – existem apenas **duas situações jurídicas distintas**: de um lado tem-se a figura do **sacador ou promitente**, que promete pagar determinada quantia; de outro, tem-se a situação do **tomador**, beneficiário da promessa que receberá o valor prometido.

Por fim, os títulos de crédito também podem ser classificados *quanto à hipótese de emissão*. Segundo esse derradeiro critério classificatório, podem ser **causais** ou **abstratos**.

Título causal **é aquele que somente pode ser emitido nas restritas hipóteses em que a lei autoriza a sua emissão**. É o caso, por exemplo, da **duplicata**, que só pode ser emitida, como será visto com mais detalhes adiante, para documentar a realização de uma **compra e venda mercantil** (duplicata mercantil) ou um **contrato de prestação de serviços** (duplicata de serviços).

Título abstrato, por sua vez, **é aquele cuja emissão não está condicionada a nenhuma causa pré-estabelecida em lei**. Em síntese: podem ser emitidos em qualquer hipótese. É o caso, por exemplo, do **cheque**, que pode ser emitido para documentar qualquer relação negocial.

Nesse ponto, é preciso fazer uma observação importantíssima: **não se deve confundir a abstração como subprincípio do regime jurídico-cambial com a abstração ora analisada**. Aquela, como visto, é um predicado de qualquer título de crédito, já que todos eles podem circular e, consequentemente, se desprender da relação que lhes deu origem. Esta significa tão-somente um atributo que alguns títulos ostentam, qual seja, o de não ter sua emissão submetida a causas pré-estabelecidas na legislação.

<table>
<tr><th colspan="7">Classificações dos Títulos de Crédito</th></tr>
<tr><td>Ao portador
(transmite-se pela mera tradição)</td><td>X</td><td>Nominal ordem
(transmite-se por endosso)</td><td>X</td><td>Nominal não à ordem
(transmite-se por cessão civil de crédito)</td><td>X</td><td>Nominativo
(transmite-se por registro)</td></tr>
<tr><td colspan="3">Modelo livre
(não possui forma específica)</td><td>X</td><td colspan="3">Modelo vinculado
(possui forma específica)</td></tr>
<tr><td colspan="3">Ordem de pagamento
(o sacador manda o sacado pagar ao tomador)</td><td>X</td><td colspan="3">Promessa de pagamento
(o sacador promete pagar ao tomador)</td></tr>
<tr><td colspan="3">Causal
(só pode ser emitido nas causas previstas em lei)</td><td>X</td><td colspan="3">Abstrato
(pode ser emitido em qualquer situação)</td></tr>
</table>

5. LETRA DE CÂMBIO

A letra de câmbio é título de crédito que estrutura como **ordem de pagamento**, razão pela qual, ao ser emitida, dá origem a **três situações jurídicas distintas**: a) a do **sacador**, que emite a ordem; b) a do **sacado**, a quem a ordem é destinada; c) a do **tomador**, que é o beneficiário da ordem.

Essas três situações jurídicas distintas a que nos referimos acima **não precisam, necessariamente, estar ocupadas por três pessoas diferentes**. De fato, a Lei Uniforme admite, em seu art. 3º, que a letra seja sacada (i) à ordem do próprio sacador, (ii) sobre o próprio sacador ou (iii) por ordem e conta de terceiro. No primeiro caso, o sacador e o tomador são a mesma pessoa, ou seja, a letra foi por alguém em seu próprio benefício. No segundo caso, o sacador e o sacado é que são a mesma pessoa, ou seja, a letra é emitida pelo sacado contra ele mesmo. Já no terceiro caso, ocorre a situação usual, em que as três situações jurídicas são ocupadas por sujeitos de direito também distintos, ou seja, uma pessoa (sacador) ordena que alguém (sacado) pague a outrem (tomador).

Em tese, a letra de câmbio deve ser emitida preenchendo os seus **requisitos essenciais**, estabelecidos na legislação (arts. 1º e 2º da Lei Uniforme): a) a expressão letra de câmbio (cláusula cambiária); b) uma ordem incondicional para pagamento de quantia determinada; c) o nome do sacado; d) o nome do tomador; e) a assinatura do sacador; f) a data do saque; g) o lugar do pagamento ou a menção de um lugar junto ao nome do sacado; h) o lugar do saque ou a menção de um lugar junto ao nome do sacador.

Destaque-se, todavia, que **a jurisprudência admite a emissão da letra de câmbio – e de qualquer outro título de crédito – em branco ou incompleta**. Esse entendimento, aliás, está consolidado na **súmula nº 387 do STF**, segundo o qual *"a cambial emitida ou aceita com omissões ou em branco, pode ser completada pelo credor de boa-fé antes da cobrança ou do protesto"*. No mesmo sentido, dispõe o CC, em seu art. 891, que *"o título de crédito, incompleto ao tempo da emissão, deve ser preenchido de conformidade com os ajustes realizados"*.

Veja-se que dentre os requisitos essenciais acima analisados **não** se encontra a indicação da época do pagamento do título, cuja ausência, portanto, **não** invalida a letra, que nesse caso será considerada **à vista** (art. 2º da Lei Uniforme).

Emitida a letra de câmbio, ela será entregue ao tomador, o qual, por sua vez, a levará ao sacado, para que este a aceite (art. 25 da Lei Uniforme), o que deve ser feito no próprio título, por meio da expressão "aceito" ou "aceitamos", seguida da assinatura do sacado ou de procurador com poderes especiais para tanto (art. 11 do Decreto nº 2.044/08). Se a letra foi emitida contra mais de um sacado, o tomador deve apresentá-la, inicialmente, **ao primeiro nomeado no título, e depois sucessivamente**.

Em princípio, perceba-se que o sacado não tem obrigação cambial alguma, uma vez que ele não é obrigado a cumprir a ordem de pagamento emitida pelo sacador contra a sua vontade. O aceite, portanto, é **o ato por meio do qual o sacado assume obrigação cambial e se torna o devedor principal da letra** (aceitante).

O aceite, na letra de câmbio, é facultativo, porém irretratável. Sendo o aceite uma faculdade do sacado, ele pode simplesmente recusá-lo, sem precisar dar qualquer justificativa para tanto. É preciso ressaltar, todavia, que a recusa do aceite produzirá efeitos relevantes para o sacador e para o tomador, uma vez que ocorrerá o vencimento antecipado do título, podendo o tomador exigir do sacador – codevedor da letra, como visto – o seu pronto pagamento (REsp 511.387-GO, Rel. Min. Nancy Andrighi, julgado em 21/6/2005 – Informativo nº 252/2005).

Cumpre esclarecer, ainda, que **o sacado pode aceitar a letra parcialmente**, situação em que haverá, consequentemente, uma recusa parcial. Há duas espécies de aceite parcial: a) **aceite limitativo**, por meio do qual o sacado aceita apenas parte do valor do título; b) **aceite modificativo**, por meio do qual o sacado altera alguma condição de pagamento do título, como, por exemplo, o seu vencimento. Nesses casos, também ocorrerá o vencimento antecipado do título, podendo o tomador cobrar a totalidade do crédito contra o sacador. A única diferença entre a recusa total e a recusa parcial, pois, relaciona-se à posição assumida pelo sacado. No primeiro caso, ele não assume obrigação cambial nenhuma. No segundo caso, porém, ele se vincula ao pagamento do título nos termos do seu aceite (art. 26 da Lei Uniforme).

Vê-se, portanto, que ao emitir uma letra de câmbio o sacador corre o risco de ter de honrá-la mesmo antes do seu vencimento, o que ocorre quando o sacado não aceita a letra, total ou parcialmente. Mas há uma forma específica de o sacador se prevenir quanto ao vencimento antecipado da letra: colocando no título a **cláusula não aceitável** (art. 22 da Lei Uniforme), que impõe ao tomador a obrigação de só procurar o sacado para o aceite na data do vencimento. Se resolver procurar antes, em desatendimento à referida cláusula, não será possível ao sacado recusar o aceite e, portanto, não haverá o vencimento antecipado do título. O máximo que poderá acontecer é o tomador procurar o sacado na data do vencimento. Nesse caso, se o sacado se recusar a fazer o aceite, não ocorrerá o vencimento antecipado da letra, uma vez que aquele dia já é a data de vencimento do título. Assim, garante o sacador que não será surpreendido com o vencimento antecipado do título.

Emitida a letra e realizado o aceite pelo sacado, o título se torna exigível a partir do seu vencimento, podendo-se distinguir, quanto a esse fato, quatro espécies de letras de câmbio: a) letra com dia certo; b) letra à vista; c) letra a certo termo da vista; e d) letra a certo termo da data.

A **letra com dia certo** é a que vence em data pré-estabelecida pelo sacador, logicamente posterior à data do saque. Assim, no momento da emissão é fixada uma data certa, mencionada no título, em que a letra irá vencer. A **letra à vista**, por sua vez, é aquela que tem seu vencimento no dia da apresentação do título ao sacado. Não há a prefixação de uma data específica, portanto. Já a **letra a certo termo da vista** é a que vence após um determinado prazo, estipulado pelo sacador quando de sua emissão, que começa a correr a partir da vista (aceite) do título. Pode-se prever, pois, que a letra vence dois meses após o aceite. Por fim, a **letra a certo termo da data** também vence após um determinado prazo estipulado pelo sacador, mas que começa a correr não a partir do aceite, mas a partir da própria emissão (saque) do título.

Destaque-se que, uma vez apresentada a letra para aceite, o sacado deve devolvê-la de imediato (art. 24 da Lei Uniforme), não podendo retê-la, sob pena, inclusive, de responsabilização penal pelo crime de **apropriação indébita** (art. 168 do Código Penal). Pode o sacado, todavia, requerer ao tomador que a letra lhe seja apresentada novamente no dia seguinte ao da primeira apresentação, ou seja, 24 horas depois. Trata-se do chamado "**prazo de respiro**".

Aceita a letra, cabe ao tomador aguardar a data do seu vencimento. Vencida a letra, ela se torna, como mencionamos anteriormente, exigível. A letra então deve ser apresentada ao aceitante para pagamento, que deve ser realizado, em princípio, por ele próprio, que é o seu devedor principal.

Letra de câmbio	Título abstrato
	Ordem de pagamento
	Aceite facultativo

6. NOTA PROMISSÓRIA

Já destacamos, quando do estudo das classificações dos títulos de crédito, que a nota promissória se estrutura como uma **promessa de pagamento**, razão pela qual sua emissão dá origem a duas situações jurídicas distintas: a do **sacador ou promitente** (chamado na Lei Uniforme de subscritor), que emite a nota e promete pagar determinada quantia a alguém; e a do **tomador**, em favor de quem a nota é emitida e que receberá a importância prometida.

Da mesma forma que ocorre com a letra de câmbio, a nota promissória deve atender aos **requisitos essenciais** previstos em lei para que valha como título de crédito. São eles (art. 75 da lei Uniforme): a) a expressão nota promissória (cláusula cambiária); b) uma promessa incondicional de pagamento de quantia determinada; c) o nome do tomador; d) a data do saque; e) a assinatura do subscritor; f) o lugar do saque ou a menção de um lugar junto ao nome do subscritor.

Aproveitando algumas observações que já fizemos quando do estudo da letra de câmbio, pode-se dizer que: (i) a nota pode ser emitida em branco ou incompleta (súmula 387 do STF); (ii) a nota promissória, por ser título de crédito, possui implícita a cláusula à ordem, podendo vir expressa, todavia, a cláusula não à ordem; (iii) a identificação do devedor principal – que na nota é o subscritor – deve ser feita com a menção ao número de sua carteira de identidade, do seu CPF, do seu título de eleitor ou de sua carteira profissional (CTPS); (iv) a exigência de identificação do tomador impede, pelo menos em tese, a emissão de nota promissória ao portador; (v) a promessa de pagamento deve ser incondicional, não se admitindo a sujeição a qualquer condição suspensiva ou resolutiva; e (vi) a ausência de menção à época do pagamento faz com que a nota seja considerada à vista.

Pode-se perceber, pois, que o regime jurídico a que se submete a nota promissória é o mesmo aplicável às letras de câmbio, que está estabelecido, como visto, na **Lei Uniforme de Genebra**, incorporada ao ordenamento jurídico brasileiro pelo Decreto nº 57.663/66.

No entanto, algumas observações relevantes precisam ser feitas, para que se compreenda bem a afirmação feita no parágrafo supra.

Em primeiro lugar, a letra de câmbio é uma ordem de pagamento, enquanto a nota promissória é uma promessa de pagamento. Sendo assim, são inaplicáveis às notas promissórias as regras sobre aceite (cláusula não aceitável, prazo de respiro, vencimento antecipado por recusa do aceite, entre outras). Por essa razão, pode-se pensar que a nota promissória poderia ser sacada com dia certo, à vista e a certo termo da data, mas não poderia ser sacada a certo termo da vista, justamente por não depender de aceite.

Ocorre que a própria Lei Uniforme **admite**, em seu art. 78, a emissão de nota promissória a certo termo da vista, caso que o título deve ser levado ao visto do subscritor, no prazo de um ano a contar do saque da nota. Após o visto do subscritor, começa então a correr um certo prazo, já estipulado desde a emissão, após o qual considera-se vencido o título.

Registre-se ainda que na letra de câmbio o devedor principal é o sacado, enquanto na nota promissória o devedor principal é o próprio sacador ou subscritor. Portanto, a Lei Uniforme determina, também no seu art. 78, que "o subscritor de uma nota promissória é responsável da mesma forma que o aceitante de uma letra". As regras aplicáveis ao aceitante da letra, pois, devem ser aplicadas ao subscritor da nota. Exemplificando, pode-se dizer que o prazo de prescrição da nota em relação ao subscritor da nota é igual ao da letra em relação ao aceitante (três anos, contados do vencimento, conforme disposto no art. 70 da Lei Uniforme).

Finalmente, vale a pena mencionar alguns entendimentos importantes do STJ sobre o tema. Semelhante ao que ocorre com o cheque prescrito, **a jurisprudência do tribunal tem aceitado a propositura de ação monitória para a nota promissória prescrita, portanto sem força executiva**. Sobre o assunto, o STJ editou o **enunciado n° 504** no seguinte sentido: "o prazo para ajuizamento de ação monitória em face do emitente de nota promissória sem força executiva é quinquenal, a contar do dia seguinte do vencimento do título". Ainda, para o STJ, nos termos do **enunciado n° 258**, "a nota promissória vinculada a contrato de abertura de crédito não goza de autonomia em razão da iliquidez do título que a originou".

Nota promissória	título abstrato
	promessa de pagamento
	não possui aceite

7. CHEQUE

O cheque é **ordem de pagamento à vista emitida contra um banco** em razão de fundos que a pessoa (emitente) tem naquela instituição financeira. É, como visto, um título de modelo **vinculado**, uma vez que só é cheque aquele documento emitido pelo banco, em talonário específico, com uma numeração própria, seguindo os padrões fixados pelo **Banco central**.

Parte da doutrina mais antiga chega a negar ao cheque a qualificação de título de crédito próprio, mas se trata de entendimento minoritário. Ademais, no Brasil o cheque atualmente é regido por lei específica que cuida, de forma detalhada, do regime jurídico a ele aplicável: trata-se da **Lei nº 7.357/85**.

Logo em seu art. 1º, a Lei do Cheque estabelece os **requisitos essenciais** desse título de crédito, determinando que ele deve conter: a) a expressão cheque (cláusula cambiária); b) uma ordem incondicional de pagamento de quantia determinada; c) o nome da instituição financeira contra quem foi emitido (sacado); d) a data do saque; e) o lugar do saque ou a menção de um lugar junto ao nome do emitente; f) a assinatura do próprio emitente (também chamado de sacador).

A ordem de pagamento constante do cheque deve indicar de forma precisa o valor a ser pago pelo sacado ao tomador, indicação essa que será feita em algarismos e também por extenso. Havendo divergência, prevalece o valor mencionado por **extenso** (art. 12 da Lei do Cheque).

Sendo o cheque uma ordem de pagamento à vista, a **data do saque deveria ser sempre aquela em que o título está sendo efetivamente emitido**. No entanto, todos sabemos que já se consolidou no mercado a utilização do chamado **cheque "pré-datado"**, no qual o emitente indica data posterior à sua emissão para pagamento do título. A jurisprudência entende que nesse caso há um acordo entre as partes, e que *"caracteriza dando moral a apresentação antecipada de cheque pré-datado"* (Súmula nº 370 do STJ).

Outra indicação importante constante do cheque deve ser o **local de sua emissão**, que deve corresponder, exatamente, ao **local onde o emitente se encontra no momento do seu preenchimento**. A correção dessa informação é deveras importante, uma vez que ela irá determinar, como veremos a seguir, a duração do prazo de apresentação do título ao banco sacado. Mais uma vez é preciso destacar, todavia, que na praxe comercial não se costuma seguir à risca a regra em comento: as pessoas se acostumam a escrever no cheque sempre o local de sua agência bancária, ainda que estejam emitindo o cheque em outra cidade ou estado. Nesse caso, prevalece o que está escrito, ou seja, o cheque considera-se emitido no local indicado no título.

Por fim, é de fundamental importância a assinatura do emitente, que será conferida pelo estabelecimento bancário sacado antes de efetuar o seu pagamento.

Destaque-se também que o cheque, como título de crédito, **possui implícita**, como já destacamos quando do estudo da letra de câmbio e da nota promissória, a **cláusula à ordem**, o que admite a sua circulação via **endosso**.

Nada impede, entretanto, que o emitente do cheque faça dele constar, expressamente, a cláusula não à ordem, situação em que o título não poderá circular por meio de endosso, sendo plenamente possível, porém, que circule via cessão civil de crédito. Nessa hipótese, frise-se, a circulação não se submete às regras do regime cambial, mas aos ditames próprios do **regime civil** (vide arts. 21 e 25 da Lei do Cheque), destacando-se, pois, a ausência de imunidade do cessionário, ainda que seja este um terceiro de boa-fé, às exceções pessoais que o emitente venha a suscitar.

A legislação especial cuida de algumas modalidades específicas de cheque. Há, por exemplo, o **cheque cruzado** (arts. 44 e 45 da Lei do Cheque), muito utilizado na praxe comercial. O cruzamento consiste na aposição de dois traços transversais e paralelos no anverso do título, e tem por objetivo conferir segurança à liquidação de cheques ao portador. Isso porque ao ser feito o cruzamento o cheque só pode ser pago a um banco ou a um cliente do banco, mediante crédito em conta, o que evita, consequentemente, o seu desconto na boca do caixa.

Destaque-se que o cruzamento pode ser feito **em branco** ou **em preto**. No primeiro caso – também chamado de **cruzamento geral** – apenas são apostos os dois traços no título, podendo-se ainda mencionar a expressão "banco" entre os traços. No segundo caso – também chamado de **cruzamento especial** – além da aposição dos traços, é mencionado um banco entre os traços referidos (colocando-se o seu nome ou o seu número junto ao Banco Central), o que faz com que o cheque só possa ser pago ao banco identificado ou a um cliente seu, mediante crédito em conta corrente.

Outra modalidade de cheque disciplinada pela lei é o **cheque visado** (art. 7º da Lei do Cheque), aquele em que o banco confirma, mediante assinatura no verso do título, a existência de fundos suficientes para pagamento do valor mencionado. Segundo a lei, somente pode receber o visto do banco o cheque nominativo que ainda não tiver sido endossado.

Ao visar o cheque, o banco garante que o mesmo tem fundos e assegura o seu pagamento durante o prazo de apresentação. Com o visto, o banco se obriga a reservar a quantia constante do cheque durante o período de apresentação.

É preciso deixar claro que **o visto que o banco coloca no cheque não se confunde com um aceite, não implica a assunção de nenhuma obrigação cambial por parte do banco, nem exonera o emitente e eventuais codevedores (endossante, por exemplo) de responsabilidade pelo seu pagamento**.

A lei também menciona o **cheque administrativo** (art. 9º, inciso III, da Lei do Cheque), que é aquele emitido por um banco contra ele mesmo, para ser liquidado em uma de suas agências. O banco, portanto, é ao mesmo tempo emitente e sacado.

O cheque administrativo tem exercido uma importante função no mercado, a de **conferir segurança a operações com valores altos**: primeiro, porque dispensa o pagador de movimentar o alto valor em papel-moeda; segundo, porque o recebedor tem a certeza quase absoluta de que o título será honrado. Afinal, o cheque está sendo emitido por um banco, razão pela qual a chance de esse título não ser descontado por insuficiência de fundos é praticamente igual a zero.

Assim, alguém que vai realizar uma venda, por exemplo, em valor muito expressivo, pode exigir que o comprador pague a soma em cheque administrativo. Em tese, o correto, nesses casos, seria o uso do cheque visado, mas a praxe comercial, como dito, tem preferido o uso do cheque administrativo nessas situações. Destaque-se que **o cheque administrativo tem que ser necessariamente nominal**.

Por fim, trata a lei ainda do chamado **cheque para ser creditado em conta** (art. 46 da Lei do Cheque), aquele que o sacado não pode pagar em dinheiro, por expressa proibição colocada no anverso do título pelo próprio emitente, consistente na colocação da expressão "*para ser creditado em conta*" (como manda a lei) ou da menção ao número da conta do beneficiário entre os traços do cruzamento (como é feito na prática). Nesse caso, o banco sacado deve proceder ao pagamento do cheque por meio de lançamento contábil (crédito em conta, transferência ou compensação).

Ainda de acordo com a legislação checária, **o pagamento de determinado cheque pode ser "sustado" pelo seu emitente em dois casos**, previstos, respectivamente, nos arts. 35 (**revogação ou contraordem**) e 36 (**oposição**) da Lei do Cheque. Segundo o art. 35, "o emitente do cheque pagável no Brasil pode revogá-lo, mercê de contraordem dada por aviso epistolar, ou por via judicial ou extrajudicial, com as razões motivadoras do ato". Essa revogação ou contraordem, ressalte-se, só produz efeitos após expirado o prazo de apresentação (art. 35, parágrafo único).

Já o art. 36, por sua vez, prevê que "mesmo durante o prazo de apresentação, o emitente e o portador legitimado podem fazer sustar o pagamento, manifestando ao sacado, por escrito, oposição fundada em relevante razão de direito". Vale destacar que a própria Lei do Cheque, em seu art. 36, § 2º, determina que não cabe ao banco sacado analisar a relevância das razões invocadas pelo emitente para proceder à sustação do título. Por esse motivo, é totalmente descabida a exigência, feita pelos bancos na prática, de que o emitente apresente boletim de ocorrência policial.

No entanto, cabe ao eventual prejudicado, conforme o caso, responsabilizar o emitente se entender que houve abuso de direito por parte dele. Aliás, pode até mesmo requerer a sua responsabilização penal, pela prática de crime de **estelionato** (art. 171, § 2º, do Código Penal).

Perceba o leitor que já mencionamos diversas vezes a questão do prazo de apresentação do cheque. Fizemos isso quando destacamos que no cheque visado o banco assegura o seu pagamento durante esse prazo; quando tratamos da oposição do cheque, entre outras vezes.

Trata-se, enfim, do **prazo dentro do qual o emitente deve levar o cheque para pagamento junto à instituição financeira sacada** (art. 33 da Lei do Cheque).

O prazo de apresentação do cheque, ressalte-se, não se confunde com o seu prazo de prescrição. Na verdade, funciona, *grosso modo*, como o prazo de protesto nos demais títulos, uma vez que se destina, precipuamente, a assegurar o direito de execução contra os codevedores do título (art. 47, inciso II, da Lei do Cheque).

Se o *cheque for "da mesma praça"*, o prazo de apresentação é de **30 (trinta) dias**. Se, todavia, *for "de praças diferentes"*, o prazo de apresentação será de **60 (sessenta) dias**. Em ambos os casos, o prazo é contado da **data de emissão**.

O prazo de apresentação, como dito, serve para **marcar o período que se tem que observar para conservar o direito de executar os codevedores**. Assim, se o portador do cheque perde o prazo de apresentação, consequentemente perde o direito de executar os codevedores.

Há apenas um caso excepcional em que a perda do prazo de apresentação gera, inclusive, a perda do direito de executar o próprio emitente, e não apenas o codevedor. Trata-se da hipótese em que o emitente prova que tinha fundos suficientes durante o prazo de apresentação, mas deixou de tê-los por motivos **alheios** à sua vontade (art. 47, § 3º, da Lei do Cheque).

O transcurso do prazo de apresentação, enfim, **não impede** que o cheque seja levado ao banco sacado para ser descontado, uma vez que somente depois de transcorrido o prazo prescricional é que a instituição financeira não poderá mais receber nem processar o título, conforme disposto no art. 35, parágrafo único, da Lei do Cheque.

O cheque, como título de crédito que é, possui **executividade**, ou seja, é considerado pela legislação processual (art. 784, inciso I, do novo CPC) um **título executivo extrajudicial**. Não honrado seu pagamento pelo emitente, portanto, pode o portador da cártula de cheque promover **ação de execução** contra ele e contra os eventuais codevedores (endossante, avalistas).

O prazo prescricional dessa ação de execução do cheque é de 06 (seis) meses, contados após o término do prazo de apresentação (art. 59 da Lei do Cheque), o qual, como visto, é de 30 ou 60 dias, conforme a praça de emissão. Perceba-se que a lei é clara ao estabelecer que o início do prazo prescricional se dá a partir do término do prazo de apresentação, e não da sua efetiva apresentação ao banco sacado. Portanto, independentemente de quando o cheque foi apresentado ao banco sacado - pouco importa se dentro ou fora do prazo de 30 ou 60 dias, conforme a praça - o prazo de prescrição da sua ação de execução só começará a fluir após o término do prazo de apresentação.

Não é correto afirmar, pois, que o prazo prescricional do cheque é de 7 meses ou 8 meses, respectivamente, conforme seja de mesma praça ou de praças diferentes. Primeiro, porque prazo de apresentação e prazo de prescrição são coisas distintas, não podendo ser somados e transformados num único prazo; segundo, porque os prazos em dias se contam em dias, e os prazos em meses se contam meses. Assim, nem sempre a soma de 30 dias mais 6 meses será igual a 7 meses, por exemplo.

Por fim, ressalte-se que o cheque prescrito, é óbvio, não poderá mais ser **executado**. Não obstante, a Lei do Cheque ainda prevê, em seu art. 61, a possibilidade de propositura da chamada ***ação de enriquecimento ilícito*** (também chamada de *ação de locupletamento*) contra o emitente ou demais coobrigados.

Essa ação específica prevista na legislação checária prescreve em **dois anos**, contados a partir do **término do prazo prescricional**. Destaque-se que se trata de ***ação cambial***, ou seja, nela o cheque conserva suas características intrínsecas de título de crédito, como a autonomia e a consequentemente inoponibilidade das exceções pessoais ao terceiro de boa-fé. Segue, todavia, o rito ordinário de uma ação de conhecimento, uma vez que com a prescrição o cheque perdeu, como dito, a sua executividade.

Ultrapassado o referido prazo de prescrição da ação de locupletamento, o cheque ainda pode ser cobrado, desde que comprovado o seu não pagamento, mediante **ação de cobrança**, na qual caberá ao portador, todavia, provar a relação causal que originou o título (art. 62 da Lei do Cheque). Veja-se, pois, que não se trata mais de uma ação cambial, ou seja, aqui o portador do cheque não se beneficia mais dos predicados decorrentes dos princípios que informam o regime jurídico-cambial, como a autonomia da dívida checária em relação ao negócio que originou a sua emissão, da qual decorre, logicamente, a inoponibilidade das exceções pessoais ao terceiro de boa-fé. Nessa ação, portanto, o devedor do cheque poderá discutir a causa que o originou e opor quaisquer exceções contra o autor da demanda.

Finalmente, registre-se que a jurisprudência do STJ já consolidou entendimento no sentido de que **é plenamente cabível a propositura de ação monitória lastreada em cheque prescrito**. Aliás, isso é o que dispõe o enunciado nº 229 do referido tribunal: *"é admissível ação monitória fundada em cheque prescrito"*. Ainda sobre a ação monitória de cheque prescrito, o STJ recentemente estabeleceu no enunciado nº 503 o seguinte: "o prazo para ajuizamento da ação monitória em face do emitente de cheque sem força executiva é quinquenal, a contar do dia seguinte à data de emissão estampada na cártula", bem como decidiu em recurso repetitivo que "em ação monitória de cheque prescrito, ajuizada em face do emitente, é dispensável a menção ao negócio jurídico subjacente à emissão da cártula" (REsp 1.094.571-SP).

<table>
<tr><td rowspan="3">Cheque</td><td>título abstrato</td></tr>
<tr><td>ordem de pagamento, mas que não comporta aceite</td></tr>
<tr><td>vencimento à vista</td></tr>
</table>

8. DUPLICATA

A letra de câmbio é título praticamente inexistente na praxe mercantil, e isso se deve, sobretudo, em função da sua sistemática de aceite facultativo, que a torna um título extremamente dependente da honestidade e da boa-fé do devedor, algo que, no Brasil, infelizmente não é a regra. É por isso que a grande característica diferencial da duplicata, que a distingue essencialmente da letra de câmbio, é a sua sistemática de **aceite obrigatório**.

Atualmente a duplicata é regulada por legislação específica: trata-se da **Lei nº 5.474/68** e do **Decreto-lei nº 436/69**, que lhe fez algumas alterações. Ainda, mais recentemente, foi publicada a **Lei nº 13.775/2018**, que regula a **duplicata sob a forma escritural** (duplicata virtual).

Quando estudamos as classificações dos títulos de crédito, mencionamos que a duplicata é **título causal**, ou seja, só pode ser emitida para documentar determinadas relações jurídicas pré-estabelecidas pela sua lei de regência, quais sejam, (i) uma **compra e venda mercantil**, ou (ii) um **contrato de prestação de serviços**. Nenhum outro negócio jurídico, portanto, admite a emissão de duplicata. Na prática, a duplicata mais utilizada, com ampla folga, é a que representa uma compra e venda mercantil, chamada simplesmente de duplicata mercantil. **O Superior Tribunal de Justiça já decidiu, por exemplo, que é nula duplicata emitida em razão de contrato de *leasing*** (REsp 202.068-SP, Informativo nº 18/1999).

Além de ser um título causal, a duplicata é título de modelo **vinculado**, ou seja, só pode ser emitida com obediência rigorosa aos padrões de emissão fixados pelo **Conselho Monetário Nacional**. Além disso, deve conter os seguintes elementos (art. 2º da Lei das Duplicatas): a) a expressão duplicata (cláusula cambiária) e a cláusula à ordem, que autoriza, como visto, a sua circulação via endosso; b) data de emissão, coincidente com a data da fatura; c) os números da fatura e da duplicata; d) a data do vencimento, quando não for à vista; e) o nome e o domicílio do vendedor (sacador); f) o nome, o domicílio e o número de inscrição no cadastro de contribuintes do comprador (sacado); g) a importância a ser paga, por extenso e em algarismos; h) o local do pagamento; i) o local para o aceite do sacado; j) a assinatura do sacador. Por fim, diz o art. 2º da Lei nº 13.775/2018, que "a emissão de duplicata sob a forma escritural far-se-á mediante lançamento em sistema eletrônico de escrituração gerido por quaisquer das entidades que exerçam a atividade de escrituração de duplicatas escriturais."

Veja-se que o regime jurídico aplicável às duplicatas, ao contrário do que ocorre com as notas promissórias e as letras de câmbio, não admite a extração de duplicatas com vencimento a certo termo da vista nem a certo termo da data. **A duplicata, pois, só pode ser emitida com dia certo ou à vista**.

Pois bem. Emitida com obediência aos requisitos acima listados, deve a duplicata ser enviada ao sacado (comprador) para que ele a pague – quando se tratar de duplicata à vista – ou a aceite e devolva – se se tratar de duplicata a prazo.

Vê-se, pois, que a duplicata é título estruturado como **ordem de pagamento**. Ademais, conforme já adiantamos no início do presente tópico, **seu aceite é obrigatório**, ou seja, emitido o título, com base na fatura ou nota fiscal que documenta a venda, o devedor é obrigado a aceitá-la. E mais: **ainda que não assine o título, aceitando-o expressamente, assumirá a obrigação dele constante**.

É preciso ressalvar, no entanto, que **aceite obrigatório não significa, de modo algum, aceite irrecusável**. A obrigatoriedade do aceite da duplicata, portanto, não permite a afirmação de que o aceite jamais poderá ser recusado, significando apenas que para que haja recusa, é necessária a apresentação de justificativa plausível, tal como (i) o **não recebimento das mercadorias**, (ii) a **existência de vícios nos produtos recebidos**, (iii) a **entrega fora do prazo estipulado** etc. (art. 8º da Lei das Duplicatas).

Pois bem. Emitida a duplicata, ela deve então ser enviada para o devedor (comprador), para que este efetue o aceite e a devolva. Caso ele recuse o aceite, conforme já destacamos, terá que justificar tal ato (art. 8º da Lei das Duplicatas). Essa sistemática está disciplinada na Lei das Duplicatas (art. 6º).

Feita a remessa, cabe então ao devedor (comprador) aceitar a duplicata e devolvê-la, salvo, repita-se, se tiver razões plausíveis para recusar o aceite, caso em que deve fazê-lo de forma escrita e justificada. É o que prevê o art. 7º da Lei das Duplicatas.

Do que foi exposto, e considerando, sobretudo, o fato de que o aceite no regime da duplicata é obrigatório, vê-se então que o devedor (comprador) se obriga ao pagamento desse título independentemente de aceitá-lo expressamente. Daí porque se diz que o aceite, na duplicata, pode ser **expresso** (ordinário) ou **presumido** (por presunção).

O **aceite expresso**, como o próprio nome já indica, é aquele realizado no próprio título, no local indicado. Nesse caso, a duplicata se aperfeiçoa como título de crédito sem maiores formalidades.

Já o **aceite presumido**, por sua vez, ocorre quando o devedor (comprador) recebe, sem reclamação, as mercadorias adquiridas e enviadas pelo credor (vendedor). Nesse caso, ainda que a duplicata não seja aceita expressamente, o simples fato de o devedor ter recebido as mercadorias sem recusa formal já caracteriza o aceite do título, que se diz, portanto, presumido, provando-se pela mera demonstração do recebimento das mercadorias.

A grande diferença entre o aceite expresso e o aceite presumido se dá na **execução da duplicata**. Com efeito, a duplicata aceita expressamente, como é título de crédito perfeito e acabado, pode ser executada sem a exigência de maiores formalidades. Basta a apresentação do título. No entanto, a execução da duplicata aceita por presunção segue regra diferente. Além da apresentação do título, são necessários o protesto (mesmo que a execução se dirija contra o devedor principal) e o comprovante de entrega das mercadorias. Essa sistemática está prevista no art. 15 da Lei das Duplicatas.

O Superior Tribunal de Justiça é bastante rigoroso na análise da possibilidade de execução de duplicata sem aceite – ou seja, aceita por presunção. **Exige-se a prova inequívoca do recebimento das mercadorias ou da efetiva prestação dos serviços** (REsp 450.628-MG e REsp 68.735-AM).

Por outro lado, entende também o mesmo STJ que a duplicata sem aceite, caso não se consiga demonstrar inequivocamente a entrega das mercadorias, **pode embasar o ajuizamento de ação monitória** (REsp 204.894-MG, Informativo nº 85/2001).

No que se refere ao **protesto da duplicata**, destaque-se que este pode ser de três tipos: (i) **por falta de aceite**; (ii) **por falta de devolução**; (iii) **por falta de pagamento**. É o que prescreve o art. 13 da Lei das Duplicatas: "a duplicata é protestável por falta de aceite de devolução ou pagamento".

Uma regra importante sobre o protesto da duplicata está no art. 13, § 1º, da Lei das Duplicatas, que admite o chamado **protesto por indicações**: "por falta de aceite, de devolução ou de pagamento, o protesto será tirado, conforme o caso, mediante apresentação da duplicata, da triplicata, ou, ainda, por simples indicações do portador, na falta de devolução do título". Esse protesto por indicações é realizado quando há a retenção (não devolução) do título por parte do devedor (comprador). Nesse caso, como o credor (vendedor) não está na posse do título, deve então fornecer ao cartório as indicações deste, retiradas da fatura e do Livro de Registro de Duplicatas de que trata o art. 19 da lei.

Portanto, havendo a retenção da duplicata, o correto a ser feito é a realização do protesto por indicações. Com esse protesto, bem assim com a comprovação da entrega das mercadorias, poderá ser ajuizada a competente execução. Trata-se, pois, de uma importante **exceção ao princípio da cartularidade**, já que se está admitindo o protesto e a execução de um título sem que o credor esteja na posse desse título. O Superior Tribunal de Justiça decidiu recentemente que **não é admissível o protesto por indicações de meros boletos bancários**, sendo indispensável que tenha havido a emissão de duplicatas e a posterior retenção delas por parte do comprador (REsp 827.856-SC).

Não obstante seja a sistemática do protesto por indicações prevista na lei, não é o que ocorre na prática, algumas vezes. É comum, quando há retenção da duplicata, que o credor emita uma **triplicata**, enviando-a posteriormente a protesto para executá-la na sequência. Em tese, não é o procedimento correto. Com efeito, **a triplicata só deve ser emitida quando há perda ou extravio da duplicata**, nos termos do art. 23 da Lei das Duplicatas.

Por fim, destaque-se que **a execução da duplicata prescreve** (i) em três anos contra o devedor principal e seus avalistas, (ii) em um ano contra os codevedores e seus avalistas, e em um ano entre os codevedores. É o que estabelece o art. 18 da Lei das Duplicatas: "*a pretensão à execução da duplicata prescreve: I – contra o sacado e respectivos avalistas, em 3(três) anos, contados da data do vencimento do título; II – contra endossante e seus avalistas, em 1 (um) ano, contado da data do protesto; III – de qualquer dos coobrigados contra os demais, em 1 (um) ano, contado da data em que haja sido efetuado o pagamento do título*".

Duplicata	título causal
	ordem de pagamento
	aceite obrigatório

9. ENDOSSO

O endosso é o **ato cambiário mediante o qual o credor do título de crédito à ordem (endossante) o põe em circulação, transmitindo seus direitos a outrem (endossatário)**. É ato cambiário, pois, que põe o título em circulação. Os títulos "não à ordem", relembre-se, são transmitidos mediante **cessão civil** de crédito, conforme já mencionamos quando estudamos a classificação dos títulos quanto à forma de transferência.

O endosso produz dois efeitos, basicamente: a) **transfere a titularidade do crédito**; e b) **responsabiliza o endossante, passando este a ser codevedor do título** (se o devedor principal não pagar, o endossatário vai poder cobrar do endossante). O endosso, portanto, não transfere apenas o crédito, mas também a efetiva garantia do seu pagamento. Pode o endosso, todavia, conter a chamada "cláusula sem garantia", que exonera expressamente o endossante de responsabilidade pela obrigação constante do título.

Quanto a esse ponto, é preciso fazer uma importante observação. O CC, conforme destacamos, tratou sobre títulos de crédito, e nessa matéria trouxe regras totalmente contrárias ao que sempre se observou na prática comercial brasileira (LUG), determinado, por exemplo, no art. 914, que o endossante não responde pela insolvência do devedor principal, salvo cláusula expressa em sentido contrário. Ocorre que essas disposições do CC não invalidam o que se disse acima sobre endosso, uma vez que o próprio código, conforme já frisamos, no seu art. 903, ressalva a aplicação da lei especial (LUG), a qual prevê a responsabilidade do endossante. A regra do CC, pois, só se aplica a eventuais **títulos de crédito inominados/atípicos**.

Pois bem. Em princípio, o endosso deve ser feito no **verso** do título, bastando para tanto a **assinatura do endossante**. Caso o endosso seja feito no **anverso** da cártula, deve conter, **além da assinatura do endossante, menção expressa de que se trata de endosso**.

A legislação cambiária específica **veda** o endosso parcial ou limitado a certo valor da dívida representada no título (art. 8º, § 3º, do Decreto nº 2.044/08), bem como o endosso subordinado a alguma condição (art. 12 da Lei Uniforme), caso em que a condição será considerada não escrita. No mesmo sentido, o CC dispõe em seu art. 912 que *"considera-se não escrita no endosso qualquer condição a que o subordine o endossante"*, prevendo ainda, no parágrafo único do referido dispositivo, que *"é nulo o endosso parcial"*.

O endosso poderá ser feito em branco ou em preto. O *endosso em branco* **é aquele que não identifica o seu beneficiário, chamado de endossatário.** Nesse caso, simplesmente o endossante assina no verso do título, sem identificar a quem está endossando, o que acaba, na prática, permitindo que o título circule ao portador, ou seja, pela mera tradição da cártula. O beneficiário de endosso em branco pode, então, tomar basicamente três atitudes: (i) transformá-lo em endosso em preto, completando-o com o seu nome ou de terceiro; (ii) endossar novamente o título, em branco ou em preto; ou (iii) transferir o título sem praticar novo endosso, ou seja, pela mera tradição da cártula (art. 14 da Lei Uniforme e art. 913 do CC).

Na segunda situação acima descrita, o endossatário, por fazer novo endosso, passa a integrar a cadeia de codevedores, responsabilizando-se pelo adimplemento da obrigação constante do título. Na terceira situação descrita, todavia, o endossatário transfere o crédito sem assumir nenhuma responsabilidade pelo seu adimplemento, já que não pratica novo endosso.

O *endosso em preto*, por sua vez, é aquele que identifica expressamente a quem está sendo transferida a titularidade do crédito, ou seja, o endossatário. Assim, só poderá circular novamente por meio de um novo endosso, que poderá ser em branco ou em preto. Nesse caso, pois, o endossatário, ao recolocar o título em circulação, assumirá responsabilidade pelo adimplemento da dívida, uma vez que deverá praticar novo endosso.

Há também a figura do chamado **endosso impróprio**, que compreende duas modalidades distintas: a) **endosso-caução**; e b) **endosso-mandato**. Em princípio, como foi dito, o endosso tem dois efeitos: transferir a titularidade do crédito e responsabilizar o endossante como codevedor. Assim, é considerado próprio o endosso que produz normalmente os efeitos acima apontados, e impróprio o endosso que não produz esses efeitos. O endosso impróprio tem a finalidade apenas de legitimar a posse de alguém sobre o título, permitindo-lhe, assim, o exercício dos direitos representados na cártula.

O **endosso-mandato**, também chamado de endosso-procuração, está previsto no art. 18 da Lei Uniforme (no mesmo sentido é o art. 917 do CC). Por meio dele, o endossante confere poderes ao endossatário – por exemplo, uma instituição financeira – para agir como seu legítimo representante, exercendo em nome daquele os direitos constantes do título, podendo cobrá-lo, protestá-lo, executá-lo etc. Faz-se o endosso-mandato, segundo a Lei Uniforme, com a colocação, junto ao endosso, das expressões "para cobrança", "valor a cobrar" ou "por procuração".

Ressalte-se que o Superior Tribunal de Justiça entende que os bancos, como mandatários decorrentes de endosso-mandato, só respondem por eventuais danos causados ao devedor do título se for comprovada a sua atuação culposa, o que ocorre, por exemplo, quando o banco tem conhecimento inequívoco de que o negócio jurídico que embasou a duplicata foi desfeito (REsp 265.432-RJ, Informativo nº 217/2004, REsp 297.430-MG, Informativo nº 309/2007 e REsp 188.996-SP). Ainda sobre o endosso-mandato, o enunciado nº 476 do STJ afirma: "O endossatário de título de crédito por endosso-mandato só responde por danos decorrentes de protesto indevido se extrapolar os poderes de mandatário".

Já o **endosso-caução**, também chamado de endosso-pignoratício ou de endosso-garantia, está previsto no art. 19 da Lei Uniforme (no mesmo sentido é o art. 918 do CC), e dá-se quando o endossante transmite o título como forma de garantia de uma dívida contraída perante o endossatário. Nesse caso, o endosso-caução é feito com o uso das expressões "valor em garantia", "valor em penhor" ou outra que implique uma caução.

Havendo o endosso-caução, o endossatário não assume a titularidade do crédito, ficando o título em sua posse apenas como forma de garantia da dívida que o endossante contraiu perante ele. Caso o endossante pague a dívida contraída, portanto, resgata o título; caso, todavia, a dívida não seja honrada, o endossatário poderá executar a garantia e passar, então, a possuir a titularidade plena do crédito.

Segundo o art. 20 da Lei Uniforme, **o endosso pode ser após o vencimento do título, caso em que produzirá seus efeitos de transferência do crédito e de responsabilização do endossante normalmente**. Mas o mesmo dispositivo dispõe que *"todavia, o endosso posterior ao protesto por falta de pagamento, ou feito depois de expirado o prazo fixado para se fazer o protesto, produz apenas os efeitos de uma cessão ordinária de créditos".*

Esse endosso feito após o protesto ou após o prazo para a realização do protesto é chamado pela doutrina de endosso póstumo ou endosso tardio, expressões que denotam, claramente, que tal endosso foi levado a efeito tarde demais. Nesse caso, portanto, como a norma acima transcrita deixa claro, o endosso não produz os efeitos normais de um endosso, valendo tão-somente como uma mera cessão civil de crédito (CCC).

A **cessão civil de crédito**, conforme já visto no tópico em que estudamos a classificação dos títulos quanto à forma de transferência, é ato formal que opera a transferência dos títulos não à ordem, enquanto o endosso transfere os títulos à ordem. Há uma série de diferenças entre os dois institutos, endosso e cessão civil de crédito, decorrentes da submissão de cada um a regimes jurídicos distintos: o endosso é ato submetido às regras e princípios do regime jurídico cambial, e a cessão civil de crédito é submetida ao regime jurídico civil.

Sendo assim, enquanto o *endosso* **é ato unilateral que deve ser feito no próprio título, em obediência ao princípio da literalidade**, a *cessão civil de crédito* é **negócio bilateral formalizado por meio de contrato, ou seja, instrumento à parte**. Se, por um lado, a legislação veda o endosso parcial, conforme estudamos, admite-se, por outro, a cessão cível de parte de um crédito.

Ademais, o *endosso* **acarreta a responsabilização do endossante, o qual passa a ser codevedor da dívida representada no título**. Na *cessão civil de crédito*, por sua vez, **o cedente não assume responsabilidade pelo adimplemento da obrigação que cedeu, respondendo tão-somente pela existência do crédito cedido**. Em síntese: no endosso, se a dívida não for paga pelo devedor principal, o endossatário pode cobrá-la do endossante; na cessão civil de crédito, o cessionário não pode cobrar a dívida do cedente, em caso de inadimplemento do devedor. O cedente só responderá se tiver cedido crédito inexistente, representado por um documento falso, por exemplo.

Por fim, outra diferença relevante ente endosso e cessão civil de crédito está relacionada à **(in)oponibilidade das exceções pessoais ao terceiro e boa-fé**. Em decorrência do princípio da autonomia e do subprincípio da abstração, o *endosso* **transfere o crédito sem nenhum vício relativo aos negócios feitos anteriormente com o título**. Assim, o devedor não poderá opor ao endossatário – se este recebeu o título de boa-fé, o que em princípio se presume – exceções que não lhe digam respeito, ou seja, exceções relacionadas a relações antecedentes. Na *cessão civil de crédito*, no entanto, **o mesmo não ocorre**. O devedor **pode** opor contra o cessionário qualquer exceção pessoal que tinha contra o cedente (nesse sentido é a regra do art. 294 do CC).

Endosso	transmite títulos à ordem
	em regra, é feito no verso do título
	produz dois efeitos: (i) transfere o crédito e (ii) torna o endossante codevedor
	pode ser em branco (não identifica o endossatário) ou em preto (identifica)
	endosso impróprio: apenas legitima a posse de alguém sobre o título
	não confundir com cessão civil de crédito

10. AVAL

Outro instituto importante do regime jurídico cambial é o aval, **ato por meio do qual um terceiro (o avalista) se responsabiliza pelo pagamento da obrigação constante do título**. Está regulado pelo art. 30 da Lei Uniforme (no mesmo sentido é o art. 897 do CC). **O avalista, ao garantir o cumprimento da obrigação do avalizado, responde de forma equiparada a este.**

O local apropriado para a realização do aval é o anverso do título, caso em que basta a simples **assinatura do avalista.** Nada impede, todavia, que o aval seja feito no **verso** da cártula, bastando para tanto, **além da assinatura, a expressa menção de que se trata de aval.**

O aval também pode ser feito **em branco**, hipótese em que não identifica o avalizado, ou **em preto**, caso em que o avalizado é expressamente indicado. Quando o aval é em branco, presume-se que foi dado em favor de alguém: no caso da letra de câmbio, presume-se em favor do sacador; nos demais títulos, em favor do emitente ou subscritor.

Há que se diferenciar ainda os **avais simultâneos** dos **avais sucessivos.** Os avais simultâneos, também denominados de *coavais*, ocorre quando duas ou mais pessoas prestam aval conjuntamente numa mesma relação cambial, caso em que se colocam como devedores do mesmo grau. Assim, nos avais simultâneos os avalistas são considerados uma só pessoa, razão pela qual assumem responsabilidade solidária regida pelas regras do Direito Civil. Em suma: eles dividem a dívida, razão pela qual se um deles pagá-la integralmente ao credor, terá direito de regresso contra o devedor principal relativo ao total da dívida, mas terá direito de regresso contra o outro avalista apenas em relação à sua parte – se forem apenas dois avalistas, por exemplo, terá direito de regresso em relação a apenas metade da dívida. Os avais sucessivos, por sua vez, também chamados de *aval de aval*, ocorrem quando alguém avaliza um outro avalista. Nesse caso, todos os eventuais avalistas dos avalistas terão a mesma responsabilidade do avalizado, ou seja, aquele que pagar a dívida terá direito de regresso em relação ao total da dívida, e não apenas em relação a uma parte dela.

O aval também tem um instituto similar no Direito Civil, que é a fiança. Mas, assim como ocorre com o endosso e a cessão civil de crédito, aval e fiança possuem diferenças relevantes, decorrentes, sobretudo, do regime jurídico ao qual se submetem: enquanto o aval é garantia cambial, submetida aos princípios do regime jurídico cambial, a fiança é garantia civil, regida pelas regras desse regime jurídico.

São duas as diferenças básicas entre aval e fiança. A primeira delas é decorrente da submissão do aval ao **princípio da autonomia**, inerente aos títulos de crédito, conforme estudado no início do presente capítulo. Com efeito, o *aval*, **por ser um instituto do regime jurídico cambial, constitui uma obrigação autônoma em relação à dívida assumida pelo avalizado.** Assim, se a obrigação do avalizado, eventualmente, for atingida por algum vício, este não se transmite para a obrigação do avalista. Na *fiança* **o mesmo não ocorre: ela, como obrigação acessória, leva a mesma sorte da obrigação principal a que está relacionada.**

Outra distinção relevante entre o aval e a fiança diz respeito ao **benefício de ordem**, presente nesta e ausente naquele. De fato, o *aval* **não admite o chamado benefício de ordem**, razão pela qual o avalista pode ser acionado juntamente com o avalizado. Na *fiança*, todavia, **o benefício de ordem assegura ao fiador a prerrogativa de somente ser acionado após o afiançado**. A responsabilidade do fiador é, portanto, subsidiária.

Além dessas duas diferenças relevantes acima apontadas, há outras pequenas distinções entre aval e fiança: o *aval*, por exemplo, **deve ser prestado no próprio título**, em obediência ao princípio da literalidade; já a *fiança* **pode ser prestada em instrumento separado**.

Destaque-se que o CC, em seu art. 1.647, inciso III, tratou da mesma forma o aval e a fiança, no que tange à **necessidade de outorga conjugal** para que tais garantias sejam prestadas, **salvo se o regime de bens for o da separação absoluta**. Essa regra mereceu duras críticas da doutrina comercialista. No final de 2016, porém, a Quarta Turma do STJ proferiu um julgado interessante sobre o tema, no qual se decidiu que a regra do art. 1.647, III do CC só se aplica aos títulos de crédito atípicos/inominados, apesar de essa regra não se encontrar na parte do Código relativa aos títulos de crédito, e sim na parte referente ao Direito de Família (REsp 1.633.399/SP, Rel. Min. Luis Felipe Salomão, Quarta Turma, j. 10.11.2016, *DJe* 01.12.2016). Ainda sobre essa regra, **o STJ também já decidiu que a expressão "separação absoluta" constante do art. 1.647, *caput*, do CC se refere não apenas ao regime de separação convencional de bens (em que os cônjuges decidem livremente se casar sob esse regime), mas também ao regime de separação obrigatória de bens (em que a lei impõe esse regime aos cônjuges, como ocorre no caso em que um deles é idoso)** (REsp 1163074/PB, Rel. Min. Massami Uyeda, 3.ª Turma, j. 15.12.2009, *DJe* 04.02.2010).

E mais: assim como ocorre com o endosso (vide tópico anterior), **o aval também foi disciplinado pelo CC de forma contrária, em alguns pontos, ao que prescreve a legislação cambiária uniforme** (LUG).

Com efeito, dispõe o art. 897, parágrafo único, do CC que "é vedado o aval parcial". No entanto, o art. 30 da Lei Uniforme de Genebra dispõe que "o pagamento de uma letra pode ser no todo ou em parte garantido por aval", o que deixa bastante clara a possibilidade de aval parcial.

Portanto, deve-se mais uma vez destacar que, conforme determinação do próprio art. 903 do CC, a regra do seu art. 897, parágrafo único, aplica-se tão-somente aos títulos de crédito que não possuam regulamentação por lei especial que disponha de forma distinta – **títulos inominados/atípicos**. Assim, numa nota promissória, por exemplo, é plenamente admissível o aval parcial, em consonância com a regra do art. 30 da LUG, acima transcrita.

Aval	garantia do pagamento do título
	em regra, é feito no anverso do título
	Difere da fiança, porque (i) não confere benefício de ordem e (ii) é autônomo
	Pessoa casada precisa de outorga conjugal para prestar aval (salvo se casada no regime de separação total)
	O CC veda o aval parcial, mas a LUG admite

11. PROTESTO

Um dos institutos cambiários mais importantes é o protesto, que pode ser definido como o **ato formal por meio do qual se atesta um fato relevante para a relação cambial**. Esse fato relevante pode ser (i) a **falta de aceite do título**, (ii) a **falta de devolução do título** ou (iii) a **falta de pagamento do título**.

No que toca estritamente à relação cambial, o protesto, em regra, ao contrário do que muitos pensam, só é indispensável se o credor deseja executar os codevedores (ou devedores indiretos), como é o caso, por exemplo, do endossante. Daí porque ser comum a afirmativa genérica de que o protesto garante o direito de regresso em face dos devedores indiretos do título. Em contrapartida, se a execução é dirigida contra o devedor principal do título, o protesto é desnecessário.

No entanto, muitas vezes o protesto é necessário para outras finalidades, que não dizem respeito, pelo menos diretamente à relação cambial. São os casos, por exemplo, (i) do p**rotesto exigido para a propositura de pedido de falência por impontualidade injustificada** (art. 94, I, da Lei nº 11.101/05) e (ii) do **protesto que constituía em mora o devedor do contrato de alienação fiduciária em garantia** (art. 2º, § 2º, do Decreto-lei nº 911/69, antes da alteração da Lei 13.043/2014. **Agora apenas se exige carta registrada com aviso de recebimento**).

Ademais, registre-se que, de acordo com o art. 202, III, do CC, **o protesto interrompe a prescrição, desde que feito no prazo e na forma da lei**. Essa regra do atual CC acabou por superar entendimento do STF cristalizado no enunciado nº 153 de sua súmula de jurisprudência dominante, de seguinte teor: "o simples protesto cambiário não interrompe a prescrição".

Importante mencionar entendimento consolidado do STJ no sentido de que, uma vez legitimamente protestado o título de crédito, exceto que exista acordo em sentido diverso, **compete ao devedor que paga a dívida**, e não ao credor, o ônus de providenciar a baixa do protesto em cartório, mesmo que se trate de uma relação de consumo (REsp 959.114-MS). Esse entendimento foi assentado em julgamento de recurso repetitivo (REsp 1.339.436 – SP). Cuidado para não confundir com a inscrição, no direito do consumidor, em cadastros de inadimplentes, oportunidade em que compete ao credor providenciar a baixa, em razão das disposições do código consumerista.

Ainda sobre o tema cadastros de inadimplentes, o STJ, ao analisar especificamente o Cadastro de Emitentes de Cheques sem Fundo – CCI, administrado pelo Banco do Brasil, decidiu em recurso repetitivo (REsp 1.354.590-RS) que o Banco do Brasil não tem responsabilidade, portanto é parte ilegítima, pela inscrição com ausência de notificação ao devedor, em razão de especificidades o CCI e de sua natureza pública. É que, em regra, o **mantenedor do cadastro de inadimplentes** responde pelos prejuízos causados decorrentes da inscrição sem a devida notificação.

Tal entendimento motivou, inclusive, a edição do **enunciado nº 572 do STJ**, que dispõe: "O Banco do Brasil, na condição de gestor do Cadastro de Emitentes de Cheques sem Fundos (CCF), **não tem** a responsabilidade de notificar previamente o devedor acerca da sua inscrição no aludido cadastro, tampouco legitimidade passiva para as ações de reparação de danos fundadas na ausência de prévia comunicação."

Por fim, importante mencionar o **enunciado 475 do STJ**, o qual afirma: "Responde pelos danos decorrentes de protesto indevido o endossatário que recebe por endosso translativo título de crédito contendo vício formal extrínseco ou intrínseco, ficando ressalvado seu direito de regresso contra os endossantes e avalistas".

Protesto	agrega ao título a prova de um fato relevante para a relação cambial
	é facultativo para a execução do devedor principal
	é obrigatório para a execução dos codevedores
	interrompe a prescrição

Títulos de crédito	CC: aplicável aos títulos inominados
	LUG: aplicável aos títulos nominados
Princípios	cartularidade: o crédito só pode ser exigido por quem está na posse legítima do título
	literalidade: o título só vale pelo que nele está escrito
	autonomia: o direito de crédito é desvinculado da relação que lhe deu origem
Principais títulos	Letra de Câmbio
	Nota Promissória
	Cheque
	Duplicata

Contratos Mercantis

1. INTRODUÇÃO

Vimos que no conceito de empresário descrito no art. 966 do CC está implícito o conceito de *empresa*, entendida esta como **atividade econômica organizada para a produção ou a circulação de bens ou de serviços**. Destacamos ainda que por atividade *organizada* se entende **aquela em que há articulação dos diversos fatores de produção (capital, mão de obra, insumos e tecnologia)**. Sendo assim, é óbvio que no exercício de sua atividade econômica, o empresário individual, a EIRELI e a sociedade empresária celebram diversos contratos cotidianamente.

2. TEORIA GERAL DO DIREITO CONTRATUAL

Parte da doutrina costuma apontar que o **fato jurídico *lato sensu*** pode ser dividido em **ato jurídico *lato sensu*** e **fato jurídico *stricto sensu***, correspondendo aquele à noção de ato voluntário, e este à noção de fato involuntário. O **ato jurídico *lato sensu***, por sua vez, pode ser subdividido em **ato jurídico *stricto sensu***, do qual decorrem efeitos jurídicos independentemente da vontade do agente, e **negócio jurídico**, do qual decorrem os efeitos jurídicos perseguidos pelo agente.

Feitas, então, as distinções entre o ato jurídico *stricto sensu* e o negócio jurídico, cumpre-nos agora enquadrar os contratos nessa segunda categoria. Ora, os *negócios jurídicos* se subdividem em negócios **jurídicos unilaterais**, que se formam a partir da declaração de vontade de uma única pessoa, e **negócios jurídicos bilaterais**, que se formam a partir de declarações coincidentes de vontade de mais de um indivíduo.

Com base nos critérios distintivos acima delineados, portanto, pode-se compreender o contrato como um **negócio jurídico bilateral**.

2.1. Princípios gerais dos contratos

Desde a sua formação, passando pela sua execução e até a sua definitiva resolução, o contrato se submete a uma série de princípios norteadores, atualmente disciplinados pelo CC, dentre os quais se destacam, por exemplo, a **boa-fé objetiva**, a **força obrigatória** e a **autonomia da vontade**. Passemos, pois, a analisar detalhadamente os diversos princípios que informam o regime jurídico contratual dos empresários.

O princípio fundamental da teoria geral do direito contratual é o da **autonomia da vontade** das partes contratantes, que assegura às pessoas a li**berdade de contratar, desde que respeitada a chamada função social dos contratos**, conforme determina o art. 421 do CC, com redação dada pela **Medida Provisória nº 881/2019**: "a liberdade de contratar será exercida em razão e nos limites da função social do contrato, observado o disposto na Declaração de Direitos de Liberdade Econômica."

Assim, as partes são livres, em princípio, para (i) escolher com quem vão manter relações contratuais, (ii) delimitar o que vai ser objeto da relação contratual, (iii) fixar o conteúdo dessa mesma relação, (iv) celebrar contratos atípicos (art. 425 do CC) etc.

Alguns autores desdobram o princípio da autonomia da vontade em duas vertentes distintas. A primeira seria a que consagra a **liberdade de contratar**, que assegura a faculdade de realizar ou não realizar um determinado contrato. A segunda seria a que consagra a chamada **liberdade contratual**, que permite às partes estabelecer livremente o conteúdo do contrato.

O princípio da autonomia da vontade não é absoluto, sendo limitada não apenas pela necessidade de atendimento à sua função social, observado o disposto na Declaração de Direitos de Liberdade Econômica, conforme determinação do art. 421 do CC, mas também pelos preceitos de ordem pública e pelo respeito aos bons costumes. Ademais, o ordenamento jurídico atualmente tem procurado assegurar o equilíbrio contratual entre as partes, razão pela qual a própria legislação tem estipulado limites, não raro, à autonomia da vontade, o que se convencionou chamar de **dirigismo contratual** ("a lei liberta, e a liberdade escraviza").

Sobre o tema, importante destacar o parágrafo único do art. 421 do CC que, incluído pela **Medida Provisória nº 881/2019** e inspirado por ideais liberais, preconizou que nas relações contratuais privadas, **deve prevalecer o princípio da intervenção mínima do Estado, por qualquer dos seus poderes**, e que **a revisão contratual determinada de forma externa às partes deve ser uma medida excepcional**.

Outro princípio importante dos contratos é o do **consensualismo**. De acordo com o princípio do consensualismo ou do consentimento, basta para a constituição do vínculo contratual o acordo de vontade entre as partes, sendo, pois, desnecessária qualquer outra condição para que se aperfeiçoe o contrato.

Nem todos os contratos, todavia, podem ser classificados como consensuais. Fogem a essa regra os **contratos reais**, para os quais, além do consentimento, é imprescindível, para o aperfeiçoamento da relação contratual, a entrega de uma determinada coisa. É o que ocorre, por exemplo, no mútuo, no depósito, no comodato etc. Da mesma forma, fogem à regra da necessidade do mero consentimento das partes os **contratos solenes**, que se submetem a formalidades específicas, sem as quais a relação contratual não se aperfeiçoa.

Há também o **princípio da relatividade** dos contratos. Segundo esse princípio, entende-se que a relação contratual produz efeitos somente entre as partes contratantes – bem como aos seus herdeiros, salvo se o contrato é personalíssimo – e não se estende além do objeto da avença.

Em outras palavras, pode-se dizer que esse princípio possui um **aspecto subjetivo** e **outro aspecto objetivo**. Quanto ao seu *aspecto subjetivo*, entende-se que **o contrato vale apenas para as pessoas que contraíram o vínculo contratual, não produzindo efeitos perante terceiros estranhos à relação pactuada**. De acordo com o seu *aspecto objetivo*, por outro lado, entende-se que **o contrato está restrito ao seu objeto, não atingindo bens estranhos a esse objeto.**

Tal princípio, entretanto, não é absoluto, existindo algumas exceções quanto à sua aplicação, ou seja, há contratos que, excepcionalmente, produzem efeitos em relação a terceiros não vinculados à relação contratual. É o que ocorre, por exemplo, no **contrato de seguro em favor de terceiro**. Ressalte-se, entretanto, que para que o contrato possa produzir efeitos sobre a esfera jurídica de terceiros estranhos ao pacto, é preciso que esta possibilidade esteja prevista expressamente em lei.

Outro princípio relevante é o da **força obrigatória dos contratos**. Visto que os contratos só geram direitos e deveres entre as partes contratantes, salvo em situações excepcionais, cumpre destacar que estes direitos e deveres assumidos valem como lei entre essas partes. Trata-se da aplicação do princípio da força obrigatória dos contratos, representado pela conhecida **cláusula *pacta sunt servanda*, implícita em qualquer relação contratual**.

Em outros termos, pode-se dizer ainda que o princípio da força obrigatória tem uma manifestação especial, relativa à **impossibilidade de uma das partes contratantes se retratar ou alterar, unilateralmente, as condições acordadas**. Assim, em consequência da força obrigatória, há nos contratos, **implicitamente**, uma cláusula geral de irretratabilidade e de intangibilidade, fundamental para a garantia da segurança jurídica das relações contratuais.

O princípio da força obrigatória é excepcionado pela aplicação da chamada teoria da imprevisão, representada pela cláusula *rebus sic stantibus*, segundo a qual os direitos e deveres assumidos num determinado contrato podem ser revisados **se houver uma alteração significativa e imprevisível nas condições que originaram a constituição do vínculo contratual.**

Registre-se que o CC esteve atento a essa cláusula *rebus sic stantibus*, permitindo que o contrato seja resolvido ou modificado em razão de alterações fáticas relevantes e imprevisíveis que tornem a execução do pacto muito onerosa para uma das partes. Nesse sentido, dispôs o art. 478 do CC que "nos contratos de execução continuada ou diferida, se a prestação de uma das partes se tornar excessivamente onerosa, com extrema vantagem para a outra, em virtude de acontecimentos extraordinários e imprevisíveis, poderá o devedor pedir a resolução do contrato. Os efeitos da sentença que a decretar retroagirão à data da citação". **O art. 479 do CC, por sua vez, permite uma solução alternativa, dispondo que** "a resolução poderá ser evitada, oferecendo-se o réu a modificar equitativamente as condições do contrato". **O mesmo faz o art. 480 do CC em relação aos contratos em que apenas uma das partes assume obrigações:** "se no contrato as obrigações couberem a apenas uma das partes, poderá ela pleitear que a sua prestação seja reduzida, ou alterado o modo de executá-la, a fim de evitar a onerosidade excessiva".

Mais um princípio importante é o **princípio da boa-fé**, o qual, no âmbito do direito contratual, está relacionado, num primeiro aspecto, a uma questão de **interpretação do contrato**. Nesse sentido, entende-se que não se deve fazer prevalecer, sobre a real intenção das partes, apenas o que está eventualmente escrito no acordo firmado. Assim, em todos os contratos há certas regras implícitas, decorrentes da própria natureza da relação contratual firmada.

Mas esse princípio pode ser ainda visualizado sob outro aspecto, o da **necessidade de as partes contratantes atuarem com boa-fé na celebração do contrato, bem como na sua execução**, algo que é defendido há bastante tempo pela doutrina contratualista e que o CC expressamente consagrou em seu art. 422: "Os contratantes são obrigados a guardar, assim na conclusão do contrato, como em sua execução, os princípios de probidade e boa-fé". Este dispositivo incorporou ao ordenamento jurídico-contratual brasileiro, conforme aponta a doutrina, o chamado princípio da boa-fé objetiva.

Tendo em vista que nas **relações interempresariais**, os empresários contratantes estão em **simétrica paridade presumida por lei**, o Código Civil permite, ainda, que as partes estabeleçam **parâmetros objetivos para a interpretação de requisitos de revisão ou de resolução do negócio jurídico**. É o que se pode extrair dos arts. 480-A e 480-B do CC, incluídos pela **Medida Provisória nº 881/2019**. Confira: "*Art. 480-A. Nas relações interempresariais, é lícito às partes contratantes estabelecer parâmetros objetivos para a interpretação de requisitos de revisão ou de resolução do pacto contratual.*" "*Art. 480-B. Nas relações interempresariais, deve-se presumir a simetria dos contratantes e observar a alocação de riscos por eles definida.*"

Para finalizar este tópico sobre a teoria geral do direito contratual, importante destacar a importância da consagração da chamada **exceção do contrato não cumprido** (*exceptio non adimpleti contractus*), segundo a qual **uma parte contratante não pode exigir o cumprimento da obrigação da outra parte se não cumpriu também a sua obrigação respectiva**.

É o que determina de forma bastante clara o art. 476 do CC, segundo o qual "nos contratos bilaterais, nenhum dos contratantes, antes de cumprida a sua obrigação, pode exigir o implemento da do outro".

Princípios contratuais	
Autonomia da vontade	confere a liberdade de contratar e a liberdade contratual, mas é mitigada pelo dirigismo contratual (o contrato deve atender a sua função social e não pode contrariar preceitos de ordem pública)
Consensualismo	o mero acordo de vontades é suficiente para a formação do contrato. É excepcionado nos contratos solenes e reais.
Relatividade	o contrato só vale entre as partes (aspecto subjetivo) e não se estende além do seu objeto (aspecto objetivo).
Força obrigatória	o contrato faz lei entre as partes, e elas não podem se retratar nem alterá-lo unilateralmente. É excepcionado pela teoria da imprevisão.
Boa-fé	as partes devem agir com probidade, e todo contrato gera deveres implícitos, decorrentes da sua própria natureza. A boa-fé objetiva foi expressamente prevista no CC.

3. COMPRA E VENDA MERCANTIL

De acordo com o art. 481 do CC, "pelo contrato de compra e venda, um dos contratantes se obriga a transferir o domínio de certa coisa, e o outro, a pagar-lhe certo preço em dinheiro". Assim, **o vendedor assume a obrigação de entregar ao comprador determinada coisa, e este assume a obrigação de entregar àquele o respectivo preço**.

Claro que **nem todo contrato de compra e venda é mercantil**. Até a entrada em vigor do novo CC, só eram mercantis os contratos de compra e venda que atendessem a três requisitos, de forma cumulativa: (i) o subjetivo, que exigia a presença de um comerciante em um dos polos da relação contratual, ou seja, como comprador ou vendedor; (ii) o objetivo, que restringia a mercantilidade da compra e venda aos contratos que tivessem por objeto, apenas, bens móveis ou semoventes; e (iii) o finalístico, segundo o qual só era mercantil a compra e venda que tivesse a finalidade de propiciar a circulação de mercadorias.

Com a entrada em vigor do novo código, todavia, a situação mudou radicalmente, e agora uma compra e venda é considerada mercantil a depender, tão-somente, da qualidade de empresário das partes contratantes. **Assim, é mercantil o contrato de compra e venda celebrado entre empresários, ou seja, em que comprador e vendedor são empresários (empresários individuais ou sociedades empresárias), com a ressalva quanto aos casos em que o empresário comprador se enquadra no conceito de consumidor, hipótese em que terão incidência as normas especiais do CDC (Lei nº 8.078/90).**

Segundo entendimento unânime da doutrina contratualista, o contrato de compra e venda possui **três elementos essenciais** à sua caracterização: (i) o **consentimento**, (ii) a **coisa** e (iii) o **preço**. É o que se infere a partir da leitura do art. 482 do CC, segundo o qual "a compra e venda, quando pura, considerar-se-á obrigatória e perfeita, desde que as partes acordarem no objeto e no preço".

No que se refere ao consentimento, deve ele ser **livre e espontâneo**, sob pena de o contrato de compra e venda se tornar anulável por vício na sua formação. Assim, pode-se dizer que a compra e venda é **contrato consensual**, que se aperfeiçoa, pois, a partir do **mero consentimento das partes acerca do seu objeto, do respectivo preço e das demais condições da avença**. Ressalve-se, contudo, a situação especial da compra e venda de bens imóveis, que somente se aperfeiçoa com o respectivo registro, nos termos do art. 108 do CC.

Quanto à coisa objeto da compra e venda, por sua vez, ela **pode ser um bem móvel, semovente ou imóvel, podendo ainda se referir a bens incorpóreos**. O CC contempla algumas regras específicas sobre o tema, como o art. 483: "a compra e venda pode ter por objeto coisa atual ou futura. Neste caso, ficará sem efeito o contrato se esta não vier a existir, salvo se a intenção das partes era de concluir contrato aleatório". Assim, a mercadoria não precisa, necessariamente, ser uma coisa presente, que exista já no momento da celebração do contrato. É plenamente possível que a mercadoria contratada seja uma coisa futura, isto é, ainda não existente no momento da contratação. É o que ocorre, por exemplo, num contrato de compra e venda de uma determinada safra. Atente-se, apenas, para o final da regra em comento, segundo a qual, nos casos de compra e venda relativa à coisa futura, o contrato não produzirá efeito se esta não vier a existir, salvo se as partes contratantes tenham firmado contrato aleatório, ou seja, que envolve risco. Nesse caso, as partes já sabiam do risco de a coisa futura não vir a existir, e por isso esse fato, por si só, não torna sem efeito a relação contratual. A parte que assumiu esse risco arcará com os prejuízos decorrentes.

No que se refere ao preço, é óbvio que **as partes devem estipulá-lo**. O código também traz uma série de regras específicas sobre o assunto. Segundo o art. 485, "a fixação do preço pode ser deixada ao arbítrio de terceiro, que os contratantes logo designarem ou prometerem designar. Se o terceiro não aceitar a incumbência, ficará sem efeito o contrato, salvo quando acordarem os contratantes designar outra pessoa". Já o art. 486 prevê a possibilidade de as partes contratantes deixarem "a fixação do preço à taxa de mercado ou de bolsa, em certo e determinado dia e lugar". O art. 487, por sua vez, determina que "é lícito às partes fixar o preço em função de índices ou parâmetros, desde que suscetíveis de objetiva determinação".

Caso, todavia, as partes contratantes não estipulem expressamente o preço nem o fixem nos termos das regras acima transcritas, aplica-se a regra do art. 488, que assim dispõe: "convencionada a venda sem fixação de preço ou de critérios para a sua determinação, se não houver tabelamento oficial, entende-se que as partes se sujeitaram ao preço corrente nas vendas habituais do vendedor". E o seu parágrafo único complementa, afirmando que "na falta de acordo, por ter havido diversidade de preço, prevalecerá o termo médio".

O que a legislação não admite, porém, é que se deixe ao arbítrio exclusivo de uma das partes a fixação do preço, pois nesse caso o contrato de compra e venda será considerado nulo, conforme disposto no art. 489 do CC: "nulo é o contrato de compra e venda, quando se deixa ao arbítrio exclusivo de uma das partes a fixação do preço".

Por fim, registre-se que, **em decorrência da própria aplicação da conhecida cláusula *exceptio non adimpleti contractus*, o art. 491 do CC determina que "não sendo a venda a crédito, o vendedor não é obrigado a entregar a coisa antes de receber o preço"**.

Como **contrato sinalagmático** que é a compra e venda gera direitos e deveres para ambas as partes contratantes, comprador e vendedor. A mais elementar obrigação do *comprador* é **pagar o preço correspondente à coisa comprada**, o que lhe assegura o respectivo **direito de recebê-la**. Consequentemente, cabe ao *vendedor* a **obrigação de entregar a coisa vendida**, bem como o **direito de receber o preço da mesma**.

Mas esses, embora sejam os principais, pode-se dizer, direitos e deveres do comprador e do vendedor, não são os únicos, obviamente. O CC possui uma série de regras específicas que tratam de direitos e deveres acessórios relativos à compra e venda.

De acordo com o art. 490 do CC, "**salvo cláusula em contrário, ficarão as despesas de escritura e registro a cargo do comprador, e a cargo do vendedor as da tradição**". O art. 492, por sua vez, prevê que "até o momento da tradição, os riscos da coisa correm por conta do vendedor, e os do preço por conta do comprador". O § 1º, no entanto, faz uma ressalva, dispondo o seguinte: "todavia, os casos fortuitos, ocorrentes no ato de contar, marcar ou assinalar coisas, que comumente se recebem, contando, pesando, medindo ou assinalando, e que já tiverem sido postas à disposição do comprador, correrão por conta deste". E o § 2º dispõe que "correrão também por conta do comprador os riscos das referidas coisas, se estiver em mora de as receber, quando postas à sua disposição no tempo, lugar e pelo modo ajustados".

No que se refere à regra do art. 490, acima mencionada, cabe fazer uma importante ressalva: as partes podem estipular no contrato regras diversas da prevista em lei. Nesse sentido, a prática empresarial criou, por exemplo, as **cláusulas FOB (*free on board*) e CIF (*cost, insurance and freight*)**. Segundo a *cláusula FOB*, **todas as despesas correm por conta do comprador**. Já pela *cláusula CIF*, **o preço abrange, além do valor das mercadorias, também o valor do frete e do seguro**.

A compra e venda é um contrato que admite a sua celebração com algumas cláusulas especiais, que configuram verdadeiros pactos acessórios ou adjetos à compra e venda. O CC não os esqueceu, trazendo em seu bojo todo um conjunto de regras específicas para a disciplina do assunto.

A cláusula especial de ***retrovenda*** é aquela que assegura ao vendedor, nos contratos de compra e venda de bem *imóvel*, o direito de *recomprar* o bem vendido no prazo máximo de três anos após a venda. Essa cláusula está disciplinada pelo CC em seu art. 505, que assim dispõe: "*o vendedor de coisa imóvel pode reservar-se o direito de recobrá-la no prazo máximo de decadência de três anos, restituindo o preço recebido e reembolsando as despesas do comprador, inclusive as que, durante o período de resgate, se efetuaram com a sua autorização escrita, ou para a realização de benfeitorias necessárias*". Frise-se que a retrovenda, como é fácil perceber da leitura do dispositivo transcrito, só é possível quando o bem objeto do contrato for *imóvel*.

Outra cláusula especial da compra e venda expressamente disciplinada pelo CC é a chamada ***venda a contento***. Trata-se de venda realizada sob condição suspensiva, relacionada ao agrado do comprador em relação à mercadoria adquirida. O contrato só se aperfeiçoa, então, quando o comprador manifesta o seu contentamento com a mercadoria entregue pelo vendedor. É o que dispõe o art. 509 do CC, segundo o qual "*a venda feita a contento do comprador entende-se realizada* *sob condição suspensiva, ainda que a coisa lhe tenha sido entregue; e não se reputará perfeita, enquanto o adquirente não manifestar seu agrado".*

Uma modalidade especial de venda a contento é a ***venda sujeita a prova***, regulada pelo art. 510 do CC. Nesse caso, a venda também é feita sob condição suspensiva, mas desta vez relacionada à certeza de que a coisa vendida tenha realmente as qualidades que o vendedor assegurou. Eis o teor da regra em questão: *"também a venda sujeita a prova presume-se feita sob a condição suspensiva de que a coisa tenha as qualidades asseguradas pelo vendedor e seja idônea para o fim a que se destina".*

Outra cláusula especial que pode ser estipulada nos contratos de compra e venda é da ***preempção* ou *preferência***, que assegura ao vendedor o chamado *direito de prelação*. Segundo essa cláusula, sempre que o comprador quiser vender ou dar em pagamento o bem que adquiriu do vendedor, tem que oferecê-lo a este, nas mesmas condições de preço. É o que determina o art. 513 do CC, segundo o qual *"a preempção, ou preferência, impõe ao comprador a obrigação de oferecer ao vendedor a coisa que aquele vai vender, ou dar em pagamento, para que este use de seu direito de prelação na compra, tanto por tanto".* De acordo com o parágrafo único desse dispositivo, *"o prazo para exercer o direito de preferência não poderá exceder a cento e oitenta dias, se a coisa for móvel, ou a dois anos, se imóvel".*

Outra cláusula especial da compra e venda é a que assegura ao vendedor a **reserva de domínio** sobre a coisa vendida, até que o comprador pague integralmente o preço ajustado. Está regulada no art. 521 do CC, que assim dispõe: *"na venda de coisa móvel, pode o vendedor reservar para si a propriedade, até que o preço esteja integralmente pago".* Perceba-se que essa cláusula especial de reserva de domínio só é possível quando o bem objeto do contrato for *móvel*.

Se a compra e venda contém a cláusula especial de reserva de domínio, dá-se então o seguinte: **o comprador, enquanto** não terminar de pagar o preço, não tem a propriedade do bem, que continua sendo, pois, do vendedor. Apenas quando houver o pagamento integral do preço, dar-se-á a transferência de propriedade do bem do vendedor para o comprador. Não obstante, como o comprador fica na posse do bem desde a formalização do contrato, ele responde pelos riscos da coisa desde o momento em que ela lhe foi entregue, nos termos do que dispõe o art. 524 do código: *"a transferência de propriedade ao comprador dá-se no momento em que o preço esteja integralmente pago. Todavia, pelos riscos da coisa responde o comprador, a partir de quando lhe foi entregue".*

A última cláusula especial do contrato de compra e venda disciplinada pelo CC é a referente à **venda sobre documentos**. De acordo com o art. 529 do CC, *"na venda sobre documentos, a tradição da coisa é substituída pela entrega do seu título representativo e dos outros documentos exigidos pelo contrato ou, no silêncio deste,* *pelos usos*". Veja-se, pois, que nesse contrato especial de compra e venda não há a tradição da própria coisa vendida, mas tão-somente de um título ou de documentos que a representem.

4. CONTRATOS DE COLABORAÇÃO

A compra e venda não é, obviamente, o único contrato que interessa ao comércio. Ao contrário: com o desenvolvimento da economia e a cada vez maior complexidade das relações econômicas, surge uma incrível quantidade de **contratos específicos que se destinam, especialmente, a facilitar o comércio, aproximando o produtor do consumidor**. Chamaremos estes contratos, enfim, seguindo a terminologia de Fábio Ulhoa Coelho, de **contratos de colaboração**.

Em todos os contratos de colaboração que iremos analisar adiante, há uma marca característica: a **subordinação empresarial entre o colaborador e o colaborado**. Destaque-se que essa subordinação é **empresarial**, e não pessoal, uma vez que esta, se presente, poderia configurar a existência de relação empregatícia, o que não é o caso. Essa subordinação empresarial, em síntese, representa a **obrigatoriedade de o colaborador manter uma organização de sua atividade seguindo padrões fixados pelo colaborado**.

4.1. Comissão mercantil

De acordo com o art. 693 do CC, "o contrato de comissão tem por objeto a aquisição ou a venda de bens pelo comissário, em seu próprio nome, à conta do comitente". Em suma: **o comissário é um empresário que irá realizar negócios no interesse de outro empresário, o comitente, mas os realizará em seu nome**.

Portanto, **o comissário age no interesse e seguindo as instruções do comitente, mas o faz em seu nome, ou seja, assumindo responsabilidade perante os terceiros com quem contrata**. É o que prevê o art. 694 do código, que assim dispõe: "o comissário fica diretamente obrigado para com as pessoas com quem contratar, sem que estas tenham ação contra o comitente, nem este contra elas, salvo se o comissário ceder seus direitos a qualquer das partes". **Atente-se para o fato de que essa regra é que distingue, claramente, a comissão do mandato, já que neste o mandatário age em nome do mandante, enquanto na comissão, conforme visto, o comissário age em seu próprio nome**. Daí porque alguma doutrina chega a chamar a comissão de **mandato sem representação**. Isso é muito importante para o próprio sucesso do contrato de comissão mercantil, uma vez que em diversas situações o comitente não quer aparecer na relação.

Segundo o disposto no art. 695 do CC, "**o comissário é obrigado a agir de conformidade com as ordens e instruções do comitente, devendo, na falta**

destas, não podendo pedi-las a tempo, proceder segundo os usos em casos semelhantes". Complementando a regra em questão, o parágrafo único deste artigo, levando em consideração que a comissão é feita no interesse do comitente, determina que "ter-se-ão por justificados os atos do comissário, se deles houver resultado vantagem para o comitente, e ainda no caso em que, não admitindo demora a realização do negócio, o comissário agiu de acordo com os usos". De fato, se o negócio foi vantajoso ao comitente, presume-se que o comissário agiu corretamente.

O comissário deve ser remunerado pelo comitente pelos negócios que realizar, já que estes são efetuados no interesse do comitente. A essa remuneração dá-se o nome de **comissão**. Em princípio, deve a comissão devida ao comissário ser estipulada no contrato. Não obstante, prevê o art. 701 do código que "não estipulada a remuneração devida ao comissário, será ela arbitrada segundo os usos correntes no lugar".

Por fim, registre-se que **o contrato de comissão pode ostentar a chamada cláusula *del credere*. Ausente tal cláusula, conforme vimos, os riscos do negócio cabem ao comitente**, já que o comissário, embora atue em seu próprio nome, o faz no interesse do comitente e à conta dele, seguindo, aliás, as suas instruções. Assim, se os terceiros com quem o comissário contratou não honrarem suas obrigações, o prejuízo é suportado pelo comitente, e não pelo comissário (art. 697 do CC). Todavia, havendo a previsão da cláusula *del credere*, o comissário assume responsabilidade solidária juntamente com os terceiros com quem contratar. Claro que, nesse caso, como o risco de suas operações aumenta, ele será ainda mais diligente, e terá, obviamente, direito a uma comissão maior. A regra está disciplinada no art. 698 do CC: "se do contrato de comissão constar a cláusula *del credere*, responderá o comissário solidariamente com as pessoas com que houver tratado em nome do comitente, caso em que, salvo estipulação em contrário, o comissário tem direito a remuneração mais elevada, para compensar o ônus assumido".

4.2. Representação comercial (agência)

A representação comercial autônoma é m**odalidade especial de contrato de colaboração em que o colaborador, chamado de *representante*, assume a incumbência de obter pedidos de compra e venda para os produtos comercializados pelo colaborado, chamado de *representado***. Trata-se de contrato que possui regulamentação legal específica (**Lei nº 4.886/65**, que sofreu relevantes alterações provocadas pela Lei nº 8.420/92). Não obstante, **o CC também trouxe disciplina legal para esse contrato, denominando-o de contrato de *agência* (arts. 710 a 721 do CC)**, expressão que, segundo alguns autores, é mais apropriada.

De acordo com o art. 1º da Lei nº 4.886/65, *"exerce a representação comercial autônoma a pessoa jurídica ou a pessoa física, sem relação de emprego, que desempenha, em caráter não eventual por conta de uma ou mais pessoas, a mediação para a realização de negócios mercantis, agenciando propostas ou pedidos, para transmiti-los aos representados, praticando ou não atos relacionados com a execução dos negócios"*.

Perceba-se, pois, que **a representação comercial não se confunde com o mandato, uma vez que o representante não tem poderes para concluir os negócios em nome do representado**. Cabe a este, em última análise, aprovar ou não os pedidos de compra obtidos pelo representante. **Não obstante tal distinção, a lei autoriza, no parágrafo único o seu art. 1º, que a representação inclua também os poderes do mandato**. Nesse, *"quando a representação comercial incluir poderes atinentes ao mandato mercantil, serão aplicáveis, quanto ao exercício deste, os preceitos próprios da legislação comercial"*.

Perceba-se também que **na representação comercial não se caracteriza nenhum tipo de relação empregatícia entre representante e representado**. A subordinação existente entre ambos, conforme já apontamos, é eminentemente **empresarial**, e não pessoal. Essa subordinação diz respeito apenas à forma de organização empresarial do representante, que deve, obviamente, seguir determinadas instruções do representado. Caso, todavia, essa subordinação seja pessoal, e não meramente empresarial, descaracterizado estará o vínculo contratual da representação, havendo, na verdade, um contrato de trabalho ou um contrato de prestação serviços. Nesse sentido, há várias decisões do Superior Tribunal de Justiça e do Tribunal Superior do Trabalho que destacam, claramente, que o importante para definir se há contrato de representação ou não é a análise do tipo de subordinação existente: **se meramente empresarial, trata-se de representação; se pessoal, não se trata de representação**. Nesse sentido: REsp 642.728-PR, Informativo nº 261/2005, e RR 42319-2002-900-10-00.

O art. 27 da Lei nº 4.886/65 prevê as **cláusulas obrigatórias do contrato de representação comercial**. No que tange aos requisitos de que tratam as alíneas *d*, *e* e *g*, que mencionam a **cláusula de exclusividade de zona**, deve ser feita uma observação especial. Essa cláusula é deveras importante nos contratos de colaboração, notadamente no de representação, uma vez que visa a assegurar ao colaborador (no caso, o *representante*) o retorno dos investimentos que ele fez para iniciar a colaboração (pesquisa de mercado, formação de estoque, campanhas publicitárias etc.). Assim, **fica o colaborado (no caso, o *representado*) obrigado a não comercializar seus produtos na região do representante diretamente nem por meio de outro representante**. Afinal, se isto fosse possível, o representante comercial que fez todo o trabalho de abertura daquele mercado referente à sua zona de exclusividade sofreria prejuízos consideráveis, uma vez que teve gastos para tanto, enquanto os demais não. Assim, jamais conseguiria o representante praticar preços compatíveis, já que necessita embutir seus gastos nos preços. Portanto, a cláusula de exclusividade de zona é, em síntese, o segredo, no mais das vezes, para o sucesso de um contrato de colaboração. Nesse sentido, veja-se que a Lei nº 4.886/65, com vistas a proteger o representante que possui exclusividade de zona, estipula, em seu art. 31, que *"prevendo o contrato de representação a exclusividade de zona ou zonas, ou quando este for omisso, fará jus o representante à comissão pelos negócios aí realizados, ainda que diretamente pelo representado ou por intermédio de terceiros"*. Em suma: **a cláusula de exclusividade de zona, nos contratos de representação, é implícita**. No entanto, ressalte-se que, de acordo com o parágrafo desse art. 31, *"a exclusividade de representação não se presume na ausência de ajustes expressos"*. Assim, **embora a *cláusula de exclusividade de zona* seja implícita, a *cláusula de exclusividade de representação* não é**: isso significa que o representante, salvo cláusula contratual expressa em contrário, pode trabalhar para outro(s) representado(s). Nesse sentido, aliás, dispõe expressamente o art. 41 da Lei nº 4.886/65 que *"ressalvada expressa vedação contratual, o representante comercial poderá exercer sua atividade para mais de uma empresa e empregá-la em outros misteres ou ramos de negócios"*.

Registre-se que, conforme veremos com mais detalhes no capítulo seguinte, os créditos relativos às comissões do representante comercial autônomo são **equiparados ao crédito trabalhista no processo de falência**, em obediência ao disposto no art. 44 da Lei nº 4.886/65. E o prazo prescricional para a cobrança desses créditos é de **5 (cinco) anos**, conforme dispõe parágrafo único desse mesmo dispositivo. Ressalte-se que a contagem desses cinco anos se inicia a partir do **término do contrato** (REsp 434.885-AM, Informativo nº 221/2004).

Já destacamos acima que na representação comercial o representado **não é obrigado** a aceitar os pedidos de compra obtidos pelo representante. Portanto, o contrato de representação possui a seguinte sistemática: o representante, seguindo as instruções do representado, procura clientes para os produtos deste, enviando-lhe então os respectivos pedidos. A partir do envio, cabe ao representado manifestar-se, informando se aceita ou não o pedido obtido pelo representante. Os prazos para essa manifestação devem estar descritos no contrato. Na ausência de previsão expressa, aplica-se o disposto no art. 33 da Lei nº 4.886/65: se o comprador é domiciliado na mesma praça do representado, o prazo para este manifestar eventual recusa é de 15 dias; se é domiciliado no mesmo Estado, mas em praça diversa, o prazo é de 30 dias; se é domiciliado em outro Estado, o prazo passa a ser de 60 dias; por fim, se o comprador é de outro país, o prazo então será de 120 dias.

O art. 39 da Lei nº 4.886/65, por sua vez, traz importante regra, determinando o **juízo competente para dirimir eventuais litígios entre representado e representante**. Eis o que diz a regra legal em comento: *"para julgamento das controvérsias que surgirem entre representante e representado é competente a* ***Justiça Comum*** *e o* ***foro do domicílio do representante****, aplicando-se o procedimento sumaríssimo previsto no art. 275 do Código de Processo Civil, ressalvada a competência* *do Juizado de Pequenas Causas*". Não obstante tal regra, o Superior Tribunal de Justiça já decidiu que é possível às partes elegerem outro foro, sendo válida tal previsão contratual. Nesse sentido: REsp 579.324-SC, Informativo nº 235/2005.

Por fim, destaque-se que, **no contrato de representação comercial, é expressamente vedada a previsão da cláusula *del credere***, que analisamos quando do estudo do contrato de comissão mercantil. É o que preceitua o art. 43 da Lei nº 4.886/65: "*é vedada no contrato de representação comercial a inclusão de cláusulas* del credere".

4.3. Concessão mercantil

Nesse contrato específico de colaboração, um empresário, **o concessionário, assume a obrigação de comercializar produtos fabricados por outro empresário, o concedente**. Trata-se, em regra, de **contrato atípico**, com exceção da **concessão comercial relativa a veículos automotores terrestres**, que é disciplinada especialmente pela **Lei nº 6.729/79, batizada de Lei Ferrari**. Assim, em princípio as partes são livres para estipular as cláusulas do contrato de concessão mercantil, **salvo, frise-se, no caso da concessão relativa a veículos automotores**, em que o contrato se submete ao disposto na Lei nº 6.729/79, acima mencionada.

O contrato de concessão mercantil se caracteriza pelo fato de a subordinação empresarial existente entre as partes ser um pouco maior, ou seja, o concedente exerce sobre o concessionário um maior grau de ingerência na organização de sua atividade. Com efeito, como é muito comum nesses contratos que o concessionário assuma a obrigação de prestar assistência técnica aos consumidores dos produtos do concedente, por exemplo, justifica-se um maior controle do concedente sobre a atuação do concessionário.

Ressalte-se, por fim, que no contrato de concessão mercantil, que se configura como um contrato de *distribuição-intermediação*, é comum a presença de algumas cláusulas contratuais essenciais, dentre as quais podemos destacar: (i) a de ***exclusividade de distribuição***, que obriga o concessionário a comercializar apenas produtos fabricados pelo concedente; (i) a de ***exclusividade de zona*** (ou de *territorialidade*), que obriga, por outro lado, o concedente a só comercializar seus produtos na área de atuação do concessionário por meio deste.

4.4. Franquia (*franchising*)

Uma forma inteligente de um empreendedor diminuir o risco inerente ao exercício de atividade econômica é procurar serviços especializados de organização empresarial, e talvez a forma mais apropriada de fazê-lo seja celebrando um **contrato de franquia (*franchising*)**, cujos aspectos principais de sua formação foram regulados pela **Lei nº 8.955/94.**

De acordo com o art. 2º da referida lei, *"franquia empresarial é o sistema pelo qual um franqueador cede ao franqueado o direito de uso de marca ou patente, associado ao direito de distribuição exclusiva ou semi-exclusiva de produtos ou serviços e, eventualmente, também ao direito de uso de tecnologia de implantação e administração de negócio ou sistema operacional desenvolvidos ou detidos pelo franqueador, mediante remuneração direta ou indireta, sem que, no entanto, fique caracterizado vínculo empregatício".*

Vê-se, pois, que o contrato de franquia atende tanto aos *interesses do franqueador*, que consegue **expandir seus negócios e divulgar sua marca sem necessitar investir na construção de novos pontos de negócios**, quanto aos *interesses do franqueado*, o qual **se aproveita da "fama" do franqueador e de sua experiência administrativa e empresarial**.

Percebe-se também que o contrato de franquia envolve outros contratos, como a **cessão do uso de marca ou patente** e a **distribuição exclusiva ou semiexclusiva de produtos ou serviços**. Em síntese: **o franqueador cede ao franqueado o uso de sua marca e presta a ele serviços de organização empresarial, enquanto o franqueado paga ao franqueador os *royalties* pelo uso da marca cedida e remunera os serviços de organização empresarial que recebe, nos termos do contrato**. Esses serviços de organização empresarial que o franqueador presta ao franqueado se desdobram, basicamente, em três contratos específicos: (i) ***engineering***, por meio do qual o franqueador orienta o franqueado em todo o processo de montagem e planejamento do seu estabelecimento; (ii) ***management***, por meio do qual o franqueador orienta o franqueado no treinamento de sua equipe de funcionários e na gerência de sua atividade; (iii) ***marketing***, por meio do qual o franqueador orienta o franqueado quanto aos procedimentos de divulgação e promoção dos produtos comercializados.

Assim como ocorre em todos os contratos de colaboração, conforme temos destacado, há na franquia uma clara **subordinação empresarial** do franqueado em relação ao franqueador, sem que exista, todavia, vínculo empregatício. Essa subordinação, pois, diz respeito apenas à organização da atividade do franqueado, que deve seguir as orientações traçadas pelo franqueador, já que este tem total interesse de que os seus produtos mantenham a sua qualidade e sua marca conserve o "respeito" adquirido junto ao mercado consumidor.

A fim de conferir maior transparência na formalização dos contratos de franquia, a Lei nº 8.955/94 determina, em seu art. 3º, que o franqueador interessado em "abrir" franquias deve fornecer aos potenciais franqueados uma ***Circular de Oferta de Franquia*** **(COF)**, que conterá os dados fundamentais do negócio a ser realizado entre as partes.

De acordo com o art. 4º da mesma lei, *"a circular oferta de franquia deverá ser entregue ao candidato a franqueado no mínimo* ***10 (dez) dias antes*** *da assinatura do contrato ou pré-contrato de franquia ou ainda do pagamento de qualquer tipo de taxa pelo franqueado ao franqueador ou a empresa ou pessoa ligada a este"*. A exigência de que a COF seja enviada ao potencial franqueado tem **a finalidade clara de lhe permitir conhecer com detalhes os termos do contrato e analisar a viabilidade econômica do negócio.** A lei deu tanta importância ao assunto que o parágrafo único do dispositivo em questão estabelece que *"na hipótese do não cumprimento do disposto no caput deste artigo, o franqueado poderá* ***arguir a anulabilidade do contrato*** *e* ***exigir devolução de todas as quantias que já houver pago ao franqueador ou a terceiros por ele indicados, a título de taxa de filiação e royalties, devidamente corrigidas, pela variação da remuneração básica dos depósitos de poupança*** *mais* ***perdas e danos****"*. No mesmo sentido é a regra do art. 7º da lei em análise, segundo o qual *"a sanção prevista no parágrafo único do art. 4º desta lei aplica-se, também, ao franqueador que veicular informações falsas na sua circular de oferta de franquia, sem prejuízo das sanções penais cabíveis"*. Não basta, pois, enviar a COF no prazo legal: é fundamental que a COF contemple **informações verdadeiras** sobre o negócio oferecido.

Finalmente, o art. 211 da LPI (Lei nº 9.279/96) determina que **os contratos de franquia devem ser registrados no Instituto Nacional da Propriedade Industrial (INPI)**, nos seguintes termos: *"o INPI fará o registro dos contratos que impliquem transferência de tecnologia, contratos de franquia e similares para produzirem efeitos em relação a terceiros"*.

Contratos de colaboração empresarial	
	existência de subordinação empresarial (ausência de vínculo empregatício)
	existência de cláusulas de exclusividade de zona

5. CONTRATOS BANCÁRIOS

No Brasil, a atividade bancária está regulada pela **Lei nº 4.595/64**, que, enquanto não for editada a lei complementar de que trata o art. 192 da Constituição Federal, é a lei que disciplina o **Sistema Financeiro Nacional.**

Os contratos bancários são aquelas modalidades contratuais formalizadas pelos bancos no exercício de atividade bancária, ou seja, com a finalidade de coletar, intermediar ou aplicar recursos junto aos agentes econômicos. Perceba-se que nos contratos bancários sempre estará presente um banco, mas isso não significa que todo contrato firmado por um banco mereça a qualificação de contrato bancário. Só receberão essa qualificação aqueles contratos firmados por bancos que se insiram no conceito de **atividade bancária.**

Registre-se que **os contratos bancários se submetem à disciplina do Código de Defesa do Consumidor**. Esse sempre foi o entendimento pacífico do Superior Tribunal de Justiça, que acabou sendo consolidado no enunciado nº 297 de sua súmula de jurisprudência dominante, que assim dispõe: "o Código de Defesa do Consumidor é aplicável às instituições financeiras". O entendimento do STJ está calcado na interpretação do art. 3º, § 2º, do CDC. Este dispositivo foi objeto de Ação Direta de Inconstitucionalidade (ADI nº 2591), mas o Supremo Tribunal Federal julgou improcedente o pedido.

Por fim, registre-se que **os contratos bancários podem ser típicos ou atípicos**. *Típicos* **são os que têm por objeto a atividade bancária propriamente dita**. *Atípicos*, por sua vez, **são os que têm por objeto operações correlatas ou acessórias à atividade bancária**, como, por exemplo, o aluguel de cofre para a guarda de valores. Neste tópico, cuidaremos apenas dos contratos bancários típicos, que se subdividem, por sua vez, em **próprios** – depósito, mútuo, desconto etc. – e **impróprios** – alienação fiduciária em garantia, arrendamento mercantil (*leasing*), faturização (fomento mercantil ou *factoring*) e cartão de crédito.

5.1. Depósito bancário

Trata-se de contrato bancário próprio que se enquadra na categoria de **operações passivas**, ou seja, naquelas em que o banco assume o **polo passivo da relação contratual**. Noutros termos, **o banco é o devedor**.

No depósito bancário, uma pessoa (depositante) entrega ao banco (depositário) uma determinada quantia em dinheiro, cabendo ao banco restituí-la, na mesma espécie, em data predeterminada ou quando o depositante solicitar. No linguajar comum, chamamos esse **contrato de conta**.

Assim, vê-se claramente que o depósito bancário é o mais importante dos contratos bancários, uma vez que quase todos, atualmente, possuem conta em banco, ou seja, firmam um contrato de depósito com um banco no intuito de manter nele recursos monetários e sacá-los quando for preciso. Esse saque é feito, por exemplo, por meio da emissão de cheque, da realização de DOC/TED ou do uso dos conhecidos cartões de débito, muito comuns na atualidade.

O depósito bancário é **contrato real**, isto é, somente se aperfeiçoa com a entrega do dinheiro à instituição financeira depositária.

Existem 03 (três) espécies de depósito bancário: (i) **depósito à vista**, no qual o banco deve restituir imediatamente a quantia solicitada pelo depositante; (ii) **depósito a pré-aviso**, no qual a restituição, quando solicitada, deve ser feita pelo banco num prazo contratualmente estipulado; (iii) **depósito a prazo fixo**, no qual a restituição só pode ser solicitada após uma determinada data fixada no contrato (trata-se da conhecida poupança).

5.2. Mútuo bancário

Trata-se o mútuo bancário (também chamado de empréstimo bancário), ao contrário do depósito, de uma **operação ativa** dos bancos, ou seja, nesse contrato o banco assume o **polo ativo da relação contratual**, tornando-se **credor**.

O mútuo consiste, como dito acima, num **empréstimo**, ou seja, **é o contrato bancário por meio do qual o banco disponibiliza para o cliente uma determinada quantia, cabendo a este pagar ao banco o valor correspondente, com os acréscimos legais, no prazo contratualmente estipulado.**

Também se trata de um **contrato real**, uma vez que somente se aperfeiçoa com a efetiva entrega da quantia emprestada ao cliente. Ademais, é **contrato unilateral**, já que o banco não assume nenhuma obrigação perante o mutuário. A este é que cabem as obrigações do contrato: restituir o valor corrigido monetariamente, arcar com os juros de demais encargos etc.

Um ponto de extrema importância no que se refere ao estudo do contrato de mútuo bancário está relacionado à **taxa de juros** aplicável a essa modalidade contratual. Em primeiro lugar, cumpre destacar que tanto o Supremo Tribunal Federal quanto o Superior Tribunal de Justiça entendem que **a limitação de 12% ao ano de juros prevista no Decreto nº 22.626/33 (Lei de Usura) não se aplica aos contratos bancários.** Nesse sentido: STJ, REsp 617754/PB.

Para finalizar, registre-se também que o mesmo Superior Tribunal de Justiça entende que, mesmo incidindo as normas do CDC aos contratos bancários, **o simples fato de os juros terem sido contratados em patamar superior a 12%, bem assim o simples fato de no período do contrato ter havido estabilidade inflacionária não são suficientes para caracterizar a abusividade da taxa pactuada.**

5.3. Desconto bancário

O desconto bancário também é uma modalidade contratual muito usada na prática. Consiste, basicamente, na **antecipação de pagamento ao cliente, que em troca cede ao banco um determinado crédito, ainda que não vencido, contra ele mesmo ou contra terceiro.** Esse crédito cedido geralmente é documentado num título de crédito, por exemplo, e o cliente assume perante o banco a responsabilidade pelo seu pagamento.

É claro que o banco, ao fazer essa operação, não antecipa ao cliente o valor total do crédito cedido, deduzindo um valor (deságio) que representará, justamente, o seu ganho econômico.

O desconto bancário também é um **contrato real**, uma vez que só se aperfeiçoa com a efetiva entrega do instrumento de crédito ao banco.

Por fim, registre-se que o ponto mais relevante no estudo do desconto bancário é o relativo ao **direito de regresso** do banco contra o cliente, no caso de o crédito cedido por este àquele não ser honrado. É óbvio que essa possibilidade de voltar-se contra o cliente, no caso de inadimplemento do crédito cedido, atenua sobremaneira os riscos do banco, e é por isso que, conforme afirmamos acima, os descontos bancários geralmente são feitos com títulos de crédito, os quais são cedidos ao banco mediante endosso. Assim, além de o banco ter o direito de regresso contra o cliente que lhe endossa o título, protege-se contra eventuais exceções pessoais que não lhe digam respeito (princípio da inoponibilidade das exceções pessoais ao terceiro de boa-fé).

5.4. Abertura de crédito

Outra modalidade típica de contrato bancário é a abertura de crédito. Por meio desse contrato, **o banco põe à disposição do cliente uma quantia determinada de dinheiro, que poderá utilizá-la, caso necessite**.

O ganho econômico do banco nessa operação está, basicamente, nos **juros** cobrados do cliente caso ele use a quantia disponibilizada. Na verdade, os bancos também podem cobrar do cliente uma **comissão** pela simples disponibilização do crédito, mas não costumam fazê-lo, por mera liberalidade que, na verdade, traduz-se em política negocial para atrair clientes. Assim, os bancos só costumam cobrar do cliente os juros e encargos a partir da efetiva utilização dos recursos disponibilizados, havendo casos até de bancos que, como sabemos, oferecem esse crédito sem nenhuma cobrança de juros nos primeiros dias. Enfim, a abertura de crédito é o contrato que, no linguajar comum, chamamos de **cheque especial**.

Frise-se, ainda, que a jurisprudência do Superior Tribunal de Justiça entende que **o contrato de abertura de crédito não é título executivo extrajudicial, ainda que esteja acompanhado do extrato pormenorizado do débito**. Eis o teor do enunciado nº 233 da súmula de jurisprudência dominante do STJ: "o contrato de abertura de crédito, ainda que acompanhado de extrato da conta corrente, não é título executivo".

No entanto, não obstante o STJ não reconheça o contrato de abertura de crédito como título executivo extrajudicial, **admite que ele embase a propositura de ação monitória**. É o que diz o enunciado sumular nº 247: "o contrato de abertura de crédito em conta corrente, acompanhado do demonstrativo de débito, constitui documento hábil ao ajuizamento da ação monitória".

Por fim, **não se deve confundir o contrato de abertura de crédito com a cédula de crédito bancário**, título executivo específico criado inicialmente pela MP n.2160, de 2001, a qual, após diversas reedições, culminou parcialmente na aprovação da Lei nº10.931/04. A jurisprudência, inicialmente, debateu se o mesmo raciocínio que originou a súmula nº 233 também se aplicaria à cédula de crédito bancário. O STJ diferenciou a situação do contrato de abertura de crédito da cédula de crédito bancário e, na sistemática de recurso repetitivo, decidiu que: "A Cédula de Crédito Bancário é título executivo extrajudicial, representativo de operações de crédito de qualquer natureza, circunstância que autoriza sua emissão para documentar a abertura de crédito em conta corrente, nas modalidades de crédito rotativo ou cheque especial. O título de crédito deve vir acompanhado de claro demonstrativo acerca dos valores utilizados pelo cliente, trazendo o diploma legal, de maneira taxativa, a relação de exigências que o credor deverá cumprir, de modo a conferir liquidez e exequibilidade à Cédula" (REsp 1.291.575-PR). Portanto, embora a instituição financeira não possa executar o contrato de abertura de crédito, pode se valer da cédula de crédito bancário para tanto.

Contratos Bancários	submissão ao CDC
	não incidência da limitação de juros da Lei de Usura (12% a.a.)

5.5. Alienação fiduciária em garantia

O contrato de alienação fiduciária em garantia é um **contrato instrumental em que uma das partes, em confiança, aliena a outra a propriedade de um determinado bem, ficando esta parte (uma instituição financeira, em regra) obrigada a devolver àquela o bem que lhe foi alienado quando verificada a ocorrência de determinado fato**. Diz-se que é *contrato instrumental* **porque em regra é formalizado como um meio para a concretização de outro negócio principal**. Assim, geralmente está associada a um mútuo, servindo-lhe de garantia.

Exemplificando: alguém deseja adquirir um veículo automotor, mas não dispõe de recursos para fazer a compra à vista. Procura então uma instituição financeira para intermediar seu negócio. Essa instituição financeira empresta-lhe os recursos necessários (mútuo) e a compra é feita. Como garantia do pagamento do empréstimo, transfere-se para a instituição financeira a **propriedade resolúvel** do bem adquirido, mas o devedor fica, obviamente, na **posse** do bem. Uma vez satisfeito o empréstimo, a propriedade se resolve e a propriedade plena do bem passa, enfim, a ser do antigo devedor.

A disciplina legal dessa modalidade contratual, atualmente, não está concentrada num único diploma legislativo. Com efeito, tratando-se de *alienação fiduciária de bens imóveis*, aplica-se o disposto nos **arts. 22 a 33 da Lei nº 9.514/97**. Em se tratando, por outro lado, de *alienação fiduciária em garantia no âmbito do mercado financeiro e de capitais*, aplica-se o disposto no **art. 66-B, da Lei nº 4.728/65**. Há ainda o **Decreto-lei nº 911/69**, *que regula os aspectos processuais desse contrato*, e o **CC, que em seus arts. 1.361 a 1.368**, cuida da chamada *propriedade fiduciária*.

Chama-se atenção para o art. 1367 do CC, o qual foi alterado pela Lei 13.043/ 2014 e agora dispõe: "A propriedade fiduciária em garantia de bens móveis ou imóveis sujeita-se às disposições do Capítulo I do Título X do Livro III da Parte Especial deste Código e, no que for específico, à legislação especial pertinente, não se equiparando, para quaisquer efeitos, à propriedade plena de que trata o art. 1.231".

Em princípio, perceba-se que o contrato de alienação fiduciária, embora feito apenas entre o devedor-fiduciante (aquele que deseja adquirir um bem) e o credor-fiduciário (aquele que vai emprestar o valor necessário para a compra, ou seja, em regra uma instituição financeira), tem a participação indireta de um terceiro agente econômico: o vendedor do bem (que, no exemplo usado acima, pode ser a concessionária de veículos que vende o automóvel). **Não obstante, admite o Superior Tribunal de Justiça que o contrato de alienação fiduciária em garantia recaia sobre bem do próprio devedor-fiduciante.** É o que dispõe o **enunciado nº 28** da súmula de jurisprudência dominante daquela corte: "o contrato de alienação fiduciária em garantia pode ter por objeto bem que já integrava o patrimônio do devedor". É o que chamamos, no jargão do comércio, de **refinanciamento**, o que é feito geralmente por pessoas que estão em crise financeira momentânea e precisam de recursos imediatos: faz-se um empréstimo (mútuo) e entrega-se, em garantia do pagamento, um bem de sua propriedade, formalizando essa operação num contrato de alienação fiduciária em garantia.

Ainda sobre as alterações trazidas pela Lei 13.043/2014 no CC, destaca-se aqui o art. 1.368-B, o qual prescreve expressamente que **a alienação fiduciária em garantia confere direito real de aquisição ao fiduciante**. Além disso, o credor fiduciário que se tornar proprietário pleno do bem, por efeito de realização da garantia, deverá responder pelo pagamento dos tributos sobre a propriedade e a posse, taxas, despesas condominiais e quaisquer outros encargos, tributários ou não, incidentes sobre o bem objeto da garantia, a partir da data em que vier a ser imitido na posse direta do bem.

O principal contrato de alienação fiduciária em garantia é o que se refere a bens móveis, que tem disciplina no **Decreto-lei nº 911/69**.

De acordo com o *caput* do art. 2º do Decreto-lei em referência, com a redação dada pela Lei 13.043/2014, "no caso de inadimplemento ou mora nas obrigações contratuais garantidas mediante alienação fiduciária, o proprietário fiduciário ou credor **poderá vender a coisa a terceiros, independentemente de leilão, hasta pública, avaliação prévia ou qualquer outra medida judicial ou extrajudicial**, salvo disposição expressa em contrário prevista no contrato, devendo aplicar o preço da venda no pagamento de seu crédito e das despesas decorrentes e entregar ao devedor o saldo apurado, se houver, com a devida prestação de contas".

Claro que para proceder à venda o credor-fiduciário tem que estar com o bem. Sendo assim, cabe a ele, fazendo uso da prerrogativa que lhe confere o art. 3º do Decreto-lei, requerer a sua **busca e apreensão**. Eis o que diz a regra em comento, com redação atualizada pela Lei 13.043/2014: "O proprietário fiduciário ou credor poderá, desde que comprovada a mora, na forma estabelecida pelo § 2º do art. 2º, ou o inadimplemento, requerer contra o devedor ou terceiro a busca e apreensão do bem alienado fiduciariamente, a qual será concedida liminarmente, podendo ser apreciada em plantão judiciário.

O mencionado § 2º do art. 2º do Decreto-lei assim dispõe: "A mora decorrerá do simples vencimento do prazo para pagamento e poderá ser comprovada por **carta registrada com aviso de recebimento, não se exigindo que a assinatura constante do referido aviso seja a do próprio destinatário**". E o § 3º, por sua vez, regula os efeitos da mora, assim determinando: "a mora e o inadimplemento de obrigações contratuais garantidas por alienação fiduciária, ou a ocorrência legal ou convencional de algum dos casos de antecipação de vencimento da dívida facultarão ao credor considerar, de pleno direito, vencidas todas as obrigações contratuais, independentemente de aviso ou notificação judicial ou extrajudicial". Sobre o tema da comprovação da mora, registre o disposto na **súmula nº 72 do STJ**: "a comprovação da mora **é imprescindível** à busca e apreensão do bem alienado fiduciariamente" e no respectivo § 2º do Decreto-lei 911/69 aplicam-se também às operações de arrendamento mercantil previstas na Lei no 6.099/74, assunto a ser estudado no próximo tópico.

A regra desse Decreto-lei que causava bastante polêmica, realmente, era a do **art. 4º**, que assim prescrevia: "se o bem alienado fiduciariamente não for encontrado ou não se achar na posse do devedor, o credor poderá requerer a conversão do pedido de busca e apreensão, nos mesmos autos, em ação de depósito, na forma prevista no Capítulo II, do Título I, do Livro IV, do Código de Processo Civil". Ora, admitindo-se a conversão da busca e apreensão em ação de depósito, abrir-se-ia a possibilidade de decretação da prisão civil do devedor-fiduciante, como depositário infiel, na hipótese de o bem não ser encontrado.

No entanto, **o Supremo Tribunal Federal entendeu não ser possível a prisão civil do devedor-fiduciante, como depositário infiel, nos contratos de alienação fiduciária em garantia**. É que o STF decidiu que, **em razão da adesão do Brasil ao Pacto de São José da Costa Rica, é ilícita qualquer hipótese de prisão civil por dívidas, salvo a do devedor de alimentos** (RE 466.343-SP). Hoje, tal entendimento do STF está consolidado na **Súmula Vinculante nº 25**: "é ilícita a prisão civil do depositário infiel, **qualquer que seja a modalidade de depósito**".

Dessa forma, **em consonância com o entendimento do STF, a Lei 13.043/2014 alterou a redação do dispositivo e hoje não é mais possível converter a busca e apreensão em ação de depósito, mas apenas, simplesmente, em ação executiva.** Segue o dispositivo na redação atual: "se o bem alienado fiduciariamente não for encontrado ou não se achar na posse do devedor, fica facultado ao credor requerer, nos mesmos autos, a conversão do pedido de busca e apreensão em ação executiva, na forma prevista no Capítulo II do Livro II da Lei no 5.869, de 11 de janeiro de 1973 - Código de Processo Civil".

5.6. Arrendamento mercantil (*leasing*)

Pode-se definir o contrato de arrendamento mercantil, também chamado de *leasing*, como um **contrato especial de locação que assegura ao locatário a prerrogativa de adquirir o bem alugado ao final da avença, pagando, nesse caso, uma diferença chamada de *valor residual*.**

Em síntese: o *leasing* ou arrendamento mercantil é um contrato de locação em que se asseguram ao arrendatário 3 (três) opções ao final do aluguel: (i) **renovar a locação**; (ii) **encerrar o contrato, não mais renovando a locação**; (iii) **comprar o bem alugado, pagando-se o valor residual**.

O *leasing* não pode ser considerado um contrato típico: a Lei nº 6.099/74 regula apenas o seu aspecto tributário. Mas essa lei se preocupou em definir essa modalidade contratual, fazendo-o em seu art. 1º, § 1º, que assim dispõe: "considera-se arrendamento mercantil, para os efeitos desta Lei, o negócio jurídico realizado entre pessoa jurídica, na qualidade de arrendadora, e pessoa física ou jurídica, na qualidade de arrendatária, e que tenha por objeto o arrendamento de bens adquiridos pela arrendadora, segundo especificações da arrendatária e para uso próprio desta". Portanto, conclui-se que **nem todo contrato de locação de bens com opção final de compra pode ser considerado *leasing* ou arrendamento mercantil, para fins tributários: somente se esses contratos atenderem aos requisitos da norma ora em comento poderão ser assim qualificados**. Nesse sentido, a própria lei determina, em seu art. 11, § 1º, que "a aquisição pelo arrendatário de bens arrendados em desacordo com as disposições desta Lei, será considerada operação de compra e venda a prestação".

Perceba-se que, segundo a lei, o arrendador deve ser sempre uma **pessoa jurídica**, e essa pessoa jurídica, em obediência ao disposto em Resolução do Banco Central, deve ter como objeto principal de sua atividade a prática de operações de arrendamento mercantil, ser um banco múltiplo com carteira de arrendamento mercantil ou ser uma instituição financeira autorizada a contratar operações de arrendamento com o próprio vendedor do bem ou com pessoas jurídicas a ele coligadas ou interdependentes.

O *leasing* pode ter por objeto tanto bens móveis quanto bens imóveis, e esses bens podem ser de fabricação nacional ou estrangeira, estes desde que autorizados pelo Conselho Monetário Nacional, nos termos do art. 10 da Lei º 6.099/74.

De acordo com Resolução do BACEN, existem duas **espécies de *leasing***: (i) financeiro e (ii) operacional.

O ***leasing* financeiro** é a modalidade típica de arrendamento mercantil, em que o bem arrendado não pertence à arrendadora, mas é indicado pelo arrendatário. Ela então deverá adquirir o bem indicado para depois alugá-lo ao arrendatário. Veja-se que nessa espécie de *leasing*, como a arrendadora tem um alto custo inicial, em razão da necessidade de adquirir o bem indicado pelo arrendatário, as prestações referentes ao aluguel devem ser suficientes para a recuperação desse custo. Por isso, caso seja feita a opção final de compra pelo arrendatário, o valor residual será de pequena monta.

O ***leasing* operacional**, por sua vez, se caracteriza pelo fato de o bem arrendado já ser da arrendadora, que então apenas o aluga ao arrendatário, sem ter o custo inicial de aquisição do bem, comprometendo-se também a prestar assistência técnica. Aliás, justamente pelo fato de a arrendadora não ter esse custo inicial de aquisição do bem, no *leasing* operacional a soma das prestações do aluguel não pode ultrapassar 75% do valor do bem. Portanto, nessa modalidade de arrendamento mercantil o valor residual, em caso de opção final de compra, geralmente é alto.

Registre-se ainda uma modalidade específica de *leasing*, chamada de ***lease back*** ou ***leasing* de retorno**. Neste, o bem arrendado era de propriedade do arrendatário, que o vende à arrendadora para depois arrendá-lo, podendo, obviamente, readquirir o bem ao final do contrato, caso se utilize da opção de compra pagando o valor residual.

O assunto sem dúvida mais polêmico relacionado ao contrato de *leasing* é o referente à **possibilidade ou não de cobrança antecipada do valor residual**, o chamado **VRG** (valor residual garantido). Nesse caso, o valor residual é diluído nas prestações do aluguel e, pois, é como se a opção de compra fosse feita já início do contrato, e não ao seu término, como deveria ser. O tema é muito debatido na doutrina comercialista e proporcionou interessante debate no Superior Tribunal de Justiça, que acabou consolidando seu entendimento na **súmula nº 293**, que assim dispõe: "a cobrança antecipada do valor residual garantido (VRG) **não descaracteriza** o contrato de arrendamento mercantil".

Ainda sobre o *leasing* e os valores que o consumidor pode receber de volta em caso de inadimplemento e perda do bem, o STJ, em recurso repetitivo, decidiu que "nas ações de reintegração de posse motivadas por inadimplemento de arrendamento mercantil financeiro, quando o resultado da soma do VRG quitado com o valor da venda do bem for maior do que o total pactuado como VRG na contratação, **será direito do arrendatário receber a diferença, cabendo, porém, se estipulado no contrato, o prévio desconto de outras despesas ou encargos contratuais**" (REsp 1.099.212-RJ).

5.7. Faturização (*fomento mercantil* ou *factoring*)

O contrato de *factoring* serve ao empresário justamente para lhe permitir uma melhor organização do seu negócio. Trata-se, enfim, de um **contrato por meio do qual o empresário transfere a uma instituição financeira (que não precisa ser, necessariamente, um banco) as atribuições atinentes à administração do seu crédito. Algumas vezes, esse contrato também envolve a antecipação desse crédito ao empresário.** Em síntese: a instituição financeira orienta o empresário acerca da concessão do crédito a seus clientes, antecipa o valor dos créditos que o empresário possui e assume o risco da inadimplência desses créditos.

Ressalte-se que essa antecipação dos valores **não é obrigatória** em todos os contratos de factoring, daí porque se distinguem **duas espécies** dessa modalidade contratual: (i) *conventional factoring* e (ii) *maturity factoring*. No ***conventional factoring***, há a antecipação dos valores referentes aos créditos do faturizado, mas o mesmo não ocorre no *maturity factoring*, em que há apenas a prestação de serviços de administração do crédito. Claro que no ***conventional factoring*** a remuneração da instituição financeira faturizadora costuma ser mais elevada, em razão do fato de ela antecipar ao cliente faturizado os valores dos seus créditos.

Uma observação muito importante sobre os contratos de *factoring* deve ser feita: **em todos eles, seja qual for a espécie – *maturity* ou *conventional* –, a instituição financeira assume o risco do inadimplemento dos créditos do faturizado, que lhe são cedidos.** Essa observação é extremamente relevante porque é exatamente por isso que o contrato de *factoring* se distingue do desconto bancário, que já analisamos anteriormente. É que no *factoring* há a cessão dos créditos do faturizado para a instituição financeira faturizadora. E, conforme já estudamos, a cessão civil de crédito tem como característica fundamental o fato de o cedente não se responsabilizar pela solvência do devedor (conforme art. 296 do CC). Portanto, o faturizado, que cede o crédito à faturizadora, não deve responder, obviamente, pela inadimplência dos créditos que cedeu. É, pois, elemento do *factoring* a transferência do risco do faturizado para o faturizador, razão pela qual o contrato de faturização tem natureza aleatória.

Ademais, em razão da própria transferência do risco para o faturizador, **é imprescindível** que este não seja obrigado a aceitar todos os créditos que o faturizado queira repassar-lhe. Cabe ao faturizador proceder a uma análise criteriosa dos créditos objeto da faturização, e só aceitar aqueles que lhe parecerem seguros. Por isso é tão importante que o *factoring* contenha também, conforme já destacamos, a prestação dos serviços de administração de crédito do faturizado, devendo o faturizador orientá-lo na escolha dos seus clientes, na concessão de crédito a esses clientes, dentre outras medidas que tornem mais eficiente e segura a relação contratual de faturização.

Destaque-se ainda que, conforme orientação jurisprudencial do Superior Tribunal de Justiça, **aplica-se** aos contratos de *factoring* a limitação de juros de 12% ao ano, prevista na Lei de Usura. É que o STJ entende que o *factoring* **não possui, de acordo com a lei nº 4.595/64, natureza de contrato bancário típico**, razão pela qual, inclusive, as faturizadoras não precisam de autorização do Banco Central para funcionar nem lhes é aplicável a regra do dever de sigilo. Nesse sentido: REsp 489.658-RS, Informativo nº 245/2005; REsp 330.845-RS, Informativo nº 177/2003).

5.8. Cartão de crédito

As operações com cartão de crédito têm crescido consideravelmente nos últimos anos. Hoje em dia, dificilmente um estabelecimento comercial não aceita recebimento via cartão de crédito. Se o faz, está correndo sério risco de ver suas vendas diminuírem sensivelmente, uma vez que seus concorrentes, muito provavelmente, facultam ao cliente essa possibilidade.

Trata-se de **contrato por meio do qual uma instituição financeira, a operadora do cartão, permite aos seus clientes a compra de bens e serviços em estabelecimentos comerciais cadastrados, que receberão os valores das compras diretamente da operadora**. Esta, por sua vez, cobra dos clientes, mensalmente, o valor de todas as suas compras realizadas num determinado período. Chama-se cartão de crédito, então, o documento por meio do qual o cliente realiza a compra, apresentando-o ao estabelecimento comercial cadastrado.

Do que foi exposto, pode-se então distinguir **três relações jurídicas distintas** numa operação com cartão de crédito: (i) a da operadora com o seu cliente; (ii) o do cliente com o estabelecimento comercial; (iii) o do estabelecimento comercial com a operadora.

O Superior Tribunal de Justiça reconhece que as operadoras de cartões de crédito **são instituições financeiras** e, por isso, entendem que nas suas operações **não incide** o limite de juros de 12% ao ano previsto na Lei de Usura. É o que prevê a **súmula nº 283 do STJ**: "As empresas administradoras de cartão de crédito são instituições financeiras e, por isso, os juros remuneratórios por elas cobrados não sofrem as limitações da Lei de Usura".

Outro entendimento relevante do STJ, já manifestado em diversos precedentes, é o de que o cliente **tem** o direito à prestação de contas por parte da operadora do cartão, a fim de dirimir dúvidas acerca dos lançamentos por ela feitos no extrato da fatura mensal. Nesse sentido: REsp 457.055-RS, Informativo nº 304/2006.

Por fim, registre-se que **é de fundamental importância que o estabelecimento comercial credenciado pela operadora confira a assinatura do cliente titular do cartão, comparando-a com a assinatura usada em seus documentos de identidade**. Nesse sentido, já decidiu o Superior Tribunal de Justiça (REsp 348.343-SP).

6. CONTRATO DE SEGURO

O contrato de seguro é bastante antigo, tendo sua origem na fase inicial do Direito Comercial, quando o comércio marítimo se intensificou e trouxe consigo a preocupação dos mercadores de se precaverem quanto a prejuízos suportados em decorrência de naufrágios ou ataques de corsários.

Atualmente, o contrato de seguro possui regulamentação legal detalhada no **CC**, que assim dispõe em seu art. 757: "pelo contrato de seguro, **o segurador se obriga, mediante o pagamento do prêmio, a garantir interesse legítimo do segurado, relativo a pessoa ou a coisa, contra riscos predeterminados**". O código ainda estabelece, no parágrafo único desse dispositivo, que "somente pode ser parte, no contrato de seguro, como segurador, **entidade para tal fim legalmente autorizada**".

Da definição do CC podem ser destacadas as partes desse contrato: (i) o *segurado*, que paga o chamado prêmio, e (ii) o *segurador*, que em troca do recebimento desse prêmio assume a obrigação de garantir o segurado contra riscos pré-estabelecidos.

De acordo com o art. 758 do CC, "o contrato de seguro prova-se com a exibição da **apólice** ou do **bilhete do seguro**, e, na falta deles, por **documento comprobatório do pagamento do respectivo prêmio**". Esse dispositivo deixa claro que o seguro é um **contrato consensual**, que se aperfeiçoa, pois, pelo mero acordo de vontade entre as partes.

Ressalte-se que esse acordo de vontades no contrato de seguro se dá pela simples **adesão do segurado às cláusulas previamente estabelecidas pelo segurador**, uma vez que se trata de **contrato de adesão**. Mas essas cláusulas, é bom destacar, são regulamentadas por um órgão estatal específico, a **SUSEP** (Superintendência de Seguros Privados), nos termos do que dispõe o Decreto-lei nº 73/66, o que faz com que o seguro seja qualificado também como um **contrato dirigido**.

Sendo um contrato de adesão, aplicam-se ao seguro as regras dos arts. 423 e 424 do CC. O art. 423, com redação dada pela **Medida Provisória nº 881/2019**, determina que "*quando houver no contrato de adesão cláusulas que gerem dúvida quanto à sua interpretação,* ***será adotada a mais favorável ao aderente***". Por outro lado, o parágrafo único do art. 423, incluído pela referida Medida Provisória, determina que "*nos contratos não atingidos pelo disposto no caput, exceto se houver disposição específica em lei, a dúvida na interpretação* ***beneficia a parte que não redigiu a cláusula controvertida.***" Já o art. 424 estabelece que "*nos contratos de adesão,* ***são nulas as cláusulas que estipulem a renúncia antecipada do aderente a direito resultante da natureza do negócio***".

Além do mais, uma característica típica do seguro é a sua **mutualidade**, que se traduz no fato de o seguro representar, na prática, uma forma de socialização dos riscos entre os diversos segurados. Melhor explicando: por meio de cálculos atuariais, o segurador consegue prever, com um certo grau de correção, a possibilidade de ocorrência dos eventos danosos que garante. Assim, calcula o valor dos prêmios de modo a que o montante arrecadado com eles seja suficiente para cobrir os gastos com as indenizações dos eventos danosos que efetivamente se concretizarem. Em suma: o dinheiro dos segurados é usado para o pagamento das indenizações devidas a eles, em caso de ocorrência do sinistro.

Outra característica típica do seguro é a **forte regulamentação estatal** a que é submetida essa modalidade contratual, em virtude da importância que ela representa para o mercado. Essa regulamentação é feita por meio do **Sistema Nacional de Seguros Privados**, que é formado: (i) pelo Conselho Nacional de Seguros Privados – CNSP, que possui atribuições gerais de regulamentação e normatização; (ii) pela já mencionada SUSEP, autarquia federal incumbida de executar as políticas traçadas pelo CNSP, fiscalizar as seguradoras e proceder à sua liquidação; (iii) pelo IRB – Brasil Resseguros S/A (antigo IRB – Instituto de Resseguros do Brasil), sociedade de economia mista que exerce atividades de resseguro e retrocessão; (iv) pelas sociedades seguradoras, sociedades anônimas autorizadas a exercer atividade securitária; e (v) pelos corretores, pessoas físicas ou jurídicas que se encarregam de aproximar segurados e seguradores.

Questão doutrinária que tem causado polêmica acerca do contrato de seguro diz respeito à sua **natureza jurídica**. Com efeito, sempre se afirmou que o seguro é um **contrato aleatório**, já que as partes contratantes não sabem, de início, se vai ocorrer ou não o evento danoso. **Todavia, a partir da entrada em vigor do novo CC, sustentam alguns autores que o seguro não seria mais um contrato aleatório.**

O CC, conforme já adiantamos, traz uma disciplina legal detalhada do contrato de seguro, estabelecendo uma série de regras gerais aplicáveis a essa figura contratual específica. **Ressalte-se, todavia, que essas regras são de aplicação supletiva aos contratos de seguro que possuam regulamentação especial.** É o que prevê o art. 777 do código: "o disposto no presente Capítulo aplica-se, no que couber, aos seguros regidos por leis próprias".

O art. 763 do CC traz regra polêmica. Com efeito, determina esse dispositivo que "não terá direito a indenização o segurado que estiver em mora no pagamento do prêmio, se ocorrer o sinistro antes de sua purgação". **O Superior Tribunal de Justiça entende que a caracterização da mora não se dá com o mero atraso, sendo necessário, para tanto, que a seguradora interpele o segurado**. Em um caso específico, todavia, entendeu o STJ que o atraso longo e continuado é suficiente para a caracterização da mora (REsp 316.449-SP, Informativo nº 150/2002, e REsp 842.408-RS, Informativo nº 304/2006).

No que se refere ao seguro para cobrir acidente de trânsito, o Superior Tribunal de Justiça entende que a embriaguez, se for meramente ocasional, não configura agravamento do risco (REsp 212.725-RS).

6.1. Seguro de dano

Trata-se o **seguro de dano (ou de ramos elementares)** de modalidade do contrato de seguro em que a seguradora garante o segurado contra eventuais prejuízos em seu patrimônio, em sua saúde ou em sua integridade física, razão pela qual a doutrina aponta que sua função é nitidamente indenizatória, servindo, em síntese, para a reposição das perdas que sofreu em virtude da ocorrência do evento danoso. Assim, nos termos do art. 779 do CC, "o risco do seguro compreenderá todos os prejuízos resultantes ou consequentes, como sejam os estragos ocasionados para evitar o sinistro, minorar o dano, ou salvar a coisa". Sobre o assunto, registre-se, pois, que o segurador garante todos os riscos de danos que sejam inerentes às atividades desenvolvidas pelo segurado. Nesse sentido, decidiu o STJ (REsp 613.397-MG, Informativo nº 298/2006).

Regra importantíssima está presente no art. 786 do CC, que regula a **possibilidade de a seguradora voltar-se contra o causador do dano, após pagar a indenização ao segurado**. Eis o teor da norma em comento: "paga a indenização, o segurador sub-roga-se, nos limites do valor respectivo, nos direitos e ações que competirem ao segurado contra o autor do dano". Se o causador do dano, entretanto, for parente próximo do segurado, não haverá essa sub-rogação, salvo se o dano foi causado de forma dolosa. É o que prevê o § 1º do art. 786: "salvo dolo, a sub-rogação não tem lugar se o dano foi causado pelo cônjuge do segurado, seus descendentes ou ascendentes, consanguíneos ou afins". Complementando, o § 2º ainda determina que "é ineficaz qualquer ato do segurado que diminua ou extinga, em prejuízo do segurador, os direitos a que se refere este artigo".

O art. 787, por seu turno, regula o **seguro de responsabilidade civil**, por meio do qual a seguradora garante o pagamento de indenizações que o segurado deva a terceiros. Assim dispõe a regra em questão: "no seguro de responsabilidade civil, o segurador garante o pagamento de perdas e danos devidos pelo segurado a terceiro". Essa modalidade de seguro tem sido muito usada no meio empresarial.

Por fim, o art. 788 do CC disciplina os **seguros que são contratados obrigatoriamente, por força de determinação legal específica**. O exemplo talvez mais conhecido seja o **seguro obrigatório de danos pessoais causados por veículos automotores (DPVAT)**, cujo prêmio é pago pelos proprietários dos veículos junto com o IPVA. Com efeito, para garantia dos pagamentos dos danos, criou-se um consórcio entre diversas seguradoras, podendo a indenização correspondente ser cobrada de qualquer uma delas, conforme orientação do STJ (AgRg no Ag 742.443-RJ, Rel. Min. Nancy Andrighi, julgado em 4/4/2006). Ainda sobre o DPVAT, há a Súmula nº 257 do STJ: "a falta de pagamento do prêmio do seguro obrigatório de Danos Pessoais Causados por Veículos Automotores de Vias Terrestres (DPVAT) **não** é motivo para a recusa do pagamento da indenização."

6.2. Seguro de pessoa

A grande diferença entre o seguro de dano e o seguro de pessoa, como vimos, é que naquele a prestação devida pela seguradora, em caso de sinistro, tem natureza nitidamente indenizatória, o que não ocorre nessa modalidade do contrato. Por isso, no seguro de pessoa **não** é vedado o sobresseguro, do mesmo modo que não há limite para o valor devido pela seguradora, em caso da ocorrência do sinistro. Nesse sentido, dispõe o art. 789 do CC que "nos seguros de pessoas, o capital segurado é livremente estipulado pelo proponente, que pode contratar mais de um seguro sobre o mesmo interesse, com o mesmo ou diversos seguradores". E mais: "é nula, no seguro de pessoa, qualquer transação para pagamento reduzido do capital segurado" (art. 795).

Registre-se que o Superior Tribunal de Justiça entende que, "no contrato de seguro que prevê cobertura de danos pessoais, **estão compreendidos os danos morais**. Precedentes citados: REsp 106.326-PR, DJ 12/5/1997, e REsp 122.663-RS, DJ 2/5/2000." (REsp 131.804-PR, Rel. Min. Fernando Gonçalves, julgado em 2/3/2004 – Informativo nº 200/2004).

Conforme disposto no art. 790 do CC, "no seguro sobre a vida de outros, o proponente é obrigado a declarar, sob pena de falsidade, o seu interesse pela preservação da vida do segurado". No entanto, essa declaração **é presumida**, salvo prova em contrário, quando o segurado é cônjuge, ascendente ou descendente do proponente. É o que diz o parágrafo único da regra em comento: "até prova em contrário, presume-se o interesse, quando o segurado é cônjuge, ascendente ou descendente do proponente".

Sobre a possibilidade de se colocar o companheiro como beneficiário, prescreve o art. 793 que "é válida a instituição do companheiro como beneficiário, se ao tempo do contrato o segurado era separado judicialmente, ou já se encontrava separado de fato". Trata-se de importante inovação do novo CC em relação ao Código de 1916. Afinal, a própria Constituição Federal reconheceu a união estável entre homem e mulher é considerada como entidade familiar e merece proteção jurídica.

Uma regra que causa polêmicas e discussões é a do art. 798 do CC, que assim dispõe: *"o beneficiário não tem direito ao capital estipulado quando o segurado se suicida nos primeiros dois anos de vigência inicial do contrato, ou da sua recondução depois de suspenso, observado o disposto no parágrafo único do artigo antecedente"*. A regra é justa, porque nesses casos a morte é voluntária e muito próxima à contratação do seguro. Ressalte-se, todavia, que o Superior Tribunal de Justiça havia consolidado, na Súmula nº 61, o entendimento de que *"o seguro de vida cobre o suicídio não premeditado"*. Ocorre que esta súmula foi cancelada pelo STJ em 25/04/2018. Atualmente, porém, prevalece o entendimento consolidado no enunciado da Súmula nº 610 do STJ que prevê: "o suicídio não é coberto nos dois primeiros anos de vigência do contrato de seguro de vida, ressalvado o direito do beneficiário à devolução do montante da reserva técnica formada." Em suma: (i) **se o suicídio ocorre antes dos dois primeiros anos do contrato de seguro, o beneficiário não terá direito ao capital estipulado (indenização), mas terá direito de receber a reserva técnica já formada, ou seja, a quantia que o segurado pagou a título de prêmio para a seguradora**; (ii) **se o suicídio ocorreu após os dois primeiros anos do contrato de seguro, o beneficiário terá direito ao capital estipulado (indenização), mesmo que exista cláusula expressa em contrário**.

Por fim, vale lembrar que o próprio CC se preocupou em estabelecer que, com exceção da hipótese prevista no *caput* do art. 798, *"é nula a cláusula contratual que exclui o pagamento do capital por suicídio do segurado"*.

7. ARBITRAGEM

O estudo específico da arbitragem, **meio alternativo para a solução de conflitos**, não é propriamente objeto do direito empresarial, mas do direito processual, já que constitui alternativa à via própria para a composição dos litígios, que é a via judicial, provocada pelo exercício do direito de ação e operacionalizada por meio do processo. No entanto, optamos por dedicar um tópico específico do capítulo referente aos contratos empresariais para tratar desse tema, porque é no âmbito das relações contratuais entre os empresários que a arbitragem tem sido utilizada com mais frequência.

A arbitragem está disciplinada em nosso ordenamento jurídico pela **Lei 9.307/1996**, alterada pela Lei 13.129/2015, bem como pelo **Código Civil** (arts. 851 a 853), pelo **Decreto Legislativo 52/2002** e pelo **Decreto 4.311/2002**, os quais, respectivamente, aprovaram e promulgaram no Brasil a Convenção de Nova Iorque, que dispõe sobre o reconhecimento e a execução de sentenças arbitrais estrangeiras.

A arbitragem não se confunde com a mediação nem com a conciliação. Na *arbitragem*, **o árbitro julga o litígio a ele submetido e impõe às partes uma solução definitiva**, tal como ocorre no processo jurisdicional. Na *mediação*, em contrapartida, **o mediador apenas se limita a tentar aproximar as partes, criando condições para que elas cheguem sozinhas a um consenso sobre o litígio submetido ao mediador**. Portanto, na mediação, quando ela é bem sucedida, são as próprias partes que resolvem o litígio, e não o mediador. Já na arbitragem, conforme visto, é o árbitro quem resolve a lide, impondo uma solução. Por fim, a arbitragem também confundida com a *conciliação*, já que nesta não deve ser **o conciliador vai além do que faz o mediador, influindo no ânimo das partes, apontando vantagens de um determinado acordo, por exemplo, sempre na intenção de que as partes cheguem a uma solução consensual**. Assim, pois, na conciliação, frise-se, são também as partes que resolvem o litígio, ao contrário do que acontece na arbitragem.

Sobre a natureza jurídica da arbitragem, os doutrinadores têm entendido que, no Brasil, a arbitragem, pelos contornos estabelecidos pela Lei 9.307/1996, **tem natureza jurisdicional**. A Lei de Arbitragem, em seus arts. 17 e 18, prevê que: "Art. 17. Os árbitros, quando no exercício de suas funções ou em razão delas, ficam equiparados aos funcionários públicos, para os efeitos da legislação penal"; "Art. 18. O árbitro é juiz de fato e de direito, e a sentença que proferir não fica sujeita a recurso ou a homologação pelo Poder Judiciário".

O art. 19 é importante, sobretudo após a redação dada pela Lei 13.129/2015, pois esclarece os **efeitos da instituição da arbitragem para a contagem da prescrição**: "Art. 19. Considera-se instituída a arbitragem quando aceita a nomeação pelo árbitro, se for único, ou por todos, se forem vários. § 1º Instituída a arbitragem e entendendo o árbitro ou o tribunal arbitral que há necessidade de explicitar questão disposta na convenção de arbitragem, será elaborado, juntamente com as partes, adendo firmado por todos, que passará a fazer parte integrante da convenção de arbitragem. § 2º A instituição da arbitragem interrompe a prescrição, retroagindo à data do requerimento de sua instauração, ainda que extinta a arbitragem por ausência de jurisdição".

De acordo com o art. 1º da Lei de Arbitragem, "as pessoas capazes de contratar poderão valer-se da arbitragem para dirimir litígios relativos a direitos patrimoniais disponíveis". Obviamente, **o uso da arbitragem não está restrito às**

relações empresariais. Isso tanto é verdade que o § 1° do art. 1° da referida lei, incluído pela Lei 13.129/2015, prevê a arbitragem para a Administração Pública: "A administração pública direta e indireta poderá utilizar-se da arbitragem para dirimir conflitos relativos a direitos patrimoniais disponíveis". Entretanto, com certeza, é no âmbito das relações empresarias que a arbitragem é mais utilizada.

Para a atividade empresarial, são várias as **vantagens da utilização da arbitragem**: a) celeridade, já que no procedimento arbitral, em regra, os árbitros têm prazo curto para apresentação do laudo arbitral; b) irrecorribilidade, já que a decisão do juízo arbitral é definitiva e dela não cabe recurso, apenas pedido de esclarecimento (embargos de declaração) ou, quando muito, ação anulatória, nas hipóteses do art. 32 da Lei de Arbitragem; c) informalidade, já que o procedimento arbitral é muito mais informal e flexível do que o processo jurisdicional; d) autonomia da vontade, já que as partes têm muito mais liberdade no procedimento arbitral do que no processo jurisdicional, podendo escolher, por exemplo, os árbitros e as regras de direito material e processual aplicáveis; e) confidencialidade, já que o procedimento arbitral é, em regra, sigiloso, ao contrário do processo jurisdicional, que, em regra, é público; f) preservação do relacionamento das partes, já que o procedimento arbitral costuma gerar muito menos animosidade entre as partes do que o processo jurisdicional; g) possibilidade de se nomear como árbitros especialistas na matéria objeto do litígio, o que com certeza conferirá muito mais segurança, além de se evitarem gastos desnecessários com perícias.

Assim que foi editada, a Lei de Arbitragem suscitou inúmeras polêmicas, sobretudo em razão da discussão acerca da constitucionalidade de algumas de suas regras principais. O Supremo Tribunal Federal, no entanto, já se manifestou incidentalmente (controle difuso) pela sua **constitucionalidade**, no julgamento da homologação de uma sentença estrangeira (SE 5.206/Reino da Espanha, Rel. Min. Maurício Corrêa, DJ 30.04.2004). Outra polêmica também surgida após a edição da Lei de Arbitragem foi a referente à sua aplicação aos contratos celebrados anteriormente à sua vigência. A problemática, todavia, também foi solucionada, dessa feita pelo Superior Tribunal de Justiça, que assim decidiu, por meio de sua Corte Especial: "Contrato internacional assinado antes da Lei de Arbitragem (9.307/96). (...) As disposições da Lei 9.307/96 têm incidência imediata nos contratos celebrados antecedentemente, se neles estiver inserida a cláusula arbitral. 4. Sentença arbitral homologada (STJ, SEC 349/EX, Rel. Min. Eliana Calmon, DJ 21.05.2007, p. 528)".

Optando pela arbitragem, os contratantes não apenas afastam a atuação do Poder Judiciário na solução dos eventuais litígios, mas também podem escolher as regras aplicáveis. Nesse sentido, o art. 2° da Lei de Arbitragem prevê que "a arbitragem poderá ser de direito ou de equidade, a critério das partes". Complementando, o § 1° desse dispositivo prevê que "poderão as partes escolher, livremente, as regras de direito que serão aplicadas na arbitragem, desde que não haja violação aos bons costumes e à ordem pública". Já o § 2º, por sua vez, prevê que "poderão, também, as partes convencionar que a arbitragem se realize com base nos princípios gerais de direito, nos usos e costumes e nas regras internacionais de comércio". E o § 3º estabelece que, quando envolver a Administração Pública, a arbitragem será sempre "de direito e respeitará o princípio da publicidade".

As partes contratantes se submetem ao juízo arbitral por meio da chamada **convenção de arbitragem**, que compreende tanto a **cláusula compromissória** quanto o **compromisso arbitral**. É o que prevê o art. 3º da Lei de Arbitragem: A *cláusula compromissória* está disciplinada no art. 4º da lei, que assim dispõe: "a cláusula compromissória é a convenção através da qual as partes em um contrato comprometem-se a submeter à arbitragem os litígios que possam vir a surgir, relativamente a tal contrato". O § 1º desse dispositivo prevê que "a cláusula compromissória deve ser estipulada por escrito, podendo estar inserta no próprio contrato ou em documento apartado que a ele se refira". O § 2º, por sua vez, trata da *cláusula compromissória* constante em contratos de adesão: "nos contratos de adesão, a cláusula compromissória só terá eficácia se o aderente tomar a iniciativa de instituir a arbitragem ou concordar, expressamente, com a sua instituição, desde que por escrito em documento anexo ou em negrito, com a assinatura ou visto especialmente para essa cláusula".

Vê-se, pois, que a **cláusula compromissória** é aquela, posta num determinando contrato, por meio da qual as partes contratantes se comprometem a, caso surja algum litígio, resolvê-lo pela via do juízo arbitral, e não pela via jurisdicional. Não há litígio, ainda, e pode ser que nem venha a existir. No entanto, caso ocorra um litígio, ele será resolvido por meio da arbitragem.

O **compromisso arbitral**, disciplinado no art. 9º da lei, "é a convenção através da qual as partes submetem um litígio à arbitragem de uma ou mais pessoas, podendo ser judicial ou extrajudicial". O § 1º trata do compromisso arbitral judicial: "o compromisso arbitral judicial celebrar-se-á por termo nos autos, perante o juízo ou tribunal, onde tem curso a demanda". O § 2º trata do compromisso arbitral extrajudicial: "o compromisso arbitral extrajudicial será celebrado por escrito particular, assinado por duas testemunhas, ou por instrumento público".

Enquanto a cláusula compromissória, conforme visto, é posta abstratamente em um contrato, para assegurar que eventuais litígios serão resolvidos por arbitragem, o compromisso arbitral se refere a um litígio *in concreto*. Trata-se do ato formal por meio do qual as partes submetem um litígio presente, existente, ao juízo arbitral.

A grande inovação da atual Lei de Arbitragem foi colocar a cláusula compromissória e o compromisso arbitral como espécies de convenção de arbitragem, atribuindo a ambos, pois, o mesmo efeito principal: o afastamento do Poder Judiciário na solução da controvérsia. Segundo a Lei 9.307/1996, a arbitragem, se convencionada pelas partes contratantes, é obrigatória e a eventual lide ficará excluída da apreciação do Poder Judiciário. Assim, por exemplo, se uma das partes ingressar em juízo, poderá a outra requerer a extinção do processo, sem julgamento do mérito, alegando a simples existência de convenção de arbitragem (art. 337, X, do novo CPC).

Após fazermos a distinção entre a cláusula compromissória e o compromisso arbitral, é importante distinguirmos a chamada **cláusula compromissória cheia** da **cláusula compromissória vazia**.

A *cláusula cheia* é **a que contém todos os elementos suficientes para a instauração do juízo arbitral, ou seja, já prevê as regras aplicáveis, o juízo arbitral competente etc**. Já a *cláusula vazia* **é a que não contém nenhum desses elementos, limitando-se, tão somente, a prever a arbitragem como meio de solução de eventuais litígios futuros**. A distinção entre ambas é fundamental, porque, havendo cláusula cheia, dispensa-se o compromisso arbitral. Por outro lado, havendo cláusula vazia, é imprescindível a formalização do compromisso arbitral.

Outro ponto importantíssimo relacionado à cláusula compromissória é o referente à sua **autonomia** em relação ao contrato no qual ela for prevista. Nesse sentido, dispõe o **art. 8º da lei**: "a cláusula compromissória é autônoma em relação ao contrato em que estiver inserta, de tal sorte que a nulidade deste não implica, necessariamente, a nulidade da cláusula compromissória". Essa regra é de extrema relevância, uma vez que a própria nulidade do contrato pode ser submetida à análise dos árbitros. Ora, se a nulidade do contrato implicasse a nulidade da cláusula, por acessoriedade, os árbitros não poderiam analisar a nulidade do contrato, já que a própria instituição da arbitragem seria nula.

Ainda sobre a autonomia da cláusula compromissória – na verdade, como consequência dessa autonomia –, merece destaque o disposto no **parágrafo único, do art. 8º, da lei**: "caberá ao árbitro decidir de ofício, ou por provocação das partes, as questões acerca da existência, validade e eficácia da convenção de arbitragem e do contrato que contenha a cláusula compromissória". Esse dispositivo positivou em nosso ordenamento o chamado princípio da *kompetenz-kompetenz*, que significa, em síntese, a competência do árbitro para decidir questões relacionadas à sua própria competência.

Por fim, **ainda em relação às mudanças trazidas pela Lei 13.129/2015, é importante mencionar que foi incluído um novo artigo na Lei das Sociedades Anônimas apenas para tratar da convenção de arbitragem nos estatutos sociais**. Segundo o art. 136-a, a aprovação da inserção de convenção de arbitragem no estatuto social, observado o *quorum* de pelo menos **metade dos acionistas com direito a voto**, obriga a todos, restando assegurado ao acionista dissidente o direito de retirar-se da companhia mediante o reembolso do valor de suas ações. A convenção somente terá eficácia após o decurso do prazo de 30 (trinta) dias, contado da publicação da ata da assembleia geral que a aprovou e o direito de retirada não será aplicável em duas situações específicas: primeira, quando a inclusão da convenção de arbitragem no estatuto social represente condição para que os valores mobiliários de emissão da companhia sejam admitidos à negociação em segmento de listagem de bolsa de valores ou de mercado de balcão organizado que exija dispersão acionária mínima de 25% (vinte e cinco por cento) das ações de cada espécie ou classe e, segunda, quando a inclusão da convenção de arbitragem seja efetuada no estatuto social de companhia aberta cujas ações sejam dotadas de liquidez e dispersão no mercado, nos termos das alíneas "a" e "b" do inciso II do art. 137 da Lei das SAs.

Contratos mercantis	contrato é negócio jurídico bilateral
Princípios contratuais	autonomia da vontade (hoje está mitigada pelo dirigismo contratual)
	Consensualismo
	Relatividade
	força obrigatória (é excepcionado pela teoria da imprevisão)
	boa-fé (a boa-fé objetiva foi expressamente prevista no CC)
	exceção do contrato não cumprido
Contratos de colaboração empresarial	existência de subordinação empresarial (ausência de vínculo empregatício)
	existência de cláusulas de exclusividade de zona
Contratos bancários	submissão ao CDC
	não incidência da limitação de juros da Lei de Usura (12% a.a.)
Arbitragem	Meio jurisdicional alternativo para a solução de conflitos.

▸ Atenção!

Súmula Vinculante nº 25: não cabe prisão civil de depositário infiel em qualquer situação, o que inclui a hipótese do devedor do contrato de alienação fiduciária em garantia.

▸ Atenção!

Súmula nº 293 do STJ: é admissível a cobrança antecipada do valor residual no contrato de *leasing* (trata-se do conhecido VRG: valor residual garantido)

▸ Atenção!

Súmula nº 610 do STJ: o suicídio não é coberto nos dois primeiros anos de vigência do contrato de seguro de vida, mas o beneficiário tem direito à devolução do montante da reserva técnica formada.

Falência e recuperação de empresas

1. O NOVO DIREITO FALIMENTAR

No período inicial do Direito Falimentar, ele possuía um caráter extremamente repressivo, tendo como finalidade precípua a **punição do devedor**, e não a satisfação dos legítimos interesses dos seus credores, consistentes no recebimento de seus créditos.

Hodiernamente, todavia, o Direito Falimentar não mais tem como característica a preocupação preponderante de punir o devedor insolvente, criminalizando sua conduta e excluindo-o do mercado a todo custo. A grande preocupação do Direito Falimentar atual é a **preservação da empresa**, razão pela qual a legislação tenta fornecer ao devedor em crise todos os instrumentos necessários à sua recuperação, reservando a falência apenas para os devedores realmente irrecuperáveis.

No Brasil, durante muito tempo a legislação falimentar aplicável foi o **Decreto-lei nº 7.661/45**. A partir da década de 80, todavia, transformações sociais e econômicas, decorrentes do processo de globalização da economia, começaram a ser sentidas no Brasil de forma mais intensa, o que exigiu a reformulação da legislação falimentar nacional, concretizada com a edição da **Lei nº 11.101/05**.

O principal destaque a ser feito acerca da Lei nº 11.101/05 está relacionado à clara influência que ela sofreu do **princípio da preservação da empresa, o qual, segundo alguns autores, tem origem remota na própria Constituição Federal, que acolheu a valorização do trabalho humano e a livre iniciativa como princípios jurídicos fundamentais.**

2. FALÊNCIA

Para os devedores insolventes, estabelece o ordenamento jurídico uma **execução especial, na qual todos os credores devem ser reunidos num único processo, para a execução conjunta do devedor**. Em vez de se submeter a uma execução individual, pois, o devedor insolvente deve submeter-se a uma **execução concursal, em obediência ao princípio da *par condicio creditorum*, segundo o qual deve ser dado aos credores tratamento isonômico.**

Mas é preciso destacar que o regime jurídico aplicável à essa execução concursal do devedor insolvente varia de acordo com a qualidade do devedor, quer dizer, varia conforme o devedor seja ou não qualificado como empresário.

Com efeito, **se o devedor insolvente não é empresário** – um simples trabalhador ou uma associação, por exemplo – **aplicam-se as regras do concurso de credores** (arts. 908 e 909 do novo CPC). **Se, todavia, o devedor insolvente é empresário** – seja ele empresário individual, EIRELI ou sociedade empresária, conforme disposto nos arts. 966 e 982 do CC – **aplicam-se as regras da falência**, previstas na Lei nº 11.101/05. O regime jurídico-empresarial, portanto, traz **procedimento de execução concursal específico para o devedor empresário que se encontra insolvente**, com algumas prerrogativas não constantes do regime jurídico aplicável aos devedores civis, prerrogativas estas previstas em homenagem à **função social da empresa.**

Feitas essas observações, pode-se conceituar a falência como a **execução concursal do devedor empresário**. Sendo assim, passemos a analisar todas as etapas desse "processo de execução" chamado de falência, desde o seu pedido até a sentença que extingue as obrigações do devedor.

2.1. Pedido de falência (fase pré-falimentar)

Conforme já analisamos detalhadamente, empresário é, segundo o art. 966 do CC, "*quem exerce profissionalmente atividade econômica organizada para a produção ou a circulação de bens ou de serviços*". Já destacamos também que o empresário pode ser tanto uma pessoa física quanto uma pessoa jurídica.

Pois bem. A Lei nº 11.101/05 dispõe, em seu art. 1º que ela "disciplina a recuperação judicial, a recuperação extrajudicial e a falência do empresário e da sociedade empresária, doravante referidos simplesmente como devedor". **Só os empresários, portanto, se submetem aos ditames da legislação falimentar. Só um empresário individual ou uma sociedade empresária, portanto, podem figurar como réus num pedido de falência.**

Embora no texto legal não conste a EIRELI, porquanto esta foi criada apenas com a promulgação da Lei 12.441/2011, que é posterior a Lei 11.101/2005, toda a sistemática da legislação falimentar, incluindo os procedimentos de recuperação, a ela se aplicam, desde que ela exerça atividade empresarial, o que é a regra. **Está, portanto, a EIRELI também incluída no conceito de devedor da Lei 11.101/2005.**

Mas será que todos os empresários estão abrangidos no âmbito de incidência da lei em referência? A resposta é não.

Em primeiro lugar, o art. 2º, inciso I, da LRE expressamente determinou que ela **não se aplica a "empresa pública e sociedade de economia mista", sem proceder a qualquer distinção entre as prestadoras de serviços públicos e as exploradoras de atividade econômica**. Diante de tal fato, pode-se afirmar, com segurança, que o regime falimentar disciplinado na Lei de Recuperação de Empresas não se aplica às empresas públicas nem às sociedades de economia mista, ainda que sejam exploradoras de atividade econômica.

Em segundo lugar, **a LRE também excluiu alguns agentes econômicos do regime falimentar**. Dispõe o **art. 2º, inciso II**, que ela não se aplica a "instituição financeira pública ou privada, cooperativa de crédito, consórcio, entidade de previdência complementar, sociedade operadora de plano de assistência à saúde, sociedade seguradora, sociedade de capitalização e outras entidades legalmente equiparadas às anteriores". Esses agentes econômicos, se insolventes, passarão por um procedimento de liquidação extrajudicial, disciplinado em lei específica (ex.: a liquidação extrajudicial dos bancos está disciplinada na Lei nº 6.024/74 e compete ao Banco Central).

Aplicabilidade da Lei nº 11.101/05:	
Se aplica a: Empresários individuais, EIRELI e sociedades empresárias	**NÃO se aplica a:** (i) sociedades simples; (i) empresas públicas e sociedades de economia mista; (iii) bancos; (iv) seguradoras; (v) planos de saúde etc.

Pois bem. Visto quem pode ser réu em um pedido de falência – empresários individuais, EIRELI e sociedades empresárias, com as ressalvas do art. 2º – resta então saber quem pode ser autor do pedido de falência.

Segundo o art. 97 da LRE, *"podem requerer a falência do devedor: I – **o próprio devedor**, na forma do disposto nos arts. 105 a 107 desta Lei; II – **o cônjuge sobrevivente**, qualquer herdeiro do devedor ou o inventariante; III – **o cotista ou o acionista** do devedor na forma da lei ou do ato constitutivo da sociedade; IV – **qualquer credor**"*.

O pedido de falência feito pelo próprio devedor – chamado de **autofalência** –, apesar de estar previsto na lei, é hipótese raríssima na prática, porque a lei impõe ao devedor o dever de requerer a sua própria falência (art. 105), mas não prevê nenhuma sanção para o caso de descumprimento, o que desestimula o devedor a seguir o comando legal.

O pedido de falência feito por sócio da sociedade empresária – quotista ou acionista – é também pouco usual na praxe mercantil. Na verdade, quando um sócio entende ser essa a melhor alternativa, mas a maioria dos sócios não concorda com seu posicionamento, o que ocorre, comumente, é a dissolução parcial da sociedade, com a retirada do sócio e a continuidade da empresa.

Não há dúvidas, portanto, de que a maioria dos pedidos de falência é feito por credores do devedor, os quais, muitas vezes, nem pretendem exatamente a decretação da quebra, mas apenas pressionar o devedor ao pronto pagamento da dívida.

Ressalte-se que **se o credor também é empresário – seja empresário individual, EIRELI ou sociedade empresária – deverá instruir sua petição inicial com certidão da Junta Comercial que comprove a regularidade de suas atividades**, em obediência ao disposto no art. 97, § 1°, da LRE. Entenda-se bem a regra: não se está dizendo que somente o credor que também é empresário pode pedir a falência do devedor. Qualquer credor civil pode também ser autor do pedido de falência, como um trabalhador ou um consumidor, por exemplo. Está-se dizendo apenas que, **caso o credor seja empresário, deverá comprovar que exerce regularmente sua atividade empresarial, fazendo-o com a juntada e certidão da Junta Comercial.**

Por outro lado, se o credor não possui domicílio no Brasil, determina a lei, em seu art. 97, § 2°, que o mesmo "**deverá prestar caução relativa às custas e ao pagamento da indenização de que trata o art. 101 desta Lei**". Esta indenização é devida em alguns casos de denegação da falência, e será estudada com mais detalhes adiante.

A obrigação do devedor em relação ao credor que pede a sua falência **não precisa sequer estar vencida**. Primeiro, porque o pedido de falência pode estar lastreado na prática de um dos **atos de falência previstos no art. 94, inciso III, da LRE**, caso em que a demonstração inequívoca de que o devedor incidiu numa daquelas condutas é por si só suficiente à caracterização de sua insolvência. Segundo, porque se o devedor já está inadimplente, por exemplo, em relação a outros credores, já está configurado o interesse de todos os credores – e não apenas dos que possuem títulos inadimplidos – na instauração da execução concursal. Afinal, se o devedor não está pagando seus credores de hoje, nada garante que ele pagará seus credores de amanhã. Ao contrário, tudo indica que ele não o fará.

Outra polêmica interessante acerca dos credores legitimados ao pedido de falência do devedor empresário é a relativa aos **credores com garantia real**. No regime da lei anterior, havia regra expressa disciplinando a questão. Tratava-se do art. 9°, inciso III, alínea b, segundo o qual esse credor só poderia requerer a falência do devedor se (i) renunciasse a garantia ou (ii) se provasse que a garantia já não era mais suficiente, em razão da depreciação do bem. A atual legislação falimentar silenciou, o que nos leva a crer que agora **pode o credor com garantia real requerer a falência do devedor, independentemente de qualquer circunstância**. Com efeito, se a lei afirma expressamente que qualquer credor pode requerer a falência do devedor, não cabe excepcionar onde a própria lei assim não o fez.

Por fim, resta ainda a questão de saber se a Fazenda Pública pode requerer a falência do devedor. Não obstante exista controvérsia doutrinária sobre o tema, **o Superior Tribunal de Justiça tem diversos precedentes no sentido de que a Fazenda Pública não tem legitimidade para pedir a falência do devedor** (REsp 164389/MG e REsp 287824/MG).

Credores legitimados a pedir a falência do devedor	O próprio devedor (autofalência)
	Cônjuge, herdeiro ou inventariante (aplica-se aos empresários individuais)
	Sócio (aplica-se às sociedades empresárias)
	Qualquer credor (a Fazenda Pública NÃO tem legitimidade)

Visto acima quem pode requerer a falência do devedor, resta saber agora onde deverá ser ajuizado o pedido de falência. Segundo o art. 3º da LRE, *"é competente para homologar o plano de recuperação extrajudicial, deferir a recuperação judicial ou decretar a falência o juízo do* ***local do principal estabelecimento do devedor ou da filial de empresa que tenha sede fora do Brasil****"*.

O conceito de principal estabelecimento, todavia, não corresponde à noção geral que a expressão suscita inicialmente. De fato, quando se fala em principal estabelecimento, vem em nosso pensamento, de imediato, a ideia de sede estatutária/contratual ou matriz administrativa da empresa. Trata-se, porém, de noção equivocada. Para o direito falimentar, a correta noção de principal estabelecimento está ligada ao aspecto econômico: é o **local onde o devedor concentra o maior de volume de negócios, o qual, frise-se, muitas vezes não coincide com o local da sede da empresa ou do seu centro administrativo** (STJ, CC 37736/SP).

Juízo competente para o pedido de falência (também se aplica à recuperação)	
Justiça estadual do foro do principal estabelecimento do devedor	o principal estabelecimento não é a sede, mas o local onde o devedor possui o maior volume de negócios.

Pois bem. Ajuizado o pedido de falência, o autor terá que demonstrar que o réu está insolvente, já que a falência é um processo de execução especial – execução concursal – aplicável aos empresários que estejam insolventes. Para que se admita, portanto, a instauração desse processo de execução concursal é preciso que esteja caracterizada a insolvência do empresário devedor.

A doutrina costuma apontar que a insolvência do empresário, como pressuposto para a decretação da falência, não deve ser compreendida no seu sentido técnico/econômico (passivo maior que ativo), mas num **sentido jurídico**, definido pela própria legislação falimentar. Afinal, se num pedido de falência o autor tivesse que demonstrar a insolvência real do devedor, isso seria extremamente difícil, demandando quase sempre provas intrincadas, como perícia contábil etc.. **Cabe à lei, pois, definir os casos específicos em que se admite caracterizada a insolvência do empresário, razão pela qual alguns autores chegam a afirmar que se trata de uma insolvência jurídica ou presumida, mas nem sempre real.**

Acatando esse entendimento, o STJ já decidiu: "a insolvência que autoriza a decretação da falência é **presumida**, uma vez que a lei decanta a insolvência econômica de atos caracterizadores de insolvência jurídica, pois se presume que o empresário individual ou a sociedade empresária que se encontram em uma das situações apontadas pela norma estão em estado pré-falimentar" (REsp 1.433.652-RJ).

Assim, de acordo com a nossa legislação, o devedor se considera juridicamente insolvente **quando ficar caracterizada uma das situações do art. 94 da LRE.**

O sistema da **impontualidade injustificada** está claramente previsto no *inciso I* do art. 94 da LRE, que prevê a possibilidade de decretação da falência do empresário quando o mesmo "sem relevante razão de direito, não paga, no vencimento, obrigação líquida materializada em título ou títulos executivos protestados cuja soma ultrapasse o equivalente a 40 (quarenta) salários-mínimos na data do pedido de falência".

De novidade em relação à legislação falimentar anterior tem-se a atual exigência de que a dívida seja **superior a 40 (quarenta) salários-mínimos**. Segundo o legislador, as dívidas menores, de até quarenta salários-mínimos, não são, por si sós, suficientes para caracterizar uma situação de inviabilidade da empresa, devendo o credor, nesse caso, tentar o recebimento de seu crédito pela via executiva ordinária. Mas a lei permite que os credores se reúnam para somar seus créditos, a fim de que a soma ultrapasse o valor de quarenta salários-mínimos e lhes permita pedir, em litisconsórcio, a falência do devedor. É o que prevê o art. 94, § 1º, da LRE.

Ressalte-se que a única forma de demonstrar a impontualidade injustificada (sem relevante razão de direito, no dizer da lei) é o **protesto do título**. Não se admite nenhum outro meio de prova, documental ou testemunhal, para a comprovação do inadimplemento do devedor: apenas o protesto serve a essa finalidade. Sendo assim, **qualquer título executivo que o credor possua contra o devedor deve ser lavado a protesto, para só depois servir de base ao pedido de falência.** Sobre o assunto, o STJ já consignou que "é desnecessário o prévio ajuizamento de execução forçada para se requerer a falência com fundamento na impontualidade do devedor" (REsp 1.354.776-MG).

Se o título que representa a dívida for um título de crédito, por exemplo, basta o seu **protesto cambial**, ainda que realizado fora do prazo previsto na legislação cambiária. Se, por outro lado, o título não comporta o protesto cambial - uma sentença ou um contrato, por exemplo - deve ser tirado o chamado **protesto especial para fins de falência**. Nesse sentido, já decidiu o STJ que é possível o protesto especial de uma decisão judicial, para fins de instruir pedido de falência (REsp 252.134-SP). Também já decidiu o STJ que, **mesmo se tratando de título de crédito, é desnecessário o protesto especial, bastando o protesto comum** (REsp 203.791-MG Informativo nº 22/1999).

Tratando-se de cheque, o protesto é indispensável, mesmo que conste do mesmo a declaração de devolução da instituição financeira. É que essa declaração substitui o protesto para fins cambiais, mas não substitui o protesto para fins de falência. Tratando-se de duplicata não aceita, além do protesto será necessária a comprovação da entrega das mercadorias, conforme já estudado no tópico referente a este título. Eis o que diz o enunciado nº 248 da súmula de jurisprudência dominante do STJ: *"comprovada a prestação dos serviços, a duplicata não aceita, mas protestada, é título hábil para instruir pedido de falência"*.

Além de permitir o pedido de falência do devedor com fundamento na sua impontualidade injustificada, a legislação falimentar brasileira também permite que o pedido seja lastreado na inércia do devedor após sua citação em processo regular de execução (art. 94, II).

Com efeito, no *inciso II*, permite-se o pedido de falência do devedor quando este, "executado por qualquer quantia líquida, não paga, não deposita e não nomeia à penhora bens suficientes dentro do prazo legal". Trata-se da chamada **execução frustrada**, que se caracteriza pela tríplice omissão do devedor quando citado em processo executivo. Nesse caso, **basta ao credor requerer certidão junto à vara em que a execução tramita na qual conste que o devedor não pagou, não depositou o montante da dívida nem nomeou bens à penhora**. De posse dessa certidão, pode-se ingressar em juízo com a ação falimentar fundada no permissivo da norma em análise. Ressalte-se que nesse caso a ação de falência constituirá processo autônomo, e não mero incidente do processo de execução. A falência será requerida em ação própria e no foro competente, segundo as regras de organização judiciária. Atente-se, ademais, que **nessa situação a legislação sequer exige valor mínimo para a dívida, como fez na hipótese analisada no tópico antecedente**. Assim, qualquer que seja o valor da dívida exequenda, se o devedor incorrer na tríplice omissão apontada, poderá ter sua falência requerida e eventualmente decretada.

No *inciso III*, por fim, a legislação falimentar brasileira estabelece, em diversas alíneas, uma série de condutas que, uma vez praticadas pelo devedor podem também ensejar o requerimento de sua falência e a sua eventual decretação pelo juiz. São os chamados **atos de falência.**

▸ **Atenção!**

O pedido de falência é cabível quando caracterizada a insolvência jurídica (presumida) do devedor, conforme previsão do art. 94:

Impontualidade injustificada	Execução frustrada	Atos de falência
a dívida tem que ser superior a 40 salários mínimos e estar materializada em título executivo protestado.	basta que o devedor, citado numa execução qualquer, fique inerte. O título não precisa estar protestado, e a dívida pode ser de qualquer valor.	rol taxativo de condutas que presumem o estado de insolvência do devedor.

Citado, o devedor então terá prazo para apresentar sua contestação. Segundo a legislação falimentar anterior, o prazo de resposta do devedor era extremamente curto – apenas 24 horas –, o que contribuiu, de certa forma, para o uso da ação falimentar como instrumento eficiente de cobrança judicial de dívidas. Tentando mudar essa realidade, a LRE aumentou esse prazo sensivelmente, prevendo, em seu art. 98, que, "citado, o devedor poderá apresentar contestação no prazo de **10 (dez) dias**".

No prazo de resposta, o devedor pode elidir a falência, assegurando-se de que o juiz não a decretará de maneira alguma. A elisão da falência é feita com o **depósito em juízo do valor da dívida reclamada no pedido falimentar, devidamente corrigido e acrescido de juros e honorários.** É o que dispõe o art. 98, parágrafo único, da LRE, segundo o qual "nos pedidos baseados nos incisos I e II do caput do art. 94 desta Lei, o devedor poderá, no prazo da contestação, depositar o valor correspondente ao total do crédito, acrescido de correção monetária, juros e honorários advocatícios, hipótese em que a falência não será decretada e, caso julgado procedente o pedido de falência, o juiz ordenará o levantamento do valor pelo autor".

Veja-se que a realização do depósito elisivo, nos termos determinados pela lei, **confere ao devedor a certeza absoluta de que a sua falência não será decretada, mesmo que ele sequer apresente defesa e ainda que o pedido do autor seja julgado procedente.** Neste caso, a falência deve ser denegada, mas o valor do depósito será levantado pelo credor.

Por fim, o art. 95 da LRE ainda prevê que "dentro do prazo de contestação, o devedor poderá pleitear sua recuperação judicial". Trata-se, então, de um pedido de recuperação judicial incidental. Note-se bem que, nesse caso, o devedor ainda não é falido. Esse registro é importante porque a atual legislação falimentar não previu figura semelhante à antiga concordata suspensiva, que o devedor podia requerer mesmo depois de ter sua falência decretada. **Na atual lei, ao contrário, a decretação da falência impede o devedor de obter o benefício da recuperação** (art. 48, inciso I, da LRE).

Ultimadas as etapas acima delineadas, o juiz deverá julgar o pedido do autor, denegando ou decretando a falência do devedor. Em caso de **sentença denegatória**, pode ela basear-se em dois fundamentos: (i) a improcedência do pedido ou (ii) a realização do depósito elisivo.

No primeiro caso, como o pedido do autor foi julgado improcedente pelo juiz, cabe a ele arcar com os ônus da sucumbência (custas e honorários). E mais: de acordo com o art. 101 da LRE, o juiz poderá condenar o autor a pagar indenização ao devedor, se entender que a ação falimentar foi requerida por dolo manifesto daquele, caso em que as perdas e danos serão apuradas em liquidação de sentença. Essa regra tem a finalidade de desestimular os pedidos de falência maliciosos, por meio dos quais o autor pretende apenas causar constrangimento ao devedor. Em termos processuais, tem-se em vista **coibir a litigância de má-fé ou a litigância temerária**.

O segundo fundamento em que se pode basear a sentença denegatória da falência é a realização regular e tempestiva do depósito elisivo. **Nesse caso, o pedido do autor foi julgado procedente, mas ainda assim a falência será denegada**, em obediência ao disposto no art. 98, parágrafo único, da LRE.

Como nessa situação o pedido do autor foi julgado procedente pelo juiz, a parte derrotada na ação foi o devedor – ainda que sua falência tenha sido denegada –, razão pela qual é ele quem **deve arcar com os ônus da sucumbência**. Aqui, a sua falência só não foi decretada única e exclusivamente porque foi feito o depósito elisivo. Ademais, ainda em função da procedência do pedido do autor, caberá a ele levantar a quantia depositada, o que será prontamente determinado pelo juiz na própria sentença.

Por fim, registre-se que **contra a sentença denegatória da falência cabe recurso de apelação**, conforme disposto na parte final do art. 100 da LRE. Claro que **também serão oponíveis embargos de declaração**. Ainda que a LRE não faça menção específica a esse recurso, ele é cabível contra qualquer decisão que contenha omissão, obscuridade ou contradição (art. 1022 do novo CPC).

2.2. Decretação da falência

Uma vez sendo a sentença de procedência e não tendo sido realizado o depósito elisivo, a falência do devedor será decretada, o que iniciará o processo falimentar propriamente dito, ou seja, a execução concursal do empresário ou da sociedade empresária.

A sentença que decreta a falência **apenas dá início ao processo falimentar**, o qual só se encerrará, realmente, após a realização do ativo, o pagamento dos credores e a apresentação do relatório final por parte do administrador judicial (vide art. 156 da LRE).

Contra a sentença que decreta a falência cabe recurso de agravo de instrumento, e não apelação (vide art. 100 da LRE). Ora, o recurso típico contra as sentenças é a apelação (art. 1009 do novo CPC), e não o agravo. Este é o recurso cabível contra as decisões interlocutórias (art. 1015 do novo CPC). Assim, ao estabelecer que cabe agravo contra a sentença que decreta a falência, a LRE permitiu entendê-la como ato judicial *sui generis* – com forma de sentença, mas com características especiais que a aproximam de uma decisão interlocutória.

A decisão que decreta a falência, por ser uma sentença, ainda que apenas formalmente, **deve ter relatório, fundamentação e dispositivo (art. 489 do novo CPC), além de ostentar conteúdo específico estabelecido pela legislação falimentar (art. 99 da LRE)**.

A identificação precisa do falido, em obediência ao disposto no art. 99, I, com a menção aos nomes dos administradores ao tempo da decretação, é deveras importante, sobretudo para a delimitação futura de eventual responsabilidade por atos de gestão da empresa falida.

Outra determinação importante da sentença que decreta a falência é a constante art. 99, III, que obriga o **devedor** a apresentar relação de todos os seus credores. Como a falência é uma execução concursal, a convocação dos credores é etapa imprescindível do seu processamento, e a apresentação da relação de todos eles, portanto, facilita o andamento do processo falimentar.

Uma das medidas mais importantes tomadas pelo juiz quando da decretação da falência do devedor é a **fixação do termo legal da falência**, nos termos do que dispõe o art. 99, II.

Tratando-se, por exemplo, de pedido de falência fundado na **impontualidade injustificada** (art. 94, inciso I), o termo legal deve ser fixado pelo juiz da seguinte maneira: na data da decretação da sentença (por exemplo, 08/05/07), pega-se a data do primeiro protesto por falta de pagamento (por exemplo, 25/10/06) – não necessariamente o protesto do título que embasa a falência, mas o primeiro protesto feito contra o devedor –, retrotraindo-a por até 90 (noventa) dias (no exemplo em questão, voltaríamos ao dia 27/07/06). O período compreendido entre 27/07/06 e 08/05/07 corresponderia ao chamado termo legal da falência, que a doutrina, encampando uma expressão criada por Carvalho de Mendonça, também denomina de período suspeito.

A fixação do termo legal, portanto, **delimita um lapso temporal imediatamente anterior à decretação da falência que será investigado pelos credores do devedor**. Afinal, como bem destaca a doutrina, a decretação da quebra nunca pega o devedor de surpresa. Geralmente, como a falência é precedida de uma crise econômica lenta e gradual, o empresário devedor ou os sócios da sociedade empresária devedora, muitas vezes desesperados pela iminente possibilidade de instauração do processo falimentar, podem praticar atos que prejudiquem os interesses de credores, na tentativa de salvaguardar certos bens que poderiam, no futuro, ser arrecadados para a massa falida e servir ao pagamento das dívidas.

O inciso VII do art. 99 da LRE confere ao juízo falimentar um **poder de cautela** que lhe permite (i) tomar medidas que salvaguardem os interesses das partes, (ii) decretar a prisão preventiva do empresário falido ou dos sócios da sociedade empresária falida e (iii) autorizar a continuação provisória das atividades do devedor.

No segundo caso, **a prisão só poderá ser decretada, segundo a lei, se a falência tiver sido requerida com base em provas da prática de crime falimentar**. Além disso, **deverão estar presentes os pressupostos que autorizam a prisão preventiva, constantes dos arts. 312 e 313 do CPP**.

Por se tratar de decisão judicial que repercute não apenas na esfera jurídica do devedor, mas também na de todos os seus credores, a legislação falimentar se preocupa em dar ampla publicidade à sentença que decreta a falência do devedor.

É por isso que a LRE estabelece, no inciso VIII do art. 99, que **a Junta Comercial seja imediatamente comunicada quanto à decretação da quebra, a fim de que anote tal fato junto aos atos constitutivos do devedor, fazendo deles constar expressamente a expressão "falido", acompanhada da data da decretação e da informação de que, a partir de então, o empresário devedor e os administradores da sociedade empresária devedora estão inabilitados para o exercício de empresa**, nos termos do art. 102 da mesma LRE.

Da mesma forma, o inciso X do mesmo art. 99 estabelece que **a sentença determine a expedição de ofícios a diversos órgãos públicos que possam eventualmente fornecer informações relevantes sobre a existência de bens e direitos do devedor**. Assim, deve o juiz ordenar a expedição de ofício, por exemplo, para o Banco Central, para o DETRAN, para a Receita Federal, para o Cartório de

Registro de Imóveis etc., a fim de que estes informem se em seus assentos constam a existência de bens em nome do devedor, os quais serão arrecadados para a massa e usados para os pagamentos dos credores.

No mesmo sentido, prevê também o inciso XIII do art. 99 **a intimação do Ministério Público, bem como a comunicação das Fazendas Públicas Federal e de todos os Estados e Municípios em que o devedor tiver estabelecimento.**

Por fim, ainda a respeito da publicidade da sentença que decreta a falência do devedor, estabelece o parágrafo único do art. 99 da LRE que "o juiz ordenará a publicação de edital contendo a íntegra da decisão que decreta a falência e a relação de credores". Não se deve publicar apenas a parte dispositiva da sentença, como se faz nas sentenças em geral. **Deve-se publicar o seu inteiro teor.**

2.2.1. *Efeitos da decretação da falência*

A sentença que decreta a falência do devedor tem natureza **constitutiva**, uma vez que constitui o devedor em estado falimentar e inicia o processo de execução concursal dos seus bens. Assim, decretada a falência se instaura um novo regime jurídico aplicável ao devedor, que repercutirá em toda a sua esfera jurídica e patrimonial. **A falência produz efeitos, pois, quanto à pessoa do falido, quanto aos seus bens, quanto aos seus contratos, quanto aos seus credores etc.**

Quando se trata de *sociedade empresária*, o primeiro efeito da falência a ser destacado é, logicamente, a **dissolução da sociedade**. Afinal, com a decretação da quebra e a instauração do processo de execução concursal do devedor, haverá o encerramento da atividade empresarial e a consequente liquidação do patrimônio social para o posterior pagamento dos credores.

Mas a falência não atinge apenas a pessoa jurídica. Os membros que a compõem, ou seja, os sócios da sociedade empresária falida, **também são atingidos**, variando os efeitos sobre as suas pessoas a depender do tipo societário e da função que eles exerciam na sociedade.

Tratando-se de ***sociedade em que a responsabilidade dos sócios é ilimitada***, prevê o art. 81 da LRE que a decretação da falência da sociedade também acarreta a decretação da falência dos sócios: "a decisão que decreta a falência da sociedade com sócios ilimitadamente responsáveis também acarreta a falência destes, que ficam sujeitos aos mesmos efeitos jurídicos produzidos em relação à sociedade falida e, por isso, deverão ser citados para apresentar contestação, se assim o desejarem". Veja-se que nesse caso a repercussão da falência da sociedade sobre a pessoa dos sócios é tão relevante que a lei determina que **eles devem ser também citados quanto aos termos da ação falimentar, para que possam se defender.**

Em se tratando, em contrapartida, de ***sociedade em que os sócios respondem de forma limitada***, eles em princípio não se submetem aos efeitos da falência, já que quem faliu foi a sociedade, pessoa jurídica com existência e patrimônio distintos da pessoa dos sócios. Não obstante, caberá ao juízo da falência apurar eventual responsabilidade pessoal dos quotistas e administradores, conforme regra estabelecida no art. 82 da LRE, segundo a qual "a responsabilidade pessoal dos sócios de responsabilidade limitada, dos controladores e dos administradores da sociedade falida, estabelecida nas respectivas leis, será apurada no próprio juízo da falência, independentemente da realização do ativo e da prova da sua insuficiência para cobrir o passivo, observado o procedimento ordinário previsto no Código de Processo Civil".

Responsabilidade dos sócios de sociedade empresária falida	
Sócio de responsabilidade ilimitada	**Sócio de responsabilidade limitada**
considera-se também falido. Seus bens serão arrecadados para a massa falida.	em princípio, não são atingidos. Eventual responsabilização depende de ação própria ajuizada no juízo da falência.

Vale destacar que o art. 82-A, incluído pela Medida Provisória nº 881, de 30 de abril de 2019, passou a prever que **somente se admitirá a extensão dos efeitos da falência quando estiverem presentes os requisitos da desconsideração da personalidade jurídica de que trata o art. 50 do Código Civil**. Aliás, o art. 50 do CC, teve sua redação alterada pela Medida Provisória em comento, passando a prever que "Em caso de abuso da personalidade jurídica, caracterizado pelo desvio de finalidade ou pela confusão patrimonial, pode o juiz, a requerimento da parte, ou do Ministério Público quando lhe couber intervir no processo, desconsiderá-la para que os efeitos de certas e determinadas relações de obrigações sejam estendidos aos bens particulares de administradores ou de sócios da pessoa jurídica beneficiados direta ou indiretamente pelo abuso."

Uma das regras mais importantes acerca dos ***efeitos da falência quanto à pessoa do devedor*** é a que prevê a sua **inabilitação empresarial**, prevista no art. 102 da LRE, segundo o qual "o falido fica inabilitado para exercer qualquer atividade empresarial a partir da decretação da falência e até a sentença que extingue suas obrigações, respeitado o disposto no § 1º do art. 181 desta Lei". Ressalte-se que essa inabilitação é automática, iniciando-se com a decretação da falência e encerrando-se com a sentença de encerramento do processo falimentar (art. 156 da LRE). No entanto, **deve-se ressalvar a hipótese de o falido ser condenado por crime falimentar, caso em que referida condenação também lhe impõe a pena acessória de inabilitação empresarial, e nesse caso essa inabilitação só cessará 05 (cinco) anos após a extinção da punibilidade**, nos termos do art. 181 da LRE.

Outro efeito importante da falência sobre a pessoa do devedor é a p**erda do direito de administração dos seus bens e da disponibilidade sobre eles**, o que está previsto no art. 103 da LRE: "Desde a decretação da falência ou do sequestro, o devedor perde o direito de administrar os seus bens ou deles dispor". A lei prevê apenas que ele "poderá, contudo, fiscalizar a administração da falência, requerer as providências necessárias para a conservação de seus direitos ou dos bens arrecadados e intervir nos processos em que a massa falida seja parte ou interessada, requerendo o que for de direito e interpondo os recursos cabíveis" (parágrafo único).

A decretação da falência também atinge as obrigações do devedor falido. A partir da instauração do processo falimentar, **todos** os credores se sujeitarão às suas regras, e só poderão exercer os seus direitos sobre os bens do falido na forma que a LRE prescrever. É o que dispõe o art. 115 da LRE.

Em princípio, a forma correta para os credores exercerem seus direitos sobre os bens do devedor é a **habilitação dos seus créditos**, nos termos dos arts. 7º e seguintes da LRE, para recebimento no momento oportuno, conforme a ordem legal de classificação. No entanto, há também outras formas, como o ajuizamento de **pedido de restituição** (arts. 85 e seguintes da LRE).

A decretação da falência também acarreta "o **vencimento antecipado das dívidas** do devedor e dos sócios ilimitada e solidariamente responsáveis, com o abatimento proporcional dos juros, e converte todos os créditos em moeda estrangeira para a moeda do País, pelo câmbio do dia da decisão judicial" (art. 77 da LRE).

Ademais, determina o art. 124 da LRE que "contra a massa falida **não são exigíveis juros vencidos após a decretação da falência**, previstos em lei ou em contrato, se o ativo apurado não bastar para o pagamento dos credores subordinados". Assim, em princípio fica suspensa a fluência de juros contra o devedor falido. Todavia, uma vez realizado o ativo e verificando-se que a massa possui recursos suficientes para saldar todos os seus credores, inclusive os subordinados, computam-se os juros normalmente e a massa deve pagá-los, conforme entendimento pacífico do Superior Tribunal de Justiça (STJ, REsp 760752/SC e AgRg no REsp 762.420/PR).

Quanto aos contratos do falido, ao contrário do que se possa imaginar, eles **não se extinguem de pleno direito em razão da decretação da falência**. De acordo com o art. 117 da LRE, "os contratos bilaterais não se resolvem pela falência e podem ser cumpridos pelo administrador judicial se o cumprimento reduzir ou evitar o aumento do passivo da massa falida ou for necessário à manutenção e preservação de seus ativos, mediante autorização do Comitê". De fato, **muitas vezes a manutenção de certos vínculos contratuais pode ser extremamente interessante para a massa, do ponto de vista da maximização do seu ativo, uma**

vez que da continuidade do contrato podem advir recursos para o devedor, os quais posteriormente serão usados para saldar o seu passivo.

Cumpre esclarecer que a regra do art. 117 da LRE, acima analisada, é excepcionada quando o contrato possuir, expressamente, a chamada **cláusula de resolução por falência**. Nesse caso, a decretação da quebra implicará a resolução imediata do contrato, o que acontecerá, frise-se, não por força da sentença de falência ou de regras do direito falimentar, mas tão-somente em obediência à vontade das partes contratantes, manifestada em cláusula contratual expressa nesse sentido.

A LRE também se preocupou em disciplinar expressamente, no **art. 119**, o que aconteceria com determinadas relações contratuais. Por exemplo, "o vendedor não pode obstar a entrega das coisas expedidas ao devedor e ainda em trânsito, se o comprador, antes do requerimento da falência, as tiver revendido, sem fraude, à vista das faturas e conhecimentos de transporte, entregues ou remetidos pelo vendedor" (inciso I, art. 119), bem como "a falência do locador não resolve o contrato de locação e, na falência do locatário, o administrador judicial pode, a qualquer tempo, denunciar o contrato" (inciso VII, art. 119).

É também efeito da decretação da falência a instauração do **juízo universal da falência**, que atrairá para si todas – na verdade, quase todas – as ações que envolvam o devedor falido. Trata-se do que os doutrinadores chamam de **aptidão atrativa do juízo falimentar**, que passa a ser o juízo competente para processar e julgar todas as demandas de cunho patrimonial relativas ao devedor.

A matéria está traçada no art. 76 da LRE: "o juízo da falência é indivisível e competente para conhecer todas as ações sobre bens, interesses e negócios do falido, ressalvadas as causas trabalhistas, fiscais e aquelas não reguladas nesta Lei em que o falido figurar como autor ou litisconsorte ativo".

A universalidade do juízo falimentar, todavia, não é absoluta, já que há certas demandas judiciais, mencionadas no próprio art. 76 da LRE, que não são atraídas para ele: "**causas trabalhistas, fiscais e aquelas não reguladas nesta Lei em que o falido figurar como autor ou litisconsorte ativo**". Devem-se acrescentar ainda as **ações que demandam quantia ilíquida** (art. 6º, § 1º, da LRE) e as **ações em que for parte União ou entidade federal** (art. 109, inciso I, da CF/88).

Quando às ações em que a massa falida atue no polo ativo da relação processual, individualmente ou em litisconsórcio, cumpre frisar que estamos nos referindo apenas às ações **não reguladas na LRE**. Portanto, nas ações reguladas pela LRE, ainda que a massa falida seja autora ou litisconsorte ativa, o juízo falimentar será o juízo competente para processá-la e julgá-la. É o que ocorre, por exemplo, na hipótese de a massa falida ajuizar **ação revocatória** (art. 132 da LRE) contra o devedor. Como se trata de ação regulada na própria legislação falimentar, a competência para o seu processamento e julgamento é do juízo universal da falência, não obstante esteja a massa no polo ativo da demanda.

Principais efeitos da falência	
	Inabilitação empresarial
	Perda do direito de administração dos bens e da disponibilidade sobre eles
	Vencimento antecipado das dívidas
	Suspensão da fluência de juros
	Manutenção dos contratos conforme decisão do administrador judicial
	Instauração do juízo universal da falência
	Suspensão da prescrição e das ações e execuções individuais contra o devedor.

Por fim, vale lembrar que de acordo com o art. 76, parágrafo único, da LRE **todas as ações do devedor falido, inclusive as que correm fora do juízo universal da falência**, "terão prosseguimento com o administrador judicial, que deverá ser intimado para representar a massa falida, sob pena de nulidade do processo". O administrador judicial passa a ser, pois, o **representante legal da massa falida**, atuando em juízo na defesa de seus interesses em todos os processos nos quais a mesma seja parte ou interessada.

No mesmo sentido da regra do art. 76 da LRE, que estabelece a formação do juízo universal da falência, o art. 6º determina que "a decretação da falência ou o deferimento do processamento da recuperação judicial **suspende o curso da prescrição e de todas as ações e execuções em face do devedor, inclusive aquelas dos credores particulares do sócio solidário". Essa suspensão será decretada na própria sentença que decreta a falência**, conforme determinação do art. 99, inciso V, da LRE.

Da mesma forma que a universalidade do juízo falimentar não é absoluta, a regra que estabelece a suspensão da prescrição e das ações e execuções contra o devedor falido também admite exceções. Em suma: embora a lei diga que a decretação da falência suspende a prescrição e o curso de "todas" as ações e execuções contra o devedor, a verdade é que não são todas as ações e execuções que se submetem a essa regra.

A primeira exceção é referente às ações que demandam quantia ilíquida, esteja a massa falida no polo ativo ou no polo passivo da relação processual. Como a falência é um processo de execução – execução concursal de devedor empresário insolvente –, seu rito é incompatível com o de ações que demandam quantia ilíquida, razão pela qual essas ações, obviamente, não se suspendem nem são atraídas para o juízo falimentar, devendo prosseguir na vara em que tramitam até que o valor devido seja devidamente apurado e liquidado.

A segunda exceção se refere às demandas em curso na Justiça do Trabalho, que são, basicamente, as reclamações trabalhistas. Nesse caso, cabe à própria justiça trabalhista processar e julgar a ação, até que seja definido e liquidado o respectivo crédito. Somente então deverá remeter a execução desse crédito ao juízo falimentar, que o incluirá na ordem correspondente, assegurando-lhe a preferência que a legislação falimentar confere.

Outra exceção prevista à regra de suspensão das ações e execuções contra o devedor falido é relativa às execuções fiscais (Lei nº 6.830/1980), uma vez que a Fazenda Pública, segundo o art. 187 do Código Tributário Nacional, não se sujeita a nenhum tipo de concurso de credores.

2.3. Processo falimentar

O objetivo primordial do processo falimentar, segundo o art. 75 da LRE, é "**promover o afastamento do devedor de suas atividades" visando a "preservar e otimizar a utilização produtiva dos bens, ativos e recursos produtivos, inclusive os intangíveis, da empresa**".

O mesmo art. 75 da LRE, em seu parágrafo único, ainda prevê que o processo falimentar deve atender "aos princípios da **celeridade** e da **economia processual**".

O processo falimentar, como um processo de execução, norteia-se na arrecadação de todos os bens do devedor falido – que serão posteriormente vendidos para que o dinheiro arrecadado seja usado para os pagamentos – e na habilitação de todos os credores – que serão reunidos para que os pagamentos possam ser feitos com obediência à ordem de preferência prevista na lei.

2.3.1. Arrecadação dos bens

Já se viu que desde a decretação da falência o devedor perde o direito de administrar os seus bens ou deles dispor (art. 103 da LRE). Em razão disso, a administração dos seus bens passa para o administrador judicial, o qual, assim que assinar o **termo de compromisso**, "efetuará a arrecadação dos bens e documentos e a avaliação dos bens, separadamente ou em bloco, no local em que se encontrem, requerendo ao juiz, para esses fins, as medidas necessárias" (art. 108 da LRE).

Vê-se, então, que também é efeito específico da falência a arrecadação de todos os bens do devedor – com exceção dos bens absolutamente impenhoráveis (art. 108, § 1º, da LRE) –, os quais deverão ser vendidos para que o produto da venda seja utilizado para o pagamento dos credores. Os bens arrecadados constituem, pois, a chamada **massa falida objetiva**, que corresponde ao ativo do devedor submetido à execução concursal falimentar.

A arrecadação será formalizada por meio da lavratura do auto de arrecadação (art. 110 da LRE), que será composto do inventário e do laudo de avaliação dos bens, os quais, sempre que possível, deverão ser individualizados.

O juiz também poderá, se houver necessidade, autorizar a remoção dos bens arrecadados, para a sua melhor guarda e conservação, "hipótese em que permanecerão em depósito sob responsabilidade do administrador judicial, mediante compromisso" (art. 112 da LRE).

Tratando-se, por outro lado, de bens perecíveis, deterioráveis, sujeitos à considerável desvalorização ou que sejam de conservação arriscada ou dispendiosa, **o juiz poderá autorizar a sua venda antecipada, ouvidos o comitê de credores, se houver, e o falido no prazo de 48 horas** (art. 113 da LRE).

Outra medida que pode ser tomada pelo juiz, **com** a oitiva prévia do comitê, se houver, é a **autorização para que alguns credores, de forma individual ou coletiva, em razão dos custos e no interesse da massa falida, adquiram ou adjudiquem, de imediato, os bens arrecadados, pelo valor da avaliação, atendida a regra de classificação e preferência entre eles** (art. 111 da LRE). Essa medida é muitas vezes interessante, porque evita a realização de leilão para a venda dos bens, acelerando o trâmite do processo falimentar.

Por fim, regra muito importante quanto aos bens arrecadados do devedor é a prevista no art. 114 da LRE, segundo o qual "o administrador judicial **poderá** alugar ou celebrar outro contrato referente aos bens da massa falida, com o objetivo de produzir renda para a massa falida, mediante autorização do Comitê". Trata-se de medida extremamente relevante, em alguns casos, podendo servir de modo deveras útil para a **maximização do ativo** do devedor falido.

> **Atenção!**
>
> Princípio da maximização do ativo: "preservar e otimizar a utilização produtiva dos bens, ativos e recursos produtivos, inclusive os intangíveis, da empresa" (trecho do art. 75 da LRE). Evitar a desvalorização e a deterioração dos bens do devedor, por exemplo.

É importante destacar que **a arrecadação dos bens do devedor falido não deve se restringir ao ativo que o devedor possui no momento em que sua falência foi decretada**. Afinal, é bem possível que o devedor tenha se desfeito de bens que compunham seu ativo antes da decretação da quebra com o objetivo de evitar que tais bens fossem arrecadados no processo falimentar.

É justamente por esse motivo que, quando estudamos a sentença que decreta a falência do devedor, vimos que uma das principais medidas tomadas pelo juízo falimentar quando da sua prolação consiste na **fixação do termo legal da falência**, que irá delimitar o chamado período suspeito.

Segundo o art. 129 a LRE, alguns atos praticados pelo devedor falido antes da decretação de sua quebra, previstos nos seus incisos I a VII, "são ineficazes em relação à massa falida, tenha ou não o contratante conhecimento do estado de crise econômico-financeira do devedor, seja ou não intenção deste fraudar credores".

Trata-se do que a doutrina chama de **atos objetivamente ineficazes**, uma vez que o reconhecimento de sua ineficácia independe da demonstração de fraude do devedor ou de conluio com o terceiro que com ele contratou. Veja-se que os atos objetivamente ineficazes estão previstos em rol taxativo e sua prática, em geral, ocorreu em certo lapso temporal específico – que muitas vezes é justamente o denominado **período suspeito**, delimitado a partir da fixação do termo legal da falência.

Pois bem. Descoberta a prática de um dos atos descritos no art. 129, "a ineficácia poderá ser declarada de ofício pelo juiz, alegada em defesa ou pleiteada mediante ação própria ou incidentalmente no curso do processo" (art. 129, parágrafo único, da LRE). Trata-se de novidade interessantíssima trazida pela nova legislação falimentar, uma vez que na vigência da legislação anterior o reconhecimento da ineficácia objetiva se submetia ao procedimento da ação revocatória, hoje restrita às hipóteses de **ineficácia subjetiva**, analisadas adiante.

Além dos atos objetivamente ineficazes, previstos no rol exaustivo do art. 129 da LRE, ela também prevê, no seu art. 130, que "são revogáveis os atos praticados com a intenção de prejudicar credores, provando-se o conluio fraudulento entre o devedor e o terceiro que com ele contratar e o efetivo prejuízo sofrido pela massa falida". Trata o dispositivo em questão, pois, dos **atos com ineficácia subjetiva**, os quais só terão reconhecida a sua ineficácia se forem provados (i) a **intenção de prejudicar os credores**, (ii) o **conluio fraudulento entre o devedor e o terceiro que contratou com ele** e (iii) o **real prejuízo da massa**.

Perceba-se ainda que, no caso dos atos subjetivamente ineficazes, não há a previsão específica de condutas típicas do devedor nem a utilização de nenhum marco temporal como referência. **Em princípio, portanto, qualquer ato do devedor que os credores julguem encaixar-se na previsão do art. 130 da LRE, independentemente da época de sua prática, pode ser questionado com o requerimento de declaração da sua ineficácia perante a massa.**

A diferença é que, ao contrário do que ocorre com os atos de ineficácia objetiva previstos no art. 129 da LRE, **a declaração de ineficácia subjetiva não poderá**

ser reconhecida de ofício pelo juiz, alegada em defesa ou pleiteada incidentalmente. Nesse caso, será necessário o ajuizamento de ação própria, a chamada ação revocatória, a qual, segundo o art. 132 da LRE, "deverá ser proposta pelo administrador judicial, por qualquer credor ou pelo Ministério Público no prazo de 3 (três) anos contado da decretação da falência".

A ação revocatória, que corre perante o juízo universal da falência e segue o rito comum do Código de Processo Civil (art. 134 da LRE), pode ser ajuizada contra: (i) todos os que figuraram no ato ou que por efeito dele foram pagos, garantidos ou beneficiados; (ii) os terceiros adquirentes, se tiveram conhecimento, ao se criar o direito, da intenção do devedor de prejudicar os credores; (iii) os herdeiros ou legatários das pessoas indicadas nos dois casos ora mencionados (art. 133 da LRE).

Investigação dos atos anteriores à falência do devedor	
Atos objetivamente ineficazes	**Atos subjetivamente ineficazes:**
Rol taxativo do art. 129. Podem ser declarados ineficazes até mesmo e ofício, independentemente de fraude ou intenção de prejudicar credores.	A lei não descreveu casos específicos. Qualquer ato praticado com intenção de prejudicar credor, em conluio com terceiros, que cause prejuízo para a massa. A declaração de ineficácia depende de ajuizamento de ação revocatória.

O procedimento de arrecadação abrange tanto os bens de propriedade do devedor falido quanto os bens que apenas se encontram na sua posse, como, por exemplo, bens dos quais ele é mero locatário ou comodatário. Sendo assim, pode ser, eventualmente, que a arrecadação atinja bens de terceiros, os quais, logicamente, não poderão de forma alguma ser utilizados para pagamento dos credores do falido. Portanto, para que se complete a correta definição do ativo que será executado no processo falimentar, é preciso proceder, após a arrecadação, à **restituição** de alguns bens aos seus reais proprietários.

Há basicamente quatro hipóteses que ensejam a possibilidade de **pedido de restituição** de bens, para as quais a LRE estabelece procedimento específico, regulado nos seus arts. 85 a 93.

O primeiro caso de restituição de bens arrecadados está consagrado no **art. 85 da LRE**, segundo o qual "o proprietário de bem arrecadado no processo de falência ou que se encontre em poder do devedor na data da decretação da falência poderá pedir sua restituição". Tem-se, aqui, caso em que o bem arrecadado é de propriedade de terceiro. Pode ser, por exemplo, que o bem tivesse sido entregue ao falido em comodato.

O segundo caso está previsto no **art. 85, parágrafo único, da LRE**, que dispõe o seguinte: "também pode ser pedida a restituição de coisa vendida a crédito e entregue ao devedor nos 15 (quinze) dias anteriores ao requerimento de sua falência, se ainda não alienada". Aqui a situação é um pouco diferente. Trata-se de bem que foi vendido a crédito ao falido, entregue ao mesmo até quinze dias antes a decretação de sua quebra e ainda não alienado. O objetivo do legislador, nesse caso, foi proteger o terceiro de boa-fé que contratou com o falido às vésperas de sua falência. Afinal, nos quinze dias anteriores à quebra é bastante provável que o empresário devedor ou os administradores da sociedade devedora soubessem da situação de crise da empresa, fato que deveria fazer com que não adquirissem mercadorias a crédito, haja vista a grande possibilidade de não poderem honrar o compromisso assumido.

A terceira hipótese de restituição, por sua vez, está assegurada pelo **art. 86, inciso II, da LRE**, que faz referência a outro dispositivo normativo. Com efeito, prevê a norma em comento que caberá a restituição em dinheiro "da importância entregue ao devedor, em moeda corrente nacional, decorrente de adiantamento a contrato de câmbio para exportação, na forma do art. 75, §§ 3º e 4º, da Lei nº 4.728, de 14 de julho de 1965, desde que o prazo total da operação, inclusive eventuais prorrogações, não exceda o previsto nas normas específicas da autoridade competente". Destaque-se que, nesse caso, a restituição deve ser feita em dinheiro.

Há ainda uma quarta hipótese de restituição, prevista no **art. 86, inciso III, da LRE**, que está disciplinada no art. 136 da LRE. Trata-se da situação em que o juiz declara a ineficácia de ato praticado pelo falido antes da decretação da quebra, caso em que "as partes retornarão ao estado anterior, e o contratante de boa-fé terá direito à restituição dos bens ou valores entregues ao devedor". Nesse caso a restituição também será feita em dinheiro.

2.3.2. Habilitação dos créditos

A formação da massa falida subjetiva será feita por meio do procedimento de verificação e habilitação dos créditos, regulado nos arts. 7º e seguintes da LRE. Ao contrário do que fazia a lei anterior, segundo a qual a habilitação dos créditos era feita pelo juiz, a LRE previu a "desjudicialização" dessa matéria, determinado, em seu art. 7º, que "a verificação dos créditos será realizada pelo administrador judicial, com base nos livros contábeis e documentos comerciais e fiscais do devedor e nos documentos que lhe forem apresentados pelos credores, podendo contar com o auxílio de profissionais ou empresas especializadas".

Com efeito, já vimos, quando do estudo da sentença que decreta a falência, que uma das medidas específicas ditadas pelo juiz é a **determinação para que o devedor falido apresente, em cinco dias, a relação completa e detalhada de todos os seus credores**. Da mesma forma, o juiz fixa na sentença o **prazo para a habilitação dos créditos perante o administrador judicial** (quinze dias, conforme dispõe o art. 7º, § 1º, da LRE).

Segundo o art. 9º da LRE, **a habilitação do crédito deverá conter**: "I – o nome, o endereço do credor e o endereço em que receberá comunicação de qualquer ato do processo; II – o valor do crédito, atualizado até a data da decretação da falência ou do pedido de recuperação judicial, sua origem e classificação; III – os documentos comprobatórios do crédito e a indicação das demais provas a serem produzidas; IV – a indicação da garantia prestada pelo devedor, se houver, e o respectivo instrumento; V – a especificação do objeto da garantia que estiver na posse do credor". Além do mais, conforme determinação do parágrafo único do dispositivo em comento, "os títulos e documentos que legitimam os créditos deverão ser exibidos no original ou por cópias autenticadas se estiverem juntados em outro processo".

Após o período de habilitação, o administrador, com base na relação fornecida pelo devedor e nos documentos apresentados pelos credores que se habilitaram, terá prazo de **45 (quarenta e cinco) dias** para "**publicar edital contendo a relação de credores** (...), devendo indicar o local, o horário e o prazo comum em que as pessoas indicadas no art. 8º da LRE terão acesso aos documentos que fundamentaram a elaboração dessa relação" (art. 7º, § 2º, da LRE). Não havendo nenhuma impugnação, a relação de credores estará formalizada (art. 14 da LRE).

Caso, todavia, **algum credor, o próprio devedor – ou sócio da sociedade devedora – ou mesmo o Ministério Público** verifiquem algum equívoco na relação apresentada pelo administrador judicial, consistente, por exemplo, na ausência de algum crédito ou na inclusão de crédito ilegítimo, poderão apresentar **impugnação** ao juiz, no prazo de 10 (dez) dias, contados da publicação do edital que contém a relação, acima referido.

O procedimento de impugnação segue o rito previsto nos arts. 13 e 15 da LRE, podendo ainda o juiz, determinar, "para fins de rateio, a reserva de valor para satisfação do crédito impugnado" (art. 16 da LRE).

Em princípio, cada impugnação, dirigida por petição com a documentação necessária, **será autuada em separado e julgada pelo juízo universal da falência**. Havendo, porém, mais de uma impugnação sobre o mesmo crédito, **serão autuadas e julgadas conjuntamente** (art. 13 da LRE).

O juiz mandará intimar o credor cujo crédito foi impugnado para apresentar contestação, no prazo de 5 (cinco) dias (art. 11 da LRE). O devedor e o comitê de credores, se houver, também serão intimados para se manifestarem sobre a impugnação no mesmo prazo de 5 (cinco) dias (art. 12 da LRE), e o administrador judicial, por fim, terá também 5 (cinco) dias para apresentar parecer (art. 12, parágrafo único). Instruídos os autos, inclusive com a possibilidade de produção de prova em audiência de instrução (art. 15, inciso IV, da LRE), o juiz proferirá decisão, contra a qual caberá agravo de instrumento (art. 17 da LRE).

Ressalte-se que a perda do prazo para a habilitação do crédito não significa que o credor perdeu o direito de receber seu crédito no processo falimentar. O art. 10 da LRE determina, apenas, que as habilitações, nesse caso, sejam recebidas como **retardatárias**, o que, por óbvio, trará algumas consequências negativas.

Se as habilitações retardatárias forem apresentadas antes da homologação do quadro-geral de credores, **serão elas recebidas como impugnação e processadas na forma dos arts. 13 a 15 da LRE** (art. 10, § 5º). Se, no entanto, a habilitação for feita com tanto atraso que já tenha sido homologado o quadro-geral, **será necessário requerer ao juízo universal da falência, em ação própria que obedeça ao procedimento ordinário do CPC, a retificação do quadro, para a inclusão do crédito retardatário** (art. 10, § 6º).

Ademais, não se deve esquecer que os credores retardatários, conforme já mencionado acima, sofrerão algumas consequências negativas, previstas nos parágrafos do art. 10 da LRE, em razão do seu atraso na habilitação dos respectivos créditos. Assim, por exemplo, os credores retardatários, "excetuados os titulares de créditos derivados da relação de trabalho, **não terão direito a voto nas deliberações da assembleia-geral de credores**" (§§ 1º e 2º). Da mesma forma, os credores retardatários "**perderão o direito a rateios eventualmente realizados e ficarão sujeitos ao pagamento de custas, não se computando os acessórios compreendidos entre o término do prazo e a data do pedido de habilitação**" (§ 3º).

Definidos, enfim, todos os incidentes acima descritos, caberá ao administrador judicial consolidar, definitivamente, o **quadro-geral de credores**, que será então homologado pelo juiz (art. 18).

2.3.3. *Realização do ativo*

Ultimadas as etapas de definição da massa falida objetiva, que corresponde, como visto, ao ativo do devedor que será utilizado para o pagamento dos credores habilitados (a massa falida subjetiva), proceder-se-á ao início da fase chamada pela lei de **realização do ativo** (art. 139 da LRE), que consiste, grosso modo, na **venda dos bens da massa**.

Veja-se que a LRE, em seu art. 140, § 2º, determina que **a venda dos bens deve ser iniciada antes mesmo de formado o quadro-geral de credores**, e a determinação é realmente correta. Afinal, a demora na venda dos bens é extremamente prejudicial ao atingimento das finalidades do processo falimentar. Quanto maior a demora na venda dos bens, maiores as chances de eles se deteriorarem, se desvalorizarem ou às vezes até desaparecerem, dada a dificuldade encontrada, em muitos casos, de guardá-los e conservá-los.

No art. 140 da LRE, estão previstas as **modalidades de venda dos bens do falido**. Perceba-se que o legislador estabeleceu uma interessante **ordem de preferência**, sempre em atenção ao **princípio da preservação da empresa**, que norteou a reforma de nosso direito falimentar.

Em primeiro lugar, a LRE previu, no *inciso I do art. 140*, "alienação da empresa, com a **venda de seus estabelecimentos em bloco**". Se for possível a continuação da atividade econômica, ou seja, da empresa, agora conduzida por outro agente econômico, que irá adquirir o estabelecimento empresarial do devedor falido, esta possibilidade deve ser privilegiada, e foi exatamente isso o que o legislador fez, merecendo aplausos a sua atuação.

Em segundo lugar, na ordem de preferência, previu a LRE, em *seu art. 140, inciso II*, a "**alienação da empresa, com a venda de suas filiais ou unidades produtivas isoladamente**". A mesma ideia do inciso I está presente, implicitamente, também nesse caso. A única diferença é que, na situação descrita no inciso II, pode ocorrer que se trate de uma grande sociedade empresária, com diversas filiais espalhadas pelo país, por exemplo. Nessa hipótese, pode ser mais conveniente vender as unidades produtivas correspondentes a cada filial de modo separado, sobretudo se uma das filiais é muito mais valiosa do que as outras.

Já no *inciso III*, previu a LRE a hipótese de "**alienação em bloco dos bens que integram cada um dos estabelecimentos do devedor**". Só se deve privilegiar essa hipótese quando as duas primeiras, analisadas acima, se mostrarem economicamente inviáveis. Assim, quando não se conseguir um bom preço no trespasse, ou seja, na venda de todo o estabelecimento empresarial (inciso I), nem na venda autônoma das filiais (inciso II), a terceira melhor solução é tentar vender os bens do estabelecimento em bloco, sempre na busca de conseguir arrecadar o máximo de recursos.

Por fim, a última alternativa de venda dos bens está prevista no *inciso IV do art. 140*, que prevê a "**alienação dos bens individualmente considerados**". Trata-se de regra que só deve ser aplicada quando a situação do devedor falido for realmente de crise econômica gravíssima e conjuntural, de modo que seu estabelecimento empresarial não oferece nenhum atrativo para o mercado e seus bens estão completamente desarticulados uns dos outros, impedindo sequer a consecução de sua venda em bloco.

Ordem legal de preferência para venda dos bens do falido	
1º	Trespasse do estabelecimento empresarial em bloco;
2º	Venda isolada de filiais e unidades produtivas;
3º	Venda dos bens em bloco;
4º	Venda isolada dos bens.

Definida(s) a(s) melhor(es) forma(s) de realização do ativo do devedor falido, proceder-se-á à venda, o que em regra se dará sob uma das **modalidades típicas** previstas no art. 142 da LRE, segundo o qual "o juiz, ouvido o administrador judicial e atendendo à orientação do Comitê, se houver, ordenará que se proceda à alienação do ativo em uma das seguintes modalidades: I – **leilão, por lances orais**; II – **propostas fechadas**; III – **pregão**".

Segundo o art. 146 da LRE, "**em qualquer modalidade de realização do ativo adotada, fica a massa falida dispensada da apresentação de certidões negativas**". Trata-se de interessante novidade da legislação atual. Quase sempre o devedor falido possui pendências fiscais. Caso a apresentação de certidões negativas fosse necessária, isso com certeza obstaria a realização da venda.

A própria LRE explica, em detalhes, o procedimento de cada modalidade típica de venda acima mencionada. Assim, segundo o § 3º, do art. 142, "no leilão por lances orais, aplicam-se, no que couber, as regras da – Código de Processo Civil".

Por outro lado, tratando-se de venda pela modalidade de propostas fechadas, a venda dos bens do devedor, segundo o § 4º, do art. 142, "ocorrerá mediante a entrega, em cartório e sob recibo, de envelopes lacrados, a serem abertos pelo juiz, no dia, hora e local designados no edital, lavrando o escrivão o auto respectivo, assinado pelos presentes, e juntando as propostas aos autos da falência".

Por fim, dispõe o § 5º, do art. 142, sobre a modalidade de venda chamada de pregão, a qual "constitui modalidade híbrida das anteriores, comportando 2 (duas) fases: I – recebimento de propostas, na forma do § 3º deste artigo; II – leilão por lances orais, de que participarão somente aqueles que apresentarem propostas não inferiores a 90% (noventa por cento) da maior proposta ofertada, na forma do § 2º deste artigo". Vê-se, pois, que o pregão representa, grosso modo, uma combinação do leilão com a venda por propostas fechadas. Em primeiro lugar, o juiz recebe e abre as propostas realizadas. Posteriormente, notifica aqueles que fizeram as melhores propostas, nos termos da lei, para a fase dos lances orais, na qual será usado, como valor de abertura, o montante da maior proposta oferecida na fase anterior, cujo ofertante ficará obrigado a cumprir.

Modalidades de venda dos bens previstas na LRE	Leilão
	Propostas fechadas
	Pregão (mistura de propostas fechadas com leilão)

Destaque-se ainda que, "**em qualquer modalidade de alienação, o Ministério Público será intimado pessoalmente, sob pena de nulidade**" (art. 142, § 7º).

Além das modalidades típicas de venda dos bens analisadas no tópico antecedente, a LRE permite ainda que a venda seja realizada por **meios atípicos**, desde que isso, é óbvio, seja mais interessante sob o ponto de vista da maximização dos ativos do devedor falido. Nesse sentido, prevê o art. 144 da LRE que, "havendo motivos justificados, o juiz poderá autorizar, mediante requerimento fundamentado do administrador judicial ou do Comitê, modalidades de alienação judicial diversas das previstas no art. 142 desta Lei". Veja-se que nesse caso a decisão sobre a utilidade da modalidade atípica de venda dos bens compete exclusivamente ao juiz, quando provocado pelo administrador judicial ou pelo comitê de credores.

Prevê também a LRE, em seu art. 145, que "o juiz homologará qualquer outra modalidade de realização do ativo, desde que aprovada pela assembleia-geral de credores, inclusive com a constituição de sociedade de credores ou dos empregados do próprio devedor, com a participação, se necessária, dos atuais sócios ou de terceiros". **No caso da constituição de sociedade formada por empregados, estes poderão utilizar créditos derivados da legislação do trabalho para aquisição ou arrendamento da empresa**. Aqui, perceba-se, a opinião do órgão julgador é menos decisiva, uma vez que cabe a ele apenas homologar o consenso formado pelos credores, por meio de decisão da assembleia geral, que deve ser tomada por pelo menos 2/3 (dois terços) dos créditos titularizados pelos credores presentes (art. 46 da LRE).

> ▸ **Atenção!**
>
> Modalidades atípicas de venda dos bens do falido podem ser sugeridas ao juiz pelo comitê de credores ou determinadas pela assembleia geral de credores.

Conforme já havíamos adiantado quando do estudo do trespasse, a legislação falimentar trouxe uma interessantíssima novidade em relação ao tema em enfoque, prevendo, em seu art. 141, que "*na alienação conjunta ou separada de ativos, inclusive da empresa ou de suas filiais, promovida sob qualquer das modalidades de que trata este artigo: I – todos os credores, observada a ordem de preferência definida no art. 83 desta Lei, sub-rogam-se no produto da realização do ativo; II – o objeto da alienação estará livre de qualquer ônus e não haverá sucessão do arrematante nas obrigações do devedor, inclusive as de natureza tributária, as derivadas da legislação do trabalho e as decorrentes de acidentes de trabalho*". A novidade de que ora se fala, perceba-se, está no inciso II do dispositivo transcrito, que **excepciona a regra de**

sucessão empresarial prevista no art. 1.146 do CC quando o trespasse for realizado em processo falimentar por meio de hasta pública numa das modalidades constantes do art. 140 da LRE (leilão, propostas fechadas ou pregão). Às sociedades mencionadas no art. 145 da LRE (sociedade de credores ou dos empregados), aplica-se o disposto no art. 141, ou seja, **os bens objeto de alienação estarão livres de quaisquer ônus e não haverá sucessão nas obrigações.**

2.3.4. Pagamento dos credores

A grande finalidade da realização do ativo do devedor falido, que estudamos nos parágrafos anteriores, é a arrecadação de recursos para o posterior pagamento dos credores, descritos no quadro-geral. Nesse sentido, aliás, é a regra do art. 147 da LRE, segundo a qual "*as quantias recebidas a qualquer título serão imediatamente depositadas em conta remunerada de instituição financeira, atendidos os requisitos da lei ou das normas de organização judiciária*". Os valores arrecadados, então, ficarão depositados até o momento de serem iniciados os pagamentos dos credores, o que deve ser feito **segundo a ordem de preferência de cada crédito, prevista no art. 83 da LRE.**

Mas antes de serem pagos os credores a massa pode – e deve – utilizar os recursos arrecadados e depositados em conta bancária, conforme visto acima, para atender outras finalidades previstas na própria legislação falimentar. Com efeito, segundo o disposto no art. 149 da LRE, os recursos obtidos com a realização do ativo do devedor falido só serão usados para pagamento dos credores **depois de feitas as devidas restituições e de pagos os créditos extraconcursais**, descritos no art. 84 da LRE.

E mais: alguns pagamentos devem ser feitos pelo administrador judicial **imediatamente, assim que houver disponibilidade de caixa**. São os casos dos **arts. 150 e 151 da LRE**. De acordo com o primeiro, "as despesas cujo pagamento antecipado seja indispensável à administração da falência, inclusive na hipótese de continuação provisória das atividades previstas no inciso XI do caput do art. 99 desta Lei, serão pagas pelo administrador judicial com os recursos disponíveis em caixa". De acordo com o segundo, por sua vez, "os créditos trabalhistas de natureza estritamente salarial vencidos nos 3 (três) meses anteriores à decretação da falência, até o limite de 5 (cinco) salários-mínimos por trabalhador, serão pagos tão logo haja disponibilidade em caixa".

> ▸ **Atenção!**
>
> Os pagamentos previstos nos arts. 150 e 151 da LRE não obedecem a nenhuma de classificação de créditos. Eles devem ser realizados assim que houver disponibilidade de caixa.

Mais uma interessante novidade trazida pela LRE foi a figura dos chamados *créditos extraconcursais*, que devem ser pagos antes de qualquer outro crédito concursal, por maior que seja a sua preferência na ordem de classificação.

Assim, segundo o art. 84 da LRE, "*Serão considerados créditos extraconcursais e serão pagos com precedência sobre os mencionados no art. 83 desta Lei, na ordem a seguir, os relativos a: I – remunerações devidas ao administrador judicial e seus auxiliares, e créditos derivados da legislação do trabalho ou decorrentes de acidentes de trabalho relativos a serviços prestados após a decretação da falência; II – quantias fornecidas à massa pelos credores; III – despesas com arrecadação, administração, realização do ativo e distribuição do seu produto, bem como custas do processo de falência; IV – custas judiciais relativas às ações e execuções em que a massa falida tenha sido vencida; V – obrigações resultantes de atos jurídicos válidos praticados durante a recuperação judicial, nos termos do art. 67 desta Lei, ou após a decretação da falência, e tributos relativos a fatos geradores ocorridos após a decretação da falência, respeitada a ordem estabelecida no art. 83 desta Lei*".

Da leitura atenta do dispositivo acima transcrito pode-se perceber que **os créditos extraconcursais, além de serem pagos antes de qualquer outro crédito submetido a concurso, também obedecem a uma ordem de preferência**. Assim, primeiro serão pagos credores extraconcursais mencionados no inciso I do art. 84, depois os mencionados no inciso II, e assim por diante.

Deve-se atentar ainda para o fato de que os créditos extraconcursais **são créditos que não existiam antes da decretação da falência, mas que são, antes, resultados desse processo**. Com efeito, todos os créditos mencionados nos incisos I a V do art. 84 são decorrentes de fatos posteriores à decretação da falência ou ao processamento da recuperação judicial, que estudaremos adiante.

> **Atenção!**
>
> Os créditos extraconcursais são dívidas da massa, que surgiram depois da decretação da falência, por isso devem ser pagos antes dos créditos concursais, que são dívidas do falido, que surgiram antes da decretação da falência.

Realizados, enfim, os pagamentos que a lei determina sejam feitos com a disponibilidade de caixa existente, as restituições em dinheiro e os pagamentos dos créditos extraconcursais, resta então fazer o pagamento dos credores submetidos a concurso, o que será feito seguindo-se a **ordem de classificação estabelecida no art. 83 da LRE**.

Em primeiro lugar, no *inciso I*, estão "os **créditos derivados da legislação do trabalho, limitados a 150 (cento e cinquenta) salários-mínimos por credor, e os decorrentes de acidentes de trabalho**". Aqui a lei trouxe importante e polêmica inovação. A limitação da preferência dos créditos trabalhistas a 150 (cento e cinquenta) salários-mínimos por trabalhador foi objeto de intensos debates no Congresso Nacional e provocou, depois de promulgada a lei, diversas reações negativas advindas das entidades sindicais dos trabalhadores.

Quantos aos créditos decorrentes de acidentes do trabalho, os mesmos concorrem como créditos preferenciais pela totalidade do seu valor. **A limitação de 150 salários-mínimos não os atinge, estando restrita aos créditos trabalhistas *stricto sensu*.**

Estes créditos trabalhistas *stricto sensu* a que nos referimos são, basicamente, os créditos de indenizações determinadas pela Justiça do Trabalho (pagamento de horas extras, décimo-terceiro salário, férias, etc.), bem como outros créditos a eles equiparados: (i) os devidos aos representantes comerciais autônomos a título de comissões (art. 44 da Lei nº 4.886/65) e (ii) os devidos à Caixa Econômica Federal a título de contribuição para o FGTS (Fundo de Garantia por Tempo de Serviço).

Há ainda outra norma inovadora da LRE quanto aos créditos trabalhistas que provocou intensos debates e reações negativas das entidades representativas dos trabalhadores. Trata-se do § 4º do art. 83, segundo o qual "os créditos trabalhistas cedidos a terceiros serão considerados quirografários". **A regra em questão tentou evitar outra prática recorrente na vigência da lei anterior – a venda de créditos trabalhistas –, e a sua intenção foi proteger o trabalhador, e não o contrário.**

Em segundo lugar, no *inciso II*, estão os "**créditos com garantia real até o limite do valor do bem gravado**". Podem ser citados como exemplos de créditos com garantia real os créditos hipotecários, os créditos pignoratícios, os créditos caucionados, os créditos de debêntures com garantia real e os créditos de instituições financeiras decorrentes de cédulas de crédito rural.

Trata-se de créditos não sujeitos a rateio, ou seja, nesses casos, o produto da venda do bem dado em garantia real à dívida será usado para o pagamento do credor garantido. Caso esse produto da venda seja superior à dívida, o saldo restante será usado para o pagamento dos demais credores, na ordem de classificação. Caso, em contrapartida, o produto da venda não seja suficiente para o pagamento da dívida, o restante dela será classificado como crédito quirografário.

Em terceiro lugar, no *inciso III*, estão os "**créditos tributários, independentemente da sua natureza e tempo de constituição, excetuadas as multas tributárias**". Vê-se, de imediato, que a LRE solucionou uma controvérsia existente na vigência da lei anterior, relativa às multas tributárias, as quais, segundo entendimento jurisprudencial, não podiam ser cobradas no processo falimentar. A nova legislação falimentar, todavia, permitiu a cobrança dos créditos decorrentes de multas tributárias no processo falimentar, mas não os classificou como créditos fiscais, deixando-os, na verdade, em sétimo lugar na ordem de classificação, abaixo dos créditos quirografários.

Em quarto lugar, no *inciso IV*, estão os "**créditos com privilégio especial**, a saber: a) os previstos no art. 964 do CC; b) os assim definidos em outras leis civis e comerciais, salvo disposição contrária desta Lei; c) aqueles a cujos titulares a lei confira o direito de retenção sobre a coisa dada em garantia; d) aqueles em favor dos microempreendedores individuais e das microempresas e empresas de pequeno porte de que trata a Lei Complementar nº 123, de 14 de dezembro de 2006".

A própria legislação falimentar, vê-se, já exemplificou alguns créditos com privilégio especial, fazendo menção ao art. 964 do CC. Assim, por exemplo, têm privilégio especial "sobre a coisa salvada, o credor por despesas de salvamento" (inciso II) e "sobre a coisa beneficiada, o credor por benfeitorias necessárias ou úteis" (inciso III).

Em quinto lugar, no *inciso V*, estão os "**créditos com privilégio geral**, a saber: a) os previstos no art. 965 do CC; b) os previstos no parágrafo único do art. 67 desta Lei; c) os assim definidos em outras leis civis e comerciais, salvo disposição contrária desta Lei".

Assim como fez com os créditos com privilégio especial, a LRE também exemplificou alguns créditos com privilégio geral, fazendo menção ao art. 965 do CC. Nessa categoria, então, se enquadram, por exemplo, "o crédito por despesa de seu funeral, feito segundo a condição do morto e o costume do lugar" (inciso I) e "o crédito por despesas com o luto do cônjuge sobrevivo e dos filhos do devedor falecido, se foram moderadas".

Em sexto lugar, no *inciso VI*, estão os "**créditos quirografários**, a saber: a) aqueles não previstos nos demais incisos deste artigo; b) os saldos dos créditos não cobertos pelo produto da alienação dos bens vinculados ao seu pagamento; c) os saldos dos créditos derivados da legislação do trabalho que excederem o limite estabelecido no inciso I do caput deste artigo".

Em qualquer processo falimentar, a lista dos credores quirografários provavelmente será sempre a maior, porque envolve todos os **créditos que não possuem nenhuma espécie de privilégio ou garantia**. Trata-se, pois, dos credores cujos créditos decorrem de uma obrigação cambial inadimplida (duplicata, nota promissória, cheque etc.), de uma indenização por ato ilícito ou de uma obrigação contratual não honrada. Ademais, a LRE ainda inclui nessa classe o saldo de crédito trabalhista ou equiparado que ultrapassar 150 salários-mínimos e o saldo de crédito com garantia real ou privilégio especial cujo montante arrecadado com a venda dos bens vinculados ao seu pagamento não seja suficiente.

Em sétimo lugar, no *inciso VII*, estão "as **multas contratuais** e as **penas pecuniárias por infração das leis penais ou administrativas, inclusive as multas tributárias**". No regime da lei anterior, os créditos quirografários eram os últimos créditos previstos na ordem de classificação. A LRE inovou mais uma vez, prevendo abaixo dos quirografários os créditos decorrentes de multas e penas pecuniárias, incluindo nessa classe as multas tributárias, as quais, na lei anterior, não podiam ser cobradas no processo falimentar, conforme entendimento jurisprudencial consolidado no verbere nº 565 da súmula do STF: "a multa fiscal moratória constitui pena administrativa, não se incluindo no crédito habilitado em falência".

Por fim, em oitavo lugar, no *inciso VIII*, estão "**créditos subordinados**, a saber: a) os assim previstos em lei ou em contrato; b) os créditos dos sócios e dos administradores sem vínculo empregatício".

A inclusão dos créditos subordinados na ordem de classificação dos créditos também foi uma inovação da LRE, já que, como dito, na lei anterior a última classe era a dos quirografários. São credores que se enquadram nessa categoria, por exemplo, os titulares de debêntures subordinadas e os sócios e administradores da sociedade sem vínculo empregatício. Eles só terão seus créditos satisfeitos depois de pagos todos os demais credores acima estudados.

Ordem de classificação dos créditos na falência:	
1º	**Créditos trabalhistas e acidentários:** os créditos acidentários são preferenciais independentemente do valor, mas a preferência dos créditos trabalhistas está limitada a 150 salários mínimos (o que exceder esse valor será considerado crédito quirografário)
2º	**Créditos com garantia real:** a preferência deles está limitada ao valor do bem gravado (o que exceder esse valor será considerado crédito quirografário)
3º	**Créditos tributários:** não se incluem nessa categoria as multas tributárias.
4º	**Créditos com privilégio especial**
5º	**Créditos com privilégio geral**
6º	**Créditos quirografários:** são créditos normais, sem nenhuma preferência.
7º	**Multas e penas pecuniárias:** aqui se incluem desde multas contratuais até multas por infrações da legislação administrativa, por exemplo.
8º	**Créditos subordinados:** basicamente, são créditos de sócios contra a própria sociedade empresária falida.

Finalmente, é importante destacar aqui um recente julgado do STJ, em recurso repetitivo, que tratou da **classificação dos honorários advocatícios na falência**: "os créditos decorrentes de honorários advocatícios, contratuais ou sucumbenciais, **equiparam-se a créditos trabalhistas** para a habilitação em processo falimentar. Vale destacar que, **por força da equiparação, haverá o limite para o recebimento – tal como ocorre com os credores trabalhistas**. (...) São **créditos**

extraconcursais os honorários de advogado resultantes de trabalhos prestados à massa falida, **depois** do decreto de falência, nos termos dos arts. 84 e 149 da Lei 11.101/2005" (REsp 1.152.218-RS).

2.3.5. Encerramento da falência

Feitos os pagamentos dos credores, conforme a ordem de classificação analisada acima e a disponibilidade de recursos da massa, caberá ao administrador judicial apresentar suas contas ao juiz. É o que dispõe o art. 154 da LRE: *"concluída a realização de todo o ativo, e distribuído o produto entre os credores, o administrador judicial apresentará suas contas ao juiz no prazo de 30 (trinta) dias"*.

Apresentadas as contas, juntamente com toda a documentação pertinente, formar-se-ão autos apartados que serão apensados ao provavelmente já bastante volumoso processo falimentar (§ 1º). Ato contínuo, o juiz colocará as contas à disposição dos interessados para que eles possam oferecer impugnações, se assim entenderem, no prazo de 10 (dez) dias (§ 2º), e depois enviará os autos ao Ministério Público, que oferecerá parecer em 5 (cinco) dias (§ 3º). Havendo impugnação ou parecer desfavorável, o administrador judicial será novamente ouvido, voltando posteriormente os autos ao juiz para julgamento das contas por sentença (§ 4º).

Se as contas forem rejeitadas, o juiz, além de fixar as responsabilidades do administrador judicial, poderá determinar a indisponibilidade ou o sequestro dos seus bens, servindo a sentença como título executivo para indenização da massa (§ 5º), contra a qual caberá o recurso de **apelação** (§ 6º).

Após o julgamento das contas, ainda resta ao administrador judicial uma diligência a ser cumprida, consistente na **apresentação de relatório final**, no prazo de **10 (dez) dias**, no qual ele indicará o valor alcançado com a realização do ativo, o valor do passivo, os pagamentos que realizou e as responsabilidades com as quais continuará o devedor falido (art. 155 da LRE). **Após a apresentação desse relatório, o juiz então dará por encerrado o processo falimentar, por meio de sentença (art. 156 da LRE) que será publicada em edital e contra a qual caberá recurso de apelação** (parágrafo único).

Por fim, registre-se que segundo o **art. 157 da LRE** *"o prazo prescricional relativo às obrigações do falido recomeça a correr a partir do dia em que transitar em julgado a sentença do encerramento da falência"*. Isso porque essa sentença apenas encerra o processo falimentar, ou seja, encerra a execução concursal do devedor, o que não significa, todavia, que esse devedor está livre de suas dívidas, sobretudo porque provavelmente o seu ativo não foi suficiente para pagar todo o seu passivo. Encerrada a falência, volta tudo a ser como era antes da decretação: a prescrição, que estava suspensa, volta a correr; as execuções individuais contra o devedor, que estavam suspensas, voltam a correr etc.

2.4. Extinção das obrigações do falido

O encerramento da falência não significa, por si só, a extinção das obrigações do devedor falido, o que só ocorrerá nos casos especificamente previstos no art. 158 da LRE e após a respectiva sentença. Suas obrigações só serão extintas, portanto, se houver: "*I – o pagamento de todos os créditos; II – o pagamento, depois de realizado todo o ativo, de mais de 50% (cinquenta por cento) dos créditos quirografários, sendo facultado ao falido o depósito da quantia necessária para atingir essa porcentagem se para tanto não bastou a integral liquidação do ativo; III – o decurso do prazo de 5 (cinco) anos, contado do encerramento da falência, se o falido não tiver sido condenado por prática de crime previsto nesta Lei; IV – o decurso do prazo de 10 (dez) anos, contado do encerramento da falência, se o falido tiver sido condenado por prática de crime previsto nesta Lei*".

O *inciso I*, que prevê a extinção das obrigações do falido **quando há o pagamento de todos os credores**, trata de situação ideal, mas que infelizmente não ocorre na grande maioria dos processos falimentares.

O *inciso II*, por sua vez, confere uma prerrogativa importante ao devedor empresário, não conferida, por exemplo, ao devedor civil insolvente que se submete ao *concurso de credores* regulado no CPC. No direito falimentar, **se o produto da realização do ativo do devedor for suficiente para pagamento de mais de 50% dos seus credores quirografários – os quais, é óbvio, só serão pagos depois de satisfeitos todos os demais créditos *acima* deles na ordem de classificação estudada no tópico antecedente –, as obrigações do falido podem ser declaradas extintas**. Nesse caso, pois, o devedor será exonerado de suas obrigações mesmo sem ter satisfeito todas elas, já que ainda restaram sem quitação o saldo remanescente dos créditos quirografários, as multas e penas pecuniárias e os créditos subordinados.

Os *incisos III e IV*, por fim, preveem a extinção das obrigações do falido **se transcorrer determinado lapso temporal após o trânsito em julgado da sentença de encerramento do processo falimentar**. Se houve a condenação pela prática de algum crime falimentar, esse prazo é de 10 (dez) anos. Se não houve, o prazo é de apenas 5 (cinco) anos.

Assim, **verificada uma das hipóteses descritas no art. 158, o devedor falido poderá então requerer ao juízo, por meio de petição que será autuada em apartado, a prolação de sentença que declare extintas as suas obrigações** (art. 159 da LRE). O requerimento deve ser publicado por edital no órgão oficial e em jornal de grande circulação (§ 1º), abrindo-se prazo de 30 (trinta) dias para que qualquer credor possa opor-se ao pedido (§ 2º), findo o qual o juiz, em 5 (cinco) dias, proferirá sentença (§ 3º), contra a qual caberá recurso de apelação (§ 5º). Transitada em julgado a sentença, os autos do requerimento serão apensados aos do processo falimentar (§ 6º).

3. RECUPERAÇÃO JUDICIAL

Segundo o art. 47 da LRE "a recuperação judicial tem por objetivo viabilizar a superação da situação de crise econômico-financeira do devedor, a fim de permitir a manutenção da fonte produtora, do emprego dos trabalhadores e dos interesses dos credores, promovendo, assim, a preservação da empresa, sua função social e o estímulo à atividade econômica".

O dispositivo deixa clara a sua finalidade: **permitir a recuperação dos empresários individuais, da EIRELI e das sociedades empresárias em crise, em reconhecimento à função social da empresa e em homenagem ao princípio da preservação da empresa**. Perceba-se, todavia, que a recuperação só deve ser facultada aos devedores que realmente se mostrarem em condições de se recuperar. A recuperação é medida, enfim, que se destina aos **devedores viáveis**. Se a situação de crise que acomete o devedor é de tal monta que se mostra insuperável, o caminho da recuperação lhe deve ser negado, não restando alternativa a não ser a decretação de sua falência.

3.1. Processamento do pedido de recuperação judicial

No art. 48 da LRE estão delineados os requisitos que o devedor deve atender para que o juiz autorize o processamento do seu pedido de recuperação. Veja-se que não estamos falando ainda na concessão do pedido do devedor, mas apenas no **deferimento de seu processamento**. Assim, de acordo com o dispositivo em questão, com a nova redação dada pela LC 147/2014, "poderá requerer recuperação judicial o devedor que, no momento do pedido, exerça regularmente suas atividades há mais de 2 (dois) anos e que atenda aos seguintes requisitos, cumulativamente: I – não ser falido e, se o foi, estejam declaradas extintas, por sentença transitada em julgado, as responsabilidades daí decorrentes; II – não ter, há menos de 5 (cinco) anos, obtido concessão de recuperação judicial; III – não ter, há menos de 5 (cinco) anos, obtido concessão de recuperação judicial com base no plano especial de que trata a Seção V deste Capítulo; IV – não ter sido condenado ou não ter, como administrador ou sócio controlador, pessoa condenada por qualquer dos crimes previstos nesta Lei".

Em primeiro lugar, pois, é preciso que o devedor comprove estar exercendo sua atividade empresarial regularmente há mais de dois anos. Sendo assim, fica claro que o empresário individual irregular e a sociedade irregular – chamada pelo CC de sociedade em comum – não têm direito à recuperação judicial. A comprovação desse requisito inicial, conforme será visto adiante, é feita com a juntada de certidão da Junta Comercial competente que ateste o exercício regular da atividade empresarial por tempo superior ao exigido na legislação falimentar. É importante atentar para o § 2º do art. 48 da LRE, acrescido pela Lei 12.873/2013, o qual trata do exercício de atividade rural por pessoa jurídica e admite a comprovação do prazo estabelecido no caput deste artigo por meio da Declaração de Informações Econômico-fiscais da Pessoa Jurídica - DIPJ que tenha sido entregue tempestivamente".

Além disso, o devedor precisa comprovar também que nunca teve sua falência decretada ou, se teve, que suas obrigações já foram declaradas extintas por sentença transitada em julgado. Quando o dispositivo em enfoque usa a expressão "falido", está se referindo ao empresário individual: se ele já teve sua falência decretada, não pode requerer recuperação judicial, salvo se suas obrigações já foram declaradas extintas por sentença transitada em julgado. Tratando-se de sociedade empresária, será óbice ao deferimento de seu pedido a existência de sócios de responsabilidade ilimitada que já tenham tido a sua falência decretada anteriormente ou que tenham participado de outra sociedade que teve sua falência decretada.

No inciso II, consta ainda a exigência de que o devedor não tenha, há menos de cinco anos, obtido a concessão de recuperação judicial. Assim, por exemplo, se uma determinada sociedade empresária que obtivera recuperação judicial em 2005 pedir recuperação judicial novamente em 2009, deve ser indeferido o seu processamento, com base no dispositivo em comento.

No mesmo sentido é o inciso III, que obsta o deferimento de recuperação judicial ao devedor qualificado como ME ou EPP que tenha, há menos de cinco anos, obtido a concessão da recuperação especial disciplinada nos arts. 70 a 72 da LRE.

Por fim, **no inciso IV, a lei ainda exige, no caso de empresário individual, que ele não tenha sido condenado por crime falimentar, ou, no caso de sociedade empresária, que isso não tenha ocorrido com nenhum de seus sócios controladores ou administradores.** Perceba-se que se um sócio minoritário, sem poder de controle ou de administração, já tenha eventualmente sido condenado por crimes tipificados na LRE, isso por si só não impede o juiz de deferir o processamento do pedido de recuperação da sociedade devedora. A regra é clara ao afirmar que o óbice legal só incide se o condenado era administrador ou controlador da sociedade.

Requisitos do pedido de recuperação judicial	
	Exercício regular de empresa há mais de 2 anos
	Não ser falido (portanto, não há recuperação judicial suspensiva, mas apenas preventiva)
	Não ter obtido recuperação judicial nos últimos 5 anos (em se tratando de ME ou EPP que pede a recuperação especial dos arts. 70 a 72, atentar que esse prazo era de 8 anos antes da LC 147/2014. Hoje é também de 5 anos)
	Ausência de condenação por crime falimentar (tratando-se de sociedade empresária, essa regra se aplica aos seus administradores e/ou controladores)

O pedido de recuperação deve ser feito ao juízo competente, nos termos do art. 3º da LRE, ou seja, no foro do principal estabelecimento do devedor, o qual, conforme já estudamos, corresponde não exatamente à sede administrativa da empresa, mas ao local onde se concentra o maior volume de negócios dela. Importante anotar aqui o enunciado nº 480 do STJ, o qual afirma: "o juízo da recuperação judicial não é competente para decidir sobre a constrição de bens não abrangidos pelo plano de recuperação da empresa".

Segundo o art. 51 da LRE, a petição inicial do pedido de recuperação deve ser minuciosamente preparada e devidamente instruída com os documentos exigidos, sob pena de indeferimento.

Caso a petição inicial esteja em desacordo com as determinações constantes do art. 51, o juiz não deve indeferi-la de imediato e decretar a falência do devedor, conforme determinava a lei anterior. A prudência recomenda que o juiz, na ausência de algum documento, por exemplo, **determine a emenda da inicial**, nos termos da legislação processual.

Estando, todavia, devidamente instruída a exordial do devedor, prevê o art. 52 da LRE que "o juiz deferirá o processamento da recuperação judicial", o que, repita-se, não significa o mesmo que conceder a recuperação judicial, o que só ocorrerá, eventualmente, em momento posterior. Neste momento, o juiz apenas está **deferindo o processamento do pedido de recuperação**, por entender, após juízo sumário de cognição, que aquele atendeu aos requisitos mínimos exigidos pela lei.

Na lei anterior, estabeleceu-se o entendimento jurisprudencial de que "**é irrecorrível o ato judicial que apenas manda processar a concordata preventiva**" (enunciado nº 264 da súmula de jurisprudência dominante do STJ). **Muitos autores defendem que entendimento deve ser aplicado analogicamente para o caso de mero deferimento do processamento do pedido de recuperação judicial.**

> ▸ **Atenção!**
>
> Não confundir a decisão que apenas determina o processamento do pedido e recuperação judicial com a decisão que concede a recuperação judicial.

Deferido o processamento do pedido de recuperação, o juiz então deverá tomar as medidas descritas nos incisos do art. 52 da LRE. No inciso I, determina a lei que o juiz "nomeará o administrador judicial, observado o disposto no art. 21 desta Lei". Na recuperação a função do administrador judicial é quase a mesma exercida no processo falimentar. **Uma distinção importante, porém, deve ser apontada: na falência, ele passa a administrar a empresa, enquanto na**

recuperação o devedor continua com plenos direitos de administração, sendo apenas fiscalizado de perto pelo administrador judicial.

No inciso II, prevê-se que o juiz "**determinará a dispensa da apresentação de certidões negativas para que o devedor exerça suas atividades, exceto para contratação com o Poder Público ou para recebimento de benefícios ou incentivos fiscais ou creditícios**, observando o disposto no art. 69 desta Lei". Para que o dispositivo realmente fosse útil na prática, deveria dispensar a apresentação de certidões negativas em qualquer situação.

No inciso III, estabelece a lei que o juiz "ordenará a suspensão de todas as ações ou execuções contra o devedor, na forma do art. 6º desta Lei, permanecendo os respectivos autos no juízo onde se processam, ressalvadas as ações previstas nos §§ 1º, 2º e 7º do art. 6º desta Lei e as relativas a créditos excetuados na forma dos §§ 3º e 4º do art. 49 desta Lei". O dispositivo em questão cuida da instauração do chamado **juízo universal**. Na recuperação judicial também há a instauração do juízo universal e também há exceções a este. Assim, em princípio todas as ações e execuções contra o devedor são suspensas, com exceção das **ações que demandam quantia ilíquida** (art. 6º, § 1º), das **ações que correm perante a Justiça do Trabalho (art.** 6º, § 2º), das **execuções fiscais** (art. 6º, § 7º) e das **ações e execuções movidas por credores cujos créditos não se sujeitam à recuperação judicial**, nos termos do art. 49, §§ 3º e 4º da LRE.

Destaque-se, porém, que nesses casos o juízo universal não atrairá as demandas suspensas para a sua competência: a lei deixou claro que elas se suspendem, mas continuam nos respectivos juízos onde estão sendo processadas, sobretudo porque **essa suspensão é temporária**, conforme determinação do art. 6º, § 4º, da LRE: "*na recuperação judicial, a suspensão de que trata o caput deste artigo em hipótese nenhuma excederá o prazo improrrogável de* ***180 (cento e oitenta) dias*** *contado do deferimento do processamento da recuperação, restabelecendo-se, após o decurso do prazo, o direito dos credores de iniciar ou continuar suas ações e execuções, independentemente de pronunciamento judicial*". Em hipótese alguma, portanto, essa suspensão poderá ultrapassar o prazo de 180 dias, contado do deferimento do processamento da recuperação judicial.

Destaque-se ainda que **eventuais pedidos de falência ainda não julgados serão também suspensos** e ficarão no aguardo do julgamento do pedido de recuperação. Registre-se também que a LRE determina que "caberá ao devedor comunicar a suspensão aos juízos competentes" de todas as ações e execuções a serem suspensas (§ 3º).

Por fim, o STJ decidiu recentemente, em recurso repetitivo, que **a suspensão beneficia o devedor, e não alcança terceiros coobrigados em geral, como avalistas ou fiadores**, nos seguintes termos: "a recuperação judicial do devedor principal não impede o prosseguimento das execuções, nem tampouco induz suspensão ou extinção de ações ajuizadas contra terceiros devedores solidários ou coobrigados em geral, por garantia cambial, real ou fidejussória, pois não se lhes aplicam a suspensão prevista nos artigos 6º, *caput*, e 52, inciso III, ou a novação a que se refere o artigo 59, *caput*, por força do que dispõe o artigo 49, parágrafo 1º, todos da Lei 11.101/2005" (REsp 1.333.349 - SP).

Atenção!

A decisão que defere o processamento da recuperação judicial suspende a prescrição e as ações e execuções individuais contra o devedor, com exceção das:

Ações que demandam quantia ilíquida	Ações que tramitam na Justiça do Trabalho	Execuções fiscais
Essa suspensão só dura 180 dias!		

De acordo com o inciso IV, o juiz ainda "determinará ao devedor a apresentação de contas demonstrativas mensais enquanto perdurar a recuperação judicial, sob pena de destituição de seus administradores".

Por fim, conforme o inciso V, o juiz "ordenará a intimação do Ministério Público e a comunicação por carta às Fazendas Públicas Federal e de todos os Estados e Municípios em que o devedor tiver estabelecimento", para que esses órgãos tomem as providências que entenderem pertinentes.

Finalmente, registre-se que, conforme previsão expressa do art. 52, § 4º, da LRE "**o devedor não poderá desistir do pedido de recuperação judicial após o deferimento de seu processamento, salvo se obtiver aprovação da desistência na assembleia-geral de credores**". Nesse ponto houve importante mudança em relação ao regime antigo da concordata, uma vez que segundo a lei anterior a jurisprudência admitia que o devedor pedisse desistência da concordata mesmo que os credores divergissem. Segundo a regra em comento, todavia, vê-se que após o deferimento do seu processamento, o pedido de recuperação não está mais sob o exclusivo interesse do devedor, mas dos credores também. Assim, somente com a aprovação da assembleia-geral poderá o devedor desistir dele.

3.2. Apresentação do plano de recuperação judicial

Publicada a decisão que defere o processamento do pedido de recuperação, analisada no tópico antecedente, o devedor terá prazo de **60 (sessenta) dias** para apresentar ao juízo o seu plano de recuperação, conforme previsão do art. 53 da LRE: "o plano de recuperação será apresentado pelo devedor em juízo no prazo improrrogável de 60 (sessenta) dias da publicação da decisão que deferir o processamento da recuperação judicial, sob pena de convolação em falência".

Ainda segundo o próprio art. 53, **o plano de recuperação do devedor deverá conter**: "I – discriminação pormenorizada dos meios de recuperação a ser empregados, conforme o art. 50 desta Lei, e seu resumo; II – demonstração de sua viabilidade econômica; e III – laudo econômico-financeiro e de avaliação dos bens e ativos do devedor, subscrito por profissional legalmente habilitado ou empresa especializada".

Vê-se, pois, que **o plano de recuperação não é uma mera formalidade, devendo ser encarado pelo devedor como a coisa mais importante para o eventual sucesso de seu pedido**. Portanto, é interessante que o plano seja minuciosamente elaborado, se possível por profissionais especializados em administração de empresas ou áreas afins, e que proponha medidas viáveis para a superação da crise que atinge a empresa.

Quanto a essas medidas, propostas no plano como meios de recuperação do devedor, o art. 50 da LRE oferece a ele um extenso rol de alternativas, espalhados em dezesseis incisos. Trata-se, porém, de rol meramente **exemplificativo**, nada impedindo, pois, que o devedor sugira outros.

Como uma das medidas previstas no dispositivo em exame é o **trespasse** ou o **arrendamento do estabelecimento empresarial** do devedor, dispõe o art. 60 da LRE que "se o plano de recuperação judicial aprovado envolver alienação judicial de filiais ou de unidades produtivas isoladas do devedor, o juiz ordenará a sua realização, observado o disposto no art. 142 desta Lei". Destaque-se que o referido art. 142 já foi examinado. Destaque-se ainda que, da mesma forma que prescreve o art. 141, inciso II, da LRE – também já examinado – o parágrafo único do art. 60 estabelece que "**o objeto da alienação estará livre de qualquer ônus e não haverá sucessão do arrematante nas obrigações do devedor, inclusive as de natureza tributária**, observado o disposto no § 1º do art. 141 desta Lei".

Por fim, ressalte-se que, segundo o art. 54 da LRE "o plano de recuperação judicial **não poderá** prever prazo superior a 1 (um) ano para pagamento dos créditos derivados da legislação do trabalho ou decorrentes de acidentes de trabalho vencidos até a data do pedido de recuperação judicial". E mais: "o plano **não poderá**, ainda, prever prazo superior a 30 (trinta) dias para o pagamento, até o limite de 5 (cinco) salários-mínimos por trabalhador, dos créditos de natureza estritamente salarial vencidos nos 3 (três) meses anteriores ao pedido de recuperação judicial".

É importante destacar que **nem todos** os credores do devedor se sujeitarão aos efeitos da medida de recuperação judicial, caso ela venha a ser posteriormente concedida, a despeito do que preceitua o art. 49 da LRE, segundo o qual "estão sujeitos à recuperação judicial todos os créditos existentes na data do pedido, ainda que não vencidos".

De fato, **estão excluídos da recuperação judicial**, segundo os §§ 3º e 4º, do art. 49 da LRE, o "credor titular da posição de **proprietário fiduciário de bens móveis ou imóveis**, de **arrendador mercantil**, de **proprietário ou promitente vendedor de imóvel cujos respectivos contratos contenham cláusula de irrevogabilidade ou irretratabilidade, inclusive em incorporações imobiliárias**, ou de **proprietário em contrato de venda com reserva de domínio** (...)" e os credores titulares de "**importância entregue ao devedor, em moeda corrente nacional, decorrente de adiantamento a contrato de câmbio para exportação**, na forma do, desde que o prazo total da operação, inclusive eventuais prorrogações, não exceda o previsto nas normas específicas da autoridade competente". **A nova legislação falimentar deu tratamento privilegiado a esses créditos, determinando que eles não se submetem aos efeitos da recuperação judicial.** Interpretando esses dispositivos, o STJ assim decidiu: "A alienação fiduciária de coisa fungível e a cessão fiduciária de direitos sobre coisas móveis, bem como de títulos de crédito, possuem a natureza jurídica de propriedade fiduciária, não se sujeitando aos efeitos da recuperação judicial, nos termos do art. 49, § 3º, da Lei nº 11.101/2005" (REsp 1202918/SP, Rel. Ministro RICARDO VILLAS BÔAS CUEVA, TERCEIRA TURMA, julgado em 07/03/2013, DJe 10/04/2013); "Em face da regra do art. 49, § 3º da Lei nº 11.101/2005, não se submetem aos efeitos da recuperação judicial os créditos garantidos por cessão fiduciária" (REsp 1263500/ES, Rel. Ministra MARIA ISABEL GALLOTTI, QUARTA TURMA, julgado em 05/02/2013, DJe 12/04/2013).

Ademais, além de alguns credores estarem imunes aos efeitos da recuperação judicial, segundo o § 1º do art. 49, "os credores do devedor em recuperação judicial conservam seus direitos e privilégios contra os coobrigados, fiadores e obrigados de regresso". Assim, por exemplo, **a concessão da recuperação não exime um fiador ou avalista quanto à garantia que os mesmos prestaram ao devedor**. O mesmo art. 49 ainda prevê, em seu § 2º, que "as obrigações anteriores à recuperação judicial observarão as condições originalmente contratadas ou definidas em lei, inclusive no que diz respeito aos encargos, salvo se de modo diverso ficar estabelecido no plano de recuperação judicial".

Vistos os credores que não se submetem à recuperação judicial, cumpre destacar que aqueles que se submetem aos seus efeitos devem habilitar-se no processo de recuperação, nos termos dos arts. 7º e seguintes da LRE, ou seja, segundo o mesmo procedimento já analisado no tópico referente ao processo falimentar.

Ressalte-se, todavia, que **no processo de recuperação judicial o procedimento de verificação e habilitação dos créditos não é feito com a finalidade de colocar os credores em ordem para o recebimento dos seus créditos, mas**

tão-somente para legitimá-los a participar da assembleia-geral dos credores, órgão que na recuperação judicial possui funções extremamente relevantes.

Deferido o processamento da recuperação pelo juiz e apresentado o plano de recuperação pelo devedor, conforme visto nos parágrafos acima, estabelece o art. 53, parágrafo único, da LRE que "o juiz ordenará a publicação de edital contendo aviso aos credores sobre o recebimento do plano de recuperação e fixando o prazo para a manifestação de eventuais objeções (...)".

As **objeções** deverão ser apresentadas ao juiz no prazo de 30 (trinta) dias, contados da publicação da relação preliminar de credores que o administrador judicial elaborará nos termos do art. 7º, 2º, da LRE. Caso, entretanto, na data da publicação dessa relação preliminar de credores não tenha sido publicado o aviso previsto no parágrafo único do art. 53 da LRE, o prazo de 30 (trinta) dias para a apresentação das objeções será contado a partir de sua publicação (art. 55, parágrafo único).

Se for apresentada alguma objeção por parte de qualquer credor ao plano de recuperação judicial, dispõe o art. 56 da LRE que "o juiz convocará a assembleia-geral de credores para deliberar sobre o plano de recuperação". Em obediência ao § 1º desse mesmo art. 56, "a data designada para a realização da assembleia-geral não excederá 150 (cento e cinquenta) dias contados do deferimento do processamento da recuperação judicial". Portanto, não cabe ao juiz julgar as objeções, e sim convocar a assembleia geral de credores para que ela delibere sobre o plano apresentado pelo devedor. Sobre o assunto, já deliberou o STJ: "Cumpridas as exigências legais, o juiz deve conceder a recuperação judicial do devedor cujo plano tenha sido aprovado em assembleia (art. 58, caput, da Lei 11.101/2005), não lhe sendo dado se imiscuir no aspecto da viabilidade econômica da empresa" (REsp 1.359.311-SP).

Nas objeções que os credores apresentarem ao juiz, eles **poderão** apresentar meios alternativos de recuperação, diferentes dos meios indicados pelo devedor no seu plano.

A assembleia-geral será realizada e os credores devidamente habilitados deliberarão sobre a aprovação, a alteração ou a rejeição do plano apresentado pelo devedor. As votações referentes ao plano de recuperação obedecerão ao disposto no art. 45 da LRE, observando-se que todas as classes de credores previstas no art. 41 deverão aprovar a proposta. Atentar para a peculiaridade de que, enquanto os demais credores devem aprovar o plano pela **maioria simples dos créditos**, os credores trabalhistas e das microempresas/empresas de pequeno porte devem aprovar pela **maioria simples dos presentes**, independentemente dos valores dos créditos.

Caso o plano seja aprovado, a assembleia poderá, ainda, conforme previsão do § 2º do art. 56, "indicar os membros do Comitê de Credores, na forma do art. 26 desta Lei, se já não estiver constituído". Ressalte-se que eventuais alterações propostas ao plano de recuperação judicial apresentado pelo devedor poderão ser aprovadas pela assembleia-geral dos credores, "desde que haja expressa concordância do devedor e em termos que não impliquem diminuição dos direitos exclusivamente dos credores ausentes".

Caso, todavia, o plano de recuperação do devedor não convença os credores quanto à sua viabilidade, a assembleia-geral o rejeitará, e a consequência dessa rejeição será a **decretação da falência do devedor**, conforme previsão do § 4º, do art. 56, da LRE: "rejeitado o plano de recuperação pela assembleia-geral de credores, o juiz decretará a falência do devedor". Ressalve-se, no entanto, a hipótese em que o juiz **pode** conceder a recuperação judicial mesmo se os credores rejeitarem o plano, que analisaremos adiante.

Após a apresentação do plano de recuperação judicial, se...

não houver objeção	houver objeção
O plano estará aprovado tacitamente	O juiz convocará a assembleia geral de credores, que poderá: (i) aprovar o plano, sem modificações (ii) aprovar o plano, com modificações (iii) não aprovar o plano (isso, em princípio, acarretará a falência do devedor, salvo no caso do art. 58, § 1º, da LRE)

3.3. Concessão da recuperação judicial

Segundo o disposto no art. 57 da LRE, "após a juntada aos autos do plano aprovado pela assembleia-geral de credores ou decorrido o prazo previsto no art. 55 desta Lei sem objeção de credores, o devedor apresentará certidões negativas de débitos tributários nos termos dos arts. 151, 205 e 206, – Código Tributário Nacional". Em suma: **se os credores consentirem com o plano do devedor, sem a apresentação de qualquer objeção, ou se os mesmos aprovarem o plano, com ou sem alterações, na assembleia-geral, caberá apenas ao devedor providenciar a apresentação de certidões negativas de débitos tributários**, nos termos previstos pela legislação tributária. Muitos autores criticam essa exigência da lei falimentar, destacando que em diversas ocasiões o passivo tributário do devedor é justamente uma das razões de sua crise. E mais: entendia-se que essa regra só poderia ser aplicada quando fosse editada a lei específica que trata do parcelamento de crédito tributário para devedores em recuperação, conforme previsão do art. 68 da LRE.

Nesse sentido, confira-se o enunciado 55 da Jornada de Direito Comercial: **"O parcelamento do crédito tributário na recuperação judicial é um direito do contribuinte, e não uma faculdade da Fazenda Pública, e, enquanto não for editada lei específica, não é cabível a aplicação do disposto no art. 57 da Lei nº 11.101/2005 e no art.191-A do CTN"**. No mesmo sentido, confira-se o REsp nº 1.187.404, julgado pela Corte Especial do STJ: "O parcelamento tributário é direito da empresa em recuperação judicial que conduz a situação de regularidade fiscal, de modo que eventual descumprimento do que dispõe o art. 57 da LRF só pode ser atribuído, ao menos imediatamente e por ora, à ausência de legislação específica que discipline o parcelamento em sede de recuperação judicial, não constituindo ônus do contribuinte, enquanto se fizer inerte o legislador, a apresentação de certidões de regularidade fiscal para que lhe seja concedida a recuperação".

Ocorre que a hipótese de parcelamento prevista na legislação falimentar (art. 68) finalmente foi regulada pela Lei 13.043/2014, que, a partir do seu art. 43, acresceu o art. 10-A na Lei 10.522/2002. Agora, o empresário, a sociedade empresária e a EIRELI, a partir do momento em que pleiteiam a recuperação judicial, **podem ter seus débitos para com a Fazenda Nacional divididos em 84 parcelas mensais e consecutivas**.

Se o devedor apresentar as referidas certidões, comprovando sua regularidade fiscal, prevê o art. 58 da LRE que "o juiz concederá a recuperação judicial do devedor cujo plano não tenha sofrido objeção de credor nos termos do art. 55 desta Lei ou tenha sido aprovado pela assembleia-geral de credores na forma do art. 45 desta Lei".

Está-se vendo, pois, que nos termos do que prescreveu a LRE, a concessão da recuperação judicial ao devedor depende basicamente da não apresentação de nenhuma objeção ao seu plano por parte dos credores ou da aprovação do plano pela assembleia-geral. Mas **pode ocorrer de o juiz conceder a recuperação judicial ao devedor mesmo sem a aprovação da assembleia-geral**.

Conforme mencionado acima, a LRE, em princípio, condiciona a concessão da recuperação judicial ao consentimento dos credores, o que pode ocorrer se os mesmos não apresentarem nenhuma objeção ao plano do devedor ou se, apresentada objeção, o plano seja aprovado pela assembleia-geral, com ou sem alterações. Nesses casos, caberá ao juiz apenas **homologar o plano**, após comprovada pelo devedor a sua regularidade fiscal por meio da juntada aos autos das certidões negativas de débitos tributários.

No entanto, a LRE prevê também situação excepcional em que a recuperação judicial do devedor poderá ser concedida pelo juiz mesmo que a assembleia-geral não tenha aprovado o plano. Esta hipótese está disciplinada pelo **art. 58, § 1º**, da lei: "o juiz poderá conceder a recuperação judicial com base em plano que não obteve aprovação na forma do art. 45 desta Lei, desde que, na mesma assembleia, tenha obtido, de forma cumulativa: I – o voto favorável de credores que representem mais da metade do valor de todos os créditos presentes à assembleia, independentemente de classes; II – a aprovação de 2 (duas) das classes de credores nos termos do art. 45 desta Lei ou, caso haja somente 2 (duas) classes com credores votantes, a aprovação de pelo menos 1 (uma) delas; III – na classe que o houver rejeitado, o voto favorável de mais de 1/3 (um terço) dos credores, computados na forma dos §§ 1º e 2º do art. 45 desta Lei".

Perceba-se que o juiz não está totalmente livre para conceder a recuperação judicial ao devedor se os credores não aprovarem seu plano. Ele só poderá fazê-lo se o plano tiver obtido a aprovação de parcela substancial dos credores. Em outras palavras, **o juiz só poderá conceder a recuperação judicial, nesse caso, se o plano do devedor tiver obtido uma quase-aprovação dos credores reunidos em assembleia.**

Além dos requisitos transcritos acima, os quais, frise-se, devem ser preenchidos cumulativamente, o juiz deve atentar ainda para a regra contida no § 2º do mesmo art. 58, segundo o qual "a recuperação judicial somente poderá ser concedida com base no § 1º deste artigo **se o plano não implicar tratamento diferenciado entre os credores da classe que o houver rejeitado**".

Concessão da recuperação judicial	
	ausência de objeções ao plano
	aprovação do plano sem modificações
	aprovação do plano com modificações (desde que aceitas pelo devedor)
	Hipótese excepcional do art. 58, § 1º (a decisão cabe ao juiz).

Uma vez concedida a recuperação, dispõe o art. 59 da LRE que "o plano de recuperação judicial implica **novação** dos créditos anteriores ao pedido, e **obriga** o devedor e todos os credores a ele sujeitos, sem prejuízo das garantias, observado o disposto no § 1º do art. 50 desta Lei". Sobre o tema, o STJ já consignou que "se a novação civil faz, como regra, extinguir as garantias da dívida, inclusive as reais prestadas por terceiros estranhos ao pacto (art. 364 do CC), a novação decorrente do plano de recuperação judicial traz, como regra, a manutenção das garantias" (REsp 1.326.888-RS). Ademais, segundo o § 1º desse mesmo dispositivo, "**a decisão judicial que conceder a recuperação judicial constituirá título executivo judicial**, nos termos do – Código de Processo Civil".

Ao contrário do que ocorre com a **decisão que apenas defere o processamento do pedido de recuperação judicial** – a qual, como visto, é **irrecorrível**, segundo alguns autores, por aplicação analógica da súmula nº 264 do STJ – a **decisão que concede a recuperação judicial** é recorrível, e o recurso cabível é o **agravo de instrumento**, conforme previsão do art. 59, § 2º, da LRE.

Ao contrário do que ocorre no processo falimentar, no processo de recuperação judicial o devedor em crise não perde, em princípio, a administração da empresa. Isso só ocorrerá se ocorrer alguma das situações previstas nos incisos do art. 64 da LRE.

Quando se verificar uma das situações descritas no art. 64, prevê o seu parágrafo único que "o juiz destituirá o administrador, que será substituído na forma prevista nos atos constitutivos do devedor ou do plano de recuperação judicial". Perceba-se que o administrador a que se refere essa regra não é o administrador judicial, mas o administrador da empresa em crise, que em regra será uma sociedade empresária. E mais: prevê ainda o art. 65 da LRE que "quando do afastamento do devedor, nas hipóteses previstas no art. 64 desta Lei, o juiz convocará a assembleia-geral de credores para deliberar sobre o nome do gestor judicial que assumirá a administração das atividades do devedor, aplicando-se-lhe, no que couber, todas as normas sobre deveres, impedimentos e remuneração do administrador judicial". Enquanto não for eleito o gestor judicial pela assembleia-geral, o administrador judicial exercerá suas funções (art. 65, § 1º). E caso o gestor eleito não aceite a incumbência de gerir a empresa em recuperação ou esteja impedido de fazê-lo, caberá ao juiz convocar, no prazo de 72 (setenta e duas) horas, contado da recusa ou da declaração do impedimento nos autos, uma nova assembleia-geral de credores, para que se eleja um novo gestor, continuando o administrador judicial a exercer suas funções por enquanto.

Não obstante o devedor, em princípio, não perca a administração da empresa, conforme visto acima, o art. 66 da LRE prevê que "após a distribuição do pedido de recuperação judicial, o devedor não poderá alienar ou onerar bens ou direitos de seu ativo permanente, salvo evidente utilidade reconhecida pelo juiz, depois de ouvido o Comitê, com exceção daqueles previamente relacionados no plano de recuperação judicial".

Medida interessante prevista pela LRE para tentar criar melhores condições para a superação da crise do devedor está contida no seu art. 68, segundo o qual "as Fazendas Públicas e o Instituto Nacional do Seguro Social – INSS poderão deferir, nos termos da legislação específica, parcelamento de seus créditos, em sede de recuperação judicial, de acordo com os parâmetros estabelecidos na Lei nº 5.172, de 25 de outubro de 1966 – Código Tributário Nacional. Parágrafo único: as microempresas e empresas de pequeno porte farão jus a prazos 20% (vinte por cento) superiores àqueles regularmente concedidos às demais empresas". Essa legislação específica ainda não foi editada, e enquanto ela não for editada, os juízes provavelmente não aplicarão o disposto no art. 57 da LRE.

Por fim, cumpre destacar que, numa clara decorrência do **princípio da veracidade** que preside a formação e a utilização do nome empresarial, já estudado no tópico 5.3 do capítulo II, estabelece o art. 69 da LRE que "em todos os atos, contratos e documentos firmados pelo devedor sujeito ao procedimento de recuperação judicial deverá ser acrescida, após o nome empresarial, a expressão 'em Recuperação Judicial'". O parágrafo único desse mesmo dispositivo prevê ainda que "o juiz determinará ao Registro Público de Empresas a anotação da recuperação judicial no registro correspondente".

3.4. Encerramento da recuperação judicial

O objetivo do processo de recuperação judicial é propiciar ao devedor as condições necessárias à superação de sua crise econômico-financeira. As medidas propostas no plano, pois, devem ser levadas a cabo para que surtam os efeitos esperados e permitam que a empresa continue. Sendo assim, estabelece o art. 63 da LRE que "cumpridas as obrigações vencidas no prazo previsto no caput do art. 61 desta Lei, o juiz decretará por sentença o encerramento da recuperação judicial (...)".

Por sua vez, o art. 61 prevê que **a recuperação judicial deve durar até o cumprimento das obrigações previstas no plano que tiverem vencimento no período de até dois anos após a concessão da recuperação** pelo juiz. Cumpridas essas obrigações, não deve mais ter continuidade o processo de recuperação, uma vez que as circunstâncias indicam que o devedor já superou a crise ou que ele, no mínimo, caminha seguramente no sentido de superá-la. Portanto, não se deve pensar que a recuperação judicial durará o mesmo tempo que durar a execução do plano. A recuperação judicial só durará dois anos, e se durante esse prazo o devedor cumprir corretamente suas obrigações, o juiz encerrará o processo de recuperação judicial, ainda que o plano continue eventualmente a ser executado.

Na mesma sentença em que o juiz der por encerrado o processo de recuperação judicial, deve determinar ainda uma série de medidas, arroladas nos incisos I a V do art. 63.

3.5. Convolação da recuperação judicial em falência

Se o devedor cumpriu regularmente as obrigações constantes do seu plano de recuperação no período de até dois anos após a sua concessão, o juiz deverá encerrar o processo por sentença, continuando o devedor a exercer normalmente as suas atividades. Pode ocorrer, todavia, de o devedor não conseguir cumprir as obrigações que assumiu no plano dentro desse prazo de dois anos após a sua concessão, hipótese em que a LRE prevê, em seu art. 61, § 1º, a **convolação da recuperação judicial em falência**: "durante o período estabelecido no caput deste artigo, o descumprimento de qualquer obrigação prevista no plano acarretará a convolação da recuperação em falência, nos termos do art. 73 desta Lei". Perceba-se que **a convolação da recuperação em falência só tem lugar quando o descumprimento se dá dentro do prazo de dois anos após a concessão da recuperação.** Se o descumprimento de alguma obrigação do plano ocorrer após esse prazo, não será o caso de convolar a recuperação em falência, mas de o credor interessado **executar a dívida** ou **requerer a falência do devedor com base no art. 94, inciso III, alínea g, da LRE.**

Descumprimento do plano de recuperação judicial	
Antes de encerrada a recuperação judicial, ou seja, até 2 anos após a sua concessão: convolação da recuperação judicial em falência	Após o encerramento da recuperação judicial, ou seja, após 2 anos da sua concessão: o credor interessado poderá executar a dívida respectiva ou requerer a falência do devedor, com base no art. 94, III, alínea g.

Mas não é apenas o descumprimento de obrigação assumida no plano que enseja a convolação do processo de recuperação em processo falimentar. Com efeito, as hipóteses em que tal medida deve ser adotada pelo juiz estão previstas no **art. 73 da LRE**, segundo o qual "o juiz decretará a falência durante o processo de recuperação judicial: I – por deliberação da assembleia-geral de credores, na forma do art. 42 desta Lei; II – pela não apresentação, pelo devedor, do plano de recuperação no prazo do art. 53 desta Lei; III – quando houver sido rejeitado o plano de recuperação, nos termos do § 4º do art. 56 desta Lei; IV – por descumprimento de qualquer obrigação assumida no plano de recuperação, na forma do § 1º do art. 61 desta Lei".

Pois bem. Ocorrendo uma das quatro situações acima transcritas e havendo a convolação da recuperação em falência, dispõe o art. 61, § 2º, da LRE que "os credores terão reconstituídos seus direitos e garantias nas condições originalmente contratadas, deduzidos os valores eventualmente pagos e ressalvados os atos validamente praticados no âmbito da recuperação judicial". A análise desse dispositivo, na prática, é extremamente relevante, uma vez que durante o período em que o plano estava sendo regularmente executado podem ter sido praticados uma série de atos de endividamento, oneração ou alienação de bens pelo devedor. Estes atos **presumem-se plenamente válidos**, conforme previsão expressa do art. 74 da LRE.

E mais: os créditos decorrentes dessas operações, segundo o art. 67 da LRE, serão considerados **créditos extraconcursais**: "os créditos decorrentes de obrigações contraídas pelo devedor durante a recuperação judicial, inclusive aqueles relativos a despesas com fornecedores de bens ou serviços e contratos de mútuo, serão considerados extraconcursais, em caso de decretação de falência, respeitada, no que couber, a ordem estabelecida no art. 83 desta Lei". O STJ, em recente julgado, para fins de classificação de créditos como extraconcursais, entendeu que "a interpretação sistemática das normas insertas na Lei 11.101/05 (arts. 52, 47, 67 e 84) autorizam a conclusão de que a sociedade empresária deve ser considerada em recuperação judicial a partir do momento em que obtém o deferimento do pedido de seu processamento" (REsp 1.398.092-SC), e não tão somente a partir da decisão que concede a recuperação judicial.

A lei falimentar, portanto, privilegiou os credores que firmaram relações jurídicas válidas com o devedor durante a execução regular do seu plano de recuperação judicial. Nesse sentido, previu ainda, no parágrafo único do já transcrito art. 67, que "os créditos quirografários sujeitos à recuperação judicial pertencentes a fornecedores de bens ou serviços que continuarem a provê-los normalmente após o pedido de recuperação judicial terão privilégio geral de recebimento em caso de decretação de falência, no limite do valor dos bens ou serviços fornecidos durante o período da recuperação". Assim, **créditos que em tese seriam considerados quirografários no processo falimentar, caso decorram de operações de fornecimento de bens ou serviços realizados durante o processo de recuperação judicial passarão à condição de créditos com privilégio geral**, o que comprova que a LRE deu tratamento especial aos credores que continuaram a manter relações comerciais com o devedor mesmo após a concessão de sua recuperação judicial pelo juiz.

4. PLANO ESPECIAL DE RECUPERAÇÃO JUDICIAL PARA ME E EPP

O ordenamento jurídico brasileiro disciplina, em lei específica - Lei Complementar nº 123/06 - o **tratamento diferenciado conferido às microempresas e às empresas de pequeno porte** no Brasil. Assim, seguindo a orientação do **art. 179 da Constituição da República**, a LRE houve por bem estabelecer para a ME e a EPP um **plano especial de recuperação judicial**, disciplinado nos seus arts. 70 a 72, o qual se resumia, basicamente, a um curto parcelamento de seus débitos quirografários. Ocorre que, com a entrada em vigor da LC 147/2014, houve diversas alterações na LC 123/06 e na LRE, na parte referente ao assunto, tornando mais plausível a possibilidade de recuperação dos pequenos e médios empresários no Brasil.

De início, é preciso destacar que, pela leitura do art. 70, § 1º, da LRE, parece-nos que a submissão ao plano de recuperação especial é uma **faculdade colocada à disposição dos microempresários e dos empresários de pequeno porte**. De fato, eis o teor da norma em comento: "as microempresas e as empresas de pequeno porte, conforme definidas em lei, poderão apresentar plano especial de recuperação judicial, desde que afirmem sua intenção de fazê-lo na petição inicial de que trata o art. 51 desta Lei". Cabe aos **devedores enquadrados como ME ou EPP**, pois, optar pelo plano especial da lei, mencionando essa opção em sua petição inicial.

Conforme o art. 71 da LRE, com redação da LC 147/2014, "o plano especial de recuperação judicial **será apresentado no prazo previsto no art. 53 desta Lei e limitar-se-á às seguintes condições**: I – abrangerá todos os créditos existentes na data do pedido, ainda que não vencidos, excetuados os decorrentes de repasse de recursos oficiais, os fiscais e os previstos nos §§ 3º e 4º do art. 49; II – preverá parcelamento em até 36 (trinta e seis) parcelas mensais, iguais e sucessivas, acrescidas de juros equivalentes à taxa Sistema Especial de Liquidação e de Custódia - SELIC, podendo conter ainda a proposta de abatimento do valor das dívidas; III – preverá o pagamento da 1º (primeira) parcela no prazo máximo de 180 (cento e oitenta) dias, contado da distribuição do pedido de recuperação judicial;

IV – estabelecerá a necessidade de autorização do juiz, após ouvido o administrador judicial e o Comitê de Credores, para o devedor aumentar despesas ou contratar empregados".

Perceba-se que o dispositivo acima transcrito cuida apenas do plano de recuperação que deve ser apresentado pela ME ou pela EPP. Mas antes da apresentação do plano caberá a elas requerer o deferimento do processamento do seu pedido, nos termos do art. 51 da LRE. E esse deferimento só ocorrerá se o juiz constatar o preenchimento dos requisitos constantes do art. 48 da LRE. Pois bem. Feito o requerimento regularmente e preenchidos os requisitos legais, o juiz deferirá o **processamento do pedido**, abrindo-se o prazo de **60 (sessenta) dias** previsto no art. 53 para a apresentação do **plano especial**.

De acordo com o inciso I do art. 71, com redação dada pela LC 147/2014, **sujeitam-se ao plano todos os créditos existentes na data do pedido, ainda que não vencidos, excetuados os decorrentes de repasse de recursos oficiais, os fiscais e os previstos nos §§ 3º e 4º do art. 49**. Trata-se de alteração importante, uma vez que, na redação anterior, apenas estavam incluídos os créditos quirografários, ficando de fora os créditos trabalhistas, com garantia real, com privilégio especial ou geral, por exemplo, o que dificultava sobremaneira o soerguimento da atividade empresarial. Agora apenas estão excluídos os créditos decorrentes de repasses oficiais, os fiscais e aqueles que não se sujeitam à recuperação judicial, nos termos dos os §§ 3º e 4º do art. 49.

Mesmo assim, permanece dispondo o parágrafo único do dispositivo em análise que "**o pedido de recuperação judicial com base em plano especial não acarreta a suspensão do curso da prescrição nem das ações e execuções por créditos não abrangidos pelo plano**". Sendo assim, todas as ações e execuções relativas a créditos não abrangidos pelo plano terão prosseguimento regular em suas respectivas varas, não sofrendo qualquer paralisação. E mais: segundo o § 2º do art. 70, "os credores não atingidos pelo plano especial não terão seus créditos habilitados na recuperação judicial".

De acordo com inciso II do art. 71, por sua vez, **os créditos abrangidos pelo plano poderão ser parcelados em até 36 (trinta e seis) parcelas mensais, iguais e sucessivas, acrescidas de juros equivalentes à taxa Sistema Especial de Liquidação e de Custódia - SELIC, podendo conter ainda a proposta de abatimento do valor das dívidas**. Antes das alterações da LC 147/2014, não havia essa possibilidade de proposta de abatimento do valor das dívidas.

Já o inciso III do art. 71 prevê que **o pagamento da primeira prestação ocorrerá no prazo máximo de 180 (cento e oitenta) dias, contados da data de distribuição do pedido de recuperação judicial**. Vê-se, pois, que o devedor não terá muito tempo para iniciar os pagamentos, já que o requerimento provavelmente foi distribuído há no mínimo 60 (dias), que é o prazo concedido pela leipara que ele apresente seu plano após deferido o processamento de seu pedido pelo juiz.

Por fim, o inciso IV do art. 71 prevê que **caberá ao juiz, após ouvir o administrador judicial e o comitê de credores, autorizar qualquer aumento de despesas ou contratação de empregados por parte do devedor**.

Plano especial de recuperação judicial para ME e EPP	Abrange todos os créditos existentes na data do pedido, ainda que não vencidos, excetuados os decorrentes de repasse de recursos oficiais, os fiscais e os previstos nos §§ 3º e 4º do art. 49. Antes da LC 147/2014, abrangia apenas os créditos quirografários.
	Possibilita o parcelamento em até 36 (trinta e seis) parcelas mensais, iguais e sucessivas, acrescidas de juros equivalentes à taxa Sistema Especial de Liquidação e de Custódia – SELIC, podendo conter ainda a proposta de abatimento do valor das dívidas

Além de todas as especificidades do plano especial descritas no art. 71 da LRE e acima analisadas, há outra característica relevante a ser destacada: **o art. 72 prevê que a aprovação do plano especial apresentado pela ME ou EPP devedora, ao contrário do que ocorre no processo de recuperação normal dos demais devedores, não é competência da assembleia-geral dos credores, mas do próprio juiz**. Eis o que diz a regra em questão: "caso o devedor de que trata o art. 70 desta Lei opte pelo pedido de recuperação judicial com base no plano especial disciplinado nesta Seção, não será convocada assembleia-geral de credores para deliberar sobre o plano, e o juiz concederá a recuperação judicial se atendidas as demais exigências desta Lei".

Da mesma forma, **é ao juiz que compete a rejeição do plano especial e a consequente decretação da falência do micro ou pequeno devedor**. Com efeito, dispõe o art. 72, parágrafo único, que "O juiz também julgará improcedente o pedido de recuperação judicial e decretará a falência do devedor se houver objeções, nos termos do art. 55, de credores titulares de mais da metade de qualquer uma das classes de créditos previstos no art. 83, computados na forma do art. 45, todos desta Lei".

5. RECUPERAÇÃO EXTRAJUDICIAL

Uma das provas mais inequívocas de que a legislação falimentar brasileira era obsoleta e necessitava urgentemente de reformulação era a regra do art. 2º, inciso III, do Decreto-lei nº 7.661/45, que punia o devedor comerciante que convocava seus credores, propondo-lhes dilação, remissão de créditos ou cessão de bens, com a possibilidade de decretação de sua falência. A convocação extrajudicial de credores era, pois, considerada um ato de falência pela lei anterior.

A LRE, entretanto, adotou posição distinta, incentivando a solução de mercado no seu art. 161, segundo o qual "**o devedor que preencher os requisitos do art. 48 desta Lei poderá propor e negociar com credores plano de recuperação extrajudicial**".

Da leitura do art. 161 da LRE, acima transcrito, percebe-se que para fazer jus ao benefício da recuperação extrajudicial o devedor em crise deverá preencher os mesmos requisitos exigíveis para a consecução da recuperação judicial, constantes do art. 48, quais sejam: (i) **exercer atividade empresarial regularmente há mais de dois anos**; (ii) **não ser falido ou, se tiver sido, já ter suas obrigações e responsabilidade declaradas extintas por sentença transitada em julgado**; (iii) **não ter, há menos de cinco anos, obtido concessão de recuperação**; (iv) **não ter sido condenado ou não ter, como administrador ou sócio controlador, pessoa condenada por crime falimentar**.

Além desses requisitos gerais previstos no art. 48, há ainda outro, constante da norma do art. 161, § 3º, da LRE: "o devedor **não poderá** requerer a homologação de plano extrajudicial, se estiver pendente pedido de recuperação judicial ou se houver obtido recuperação judicial ou homologação de outro plano de recuperação extrajudicial há menos de 2 (dois) anos".

O preenchimento dos requisitos acima delineados, pois, permite que **o devedor apresente plano de recuperação aos seus credores e posteriormente o submeta à homologação judicial**. Nesse ponto, é importante destacar, não obstante seja óbvio, que o devedor só precisa preencher os requisitos ora em exame se realmente pretender a homologação do plano extrajudicial em juízo. Se, em contrapartida, pretende apenas negociar com os seus credores uma saída para a sua crise, sem nenhuma intermediação do Judiciário, o preenchimento de qualquer desses requisitos é irrelevante. Nesse sentido, prevê o art. 167 da LRE que "o disposto neste Capítulo não implica impossibilidade de realização de outras modalidades de acordo privado entre o devedor e seus credores".

O plano de recuperação extrajudicial do devedor em crise, a ser submetido posteriormente à homologação do Judiciário, se diferencia em alguns pontos do plano de recuperação judicial já estudado no tópico anterior deste capítulo, assemelhando-se ao mesmo em outros.

Em primeiro lugar, prevê o § 2º do art. 161 que "**o plano não poderá contemplar o pagamento antecipado de dívidas nem tratamento desfavorável aos credores que a ele não estejam sujeitos**". A regra em questão tem uma finalidade bastante clara: respeitar o princípio da ***par condicio creditorum***. Afinal, se o devedor está em crise, não se justifica que proponha como alternativa à sua crise o pagamento antecipado de dívidas. Por outro lado, também não se poderia admitir, jamais, que os credores não submetidos ao plano fossem prejudicados. Em ambas as situações, haveria tratamento privilegiado de alguns credores em detrimento de outros, o que violaria o referido princípio do direito falimentar.

Em segundo lugar, **o plano de recuperação extrajudicial só poderá abranger os créditos constituídos até a data do pedido de homologação em juízo**, em obediência ao disposto na parte final do art. 163, § 1º, da LRE.

Além disso, segundo o disposto no art. 163, § 4º, "**na alienação de bem objeto de garantia real, a supressão da garantia ou sua substituição somente serão admitidas mediante a aprovação expressa do credor titular da respectiva garantia**". E conforme previsto no art. 163, § 5º, "nos créditos em moeda estrangeira, a variação cambial só poderá ser afastada se o credor titular do respectivo crédito aprovar expressamente previsão diversa no plano de recuperação extrajudicial". Estas duas regras também se aplicam à recuperação judicial (art. 50, §§ 1º e 2º, da LRE).

Outra diferença entre a recuperação judicial e a extrajudicial está nos **credores submetidos aos seus efeitos**. A esta não se submetem, além dos **credores previstos no art. 49, §§ 3º e 4º, da LRE** – os quais, conforme já visto, também não se submetem aos efeitos da recuperação judicial –, os **titulares de créditos fiscais, trabalhistas e acidentários**. É o que dispõe o art. 161, § 1º, da LRE: "não se aplica o disposto neste Capítulo a titulares de créditos de natureza tributária, derivados da legislação do trabalho ou decorrentes de acidente de trabalho, assim como àqueles previstos nos arts. 49, § 3º, e 86, inciso II do caput, desta Lei".

Pode-se concluir, portanto, que os credores que podem estar abrangidos no plano de recuperação extrajudicial são os (i) com garantia real, (ii) com privilégio especial, (iii) com privilégio geral, (iv) quirografários e (v) subordinados. Estes, se constarem do plano e caso ele seja homologado pelo juiz, ficarão submetidos ao que nele estiver previsto, mas apenas, ressalte-se, quanto aos créditos constituídos até a data do pedido de homologação.

Ressalte-se que, segundo o § 4 º do mesmo art. 161, as ações e execuções que os credores não submetidos ao plano de recuperação extrajudicial eventualmente tenham contra o devedor **não se suspenderão** em razão da homologação do plano pelo juiz. E mais: eles **poderão** requerer, a qualquer momento, a falência do devedor, caso se verifique alguma das situações previstas no art. 94, incisos I, II e III, da LRE.

Em regra, para obter a homologação do plano de recuperação extrajudicial pelo juiz, deverá o devedor requerê-la **por meio de petição**, na qual deverá, de imediato, comprovar o preenchimento dos requisitos acima apontados. Além do mais, em obediência ao disposto no art. 162 da LRE, caberá ao devedor "requerer a homologação em juízo do plano de recuperação extrajudicial, juntando sua justificativa e o documento que contenha seus termos e condições, com as assinaturas dos credores que a ele aderiram".

O pedido de homologação do plano, nesse caso, é uma mera **faculdade** que a legislação confere ao devedor. Afinal, se ele conseguiu a concordância dos credores, que aderiram ao plano, a sua homologação judicial é mera formalidade, **não** sendo condição imprescindível para a sua execução.

Pode ocorrer, entretanto, de o devedor vislumbrar uma relevante utilidade no pedido de homologação. É que estes credores que aderiram previamente ao plano, assinando o documento que será juntado aos autos pelo devedor juntamente com sua petição inicial, em princípio não poderão mais desistir da referida adesão após a distribuição do pedido de homologação ao juízo competente. A desistência só será permitida se os demais credores que também aderiram expressamente concordarem. É o que estabelece o § 5º do art. 161: "após a distribuição do pedido de homologação, os credores não poderão desistir da adesão ao plano, salvo com a anuência expressa dos demais signatários".

Por conseguinte, se o devedor tiver motivos suficientes para suspeitar que algum dos credores que previamente aderiram ao plano pode desistir do mesmo, o pedido de homologação possui uma utilidade prática incontestável, na medida em que proíbe, em princípio, esta eventual desistência.

Destaque-se, todavia, que **nem sempre será preciso que todos os credores submetidos ao plano consintam com o mesmo**. O art. 163 da LRE prevê situação excepcional em que "o devedor poderá, também, requerer a homologação de plano de recuperação extrajudicial que obriga a todos os credores por ele abrangidos, desde que assinado por **credores que representem mais de 3/5 (três quintos) de todos os créditos de cada espécie por ele abrangidos**". Nesse caso, pois, o devedor é obrigado a fazer o pedido de homologação do plano se quiser obrigar os credores que a ele não aderiram ao seu cumprimento.

O art. 163, § 6º, cuida, especificamente, de algumas formalidades da petição inicial desse pedido de homologação, prevendo que, "além dos documentos previstos no caput do art. 162 desta Lei, o devedor deverá juntar: I – exposição da situação patrimonial do devedor; II – as demonstrações contábeis relativas ao último exercício social e as levantadas especialmente para instruir o pedido, na forma do inciso II do caput do art. 51 desta Lei; e III – os documentos que comprovem os poderes dos subscritores para novar ou transigir, relação nominal completa dos credores, com a indicação do endereço de cada um, a natureza, a classificação e o valor atualizado do crédito, discriminando sua origem, o regime dos respectivos vencimentos e a indicação dos registros contábeis de cada transação pendente".

Seja qual for o fundamento do pedido de homologação – art. 162 ou art. 163 da LRE – o seu procedimento é o mesmo. Assim, apresentada a petição inicial do pedido de homologação do plano de recuperação extrajudicial nos seus devidos termos, estabelece o art. 164 da LRE que "o juiz ordenará a publicação de edital no órgão oficial e em jornal de grande circulação nacional ou das localidades da sede e das filiais do devedor, convocando todos os credores do devedor para apresentação de suas impugnações ao plano de recuperação extrajudicial, observado o § 3º deste artigo". Por sua vez, este § 3º **limita a matéria a ser alegada nas impugnações**, determinando que "para opor-se, em sua manifestação, à homologação do plano, os credores somente poderão alegar: I – não preenchimento do percentual mínimo previsto no caput do art. 163 desta Lei; II – prática de qualquer dos atos previstos no inciso III do art. 94 ou do art. 130 desta Lei, ou descumprimento de requisito previsto nesta Lei; III – descumprimento de qualquer outraexigência legal".

Vê-se, pois, que **não caberá aos credores simplesmente se oporem ao plano do devedor, tampouco alegar, em objeção, questões estranhas às acima transcritas**. Caberá a eles, apenas, apontar uma dessas situações. Assim, por exemplo, um credor pode alegar que o devedor está usando de meios ruinosos para fazer pagamentos ou que reforçou garantia a certo credor por dívida já contraída, condutas estas que estão descritas no art. 94, inciso III, como atos de falência; pode o credor, outrossim, alegar que o número de credores que aderiram ao plano é inferior ao mínimo legal exigido pelo art. 163.

Destaque-se que o prazo para apresentação das referidas impugnações é de **30 (trinta) dias**, contados da data de publicação do edital mencionado pelo caput do art. 164. Nesse sentido, a fim de que os credores interessados tomem conhecimento do pedido de homologação e possam impugná-lo, se assim entenderem, determina a LRE, em seu art. 164, § 1º, que "no prazo do edital, deverá o devedor comprovar o envio de carta a todos os credores sujeitos ao plano, domiciliados ou sediados no país, informando a distribuição do pedido, as condições do plano e prazo para impugnação". Na petição de impugnação, frise-se, o credor deverá juntar comprovação do seu crédito, sob pena de não recebimento da mesma (art. 164, § 2º).

Uma vez oferecida alguma impugnação ao plano, determina o art. 164, § 4º, que "será aberto prazo de 5 (cinco) dias para que o devedor sobre ela se manifeste". Após esse prazo, com manifestação ou não, prevê o § 5º do mesmo art. 164 que "os autos serão conclusos imediatamente ao juiz para apreciação de eventuais impugnações e decidirá, no prazo de 5 (cinco) dias, acerca do plano de recuperação extrajudicial, homologando-o por sentença se entender que não implica prática de atos previstos no art. 130 desta Lei e que não há outras irregularidades que recomendem sua rejeição". Para aprovar o plano, pois, veja-se que caberá ao juiz, basicamente, analisar se o mesmo não se trata de uma mera artimanha do devedor para fraudar credores, nos termos do art. 130 da LRE, já examinado quando do estudo dos efeitos da falência quanto aos atos do falido. Nesse sentido, aliás, o próprio § 6º do art. 164 prevê que "havendo prova de simulação de créditos ou vício de representação dos credores que subscreverem o plano, a sua homologação será indeferida".

Indeferido o pedido de homologação, a LRE não previu como consequência a decretação da falência do devedor, o que ocorre, por exemplo, quando o plano de recuperação judicial é rejeitado pela assembleia-geral de credores. Assim, indeferido o pedido de homologação abrem-se duas alternativas ao devedor: (i) interpor recurso de apelação, conforme previsão do § 7º, do art. 164, da LRE ("da sentença cabe apelação sem efeito suspensivo"), ou (ii) apresentar novo pedido de homologação, desde que o indeferimento tenha decorrido em razão do descumprimento de formalidades e que as mesmas, então, tenham sido cumpridas. Esta segunda alternativa está expressamente destacada no § 8º do mesmo art. 164: "na hipótese de não homologação do plano o devedor poderá, cumpridas as formalidades, apresentar novo pedido de homologação de plano de recuperação extrajudicial".

Obviamente que contra a **sentença que defere o pedido de homologação** também caberá a interposição de recurso de **apelação**, o qual será recebido, da mesma forma, sem efeito suspensivo. Ademais, prevê o § 6º do art. 161 que "a sentença de homologação do plano de recuperação extrajudicial constituirá título executivo judicial, nos termos do – Código de Processo Civil".

Segundo o art. 165 da LRE, em princípio "**o plano de recuperação extrajudicial produz efeitos após sua homologação judicial**". Isso significa, então, que em regra o plano de recuperação extrajudicial não pode, uma vez homologado, produzir efeitos pretéritos, retroativos. Dizemos em regra porque o próprio § 1º do dispositivo em questão abre uma ressalva, afirmando que "é lícito, contudo, que o plano estabeleça a produção de efeitos anteriores à homologação, desde que exclusivamente em relação à modificação do valor ou da forma de pagamento dos credores signatários".

Assim sendo, pode ser que certas medidas do plano, relativas ao valor ou à forma de pagamento de determinados créditos de titularidade de credores que aderiram a ele, sejam implementadas antes de sua homologação judicial. Caso essa situação se verifique, e o plano posteriormente tenha a sua homologação indeferida pelo juiz, determina o § 2º do mesmo art. 165 que "**devolve-se aos credores signatários o direito de exigir seus créditos nas condições originais, deduzidos os valores efetivamente pagos**".

Por fim, no que se refere aos **efeitos da homologação do plano**, destaque-se que o art. 166 da LRE prevê que "se o plano de recuperação extrajudicial homologado envolver alienação judicial de filiais ou de unidades produtivas isoladas do devedor, o juiz ordenará a sua realização, observado, no que couber, o disposto no art. 142 desta Lei".

6. ADMINISTRADOR JUDICIAL, COMITÊ DE CREDORES E ASSEMBLEIA GERAL DE CREDORES

Nos tópicos anteriores, fizemos muitas referências ao administrador judicial, ao comitê de credores e à assembleia-geral de credores. Muitos dos dispositivos legais que transcrevemos também fizeram menção a esses três importantes órgãos dos processos de falência e de recuperação. Portanto, nos próximos tópicos analisaremos os dispositivos legais específicos da LRE que tratam deles.

6.1. Administrador judicial

O **principal auxiliar do juiz na condução do processo falimentar** é o administrador judicial, que a legislação anterior chamava de *síndico*. **Além de exercer as diversas atribuições de cunho administrativo que a lei lhe reserva (vide extenso rol do art. 22 da LRE), o administrador também é o representante legal da chamada massa falida subjetiva, comunidade de credores que se instala com a decretação da falência.** Trata-se, enfim, de pessoa a quem o ordenamento jurídico-falimentar incumbiu tarefas relevantes, razão pela qual ele **é considerado funcionário público para fins penais.**

A escolha correta do administrador judicial, que é feita pelo juiz, é fundamental para o bom desenvolvimento do processo falimentar. **Segundo o art. 21 da LRE, essa escolha deve recair sob profissional idôneo, e ele deve ter formação profissional preferencialmente em Direito, Economia, Administração de Empresas ou Ciências Contábeis**, respeitados os impedimentos constantes do art. 30 da LRE.

Veja-se que a lei **não exige** que o profissional escolhido para a função de administrar a falência tenha formação específica numa das quatro áreas de conhecimento indicadas no caput do art. 21. Diz o texto legal apenas que é **preferível.**

A grande novidade da LRE sobre esse tema, todavia, foi a possibilidade de o administrador judicial ser uma pessoa jurídica especializada, caso em que *"declarar-se-á, no termo de que trata o art. 33 desta Lei, o nome de profissional responsável pela condução do processo de falência ou de recuperação judicial, que não poderá ser substituído sem autorização do juiz"* (art. 21, parágrafo único). Esse permissivo deve ser bastante útil nos processos falimentares de grandes sociedades empresárias. A atuação de empresas especializadas em administração pode contribuir sensivelmente para gestão eficiente dos ativos do falido.

Claro que em muitos casos o administrador judicial não conseguirá desincumbir-se de suas tarefas sem a ajuda de algumas pessoas, razão pela qual a legislação lhe **permite** contratar, **mediante autorização judicial**, profissionais ou empresas especializadas para auxiliá-lo no exercício de suas funções. Assim, por exemplo, pode se valer dos serviços de um contador, para análise da escrituração do falido.

Conforme já destacamos, a atuação do administrador judicial é diferente nos processos de falência e de recuperação judicial. **Na falência, o administrador judicial assume a administração dos bens da massa, já que o devedor é afastado da administração da empresa. Na recuperação judicial, em princípio, o devedor se mantém na administração da empresa, atuando o administrador judicial como um auxiliar.**

Dentre as atribuições do administrador judicial, merece destaque a prevista na alínea "d" do inciso III do art. 22: *"receber e abrir a correspondência dirigida ao devedor, entregando a ele o que não for assunto de interesse da massa"*. Essa regra já existia na lei anterior, e muitos autores consideravam que ela não teria sido recepcionada pela CF/1988, por colidir **com o direito fundamental de inviolabilidade do sigilo de correspondência** (art. 5º, XII, da CF/1988).

O cumprimento dos deveres previstos no art. 22 é tarefa importantíssima para o administrador judicial. A falha no desempenho de suas funções pode acarretar consequências seriíssimas: (i) **cometimento de crime de desobediência**; (ii) **destituição da função**. É o que prevê o art. 23 da LRE e seu parágrafo único.

Outro ponto importante relativo ao administrador judicial, e que também contempla inovação trazida pela LRE, é o referente à sua remuneração e de seus auxiliares, que será, obviamente, **custeada pela massa**, conforme disposto no art. 25 da LRE: *"Caberá ao devedor ou à massa falida arcar com as despesas relativas à remuneração do administrador judicial e das pessoas eventualmente contratadas para auxiliá-lo"*.

De acordo com o art. 24 da LRE, a **remuneração deve ser fixada pelo juiz** atendendo aos critérios estabelecidos na regra em análise: (i) a capacidade de pagamento do devedor, (ii) o grau de complexidade do trabalho; e (iii) os valores praticados no mercado para o desempenho de atividades semelhantes.

Em regra o valor da remuneração *"não excederá **5%** (cinco por cento) do valor devido aos credores submetidos à recuperação judicial ou do valor de venda dos bens na falência"* (§ 1º). No caso das microempresas e das empresas de pequeno porte, *"a remuneração do administrador judicial fica reduzida ao limite de **2%** (dois por cento)"* (§ 5º, acrescido pela LC 147/2014).

A remuneração do administrador judicial e dos seus auxiliares é considerada **crédito extraconcursal**, segundo o disposto no art. 84, I, da LRE, e, uma vez fixada, 40% do seu valor ficará reservado para ser pago logo após o cumprimento dos arts. 154 e 155 da LRE, que tratam da sentença de julgamento das contas do administrador e da sentença que encerra a falência, após a apresentação do seu relatório final. Assim sendo, a remuneração dele é paga em **duas parcelas**: a primeira, correspondente a 60% do valor total, quando do pagamento dos créditos extraconcursais; e a segunda, correspondente aos 40% restantes, somente após a aprovação das suas contas.

6.2. Comitê de credores

O comitê de credores é um importante órgão criado pela atual legislação falimentar. Sua criação se coaduna com a intenção do legislador de **aumentar a participação dos credores no processo de tentativa de solução da crise do empresário.**

Perceba-se que **o comitê não é um órgão obrigatório nos processos de falência e de recuperação.** O próprio juiz pode entender ser conveniente a sua criação (art. 99, XII, da LRE), caso em que convocará a assembleia para que eleja os membros, respeitando-se a regra do dispositivo ora em análise. Quando não houver comitê, o administrador judicial exerce suas atribuições (art. 28 da LRE).

Assim, o comitê, se houver, terá em regra **quatro pessoas** (uma indicada pelos credores trabalhistas; uma indicada pelos credores não sujeitos a rateio, ou seja, credores com garantia real e com privilégio especial; uma indicada pelos credores quirografários e com privilégio geral; e, finalmente, uma indicada pelos credores representantes de microempresas e de empresas de pequeno porte). Atentar que antes da LC 147/2014, o comitê de credores era composto apenas por três pessoas. Foi acrescido o representante de microempresas e de empresas de pequeno porte. Cada membro terá dois suplentes. Dissemos que o comitê terá em regra quatro membros porque ele pode funcionar também com número inferior, caso uma das classes de credores não indique representante (§ 1º). Formado o comitê, seus próprios membros elegerão o presidente (§ 3º). Tudo isso está previsto no art. 26 da LRE e seus parágrafos. O art. 27, por sua vez, prevê suas atribuições.

Em regra, as decisões do comitê serão tomadas por maioria. É o que prevê o § 1º do art. 27: *"as decisões do Comitê, tomadas por maioria, serão consignadas em livro de atas, rubricado pelo juízo, que ficará à disposição do administrador judicial, dos credores e do devedor"*. No entanto, não se obtendo a necessária maioria, a decisão caberá, em princípio, ao administrador judicial. Caso ele não possa decidir, por incompatibilidade (por exemplo, numa decisão em que ele seja interessado), o juiz o fará. É o que prevê o § 2º do art. 27: *"caso não seja possível a obtenção de maioria em deliberação do Comitê, o impasse será resolvido pelo administrador judicial ou, na incompatibilidade deste, pelo juiz"*.

Ao contrário do que ocorre com o administrador judicial e seus auxiliares, os membros do comitê **não são remunerados pela massa ou pelo devedor em recuperação.** O máximo que pode ocorrer é o ressarcimento de despesas comprovadas e autorizadas pelo juiz. É o que dispõe o art. 29 da LRE: *"os membros do Comitê não terão sua remuneração custeada pelo devedor ou pela massa falida, mas as despesas realizadas para a realização de ato previsto nesta Lei, se devidamente comprovadas e com a autorização do juiz, serão ressarcidas atendendo às disponibilidades de caixa"*.

6.3. Assembleia-geral de credores

Uma das características da nova legislação falimentar foi a previsão de **maior participação dos credores no processo falimentar**, o que foi permitido, basicamente, a partir da criação da assembleia-geral de credores, que tem suas atribuições descritas no art. 35 da LRE.

Na recuperação judicial, as atribuições são: (i) aprovação, rejeição ou modificação do plano de recuperação judicial apresentado pelo devedor; (ii) a constituição do Comitê de Credores, a escolha de seus membros e sua substituição; (iii) o pedido de desistência do devedor, nos termos do § 4º do art. 52 desta Lei; (iv) o nome do gestor judicial, quando do afastamento do devedor; (v) qualquer outra matéria que possa afetar os interesses dos credores.

Na falência, as atribuições são: (i) a constituição do Comitê de Credores, a escolha de seus membros e sua substituição; (ii) a adoção de outras modalidades de realização do ativo; (iii) qualquer outra matéria que possa afetar os interesses dos credores.

Cabe destacar que **as decisões da assembleia-geral de credores, quando versarem sobre as matérias de sua competência privativa, são soberanas**. Portanto, só se deve admitir a intervenção do Poder Judiciário nas deliberações da assembleia-geral para simples controle da legalidade formal do conclave (por exemplo, observância das formalidades legais referentes à convocação, instalação etc.) e para controle da legalidade material ou substancial (por exemplo, verificação se houve fraude à lei ou abuso de direito).

A assembleia-geral de credores se instala, *em 1.ª convocação*, com a **presença de credores que representem mais da metade dos créditos de cada classe** (o que conta é o valor do crédito). *Em 2.ª convocação*, se instala com **qualquer número de credores**. É o que prevê o art. 37, § 2º, da LRE.

O credor que comparece assina lista de presença. Caso seja representado por procurador, deve indicar com 24 horas de antecedência ao administrador judicial o documento que outorga os poderes (se já estiver nos autos, basta indicar a folha). No caso de credores trabalhistas, podem ser representados pelos respectivos sindicatos, desde que este apresente ao administrador judicial, com dez dias de antecedência, a relação dos associados. Se o trabalhador fizer parte de mais de um sindicato, deverá informar, com 24 horas de antecedência, qual deles o representará. Tudo isso está previsto no art. 37 da LRE.

Em regra, o voto do credor será proporcional ao valor do seu crédito. Essa regra só é excepcionada na recuperação judicial, no caso do art. 45, § 2º, da LRE, ou seja, na votação sobre o plano de recuperação, nas classes dos credores trabalhistas e de acidente do trabalho, bem como dos credores microempresários e empresários de pequeno porte, a votação é simples, isto é, o que conta é o número de credores, e não o valor de seus créditos.

Em regra, só pode votar o credor devidamente habilitado, que consta do quadro-geral de credores elaborado pelo administrador judicial, após o procedimento de verificação e habilitação dos créditos de que tratam os arts. 7º a 20. Ocorre que alguma deliberação pode ser necessária antes da formalização do quadro definitivo. Assim, enquanto o quadro-geral não estiver pronto, podem votar os credores que constem da relação preliminar de credores apresentada pelo administrador judicial nos termos do art. 7º, § 2º. Caso nem esta relação preliminar esteja ainda pronta, podem votar os credores constantes da relação de credores apresentada pelo próprio devedor.

Ademais, em qualquer caso, obviamente, **também podem votar os credores admitidos por força de decisão judicial, inclusive aquelas que determinam reserva de valor.**

Os credores mencionados no art. 49, §§ 3º e 4º, da LRE não podem votar nas assembleias, nem são computados para verificação de *quorum* de instalação. Trata-se, basicamente, de créditos bancários, decorrentes de contratos de alienação fiduciária em garantia, arrendamento mercantil e adiantamento a contrato de câmbio. Isso ocorre porque o crédito deles não se submeterá aos efeitos da recuperação judicial e prevalecerão os direitos de propriedade sobre a coisa e as condições contratuais, observada a legislação respectiva.

Se o plano de recuperação apresentado pelo devedor e submetido à assembleia-geral de credores não atingir determinado crédito, o seu titular **não terá direito de votar nem será computado para fins de verificação de *quorum*** (art. 45, § 3º).

A assembleia-geral de credores é um **ato administrativo**, e como tal se submete ao **controle do Poder Judiciário**. No entanto, o próprio legislador previu regras (de duvidosa constitucionalidade, é verdade) que limitam ou relativizam esse controle jurisdicional.

Segundo o art. 39, § 2º, decisões judiciais posteriores a uma determinada assembleia que decidam sobre a existência, a quantificação ou a classificação de créditos **não invalidam automaticamente a deliberação assemblear tomada**. Caso, porém, a decisão judicial posterior expressamente determine a invalidação da deliberação assemblear, ainda assim ficam resguardados os direitos de terceiros de boa-fé, respondendo os credores que aprovarem a deliberação pelos prejuízos comprovados causados por dolo ou culpa (§ 3º).

O dispositivo mais importante sobre controle jurisdicional da assembleia-geral de credores, todavia, é o art. 40 da LRE, que **impede o deferimento de medida de urgência (cautelar ou tutela antecipada) para a suspensão ou adiamento**

da assembleia-geral de credores em razão de pendência de discussão acerca da existência, da quantificação ou da classificação de créditos.

Após as alterações da LC 147/2014, a assembleia-geral de credores, antes dividida em três classes, passou a ser dividida em quatro: (i) a primeira, formada por credores titulares de créditos derivados da legislação do trabalho ou decorrentes de acidentes de trabalho; (ii) a segunda, formada por titulares de créditos com garantia real; (iii) a terceira, formada por titulares de créditos quirografários, com privilégio especial, com privilégio geral ou subordinados; (iv) a quarta, acrescida pela LC 147/2014, formada por titulares de créditos enquadrados como microempresa ou empresa de pequeno porte. Perceba-se que a Fazenda Pública, titular de créditos tributários, não compõe a assembleia-geral de credores, visto que tais créditos não estão sujeitos, em princípio, à habilitação, e o processo de execução deles (execução fiscal) não se suspende.

Os credores com garantia real podem, eventualmente, fazer parte de duas classes distintas, a segunda e a terceira. Isso ocorrerá quando o valor do seu crédito superar o valor do bem gravado com ônus real. Nesse caso, o credor com garantia real votará na segunda classe até o limite do valor do bem gravado, e na terceira classe com o valor restante do seu crédito (art. 41, § 2º).

Em regra, as deliberações na assembleia-geral de credores são tomadas por "maioria geral", ou seja, a proposta é considerada aprovada se obtiver votos favoráveis de credores que representem mais da metade do valor total dos créditos presentes. Essa regra é excepcionada apenas nas deliberações (i) sobre aprovação, rejeição ou alteração do plano de recuperação judicial, (ii) sobre a composição do Comitê de Credores e (iii) sobre forma alternativa de realização do ativo nos termos do art. 145 da LRE.

No caso da deliberação sobre aprovação, rejeição ou alteração do plano de recuperação judicial, aplica-se a regra do art. 45: cada classe vota separadamente, e o plano tem que ser aprovado por credores que representem mais da metade do valor total dos créditos presentes à assembleia e, cumulativamente, pela maioria simples dos credores presentes. Mais ainda: na classe dos credores trabalhistas e de acidente do trabalho, bem como na dos credores enquadrados como microempresa ou empresa de pequeno porte, a proposta deverá ser aprovada pela maioria simples dos credores presentes, independentemente do valor de seu crédito. E, por fim, se o plano de recuperação apresentado pelo devedor e submetido à assembleia-geral de credores não atingir determinado crédito, o seu titular não terá direito de votar nem será computado para fins de verificação de *quorum*.

No caso da deliberação sobre a composição do comitê de credores, aplica-se a regra do art. 44: cada classe vota separadamente e elege seus respectivos membros.

Por fim, no caso da deliberação sobre eventual forma alternativa de realização do ativo no processo de falência (venda dos bens), aplica-se a regra do art. 46, ou seja, é necessário o voto favorável de credores que representem 2/3 dos créditos presentes à assembleia.

7. DIREITO PENAL FALIMENTAR

Inicialmente, deve-se destacar que **a LRE não mais usa a expressão *crime falimentar***. A lei anterior utilizava essa expressão porque considerava que a sentença declaratória da falência era condição objetiva de punibilidade dos crimes nela tipificados. A LRE, por sua vez, em seu art. 180, previu o seguinte: *"a sentença que decreta a falência, concede a recuperação judicial ou concede a recuperação extrajudicial de que trata o art. 163 desta Lei é condição objetiva de punibilidade das infrações penais descritas nesta Lei"*. Portanto, como existe a possibilidade de alguém ser processado e condenado por crime descrito na LRE sem que tenha tido, necessariamente, a sua falência decretada, houve por bem o legislador não usar mais a expressão *crime falimentar*, já que, de fato, ela soaria estranha nos casos em que o criminoso não fosse falido.

Outro ponto relevante foi a **abolição da modalidade culposa nos diversos crimes tipificados na lei, além do fato de que houve um aumento considerável nas penas**. Veja-se, por exemplo, o caso do crime de *fraude a credores*, atualmente tipificado no art. 168 da LRE. Sua pena é de 3 a 6 anos de reclusão, mais multa. No regime da lei anterior, figura típica assemelhada estava prevista no art. 187, para o qual era prevista pena de reclusão de apenas 1 a 4 anos, sem a previsão de multa.

Outro ponto importante a ser destacado foi a **previsão da *contabilidade paralela* (também conhecida como *"caixa 2"*) como causa específica de aumento de pena no crime de fraude a credores**, conforme disposto no art. 178, § 2º: *"a pena é aumentada de 1/3 (um terço) até metade se o devedor manteve ou movimentou recursos ou valores paralelamente à contabilidade exigida pela legislação"*.

Houve alteração também quanto ao rito processual dos crimes falimentares. Na lei anterior, era estabelecido um procedimento especial, disciplinado nos arts. 503 a 512 do Código de Processo Penal. Estes dispositivos, porém, foram revogados pelo art. 200 da LRE. O art. 185, por sua vez, previu que "recebida a denúncia ou a queixa, observar-se-á o rito previsto nos – Código de Processo Penal", ou seja, o **rito sumário**.

No que se refere à prescrição, merece destaque o fato de que a LRE não mais previu prazos prescricionais específicos para os crimes falimentares, submetendo-os, então, às regras gerais sobre prescrição do Código Penal. Nesse sentido, dispôs o art. 182 da LRE que *"a prescrição dos crimes previstos nesta Lei reger-se-á pelas disposições do – Código Penal, começando a correr do dia da decretação da falência, da concessão da recuperação judicial ou da homologação do plano de recuperação extrajudicial"*.

Por fim, cumpre ressaltar que **a LRE aboliu a figura esdrúxula do *inquérito judicial* para apuração dos crimes falimentares**, disciplinado pela lei anterior. Agora, por força do art. 187 da LRE, *"intimado da sentença que decreta a falência ou concede a recuperação judicial, o Ministério Público, verificando a ocorrência de qualquer crime previsto nesta Lei, promoverá imediatamente a competente ação penal ou, se entender necessário, requisitará a abertura de inquéritopolicial"*.

8. PROBLEMAS DE DIREITO INTERTEMPORAL

Para finalizar o presente capítulo, cumpre-nos fazer algumas observações quanto a aspectos polêmicos de direito intertemporal, relativos à aplicação da LRE a processos de falência e concordata anteriores à sua vigência.

De acordo com o art. 192 da LRE, ela "não se aplica aos processos de falência ou de concordata ajuizados anteriormente ao início de sua vigência, que serão concluídos nos termos do Decreto-Lei 7.661, de 21 de junho de 1945". **Naqueles casos em que o requerimento e a decretação ocorreram na vigência do antigo DL nº 7.661/45, suas normas é que serão aplicadas.** Obviamente, por outro lado, **nos processos de falência e recuperação que tiveram requerimento e decretação na vigência da LRE, são as regras dela que serão aplicadas.**

Já nos processos em que o requerimento ocorreu na vigência do DL nº 7.661/45 e a decretação se deu na vigência da LRE, deve-se aplicar o antigo DL às questões anteriores à sentença, e a LRE a partir da sentença, inclusive nela. É o que determina o art. 192, § 4º, da LRE: "esta Lei aplica-se às falências decretadas em sua vigência resultantes de convolação de concordatas ou de pedidos de falência anteriores, às quais se aplica, até a decretação, o Decreto-Lei 7.661, de 21 de junho de 1945, observado, na decisão que decretar a falência, o disposto no art. 99 desta Lei.

Por outro lado, em caso de pedido de concordata deferido na vigência do DL nº 7.661/45, poderá haver migração do concordatário para a recuperação judicial, desde que ele não tenha descumprido nenhuma obrigação da concordata que lhe fora deferida. É o que prevê o art. 192, § 2º, da LRE: "a existência de pedido de concordata anterior à vigência desta Lei não obsta o pedido de recuperação judicial pelo devedor que não houver descumprido obrigação no âmbito da concordata, vedado, contudo, o pedido baseado no plano especial de recuperação judicial para microempresas e empresas de pequeno porte a que se refere a Seção V do Capítulo III desta Lei". Havendo a migração, determina ainda o § 3º do art. 192 que "no caso do § 2º deste artigo, se deferido o processamento da recuperação judicial, o processo de concordata será extinto e os créditos submetidos à concordata serão inscritos por seu valor original na recuperação judicial, deduzidas as parcelas pagas pelo concordatário".

Falência

Pedido (arts. 1º, 2º, 3º e 94)

↓

contestação (art. 98, p. ún.)

↓

sentença (art. 100 e 101)

↓

decretação da falência (arts. 6º, 21 e 99)

↓

arrecadação dos bens (arts. 81, 82, 85, 86, 129 e 130)

↓

habilitação dos créditos (arts. 7º e seguintes)

↓

venda dos bens (arts. 141 e 142)

↓

pagamentos (arts. 150, 151, 86, 84 e 83)

↓

Prestação de contas

↓

sentença (julgamento das contas)

↓

Relatório final

↓

sentença (encerramento da falência)

↓

Art. 158

↓

sentença (extinção das obrigações).

↓

Caso a assembleia rejeite o plano, o juiz decreta a falência do devedor, salvo no caso do art. 58, § 1º.

Recuperação judicial

Pedido (arts. 48 e 51)

↓

processamento do pedido (súmula 264 do STJ)

↓

plano de recuperação judicial (60 dias / arts. 50 e 60, p. ún.)

↓

objeções (30 dias)

↓

deliberação sobre o plano pela assembleia geral de credores (aprova, altera ou rejeita)

↓

caso aprove ou altere (nesse caso, o devedor tem que aceitar a alteração)

↓

Art. 57

↓

concessão (art. 59)

↓

02 (dois) anos

↓

sentença (encerramento).

↓

Caso o devedor descumpra obrigação do plano durante os 2 anos em que se encontra em recuperação judicial, o juiz convola a recuperação em falência.